Linien der Rechtsprechung des Bundesverfassungsgerichts

Linien der Rechtsprechung des Bundesverfassungsgerichts

Erörtert von den wissenschaftlichen Mitarbeiterinnen und Mitarbeitern

herausgegeben von
Daniel Bernhard Müller und Lars Dittrich

Band 6

DE GRUYTER

ISBN 978-3-11-068655-5
e-ISBN (PDF) 978-3-11-068662-3
e-ISBN (EPUB) 978-3-11-068676-0

Library of Congress Control Number: 2021951162

Bibliografische Information der Deutschen Nationalbibliothek
Die Deutsche Nationalbibliothek verzeichnet diese Publikation in der Deutschen Nationalbibliografie; detaillierte bibliografische Daten sind im Internet über http://dnb.dnb.de abrufbar.

Einbandabbildung: Uwe Stohrer, Freiburg
Druck und Bindung: CPI books GmbH, Leck

www.degruyter.com

Geleitwort

Das Bundesverfassungsgericht spricht durch seine Entscheidungen. In diesen entwickelt es – und zwar nun schon seit über 70 Jahren – Maßstäbe zur Auslegung und Anwendung des Grundgesetzes, die zunächst den konkreten Fall betreffen, aber häufig weit darüber hinaus weisen.

Es ist Aufgabe des fachöffentlich geführten Diskurses in Praxis und Rechtswissenschaft, die Entscheidungen und die sie tragenden Überlegungen zu analysieren, sie zu hinterfragen und auf ihre Fortentwicklung hinzuarbeiten.

Die „Linien der Rechtsprechung des Bundesverfassungsgerichts", deren sechster Band nun vorliegt, haben sich dabei als ein Hilfsmittel von großem Wert erwiesen, wie die überaus freundliche Aufnahme der bisherigen fünf Bände zeigt. Dies ist nicht zuletzt dem besonderen Blick auf das Gericht und seine Rechtsprechung zu verdanken, der die Autorinnen und Autoren als wissenschaftliche Mitarbeiterinnen und Mitarbeiter des Bundesverfassungsgerichts auszeichnet. Es handelt sich um hervorragend qualifizierte Juristinnen und Juristen aus den unterschiedlichsten juristischen Professionen. Hierdurch ist gewährleistet, dass ihre Beiträge ebenso bereichernde wie vielgestaltige Perspektiven vermitteln. Darüber hinaus verfügen sie über besondere Einblicke in die Arbeitsweise des Gerichts. Obwohl sie nicht an den Beratungen der Kammern und Senate teilnehmen und somit an der eigentlichen Entscheidungsfindung nicht beteiligt sind, schöpfen die Linienbände aus dem besonderen Kompetenz- und Erfahrungsschatz, mit dem die wissenschaftlichen Mitarbeiterinnen und Mitarbeiter zur Einordnung der Entscheidungen in einen größeren Zusammenhang in beachtlicher Weise beitragen können. So bin ich überzeugt, dass auch der sechste Band des Werkes intensive und gewinnbringende Verwendung finden wird.

Karlsruhe, im Dezember 2021

Prof. Dr. Stephan Harbarth, LL.M. (Yale)
Präsident des Bundesverfassungsgerichts

https://doi.org/10.1515/9783110686623-001

Vorwort

In weit stärkerem Maße als andere staatliche Stellen ist das Bundesverfassungsgericht auf das Vertrauen, den Respekt und das Ansehen der Bürgerinnen und Bürger angewiesen. Ihre Verfassungsbeschwerden sind das Benzin im Motor der Verfassungsgerichtsbarkeit, ihr Rückhalt die wirksamste Versicherung gegen politische Übergriffe. Seit seiner Gründung vor nunmehr gut 70 Jahren ist es das stete Bemühen des Gerichts, sich dieses Vertrauens als würdig zu erweisen, es zu erweitern und zu festigen. Daran wirken auch die wissenschaftlichen Mitarbeiterinnen und Mitarbeiter des Bundesverfassungsgerichts mit. Sie sind oftmals erste Diskussionspartner für neue verfassungsrechtliche Überlegungen, unterstützen das Haus bei der Öffentlichkeitsarbeit und Repräsentation und tragen ihre Erfahrungen als Multiplikatoren zurück in die Heimat und an ihre Fachgerichte, Behörden, Rechtsanwaltskanzleien oder Hochschulen. Die dabei geführten Gespräche sind in der Regel eine Mischung aus anekdotischem Erfahrungsbericht, Illustration und Erklärung. Das entspricht nach unserem Verständnis der Kultur dieses Hauses – dem Vertrauen auf die Kraft des guten Argumentes, das durch die besondere persönliche Erfahrung einer beruflichen Tätigkeit im Karlsruher Schlossbezirk zusätzlich fundiert wird.

Die Linien der Rechtsprechung des Bundesverfassungsgerichts sind mit dem nunmehr hiermit vorgelegten 6. Band ein besonderer Teil dieses Ganzen. Auch sie erklären, vertiefen, ordnen ein. Dabei orientieren sich die Beiträge naturgemäß in der Regel an den Entscheidungen des Gerichts aus den letzten Jahren. Und zu erklären und einzuordnen gab es da einiges: Von den immer wichtige(ere)n internationalen Perspektiven und der Verortung deutscher Staatsgewalt und des Gerichts in diesen (vgl. die Beiträge von Engel, Krismann, Roffael, Salomon), den ständig brisanten und in einer zunehmend digitalen Gesellschaft nochmal mit anderen Vorzeichen zu diskutierenden Fragen der Meinungs-, Kunst- und Pressefreiheit und des Datenschutzes (vgl. Fahl/Schaller/Müller; Müller/Doerner; Kröger) und verfassungsrechtliche „Klassiker" wie die Grundsätze der Beamtenbesoldung (Diesterhöft/Blackstein), Rückwirkungsprobleme im Steuerrecht (Bleschick) und getrennte Verfassungsräume in Wahlsachen (Drossel/Kirsch) über dogmatische Fragen um die Geltung und Wirkung der Grundrechte (Buchheim) und die rechtlich korrekte Erfassung kumulativer Grundrechtseingriffe (Peters) bis zu richtungsweisenden Entscheidungen des Bundesverfassungsgerichts zum Schutz der geschlechtlichen Identität (Mast) und zum Klimaschutz (Dittrich). Besondere praktische Relevanz in den Linienbänden zeichnet seit jeher die Beiträge zum Prozessrecht aus. Sie nehmen auch in diesem Band einigen Raum ein und bieten insbesondere dem Rechtspraktiker einen besonderen

https://doi.org/10.1515/9783110686623-002

Mehrwert. Den wissenschaftlichen Mitarbeiterinnen und Mitarbeitern obliegt nicht selten der „Erstzugriff" auf die verfassungsprozessuale Behandlung einzelner Probleme. Die daraus resultierenden Erfahrungen finden hier Niederschlag (Bowitz; Fritzsche; Rolfsen; Schomäcker). Als Richter, Wissenschaftler und Staatsanwälte verfügen die Autoren darüber hinaus auch über besondere Expertise im Fachprozessrecht und können dementsprechend präzise den Niederschlag der verfassungsrechtlichen Vorgaben bei einzelnen Problemkreisen (Berton; Lerach; Zimmermann) oder übergeordneten Anforderungen (Schwarz; Till) aufzeigen.

Die Zahl der Themen und Autoren zeigt die ganze Breite des verfassungsgerichtlichen Wirkens und der Vorerfahrungen der Autoren. Neben dieser Vielfalt sei an dieser Stelle die Einheit des Linienbandes betont. Er ist ein gemeinsames Projekt der wissenschaftlichen Mitarbeiterinnen und Mitarbeiter des Bundesverfassungsgerichts. Wir sind dementsprechend dankbar für das uns durch die Übertragung der Herausgeberschaft von ihnen entgegen gebrachte Vertrauen und hoffen der damit einhergehenden Verantwortung gerecht geworden zu sein. Unser besonderer Dank gilt dem Präsidenten des Bundesverfassungsgerichts, Herrn Prof. Dr. Harbarth, LL.M, für das Verfassen seines Geleitwortes, den weiteren beteiligten Stellen des Hauses insbesondere den Abteilungen für Presse und Protokoll, denen der Band die Materialien für die Umschlaggestaltung verdankt sowie dem Verlag DeGruyter und den dort beteiligten Mitarbeiterinnen Frau Fiala, Frau Spendler und Frau Rehner. Ohne ihre Unterstützung und ihr Verständnis für den besonderen Charakter des Projektes wäre dieser Band nicht zu verwirklichen gewesen.

Daniel Bernhard Müller
Lars Dittrich

Inhalt

I. Allgemeine Grundrechtslehren

II. Einzelne Gewährleistungen

IV. Verfassungsrechtliche Grundlagen des fachgerichtlichen Rechtschutzes

V. Verfassungsprozessrecht

I. Allgemeine Grundrechtslehren

Johannes Buchheim

Rechtfertigungszentrierte Grundrechtslehren

Grundrechtsgeltung und Grundrechtswirkungen in der jüngeren Rechtsprechung des Bundesverfassungsgerichts

Leitentscheidungen des Bundesverfassungsgerichts

BVerfGE 128, 226 – Fraport
BVerfGE 138, 377 – Auskunftsanspruch des Scheinvaters
BVerfGE 148, 267 – Stadionverbot
BVerfGE 152, 152 – Recht auf Vergessen I
BVerfGE 154, 152 – Auslandsfernmeldeaufklärung

Wichtige Kammerentscheidungen

BVerfG, Beschluss der 3. Kammer des Ersten Senats vom 18. Juli 2015 – 1 BvQ 25/15 – „Bierdosen-Flashmob"
BVerfG, Beschluss der 2. Kammer des Ersten Senats vom 22. Mai 2019 – 1 BvQ 42/19 – Dritter Weg
BVerfG, Beschluss der 2. Kammer des Ersten Senats vom 27. August 2019 – 1 BvR 879/12 – Voigt
BVerfG, Beschluss der 2. Kammer des Zweiten Senats vom 30. Januar 2020 – 2 BvR 1005/18 – Blindenführhund

Schrifttum (Auswahl)

Barczak, Konstitutionalisierung der Privatrechtsordnung, in: Scheffczyk/Wolter (Hrsg.), Linien der Rechtsprechung des Bundesverfassungsgerichts, Bd. 4, 2017, S. 91 ff.; *Böckenförde*, Freiheitssicherung gegenüber gesellschaftlicher Macht, in: ders./Gosewinkel (Hrsg.), Wissenschaft, Politik, Verfassungsgericht, 3. Aufl. 2019, S. 72 ff.; *Britz*, Diskriminierungsschutz und Privatautonomie, VVDStRL 64 (2005), S. 355 ff.; *Friehe*, Löschen und Sperren in sozialen Netzwerken, NJW 2020, S. 1697 ff.; *Kelsen*, Reine Rechtslehre, Studienausgabe der 2. Auflage 1960, 2017; *Kulick*, Horizontalwirkung im Vergleich, 2020; *ders.*, *Weniger Staat wagen – Zur Geltung der Grundrechte zwischen Privaten, AÖR 145 (2020), S. 649 ff.*; *Masing*, Herausforderungen des Datenschutzes, NJW 2012, S. 2305 ff.; *Michl*, Situativ staatsgleiche Grundrechtsbindung privater Akteure, JZ 2018, S. 910 ff.; *Poscher*, Grundrechte als Abwehrrechte, 2003; *ders.*, Das Abwehrrecht an der Grundlinie des Liberalismus: Ein deutsch-amerikanischer Verfassungsvergleich, in: Pias (Hrsg.), Abwehr: Modelle – Strategien – Medien, 2009, S. 83 ff.; *ders.*, The Ultimate Force of Law: On the Essence and Precariousness of the Monopoly on Legitimate Force, Ratio Juris 20 (2016), S. 311 ff.; *Post*, Between Governance and Management, UCLA L.Rev. 34 (1987), S. 1712 ff.; *Schwartman/Mühlenbeck*, NetzDG und das virtuelle Hausrecht sozialer Netzwerke, ZRP 2020, S. 170 ff.; *Sunstein*, Lochner's Legacy, Col. L.Rev. 87 (1897), S. 873 ff.

https://doi.org/10.1515/9783110686623-003

Inhaltsübersicht

I. Einleitung

1. Veränderte Rechtswirklichkeit als Impuls für die Grundrechtslehren

Sowohl die Digitalisierung als auch die Internationalisierung privaten und staatlichen Handelns werfen neues Licht auf alte Fragen der allgemeinen Grundrechtslehren. Für welche Akteure und Organisationen gelten Grundrechte und wieso? Wo gelten sie und mit welchen allgemeinen Wirkungen? So zwingt etwa die in weitem Umfang private Kontrolle über digitale Infrastruktur und die damit einhergehende Ballung sozialer Macht verstärkt zur Frage, wie insbesondere in digitalen Räumen noch gleiche grundrechtliche Freiheit zur Geltung kommen kann.[1] Zugleich lässt die diffuse Verortung des Digitalen fragen, wie weit Territorialität und effektive Beherrschung eines bestimmten Gebiets noch beherrschende Anknüpfungspunkte für die Frage der Grundrechtsgeltung abgeben. Kann es für grundrechtliche Autonomie- und Privatheitsansprüche einen Unterschied ergeben, ob der BND ein Glasfaserkabel auf amerikanischem oder deutschem Territorium anzapft?[2] Kann eine in Delhi tätige indische Journalistin gegenüber dem BND das Fernmeldegeheimnis und journalistischen Quellenschutz in Anspruch nehmen?[3] Grundrechtsgeltungs- und Wirkungsfragen stellen sich auch angesichts intensivierter internationaler Kooperation, nicht zuletzt der Sicherheitsbehörden, in der Verantwortlichkeiten verschwimmen können.[4] Zugleich ist nicht klar, wie und vor allem durch welche Akteure und rechtlichen Mittel grund- und menschenrechtliche Forderungen im globalen digitalen Raum zur Geltung gebracht werden können.[5] Die weitgehende Korrespondenz faktischer Kontrolle, klarer politischer Verantwortlichkeit eines bestimmten staatlichen

---

1 Die Problematik privater Herrschaft über digitale Infrastrukturen andeutend BVerfGE 128, 226 (249 f.) – Fraport (2010); BVerfG, Beschluss der 2. Kammer des Ersten Senats vom 22. Mai 2019 – 1 BvQ 42/19 –, Rn. 15, 19 mit Verweis auf BVerfGE 148, 267 – Stadionverbot (2018); dazu *Michl*, JZ 2018, S. 910; in jüngerer Zeit einen Rechtsprechungswandel diagnostizierend etwa *Kulick*, Horizontalwirkung im Vergleich, 2020, S. 7, 185 ff.; *Barczak*, Konstitutionalisierung der Privatrechtsordnung, in: Scheffczyk/Wolter (Hrsg.), Linien der Rechtsprechung des Bundesverfassungsgerichts, Bd. 4, 2017, S. 91; *Jobst*, NJW 2020, S. 11; *Neuner*, NJW 2020, S. 1851; *Muckel*, VVDStRL 79, S. 246 (273 ff.); grundlegend zum Problem *Böckenförde*, Freiheitssicherung gegenüber gesellschaftlicher Macht, in: ders./Gosewinkel (Hrsg.), Wissenschaft, Politik, Verfassungsgericht, 3. Aufl. 2019, S. 72 ff.

2 Einen Unterschied verneinend BVerfGE 154, 152 (225 Rn. 105) – Auslandsfernmeldeaufklärung (2020): „neue technische Entwicklungen und sich hierdurch ergebende Kräfteverschiebungen ... wandelnde Bedeutung der Nachrichtendienste im Zuge der Fortentwicklung der Informationstechnik und des hiermit möglich gewordenen Ausgriffs auf das Ausland".

3 Siehe dazu BVerfGE 154, 152 (260 ff. Rn. 193 ff.).

4 Zu diesen Verschleifungen und dem Risiko eine Verantwortungsaushöhlung BVerfGE 154, 152 (220 Rn. 96; 278 ff. Rn. 243 ff.); für eine an klassischen Beherrschungs- und Verantwortungsstrukturen orientierte Linie EGMR v. 12.12.2001, Nr. 52207/09 – Bankovic, Rn. 59 ff.; in eine ähnliche Richtung mit Blick auf die Amtshaftung BGH, Urteil vom 6. Oktober 2016 – III ZR 140/15 –, Rn. 33 – 39. – Kunduz-Einsatz; zur verfassungsgerichtlichen Entscheidung in dieser Sache siehe *Salomon*, Auslandseinsätze der Bundeswehr in Verfassungsrecht und Verfassungspraxis, in diesem Band, S. 487 (543 ff.)

5 Aus diesem Grund die deutsche Horizontalwirkungsdogmatik als zu staatszentriert für den internationalen Handlungsraum digitaler Intermediäre ablehnend *Kulick*, AÖR 145 (2020), S. 649 (671 f.); die Erwägungen zur Begründung einer Horizontalwirkung der Grund- und Menschenrechte (s. unten III. 3. a) funktionieren jedoch unabhängig vom staatlichen Gewaltmonopol und gerichtlichen Interventionen ebenso als Anforderungen an die rechtliche Gestaltung des internationalen Wirtschaftsraums.

Akteurs und grundrechtlicher Bindung, die als Leitidee das gemeinsame Fundament der klassischen Grundrechtsgeltungs- und -wirkungslehren bildet, ist damit zumindest in Frage gestellt bzw. aktualisierungsbedürftig. Entsprechend nimmt es nicht wunder, dass Fragen der Grundrechtsgeltung und Grundrechtswirkungen in der jüngeren Rechtsprechung vermehrt an die Oberfläche gespült werden. Dieses Anschauungsmaterial soll, beginnend mit der Fraport-Entscheidung,[6] im Weiteren auf gemeinsame Linien, Tendenzen und mögliche Probleme untersucht werden.

2. Gemeinsame Linien als Hoffnung und Petitum

Die angedeuteten Fragen sind allerdings disparat und im Einzelnen unterschiedlichen Antworten zugänglich. Die Frage der Grundrechtsbindung mehrheitlich öffentlich gehaltener Unternehmen[7] muss nicht denselben Erwägungen folgen wie die Entscheidung über den territorialen Geltungsbereich der Jedermannsgrundrechte.[8] Sie muss auch nicht in Verbindung stehen mit der Frage, in welchen Konstellationen private Ausschlussbefugnisse und -entscheidungen den Regelungsansprüchen bestimmter Grundrechte unterliegen.[9] Dennoch steht zu hoffen, dass die geschilderten Fragen gemeinsamen Ausrichtungen gehorchen. Bereits der Anspruch der Herausarbeitung allgemeiner Grundrechtslehren, also eines allgemeinen Teils, der die Handhabung der grundrechtlichen Einzelgarantien durchzieht, strukturiert, kritisierbar und vermittelbar macht, fußt auf der Annahme gemeinsamer Motive und Gleichförmigkeiten, die durch theoretisch-dogmatische Konstruktion hergestellt bzw. herausgearbeitet werden können und sollen.[10] Auch innerhalb der herausgeschälten „allgemeinen Lehren" sollten die

---

6 BVerfGE 128, 226; zu einer Analyse einiger Aspekte s. bereits *Burkizcak*, Grundrechtswirkungen zwischen Privaten, in: Becker/Lange (Hrsg.), Linien, Bd. 3, 2014, S. 115 (134 ff.); *Hammer/ Wiedemann*, Das Grundrecht auf Versammlungsfreiheit, in: Becker/Lange (Hrsg.), Linien, Band 3, 2014, S. 219 (236 ff.); *Barczak*, a.a.O. (Fn. 1), S. 91 (113 ff).

7 BVerfGE 128, 226.

8 BVerfGE 154, 152.

9 Art. 3 Abs. 1 GG: BVerfGE 148, 267; Art. 3 Abs. 3: BVerfG, Beschluss der 2. Kammer des Ersten Senats vom 27. August 2019 – 1 BvR 879/12 – Voigt; Art. 8 GG: BVerfGE 128, 226.

10 Man wird das Genre der allgemeinen Grundrechtslehren als Theorie mittlerer Abstraktionshöhe bezeichnen können, s. dazu *Lepsius*, Relationen auf mittlerer Ebene, in: Kühl (Hrsg.), Zur Kompetenz der Rechtsphilosophie in Rechtsfragen, 2011, S. 21 (22 ff.); der Verhältnismäßigkeitsgrundsatz ist wohl das Paradebeispiel solcher Theoriebildung, s. dazu *ders.*, Chancen und Grenzen des Grundsatzes der Verhältnismäßigkeit, in: *Jestaedt/ders.* (Hrsg.), Verhältnismäßigkeit, 2014, S. 1 (18 f.).

einzelnen dogmatischen Sätze im besten Fall nicht unverbunden nebeneinanderstehen, sondern ein mehr oder weniger stimmiges Ganzes bilden. Das heißt beispielsweise, dass die Antwort auf die Frage, für welche Akteure die Grundrechte gelten, damit in Verbindung stehen sollte, warum sie überhaupt gelten und in welchen Konstellationen sie – etwa räumlich – zur Anwendung kommen (Auslandsgeltung). Im Kontext einer Verfassung, also einer dem Anspruch nach umfassenden rechtlich-politischen Rahmenordnung des Gemeinwesens, noch mehr innerhalb ihres von einem einzigen Ausschuss vorbereiteten und ausgearbeiteten Grundrechtsteils, erscheint diese allgemeine Kohärenzerwartung und -unterstellung auch normativ berechtigt.[11]

In einem Rechtsbereich wie dem Verfassungsrecht, dessen Entwicklung in großem Umfang durch gerichtliche Interventionen vorangetrieben wurde und wird,[12] trifft diese Erwartung nicht nur die dogmatische Rechtswissenschaft, sondern auch die Rechtsprechung. Dementsprechend liegt meinem Beitrag die Hoffnung zugrunde, dass die jüngere verfassungsgerichtliche Rechtsprechung zu Fragen der allgemeinen Grundrechtslehren diesem Anspruch gerecht wird und gemeinsame Linien erkennen lässt. Diese Erwartung nährt sich auch davon, dass die untersuchten Entscheidungen ganz überwiegend dem Ersten Senat entstammen, in einen Zehnjahreszeitraum fallen und vom selben Berichterstatter, Johannes Masing, federführend verantwortet wurden. Die Hoffnung auf gemeinsame Linien entspringt schließlich der Beobachtung, dass die Entscheidungen an zentralen Stellen teils wortlautidentische Ausführungen und wiederkehrende Leitmotive (Freiheitsvermutung, Rechtfertigungslasten, Entsprechungs-These) erkennen lassen.

---

11 Zur Kritik an übermäßiger Kohärenzerwartung allerdings *Müller*, Einheit der Verfassung – Kritik des juristischen Holismus, 2007, S. 225–236.

12 Siehe *Schlink*, DER STAAT 28, S. 161 (163); *C. Schönberger*, Bundesverfassungsgerichtspositivismus – Zu einer Erfolgsformel Bernhard Schlinks, in: FS-Schlink, 2014, S. 41 ff.; *Lepsius*, DER STAAT 52 (2013), S. 157 (165) m.w.N.

II. Das Korollar-Dogma: Fraport, Auslandsfernmeldeaufklärung

1. Die Entsprechung politischer Verantwortung und grundrechtlicher Bindung

Erste und offenkundigste Linie, die der Senat in seiner Fraport-Entscheidung konstatiert[13] und seitdem fortgeführt hat, ist das Entsprechungsverhältnis von Gemeinwohlverantwortung und Grundrechtsbindung. Jedes Handeln, das mit dem Anspruch auftritt, im Namen aller zu erfolgen, unterliegt unabhängig von seiner Form und organisatorischen Einbindung den Grundrechten. Grundrechtsbindung und politische Entscheidungsverantwortung korrelieren miteinander.

Schon das Sondervotum in der Fraport-Entscheidung macht allerdings deutlich, dass damit im Ergebnis nur die Frage verschoben wird.[14] Denn auch die Frage, wofür politische Entscheidungsverantwortung besteht bzw. zu übernehmen ist, beantwortet sich nicht von selbst. Die Senatsmehrheit stellt hier nominell auf die „Beherrschung" gemischtwirtschaftlicher Unternehmen durch die öffentliche Hand ab.[15] In der Sache lässt sie allerdings die Mehrheitsverhältnisse genügen, ohne auf die Existenz verbindlicher Koordinationsmechanismen zwischen den öffentlichen Anteilseignern abzustellen.[16] Damit stellt der Senat nicht auf Beherrschung durch die öffentliche Hand in einem substantiellen Sinn ab, sondern auf Beherrschbarkeit. Für die unmittelbare Grundrechtsbindung entscheidend ist nicht, ob das Unternehmen tatsächlich von staatlichen Anteilseignern beherrscht wird, sondern ob es beherrscht werden müsste. Diese Frage wiederum macht das Gericht davon abhängig, ob die Allgemeinheit für diese Unternehmung Verantwortung übernehmen muss, was ab einer rechnerischen Mehrheit anzunehmen sei. Diese Setzung, dass ab einer Vereinigung von mehr als fünfzig Prozent der Anteile auf öffentliche Eigner politische Verantwortung für ein privatrechtlich verfasstes Unternehmen zu übernehmen ist, steht im Zentrum der Entscheidung. Im Einzelnen begründet wird diese Verantwortungszuschreibung dennoch nicht. Ein Grund wird immerhin angedeutet: Staatlichen Stellen stehe es

---

13 BVerfGE 128, 226 (244): „Grundrechtsgebundene staatliche Gewalt ... ist danach jedes Handeln staatlicher Organe oder Organisationen, weil es in Wahrnehmung ihres dem Gemeinwohl verpflichteten Auftrags erfolgt".

14 BVerfGE 128, 226 (269 ff.) – Sondervotum Schluckebier.

15 BVerfGE 128, 226 (246): „Ein gemischtwirtschaftliches Unternehmen unterliegt dann der unmittelbaren Grundrechtsbindung, wenn es von den öffentlichen Anteilseignern beherrscht wird."

16 So die Kritik des Sondervotums BVerfGE 128, 226 (270 ff.).

nicht zu, ihre Angelegenheiten und wirtschaftlichen Entscheidungen nach privater Willkür zu gestalten.[17] Sie dürfen daher – so offenbar die Logik – ihre Angelegenheiten nicht so organisieren, dass sie eine grundsätzlich bestehende Beherrschungsmöglichkeit nicht auch tatsächlich operationalisieren. Vielmehr verausgaben sie öffentliche Mittel, wofür politische Verantwortung zu übernehmen ist und wobei sie – das wird vorausgesetzt, aber nicht begründet – möglichst viel aus diesen Mitteln zu machen haben. Im Ergebnis sticht hier also die Verantwortungszuschreibung zur Allgemeinheit den Aspekt der faktischen Kontrolle und Beherrschung des privatrechtlich verfassten Unternehmens bzw. lässt ihn zur Nebensache werden.

Diese Linie hat das Gericht zuletzt in seinen Entscheidungen zum Recht auf Vergessen[18] und zur Auslandsgeltung der Grundrechte bekräftigt. Maßgeblich für die Erstreckung der Grundrechte auf im Ausland befindliche Ausländerinnen ist im BND-Urteil die organisatorische, personelle und finanzielle Zuordnung extraterritorialer Überwachungsaktivitäten des Bundesnachrichtendienstes zum deutschen Staat:

> „Grundrechtsgebundene staatliche Gewalt ... ist danach jedes Handeln staatlicher Organe oder Organisationen, weil es in Wahrnehmung ihres dem Gemeinwohl verpflichteten Auftrags erfolgt ... Die Bindung an die Grundrechte und die politische Entscheidungsverantwortung sind unhintergehbar miteinander verknüpft".[19]

Grundrechtsbindung ist erneut Korollar politischer Entscheidungsverantwortung. Das, wofür politisch Verantwortung zu übernehmen ist, knüpft personell-organisatorisch, nicht sachlich an: Zugehörigkeit der jeweils Handelnden zur Organisation „Staat" durch hierarchische Einbindung, Personalverantwortung, Organisationshoheit, Finanzhoheit usw., nicht durch eine spezifische Form der Machtentfaltung. Eine Rückbindung der Grundrechtsbindung an faktische Kontrolle, in diesem Fall an den territorialen Zugriff auf die Überwachungsbetroffenen

---

17 BVerfGE 128, 226 (249): „... verwehren öffentlich beherrschten Unternehmen insbesondere, sich auf die Subjektivität gewillkürter Freiheit zu berufen".

18 BVerfGE 152, 152 (169 Rn. 42) – Recht auf Vergessen I (2018): „Die Bindung an die Grundrechte ist danach ein Korollar der politischen Entscheidungsverantwortung, entspricht also der jeweiligen legislativen und exekutiven Verantwortung"; auch die bundesverfassungsgerichtliche Kontrolle konkreter Rechtsanwendungsakte anhand der Unionsgrundrechte bei Umsetzung von Recht, das auf unionaler Ebene determiniert und damit politisch zu verantworten ist, verknüpft politische Verantwortlichkeit und grundrechtliche Bindung, s. dazu BVerfGE 152, 216 (233 ff. 42 ff.) – Recht auf Vergessen II (2018).

19 BVerfGE 154, 152 (218 Rn. 91).

und deren Unterworfenheit unter deutsche Hoheitsgewalt verwirft der Senat noch deutlicher als in der Fraport-Entscheidung.[20]

Damit geht die Entscheidung weiter als sie in Anbetracht des Falles hätte gehen müssen. Zur Begründung einer Grundrechtsbindung der konkret in Rede stehenden Aktivitäten hätte es genügt, auf die hoheitliche Form des Überwachungszugriffs abzustellen. Denn der Ablauf der strategischen Telekommunikationsüberwachung unterscheidet sich nicht je nach Aufenthaltsort der betroffenen Personen, sondern – wenn überhaupt – nach Ort des Ausleitungs- und Auswertungsgeschehens. Die dem BND zugänglichen und von ihm ausgewerteten Datenströme führen Kommunikationsdaten von Personen aus der ganzen Welt.[21] Der Ausleitungsort sagt daher nichts darüber aus, in Bezug auf wessen Kommunikation sich die staatliche Aufklärungstätigkeit entfaltet. Diese Überwachung und Auswertung der Telekommunikation von Personen, die sich auf der ganzen Welt bewegen, setzt der BND durchweg hoheitlich ins Werk, also kraft ihm zustehender Sonderrechte. Im Inland beruht dieser privilegierte Zugriff unmittelbar auf der Rechtsetzungs- und Anordnungsgewalt staatlicher Stellen, mittels derer sich der BND über Ausleitungsanordnungen oder andere technische Empfangseinrichtungen faktischen Zugriff auf Datenströme verschaffen kann und nach deutschem Recht auch darf.[22] Im Ausland beruht der privilegierte Datenzugriff staatlicher deutscher Stellen und des BND im Besonderen auf den zahlreichen Vergünstigungen, die Staaten einander gewähren, etwa über Überwachungskooperationen,[23] staatlich tolerierte Ausleitungen durch Private[24] oder Abfangeinrichtungen auf exterritorialem Boden[25]. Die derart zugänglich gemachten Daten können dann – auf ausländischem Boden oder im Inland – ungestört und vor allem rechtlich abgesichert nach den staatlich gesetzten Regeln ausgewertet und verwertet werden. All das sind Privilegien staatlicher Stellen und staatlicher Ge-

---

20 BVerfGE 154, 152 (216 f. Rn. 90): „Die Bindung an die Grundrechte ... beschränkt sich auch nicht auf Konstellationen, in denen der Staat den Betroffenen als mit dem Gewaltmonopol versehene Hoheitsmacht gegenübertritt"; (220 Rn. 96): „Demgegenüber gewährleistet die Anknüpfung der Grundrechtsbindung an den Staat als politisch legitimiertes und rückgebundenes Handlungssubjekt, dass der Grundrechtsschutz auch einer internationalen Ausweitung staatlicher Aktivitäten folgt"; (227 Rn. 110): „Indem Art. 1 Abs. 3 GG an den Staat als Handlungssubjekt anknüpft, trägt er demgegenüber auch solchen neuen Gefährdungspotentialen Rechnung"; in die gegenteilige Richtung prominent Gärditz, Die Rechtsbindung des Bundesnachrichtendienstes im Ausland, Die Verwaltung 48 (2015), S. 463, 474 ff.

21 BVerfGE 154, 152 (184 ff. Rn. 15 ff.; 226 Rn. 109; 241 f. Rn. 148).

22 Vgl. dazu BVerfGE 154, 152 (180 f. Rn. 10).

23 Vgl. BVerfGE 154, 152 (182 Rn. 12; 189 f. Rn. 16 ff.).

24 Vgl. BVerfGE 154, 152 (188 Rn. 24).

25 Vgl. BVerfGE 154, 152 (188 Rn. 24): 40 Prozent Auslandserfassungen.

walt.[26] Ein Abstellen darauf, dass es deutsche Stellen sind, die die politische Entscheidungsverantwortung für die Überwachungstätigkeit des BND tragen, wäre also gar nicht nötig gewesen, um diese Tätigkeit an die Grundrechte davon betroffener, im Ausland lebender Ausländerinnen zu binden. Es hätte genügt, den hoheitlichen, auf staatlichen Sonderrechten beruhenden Charakter der Überwachungstätigkeit herauszuarbeiten. Dies gilt umso mehr, als der Senat erneut voraussetzt, aber nicht begründet, dass die politische Entscheidungsverantwortung für Überwachungsaktivitäten des BND bei deutschen staatlichen Stellen liegt.

2. Das Argument von der Entscheidungsverantwortung

In der Verschiebung von der Frage der Grundrechtsbindung auf die Frage der politischen Entscheidungsverantwortung liegt eine Umkehrung der üblichen Fragerichtung: Während man beim grundrechtlichen Vorbehalt des Gesetzes aus der Existenz eines Grundrechtseingriffs die staatliche Rechtfertigungspflicht und das Legitimationsbedürfnis durch ein Gesetz herleitet, schließt man hier in entgegengesetzter Richtung. Aus der politischen Entscheidungsverantwortung, der allgemeinen Pflicht, für die Handlungen der politischen Gemeinschaft und ihrer Organe Rechenschaft abzulegen, schlussfolgert der Senat – mittels des Korollar-Dogmas – auf die Geltung der Grundrechte zugunsten aller mit deutschem Staatshandeln in Berührung kommender Personen.

Dieser schlüssig daherkommende Gleichlauf politischer und grundrechtlicher Rechtfertigung unterschlägt allerdings, dass diese jeweils unterschiedlichen Stellen geschuldet sind. Die politische Rechtfertigung geschieht gegenüber allen und durch alle Staatsbürgerinnen. Die grundrechtliche Rechtfertigung gebührt den jeweils betroffenen Grundrechtsträgerinnen. Sehr unterschiedlich gelagerte und begründete Rechtfertigungslasten werden so miteinander verknüpft. Um als Argument zu funktionieren, setzt das Korollar-Dogma zudem gedanklich voraus, dass wir über die Zuweisung politischer Entscheidungsverantwortung für ein bestimmtes Verhalten mehr Klarheit haben als über die Frage, wem welche Grundrechte zustehen. Das könnte auf den ersten Blick fraglich erscheinen: Während die Grundrechte ihren Geltungsanspruch (Art. 1 Abs. 3 GG) Inhalt (Schutzgüter) und die Trägerschaft (Deutschen vs. Menschenrechte) vergleichsweise scharf bestimmen, sucht man den Begriff der „politischen Entscheidungsverantwortung“ im Grundgesetz vergeblich. Auch Anhaltspunkte in Dog-

26 Zu den Spezifika staatlicher Gewalt s. *Poscher*, Ratio Juris 20 (2016), S. 311–322.

matik und Rechtsprechung zur Figur der Entscheidungsverantwortung sind eher spärlich.[27] Warum also funktioniert das Argument von der „politischen Entscheidungsverantwortung“?

Der springende Punkt liegt gerade darin, dass das dem Grundgesetz entnommene Entsprechungsverhältnis Rechtfertigungspflichten definitorisch miteinander verknüpft, die auf unterschiedlichen Ebenen liegen und nicht immer gleichermaßen auf der Hand liegen. Die demokratisch fundierten Rechtfertigungspflichten erscheinen auf Ebene abstrakt-genereller Politiken regelmäßig evident: Gegenüber wem und von wem, wenn nicht vor und von uns allen, sind allgemeine Politiken und Entscheidungen eines demokratisch organisierten Gemeinwesens wie die Einrichtung und Durchführung bestimmter Überwachungsprogramme zu verantworten? Demgegenüber ist weniger klar, was Begriffe wie „demokratische Verantwortung“, „Verantwortungsübernahme“ und „Legitimation“ in individuellen Handlungskontexten – etwa hinsichtlich der Steuerung eines bestimmten Suchbegriffs durch den BND in einem automatisierten Auswertungsprozess – bedeuten und praktisch eintragen.[28] Auf dieser Ebene sind grundrechtlich fundierte Anforderungen und Rechtfertigungspflichten in ihrer Relevanz für das staatliche Verhalten aussagekräftiger und praktisch einträglicher. Die grundrechtlichen Rechtfertigungspflichten gegenüber den Betroffenen sehen wir hier schärfer. Sie strukturieren dem Anspruch nach den konkreten

27 Naheliegend wäre die Anknüpfung an die Formel zur Bestimmung des Anwendungsbereichs des demokratischen Prinzips (Legitimationsobjekt = staatliches Handeln mit Entscheidungscharakter), siehe dazu BVerfGE 83, 60 (73) – Ausländerwahlrecht II (1990); zur Systematisierung s. *Jestaedt*, Demokratieprinzip und Kondominialverwaltung, 1993, S. 226 ff.; diese in Anknüpfung an *Böckenförde*, § 22: Demokratie als Verfassungsprinzip, in: *Isensee/Kirchhof* (Hrsg.), HdbdStR, Bd. I, 1987, S. 887, geprägte Kategorie bringt allerdings für faktisches Staatshandeln ohne klare Untergliederungen wie die informationsverarbeitende und auswertende Tätigkeit des BND wenig Klarheit. Ist etwa die Steuerung eines bestimmten Suchbegriffs oder die elektronische Einspeisung einer ganzen Liste von Suchbegriffen ein solches „Verhalten mit Entscheidungscharakter“? Wie ist es mit einer Teambesprechung, in deren Rahmen verschiedene Suchbegriffe auf Erforderlichkeit und nachrichtendienstliche Tauglichkeit diskutiert werden?

28 Auf das Problem des geringen Ertrags auf Anwendungsebene reagiert bekanntlich die „Legitimationsketten“-Dogmatik (siehe dazu Böckenförde, a.a.O. (Fn. 27), Rn. 11 ff.), die sich allerdings international wenig durchsetzen konnte und zuletzt auch vom BVerfG erheblich relativiert wurde, s. BVerfGE 151, 202 – Europäische Bankenunion (2019) (im Ergebnis ausreichende Legitimation unabhängiger Agenturen trotz „Einflussknicken“ (Leitsatz 2) und „prekärer“ Legitimation (Leitsatz 3); zur Kritik dieser Dogmatik *Lassahn*, Rechtsprechung und Parlamentsgesetz, 2017, S. 101 ff.; 113 ff.

nachrichtendienstlichen Überwachungs- und Auswertungsprozess.[29] Das Korollar-Dogma sichert ab, dass wir überall dort, wo wir eine der beiden Rechtfertigungspflichten vor Augen haben, immer auch die korrespondierende, in einem anderen Verhältnis liegende Rechtfertigungspflicht mitdenken. Weil wir wissen, dass etwas (die Überwachungsaktivitäten des BND) politisch verantwortet werden muss, wissen wir, dass es auch grundrechtlich gegenüber den Betroffenen zu verantworten ist (Fraport- und BND-Entscheidung). Weil wir wissen, dass etwas grundrechtlich gegenüber den Betroffenen zu verantworten ist („Eingriff in grundrechtliche Freiheit und Gleichheit"), muss es auch politisch verantwortet werden (Vorbehalt des Gesetzes; Wesentlichkeitslehre).

Für die Annahme der Geltung der Grundrechte gegenüber dem auswärtigen Handeln des BND ist es daher nicht erforderlich, den Begriff der „politischen Entscheidungsverantwortung" näher auszubuchstabieren. Man muss nicht im Einzelnen prüfen, ob ein bestimmtes Verhalten einer BND-Beamtin im Rahmen der strategischen Fernmeldeaufklärung eines ist, für das „Entscheidungsverantwortung" zu übernehmen ist. Vielmehr genügt es, die politische Entscheidungsverantwortung für das Aufklärungshandeln insgesamt zu konstatieren, um für jedes einzelne Verhalten in diesem Rahmen, das nach allgemeinen Maßstäben einen Grundrechtseingriff darstellt,[30] eine grundrechtliche Rechtfertigungspflicht gegenüber allen derart Betroffenen auszulösen. Auf diese Weise wurde die auf der Hand liegende demokratische Rechtfertigungspflicht in eine weniger offenkundige und jedenfalls strittige generelle grundrechtliche Rechtfertigungspflicht übersetzt. Diese steht dann – erst einmal abstrakt anerkannt – nach ihren jeweiligen Kriterien (Schutzbereich, Eingriff usw.) für sich und braucht nicht immer wieder aufs Neue demokratisch hergeleitet zu werden. Insofern überzeugt es, dass sich der Senat mit der Definition der „politischen Entscheidungsverantwortung" nicht näher befasst hat.

3. Definitorischer Charakter und Grund der Verknüpfung

Eine Leerstelle beider Entscheidungen betrifft allerdings die Frage nach dem Grund der Verknüpfung. Wieso korreliert mit politischer Verantwortung Grundrechtsbindung? Wären Grundrechte und die Bindung an sie verzichtbar, wenn

---

29 Siehe zur zentralen Forderung nach einer Strukturierung der strategischen Überwachung durch hinreichend konkrete Festlegungen („Aufklärungsprojekte") BVerfGE 154, 152 (254 ff. Rn. 178 ff.).

30 Zum Eingriffscharakter aus jüngerer Zeit BVerfGE 148, 40 – Lebensmittelpranger (2018); 150, 244 – KFZ-Kennzeichenkontrolle II (2018).

staatliche Entscheidungen nicht im Namen aller, sondern im Namen Einzelner – etwa der jeweils handelnden Person – getroffen würden? Das ist aber falschherum gefragt. Nicht das eine ist der Grund des andern, sondern beide sind durch das Grundgesetz normativ miteinander verknüpft. Eine Entscheidung kann nur als „im Namen aller" gelten, wenn sie die im selben Atemzug im Namen aller proklamierten Grundrechte beachtet. Ein solches Entsprechungsverhältnis ist also stipuliert, definitorisch[31] und nicht gesondert begründungsfähig oder -bedürftig. Es braucht keinen Sachgrund jenseits der Selbstbindung aller Deutschen im Grundgesetz.

Diese Bindung ist dennoch nicht ohne Grund, worauf zumindest die BND-Entscheidung unter Betonung des erweiterten staatlichen „Handlungsradius"[32], der informationstechnischen Möglichkeiten des staatlichen „Ausgriffs auf das Ausland" [33] und der damit verbundenen grundrechtlichen Gefährdungen hindeutet. Die Organisation zu einem Staat in einer Verfassung schafft eine enorme Zusammenballung normativer und faktischer Macht. Der Organisation wird eine eminente Autorität zugeschrieben, die sich im Inland u. a. in einer allgemeinen Befugnis zu verbindlicher Rechtsetzung, in der Massierung finanzieller und personeller Mittel und selbstautorisierter Gewaltanwendung und deren weitgehender Monopolisierung niederschlägt.[34] Auch im internationalen Verkehr bringt sie vielerlei Rücksichten (Interventionsverbot; Staatenimmunität; Nachrichtendienstkooperationen usw.) und vor allem Anerkennung als gleichberechtigter Teilnehmer des Rechtsverkehrs, also selbstverständliche Rechtssubjektivität,[35] Handlungs- und Kommunikationsfähigkeit mit sich. Der BND und die Bundeswehr können im Ausland und gegenüber Ausländern im Ausland nur agieren, wie sie agieren, weil sie dem deutschen Staat zugerechnet werden. Eine derart mächtige Organisation und jedes Handeln in ihrem Namen sind daher nur mit Freiheit und Gleichheit der Einzelnen auf Dauer kompatibel, wenn sie sich besonderen Bindungen unterwerfen. In letzter Konsequenz entkoppelt der Senat die Grundrechtsbindung damit nicht von den besonderen Machtressourcen moderner

---

31 Beispiel für einen definitorischen Zusammenhang: Ein gleichseitiges Dreieck hat drei gleichgroße Innenwinkel. Auch hier ist nicht die Gleichseitigkeit „Grund" der Gleichwinkligkeit und vice versa.

32 BVerfGE 154, 152 (220 Rn. 96).

33 BVerfGE 154, 152 (225 Rn. 105).

34 Zusammenfassend *Poscher*, a.a.O. (Fn. 26), S. 314 ff. m.w.N.; siehe auch *Kelsen*, Reine Rechtslehre, Studienausgabe der 2. Auflage 1960, 2017, S. 501–508.

35 Zur (relativen) Mediatisierung der Einzelnen im Völkerrecht s. etwa *Kelsen*, a.a.O. (Fn. 34), S. 560 ff.; zur relativierenden verfassungsgerichtlichen Bestätigung des Grundsatzes siehe jüngst BVerfG, Beschluss der 2. Kammer des Zweiten Senats vom 18.11.2020 – 2 BvR 477/17 –, Rn. 18 f. – Kunduz-Einsatz.

Staaten und den aus ihnen folgenden Gefahren für Freiheit und Gleichheit. Die primär personell-organisatorische Anknüpfung der Grundrechtsbindung schafft lediglich ein vergleichsweise scharfes Abgrenzungskriterium. Zugleich reagiert sie darauf, dass staatliche Machtanballung und -ausübung auch dort rechtfertigungspflichtig bleiben, wo sie vermittelter und hintergründiger daherkommen als die klassische Ausübung von Befehl und Zwang im Inland. Die formale, personell-organisatorische Anknüpfung der Grundrechtsbindung führt im Ergebnis nur dazu, materielle Grundrechtsgefahren vollständiger zu erfassen, als es einer an die jeweiligen Handlungsformen anknüpfenden Grundrechtsbindungsdogmatik möglich wäre.

4. Zwischenfazit

In der jüngeren Senatsrechtsprechung lässt sich damit eine vorherrschende Linie ausmachen, die die Grundrechtbindung und deren Reichweite eng mit politischer Entscheidungsverantwortung verknüpft und dabei formal personell-organisatorisch anknüpft. Grundrechtsbindung und die mit ihr korrespondierenden Berechtigungen müssen nicht durch besondere Umstände, Gefährdungslagen oder Hoheitsunterworfenheit verdient werden. Die definitorische Verknüpfung politischer und grundrechtlicher Rechtfertigungspflichten erweist sich als grundrechtssichernder Kniff: Bei allem, für das wir politische Handlungsmacht beanspruchen wollen – und das ist tendenziell vieles, hängen wir in der Grundrechtsbindung. Das hält uns davon ab, uns beschwerlicher Bindungen nach Möglichkeit zu entledigen.

III. Sachlich-räumlich begründete Grundrechtsbindung und Konzeptansatz – Fraport, Bierdosen-Flashmob, Stadionverbot, Voigt, Dritter Weg

Ungeachtet dieser Weichenstellung in Richtung einer formalen, personell-organisatorischen Anknüpfung der Grundrechtbindung weist die Fraport-Entscheidung mit einem umfänglichen obiter dictum zur Rolle privater Infrastrukturanbieter[36] und mit der Figur des Ortes „allgemeinen kommunikativen Verkehrs“ bzw. „öffentlichen Forums“ [37] auch in eine etwas andere Richtung.

1. Raumbezogene Differenzierung von Grundrechtswirkungen

Im Ausgangspunkt ist das „öffentliche Forum“ allerdings nur eine dogmatische Figur im Rahmen des Artikel 8 GG. Sie soll klären, ob eine bestimmte Örtlichkeit für Versammlungen in Anspruch genommen werden kann.[38] Der Frage der Grundrechtsgeltung und der allgemeinen Grundrechtswirkungen erscheint die Figur damit als grundrechtsspezifische Sonderdogmatik eigentlich nachgelagert. Sie erfüllt zudem formell betrachtet – was in der Rezeption häufig unterschlagen wird –[39] eine grundrechtsbegrenzende Funktion: Zusätzlich zu den sonstigen Tatbestandmerkmalen des Artikel 8 GG werden objektiv zu ermittelnde Eignung und Bestimmung des in Anspruch genommenen Raums für das Abhalten einer Versammlung zur Voraussetzung der grundrechtlichen Schutzes gemacht.[40] Darin erinnert die Figur an Versuche eines schärferen Zuschnitts grundrechtlicher Gewährleistungsgehalte, wie sie das BVerfG beispielsweise in seiner Entscheidung zum Sprayer von Zürich[41] und später unter Federführung Hoffmann-Riems unternommen hat.[42] Auch der weitere Verlauf der Entscheidung weist zunächst in Richtung einer Deutung des „öffentlichen Forums“ als Sonderdogmatik: Bei der Prüfung einer Verletzung des Art. 5 Abs. 1 Satz 1 GG weist das Gericht den Rekurs auf diese Rechtsfigur auf Schutzbereichsebene zurück. Die Meinungsfreiheit komme überall dort zur Geltung, wo man sich – berechtigter oder unberechtigter Weise – aufhalte.[43]

36 BVerfGE 128, 226 (249 f.).

37 BVerfGE 128, 226 (251 ff.); unter Bezugnahme auf 505 U.S. 672 (1992), International Society for Krishna Consciousness (dort mit gegenteiliger Bewertung des Flughafens als nichtöffentliches Forum).

38 BVerfGE 128, 226 (251): „Demgegenüber verbürgt die Versammlungsfreiheit die Durchführung von Versammlungen dort, wo ein allgemeiner öffentlicher Verkehr eröffnet ist“.

39 S. z. B. *Hong*, in: Peters/Janz (Hrsg.), Handbuch Versammlungsrecht, 1. Aufl. 2015, Kap. B, Rn. 36 ff.; *Fischer-Lescano*, in: Ridder u. a. (Hrsg.), Versammlungsrecht, 2020, VersFG SH, Rn. 6 ff.; ausgewogener etwa *Hammer/Wiedemann*, a.a.O. (Fn. 6), S. 237.

40 BVerfGE 128, 226 (251 ff.).

41 BVerfG, Beschluss des Vorprüfungsausschusses des Ersten Senats vom 19. März 1984 – 2 BvR 1/84 –, NJW 1984, S. 1293 (1294).

42 BVerfGE 105, 252 – Glykol (2002); 279 – Osho (2002); s. dazu näher *Rusteberg*, Der grundrechtliche Gewährleistungsgehalt, 2009.

43 BVerfGE 128, 226 (265).

Trotz dieser Vorbehalte löst die Figur des öffentlichen Forums die Frage des rechtlichen Rahmens einer rechtswirksamen Begrenzung grundrechtlich geschützter Verhaltensweisen aus einer formalen, primär personellen Anknüpfung und gelangt zu einer auf die Besonderheiten der jeweiligen Räumlichkeit abstellenden Formel.[44] Das Grundrecht der Versammlungsfreiheit wirkt danach – unmittelbar oder mittelbar, je nach Zurechenbarkeit des jeweils handelnden Akteurs zum Staat – überall und nur dort, wo ein allgemeiner kommunikativer Verkehr eröffnet wurde. Auch für die Meinungskundgabe ergeben sich Begrenzungen aus den faktischen Begebenheiten und der Widmung einer Örtlichkeit.[45] Damit erweitert das Gericht die Figur des öffentlichen Forums schon in der Fraport-Entscheidung zu einer über Art. 8 GG hinausgreifenden allgemeinen Dogmatik zur Bestimmung der Reichweite und Wirkung der Kommunikationsfreiheiten.[46] Maßgeblich für die Schutzbereichseröffnung (Art. 8 GG) oder die Gewichte im Rahmen der Rechtfertigung von Beschränkungen (Art. 5 GG) ist die anhand objektiver Begebenheiten zu bestimmende Eröffnung eines allgemeinen, also eines keinem spezifischen Zweck gewidmeten Verkehrs.

Diese Hinwendung zur Beschaffenheit von und grundrechtsspezifischen Gefährdungslage in bestimmten Räumen bekräftigt der Senat in Gestalt eines durch den Fall kaum veranlassten obiter dictums. Darin relativiert das Gericht seine formal anknüpfende, personell-organisatorische Herleitung der Grundrechtsbindung gemischtwirtschaftlicher Unternehmen, indem es auf die Möglichkeit staatsähnlicher Grundrechtsbindungen sozial mächtiger privater Akteure hinweist:

> „Je nach Gewährleistungsinhalt und Fallgestaltung kann die mittelbare Grundrechtsbindung Privater einer Grundrechtsbindung des Staates vielmehr nahe oder auch gleich kommen. Für den Schutz der Kommunikation kommt das insbesondere dann in Betracht, wenn private

44 *Fischer-Lescano*, a.a.O. (Fn. 39), Rn. 6, sieht in der Figur des öffentlichen Forums eine Materialisierung der Grundrechtsbindungsfrage in Anknüpfung an grundrechtsspezifische Gefährdungslagen und eine Abwendung von einer formalen Betrachtungsweise (Staat/Nicht-Staat).

45 BVerfGE 128, 226 (267): „Wie im öffentlichen Straßenrecht kann die Nutzung der Flughafenflächen zur Verbreitung von Meinungen nach Maßgabe funktionaler Gesichtspunkte begrenzt ... werden".

46 Die amerikanische public forum-Doktrin hat ebenfalls diesen allgemeinen Anspruch, s. ausführlich *Post*, Between Governance and Management, UCLA L. Rev. 34 (1987), 1712; indem das Gericht die Ausführungen zur Rolle privater Telekommunikationsdienstleister mit einem Hinweis auf „private Unternehmen ..., die einen öffentlichen Verkehr eröffnen und damit Orte der allgemeinen Kommunikation schaffen" schließt (BVerfGE 128, 226 [250]), entkoppelt es die Figur des Public Forum auch von physischen Räumen.

> Unternehmen die Bereitstellung schon der Rahmenbedingungen öffentlicher Kommunikation selbst übernehmen“.[47]

Unmittelbar im Anschluss daran stellt der Senat einen Zusammenhang zur Figur des „öffentlichen Forums“ her:

> „Wieweit dieses heute in Bezug auf ... die Freiheit der Meinungsäußerung auch für materiell private Unternehmen gilt, die ... Orte der allgemeinen Kommunikation schaffen, bedarf vorliegend keiner Entscheidung.“[48]

Gemeinsamer Punkt sowohl der Public Forum-Doktrin als auch des obiter dictums zur staatsähnlichen Grundrechtsbindung sozial mächtiger Privater besteht also darin, dass das Gericht – oberflächlich betrachtet –[49] von einer formalen, personell-organisatorischen Herangehensweise an Grundrechtsgeltungs- und -wirkungsfragen abrückt. Stattdessen geht der Senat davon aus, dass in bestimmten Situationen, Räumen oder Foren aufgrund grundrechtsgleicher Gefährdungslagen für potentielle Nutzerinnen besondere grundrechtliche Bindungen derjenigen bestehen, denen das Bestimmungsrecht über diese Räume zugewiesen ist. Diesen Weg hat das Gericht seitdem im Stadionverbotsbeschluss[50] und in mehreren Kammerentscheidungen[51] weiter beschritten, was im Folgenden näher aufgeschlüsselt wird. Wie häufig betont[52] schlummert in dieser Entwicklung großes Potential für Fragen der Grundrechtswirkungen im Digitalbereich. Diese stellen sich in Anbetracht mächtiger Kommunikationsintermediäre zuletzt immer drängender.[53]

---

47 BVerfGE 128, 226 (249 f.).

48 BVerfGE 128, 226 (250).

49 Zum Zusammenhang der beiden Linien unten III. 3. a.

50 BVerfGE 148, 267.

51 BVerfG, Beschluss der 3. Kammer des Ersten Senats vom 18. Juli 2015 – 1 BvQ 25/15 – Bierdosen-Flashmob; Beschluss der 2. Kammer des Ersten Senats vom 22. Mai 2019 – 1 BvQ 42/19 – Dritter Weg; Beschluss der 2. Kammer des Ersten Senats vom 27. August 2019 – 1 BvR 879/12 – Voigt.

52 Siehe etwa *Weinzierl*, Warum das Bundesverfassungsgericht Fußballstadion sagt und Soziale Plattformen trifft, JuWissBlog Nr. 48/2018, https://www.juwiss.de/48-2018/; *G. Wagner*, GRUR 2020, S. 329 (335) m.w.N.

53 Siehe ausführlich zum Einfluss der Intermediäre auf die Netzkommunikation *G. Wagner*, a.a.O. (Fn. 52), S. 331 ff.); *Klonick*, The New Governors, Harv.L.Rev. 131 (2018), S. 1598; *Schwartmann/Mühlenbeck*, ZRP 2020, S. 170.

2. Stadionverbot: Keine Grundrechtsrevolution

Der Stadionverbotsbeschluss betraf allerdings unmittelbar die gänzlich un-digitale Frage, ob ein von den in der DFL organisierten Stadionbetreibern, den Fußballclubs der 1. und 2. Bundesliga, ausgesprochenes bundesweites Stadionverbot gegenüber einem Fußballfan rechtliche Anerkennung finden konnte. Gegen den Fan war in der Vergangenheit ein strafrechtliches Ermittlungsverfahren wegen Verdachts des Landfriedensbruchs im Zusammenhang mit einem Fußballspiel anhängig gewesen. Dieses später wegen Geringfügigkeit eingestellte Verfahren nahm die DFL nach ihren Regularien zum Anlass für einen bundesweiten Ausschluss vom Besuch aller nationalen oder internationalen Spiele der in den deutschen Fußballprofiligen organisierten Vereine. Gegen die den Ausschluss bestätigende Entscheidung der Zivilgerichte erhob der Betroffene Verfassungsbeschwerde.

Der Senat verwirft zunächst eine Prüfung anhand des vom Beschwerdeführer geltend gemachten Persönlichkeitsrechts und seiner allgemeinen Handlungsfreiheit,[54] die in der Rechtsprechung zu Konstellationen struktureller Unterlegenheit im Vertragsrecht einen Anknüpfungspunkt gehabt hätte.[55] Das Grundrechtsproblem liege nicht in der Nichteröffnung einer Freiheitsbetätigung, sondern in der Schlechterstellung gegenüber der Allgemeinheit, der ein Stadionbesuch nach allgemeinen Regeln eröffnet gewesen sei. Maßgeblich seien deshalb Art. 3 Abs. 1 GG und dessen Wirkung im Privatrechtsverhältnis.[56] Dabei lässt der Senat allerdings nicht die allgemeine Verkehrseröffnung genügen, um den einseitigen Ausschluss gleichheitsrechtlich zu binden. Maßgeblich sei vielmehr zusätzlich die besondere Bedeutung des Profifußballs für die Teilnahme am gesellschaftlichen Leben.[57]

Nicht ganz klar ist, ob dieses über die allgemeine Verkehrsöffnung hinausgehende Kriterium der Teilhabebedeutsamkeit ein Spezifikum des allgemeinen Gleichheitssatzes ist oder ob darin eine generelle Verschärfung der Bedingungen liegt, unter denen der Senat grundrechtliche Bindungen im Privatrechtsverhältnis anzunehmen bereit ist. Sowohl pragmatische als auch dogmatisch-theoretische Gründe sprechen für Ersteres. Gleichheitsrechtliche Rechtfertigungslasten in Gestalt eines Sachgrunderfordernisses erscheinen schwer graduierbar und sind damit kaum einer Differenzierung zwischen mittelbarer und unmittelbarer

---

54 BVerfGE 148, 267 (275 Rn. 19).

55 BVerfGE 89, 214 – Ehegattenbürgschaft (1993).

56 BVerfGE 148, 267 (282 f. Rn. 38).

57 BVerfGE 146, 267 (283 f. Rn. 41).

Grundrechtswirkung zugänglich.[58] Zudem sind die Anforderungen des Art. 3 Abs. 1 GG gegenständlich unbegrenzt, worin sie sich von den speziellen Freiheitsrechten und auch von den besonderen Gleichheitssätzen unterscheiden. Wollte der Senat Privaten nicht in allen Fällen eines generellen Anbietens einer Leistung am Markt zumuten, nur aus sachlichen Gründen zu handeln, lag es daher praktisch nahe, die Voraussetzungen höher zu schrauben und auf ein überschaubares Set an Situationen zu begrenzen.

Aber auch in dogmatisch-theoretischer Hinsicht wäre es verkehrt, die vom Gericht aufgestellten Kriterien der Verkehrsöffnung und der Teilhabebedeutsamkeit – wie es die Formulierungen des Senats teils nahelegen –[59] als Beschränkung des Anwendungsbereichs des Gleichheitssatzes zu verstehen. Vielmehr führt gerade die Anwendung des allgemeinen Gleichheitssatzes zu diesen Kriterien. Der die (staatliche) Rechtsordnung verpflichtende Art. 3 Abs. 1 GG fordert von Privaten keine Gleichbehandlung im Rechtsverkehr.[60] Er verbietet aber der Rechtsordnung unter Umständen die Anerkennung einer rechtsverbindlichen Schlechterstellung Einzelner.[61] Der Gleichheitssatz ist damit ohnehin nur dort aufgerufen, wo Privaten – wie in Konstellationen der allgemeinen Verkehrsöffnung – eine fassbare Rechtsmacht verliehen ist, die Rechtsposition und Möglichkeiten anderer Personen verbindlich zu gestalten. In diesen Fällen werden einzelne Personen gegenüber anderen, die mit Blick auf die selbstgesetzten Leistungsbedingungen wesentlich gleich sind, rechtsverbindlich schlechter gestellt.[62] Wo eine solche rechtsverbindliche Schlechterstellung wesentlich Gleicher gegeben ist, muss sichergestellt sein, dass *die Rechtsordnung* Gleichheitsansprüche aller Beteiligten wahrt, also für die Zuweisung solcher Rechtsmacht einen Sachgrund hat. Demgegenüber ist – auch bei sozial Mächtigen – nicht geboten, dass die durch das Recht zur Entscheidung Berufenen gleichheitsgerecht verfahren.

Blickt man in dieser Weise auf die Stadionverbotsentscheidung, erweist sie sich als geradlinige Anwendung des Art. 3 Abs. 1 GG auf privatrechtlich struktu-

---

58 Ebenso *Michl*, a.a.O. (Fn. 1), S. 915.

59 BVerfGE 148, 267 (283 Rn. 41): „Gleichheitsrechtliche Anforderungen für das Verhältnis zwischen Privaten können sich aus Art. 3 Abs. 1 GG jedoch für spezifische Konstellationen ergeben. Eine solche Konstellation liegt dem hier in Frage stehenden bundesweit gültigen Stadionverbot zugrunde."

60 So der Grundsatz vgl. BVerfGE 148, 267 (Leitsatz 1).

61 Zum hier zugrunde gelegten Verständnis mittelbarer Grundrechtswirkungen siehe sogleich 3. a.

62 Der Vertrag wird zu den allgemeinen Bedingungen geschlossen oder nicht, das Hausverbot wird ausgesprochen oder nicht, das Konto wird gesperrt oder nicht.

rierte Interessenkonflikte. Das Erfordernis der allgemeinen Verkehrsöffnung konkretisiert den Interessengegensatz so, dass er sinnvollerweise als Gleichheitsproblem, also als rechtliche Ungleichbehandlung wesentlich Gleicher, verhandelt werden kann. Das Gleichheitsgebot ist dann auf die rechtliche Konfliktentscheidungsregel, also die Zuweisung des Ausschlussrechts, anwendbar. Geht es nicht um eine teilhabebedeutsame Leistung, ist die rechtliche Zuweisung eines Ausschlussrechts nach Belieben gleichheitsrechtlich zu rechtfertigen. Sie hat ihren allgemeinen Sachgrund in der Notwendigkeit privater Interessenzuordnungen und in der grundsätzlichen Unbedenklichkeit privater Präferenzentscheidungen in einer freiheitlichen Ordnung. Geht es hingegen um teilhabebedeutsame Leistungen, darf das Recht völlige Beliebigkeit bei der verbindlichen Entscheidung über die Leistungserbringung nicht mehr ohne Weiteres anerkennen. In einem solchen Ausschlussrecht, das ohne Rücksicht auf die Bedeutung der zugeordneten Leistung für die Grundrechtsentfaltung anderer zugewiesen würde, läge eine Verletzung grundrechtlicher Gleichheit *seitens der staatlichen Rechtsordnung*. Das Erfordernis eines Sachgrunds für die private Ausübung des Ausschlussrechts federt die Ungleichheit der Rechtspositionen zwischen ausschließender und ausgeschlossener Person wieder ab. Eine Rechtsregel, die den Zugang zu teilhabebedeutsamen Leistungen zwar privater Entscheidung überantwortet, diese Privaten aber im Gegenzug an die eigene Konzeptentscheidung bindet, ist nicht gleichheitswidrig. Das Erfordernis der Teilhabebedeutsamkeit ist damit keine „Anwendungsvoraussetzung" des allgemeinen Gleichheitssatzes im Privatrecht, sondern seine Folge. Dabei folgt die Bindung an sachliche Gründe nicht unmittelbar aus der Verfassung, sondern aus dem gerichtlich mitzugestaltenden und fortzuentwickelnden Fachrecht. Sie ist eine typische Technik der rechtlichen Einhegung besonders eingreifender privater Ausschlussrechte (z. B. Wohnungskündigung, Arbeitsvertrag, Darlehensvertrag)[63] und sollte nicht mit dem verfassungsunmittelbaren Sachgrunderfordernis des allgemeinen Gleichheitssatzes kurzgeschlossen werden.[64]

Aus dem Stadionverbotsbeschluss folgt daher erst recht nicht, dass sich andere Grundrechte nur unter verschärften Voraussetzungen (allgemeine Verkehrseröffnung und Teilhabebedeutsamkeit) auf die rechtliche Anerkennungsfähigkeit privater Konfliktentscheidungen auswirken. Die nach diesen Grundrechten im Rahmen des einfachen Rechts geschuldeten oder aber unzulässigen Gründe sind spezifischer, punktuell und berühren nicht die allgemeine bürgerliche Freiheit. Für

---

63 In diese Richtung auch BVerfGE 148, 267 (286 Rn. 47).

64 Insoweit dezidiert anders *Michl*, a.a.O. (Fn. 1), S. 915 ff.; Sachgrunderfordernis ist aber nicht gleich Sachgrunderfordernis; anders als bei staatlicher Gleichheitsbindung dürfte insbesondere eine intertemporale Bindungskomponente fehlen.

an Äußerungen knüpfende Ausschlussentscheidungen, z.B. durch soziale Netzwerke, bringt der Stadionverbotsbeschluss damit nichts revolutionär Neues. Dass die Kommunikationsgrundrechte für die rechtliche Anerkennung und Durchsetzung eines an Äußerungen und politische Tendenz knüpfenden Ausschlusses von bestimmten Äußerungs- und Verbreitungskanälen einen Maßstab abgeben, war schon vorher der Fall, eigentlich seit den Entscheidungen in den Fällen Lüth[65] und Blinkfüer[66].

Zu dieser zurückhaltenden Lesart der jüngeren verfassungsgerichtlichen Rechtsprechung passt, dass eine Kammer (des Zweiten Senats) in der sogenannten Blindenführhundentscheidung aus 2020[67] zu einer weitreichenden Drittwirkung des grundrechtlichen Gleichstellungsauftrags zugunsten behinderter Menschen gelangt ist. Man ließ sich also nicht davon irritieren, dass die Entscheidungen zum Stadionverbot und zum Fall Voigt die Wirkung der besonderen Gleichheitssätze im Privatrechtsverhältnis als ungeklärt angesehen hatten. [68] Das ist konsequent, weil hier nur umgesetzt wurde, was seit der Lüth-Entscheidung Stand der Drittwirkungsdogmatik ist: Spezifische grundrechtliche Grenzen betreffen auch private Rechtsverhältnisse, weil sie Anforderungen an durch Privatrecht gesetzte Konfliktentscheidungs*regeln* (etwa das Hausrecht, § 1004 BGB) stellen. Die Blindenführhundentscheidung ist nur insoweit neu, als sie spezialgleichheitsrechtliche Bindungen – jedenfalls soweit sie wie im Fall der Ungleichbehandlung aufgrund der Behinderung gesetzlich aufgegriffen[69] und verfassungsrechtlich durch ein aktives Gleichstellungsgebot unterstrichen wurden – in ihrer Wertigkeit und Bindungskraft den speziellen Freiheitsrechten gleichstellt.

3. Folgerungen für den grundrechtlichen Rahmen privat gesetzter Konfliktentscheidungen

Auch ohne revolutionäre Sprengkraft lohnt sich aber ein genauerer Blick auf die in den Entscheidungen Fraport und Stadionverbot aktualisierten dogmatischen Li-

---

65 BVerfGE 7, 198 (1958).

66 BVerfGE 25, 256 (1969). Besonders die Blinkfüer-Entscheidung zeigte früh, dass das Recht nicht ohne Grenzen hinnehmen kann, dass Vertragsfreiheit und wirtschaftliche Macht zur Unterdrückung bestimmter Auffassungen eingesetzt werden.

67 BVerfG, Beschluss der 2. Kammer des Zweiten Senats vom 30.1.2020 – 2 BvR 1005/18.

68 BVerfGE 148, 267 (283 Rn. 40); BVerfG, Beschluss der 2. Kammer des Ersten Senats vom 27.8.2019 – 1 BvR 879/12 –, Rn. 10.

69 Zur Bedeutung der Gesetzesmediatisierung besonders bei Gleichheitssätzen *Barczak*, a.a.O. (Fn. 1), S. 98; 101 ff. m.w.N.

nien zur Grundrechtswirkung im Privatrechtsverhältnis. Sie erlauben es, den grundrechtlichen Rahmen privat gesetzter verbindlicher Ausschluss- und Konfliktentscheidungen etwas präziser zu fassen. Praktische Bedeutung hat das insbesondere für die aktuell intensiv diskutierte Frage der Anforderungen an Löschungs- und Ausschlussentscheidungen seitens digitaler Plattformen.

a) Theoretischer Hintergrund: Kontrolle der rechtlichen Konfliktentscheidungsregel

Zunächst muss man sich angesichts der verbreiteten, zumeist alarmierten Rede von staatsähnlichen Grundrechtsbindungen Privater[70] in Erinnerung rufen, dass es in der Diskussion eigentlich nicht um grundrechtliche Bindungen privater Akteure geht, sondern um die rechtliche Anerkennungsfähigkeit privat gesetzter verbindlicher Konfliktentscheide. Die nach dem Recht bestehenden Gestaltungsbefugnisse (Kündigung, Hausverbot, verweigerter Vertragsschluss) bzw. deren rechtliche Gewährleistung, Bewehrung und Durchsetzung müssen sich vor den Grundrechten beider Seiten, die von einem Konfliktentscheid betroffen sind, rechtfertigen können.[71] Rechtfertigungslose Freiheit, das schlichte Draufloshandelnkönnen Privater[72] ist für die grundrechtliche Anerkennungsfähigkeit der zugrundeliegenden Konfliktentscheidungsregeln ein maßgeblicher Faktor und für viele Konstellationen auch das im Ergebnis herrschende Ordnungsprinzip. Sie ist aber nicht der einzige Gesichtspunkt. Denn selbst vermeintlich rein soziale, nicht unmittelbar auf rechtliche Durchsetzungsmechanismen angewiesene Macht, etwa die faktische Möglichkeit einer Kommunikationsplattform, ein Nutzerkonto zu sperren, ist in großem Umfang durch Recht ermöglicht. Dieses sichert den Plattformanbietern u.a. vertraglich versprochene Werbeeinnahmen, also das Geschäftsmodell, Domain-Exklusivität, physische Sicherheit der Serverinfrastruktur, ungestörte Service-Erbringung gegenüber elektronischen Angriffen wie einem

70 *Barczak*, a.a.O. (Fn. 1), S. 107 ff.; *Michl*, a.a.O. (Fn. 1), S. 910; *Hellgardt*, JZ 2018, S. 901.

71 Siehe dazu ausführlich *Poscher*, Grundrechte als Abwehrrechte, 2003, insb. S. 153 ff.; 272 ff.; *ders.*, Das Abwehrrecht an der Grundlinie des Liberalismus, in: Pias (Hrsg.), Abwehr – Modelle, Strategien, Medien, 2009, S. 81 ff.

72 Für die zentrale Bedeutung rechtfertigungsloser Freiheitsausübung in der jüngeren verfassungsgerichtlichen Judikatur siehe etwa BVerfGE 128, 226 (249 – unmittelbare Grundrechtsbindung); 148, 267 (283 Rn. 40 – Bedingungen der Gleichheitsbindung); 152, 152 (190 Rn. 87; 198 Rn. 107 – Gewährleistungsgehalt der informationellen Selbstbestimmung und des allgemeinen Persönlichkeitsrechts); 150, 244 (268 f. Rn. 51 – Konturierung des Eingriffsbegriffs); siehe auch *Masing*, Herausforderungen des Datenschutzes, NJW 2012, S. 2305 (2306 ff.); siehe hierzu unten IV.

Hacking und Vieles mehr. In welchem Umfang und wie solche – auch rechtlich konstituierte und stabilisierte – soziale Macht[73] eingesetzt werden darf, ist nicht grundrechtlich indifferent, eben weil – als Resultat rechtlicher Regeln – durch Entscheidungen Privater gegenseitige Freiheit rechtsverbindlich ausgestaltet wird.[74] Die Regeln, nach denen solche Rechtsmacht ausgeübt werden kann und damit mittelbar die in diesem Rahmen getroffenen verbindlichen Konfliktentscheide unterliegen daher grundrechtlichen Grenzen.[75] Rechtsordnungen wie die amerikanische, die die immer auch rechtliche Konstituierung, Verstetigung und Verstärkung sozialer Macht ausblenden und Grundrechtswirkungen im Privatrechtsverhältnis grundsätzlich nicht anerkennen,[76] normalisieren und naturalisieren damit im Ergebnis einen Zustand, der selbst als rechtliche Gestaltung gegenseitiger Freiheit grundrechtlich rechtfertigungsbedürftig ist.[77] Resultat dieser grundrechtlichen Rechtfertigungspflicht für rechtliche Konfliktentscheidungsregeln ist die „Drittwirkung" der Grundrechte.

Von dieser Drittwirkungslehre klassischer Prägung, die auf einer scharfen und formalen Abgrenzung zwischen gebundenem/r Staat bzw. Rechtsordnung[78] und nicht grundrechtsgebundenen Privaten beruht, weicht der Senat in seiner jüngeren

73 Rousseau, Du Contrat Social, 1762, Livre 1, Chap. III – Du droit du plus fort: „Le plus fort n'est jamais assez fort pour être toujours le maître, s'il ne transforme sa force en droit, et l'obéissance en devoir".

74 Cass Sunstein, Lochner's Legacy, Col. L. Rev. 87 (1987), S. 873.

75 *Poscher*, Grundlinie a.a.O. (Fn. 71), S. 89: „Die Lehre von den Schutzpflichten blendet dabei aus, daß der Staat zunächst die rechtlichen Bedingungen der Möglichkeit gesellschaftlicher Macht und Ohnmacht schafft. Die Akkumulation sozialer Macht wird als staatsunabhängiger, gesellschaftsinterner Prozess begriffen. Der Staat taucht erst in der Rolle des an der Machtzuweisung unbeteiligten Retters auf, der dem Ohnmächtigen – dessen Ohnmacht er doch rechtlich eingerichtet hat – Kraft des grundrechtlichen Schutzauftrages zur Seite springt".

76 Differenzierter *Kulick*, a.a.O. (Fn. 1), S. 119 ff.; eine die Unstimmigkeit der amerikanischen state action-Doktrin offenlegende Ausnahme sind allerdings die Äußerungsfreiheiten, die jedenfalls die Rechtsbehelfe des Ehrschutzes nach dem Common Law grundrechtlich begrenzen, siehe etwa 376 U.S. 254 (1964), *New York Times v. Sullivan* (Erfordernis der „actual malice").

77 *Sunstein*, a.a.O. (Fn. 74), S. 882: „the Court took as natural and inviolate a system that was legally constructed and took the status quo as the foundation from which to measure neutrality".

78 Siehe zu dieser Gleichsetzung Kelsen, Reine Rechtslehre, Studienausgabe der Zweiten Auflage, 2017, S. 500 ff. (= 288 ff.); näher dazu *Vollmeyer*, Der Staat als Rechtsordnung, 2011; für Kelsen sind dementsprechend auch Private, soweit sie rechtsverbindlich handeln, etwa Verträge schließen, Staatsorgane. Die rechtstheoretisch einheitliche Deutung amtlichen und privaten Handelns als „Staatshandeln" schließt freilich nicht aus, auf Ebene der Dogmatik – wie es der Senat seit jeher tut – fundamentale Unterschiede zwischen den rechtlichen Bindungen anzuerkennen, denen diese beiden Typen von Akteuren unterliegen. Die theoretische Ebene erklärt und verdeutlicht allerdings, warum auch das Handeln „Privater" grundrechtlichen Grenzen unterliegen kann.

Rechtsprechung keineswegs ab. Die Senatslinie zu Konstellationen privater Ausschlussentscheidungen deckt sich vielmehr mit der oben herausgearbeiteten, scharfen, personell-organisatorischen Anknüpfung der Grundrechtsbindung. Das Gericht sieht private Stellen, einschließlich mächtiger und monopolartiger Leistungserbringer, nie selbst als Vereitler grundrechtlicher Freiheit und Gleichheit bzw. als Urheber von Grundrechtseingriffen an.[79] Wenn der Senat unmittelbare Grundrechtsbindungen annimmt, beruht das immer auf einer formalen, personell-organisatorischen Zurechnung zur Rechtsperson „Staat", zuletzt im BND-Urteil. Entsprechend behandelt Fraport das Verhalten des öffentlich kontrollierten Unternehmens – und nicht erst dessen gerichtliche Bestätigung – als den der gerichtlichen Prüfung unterliegenden Grundrechtseingriff und begründet dies personell-organisatorisch, nicht materiell nach grundrechtlicher Gefährdungslage der Betroffenen.[80] Auch in der Entscheidung zum Bierdosen-Flashmob setzt das Gericht keinen grundrechtlichen Gestattungsanspruch gegenüber einer privaten Gesellschaft in Geltung, sondern suspendiert aus grundrechtlichen Gründen (einstweilen) die zivilgerichtliche Bestätigung des vom Eigentümer ausgesprochenen Platzverbots.[81] Angesprochen bleiben die Rechtsordnung und deren Konfliktentscheidungsregel. Auch im Stadionverbotsbeschluss wird nicht das Stadionverbot als angegriffener Grundrechtseingriff ausgeflaggt und werden – vor allem mit Blick auf die überhaupt von Art. 3 Abs. 1 erfassten Konstellationen –[82] erhebliche Unterschiede zur Gleichheitsbindung staatlicher Stellen postuliert. Das gilt auch für die Bindungen digitaler Plattformen unmittelbar betreffende Entscheidung zur Verpflichtung Facebooks, das Konto der Partei „Dritter Weg" einstweilen zu entsperren.[83] Sie beruhte auf einer Folgenabwägung, war maßgeblich mit der kurz bevorstehenden Europawahl begründet und half einer zuvor verweigerten zivilgerichtlichen Intervention zugunsten der vertraglich versprochenen fortdauernden Leistungserbringung ab.[84] Staatsähnliche, formale Grundrechtsbindungen wurden

---

79 Die kategoriale Unterscheidung betont etwa auch *Muckel*, a.a.O. (Fn. 1), S. 277 ff.

80 Siehe oben II.; entsprechend hält das Gericht den grundrechtlichen Vorbehalt des Gesetzes für anwendbar, siehe BVerfGE 128, 226 (257 f.).

81 BVerfG, Beschluss der 3. Kammer des Ersten Senats vom 18. Juli 2015 – 1 BvQ 25/15; auch das wird als Ergebnis einer Folgenabwägung, nicht als materiell-grundrechtlich begründeter Rechtsinhalt ausgewiesen (Rn. 8 ff.).

82 Zur Einordnung dieser Kriterien als Anwendungsergebnis – nicht Anwendungsbedingung – des Gleichheitssatzes siehe oben III. 2.; zur Kritik an den verfahrensmäßigen Anforderungen siehe unten III. 3. d.

83 BVerfG, Beschluss der 2. Kammer des Ersten Senats vom 22. 5. 2019 – 1 BvQ 42/19.

84 BVerfG, Beschluss der 2. Kammer des Ersten Senats vom 22. 5. 2019 – 1 BvQ 42/19 –, Rn. 18 f.

daher in keiner der genannten Entscheidungen aus der Taufe gehoben.[85] Das Gericht hat lediglich – wie zuletzt in seiner Entscheidung zum Verbot des Einsatzes von Leiharbeitnehmerinnen als Streikbrecher –[86] seinen Blick für die auch rechtliche Grundierung und Bedingtheit sozialer Macht bewahrt.

Präziser formuliert lautet die im Weiteren beleuchtete Frage damit, unter welchen Bedingungen privat gesetzte und teilweise auch privat durchgesetzte rechtsverbindliche Konfliktentscheidungen grundrechtlich Anerkennung finden können. Im Folgenden will ich versuchen, die verfassungsgerichtlichen Linien zu dieser Frage in Anknüpfung an die genannten Entscheidungen näher aufzuschlüsseln und einige dogmatische Heuristiken[87] bzw. Konkretisierungen vorzuschlagen.

b) Konzeptbindung als Mittel des Grundrechtsausgleichs

Der Erste Senat scheint zur Bewältigung dieser Fragen seit der Fraport-Entscheidung und noch deutlicher im Stadionverbotsbeschluss eine Art Konzeptansatz zu verfolgen. Die Formel von einem Ort „allgemeinen kommunikativen Verkehrs", der grundsätzlich auch für Versammlungen in Anspruch genommen werden darf, lässt sich als Umschreibung einer Konzeptentscheidung privater und öffentlicher[88] Akteure über die Nutzung ihrem Bestimmungsrecht unterliegender Räume verstehen. An dieser Konzeptentscheidung müssen sich die Akteure festhalten

85 Das gilt auch für die Entscheidung des Ersten Senats zu Auskunftsansprüchen über vergangene sexuelle Kontakte (BVerfGE 138, 377 [2015]). Die Forderung des Gerichts nach einer spezifischen gesetzlichen Regelung beruhte nicht auf dem grundrechtlichen, sondern auf dem demokratischen Vorbehalt des Gesetzes (Wesentlichkeitsvorbehalt); zur Abgrenzung der unterschiedlichen Begründungslinien für den Vorbehalt des Gesetzes *Lassahn*, a.a.O. (Fn. 28), S. 77 ff., insb. 126 ff.; die Entscheidung als Entwicklung hin zu einem allgemeinen Vorbehalt des Gesetzes im Privatrecht kritisierend etwa *Barczak*, a.a.O. (Fn. 1), S. 108 ff.

86 BVerfG, Beschluss der 3. Kammer des Ersten Senats vom 19. Juni 2020 – 1 BvR 842/17 –, Rn. 32: „Die suggerierte Symmetrie entspricht nicht den Tatsachen. Vielmehr stellt der Gesetzgeber die erforderliche Parität der Tarifvertragsparteien ... erst her. ... Gewerkschaften ... müssen ... durch den Einsatz von Arbeitskampfmitteln ausreichend Druck auf die Arbeitgeberseite erzeugen können. Die Arbeitgeberseite ist darauf nicht in gleicher Weise angewiesen. Sie hat die Verfügungsgewalt über Produktionsmittel, Investitionen, Standorte und Arbeitsplätze und verfügt deshalb regelmäßig über erhebliches Druckpotential".

87 Zur heuristischen Funktion von Dogmatik *Alexy*, Theorie der juristischen Argumentation, 1991, S. 332 m.w.N.; zur Bedeutung der Dogmatik als Methode der Herstellung, nicht allein der Darstellung rechtlicher Ergebnisse *Lennartz*, Dogmatik als Methode, 2017, insb. S. 154 ff.

88 Siehe dazu die Ausführungen zu Krankenhäusern und Behördengebäuden BVerfGE 128, 226 (251).

lassen, wenn sie verbindlich Nutzungskonflikte entscheiden. Private Freiheit oder öffentliche Widmung der Bestimmungsberechtigten wird damit anerkannt, soweit sie sich eine gewisse Form geben. Das Recht darf hingegen nicht unbegrenzt zulassen, dass ein von ihm eingeräumtes Bestimmungsrecht über Räume als Titel für den launenbedingten Ausschluss bestimmter Nutzungen oder Personen herangezogen wird.[89]

Dieser Konzeptansatz impliziert im Ausgangspunkt eine formale, nicht näher inhaltlich durch die Verfassung bestimmte Bindung. Das heißt, die privat gesetzten Maßstäbe müssen nicht vernünftig, in sich spannungslos, klug oder im Sinne der Verfassung gewählt sein. Das zeigen besonders die jüngeren Folgeentscheidungen zum Stadionverbot und zum Hausverbot im Fall Voigt.[90] Während die Fraport-Entscheidung unter Rekurs auf spezifisch äußerungsrechtliche Dogmatiken[91] die Schaffung einer „Wohlfühlatmosphäre" durch Ausschluss bestimmter kontroverser Praktiken und Auffassungen als legitimen Einschränkungsgrund verwirft,[92] deutet die Voigt-Entscheidung in eine andere Richtung. Die im Wesentlichen mit der Schaffung eines Wohlfühlerlebnisses und der Nichtirritation anderer Gäste begründete Ausschlussentscheidung[93] wird dort sogar mit Blick auf Art. 3 Abs. 3 GG (politische Anschauung) als anerkennungsfähig bewertet.[94] Ein Wellness-Hotel beansprucht nicht, ein Ort allgemeinen kommunikativen Austauschs zu sein. Das Deklamieren des Kommunistischen Manifests beim Saunieren dürfte unabhängig vom parteipolitischen Standpunkt auf Unwillen der Mitsaunierenden stoßen. Liest man das Fraport-Urteil in diesem Licht, ging es also auch bei der verbotenen Zwecksetzung der „Wohlfühloase" nicht darum, dass sie niemals ein zulässiger Zweck staatlicher oder privater Stellen sein könnte, sondern darum dass der Frankfurter Flughafen auf diesen

---

89 Ähnlich *Böckenförde*, a.a.O. (Fn. 1), S. 80: geboten sei „ferner eine Begrenzung und Bindung des Freiheitsgebrauchs dahingehend, daß gesellschaftliche und wirtschaftliche Machtüberlegenheit nicht beliebig, sondern nur im Hinblick auf Zwecke, die sich mit den grundrechtlichen Freiheitsprinzipien vertragen, ausgespielt werden kann".

90 BVerfG, Beschluss der 2. Kammer des Ersten Senats vom 28. Juli 2019 – 1 BvR 879/12.

91 BVerfGE 124, 300 (334) – Wunsiedel (2009): „Eine Beunruhigung, die die geistige Auseinandersetzung im Meinungskampf mit sich bringt und allein aus dem Inhalt der Ideen und deren gedanklichen Konsequenzen folgt, ist notwendige Kehrseite der Meinungsfreiheit und kann für deren Einschränkung kein legitimer Zweck sein".

92 BVerfGE 128, 226 (267).

93 BVerfG, Beschluss der 2. Kammer des Ersten Senats vom 27. August 2019 – 1 BvR 879/12 –, Rn. 1.

94 BVerfG, Beschluss der 2. Kammer des Ersten Senats vom 27. August 2019 – 1 BvR 879/12 –, Rn. 13.

Zweck nicht tatsächlich ausgerichtet war.[95] Auch das Stadionverbot konnte aufgrund verschiedener Gesichtspunkte, die mit dem Betrieb einer Fußballgroßveranstaltung in Verbindung stehen, gerechtfertigt werden.[96] Auch hier ging es also nicht darum, inhaltliche Anforderungen an eine Organisation und die grundrechtlich „wertvolle" Ausrichtung privater Veranstaltungen aufzustellen, sondern darum, rechtsverbindliche Ausschlussentscheidungen aus grundrechtlichen Gründen an das jeweils privat gefasste Konzept zu binden.

Ein so verstandener Konzeptansatz hebt Privatautonomie nicht auf.[97] So wie zur Privatautonomie die Vertragsbindung gehört,[98] muss sie auch im Rahmen des Vertragsschlusses kein schlichtes „Ich mache, was ich will" in allen Lebenslagen bedeuten. Entsprechend wird Privatautonomie allgemein als das Recht verstanden, im Privatrechtsverkehr in weitem Umfang nach selbstgesetzten Maßstäben zu operieren.[99] Autonomie ist Selbstgesetzgebung, nicht Willkür.[100]

Andererseits hegt bereits eine formale Konzeptbindung verbindliche ad hoc-Ausschlüsse einzelner Personen ein, die die bürgerliche Gleichheit besonders infrage stellen können. Zudem und vor allem macht eine solche Bindung von Privaten gesetzte Konfliktentscheide diskutierbar mit Blick auf die Vereinbarkeit des damit ausgeübten Ausschlussrechts mit grundrechtlicher Freiheit und Gleichheit der Teilnehmerinnen im Rechtsverkehr. Möglicherweise gleichheits- und freiheitswidrige Praktiken, denen das Recht zur Geltung verhelfen soll, werden also fassbar und daraufhin prüfbar, ob sie das Recht ohne Verstoß gegen die Grundrechte der an dem Interessenkonflikt beteiligten Seiten verbindlich machen darf. Die allgemein-gleichheitsrechtlich begründete Rechtfertigungslast schafft damit in der Sache – darin liegt der zentrale Ertrag des Stadionverbotsbeschlusses – einen Anknüpfungs- und Angriffspunkt für darauf aufbauende spezialgrundrechtliche Bindungen.[101]

---

95 Eine naheliegende Kontrollüberlegung wäre, wie eine staatlich betriebene Therme oder eine staatlich organisierte Reha-Einrichtung agieren dürften. Dort wäre eine ähnliche Nichtirritationsnorm wohl mit Blick auf Art. 5 Abs. 1 Satz 1 GG anerkennungsfähig.

96 BVerfGE 148, 267 (287 ff. Rn. 53 ff.).

97 Besorgt etwa *Barczak*, a.a.O. (Fn. 1), S. 97 f., 115 m.w.N.; *Huber*, Fußball unter dem Grundgesetz, in: Rieger/Vossius/Widmann (Hrsg.), Spuren der Freundschaft, Festschrift für Dieter Mayer zum 65. Geburtstag, 2020, S. 447 ff.; wie hier *Britz*, VVDStRL 64 (2005), S. 355 ff. (insb. 365 ff. m.w.N.).

98 *Auer*, Materialisierung, 2005, S. 13 f. (m.z.w.N. in Fn. 9); *Weller*, Vertragstreue, 2009, S. 153 ff.

99 BVerfGE 89, 214 (231); *Weller*, a.a.O. (Fn. 98), S. 153 m.w.N.

100 *Kant*, Grundlegung zur Metaphysik der Sitten, Reclam 2008, S. 80 f.

101 Siehe dazu unten III. 3. c.

Zugleich aktiviert ein solcher Ansatz die – im freiheitlichen Staat unentbehrliche –[102] Bildung sozialer Normativität. Denn er hält private Akteure – etwa Plattformanbieter oder Stadionbetreiber – dazu an, sich darüber Gedanken zu machen, nach welchen Maßstäben sie ihre Leistungen zur Verfügung stellen, etwa welche Inhalte auf einer von ihnen betriebenen Plattform aus welchen Gründen hinzunehmen sind und welche nicht. Eine unmittelbare Bindung privater Entscheidungen an (grund)rechtliche Maßstäbe[103] de-responsabilisiert demgegenüber den Privatrechtsverkehr und damit die Zivilgesellschaft, indem sie deren Konzept- und Normvorstellungen für unmaßgeblich erklärt und allein auf allgemeine, in staatlichen Verfahren erzeugte Normen – etwa das StGB – verweist. Teilt man die Auffassung, dass ein wesentliches Problem der Kommunikation in digitalen Räumen darin besteht, dass herkömmliche Mechanismen der Bildung und Durchsetzung sozialer Normativität (z. B. journalistische und editorische Gatekeeper, unmittelbare Reaktionen des Publikums) ausgesetzt sind,[104] ist eine Berücksichtigung privat gefasster Konzepte und Normvorstellungen bei der Entscheidung über die rechtliche Anerkennung privat gesetzter rechtlicher Konfliktentscheide im Grundsatz wünschenswert.[105]

c) Materielle Maßgaben für private Ausschlussentscheidungen

Aufbauend darauf stellt sich die Frage, anhand welcher Maßstäbe die Ausschlussrechte, die verbindliche private Konfliktentscheidungen ermöglichen, auf deren (grund)rechtliche Anerkennungsfähigkeit zu prüfen sind. Kommt es also

---

102 Ähnlich *Friehe*, NJW 2020, S. 1697 (1700) unter Bezugnahme auf das „Böckenförde-Diktum"; siehe zur Relevanz sozialer Normativität auch *Abiri*, Moderating from Nowhere, Brigham Young Univ. L. Rev. 2021, S. 35 ff., https://papers.ssrn.com/sol3/papers.cfm?abstract_id=3816167.

103 In diese Richtung läuft die verbreitete Forderung nach einem Vorrang rechtlicher Regelungen im Kontext des NetzDG und die Kritik an einer Anerkennung und Durchsetzung von „community standards", siehe etwa *Schwartmann/Mühlenbeck*, a.a.O. (Fn. 53), S. 171; *dies.*, GRUR-Prax 2020, S. 286 (286); demgegenüber wie hier eine selbständige Rolle der Gemeinschaftsstandards befürwortend *Friehe*, a.a.O (Fn. 101), S. 1700; ebenso eine über allgemeine rechtliche Vorgaben hinausgehende private Normsetzung grundsätzlich anerkennend *Müller-Franken*, AfP 2018, 1 (12).

104 Siehe zum Ausbleiben zivilgesellschaftlicher Normbildung auf digitalen Plattformen *Abiri*, a.a.O. (Fn. 102), S. 35 – 51; zur Verschärfung dieser Probleme durch ein strafrechtsfixiertes Regulierungsmodell *Buchheim*, JZ 2021, S. 539.

105 In der Entwurfsbegründung zur Änderung des NetzDG (vgl. BTDrucks 19/18792, S. 42 f.) wird die Praxis auf Gemeinschaftsstandards beruhender Löschung und Sperrung ausdrücklich adressiert und durch Ergänzung einer entsprechenden Berichts- und Transparenzpflicht eingefangen.

für ihre rechtliche Anerkennung allein auf die Konzeptbindung an oder ist mehr gefragt?

aa) Allgemein-gleichheitsrechtliche Anforderungen

Unter allgemein-gleichheitsrechtlichem Gesichtspunkt dürfte nach der Logik des Senats – auch bei teilhabebedeutsamen Leistungen – die Konzeptbindung genügen, um Grundrechtsverletzungen verlässlich auszuschließen. Selbst eine völlig unsinnige, aber zum Konzept gemachte Besserstellung Dunkelhaariger mit Blick auf die Zulassung zum einzigen Café am Platz wäre danach – solange sie nicht als mittelbare Diskriminierung wegen verbotener Merkmale problematisiert werden kann – rechtlich anerkennungsfähig. Denn die Konfliktlösungsregel („In der Situation S bestimmt Person P über den Zugang") und die Anerkennung der privatautonomen Wahrnehmung dieses Rechts sind gleichheitsrechtlich tragbar. Die Zuweisung bestimmter Gestaltungs- und Ausschlussrechte über Gegenstände, Nutzungen und Güter hat ihren Sachgrund darin, dass das Recht unmöglich alle potentiell konfliktträchtigen Zuordnungsentscheidungen selbst vornehmen kann. Die Bestimmung, dass die berechtigte Person nach eigenen Präferenzen, über die Ausübung bestimmen kann, lässt sich zumeist mit der Erwägung rechtfertigen, dass diese Offenheit Freiheitsentfaltung der mit Gestaltungs- und Ausschlussrechten ausgestatteten Personen ermöglicht.[106] Die Zuweisung von privatautonom wahrnehmbaren verbindlichen Gestaltungs- und Ausschlussrechten zu Personen kann daher als Konfliktentscheidungsregel regelmäßig vor Art. 3 Abs. 1 GG gerechtfertigt werden. Wird die individuelle Ausschlussentscheidung bei teilhabebedeutsamen Leistungen nach der oben erörterten Stadionverbotslogik an ein (selbstgesetztes) Konzept gebunden, wird dadurch die rechtliche Anerkennung des individuellen Konfliktentscheids gleichheitsrechtlich entschärft. Das Recht stellt dann sicher, dass die ausgeschlossene Person nicht punktuell gegenüber allen anderen schlechter gestellt wird, sondern nur gegenüber den Personen, die sich in der in dem Konzept artikulierten Situation befinden. Die individuelle Ungleichheitsbeschwer wird dadurch herabgesetzt. Zugleich geht verbindliche Ungleichbehandlung dann zwangsläufig (spätestens im gerichtlichen Verfahren)[107] mit Artikulieren eines Konzepts einher, was sie kostspieliger macht.[108] Das

106 Zur freiheitlichen Rolle subjektiver Rechte als Delegation normativer Gestaltungsmöglichkeit siehe *Buchheim*, Subjektive Rechte als Fehlerkalkül, in: Fritsche u. a. (Hrsg.), Unsicherheiten des Rechts, 2020, S. 223, 226 ff.; *ders.*, Actio, Anspruch, subjektives Recht, 2017, S. 94 ff.

107 Siehe dazu unten III. 3. d. aa.

108 Das gilt wirtschaftlich, weil Konzepte erdacht, erstellt und implementiert werden müssen. Solch finanzieller Aufwand diszipliniert inhaltlich. Das Konzept muss auch gerichtlich in ir-

gleichheitsrechtliche Problempotential der Zuweisung privater Ausschlussrechte hinsichtlich teilhabebedeutsamer Leistungen wird dadurch in zwei Schritten aufgelöst.[109]

bb) Keine rechtsverbindliche Negation grundrechtlicher Freiheit und Gleichheit

Bei einem spezialgrundrechtlichen Bezug wird man darüber hinaus fordern müssen, dass die rechtliche Zuweisung und Anerkennung von Ausschlussrechten die jeweils in Rede stehende grundrechtliche Freiheit oder Gleichheit nicht als solche negiert.[110] Um ein Extrembeispiel zu geben: Das Recht darf mir von Grundrechts wegen nicht die Rechtsmacht verleihen, mich einer anderen Person verbindlich als Sklave zu versprechen, also meine bürgerliche Freiheit und Gleichheit dauerhaft aufzugeben. Ebenso wenig dürfte es Verträge über die Ausübung des Wahlrechts verbindlich machen.[111] Auch eine permanent wirkende Verpflichtung, einen Beruf nicht auszuüben oder sich nicht bzw. nur im Sinne einer bestimmten Person oder politischen Richtung zu äußern, unterliegt grundrechtlichen Schranken. Spätestens mit diesem letzten Beispiel wird deutlich, weshalb auch die Rechtsverhältnisse zwischen Anbietern und Nutzerinnen digitaler Plattformen spezialgrundrechtlichen und nicht nur allgemein-gleichheitsrechtlichen Grenzen unterliegen. Ein freies Bestimmungsrecht der Plattformanbieter über das, was andere öffentlich im eigenen Namen sagen dürfen oder nicht, darf es mit Blick auf Art. 5 Abs. 1 GG nicht geben – auch nicht aufgrund entsprechender vertraglicher Vereinbarungen. Generell rechtlich anerkennungs-

---

gendeiner Form kontrollierbar sein, wenn es bei der rechtlichen Anerkennungsentscheidung eine Rolle spielen muss. Schließlich eröffnet die Artikulation eines Konzepts Angriffspunkte für die gesellschaftliche Zuschreibung von Reputation, sodass dann immer auch Ruf und Ansehen des betreffenden Akteurs auf dem Spiel stehen.

109 Etwas anderes gilt, wenn durch die rechtliche Anerkennung des Konzepts das Grundrecht, hier die bürgerliche Gleichheit, als solches negieren würde, siehe dazu sogleich.

110 In diese Richtung im Kontext einer AGB-Kontrolle siehe etwa OLG Dresden, Beschluss vom 8. August 2018 – 4 W 577/18 –, NJW 2018, S. 3111 (3114 Rn. 20); OLG Karlsruhe, Beschluss vom 28. Februar 2019 – 6 W 81/18 –, NJW-RR 2019, S. 1006 (1009 Rn. 29).

111 Das hat damit zu tun, dass Grundrechte zumeist unveräußerliche bzw. unverfügbare Rechte sind. Die einzelnen aus ihnen folgenden oder sie konstituierenden Ansprüche (Unterlassungsanspruch; Klagerecht; Leistungsanspruch) mögen verzicht- und ggfs. auch übertragbar sein; das zugrunde liegende, in die verschiedenen Ansprüchen und Pflichten ausbuchstabierte Grundrecht verbleibt aber bei seiner Trägerin, siehe zur Figur unverfügbarer Rechte in diesem Sinn *Feinberg*, Voluntary Euthanasia and the Inalienable Right to Life, in: Philosophy and Public Affairs 7 (1978), S. 93 (114 ff.).

fähig dürften demgegenüber solche privaten Ausschlussrechte sein, deren Ausübungsgrundsätze grundrechtliche Maßstäbe nicht als solche infrage stellen, die aber im Einzelfall oder allgemein zu anderen Einschätzungen und Gewichtungen gelangen, als sie sich aus einer Anwendung allgemeiner rechtlicher Normen und Verfahren ergeben.

cc) Positive und negative Konzeptelemente

Um die Grenze etwas klarer zu konturieren, ab wann der Zuweisung und Zuschnitt eines Ausschlussrechts auf eine Negation grundrechtlicher Freiheit und Gleichheit hinauslaufen können, bietet es sich an, Anlehnung an die vom Senat in Bezug genommene amerikanische public forum-Doktrin[112] zu nehmen. In der US-Diskussion ist diese Figur prominent mit Blick auf Vorstellungen demokratischer Öffentlichkeit ausbuchstabiert worden.[113] Wie im demokratischen Diskurs sei auf öffentlichen Foren die Zweckbestimmung offen und in der Schwebe, werde von den Nutzerinnen und Nutzern kommunikativ stets aufs Neue ausgehandelt und spiegele so die Eigenheit, Ergebnisoffenheit und Unabschließbarkeit demokratischer Öffentlichkeit und Verfahren wider. Demgegenüber stehe auf nichtöffentlichen Foren die jeweils im Voraus definierte Zweckbestimmung im Zentrum und reguliere verbindlich Maß und Inhalt zulässiger Äußerungen.

Nimmt man das zum gedanklichen Ausgangspunkt, wären bei der Entscheidung über die Anerkennungsfähigkeit privater, äußerungsbezogener Ausschlussentscheidungen rein negative Konzeptelemente von positiven Konzepten zu unterscheiden.[114] Rein negative Konzeptelemente wären danach all solche Vorgaben, die an der Offenheit und inhaltlichen Unbestimmtheit der Widmung eines Kommunikationsraums nichts ändern. Demgegenüber wären positive Konzeptelemente solche, die zumindest einen groben Rahmen dessen, was Gegenstand, Thema, Inhalt und Absicht eines kommunikativen Austauschs sein wird, absehen lassen. Die Schaffung eines Netzwerks zum Austausch über Gewalterfahrungen, eines Forums zur wissenschaftlichen Diskussion von Klima-

112 Siehe der Verweis in BVerfGE 128, 226 (254) auf 505 U.S. 672 (1992), International Society for Krishna Consciousness v. Lee.

113 *Post*, a.a.O. (Fn. 46), S. 1797 ff.

114 Vgl. zur Figur der verbotenen Verhinderungs- bzw. Negativplanung im Baurecht etwa BVerwG, Urteil vom 14. Juli 1972 – 4 C 8.70 –, BVerwGE 40, 258; Urteil vom 18. Dezember 1990 – 4 NB 8/90 –, NVwZ 1991, S. 875; auch dort geht es darum, weitgehende Gestaltungsfreiräume eines verbindlich und nach autonomen Gesichtspunkten agierenden Akteurs (Gemeinde) durch eine Unterscheidung positiv artikulierbarer und allein auf Verhinderung gerichteter Zielsetzungen etwas einzuhegen.

fragen oder aber eine App zur romantischen Kontaktanbahnung wären danach etwa positive Konzepte. In den durch diese Zielsetzungen abgesteckten Räumen können wesentlich schärfere und prohibitivere Teilnahme- und Ausschlussregelungen Geltung beanspruchen und verbindlich gemacht werden als in einem nach seinem Zweck undefinierten allgemeinen Raum. Positive Konzeptelemente schaffen also potentiell einen weiteren Rahmen rechtlich anerkennungsfähiger Ausschlussrechte als bloß negative Vorgaben. Das zeigt die Voigt-Entscheidung, die die Bereitstellung eines „Wohlfühlerlebnisses" für alle Gäste durch ein Wellness-Hotel als anerkennungsfähigen Sachgrund für ein Hausverbot akzeptierte. Denn für ein Wellness-Hotel ist das Wohlfühlerlebnis Teil des Konzepts. Erschöpft sich ein Konzept hingegen darin, gewisse Verhaltensweisen ohne Bezug zu einer fassbaren Zwecksetzung auszuschließen, etwa ein zweckungebundenes Diskussionsforum, von dem „Desinformation" und „Nacktheit" ausgeschlossen sind, stellt sich die Frage schwieriger dar. Die Entscheidung zum „Bierdosenflashmob" auf einem keiner konkreten Nutzung zugeordneten Platz zeigt das auf.

Zweckoffene und zweckgebundene Räume und die sie konstituierenden rein negativen oder positiven Konzepte unterscheiden sich nicht nur in Bezug auf den Rahmen anerkennungsfähiger Ausschlussrechte und -gründe, sondern auch im Maß der Freiheit zur Irritation und Störung gewöhnlicher Abläufe. In zweckoffenen Foren ist äußerungsrechtliche Freiheit besonders robust, die Freiheit zu stören ausgeprägt, der Konsens über zu beachtende Normen kleiner und sind die Gründe der zulässigen verbindlichen Freiheitseinschränkung minimiert.[115] Der Umstand, dass eine Versammlung stört, kann in zweckoffenen Räumen wie dem öffentlichen Straßenraum keinen zureichenden Grund für eine Einschränkung abgeben. Jede Versammlung stört den Verkehr, nimmt Platz, öffentliche Ressourcen und Aufmerksamkeit in Anspruch. Versammlungen irritieren und sollen das auch.[116] Dennoch sind Orte allgemeinen kommunikativen Verkehrs grundsätzlich für sie eröffnet. Die Meinungsfreiheit wirkt hier ebenfalls robuster: Wortbeiträge in einer Vorlesungsstunde können von einer Dozentin einer öffentlichen Universität umstandslos unterbunden werden, nicht aber nach Unterrichtsende vor dem Vorlesungssaal.[117]

---

115 Zu den Schutzunterschieden nach amerikanischer Doktrin *Post*, a.a.O. (Fn. 46), S. 1760 ff.

116 Ein in der Versammlungsfreiheit implizites „Recht auf Stören" anerkennt auch der Senat in Fraport BVerfGE 128, 226 (265): „Denn im Gegensatz zur ... Versammlungsfreiheit impliziert die Ausübung der Meinungsfreiheit ... in der Regel keinen besonderen Raumbedarf und eröffnet auch nicht einen eigenen Verkehr, der typischerweise mit Belästigungen verbunden ist".

117 Siehe zu den mit der Sicherstellung des Flugbetriebs verbundenen weiteren Spielräumen der Meinungsregulierung an Flughäfen BVerfGE 128, 226 (266 f.).

Ausgehend hiervon erweisen sich verbindliche Ausschlussrechte dann als grundrechtlich problematisch, wenn sie ohne rechtliche Einhegung die Setzung und Durchsetzung allein negativer Konzepte zulasten spezialgrundrechtlicher Freiheit ermöglichen. Denn dann verleiht das Recht eine Rechtsmacht, die sich unter Umständen im Unterbinden grundrechtlich geschützten Verhaltens erschöpft. Ein verbindlicher Ausschluss einer Sprecherin oder einer einzelnen Äußerung von einer dem allgemeinen Verkehr offenstehenden Plattform aufgrund faktisch unzutreffender, aber nach allgemeinen Rechtsmaßstäben erlaubter Äußerungen wäre danach beispielsweise problematisch. Seine rechtliche Anerkennung ermächtigte einen einzelnen privaten Akteur dazu, einseitig verbindlich über das „Richtige" zu befinden und das „Falsche" aus dem zweckoffenen Kommunikationsraum zu verbannen. Die durch Art. 5 Abs. 1 GG gewährleistete gleiche Freiheit der Meinungsäußerung würde durch eine solche Rechtslage in ihrem Kern in Frage gestellt. Selbiges gilt dann auch für einen Ausschluss wegen rechtmäßiger, aber als ungehörig angesehener Äußerungen.[118]

In einem besonders gewidmeten Raum, etwa einem Internetforum zum populärwissenschaftlichen Austausch über Klimafragen oder Gewalterfahrungen könnte ein verbindliches Ausschlussrecht wegen rechtmäßiger, aber vertragswidriger „desinformatorischer" oder „verletzender" Äußerungen hingegen Anerkennung finden. Denn dann ist die Anerkennung eines auf solche Zwecke bezugnehmenden Ausschlussrechts keine Negierung gleicher Meinungsfreiheit, sondern schlichter Ausfluss der rechtlich eröffneten Gestaltungsfreiheit.

dd) Grundrechtliche Zulässigkeit weicher Regulierungen

Ebenfalls keinen grundrechtlichen Bedenken dürften von Privaten ins Werk gesetzte weiche Regulierungen begegnen, die Äußerungsmöglichkeiten nicht rechtsverbindlich ausschließen. Eine privat verantwortete Abfederung und Einhegung von Desinformation oder „verletzender Rede", etwa durch elektronisch implementierte Gegenrede oder eine Kategorisierung nach Belegdichte, wären daher auch in zweckoffenen Kommunikationsräumen grundrechtlich tragfähig. Durch die Anerkennung und Bewehrung solcher privater Plattformgestaltungen negiert die Rechtsordnung nicht die sie insgesamt bindende Freiheit der Mei-

118 Siehe dazu BVerfGE 25, 256 (265) – Blinkfüer (1969); BVerfG, Beschluss der 2. Kammer des Ersten Senats vom 19. Mai 2020 – 1 BvR 1094/19 –, Rn. 21: „Mit Blick auf die eine gleichberechtigte Beteiligung aller an der öffentlichen Kommunikation gewährleistende Dimension der Meinungsfreiheit ... darf die Handhabung des § 185 StGB zugleich nicht dazu führen, Anstands- und Ehrvorstellungen eines Teils der Gesellschaft allen übrigen Mitgliedern aufzuzwingen".

nungsäußerung als Geistesfreiheit.[119] Stattdessen lässt das Recht hier nur zu, dass Private auf den von ihnen beherrschten Foren auf Äußerungen mit bestimmten Formen der Gegenrede, Einrahmung und Kontrastierung reagieren. Dasselbe gilt für inhaltsneutrale Mechanismen der Plattformgestaltung. Eine privat gesteuerte Einhegung von Desinformationskaskaden[120] wie eine algorithmische Privilegierung von journalistischen Inhalten oder das elektronisch gesteuerte Aufbrechen von Echokammern durch Konfrontation mit Beiträgen aus anderen „Freundes"-Gruppen könnten also Anerkennung finden. Auch hier bliebe die der Rechtsordnung gezogene Grenze der Meinungsfreiheit als Geistesfreiheit gewahrt und ist bereits der meinungsfreiheitsbeschränkende Charakter dieser Rechtslage zu bezweifeln.[121]

d) Verfahrensmaßgaben für private Ausschlussrechte

Neben inhaltlichen Grenzen privater Ausschlussrechte stellt sich die Frage nach verfahrensmäßigen Anforderungen. Muss das Recht, das private Ausschlüsse verbindlich macht, diese an ein bestimmtes Verfahren binden?

aa) Art. 3 Abs. 1 GG als Verfahrens-Supernorm?

Der Stadionverbotsbeschluss entnimmt dem Sachgrunderfordernis insoweit einige forsche Festlegungen.[122] Aus dem Umstand der individuellen Betroffenheit und mit Blick auf das bei den Betroffenen vorhandene Wissen leitet der Senat eine

119 Siehe BVerfGE 124, 300 (330, 334).

120 Zu den Verbreitungsgesetzlichkeiten in sozialen Netzwerken, die mangels editorischer Gatekeeper stark nach Sensations- und nicht nach Wahrheitswert operieren siehe *Acerbi*, Cognitive attraction and online misinformation, Palgrave Communications 5, 2019; *Bimber/Zúñiga*, The Unedited Public Sphere, New Media & Society 22, 2020, S. 700 ff.; zum Problem insgesamt *Steinebach/Bader* u. a. (Hrsg.), Desinformation aufdecken und bekämpfen, 2020.

121 Gleichfalls kein Grundrechtsproblem ergäbe sich, wenn die anlassgebende Äußerung nicht in den Schutzbereich der Meinungsfreiheit fiele, siehe dazu näher *Buchheim*, DER STAAT 59, 2020, S. 159 (180 ff.).

122 BVerfGE 148, 267 (285 f. Rn. 46 f.); verfahrensrechtlich ähnlich weitgehend BVerfGE 152, 216 (271 Rn. 135) – Recht auf Vergessen II (2018): „Da das Oberlandesgericht die Klage der Beschwerdeführerin abgewiesen hat und damit auch gegenüber dem Inhalteanbieter die Verbreitung des Beitrags nicht eingeschränkt wird, musste dieser in Blick auf seine Grundrechte weder gehört noch sonst mit eigenen Rechtsschutzmöglichkeiten in das Verfahren einbezogen werden"; zur Kritik an den Verfahrensanforderungen u. a. *Huber*, a.a.O. (Fn. 97); sie als das zentrale Element des Beschlusses begrüßend *Weinzierl*, a.a.O. (Fn. 52).

generelle Pflicht der Ausschlussberechtigten zur Sachverhaltsaufklärung und ein Anhörungserfordernis ab.[123] Dabei übergeht er, dass das einfache Recht in Gestalt des BGB eine formalisierte Sachverhaltsfeststellung – anders als für das Verwaltungsverfahren –[124] nicht vorsieht und eine Anhörung in Konstellationen der Leistungsverweigerung nicht einmal im Verwaltungsverfahren verpflichtend ist.[125] Nimmt man den Senat hier ernst, ergäben sich diese Bindungen und damit eigentlich auch die Verfassungswidrigkeit des § 28 VwVfG unmittelbar aus Art. 3 Abs. 1 GG.

Aus dem Erfordernis, für die Ausübung des Ausschlussrechts einen Sachgrund zu *haben*, folgert der Senat zudem kurzerhand die Pflicht, jedenfalls auf Anfrage einen Sachgrund zu *geben*. Aus dem Anspruch auf Rechtfertigung wird so ein vorprozessuales Begründungserfordernis.[126] Auch hierbei handelt es sich um eine Forderung, die nicht einmal gegenüber staatlichem Handeln in all seinen Formen durchgehalten wird.[127] Der Senat begründet dies mit der Notwendigkeit, sich äußern und gegen einen Ausschluss zur Wehr setzen zu können.[128] Dabei unterschlägt er, dass im gerichtlichen Verfahren über Darlegungslasten und sonstige Instrumente der Sachverhaltsermittlung Mittel und Wege bereitstehen, um den Hintergrund einer – materiell an Sachgründe gebundenen – Ausschlussentscheidung aufzuklären und zu prüfen.[129] Der vom Gericht entschiedene

---

123 BVerfGE 148, 267 (285 f. Rn. 46).

124 Die Amtsermittlungspflicht wird in der verwaltungsrechtlichen Diskussion nicht mit Art. 3 Abs. 1 GG, sondern primär mit der Gesetzmäßigkeit der Verwaltung in Verbindung gebracht, siehe etwa *Schneider*, in: Schoch/ders., VwVfG, 1. Aufl. 2020, § 24 Rn. 9 m.w.N.; soweit ein gleichheitsrechtlicher Bezug hergestellt wird, liegt dieser im durch die Verwaltung in Horizontalkonflikten herzustellenden Ausgleich von Informationsasymmetrien (ebd.); es geht also darum zu verhindern, dass die Verwaltung durch die Sachverhaltspräsentation seitens der professionelleren und umfassender informierten Seite zu stark beeinflusst wird. Das ist eine ganz andere Erwägung als die „Sachgrundlosigkeit" ungeregelter Sachverhaltsermittlung.

125 Vgl. § 28 Abs. 1 VwVfG; die h.M. interpretiert diese Vorschrift dahingehend, dass eine Anhörung bei einer Leistungsversagung nicht gefordert sei, siehe *Kallerhoff/Mayen*, in: Stelkens/Bonk/Sachs, VwVfG, 9. Aufl. 2018, § 28 Rn. 31 ff. m.w.N.

126 BVerfGE 148, 267 (186 Rn. 47); zur Differenzierung *Kischel*, Die Begründung, 2003, S. 71 f.

127 Z.B. keine Pflicht zur Gesetzes- oder Verordnungsbegründung, siehe BVerfGE 143, 246 (345 Rn. 278 f.) – Atomausstieg (2016); zur anerkannten Begründungslosigkeit letztinstanzlicher Entscheidungen BVerfGE 50, 287 (289 f.); 118, 212 (238); auch die höchst grundrechtsrelevanten Entscheidungen der G10-Kommission sind nicht gegenüber den Überwachungsbetroffenen zu begründen; näher gegen die Herleitung einer allgemeinen Begründungspflicht aus Art. 3 Abs. 1 GG *Kischel*, a.a.O. (Fn. 126), S. 92 ff.

128 BVerfGE 148, 267 (186 Rn. 47).

129 Auf diese Weise prozessuale Darlegungslasten – auch des Gesetzgebers – begründend *Britz*, DV 50 (2017), S. 421 (428 ff.).

Fall zeigt gerade, wie auch ohne vorprozessuale Information im gerichtlichen Verfahren die Gründe eines Ausschlusses geprüft und bestätigt werden konnten.

In der Sache hätte das Gericht spezifischer argumentieren müssen. Es wäre zu zeigen gewesen, dass die ungeregelte Sachverhaltsermittlung durch die Stadionbetreiber und die rechtliche Überbürdung von Verfahrenslast und Prozessrisiko auf die von einem Ausschluss Betroffenen für Fälle, in denen sie mangels sicherer Kenntnis um die Gründe von einer Klage absehen oder sich mit der im Prozess gegebenen Begründung zufriedengeben, *gleichheits*widrige gesetzliche Regelungen wären. Dabei hätte zumindest nahegelegen, sich damit auseinander zu setzen, dass nach einfachrechtlichem *status quo* im Privatrechtsverkehr formalisierte Pflichten der Sachverhaltsaufklärung und der Auskunft nicht bestehen. Sogar das Allgemeine Gleichbehandlungsgesetz statuiert selbst bei objektiver Benachteiligung einer Person, die verbotene Diskriminierungsmerkmale aufweist, entsprechende Pflichten nicht, sondern nur eine Beweiserleichterung im Prozess.[130] Nimmt man die Ausführungen im Stadionverbotsbeschluss ernst, die erst recht für Ungleichbehandlungen wegen unverfügbarer Merkmale gelten müssten,[131] wäre diese Rechtslage bei teilhabebedeutsamen Leistungen „unsachgemäß" und verfassungswidrig. Für derart weitreichende Folgerungen wendet der Senat hier wenig Mühe auf. Die „Schumann'sche Formel", die Kontrollfrage, ob eine entsprechende ausdrückliche gesetzliche Regelung grundrechtlich zulässig wäre,[132] hätte hier vielleicht davor bewahrt, in relativ freiem Rückgriff auf Art. 3 Abs. 1 GG sogar über im Verwaltungsverfahrensrecht normierte Anforderungen hinauszugehen. So handelt es sich um verfahrensrechtliche Setzungen, deren gleichheitsrechtliche Radizierung höchst unklar ist.

bb) Spezialgrundrechtsgerechte Gestaltung von Verfahrenslasten

Eine verfassungsunmittelbare Ableitung verfahrensrechtlicher Anforderungen an private Ausschlussentscheidungen ist daher mit Vorsicht zu genießen. Sie schreibt tendenziell „normale" Vorstellungen sachgemäßen Staatshandelns ver-

---

130 Vgl. zur Problematik *Thüsing*, in: MüKo-BGB, Bd. 1, 8. Aufl. 2018, § 22 AGG Rn. 8; BAG, Urteil vom 25. April 2013 – 8 AZR 267/08 –, BB 2013, S. 2227 – Meister; salomonisch EuGH, Urteil des Gerichtshofs (Zweite Kammer) vom 19. April 2012 – C-415/10 –, Rn. 39.

131 Vgl. BVerfGE 129, 49 (69) – Mediziner-BAFöG (2011): „Eine strengere Bindung des Gesetzgebers ist insbesondere anzunehmen, wenn die Differenzierung an Persönlichkeitsmerkmale anknüpft, wobei sich die verfassungsrechtlichen Anforderungen umso mehr verschärfen, je weniger die Merkmale für den Einzelnen verfügbar sind".

132 Vgl. *Schumann*, Verfassungs- und Menschenrechtsbeschwerde gegen richterliche Entscheidungen, 1963, S. 207.

fassungsfest und überträgt sie ins Privatrechtsverhältnis, ohne die grundlegend unterschiedliche Interessenlage, einfachrechtliche Vielgestaltigkeit und Gestaltbarkeit zu beachten. Trotz dieser Vorbehalte stellt sich die Frage, ob zumindest mit Blick auf einzelne Spezialgrundrechte Maßgaben für das Verfahren entwickelt werden können, das privaten Ausschlussentscheidungen vorausgehen muss.

Besonders aktuell ist insoweit das Problem eines Ausschlusses von nicht inhaltsverantwortlichen zweckoffenen Plattformen.[133] Der Gesetzgeber hat hier für soziale Netzwerke hinsichtlich der Löschung einzelner Beiträge bei einer ihnen gemeldeten Strafrechtswidrigkeit durch das NetzDG einen gesetzlichen Rahmen geschaffen.[134] Die Bedeutung der Frage, welche Verfahrensmaßgaben insoweit qua Verfassung geboten wären, ist für Löschungen mit Blick auf Pflichten nach dem NetzDG daher erheblich entschärft. Für Löschungen und Aussperrungen, denen keine Meldung vorausgeht oder die mit Blick auf das privat vereinbarte Nutzungskonzept (*community standards*) erfolgen, bleibt aber unklar, ob aus Art. 5 Abs. 1 Satz 1 GG Maßgaben für die Ausgestaltung der Verfahren und Verfahrenslasten folgen.

Solche Forderungen liegen nahe. Denn in öffentlichen Foren – wie sie Facebook und Co. wohl bereitstellen dürften –[135] steht die Möglichkeit eines unmittelbar selbst vollstreckbaren Ausschlusses bestimmter Äußerungen mit Blick auf deren Inhalt quer zur Grundanforderung kommunikativer Gleichberechtigung, die Art. 5 Abs. 1 Satz 1 GG für die Gestaltung des einfachen Rechts enthält. Das bürgerliche Recht darf Privaten eine Äußerungen beschränkende oder sie sogar verhindernde Rechtsmacht nicht unbegrenzt zuweisen. Insoweit gilt nichts anderes als für die verfassungsrechtlichen Grenzen einer Ausgestaltung des „Ehrschutzes“ und die Zuweisung aus Ehrangriffen folgender Ansprüche.[136] Diese Grenzen sind nicht nur inhaltlicher, sondern auch verfahrensrechtlicher Art: Egal wie volksverhetzend die Parolen eines Nazi-Aufmarschs sind: Eine gewaltsame

---

133 Akteure, die inhaltliche Verantwortung übernehmen (Zeitungen; Verlage) oder Foren, die nur aufgrund besonderer Entscheidung eröffnet sind (Einladung zu Diskussionsveranstaltungen, Preisverleihungen, Leserbrief-Veröffentlichung usw.), sind anders zu bewerten. In diesen Fällen mangelt es an einer generellen Verkehrsöffnung, sodass eine Nichtzulassung nicht als rechtsverbindlicher Ausschluss aller Nichtzugelassenen wirkt. Zudem werden Äußerungen auf solchen Foren sowohl rechtlich als auch nach der Verkehrsanschauung der für die Zulassungsentscheidung verantwortlichen Stelle mit angelastet. Aus dieser Zurechnung und Mit-Haftung folgt – bereits mit Blick auf die negative Äußerungsfreiheit – die allgemeine Zulässigkeit rechtfertigungsfreier verbindlicher Ausschlussentscheidungen.

134 Siehe näher *Schwartmann/Mühlenbeck*, a.a.O. (Fn. 53), S. 171; *Friehe*, a.a.O. (Fn. 102), S. 1698.

135 Dies noch offenlassend BVerfG, Beschluss der 2. Kammer des Ersten Senats vom 22. Mai 2019 – 1 BvQ 42/19 –, Rn. 15 – Dritter Weg.

136 Siehe dazu oben III. 3. a.

Beendigung durch eine Vereinigung engagierter Bürgerinnen wäre rechtlich verboten. Auch der durch allgemeine Integritätsrechte, Gewaltverbot und faktische Besitzsphären um jede Person gezogene *protective perimeter*[137] wirkt so als eine die Meinungsfreiheit sichernde Kautel, weil faktisch bestehende Äußerungsmöglichkeiten nicht einfach ohne staatliche Mitwirkung abgeschnitten werden *können* und *dürfen*.

Dies lenkt den Blick weg von der oben untersuchten primären Pflichtenebene und hin zur Verteilung von Verfahrenslasten im Kontext von Ausschlussentscheidungen. Die grundrechtlich erhebliche Frage lautet nicht nur, ob und aus welchen Gründen Plattformen ihre allgemein versprochenen Leistungen nicht eröffnen, konkret verweigern oder dauerhaft abbrechen dürfen. Sie lautet auch, ob und welche der beiden Konfliktparteien sich hierbei selbst ins Recht setzen darf. Diese Regulierungsebene – die Erlaubnis zur Selbsthilfe – wird in der aktuellen Diskussion um das digitale Hausrecht sozialer Netzwerke zumeist ausgeblendet.[138] Dabei ist die Unterscheidung zwischen materiell-rechtlicher Schuldigkeit und erlaubter Eigenmacht in anderen Zusammenhängen kontinuierlicher Leistungserbringung – etwa dem Mietrecht, bei Stromlieferungsverträgen und Zahlungsdienstleistungsverträgen (vgl. § 675k Abs. 2 BGB) – geläufig.[139] Im Anwendungsbereich des NetzDG ist die Frage der Eigenmacht gesetzlich dahingehend entschieden, dass soziale Netzwerke innerhalb von 24 Stunden bis 7 Tagen ab Meldung eines Inhalts zur Löschung, also zur eigenmächtigen Entfernung der vom NetzDG erfassten strafbaren Inhalte, berechtigt und sogar verpflichtet sind. Offen ist demgegenüber die Frage, ob eine solche Erlaubnis zur Eigenmacht auch ohne eine vorangehende Meldung oder aber zur Durchsetzung der eigenen Vertragsbedingungen (*community standards*) besteht.

Die Praxis der Plattformen setzt ein Recht zur eigenmächtigen Löschung und Sperrung bisher ohne Weiteres voraus. Normativ ist das nicht selbstverständlich.

---

137 Siehe zu dieser Figur *Hart*, Legal Rights, in: Essays on Bentham, 2001, S. 162 (171 ff.).

138 Siehe z. B. *Schwartmann/Mühlenbeck*, a.a.O. (Fn. 53), S. 171 f.; ähnlich *Friehe*, a.a.O (Fn. 101), S. 1700, der nicht zwischen dem Kündigungsrecht der Anbieter und der selbsttätigen Vollziehung (Sperrung) differenziert.

139 Siehe (hinsichtlich eigenmächtiger Einwirkung auf Sachen) *Riehm*, Smart Contracts und verbotene Eigenmacht, in: Fries/Paal, Smart Contracts, 2019, S. 85, 89 ff.; auf Dauer wird sich in einer Digitalwirtschaft diese Regulierungsebene, insbesondere ein funktionelles Äquivalent der Besitzschutzregeln, nicht mit dem Hinweis abtun lassen, dass es Besitz i.S.d. § 854 BGB nur an körperlichen Sachen gebe. Dass Besitz ein Zuschreibungsverhältnis ist, das sich daher auf digitale Beherrschungszusammenhänge übertragen lässt, zeigen etwa § 857 BGB (Erbenbesitz) und der Umstand, dass ein Bankschließfach nach der Einräumung des Besitzes daran trotz aller faktischen Zugriffsmöglichkeiten der Bank als im Alleinbesitz des Schließfachberechtigten liegend angesehen wird, siehe dazu *Schäfer*, MüKo-BGB, Bd. 8, 8. Aufl. 2020, § 866 BGB Rn. 5 m.w.N.

In der analogen Welt steht ein solches Recht Privaten nicht immer zu. Eine privat zur freien Verfügung gestellte Werbefläche, die die Mieterin für eine rechtswidrige oder nicht erwartete Plakataktion nutzt, dürfte im Regelfall nicht im Wege verbotener Eigenmacht von der Vermieter-Eigentümerin der Werbefläche entfernt werden. Vielmehr müsste sie – im vertraglichen Normalfall –[140] den Mietvertrag kündigen und die Wiedereinräumung des Besitzes notfalls gerichtlich erstreiten oder bei Bezug zur öffentlichen Sicherheit polizeilich erwirken. Ähnliches hätte im Fall „Bierdosenflashmob" gegolten: Die physische Durchsetzung des dort in Rede stehenden (und einstweilen verfassungsgerichtlich suspendierten) Platzverbots hätte der Polizei – nicht einem privat angeheuerten Sicherheitsdienst – zugestanden.

Ein ähnlich weitreichender Ausschluss der Selbstdurchsetzung seitens digitaler Plattformen dürfte allerdings die normative Kraft privater *community standards* erheblich infrage stellen. Eine Durchsetzung dieser Inhalte würde derart belastend und aufwendig, dass von ihr voraussichtlich in weitem Umfang Abstand genommen würde. Das von Plattformen durchgesetzte Pflichtenprogramm würde faktisch weitgehend auf das strafrechtliche Verbotsprogramm des § 1 Abs. 3 NetzDG begrenzt. Eine privatautonome Normbildung und Verantwortungsübernahme für die Gestaltung des digitalen Raums wäre unmöglich. Zusätzlich ist zu bedenken, dass die einseitige Löschung bestimmter Inhalte nicht ausschließt, dieselben oder ähnliche Inhalte aufs Neue zu veröffentlichen, sodass die Möglichkeit der Freiheitsbetätigung durch eine Löschung nicht dauerhaft versperrt ist.

Wenn digitale Plattformen demgegenüber in Reaktion auf einmalige oder wiederholt vertrags- oder rechtswidrige Beiträge selbsthilfemäßig Konten sperren, erscheint eine rechtliche Begrenzung solcher Rechtsmacht grundrechtlich geboten. Ein inhaltlich anknüpfendes, ohne Weiteres selbst durchsetzbares Bestimmungsrecht über den vertraglich versprochenen und bereits eingeräumten Zugang zu einem Forum allgemeinen kommunikativen Verkehrs verletzt Art. 5 Abs. 1 Satz 1 GG. Danach stehen Grundrechtsberechtigte auf öffentlichen Foren einander mit ihren Meinungen gleichberechtigt gegenüber und dürfen missfällige Äußerungen nicht einfach faktisch unterbunden werden.[141] Dass die einseitige Schaffung vollendeter Tatsachen mit Blick auf Äußerungsmöglichkeiten grund-

---

140 Weitergehende Zugangsrechte zur Vertragsdurchsetzung müssten gesondert vereinbart werden und unterlägen dann zumeist einer AGB-rechtlichen Angemessenheitskontrolle.

141 BVerfGE 25, 256 (265): „Die Ausübung wirtschaftlichen Druckes, der für den Betroffenen schwere Nachteile bewirkt und das Ziel verfolgt, die verfassungsrechtlich gewährleistete Verbreitung von Meinungen und Nachrichten zu verhindern, verletzt die Gleichheit der Chancen beim Prozeß der Meinungsbildung. Sie widerspricht auch dem Sinn und dem Wesen des Grundrechts der freien Meinungsäußerung, das den geistigen Kampf der Meinungen gewährleisten soll".

rechtlich besonders problematisch ist, zeigt auch das Verbot der staatlichen Vorzensur. Es gewährleistet, dass ein Gedankeninhalt zunächst – mit allen seinen rechtlichen Folgen – geäußert werden *kann.*[142] Eine einseitige Kontensperrung – ein Abbruch der faktischen Leistungsbeziehung – ohne vorherige Einschaltung eines Gerichts sollte daher, wenn sie mit Blick auf Meinungsinhalte vorgenommen wird, als Akt spezialgrundrechtlich verbotener Eigenmacht bewertet werden. In der rechtlichen Anerkennung dieser Eigenmacht liegt ein Grundrechtsproblem. Gerichtlicher Rechtsschutz gegen solche Anmaßungen könnte *de lege lata* im Wege des § 935 ZPO eröffnet werden, mit der Besonderheit, dass die materielle Pflichtenlage analog § 863 BGB unbeachtlich wäre. Wie in der analogen Welt wäre eine Einschaltung eines Gerichts natürlich nicht erforderlich, solange kein Streit über die Berechtigung zur Kontensperrung bestünde.

Eine solche Gestaltung von Verfahrenslasten hätte grundrechtsdogmatisch den Vorteil, dass an dem Ausschlussverfahren (nicht an der Löschung einzelner Beiträge) – soweit es streitig wird – staatliche Instanzen beteiligt blieben. Ein Einfluss der Grundrechte auf den Konfliktentscheid wäre bereits dadurch sichergestellt, dass grundrechtlich gebundene Instanzen handeln und den privaten Ausschlussentscheid anerkennen müssten. Eine grundrechtliche Bindung der privaten Entscheidung müsste weiterhin nicht stipuliert werden, um grundrechtliche Freiheit und Gleichheit auch in durch Privatrecht gestalteten Rechtsbeziehungen zur Geltung zu bringen. Die insgesamt scharfe, formale Unterscheidung von Grundrechtsgebundenen und Grundrechtsberechtigten, die wie gezeigt weiterhin die Rechtsprechung des Gerichts kennzeichnet, bliebe intakt.

IV. An Fazits statt: Rechtfertigungszentrierte Grundrechtslehren

Neben den soeben nachgezeichneten und fortgedachten dogmatisch-inhaltlichen Linien verbindet die untersuchten Entscheidungen eine gemeinsame methodische Herangehensweise an Fragen der allgemeinen Grundrechtslehren: Der Senat nähert sich den Problemen jeweils an zentraler Stelle über die vom Grundgesetz vorausgesetzte Verteilung von Freiheit, Bindung und korrespondierenden Rechtfertigungslasten. Weil die öffentliche Hand nicht privatautonom handeln darf,

142 Zum Zensurverbot siehe BVerfGE 33, 52 (72) – Zensur (1972): „Schon die Existenz eines derartigen Kontroll- und Genehmigungsverfahrens lahmt das Geistesleben. ... Ist das Geisteswerk erst einmal an die Öffentlichkeit gelangt und vermag es Wirkung auszuüben, so gelten die allgemeinen Regeln über die Meinungs- und Pressefreiheit und ihre Schranken“.

sondern für all ihr Handeln politisch rechtfertigungspflichtig ist, unterliegen gemischtwirtschaftliche Unternehmen der Grundrechtsbindung. Weil der deutsche Staat unabhängig vom Aufenthaltsort der Überwachten die politische Verantwortung für eine Überwachungstätigkeit des BND trägt und sich rechtfertigen muss, muss er auch unter grundrechtlichem Aspekt dafür Rechenschaft ablegen. Weil ein Entscheidungsträger einen Raum für den öffentlichen Verkehr geöffnet hat, ist es mit seiner allgemeinen Freiheit vereinbar, wenn er einen Ausschluss von diesem Ort vor der Versammlungsfreiheit der Ausgeschlossenen rechtfertigen muss. Also ist die Versammlungsfreiheit anwendbar. Weil ein Privater eine von ihm kontrollierte, teilhabrelevante Leistung allgemein anbietet, ist es mit seiner Privatautonomie vereinbar, einen individuellen Ausschluss rechtfertigen zu müssen. Also kann der Gleichheitssatz unter dieser Bedingung in das Rechtsverhältnis „einwirken".

Denselben Fokus auf Freiheitsvermutung und allgemeinen Rechtfertigungslasten im freiheitlichen Staat zeigen die Ausführungen des Ersten Senats zur Wirkung der informationellen Selbstbestimmung im Privatrechtsverhältnis.[143] Diese beginnen mit der Feststellung, dass im Rechtsverhältnis zwischen Privaten eine formale, den grundsätzlich gebundenen Staat treffende Rechtfertigungspflicht für jede Verarbeitung personenbezogener Informationen mit deren gegenseitiger Freiheit unvereinbar wäre.[144] Die informationelle Selbstbestimmung müsse daher von vornherein operativ einen ganz anderen Inhalt haben als gegenüber dem Staat,[145] für den dieses Grundrecht weitgehend auf eine formalisierte Rechtfertigungspflicht für personenbezogene Informationsverarbeitungen hinausläuft.[146] Ausgehend von diesen Grundannahmen zur Freiheitsverteilung wird der Gewährleistungsinhalt der informationellen Selbstbestimmung dann

---

143 BVerfGE 152, 152 (190 ff. Rn. 86 ff.).

144 BVerfGE 152, 152 (190 Rn. 86): „Insoweit unterscheidet sich seine Wirkung von seiner unmittelbar staatsgerichteten Schutzwirkung, die ... durch die rechtsstaatliche Asymmetrie von bürgerlicher Freiheit und staatlicher Bindung strukturiert ist. Ausgehend von der grundsätzlichen Rechtfertigungsbedürftigkeit staatlichen Handelns knüpft es dort die verfassungsrechtlichen Anforderungen für die Datenverarbeitung an eine formalisierte Abschichtung der Erhebungs- und Verarbeitungsschritte in detailliert zu erfassende Eingriffe".

145 BVerfGE 152, 152 (190 Rn. 87): „Seine Anforderungen und die hieraus folgenden Rechtfertigungslasten lassen sich damit nicht in gleicher Weise formal bestimmen".

146 Zur zentralen Rolle des Gesetzesvorbehalts für das Grundrecht auf informationelle Selbstbestimmung im Staat-Bürger-Verhältnis siehe *Masing*, Gesetz und Gesetzesvorbehalt, in: Hoffmann-Riem (Hrsg.), Offene Rechtswissenschaft, S. 467 (insb. 474 ff.); *Masing*, a.a.O. (Fn. 72), S. 2306 f.

deutlich enger gefasst,[147] vom allgemeinen Persönlichkeitsrecht in seiner äußerungsrechtlichen Dimension abgegrenzt[148] und damit in seinem kritischen Potential für das Informationsrecht erheblich beschränkt.

Es ist nicht ganz klar, ob die Argumentationsrichtung von der Freiheitsverteilung im freiheitlich-demokratischen Staat zu den Grundrechtslehren durchgängig belastbar ist und nicht häufig Dinge voraussetzt, die gerade aufzuzeigen wären.[149] Jedenfalls die Entscheidungen im Fall Fraport und zur Auslandsfernmeldeaufklärung des BND können als erfolgreiche Beispiele einer Grundrechtsdogmatik gelten, die bei der rechtstaatlichen Verteilungsregel und den Rechtfertigungslasten ihren Ausgangs- und Fixpunkt nimmt. Allerdings argumentieren diese Entscheidungen maßgeblich von der politischen Rechtfertigungspflicht und dem Korollardogma her, sodass sie zusätzliche Prämissen einführen und nicht den Zuschnitt grundrechtlicher Bindungen anhand grundrechtlicher Rechtfertigungspflichten zu begründen suchen. Dasselbe gilt für die Entscheidungen zum Recht auf Vergessen, die – wie Maßstabsentfaltung und Subsumtionen zeigen –[150] ihre Grenzziehungen weniger aus einer allgemeinen rechtstaatlichen Freiheitsvermutung gewinnen als aus verschiedenen Anforderungen des Art. 5 Abs. 1 GG, also aus konkreten Grundrechtsgewährleistungen. Zusätzlich dürfte für das Gelingen der Argumentation im BND-Urteil und in den Recht auf Vergessen-Beschlüssen eine Rolle gespielt haben, dass Fernmeldegeheimnis und informationelle Selbstbestimmung in ihrem dogmatischen Zuschnitt stark dadurch geprägt sind, welche staatlichen Praktiken des Umgangs mit Informationen wir für rechtfertigungspflichtig halten.[151] Der Gehalt informationeller Privatheitsgarantien ist also wenig substanziell bestimmt, sondern besonders stark durch die

---

147 BVerfG 152, 152 (191 Rn. 87): „Ebensowenig ... enthält das Recht auf informationelle Selbstbestimmung ein allgemeines oder gar umfassendes Selbstbestimmungsrecht über die Nutzung der eigenen Daten. ... Es enthält ... die Gewährleistung, über der eigenen Person geltende Zuschreibungen selbst substantiell mitzuentscheiden".

148 BVerfGE 152, 152 (192 Rn. 91).

149 Zur Kritik *Möllers*, Staat als Argument, 2000, S. 305 ff.

150 BVerfGE 152, 152 (198 f. Rn. 107; 200 f. Rn. 111 ff.; 202 f. Rn. 118 f.; 206 Rn. 130; 209 f. Rn. 138 ff., 214 f. Rn. 153); 216 (264 Rn. 118; 265 f. Rn. 121; 270 Rn. 132).

151 Anschaulich BVerfGE 150, 244 (268 f. Rn. 51): „Zur Freiheitlichkeit des Gemeinwesens gehört es, dass sich die Bürgerinnen und Bürger grundsätzlich fortbewegen können, ohne .... hinsichtlich ihrer Rechtschaffenheit Rechenschaft ablegen zu müssen ... Jederzeit an jeder Stelle unbemerkt registriert und darauf überprüft werden zu können, ob man auf irgendeiner Fahndungsliste steht oder sonst in einem Datenbestand erfasst ist, wäre damit unvereinbar. Vielmehr bedürfen solche Maßnahmen vor der Freiheit des Einzelnen eines spezifischen Grundes und sind als Eingriffe in das Grundrecht auf informationelle Selbstbestimmung rechtfertigungsbedürftig"; aus der US-amerikanischen Rechtsprechung 533 US 27 (2001), Kyllo v. United States (Eingriffscharakter einer Wärmebildaufnahme eines Wohnhauses zum Aufspüren illegalen Marihuana-Anbaus).

staatlichen Verhaltensweisen geprägt, die sie abwehren sollen.[152] Das begünstigte es jeweils, die grundrechtlichen Anforderungen von der Rechtfertigungspflicht her zu konstruieren und nicht – wie die Bundesregierung es im BND-Verfahren in Entkoppelung von Grundrechten und Grundrechtsbindung versuchte –[153] umgekehrt.

Dass diese Schlussrichtung nicht für alle Grundrechte und Grundrechtswirkungen gleichermaßen funktioniert, zeigt sich u. a. im BND-Urteil an den lückenhaften und unscharfen Passagen zur journalistischen Freiheit (Art. 5 Abs. 1 Satz 2 GG).[154] Deren Auslandsgeltung wird anders als diejenige des Telekommunikationsgeheimnisses[155] nicht selbständig begründet, sondern als schlichtes Resultat der Ausführungen zu Art. 10 GG ausgegeben. Zusätzlich ergänzt der Senat eine salvatorische Klausel, die journalistische Tätigkeit ausnimmt, die nicht nach den Gesetzmäßigkeiten eines freien Pressewesens operiert.[156] Damit markiert das Gericht, dass der deutsche Staat gegenüber ausländischen Journalistinnen nicht in der Pflicht steht, durch sein Recht freiheitliche Rahmenbedingungen ihrer Arbeit zu gewährleisten. Stattdessen wird journalistische Freiheit nur dort rezipiert und respektiert, wo sie herrscht. Diesen Eindruck bestätigt der mehrfache Hinweis auf die Beschränkung der Auslandsgeltung auf die abwehrrechtliche Grundrechtsdimension:[157] Der deutsche Staat muss sich gegenüber Ausländerinnen für sein ihnen gegenüber wirkendes Eingriffshandeln rechtfertigen, nicht aber muss die staatliche Rechtsordnung Grundrechte überall wahren und zur Geltung bringen. Grundrechte sind in dieser Lesart gleichbedeutend mit Rechtfertigungspflichten für eingreifendes Staatshandeln.[158]

Eine solche Ausdeutung grundrechtlicher, durch das Recht zu gestaltender Freiheits- und Gleichheitsansprüche als primär staatsgerichtete, aber partiell auch gegenseitige Rechtfertigungspflichten ist nicht ohne Gefahren. Sie rückt die objektivrechtliche Perspektive ins Zentrum der Grundrechtsdogmatik. Grund*rechte*

---

152 Für eine Untersuchung der gegenseitigen Beeinflussung von Rechtfertigungserwartungen und Zuschnitt der Grundrechtsgewährleistung in der amerikanischen Dogmatik *Wittmann*, Der Schutz der Privatsphäre vor staatlichen Überwachungsmaßnahmen durch die US-amerikanische Bundesverfassung, 2014, S. 561 ff.

153 BVerfGE 154, 152 (199 Rn. 47; 218 Rn. 92).

154 Siehe die recht knappen Feststellungen in BVerfGE 154, 152 (228 Rn. 111; 231 Rn. 120; 309 Rn. 325).

155 Siehe dazu die auf den internationalisierten Überwachungszugriff abhebende Argumentation BVerfGE 154, 152 (242 ff. Rn. 105 ff.) und zu den Eingriffsstufen (229 ff. Rn. 113 ff.).

156 BVerfGE 154, 152 (261 f. Rn. 196).

157 BVerfGE 154, 152 (Leitsatz 1; 215 Rn. 88; 216 Rn. 90; 222 Rn. 101; 225 Rn. 105).

158 Eine Beschränkung auf die abwehrrechtliche Dimension sieht auch *Uerpmann-Witzack*, JURA 2020, S. 953 (956).

werden mit den sie umsetzenden Geboten (Unterlassungs-, Schutz-, und Leistungspflichten, Institutsgarantien usw.) identifiziert. Die einzelnen dogmatisch-operativen Gebote werden aus der Perspektive der Verpflichteten konstruiert, objektiviert und damit ihrer individualfreiheits- und gleichheitsbezogenen Geltungsrechtfertigung (nicht ihrem Geltungsgrund, der positivrechtlich ist) entfremdet.[159]

Selten zeigt sich ein pflichtzentriertes Grundrechtsdenken so deutlich wie am Prozessvortrag der Bundesregierung im Verfahren zur BND-Auslandsaufklärung. Danach sei bei einem Handeln gegenüber Ausländerinnen im Ausland die Frage der Grundrechtsbindung des deutschen Staates (Art. 1 Abs. 3 GG) von der Frage der grundsätzlichen Grundrechtsberechtigung dieser Personen zu entkoppeln.[160] Wäre man dem gefolgt, wäre der BND bei seinem Handeln gegenüber Ausländerinnen zwar abstrakt an Grundrechte „gebunden", ohne dass dem jedoch subjektive Rechte der Betroffenen entsprochen hätten. Ohne Grundrechte bestimmter Personen ist eine Grundrechts-Bindung aber nichtssagend und leer.[161] Die Frage der exterritorialen Grundrechtsbindung kann nicht von der exterritorialen generellen Grundrechtsberechtigung entkoppelt werden. Zurecht hat das Gericht daher am individualrechtlichen Charakter der Grundrechte und der damit korrespondierenden Bindungen entschieden festgehalten.[162]

Mögliche Gefahren der Methode, Grundrechtslehren in erster Linie aus Perspektive der rechtfertigungspflichtigen Akteure, nicht der Grundrechtsträgerinnen, zu konstruieren und zuzuschneiden, zeigen sich aber auch niederschwelliger in der Entscheidung zum Stadionverbot. Wie schon der erste Leitsatz verdeutlicht, steht dort die Frage nach der plausibel geschuldeten Rechtfertigung und Begründung ganz im Mittelpunkt. Weil es Teil der Privatautonomie ist, ohne be-

---

159 Es geht hier nicht darum, die logische Korrespondenz von Recht und Pflicht infrage zu stellen (siehe dazu *Kelsen*, a.a.O. (Fn. 34), S. 236 – 243, sondern zu fragen, aus wessen Warte und in welcher Schlussrichtung Rechtsfragen bearbeitet und neue Rechtspropositionen entwickelt werden.

160 So der mündliche Vortrag des Prozessbevollmächtigten der Bundesregierung und die Stellungnahme des Freistaats Bayern; in Richtung einer Differenzierung von Grundrechtsbindung und generellem territorialem Anwendungsbereich der Art. 2 bis 18 GG weiterhin *Löffelmann*, JR 2020, S. 515 (516 f.).

161 So auch der mündliche Einwurf des Berichterstatters im BND-Verfahren, dann verlören die Grundrechte ihre Substanz. Der Kunstgriff objektiv wirkender Grundrechte ohne Personen, um deren Rechte es geht, ist ein Spezifikum der Schwangerschaftsabbruchrechtsprechung (BVerfGE 39, 1 [1975]); 88, 203 [1993]).

162 BVerfGE 154, 152 (218 Rn. 92): „Eine Grundrechtsbindung zugunsten individueller Grundrechtsträger, der dann aber keinerlei subjektivrechtliche Entsprechung gegenübersteht, sieht das Grundgesetz nicht vor. Der Charakter als Individualrecht gehört zum zentralen Gehalt des grundgesetzlichen Grundrechtsschutzes."

sondere Rechtfertigung und Begründung nach Präferenz Verträge einzugehen,[163] können Gleichheitsansprüche in privatrechtlich gestalteten Konfliktentscheidungssituationen im Regelfall keinen Platz haben.[164] Zusätzlich identifiziert der Senat die geschuldete Rechtfertigung offenbar mit einer typischen vom Staat zu leistenden Rechtfertigung und entlockt auf diese Weise der Pflicht zur Rechtfertigung (Sachgrund) ohne größere Begründungsanstrengungen Pflichten zur Begründung (Vorgang) und formalisierter Sachverhaltsermittlung. Weil wir uns solche Bindungen kaum immer auferlegen können und wollen, ohne den Grundsatz rechtfertigungsloser Freiheitsausübung aufzugeben, führt diese Schlusskette im Ergebnis – jedenfalls nominell –[165] zu einer Engführung gleichheitsrechtlicher Bindungen für die Gestaltung des Privatrechts.

Abstrakt lässt sich die Vorgehensweise so rekonstruieren: Das nach Art. 1 Abs. 3 GG die staatliche Rechtsordnung verpflichtende Grundrecht der Gleichheit vor dem Gesetz wird mit dem daraus entwickelten dogmatisch-operativen Gebot, nur aus Sachgründen zu differenzieren, in eins gesetzt. Anschließend werden Anforderungen ergänzt, die man für ein „sachliches" Handeln einer staatlichen Stelle voraussetzen würde (Sachverhaltsermittlung, Anhörung, Begründung). Dann wird das derart in operative Einzelpflichten zerlegte Grundrecht in das Privatrechtsverhältnis verpflanzt. Weil derartige – vor allem verfahrensmäßige – Bindungen dort als allgemeiner Grundsatz unzulänglich wären, wird der Anwendungsbereich des mit den operativen Geboten identifizierten Grundrechts entsprechend zurechtgestutzt (allgemeine Verkehrsöffnung und Bedeutung für soziale Teilhabe). Der die Rechtsordnung insgesamt verpflichtende grundrechtliche Gleichheitsanspruch verliert sich bei einem solchen Vorgehen in den aus ihm folgenden Einzelgeboten. Die aus dem Grundrecht entwickelten Rechtfertigungspflichten werden zum Prius der Grundrechtsdogmatik, aus dem die korrespondierenden individuellen Rechtspositionen bloß folgen. Damit verlieren Individualrechte ihr anleitendes, kritisches Potential und ihre Sprengkraft,[166] indem sie nur subjektiv wenden, was objektiv bereits an Rechtfertigung geschuldet ist. Zugleich wird die Möglichkeit ausgeblendet, dass grundrechtliche Freiheit und Gleichheit im Privatrechtsverhältnis nicht über dieselben Instrumente (vor allem: Rechtfertigungspflichten) herstellbar sein müssen wie im Staat-Bürger-Verhältnis. Die Dogmatisierung und dogmatische Operationalisierung der Grundrechte im

---

163 BVerfGE 148, 267 (Leitsatz 1).
164 BVerfGE 148, 267 (Leitsatz 2).
165 Oben III. 2. ist herausgearbeitet, weshalb man die Entscheidung so nicht verstehen muss.
166 Für einen jüngeren Versuch, die Dynamik der Rechte auf den Begriff zu bringen *Wihl*, Aufhebungsrechte, 2019, insb. S. 213 ff.; weniger anspruchsvoll *Buchheim*, a.a.O (Fn. 105), S. 93 ff.; 97 ff.

Staat-Bürger-Verhältnis wird so potentiell zu einem Hemmschuh entwicklungsoffener Grundrechtslehren. Die Entscheidung Recht auf Vergessen I begegnet dieser Gefahr vorbildlich, indem sie das sich über 35 Jahre türmende Gepäck datenschutzgrundrechtlicher Dogmatik für das Privatrechtsrechtsverhältnis in weiten Teilen verwirft.[167] Eine vergleichbare Justierung der grundrechtlichen Grenzen privat gesetzter Ausschlussentscheidungen steht noch am Anfang. Nach dem soeben Gesagten sollte sie nicht die Verpflichteten und deren Rechtfertigung, sondern die Berechtigten und deren Garantie gleicher Freiheit zum Ausgangspunkt nehmen.

167 BVerfGE 152, 152 (190 ff. Rn. 86 ff.).

Sascha D. Peters

Grundrechtsmathematik? – Zur Erfassung kumulativer Belastungen im Wege des „additiven Grundrechtseingriffs“[1]

Leitentscheidungen des Bundesverfassungsgerichts

BVerfGE 112, 304 – GPS
BVerfGE 114, 196 – Beitragssatzsicherungsgesetz
BVerfGE 123, 186 – Gesundheitsreform 2007
BVerfGE 130, 372 – Maßregelvollzugszeiten
BVerfGE 141, 220 – BKA-Gesetz
BVerfGE 145, 20 – Spielhallen
BVerfGE 156, 63 – Elektronische Fußfessel
BVerfG, Beschluss vom 19. November 2021 – 1 BvR 781/21 u. a. – BeckRS 2021, 36514 – Bundesnotbremse I (Ausgangs- und Kontaktbeschränkungen)
BVerfG, Beschluss vom 19. November 2021 – 1 BvR 971/21 u. a. – BeckRS 2021 – Bundesnotbremse II (Ausgangs- und Kontaktbeschränkungen)

Wichtige Kammerentscheidungen

BVerfG, Beschluss der 3. Kammer des Ersten Senats vom 3. Juni 2014 – 1 BvR 79/09 u. a. –, NJW 2014, S. 3634

Schrifttum (Auswahl)

Bernsdorff, Einschnitte in das Rentenniveau – der „additive“ Grundrechtsbegriff und das Bundesverfassungsgericht, SGb 2011, 121 ff.; *Brade*, Additive Grundrechtseingriffe, 2020; *Bronkars*, Kumulative Eigentumseingriffe, 2007; *Heu*, Kulminierende Grundrechtseingriffe, 2018; *Jesse*, Instrumentenverbund als Rechtsproblem am Beispiel effizienter Energienutzung, 2014; *Kaltenstein*, Kernfragen des „additiven“ Grundrechtseingriffs unter besonderer Berücksichtigung des Sozialrechts, SGb 2015, S. 365 ff.; *Klement*, Die Kumulation von Grundrechtseingriffen im Umweltrecht, AöR 134 (2009), S. 35 ff.; *Kloepfer*, Belastungskumulationen durch Normüberlagerungen im Abwasserrecht, VerwArch 74 (1983), S. 201 ff.; *G. Kirchhof*, Kumulative Belastung durch unterschiedliche staatliche Maßnahmen, NJW 2006, S. 732 ff.; *Kreuter-Kirchhof*, Kumulative Grund-

1 Bei dem Beitrag handelt es sich um die durch Fußnoten und den Rechtsprechungsüberblick ergänzte und im Hinblick auf Rechtsprechung und Literatur aktualisierte Version eines Vortrags, den der Verfasser unter gleichlautendem Titel als Fachvortrag auf dem Fest der Wissenschaftlichen Mitarbeiterinnen und Mitarbeiter des Bundesverfassungsgerichts am 27. Oktober 2018 im Sitzungssaal des Bundesverfassungsgerichts gehalten hat.

https://doi.org/10.1515/9783110686623-004

rechtseingriffe in das Grundeigentum, NVwZ 2019, S. 1791 ff.; *Kromrey*, Belastungskumulation, 2018; *Lee*, Umweltrechtlicher Instrumentenmix und kumulative Grundrechtseinwirkungen, 2013; *Lücke*, Der additive Grundrechtseingriff sowie das Verbot der übermäßigen Gesamtbelastung, DVBl. 2001, S. 1469 ff.; *Puschke*, Die kumulative Anordnung von Informationsbeschaffungsmaßnahmen im Rahmen der Strafverfolgung, 2006; *Ruschemeier*, Der additive Grundrechtseingriff, 2019; *Schaks*, Das Verbot der Belastungskumulation als Bestandteil der Wesensgehaltsgarantie des Art. 19 Abs. 2 GG, DÖV 2015, S. 817 ff.; *Winkler*, Der „additive Grundrechtseingriff“: Eine adäquate Beschreibung kumulativer Belastungen?, JA 2014, S. 881 ff.; *Würsig*, Die Steuerung von Summenbelastungen im öffentlichen Immissionsschutzrecht, 2009.

Inhaltsübersicht

I. Einführung

Seit dem Jahr 2005 greift das Bundesverfassungsgericht in einigen Entscheidungen – senatsübergreifend – auf ein ergänzendes Element der Grundrechtsprüfung zurück: den „additiven Grundrechtseingriff“.[2] Damit haben nicht nur die mathematischen Grundrechenarten Einzug in die Herzkammern der Grundrechtsdogmatik gehalten. Vielmehr bildet sich mit dem additiven Grundrechtseingriff ein Instrument zur Erfassung der aus dem Zusammenwirken unterschiedlicher Einzelmaßnahmen für einen Grundrechtsträger erwachsenden kumulativen Belastungswirkung heraus, was Lücken im grundrechtlichen Schutzkonzept zu schließen verspricht.

Das Zusammentreffen mehrerer grundrechtsbeeinträchtigender Einzelakte bildete bislang eine offene Flanke der Grundrechtsdogmatik. Die klassische Prüfung einer Grundrechtsverletzung vollzieht sich einzelaktsbezogen nach dem Dreischritt Schutzbereich–Eingriff–Rechtfertigung.[3] Wenngleich die Richtigkeit dieses dreistufigen Aufbaus und der konkrete Inhalt der verschiedenen Stufen bis heute Gegenstand eines lebhaften wissenschaftlichen Diskurses geblieben ist[4] und die Prüfungsstruktur in der Rechtsprechung nicht immer trennscharf befolgt wird,[5] herrscht Einigkeit jedenfalls insoweit, als Prüfungsgegenstand die Frage der Verfassungsmäßigkeit einer einzelnen, bestimmten hoheitlichen Maßnahme

2 Zum Begriff des „additiven Grundrechtseingriffs“ in der Literatur vgl. etwa *Lücke*, DVBl. 2001, S. 1469 (1470 ff.); *F. Kirchhof*, NZS 2015, S. 1 (7); *Ruschemeier*, Der additive Grundrechtseingriff, 2019, S. 19; zur in der Literatur verschiedentlich geäußerten Kritik an der Bezeichnung vgl. etwa *Breckwoldt*, Grundrechtskombinationen, 2015, S. 141; *Klement*, AöR 134 (2009), S. 35 (41 f.); *G. Kirchhof*, NJW 2006, S. 732 (732 Fn. 9); für die Tragfähigkeit des Begriffs mit überzeugenden Argumenten aber *Brade*, Additive Grundrechtseingriffe, 2020, S. 133 ff. und S. 143 f.; in der Literatur wird die Thematik z.T. auch unter anderen Bezeichnungen verhandelt, z.B. unter den Begriffen „kumulativer Grundrechtseingriff“, vgl. dazu *Bronkars*, Kumulative Eigentumseingriffe, 2009, S. 24 f.; *Hillgruber*, in: Isensee/Kirchhof, HdbStR IV, 3. Aufl. 2011, § 200 Rn. 97; *Hufen*, VVDStRL 57 (1998), S. 131; *Klement*, AöR 134 (2009), S. 35 (39); „Belastungskumulation“, vgl. dazu *Kloepfer*, VerwArch 74 (1983), S. 201 ff.; *Klement*, AöR 134 (2009), S. 35 (42); *Kromrey*, Belastungskumulation, 2018; *Schaks*, DÖV 2015, S. 817 (819); „Summenbelastung“, vgl. dazu *Würsig*, Die Steuerung von Summenbelastungen im öffentlichen Immissionsschutzrecht, 2009.

3 *G. Kirchhof*, NJW 2006, S. 732; *Kingreen/Poscher*, Grundrechte, 36. Aufl. 2020, Rn. 253 ff.; *Kromrey*, Belastungskumulation, 2018, S. 1 m.w.N.; *Voßkuhle/Kaiser*, JuS 2009, S. 313.

4 Vgl. mit anderer Konzeption etwa *J. Ipsen*, Staatsrecht II, 24. Aufl. 2021, Rn. 254; zur Kritik am Aufbau auch *Kahl*, Der Staat 43 (2004), S. 166 ff.

5 Vgl. auch *Kromrey*, Belastungskumulation, 2018, S. 45 ff.

ist.[6] Daran hat auch die Anerkennung des modernen Eingriffsbegriffs nichts geändert.[7] Allerdings sieht sich der einzelne Grundrechtsträger in seiner Lebenswirklichkeit nicht nur vereinzelten, sondern einer Vielzahl staatlicher Maßnahmen ausgesetzt.[8] Diese mögen isoliert betrachtet nur von geringer Intensität sein, zusammengenommen können sie aber die Freiheitssphäre des Grundrechtsträgers durchaus empfindlich beschränken.[9] Dieses Zusammenwirken verschiedener Hoheitsakte und die daraus folgende tatsächliche grundrechtliche Gesamtbelastung für den Einzelnen bildet die traditionelle Ausrichtung der Grundrechtsprüfung nicht adäquat ab; die rechtliche Bewertung der einzelnen Eingriffsakte erfolgt vielmehr punktuell und ohne Verknüpfung.[10] Das mag auf den ersten Blick noch recht unproblematisch erscheinen, solange die verschiedenen Eingriffsakte gänzlich unterschiedliche Lebensbereiche betreffen. Anders liegt es aber schon intuitiv dann, wenn ein Grundrechtsträger eine Vielzahl gleichgerichteter staatlicher Maßnahmen erdulden muss. Hier spricht vieles dafür, dass der kumulative Effekt der Maßnahmen zu einer vertieften Beeinträchtigung des individuellen Freiheitsraums und damit auch zu einer größeren Grundrechtsgefährdung führt, der nicht bereits mit der Rechtfertigung der Einzelmaßnahmen ausreichend Rechnung getragen werden kann.

---

6 *Heu*, Kulminierende Grundrechtseingriffe, 2018, S. 1; *Kingreen/Poscher*, Grundrechte, 36. Aufl. 2020, Rn. 9; *Kloepfer*, VerwArch 74 (1983), S. 201 (210); *Kromrey*, Belastungskumulation, 2018, S. 1 und S. 17 f. m.w.N.; *Michael/Morlok*, Grundrechte, 7. Aufl. 2020, Rn. 519; *Peine*, in: Merten/Papier, HdbGRe III, 2006, § 57 Rn. 53; *Volkmann*, JZ 2005, S. 261 (263); *Winkler*, JA 2014, S. 881.

7 Dieser trägt zwar der Formenvielfalt staatlicher Einzelmaßnahmen Rechnung und ermöglicht die Erfassung von dem Staat zurechenbaren Grundrechtsbeeinträchtigungen auch dann, wenn sie nicht die klassischen Kriterien der Imperativität, Finalität, Rechtsförmlichkeit und Unmittelbarkeit erfüllen, vgl. nur *Peine*, in: Merten/Papier, HdbGRe III, 2006, § 57 Rn. 19 ff.; *Voßkuhle/Kaiser*, JuS 2009, S. 313. Allerdings ist auch der moderne Eingriffsbegriff – jedenfalls in seinem bisherigen Verständnis – auf die punktuelle Erfassung grundrechtsbelastender hoheitlicher Maßnahmen beschränkt geblieben, vgl. dazu *Kromrey*, Belastungskumulation, 2018, S. 45; so in der Bestandsaufnahme auch *Ruschemeier*, Der additive Grundrechtseingriff, 2019, S. 17 ff., die insoweit freilich eine Fortentwicklung des Eingriffsverständnisses vorschlägt, s.u. III.

8 So auch der Befund bei *Kromrey*, Belastungskumulation, 2018, S. 2 ff.; *G. Kirchhof*, NJW 2006, S. 732 (734 ff.); *Winkler*, JA 2014, S. 881; zur Bedeutung des „wirklichkeitswissenschaftlichen Ergründens des Realbereiches" *Klement*, AöR 134 (2009), S. 35 (38 f.).

9 *Michael/Morlok*, Grundrechte, 7. Aufl. 2020, Rn. 519; *Voßkuhle/Kaiser*, JuS 2009, S. 313 (314); *Winkler*, JA 2014, 881; plastisch *F. Kirchhof*, NZS 2015, S. 1 (7): Der Grundrechtsträger verspüre insgesamt „nicht nur lästige Einzelstiche, sondern einen kräftigen, schmerzhaften Gesamtschlag" aus mehreren Normen; zu vielgestaltigen Anwendungsfällen vgl. *G. Kirchhof*, NJW 2006, S. 732.

10 *G. Kirchhof*, NJW 2006, S. 732; *Kromrey*, Belastungskumulation, 2018, S. 2; *Peine*, in: Merten/Papier, HdbGRe III, 2006, § 57 Rn. 53.

Die sich in der Rechtsprechung herausbildende Figur des „additiven Grundrechtseingriffs“ bietet einen Anknüpfungspunkt, um diese kumulativen Effekte aufzufangen und abzubilden, harrt aber noch der abschließenden dogmatischen Durchdringung.[11] Der Beitrag will aufbauend auf eine Bestandsaufnahme der verschiedenen Anwendungsfälle in der Rechtsprechung des Bundesverfassungsgerichts (II.) untersuchen, auf welcher dogmatischen Grundlage (III.) und unter welchen Voraussetzungen (IV.) das Zusammenwirken von Grundrechtsbelastungen, die von mehreren Hoheitsakten ausgehen und ein und denselben Grundrechtsträger treffen, verfassungsrechtlich erfasst werden kann und muss und wie es in seiner Gesamtheit bewertet werden kann (V.). Ergänzend soll der Blick auf verfahrensrechtliche Absicherungen (VI.) und verfassungsprozessuale Folgeprobleme (VII.) gerichtet werden.

II. Bestandsaufnahme

In der Rechtsprechung des Bundesverfassungsgerichts finden sich inzwischen einige Entscheidungen, die die kumulative Belastungswirkung mehrerer Hoheitsakte auf einen Grundrechtsträger zu erfassen und verfassungsrechtlich einzuhegen suchen. Die Rechtsprechung ist dabei allerdings nicht von starker terminologischer Beständigkeit geprägt. Neben Entscheidungen, die ausdrücklich auf den additiven Grundrechtseingriff Bezug nehmen,[12] finden sich auch andere Begriffsprägungen. So ist etwa vom „kumulativen Grundrechtseingriff“[13] oder von der „additiven Grundrechtsbeeinträchtigung“[14] die Rede; bisweilen wird das Zusammenwirken auch ohne besondere terminologische Einordnung geprüft.[15] Immerhin hat sich der Rückgriff auf den Begriff des additiven Grundrechtseingriffs mittlerweile verfestigt; er findet sich in insgesamt neun Entscheidungen – acht Senats- und einer Kammerentscheidung. Diese erfassen recht mannigfaltige

---

11 Zu umfassenden dogmatischen Erklärungsmodellen in der jüngeren Vergangenheit vgl. *Brade*, Additive Grundrechtseingriffe, 2020; *Kromrey*, Belastungskumulation, 2018; *Ruschemeier*, Der additive Grundrechtseingriff, 2019; früh schon *Kloepfer*, VerwArch 74 (1983), S. 201 ff.; *Lücke*, DVBl. 2001, S. 1469 ff.; *G. Kirchhof*, NJW 2006, S. 732 ff.

12 BVerfGE 112, 304 (320); 114, 196 (242 und 247); 123, 186 (265); 130, 372 (392); 141, 220 (280 Rn. 130); 156, 63 (123 Rn. 210); vielfach setzt das Bundesverfassungsgericht den Begriff des additiven Grundrechtseingriffs in Anführungszeichen, was in der Literatur zuweilen als gewisse Distanzierung gedeutet wird, vgl. *Klement*, AöR 134 (2009), S. 35 (41); dagegen aber *Ruschemeier*, Der additive Grundrechtseingriff, 2019, S. 25 (Fn. 51).

13 Vgl. BVerfGE 130, 372 (392).

14 Vgl. BVerfGE 114, 196 (242).

15 Vgl. dazu noch näher unten II. 9.

Fallgestaltungen und sollen zum Ausgangspunkt der Untersuchung genommen werden, wobei nachgelagert auch die sonstigen bisherigen Anwendungsfälle kurz umrissen werden.

1. BVerfGE 112, 304 (GPS-Daten)

Die erste ausdrückliche Verwendung des Begriffs des „additiven Grundrechtseingriffs" findet sich im Jahre 2005 in der Entscheidung des *Zweiten Senats* zur Verwendung von GPS-Daten in einem strafrechtlichen Ermittlungsverfahren und zur Verwertung der aus diesen Daten gewonnenen Erkenntnisse.[16] Nachdem der Senat die seinerzeit geltende Fassung von § 100c Abs. 1 Nr. 1 lit. b StPO als grundsätzlich ausreichende und verfassungsmäßige gesetzliche Grundlage für Beweiserhebungen unter Einsatz von GPS-Daten und die anschließende Verwendung dieser Beweise angesehen hatte,[17] wandte er sich der zentralen Rüge des Beschwerdeführenden zu, der insbesondere kritisierte, dass die Observation unter Einsatz von GPS-Daten zusätzlich zu anderen, zeitgleich (und z.T. von anderen Ermittlungsbehörden) durchgeführten Observationsmaßnahmen vorgenommen worden war.[18] Das damit in Bezug genommene Zusammentreffen verschiedener, gegen denselben Grundrechtsträger gerichteter und für sich genommen jeweils rechtmäßiger Ermittlungs- und Überwachungsmaßnahmen fasste der Senat unter den Begriff des „additiven Grundrechtseingriffs", dem er ohne weitere erklärende Ausführungen ein besonderes Gefährdungspotential zuerkannte.[19]

Den materiellen Anforderungen des Grundgesetzes an das Zusammentreffen mehrerer Ermittlungs- und Überwachungsmaßnahmen widmete sich der Senat dabei nur äußerst knapp. Er beschränkte sich darauf, auf das bereits zuvor in st. Rspr. – freilich ohne ausdrückliche Verknüpfung mit dem additiven Grund-

16 Vgl. näher zu dem der Entscheidung zugrunde liegenden Sachverhalt BVerfGE 112, 304 (305 ff.).

17 Vgl. dazu BVerfGE 112, 304 (315 ff.); die Regelung ist abgedruckt auf S. 304 f.; zentrale Maßstabsnorm für die grundrechtliche Bewertung der Observationsbefugnisse bildete das allgemeine Persönlichkeitsrecht (Art. 2 Abs. 1 GG i.V.m. Art. 1 Abs. 1 GG).

18 Zur entsprechenden Rüge des Beschwerdeführenden BVerfGE 112, 304 (310 f.).

19 BVerfGE 112, 304 (319 f.); soweit das Bundesverfassungsgericht in diesem Zusammenhang auf den Umstand verweist, dass dem Betroffenen die einzelnen Ermittlungs- und Überwachungsmaßnahmen beim Einsatz moderner Ermittlungsmethoden verborgen blieben, bleibt freilich unklar, ob der Senat aus der Verborgenheit der Maßnahmen als solcher, aus dem Zusammenwirken der einzelnen Maßnahmen ohne Rücksicht auf ihre Verborgenheit oder gerade aus dem Zusammenwirken verborgener Maßnahmen das besondere Gefährdungspotential des additiven Grundrechtseingriffs ableiten will.

rechtseingriff und ohne spezifischen Bezug auf das Zusammenwirken verschiedener Maßnahmen – aus dem Verhältnismäßigkeitsgrundsatz zur Wahrung eines in der Menschenwürde wurzelnden unverfügbaren Kerns der Person abgeleitete Verbot der Rundumüberwachung zu verweisen:[20] Staatliche Überwachungshandlungen, mit denen ein umfassendes Persönlichkeitsprofil eines Beteiligten erstellt werden kann, sind danach unzulässig. Mit Blick auf die ohnehin bestehende Verbindlichkeit dieser verfassungsrechtlichen Anforderungen für die Ermittlungsbehörden hielt der Senat eine gesonderte Regelung für den Einsatz mehrerer Ermittlungsmaßnahmen zur selben Zeit durch den Gesetzgeber nicht für erforderlich.[21]

Besonderes Augenmerk richtete die Entscheidung vor dem Hintergrund dieser materiellen Verfassungsanforderungen allerdings auf die verfahrensrechtlichen Vorgaben für das additive Zusammenwirken verschiedener Einzelmaßnahmen:[22] Es müsse gewährleistet sein, dass die eine bestimmte Ermittlungs- oder Überwachungsmaßnahme beantragende oder anordnende Staatsanwaltschaft als primär verantwortliche Entscheidungsträgerin über alle Ermittlungseingriffe informiert sei, die den Grundrechtsträger im Zeitpunkt der Antragstellung und im Zeitpunkt einer zeitlich versetzten Ausführung der Maßnahme jeweils träfen; anderenfalls sei die verantwortliche Prüfung und Feststellung einer übermäßigen Belastung nicht möglich.[23] Soweit unterschiedliche Behörden gegen einen Grundrechtsträger vorgingen, forderte der Senat die grundrechtssichernde Abstimmung der Ermittlungstätigkeit. Es müsse gewährleistet sein, dass nicht verschiedene Ermittlungsbehörden ohne Wissen voneinander im Rahmen von Doppelverfahren in Grundrechte eingriffen.[24] Um die Voraussetzungen für die damit notwendige Prüfung und Abstimmung zu schaffen, bedürfe es neben der vollständigen Dokumentation aller ausgeführten oder ausführbaren Ermittlungseingriffe insbesondere der Möglichkeit einer Datenübermittlung zwischen den unterschiedlichen zuständigen Ermittlungsbehörden.[25] Die bestehenden verfahrensrechtlichen Vorkehrungen[26] erachtete das Bundesverfassungsgericht

---

20 BVerfGE 112, 304 (319) unter Verweis auf BVerfGE 65, 1 (43); 109, 279 (323); zur Ableitung des Verbots der Rundumüberwachung vgl. auch BVerfGE 141, 220 (317 Rn. 254).

21 BVerfGE 112, 304 (319).

22 BVerfGE 112, 304 (319 ff.).

23 BVerfGE 112, 304 (320).

24 BVerfGE 112, 304 (320).

25 BVerfGE 112, 304 (320).

26 Konkret verwies das Gericht auf §§ 492 ff. StPO, wobei insbes. die in § 492 Abs. 4 StPO enthaltene Möglichkeit, unter bestimmten Voraussetzungen grundlegende, den Staatsanwaltschaften zugängliche Verfahrensdaten auch den Verfassungsschutzbehörden des Bundes und der

als ausreichend, es erlegte dem Gesetzgeber aber die Pflicht auf, zu beobachten, ob diese auch angesichts zukünftiger Entwicklungen geeignet seien, den Grundrechtsschutz effektiv zu sichern.[27]

2. BVerfGE 114, 196 (Beitragssatzsicherungsgesetz)

Noch im selben Jahr kam der *Zweite Senat* im Rahmen einer von der baden-württembergischen und der saarländischen Landesregierung initiierten abstrakten Normenkontrolle auf den additiven Grundrechtseingriff zurück. Das Verfahren hatte u. a. verschiedene Regelungen des Beitragssatzsicherungsgesetzes zur Senkung der Arzneimittelpreise zum Gegenstand.[28] Zentrales Regulierungselement waren gesetzlich verpflichtend vorgesehene Rabatte, die Apotheken, pharmazeutische Großhändler und Hersteller den gesetzlichen Krankenversicherungen im Rahmen der Abgabe von Arzneimitteln an gesetzlich versicherte Personen zu gewähren hatten. Die in den Rabattvorschriften liegende Reglementierung der Preise für die künftigen Leistungen und Lieferungen der betroffenen Unternehmen hielt der *Zweite Senat* mit Blick auf das den Bestimmungen zugrunde liegende Ziel, die finanzielle Stabilität der gesetzlichen Krankenversicherung durch die Begrenzung der Ausgaben der Krankenkassen zu sichern, jeweils für sich genommen für mit Art. 12 Abs. 1 GG vereinbar.[29] Da nach dem gesetzlichen Regelungskonzept die Abwicklung auch der den Großhändlern und Herstellern auferlegten Rabattverpflichtungen über die Apotheken erfolgen sollte,[30] stand neben der individuellen Beurteilung der Apothekenrabatte die kumulative Belastung der Apotheken im Blickfeld.[31] So bezweifelten die Antragsteller, ob die Apotheken die ihnen gegenüber Herstellern und Großhändlern zustehende Rückerstattung tatsächlich geltend machen könnten, und verwiesen

---

Länder, dem Amt für den Militärischen Abschirmdienst und dem Bundesnachrichtendienst zur Verfügung zu stellen, hervorgehoben wurde, vgl. BVerfGE 112, 304 (320).

27 BVerfGE 112, 304 (320); das Gericht regte zur wirksamen Sicherung der Beachtung der verfassungsrechtlichen Vorgaben in der praktischen Ermittlungstätigkeit insbes. die Aufnahme einer ergänzenden Regelung zur Vermeidung unkoordinierter Ermittlungsmaßnahmen verschiedener Behörden in der RiStBV an, vgl. dazu nunmehr Nr. 17 Abs. 3 RiStBV.

28 Näher zum Regelungsgehalt und zur Genese des Beitragssatzsicherungsgesetzes BVerfGE 114, 196 (197 ff.).

29 BVerfGE 114, 196 (242 ff.); im Hinblick auf die isolierte Vereinbarkeit der Regelungen mit Art. 12 Abs. 1 GG hatten auch die Antragsteller im Normenkontrollverfahren keine Bedenken geäußert, vgl. S. 246 der Entscheidung.

30 Vgl. dazu BVerfGE 114, 196 (207 ff.).

31 Zu diesem Aspekt der Entscheidung vgl. BVerfGE 114, 196 (246 ff.).

auf die Gefahr, dass auch diese Rabatte letztlich bei den Apotheken „abgelastet" würden.[32] Das Bundesverfassungsgericht hielt die entsprechenden Rügen schon im Ausgangspunkt für zu allgemein und damit – trotz Behandlung im Rahmen der Begründetheit – für unsubstantiiert;[33] die Ausführungen beschränkten sich überwiegend auf nicht näher belegte Vermutungen.[34] Mangels hinreichender Substantiierung der Belastungswirkung kam die Rüge der unzumutbaren Gesamtbelastung der Apotheken durch die Regelungen des Beitragssatzsicherungsgesetzes[35] folglich nicht zum Zuge.

3. BVerfGE 123, 186 (Gesundheitsreform 2007)

Im Jahre 2009 fand der additive Grundrechtseingriff begrifflich Eingang in die Rechtsprechung des *Ersten Senats*. Anlass hierzu boten zur gemeinsamen Entscheidung verbundene Verfassungsbeschwerden verschiedener privater Versicherungsgesellschaften gegen Neuregelungen der privaten Krankenversicherung im Rahmen der Gesundheitsreform 2007.[36] Konkret wandten sich die Beschwerdeführenden gegen die verpflichtende Einführung eines Basistarifs in der privaten Krankenversicherung sowie gegen die Vorgabe der teilweisen Portabilität von Alterungsrückstellungen; Angriffsgegenstand war zudem eine Regelung, nach der die Pflichtmitgliedschaft in der gesetzlichen Krankenversicherung erst bei dreimaligem Überschreiten einer Jahresentgeltgrenze endete, während vor der Neuregelung eine Befreiung von der Versicherungspflicht und damit ein Wechsel in

32 So die Wiedergabe der Rüge der Antragsteller in BVerfGE 114, 196 (246 f.).

33 Die Substantiierungslasten konkretisierte das Gericht in diesem Zusammenhang auch unter Verweis auf den gesetzgeberischen Gestaltungs- und Prognosespielraum, dem nicht allein bloße Vermutungen und Behauptungen der wirtschaftlich Betroffenen entgegengestellt werden könnten, vgl. BVerfGE 114, 196 (248).

34 BVerfGE 114, 196 (247 f.), wobei das Gericht insoweit auch darauf abstellte, die Bundesregierung habe ausführlich dargelegt, dass die Behauptungen der Antragsteller nicht zuträfen; daneben hielt es bereits die unmittelbare Betroffenheit der Apotheken durch die Regelungen der Hersteller- und Großhändlerrabatte für nicht ausreichend substantiiert, da lediglich mittelbare Auswirkungen auf die Rechtspositionen der Apotheker geltend gemacht würden.

35 Hervorzuheben ist freilich, dass die Antragsteller mit ihrer Rüge der additiven Gesamtbelastung auf „alle derzeit [auf Apotheken] wirkende Grundrechtseingriffe" abgestellt hatten (vgl. BVerfGE 114, 196 (247)), das Bundesverfassungsgericht aber nur die im Rahmen des Beitragssatzsicherungsgesetzes neu geschaffenen apothekenbezogenen Belastungen für die Prüfung heranzog.

36 Umfassend zum den Verfassungsbeschwerden zugrunde liegenden Regelungsrahmen sowie zu den Rügen im Einzelnen vgl. BVerfGE 123, 186 (187 ff.).

die private Krankenversicherung bereits nach einmaligem Überschreiten dieser Schwelle möglich war.

Nachdem der Senat zunächst die angegriffenen Regelungen jeweils für sich genommen als mit der Berufsfreiheit vereinbar qualifiziert hatte,[37] prüfte er nachgelagert die zusätzliche Rüge der Beschwerdeführenden, nach der die Rechtsänderungen in ihrer Gesamtheit zu einem mit Art. 12 GG unvereinbaren additiven Grundrechtseingriff führten, hielt diese Rüge aber in der Sache letztlich ebenfalls nicht für begründet.[38] Zwar sei es grundsätzlich möglich, dass „verschiedene einzelne, für sich betrachtet geringfügige Eingriffe in grundrechtlich geschützte Bereiche in ihrer Gesamtwirkung zu einer schwerwiegenden Beeinträchtigung führen, die das Maß der rechtsstaatlich hinnehmbaren Eingriffsintensität überschreitet."[39] Eine derartige Wirkung der gesetzlichen Neuregelungen[40] konnte der Senat jedoch nicht feststellen: Die Darlegungen der sachkundigen Auskunftspersonen hätten keine Anhaltspunkte dafür ergeben, dass die auf drei Jahre verlängerte Versicherungspflicht, der Basistarif und die teilweise Portabilität von Alterungsrückstellungen in ihrem kumulativen Zusammenwirken das Geschäftsmodell der privaten Krankenversicherungsunternehmen aktuell ernsthaft bedrohten.[41] Immerhin findet sich auch hier eine Hervorhebung der Beobachtungspflicht des Gesetzgebers: Da die Vorschriften zu Prämiensteigerungen für Versicherte in den Normaltarifen und dadurch zu erheblichen Wechselbewegungen in den Basistarif führen könnten, bestehe die Möglichkeit, dass die Neuregelungen mit der Zeit eine Auszehrung des eigentlichen Hauptgeschäfts der privaten Krankenversicherungen bewirkten, was eine erneute Prüfung der gesetzlichen Regelungen erforderlich machen könne.[42] Den Gesetzgeber treffe die Verantwortung, dass die von ihm erlassenen Regelungen auch auf Dauer keine unzumutbaren Folgen für Versicherungsunternehmen und die bei ihnen Versicherten haben.[43]

---

37 Vgl. BVerfGE 123, 186 (234 ff.); neben der Berufsfreiheit sah der Senat auch Art. 9 Abs. 1 GG nicht als verletzt an.

38 BVerfGE 123, 186 (265 f.).

39 BVerfGE 123, 186 (265 f.).

40 Zur Frage der Beschränkung der vom Bundesverfassungsgericht in der Entscheidung vorgenommenen kumulativen Prüfung auf die gesetzlichen Neuregelungen ohne Berücksichtigung der Wirkungen des bestehenden Regelungsregimes vgl. *Ruschemeier*, Der additive Grundrechtseingriff, S. 61 m.w.N.

41 BVerfGE 123, 186 (266).

42 BVerfGE 123, 186 (266).

43 BVerfGE 123, 186 (266).

4. BVerfGE 130, 372 (Maßregelvollzugszeiten)

Entscheidungsprägende Bedeutung kam dem additiven Grundrechtseingriff einige Zeit später bei der verfassungsrechtlichen Bewertung des zweispurigen Sanktionensystems des deutschen Strafrechts zu.[44] Nach den einschlägigen Regelungen des Strafgesetzbuchs besteht ein Nebeneinander von Freiheitsstrafen und freiheitsentziehenden Maßregeln der Besserung und Sicherung. Ihnen liegen jeweils unterschiedliche Ziele zugrunde: Während Freiheitsstrafen als Sanktion für schuldhaftes Verhalten verhängt und vollstreckt werden, damit im Schuldprinzip wurzeln und durch dieses zugleich begrenzt werden, findet die Unterbringung in einem psychiatrischen Krankenhaus oder einer Entziehungsanstalt nach §§ 63 f. StGB als freiheitsentziehende Maßnahme der Besserung und Sicherung ihre Berechtigung nicht in der Schuld des Betroffenen, sondern in der von ihm ausgehenden Gefahr für die Allgemeinheit.[45] Die parallele Anordnung von Freiheitsstrafen und freiheitsentziehenden Maßregeln der Besserung und Sicherung setzt den Betroffenen mehreren, sich überlagernden Grundrechtseingriffen aus, die jeweils sein durch Art. 2 Abs. 2 Satz 2 GG gewährleistetes Freiheitsgrundrecht beeinträchtigen.[46]

Im Rahmen der verfassungsrechtlichen Bewertung dieses Nebeneinanders stützte sich der *Zweite Senat* erneut auf Erwägungen der Eingriffsaddition. Als Grundlage der Entscheidung präzisierte der Senat zunächst die einschlägigen Maßstäbe wie folgt:

> „Mehrere für sich betrachtet möglicherweise angemessene oder zumutbare Eingriffe in grundrechtlich geschützte Bereiche können in ihrer Gesamtwirkung zu einer schwerwiegenden Beeinträchtigung führen, die das Maß der rechtsstaatlich hinnehmbaren Eingriffsintensität überschreitet. Kumulativen oder „additiven" Grundrechtseingriffen [...] wohnt ein spezifisches Gefährdungspotential für grundrechtlich geschützte Freiheiten inne [...]. Ob eine Kumulation von Grundrechtseingriffen das Maß der rechtsstaatlich hinnehmbaren Eingriffsintensität noch wahrt, hängt von einer Abwägung aller Umstände ab, in die auch gegenläufige Verfassungsbelange einzubeziehen sind."[47]

44 Zum zweispurigen Sanktionensystem des deutschen Strafrechts vgl. im Überblick BVerfGE 130, 372 (373 ff.).

45 Vgl. dazu näher BVerfGE 130, 372 (389 f.); dem Untergebrachten wird insoweit mit dem Maßregelvollzug ein Sonderopfer im Interesse der Allgemeinheit auferlegt, wobei der Maßregelvollzug zugleich auf das Ziel der Resozialisierung ausgerichtet sein muss und aus Verhältnismäßigkeitsgründen sofort zu beenden ist, wenn die Schutzinteressen der Allgemeinheit das Freiheitsrecht des Untergebrachten nicht länger überwiegen.

46 Vgl. BVerfGE 130, 372 (399).

47 BVerfGE 130, 372 (392).

Zwar stellte der Senat fest, dass Freiheitsstrafen und freiheitsentziehende Maßregeln der Besserung und Sicherung wegen der mit ihnen verfolgten unterschiedlichen Zwecke grundsätzlich auch nebeneinander angeordnet werden könnten.[48] Die Kumulation der Eingriffswirkungen von Strafvollstreckung und Maßregelvollzug könne aber zu erheblichen Belastungen des Betroffenen führen. Um eine über das rechtsstaatlich hinnehmbare Maß hinausgehende Belastung zu vermeiden, sei es geboten, Strafvollstreckung und Maßregelvollzug einander so zuzuordnen, dass die Zwecke beider Maßnahmen möglichst weitgehend erreicht würden, ohne dass dabei in das Freiheitsrecht des Betroffenen mehr als notwendig eingegriffen werde.[49] Dem werde grundsätzlich mit der in § 67 Abs. 4 StGB vorgesehenen Möglichkeit, die Zeit des Vollzugs der freiheitsentziehenden Maßregel teilweise[50] auf die Strafe anzurechnen, Rechnung getragen.

Als problematisch erwies sich allerdings, dass eine Anrechnung nach dem ausdrücklichen Willen des Gesetzgebers nur insoweit möglich sein sollte, als die Freiheitsstrafe in demselben Urteil wie die freiheitsentziehende Maßregel oder in einem mit diesem Urteil gesamtstrafenfähigen Urteil angeordnet wurde; im Hinblick auf andere, „verfahrensfremde" Freiheitsstrafen war eine Anrechnung der Maßregelvollzugszeiten ausnahmslos ausgeschlossen.[51] Dies hielt der *Zweite Senat* unter Rekurs auf die Grundsätze des additiven Grundrechtseingriffs für mit Art. 2 Abs. 2 Satz 2 GG unvereinbar. Zwar sei ein Anrechnungsausschluss nicht generell unzulässig, allerdings müsse der Gesetzgeber darauf Bedacht nehmen,

---

48 BVerfGE 130, 372 (392).

49 BVerfGE 130, 372 (392); das Bundesverfassungsgericht hob insoweit auch hervor, dass dem Regelungskonzept des Gesetzgebers die Annahme zugrunde liege, dass die Freiheitsentziehung durch Unterbringung der Freiheitsstrafe weitgehend gleichwertig und daher eine Anrechnung von Zeiten des Maßregelvollzugs auf die Freiheitsstrafe grundsätzlich möglich sei; zugleich betonte das Gericht, dass mit Blick auf den verfassungsrechtlich fundierten Resozialisierungsauftrag und die Pflicht, den Maßregelvollzug wegen des damit verbundenen Sonderopfers in besonderer Weise freiheitsorientiert und therapiegerichtet anzulegen, nur gewichtige Gründe es rechtfertigen könnten, im Maßregelvollzug erzielte Therapieerfolge durch eine anschließende Strafvollstreckung zu gefährden.

50 Eine Anrechnung erfolgt nach Maßgabe von § 67 Abs. 4 StGB nur, bis zwei Drittel der Strafe erledigt sind, um die Bereitschaft des Untergebrachten zur Mitwirkung an der Behandlung im Maßregelvollzug durch die Aussicht auf die Aussetzung des verbleibenden Strafrests zur Bewährung zu stärken, vgl. BVerfGE 130, 372 (375) m.w.N.

51 Zur mangelnden Anwendung der Regelung des § 67 Abs. 4 StGB auf verfahrensfremde Freiheitsstrafen vgl. BVerfGE 130, 372 (395); die Regelung des § 67 Abs. 6 StGB, die die Anrechnung auch auf eine verfahrensfremde Strafe zulässt, wurde erst in Reaktion auf die Entscheidung des Bundesverfassungsgerichts geschaffen und war insoweit nicht Bewertungsgrundlage des Beschlusses; zur Neuregelung vgl. etwa *Maier*, in: Münchener Kommentar zum StGB, 4. Aufl. 2020, § 67 Rn. 122 ff.; *Ziegler*, in: v. Heintschel-Heinegg, BeckOK StGB, § 67 Rn. 17 ff. (Mai 2021).

dass bei der Kumulation der Maßnahmen die Freiheitsentziehung insgesamt nicht übermäßig werde.[52] Insbesondere dürfe der Anrechnungsausschluss nicht ohne Beziehung zu Grund und Ziel der Freiheitsstrafe und der Maßregel der Unterbringung erfolgen.[53] An einer zumutbaren Zuordnung von Freiheitsstrafe und freiheitsentziehender Maßregel mit Blick auf die Auswirkungen des mit ihnen verbundenen Freiheitsentzugs für den Betroffenen fehle es, soweit die Anrechnung von Maßregelzeiten auf verfahrensfremde Freiheitsstrafen ausnahmslos, also ohne die Möglichkeit der Berücksichtigung von Härtefällen, ausgeschlossen werde.[54] Denn so bestehe keine Möglichkeit, Konstellationen, in denen sich das Zusammenwirken von Freiheitsstrafe und freiheitsentziehender Maßregel als unzumutbar erweise, adäquat Rechnung zu tragen; es könne zu einer rechtsstaatlich nicht hinnehmbaren Kumulation der Eingriffswirkungen kommen.[55] Das sei insbesondere dann der Fall, wenn die Dauer der Freiheitsentziehung erheblich über die verhängten Freiheitsstrafen hinausgehe oder wenn ein bereits erzielter Therapieerfolg durch die anschließende Freiheitsstrafe möglicherweise entwertet werden könne; auch der Beitrag, den der Betroffene zur konkreten Gestaltung des Vollstreckungsverfahrens geleistet habe, müsse Berücksichtigung finden können.[56] Die Erfassung gerade der kumulativen Belastungswirkung führte hier zur Verfassungswidrigkeit des Anrechnungsausschlusses.

5. BVerfGE 141, 220 (BKA-Gesetz)

In der Entscheidung zum BKA-Gesetz griff der *Erste Senat* zur Konkretisierung der verfassungsrechtlichen Grenzen für heimliche Überwachungsmaßnahmen zur Abwehr von Gefahren des internationalen Terrorismus erneut auf den Gedanken des additiven Grundrechtseingriffs zurück: Neben der detaillierten Konkretisie-

---

52 BVerfGE 130, 372 (392 f.); eine umfassende Anrechnung hielt das Gericht ausdrücklich nicht für erforderlich, sondern betonte mit Blick auf die Unterschiede zwischen Zweck und konkreter Ausgestaltung des Freiheitsentzugs im Vollzug der Freiheitsstrafe einerseits und im Vollzug einer Maßregel der Unterbringung in einem psychiatrischen Krankenhaus andererseits die Möglichkeit einer nur teilweisen Anrechnung jedenfalls bei Vorhandensein eines entsprechenden rechtfertigenden Gemeinwohlgrundes, vgl. näher BVerfGE 130, 372 (394).

53 BVerfGE 130, 372 (393 und 399 f.).

54 BVerfGE 130, 372 (394 ff.), dort auch zur unzureichenden Berücksichtigung der kumulativen Belastung durch die vom Gesetzgeber zur Verfügung gestellten Ausnahmeinstrumente sowie zum im hiesigen Untersuchungskontext nicht näher relevanten Ausschluss einer verfassungskonformen Auslegung von § 67 Abs. 4 StGB.

55 BVerfGE 130, 372 (392 ff.).

56 BVerfGE 130, 372 (397).

rung der verfassungsrechtlichen Anforderungen an die Prüfung der einzelnen Eingriffsbefugnisse nahm der Senat als gesonderten Aspekt der Maßstabsbildung das Zusammenwirken der verschiedenen Überwachungsmaßnahmen in den Blick, für das sich „eigene verfassungsrechtliche Grenzen" ergäben.[57] Wie bereits in der GPS-Entscheidung hob er insoweit als materielle Grenze das Verbot der Rundumüberwachung hervor.[58] In offensichtlicher Anknüpfung an die Maßgaben der GPS-Entscheidung betonte er die Forderung, die Sicherheitsbehörden hätten mit Rücksicht auf das dem „additiven" Grundrechtseingriff innewohnende Gefährdungspotenzial koordinierend darauf Bedacht zu nehmen, dass das Ausmaß der Überwachung insgesamt beschränkt bleibt.[59] Allerdings formulierte das Gericht hier zur Klarstellung nunmehr einen ausdrücklichen Vorbehalt: Die aus dem Gebot der Zweckbindung folgenden Grenzen für einen Austausch von Daten zwischen den Behörden blieben durch diese Anforderungen unberührt.[60] Damit soll verhindert werden, dass unter Verweis auf die prozeduralen Erfordernisse des additiven Grundrechtseingriffs die verfassungsrechtlichen Anforderungen an die Nutzung von Daten und ihre Übermittlung an andere Behörden unterlaufen werden können.[61]

Die Frage der kumulativen Wirkung der prüfungsgegenständlichen Ermittlungs- und Überwachungsbefugnisse behandelte der Senat auch im Subsumtionsteil der Entscheidung erst nachgelagert zur Prüfung der Verfassungsmäßigkeit der Einzelmaßnahmen.[62] Wie bereits in der GPS-Entscheidung hielt es das Gericht für unbedenklich, dass im BKA-Gesetz keine ausdrückliche Regelung zur näheren Ausformung des Zusammenwirkens der verschiedenen Befugnisse vorgesehen war: Da die Pflicht zur Beachtung des Verbots der Rundumüberwachung die Sicherheitsbehörden unmittelbar von Verfassungs wegen treffe, seien dessen Grenzen auch ohne einfach-gesetzliche Anordnung zu beachten, sodass ein ge-

57 BVerfGE 141, 220 (280 Rn. 130).

58 BVerfGE 141, 220 (280 Rn. 130) unter Verweis auf BVerfGE 109, 279 (323); 112, 304 (314); 130, 1 (24).

59 BVerfGE 141, 220 (280 Rn. 130).

60 BVerfGE 141, 220 (281 Rn. 130).

61 Die einschlägigen Anforderungen für die Datennutzung und ihre Übermittlung an inländische Behörden wurden ebenfalls in der Entscheidung näher ausgeformt, vgl. dazu BVerfGE 141, 220 (324 ff. Rn. 275 ff.).

62 BVerfGE 141, 220 (317 f. Rn. 254); hervorzuheben ist insofern freilich, dass das Gericht hier schon nicht von einer Verfassungsmäßigkeit der einzelnen Ermittlungs- und Überwachungsbefugnisse ausging, sondern verschiedentliche Verfassungsverstöße feststellte, die allerdings weit überwiegend „nur" eine Unvereinbarerklärung zur Folge hatten, vgl. S. 286 ff. Rn. 145 ff. und S. 251 f. Rn. 355 ff. der Entscheidung.

setzlicher Konkretisierungsbedarf nicht bestehe.[63] Auch einen Regelungsbedarf für die von Verfassungs wegen geforderte Koordinierung der Wahrnehmung der einzelnen Eingriffsbefugnisse erkannte das Gericht nicht: Innerhalb des BKA bedürfe es angesichts der vergleichbar übersichtlichen Behördenstruktur keiner gesetzlichen Regelungen.[64] Im Verhältnis zu den Eingriffsbefugnissen anderer Behörden gelte es zu berücksichtigen, dass Beschränkungen des Informationsflusses zwischen Sicherheitsbehörden auch eine grundrechtsschützende Dimension zukomme; es sei deshalb nicht zu beanstanden, dass keine speziellen Regelungen zur Koordination erlassen worden seien, sondern der Gesetzgeber auf die Abstimmung im Rahmen der allgemeinen Vorschriften sowie gem. § 4a Abs. 2 BKAG[65] vertraut habe.[66] Im Wesentlichen bestätigte das Bundesverfassungsgericht damit im Hinblick auf die Behandlung des additiven Grundrechtseingriffs die Entscheidungsparameter der GPS-Entscheidung.

6. BVerfGE 145, 20 (Spielhallenregulierung)

Einen weiteren Anwendungsfall im Bereich der wirtschaftlichen Betätigungsfreiheit fand der additive Grundrechtseingriff in der Spielhallen-Entscheidung des *Ersten Senats.*[67] Gegenstand des Verfahrens war die Neuordnung des Spielhallenrechts durch die Länder.[68] Herzstück der Reform bildete die Einführung einer glücksspielrechtlichen Erlaubnispflicht für Spielhallen, das Verbot des Betriebs von Spielhallen im Verbund mit anderen Spielhallen und die Vorgabe von Mindestabständen zwischen einzelnen Spielhallenstandorten sowie zu Kinder- und Jungendeinrichtungen. Diese Regelungen wurden durch eine Vielzahl weiterer restriktiver Vorgaben für die Zulassung und den Betrieb von Spielhallen flan-

63 BVerfGE 141, 220 (317 Rn. 254).

64 BVerfGE 141, 220 (318 Rn. 254).

65 Die Regelung ist zwischenzeitlich in § 5 Abs. 2 BKAG überführt worden.

66 BVerfGE 141, 220 (318 Rn. 254).

67 Ausdrücklich findet sich der Begriff des additiven Grundrechtseingriffs in der Entscheidung lediglich im Rahmen der Wiedergabe des Vorbringens der Beschwerdeführenden, vgl. BVerfGE 145, 20 (40 Rn. 35 und 44 Rn. 51); das Gericht geht aber, indem es diese Rüge in der materiellen Prüfung aufgreift, auf die durch die angegriffenen Regelungen bewirkte „kumulative Belastung" ein (vgl. BVerfGE 145, 20 (80 ff. Rn. 155 ff.)), sodass es sachgerecht erscheint, die Entscheidung in die Bestandsaufnahme einzubeziehen.

68 Vgl. zu den abgestuften Regelungskonzepten der Länder, die durch eine vereinheitlichende Regelung im GlüStV 2012 und durch ergänzende Bestimmungen auf Ebene des Landesrechts geprägt waren, im Überblick BVerfGE 145, 20 (24 ff. Rn. 7 ff.).

kiert.[69] Die beschwerdeführenden Spielhallenbetreiber wandten sich gegen die Einzelregelungen, zugleich aber auch gegen das Zusammenwirken der verschiedenen Regelungen: Ein wirtschaftlich sinnvoller Betrieb von Spielhallen sei – zumal bei Berücksichtigung der zeitgleich von den Gemeinden flächendeckend angehobenen Vergnügungssteuer und der strengen automatenbezogenen Vorgaben der Spielverordnung des Bundes sowie der Bindungen des Bauplanungsrechts – nicht mehr möglich.[70]

Die meisten der gegen die einzelnen Vorgaben zur Zulassung und zum Betrieb von Spielhallen gerichteten Rügen hielt der Senat aus unterschiedlichen Gründen bereits für unzulässig.[71] Im Rahmen der Prüfung der Verfassungsmäßigkeit der Abstandsgebote und des Verbundverbots griff er aber in der Angemessenheit die „kumulative Belastung" der Spielhallenbetreiber durch die verschiedenen Einzelregelungen auf: Auch unter Berücksichtigung der weiteren einschränkenden Regelungen der Spielhallengesetze insgesamt und ihres Zusammenwirkens mit bauplanungsrechtlichen Beschränkungen wahrten die Regelungen zu den Abstandsgeboten und zum Verbundverbot die Grenze der Zumutbarkeit und belasteten die Betroffenen nicht übermäßig.[72] Zwar lasse es die Gesamtbelastung möglich erscheinen, dass Spielhallenbetreiber nicht nur in Einzelfällen ihren Beruf aufgeben müssten; die Prognosen der Beschwerdeführenden, ein wirtschaftlicher Betrieb von Spielhallen sei durch die Kumulation der verschiedenen belastenden Vorschriften nicht mehr möglich, werde allerdings nicht hinreichend

---

69 Die Regelungslage war insoweit trotz vereinheitlichender Regelungen im Glücksspielstaatsvertrag mit Blick auf die ergänzende Ausführungsgesetzgebung von Land zu Land unterschiedlich; ergänzende Regelungen ergaben sich etwa im Hinblick auf die zulässige Gerätehöchstzahl in Spielhallen, das Erfordernis eines Sozialkonzepts sowie eines Sachkundenachweises, die Verlängerung der täglichen Sperrzeit, das Verbot der Sportwettenvermittlung im selben Gebäude(komplex), die Pflicht zur Reduzierung der Gerätezahl im Falle der Abgabe von Speisen und Getränken, das Verbot der unentgeltlichen Verabreichung von Speisen und Getränken, das Verbot, in Spielhallen zu rauchen und das Verbot der Aufstellung von Internet-Terminals und Geldautomaten.

70 Zu dieser Rüge vgl. etwa BVerfGE 145, 20 (40 Rn. 35 und 44 Rn. 51).

71 BVerfGE 145, 20 (51 ff. Rn. 76 ff.).

72 BVerfGE 145, 20 (81 f. Rn. 155 ff.); der Senat betonte insoweit, dass auch zur Rechtfertigung einer objektiven Berufszugangsvoraussetzung hinreichende Gründe des Allgemeinwohls vorlägen, vgl. BVerfGE 145, 20 (71 Rn. 132), wobei freilich unklar bleibt, ob bereits dem Verbundverbot und den Abstandsgeboten eine entsprechende Einordnung als objektive Berufszugangsvoraussetzung zugemessen wird, eine solche Einordnung aus dem kumulativen Zusammenwirken dieser Regelungen mit den weiteren die Spielhallenbetreiber treffenden Maßnahmen in Betracht gezogen wird, oder die konkrete Stufenzuordnung letztlich offen gelassen wird, da die verfolgten Ziele selbst zur Rechtfertigung der schwerwiegendsten Beschränkung der Berufsfreiheit hinreichen.

substantiiert.[73] Die additive Betrachtung scheiterte also erneut[74] – ebenfalls auf Begründetheitsebene – an formalen Begründungsmängeln. Hervorzuheben ist, dass der Senat für die Prüfung der additiven Belastungswirkung auch die Effekte derjenigen Vorschriften heranzuziehen bereit war, für die er bei isolierter Betrachtung eine Unzulässigkeit der Verfassungsbeschwerde angenommen hatte.[75] Keine ausdrückliche Bezugnahme findet sich in der Prüfung der kumulativen Belastungswirkung freilich auf die von den Beschwerdeführenden angeführten Belastungen aus der Vergnügungssteuer und aus der Spielverordnung; insoweit scheint jedenfalls eine gewisse Distanz im Hinblick auf die Einbeziehung der Regelungen anderer Normgeber und die kumulative Betrachtung der Auswirkungen von Sach- und Steuergesetzgebung durch; immerhin berücksichtigt der Senat für die kumulative Belastungsanalyse aber die bundesrechtlichen und damit einem anderen Normgeber zuzurechnenden bauplanungsrechtlichen Beschränkungen.

7. BVerfGE 156, 63 (Elektronische Fußfessel)

Ein Rückgriff auf das Konzept des additiven Grundrechtseingriffs findet sich daneben in der Entscheidung des *Zweiten Senats* zur Möglichkeit der elektronischen Aufenthaltsüberwachung als Weisung im Rahmen der Führungsaufsicht („elektronische Fußfessel“).[76] Im Maßstabsteil der Entscheidung griff der Senat die bereits in der GPS-Entscheidung entwickelte und im Urteil zum BKA-Gesetz wiederholte Formel auf, die Sicherheitsbehörden müssten beim Einsatz moderner Informationstechnologien auf das additiven Grundrechtseingriffen innewohnende Gefährdungspotential Rücksicht nehmen und darauf achten, dass das Ausmaß der Überwachung insgesamt beschränkt bleibe.[77] Erneut wird das Konzept des additiven Grundrechtseingriffs dabei in Bezug gesetzt zu den vom Gericht

---

73 BVerfGE 145, 20 (81 f. Rn. 157) mit ausdrücklicher Anerkennung, dass durch das Abstandsgebot die Zahl der attraktiven Standorte stark begrenzt werde.; für eine verfassungswidrige Gesamtbelastung der Spielhallenbetreiber aber etwa *Koch*, ZfWG 2015, S. 325 ff.

74 Zur vergleichbaren Problematik schon oben II. 2.

75 Die Unzulässigkeit der gegen die Einzelmaßnahmen gerichteten Rügen war dabei keineswegs durchgängig auf Substantiierungsmängel gestützt, sondern beruhte wesentlich auch auf Subsidiaritätserwägungen, vgl. BVerfGE 145, 20 (51 ff. Rn. 76 ff.).

76 Näher zu den für die elektronische Aufenthaltsüberwachung im Rahmen der Führungsaufsicht maßgeblichen Regelungen in § 68b Abs. 1 S. 1 Nr. 12, S. 3 StGB i.V.m. § 463a Abs. 4 StPO und ihrer Genese vgl. BVerfGE 156, 63 (65 ff. Rn. 2 ff.).

77 BVerfGE 156, 63 (123 Rn. 210).

in st. Rspr. angenommenen Grenzen für eine staatliche Rundumüberwachung.[78] Etwas nebulös bleibt freilich, welcher Aspekt dem Senat in der konkreten Entscheidung Anlass für diese Ausführungen gegeben hat und auf das Zusammenspiel welcher Maßnahmen er hier konkret abstellt.[79] Denn die verfahrensgegenständliche elektronische Aufenthaltsüberwachung stellt für sich genommen eine Dauermaßnahme und nicht eine Vielzahl kumulierender Einzelmaßnahmen dar,[80] sodass es des Rückgriffs auf eine Addition der Belastungswirkung verschiedener Einzelmaßnahmen zur Erfassung und Bewertung der Eingriffsintensität an sich nicht bedurft hätte; in der Subsumtion kommt er auf diesen Aspekt denn auch nicht mehr zu sprechen.[81] Raum für die zusammenfassende Bewertung mehrerer Einzeleingriffe hätte allenfalls im Hinblick auf die Verwendung der im Rahmen der elektronischen Aufenthaltsüberwachung erhobenen Daten bestanden, die – wie der Senat zu Recht betont – als zusätzlicher Eingriff anzusehen ist und dementsprechend gesondert geprüft wurde;[82] auf das Zusammenwirken von Datenerhebung und Datenverwendung bzw. auf den kumulativen Effekt mehrerer hintereinandergeschalteter Datenabrufe stellt die Entscheidung bei der verfassungsrechtlichen Bewertung in der Sache freilich ebenfalls nicht mehr ab.[83] Tragende Bedeutung kam der Inbezugnahme des additiven Grundrechtseingriffs in der Entscheidung damit letztlich nicht zu.[84]

---

78 BVerfGE 156, 63 (123 Rn. 210).

79 Unklar bleibt auch, welche Rückschlüsse sich aus dem Hinweis des Senats, das grundgesetzliche Verbot einer totalen Erfassung und Registrierung der Freiheitswahrnehmung der Bürger gehöre zur verfassungsrechtlichen Identität der Bundesrepublik Deutschland (so ausdrücklich BVerfGE 156, 63 (123 Rn. 210) unter Verweis auf BVerfGE 125, 260 (324)) für den additiven Grundrechtseingriff ableiten lassen. Viel spricht dafür, dass diese Ausführungen sich allein auf das vom Bundesverfassungsgericht zentral in Art. 1 Abs. 1 GG verortete Verbot der Rundumüberwachung beziehen und es sich nicht um eine allgemeine Festlegung in Bezug auf den additiven Grundrechtseingriff handelt.

80 Vgl. auch BVerfGE 156, 63 (133 ff. Rn. 239 ff. und 143 f. Rn. 274): Durchgängige Feststellung des Aufenthaltsortes des Weisungsadressaten mittels GPS-Technik einschließlich umfassender Datenerhebung.

81 Vgl. insoweit auch BVerfGE 156, 63 (136 Rn. 250 f.), wo der Senat einen Verstoß gegen das Verbot der Rundumüberwachung mit Blick auf die permanente Erhebung der zur Aufenthaltsbestimmung erforderlichen Daten ablehnt, ohne auf verschiedene Einzelakte abzustellen.

82 BVerfGE 156, 63 (118 f. Rn. 198 f.).

83 BVerfGE 156, 63 (150 ff. Rn. 295 ff.).

84 Das gilt auch, soweit im Rahmen der Prüfung des Vorliegens einer Verletzung des Freiheitsgrundrechts aus Art. 2 Abs. 2 S. 2 GG die Frage aufgeworfen wurde, ob sich ein Eingriff ggf. aus der Weisung der elektronischen Aufenthaltsüberwachung „in der Zusammenschau" mit aufenthaltsbezogenen Weisungen ergeben könnte, vgl. dazu BVerfGE 156, 63 (158 ff. Rn. 320 ff.), da das Gericht hier schon im Hinblick auf das einfachrechtliche Zusammenwirken von Weisungen der

8. Bundesnotbremse I (Ausgangs- und Kontaktbeschränkungen) und Bundesnotbremse II (Schulschließungen)

Wesentliche Bedeutung erlangte der additive Grundrechtseingriff schließlich im Rahmen der Entscheidungen des *Ersten Senats* vom 19. November 2021 zu den vom Bundesgesetzgeber mit der als „Bundesnotbremse“ bezeichneten Regelung des § 28b IfSG ergriffenen bundesweit einheitlichen Schutzmaßnahmen zur Verhinderung der Verbreitung der Coronavirus-Krankheit-2019 (COVID-19). Die Verfassungsbeschwerden betrafen die in § 28b Abs. 1 S. 1 Nr. 1 IfSG verfügten, an das Überschreiten eines bestimmten Inzidenzwerts gekoppelten Beschränkungen für private Kontakte im öffentlichen und privaten Raum[85] sowie die in § 28b Abs. 1 S. 1 Nr. 2 IfSG vorgesehenen Ausgangsbeschränkungen während der Nachtzeit[86] (Bundesnotbremse I – Ausgangs- und Kontaktbeschränkungen); in einem gesonderten Verfahren war das in § 28b Abs. 3 Satz 2 und 3 IfSG vorgesehene infektionsschutzrechtliche Verbot von Präsenzunterricht an allgemeinbildenden und berufsbildenden Schulen, außerschulischen Einrichtungen der Erwachsenenbildung und ähnlichen Einrichtungen[87] angegriffen (Bundesnotbremse II – Schulschließungen).

---

elektronischen Aufenthaltsüberwachung gemäß § 68b Abs. 1 Satz 1 Nr. 12 StGB mit aufenthaltsbezogenen Weisungen nach § 68b Abs. 1 Satz 1 Nr. 1 und 2 StGB keinen über die Belastungswirkung der aufenthaltsbezogenen Weisung hinausgehenden kumulativen Effekt für den Gewährleistungsgehalt von Art. 2 Abs. 2 S. 2 GG erblickt.

85 Zur Wiedergabe der Regelung vgl. BVerfG, Beschl. v. 19. November 2021 – 1 BvR 781/21 u. a. – BeckRS 2021, 36514, Rn. 2; das Kontaktverbot sah vor, dass private Kontakte im öffentlichen und privaten Raum ab Überschreitung einer Sieben-Tage-Inzidenz von 100/100.000 Einwohnern in einem Landkreis bzw. einer kreisfreien Stadt nur noch gestattet waren, wenn an ihnen höchstens die Angehörigen eines Haushalts und eine weitere Person teilnahmen; für verschiedene Fälle sah die Regelung Ausnahmen vor.

86 Zur Wiedergabe der Regelung vgl. BVerfG, Beschl. v. 19. November 2021 – 1 BvR 781/21 u. a. – BeckRS 2021, 36514, Rn. 2; danach war bei Überschreiten einer Sieben-Tage-Inzidenz von 100/100.000 Einwohnern in einem Landkreis bzw. einer kreisfreien Stadt der Aufenthalt von Personen außerhalb einer Wohnung oder einer Unterkunft und dem jeweils dazugehörigen befriedeten Besitztum von 22 Uhr bis 5 Uhr des Folgetags untersagt, wobei wiederum verschiedene Ausnahmen vorgesehen waren.

87 Zur Wiedergabe der Regelung vgl. BVerfG, Beschl. v. 19. November 2021 – 1 BvR 971/21 u. a. – BeckRS 2021, 36492, Rn. 4; dabei war ab dem Überschreiten einer Sieben-Tage-Inzidenz von 100/100.000 Einwohnern in einem Landkreis bzw. einer kreisfreien Stadt die Durchführung von Präsenzunterricht nur in Form von Wechselunterricht zulässig; ab Überschreitung einer Sieben-Tage-Inzidenz von 165/100.000 Einwohnern in einem Landkreis bzw. einer kreisfreien Stadt war die Durchführung von Präsenzunterricht vollständig untersagt.

Im Rahmen der verfassungsrechtlichen Prüfung der Ausgangs- und Kontaktbeschränkungen nahm der Senat bei der Bestimmung der Eingriffsintensität[88] im Rahmen der Angemessenheit[89] auch die aus mehreren Einzeleingriffen erwachsende kumulative Belastungswirkung in den Blick, wobei er – jedenfalls im Zusammenhang mit der Prüfung der Ausgangsbeschränkungen – ausdrücklich auf den Begriff des additiven Grundrechtseingriffs rekurrierte und diesbezüglich seine Maßstäbe aus der Entscheidung zu Maßregelvollzugszeiten[90] wiederholte.[91] Der Senat betonte, zur Beurteilung der Angemessenheit seien die Ausgangs- und Kontaktbeschränkungen in ihrer Bedeutung als Element des zur Bekämpfung der Corona-Pandemie in § 28b Abs. 1 IfSG zusammengefassten Gesamtschutzkonzepts des Gesetzgebers zu betrachten.[92] Die Gesamtheit der dortigen Maßnahmen schmälerten die Freiheit der Menschen von verschiedenen Seiten her, um damit insgesamt das Infektionsgeschehen eindämmen zu können. Das Gewicht der Eingriffe in die betroffenen Grundrechte dürfe nicht lediglich isoliert betrachtet werden, sondern werde durch weitere Maßnahmen mitbestimmt[93] und durch „additive Effekte" erhöht.[94] Die Verhältnismäßigkeit der Ausgangs- und Kontaktbeschränkungen lasse sich deshalb nur im Zusammenhang mit dem gesamten Maßnahmenbündel beurteilen.[95] Konkret verwies der Senat auf zeitlich voraus-

---

88 Als betroffene Grundrechte zog der Senat Art. 6 Abs. 1 GG, Art. 2 Abs. 1 i.V.m. Art. 1 Abs. 1 GG, Art. 2 Abs. 1 GG, sowie – für die Ausgangsbeschränkungen – Art. 2 Abs. 2 S. 2 i.V.m. Art. 104 GG heran, vgl. BVerfG, Beschl. v. 19. November 2021 – 1 BvR 971/21 u. a. – BeckRS 2021, 36492, Rn. 106 ff. und Rn. 239 ff.

89 Im Rahmen der Prüfung der Kontaktbeschränkungen griff der Senat die kumulative Belastungswirkung bereits kurz auf Ebene der Geeignetheit auf, da es nach den von ihm zugrunde gelegten Maßstäben für die Beurteilung der Reichweite des gesetzgeberischen Einschätzungs- und Prognosespielraums auch auf das Eingriffsgewicht ankam, vgl. BVerfG, Beschl. v. 19. November 2021 – 1 BvR 781/21 u. a. – BeckRS 2021, 36514, Rn. 188 unter Verweis auf Einschränkungen der von Kontaktbeschränkungen Betroffenen durch „weitere gesetzlich angeordnete Maßnahmen in allen Lebensbereichen".

90 Oben II.4.

91 BVerfG, Beschl. v. 19. November 2021 – 1 BvR 781/21 u. a. – BeckRS 2021, 36514, Rn. 290.

92 BVerfG, Beschl. v. 19. November 2021 – 1 BvR 781/21 u. a. – BeckRS 2021, 36514, Rn. 290; im Zusammenhang mit der – vorgelagerten – Prüfung der Kontaktbeschränkungen findet sich der Begriff des additiven Grundrechtseingriffs in der Entscheidung nicht, gleichwohl nahm der Senat auch hier zur Bestimmung des Eingriffsgewichts im Rahmen der Angemessenheit die Belastungswirkung weiterer Maßnahmen zur Pandemiebekämpfung in den Blick, vgl. BVerfG, Beschl. v. 19. November 2021 – 1 BvR 781/21 u. a. – BeckRS 2021, 36514, Rn. 223 und führte damit in der Sache eine Prüfung des additiven Grundrechtseingriffs durch.

93 BVerfG, Beschl. v. 19. November 2021 – 1 BvR 781/21 u. a. – BeckRS 2021, 36514, Rn. 223.

94 BVerfG, Beschl. v. 19. November 2021 – 1 BvR 781/21 u. a. – BeckRS 2021, 36514, Rn. 295.

95 BVerfG, Beschl. v. 19. November 2021 – 1 BvR 781/21 u. a. – BeckRS 2021, 36514, Rn. 290.

gehende gleichartige Maßnahmen auf der Grundlage von Landesrecht (und damit von anderen Normgebern) sowie auf die zeitgleichen Eingriffe in Grundrechte aufgrund weiterer Einschränkungen zum Zweck der Pandemiebekämpfung, wobei er insbes. auf die übrigen Beschränkungen nach § 28b IfSG Bezug nahm.[96] Während infolge der vorausgehenden Kontaktbeschränkungen auf Landesebene die Belastung durch die prüfungsgegenständlichen Maßnahmen für die Betroffenen für einen längeren Zeitraum wirke,[97] führe die zeitgleiche Geltung der sonstigen Infektionsschutzmaßnahmen zu einer Verstärkung der hervorgerufenen Beeinträchtigungen der Lebensgestaltung.[98] Obgleich sich dadurch das Eingriffsgewicht erheblich intensivierte, hielt der Senat die angegriffenen Ausgangs- und Kontaktbeschränkungen in der Sache angesichts der vom Gesetzgeber adressierten erheblichen Gefahren für Gemeinwohlbelange von überragender Bedeutung und der gesetzlich vorgesehenen, eingriffsabmildernden (Ausnahme-) Regelungen für angemessen.[99] Dabei ist zu betonen, dass der Senat auch im Rahmen der Bewertung der Gemeinwohlbedeutung der angegriffenen Regelungen nicht auf die Einzelmaßnahmen abstellte, sondern zentral darauf verwies, dass die Maßnahmen Teil eines Gesamtschutzkonzepts seien und sich insoweit gegenseitig ergänzten, weshalb die Gemeinwohlbedeutung einer jeden Einzelmaßnahme nur in ihrem Zusammenwirken mit weiteren durch die „Bundesnotbremse“ ergriffenen Maßnahmen bewertet werden könne.[100] Auch hinsichtlich der Beurteilung der Wirksamkeit der angegriffenen Maßnahmen und der mit ihnen erreichten Gemeinwohlgewinne kam es damit zu einer kumulativ ausgerichteten Prüfung.

In der parallel ergangenen Entscheidung zu den Schulschließungen kam der Würdigung der kumulativen Belastungswirkung mehrerer Einzeleingriffe ebenfalls zentrale Bedeutung zu, auch wenn der *Erste Senat* den Begriff des additiven Grundrechtseingriffs hier – anders als in der Parallelentscheidung – nicht verwendete.[101] So stellte das Gericht für die Beurteilung der Angemessenheit des Verbots von Präsenzunterricht nicht allein auf die mit der Bundesnotbremse

96 BVerfG, Beschl. v. 19. November 2021 – 1 BvR 781/21 u. a. – BeckRS 2021, 36514, Rn. 224 und Rn. 295.

97 BVerfG, Beschl. v. 19. November 2021 – 1 BvR 781/21 u. a. – BeckRS 2021, 36514, Rn. 223.

98 BVerfG, Beschl. v. 19. November 2021 – 1 BvR 781/21 u. a. – BeckRS 2021, 36514, Rn. 224.

99 Vgl. BVerfG, Beschl. v. 19. November 2021 – 1 BvR 781/21 u. a. – BeckRS 2021, 36514, Rn. 225 ff. und Rn. 296 ff.

100 BVerfG, Beschl. v. 19. November 2021 – 1 BvR 781/21 u. a. – BeckRS 2021, 36514, Rn. 175 ff., Rn. 224, Rn. 275, Rn. 282, Rn. 290 und Rn. 303.

101 Die Entscheidung ist deshalb bei der Zählung unter II. nicht mitgerechnet, wird hier aber aufgrund des Sachzusammenhangs mit aufgeführt.

verfügten inzidenzabhängigen Schulschließungen und die daraus folgenden Beeinträchtigungen des – in der Entscheidung neu konturierten – Rechts auf schulische Bildung der Schüler aus Art. 2 Abs. 1 i.V.m. Art. 7 Abs. 1 GG[102] ab, sondern zog die kumulative Wirkung aller seit Beginn der Pandemie erfolgten Schulschließungen[103] heran.[104] Die Auswirkungen des Wegfalls von Präsenzunterricht auf die Persönlichkeitsentwicklung der Kinder könnten nicht isoliert bezogen auf jede einzelne seit Beginn der Pandemie zunächst durch die Länder und zuletzt durch den Bund angeordnete Schulschließung bewertet werden, weil der Ausfall von Präsenzunterricht kumulativ belastend wirke und die Intensität der Beeinträchtigung mit jedem Eingriff wachse.[105] Diese kumulative Wirkung führe „erst Recht" zu einer schwerwiegenden Grundrechtsbeeinträchtigung,[106] der freilich Gemeinwohlbelange von überragender Bedeutung in Gestalt des Schutzes der Bevölkerung vor infektionsbedingten Gefahren für Leib und Leben gegenüber standen,[107] weshalb sich die Schulschließungen auch in Anbetracht der kumulativen Wirkung jedenfalls in der konkreten Ausgestaltung nach Maßgabe der bei ihrer Verabschiedung vorliegenden Erkenntnisse letztlich als angemessen erwiesen.[108]

102 BVerfG, Beschl. v. 19. November 2021 – 1 BvR 971/21 u. a. – BeckRS 2021, 36492, Rn. 42 ff.

103 Vgl. zu den einzelnen in Bezug genommenen Schulschließungen, die zuvor vorrangig durch die Länder verfügt worden waren, BVerfG, Beschl. v. 19. November 2021 – 1 BvR 971/21 u. a. – BeckRS 2021, 36492, Rn. 139 f.

104 BVerfG, Beschl. v. 19. November 2021 – 1 BvR 971/21 u. a. – BeckRS 2021, 36492, Rn. 136.

105 BVerfG, Beschl. v. 19. November 2021 – 1 BvR 971/21 u. a. – BeckRS 2021, 36492, Rn. 137; die Belastungswirkung erblickte der Senat vor allem darin, dass der entfallene Präsenzunterricht zu Lernrückständen, negativen Effekten auf die fachspezifische Kompetenzentwicklung sowie Defiziten in der Persönlichkeitsentwicklung führe; für die kumulative Wirkung stellte er darauf ab, dass die Lern- und Kompetenzverluste mit jedem Wegfall von Präsenzunterricht zunähmen und sich verstärkten.

106 BVerfG, Beschl. v. 19. November 2021 – 1 BvR 971/21 u. a. – BeckRS 2021, 36492, Rn. 136; vgl. auch Rn. 196: „Die Eingriffsintensität wächst mit jedem weiteren Wegfall von Präsenzunterricht"; der Senat wählte für die maßnahmenübergreifende Bewertung der Belastungswirkung für Schülerinnen und Schüler einen vorrangig schulunterrichtsbezogenen Anknüpfungspunkt und bezog das Zusammenwirken mit den sonstigen zur Pandemiebekämpfung ergriffenen Maßnahmen eher randständig in seine Betrachtung ein, vgl. aber immerhin Rn. 137, Rn. 144 und Rn. 150 ff. der Entscheidung mit Verweis auf die fehlende Verfügbarkeit sonstiger Räume der Begegnung bzw. auf die sonstigen Kontaktbeschränkungen.

107 BVerfG, Beschl. v. 19. November 2021 – 1 BvR 971/21 u. a. – BeckRS 2021, 36492, Rn. 153 ff.; auch hier stellte der Senat bei der Beurteilung der Gemeinwohlbedeutung auf das Gesamtschutzkonzept des Gesetzgebers ab, vgl. Rn. 154.

108 BVerfG, Beschl. v. 19. November 2021 – 1 BvR 971/21 u. a. – BeckRS 2021, 36492, Rn. 159 ff.

9. Aufnahme in der Kammerrechtsprechung

Auch in der Kammerrechtsprechung sind Anwendungsfälle des additiven Grundrechtseingriffs zu verzeichnen. Hervorzuheben ist insbesondere die Entscheidung der 3. Kammer des Ersten Senats vom 3. Juni 2014,[109] die die Vereinbarkeit des Ausbleibens einer Rentenerhöhung bei gleichzeitiger Erhöhung der Krankenversicherungsbeiträge für Rentner mit Art. 14 Abs. 1 GG zum Gegenstand hatte.[110] Die Kammer konnte weder in der Änderung der Formel zur Fortschreibung des aktuellen Rentenwerts durch Einfügung eines Altersvorsorgeanteils und eines Nachhaltigkeitsfaktors – die den gänzlichen Ausfall einer Rentenerhöhung im Jahre 2005 zur Folge hatte[111] – noch in der Einführung eines allein von den Rentnern zu tragenden zusätzlichen Beitragssatzes zur gesetzlichen Krankenversicherung eine Verletzung der Eigentumsgarantie oder einen Verstoß gegen das Rechts- und Sozialstaatsprinzip erblicken[112] und stellte nachgelagert die Frage nach der verfassungsrechtlichen Bewertung des kumulativen Effekts beider Maßnahmen auf die rentenversicherungsrechtliche Rechtsposition der Beschwerdeführenden, da sich beide in zeitlicher Verknüpfung erlassene Regelungen letztlich nachteilig auf das Nettorentenniveau auswirkten. Wesentliche Bedeutung kam hier der Frage zu, welche Einzelmaßnahmen überhaupt in die kumulative Bewertung einzubeziehen waren. Die Kammer ließ dies letztlich offen, erwog aber – mit Blick auf das Weiterwirken der jährlichen Fortschreibung der allgemeinen Bemessungsgrundlage bzw. des aktuellen Rentenwerts auch in den Folgejahren – eine Einbeziehung aller Modifikationen der Regelungen zur Rentenanpassung seit der Neugestaltung des Rentenversicherungssystems im Jahre 1957 sowie – spiegelbildlich – der Änderungen des Umfangs der Beitragspflicht bzw. der Beitragslast zur Krankenversicherung und zur Pflegeversicherung der Rentner.[113] Auch dann sei allerdings keine rechtsstaatlich nicht hinnehmbare

---

109 BVerfG, Beschl. v. 3. Juni 2014 – 1 BvR 79/09 u. a. –, NJW 2014, S. 3634; daneben wird die Problematik etwa auch – wenngleich allein unter dem Hinweis auf die kumulative Belastungswirkung und ohne begrifflichen Bezug zum additiven Grundrechtseingriff – angesprochen in BVerfG, Beschl. v. 28. Juni 2021 – 1 BvR 1727/17 u. a. –, juris, Rn. 23, wo das Gericht wiederum ein Substantiierungsdefizit konstatiert.

110 Die Kammer ließ dabei offen, ob die streitgegenständlichen Anpassungen überhaupt den Schutzbereich von Art. 14 Abs. 1 GG berühren, da sie einen entsprechenden Eingriff jedenfalls als gerechtfertigt erachtete, vgl. BVerfG, Beschl. v. 3. Juni 2014 – 1 BvR 79/09 u. a. –, NJW 2014, 3634 (3635 Rn. 64 und 3637 Rn. 83); näher zu den streitgegenständlichen Regelungen und ihrer Wirkweise vgl. Rn. 2 der Entscheidung (abgedruckt etwa in BeckRS 2014, 54145).

111 Vgl. dazu BVerfG, Beschl. v. 3. Juni 2014 – 1 BvR 79/09 u. a. –, BeckRS 2014, 54145, Rn. 12.

112 Vgl. BVerfG, Beschl. v. 3. Juni 2014 – 1 BvR 79/09 u. a. –, NJW 2014, S. 3634 (3625 ff. Rn. 62 ff.).

113 BVerfG, Beschl. v. 3. Juni 2014 – 1 BvR 79/09 u. a. –, NJW 2014, S. 3634 (3638 Rn. 95).

Eingriffsintensität festzustellen.[114] Denn die Rentner hätten jedenfalls bis zur Rentenanpassung im Jahre 2005 an der allgemeinen Einkommensentwicklung voll partizipiert; auch die Entwicklung des Preisniveaus habe nur eine verhältnismäßig geringe Entwertung der Rentenbeträge zur Folge gehabt.[115]

10. Weitere Anwendungsfälle

Die Erfassung der kumulativen Belastungswirkung verschiedener Einzelmaßnahmen durch das Bundesverfassungsgericht beschränkt sich nicht auf diejenigen Entscheidungen, in denen der Begriff des additiven Grundrechtseingriffs ausdrücklich verwendet wird. Vielmehr findet sich auch in anderen Entscheidungen eine verfassungsrechtliche Bewertung des Zusammenwirkens mehrerer Eingriffsakte auf die Schutzpositionen eines Grundrechtsträgers; die Tradition der über den Einzelakt hinausgehenden Grundrechtsprüfung entstand zeitlich weit vor der erstmaligen ausdrücklichen Benennung des Phänomens als „additiver Grundrechtseingriff".[116] Zu denken ist etwa an die parallele Verhängung von strafrechtlichen Sanktionen und Wehrdisziplinarstrafen für dieselbe Tat, die das Gericht bereits im Jahre 1967 für unzulässig befunden hat.[117] Ein weiterer Anwendungsfall ist die Entscheidung zum Halbteilungsgrundsatz: Hier hat der *Zweite Senat* für die gleichzeitige Besteuerung durch Einkommen- und Vermögensteuer sogar relativ plastisch eine zahlenmäßige Grenze für den kumulativen Zugriff auf die Ertragsfähigkeit des Vermögens durch den Steuergesetzgeber definiert.[118] Zwar hat derselbe Senat sich nachfolgend von der Festlegung einer konkreten Belastungsobergrenze jenseits der vermögensteuerspezifischen Be-

---

114 BVerfG, Beschl. v. 3. Juni 2014 – 1 BvR 79/09 u. a. –, NJW 2014, S. 3634 (3638 Rn. 95).

115 BVerfG, Beschl. v. 3. Juni 2014 – 1 BvR 79/09 u. a. –, NJW 2014, S. 3634 (3638 f. Rn. 95 f.) mit näheren Ausführungen zu verschiedenen Berechnungsgrundlagen.

116 Vgl. zu weiteren Anwendungsfällen in der verfassungsgerichtlichen Rspr. *Kromrey*, Belastungskumulation, 2018, S. 5 f.; auch *G. Kirchhof*, NJW 2006, S. 732 (733); unter Einbeziehung der fachgerichtlichen Rspr. und Lit. *Brade*, Additive Grundrechtseingriffe, 2020, S. 33 ff.

117 Vgl. dazu BVerfGE 21, 378 (384 ff.); zur Einordnung als Anwendungsfall des additiven Grundrechtseingriffs etwa *Ruschemeier*, Der additive Grundrechtseingriff, 2019, S. 49 f.

118 Vgl. BVerfGE 93, 121 ff.: Die Vermögensteuer darf zu den übrigen Steuern auf den Ertrag nur hinzutreten, soweit die steuerliche Gesamtbelastung des Sollertrages bei typisierender Betrachtung von Einnahmen, abziehbaren Aufwendungen und sonstigen Entlastungen in der Nähe einer hälftigen Teilung zwischen privater und öffentlicher Hand verbleibt; zur Einordnung als Anwendungsfall des additiven Grundrechtseingriffs etwa *Kromrey*, Belastungskumulation, 2018, S. 57 f.

lastungssituation deutlich abgegrenzt.[119] Dabei hat er aber zugleich betont, dass es – unabhängig vom Sonderfall der Erdrosselungswirkung[120] – Fälle geben kann, in denen sich aus der Angemessenheit und Zumutbarkeit Obergrenzen für eine Steuerbelastung ergeben können, die auch bei einem Zusammenwirken verschiedener Steuerarten – etwa der Einkommen- und Gewerbesteuer – Geltung beanspruchen.[121]

11. Zwischenbilanz

Die Entscheidungsanalyse zeigt, dass das Bundesverfassungsgericht mit dem Begriff des „additiven Grundrechtseingriffs“ eine ganz spezifische Form des Zusammentreffens von Grundrechtseingriffen in den Blick nimmt: Nämlich den Fall, dass ein einzelner Grundrechtsträger gleichzeitig durch mehrere, separate staatliche Maßnahmen[122] in seinen Grundrechten betroffen ist.[123] Bedeutung erlangt dieser Aspekt in der Rechtsprechung regelmäßig erst dann, wenn die einzelnen Hoheitsakte zuvor jeweils für sich genommen als formell und materiell verfassungsmäßig bewertet worden sind. Das erscheint auch unmittelbar einsichtig, denn ein einzelner verfassungswidriger Hoheitsakt kann vom Betroffenen schon isoliert erfolgreich angegriffen und damit beseitigt werden; er leistet dann keinen relevanten Beitrag mehr zu einer etwaigen Gesamtbelastung.

Hervorzuheben ist daneben, dass die Berücksichtigung der kumulativen Belastungswirkung mehrerer Einzeleingriffe als zusätzliche Komponente der Grundrechtsprüfung durch die Rechtsprechung nur in seltenen Fällen Auswirkungen auf das Ergebnis hatte; nur in einem Fall scheiterte die Verfassungsmä-

---

119 BVerfGE 115, 97 (114 f.).

120 Zur Frage der Erdrosslungswirkung und ihrem Zusammenhang mit dem Institut des additiven Grundrechtseingriffs vgl. etwa *Hillgruber*, in: Isensee/Kirchhof, HdbStR IV, 3. Aufl. 2011, § 200 Rn. 98; Besonderheit ist, dass sich hier durch die kumulierte Betrachtung der Einzelbelastungen auch der Maßstab verändert.

121 BVerfGE 115, 97 (115).

122 Das Zusammenwirken mehrerer staatlicher Maßnahmen erfasst sowohl den Fall des Zusammenwirkens verschiedener Legislativakte, als auch die Kumulation von verschiedenen Einzelmaßnahmen; auch ein Zusammenwirken von Normen und Einzelakten mag in Sonderfällen zu einem additiven Grundrechtseingriff führen können; auszuklammern sind insoweit allerdings Fälle, in denen der Einzelakt lediglich dem Normvollzug dient, da insoweit lediglich eine Konkretisierung der Belastung, nicht aber eine originäre Kumulation unterschiedlicher Belastungen erfolgt; vgl. zur Abgrenzung *Kromrey*, Belastungskumulation, 2018, S. 57.

123 Zur Konturierung der Anwendungsvoraussetzungen unter Rückgriff auf die Rechtsprechung näher unten IV.

ßigkeit explizit an dem unzumutbaren Effekt des Zusammenwirkens unterschiedlicher Einzelmaßnahmen. In den übrigen Anwendungsfällen wandte sich das Bundesverfassungsgericht zwar der Prüfung der kumulativen Belastungswirkung zu, konnte aber aus der Gesamtbelastung mit Blick auf das Gewicht der verfolgten Gemeinwohlziele keine Verfassungswidrigkeit ableiten. Nicht unerhebliche Hürden zeigen sich auch für die Zulässigkeit der Rüge der kumulativen Belastungswirkung, insbesondere im Zusammenhang mit den gesetzlichen Substantiierungsanforderungen. Zudem ist die additive Betrachtung – was bereits die Benennung als additiver Grundrechtseingriff nahe legt – auf staatliches Eingriffshandeln beschränkt geblieben; kumulative Bezüge im Bereich der grundrechtlichen Leistungsrechte oder Schutzpflichten sind in der Rechtsprechung bislang nicht begrifflich erfasst worden.[124]

Neuen Begriffsbildungen ist es eigen, dass sie als Sammelbecken für eine Vielzahl komplexer und bislang nicht überzeugend verorteter Problemlagen herangezogen werden. Dementsprechend werden in der Literatur unter dem Begriff des additiven Grundrechtseingriffs verschiedene denkbare Formen von Gesamtbelastungen verhandelt.[125] Das ist zumal vor dem Hintergrund verständlich, dass das mit dem Begriff der Addition in Bezug genommene Zusammenzählen verschiedener Einzelteile ganz unterschiedliche Fallkonstellationen erfassen kann. Die Frage, wie eine gleichzeitige Betroffenheit verschiedener, nebeneinander anwendbarer Grundrechte durch eine *einzelne* hoheitliche Maßnahme in der Grundrechtsdogmatik abgebildet werden kann, betrifft indes einen eigenständigen Fall der Eingriffskumulation.[126] Hier entsteht die kumulative Belastung des Grundrechtsträgers nicht durch verschiedene Hoheitsakte, sondern durch die

---

124 Vgl. dazu auch *Kromrey*, Kumulative Belastungswirkung, 2018, S. 17 f. m.w.N.; zu Kumulationen im Bereich der Leistungs- und Teilhaberechte vgl. auch *Brade*, Additive Grundrechtseingriffe, 2020, S. 229 ff.

125 Vgl. im Überblick *Brade*, Additive Grundrechtseingriffe, 2020, S. 134 ff.

126 Dieser Themenkreis ist etwa aus den Entscheidungen zur Veröffentlichung von Abbildungen, die die spezifisch elterliche Hinwendung zu ihren Kindern zum Gegenstand haben (BVerfGE 101, 361 (379 ff.)) oder zum Verbot des Schächtens von Tieren durch einen muslimischen Metzger (BVerfGE 104, 337 (347 ff.)) bekannt. In der Literatur wird diese Thematik nicht selten unter den Begriffen der Verstärkungswirkung von Grundrechten, der Grundrechtskonkurrenz oder der Grundrechtskombination diskutiert, teilweise aber eben auch in Bezug zum additiven Grundrechtseingriff gesetzt, so etwa *Bauer*, Kindeswohlgefährdung durch religiös motivierte Erziehung, S. 114 f.; *Hofmann*, AöR 133 (2008), S. 523 (540); *C. Hufen*, Der Ausgleich verfassungsrechtlich geschützter Interessen bei der Ausgestaltung des Sonn- und Feiertagsschutzes, 2014, S. 390; *Leisner-Egensperger*, NJW 2021, S. 2415 (2417); zur Abgrenzung *Brade*, Additive Grundrechtseingriffe, 2020, S. 134 ff. und S. 157 ff.; *Klement*, AöR 134 (2009), S. 35 (51 f.); *Kromrey*, Belastungskumulation, 2018, S. 14 ff. und S. 107 ff.

parallele Beeinträchtigung mehrerer grundrechtlicher Schutzbereiche, die – unter bestimmten Voraussetzungen – zu einer Verstärkungswirkung führen kann.[127] Auch die Betroffenheit einer Vielzahl von Grundrechtsträgern durch eine staatliche Maßnahme betrifft eine Problematik,[128] die einer gesonderten Betrachtung bedarf und hier – anders als von Teilen der Literatur[129] – nicht unter den Begriff des „additiven Grundrechtseingriffs“ gefasst werden soll.[130] Die Untersuchung beschränkt sich vielmehr – den an den Begriff des additiven Grundrechtseingriffs anknüpfenden Entscheidungen des Bundesverfassungsgerichts folgend – auf kumulative Belastungen, die einen Grundrechtsträger durch das Zusammenwirken verschiedener an ihn adressierter staatlicher Maßnahmen ereilen. In diesem Sinne greift auch die fachgerichtliche Rechtsprechung[131] – etwa das Bundesverwaltungsgericht[132], der Bundesfinanzhof[133] und das Bundessozialgericht[134] – vermehrt auf den additiven Grundrechtseingriff zurück; in der landesverfas-

127 Zutreffend unter dem Begriff der Verstärkungswirkung werden diese Fragen behandelt bei *Sandner*, Verstärkungswirkung unter Grundrechten, 2019, S. 26 ff.; vgl. auch *Breckwoldt*, Grundrechtskombinationen, 2015, S. 147 ff.; zum Aspekt der Schutzbereichsverstärkung und diesen weiterentwickelnd in Richtung eines holistischen Ansatzes *Michael/Morlok*, Grundrechte, 7. Aufl. 2020, Rn. 56 ff. und Rn. 744; vgl. schon *Meinke*, In Verbindung mit, 2006; *Spranger*, NJW 2002, S. 2074 ff.; ablehnend aber dezidiert *I. Augsberg/S. Augsberg*, AöR 132 (2007), S. 539 (575 ff.).

128 Vgl. aus der Rspr. etwa BVerfGE 100, 313 (373 und 392); 107, 299 (320 f.); 125, 260 (318); 150, 244 (283 Rn. 98); BVerfG, Beschl. v. 19. November 2021 – 1 BvR 781/21 u. a. – BeckRS 2021, 36514, Rn. 294: Streubreite; ähnl. auch BVerfGE 141, 220 (268 Rn. 103): Breitenwirkung.

129 Die Betroffenheit mehrerer Grundrechtsträger durch eine einzelne Maßnahme unter den Begriff des additiven Grundrechtseingriffs bzw. der Belastungskumulation fassend etwa *Klement*, AöR 134 (2009), S. 35 (45 ff.); *Winkler*, JA 2014, S. 881 (882).

130 Zu einer Bezeichnung dieser Konstellation als „kollektive Grundrechtseinwirkungen“ vgl. *Ruschemeier*, RW 2020, S. 450 ff.; *Brade*, DÖV 2019, S. 852 ff. spricht in deutlicher Anlehnung an den Begriff des „additiven Grundrechtseingriffs“ von einer „horizontalen Eingriffsaddition“; vgl. auch *Sandner*, Verstärkungswirkung unter Grundrechten, 2019, S. 29: „horizontale Belastungskumulation“; so auch *Klement*, AöR 134 (2009), S. 35 (42 und 45 f.); zu dieser Thematik auch *Kloepfer*, VerwArch 74 (1983), S. 201 (214).

131 Vgl. im Überblick *Brade*, Additive Grundrechtseingriffe, 2020, S. 33 ff. und S. 141 f.; vgl. auch *Ruschemeier*, Der additive Grundrechtseingriff, 2019, S. 72 ff.

132 Vgl. nur BVerwGE 153, 116 (121 f. Rn. 18): Änderung des Steuermaßstabs für Vergnügungsteuer auf Geldspielgeräte; BVerwGE 157, 126 (158 f. Rn. 71): Landesrechtliche Einschränkungen für Spielhallen in Berlin; BVerwGE 158, 217 (225 Rn. 24 f.): Heranziehung zur Dienstleistungsstatistik; BVerwGE 160, 354 (364 Rn. 38): Wasserentnahmeentgelt für Beseitigung von Sümpfungswasser durch Tagebaubetrieb.

133 Vgl. nur BFHE 261, 468 (475 f. Rn. 34).

134 Vgl. nur BSG, Urt. v. 20. April 2010 – B 1 KR 19/09 R –, juris, Rn. 26; Urt. v. 29. April 2010 – B 3 KR 11/09 R –, juris, Rn. 26; Urt. v. 3. September 2014 – B 10 ÜG 2/14 R –, juris, Rn. 39; zur Thematik auch schon BSG, Urt. v. 21. Januar 2009 – B 12 R 11/06 R –, juris, Rn. 18; Urt. vom 21. Januar 2009 – B 12 R 1/07 R –, juris, Rn. 46.

sungsgerichtlichen Judikatur finden sich ebenfalls zunehmend Bezugnahmen auf diese Rechtsfigur.[135]

III. Dogmatische Grundlagen der Anerkennung des additiven Grundrechtseingriffs

Eine ausdrückliche Vorgabe zur Berücksichtigung der additiven Belastungswirkung mehrerer staatlicher Maßnahmen für einen Grundrechtsträger lässt sich dem Grundgesetz nicht allgemein entnehmen. Einen gewissen Bezug zur Berücksichtigung des Zusammenwirkens mehrerer staatlicher Eingriffshandlungen hat immerhin das Verbot der Doppelbestrafung in Art. 103 Abs. 3 GG.[136] Dieses ist jedoch insofern speziell, als es nach ganz überwiegender Auffassung nicht notwendigerweise auf das Zusammentreffen zweier belastender staatlicher Maßnahmen – konkret: zweier Verurteilungen – ankommt;[137] vielmehr ist nach rechtskräftigem Abschluss eines Strafverfahrens durch Sachurteil unabhängig von dessen Ausgang – also auch im Falle eines Freispruchs[138] – ein weiteres strafgerichtliches Verfahren wegen derselben Tat ausgeschlossen.[139] Daneben können auch Art. 106 Abs. 3 Satz 4 Nr. 2 GG gewisse Anhaltspunkte für die Relevanz zusammenwirkender Einzelbelastungen entnommen werden.[140] Die Vorschrift betrifft die Verteilung des Aufkommens der Umsatzsteuer zwischen Bund

135 Vgl. nur BbgVerfG, Urt. v. 23. Oktober 2020 – VfGBbg 55/19 –, NVwZ 2021, S. 59 (68 Rn. 229); ThürVerfGH, Beschl. v. 19. Mai 2021 – 110/20 –, juris, Rn. 48; auch schon BlnVerfGH, LVerfGE 25, 146 (153).

136 Zu Art. 103 Abs. 3 GG als besondere Ausprägung des additiven Grundrechtseingriffs vgl. auch *Hillgruber*, in: Isensee/Kirchhof, HdbStR IV, 3. Aufl. 2011, § 200 Rn. 99; *Kreuter-Kirchhof*, NVwZ 2019, S. 1791 (1792); *Kromrey*, Belastungskumulation, 2018, S. 48 f.

137 Daneben sind auch die Belastungswirkungen im Einzelfall – etwa die konkrete Angemessenheit der doppelten Strafe – für ein Eingreifen von Art. 103 Abs. 3 GG grds. unerheblich.

138 Zur unlängst im Zusammenhang mit der Erweiterung der Wiederaufnahmemöglichkeiten zuungunsten von freigesprochenen Angeklagten gem. § 362 Nr. 5 StPO n.F. str. diskutierten Frage der Zulässigkeit einer Durchbrechung des Strafklageverbrauchs nach Art. 103 Abs. 3 GG bei unverjährbaren Straftaten, wenn nachträglich neue Tatsachen oder Beweismittel einen eindeutigen Nachweis der Täterschaft erlauben, vgl. *Aust/Schmidt*, ZRP 2020, S. 251 ff.; *Kubiciel*, GA 2021, S. 380 ff.; *Ruhs*, ZRP 2021, S. 88 ff.; *Schiffbauer*, NJW 2021, S. 2097 ff.

139 BVerfGE 12, 62 (66); *Möstl*, in: Isensee/Kirchhof, HdbStR VIII, 3. Aufl. 2010, § 179 Rn. 57; *Nolte/Aust*, in: v. Mangoldt/Klein/Starck, 7. Aufl. 2018, Art. 103 Rn. 216; *Schulze-Fielitz*, in: Dreier, GG, 3. Aufl. 2015, Art. 103 Abs. 3 Rn. 30.

140 Zu Art. 106 Abs. 3 S. 4 Nr. 2 GG als besondere Ausprägung des additiven Grundrechtseingriffs vgl. auch *Hillgruber*, in: Isensee/Kirchhof, HdbStR IV, 3. Aufl. 2011, § 200 Rn. 99; *Kreuter-Kirchhof*, NVwZ 2019, S. 1791 (1792); *Kromrey*, Belastungskumulation, 2018, S. 49 f.

und Ländern; bei der Festsetzung der konkreten Verteilung sind die Deckungsbedürfnisse von Bund und Ländern unter anderem so abzustimmen, dass eine Überbelastung der Steuerpflichtigen vermieden wird.[141] Damit ist zwar das Zusammenwirken verschiedener Steuerarten und ihrer jeweiligen Belastungen für den Einzelnen angesprochen; der steuerverfassungsrechtlichen Regelung der Verteilung des Steueraufkommens kommt im grundrechtlichen Kontext allerdings keine wesentliche eigenständige Relevanz zu.

Eine darüberhinausgehende Pflicht zur Berücksichtigung der additiven Belastungswirkung mehrerer staatlicher Maßnahmen ergibt sich aus dem Wortlaut des Grundgesetzes nicht. Dieser eingeschränkte Textbefund steht einer Gesamtbetrachtung staatlicher Maßnahmen aber auch nicht entgegen, wenn sich hierfür ansonsten ein hinreichender verfassungsrechtlicher Anknüpfungspunkt finden lässt.[142] Das Bundesverfassungsgericht selbst bleibt hinsichtlich der dogmatischen Grundlagen einer additiven Betrachtung der Belastungswirkung mehrerer staatlicher Maßnahmen eher wortkarg. In der ersten ausdrücklichen Bezugnahme auf den „additiven Grundrechtseingriff“ in der GPS-Entscheidung lieferte es noch gar keine nennenswerte Begründung für dessen Berücksichtigung.[143] Inzwischen bildet sich immerhin in Ansätzen eine dogmatische Verortung in der verfassungsgerichtlichen Maßstabsbildung heraus: Zum einen betont das Gericht das rechtstatsächliche Gefährdungspotential, das dem Zusammenwirken einzelner, für sich genommen verfassungsmäßiger Hoheitsakte für die Grundrechtsausübung innewohnt.[144] Zum anderen richtet es die Prüfung auf die Frage, ob die kumulierte Belastungswirkung das Maß der rechtsstaatlich hinnehmbaren Eingriffsintensität noch wahrt, oder ob es diese überschreitet, was durch eine umfassende Gesamtabwägung beantwortet werden soll.[145]

---

141 Vgl. dazu näher *Schwarz*, in: v. Mangoldt/Klein/Starck, GG, 7. Aufl. 2018, Art. 106 Rn. 89.

142 *Kromrey*, Belastungskumulation, 2018, S. 50 f.

143 Zur mangelnden dogmatischen Begründung des additiven Grundrechtseingriffs in dieser Entscheidung vgl. *Kromrey*, Belastungskumulation, 2018, S. 19; denkbar wäre freilich, in der Bezugnahme auf das Verbot der Rundumüberwachung einen dogmatischen Anknüpfungspunkt für die kumulative Betrachtung zu erblicken; für ein Verständnis des additiven Grundrechtseingriffs als auch unterhalb der Schwelle der Totalausforschung zur Anwendung kommende Rechtfertigungsanforderung vgl. *Schwabenbauer*, in: Lisken/Denninger, HdbPolR, 6. Aufl. 2018, G. Rn. 282.

144 Vgl. BVerfGE 112, 304 (319 f.); 130, 372 (392); 141, 220 (280 Rn. 130); 156, 63 (123 Rn. 210); dazu näher oben II. 1., II. 4., II. 5. und II. 7.

145 Vgl. BVerfGE 123, 186 (265 f.); 130, 372 (392); BVerfG, Beschl. v. 3. Juni 2014 – 1 BvR 79/09 u. a. –, NJW 2014, S. 3634 (3638 Rn. 95); BVerfG, Beschl. v. 19. November 2021 – 1 BvR 781/21 u. a. – BeckRS 2021, 36514, Rn. 290; dazu näher oben II. 3., II. 4., II. 8. und II. 9.

Das Abstellen auf die Gefährdung grundrechtlicher Freiheitssphären und auf die Verhinderung einer rechtsstaatlich nicht hinnehmbaren Eingriffsintensität weist den Weg für die zutreffende dogmatische Verankerung des additiven Grundrechtseingriffs. Sein grundgesetzliches Fundament liegt in der aus Art. 1 Abs. 3 GG folgenden umfassenden Grundrechtsbindung des Staates in Verbindung mit dem Übermaßverbot.[146] Dieses leitet das Bundesverfassungsgericht sowohl aus dem Rechtsstaatsprinzip (Art. 20 Abs. 3 GG),[147] als auch aus „dem Wesen der Grundrechte selbst"[148] ab.[149] Aus dieser verfassungsrechtlichen Verankerung heraus ist das Übermaßverbot in der Lage, auch solchen Belastungen eine äußere Grenze zu setzen, die aus verschiedenen staatlichen Maßnahmen zusammenwirken. Zwar ist die Verhältnismäßigkeitsprüfung in ihrer klassischen Form – ähnlich wie die Grundrechtsprüfung insgesamt[150] – auf die Kontrolle der Mittel-Zweck-Relation eines einzelnen Hoheitsakts fokussiert. Sowohl in der Verankerung des Übermaßverbots im Rechtsstaatsprinzip, als auch in der abwehrrechtlichen Funktion der Freiheitsrechte kommt aber letztlich das allgemeine Verbot der übermäßigen, nicht durch wichtigere Gemeinwohlbelange gerechtfertigten Begrenzung der individuellen Freiheitssphäre[151] zum Ausdruck. Dieses erfasst auch Fälle, in denen eine isolierte Betrachtung den tatsächlichen freiheitsverkürzenden Wirkungen mehrerer Hoheitsakte nicht gerecht wird. Kann die punktuelle Grundrechtsprüfung dem Verbot einer übermäßigen Grundrechtsverkürzung praktisch nicht zur Durchsetzung verhelfen, verlangen Rechtsstaatsprinzip und die Abwehrfunktion der Grundrechte gerade auch eine Berücksichtigung der additiven Belastungswirkungen. Dem Staat muss es verwehrt sein, die

146 Für eine Ableitung aus dem Übermaßverbot auch *Hillgruber*, in: Isensee/Kirchhof, HdbStR IV, 3. Aufl. 2011, § 200 Rn. 99; *Klement*, AöR 134 (2009), S. 35 (64 ff.); *Voßkuhle/Kaiser*, JuS 2009, S. 313 (314); *Würsig*, Die Steuerung von Summenbelastungen im öffentlichen Immissionsschutzrecht, 2009, S. 59 ff.; ähnl. auch *Brade*, Additive Grundrechtseingriffe, 2020, S. 149 ff.: Ableitung aus den Einzelgrundrechten i.V.m. Art. 1 Abs. 3 GG unter Verweis auf das Ziel der Effektivität des Grundrechtsschutzes; vgl. auch *Lee*, Umweltrechtlicher Instrumentenmix und kumulative Grundrechtseinwirkungen, 2013, S. 117.

147 Vgl. BVerfGE 19, 342 (348 f.); 23, 127 (133); 69, 1 (35); 76, 256 (359); 80, 109 (119 f.); 90, 145 (173); 92, 277 (279, 326); 111, 54 (82, Rn. 171).

148 Vgl. BVerfGE 19, 342 (348 f.); ähnlich BVerfGE 61, 126 (134); 65, 1 (44); 76, 1 (50 f.).

149 Vgl. aus der Literatur etwa *Grzeszick*, in: Dürig/Herzog/Scholz, GG, Art. 20 (Rechtsstaat) Rn. 108 (November 2006); *Huster/Rux*, in: Epping/Hillgruber, BeckOK GG, Art. 20 Rn. 190 (Mai 2021); *Schulze-Fielitz*, in: Dreier, GG, 3. Aufl. 2015, Art. 20 (Rechtsstaat) Rn. 179; *Sommermann*, in: v. Mangoldt/Klein/Starck, GG, 7. Aufl. 2018, Art. 20 Rn. 308.

150 Vgl. oben I.

151 Vgl. *Sommermann*, in: v. Mangoldt/Klein/Starck, GG, 7. Aufl. 2018, Art. 20 Rn. 308; in diese Richtung auch *Huster/Rux*, in: Epping/Hillgruber, BeckOK GG, Art. 20 Rn. 190 f. (Mai 2021): Gewährleistung, dass „die fundamentalen Rechte des Einzelnen nicht unter die Räder geraten".

ihm verfassungsrechtlich vorgegebenen Belastungsgrenzen durch eine Verteilung der Belastungen auf verschiedene Einzelmaßnahmen auszuhebeln und womöglich bewusst zu umgehen. Gerade hierauf stellt letztlich auch das Bundesverfassungsgericht mit seinem Verweis auf die rechtsstaatlich nicht mehr hinnehmbare Eingriffsintensität ab.

In deutlicher Abgrenzung hiervon wird in der Literatur verschiedentlich versucht, die Berücksichtigung einer additiven Belastungswirkung mehrerer Hoheitsakte über den modernen Eingriffsbegriff dogmatisch aufzufangen.[152] Dieser soll nicht auf singuläres Staatshandeln beschränkt sein, sondern auch die Zusammenschau mehrerer staatlicher Maßnahmen erfassen.[153] Die isolierten Einzeleingriffe werden in einen eigenständigen, mehrteiligen Gesamteingriff gebündelt.[154] Nur durch die Erfassung auf Eingriffsebene könne die wirksame Bindung additiver Belastungen durch mehrere Hoheitsakte an verfassungsrechtliche Rechtfertigungsanforderungen gewährleistet werden: Der Gesamteingriff soll für sich genommen spezifischen verfassungsrechtlichen Rechtfertigungsanforderungen unterliegen.[155] Das knüpft in recht offensichtlicher Weise an die Begrifflichkeit des „additiven Grundrechts*eingriffs*“ an, die vordergründig eine eigenständige Eingriffskategorie verspricht.

Die Verortung als Eingriffsproblem überzeugt freilich im Ergebnis nicht. Die Eingriffsebene dient letztlich dazu, eine Beeinträchtigung des grundrechtlichen Schutzbereichs dem grundrechtsgebundenen Staat zuzurechnen;[156] erst diese Zurechnung löst die verfassungsrechtliche Rechtfertigungsbedürftigkeit des den Grundrechtsträger belastenden Handelns aus.[157] Ein Bedarf nach der Zurechnung

---

152 So insbes. *Kromrey*, Belastungskumulation, 2018, S. 67 ff.; *Ruschemeier*, Der additive Grundrechtseingriff, 2019, S. 99 ff.; vgl. in diese Richtung auch *Lücke*, DVBl. 2001, S. 1469 (1470 ff.); *Kaltenstein*, SGb 2016, S. 265 (372).

153 *Kromrey*, Belastungskumulation, 2018, S. 69 f.; *Ruschemeier*, Der additive Grundrechtseingriff, 2019, S. 94 ff.

154 *Ruschemeier*, Der additive Grundrechtseingriff, 2019, S. 94 ff.

155 Neben den materiellen Grenzen für Gesamtbelastungen wird bei dieser Auffassung insbes. die Frage relevant, ob der Vorbehalt des Gesetzes eine eigenständige Rolle einnimmt und eine gesetzliche Grundlage nicht nur für die Einzeleingriffe, sondern auch für die Belastungskumulation verlangt, vgl. dazu *Kromrey*, Belastungskumulation, 2018, S. 136 ff.; *Ruschemeier*, Der additive Grundrechtseingriff, 2019, S. 175 ff.

156 Zum Verständnis des Grundrechtseingriffs als Zurechnungsfrage vgl. *Michael/Morlok*, Grundrechte, 7. Aufl. 2020, Rn. 486 ff.

157 Dafür kommt es zwar nach dem „modernen“ Eingriffsverständnis nicht mehr auf die Form des Staatshandelns an, sodass auch atypische staatliche Handlungsformen erfasst sind; gleichwohl begründet dies allein noch nicht die Rechtfertigungsbedürftigkeit von verschiedenen zusammentreffenden, jeweils isoliert gerechtfertigten Belastungen, da es sich nicht i.e.S. um eine eigenständige Belastungskategorie handelt.

von Belastungswirkungen zum Staat besteht beim additiven Grundrechtseingriff aber gar nicht mehr. Die Schutzbereichsbeeinträchtigung wird nicht erst durch das Zusammenwirken mehrerer staatlicher Maßnahmen bewirkt, sondern bereits durch jede einzelne Maßnahme. Die Zurechenbarkeit dieser einzelnen Belastungswirkungen zum Staat ist bereits durch die isolierte Eingriffsqualität jedes einzelnen Hoheitsakts gegeben. Eine erneute Feststellung der Rückführbarkeit der Beeinträchtigung auf den grundrechtsgebundenen Hoheitsträger braucht es deshalb nicht.[158] Es stellt sich vielmehr nur noch die Frage, ob die ohnehin erforderliche Rechtfertigung der staatlichen Einzelmaßnahme auch in Zusammenschau mit anderen Belastungen gelingen kann, denen der Grundrechtsträger durch weitere Hoheitsakte ausgesetzt ist. Dies richtet sich nach den Anforderungen des Übermaßverbots und ist damit ausschließlich der Rechtfertigungs- und nicht der Eingriffsebene zuzuordnen.[159]

IV. Voraussetzungen für die Berücksichtigung kumulativer Grundrechtsbeeinträchtigungen

Die Anerkennung einer verfassungsrechtlichen Verankerung der besonderen Rechtfertigungsbedürftigkeit additiver Grundrechtsbeeinträchtigungen bedeutet nicht, dass sämtliche einen Grundrechtsträger treffenden staatlichen Maßnahmen ohne weiteres in einer quasi-globalen Rechtfertigungsprüfung zusammengefasst werden könnten oder dürften. Nicht jede Häufung staatlicher Maßnahmen ist automatisch grundrechtlich relevant und führt als additiver Grundrechtseingriff zu

158 Zu besonderen Zurechnungsfragen im Zusammenhang mit dem Zusammenwirken mehrerer Einzelakte unterschiedlicher Hoheitsträger noch unten IV. 2. d).

159 Eine Verortung der Problematik auf Eingriffsebene mag allenfalls dann geboten sein, wenn man mit nicht unerheblichen Teilen der Literatur annehmen wollte, hoheitliches Handeln, das den Schutzbereich eines Grundrechts berührt, sei nur dann als rechtfertigungsbedürftiger Eingriff anzusehen, wenn es eine gewisse Belastungsintensität erreicht, vgl. dazu *Jarass*, in: Jarass/Pieroth, GG, 16. Aufl. 2020, Vorb. vor Art. 1 Rn. 29; *Kingreen/Poscher*, Grundrechte, 36. Aufl. 2020, Rn. 301; *Voßkuhle/Kaiser*, JuS 2009, S. 313 (314). Damit sollen geringfügige Beeinträchtigungen, die „bloße Belästigungen“ darstellen, von einer Rechtfertigungslast entbunden werden. Wollte man einen solchen Bagatellvorbehalt anerkennen, kann sich die Frage stellen, ob mehrere Bagatellen zusammengenommen Eingriffsintensität erreichen können, vgl. dazu *Klement*, AöR 134 (2009), S. 35 (62 f.). Dem wird hier schon wegen grundsätzlicher Bedenken gegen die grundrechtsdogmatische Begründbarkeit eines solchen Bagatellvorbehalts nicht weiter nachgegangen; vgl. ebenso *Kromrey*, Belastungskumulation, 2018, S. 42 f. und S. 81 ff.; gegen eine Bagatellgrenze auch *Hillgruber*, in: Isensee/Kirchhof, HdbStR IV, 3. Aufl. 2011, § 200 Rn. 95; zur Thematik zusammenfassend *Brade*, Additive Grundrechtseingriffe, 2020, S. 181 ff.

gesteigerten Rechtfertigungsanforderungen.[160] Klärungsbedürftig sind damit zunächst die Voraussetzungen der Addition: Wann können – und müssen – mehrere Hoheitsakte zu einer Prüfung der von ihnen ausgehenden kumulativen Belastungswirkungen zusammengezogen werden? Das Grundgesetz macht zu dieser Frage keine ausdrücklichen Vorgaben. In Anknüpfung und partieller Weiterentwicklung der bestehenden Rechtsprechung lassen sich indes handhabbare Maßstäbe herausbilden.

1. Gleichzeitige Wirkung der Maßnahmen

Um ein Zusammenwirken der aus mehreren Hoheitsakten erwachsenden Belastungen zu erfassen, müssen die verschiedenen staatlichen Maßnahmen gleichzeitig wirken.[161] Das ist unproblematisch gegeben, wenn die betreffenden Hoheitsakte zeitgleich wirksam werden und der Grundrechtsträger ihnen auch zeitgleich ausgesetzt ist.[162] Werden etwa gegenüber einem Beschuldigten in einem Strafverfahren gleichzeitig verschiedene Ermittlungsmaßnahmen beantragt und durchgeführt – wie die parallele optische Überwachung des Wohnraums des Beschuldigten und die GPS-Observation seines Fahrzeugs –, so liegt ein gleichzeitiger Eintritt der Belastungswirkung der Einzelmaßnahmen unproblematisch vor. Eine gleichzeitige Wirkung kann aber auch bei einem gestuften Wirksamwerden von Hoheitsakten gegeben sein. Wird der Wohnraum des Beschuldigten etwa schon seit längerer Zeit optisch überwacht und kommt nach einigen Monaten zusätzlich die GPS-Observation hinzu,[163] so gehen auch hier von den ein-

---

160 *Brade*, Additive Grundrechtseingriffe, 2020, S. 186 ff.; *Kromrey*, Belastungskumulation, 2018, S. 105; *G. Kirchhof*, NJW 2006, S. 732 (734 f.); soweit eine Zuordnung des additiven Grundrechtseingriffs zur Eingriffsebene vertreten wird, werden die hier als Anwendungsvoraussetzungen eingeordneten Aspekte der Eingriffsprüfung zugerechnet.

161 Vgl. zu diesem Erfordernis auch *Brade*, Additive Grundrechtseingriffe, 2020, S. 193 ff.; *Bronkars*, Kumulative Eigentumseingriffe, 2009, S. 90; *Heu*, Kulminierende Grundrechtseingriffe, 2018, S. 236 f.; *Hillgruber*, in: Isensee/Kirchhof, HdbStR IV, 3. Aufl. 2011, § 200 Rn. 99; *Lücke*, DVBl. 2001, S. 1469 (1470 f.); *Klement*, AöR 134 (2009), S. 35 (42); *G. Kirchhof*, NJW 2006, S. 732 (734); *Kreuter-Kirchhof*, NVwZ 2019, S. 1791 (1795); *Kromrey*, Belastungskumulation, 2018, S. 111 ff.; *Peine*, in: Merten/Papier, HdbGRe III, 2006, § 57 Rn. 53; *Ruschemeier*, Der additive Grundrechtseingriff, 2019, S. 148 f.; *Schaks*, DÖV 2015, S. 817 (818).

162 Vgl. dazu etwa die Heranziehung der additiven Effekte durch die weiteren Beschränkungen nach § 28b IfSG in BVerfG, Beschl. v. 19. November 2021 – 1 BvR 781/21 u. a. – BeckRS 2021, 36514, Rn. 224 und Rn. 295; *Brade*, Additive Grundrechtseingriffe, 2020, S. 193; *Lücke*, DVBl. 2001, S. 1469 (1470 f.); *Kromrey*, Belastungskumulation, 2018, S. 112.

163 Vgl. dazu BVerfGE 112, 304 (320).

zelnen Maßnahmen gleichzeitige Belastungen für den Grundrechtsträger aus. Der Umstand, dass die einzelnen Maßnahmen zu unterschiedlichen Zeitpunkten erlassen und begonnen wurden, ist dann unerheblich. Auf diesem Wege können mit dem additiven Grundrechtseingriff auch Belastungen erfasst werden, die den Grundrechtsträger erst nach und nach treffen.[164] Im Übrigen besteht bei Vorliegen einer gleichzeitigen Wirkung keine weitere zeitliche Eingrenzung der einzubeziehenden Hoheitsakte.[165] Es ist nicht ersichtlich, weshalb allein der zeitlich lang zurückliegende Erlass eines Hoheitsaktes dessen Berücksichtigung per se ausschließen sollte, soweit er noch fortdauernde Belastungswirkungen entfaltet. Mit Blick auf die Beschwerdefrist können sich insofern freilich gewisse verfassungsprozessuale Herausforderungen ergeben.[166]

Ausgeschlossen ist die Einbeziehung von Belastungen, die bereits abgeschlossen sind oder erst künftig, aber eben nicht gegenwärtig wirken.[167] Wurde beim Beschuldigten in der Vergangenheit in einem ganz anderen Ermittlungsverfahren eine optische Wohnraumüberwachung vorgenommen, die inzwischen beendet ist, und kommt es nunmehr zu einer GPS-Observation seines Fahrzeugs, fehlt es an der gleichzeitigen Wirkung der Maßnahmen. Maßgeblich ist, ob die von einem Eingriffsakt ausgehenden Belastungen den Grundrechtsträger noch (oder schon) tatsächlich treffen.[168] Insofern könnten etwa innerhalb desselben Ermittlungsverfahrens auch bereits abgeschlossene Ermittlungsmaßnahmen noch fortwirken.[169] Auch für zeitlich (unmittelbar) vorausgehende gleichartige Maßnahmen ist eine Heranziehung möglich, da diese im Zusammenwirken zu einer Betroffenheit für einen längeren Zeitraum und damit zu einer Verstärkung der

---

164 *Brade*, Additive Grundrechtseingriffe, 2020, S. 194 f.; *Lücke*, DVBl. 2001, S. 1469 (1470 f.); *Kromrey*, Belastungskumulation, 2018, S. 112; *Peine*, in: Merten/Papier, HdbGRe III, 2006, § 57 Rn. 53; zurückhaltend freilich BVerfGE 114, 196 (215), wo das Gericht die Rüge der Antragsteller im Hinblick auf die Erfassung aller zum entscheidungserheblichen Zeitpunkt auf die Apotheken wirkenden Grundrechtseingriffe nicht aufgreift und für die kumulative Prüfung lediglich auf die vom Gesetzgeber erlassenen Neuregelungen abstellt; näher dazu oben II. 2.

165 Vgl. dazu schon BVerfG, Beschl. v. 3. Juni 2014 – 1 BvR 79/09 u. a. –, NJW 2014, S. 3634 (3638 Rn. 95).

166 Dazu noch unten VII.

167 *Brade*, Additive Grundrechtseingriffe, 2020, S. 196 f.; *Kromrey*, Belastungskumulation, 2018, S. 113 f.; *Lücke*, DVBl. 2001, S. 1469 (1470 f.); zur Ausnahme im Rahmen von Art. 103 Abs. 3 GG schon oben III.; a.A. aber wohl *Winkler*, JA 2014, S. 881 (884 f.).

168 *Brade*, Additive Grundrechtseingriffe, 2020, S. 196 f.; *Kromrey*, Belastungskumulation, 2018, S. 114; *Ruschemeier*, Der additive Grundrechtseingriff, 2019, S. 149 ff.

169 Vgl. zu Detailfragen und Ausnahmen bei der sukzessiven Auferlegung von Geldleistungspflichten *Kromrey*, Belastungskumulation, 2018, S. 114 f.; für eine Beschränkung auf den Veranlagungszeitraum aber *Brade*, Additive Grundrechtseingriffe, 2020, S. 193; allg. auch *Peine*, in: Merten/Papier, HdbGRe III 2006, § 57 Rn. 53.

hervorgerufenen Beeinträchtigung führen.[170] Für die nähere Bestimmung des gleichzeitigen Wirkens verschiedener Hoheitsakte kann auf die Kriterien zurückgegriffen werden, die im Zusammenhang mit dem Erfordernis der Gegenwärtigkeit der Betroffenheit im Rahmen der Zulässigkeit der Verfassungsbeschwerde entwickelt worden sind.[171]

2. Verknüpfbarkeit der Einzeleingriffe

Jenseits des eher formalen Kriteriums der gleichzeitigen Wirkung der Maßnahmen bleibt die Frage, ob es zusätzlich noch eines spezifischen inhaltlichen Zusammenhangs zwischen den in die kumulative Betrachtung einzubeziehenden Hoheitsakten bedarf. Verlangt man eine solche inhaltliche Verknüpfung nicht, läuft die Anerkennung des additiven Grundrechtseingriffs letztlich auf die umfassende Bewertung aller einen Grundrechtsträger zeitgleich treffenden staatlichen Maßnahmen hinaus. Eine solche Ermittlung und Bewertung der „Grundrechtsgesamtlage“[172] brächte vielfältige praktische Probleme mit sich. Es käme zu einer ausufernden, rechtspraktisch nicht mehr handhabbaren und konturenlosen Gesamtfreiheitsbilanz und damit zu einer Entgrenzung der Grundrechtsprüfung.[173] Es ist deshalb nötig, die Prüfung des belastenden Zusammenwirkens verschiedener Hoheitsakte sachlich-inhaltlich zu begrenzen. Auch das Bundesverfassungsgericht beschränkt insofern seine Prüfung, geht dabei aber eher in intuitiver Erkenntnis vor. Zu den materiellen Kriterien und Grenzen einer Zusammenschau verschiedener staatlicher Maßnahmen hat es bislang keine allgemeinen Maßstäbe entwickelt. Das ist misslich, denn gerade die Bestimmung des notwendigen Zusammenhangs zwischen verschiedenen Hoheitsakten ist *das* maßgebliche Abgrenzungskriterium, an dem sich die grundrechtliche Relevanz des Nebeneinanders mehrerer Hoheitsakte entscheidet. Im Interesse der Herausbildung zuverlässig handhabbarer Anwendungsvoraussetzungen erscheint die Klärung

170 Vgl. dazu BVerfG, Beschl. v. 19. November 2021 – 1 BvR 781/21 u. a. – BeckRS 2021, 36514, Rn. 224; auch BVerfG, Beschl. v. 19. November 2021 – 1 BvR 971/21 u. a. – BeckRS 2021, 36492, Rn. 137.

171 So *Bronkars*, Kumulative Eigentumseingriffe, 2007, S. 91 f.; *Ruschemeier*, Der additive Grundrechtseingriff, 2019, S. 148 ff.; ähnl. *Schaks*, DÖV 2015, S. 817 (820 Fn. 23) mit Bezügen zum Verwaltungsprozessrecht.

172 Vgl. dazu *Klein*, in: Sachs/Siekmann, Festschrift für K. Stern zum 80. Geburtstag, 2012, S. 389 ff.

173 *Brade*, Additive Grundrechtseingriffe, 2020, S. 202 ff.; *Ruschemeier*, Der additive Grundrechtseingriff, 2019, S. 136; zu einer gänzlichen Ablehnung der Figur des additiven Grundrechtseingriffs mit Blick auf diese Erwägungen vgl. *Klement*, AöR 134 (2009), S. 35 (64 ff.).

des Bestehens und der Anforderungen an die inhaltliche Verknüpfung von Eingriffsakten dringend geboten.

a) Zweckidentität als Verknüpfungsmerkmal?

In der Literatur wird für die Berücksichtigung der Belastungswirkung verschiedener staatlicher Maßnahmen vielfach verlangt, dass die Maßnahmen einen gemeinsamen Zweck verfolgen.[174] Erst die Zweckidentität soll eine Prüfung des belastenden Zusammenwirkens der Maßnahmen begründen können. Das wirkt auf den ersten Blick gut fassbar. Zudem ergeben sich Bezüge zwischen der Zweckidentität der Maßnahmen und der bei der materiellen Bewertung der Gesamtwirkung vorzunehmenden Verhältnismäßigkeitsprüfung, die ebenfalls maßgeblich auf den Zweck abstellt.

Letztlich erweist sich das Erfordernis der Zweckidentität aber als zu verengend.[175] Auch ohne eine gemeinsame Zwecksetzung kann es zu einer gravierenden Belastungskumulation verschiedener Hoheitsakte kommen, die nicht unberücksichtigt bleiben darf.[176] Als Beispiel sei nur das Nebeneinander von Freiheitsstrafen und Maßregeln der Besserung und Sicherung genannt:[177] Trotz der unterschiedlichen Zweckrichtung beider Maßnahmen liegt hier wegen der erheblichen Auswirkungen auf das Freiheitsrecht des Betroffenen aus Art. 2 Abs. 2 Satz 2 GG die Notwendigkeit einer Verknüpfung der jeweiligen Belastungswirkungen auf der Hand.[178] Ähnlich liegt es, wenn der Betrieb eines bestimmten Gewerbes durch gewerberechtliche, umweltrechtliche und baurechtliche Vorgaben eingeschränkt

---

174 Vgl. *Jachmann*, in: Dörr/Fink/u. a., Festschrift für H. Schiedermair, 2001, S. 391 (399); *Michael*, in: Hoffmann-Riem/Schmidt-Aßmann/Voßkuhle, Grundlagen des Verwaltungsrechts II, 2. Aufl. 2012, § 41 Rn. 26 und Rn. 33; *Peine*, in: Merten/Papier, HdbGRe III, 2006, § 57 Rn. 53; für das Erfordernis einer „partiellen Zwecküberschneidung" vgl. *Kaltenstein*, SGb 2016, S. 265 (269 f.); *Lücke*, DVBl. 2001, S. 1469 (1470); ähnl. auch *Hillgruber*, in: Isensee/Kirchhof, HdbStR IV, 3. Aufl. 2011, § 200 Rn. 97: Verfolgung von im Wesentlichen gleichen Regelungszielen; für die Möglichkeit eines Abstellens auf eine Zwecküberschneidung zur Feststellung einer Konnexität auch *Brade*, Additive Grundrechtseingriffe, 2020, S. 203 f.

175 Gegen das Erfordernis auch *Bronkars*, Kumulative Eigentumseingriffe, 2009, S. 96; *F. Kirchhof*, NZS 2015, S. 1 (7); *G. Kirchhof*, NJW 2006, S. 732 (734); *Kreuter-Kirchhof*, NVwZ 2019, S. 1791 (1795 f.); *Kromrey*, Belastungskumulation, 2018, S. 117 ff.; *Ruschemeier*, Der additive Grundrechtseingriff, 2019, S. 141 ff.; *Schaks*, DÖV 2015, S. 817 (823); *Winkler*, JA 2014, S. 881 (884).

176 Hierzu auch *Kromrey*, Belastungskumulation, 2018, S. 119 f.

177 Vgl. BVerfGE 130, 372 (392 ff.); näher dazu oben I. 4.

178 Auch die kumulative Betrachtung von präventiven und repressiven Überwachungsmaßnahmen kann als Absage an ein Erfordernis der Zweckidentität in der Rechtsprechung gedeutet werden, vgl. dazu BVerfGE 112, 304 (320); 141, 220 (280 f. Rn. 130); näher dazu oben II. 1. und II. 5.

wird; hier erschiene es mit Blick auf die enge Verknüpfung der Einzelmaßnahmen mit demselben tatsächlichen Lebenssachverhalt kaum tragfähig, die entstehende Gesamtbelastung nur wegen der Verfolgung unterschiedlicher Zwecke auszublenden.

Umgekehrt kann ein Abstellen auf die Zweckidentität verschiedener Hoheitsakte die Prüfung additiver Belastungen auch unsachgemäß erweitern. So können dieselben Zwecke vom Gesetzgeber in vollkommen unterschiedlichen Lebensbereichen verfolgt werden. Wenn ein Grundrechtsträger einerseits als Betreiber einer Fabrik immissionsschutzrechtliche Anforderungen einhalten muss und andererseits mit seinem Privatfahrzeug unter Diesel-Fahrverboten leidet, erscheint der Zusammenhang zwischen den Maßnahmen trotz paralleler Zwecksetzung zu vage. Darüber hinaus wird mit der Anknüpfung an den Zweck auch nur begrenzte definitorische Klarheit gewonnen: Denn für die einzubeziehenden Hoheitsakte käme es auf den letztlich variabel bestimmbaren Grad der Abstrahierung des Regulierungszwecks an. Fasst man diesen etwa als Verhinderung von CO_2-Emissionen, könnten deutlich weniger Hoheitsakte in die additive Belastungsprüfung einbezogen werden, als wenn – abstrakter – auf das Ziel des Umweltschutzes, oder – noch abstrakter – auf das allgemeine Ziel der Gefahrenabwehr abgestellt würde.[179] Das Erfordernis der Zweckidentität wäre damit nicht sicher handhabbar.[180]

b) Betroffenheit eines einheitlichen Lebenssachverhalts als Verknüpfungsmerkmal

Deutlich sachgerechter und zielführender erscheint es deshalb, nicht auf die Zweckidentität der verschiedenen Maßnahmen abzustellen, sondern darauf, ob sie einen einheitlichen Lebenssachverhalt betreffen.[181] Damit wird letztlich die

---

179 Zu dieser Kritik auch *Kromrey*, Belastungskumulation, 2018, S. 117 f.; *Ruschemeier*, Der additive Grundrechtseingriff, 2019, S. 145; soweit dem z.T. entgegengehalten wird, auch im Rahmen der Verhältnismäßigkeit könnten sich Probleme im Hinblick auf den Abstraktionsgrad der Zwecksetzung stellen, vgl. *Brade*, Additive Grundrechtseingriffe, 2020, S. 203, stehen dort mit der wertenden Abwägung aber variablere Beurteilungsmöglichkeiten zu Gebote, als bei dem recht starren Kriterium der Zweckidentität als Eintrittskarte für die Zusammenfassung von Einzelbelastungen.

180 Zudem ermöglichte die Anknüpfung an den Regelungszweck die Bestimmung des erforderlichen Zusammenhangs in nicht unerheblichem Maße dem Gesetzgeber.

181 So *Bronkars*, Kumulative Eigentumseingriffe, 2009, S. 89; *Hillgruber*, in: Isensee/Kirchhof, HdbStR IV, 3. Aufl. 2011, § 200 Rn. 97; *Kaltenstein*, SGb 2016, S. 354 (369 f.); *Kromrey*, Belastungskumulation, 2018, S. 130 ff.; dagegen aber *Jesse*, Instrumentenverbund als Rechtsproblem

besondere Belastungswirkung, die den Grundrechtsträger in einem spezifischen sachlichen Kontext trifft, aufgefangen und materiell begrenzt.

Ein solcher einheitlicher Kontext kann bereits dadurch gegeben sein, dass die verschiedenen Einzeleingriffe „dasselbe Rechtsverhältnis" betreffen.[182] So kann es etwa im Zusammenhang mit verschiedenen glücksspielrechtlichen Anforderungen an die Zulassung und den Betrieb von Spielhallen liegen. Hier werden die verschiedenen Vorgaben, die alle die Tätigkeit als Spielhallenbetreiber betreffen, durch den einheitlichen glücksspielrechtlichen Regelungsbezug verklammert.[183]

Eine Betrachtung des Zusammenwirkens von verschiedenen Einzelmaßnahmen kann auch dann geboten sein, wenn *unterschiedliche* Rechtsverhältnisse betroffen sind, solange die Einzelmaßnahmen an denselben Lebenssachverhalt anknüpfen oder in diesem wurzeln.[184] Teilweise wird insoweit von einer „Gleichgerichtetheit" der Maßnahmen gesprochen.[185] Die Bestimmung des Lebenssachverhalts wird sich dabei vorrangig an tatsächlichen Gegebenheiten orientieren müssen.[186] Denkbar ist etwa eine Anknüpfung an die Ausübung eines bestimmten Gewerbes oder an das Innehaben einer bestimmten Eigentumsposition. So können auch Fälle erfasst werden, in denen die einzelnen Hoheitsakte unterschiedlichen Regelungsgebieten entstammen und unterschiedliche Zwecksetzungen verfolgen. Zugleich bleibt aber ein spezifischer Bezug zwischen den einzelnen Hoheitsakten gewährleistet. Natürlich ist zuzugestehen, dass auch die Bestimmung eines einheitlichen Lebenssachverhalts nicht frei von Ungenauigkeiten und Unwägbarkeiten ist.[187] Allgemeingültige Kriterien zur Bestimmung einheitlicher Lebenssachverhalte lassen sich kaum entwickeln. Es kommt maß-

---

am Beispiel effizienter Energienutzung, 2014, S. 187; im Überblick *Brade*, Additive Grundrechtseingriffe, 2020, S.173 ff.

182 Vgl. dazu *F. Kirchhof*, NZS 2015, S. 1 (7); ähnl. *Brade*, Additive Grundrechtseingriffe, 2020, S. 204 f.: Herstellung des Sachzusammenhangs durch den Gesetzgeber im Wege gesetzlicher Anordnung oder nach Maßgabe der Gesetzesbegründung.

183 Nicht geklärt wäre damit freilich die Einbeziehung bauplanungsrechtlicher Beschränkungen für die Errichtung von Spielhallen, für die – vom Rechtsverhältnis der Spielhallenerlaubnis losgelöst – auf den einheitlichen Lebenssachverhalt des Betriebs einer Spielhalle abgestellt werden müsste.

184 *Kromrey*, Belastungskumulation, 2018, S. 131.

185 *Brade*, Additive Grundrechtseingriffe, 2020, S. 204 f.; *Hillgruber*, in: Isensee/Kirchhof, HdbStR IV, 3. Aufl. 2011, § 200 Rn. 97 und Rn. 99.

186 Vgl. auch *Brade*, Additive Grundrechtseingriffe, 2020, S. 205: Betroffenheit in der gleichen tatsächlichen Position bzw. im gleichen Gegenstand.

187 *Kromrey*, Belastungskumulation, 2018, S. 132; *Winkler*, JA 2014, S. 881 (885).

geblich auf die konkreten Umstände an, wobei darauf zu achten ist, dass der Lebensbereich nicht zu weit gezogen wird.[188]

Zu überlegen ist daneben, ob sich ein einheitlicher Lebenssachverhalt auch aus dem mehraktigen staatlichen Zugriff auf einen bestimmten, abgrenzbaren Freiheitsraum ergeben kann.[189] So liegt es etwa im Falle des Zusammenwirkens staatlicher Ermittlungs- und Überwachungsmaßnahmen. Diese können den Einzelnen in unterschiedlichen tatsächlichen Situationen betreffen. Richten sich mehrere Überwachungsmaßnahmen auf den Wohnraum des Grundrechtsträgers, findet zum Beispiel zeitgleich eine optische und eine akustische Wohnraumüberwachung statt, so knüpfen beide Maßnahmen noch an das tatsächliche Innehaben einer Wohnung als privatem Lebens- und Rückzugsort an. Tritt jedoch auch eine GPS-Überwachung des Fahrzeugs des Grundrechtsträgers hinzu, ist der tatsächliche Zusammenhang aufgebrochen, da diese notwendigerweise außerhalb der Wohnung und gerade räumlich ungebunden erfolgt. Mit der heimlichen Überwachung des Grundrechtsträgers kommt es aber auch hier – unabhängig vom konkret betroffenen Grundrecht[190] – zu einem staatlichen Zugriff auf den Freiheitsraum der privaten Lebensführung. Dieser Freiheitsraum wird durch die verschiedenen Überwachungsmaßnahmen gleichartig betroffen. Deshalb ist in diesem Fall ebenfalls ein hinreichend enger Zusammenhang zwischen den Maßnahmen gegeben, der eine Prüfung des Zusammenwirkens der Einzelbelastungen rechtfertigt und gebietet.

c) Grundrechtsidentität als zusätzliches Verknüpfungsmerkmal?

Damit ist freilich zugleich die Frage aufgeworfen, ob die aus verschiedenen Einzelakten folgenden Grundrechtsbeeinträchtigungen nur dann einer kumulativen Betrachtung zugeführt werden können, wenn die Beeinträchtigungen den Schutzbereich desselben Grundrechts betreffen. In der Literatur wird ein entsprechendes Erfordernis der Grundrechtsidentität unter Verweis auf die Not-

---

188 Insofern kann durchaus erwogen werden, zusätzlich zum Vorliegen eines einheitlichen Lebenssachverhalts auch einen spezifischen Bezug der jeweiligen staatlichen Maßnahmen auf diesen Lebenssachverhalt zu fordern, um lediglich reflexartige Beeinträchtigungen aus der kumulativen Prüfung auszuschließen; zur Bildung von Fallgruppen vgl. *Brade*, Additive Grundrechtseingriffe, 2020, S. 205 ff.

189 Vgl. *Winkler*, JA 2014, S. 881 (884 f.); in diese Richtung auch *Kromrey*, Belastungskumulation, 2018, S. 130 f.; *Brade*, Additive Grundrechtseingriffe, 2020, S. 210 f.

190 Zur Frage der Grundrechtsidentität als notwendigem Verknüpfungsmerkmal noch sogleich IV. 2. d).

wendigkeit einer Anwendungsbegrenzung vielfach befürwortet.[191] Auch die Rechtsprechung des Bundesverfassungsgerichts bietet nicht unerhebliche Anhaltspunkte für eine solche Deutung, da die bisherigen Anwendungsfälle des additiven Grundrechtseingriffs regelmäßig auf die Erfassung von Maßnahmen fokussierten, die denselben grundrechtlichen Schutzbereich tangierten.[192] Gleichwohl begegnet das Erfordernis der Grundrechtsidentität als zusätzliches Verknüpfungsmerkmal Zweifeln. So darf nicht verkannt werden, dass sich eine entsprechende Verknüpfung i. d. R. jedenfalls über das – hinter speziellere Grundrechtsgewährleistungen lediglich zurücktretende[193] – Auffanggrundrecht des Art. 2 Abs. 1 GG herstellen ließe. Dass die an sich schutzverstärkende vorrangige Anwendbarkeit speziellerer Grundrechtsgewährleistungen diese allgemeine Verknüpfung gänzlich aufzubrechen in der Lage sein sollte und damit letztlich eine Abschwächung des maßnahmenübergreifenden Grundrechtsschutzes bewirken kann, erscheint nicht unmittelbar einsichtig. Hinzu kommt, dass auch im Hinblick auf die isolierte grundrechtliche Bewertung von Einzelakten vermehrt die Möglichkeit einer Erfassung der parallelen Betroffenheit verschiedener Grundrechte in Betracht gezogen wird.[194] Unter Einbeziehung dieser allgemeinen dogmatischen Diskussion über Grundrechtskombinationen bzw. über die Verstärkungswirkung von Grundrechten erscheint die Einbeziehung und Abbildung der grundrechtsübergreifenden Gesamtwirkung mehrerer zurechenbar verkoppelter Einzelmaßnahmen zwar voraussetzungsvoll, aber gleichwohl zu bewältigen. Eine von der dogmatischen Entwicklung bei der Bewertung von Einzelakten losgelöste Maßstabsbildung für die Behandlung additiver Belastungskonstellationen wäre dagegen wenig überzeugend.[195]

---

191 So etwa *Bernsdorff*, SGb 2011, S. 121 (122); *Brade*, Additive Grundrechtseingriffe, 2020, S. 200 ff.; *Klement*, AöR 134 (2009), S. 35 (43); *Lücke*, DVBl. 2001, S. 1469 (1470); *Peine*, in: Merten/Papier, HdbGRe III, 2006, § 57 Rn. 53; *Ruschemeier*, Der additive Grundrechtseingriff, 2019, S. 136 ff.; *Schaks*, DÖV 2015, S. 817 (822); tendenziell ähnlich *Michael/Morlok*, Grundrechte, 7. Aufl. 2020, Rn. 519: Berücksichtigung nur bei der Beeinträchtigung sachlich oder funktionell verwandter Grundrechte.

192 Vgl. aber etwa BVerfG, Beschl. v. 19. November 2021 – 1 BvR 781/21 u. a. – BeckRS 2021, 36514, Rn. 223, wo das Gericht auf die zeitgleichen Eingriffe in „weitere" Grundrechte abstellt; im Einzelnen oben II.

193 So etwa BVerfGE 116, 202 (221); st. Rspr.; aus der Lit. etwa *Di Fabio*, in: Dürig/Herzog/Scholz, GG, Art. 2 Abs. 1 Rn. 21 ff. (Juli 2001); *Jarass*, in: Jarass/Pieroth, GG, 16. Aufl. 2020, Art. 2 Rn. 2; *Kunig/Kämmerer*, in: v. Münch/Kunig, GG, 7. Aufl. 2021, Art. 2 Rn. 156; *Lang*, in: Epping/Hillgruber, BeckOK GG, Art. 2 Rn. 29 (Mai 2021).

194 Vgl. dazu schon oben II. 11.

195 Wie hier gegen das Erfordernis einer Grundrechtsidentität auch *Heu*, Kulminierende Grundrechtseingriffe, 2018, S. 234 f.; *Hillgruber*, in: Isensee/Kirchhof, HdbStR IV, 3. Aufl. 2011,

d) Zusammenwirken von Maßnahmen unterschiedlicher Hoheitsträger

Besondere Herausforderungen ergeben sich, wenn verschiedene Maßnahmen auf einen Grundrechtsträger einwirken, die auf jeweils unterschiedliche Hoheitsträger zurückzuführen sind. Hier stellt sich das Problem, dass die unterschiedlichen Hoheitsträger jeweils nur innerhalb ihres grundgesetzlich umrissenen Zuständigkeitsbereichs tätig werden können und sich im Grundsatz nicht für das Handeln anderer Hoheitsträger verantworten müssen.[196] Die Gesamtbelastung ist hier also nicht in vollem Umfang einem Hoheitsträger zurechenbar, sondern entsteht in geteilter Verantwortung.[197] Gleichwohl sieht sich das Bundesverfassungsgericht an einer kumulativen Bewertung nicht gehindert: So hat es in der GPS-Entscheidung die Ermittlungs- und Überwachungsmaßnahmen unterschiedlicher Strafverfolgungs- und Sicherheitsbehörden des Bundes und der Länder in die zusammengefasste Bewertung der Belastungsintensität einbezogen;[198] auch in der Spielhallen-Entscheidung wurden die landesrechtlichen Beschränkungen der Zulassung und des Betriebs von Spielhallen gemeinsam mit den bundesrechtlichen Vorgaben des Bauplanungsrechts auf ihre Zumutbarkeit hin überprüft.[199] Auch in den Entscheidungen zur Bundesnotbremse sah sich das Bundesverfassungsgericht nicht gehindert, den kumulativen Effekt der Pandemiebekämpfungsmaßnahmen von Bund und Ländern in die Bewertung einzubeziehen.[200] Wenngleich es den unterschiedlichen Hoheitsträgern hier an einer Ingerenzverantwortung für das grundrechtsbeeinträchtigende Handeln des jeweils anderen Hoheitsträgers fehlt, ist eine solche übergreifende Betrachtung gut begründbar:[201]

---

§ 200 Rn. 97; *Klement*, AöR 134 (2009), S. 35 (44); *G. Kirchhof*, NJW 2006, S. 732 (734); *Kreuter-Kirchhof*, NVwZ 2019, S. 1791 (1793); *Kromrey*, Belastungskumulation, 2018, S. 124 ff.

196 *Kromrey*, Belastungskumulation, 2018, S. 90 ff.; in gewissem Ausmaß kann insofern schon die grundgesetzliche Kompetenzordnung ein Zusammenwirken von Maßnahmen unterschiedlicher Hoheitsträger ausschließen, indem sich manche Maßnahmen als kompetenzwidrig erweisen und schon deshalb verfassungswidrig sind und – bei entsprechendem verfassungsprozessualen Vorgehen – nicht mehr zu der kumulativen Belastungswirkung beitragen; vgl. *Winkler*, JA 2014, S. 881 (883).

197 Unter diesem Gesichtspunkt gegen eine Einbeziehung der Maßnahmen unterschiedlicher Hoheitsträger in die additive Betrachtung etwa *Kluth*, ZHR 162 (1998), S. 657 (673 f.).

198 BVerfGE 112, 304 (320); näher dazu oben II. 1.

199 BVerfGE 145, 20 (81 Rn. 156); näher dazu und zum lediglich partiell erfolgten Zugriff auf die Regelungen anderer Normgeber in der Entscheidung oben II. 6.

200 BVerfG, Beschl. v. 19. November 2021 – 1 BvR 781/21 u. a. – BeckRS 2021, 36514, Rn. 223 f. und Rn. 295; Beschl. v. 19. November 2021 – 1 BvR 971/21 u. a. – BeckRS 2021, 36492, Rn. 137.

201 Wie hier auch *Bernsdorff*, SGb 2011, S. 121 (122); *Brade*, Additive Grundrechtseingriffe, 2020, S. 213 ff.; *Bronkars*, Kumulative Eigentumseingriffe, 2009, S. 94 f.; *Lücke*, DVBl. 2001, S. 1469 (1471 ff.); *Koch*, ZfWG 2015, S. 325 (327); *Kreuter-Kirchhof*, NVwZ 2019, S. 1791 (1796); *Kromrey*,

Denn letztlich obliegt die aus Art. 1 Abs. 3 GG folgende Verpflichtung zum Schutz der Grundrechte des Einzelnen den verschiedenen grundrechtsunterworfenen Hoheitsträgern gemeinsam.[202] Insoweit wird man – wie das Bundesverfassungsgericht ebenfalls schon angenommen hat[203] – vor dem Erlass einer grundrechtsbeeinträchtigenden Maßnahme eine Prüfungsobliegenheit des zuständigen Hoheitsträgers anzunehmen haben, in der sich dieser über die den Adressaten treffende „grundrechtliche Vorbelastung" Kenntnis zu verschaffen und diese in die Entscheidung über sein weiteres Vorgehen einzubeziehen hat.[204] Entscheidet sich der Hoheitsträger im Rahmen seiner Zuständigkeit in dem Bewusstsein der bestehenden Belastungssituation gleichwohl für ein zusätzliches grundrechtsbelastendes Vorgehen gegen den Betroffenen, zieht dies die verkoppelte Bewertung der Maßnahmen nach sich. Anderenfalls könnte sich der Staat im Wege einer belastungsaffinen Zuständigkeitsaufteilung den Bindungen des additiven Grundrechtseingriffs entziehen.[205] Freilich kann es hier im Einzelfall gerade bei der Koordinierung der Absenkung des Belastungsniveaus zu Abstimmungskonflikten kommen, denen aber über organrechtliche Treuepflichten Rechnung getragen werden kann.[206]

Belastungskumulation, 2018, S. 88 ff. und S. 110 f.; *Peine*, in: Merten/Papier, HdbGRe III, 2006, § 57 Rn. 53; *Ruschemeier*, Der additive Grundrechtseingriff, 2019, S. 156 und S. 164 f.; *Schaks*, DÖV 2015, S. 817 (821); *Uwer/Radtke*, ZfWG 2016, S. 139 (140).

202 Zur Begründung der hoheitsträgerübergreifenden Betrachtung mit dem Schutzzweck der Abwehrrechte und Art. 1 Abs. 3 GG vgl. auch *Kromrey*, Belastungskumulation, 2018, S. 99 ff.; zu einer Ableitung aus der Bundestreue vgl. *Brade*, Additive Grundrechtseingriffe, 2020, S. 218 f.

203 Vgl. dazu BVerfGE 112, 304 (320); 141, 220 (280 Rn. 130); näher schon oben II. 1. und II. 5.

204 Zu entsprechenden Koordinierungspflichten auch *G. Kirchhof*, NJW 2006, S. 732 (735); *Kromrey*, Belastungskumulation, 2018, S. 96; unter Rückgriff auf die Schutzpflichtendogmatik mit ähnlichem Ergebnis auch *Michael/Morlok*, Grundrechte, 7. Aufl. 2020, Rn. 519.

205 *Bronkars*, Kumulative Eigentumseingriffe, 2009, S. 95; *Kromrey*, Belastungskumulation, 2018, S. 92 f.; zum Entziehungsrisiko allg. auch S. 53; besondere und gesondert zu untersuchende Fragen können sich bei einem Zusammenwirken von Maßnahmen der Europäischen Union und mitgliedstaatlichen Maßnahmen ergeben, vgl. dazu etwa *Brade*, Additive Grundrechtseingriffe, 2020, S. 216, S. 219 ff. und S. 359 ff. jeweils m.w.N.; *Ruschemeier*, Der additive Grundrechtseingriff, 2019, S. 224 ff.

206 Vgl. dazu *Kromrey*, Belastungskumulation, 2018, S. 96; *Michael/Morlok*, Grundrechte, 7. Aufl. 2020, Rn. 519; in diese Richtung unter Verweis auf die Bundestreue auch *Heu*, Kulminierende Grundrechtseingriffe, 2018, S. 214; zu einer Ableitung der Notwendigkeit der Berücksichtigung einer Belastungskumulation durch das Zusammenwirken von Maßnahmen unterschiedlicher Hoheitsträger insgesamt aus dem Grundsatz der Bundestreue vgl. *Kluth*, ZHR 162 (1998), S. 657 (673 f.).

V. (Materielle) Anforderungen an die Rechtfertigung der kumulativen Belastungswirkung

Ist geklärt unter welchen Voraussetzungen es zu einer additiven Prüfung der Belastungswirkung verschiedener Hoheitsakte kommen kann und welche Hoheitsakte in eine solche Prüfung einzubeziehen sind, bleiben noch die verfassungsrechtlichen Vorgaben für den eigentlichen Additionsvorgang und die Bewertung der Belastungssumme zu klären.

1. Maßstab für die Bewertung der kumulativen Belastungswirkung

Zunächst stellt sich die Frage nach den materiellen Anforderungen, an denen die durch die verschiedenen Hoheitsakte bewirkte Gesamtbelastung zu messen ist.[207] Die bisherigen Anwendungsfälle des additiven Grundrechtseingriffs in der Rechtsprechung des Bundesverfassungsgerichts lassen hier zwei Lösungsmöglichkeiten erkennen:

Viele Entscheidungen weisen den Weg zu einer – der Prüfung der Verfassungsmäßigkeit der Einzelmaßnahmen regelmäßig nachgelagerten – gemeinsamen Verhältnismäßigkeitsprüfung der zusammenwirkenden Maßnahmen mit einem besonderen Fokus auf die Bewertung der Gesamtbelastung im Rahmen der Angemessenheit.[208] So formuliert das Gericht schon im knappen Maßstabsteil, dass

---

207 In formeller Hinsicht kommt es regelmäßig zu keinen zusätzlichen Bindungen. Da vorgelagert zur Prüfung der additiven Belastungswirkung die Verfassungsmäßigkeit der einzelnen Hoheitsakte zu prüfen ist, sind sowohl die Gesetzgebungskompetenz als auch die Wahrung der Anforderungen des grundrechtsspezifischen Gesetzesvorbehalts bereits vorgeschaltet bejaht worden.

208 Die vorgelagerten Ebenen der Geeignetheit und der Erforderlichkeit dürften im Zusammenhang mit dem additiven Grundrechtseingriff mit Blick darauf, dass es vorgeschaltet der Prüfung der Verfassungsmäßigkeit der Einzelmaßnahmen bedarf, regelmäßig keine eigenständige Bedeutung erlangen; freilich mag sich auf Ebene der Erforderlichkeit die Frage stellen, ob derselbe Erfolg nicht mit einer (ggf. weniger eingriffsintensiven) Einzelmaßnahme hätte erreicht werden können, wobei auch zu berücksichtigen ist, dass in Einzelfällen die Belastung durch mehrere Maßnahmen sogar geringer ausfallen kann, als die durch eine einzelne aber eingriffsintensivere Alternativmaßnahme, vgl. mit Beispielen *Kromrey*, Belastungskumulation, 2018, S. 148 ff.; ähnl., wenngleich mit leicht abweichendem dogmatischen Konzept vgl. *Heu*, Kulminierende Grundrechtseingriffe, 2018, S. 259.

bei einer Kumulation von Grundrechtseingriffen die Wahrung der rechtsstaatlich hinnehmbaren Eingriffsintensität von einer Abwägung aller Umstände abhängt, in die auch gegenläufige Verfassungsbelange einzubeziehen sind.[209] Dementsprechend wird die kumulative Belastung durch die verschiedenen Maßnahmen als gesonderter Aspekt der Zumutbarkeit geprüft.[210] Das bringt die dogmatische Verortung des additiven Grundrechtseingriffs im Übermaßverbot sinnvoll zum Ausdruck.

In eine andere Richtung deuten die Entscheidungen zur GPS-Überwachung, zum BKA-Gesetz und zur elektronischen Fußfessel.[211] Hier unterziehen *Erster* und *Zweiter Senat* das Zusammenwirken von Ermittlungs- oder Überwachungsmaßnahmen einer Prüfung nur unter dem Gesichtspunkt, ob es zu einer mit der Menschenwürde nicht mehr vereinbaren Rundumüberwachung führt und ob der tatsächliche Eintritt einer solchen Rundumüberwachung durch hinreichende Verfahrensregelungen ausgeschlossen ist.[212] Zwar sieht das Gericht das Verbot der Rundumüberwachung als Ausprägung des Verhältnismäßigkeitsgrundsatzes an, das die Wahrung eines in der Menschenwürde wurzelnden unverfügbaren Kerns der Person gewährleistet.[213] Die dahingehende Beschränkung der Prüfung zeigt jedoch, dass das Gericht eine unterhalb dieser per se unverfügbaren Schwelle liegende Unzumutbarkeit der Gesamtwirkung nicht in Betracht gezogen hat.[214] Diesen beschränkten Prüfungsansatz aufnehmend und fortentwickelnd wird in der Literatur vorgeschlagen, die materielle Grenze für additiv zu betrachtende

---

209 BVerfGE 123, 186 (265 f.); 130, 372 (392); BVerfG, Beschl. v. 3. Juni 2014 – 1 BvR 79/09 u. a. –, NJW 2014, S. 3634 (3638 Rn. 95); BVerfG, Beschl. v. 19. November 2021 – 1 BvR 781/21 u. a. – BeckRS 2021, 36514, Rn. 290; Beschl. v. 19. November 2021 – 1 BvR 971/21 u. a. – BeckRS 2021, 36492, Rn. 136 f.; dazu näher oben II. 3., II. 4., II. 8. und II. 9.

210 Vgl. neben den soeben genannten Entscheidungen BVerfGE 114, 196 (246 f.); 123, 186 (265 f.); vgl. auch BVerfGE 145, 20 (81 Rn. 156) mit der Besonderheit, dass nicht zwischen der isolierten Angemessenheitsprüfung hinsichtlich der einzelnen Eingriffsakte und der auf die kumulative Belastung fokussierten Beurteilung differenziert wurde, sondern unmittelbar alle für Spielhallenbetreiber belastend wirkenden Regelungen in die Angemessenheitsprüfung einbezogen wurden; zu einstufigen und zweistufigen Aufbauvarianten im Überblick *Brade*, Additive Grundrechtseingriffe, 2020, S. 263 ff.

211 BVerfGE 112, 304 (319); 141, 220 (280 Rn. 130); 156, 63 (123 Rn. 210); dazu oben II. 1., II. 5. und II. 7.

212 BVerfGE 112, 304 (319); 141, 220 (280 Rn. 130); 156, 63 (123 Rn. 210); vgl. auch BVerfGE 130, 1 (24).

213 Oben Fn. 20 und Fn. 79.

214 In vergleichbare Richtung könnte auch die Entscheidung zum Halbteilungsgrundsatz verstanden werden, die ebenfalls eine absolute Belastungsobergrenze festschreiben wollte, vgl. dazu – wenngleich selbst ablehnend – *Kromrey*, Belastungskumulation, 2018, S. 57.

Grundrechtseingriffe in der Wesensgehaltsgarantie des Art. 19 Abs. 2 GG zu sehen.[215]

Hieran ist sicherlich zutreffend, dass das Zusammenwirken verschiedener Hoheitsakte eine Intensität erreichen kann, die die Wesensgehaltsgarantie berührt und schon deshalb als verfassungswidrig anzusehen ist.[216] Gleichwohl erscheint zweifelhaft, ob die Wesensgehaltsgarantie die einzige materielle Grenze für additiv wirkende Belastungen ist. Sieht man den additiven Grundrechtseingriff im Übermaßverbot verankert,[217] so muss die additive Wirkung der Einzelmaßnahmen schon dann als unzulässig bewertet werden, wenn sie zu einer so schwerwiegenden Gesamtbeeinträchtigung führt, die dem Grundrechtsträger unzumutbar ist. Das Maß der rechtsstaatlich hinnehmbaren Eingriffsintensität kann bereits unterhalb der Schwelle des grundrechtlichen Wesensgehalts überschritten sein.[218] Es ist damit zu prüfen, ob die Belastungen der einschränkenden Regelungen insgesamt die Grenze der Zumutbarkeit überschreiten und den Betroffenen übermäßig belasten.

2. Anwendung des Maßstabs

Um dies zu beurteilen, ist eine umfassende Gesamtabwägung erforderlich. Hierzu ist in einem vorgelagerten Schritt das konkrete Maß der Eingriffsintensität zu ermitteln, das sich aus dem Zusammenwirken der verschiedenen Hoheitsakte ergibt. Dies ist der eigentliche Additionsvorgang, der dem additiven Grundrechtseingriff seinen Namen gibt. Es sind also zunächst die konkreten Belastungen der einzelnen Maßnahmen – die einzelnen Summanden – zu bestimmen. Dies wird regelmäßig schon bei der vorgelagerten Prüfung der Verfassungsmäßigkeit der Einzeleingriffe erfolgt sein. Sodann sind die Einzelbelastungen in Bezug zueinander zu setzen, damit die konkrete Gesamtbelastung (der „additive Effekt") ermittelt werden kann.[219] Dabei wird freilich i. d. R. kein Rechenvorgang im ei-

215 So etwa *Ruschemeier*, Der additive Grundrechtseingriff, 2019, S. 194 ff.; *Schaks*, DÖV 2015, S. 817 (820 ff.); ähnl. auch *Huber*, VSSR 2000, S. 369 (386 ff.); *Puschke*, Die kumulative Anordnung von Informationsbeschaffungsmaßnahmen im Rahmen der Strafverfolgung, 2006, S. 79 ff.

216 Zur Wesensgehaltsgarantie als absoluter Grenze additiver Grundrechtseingriffe m.w.N. auch *Brade*, Additive Grundrechtseingriffe, 2020, S. 284 ff.

217 Oben III.

218 So auch *Kromrey*, Belastungskumulation, 2018, S. 60 f.

219 Zur Zweistufigkeit des Aufbaus vgl. etwa *Jesse*, Instrumentenverbund als Rechtsproblem am Beispiel effizienter Energienutzung, 2014, S. 181 f.; *Lücke*, DVBl. 2001, S. 1469 (1476); *Kromrey*, Belastungskumulation, 2018, S. 153 f.; *Peine*, in: Merten/Papier, HdbGRe III, 2006, § 57 Rn. 54.

gentlichen Sinne weiterhelfen. Es bedarf vielmehr der wertenden Betrachtung des Zusammenwirkens der einzelnen Beeinträchtigungen im Einzelfall.[220] Die konkrete Bestimmung der kumulierten Belastungswirkung ist dabei durchaus komplex, wird sich aber mit dem bekannten Rüstzeug der Verhältnismäßigkeitsprüfung bewältigen lassen. Denn dort sind nicht selten ja auch hinsichtlich einer Einzelmaßnahme verschiedene tatsächliche Auswirkungen zu berücksichtigen und in die Bestimmung der Belastungsintensität einzupreisen.[221] Bei der Beurteilung des Zusammenwirkens unterschiedlicher normativer Regelungen gewährt das Bundesverfassungsgericht dem Gesetzgeber zu Recht einen weiten Gestaltungs- und Prognosespielraum.[222] Regelmäßig werden die Einzelmaßnahmen in der Summe eine größere Eingriffsintensität bewirken, als die einzelnen Eingriffe für sich genommen.[223] Im Rahmen der Ermittlung der gesamtheitlichen Eingriffsintensität kann auch zu berücksichtigen sein, dass manche Belastungen möglicherweise durch Kompensationsmaßnahmen teilweise ausgeglichen werden; neben die Addition kann also die Subtraktion treten.[224]

Der Gesamtbelastung sind die vom Staat mit den Einzelmaßnahmen verfolgten Gemeinwohlzwecke und gegenläufige Verfassungsbelange gegenüberzustellen. Auch diese sind daher zunächst in ihrer Gesamtheit zu bestimmen und in

---

220 *Kromrey*, Belastungskumulation, 2018, S. 154 ff. auch mit Hinweisen zur Möglichkeit der Berücksichtigung des Verhaltens des Betroffenen; *Lee*, Umweltrechtlicher Instrumentenmix und kumulative Grundrechtseinwirkungen, 2013, S. 153; schematischer noch *Lücke*, DVBl. 2001, S. 1469 (1476); ähnl. auch *Bernsdorff*, SGb 2011, S. 121 (123); *Brade*, Additive Grundrechtseingriffe, 2020, S. 236 f. nimmt jedenfalls im Regelfall eine lineare Steigerung der Grundrechtsbeeinträchtigung an; nach *Michael/Morlok*, Grundrechte, 7. Aufl. 2020, Rn. 744 ist die Schwere der Eingriffe zu kumulieren.

221 Hier behilft sich das Bundesverfassungsgericht zuweilen damit, eine besonders hohe Belastungsintensität zu unterstellen, soweit diese in Ansehung der verfolgten Gemeinwohlziele ebenfalls noch gerechtfertigt werden kann, vgl. in diese Richtung etwa BVerfGE 145, 20 (71 Rn. 132 und 80 ff. Rn. 155 ff.).

222 Vgl. BVerfGE 114, 196 (248); ähnlich auch *Kromrey*, Belastungskumulation, 2018, S. 158 f.

223 *Kromrey*, Belastungskumulation, 2018, S. 52 f. und S. 154; *Peine*, in: Merten/Papier, HdbGRe III, 2006, § 57 Rn. 54; in seltenen Einzelfällen mag sich die Belastungswirkung durch das Zusammenwirken auch potenzieren, einen rein mathematischen Additionsvorgang der Belastungen der Einzelmaßnahmen wird man allerdings nicht annehmen können; umfassend hierzu und zu Sonderfällen im Zusammenhang mit der Drei-Stufen-Theorie im Rahmen von Art. 12 Abs. 1 GG *Brade*, Additive Grundrechtseingriffe, 2020, S. 232 ff. m.w.N.; a.A. aber etwa *Schaks*, DÖV 2015, S. 817 (819).

224 Vgl. dazu *Brade*, Additive Grundrechtseingriffe, 2020, S. 236 ff.; *Hillgruber*, in: Isensee/Kirchhof, HdbStR IV, 3. Aufl. 2011, § 200 Rn. 101; *G. Kirchhof*, NJW 2006, S. 732 (733); *Kromrey*, Belastungskumulation, 2018, S. 161 ff.; *Michael/Morlok*, Grundrechte, 7. Aufl. 2020, Rn. 744; zur Saldierung von Vor- und Nachteilen vgl. auch *Hey*, AöR 128 (2003), S. 226 ff.

Bezug zueinander zu setzen. Verfolgt der Staat mit den verschiedenen Maßnahmen unterschiedliche Zwecke, sind diese insgesamt für die Rechtfertigung der Gesamtbelastung in Ansatz zu bringen.[225] Die Berücksichtigung mehrerer, parallel verfolgter Zwecke ist dabei ebenfalls ein klassisches Element der Verhältnismäßigkeitsprüfung und kein Spezifikum des additiven Grundrechtseingriffs.[226] Liegt mehreren Maßnahmen derselbe Zweck zugrunde, kann sich daraus eine stärkere Intensität des Grades der Zweckerreichung ergeben, die für die spätere Abwägung in Ansatz gebracht werden muss.[227] Bei der Bewertung des Grades der Zweckerreichung ist insbesondere auch darauf zu achten, ob die Zwecke möglicherweise einen gegenläufigen Effekt haben und sich teilweise neutralisieren.[228]

Auf dieser Grundlage ist sodann die eigentliche Abwägung vorzunehmen, die sich wiederum am bekannten Vorgehen der Angemessenheitsprüfung orientiert.[229] Die additiven Belastungswirkungen dürfen nicht außer Verhältnis zu den mit den Einzeleingriffen insgesamt verfolgten Gemeinwohlzielen stehen. Insofern führt der additive Grundrechtseingriff nicht zu einer Modifizierung der eigentlichen Abwägung selbst. Allein die der Abwägung zugrunde liegenden Belange verändern sich qualitativ durch die additive Betrachtung mehrerer Hoheitsakte.

---

225 *Kromrey*, Belastungskumulation, 2018, S. 151; a.A. *Lee*, Umweltrechtlicher Instrumentenmix und kumulative Grundrechtseinwirkung, 2013, S. 147 f.: nur Heranziehung der Schnittmenge der Zwecke.

226 Vgl. statt aller *Michael/Morlok*, Grundrechte, 7. Aufl. 2020, Rn. 617 m.w.N.

227 *Kromrey*, Belastungskumulation, 2018, S. 151; es muss insoweit aber nicht zu einer proportionalen Erhöhung des Interesses an der Zweckerreichung kommen.

228 Vgl. zur Zugrundelegung des Gesamtschutzkonzepts des Gesetzgebers BVerfG, Beschl. v. 19. November 2021 – 1 BvR 781/21 u. a. – BeckRS 2021, 36514, Rn. 224 und Rn. 290; zum Risiko eines gegenläufigen Effekts der Einzelmaßnahmen auf die Zweckverfolgung, der im Rahmen des Grads der Zweckerreichung in der Gesamtabwägung zu berücksichtigen ist, in Einzelfällen aber auch auf die Bewertung der Geeignetheit rückwirken kann, *Kromrey*, Belastungskumulation, 2018, S. 61 ff. und S. 151 f.; z.T. wird in diesem Zusammenhang ein Bezug zur Folgerichtigkeitsrechtsprechung des Bundesverfassungsgerichts hergestellt, was freilich verschiedene Aspekte vermischt, zumal die Folgerichtigkeitsforderung kein Spezifikum der additiven Eingriffsbetrachtung ist, vgl. dazu *Lee*, Umweltrechtlicher Instrumentenmix und kumulative Grundrechtseinwirkungen, 2013, S. 82 ff.; abl. auch *Ruchemeier*, Der additive Grundrechtseingriff, 2019, S. 30 f.; für eine – in der Sache wenig überzeugende – Parallelität der Rechtfertigungsanforderungen für additive Grundrechtseingriffe mit den Anforderungen des unionsrechtlichen Kohärenzgebots aber etwa *Koch*, ZfWG 2015, S. 325 (328 f.).

229 *Kromrey*, Belastungskumulation, 2018, S. 157 ff.

VI. Additionsschutz durch Verfahren

Anknüpfend an die Erfassung der kumulativen Wirkung von Eingriffsakten unterschiedlicher Hoheitsträger erlangt im Rahmen des additiven Grundrechtseingriffs auch eine verfahrensrechtliche Schutzkomponente erhebliche Bedeutung.[230] Das Bundesverfassungsgericht hält es insoweit für erforderlich, dass sich die zuständige Stelle vor dem Erlass einer grundrechtsbelastenden Maßnahme über die bestehenden Vorbelastungen des Betroffenen informiert und prüft, ob den Grundrechtsträger im Angesicht der angestrebten zusätzlichen Maßnahme eine übermäßige Belastung träfe. Es muss koordinierend darauf Bedacht genommen werden, dass das Ausmaß der Grundrechtsbeeinträchtigung insgesamt beschränkt bleibt.[231] Damit soll ausgeschlossen werden, dass mehrere staatliche Stellen unabhängig und ohne Wissen voneinander mit einem unzulässigen Gesamtgewicht auf die Grundrechtspositionen des Betroffenen einwirken.[232] Als Grundlage für die Abstimmung kann eine Dokumentation ergriffener Maßnahmen erforderlich sein.[233] Allerdings wird man sich auch hier vor allzu pauschalen Annahmen hüten müssen: Jedenfalls dort, wo eine relevante Vorbelastung für den Hoheitsträger weder erkennbar noch mittels standardisierter Koordinationsmechanismen ohne weiteres ermittelbar ist, wird man keine umfassenden Vorbelastungsermittlungen verlangen können.[234] Immerhin wird eine vorgeschaltete Prüfung der „Ausgangsbelastung" jedenfalls dort erforderlich sein, wo sich aus dem Vortrag des Betroffenen (etwa im Rahmen der Anhörung) Anhaltspunkte für eine Vorbelastung ergeben. Ergibt sich bei der Prüfung, dass einen Grundrechtsträger belastende Maßnahmen unterschiedlicher Hoheitsträger treffen, kann insoweit auch eine grundrechtssichernde Abstimmung der Hoheitsträger untereinander erforderlich sein, um eine unkoordinierte Belastungskumulation

---

230 Allg. zum Grundrechtsschutz durch Verfahren vgl. *Bethge*, NJW 1982, S. 1 ff.; *Goerlich*, Grundrechte als Verfahrensgarantien, 1981; *Grimm*, NVwZ 1985, S. 865 ff.; *Kahl*, VerwArch 95 (2004), S. 1 ff.

231 Vgl. im Zusammenhang mit staatlichen Überwachungsmaßnahmen BVerfGE 112, 304 (319 f.); zur Verallgemeinerung für additive Grundrechtsbeeinträchtigungen insgesamt *G. Kirchhof*, NJW 2006, S. 732 (732 f.).

232 BVerfGE 112, 304 (320); vgl. auch BVerfGE 141, 220 (280 Rn. 130); so auch *Brade*, Additive Grundrechtseingriffe, 2020, S. 304 ff.; *Peine*, in: Merten/Papier, HdbGRe III, 2006, § 57 Rn. 54.

233 BVerfGE 112, 304 (320); *G. Kirchhof*, NJW 2006, S. 732 (732 f.).

234 Der Veranschlagung der kumulativen Belastungswirkung der Einzelmaßnahmen im Rahmen der materiellen Prüfung steht die fehlende vorherige Erkennbarkeit freilich nicht entgegen, vgl. dazu auch *Brade*, Additive Grundrechtseingriffe, 2020, S. 284.

zu verhindern.[235] Den Gesetzgeber trifft in diesem Zusammenhang die Pflicht, die notwendigen normativen Grundlagen für entsprechende Informations- und Koordinationsmöglichkeiten bereitzustellen und so die Voraussetzungen zu schaffen, um das Entstehen einer übermäßigen Gesamtbelastung aufgrund der parallelen Nutzung bestehender Eingriffsermächtigungen durch die vollziehende Gewalt zu vermeiden.[236] Zudem wird der Gesetzgeber die Wirksamkeit dieser Prüfungs- und Koordinierungsmechanismen zu beobachten und erforderlichenfalls anzupassen haben;[237] eine Beobachtungspflicht wird man zudem hinsichtlich eines erst mit der Zeit erkennbar werdenden kumulativen Effekts annehmen müssen.[238]

VII. Verfassungsprozessuale Folgeprobleme

Sind die materiellen und prozeduralen Anforderungen an additive Grundrechtseingriffe näher umrissen, bedarf es abschließend noch eines kurzen Blicks auf die prozessualen Folgewirkungen der Anerkennung der besonderen Rechtfertigungsbedürftigkeit kumulativer Belastungen. Denn natürlich ist auch die Frage der prozessualen Durchsetzbarkeit der Schranke, die der additive Grundrechtseingriff für mehraktiges Staatshandeln zieht, von erheblicher Bedeutung. Dabei können hier aus Platzgründen nur einige ausgewählte Aspekte im Zusammenhang mit der Verfassungsbeschwerde aufgezeigt werden.[239]

Nur geringe prozessuale Probleme ergeben sich, wenn die Hoheitsakte, von denen die zusammenwirkenden Belastungen ausgehen, zeitgleich in Kraft treten oder wirksam werden. Der Beschwerdeführende kann hier gegen die zusammenwirkenden Hoheitsakte Verfassungsbeschwerde erheben und in diesem Zusammenhang auch die unzumutbare additive Belastung geltend machen.[240] Diese

235 Vgl. BVerfGE 112, 304 (320); 141, 220 (280 Rn. 130).
236 Vgl. BVerfGE 112, 304 (320); 141, 220 (280 f. Rn. 130).
237 Vgl. BVerfGE 112, 304 (320).
238 Vgl. BVerfGE 123, 186 (266).
239 Zu Fragen im Zusammenhang mit abstrakten und konkreten Normenkontrollen vgl. etwa *Ruschemeier*, Der additive Grundrechtseingriff, 2019, S. 253 ff.
240 Erforderlich wird hier i. d. R. aber sein, dass der Beschwerdeführende sich mit der Verfassungsbeschwerde gegen alle in die kumulative Betrachtung einzubeziehenden Hoheitsakte wendet; z.T. wird dagegen davon ausgegangen, die Belastungskumulation selbst stelle den Verfahrensgegenstand der Verfassungsbeschwerde dar, vgl. dazu *Kromrey*, Belastungskumulation, 2018, S. 189 ff.; *Ruschemeier*, Der additive Grundrechtseingriff, 2019, S. 235 ff.; dagegen wie hier *Brade*, Additive Grundrechtseingriffe, 2020, S. 374 ff.; inwieweit sich der Beschwerdeführende in dieser Konstellation dafür entscheiden kann, nicht alle zur Gesamtbelastung beitragenden Ein-

wird nachgelagert zur Feststellung der Verfassungsmäßigkeit der Einzelakte zu prüfen sein.[241] Erweist sich die kumulative Belastung als unzumutbar, stellt sich die Frage nach dem Entscheidungsausspruch. Da die Verfassungswidrigkeit lediglich aus dem Zusammenwirken verschiedener Hoheitsakte folgt, die für sich genommen keinen verfassungsrechtlichen Bedenken unterliegen, bestehen für den zuständigen Hoheitsträger regelmäßig verschiedene Möglichkeiten, die verfassungswidrige Gesamtbelastung zu beseitigen; maßgeblich ist allein, dass die Gesamtbelastung wieder unter die unzumutbare Schwelle abgesenkt wird. Bei Legislativakten kommt insofern regelmäßig lediglich eine Unvereinbarerklärung der zusammenwirkenden gesetzlichen Regelungen in Betracht.[242] Gewisse Herausforderungen mögen sich hier freilich ergeben, wenn es um das kumulative Zusammenwirken von Maßnahmen unterschiedlicher Hoheitsträger geht; hier wird es zur Beseitigung des Verfassungsverstoßes der Abstimmung zwischen den Hoheitsträgern bedürfen.[243]

Weitaus komplexer ist der Fall, dass die zusammenwirkenden staatlichen Maßnahmen nicht gleichzeitig in Kraft treten oder erlassen werden, sondern erst nach und nach eine additive Belastung des Grundrechtsträgers entstehen lassen. Denn hier ist die Überprüfung der Verfassungsmäßigkeit eines wesentlichen Teils der Einzelmaßnahmen dem Bundesverfassungsgericht regelmäßig schon wegen Ablaufs der Beschwerdefrist (§ 93 BVerfGG) versagt. Allerdings erschiene es auch nicht sachgerecht, diese Maßnahmen schon per se aus der Prüfung der additiven

---

zelakte anzugreifen, sondern die Verfassungsbeschwerde nur gegen einzelne Maßnahmen zu richten und dann in diesem Zusammenhang die verfassungswidrige Gesamtbelastung geltend zu machen, ist bislang nicht geklärt.

241 Vgl. zur vorgeschalteten Prüfung der Verfassungsmäßigkeit der Einzelakte schon oben II. 11 und V. 2.

242 *Brade*, Additive Grundrechtseingriffe, 2020, S. 383 ff.; *Hillgruber*, in: Isensee/Kirchhof, HdbStR IV, 3. Aufl. 2011, § 200 Rn. 101; *G. Kirchhof*, NJW 2006, S. 732 (733 und 735); vgl. auch *Kromrey*, Belastungskumulation, 2018, S. 187 ff.; a.A. aber *Klement*, AöR 134 (2009), S. 35 (80); *Ruschemeier*, Der additive Grundrechtseingriff, 2019, S. 247 f.; soweit sich die Belastungskumulation aus dem Zusammenwirken von Maßnahmen der Exekutive ergibt, wird sich die Frage regelmäßig in den Bereich der Fachgerichte verlagern, der einer gesonderten Untersuchung bedarf; nach Durchlaufen des fachgerichtlichen Rechtswegs bliebe dem Bundesverfassungsgericht dann nur die Aufhebung der bestätigenden fachgerichtlichen Entscheidung, vgl. dazu auch *Kromrey*, Belastungskumulation, 2018, S. 198 f.; dort auch zur seltenen Kumulation von Legislativ- und Administrativakten.

243 Besondere Probleme können sich insoweit bei der Geltendmachung additiver Grundrechtseingriffe im Verwaltungsprozess stellen, da hier die Möglichkeit der Unvereinbarerklärung mit den korrespondierenden Gestaltungsmöglichkeiten der Normgeber zur Beseitigung des Verfassungsverstoßes nicht eröffnet ist.

Belastungswirkung auszuklammern.[244] Dabei dürfte aber die als Vorfrage regelmäßig zu prüfende isolierte Verfassungsmäßigkeit der potentiell zusammenwirkenden Einzelakte hinsichtlich der älteren Maßnahmen ausgeschlossen sein. Man wird sich insofern jedenfalls damit behelfen können, Maßnahmen, die einer isolierten verfassungsgerichtlichen Prüfung aus formalen Gründen entzogen sind, als wirksam anzusehen und deshalb in die additive Prüfung einzubeziehen. So sieht es letztlich auch das Bundesverfassungsgericht, das sich jedenfalls für befugt erachtet, einen angegriffenen Einzelakt auf eine entsprechende Rüge hin auch hinsichtlich des Zusammenspiels mit weiteren Hoheitsakten zu überprüfen.[245] Hier wird man zudem nicht davon auszugehen haben, dass der verantwortliche Hoheitsträger dazu verpflichtet wäre, den jüngsten Hoheitsakt zu beseitigen; maßgeblich ist auch hier allein die Absenkung des Belastungsniveaus auf das zumutbare Maß. Im Falle einer verfassungswidrigen Gesamtbelastung dürfte deshalb wiederum die Unvereinbarerklärung das probate Mittel sein, um dem Gesetzgeber die Handlungsoptionen zur Beseitigung der Belastungskumulation offen zu halten.[246] Keinesfalls können Beschwerdeführende speziell die Beseitigung des Hoheitsakts verlangen, für den die Beschwerdefrist abgelaufen ist; dem Gesetzgeber ist es dagegen unbenommen, durch Beseitigung einer „älteren“ Belastungskomponente den verfassungsgemäßen Zustand herzustellen.

Wesentliche Herausforderungen für Beschwerdeführende stellen sich auch im Zusammenhang mit den gesetzlichen Substantiierungsanforderungen (§§ 23 Abs. 1 Satz 2, 92 BVerfGG). Das Bundesverfassungsgericht hat die inhaltliche Prüfung eines additiven Grundrechtseingriffs verschiedentlich mit dem Hinweis abgelehnt, die Ausführungen der Beschwerdeführenden zu den ihnen aus dem Zusammenwirken verschiedener staatlicher Maßnahmen erwachsenden Belastungen erschöpften sich in nicht näher belegten Vermutungen.[247] Zur hinreichenden Begründung eines unzumutbaren additiven Zusammenwirkens mehrerer staatlicher Maßnahmen ist es erforderlich, dass die dem Grundrechtsträger insgesamt erwachsenden Beeinträchtigungen und gerade auch das Maß der additiven Belastung substantiiert und belegt werden; die Prognosen des Gesetzge-

---

244 So auch *Hillgruber*, in: Isensee/Kirchhof, HdbStR IV, 3. Aufl. 2011, § 200 Rn. 100.

245 Vgl. in diese Richtung unter Verweis auf zeitlich versetzt ergriffene Überwachungsmaßnahmen BVerfGE 112, 304 (320); offenlassend aber mit gewissen Tendenzen hin zu einer Einbeziehung älterer Vorbelastungen auch BVerfG, Beschl. v. 3. Juni 2014 – 1 BvR 79/09 u.a. –, NJW 2014, S. 3634 (3638 Rn. 95).

246 Vgl. *Kromrey*, Belastungskumulation, 2018, S. 196 f. m.w.N.; a.A. und für die Annahme der Nichtigkeit der letzten, die unzulässige Gesamtbelastung herbeiführenden Maßnahme aber *Leisner*, in: Isensee/Kirchhof, HdbStR VIII, 3. Aufl. 2010, § 173 Rn. 35.

247 Vgl. BVerfGE 114, 196 (247); auch BVerfGE 145, 20 (81 f. Rn. 157).

bers lediglich durch Vermutungen und Behauptungen in Frage zu stellen, reicht dafür nicht aus.[248] Das wird jedenfalls dort, wo es um wirtschaftliche Auswirkungen verschiedener gesetzlicher Regelungen geht, regelmäßig erhebliche Hürden für die Geltendmachung eines additiven Grundrechtseingriffs aufstellen.

VIII. Fazit und Ausblick

Grundrechte müssen Freiheit in der Realität schützen und dürfen nicht nur Einzelsequenzen aus einem Gesamtgeschehen herauspicken.[249] Das Defizit der punktuellen Ausrichtung der klassischen Grundrechtsprüfung auf einzelne Hoheitsakte kann mit dem additiven Grundrechtseingriff aufgefangen werden. Mit ihm wird die Belastung grundrechtlicher Freiheitssphären durch verschiedene staatliche Maßnahmen sachgerecht abgebildet. Sein dogmatisches Fundament findet der additive Grundrechtseingriff im Übermaßverbot. Die aus mehreren Hoheitsakten erwachsenden additiven Belastungen werden erfasst, wenn die verschiedenen staatlichen Maßnahmen gleichzeitig wirken und einen einheitlichen Lebenssachverhalt betreffen. Die von den einzelnen Maßnahmen ausgehenden Belastungen sind dann zusammenzufassen und in eine gemeinsame Güterabwägung einzustellen. Zugleich finden auch die verschiedenen Zwecksetzungen der Einzelmaßnahmen in der Abwägung Berücksichtigung. Das gewährleistet, dass das Zusammenwirken mehrerer für sich genommen verfassungsrechtlich zulässiger Freiheitsverkürzungen nicht unberücksichtigt bleibt. Wenngleich noch eine nicht unerhebliche Zahl offener Detailfragen zu klären ist,[250] steht angesichts der Vielzahl und Vielfalt modernen Staatshandelns zu erwarten, dass die Erfassung und Begrenzung der kumulativen Belastungswirkung verschiedener Einzelmaßnahmen im Wege des additiven Grundrechtseingriffs in Zukunft einen erheblichen Bedeutungszuwachs erfahren wird.[251]

---

248 Vgl. BVerfGE 114, 196 (248).

249 So *F. Kirchhof*, NZS 2015, S. 1 (7).

250 Einer gesonderten Betrachtung bedarf etwa die Handhabung kumulativer Schutzgutsbelastungen durch Private, vgl. dazu im Ansatz etwa *Brade*, Additive Grundrechtseingriffe, 2020, S. 227 ff.; *Kromrey*, Belastungskumulation, 2018, S. 8 f.; *Ruschemeier*, Der additive Grundrechtseingriff, 2019, S. 125 ff.; *Winkler*, JA 2014, S. 881; zu klären sein wird auch, inwiefern additive Betrachtungen über den Grundrechtsbereich hinaus – etwa bei Eingriffen in die kommunale Selbstverwaltungsgarantie des Art. 28 Abs. 2 GG – zur Anwendung kommen können, vgl. dafür etwa *Brade*, Additive Grundrechtseingriffe, 2020, S. 125 f.

251 So auch die Prognose bei *Michael/Morlok*, Grundrechte, 7. Aufl. 2020, Rn. 519 unter Einordnung des additiven Grundrechtseingriffs als Form des Instrumentenmix.

II. Einzelne Gewährleistungen

Sascha Bleschick

Rechtsprechungslinien zur verfassungsrechtlichen Zulässigkeit unecht rückwirkender bzw. tatbestandlich rückanknüpfender Steuergesetzgebung

Konstanz, Quantensprung, Konturen, Konkretisierungen und Konsequenzen

Leitentscheidungen des Bundesverfassungsgerichts

BVerfGE 13, 274 – Körperschaftsteuer 1951
BVerfGE 13, 279 – Gewerbesteuer-Hebesatz
BVerfGE 14, 76 – Vergnügungsteuer
BVerfGE 15, 313 – Einkünfte aus selbständiger Arbeit
BVerfGE 16, 147 – Beförderungsteuer
BVerfGE 18, 135 – erhöhter Abzug für Wohngebäude
BVerfGE 19, 119 – Kuponsteuer
BVerfGE 27, 375 – Schaumweinsteuer
BVerfGE 30, 250 – Sonderumsatzsteuer
BVerfGE 30, 392 – Berlinhilfe
BVerfGE 38, 61 – Leberpfennig
BVerfGE 48, 403 – Wohnungsbauprämie
BVerfGE 50, 386 – private Schuldzinsen
BVerfGE 63, 312 – Erbersatzsteuer
BVerfGE 63, 343 – Rechtshilfevertrag Österreich
BVerfGE 68, 287 – Pensionsrückstellungen
BVerfGE 72, 200 – Außensteuergesetz und DBA Schweiz 1971
BVerfGE 97, 67 – Schiffsbausubvention
BVerfGE 105, 17 – Sozialpfandbriefe
BVerfGE 127, 1 – Rückwirkung im Steuerrecht I
BVerfGE 127, 31 – Rückwirkung im Steuerrecht III
BVerfGE 127, 61 – Rückwirkung im Steuerrecht II
BVerfGE 132, 302 – Streubesitzbeteiligung

Schrifttum (Auswahl)

Monografien

Hey, Steuerplanungssicherheit als Rechtsproblem, Habil., 2002, 203 ff.; *Leisner*, Kontinuität als Verfassungsprinzip unter besonderer Berücksichtigung des Steuerrechts, Habil., 2002, 475 ff.; *Muckel*, Kriterien des verfassungsrechtlichen Vertrauensschutzes bei Gesetzesänderungen, Diss. 1989; *Pieroth*, Rückwirkung und Übergangsrecht, Habil., 1981, S. 79 ff.; *Schomäcker*, Steuerver-

https://doi.org/10.1515/9783110686623-005

fassungsrecht und gesetzgeberischer Gestaltungsraum, Diss., 2020; *Schwarz*, Vertrauensschutz als Verfassungsprinzip, Diss., 2002.

Beiträge in Mehrpersonenwerken

Desens, Vertrauen in das Steuergesetz, in: Rensen/Brink (Hrsg.), Linien der Rechtsprechung des BVerfG, Band 1 (2009), S. 329 ff.; *Modrzejewski*, Die Bedeutung des Gebots der Folgerichtigkeit für die gleichheitsrechtliche Maßstabsbildung im Steuerrecht, in: Modrzejewski/Naumann (Hrsg.), Linien der Rechtsprechung des BVerfG, Band 5 (2019), S. 277 ff.; *Selmer*, Rückwirkung von Gesetzen, Verwaltungsanweisungen und Rechtsprechung, Steuer-Kongress-Report 1974, S. 83 ff.; *Vogel*, Rückwirkung: eine festgefahrene Diskussion – ein Versuch, die Blockade zu lösen, in: Kästner (Hrsg.), Festschrift für Martin Heckel zum 70. Geburtstag, 1999, S. 875 ff.

Zeitschriftenbeiträge

Balmes, Rückwirkung im Visier der Finanzrechtsprechung, FR 2001, S. 392 ff.; *Birk*, Der Schutz vermögenswerter Positionen bei der Änderung von Steuergesetzen, FR 2011, S. 1 ff.; *Desens*, Echter Vertrauensschutz bei „unechten" Rückwirkungen im Steuerrecht, FR 2013, 148 ff.; *ders.*, Die neue Vertrauensschutzdogmatik des Bundesverfassungsgerichts für das Steuerrecht, StuW 2011, S. 113 ff.; *Drüen*, Rechtsschutz gegen rückwirkende Gesetze – Eine Zwischenbilanz, StuW 2006, S. 358 ff.; *ders.*, Rückwirkende Nichtanwendungsgesetze im Steuerrecht, StuW 2015, S. 210 ff.; *Englisch/Plum*, Schutz des Vertrauens auf Steuergesetze, Finanzrechtsprechung und Regelungen der Finanzverwaltung, StuW 2004, S. 342 ff.; *Friauf*, Gesetzesankündigung und rückwirkende Gesetzgebung im Steuer- und Wirtschaftsrecht, BB 1972, S. 669 ff.; *Hey*, Verbot rückwirkender Klarstellung als Weg zu besserer Gesetzgebung?, NJW 2014, S. 1564 ff.; *F. Kirchhof*, Der Weg zur verfassungsgerechten Besteuerung – Bestand, Fortschritt, Zukunft –, StuW 2002, S. 185 ff.; *P. Kirchhof*, Die Rückwirkung steuerkonkurrenzlösender Rechtssätze, DStR 1979, S. 275 ff.; *ders.*, Rückwirkung von Steuergesetzen, StuW 2000, S. 221 ff.; *ders.*; Die verfassungsrechtlichen Grenzen rückwirkender Steuergesetze, DStR 2015, S. 717 ff.; *Lang*, Verfassungsrechtliche Zulässigkeit rückwirkender Steuergesetze, WPg 1998, S. 163 ff.; *Maciejewski/Theilen*, Die aktuelle bundesverfassungsgerichtliche Spruchpraxis zu rückwirkenden Gesetzen, DÖV 2015, S. 271 ff.; *Mellinghoff*, Vertrauen in das Steuergesetz, in: Pezzer (Hrsg.), Vertrauensschutz im Steuerrecht, DStJG 27 (2004), S. 25 ff.; *Musil/Lammers*, Die verfassungsrechtlichen Grenzen der Rückwirkung von Steuergesetzen am Beispiel der §§ 17, 23 EStG, BB 2011, S. 155 ff.; *Nöcker*, Die Beschlüsse des BVerfG vom 7.7.2010 und ihre verfahrensrechtlichen Folgen, AO-StB 2010, S. 369 ff.; *Osterloh*, Neuere Entwicklungen zum verfassungsrechtlichen Vertrauensschutz im Steuerrecht, StuW 2015, S. 201 ff.; *Reimer*, Probleme der Verlängerung der Mindesthaltefristen des § 23 EStG, DStZ 2001, S. 725 ff.; *Seer/Drüen*, Der rückwirkende Steuerzugriff auf private Veräußerungsgewinne bei hergestellten Gebäuden auf dem verfassungsrechtlichen Prüfstand, FR 2006, S. 661 ff.; *Spindler*, Verfassungsrechtliche Grenzen einer Rückwirkung von Steuergesetzen, DStR 1998, S. 953 ff.; *ders.*, Vertrauensschutz im Steuerrecht, DStR 2001, S. 725 ff.; *ders.*, Rückwirkung von Steuergesetzen, in: Pezzer (Hrsg.), Vertrauensschutz im Steuerrecht, DStJG 27 (2004), S. 69 ff.; *ders.*, Vertrauensschutz im Steuerrecht, Stbg 2010, S. 529 ff.; *Steinhauff*, Verfassungsmäßigkeit von § 7 Satz 2 GewStG, jurisPR-SteuerR 48/2010 Anm. 3; *Weber-Grellet*, Rechtssicherheit im demokratischen Rechtsstaat Kontinuität und Planungssicherheit, StuW 2003, S. 278 ff.; Wissenschaftlicher Beirat Steuern der Ernst & Young GmbH, Eine Stellungnahme zur neuen Rechtsprechung des BVerfG, DB 2012, S. 761 ff.

Inhaltsübersicht

I. Fortzeichnung jüngerer Rechtsprechungslinien des Bundesverfassungsgerichts

Die Bedeutung verfassungsrechtlichen Vertrauensschutzes ist nicht nur im Steuerrecht enorm, wie exemplarisch eine der aktuelleren Entscheidungen des Zweiten Senats des BVerfG, nämlich diejenige zur strafrechtlichen Vermögensabschöpfung,[1] zeigt. Hinsichtlich des Vertrauensschutzes im Steuerrecht werden „[s]*chöne gerade und klare Linien*" vermisst.[2] Deshalb sollen nachfolgend im

1 BVerfG, Beschl. v. 10. Februar 2021 – 2 BvL 8/19 –, NJW 2021, S. 1222, ausnahmsweise zulässige echte Rückwirkung.

2 *Osterlohn*, StuW 2015, S. 201.

Schwerpunkt die aktuellen Entwicklungen der Rechtsprechung des BVerfG zur verfassungsrechtlichen Rückwirkung bei der Steuergesetzgebung näher betrachtet werden. Der Zweite Senat des BVerfG hat bereits im Jahr 2010 den zuvor geltenden bundesverfassungsgerichtlichen Rechtsprechungslinien zugunsten der Steuerbürger eine neuartige Richtung hin zu einem erhöhten Dispositionsschutz bei der sog. unechten Rückwirkung gegeben. Der in Bezug auf diese Beschlüsse „*Rückwirkung im Steuerrecht I bis III*" im letzten Linienband geäußerten Anregung *Modrzejewskis*, diese Linien in einem späteren Band fortzuzeichnen,[3] soll aus Anlass der jüngsten Entscheidung des Zweiten Senats des BVerfG zur unechten Rückwirkung im Steuerrecht, also dem Beschluss zum Abzug von Erbbauzinsen als Werbungskosten,[4] mit diesem Beitrag nachgekommen werden.

II. Rückwirkung bei legislativem Vergangenheitsbezug bis zu den Entscheidungen „*Rückwirkung im Steuerrecht I bis III*" (Konstanz)

1. Das Phänomen der Rückwirkung

Die verfassungsrechtliche Relevanz der Rückwirkung resultiert aus der zeitlichen Geltung von Gesetzen, wenn diese – entgegen ihrer Typik – nicht zukunftsgerichtet sind, sondern in die Vergangenheit greifen oder zumindest einen Vergangenheitsbezug aufweisen.[5] Die Rechtsprechung des BVerfG stellt insoweit maßgeblich auf den Zeitpunkt der Verkündung des Gesetzes ab: Danach entfaltet eine Rechtsnorm dann Rückwirkung, wenn der Beginn ihres zeitlichen Anwendungsbereichs normativ auf einen Zeitpunkt festgelegt ist, der vor dem Zeitpunkt liegt, zu dem die Norm rechtlich existent, d. h. gültig, geworden ist; denn rechtlich existent werden nach deutschem Staatsrecht Normen des geschriebenen Rechts mit ihrer ordnungsgemäßen *Verkündung*, d. i. regelmäßig der Zeitpunkt der Ausgabe des ersten Stücks des Verkündungsblattes.[6] Von der rechtlichen Existenz

3 *Modrzejewski*, in: ders./Naumann (Hrsg.), Linien der Rechtsprechung des BVerfG, Band 5 (2019), S. 277 (279).

4 BVerfG, Beschl. v. 25. März 2021 – 2 BvL 1/11 –, DStR 2021, S. 1153.

5 *H. Maurer*, in: Isensee/Kirchhof (Hrsg.), Handbuch des Staatsrechts IV, 3. Aufl. 2006, § 79 Rn. 17.

6 BVerfGE 63, 343 (353); 72, 200 (241); s. Art. 82 Abs. 1 Satz 1 GG, wonach die rechtliche Existenz des Gesetzes verlangt, dass die im Gesetzgebungsverfahren zustande gekommenen Gesetze vom

des Gesetzes wird in der Judikatur des BVerfG der Zeitpunkt des *Beginns des zeitlichen Anwendungsbereichs* unterschieden, der häufig im Gesetz (Verordnung, Satzung) selbst als der „*Tag des Inkrafttretens*" bestimmt wird und einheitlich oder unterschiedlich für einzelne Bestimmungen festgelegt werden darf.[7] Diese gesetzliche Fiktion[8] begründet auch für rückwirkende Steuergesetze das Problem, dass das Gesetz zukünftige Verhaltenspflichten begründet, die an vergangene Sachverhalte anknüpfen.[9]

2. Objektiv- und subjektiv-rechtliche Wurzeln des Rückwirkungsverbots

Die verfassungsrechtlichen Wurzeln des Rückwirkungsverbots liegen für beide Senate des BVerfG nicht nur im objektiv-rechtlichen Rechtsstaatsprinzip (Art. 20 Abs. 3 GG)[10] und der daraus folgenden Rechtssicherheit,[11] sondern die Senate sichern diese verfassungsrechtliche Gewährleistung zusätzlich subjektiv-rechtlich über die allgemeine Handlungsfreiheit (Art. 2 Abs. 1 GG)[12] sowie die besonderen Grundrechte ab, in denen das Rechtsstaatprinzip besonders nachdrücklich ausprägt ist,[13] so etwa aus der Berufsfreiheit (Art. 12 GG),[14] der Eigentumsgarantie (Art. 14 GG)[15] oder der Berücksichtigung der hergebrachten Grundsätze des Be-

---

Bundespräsidenten nach Gegenzeichnung ausgefertigt und anschließend im BGBl. (Teil I) verkündet werden.

7 BVerfGE 63, 343 (353 f.), unter Hinweis auf Art. 82 Abs. 2 GG, wonach für die förmliche Rechtsetzung auf Bundesebene bei Fehlen solcher Bestimmungen ein Gesetz oder eine Verordnung mit dem 14. Tage nach Ablauf des Tages in Kraft treten, an dem das BGBl. ausgegeben worden ist; BVerfGE 72, 200 (241).

8 *Drüen*, StuW 2015, S. 210.

9 *P. Kirchhof*, DStR 2015, S. 717.

10 Aus der frühen Rechtsprechung BVerfGE 8, 274 (304); 11, 139 (145); 13, 206 (212).

11 Vgl. BVerfGE 7, 129 (152); 13, 261 (271); 24, 75 (98); 30, 272 (285); 30, 392 (403); 45, 142 (168); 48, 1 (20); 51, 356 (363); 60, 253 (268); 63, 152 (175); 68, 287 (307); 70, 69 (84); 72, 175 (196); 72, 200 (257); 76, 256 (347); 88, 384 (403); 97, 67 (78); 105, 48 (57).

12 BVerfGE 24, 75 (103); 27, 375 (384 f.); 29, 283 (303); 45, 142 (160); 80, 137 (159); 88, 384 (403); 97, 271 (285); 102, 68 (96); 102, 392 (403); 103, 271 (286); 105, 17 (32); 109, 96 (121).

13 BVerfGE 45, 142 (168); 76, 256 (347).

14 Vgl. BVerfGE 21, 173 (182 f.); 22, 275 (276 f.) 25, 236 (248); 32, 1 (21 ff.); 50, 265 (274 ff.); 64, 72 (83 ff.); 68, 272 (284 ff.); 78, 179 (193); 98, 265 (309 ff.); 126, 112 (155 f.); 131, 47 (57 f.); 155, 238 (183 Rn. 108); vgl. dazu auch *Mellinghoff*, in: Pezzer (Hrsg.), Vertrauensschutz im Steuerrecht, DStJG 27 (2004), S. 25 (28 f.).

15 Vgl. BVerfGE 31, 275 (290 f.); 36, 281 (293); 42, 263 (300 f.); 45, 142 (168); 53, 257 (309); 58, 81 (120 f.); 64, 87 (104); 70, 101 (114); 71, 1 (11 f.); 75, 78 (104 f.); 76, 220 (244); 95, 64 (82); 101, 239 (257);

rufsbeamtentums (Art. 33 Abs. 5 GG).[16] Dadurch weisen die beiden Senate des BVerfG bei der Prüfung des Vertrauensschutzes den Grundrechten eine bedeutende Rolle zu,[17] deren Essenzen Rationalität (durch Eignung und Erforderlichkeit der zur Verfolgung eines legitimen Zwecks) sowie Abgewogenheit (durch Verhältnismäßigkeit zwischen der Schwere des Eingriffs und dem Gewicht und der Dringlichkeit der ihn rechtfertigenden Gründe) sind.[18] Es wird darauf zurückzukommen sein, dass in dem damit etablierten Grundsatz der Verhältnismäßigkeit der Ursprung der Neuausrichtung der Rechtsprechung zur unechten Rückwirkung liegt.

3. Dualistisches Rückwirkungskonzept

a) Die anfänglichen Entscheidungen zur Rückwirkung

Schon im ersten Band der amtlichen Entscheidungssammlung setzte das BVerfG den Ausgangspunkt für seine Rechtsprechung zum Rückwirkungsverbot, wenngleich es sich insoweit auf die Feststellung beschränkte, dass eine Rückwirkung an sich zulässig sei.[19] Dies ist der Ursprung des Rechtssatzes, nach dem der demokratische (Steuer-)Gesetzgeber seinem Auftrag genügen darf, ein neues (ggf. sogar „besseres") Steuerrecht zu schaffen, es also keinen verfassungsrechtlichen Anspruch auf die *„Gleichheit in der Zeit"* gibt, also gerade nicht für heute und

117, 272 (294); 122, 374 (391); 143, 246 (341 f. Rn. 268); jüngst BVerfG, Beschl. v. 10. Februar 2021 – 2 BvL 8/19 –, NJW 2021, S. 1222 (1228 Rn. 139), zur ausnahmsweise zulässigen echten Rückwirkung; näher dazu *Mellinghoff*, in: Pezzer (Hrsg.), Vertrauensschutz im Steuerrecht, DStJG 27 (2004), S. 25 (28).

16 Vgl. BVerfGE 52, 303 (341); 53, 257 (309); 55, 372 (396); 67, 1 (14); 70, 69 (84); 76, 256 (347); 71, 255 (272); 76, 256 (347); 107, 218 (237); 131, 20 (40); abweichend noch BVerfGE 15, 167 (198 f.).

17 *Mellinghoff*, in: Pezzer (Hrsg.), Vertrauensschutz im Steuerrecht, DStJG 27 (2004), S. 25 (28); *Osterloh*, StuW 2015, S. 201 (206).

18 *Osterloh*, StuW 2015, S. 201 (206).

19 In Abkehr zum Verbot rückwirkender Rechtsänderungen im Römischen Recht („*Constitutio respicit futura et non praeterita.*" – „*Die Rechtsetzung blickt auf das Zukünftige und nicht auf das Vergangene.*"; „*Lex prospicit, non respicit.*" – „*Das Gesetz blickt voraus, nicht zurück.*"; „Nova constitutio futuris formam imponere debet, non praeteritis." – „*Eine neue Bestimmung kann für Zukünftiges eine Form auferlegen, nicht aber für Vergangenes.*"; jeweils zitiert nach *Liebs*, Lateinische Rechtsregeln und Rechtssprichwörter, 6. Aufl. 1998, S. 51, 124, 158; ebenso § 14 der Einleitung zum Allgemeinen Landrecht für Preußische Staaten (1794): „*Neue Gesetze können auf schon vorhin vorgefallene Handlungen und Begebenheiten nicht angewendet werden.*" (vgl. *Mellinghoff*, in: Pezzer (Hrsg.), Vertrauensschutz im Steuerrecht, DStJG 27 (2004), S. 25 f.), was allerdings in der historischen Gesetzespraxis kaum Beachtung fand (vgl. *Drüen*, StuW 2015, S. 210).

morgen das gleiche Steuerrecht gesichert ist.[20] Allerdings hat das BVerfG schon in der genannten Entscheidung dem Steuergesetzgeber keinen „Freibrief" für rückwirkende Gesetze erteilt. Vielmehr hat es bereits dort erkannt, dass es insoweit „*Grenzen*" gibt.[21] Diese bestimmte das BVerfG anfangs – eher zögerlich[22] – nur negativ, nämlich dahingehend, dass ein Rückwirkungsverbot dann nicht greife, wenn mit dem Erlass entsprechender rückwirkender Bestimmungen von vornherein gerechnet werden musste.[23]

Eine gewisse Näherung an seine heutige Rechtsprechungslinie erfolgte in der 1960 ergangenen Entscheidung des Ersten Senats, die allerdings dem heutigen Verständnis verfassungsrechtlicher Zulässigkeit unecht rückwirkender Gesetze schon im Ansatz nicht entspricht: Danach soll eine

> „[e]chte (retroaktive) Rückwirkung eines Gesetzes [...] nur vor[liegen], wenn das Gesetz nachträglich ändernd in abgewickelte, der Vergangenheit angehörende Tatbestände eingreift; wo es [...] nur auf gegenwärtige, noch nicht abgeschlossene Sachverhalte und Rechtsbeziehungen für die Zukunft einwirkt, entsteht das Problem der Rückwirkung nicht (sog. unechte, retrospektive Rückwirkung)."[24]

b) Weiterer Ausbau bundesverfassungsgerichtlicher Rechtsprechung zum Rückwirkungsverbot

In späteren Entscheidungen des BVerfG ist die Rechtsprechung zur verfassungsrechtlichen Irrelevanz der unechten Rückwirkung nicht mehr fortgeführt worden. Vielmehr fasst das BVerfG nunmehr in ständiger Rechtsprechung die Alternativen der echten und der unechten Rückwirkung (sog. dualistisches Rückwirkungskonzept[25]) unter dem Oberbegriff „Rückwirkung" zusammen.[26]

Bekanntermaßen entfaltet eine Rechtsnorm echte Rückwirkung, wenn ihre Rechtsfolge mit belastender Wirkung schon für vor dem Zeitpunkt ihrer Verkün-

---

20 Vgl. *P. Kirchhof*, DStR 2015, S. 717.

21 BVerfGE Band 1, 264 (280).

22 *Desens*, in: Rensen/Brink (Hrsg.), Linien der Rechtsprechung des BVerfG, Band 1 (2009), S. 329 (331).

23 Vgl. BVerfGE 1, 264 (280); 2, 237 (266).

24 Vgl. BVerfGE 11, 139 (145 f.); ebenso das Teilurteil des Ersten Senats in BVerfGE 14, 76 (104).

25 *Drüen*, StuW 2011, S. 210 (213); vgl. auch *ders.*, in: Tipke/Kruse, AO/FGO, Stand: Mai 2021, § 4 AO Rn. 29: *„dualer Rückwirkungsbegriff"*; *Desens*, StuW 2015, S. 111: *„dichotomischer Rückwirkungsbegriff"*.

26 Vgl. BVerfGE 14, 288 (297); 15, 313 (324); 30, 392 (402 f.); noch ohne Differenzierung BVerfGE 1, 264 (280); 2, 237 (264 f.); 3, 58 (150); 3, 288 (352); 7, 89 (92 f.).

dung bereits abgeschlossene Tatbestände gelten soll.[27] Dagegen liegt eine unechte Rückwirkung vor, soweit belastende Rechtsfolgen einer Norm erst nach ihrer Verkündung eintreten, tatbestandlich aber von einem bereits ins Werk gesetzten Sachverhalt ausgelöst werden.[28] Während nach der Rechtsprechung des BVerfG eine echte Rückwirkung grundsätzlich unzulässig[29] ist, ist eine unechte Rückwirkung nach der älteren Rechtsprechung des BVerfG[30] grundsätzlich zulässig.[31]

Einen ersten Versuch, der Rechtsprechungslinie zur verfassungsrechtlichen Zulässigkeit rückwirkender Steuergesetzgebung eine neue Richtung zu geben, unternahm der Zweite Senat des BVerfG in zwei Entscheidungen der Jahre 1983[32] und 1984[33]: Dort führte er ein formales Abgrenzungskriterium ein,[34] wonach eine Rechtsnorm nur dann Rückwirkung entfalte, wenn

> „der Beginn ihres zeitlichen Anwendungsbereichs normativ auf einen Zeitpunkt festgelegt ist, der v o r dem Zeitpunkt liegt, zu dem die Norm rechtlich existent, d. h. gültig geworden ist."[35]

Gehe es dagegen um

> „tatbestandlich umschriebene Sachverhalte, die ihre ‚Vergangenheit' haben", so [sei] dies als „eine Frage des sachlichen Anwendungsbereichs"

zu prüfen.[36]

Diese Rechtsprechungslinie wurde in daran anknüpfenden Entscheidungen des Zweiten Senats des BVerfG fortgeführt und die Bezeichnung als *„Rückbewirkung von Rechtsfolgen"* bzw. *„tatbestandliche Rückanknüpfung"* etabliert.[37] Eine

---

27 BVerfGE 132, 302 (318 Rn. 42); 148, 217 (255 Rn. 135).

28 BVerfGE 127, 1 (17); 131, 20 (39); 148, 217 (255 Rn. 136).

29 BVerfGE 21, 117 (132); 25, 371 (405); 30, 367 (386); 30, 392 (401); 97, 67 (78); 101, 239 (263); 114, 258 (300); 122, 374 (394).

30 Zur weiteren Rechtsprechungslinie hinsichtlich der unechten Rückwirkung vgl. unter III.1.

31 BVerfGE 30, 392 (402); 43, 291 (391); 51, 356 (363); 67, 1 (15); 101, 239 (263); 122, 374 (394).

32 BVerfGE 63, 343 (353).

33 BVerfGE 67, 1 (15).

34 *Maciejewski/Theilen*, DÖV 2015, S. 271 (274).

35 Hervorhebung durch BVerfGE 72, 200 (241).

36 BVerfGE 63, 343 (356).

37 BVerfGE 72, 200 (242); 97, 67 (78 f.); 105, 17 (36 f.); 109, 133 (181); 114, 258 (300); vgl. hierzu *P. Kirchhof*, DStR 2015, S. 717 (718): auch diese Terminologie sei missverständlich, maßstabgebend sei unter Aufgabe der in der Rechtsprechung des BVerfG verwendeten Begrifflichkeiten das Rückwirkungsverbot bei auf Dauer gefestigtem Recht sowie das Gebot des schonenden Übergangs bei Verhalten im Rahmen des allgemeinen – änderbaren – Rechts.

Rückbewirkung von Rechtsfolgen liegt demnach vor, wenn der Beginn des zeitlichen Anwendungsbereichs normativ auf einen Zeitpunkt festgelegt wird, der vor dem Zeitpunkt liegt, zu dem die Norm rechtlich existent geworden ist.[38] Dagegen ist eine tatbestandliche Rückanknüpfung, die lediglich den sachlichen Anwendungsbereich einer Norm betrifft, dann gegeben, wenn die Rechtsfolgen einer Norm zwar erst für einen nach der Verkündung beginnenden Zeitraum eintreten, die Norm aber den Eintritt ihrer Rechtsfolgen von Gegebenheiten aus der Zeit vor ihrer Verkündung abhängig macht.[39] Nach dieser Rechtsprechung war die Rückbewirkung von Rechtsfolgen vorrangig an allgemeinen rechtsstaatlichen Grundsätzen wie Vertrauensschutz und Rechtssicherheit zu messen,[40] wohingegen eine tatbestandliche Rückanknüpfung in erster Linie Grundrechte berühren sollte, die mit der Verwirklichung des jeweiligen Tatbestandsmerkmals vor Verkündung der Norm „*ins Werk gesetzt*“ gesetzt worden waren.[41] Entgegen einer abweichenden Auffassung im Schrifttum[42] bewirkte diese Unterscheidung kein Mehr an Rechtsklarheit, da bei der Rückbewirkung von Rechtsfolgen ebenfalls Grundrechte berücksichtigt werden sollten sowie bei der tatbestandlichen Rückanknüpfung im Rahmen der Grundrechtsprüfung ebenso die allgemeinen rechtsstaatlichen Grundsätze des Vertrauensschutzes und der Rechtssicherheit zu berücksichtigen sind.[43]

Allerdings näherten beide Senate des BVerfG in der Folgezeit ihre Prüfungsmaßstäbe an, indem sie die entsprechenden Termini gleichberechtigt nebeneinander stellten.[44] Ganz auf dieser vereinigten Linie liegt die Rechtsprechung beider

38 BVerfGE 72, 200 (242); 87, 48 (60).

39 BVerfGE 72, 200 (242); 72, 302 (321); 76, 256 (346); 77, 370 (377); 78, 249 (283); 83, 89 (110); 92, 277 (325); 114, 258 (300).

40 BVerfGE 72, 200 (242).

41 BVerfGE 72, 200 (242); 72, 302 (321); 76, 256 (346); 77, 370 (377); 78, 249 (283); 83, 89 (110); 92, 277 (325); 114, 258 (300).

42 *H. Maurer*, in: Isensee/Kirchhof (Hrsg.), Handbuch des Staatsrechts IV, 3. Aufl. 2006, § 79 Rn. 28.

43 BVerfGE 72, 200 (242, 257 f.); vgl. auch BVerfGE 76, 256 (347); 83, 89 (110); 105, 17 (36 ff.); 114, 258 (300 f.).

44 Zweiter Senat: BVerfGE 76, 256 (345 f.): „[...] *(echte) Rückwirkung in Form der Rückerstreckung des zeitlichen Anwendungsbereichs einer Norm* [...]“; BVerfGE 97, 67 (78 f.): „*Die Anordnung, eine Rechtsfolge solle schon für einen vor dem Zeitpunkt der Verkündung der Norm liegenden Zeitraum eintreten (Rückbewirkung von Rechtsfolgen, „echte“ Rückwirkung)* [...].“; BVerfGE 105, 17 (36): „[...] *hält sich noch im Rahmen einer verfassungsrechtlich zulässigen tatbestandlichen Rückanknüpfung (‘unechte“ Rückwirkung’) einer Norm des Steuerrechts.*“; jüngst BVerfG, Beschl. v. 25. März 2021 – 2 BvL 1/11 –, DStR 2021, S. 1153 (1155 Rn. 52): „*Eine Rechtsnorm entfaltet echte Rückwirkung, wenn ihre Rechtsfolge mit belastender Wirkung schon für vor dem Zeitpunkt ihrer Verkündung bereits abgeschlossene Tatbestände gelten soll (‘Rückbewirkung von Rechtsfolgen’).*“; BVerfG, Beschl. v.

Senate gerade bei Gesetzesänderungen im Ertragsteuerrecht,[45] also dem Einkommen-, Körperschaft- und Gewerbesteuerrecht. Danach sind solche Gesetzesänderungen als unechte Rückwirkung einzustufen, die innerhalb des laufenden Veranlagungs- bzw. Erhebungszeitraums[46] auf die steuerrechtliche Beurteilung bereits verwirklichter Sachverhalte Auswirkung haben. Denn der Steueranspruch entsteht erst mit Ablauf des Veranlagungs- bzw. Erhebungszeitraums (§ 38 AO i.V.m. §§ 36 Abs. 1 EStG, 30 Nr. 3 KStG, 18 GewStG), sodass mit dem Ersten Senat des BVerfG noch kein abgeschlossener Tatbestand vorliegt[47] bzw. mit dem Zweiten Senat die Rechtsfolge erst nach der Verkündung des Gesetzes eintritt[48]. Bei periodisch entstehenden Steuern wie den Ertragsteuern ergibt sich also kein Unterschied in der Rechtsprechung beider Senate des BVerfG.[49] Ungeachtet der Differenzierung und der jeweiligen Bezeichnung der Art der Rückwirkung ist aber in beiden Fällen der Rückwirkung eine Abwägung zwischen dem Vertrauen des Steuerpflichtigen einerseits und den Gemeinwohlbelangen des Staates andererseits vorzunehmen.[50]

Wegen dieser Maßgeblichkeit des Veranlagungszeitraums für die Rückwirkung im Ertragsteuerrecht wird die Rechtsprechung auch als „*Veranlagungszeit-*

---

25. März 2021 – 2 BvL 1/11 –, DStR 2021, S. 1153 (1155 Rn. 53): „*Soweit belastende Rechtsfolgen einer Norm erst nach ihrer Verkündung eintreten, tatbestandlich aber von einem bereits ins Werk gesetzten Sachverhalt ausgelöst werden ('tatbestandliche Rückanknüpfung'),* [...].“; Erster Senat: BVerfGE 126, 369 (391); 128, 90 (106 f.): „*Eine echte Rückwirkung liegt vor, wenn ein Gesetz nachträglich ändernd in abgewickelte, der Vergangenheit angehörende Tatbestände eingreift* [...] *oder wenn der Beginn ihrer zeitlichen Anwendung auf einen Zeitpunkt festgelegt ist, der vor dem Zeitpunkt liegt, zu dem die Norm durch ihre Verkündung rechtlich existent, das heißt gültig geworden ist* [...].“; BVerfGE 155, 238 (289 f. Rn. 129): „*Eine Rechtsnorm entfaltet 'echte' Rückwirkung, wenn sie nachträglich in einen abgeschlossenen Sachverhalt ändernd eingreift. Dies ist insbesondere der Fall, wenn ihre Rechtsfolge mit belastender Wirkung schon vor dem Zeitpunkt ihrer Verkündung für bereits abgeschlossene Tatbestände gelten soll ('Rückbewirkung von Rechtsfolgen')* [...]“.; BVerfGE 155, 238 (290 Rn. 130): „*Eine unechte Rückwirkung liegt vor, wenn eine Norm auf gegenwärtige, noch nicht abgeschlossene Sachverhalte und Rechtsbeziehungen für die Zukunft einwirkt und damit zugleich die betroffene Rechtsposition entwertet, etwa wenn belastende Rechtsfolgen einer Norm erst nach ihrer Verkündung eintreten, tatbestandlich aber von einem bereits ins Werk gesetzten Sachverhalt ausgelöst werden ('tatbestandliche Rückanknüpfung')* [...].“

45 *Hey*, Steuerplanungssicherheit als Rechtsproblem, Habil., 2002, S. 212; zustimmend *Maciejewski/Theilen*, DÖV 2015, S. 271 (275).

46 D. i. das Kalenderjahr (vgl. die Legaldefinitionen in § 25 Abs. 1 EStG bzw. § 14 Satz 2 GewStG).

47 BVerfGE 148, 217 (255 f. Rn. 137).

48 BVerfGE 72, 200 (253).

49 *Maciejewski/Theilen*, DÖV 2015, S. 271 (275).

50 *Mellinghoff*, in: Pezzer (Hrsg.), Vertrauensschutz im Steuerrecht, DStJG 27 (2004), S. 25 (41 f.).

raum-Rechtsprechung" bezeichnet.[51] Dieselben Grundsätze gelten jedoch für sämtliche Steuern, die nach Ablauf eines anderen Zeitabschnitts als einem Veranlagungszeitraum entstehen.[52]

c) Kritik an der „*Veranlagungszeitraum-Rechtsprechung*"

Dass das verfassungsgerichtliche dualistische Rückwirkungskonzept trotz der genannten Geltung des Verhältnismäßigkeitsgrundsatzes Anlass zur Kritik bot,[53] mag weniger an den vorgenannten Begrifflichkeiten liegen, sondern seinen Ursprung darin haben, dass mit Blick auf das Entscheidungs*ergebnis* das Vorliegen einer echten bzw. unechten Rückwirkung bis zu den Entscheidungen des Zweiten Senats des BVerfG vom 7. Juli 2010[54] – wie *Desens* noch im ersten Linienband[55] festzustellen hatte – de facto die Frage nach der verfassungsrechtlichen Zulässigkeit beantwortete:[56] Denn in den bis dahin zu entscheidenden acht Senatsverfahren, in denen echte Rückwirkungen angenommen wurden, waren vier verfassungsrechtlich unzulässig.[57] Dagegen waren unechte Rückwirkungen in

---

51 *Hey*, in: Tipke/Lang, Steuerrecht, 24. Aufl. 2020 Rn. 3.262; *Seer/Drüen*, FR 2006, S. 661 (668); *Nöcker*, AO-StB 2010, S. 369 (370); *Steinhauff*, jurisPR-SteuerR 48/2010 Anm. 3, unter B.; *Birk*, FR 2011, S. 1 (2); *Musil/Lammers*, BB 2011, S. 155 (156); *Desens*, FR 2013, S. 148 (150).

52 Vgl. *P. Kirchhof*, DStR 2015, S. 717 (718).

53 Vgl. zum Umgang der bundesverfassungsgerichtlichen Rechtsprechung mit dieser Kritik sogleich unter IV.3.

54 BVerfGE 127, 1; 127, 31; 127, 61.

55 *Desens*, in: Rensen/Brink (Hrsg.), Linien der Rechtsprechung des BVerfG, Band 1 (2009), S. 329 (335); ebenso *ders.*, StuW 2015, S. 113 (114).

56 *Desens*, in: Rensen/Brink (Hrsg.), Linien der Rechtsprechung des BVerfG, Band 1 (2009), S. 329 (335); vgl. auch *ders.*, StuW 2011, S. 113 (114); *ders.*, FR 2013, S. 148: Steuerpflichtige seien zuvor einer unechten Rückwirkung faktisch schutzlos ausgesetzt gewesen; *Pieroth*, S. 79 ff.; *Muckel*, S. 71; *Schwarz*, S. 110; *H. Maurer*, in: Isensee/Kirchhof (Hrsg.), Handbuch des Staatsrechts IV, 3. Aufl. 2006, § 79 Rn. 21; *Hey*, in: Tipke/Lang, Steuerrecht, 24. Aufl. 2020 Rn. 3.263; *Birk*, FR 2011, S. 1 (5).

57 Nicht gerechtfertigte echte Rückwirkung: BVerfGE 13, 206 – Grunderwerbsteuer; BVerfGE 13, 261 – Körperschaftsteuer; BVerfGE 30, 372 – Doppelbesteuerungsabkommen Schweiz 1957; BVerfGE 72, 200 – Außensteuergesetz und Doppelbesteuerungsabkommen Schweiz 1971; gerechtfertigte echte Rückwirkungen: BVerfGE 7, 89 (92 ff.) – Hundesteuer; BVerfGE 13, 215 (223 ff.) – Einheitsbewertung; BVerfGE 19, 187 (195 ff.) – Gewerbesteuer-Staffeltarif; BVerfGE 81, 228 (239) – Abzug von Geldbußen.

sämtlichen 19[58] Senatsverfahren im Ergebnis verfassungsrechtlich nicht zu beanstanden.[59]

Der Sache nach wurde im Schrifttum nicht nur an der Abgrenzung der verschiedenen Rückwirkungskategorien selbst Kritik geübt, sondern es wurde insbesondere auch die Differenzierung anhand des (einfach-rechtlich festgelegten) Veranlagungszeitraums als zu formal[60] sowie als die eigentlich schutzwürdigen Vertrauenstatbestände nicht hinreichend in den Blick nehmend[61] eingestuft. Vorzugswürdig sei es, den Rückwirkungsbegriff dispositionsbezogen zu bestimmen[62] oder aber insoweit auf die Verwirklichung des letzten Merkmals des materiellen Steuertatbestandes abzustellen (tatbestandsbezogene Präzisierung)[63].

Hoffnungen auf eine Abkehr von der „*Veranlagungszeitraum-Rechtsprechung*" schürte der Zweite Senat des BVerfG in seiner Entscheidung zu den Schiffsbausubventionen, mit der er unterjährige Rückwirkungen einer kritischeren Würdigung unterzog:

> „Bietet aber ein Steuergesetz dem Steuerpflichtigen eine Verschonungssubvention an, die er nur während des Veranlagungszeitraums annehmen kann, so schafft dieses Angebot für diese Disposition in ihrer zeitlichen Bindung eine Vertrauensgrundlage, auf die der Steuerpflichtige seine Entscheidung über das subventionsbegünstigte Verhalten stützt. Er entscheidet sich um des steuerlichen Vorteils willen für ein bestimmtes wirtschaftliches Verhalten, das er ohne den steuerlichen Anreiz so nicht gewählt

---

58 *Desens*, StuW 2011, S. 113 (114) nennt dort 20 Entscheidungen, weist aber in der Fußnote 13 zutreffend darauf hin, dass der Zweite Senat des BVerfG in der Entscheidung zu den Jubiläumsrückstellungen (BVerfGE 123, 111) offenließ, ob es sich um eine unechte Rückwirkung handelte.

59 BVerfGE 13, 274; 13, 279; 14, 76; 15, 313; 16, 147 (165); BVerfGE 18, 135; 19, 119; 27, 375; 30, 250; 30, 392; 38, 61; 48, 403; 50, 386; 63, 312; 63, 343; 68, 287; 72, 200; BVerfGE 97, 67; 105, 17.

60 *Bubenzer*, StuW 1955, Sp. 361 (379 ff.); *Friauf*, BB 1972, S. 669 (674 ff.); *Selmer*, StKongrRep. 1974 S. 83 (90 ff.); vgl. aus jüngerer Zeit nur *Hey*, in: Tipke/Lang, Steuerrecht, 24. Aufl. 2020 Rn. 3.264.

61 *Hey*, S. 259 ff.; *dies.*, in: Tipke/Lang, Steuerrecht, 24. Aufl. 2020 Rn. 3.265; *Mellinghoff*, in: Pezzer (Hrsg.), Vertrauensschutz im Steuerrecht, DStJG 27 (2004), S. 25 (43); *Spindler*, in: Pezzer (Hrsg.), Vertrauensschutz im Steuerrecht, DStJG 27 (2004), S. 69 (76 ff.); *ders.*, Stbg. 2010, S. 529 (531); *Vogel*, in Kästner (Hrsg.), FS Heckel, S. 875 (879 ff.); *Schwarz*, S. 103 ff.; *Lang*, WPg 1998, S. 1998 (170); *P. Kirchhof*, StuW 2000, S. 221 (223); *Reimer*, DStZ 2001, S. 725 (729 f.).; *F. Kirchhof*, StuW 2002, S. 185 (196 f.); *Weber-Grellet*, StuW 2003, S. 278 (285); *Drüen*, StuW 2006, S. 358 (361 ff.).

62 *Hey*, S. 103 ff., 265; *dies.*, BB 2002, S. 2312 (2314 f.); *Friauf*, BB 1972, S. 669 (676); *P. Kirchhof*, DStR 1979, S. 275 (279); *Lang*, WPg 1998, S. 163 (265); *Reimer*, DStZ 2001, S. 725 (730); *Balmes*, FR 2001, S. 392; *F. Kirchhof*, StuW 2002, S. 185 (730); *Englisch/Plum*, StuW 2004, S. 342 (355); *Spindler*, DStR 2001, S. 725 (726 f.).

63 *Mellinghoff*, in: Pezzer (Hrsg.), Vertrauensschutz im Steuerrecht, DStJG 27 (2004), S. 25 (43); *Spindler*, in: Pezzer (Hrsg.), Vertrauensschutz im Steuerrecht, DStJG 27 (2004), S. 69 (86); *Vogel*, in: FS Heckel, 1999, S. 875 (879 ff.); *Weber-Grellet*, StuW 2003, S. 278 (285).

hätte. Mit dieser Entscheidung ist die Lenkungs- und Gestaltungswirkung des Subventionsangebots abschließend erreicht. Diese Dispositionsbedingungen werden damit vom Tag der Entscheidung an zu einer schutzwürdigen Vertrauensgrundlage."[64]

III. Der Quantensprung: Grundlagenentscheidungen zur steuerrechtlichen Rückwirkung („*Rückwirkung im Steuerrecht I bis III*")

Mag die Entscheidung zu den Schiffsbausubventionen und besonders die mit der Einführung der abweichenden Begrifflichkeit „*tatbestandliche Rückanknüpfung*" und „*Rückbewirkung von Rechtsfolgen*" zunächst mit der Hoffnung auf einen vermehrten Schutz für den Steuerbürger verbunden gewesen und diese Erwartung sodann aufgrund der gezeigten parallelen Verwendung dieser Termini mit den klassischen Begriffen der „*echten und unechten Rückwirkung*" aufgegeben worden sein,[65] ist damit kein Endpunkt in der Rechtsprechungslinie des BVerfG erreicht:

Denn mit drei zeitgleich veröffentlichten Grundlagenentscheidungen[66] zur steuerrechtlichen Rückwirkung vom 7. Juli 2010 („*Rückwirkung im Steuerrecht I bis III*")[67], die allesamt Konstellationen der unechten Rückwirkung bzw. tatbestandlichen Rückanknüpfung betreffen,[68] hat das BVerfG den verfassungsrechtlichen Schutz für die Fälle der unechten Rückwirkung auf ein neues Niveau gehoben: Hatte die Einstufung einer Rückwirkung als „*echt*" oder „*unecht*" – wie ausgeführt – zuvor noch erhebliche Auswirkungen auf das Entscheidungsergebnis, kommt dieser Kategorisierung seitdem lediglich indizielle Bedeutung zu. Deshalb wird diesen Entscheidungen auch die Qualität eines *Quantensprungs*[69] beige-

---

64 BVerfGE 97, 67 (80), Hervorhebung durch den Verf.; vgl. insoweit auch *Spindler*, in: Pezzer (Hrsg.), Vertrauensschutz im Steuerrecht, DStJG 27 (2004), S. 69 (78); *ders.* DStR 2001, S. 725 (727); *Musil/Lammers*, BB 2011, S. 155 (157).

65 Resigniert *Desens*, in: Rensen/Brink (Hrsg.), Linien der Rechtsprechung des BVerfG, Band 1 (2009), S. 329 (334): „*So wird die neue Terminologie* [des Zweiten Senats] *leise verschwinden, ohne dass sie je etwas bewirkt hat.*"

66 *Drüen*, in: Tipke/Kruse, AO/FGO, Stand: Mai 2021, § 4 AO Rn. 26.

67 BVerfGE 127, 1; 127, 31; 127, 61.

68 BVerfGE 127, 1 (20); 127, 31 (49); 127, 61 (68).

69 *Hey*, in: Tipke/Lang, Steuerrecht, 24. Aufl. 2020 Rn. 3.266; vgl. auch *Schomäcker*, S. 53: „*deutlich verschärfte Rechtsprechung des Zweiten Senats*"; *Werth*, DStZ 2010, S. 712 (717): „*Hürden für die verfassungsrechtliche Zulässigkeit einer unechten Rückwirkung deutlich erhöht*"; *Desens*,

messen. Zugleich ist damit die noch im ersten Band dieser Reihe aufgeworfene Frage, ob die hergebrachte Unterscheidung zu den Arten der Rückwirkung noch in der Lage sei, einerseits einen angemessenen Dispositionsschutz für die Steuerbürger zu gewährleisten, andererseits dem Gesetzgeber seine Reaktionsfähigkeit und Innovationskraft zu belassen,[70] seit den vorgenannten Entscheidungen eindeutig zu bejahen.

1. Sprachliche Andeutung der Rechtsprechungsänderung

Die Innovation zur Rechtsprechung der unechten Rückwirkung deutet der Zweite Senat des BVerfG sprachlich dadurch an, dass er – in Abkehr zur bis dahin einhelligen Rechtsprechung beider Senate des BVerfG[71] – nicht mehr davon spricht, dass eine unechte Rückwirkung als „*grundsätzlich zulässig*" einzustufen sei, sondern allgemein zur unechten Rückwirkung ausführt, dass eine solche „*nicht grundsätzlich unzulässig*" sei.[72] Diese Formulierung mag bei unvoreingenommener Betrachtung eine Nuance[73] oder eine begriffliche Variante[74] sein bzw. bei sprachtheoretischen Überlegungen gar im Ergebnis auf dasselbe hinauslaufen. Allerdings ist diese Wendung als deutlicher Hinweis auf eine Neuausrichtung der Rechtsmaßstäbe im Sinne einer strengeren Verhältnismäßigkeitsprüfung zur unechten Rückwirkung zu verstehen.[75]

StuW 2011, S. 113 (116): „*Schlüssel zu einer Stärkung des Vertrauensschutzes im Steuerrecht*"; *ders.*, FR 2013, S. 148: „*Schieflage* [wurde] *mit drei spektakulären Entscheidungen korrigiert*" und erstmals echter Vertrauensschutz bei unechten Rückwirkungen etabliert; *Birk*, FR 2011, S. 1 (2): „*Paradigmenwechsel*"; *Musil/Lammers*, BB 2011, S. 155 (160): „*Wendepunkt der Rechtsprechung des BVerfG zur Rückwirkung von Steuergesetzen*"; *Spindler*, Stbg 2010, S. 529 (531): „*die Anforderungen an die verfassungsrechtliche Zulässigkeit sog. unechter rückwirkender Regelungen* [sind] *deutlich erhöht worden*"; dagegen eher nüchtern *Osterloh*, StuW 2015, S. 201 (206), die bei den Beschlüssen „*Rückwirkung im Steuerrecht I bis III*" mitentschieden hatte: Mit diesen Beschlüssen habe der Zweite Senat „*eigentlich nur die Prüfung zulässiger Rückwirkung vielleicht noch etwas deutlicher als bisher in den Rahmen der herkömmlichen Grundrechtsprüfung eingefügt (wenn auch ohne ausdrückliche Benennung einzelner betroffener Grundrechte)*".

70 *Desens*, in: Rensen/Brink (Hrsg.), Linien der Rechtsprechung des BVerfG, Band 1 (2009), S. 329 (331).

71 Erster Senat: BVerfGE 101, 239 (263); 116, 96 (132); 122, 374 (394); Zweiter Senat: BVerfGE 67, 1 (15); 97, 67 (78); 114, 268 (300); jeweils m.w.N.

72 BVerfGE 127, 1 (17); 127, 31 (47); 127, 61 (76).

73 *Desens*, FR 2013, S. 148 (149).

74 *Osterloh*, StuW 2015, S. 201 (206).

75 Vgl. *Werth*, DStZ 2012, S. 712 (713); *Desens*, FR 2013, S. 148 (154); *Maciejewski/Theilen*, DÖV 2015, S. 271 (276).

Dies erhellen die unmittelbar anschließenden Ausführungen des Zweiten Senats, der Gesetzgeber müsse dem verfassungsrechtlich gebotenen Vertrauensschutz in hinreichendem Maß Rechnung tragen.[76] Gestützt auf bisherige bundesverfassungsgerichtliche Rechtsprechung führt der Zweite Senat sodann aus, es bedürfe einer Abwägung zwischen den mit der Neuregelung verfolgten Interessen der Allgemeinheit[77] und der Grundsatz der Verhältnismäßigkeit sei zu wahren[78]. Sodann deutet der Zweite Senat die bisherige Rechtsprechungslinie in dem Sinne aus, dass eine unechte Rückwirkung

> „mit den Grundsätzen grundrechtlichen und rechtsstaatlichen Vertrauensschutzes daher nur vereinbar [sei], wenn sie zur Förderung des Gesetzeszwecks geeignet und erforderlich ist und wenn bei einer Gesamtabwägung zwischen dem Gewicht des enttäuschten Vertrauens und dem Gewicht und der Dringlichkeit der die Rechtsänderung rechtfertigenden Gründe die Grenze der Zumutbarkeit gewahrt bleibt."[79]

Die neuartige Tendenz der Rechtsprechung kristallisiert sich in diesem Rechtsmaßstab, weil hier die schärfere Kontrolle des Gesetzgebers klar formuliert wird („*nur vereinbar*"). Zugleich verdeutlicht dieser Rechtsmaßstab, dass bei der Abwägung zugunsten des Gesetzgebers zwar auch der (typischerweise zukunftsgerichtete) Gesetzeszweck von Bedeutung sein kann („*Gewicht der die Rechtsänderung rechtfertigenden Gründe*"), allerdings insoweit *zusätzlich* das legislative Interesse an der Anordnung der Rückwirkung in den Blick zu nehmen ist („*und* [!] *der Dringlichkeit der die Rechtsänderung rechtfertigenden Gründe*"). Anders gewendet: Das Gewicht eines legitimen Zwecks muss im jeweiligen Einzelfall ggf. zusätzlich speziell für die Rückwirkung hinreichend tragen, also gewichtiger als das durch die Rückwirkung enttäuschte Vertrauen des Steuerbürgers sein. Damit hat der Zweite Senat die schematische Wirkungen der „*Veranlagungszeitraum-Rechtsprechung*" relativiert.[80]

---

76 BVerfGE 127, 1 (17 f.); 127, 31 (48); 127, 61 (76).

77 BVerfGE 127, 1 (17 f.); 127, 31 (48); 127, 61 (76); jeweils unter Hinweis auf BVerfGE 30, 392 (404); 50, 386 (395); 67, 1 (15); 75, 246 (280); 105, 17 (37); 114, 258 (300).

78 BVerfGE 127, 1 (17 f.); 127, 31 (48); 127, 61 (76); jeweils unter Hinweis auf BVerfGE 72, 200 (242 f.); 95, 64 (86); 101, 239 (263); 116, 96 (132); 122, 374 (394); 123, 186 (257).

79 BVerfGE 127, 1 (18); 127, 31 (48); 127, 61 (77); Hervorhebung durch den Verf.; ebenso der Erste Senat in BVerfGE 132, 302 (320 Rn. 46).

80 *Drüen*, StuW 2015, S. 210 (212); weitergehender *Musil/Lammers*, BB 2011, S. 155 (157): durch die neuen Rechtsprechungslinien sei ein „*Bruch*" mit der bisherigen formalen Betrachtung im Steuerrecht erfolgt.

Diese Rechtsprechungslinie hat der Erste Senat des BVerfG explizit unter Hinweis darauf nachvollzogen, dies trage dem Umstand Rechnung, dass rückwirkende Regelungen innerhalb eines Veranlagungs- oder Erhebungszeitraums, die der unechten Rückwirkung zugeordnet würden, in vielerlei Hinsicht den Fällen echter Rückwirkung nahe stünden.[81] Im Übrigen hat der Erste Senat die Wendung von der „*nicht grundsätzlich unzulässigen*" unechten Rückwirkung mitunter in seinen abstrakten Rechtsmaßstäben genannt,[82] ansonsten jedoch von einer Übernahme in seine Rechtsprechung abgesehen[83]. Indes gehen beide Senate übereinstimmend davon aus, dass auch im Steuerrecht eine durchaus strenge Prüfung der Verhältnismäßigkeit unter der Abwägung des Vertrauens- und Änderungsinteressen durchzuführen ist.[84]

2. Festhalten an der „*Veranlagungszeitraum-Rechtsprechung*"

Obwohl die vorgenannte Neuausrichtung dem Zweiten Senat ohne Aufgabe der „*Veranlagungszeitraum-Rechtsprechung*" gelang, stellte er sich der insoweit geäußerten Kritik.[85] So führte er aus, die im Schrifttum erhobenen Einwände würden die Unterscheidung zwischen echter und unechter Rückwirkung in erster Linie im Hinblick auf die an sie geknüpften Folgerungen in Frage stellen. Wenngleich auf dem weiten und vielgestaltigen Feld unechter Rückwirkungen kein allgemeiner Grundsatz unzulässiger Rückwirkung gelten würde, bedürften

> „die belastenden Wirkungen einer Enttäuschung schutzwürdigen Vertrauens stets einer hinreichenden Begründung nach den Maßstäben der Verhältnismäßigkeit [...]. Das gilt auch, wenn der Gesetzgeber das Einkommensteuerrecht während des laufenden Veranlagungszeitraums umgestaltet und die Rechtsänderungen auf dessen Beginn bezieht. A u c h h i e r m u s s d e r N o r m a d r e s s a t e i n e E n t t ä u s c h u n g s e i n e s V e r t r a u e n s i n d i e a l t e R e c h t s l a g e n u r h i n n e h m e n , s o w e i t d i e s a u f g r u n d b e s o n d e r e r , g e r a d e d i e R ü c k a n k n ü p f u n g r e c h t f e r t i g e n d e r ö f f e n t l i c h e r I n t e r e s s e n u n t e r W a h r u n g d e r V e r h ä l t n i s m ä ß i g k e i t g e r e c h t f e r t i g t i s t . Wäre dies anders, so fehlte den Normen des Einkommensteuerrechts als Rahmenbedingung wirtschaftlichen Handelns ein Mindestmaß an grundrechtlich und rechtsstaatlich gebotener Verlässlichkeit."[86]

---

81 BVerfGE 132, 302 (319 Rn. 45); in diesem Sinne bereits zuvor *Werth*, DStZ 2010, S. 712 (717).
82 BVerfGE 132, 302 (319 Rn. 45; vgl. andererseits 318 Rn. 43); 148, 217 (256 Rn. 138).
83 BVerfGE 132, 302 (318 Rn. 43; vgl. andererseits 319 Rn. 45); 155, 238, (290 f. Rn. 131).
84 *Desens*, FR 2013, S. 148 (149, 154).
85 BVerfGE 127, 1 (18–20); 127, 61 (77 f.); nur im Wege der Verweisung: BVerfGE 127, 31 (46).
86 BVerfGE 127, 1 (19 f.), Hervorhebung durch den Verf.; ebenso BVerfGE 127, 31 (48 f); BVerfGE 127, 61 (77 f.); vgl. auch die Entscheidung des Ersten Senats in BVerfGE 132, 302 (320 Rn. 46).

In der Folge hielt auch der Erste Senat an der sog. „*Veranlagungszeitraum-Rechtsprechung*" fest.[87]

3. Neuausrichtung des verfassungsrechtlichen Rechtsschutzniveaus bei der Rückwirkung (Konturen)

Damit ist für den Zweiten Senat des BVerfG trotz der Beibehaltung der „*Veranlagungszeitraum-Rechtsprechung*" nun auch in den Fällen einer unechten Rückwirkung „*eine höchst komplexe Gesamtabwägung*"[88] erforderlich, die allerdings wegen der damit verbundenen Aufgabe einer de facto stets verfassungsrechtlich zu billigenden unechten Rückwirkung einen vertretbaren Preis hat.[89]

Das seit der Neuausrichtung höhere Schutzniveau hat der Zweite Senat des BVerfG nicht nur über die abstrakten Rechtsgrundsätze zur Verhältnismäßigkeitsprüfung, bei der die Steuerbürger als Normadressaten eine unechte Rückwirkung „*nur*"[90] beim Überwiegen öffentlicher Interessen hinzunehmen haben, sondern auch durch die im Rahmen dieser Verhältnismäßigkeitsprüfung zu berücksichtigenden Belange verdeutlicht. Er hat der Rechtspraxis und damit auch dem Gesetzgeber in den Fällen „*Rückwirkung im Steuerrecht I bis III*" mehrere Anhaltspunkte[91] zur Prüfung des Grundsatzes der Verhältnismäßigkeit an die Hand gegeben. Zur Verdeutlichung der einzelnen Schritte beim Abwägungsprozess werden die bisher entschiedenen Konstellationen dargestellt (a) und anschließend die maßgeblichen Rechtsgrundsätze abstrahiert (b).

a) Bisher verfahrensgegenständliche Konstellationen unechter Rückwirkung

Anlass für die Entscheidungen „*Rückwirkung im Steuerrecht I bis III*"[92] war jeweils eine unecht rückwirkende Ausdehnung des Steuerzugriffs mittels materiellrechtlicher Ausweitung des Besteuerungstatbestands. Diese Ausweitung betraf

---

87 BVerfGE 132, 302 (319 Rn. 44 f.).
88 *Weber-Grellet*, in: Schmidt, EStG, 40. Aufl. 2021, § 2 Rn. 41.
89 *Drüen*, in: Tipke/Kruse, AO/FGO, Stand: Mai 2021, § 4 AO Rn. 26.
90 BVerfGE 127, 1 (20); 127, 31 (48 f.); 127, 61 (78).
91 Plastisch *Desens*, StuW 2015, S. 111: „*Elementarteilchen der neuen Vertrauensschutzdogmatik*".
92 BVerfGE 127, 1; 127, 31; 127, 61.

- die Verlängerung der sog. Spekulationsfrist (insoweit galten statt zuvor zwei nunmehr zehn Jahre), nach deren Ablauf bestimmte Wirtschaftsgüter ohne Steuerbelastung veräußert werden dürfen („*Rückwirkung im Steuerrecht I*“[93]),
- die Erweiterung des sachlichen Anwendungsbereichs der Besteuerung privater Veräußerungen von Kapitalbeteiligungen durch Absenkung der Beteiligungsgrenze von zuvor 25% auf 10% („*Rückwirkung im Steuerrecht II*“[94]) sowie
- den Wechsel vom halben durchschnittlichen Steuersatz zur (steuerungünstigeren) sog. Fünftel-Reglungen für Entschädigungszahlungen („*Rückwirkung im Steuerrecht III*“[95]).

In sämtlichen der drei Konstellationen hatten die Steuerpflichtigen noch im Vertrauen auf die Fortgeltung der bisherigen Rechtslage steuerrechtlich relevante Dispositionen getroffen (Anschaffung eines Wirtschaftsguts[96] bzw. Zufluss einer zuvor vereinbarten Entschädigung[97]), die der Steuergesetzgeber unecht rückwirkend einer höheren Besteuerung unterwarf. Die Fälle weisen hinsichtlich der rückwirkend veränderten Steuertatbestände strukturelle Unterschiede auf. Während die Entscheidungen „*Rückwirkung im Steuerrecht I und II*“ zeitlich gestreckte Steuertatbestände betreffen (der Anschaffung eines Wirtschaftsguts folgt nach Jahren die Veräußerung, wobei die Differenz zwischen Anschaffungskosten und Veräußerungspreis der Einkommensteuer unterliegt), handelt der Beschluss „*Rückwirkung im Steuerrecht III*“ vom Phänomen der (unecht) rückwirkend in einen steuerrechtlichen Nachteil gesetzten Vereinbarung, also davon, dass eine verbindliche Vereinbarung noch unter Geltung bisherigen Steuerrechts geschlossen wird, deren Erfüllung im späteren Zeitpunkt jedoch wegen einer unechten Rückwirkung eine höhere Steuerlast als zuvor zur Folge hat.

aa) Zeitlich gestreckte Steuertatbestände („*Rückwirkung im Steuerrecht I und II*“)

(1) Im Fall „*Rückwirkung im Steuerrecht I*“ hatte der Zweite Senat die verfassungsrechtliche Zulässigkeit der Verlängerung der Spekulationsfrist zu beurteilen, die unecht rückwirkend solche Steuerpflichtige traf, die das zu versteuernde

93 BVerfGE 127, 1 (4 f.).
94 BVerfGE 127, 61 (64 f.).
95 BVerfGE 127, 31 (38 f.).
96 In den Fällen „*Rückwirkung im Steuerrecht I und II*“ (BVerfGE 127, 1 [20 f.]: Grundstücksveräußerungen; BVerfGE 127, 61 [78 f.]: Veräußerungen privater Kapitalbeteiligungen).
97 Im Fall „*Rückwirkung im Steuerrecht III*“ (BVerfGE 127, 31 [49]).

Spekulationsgeschäft zwar nach Ablauf der bisherigen (zweijährigen) Spekulationsfrist, aber noch innerhalb der neuen (zehnjährigen) Spekulationsfrist veräußert und auf den dabei erzielten Gewinn insgesamt Einkommensteuer zu zahlen hatten. Die darin liegende unechte Rückwirkung für noch unter dem alten Recht erworbene Grundstücke[98] hat der Zweite Senat als verfassungswidrig eingestuft, soweit in einem Veräußerungsgewinn Wertsteigerungen steuerlich erfasst werden, die bis zur Verkündung des Änderungsgesetzes entstanden sind und nach der zuvor geltenden Rechtslage bis zum Zeitpunkt der Verkündung steuerfrei realisiert worden sind oder steuerfrei hätten realisiert werden können.[99]

(a) Beim zeitlich gestreckten Steuertatbestand des Spekulationsgeschäfts nimmt der Zweite Senat hinsichtlich des Vertrauens der Steuerbürger deren Erwartung bei der zurückliegende Disposition des Erwerbs des Wirtschaftsguts, also den Beginn des steuerrechtlichen Sachverhalts, in den Blick.[100] Die Erwerbsentscheidung kann im Einzelfall maßgeblich von der Erwartung bestimmt sein, einen etwaigen Veräußerungsgewinn aus dem Spekulationsgeschäft in einem späteren Jahr steuerfrei vereinnahmen zu dürfen.[101]

(b) Diese Erwartung kann nach der Rechtsprechung des Zweiten Senats jedoch in unterschiedlichem Maße – abgestuft nach dem Ablauf der ursprünglich geltenden Spekulationsfrist – geschützt sein, sodass die Disposition als solche für den Vertrauensschutz nicht allein maßgeblich ist:[102]

(aa) Soweit die unechte Rückwirkung Fälle betrifft, in denen nach Anschaffung unter dem alten Recht die zuvor maßgebliche Spekulationsfrist noch nicht abgelaufen war, ist dies mangels besonderer Momente der Schutzwürdigkeit der Steuerpflichtigen verfassungsrechtlich nicht zu beanstanden. Der Zweite Senat stuft die allgemeine Erwartung, das unveränderte Steuerrecht ermögliche steuergünstige oder gar steuerfreie Zuflüsse, als nicht (vertrauens-)rechtlich geschützte Position ein. Mit Wertsteigerungen kann im Zeitpunkt des Erwerbs nicht sicher gerechnet werden, sodass auch die Enttäuschung der Hoffnung auf künftige steuerfreie Vermögenszuwächse nicht als Beeinträchtigung greifbarer Vermögenswerte zu werten ist.[103] Es kam hinzu, dass mit der Möglichkeit der Ausweitung eines Steuerzugriffs bei Spekulationsgeschäften seit langem zu rechnen gewesen war, weil die nach Art. 76 Abs. 1 GG zur Gesetzgebung Berechtigten

98 BVerfGE 127, 1 (20).
99 BVerfGE 127, 1 (2).
100 BVerfGE 127, 1 (20 f.).
101 Vgl. BVerfGE 127 1, (20).
102 *Werth*, DStZ 2010, S. 712 (714).
103 BVerfGE 127, 1 (21).

– wenn auch erfolglos – zuvor schon Steuerreformen initiiert hatten.[104] Das mangels besonderer Schutzwürdigkeit bei Erwerb des Wirtschaftsguts betätigte Vertrauen kann gegenüber den mit dem unecht wirkenden Steuergesetz verfolgten (ebenfalls in die Zukunft gerichteten) Zielen[105] nachrangig sein, also durch diese gerechtfertigt werden.[106]

(bb) Dagegen besteht erhöhter Rechtfertigungsbedarf für den Gesetzgeber beim Vorliegen besonderer Momente der Schutzwürdigkeit der Steuerbürger.[107] Der Zweite Senat prüft insoweit, ob die Steuerpflichtigen den bisher geltenden Steuertatbestand im Zeitpunkt der Verkündung des rückwirkenden Gesetzes umgangen haben oder hätten umgehen können.[108] Er sieht mit Ablauf der bisherigen Spekulationsfrist die zuvor vertrauensrechtlich nicht besonders geschützte Erwartung einer steuerfreien Veräußerung als einen konkret vorhandenen Vermögensbestand (konkret verfestigte Vermögensposition) im grundrechtlich geschützten Verfügungsbereich an, der aufgrund der unechten Rückwirkung nachträglich entwertet wird.[109] Allein der Erwerb des konkreten Vermögensbestands löst das erhöhte Rechtfertigungsbedürfnis aus. Weil maßgeblich auf die generalisierende Sicht des Gesetzgebers abzustellen ist, ist die konkrete Motivations- und Entscheidungslage des einzelnen Steuerbürgers beim Erwerb des Wirtschaftsguts ebenso irrelevant wie der Umstand, dass und inwieweit der einzelne Steuerpflichtige nach Erlangung der konkreten Vermögensposition im Vertrauen auf die bisherige Rechtslage weitere Dispositionen (in Form einer Veräußerung oder des Absehens davon) vorgenommen hat und dabei ggf. wegen des bereits schwebenden Gesetzgebungsverfahrens eine rückwirkende Verlängerung der Spekulationsfrist als möglich in Betracht ziehen musste.[110] Der erhöhte Rechtfertigungsbedarf folgt schon aus dem Erwerb eines konkreten Vermögensbestands (allein) durch den Ablauf der Zweijahresfrist. Das zwischenzeitlich eingeleitete und abgeschlossene Gesetzgebungsverfahren konnte hieran nichts ändern.[111]

Zulasten des Gesetzgebers erhöhen sich die die Anforderungen an die Rechtfertigung noch weiter, wenn der Steuerpflichtige die konkrete Vermögensposition bereits vor dem Jahr der Verkündung des rückwirkenden Gesetzes er-

---

104 BVerfGE 127, 1 (4, 21).

105 Vgl. BVerfGE 127, 1 (21): Verbesserung der Steuergerechtigkeit durch bessere Erfassung der Leistungsfähigkeit sowie Gegenfinanzierung von Steuerausfällen.

106 BVerfGE 127, 1 (21).

107 BVerfGE 127, 1 (21).

108 BVerfGE 127, 1 (21 f.).

109 BVerfGE 127, 1 (21).

110 BVerfGE 127, 1 (22).

111 BVerfGE 127, 1 (22).

worben hat.[112] Eine solche rückwirkende Besteuerung greift auf vorhandene Vermögensbestände der Steuerpflichtigen zu, deren Zuerwerb wegen des Ablaufs des Veranlagungszeitraums und der damit einhergehenden Steuerentstehung nach dem Veranlagungszeitraum-Prinzip nicht der Einkommensteuer unterlegen *hatte.*[113] Der Zweite Senat lässt offen, ob ein derartiger, einer Vermögensbesteuerung angenäherter Zugriff überhaupt noch als Einkommensteuer gerechtfertigt werden kann. Jedenfalls wird die Grundentscheidung für die Bemessung der Einkommensteuer nach der Höhe des Jahreseinkommens verlassen und bedürfte zur Rechtfertigung auch vor dem Gleichheitssatz sachlich tragfähiger besonderer Gründe.[114]

(c) In den Fällen besonderer Momente der Schutzwürdigkeit des Steuerbürgers und des daraus folgenden erhöhten Rechtfertigungsbedarfs nimmt der Zweite Senat eine strengere Verhältnismäßigkeitsprüfung[115] vor. Gesetzgeberische Ziele, die ohne besondere Momente der Schutzwürdigkeit des Steuerpflichtigen die Rückwirkung ohne Weiteres rechtfertigen können, müssen bei Vorliegen solcher Momente speziell die Berechtigung zur rückwirkenden Regelung rechtfertigen.[116] Hier unterscheidet die Rechtsprechung also zwischen dem (prospektiven) allgemeinen Änderungsinteresse, das den Steuerzugriff für künftige Jahre rechtfertigen kann,[117] und dem (retrospektivem) spezifischen Änderungsinteresse, das den Anforderungen an den Vertrauensschutz genügen muss und bei dem noch danach differenziert werden kann, ob zugunsten des Steuerbürgers besondere Momente der Schutzwürdigkeit streiten.[118] So kann das allgemeine Änderungsinteresse, Wertsteigerungen des Privatvermögens stärker als zuvor bei der Bemessung der finanziellen Leistungsfähigkeit heranzuziehen, zwar außerhalb einer angeordneten unechten Rückwirkung verfassungsrechtlich gerechtfertigt sein, indes den Gesetzgeber nicht zum rückwirkenden Steuerzugriff berechtigen.[119] Vom Gesetzgeber bezweckte Maßnahmen zur Gegenfinanzierung beurteilt der Zweite Senat ebenfalls differenziert: Kann ein solches Motiv zur Rechtfertigung ausreichen, wenn es an besonderen Momenten der Schutzwürdigkeit

112 BVerfGE 127, 1 (22–25).
113 BVerfGE 127, 1, (24 f), Hervorhebung durch den Verf.
114 BVerfGE 127, 1 (25).
115 *Desens*, StuW 2015, S. 111 (124).
116 BVerfGE 127, 1 (25 f.), zu den Gesetzeszwecken der Verbesserung der Steuergerechtigkeit durch bessere Erfassung der Leistungsfähigkeit sowie der (zukunftsgerichteten) Gegenfinanzierung von Steuerausfällen.
117 *Schomäcker*, S. 53.
118 Vgl. BVerfGE 127, 1 (25 f.).
119 BVerfGE 127, 1 (25 f.).

mangelt,[120] berechtigt es jedoch den Gesetzgeber bei besonderer Schutzwürdigkeit des Vertrauens nicht dazu, eine Rückwirkung anzuordnen. „*Gegenfinanzierung*“ bedeutet nichts anderes als Umverteilung von Steuerlasten. Diese ist als typischer Gegenstand politischer Gestaltung durch den Einkommensteuergesetzgeber aber grundsätzlich *zukunftsgerichtet*. Das Bedürfnis nach Gegenfinanzierung bezeichnet daher ebenfalls nur einen *allgemeinen Änderungsbedarf*, der es rechtfertigt, Wertsteigerungen ab der Verkündung steuerlich zu erfassen, der aber nicht gerade auch die rückwirkende Einbeziehung bereits steuerfrei erzielter Vermögenszuwächse legitimiert.[121] Allerdings ist der Zweite Senat auch insoweit nicht strikt: Er betont die Möglichkeit einer abweichenden Beurteilung, wenn mit der innerhalb eines Veranlagungszeitraums rückwirkenden Verschärfung unerwartete Mindereinnahmen oder ein sonstiger außerordentlicher Finanzbedarf aufgefangen werden sollen bzw. soll.[122] Ein solcher Fall liegt jedoch bei bloßen Umverteilungsmaßnahmen nicht vor, denn der Gesetzgeber hat die Wahl zwischen Gegenfinanzierung und Verzicht auf Entlastung.[123]

(2) Auf der Linie der vorgenannten Rechtsmaßstäbe liegt die Entscheidung „*Rückwirkung im Steuerrecht II*“[124]. Diese betraf ebenso einen gestreckten Steuertatbestand der Veräußerung. Während aber im Fall „*Rückwirkung im Steuerrecht I*“ mit der Verlängerung der Spekulationsfrist der zeitliche Anwendungsbereich des Steuertatbestands erweitert wurde, betrifft der Beschluss „*Rückwirkung im Steuerrecht II*“ die sachliche Ausweitung des Steuertatbestands, weil aufgrund der (auch unecht rückwirkenden) Gesetzesänderung nicht mehr nur private Beteiligungen an Kapitalgesellschaften ab 25%, sondern bereits ab 10% erfasst wurden.[125]

(a) Soweit hiervon eine unechte Rückwirkung ausging, weil sich die Neuregelung tatbestandlich auf bereits vor Verkündung des Änderungsgesetzes bestehende Beteiligungsverhältnisse bezog,[126] hat der Zweite Senat dies insoweit als verfassungswidrig angesehen, als in einem Veräußerungsgewinn Wertsteigerungen steuerlich erfasst wurden, die bis zur Verkündung Änderungsgesetzes entstanden waren und die entweder – bei einer Veräußerung bis zu diesem Zeitpunkt – nach der zuvor geltenden Rechtslage steuerfrei realisiert worden waren oder – bei einer Veräußerung nach Verkündung des Gesetzes – sowohl zum

120 BVerfGE 127, 1 (21).
121 BVerfGE 127, 1 (26).
122 BVerfGE 127, 1 (26 f.), unter Hinweis auf BVerfGE 105, 17 (44 f.).
123 BVerfGE 127, 1 (27).
124 BVerfGE 127, 61.
125 BVerfGE 127, 61 (64 f.).
126 BVerfGE 127, 61 (78).

Zeitpunkt der Verkündung als auch zum Zeitpunkt der Veräußerung nach der zuvor geltenden Rechtslage steuerfrei hätten realisiert werden können.[127]

(b) Ebenso wie in der Entscheidung „*Rückwirkung im Steuerrecht I*" stellt der Zweite Senat auch bei der Veräußerung privater Kapitalbeteiligungen für einen durchgreifenden Vertrauensschutz im Ergebnis nicht allein (dispositionsbezogen) auf die Anschaffung des Wirtschaftsguts ab, sondern es müssen besondere Momente der Schutzwürdigkeit hinzukommen.[128]

(aa) Fehlt es an besonderen Momenten der Schutzwürdigkeit, weil die bloße Möglichkeit, Gewinne später steuerfrei vereinnahmen zu können, und ist mithin keine (vertrauens-)rechtlich geschützte Position begründet,[129] überwiegt das allgemeine Änderungsinteresse des Gesetzgebers das Vertrauensinteresse des Steuerbürgers.[130]

(bb) Dagegen ergibt sich ein erhöhter Rechtfertigungsbedarf mit dem Entstehen zwischenzeitlicher Wertzuwächse privater Kapitalbeteiligungen, die die ursprüngliche 25%-Grenze nicht überschritten hatten. Insoweit erfüllten sich ursprünglich beim Erwerb der Beteiligung vertrauensrechtlich nicht besonders geschützte Erwartungen in Gestalt eines konkret vorhandenen Vermögensbestands im grundrechtlich geschützten Verfügungsbereich, der nach altem Recht nicht der Einkommensteuer unterlag.[131] Auch hier stellt der Zweite Senat wegen der für die Verfassungsmäßigkeit maßgeblichen generalisierenden Sicht des Gesetzgebers auf ein objektives Element, nämlich einzig auf das Entstehen der Wertzuwächse bis zur Verkündung des Änderungsgesetzes, ab.[132] Deshalb sind auch die konkrete Motivations- und Entscheidungslage des Steuerpflichtigen beim Beteiligungserwerb oder weitere Dispositionen im Vertrauen auf die Steuerfreiheit des zwischenzeitlich eingetretenen Wertzuwachses (durch Veräußerung oder durch bewusstes Absehen davon) irrelevant.[133] Ebenso kommt es nicht darauf an, ob der Steuerpflichtige ggf. wegen des bereits schwebenden Gesetzgebungsverfahrens eine rückwirkende Absenkung der Wesentlichkeitsgrenze als möglich in Betracht ziehen musste. Der erhöhte Rechtfertigungsbedarf folgt schon aus dem Erwerb eines konkreten Vermögensbestands, an dem auch das zwischenzeitliche Gesetzgebungsverfahren nichts ändern konnte.[134]

---

127 BVerfGE 127, 61 f.
128 BVerfGE 127, 61 (78 f.).
129 BVerfGE 127, 61 (79).
130 BVerfGE 127, 61 (78 f.).
131 BVerfGE 127, 61 (80).
132 BVerfGE 127, 61 (80).
133 BVerfGE 127, 61 (80).
134 BVerfGE 127, 61 (80).

Der daher gegebene erhöhte Rechtfertigungsbedarf verlangt hier ebenfalls ein überwiegendes, gerade auf die Rückwirkung zielendes, mithin spezifisches Änderungsinteresse.[135] Dagegen bezeichnen die für die Absenkung der Beteiligungsgrenze vom Gesetzgeber genannten Ziele der Verbreiterung der Besteuerungsgrundlage und der Gegenfinanzierung von Steuererleichterungen nur den allgemeinen Änderungsbedarf und berechtigen folglich nicht zur rückwirkenden Steuerverschärfung.[136] Wie schon bei der Entscheidung *„Rückwirkung im Steuerrecht I"* betont der Zweite Senat auch in seinem Beschluss zur unechten Rückwirkung bei der Besteuerung privater Kapitalbeteiligungen, dass das anders sein kann, wenn mit der innerhalb eines Veranlagungszeitraums rückwirkenden Verschärfung unerwartete Mindereinnahmen oder ein sonstiger außerordentlicher Finanzbedarf aufgefangen werden soll, dies aber bei bloßen Umverteilungsmaßnahmen nicht der Fall ist, weil der Gesetzgeber zwischen Gegenfinanzierung und Verzicht auf Entlastung wählen kann.[137]

bb) Unecht rückwirkend in einen steuerrechtlichen Nachteil gesetzte Vereinbarungen (*„Rückwirkung im Steuerrecht III"*)

Der Beschluss *„Rückwirkung im Steuerrecht III"* betrifft die Kürzung einer Tarifermäßigung für Entschädigungszahlungen im Bereich der Überschusseinkünfte (Einkünfte aus nichtselbständiger Arbeit). Diese Steuerentlastung wurde zulasten der Steuerpflichtigen für im Jahr 1999 zufließende Entschädigungsvereinbarungen geändert,[138] erfasste jedoch wegen des Abstellens auf den Zufluss (§ 11 Abs. 1 Satz 1 EStG) unecht rückwirkend solche Entschädigungsvereinbarungen, die bereits vor der Verkündung des Änderungsgesetzes geschlossen worden waren und auf die nicht bis Ende 1998 geleistet worden war.[139] Im Unterschied zu den Fällen *„Rückwirkung im Steuerrecht I und II"* handelt die Entscheidung *„Rückwirkung im Steuerrecht III"* also nicht vom gestreckten Steuertatbestand, der auf die Besteuerung von Wertsteigerungen zielt, sondern von einem Steuerzugriff auf noch unter altem Recht vereinbarte Wertzuflüsse.

Nach dem Beschluss des Zweiten Senats ist diese unechte Rückwirkung für Vereinbarungen wegen Verfassungswidrigkeit nicht anzuwenden, wenn diese noch vor dem Jahr der Verkündung des Änderungsgesetzes und noch vor der Einbringung der Neuregelung in den Deutschen Bundestag vereinbart und im Jahr

---

135 BVerfGE 127, 61 (82).
136 BVerfGE 127, 61 (82 f.).
137 BVerfGE 127, 61 (83), unter Hinweis auf BVerfGE 105, 17 (47).
138 BVerfGE 127, 31 (40).
139 BVerfGE 127, 31 (49).

1999 ausgezahlt wurden, oder – unabhängig vom Zeitpunkt des Abschlusses der Vereinbarung – noch vor dem Verkündungstag des Änderungsgesetzes zur Auszahlung gelangten.[140]

(1) Der Zweite Senat differenziert hinsichtlich der Schutzwürdigkeit des Vertrauens des Steuerpflichtigen in den Fortbestand geltenden Steuerrechts nach dem Jahr, in dem die Entschädigungsvereinbarung gezahlt wurde.[141] Dies ergibt sich im Ausgangspunkt aus der Überlegung, dass das Vertrauen in eine unveränderte Rechtslage umso geringer ist, je länger der Zeitraum zwischen dem Vereinbarungszeitpunkt und dem Auszahlungszeitpunkt liegt.[142] Diesen Rechtsgrundsatz präzisiert der Zweite Senat aufgrund ertragsteuerrechtlicher Besonderheiten dahingehend, dass dabei weniger auf den absolute Zeitraum zwischen beiden Zeitpunkten, sondern vielmehr auf die Anzahl der Veranlagungszeitraumwechsel abzuheben ist: Typischerweise ändert der Gesetzgeber das Ertragsteuerrecht nämlich – dem Periodizitätsprinzip entsprechend – veranlagungszeitraumbezogen (jahresbezogen). Über mehr als einen Veranlagungszeitraumwechsel kann daher weniger vertraut werden, auch wenn der absolute Zeitraum im einzelnen Fall kürzer ist als in Fällen, in denen nur ein Veranlagungszeitraum- bzw. Jahreswechsel zwischen Vereinbarung und Auszahlung liegt.[143]

(2) Demzufolge stuft der Zweite Senat die Gewährung von Vertrauensschutz danach ab, ob die Vereinbarung im Jahr der Verkündung des Änderungsgesetzes bis zum Tag der Einbringung in den Deutschen Bundestag (a), nach diesem Tag (b) oder in Jahren vor dem Jahr der Einbringung des Änderungsgesetzes (c) geschlossen wurde. Die Einstufung in eine dieser Konstellationen begründet nicht zwangsläufig das Ergebnis zur Prüfung der Verfassungsmäßigkeit der unechten Rückwirkung. Denn in jedem Fall führt der Zweite Senat eine Abwägung der Belange des Gesetzgebers und derjenigen des von der unechten Rückwirkung betroffenen Steuerpflichtigen durch, bei der auch weniger schutzwürdige Belange der Steuerpflichtigen überwiegen können.

(a) Wird die Vereinbarung im Jahr der Verkündung des Änderungsgesetzes geschlossen, besteht nur dann ein gesteigerter Vertrauensschutz, wenn die Vereinbarung noch vor dem Tag der Einbringung des Gesetzentwurfs zum Änderungsgesetz geschlossen wurde.[144]

---

140 BVerfGE 127, 31 (33).
141 BVerfGE 127, 31 (53).
142 Vgl. BVerfGE 127, 31 (51).
143 BVerfGE 127, 31 (53), zum Einkommensteuerrecht.
144 BVerfGE 127, 31 (49, 52).

Insoweit spricht der Zweite Senat zwar von einer uneingeschränkten Schutzwürdigkeit.[145] Dies ist aber nicht als im Ergebnis „*uneingeschränkt geschützt*", also derart zu verstehen, dass insoweit die mit dem Änderungsgesetz verfolgten Ziele des Gesetzgebers in keinem Fall das Vertrauensinteresse der Steuerpflichtigen überwiegen können. Vielmehr rechtfertigten die vom Gesetzgeber für den intensiveren Steuerzugriff im konkreten Fall angegebenen Gründe eine Enttäuschung der Erwartung der Steuerpflichtigen nicht.[146] Denn auch hier führt der Zweite Senat eine Abwägung zwischen Vertrauens- und Änderungsinteresse durch, sodass die uneingeschränkte Schutzwürdigkeit am Beginn einer Verhältnismäßigkeitsprüfung steht: Der Senat nimmt in den Blick, dass die unecht rückwirkende Veränderung der Tarifermäßigung zu einer Verschlechterung von erheblichem Gewicht führt, weil sich der für den Empfänger der Entschädigungsleistung maßgebliche Nettobetrag nach Steuern erheblich verringern konnte.[147] Es kommt hinzu, dass die zur Entschädigungszahlung Verpflichteten eine Anpassung zugunsten der Empfänger regelmäßig mangels entsprechender Anpassungsklauseln nicht schuldeten und hieran auch kein Interesse haben konnten. Die unter der Geltung des alten Einkommensteuerrechts vertraglich erworbenen Rechtspositionen wurden deshalb im typischen Anwendungsfall der Neuregelung erheblich entwertet.[148]

Die demgegenüber vom Gesetzgeber angeführten Gründe können die rückwirkende Entwertung der Vertrauensposition des Steuerpflichtigen nicht rechtfertigen. Auch hier hat der Gesetzgeber auf das Interesse an einer Gegenfinanzierung anderweitiger Steuerentlastung hingewiesen, was der Zweite Senat aus denselben Gründen wie bei den Entscheidungen „*Rückwirkung im Steuerrecht I und II*" nicht als hinreichend gewichtig eingestuft hat.[149] Selbst das vom Gesetzgeber mit der Reform der Tarifermäßigung verbundene Ziel, zweckwidrig überschießende Vergünstigungseffekte der bisherigen Regelung abzubauen, vermochte im Ergebnis die Versagung von Vertrauensschutz für die hier betroffene Fallgruppe nicht zu rechtfertigen, da es jedenfalls an der Dringlichkeit der Realisierung dieses Ziels fehlte.[150]

Die mangelnde Rechtfertigung und damit die Verfassungswidrigkeit des rückwirkenden gesetzlichen Zugriffs auf Entschädigungen, die vor der Einbringung der Neuregelung in den Bundestag im Jahr dieser Einbringung verbindlich

145 BVerfGE 127, 31 (49).
146 BVerfGE 127, 31 (49).
147 BVerfGE 127, 31 (53).
148 BVerfGE 127, 31 (53 f.).
149 BVerfGE 127, 31 (54).
150 BVerfGE 127, 31 (55 f.).

vereinbart worden sind, betrifft unabhängig vom Zeitpunkt der Verkündung des Gesetzes sämtliche Zahlungen innerhalb des Folgejahres, ab dem die Neuregelung galt. Die Unzumutbarkeit des rückwirkenden Zugriffs ergibt sich für den Zweiten Senat schon aus der mit dem Abschluss der Vereinbarung getroffenen Vertrauensdisposition.[151] Weil der Steuerpflichtige das verfassungsrechtlich geschützte Vertrauen mit der verbindlichen Disposition zum Zeitpunkt der Entschädigungsvereinbarung betätigt hat, ist die im – einkommensteuerrechtlich für Überschusseinkünfte relevanten (s. § 11 Abs. 1 Satz 1 EStG) – Zuflusszeitpunkt bestehende Vertrauenslage irrelevant, sodass Verlauf und Abschluss des nachfolgenden Gesetzgebungsverfahrens die Schutzwürdigkeit des Vertrauens nicht mindern können.[152]

(b) Wird die Vereinbarung im Anschluss an die Einbringung in den Deutschen Bundestag geschlossen, ist das Gewicht des enttäuschten Vertrauens geringer einzuschätzen, weil die Rechtsänderung durch die Einbringung in den Bundestag bereits konkret abzeichnete. Mit der Einbringung sind mögliche zukünftige Gesetzesänderungen in konkreten Umrissen allgemein vorhersehbar, weshalb Steuerpflichtige regelmäßig nicht mehr auf den unveränderten Fortbestand des gegenwärtig geltenden Rechts, insbesondere im Folgejahr, vertrauen können. Es ist ihnen vielmehr grundsätzlich möglich, ihre wirtschaftlichen Dispositionen durch entsprechende Anpassungsklauseln auf mögliche zukünftige Änderungen einzustellen.[153] Deshalb reichen in diesen Fällen bereits grundsätzlich die legitimen, allgemeinen Änderungsinteressen des Gesetzgebers zur Rechtfertigung einer Enttäuschung des im Zeitpunkt des Abschlusses der Entschädigungsvereinbarungen bestehenden Vertrauens in den künftigen Fortbestand des Rechts aus.[154]

Allerdings können diese Rechtfertigungsgründe – unter Gesichtspunkten der Verhältnismäßigkeit und Zumutbarkeit[155] – ausnahmsweise selbst dann nicht greifen, wenn die Entschädigungszahlung zwar im Anschluss an die Einbringung in den Deutschen Bundestag, aber noch unter Geltung des alten Rechts, also bis zum Tag der Verkündung des Änderungsgesetzes erzielt[156] und mithin noch der nach altem Recht bemessenen Lohnsteuer zu unterwerfen ist[157]. Zwar kann das

---

151 BVerfGE 127, 31 (56).
152 BVerfGE 127, 31 (56).
153 BVerfGE 127, 31 (50); vgl. auch den Beschluss des Ersten Senats in BVerfGE 132, 302 (324 Rn. 56).
154 BVerfGE 127, 31 (57).
155 BVerfGE 127, 31 (59).
156 BVerfGE 127, 31 (57–60).
157 BVerfGE 127, 31 (57).

Vertrauen in die Fortgeltung des bestehenden Rechts bereits mit der Einbringung der Neuregelung in den Bundestag abgeschwächt sein, wodurch sich die Zumutbarkeitsschwelle für tatbestandlich rückanknüpfende Rechtsänderungen erhöht.[158] Andererseits bedarf der Gesetzgeber unabhängig davon auch dann besonderer Gründe, wenn er einen aus der ursprünglichen Disposition noch nach Maßgabe alten Rechts, d. h. noch vor der Verkündung der Neuregelung, erwachsenen konkreten Vermögensbestand durch tatbestandliche Rückanknüpfung (teilweise) entwertet. Dieser konkrete Vermögensbestand war der Zufluss des Nettoertrags.[159] Insofern greift der Steuergesetzgeber auf einen Sachverhalt zu, der nach Maßgabe alten Rechts einen gesteigerten Grad an Abgeschlossenheit erreicht hat.[160] Auch hier bestehen keine spezifischen, die unechte Rückwirkung rechtfertigenden Gründe.[161] Insbesondere das Ziel, *„Ankündigungs- und Mitnahmeeffekte"* zur vermeiden, reichte im zu entscheidenden Fall nicht aus. Der Zweite Senat betont in diesem Zusammenhang, dass das Ziel, einen unerwünschten *„Wettlauf"* zwischen Steuerpflichtigen und Gesetzgeber zu korrigieren, die Vorverlegung des Anwendungsbereichs einer steuerverschärfenden Regelung rechtfertigen kann.[162] Indes hob er insoweit hervor, dass es grundsätzlich keinen Missbrauch darstellt, sondern zu den legitimen Dispositionen im grundrechtlich geschützten Bereich der allgemeinen (wirtschaftlichen) Handlungsfreiheit gehört, wenn Steuerpflichtige darum bemüht sind, die Vorteile geltenden Rechts mit Blick auf mögliche Nachteile einer zukünftigen Gesetzeslage für sich zu nutzen.[163] Sodann verneint der Zweite Senat bei der verfahrensgegenständlichen Regelung das Vorliegen einer Sondersituation, in der etwa missbräuchliche steuerliche Gestaltungen möglichst ohne Verzögerung unterbunden werden sollen oder in den der es zu verhindern gilt, dass zukünftige Ansprüche auf offenkundig zweckwidrig gestaltete Subventionen in erheblicher Größenordnung begründet werden.[164] Überdies waren auch keine vergleichbaren Umstände ersichtlich, aufgrund derer der Gesetzgeber größere Steuerausfälle durch zeitlich „vorgezogene" Zahlungszeitpunkte hätte befürchten müssen oder tatsächlich befürchtet hat.[165] Im Gegenteil sprachen für den Zweiten Senat die besonderen, einfachrechtlichen Voraussetzungen für eine tarifbegünstigte Entschädigung, nämlich

158 Vgl. BVerfGE 71, 230 (252).
159 BVerfGE 127, 31 (57 f.).
160 BVerfGE 127, 31 (59).
161 BVerfGE 127, 31 (59).
162 BVerfGE 127, 31 (59 f.), unter Hinweis auf BVerfGE 95, 64 (88 f.); 97, 67 (81 f.).
163 BVerfGE 127, 31 (60).
164 BVerfGE 127, 31 (60).
165 BVerfGE 127, 31 (60).

die „*gewisse Zwangslage*“, in der die Steuerpflichtigen als Empfänger der Entschädigung zur Inanspruchnahme de Steuervergünstigung gehandelt haben müssen,[166] wesentlich dagegen, dass ein dem Allgemeinwohl abträglicher, vielfacher „*Wettlauf*“ zwischen Steuerpflichtigen und Gesetzgeber zu befürchten war.[167] Zudem bestand ohnehin die Alternative, in Kenntnis der Möglichkeit einer steuerverschärfenden Neuregelung den Zahlungszeitpunkt schon in das Jahr vor der Verkündung des Änderungsgesetzes zu verlegen.[168]

(c) Ebenfalls geringer einzuschätzen war das Vertrauen des Steuerpflichtigen, wenn er die Vereinbarung bereits vor dem Jahr der Einbringung in den Deutschen Bundestag geschlossen hat.[169] Auch in diesen Fällen überwog grundsätzlich das allgemeine Änderungsinteresse des Gesetzgebers das Vertrauensinteresse des Steuerpflichtigen, es sei denn, die Entschädigungszahlung floss noch unter Geltung des bisherigen Rechts (Tag der Verkündung im BGBl.) zu.[170]

b) Abstrahierung der neuen Rechtsprechungslinien in den Entscheidungen „*Rückwirkung im Steuerrecht I bis III*“

aa) Die mitunter fein gezeichneten Rechtsprechungslinien zur unechten Rückwirkung[171] in den Beschlüssen „*Rückwirkung im Steuerrecht I bis III*“ lassen bei abstrahierender Betrachtung erkennen, dass die verfassungsrechtliche Zulässigkeit trotz des Festhaltens an der „*Veranlagungszeitraum-Rechtsprechung*“ eine Abwägung zwischen dem Vertrauen des Steuerpflichtigen in den Fortbestand des geltenden Steuerrechts einerseits und dem mit der Gesetzesänderung verfolgten Zweck des Gesetzgebers andererseits verlangt. Dass der Zweite Senat dadurch verstärkt auf den Verhältnismäßigkeitsgrundsatz abhebt, hat seinen Ursprung in der traditionellen grundrechtlichen Fundierung des Vertrauensschutzes.[172] Indes hat der Zweite Senat das in früheren Entscheidungen stets betonte Regel-Ausnahmeverhältnis, nach dem die unechte Rückwirkung grundsätzlich (und de facto stets) zulässig ist, aufgegeben.[173] Die Kategorisierung der Rückwirkung in

---

166 BVerfGE 127, 31 (52).
167 BVerfGE 127, 31 (60).
168 BVerfGE 127, 31 (60).
169 BVerfGE 127, 31 (56 f.).
170 BVerfGE 127, 31 (56–60).
171 Vgl. auch Wissenschaftlicher Beirat Steuern der Ernst & Young GmbH, DB 2012, S. 761: „*subtile Einzelfallüberlegungen*“.
172 Vgl. *Osterloh*, StuW 2015, S. 201 (204).
173 *Werth*, DStZ 2010, S. 712 (717).

„echt“ und „unecht“ ist nur der erste, *vorläufige* Schritt im Abwägungsprozess und besagt nichts Endgültiges über die Verfassungsgemäßheit der Rückwirkung aus.[174] Dem dualistischen Rückwirkungskonzept kommt also weniger eine kategoriale als eine heuristische Funktion zu.[175]

bb) Bei der Verhältnismäßigkeitsprüfung sind nun erhöhte Anforderungen an den Gesetzgeber zu stellen, soweit er eine Rückwirkung anordnet.[176] Hierin liegt der Kern der Abwendung von der „*Veranlagungszeitraum-Rechtsprechung*“, wobei bei periodisch entstehenden Steuern die Periode, für die die Steuer entsteht, durchaus im Rahmen der Gewichtung der Belange von Bedeutung sein kann.

(1) Im Rahmen der hier erforderlichen Abwägung unterscheidet der Zweite Senat im Ausgangspunkt nach dem Grad der Schutzwürdigkeit des Vertrauensinteresses des Steuerpflichtigen. Der Steuerbürger darf zwar grundsätzlich nicht auf eine unveränderte Rechtslage vertrauen. Fehlt es an besonderen Momente der Schutzwürdigkeit des Steuerpflichtigen, genügt das allgemeine Änderungsinteresse des Gesetzgebers, um die Enttäuschung des Steuerpflichtigen in die alte Rechtslage zu rechtfertigen.[177] Der Umstand der Steuerentstehung für eine Periode (z. B. der Veranlagungszeitraum) kann die Schutzwürdigkeit des Steuerpflichtigen mindern, soweit der Steuerpflichtige über den aktuellen Zeitraum der Steuerentstehung hinaus plant. Dann liegt es ferner, auf den Fortbestand des aktuell geltenden Steuerrechts zu vertrauen, und die Realisierung künftiger Steuerverschärfungen liegt näher. Vertrauensschutz mindernd wirkt sich auch die Rechtspraxis aus: Der Gesetzgeber ändert das Einkommensteuerrecht – dem Periodizitätsprinzip entsprechend – typischerweise veranlagungszeitraumbezogen,[178] sodass beim Abschluss jahresübergreifender Vereinbarungen die Interessen der Steuerpflichten weniger schutzwürdig sind.

(2) Die Interessen des Steuerpflichtigen erfahren dagegen einen höheren verfassungsrechtlichen Beistand, wenn besondere Momente der Schutzwürdigkeit zugunsten des Steuerpflichtigen streiten. Hervorzuheben ist, dass es für das Vorliegen dieses (besonderen) Vertrauenstatbestands[179] wegen der maßgeblichen generalisierenden Sicht des Gesetzgebers eines objektiven Elements bedarf.[180] Ein

---

174 *Drüen*, StuW 2015, S. 210 (212).

175 *Masing*, Sondervotum, BVerfGE 125, 39 (41); zustimmend *Drüen*, StuW 2015, S. 210 (212).

176 Vgl. die Nachweise unter Fußnote 74.

177 BVerfGE 127, 31 (50); vgl. auch BVerfG, Beschl. v. 25. März 2021 – 2 BvL 1/11 –, DStR 2021, S. 1153 (1157 Rn. 65).

178 BVerfGE 127, 31 (53); vgl. auch BVerfG, Beschl. v. 25. März 2021 – 2 BvL 1/11 –, DStR 2021, S. 1153 (1157 Rn. 69).

179 *Werth*, DStZ 2010, S. 712 (713, 715, 716).

180 Vgl. BVerfGE 127, 1 (22); 61 (80).

solches sieht der Zweite Senat in einem konkret vorhandenen Vermögensbestand steuerfrei erlangter Wertzuwächse im grundrechtlich geschützten Verfügungsbereich[181] sowie in dem Abschluss von Vereinbarungen und in daraus verbindlich folgenden Leistungen[182]. In den Fällen der erhöhten Schutzwürdigkeit durch Abschluss einer Vereinbarung ist relevant, ob die Vereinbarung noch im laufenden Zeitraum, für den die Steuer entsteht (z. B. Veranlagungszeitraum), vollzogen wird. Ist das der Fall, ist die Schutzwürdigkeit nicht gemindert[183] und es ist zu prüfen, ob die Anordnung der unechten Rückwirkung gerechtfertigt ist.

In den Konstellationen der nicht geminderten Schutzwürdigkeit sieht der Zweite Senat zur Rechtfertigung der unechten Rückwirkung einen erhöhten Rechtfertigungsbedarf[184] bzw. eine erhöhte Zumutbarkeitsschwelle für die tatbestandlich rückanknüpfende Rechtsänderungen.[185] Es bedarf eines spezifischen Änderungsinteresses, das gerade die Rückwirkung rechtfertigen kann[186] (sog. *Rückwirkungsdringlichkeit*[187]). Dieser besondere, für die Rückwirkung streitende Belang ist eine Neuerung aufgrund der Entscheidungen *„Rückwirkung im Steuerrecht I bis III*". Dadurch werden die Hürden für die verfassungsrechtliche Zulässigkeit einer unechten Rückwirkung deutlich erhöht.[188] Insoweit hat das BVerfG verschiedene Zwecke erörtert, die jedoch in den entschiedenen Fällen nicht den Anforderungen an ein spezifisches Änderungsinteresse genügt haben, weil sie keine hinreichend gewichtigen Gründe für einen rückwirkenden Steuerzugriff darstellten.[189]

cc) Da die in den Fällen der unechten Rückwirkung vorzunehmende Abwägung unter Gesichtspunkten der Verhältnismäßigkeit und Zumutbarkeit nach der Rechtsprechung des BVerfG allerdings Raum für differenzierende Lösungen lässt,[190] ist das Abwägungsergebnis von den jeweiligen Einzelfallumständen abhängig. Diese *„Fahrt ins Unbekannte"*[191] mag man kritisieren.[192] Indes findet sich

181 BVerfGE 127, 1 (21): Ablauf der bisherigen (kürzeren) Spekulationsfrist; BVerfGE 127, 61 (80): Entstehen zwischenzeitlicher Wertzuwächse, die nach bisheriger Rechtslage nicht zu versteuern waren.

182 BVerfGE 127, 31 (47, 49, 57 f.).

183 Vgl. BVerfGE 127, 31 (52).

184 BVerfGE 127, 1 (21); 61 (80).

185 BVerfGE 127, 31 (59).

186 BVerfGE 127, 1 (25 f.); 31 (57); 61 (82 f.).

187 *Drüen*, StuW 2015, S. 210 (212); *ders.* bereits vor den Beschlüssen *„Rückwirkung im Steuerrecht I bis III*", StuW 2006, S. 358 (364).

188 *Werth*, DStZ 2010, S. 712 (717).

189 BVerfGE 127, 1 (25–27); 31 (53–56, 59 f.); 61 (82–85).

190 BVerfGE 127, 31 (59), unter Hinweis auf BVerfGE 71, 230 (252); 76, 220 (246); 95, 64 (88 f.); 97, 67 (82); 122, 374 (394 ff.).

191 *Osterloh*, StuW 2015, S. 201; *Maciejewski/Theilen*, DÖV 2015, S. 271 (277 f.).

im Verfassungstext außerhalb des Strafrechts (Art. 103 Abs. 2 GG) mit seinem generellen Rückwirkungsverbot[193], das insbesondere nicht auf das Steuerrecht anzuwenden ist,[194] keine Grundlage für eine exakte Programmierung des Steuergesetzgebers.[195] Dementsprechend haben schon die Beschlüsse „*Rückwirkung im Steuerrecht I bis III*“ verdeutlicht, dass unter Heranziehung des Verhältnismäßigkeitsgrundsatzes eine differenzierende, mitunter diffizile Abwägung der beteiligten Belange unter Berücksichtigung der wirtschaftlichen Interessen im jeweiligen Sachbereich erforderlich ist. Dabei ist eine generalisierende Sicht des Gesetzgebers maßgeblich,[196] sodass typisierende, nach Norm und Normbereich der rückwirkenden Regelung differenzierende, nicht jedoch die Besonderheiten des individuellen Steuerfalls berücksichtigende, Abwägungen durchzuführen sind.[197] Dass dadurch nicht die Allgemeinbelange repräsentierenden Individualinteressen auszublenden sind, mag für den Steuergesetzgeber zu einer gewissen Erleichterung im Abwägungsprozess führen.

IV. Die Entscheidung des Zweiten Senats zu den Erbbauzinsen (Konkretisierungen)

Die Entscheidung des Zweiten Senats zu den Erbbauzinsen[198] betraf – ebenso wie der Beschluss „*Rückwirkung im Steuerrecht III*“ – den Fall der Enttäuschung des Vertrauens des Steuerpflichtigen im Nachgang zum Abschluss einer Vereinbarung, deren einkommensteuerrechtlichen Folgen unecht rückwirkend höher besteuert wurden.

---

192 Vgl. *Leisner*, S. 199 ff., 615 ff.; Wissenschaftlicher Beirat Steuern der Ernst & Young GmbH, DB 2012, S. 761 (768): statt Flexibilität sei Klarheit vonnöten.
193 *Drüen*, StuW 2015, S. 210.
194 BVerfGE 7, 89 (95).
195 *Osterloh*, StuW 2015, S. 201 (205).
196 Vgl. BVerfGE 127, 1 (22); 61 (80).
197 *Mellinghoff*, in: Pezzer (Hrsg.), Vertrauensschutz im Steuerrecht, DStJG 27 (2004), S. 25 (43 f.): tatbestandsbezogene Präzisierung, z. B. zum Zu- und Abflussprinzip; *Desens*, in: Rensen/Brink (Hrsg.), Linien der Rechtsprechung des BVerfG, Band 1 (2009), S. 329 (340 f.); *H. Maurer*, in: Isensee/Kirchhof (Hrsg.), Handbuch des Staatsrechts IV, 3. Aufl. 2006, § 79 Rn. 40; *Osterloh*, StuW 2015, S. 201 (205); *P. Kirchhof*, DStR 2015, S. 717 (720), unter Hinweis auf BVerfGE 13, 215 (224); 30, 367 (388); 132, 302 (320); *Drüen*, StuW 2015, S. 210 (213; *Hey*, NJW 2014, S. 1564 (1566).
198 BVerfG, Beschl. v. 25. März 2021 – 2 BvL 1/11 –, DStR 2021, S. 1153 ff.

1. Zu entscheidender Sachverhalt

Dem Beschluss des Zweiten Senats lag folgender Sachverhalt zugrunde: Der BFH hat im September 2003 erstmals ausdrücklich entschieden, dass Erbbauzinsen auch dann als Werbungskosten bei den Einkünften aus Vermietung und Verpachtung im Kalenderjahr ihrer Leistung sofort abziehbar sind, wenn sie in einem Einmalbetrag vorausgezahlt werden.[199] Dieses Urteil war keine Überraschung, war es doch die konsequente Fortsetzung bisheriger Rechtsprechung des BFH.[200] Diese ausdrückliche Klärung des BFH eröffnete die Möglichkeit steuergünstiger wie auch rechtssicherer Gestaltungen: Die Einmalzahlung von Erbbauzinsen von einem Vermieter für ein ihm vom Grundstückseigentümer eingeräumtes Erbbaurecht etwa kurz vor Jahresabschluss minderte die steuerrechtliche Bemessungsgrundlage in voller Höhe. Entsprechende Vereinbarungen konnten also die Jahressteuerbelastung erheblich mindern. Indes widersprach diese Steuergestaltungsmöglichkeit der langjährigen Auffassung der Finanzverwaltung, wonach in einem Einmalbetrag gezahlte Erbbauzinsen bei Vermietungseinkünften Anschaffungskosten des Erbbaurechts seien, sodass sie nur anteilig, d. h. verteilt auf die (verbleibende) Laufzeit des Erbbaurechts als sog. Absetzungen für Abnutzungen, abzuziehen seien.[201]

Im Nachgang zu dem für die Finanzverwaltung missliebigem Urteil des Bundesfinanzhofs brachten die Regierungsfraktionen im September 2004 in ein bereits laufendes Gesetzgebungsverfahren einen Änderungseintrag ein, wonach in einem Einmalbetrag geleistete Erbbauzinsen im Kern entsprechend der bisherigen Auffassung der Finanzverwaltung nur noch ratierlich abzuziehen sein sollten. Gegenüber der bisherigen Auffassung der Finanzverwaltung ergaben sich aus der geplanten Neuregelung in bestimmten Fällen aber auch günstigere Rechtsfolgen. Der Finanzausschuss des Bundestages übernahm die Ergänzungen unverändert mit Beschlussempfehlung am 27. Oktober 2004 in den Gesetzentwurf.[202] Er merkte an, dass erhebliche Haushaltsmindereinnahmen zu befürchten

---

199 BFH, Urt. v. 23. September 2003 – IX R 65/02 –, BFHE 203, S. 355, BStBl. II 2005, S. 159 ff.
200 Insbesondere unter Hinweis auf BFH, Urt. v. 11. Oktober 1983 – VIII R 61/81 –, BFHE 140, S. 177, BStBl. II 1984, S. 267: Die Gegenleistung des Berechtigten für die Gebrauchsüberlassung ist sofort abzugsfähiger Erwerbsaufwand. Die steuerliche Behandlung als Anschaffungskosten eines Nutzungsrechts mit der Folge eines nur ratierlichen Abzugs der Aufwendungen scheidet dementsprechend aus; BFH, Urt. v. 17. Juli 2001 – IX R 41/98 –, BFH/NV 2002, 18: Der Erbbauzins ist auch dann kein Entgelt für die Nutzung der auf dem belasteten Grundstück bereits bei Begründung des Erbbaurechts befindlichen Gebäude, wenn der Erbbauzins sich an dem Ertragswert der Gebäude orientiert und der Erwerber dieses Grundstücks für die Gebäude ein Entgelt gezahlt hat.
201 BMF, Schreiben v. 10. Dezember 1996 – IV B 3-S 2253 – 99/96 –, BStBl. I 1996, S. 1440.
202 BVerfG, Beschl. v. 25. März 2021 – 2 BvL 1/11 –, Rn. 9 (insoweit derzeit nur bei juris wiedergegeben).

seien. Dies hätten Erfahrungen aus den Jahren 1995 und 1996 gezeigt.[203] Die Neuregelung zu den Erbbauzinsen sollte für Vereinbarungen gelten, die ab dem Jahr 2004 geschlossen wurden. Dadurch würde die Auffassung der Finanzverwaltung ohne zeitliche Verzögerung gesetzlich fortbeschrieben.[204] Nachdem der Bundestag diese Regelungen in dritter Lesung beschlossen und der Bundesrat dem Gesetz zugestimmt hatte, wurde das Gesetz am 15. Dezember 2004 im BGBl. verkündet.

In dem dem Beschluss zu den Erbbauzinsen zugrundeliegenden Sachverhalt verpflichtete sich ein Vermieter im August 2004, also noch der Einbringung des Änderungsantrags der Regierungsfraktionen in den Finanzausschuss, zur Zahlung eines Erbbauzinses in einem Einmalbetrag. Aufgrund der Neuregelung berücksichtigten das Finanzamt und das Finanzgericht den in einem Einmalbetrag geleisteten Erbbauzins nur anteilig, d. h. gleichmäßig verteilt auf die Laufzeit der Erbbauzinsvereinbarung. Der BFH legte dem BVerfG die Neuregelung insbesondere unter Hinweis auf die Rechtsmaßstäbe der Entscheidungen „*Rückwirkung im Steuerrecht I bis III*" vor.[205]

2. Die Erwägungen des Zweiten Senats

a) Der Zweite Senat sieht in der Neuregelung belastende Wirkungen in Form von Liquiditäts- und Zinseffekten.[206] Er knüpft hinsichtlich des Vertrauensinteresses des Steuerpflichtigen an den Abschluss der Vorauszahlungsvereinbarung an. Das dabei betätigte Vertrauen verdient grundsätzlich verfassungsrechtlichen Schutz. Dies folgt daraus, dass der Abzug der Erwerbsaufwendungen für den Steuerpflichtigen eine erhebliche Bedeutung hat und er dies typischerweise in seine Entscheidungen für Investitionen bzw. deren Höhe und die Zahlungsmodalität einstellt.[207] Allerdings betont der Zweite Senat in diesem Zusammenhang – wie in der Entscheidung „*Rückwirkung im Steuerrecht III*"[208] –, dass es aufgrund des (mindestens potentiellen) Änderungsbedürfnisses des Gesetzgebers keinen absoluten verfassungsrechtlichen Schutz des Steuerbürgers in die zeitlich unbegrenzte Fortgeltung des steuerrechtlichen Sofortabzugs gibt.[209] Damit benennt der

---

203 BTDrucks 15/4050, S. 63.
204 BTDrucks 15/4050, S. 57 f.
205 BFH, Beschl. v. 7. Dezember 2010 – IX R 70/07 –, BFHE 232, S. 121, BStBl. II 2011, S. 346.
206 BVerfG, Beschl. v. 25. März 2021 – 2 BvL 1/11 –, DStR 2021, S. 1153 (1156 f. Rn. 60 – 62).
207 BVerfG, Beschl. v. 25. März 2021 – 2 BvL 1/11 –, DStR 2021, S. 1153 (1157 Rn. 64).
208 BVerfGE 127, 31 (50).
209 BVerfG, Beschl. v. 25. März 2021 – 2 BvL 1/11 –, DStR 2021, S. 1153 (1157 Rn. 65).

Zweite Senat zugleich das bei der sodann folgenden Abwägung einzustellende Interesse des Gesetzgebers.

b) Vergleichbar der Kategorisierung in der Entscheidung *„Rückwirkung im Steuerrecht III“* differenziert der Zweite Senat zur Gewichtung der bei Abwägung relevanten Belange nach den Fällen geringerer und nicht geminderter Schutzwürdigkeit:[210] Von geringerer Schutzwürdigkeit ist dann auszugehen, wenn die Vereinbarung nach dem Tag der Einbringung des Änderungsentwurfs (27. Oktober 2004) in den Bundestag geschlossen wurde (dazu sogleich unter aa) oder wenn sie zwar zuvor abgeschlossen, jedoch die danach zu zahlende Leistung über das bei der Vereinbarung laufende Jahr hinaus aufgeschoben ist (s. dazu bb). Dagegen ist in den übrigen Fällen, also wenn die Vereinbarung im Jahr der Einbringung des Gesetzentwurfs bis einschließlich des Tages der Einbringung geschlossen und noch im Jahr der Einbringung erfüllt worden sind, eine uneingeschränkte Schutzwürdigkeit gegeben (vgl. hierzu cc). Die darin liegende Abstufung nach dem Grad der Schutzwürdigkeit ist jedoch – wie schon in den Beschlüssen *„Rückwirkung im Steuerrecht I bis III“* – auch im Beschluss zu den Erbbauzinsen nur der Auftakt zu der sodann folgenden Abwägung (s. die nachfolgende Darstellung unter c).

aa) Das verfassungsrechtlich geringer einzuschätzende Vertrauen der Personen, die die Vorauszahlungen erst nach dem Tag der Einbringung in den Bundestag durch die Beschlussempfehlung des Finanzausschusses verbindlich vereinbart haben, folgt für den Zweiten Senat unter Heranziehung ständiger Rechtsprechung des BVerfG[211] daraus, dass im Zeitpunkt der Ausübung der Gesetzesinitiative durch einen zur Gesetzesinitiative Berechtigten geplante Gesetzesänderungen öffentlich werden, sodass sich der nachteilig betroffene Steuerpflichtige darauf z. B. durch Anpassungsklauseln einstellen kann.[212] Dies gilt aber nicht ausnahmslos, wie der Verweis in der Entscheidung zu den Erbbauzinsen auf bisherige verfassungsgerichtliche Rechtsprechung verdeutlicht: Die Einbringung eines Gesetzentwurfs erlaubt kein Vertrauen darauf, dass eine eingebrachte Regelung Gesetz wird. Sie nimmt aber *„unter Umständen“* dem Vertrauen darauf die Grundlage, die jetzige Gesetzeslage in einem Regelungsbereich werde auf absehbare Zeit bestehen bleiben.[213] Derartige Umstände waren hier deshalb gege-

210 BVerfG, Beschl. v. 25. März 2021 – 2 BvL 1/11 –, DStR 2021, S. 1153 (1157 Rn. 65).

211 BVerfGE 127, 31 (50); 132, 302 (324 Rn. 56); 143, 246 (385 Rn. 377); 145, 20 (98 Rn. 199); 148, 217 (260 f. Rn. 151 f.).

212 BVerfG, Beschl. v. 25. März 2021 – 2 BvL 1/11 –, DStR 2021, S. 1153 (1157 Rn. 66); vgl. ebenso die Entscheidung des Ersten Senats in BVerfGE 132, 302 (324 Rn. 56).

213 BVerfG, Beschl. v. 25. März 2021 – 2 BvL 1/11 –, DStR 2021, S. 1153 (1157 Rn. 67), unter Verweis auf BVerfGE 148 (261 Rn. 151).

ben, weil die vonseiten des Finanzausschusses unterbreitete Beschlussempfehlung später unverändert beschlossen wurde.[214]

bb) Ebenso wie in der vorgenannten Konstellation ist das Vertrauen auch dann weniger schutzwürdig, wenn der Zahlungszeitpunkt für die Erbbauzinsen vertraglich über das Jahr des Vertragsschlusses hinaus festgelegt ist.[215] Dies ist – entsprechend der Rechtsprechungslinie im Beschluss „*Rückwirkung im Steuerrecht III*" – Ausdruck des nach Veranlagungszeiträumen gestuften verfassungsrechtlichen Vertrauensschutzniveaus, weil der Gesetzgeber dem Periodizitätsprinzip entsprechend typischerweise und auch bei der verfahrensgegenständlichen Norm das Ertragsteuerrecht veranlagungszeitraumbezogen ändert.[216]

cc) Als uneingeschränkt schutz*würdig* – entsprechend der im Beschluss „*Rückwirkung im Steuerrecht III*" aufgestellten Rechtsmaßstäbe nicht gemeint im Sinne einer im Ergebnis „uneingeschränkt geschützten" Vertrauensposition[217] – qualifiziert der Zweite Senat im Jahr der Einbringung des Gesetzentwurfs bis einschließlich des Tages dieser Einbringung geschlosse und noch in demselben Jahr erfüllte Vereinbarungen.[218] Denn bis dahin durften die von der unechten Rückwirkung nachteilig Betroffenen grundsätzlich in den Fortbestand des geltenden Steuerrechts, namentlich die höchstrichterliche Rechtsprechung (1) und das legislativ gesetzte Recht (2), vertrauen.

(1) Dabei war das Vertrauen in die Rechtsprechung des BFH zu bejahen, obwohl dieser den Sofortabzug von in einem Einmalbetrag geleisteten Erbbauzinsen erstmalig höchstrichterlich klärte. Zwar kann schutzwürdiges Vertrauen in eine bestimmte Rechtslage aufgrund höchstrichterlicher Entscheidungen regelmäßig nur bei Hinzutreten weiterer Umstände, insbesondere bei einer gefestigten und langjährigen Rechtsprechung entstehen.[219] Solche Umstände waren aber im Hinblick auf das Urteil des BFH aus 2003 gegeben. Denn die erstmalige höchstrichterliche Klärung, dass Erbbauzinsen als Gegenleistung für ein Nutzungsentgelt sofort abzuziehende Erwerbsaufwendungen und gerade keine auf die Dauer des Erbbaurechts zu verteilende Aufwendungen zum Erwerb des Erbbaurechts sind,[220] fügt sich in eine Reihe von Urteilen des BFH zur steuerrechtlichen Behandlung des Erbbauzinses ein, weshalb sie die systematisch konsequente Fort-

---

214 BVerfG, Beschl. v. 25. März 2021 – 2 BvL 1/11 –, DStR 2021, S. 1153 (1157 Rn. 67).

215 BVerfG, Beschl. v. 25. März 2021 – 2 BvL 1/11 –, DStR 2021, S. 1153 (1157 Rn. 68).

216 BVerfG, Beschl. v. 25. März 2021 – 2 BvL 1/11 –, DStR 2021, S. 1153 (1157 Rn. 69).

217 Vgl. unter III. 3. a bb (2) (a).

218 BVerfG, Beschl. v. 25. März 2021 – 2 BvL 1/11 –, DStR 2021, S. 1153 (1157 Rn. 70).

219 BVerfG, Beschl. v. 25. März 2021 – 2 BvL 1/11 –, DStR 2021, S. 1153 (1157 Rn. 71), unter Hinweis auf BVerfGE 72, 302 (326); 122, 248 (278); 123, 111 (129 f.); 126, 369 (395); 131, 20 (42).

220 BFH, Urt. v. 23. September 2003 – IX R 65/02 –, BFHE 203, S. 355, BStBl. II 2005, S. 159 Rn. 16.

führung einer langjährigen und gefestigten Rechtsprechung im Hinblick auf eine bislang nur noch nicht ausdrücklich entschiedene Rechtsfrage beinhaltet.[221] Wegen des stets gleich bleibenden Verständnisses der Erbbauzinsen als Entgelt für eine zeitlich begrenzte Nutzungsüberlassung sprach nichts dafür, dass der BFH dieses Rechtsverständnis aufgeben und sich der gegenteiligen Auffassung der Finanzverwaltung anschließen würde.[222] Dadurch unterscheidet sich die Rechtsprechung zu den Erbbauzinsen von den Fällen, die den Entscheidungen des BVerfG zum Fremdrentengesetz[223] und zum Dienstrechtsneuordnungsgesetz[224] zugrunde lagen und in denen jeweils unsicher war, ob das BSG bzw. das BVerwG die zunächst eingeschlagene Richtung beibehalten würde, sodass dort selbst die höchstrichterliche Rechtsprechung weniger geeignet war, schutzwürdiges Vertrauen in eine bestimmte Rechtslage zu erzeugen, als eine klarstellende gesetzliche Regelung.[225]

In diesem Zusammenhang hebt der Zweite Senat des BFH die Auswirkungen des Verhältnisses der rechtsprechenden zur exekutiven Staatsgewalt hervor. Nach dem Grundgesetz ist die Befugnis zur verbindlichen Auslegung von Gesetzen der rechtsprechenden Gewalt vorbehalten.[226] Dementsprechend und vor dem Hintergrund der systematisch konsequenten Anwendung gefestigter und langjähriger höchstrichterlicher Rechtsprechung wurde die Schutzwürdigkeit des Vertrauens in den vom BFH festgestellten Inhalt des geltenden Rechts nicht dadurch gemindert, dass die Finanzverwaltung zwischen Veröffentlichung der BFH-Entscheidung und der Neuregelung weder ihre interne Verwaltungsvorschrift geändert, noch die Entscheidung des BFH im BStBl. II veröffentlicht, also dadurch nicht die verwaltungsinterne Weisung erteilt hatte, die darin vertretene Rechtsauffassung in allen noch offenen Fällen zugrunde zu legen.[227]

(2) Daneben durften die Steuerbürger auch zeitlich begrenzt auf den Fortbestand des aktuell geltenden Steuerrechts vertrauen.

Der Zweite Senat des BVerfG sieht das Vertrauen der Steuerpflichtigen in das seinerzeit geltende Steuerrecht in zeitlicher Hinsicht bis einschließlich des Tages als geschützt an, an dem der Finanzausschuss des Bundestages mit Beschluss-

---

221 BVerfG, Beschl. v. 25. März 2021 – 2 BvL 1/11 –, DStR 2021, S. 1153 (1157 Rn. 74); vgl. auch – besonders konzise – *Heuermann*, HFR 2004, S. 116.

222 BVerfG, Beschl. v. 25. März 2021 – 2 BvL 1/11 –, DStR 2021, S. 1153 (1157 Rn. 75).

223 BVerfGE 126, 369 (395 f.).

224 BVerfGE 131, 20 (41 ff.)

225 BVerfG, Beschl. v. 25. März 2021 – 2 BvL 1/11 –, DStR 2021, S. 1153 (1157 Rn. 75), unter Hinweis auf BVerfGE 126, 369 (395); 131, 20 (42).

226 BVerfGE 126, 369 (392); 131, 20 (37); 135, 1 (15 Rn. 45, 24 Rn. 67).

227 BVerfG, Beschl. v. 25. März 2021 – 2 BvL 1/11 –, DStR 2021, S. 1153 (1157 Rn. 78).

empfehlung den Ergänzungsantrag der Regierungsfraktionen in seine Beschlussempfehlung übernahm (27. Oktober 2004).[228] Insoweit betont der Zweite Senat die gerade im Steuerrecht praktisch häufig bedeutsame Frage, dass der Gesetzgeber ihm missliebige fachgerichtliche Rechtsprechung korrigieren darf; indes ist die daraus folgende Änderungsbefugnis wegen des verfassungsrechtlichen Vertrauensschutzes in erster Linie zukunftsgerichtet.[229] Insoweit konnte sich der Zweite Senat auf den KAGG-Beschluss des Ersten Senats berufen.[230] Des Weiteren wird im Beschluss zu den Erbbauzinsen darauf hingewiesen, dass nach der Rechtsprechung des BVerfG das Vertrauen des Steuerpflichtigen durchaus auch schon vor dem Tag der Einbringung eines (veränderten) Gesetzentwurfs in den Deutschen Bundestag nicht schutzwürdig sein kann. Dies ist der Fall, wenn mit der Neuregelung ernsthaft zu rechnen war, z. B. wenn dem endgültigen Gesetzesbeschluss eine langjährige Auseinandersetzung und/oder infolge eines Redaktionsversehens gescheiterte Reformversuche durch den Bundestag vorausgegangen waren[231] oder wenn die Bundesregierung eine Neuregelung hinreichend konkret angekündigt hatte[232].

c) Die Abwägung von Vertrauens- und Änderungsinteresse vollzieht der Zweite Senat auch beim Beschluss zu den Erbbauzinsen gestuft nach dem Grad des geschützten Vertrauens.

aa) In den Fällen höherer Schutzwürdigkeit (im Jahr der Einbringung des Gesetzentwurfs bis einschließlich des Tages der Einbringung geschlossene und noch in demselben Jahr erfüllte Vereinbarungen[233]) genügt die gesetzgeberische Befürchtung erheblicher, nicht hinnehmbarer Haushaltsmindereinnahmen[234] mangels konkreter Anhaltspunkte nicht,[235] zumal der maximale Steuerausfall in der Sachverständigenanhörung auf den – eher geringen – Betrag von 25 Mio. Euro beziffert wurde.[236]

Das bei der Anordnung einer Rückwirkung grundsätzlich berechtigte Interesse, einen „*Ankündigungs- oder Mitnahmeeffekt*" und einen unerwünschten „*Wettlauf*" zwischen Steuerpflichtigem und Gesetzgeber zu vermeiden,[237] recht-

---

228 BVerfG, Beschl. v. 25. März 2021 – 2 BvL 1/11 –, DStR 2021, S. 1153 (1157 Rn. 79).
229 BVerfG, Beschl. v. 25. März 2021 – 2 BvL 1/11 –, DStR 2021, S. 1153 (1160 f. Rn. 80).
230 BVerfGE 135, 1 (15 Rn. 45).
231 BVerfGE 127, 1 (21); 61, (79); 148, 217 (259 f. Rn. 147 ff.).
232 BVerfGE 97, 67 (70 f.).
233 BVerfG, Beschl. v. 25. März 2021 – 2 BvL 1/11 –, DStR 2021, S. 1153 (1157 Rn. 70).
234 BTDrucks 15/4050, S. 56.
235 BVerfG, Beschl. v. 25. März 2021 – 2 BvL 1/11 –, DStR 2021, S. 1153 (1160 Rn. 86).
236 Finanzausschuss des Bundestages, Wortprotokoll der 71. Sitzung vom 29. September 2004, Protokoll Nr. 15/71, S. 16 f.
237 Vgl. BVerfGE 95, 64 (88 f.); 97, 67 (81 f.), 127, 31 (59 f.).

fertigt im entschiedenen Fall ebenso wenig die unechte Rückwirkung.[238] Auch insoweit ist relevant, dass größere Steuerausfälle, denen der Gesetzgeber durch eine auch rückwirkende Regelung hätte begegnen können und müssen,[239] gerade nicht ersichtlich waren.

Das Bestreben, eine langjährige Verwaltungsauffassung ohne zeitliche Verzögerung festschreiben zu lassen und so Belastungsgleichheit herzustellen, reicht nach dem Beschluss des Zweiten Senats ebenfalls nicht zur Rechtfertigung der unechten Rückwirkung aus. Denn eine Gleichbehandlung der Steuerpflichtigen für Jahre vor 2003 („*Belastungsgleichheit in der Zeit*"[240]) durch Anordnung einer echten Rückwirkung für alle noch offenen Fälle bis einschließlich des seinerzeit bereits abgeschlossenen Jahres 2003 ist verfassungsrechtlich ausgeschlossen.[241]

bb) Soweit dagegen die Belange des Normadressaten eine geringere Schutzwürdigkeit aufweisen (Vertragsschlüsse nach dem Tag der Einbringung des Änderungsgesetzes[242] sowie solche Vereinbarungen, nach denen die Zahlung über das Jahr des Vertragsschlusses hinaus festgelegt ist[243]), überwiegt bei der erforderlichen Abwägung grundsätzlich das legitime Änderungsinteresse des Steuergesetzgebers.[244] Dies gilt selbst dann, wenn die Zahlung noch im Jahr der Einbringung des Änderungsentwurfs im Bundestag geschlossen und noch unter Geltung des bisherigen Rechts, also bis zum Tag der Verkündung der Neuregelung, geleistet wurde.[245] Eine Ausnahme macht der Zweite Senat nur für den Fall, dass die Vereinbarung schon vor dem Jahr der Einbringung des Änderungsentwurfs geschlossen und bis einschließlich des Tages der Verkündung der Neuregelung gezahlt wurde:[246] Dann ist ein gesteigerter Grad an Abgeschlossenheit erreicht; daher erforderliche besonderer Gründe für eine unechte Rückwirkung waren jedoch nicht ersichtlich.

---

238 BVerfGE 127, 31 (60).
239 BVerfGE 127, 31 (60).
240 BVerfGE 96, 1 (7); *P. Kirchhof*, in: Kirchhof/Seer, EStG, 20. Aufl. 2021, Einleitung, Rn. 39.
241 BVerfG, Beschl. v. 25. März 2021 – 2 BvL 1/11 –, DStR 2021, S. 1153 (1161 Rn. 90).
242 BVerfG, Beschl. v. 25. März 2021 – 2 BvL 1/11 –, DStR 2021, S. 1153 (1161 Rn. 66 f.).
243 BVerfG, Beschl. v. 25. März 2021 – 2 BvL 1/11 –, DStR 2021, S. 1153 (1161 Rn. 68 f.).
244 BVerfG, Beschl. v. 25. März 2021 – 2 BvL 1/11 –, DStR 2021, S. 1153 (1162 Rn. 93).
245 BVerfG, Beschl. v. 25. März 2021 – 2 BvL 1/11 –, DStR 2021, S. 1153 (1162 Rn. 94).
246 BVerfG, Beschl. v. 25. März 2021 – 2 BvL 1/11 –, DStR 2021, S. 1153 (1162 Rn. 97).

3. Vergleichende Analyse der Entscheidung

Der Beschluss des Zweiten Senats zu den Erbbauzinsen betrifft wie dessen Entscheidung zu den Entschädigungsvereinbarungen („*Rückwirkung im Steuerrecht III*")[247] die Konstellation der rückwirkend in einen steuerrechtlichen Nachteil gesetzten Vereinbarung, sodass sich die neuere Entscheidung des Zweiten Senats hieran anlehnt. Gleichwohl stellt der Beschluss wegen der typisierenden Berücksichtigung des wirtschaftlichen Gehalts der Vereinbarung sowie der Norm und des Normbereichs zum Abflussprinzip[248] keine schematische Übertragung des Subsumtionsergebnis zur Entscheidung „*Rückwirkung im Steuerrecht III*" dar. Vielmehr beinhaltet auch diese Entscheidung eine situative Fortentwicklung der bundesverfassungsgerichtlichen Rechtsprechung,[249] insbesondere der durch die Entscheidungen „*Rückwirkung im Steuerrecht I bis III*" eingeleiteten Rechtsprechungslinie.

a) Die Entscheidung betrifft in Bezug auf den das Vertrauen der Steuerpflichtigen mindernden legislativen Akt ein Änderungsgesetz, das erst aufgrund einer Beschlussempfehlung eines Ausschusses (Finanzausschuss) in das Gesetzgebungsverfahren eingebracht wurde.

aa) Wie gezeigt hält der Zweite Senat diese Maßnahme im Gesetzgebungsverfahren mit Blick auf die abgestufte Gewährung von Vertrauensschutz für entscheidend[250] und stellt diese Fälle damit den Konstellationen gleich, in denen die rückwirkende Neuregelung bereits im ursprünglichen Gesetzesentwurf enthalten war. Das überzeugt, weil die Umsetzung eines im Finanzausschuss eingebrachten und von den Vertretern der jeweiligen Fraktionen (mehrheitlich) abgestimmter Änderungsantrags eher im Gesetzgebungsverfahren Bestand haben wird als eine im Gesetzentwurf anfänglich enthaltene Neuregelung.

Zugleich liegen diese Rechtsmaßstäbe zur vertrauensbeeinträchtigenden Wirkung gesetzgeberischer Maßnahmen auf der Linie der Rechtsprechung des Ersten Senats des BVerfG. Dieser hatte zu den Auswirkungen auf verfassungsrechtlich zu gewährenden Vertrauensschutz von Beschlussempfehlungen zu entscheiden, die vom Vermittlungsausschuss stammen und damit erst zum Ende des Gesetzgebungsverfahrens gegeben werden. Nach Auffassung des Ersten Senats ist die Annahme eines solchen Vermittlungsvorschlags durch den Bundestag regelmäßig erheblich wahrscheinlicher als die Verwirklichungschancen eines

---

247 BVerfGE 127, 31.

248 Vgl. Fußnote 196.

249 Vgl. *Drüen*, StuW 2015, S. 210 (211): eine solche situative Fortentwicklung ist Kennzeichen der bundesverfassungsgerichtlichen Rechtsprechung zur Rückwirkung.

250 BVerfG, Beschl. v. 25. März 2021 – 2 BvL 1/11 –, DStR 2021, S. 1153 (1157 Rn. 63).

Gesetzentwurfs zu Beginn der parlamentarischen Beratungen, weil der Vermittlungsvorschlag am Ende des parlamentarischen Entscheidungsfindungsprozesses einschließlich der Kompromissbemühungen des Vermittlungsausschusses steht und deren Ergebnis markiert.[251]

Der Zweite Senat hat – wie bereits ausgeführt – ausdrücklich darauf hingewiesen, dass die Einbringung nur *„unter Umständen"* vertrauensschutzmindernd wirken kann.[252] Dies setzt die Rechtsprechungslinie auch der Rechtsprechung des Ersten Senats des BVerfG fort. Denn nach seiner Rechtsprechung beeinträchtigt nicht jeder im Gesetzgebungsverfahren eingebrachte Änderungsvorschlag das Vertrauen der Steuerpflichtigen. Im Verfahren zu den Streubesitzdividenden hatte der Bundesrat eine Änderung angeregt, die allerdings von der Bundesregierung in ihrer Gegenäußerung abgelehnt wurde, sodass potenziell Betroffene ihr Verhalten noch nicht auf eine dem Änderungsvorschlag entsprechende Reform einstellen mussten.[253] So lag der Fall bei dem Änderungsgesetz zur Neuregelung der Erbbauzinsen nicht, weil es im Gesetzgebungsverfahren nicht zurückgewiesen, sondern zeitnah und unverändert übernommen wurde.[254]

bb) Soweit der Zweite Senat den Vertrauensschutz des Steuerbürgers *„bis einschließlich des Tages"* des Änderungsentwurfs in den Deutschen Bundestag als geschützt ansieht,[255] beinhaltet dies gegenüber der bisherigen verfassungsgerichtlichen Rechtsprechung die Klarstellung, dass noch *„am"* Tag der Einbringung geschlossene Vereinbarungen vertrauensrechtlich privilegiert sind. Denn im Beschluss *„Rückwirkung im Steuerrecht III"* unterschied der Zweite Senat hinsichtlich der Schutzwürdigkeit zwischen dem Zeitraum *„vor"* dem Tag der Einbringung[256] und demjenigen *„nach"* der Einbringung,[257] ohne die *„am"* Einbringungstag geschlossenen Vereinbarungen gesondert zu erwähnen.

Zwar mag das Abstellen auf den Ablauf des Tages der Einbringung als Zäsur für den Vertrauensschutz nicht den individuellen Kenntnisstand und mithin das jeweilige Vertrauen des Steuerpflichtigen abbilden. Gleichwohl dient dieses Da-

251 BVerfGE 132, 302 (325 f. Rn. 59); hierzu einschränkend *Desens*, FR 2013, S. 148 (153): es müsse sich um einen im Vermittlungsausschuss handeln, dem sowohl die Vertreter des Bundestages als auch diejenigen des Bundesrates zugestimmt hätten, da anderenfalls eine Beschlussfassung des Bundestages bzw. eine Zustimmung des Bundesrates eher unwahrscheinlich erscheine.

252 BVerfG, Beschl. v. 25. März 2021 – 2 BvL 1/11 –, DStR 2021, S. 1153 (1157 Rn. 67).

253 BVerfGE 132, 302 (325 Rn. 58).

254 BVerfG, Beschl. v. 25. März 2021 – 2 BvL 1/11 –, Rn. 9 (insoweit derzeit nur bei juris wiedergegeben).

255 BVerfG, Beschl. v. 25. März 2021 – 2 BvL 1/11 –, DStR 2021, S. 1153 (1157 Rn. 79).

256 BVerfGE 127 31 (49).

257 BVerfGE 127, 31 (50).

tum aus der maßgeblichen generalisierenden Sicht des Gesetzgebers[258] diesem als praktikablem Anhaltspunkt zur Bestimmung des zeitlichen Anwendungsbereichs von Neuregelungen. Dass dabei nach der Rechtsprechung des Zweiten Senats auch am Tag der Einbringung geschlossene Vereinbarungen geschützt sind, leuchtet vor dem Hintergrund ein, dass ein Abstellen auf die Kenntnisse eines konkreten Steuerpflichtigen wegen der für den Gesetzgeber erforderlichen generalisierenden Betrachtung nicht in Betracht kommt, typischerweise nicht mit einer Veröffentlichung noch am Einbringungstag zu rechnen und es wahrscheinlicher ist, dass ab dem Folgetag mit einem das Vertrauen des Steuerpflichtigen mindernden Bekanntwerden (veränderter) Gesetzentwürfe gerechnet werden kann.

b) Wesentliche Erkenntnisse bietet die Entscheidung zu den Erbbauzinsen auch hinsichtlich der Gewichtung der beteiligten Belange.

aa) In zweierlei Hinsicht weicht die Anwendung der abstrakten Rechtsmaßstäbe zum Vertrauensschutz bei Qualifizierung der Fälle geringerer Schutzwürdigkeit von der Entscheidung „*Rückwirkung im Steuerrecht III*" ab.

Erstens benennt der Zweite des BVerfG als einen Fall geringerer Schutzwürdigkeit nicht nur das vereinbarungsgemäße Hinausschieben über einen Jahreswechsel hinaus, sondern auch den Fall der vom Erbbauberechtigten (vertragswidrig) über den Jahreswechsel hinausgezögerten Erfüllung. Die Einstufung vertragswidrigen Verhaltens als weniger schutzwürdig ist folgerichtig. Denn wenn sich Vertragsparteien selbst nicht an eine Vereinbarung halten, verdienen sie auch keinen gesteigerten Schutz durch den Steuergesetzgeber.

Zweitens wird nach dem Beschluss zu den Erbbauzinsen die Schutzwürdigkeit der Steuerpflichtigen schon dann als gemindert angesehen, wenn zwischen dem Abschluss der Vereinbarung und der Zahlung hierauf ein Jahreswechsel liegt, während im Beschluss „*Rückwirkung im Steuerrecht III*" die Schutzwürdigkeit des Steuerpflichtigen auch bei Auszahlung auf eine Entschädigungsvereinbarung erst im Folgejahr angenommen wurde.[259] Das hat der Zweite Senat im Beschluss „*Rückwirkung im Steuerrecht III*" mit dem wirtschaftlichen Gehalt der Entschädigungsvereinbarung begründet, bei denen das beiderseitige Interesse der Beteiligten an einem gewissen zeitlichen Abstand zwischen Entschädigungsvereinbarung und Zahlung bei erst späterer Beendigung des Arbeitsverhältnisses evident ist.[260] Ein Vergleich mit der aktuellen Entscheidung zu den Erbbauzinsen verdeutlicht, dass das nach Veranlagungszeiträumen gestufte ver-

258 Vgl. BVerfGE 127, 1 (22); 61 (80).
259 Vgl. BVerfGE 127, 31 (52 f.).
260 BVerfG, Beschl. v. 25. März 2021 – 2 BvL 1/11 –, DStR 2021, S. 1153 (1157 Rn. 69).

trauensrechtliche Schutzniveau nicht nach naturgesetzlichen Regeln zu bestimmen ist. Vielmehr ist die Schutzwürdigkeit dem Grundsatz der Verhältnismäßigkeit und Zumutbarkeit mit Raum für differenzierende Lösungen[261] entsprechend mit Blick auf den typischerweise verfolgten wirtschaftlichen Zweck der geschlossenen Vereinbarung zu bestimmen.

bb) Im Rahmen der Einstufung der Schutzwürdigkeit klärt der Beschluss zu den Erbbauzinsen darüber hinaus *die* im Steuerecht zentrale Frage, inwieweit von der Finanzverwaltung vorbereitete Gesetzesvorhaben[262] geeignet sind, das Vertrauen des Steuerpflichtigen in das geltende Steuerrecht zu zerstören. Unter Heranziehung bundesverfassungsgerichtlicher Rechtsprechung[263] hat der Zweite Senat herausgearbeitet, dass das Vertrauen nicht durch verwaltungsinterne Maßnahmen zerstört werden kann (z.B. mangelnde Überarbeitung von der höchstrichterlichen Rechtsprechung widersprechenden, nur die Finanzverwaltung intern bindenden Verwaltungsanweisungen[264], Nichtveröffentlichung eines Urteils des BFH im BStBl. II[265], Einrichten einer Arbeitsgruppe beim BMF, Medienveröffentlichung zu Reformbegehrungen aus Kreisen der Finanzverwaltung[266]). Dieses Ergebnis beruht maßgeblich darauf, dass für vertrauensbeeinträchtigende Maßnahmen ein zur Gesetzesinitiative Befugter beteiligt sein muss.[267] Das überzeugt, weil erst die Beteiligung eines nach Art. 76 GG Initiativberechtigten – notwendig, aber nicht hinreichend[268] – die größere Gewähr für eine erfolgreiche Gesetzesänderung bietet.

c) Ferner bestehen im Vergleich zur bisherigen Rechtsprechung des Zweiten Senats des BVerfG auch bei der Abwägung der beteiligten Belange Besonderheiten.

---

261 BVerfGE 71, 230 (252); 76, 220 (246); 95, 64 (88 f.); 97, 67 (82); 122, 374 (394 ff.); 127, 31 (59).

262 In der steuerrechtlichen Literatur wird insoweit – mitunter verbunden mit einer gewissen Kritik – auch vom „*Ersatzgesetzgeber*" gesprochen (*Desens/Blischke*, in: Kirchhof/Söhn/Mellinghoff, EStG, Stand: Mai 2021, § 2 Abs. 1 Satz 1 Nr. 2 Rn. B 56; *Bergkemper*, FR 2007, S. 356 (357); vgl. auch im unionsrechtlichen Kontext *P. Kirchhof*, in: Kirchhof/Seer, EStG, 20. Aufl. 2021, Einleitung Rn. 80; *Hey*, StuW 2010, S. 301 (307, 315).

263 BVerfGE 97, 67 (70); 127, 1 (21), 61 (79), 148 (217 (259 f. Rn. 147 ff.).

264 Verwaltungsanweisungen entfalten bloße Innenwirkung, vgl. *Drüen*, in: Tipke/Kruse, AO/FGO, Stand: Mai 2021, § 4 AO Rn. 80.

265 Die Veröffentlichung einer Entscheidung im BStBl. II beinhaltet die Weisung an die Landesfinanzbehörden, die Rechtsprechung über den Einzelfall hinaus anzuwenden (vgl. BVerfG, Beschl. v. 25. März 2021 – 2 BvL 1/11 –, DStR 2021, S. 1153 (1159 Rn. 78).

266 BVerfG, Beschl. v. 25. März 2021 – 2 BvL 1/11 –, DStR 2021, S. 1153 (1160 Rn. 83).

267 Vgl. BVerfG, Beschl. v. 25. März 2021 – 2 BvL 1/11 –, DStR 2021, S. 1153 (1160 Rn. 81).

268 BVerfGE 148 (261 Rn. 151); BVerfG, Beschl. v. 25. März 2021 – 2 BvL 1/11 –, DStR 2021, S. 1153 (1157 Rn. 66).

aa) Insoweit hat der Zweite Senat über den entschiedenen Fall hinaus verdeutlicht, dass die Absicht, staatliche Mehreinkünfte zu erzielen (bzw. Steuermindereinnahmen zu verhindern) das Vertrauen in den Fällen gesteigerter Schutzwürdigkeit des Steuerpflichtigen nicht überwinden kann. Das entsprach zwar schon bisher der Rechtsprechung des BVerfG.[269] Beachtenswert an der Entscheidung ist aber der deutliche Hinweis, dass sich die abweichende bundesverfassungsgerichtliche Rechtsprechung auf eine (historisch) absolute Ausnahmesituation bezog[270], nämlich die durch die Wiedervereinigung verursachten Kosten.[271] Davon ist mit dem Zweiten Senat die in einem Rechtsstaat geläufige Situation abzugrenzen, in der Steuermindereinnahmen aufgrund einer von der langjährigen Verwaltungsauffassung abweichenden höchstrichterlichen Rechtsprechung entstehen. Das daraus folgende Änderungsinteresse ist allgemeiner Natur und überwiegt schutzwürdiges Vertrauen des Steuerpflichtigen nicht.[272] Der Zweite Senat hat offengelassen, ob etwas anderes gelten kann, wenn – abweichend vom dem Beschluss zugrundeliegenden Sachverhalt – eine gefestigte und langjährige höchstrichterliche Rechtsprechung überraschend *geändert* wird und es dadurch zu erheblichen Steuermindereinnahmen kommt. Diese Rechtsfrage ist aufgrund der nach möglichst flexiblen Lösungen strebenden bundesverfassungsgerichtlichen Rechtsprechung[273] nicht allgemein zu beantworten. Unter Berücksichtigung des allgemeinen Rechtsmaßstabs zur unechten Rückwirkung[274] kommt es auf an, ob bei der *jeweils verfahrensgegenständlichen Norm* die das öffentliche Interesse beeinträchtigenden Belastungen für den Haushalt ein solches Ausmaß erreichen, dass sie die Interessen des von der unechten Rückwirkung Betroffenen überwiegen.

bb) Soweit der Zweite Senat hinsichtlich der verfahrensgegenständlichen Norm die vom Gesetzgeber befürchteten größeren Steuerausfälle nicht hat ausreichen lassen,[275] lässt sich daraus für künftige Gesetzgebungsvorhaben die Forderung herleiten, dass sich der Gesetzgeber insoweit auf überprüfbare Daten zu den Steuermindereinnahmen berufen können muss (etwa aufgrund substantiierter Aufklärungsmaßnahmen im Rahmen einer Sachverständigenanhörung oder unter Zuhilfenahme belastbarer Daten bei der Finanzverwaltung).

---

269 BVerfGE 105, 17 (45); 127, 1 (26); 127, 31 (54); 127, 61 (83).

270 BVerfG, Beschl. v. 25. März 2021 – 2 BvL 1/11 –, DStR 2021, S. 1153 (1161 Rn. 87).

271 Vgl. BVerfGE 105, 14 (44 f.).

272 BVerfG, Beschl. v. 25. März 2021 – 2 BvL 1/11 –, DStR 2021, S. 1153 (1161 Rn. 87).

273 BVerfGE 71, 230 (252); 76, 220 (246); 95, 64 (88 f.); 97, 67 (82); 122, 374 (394 ff.); 127, 31 (59).

274 BVerfG, Beschl. v. 25. März 2021 – 2 BvL 1/11 –, DStR 2021, S. 1153 (1156 Rn. 56); BVerfGE 127, 1 (20); 127, 31 (48 f.), 132, 302 (319 f Rn. 45 f.); 148, 217 (256 f.).

275 BVerfG, Beschl. v. 25. März 2021 – 2 BvL 1/11 –, DStR 2021, S. 1153 (1161 Rn. 89).

cc) Ferner hat der Zweite Senat im Rahmen der Abwägung betont, dass der Gesetzgeber zwar befugt ist, steuerlich missbräuchliche Gestaltungen über die Anwendungsfälle des allgemeinen § 42 AO hinaus typisierend als missbräuchlich zu qualifizieren und zu unterbinden. Ein solches berechtigtes Änderungsinteresse stuft er jedoch als zukunftsgerichtet ein, was kein spezifischer Grund für die rückwirkende Änderung ist.[276] Darüber hinaus enthält die Entscheidung zu den Erbbauzinsen auch Überlegungen dazu, welche Auswirkungen es hat, wenn ein unecht rückwirkendes Gesetz gegenüber der zuvor geltenden Verwaltungsvorschrift gewisse Erleichterungen vorsieht. Hierzu hat der Zweite Senat erkannt, dass dies irrelevant ist, wenn die unechte Rückwirkung den Normadressaten nur belastend trifft.[277]

dd) Soweit der Zweite Senat in der Entscheidung zu den Erbbauzinsen das Änderungsinteresse des Steuergesetzgebers grundsätzlich überwiegen lässt, wenn der Steuerbürger bis zum Tag der Verkündung des Änderungsgesetzes auf solche Vereinbarungen zahlt, die im Jahr der Einbringung des Änderungsentwurfs in den Bundestag geschlossen wurden,[278] unterscheidet sich dies vom Beschluss „*Rückwirkung im Steuerrecht III*".

Für jene Konstellation hatte der Zweite Senat – wie bereits ausgeführt – aus der Zahlung noch unter Geltung des alten Rechts einen gesteigerten Grad an Abgeschlossenheit gefolgert, weil der Steuerpflichtige den durch Lohnsteuer zu kürzenden Nettoertrag bereits erhalten hatte.[279] Daher überwog dort das Vertrauen des Steuerpflichtigen in den Fortbestand des geltenden Rechts.[280] Hier war es also möglich, dass Steuerpflichtige (Entschädigungs-)Vereinbarungen auch nach Bekanntwerden des Änderungsentwurfs abschließen, hierauf bis einschließlich des Tages der Verkündung zahlen konnten und nach altem Steuerrecht (günstiger) behandelt wurden. Einen solch weitgehenden Vertrauensschutz hat der Zweite Senat im Fall des Abschlusses von Vereinbarungen über Erbbauzinsen abgelehnt. Hier überwiegt das berechtigte Interesse, einen „*Wettlauf*" zwischen Steuerpflichtigen und Gesetzgeber sowie „*Ankündigungs- und Mitnahmeeffekte*" in einer nicht unerheblichen Größenordnung zu vermeiden. Die Befürchtung, dass es dazu kommen könnte, qualifiziert der Zweite Senat als realistisch. Dies folgt aus dem spezifischen Interesse, mit dem das der Auffassung der Finanzverwaltung widersprechende Urteil des BFH in der Immobilien- und Finanzbranche aufgenommen wurde, sowie aus der schon im ersten Halbjahr 2004 presse- und medienöffentlich

276 BVerfG, Beschl. v. 25. März 2021 – 2 BvL 1/11 –, DStR 2021, S. 1153 (1161 Rn. 89).
277 BVerfG, Beschl. v. 25. März 2021 – 2 BvL 1/11 –, DStR 2021, S. 1153 (1161 Rn. 91).
278 BVerfG, Beschl. v. 25. März 2021 – 2 BvL 1/11 –, DStR 2021, S. 1153 (1162 Rn. 94).
279 BVerfGE 127, 31 (57 f.).
280 BVerfGE 127, 31 (59 f.); vgl. auch BVerfGE 132, 302 (331 Rn. 71).

geführten Diskussion über mögliche hohe Steuervorteile durch neue Verlustzuweisungsmodelle im Rahmen von Erbbaurechtsfonds. Für den Zweiten Senat bestand die naheliegende Gefahr, dass es durch die – für sich genommen legitime – Erlangung dieser wahrscheinlich nur noch kurze Zeit zu erzielenden Steuervorteile durch eine Minderheit professionell beratener Steuerpflichtiger zulasten des Allgemeinwohls zu Steuermindereinnahmen kommen könnte, die deutlich über das im Zeitpunkt der Einbringung der Änderung erreichte Volumen von maximal 25 Mio. Euro hinausgingen. Den Steuerpflichtigen war sie wegen der geringeren Schutzwürdigkeit ihres Vertrauens infolge der sich bei ihrer Disposition bereits konkret abzeichnenden (rückwirkenden) Änderung auch zumutbar.[281]

Liegt der Grund für das überwiegende Änderungsinteresse in der realistischen Gefahr von Steuerausfällen aufgrund der Ausnutzung der sicheren Kenntnis vom Änderungsentwurf sowie in der erwartbaren Verkündung einer Neuregelung, muss anderes gelten, wenn die Vereinbarung bereits vor 2004, also vor dem Jahr der Einbringung des Änderungsentwurfs in den Bundestag, geschlossen, aber in den Folgejahren bis einschließlich des Tages der Verkündung der Neuregelung vereinbarungsgemäß erfüllt wurde. Zwar ist in diesen Fällen die Schutzwürdigkeit gemindert, weil auf eine jahresübergreifende Fortgeltung des Steuerrechts eher nicht vertraut werden darf. Allerdings können in den vorgenannten Fällen die Steuerpflichtigen kein Sonderwissen ausnutzen, was für ein anderes Abwägungsergebnis streitet. So sieht es auch der Zweite Senat des BVerfG: Zugunsten des Gesetzgebers müssen wegen der Gewährleistungsfunktion des zum Zeitpunkt des Abflusses geltenden Rechts besonderer Gründe vorliegen, wenn er diesen Ausgaben nachträglich im Jahr der Leistung die steuerliche Anerkennung versagen oder diese jedenfalls mindern möchte. Das generelle Interesse des Gesetzgebers, Steuermindereinnahmen zu vermeiden, reicht insoweit nicht aus. Nennenswerte „*Ankündigungs- und Mitnahmeeffekte*“ sind bei der Erfüllung von Erbbauzinsverpflichtungen, die durch eine bereits vor dem Jahr 2004 geschlossene Vereinbarung bestimmt werden – anders als bei Vereinbarungen erst nach dem 27. Oktober 2004 – für den Zweiten Senat nicht ersichtlich.[282] Dies überzeugt angesichts des Umstands, dass die Steuerpflichtigen über hellseherische Fähigkeiten verfügen müssten, wollen sie in diesen Fällen ein Auslaufen des günstigeren Steuerrechts und eine Zahlung bis zur Verkündung der Neuregelung antizipieren.

Dass also Steuerpflichtige nur ausnahmsweise auf das Fortbestehen des Rechts bestehen können, wenn eine Gesetzesänderung durch die Einbringung

281 BVerfG, Beschl. v. 25. März 2021 – 2 BvL 1/11 –, DStR 2021, S. 1153 (1162 Rn. 96).
282 BVerfG, Beschl. v. 25. März 2021 – 2 BvL 1/11 –, DStR 2021, S. 1153 (1162 Rn. 97).

eines Gesetzentwurfs bzw. eines entsprechenden Änderungsantrags in konkreten Umrissen allgemein vorhersehbar ist, liegt auch auf der Linie der Rechtsprechung des Ersten Senats des BVerfG zu den Streubesitzbeteiligungen, nach der deswegen das legislative Änderungsinteresse überwog.[283]

V. Konsequenzen

1. Die Linie der Rechtsprechung des BVerfG zur Rückwirkung ist aus heutiger Sicht wegen des anfänglich nur rudimentär ausgestalteten Vertrauensschutzes nicht gerade verlaufen,[284] was auch und gerade für den Bereich rückwirkender Steuergesetzgebung gilt.

2. Der Zweite Senat hat seine mit den Beschlüssen „*Rückwirkung im Steuerrecht I bis III*" neu ausgerichtete Rechtsprechungslinie mit seiner jüngsten Entscheidung zu den Erbbauzinsen fortgesetzt. Dadurch manifestiert sich allgemein eine zunehmende verfassungsrechtliche Relevanz des Vertrauensschutzes gerade auch für die Fälle der unechten Rückwirkung.

3. Diese Rechtsprechungslinie hat sich auch im Bereich des Steuerrechts dahingehend entwickelt, dass für die Überprüfung der hier praktisch häufigen unechten Rückwirkungen eine Verhältnismäßigkeitsprüfung durchzuführen ist und eine verfassungsgemäße unechte Rückwirkung nur vorliegt, wenn das auf die Rückwirkung gerichtete Änderungsinteresse des Steuergesetzgebers das Vertrauensinteresse der Steuerbürger überwiegen muss.

4. Wenngleich es bei Anwendung des Verhältnismäßigkeitsgrundsatzes keine einfachen Rezepturen in Gestalt klar umrissener, genereller vertrauensschutzrechtlicher Tatbestände gibt[285] und das Abwägungsergebnis nicht gleichsam physikalisch vorhersagbar ist, hat die bundesverfassungsgerichtliche Rechtsprechung sowohl dem Gesetzgeber als auch dem Steuerbürger mehrere objektive Kriterien zur Prüfung der Verfassungsgemäßheit der Rückwirkung an die Hand gegeben. Der Steuergesetzgeber hat jedenfalls in den Blick zu nehmen, ob die unechte Rückwirkung besonders schutzwürdige Steuerbürger trifft. Für diese Fälle bedarf es einer besonderen Rückwirkungsdringlichkeit,[286] die nachvollziehbar zu fundieren ist.[287]

---

283 BVerfGE 132, 302 (324 f. Rn. 56 f.).

284 Vgl. *H. Maurer*, in: Isensee/Kirchhof (Hrsg.), Handbuch des Staatsrechts IV, 3. Aufl. 2006, § 79 Rn. 19: nicht ohne Brüche geblieben.

285 *Osterloh*, StuW 2015, S. 201 (209).

286 BVerfGE 127, 1 (25 f.); 31 (57); 61 (82 f.); BVerfG, Beschl. v. 25. März 2021 – 2 BvL 1/11 –, DStR 2021, S. 1153 (1161 Rn. 88–91).

a) Unter Berücksichtigung der neu ausgerichteten Rechtsprechungslinien ist eine besondere Schutzwürdigkeit dann anzunehmen, soweit zeitlich gestreckte Steuertatbestände in ihrer alten Fassung abgeschlossen und dadurch konkret verfestigte Vermögenspositionen entstanden sind.[288]

b) Vielschichtiger ist die Bestimmung der Schutzwürdigkeit des Vertrauens der Steuerpflichtigen in den Fortbestand des geltenden Rechts beim Abschluss steuerrechtlich relevanter Vereinbarungen. Für die Gewichtigkeit des Vertrauens ist auf den Zeitpunkt des Abschlusses der Vereinbarung abzustellen, weil damit die verbindliche Disposition getroffen wird.[289] Hier kann entscheidend sein, dass die Vereinbarung noch bis einschließlich des Tages der Einbringung einer Gesetzesänderung in das Gesetzgebungsverfahren geschlossen worden ist.[290]

Überdies ist der Ablauf der aktuellen Steuerperiode, im Ertragsteuerrecht also der Veranlagungs- bzw. der Erhebungszeitraum, von zentraler Bedeutung. Höchsten Schutz genießen bis zum Einbringungstag geschlossene Vereinbarungen, die noch im selben Jahr erfüllt werden.[291] Eine geringere Schutzwürdigkeit kommt – allerdings unter Berücksichtigung der objektiven Umstände zur verfahrensgegenständlichen Norm[292] – im Anschluss an den Tag der Einbringung des Änderungsentwurfs im Gesetzgebungsverfahren geschlossenen Vereinbarungen zu, weil sich die Vertragspartner auf eine mögliche Änderung der Rechtslage für die Zukunft einstellen können, sodass darauf beruhende Dispositionen des Steuerpflichtigen weniger schutzwürdig sind.[293] Das Vertrauen der Steuerpflichtigen kann es auch mindern, wenn von initiativberechtigten Gesetzgebungsorganen angestrebte Änderungen zunächst gescheitert waren und erst anschließend erfolgreich umgesetzt werden.[294] Weniger geschützt sind ebenfalls vor dem Jahr der Einbringung der Neuregelung in das Gesetzgebungsverfahren geschlossene Vereinbarungen, weil dann schon ein Jahreswechsel zwischen Vereinbarung und Erfüllung liegt und die Gefahr der typischerweise jährlich geänderten Steuergesetze realistischer ist.[295] Soweit der Zweite Senat eine höhere Schutzwürdigkeit

---

287 BVerfG, Beschl. v. 25. März 2021 – 2 BvL 1/11 –, DStR 2021, S. 1153 (1161 Rn. 89).
288 BVerfGE 127, 1 (21–25); 61 (79–82).
289 BVerfGE 127, 31 (56).
290 BVerfGE 127, 31 (49, 50, 52); BVerfG, Beschl. v. 25. März 2021 – 2 BvL 1/11 –, DStR 2021, S. 1153 (1157 Rn. 66).
291 BVerfG, Beschl. v. 25. März 2021 – 2 BvL 1/11 –, DStR 2021, S. 1153 (1157 Rn. 70).
292 BVerfG, Beschl. v. 25. März 2021 – 2 BvL 1/11 –, DStR 2021, S. 1153 (1157 Rn. 67).
293 BVerfGE 127, 31 (50); 132, 302 (324 Rn. 56); 143, 246 (385 Rn. 377); 145, 20 (98 Rn. 199); 148, 217 (260 f. Rn. 151 f.); BVerfG, Beschl. v. 25. März 2021 – 2 BvL 1/11 –, DStR 2021, S. 1153 (1157 Rn. 66).
294 BVerfGE 127, 1 (4, 21).
295 BVerfGE 127, 31 (53); BVerfG, Beschl. v. 25. März 2021 – 2 BvL 1/11 –, DStR 2021, S. 1153 (1157 Rn. 68 f.).

trotz eines Jahreswechsels zwischen Vereinbarung und vertragsgemäßer Leistung hierauf bejaht hat, geschah dies im Hinblick auf ein typischerweise gegebenes beiderseitiges Interesse der Vertragsparteien an einem gewissen zeitlichen Abstand zwischen Entschädigungsvereinbarung und Zahlung.[296] Überdies kann trotz geringerer Schutzwürdigkeit der Interessen des Steuerpflichtigen aufgrund eines Jahreswechsels zwischen Vereinbarung und Zahlung im Rahmen der Abwägung das Änderungsinteresse des Steuergesetzgebers selbst dann nachrangig sein, wenn der steuerlich relevante Sachverhalt durch die vereinbarungsgemäße Leistung noch unter der Geltung des alten Rechts einen gesteigerten Grad an Abgeschlossenheit erreicht hat, also wenn auf die Vereinbarung bis zum Tag der Verkündung der Neuregelung geleistet wurde.[297] Mit Blick auf die Anwendbarkeit des überkommenen Steuerrechts kann ganz ausnahmsweise das Vertrauensinteresse des Steuerpflichtigen sogar dann überwiegen, wenn die Vereinbarung erst nach der Veröffentlichung der Neureglung im Gesetzgebungsverfahren und mithin bei deren möglicher Kenntnis getroffen wird und das Vertrauensinteresse des Steuerpflichtigen weniger schutzwürdig ist. Für diesen besonderen Fall müssen sich die Vertragsparteien aber auf die Gewährleistungsfunktionen des zum Zeitpunkt des Mittelzuflusses geltenden Rechts berufen können, was etwa beim Zufluss des Nettoertrags im Nachgang zu einem bereits erfolgten Quellensteuerabzug der Fall sein kann.[298]

296 BVerfGE 127, 31 (57 f.); BVerfG, Beschl. v. 25. März 2021 – 2 BvL 1/11 –, DStR 2021, S. 1153 (1157 Rn. 69).

297 BVerfGE 127, 31 (59); BVerfG, Beschl. v. 25. März 2021 – 2 BvL 1/11 –, DStR 2021, S. 1153 (1162 Rn. 97).

298 BVerfGE 127, 31 (57 f.), zum Lohnsteuerabzug.

Ylva Blackstein, Martin Diesterhöft

Warum braucht der Tiger Zähne?

Das justiziable Alimentationsprinzip als Eckpfeiler des Berufsbeamtentums

Leitentscheidungen des Bundesverfassungsgerichts

BVerfGE 139, 64 – Richterbesoldung I
BVerfGE 140, 240 – Beamtenbesoldung
BVerfGE 155, 1 – Richterbesoldung II
BVerfGE 155, 77 – Alimentation kinderreicher Beamter

Schrifttum (Auszug)

Droege, Die Alimentation des Verwaltungspersonals, DöV 2014, S. 785 ff.; *Jerxsen*, Besoldungsfragen vor dem Bundesverfassungsgericht, in: Scheffczyk/Wolter (Hrsg.), Linien der Rechtsprechung des Bundesverfassungsgerichts, Bd. 4, 2017, S. 343 ff.; *Leisner-Egensperger*, Familienalimentation als Freiheitssicherung, NVwZ 2019, S. 777 ff.; *Schübel-Pfister*, Additiv, alimentativ, attraktiv: Das „Triple A" der Besoldung von Professoren und anderen Beamtengruppen im Lichte des Alimentationsprinzips, in: Becker/Lange (Hrsg.), Linien der Rechtsprechung des Bundesverfassungsgerichts, Bd. 3, 2014, S. 269 ff.; *Stuttmann*, Zeitenwende – Die Bestimmung der Minimalbesoldung nach dem BVerfG, NVwZ 2015, S. 1007 ff.; *ders.*, Die Besoldungsrevolution des BVerfG. Der Mindestabstand zum Grundsicherungsniveau, NVwZ-Beilage 2020, S. 83 ff.; *Wieckhorst*, Die Begründungspflicht des Besoldungsgesetzgebers als zahnloser Tiger, DÖV 2021, S. 361 ff.

Inhaltsübersicht

https://doi.org/10.1515/9783110686623-006

I. Einleitung

Mit Beschluss vom 4. Mai 2020 hat der Zweite Senat des Bundesverfassungsgerichts entschieden, dass die Besoldung der Richter und Staatsanwälte in den Jahren 2009 bis 2015 nicht amtsangemessen war.[1] Nach seinen Entscheidungen zur R- und A-Besoldung aus dem Jahr 2015[2] hat der Senat damit erneut Richtern und Staatsanwälten zumindest für bestimmte Zeiträume zu einer höheren Besoldung verholfen. Nicht jeder wird sich uneingeschränkt mit den Berliner Richtern gefreut haben. Einige dürften schon generell daran zweifeln, dass Richter zu wenig verdienen. Andere werden womöglich aber auch mit einem gewissen Neid daran gedacht haben, dass sie selbst erst durch einen mühsamen Arbeitskampf eine höhere Entlohnung erstreiten können, während für die Richter und Beamte[3] diese Arbeit durch Gerichte erledigt wird. Und auch in ihrer Ge-

1 BVerfGE 155, 1 – Richterbesoldung II.

2 BVerfGE 139, 64 – Richterbesoldung I / R-Besoldung; BVerfGE 140, 240 – Beamtenbesoldung / A-Besoldung.

3 Unbeschadet der Sonderstellung der Richter schließt Art. 33 Abs. 5 GG auch die hergebrachten Grundsätze des richterlichen Amtsrechts ein (vgl. BVerfGE 55, 372 [391 f.]). Insbesondere ist seit langem anerkannt, dass auch die Besoldung der Berufsrichter vom Alimentationsprinzip beherrscht wird (vgl. BVerfGE 12, 81 [87 ff.]). Deshalb ist im Folgenden im Interesse der besseren

samtheit steht die Rechtsprechung des Bundesverfassungsgerichts zu Art. 33 Abs. 5 GG schon lange immer wieder in der Kritik. In der akademischen Literatur wird sie verbreitet als kasuistisch, wenn nicht sogar erratisch wahrgenommen.[4] Vor allem in der politisch-feuilletonistischen Debatte schwingt mitunter der Vorwurf mit, es würden – zugespitzt formuliert – überkommene Privilegien der Beamtenkaste gegenüber dem demokratisch legitimierten Gesetzgeber konserviert;[5] zumal, wenn Richter über die Höhe ihrer eigenen Besoldung bestimmen. Selbst wenn man Neid und Missgunst abzieht, bleibt ein Unbehagen gegenüber vermeintlichen Sonderrechten spürbar, an deren Segnungen „normale" Arbeitnehmer nicht teilhaben.

Angesichts dessen erscheint es sinnvoll, zunächst die größeren Zusammenhänge aufzuzeigen, in welche die jüngsten besoldungsrechtlichen Entscheidungen, allen voran diejenigen zur Berliner Richterbesoldung[6] und zur Alimentation kinderreicher Beamter[7] vom Mai 2020, eingebettet und die für das Verständnis auch der dortigen Einzelheiten unabdingbar sind. Das betrifft zunächst den normativen Ausgangspunkt der Besoldungsrechtsprechung in Art. 33 Abs. 5 GG, der nicht in erster Linie ein Grundrecht der Beamten, sondern eine gemeinwohldienliche Institutsgarantie des Berufsbeamtentums enthält (II.). Es ist diese „gesamtgesellschaftliche Funktion des Berufsbeamtentums",[8] die der Verfassungsgeber bewahrt wissen wollte, mit dem das vom Bundesverfassungsgericht jüngst bekräftigen Streikverbot untrennbar verbunden ist,[9] und die eine (verfassungs-)gerichtliche Kontrolle der Beamtenbesoldung erforderlich macht. Um die

---

Lesbarkeit allein von „Beamten" die Rede, wenn es nicht gerade auf die Besonderheiten des Richteramtes ankommt.

4 Stellvertretend *Hense*, in: Epping/Hillgruber, BeckOK-GG, Art. 33 Rn. 39 (Februar 2021) m.w.N.

5 Allerdings scheint es hierbei gewisse Konjunkturen zu geben, wie die Auswertung des SPIEGEL-Archivs zeigt: Während man sich dort lange Zeit sicher war, die Beamten würden „dank dem Karlsruher Kindergeld-Urteil" (gemeint ist: BVerfGE 44, 249) „wieder kräftig absahnen" (SPIEGEL v. 24/1978 „Guter alter Brauch"), sich gut aufs Jammern verstehen (SPIEGEL 29/1982 „Gejammere der Diener") und auch später noch darauf hoffte, die „unausrottbaren Privilegien" (SPIEGEL 23/1996 „Licht aus beim Staat") der unverdient unter „Naturschutz" stehenden Beamten (SPIEGEL 41/1996 „Naturschutz für Beamte") würden endlich geschleift (SPIEGEL 49/2004 „Ende der Privilegien?"), reifte – nachdem die herbeigesehnten Einschnitte Wirklichkeit geworden waren – die Einsicht, dass der Staat „möglicherweise an der falschen Stelle" spare (SPIEGEL-ONLINE v. 05.12.2014 „Der Staat spart möglicherweise an der falschen Stelle"). Das erste Urteil zur R-Besoldung wurde denn auch so gedeutet, dass das Gericht lediglich eine „faire Bezahlung" anordne (SPIEGEL-ONLINE v. 05.05.2015 „Verfassungsgericht ordnet faire Bezahlung an").

6 BVerfGE 155, 1.

7 BVerfGE 155, 77.

8 *Leisner-Egensperger*, NVwZ 2019, 425 (428); ähnlich *dies.*, NVwZ 2019, 777 (780).

9 BVerfGE 148, 296.

Zusammenhänge zu erfassen, ist aber auch ein Blick auf die Geschichte der Besoldungsrechtsprechung zu werfen. Hieraus lässt sich ersehen, dass die Besoldungsgesetzgeber durch einen jahrelangen Unterbietungswettbewerb das Bundesverfassungsgericht gleichsam dazu gezwungen haben, greifbare Kriterien für die Amtsangemessenheit der Beamtenbesoldung zu entfalten. Der bis dahin allgemein als zahnlos wahrgenommene Tiger[10] der auf die Verletzung des Alimentationsprinzips durch die Grundgehaltssätze gestützten Besoldungsklage zeigte nunmehr Zähne (III.). Vor diesem Hintergrund besteht der Mehrwert der jüngsten Entscheidung zur Berliner Richterbesoldung darin, die verfassungsrechtlichen Maßstäbe zu konsolidieren und offen(geblieben)e Fragen zu klären (IV). Es zeigt sich insbesondere, dass der Senat dem Fehlverständnis, die Besoldungsuntergrenze ließe sich gleichsam mit mathematischer Genauigkeit berechnen, eine Absage erteilt hat, zugleich aber den Besoldungsgesetzgeber in die Pflicht genommen hat, seiner normativen Entscheidung eine realitätsgerechte Analyse der tatsächlichen wirtschaftlichen Verhältnisse vorangehen zu lassen.

II. Gemeinwohldienliches Berufsbeamtentum als Verfassungsinstitut

Der Schlüssel zum Verständnis der Rechtsprechung des Gerichts liegt in der Erkenntnis, dass Art. 33 Abs. 5 GG kein „Grundrecht der Beamten“[11] im eigentlichen Sinne statuiert. Das legt schon der Wortlaut der Norm nahe: „Das Recht des öffentlichen Dienstes ist unter Berücksichtigung der hergebrachten Grundsätze des Berufsbeamtentums zu regeln und fortzuentwickeln.“ Diese in vielfacher Hinsicht eigentümliche Vorschrift enthält in allererster Linie einen Regelungsauftrag an den Gesetzgeber zur Ausgestaltung des öffentlichen Dienstrechts, verbunden freilich mit einer institutionellen Einrichtungsgarantie zugunsten des Berufsbeamtentums.[12] Alle subjektiven Rechte der Beamten erscheinen daher in gewisser Weise derivativ, keinesfalls aber als vor-staatliches Freiheitsrecht (1.). Auch um

---

10 Vgl. *Voßkuhle*, Verfassungsrechtliche Traditionsrezeption in Zeiten des Wandels: Die institutionelle Garantie des Berufsbeamtentums (Art. 33 Abs. 4, 5 GG) und die Reform des öffentlichen Dienstrechts, in: Wahl (Hrsg.), Verfassungsänderung, Verfassungswandel, Verfassungsinterpretation, 2008, S. 472 (487); retrospektiv gleichsinnig *Schübel-Pfister*, NJW 2015, 1920 (1920); *Battis/Grigoleit/Hebeler*, NVwZ 2016, 194 (197); *Stuttmann*, NVwZ 2018, 1136 (1137); *Schwan*, DÖV 2021, 368 (369).

11 BGHZ 2, 273 (275): „Beamtengrundrecht“.

12 BVerfGE 155, 77 (88 ff. Rn. 24 ff.). Im Interesse einer besseren Lesbarkeit wird in diesem Beitrag auf die Wiedergabe von Zitatketten verzichtet.

den Eindruck einer einseitigen Privilegierung von Beamten entgegenzuwirken, der sich bei einer Besoldungserhöhung durch Richterspruch einzustellen pflegt, ist in der Senatsrechtsprechung wiederholt betont worden, dass das Beamtenverhältnis durch eine untrennbare Verbindung spezieller Rechte *und* Pflichten geprägt ist. Spätestens die Entscheidung zum Streikverbot hat deutlich gezeigt, dass den vermeintlichen „Privilegien" auch handfeste „Zumutungen" gegenüberstehen (2.).

Gerade mit Blick auf das Alimentationsprinzip, das im letzten Jahrzehnt durch die Senatsrechtsprechung wesentliche Konkretisierungen erfahren hat, darf der prozessuale Kontext – Klage von Beamten und Richtern auf höhere Besoldung – nicht den Blick darauf verstellen, dass das Erfordernis einer amtsangemessenen Alimentation mit institutionellen Erwägungen begründet wird: Die Beamtenbesoldung hat eine qualitäts- und stabilitätssichernde Funktion (3.) und zwar sowohl als Vorbedingung einer rechtsstaatlichen Amtsführung, die dem Gesetz und nicht privaten Sonderinteressen verpflichtet ist (a. und b.), als auch als wesentlicher Faktor bei der Gewinnung befähigten Nachwuchses (c.).

Dass es dem einzelnen Beamten letztlich auch möglich sein muss, seinen Anspruch auf amtsangemessene Alimentation gerichtlich durchzusetzen, ist dem Umstand geschuldet, dass ihm Arbeitskampfmaßnahmen durch das Streikverbot gerade verwehrt sind (4.). Auch dabei ist er nicht nur eigennützig tätig, sondern dient im Erfolgsfalle zugleich der Verwirklichung objektiven Rechts, weil der Gesetzgeber zumindest mit Wirkung für die Zukunft die Besoldung aller Beamter der gleichen Besoldungsgruppe (und regelmäßig auch darüber hinaus) anpassen muss.[13]

1. Grundentscheidung des Verfassungsgebers für eine rechtsstaatliche und leistungsfähige Verwaltung

Art. 93 Abs. 1 Nr. 4a GG bestimmt, dass die in Art. 33 GG enthaltenen Rechte mit der Verfassungsbeschwerde gerügt werden können. Dass damit auch Art. 33 Abs. 5 GG gemeint ist, versteht sich nicht von selbst. Während Art. 33 Abs. 1 und 2 GG mit „jedem Deutschen" den Inhaber des grundrechtsgleichen Rechts positiv benennen und Art. 33 Abs. 3 GG den gleichmäßigen Genuss individueller Rechten

13 Das zeigt sich beispielhaft an den jüngsten Senatsentscheidungen: Die Besoldung kinderreicher Beamter (BVerfGE 155, 77) wurde zwar von nach R 2 besoldeten Richtern erstritten, wirkt aber gleichermaßen zugunsten von Beamten aller Besoldungsgruppen. Die abgesenkte baden-württembergische Eingangsbesoldung (BVerfGE 149, 382) betraf alle Beamten ab der Besoldungsgruppe A 9, wurde aber von einem nach R 1 besoldeten Richter zu Fall gebracht.

„niemandem“ verwehrt, enthält Art. 33 Abs. 5 GG, wie auch Art. 33 Abs. 4 GG, kein menschliches Subjekt. Anders als die anderen in Art. 93 Abs. 1 Nr. 4a GG angesprochenen grundrechtsgleichen Rechte ist Art. 33 Abs. 5 GG denn auch nicht *in erster Linie* als Grundrecht konzipiert. Dass die Vorschrift den Beamten überhaupt ein subjektiv-öffentliches Recht verschafft, musste das Bundesverfassungsgericht daher erst herausarbeiten,[14] wobei diese Interpretation – anders als viele andere frühe Weichenstellungen – bis in die jüngste Vergangenheit hinein immer wieder grundlegender Kritik ausgesetzt ist.[15] Denn im schroffen Gegensatz zu Art. 129 WRV, der die „wohlerworbenen Rechte“ der Beamten schützte, ging das Grundgesetz gerade nicht vom Schutz subjektiver Rechte der Beamten, sondern von der Erhaltung der Einrichtung eines Berufsbeamtentums im Interesse der Allgemeinheit aus.[16]

Und nach wie vor bildet der „Schutz des Berufsbeamtentums“ – genauer: die Verpflichtung des Gesetzgebers, bei der Ausgestaltung des öffentlichen Dienstrechts die überwiegend *objektiv-rechtlich* determinierten hergebrachten Grundsätze des Berufsbeamtentums zu wahren – den normativen Ausgangspunkt für die Entfaltung der individuellen Ansprüche der Beamten.

Dabei wird nicht das Tradierte um der Tradition Willen geschützt.[17] Der Verfassungsgeber wollte vielmehr dadurch, dass er dem Gesetzgeber bei der Ausgestaltung des öffentlichen Dienstes Leitlinien und Leitplanken vorgegeben hat, bestimmte historische Errungenschaften und Ideale bewahren. Art. 33 GG als das „verfassungsrechtliche Kondensat des republikanischen Amts“ zu verstehen,[18] geht in diese Richtung. Um dies zu verdeutlichen, betont das Bundesverfassungsgericht immer wieder die enge historische Verknüpfung der Entwicklung des Berufsbeamtentums mit derjenigen des Rechtsstaats: War der Beamte ursprünglich allein dem Regenten verpflichtet, wandelte er sich mit dem veränderten Staatsverständnis vom Fürsten- zum Staatsdiener. Seine Aufgabe war und ist es, Verfassung und Gesetz im Interesse der Bürger auch und gerade gegen die Staatsspitze zu behaupten.[19]

Vor diesem Hintergrund muss die Übernahme der Grundstrukturen des Berufsbeamtentums in das Grundgesetz betrachtet werden. Es ging dem Verfassungsgeber um das Berufsbeamtentum als Institution „im Interesse der Allge-

---

14 BVerfGE 8, 1 (LS 2, 17 f.).

15 Vgl. nur *Droege*, DöV 2014, 785 (789 ff.) m.w.N.

16 BVerfGE 8, 1 (12).

17 BVerfGE 44, 240 (273).

18 *Battis*, in: Sachs, GG, 9. Aufl. 2021, Art. 33 Rn. 8 m.w.N.; zustimmend *Hense*, in: Epping/Hillgruber, BeckOK-GG, Art. 33 vor Rn. 1 (Februar 2021).

19 BVerfGE 155, 77 (90 f. Rn. 28).

meinheit".[20] Dieses soll, gegründet auf Sachwissen, fachliche Leistung und loyale Pflichterfüllung, eine stabile Verwaltung sichern und damit einen ausgleichenden Faktor gegenüber den das Staatswesen gestaltenden politischen Kräften bilden.[21]

Gleichzeitig trägt der Verfassungsgeber der Tatsache Rechnung, dass im demokratischen Staatswesen Herrschaft stets nur auf Zeit vergeben wird und die Verwaltung schon im Hinblick auf die wechselnde politische Ausrichtung der jeweiligen Staatsführung neutral sein muss. Insoweit kann die strikte Bindung an Recht und Gemeinwohl, auf die die historische Ausformung des deutschen Berufsbeamtentums ausgerichtet ist, auch als Funktionsbedingung der Demokratie begriffen werden.[22]

Indem zumindest bestimmte öffentliche Aufgaben (vgl. Art. 33 Abs. 4 GG) dem mit besonderen Verlässlichkeits-, Stetigkeits- und Rechtsstaatlichkeitsgarantien ausgestatten Beamtentum überantwortet werden,[23] sollen zugleich die immerwährenden Gefährdungen des öffentlichen Dienstes abgewehrt werden: Simonie, Nepotismus und Korruption.

Wenn das Bundesverfassungsgericht davon spricht, dass die Besoldung kein Entgelt für bestimmte Dienstleistungen darstellt, wird damit nicht – kontrafaktisch – geleugnet, dass im Beamtenverhältnis natürlich *auch* eine Austauschbeziehung „Geld gegen Arbeitskraft" besteht.[24] Es geht vielmehr darum, deutlich zu machen, dass der Entlohnung des Beamten im Gefüge des Berufsbeamtentums eine andere Funktion zukommt, als im bürgerlich-rechtlichen Arbeitsverhältnis. Sie ist vor dem Hintergrund des Anspruchs zu sehen, den das Grundgesetz an den Beamten stellt: Er hat sich mit der Berufung in das Richter- und Beamtenverhältnis verpflichtet, unter Einsatz der ganzen Persönlichkeit – grundsätzlich auf Lebenszeit – dem Dienstherrn die volle Arbeitskraft zur Verfügung zu stellen und gemäß den jeweiligen Anforderungen die Dienstpflichten nach Kräften zu erfüllen.[25]

---

20 BVerfGE 8, 1 (12).

21 Vgl. BVerfGE 155, 77 (91 Rn. 28).

22 BVerfGE 155, 77 (91 Rn. 28).

23 Vgl. BVerfGE 119, 247 (261) m.w.N.; BVerfGE 140, 240 (290 Rn. 102).

24 Vgl. BVerfGE 150, 169 (185 Rn. 37), wonach die Störung des wechselseitigen Pflichtengefüges besoldungsmindernd berücksichtigt werden darf; ferner § 9 BBesG, der bei schuldhaftem Fernbleiben vom Dienst – neben den disziplinarrechtlichen Konsequenzen – einen anteiligen Verlust der Dienstbezüge anordnet.

25 BVerfGE 155, 1 (13 f. Rn. 24).

Von der Verfassung werden an die Beamten also nicht nur Erwartungen herangetragen,[26] sondern mit der Besoldung auch die praktischen, d. h. wirtschaftlichen Bedingungen in den Blick genommen, unter denen realistischerweise eine möglichst umfassende Erfüllung erwartet werden kann.[27]

2. Wechselbezüglichkeit der Strukturprinzipien

Ohne Sensibilität für diese institutionelle Dimension des Alimentationsprinzips besteht auch die Gefahr, dessen Einbettung in das komplexe Geflecht der verschiedenen hergebrachten Grundsätze des Berufsbeamtentums zu übersehen. Diese beinhalten mitnichten nur Rechte des Beamten, sondern eine ganze Reihe anspruchsvoller Pflichten (z. B.: zur lebenslangen uneigennützigen, umfassenden und exklusiven Hingabe der Arbeitskraft, zur loyalen Pflichterfüllung, zur Mäßigung, zum Verzicht auf Arbeitskampfmaßnahmen usw.). Auch deshalb ist eine allein grundrechtliche Perspektive ungeeignet, den normativen Gehalt von Art. 33 Abs. 5 GG zu erfassen.[28]

Dass es Art. 33 Abs. 5 GG nicht in erster Linie um die Rechte der Beamten geht, zeigt das Streikverbot. Einer Rosinenpickerei, wie sie den streikenden Lehrern offenbar vor Augen stand,[29] hat der Senat eine klare Absage erteilt.[30] In der jüngsten Besoldungsentscheidung hat er die Wechselbezüglichkeit der Strukturprinzipien nochmals herausgestellt: Die Gewährleistung einer rechtlich und wirtschaftlich gesicherten Position, zu der die individuelle Garantie einer amtsangemessenen Besoldung und Versorgung durch das Alimentationsprinzip und die Möglichkeit ihrer gerichtlichen Durchsetzung wesentlich beitragen, bildet die Voraussetzung und innere Rechtfertigung für die lebenslange Treuepflicht sowie das Streikverbot, während diese umgekehrt eine gerichtliche Kontrolle der Ali-

---

26 *Werres*, in: Schütz/Maiwald, Beamtenrecht, Vorbemerkungen §§ 1, 2 LBG NRW 2009 Rn. 5 (01.08.2012): persönliche und sachliche Unabhängigkeit, Neutralität sowie sachbezogene, qualifizierte Aufgabenerfüllung.

27 Zutreffend *Kersten*, in: Hebeler/Kersten/Lindner, Handbuch Besoldungsrecht, 2015, § 3 Rn. 15; vgl. auch *Droege*, DÖV 2014, 785 (791) m.w.N. in Fn. 70.

28 Zutreffend gegen eine „grundrechtliche Überformung" *Droege*, DÖV 2014, 785 (788).

29 BVerfGE 148, 296 (317 Rn. 47).

30 BVerfGE 148, 296 (347 Rn. 121; 364 Rn. 152); vgl. hierzu *Habermann*, Kein Streikrecht für Beamte – Zugleich zum Kooperationsverhältnis von BVerfG und EGMR, in: Modrzejewski/Naumann (Hrsg.), Linien der Rechtsprechung des Bundesverfassungsgerichts, Bd. 5, 2019, S. 99 ff.; *Voßkuhle/Kaiser*, Personal, in: Voßkuhle/Eifert/Möllers (Hrsg.), Grundlagen des Verwaltungsrechts, Bd. II, 3. Aufl. 2021, § 41 Rn. 92a.

mentation erfordern; diese Strukturprinzipien sind untrennbar miteinander verbunden.[31]

3. Qualitäts- und stabilitätssichernde Funktion der Besoldung

a) Beharrlichkeit gegenüber sachfremden Erwartungen

Dass sich die Strukturprinzipien des Berufsbeamtentums nicht zufällig herausgebildet haben, sondern auch in ihrer inneren Rechtfertigung untrennbar miteinander verbunden sind, zeigt sich am Zusammenspiel der lebenslangen Anstellung und dem die amtsangemessene Besoldung sichernden Alimentationsprinzip: Das Bewusstsein einer rechtlich und wirtschaftlich gesicherten Position soll nicht das Wohlbefinden der Beamten mehren, sondern ihre Bereitschaft zu einer an Gesetz und Recht orientierten Amtsführung fördern und sie zu unparteiischem Dienst für die Gesamtheit befähigen. Nur wenn die innere und äußere Unabhängigkeit gewährleistet ist und die Bereitschaft zu Kritik und nötigenfalls Widerspruch nicht das Risiko einer Bedrohung der Lebensgrundlagen des Amtsträgers und seiner Familie in sich birgt, kann realistischerweise erwartet werden, dass ein Beamter auch dann auf rechtsstaatlicher Amtsführung beharrt, wenn sie (partei-)politisch unerwünscht sein sollte.[32]

b) Korruptionsprävention

Wenn vom Beamten verlangt wird, sich „ganz dem öffentlichen Dienst als Lebensberuf" zu widmen,[33] mag dies für manchen unzeitgemäß und vielleicht auch verdächtig pathetisch klingen. Die Aktualität des Appels für dieses Selbstverständnis des Amtes zeigt sich, wenn man sich das Gegenmodell eines erleichterten Wechsels zwischen öffentlichem Dienst und Privatwirtschaft vor Augen führt. Hier ist die Tätigkeit im Staatsdienst nur eine von mehreren Stationen des beruflichen Werdegangs, die jederzeit zugunsten des nächsten „Karriereschritts" in der Privatwirtschaft beendet werden kann, ja womöglich sogar soll. Der Beamte

---

31 BVerfGE 155, 1 (14 Rn. 24); vgl. bereits *Schübel-Pfister*, Additiv, alimentativ, attraktiv: Das „Triple A" der Besoldung von Professoren und anderen Beamtengruppen im Lichte des Alimentationsprinzips, in: Becker/Lange (Hrsg.), Linien der Rechtsprechung des Bundesverfassungsgerichts, Bd. 3, 2014, S. 269 (294); weitblickend auch *Lindner*, ZBR 2016, 109 (114 f.).

32 BVerfGE 155, 77 (91 Rn. 28).

33 BVerfGE 155, 1 (41 Rn. 87).

des Art. 33 Abs. 5 GG hingegen darf nicht schon in diesem Sinne „auf dem Sprung“ sein, also noch während der Ausübung seines Amtes die Auswirkungen seiner Amtsführung auf die Chancen einer lukrativeren „Anschlussverwendung“ in der Privatwirtschaft im Blick haben.

Aus den gleichen Gründen gibt der hergebrachte Grundsatz der Hauptberuflichkeit dem Dienstherrn die Möglichkeit, Nebentätigkeiten im Interesse der pflichtgemäßen und vollwertigen Diensterfüllung sowie zur Vermeidung von Interessenkonflikten zu untersagen. Es gilt der Gefahr entgegenzuwirken, dass Beamte sich genötigt sehen könnten, eine unzureichende Alimentation durch Nebentätigkeiten aufzubessern, die sie als „Diener zweier Herren“ allzu leicht in Loyalitätskonflikte führen können.[34]

Dieser weitgehenden Befugnis des Dienstherrn korrespondiert freilich die Verpflichtung, sich auch bei der Bemessung der Alimentation am Leitbild des hauptberuflichen, seine ganze Arbeitskraft stets dem Dienstherrn widmenden Beamten zu orientieren[35] Der Beamte soll sich auch nicht in Sorge vor einer ungewissen finanziellen Zukunft im Falle von Krankheit und Tod bereits während der aktiven Dienstzeit genötigt sehen, gleichsam „auf Vorrat“ zusätzliche Einnahmen zu generieren.[36]

c) Befähigung des Verwaltungspersonals

Der Grundsatz der Bestenauslese (vgl. Art. 33 Abs. 2 GG) allein stellt nicht sicher, dass öffentliche Ämter von qualifiziertem Personal ausgefüllt werden. Denn er besagt nichts darüber, welche Qualifikation die Bewerber mitbringen.

---

34 Vgl. BVerfGE 150, 169 169 f. Rn. 27); hierzu BVerfGE 119, 247 (271 f.).

35 Vgl. BVerfGE 150, 169 (186 Rn. 41).

36 Vgl. BVerfGE 150, 169 (169 f. Rn. 27). Das dies nicht nur abstrakte Befürchtungen sind, zeigt ein Blick in die Praxis des Disziplinarrechts. Viel zu oft sind es Nebentätigkeiten, die Beamte straucheln lassen (vgl. nur OVG Saarland, Urteil vom 22.02.2006 – 7 R 1/05 –, juris: Zollbeamter [A 7] wird nebenberuflich Türsteher und verrät schließlich Dienstgeheimnisse an die Hells Angels; Niedersächsisches OVG, Urteil vom 14.04.2005 – 1 NDH L 3/04 –, juris, Rn. 10: Detektei beschäftigt reihenweise Polizeibeamte als „Ermittler“, die hierfür auch polizeiliche Datenbanken nutzten; OVG Nordrhein-Westfalen, Urteil vom 11.09.2019 – 3d A 2395/17.O –, juris: Polizeioberkommissar [A 10] sucht Nebentätigkeit und recherchiert für Inkassounternehmen, schließlich unter Nutzung der polizeilichen Datenbanken; BVerwG, Beschluss vom 28.08.2018 – 2 B 4.18 –, juris: Polizeihauptkommissar [A 11 oder A 12] beim SEK bildet im Urlaub Kräfte des Gaddafi-Regimes aus). Hier dürfte ein Zusammenhang mit der nur mäßigen Besoldung – gerade auch in Ballungsräumen – zumindest naheliegen.

Der Besoldungsgesetzgeber ist von Verfassungs wegen nicht nur mit Blick auf die Diensterfüllung der bereits vorhandenen Beamten zu einer amtsangemessenen Besoldung verpflichtet. Die qualitätssichernde Funktion der Alimentation setzt früher an, indem sie für hinreichend qualifizierte Kräfte Anreize zum Eintritt in den öffentlichen Dienst setzt.[37]

Wenn dieser Aspekt vom Senat bislang nur für die Besoldungsgruppe R näher untersucht und konkretisiert worden ist, dürfte dies in erster Linie auf die hohen und – anders als im Bereich der A-Besoldung[38] – weitgehend ähnlichen Anforderungen des Richter- bzw. Staatsanwaltsamts zurückzuführen sein, wobei auch die vergleichbar leichte Handhabbarkeit des Kriteriums „Prädikatsexamen" und die Vertrautheit mit dem Arbeitsmarkt für Juristen eine Rolle spielen dürfte. Die Anwendung der auf der zweiten Stufe angesiedelten Kontrollfrage nach der Gewinnung hinreichend qualifizierter Kräfte auf andere Teilarbeitsmärkte wird eine Herausforderung für zukünftige Entscheidungen sein.[39]

4. Rechtsschutz gegen den „in eigener Sache" tätigen Gesetzgeber

Was den Vorwurf betrifft, die Justiz hätte in Besoldungsfragen nicht die notwendige Distanz zu ihrem Gegenstand, weil sie gleichsam „in eigener Sache" tätig werde, so ist nicht von der Hand zu weisen, dass es sich um eine auf den ersten Blick „delikat anmutende Entscheidungssituation"[40] handelt. Allerdings ist dieses Vorgehen letztlich alternativlos, wenn der Dienstherr bewusst den Versuch unternimmt, die unteren Grenzen des ihm vom Bundesverfassungsgericht seit jeher eingeräumten weiten Spielraums auszutesten, etwa indem er Beamten einseitige Sparbeiträge abverlangt.[41]

Dabei darf nicht übersehen werden, dass sich auch der Gesetzgeber nicht in der ihm etwa im Arbeitsrecht zukommenden Rolle befindet, gesellschaftliche

---

37 Vgl. BVerfGE 155, 1 (42 f. Rn. 88).

38 Diese regelt die Besoldung für Ämter aus ganz unterschiedlichen Laufbahnen. Eine ähnlich detaillierte Betrachtung fällt damit deutlich schwerer, auch wenn für bestimmte Laufbahnen, wie etwa der Steuerverwaltung, vermutlich vergleichbare Probleme bei der Nachwuchsgewinnung bestehen.

39 Vgl. *Pilniok*, ZBR 2015, 361 (367).

40 So Präsident Voßkuhle in der mündlichen Verhandlung der R-Besoldung, vgl. *Bubrowski*, An der Schmerzgrenze der Prädikatsjuristen, www.faz.net (03.12.2014).

41 Vgl. BVerfGE 155, 1 (74 Rn. 179), wonach „nicht einmal der Versuch unternommen wurde, die Einsparungen gleichheitsgerecht zu erwirtschaften".

Konflikte Privater so aufzulösen, wie es für beide Seiten billig und gerecht erscheint. Der (Besoldungs-)Gesetzgeber ist gewissermaßen auch „in eigener Sache" tätig, weil der Anteil der Staatseinnahmen, den er auf die Alimentation aufwendet, ihm als (Haushalts-)Gesetzgeber auf anderen Politikfeldern nicht zur Verfügung steht. Hier besteht die strukturelle Versuchung, bei der ohnehin zur Dienstleistung verpflichteten Beamtenschaft zu sparen und sich so zusätzliche Handlungsspielräume zu verschaffen. Dieser Umstand erhellt, warum es einer verfassungsgerichtlichen Kontrolle bedarf, auch wenn er vom Bundesverfassungsgericht – anders als im Wahlrecht[42] – nicht zur Begründung eines besonders strikten Prüfungsmaßstabs herangezogen worden ist.[43]

Gerade weil dem Beamten aufgrund des Streikverbots – das seinerseits u. a. im Alimentationsprinzip seine Rechtfertigung findet – der Einsatz wirtschaftlicher Kampf- und Druckmittel zur Durchsetzung eigener Interessen, insbesondere auch kollektiver Kampfmaßnahmen im Sinne des Art. 9 Abs. 3 GG wie des Streikrechts, verwehrt sind, bedarf der weite Spielraum des Besoldungsgesetzgebers einer wirksamen Begrenzung.[44] Dass das Gericht deshalb zuletzt „als eine Art Gewerkschaftsersatz" wahrgenommen wurde,[45] verwundert daher nicht. Diese funktionale Analyse darf jedoch nicht mit der normativen Begründung verwechselt werden, die darin besteht, der institutionellen Garantie zur praktischen Wirksamkeit zu verhelfen, ihr *effet utile* zu verleihen.[46]

III. Bis(s) zur amtsangemessenen Besoldung – Der lange Weg zur effektiven Justiziabilität der Grundgehaltssätze

Mag auch wie eingangs beschrieben in Teilen der Öffentlichkeit der Eindruck bestehen, dass Beamte überwiegend Privilegien besitzen, in deren Genuss nor-

42 Vgl. BVerfGE 135, 259 (289) zum Wahlrecht.

43 Vgl. auch *Jerxsen*, Besoldungsfragen vor dem Bundesverfassungsgericht, in: Scheffczyk/Wolter (Hrsg.), Linien der Rechtsprechung des Bundesverfassungsgerichts, Bd. 4, 2017, S. 343 (352).

44 BVerfGE 155, 1 (14 Rn. 24); vgl. umgekehrt formuliert BVerfGE 148, 296 (365 Rn. 153): „Würde die Besoldung von Beamten oder Teile hiervon erstritten werden können, ließe sich die derzeit bestehende Möglichkeit des einzelnen Beamten, die verfassungsmäßige Alimentation gerichtlich durchzusetzen – und damit die subjektiv-rechtliche Ausgestaltung des Art. 33 Abs. 5 GG – nicht mehr rechtfertigen."

45 *Janisch*, Der Preis einer guten Justiz, www.sz.de (05.05.2018).

46 Vgl. *Droege*, DÖV 2014, 785 (791, 793) m.w.N. in Fn. 72 ff.

male Arbeitnehmer nicht kommen, so lässt sich der Eindruck einer besonderen Privilegierung der Interessen von Beamten durch die besoldungsrechtliche Rechtsprechung des Bundesverfassungsgerichts im Großen und Ganzen nicht bestätigen. Über viele Jahrzehnte betonte es mehr den Entscheidungsspielraum des Besoldungsgesetzgebers, als dass es die Beamten vor Besoldungskürzungen bewahrte. Insofern stellten die Entscheidungen zur R- Besoldung und A- Besoldung im Jahr 2015 eine Zeitenwende[47] dar, die rückblickend betrachtet bereits in der Entscheidung zur W-Besoldung im Jahr 2012 vorbereitet wurde. Dies gilt nicht nur, weil das Bundesverfassungsgericht die Besoldung ganzer Besoldungsgruppen für verfassungswidrig erklärte, sondern weil es allgemeingültige klare Maßstäbe für die Herleitung seiner Entscheidung aufstellte, auf deren Grundlage sich scheinbar geradezu errechnen ließ,[48] wann eine Besoldung noch verfassungsgemäß ist. Kamen diese Entscheidungen auch einer kleinen Revolution der Besoldungsrechtsprechung des Bundesverfassungsgerichts gleich, so setzten sie jedoch auf den Grundlagen der bisherigen Rechtsprechung auf und führten diese konsequent weiter.

1. Der zahnlose Tiger: Alimentation nach Ermessen des Dienstherrn

Die Grundlagen seiner Besoldungsrechtsprechung legte das Bundesverfassungsgericht schon mit einer seiner ersten Entscheidungen. Es hielt fest: Der Dienstherr ist gegenüber seinen Beamten verpflichtet, ihnen eine angemessene Besoldung zukommen zu lassen. Wie er sicherstellt, dass sie angemessen ist, ist in weitem Umfang in sein Ermessen gestellt.[49] Etwa ab den 1970er Jahren hob das Bundesverfassungsgericht in seinen Entscheidungen diesen zweiten Aspekt besonders deutlich hervor: Bei der Regelung des Besoldungswesens sei der Entscheidungsfreiheit des Gesetzgebers ein weiter Spielraum gelassen.[50] Es betonte, dass

---

47 So betitelt auch von *Stuttmann*, NVwZ 2015, 1007 (1008).

48 So etwa *Stuttmann*, NVwZ 2015, 1007 (1008).

49 BVerfGE 8, 1 (16, 22) – Teuerungszulage. Zudem sahen die Richter der ersten Stunde offenbar bereits die besonderen Schwierigkeiten einer Klage wegen Unteralimentation voraus: „Das Bundesverfassungsgericht wird daher in zweifelhaften Fällen nur schwer einen Verstoß gegen Art. 33 Abs. 5 GG mit der für eine richterliche Entscheidung erforderlichen Eindeutigkeit feststellen können.“, BVerfGE 8, 1 (23)

50 BVerfGE 44, 249 (267, 273); 49, 260 (271 f.); 55, 372 (392); 58, 68 (78) (Verfassungsmäßigkeit des Beihilfesystems); BVerfG, Beschluss vom 15.01.1985 – 2 BvR 1148/84 –, juris, Rn. 9; BVerfG, Beschluss vom 19.05.1982 – 2 BvR 320/82 –, juris, Rn. 3; BVerfG, Beschluss vom 15.01.1985 –

das Bundesverfassungsgericht bei der Nachprüfung besoldungsrechtlicher Vorschriften deshalb Zurückhaltung zu üben habe und nur die Verletzung äußerster Grenzen der gesetzgeberischen Freiheit feststellen könne.[51] Der Gesetzgeber könne die Struktur der Besoldungsordnung, die Struktur des Beamtengehalts, die Zahlungsmodalitäten innerhalb des Rahmens, den die verfassungsrechtlich garantierte Alimentierungspflicht ziehe, jederzeit pro futuro ändern, insbesondere auch die Gehaltsbeträge kürzen, solange sie nicht an der unteren Grenze einer amtsangemessenen Alimentierung lägen.[52] In Karlsruhe war man sich offenbar lange Zeit sehr sicher war, dass diese Grenze nicht erreicht war und auch vom Besoldungsgesetzgeber nicht angetastet werden würde. Und dies, obwohl der Besoldungsgesetzgeber seit den 1980er Jahren verstärkt Kürzungen bei der Besoldung und Versorgung der Beamten zur Haushaltssanierung vornahm[53] und etwa durch die Bundesbesoldungs- und -versorgungsanpassungsgesetze der Jahre 1987 bis 1995 regelmäßig die Erhöhungen der Besoldung und Versorgungsbezüge im Vergleich zu den Tarifabschlüssen für den Arbeitnehmerbereich des öffentlichen Dienstes mit zeitlichen Verzögerungen in Kraft treten ließ. Trotzdem wurde in mehreren Entscheidungen ohne ersichtliche Prüfung schlicht festgestellt, dass die Alimentation grundsätzlich angemessen sei.[54] Dem Gesetzgeber gegenüber sprach man sogar ein besonderes Vertrauen dahingehend aus, dass er seinen besoldungsrechtlichen Verpflichtungen nachkommen werde: „Er [der Gesetzgeber] hat durch fortwährende Erhöhungen und Anpassungen der beamtenrechtlichen Besoldung und Versorgung den veränderten Lebensverhältnissen und der wirtschaftlichen Entwicklung in der Vergangenheit Rechnung getragen und er wird dieser Pflicht [...] auch in Zukunft nachkommen [...].“[55]

2 BvR 1148/84 –, Rn. 2, juris; BVerfGE 76, 256 (295); BVerfG, Beschluss vom 14.12.2000 – 2 BvR 1457/96 –, juris, Rn. 5; BVerfGE 117, 330 (352 f.); BVerfGK 12, 189 (198).

51 BVerfG, Beschluss vom 15.01.1985 – 2 BvR 1148/84 –, juris, Rn. 9 unter Verweis auf BVerfGE 13, 356 (362).

52 BVerfGE 44, 249 (263) (amtsangemessene Besoldung kinderreicher Beamter); BVerfG, Beschluss vom 15.01.1985 – 2 BvR 1148/84 –, juris, Rn. 2 (Senkung der Besoldung bei best. Eingangsämtern).

53 Siehe hierzu BT-Drs. 9/842, S. 52 und darauf bezogen BVerfGE 76, 256 (261 ff.).

54 BVerfGE 44, 249 (272 f.) (Besoldung kinderreicher Beamter); 58, 68 (78) (Verfassungsmäßigkeit des Beihilfesystems); BVerfG, Beschluss vom 15.01.1985 – 2 BvR 1148/84 –, juris, Rn. 8 (Absenkung der Besoldung im Eingangsamt best. Besoldungsgruppen); BVerfGE 71, 39 (62 f.); BVerfGE, Beschluss vom 23.10.2001 – 2 BvR 666/00 –, juris, Rn. 5 (vorübergehender Aufschub der linearen Bezüge bzw. der Ausschluss von einer Einmalzahlung für einen begrenzten Zeitraum in bestimmten Besoldungsgruppen); BVerfGE 117, 330 (354) (Ballungsraumzulage).

55 BVerfGE 58, 68 (78).

Aus den besoldungsrechtlichen Entscheidungen dieser Zeit stechen die Entscheidungen zu kinderreichen Beamten[56] insofern heraus, als in ihnen erstmalig der Versuch ersichtlich wird, die Grenzen einer amtsangemessenen Besoldung zu konkretisieren. Auch in ihnen wurde zwar über alle drei Entscheidungen hinweg für Beamtenfamilien mit bis zu zwei Kindern – ohne weitere Prüfung – von einer angemessenen Alimentation ausgegangen[57]. Hinsichtlich der besonderen besoldungsrechtlichen Situation von Beamten mit mehr als zwei Kindern erfüllte das Bundesverfassungsgericht aber die absolute untere Grenze zwischen angemessener und unangemessener Besoldung erstmalig mit Leben und machte sie greifbarer. Die Entscheidungen grenzen das, was sich jeder Beamte im Mindestmaß leisten können muss, nach unten dahingehend ab, dass die Alimentation des Beamten und seiner Familie etwas anderes und Eindeutigeres als staatliche Hilfe zur Erhaltung eines Mindestmaßes sozialer Sicherung und eines sozialen Standards für alle ist.[58] Vielmehr sei das Alimentationsprinzip jeweils den Zeitverhältnissen gemäß zu konkretisieren und bedeute in der Wohlstandsgesellschaft nicht nur, dass Grundbedürfnissen des Menschen wie Nahrung, Kleidung und Unterkunft befriedigt werden könnten, sondern ein Minimum an „Lebenskomfort".[59] Es müsse ein Unterschied zwischen der Sozialhilfe und dem dem Beamten und seiner Familie geschuldeten Unterhalt hinreichend deutlich werden. Dies sei zumindest dann der Fall, wenn dieser Unterschied 15 % betrage.[60] Damit haben diese Entscheidungen die Grundlage für die Beantwortung der übergeordneten Frage geschaffen, welche Mindestbesoldung jedem Beamten – unabhängig von seinem Familienstand – auf der Grundlage des Alimentationsprinzips zusteht, die von der aktuellen Entscheidung zur Berliner Richterbesoldung wieder aufgegriffen worden ist.

Etwa seit den 2000er Jahren schwand offenbar das Vertrauen der Bundesverfassungsrichter darin, dass der Besoldungsgesetzgeber seinen ihm zustehenden Gestaltungsspielraum mit Augenmaß ausfüllen werde. In mehreren Entscheidungen wies das Gericht den Gesetzgeber warnend darauf hin, dass die

---

56 BVerfGE 44, 249; BVerfGE 81, 363; BVerfGE 99, 300.

57 BVerfGE 44, 249 (272 f.); BVerfGE 81, 363 (377); BVerfGE 99, 300 (319 f.)

58 BVerfGE 44, 249 (267 f.); BVerfGE 81, 363 (378 f.); BVerfGE 99, 300 (316, 320).

59 BVerfGE 44, 249 (265 f.); BVerfGE 81, 363 (376 f.); BVerfGE 99, 300 (315). Hierzu zählt das Gericht die Ausstattung des Haushalts mit dem üblichen elektrischen Gerät einschließlich seiner Unterhaltung, Radio- und Fernsehgerät samt laufenden Kosten, Zeitungs- und Zeitschriftenbezug, Theaterbesuch und Besuch ähnlicher Veranstaltungen, Kraftwagen, Urlaubsreise, Bausparvertrag, Lebensversicherung und Krankenversicherung, Ausgaben für Fortbildung, soziale und politische Aktivitäten und vernünftige Freizeitbeschäftigung.

60 BVerfGE 81, 363 (382 f.); BVerfGE 99, 300 (321 ff.).

vorgenommenen Kürzungen, vor allem in ihrer Gesamtheit, die Grenze zur Unteralimentation absehbar erreichen könnten. So hieß es etwa in einer Entscheidung zur Kürzung der Versorgungsbezüge ab dem Jahr 2002[61], dass der Gesetzgeber die verfassungsrechtlichen Grenzen seines Entscheidungsspielraums *noch nicht* überschritten habe.[62] Und zu der 1999 im niedersächsischen Beihilferecht (vorübergehend) eingeführten Kostendämpfungspauschale wurde angemerkt, dass angesichts der in der jüngeren Vergangenheit vorgenommenen Leistungskürzungen und Einsparmaßnahmen im Recht der Beamten und Versorgungsempfänger bei einer Gesamtschau nicht von vornherein eine Unteralimentation auszuschließen sei.[63] Zudem wurde der Besoldungsgesetzgeber in mehreren Entscheidungen auf seine Verpflichtung zur Beobachtung der Ausgestaltung und Angemessenheit der Bezüge deutlich hingewiesen.[64] So etwa auch in der Entscheidung zur Ballungsraumzulage. Trotz Anhörung eines Sachverständigen habe keine hinreichend sichere Tatsachengrundlage für eine umfassende Bewertung der wirtschaftlichen Verhältnisse gewonnen werden können, die auf eine Pflicht zu einer nach den Lebenshaltungskosten des Dienstortes differenzierenden Besoldung hinführe. Dem Gesetzgeber wurde jedoch aufgegeben, die tatsächliche Entwicklung der Lebenshaltungskosten auf relevante Unterschiede zwischen Stadt und Land zu beobachten, um möglichen Verstößen gegen den Alimentationsgrundsatz angemessen begegnen zu können.[65] Das Bundesverfassungsgericht machte zudem in der Folge deutlich, dass für die Frage, ob eine Unteralimentation vorliege, nicht allein die Wirkung einzelner besoldungsrechtlicher Maßnahmen in den Blick zu nehmen sei, sondern verschiedene Kürzungsmaßnahmen in ihrer Gesamtheit zu betrachten und zu bewerten seien.[66] Eine tatsächliche Überprüfung der Angemessenheit der Alimentation durch das Bundesverfassungsgericht

---

61 Versorgungsänderungsgesetz 2001 vom 20.12.2001 (BGBl I S. 3926).

62 BVerfG, Urteil vom 27.09.2005 – 2 BvR 1387/02 –, juris Rn. 137.

63 BVerfG, Beschluss vom 02.10.2007 – 2 BvR 1715/03 u.a. –, juris Rn. 35.

64 BVerfGE 114, 258 (297): „Andererseits ist er jedoch gehalten, bei einer nicht unerheblichen Abweichung der tatsächlichen von der prognostizierten Entwicklung Korrekturen an der Ausgestaltung der Bezüge vorzunehmen."; BVerfG, Beschluss vom 02.10.2007 – 2 BvR 1715/03 u.a. –, juris Rn. 35: „Je empfindlicher sich dabei die Leistungskürzungen im öffentlichen Dienst in ihrer Gesamtheit darstellen, umso eher wird eine Überschreitung der durch das Alimentationsprinzip gezogenen Grenzen für die Festsetzung der Bezügehöhe in Betracht kommen und dem Gesetzgeber jedenfalls Anlass geben, die wachsende Differenz zu beobachten und seine Erwägungen, dass die verfassungsrechtlichen Maßstäbe gleichwohl eingehalten sind, zu plausibilisieren."

65 BVerfGE 117, 330 (355).

66 BVerfG, Beschluss vom 24.09.2007 – 2 BvR 1673/03 u.a. –, juris, Rn. 34; BVerfG, Beschluss vom 28.09.2007 – 2 BvL 5/05 u.a. –, juris, Rn. 26; BVerfGK 12, 234 (243); BVerfG, Beschluss vom 02.10.2007 – 2 BvR 1715/03 u.a. –, juris, Rn. 35.

scheiterte jedoch mehrmals daran, dass aus seiner Sicht die Unteralimentation nicht in ausreichendem Maße dargelegt wurde. Konkret bemängelte das Gericht fehlende Berechnungen zu der Frage, wie genau sich die angegriffenen Kürzungen auf die Nettobezüge auswirkten und inwieweit Besoldung oder Versorgung aufgrund der Einschnitte hinter der Entwicklung der allgemeinen wirtschaftlichen und finanziellen Verhältnisse zurückblieben.[67]

Die Föderalisierung der Besoldung ab dem Jahr 2003 führte schließlich zu immer weitgehenderen und tiefergreifenderen Kürzungen. Seit dem Jahr 2003 war die Gesetzgebungskompetenz, die seit 1971 beim Bund lag[68], in zwei Schritten auf die Länder übertragen worden. Zunächst war ab 2004 den Ländern die Befugnis eingeräumt worden, eigene Regelungen bezüglich einer jährlichen Sonderzahlung zu erlassen.[69] Ab 2006 ging infolge der sogenannten „Föderalismusreform I" die Gesetzgebungskompetenz für die Besoldung und Versorgung der Landesbeamten gänzlich auf die Länder über.[70] Sonderzahlungen wurden zunächst gekürzt[71] und fielen später ganz weg. Ab 2006 wurde insbesondere durch verzögerte Besoldungsanpassungen und Nullrunden für die Landesbeamten die Besoldung kontinuierlich verringert,[72] wobei die Länder geradezu in einen Unterbietungswettbewerb eintraten.[73]

2. Der Tiger zahnt: Evidenzerlebnis W-Besoldung

Wohl auch unter dem Eindruck der sich nach 2006 mehrenden Richtervorlagen von Verwaltungsgerichten und Oberverwaltungsgerichten zur Verfassungsmäßigkeit ganzer Besoldungsgruppen der Besoldungsordnungen A und R erging die

67 BVerfG, Beschluss vom 24.09.2007 – 2 BvR 1673/03 –, juris, Rn. 35; BVerfG, Beschluss vom 02.10.2007 – 2 BvR 1715/03 –, juris, Rn. 36.

68 Art. 74a GG eingefügt mit Wirkung vom 21.03.1971 durch Art. I Nr. 1 des 28. Gesetzes zur Änderung des Grundgesetzes vom 18.03.1971 (BGBl I S. 206).

69 Bundesbesoldungs- und -versorgungsanpassungsgesetz 2003/2004 vom 10.09.2003 (BGBl I S. 1798).

70 Gesetz zur Änderung des Grundgesetzes (Artikel 22, 23, 33, 52, 72, 73, 74, 74a, 75, 84, 85, 87c, 91a, 91b, 93, 98, 104a, 104b, 105, 107, 109, 125a, 125b, 125c, 143c) vom 28.08.2006 (BGBl I S. 2034).

71 Exemplarisch hierfür stehen die den Entscheidung BVerfGK 12, 234 und BVerfGK 7, 357 zu Grunde liegenden Kürzungen.

72 Für Richter der Länder Sachsen-Anhalt, Nordrhein-Westfalen und Rheinland-Pfalz dargestellt in BVerfGE 139, 64 (75 ff. Rn. 10 ff.) (R-Besoldung). Für Beamte der Besoldungsordnung A in den Ländern Sachsen, Nordrhein-Westfalen und Niedersachsen dargestellt in BVerfGE 140, 240 (249 ff. Rn. 10 ff.) (A-Besoldung).

73 So auch *Stuttmann*, NVwZ 2015, 1007 (1007 f.).

Entscheidung zur W-Besoldung der Professoren in Hessen. Mit dieser Entscheidung zog das Bundesverfassungsgericht gegenüber den Besoldungsgesetzgebern in Bund und den Ländern, die ihre Ziele der Haushaltssanierung in einem besonderen Maß durch Kürzungen der Beamtenbesoldungen zu verwirklichen suchten, eine erste klare Grenze ein.[74]

Die Grundgehaltsätze der hessischen W-Besoldung, die den bundesrechtlichen Vorgaben folgend auf einem zweigliedrigen Vergütungssystem beruhten, das aus einem festen Grundgehalt und variablen Leistungsbezügen bestand, wurden für die Jahre 2005 bis 2010 als in verfassungswidriger Weise unzureichend beanstandet.[75] Die Besonderheit dieses Verfahrens lag allerdings darin, dass nicht allein die Angemessenheit einer Besoldung an den Maßstäben von Art. 33 Abs. 5 GG zu prüfen war, sondern diese Prüfung mit der Frage verbunden war, inwieweit und unter welchen Voraussetzungen der Gesetzgeber zu Systemwechseln im Besoldungsrecht, konkret zur Einführung unmittelbar von der Leistung der Beamten abhängiger Besoldungsbestandteile, berechtig ist. Damit war klar, dass sich das Bundesverfassungsgerichts auch dazu verhalten musste, welche Gestaltungsspielräume es auf der Grundlage von Art. 33 Abs. 5 GG für den Gesetzgeber bei der Veränderung und Neustrukturierung des Beamtenrechts im Allgemeinen und des Besoldungsrechts im Besonderen sah.

Vor diesem Hintergrund lag ein besonderer Schwerpunkt der Entscheidung darauf, die grundsätzliche Offenheit beider Materien für gesetzgeberische Umstrukturierungen und Neugestaltungen zu betonen. So legte das Bundesverfassungsgericht noch einmal ausdrücklich dar, dass die Gestaltungsfreiheit des Gesetzgebers grundsätzlich auch strukturelle Neuregelungen der Besoldung in Form von Systemwechseln abdeckt, welche die Bewertung eines Amtes und die damit einhergehende besoldungsrechtliche Einstufung betreffen.[76] Von dem weiten Spielraum bei der Ausgestaltung des Alimentationsprinzips sei grundsätzlich auch die Einführung neuer und die Modifizierung bestehender Leistungselemente in der Besoldung gedeckt.[77]

Trotzdem entschied das Bundesverfassungsgericht, dass die Gesamtkonzeption der W 2-Besoldung nicht den Anforderungen, die das Alimentationsprinzip stelle, entspreche. Die Grundgehaltssätze der Besoldungsordnung W seien evident unangemessen zu niedrig. Das durch die Grundgehaltssätze entstandene Alimentationsdefizit werde durch die Leistungsbezüge in ihrer bisherigen Aus-

---

74 BVerfGE 130, 263.
75 Zur näheren Ausgestaltung siehe BVerfGE 130, 263 (266 ff.).
76 BVerfGE 130, 263 (295).
77 BVerfGE 130, 263 (296).

gestaltung nicht kompensiert.[78] Zur Überprüfung der Angemessenheit der Grundgehaltssätze stellte das Bundesverfassungsgericht eine Gesamtbetrachtung an und beschränkte sich darin in erster Linie auf einen Vergleich der Grundgehaltssätze der Besoldungsgruppe W 2 mit den Grundgehaltssätzen anderer Besoldungsordnungen, insbesondere der Besoldungsordnung A und hier mit den Besoldungsgruppen A 13 und A 14.[79] Bereits hieraus ergab sich für das Bundesverfassungsgericht vor dem Hintergrund der Anforderungen an den akademischen Werdegang und die Qualifikation der Inhaber eines Amtes der Besoldungsgruppe W 2 ein evidentes Missverhältnis.[80] Zur Kontrolle des gefundenen Ergebnisses ergänzte das Bundesverfassungsgericht seine Prüfung durch einen weiteren Vergleich der hessischen W-Besoldung mit bestimmten Einkommen außerhalb des öffentlichen Dienstes.[81] Im Ergebnis stellte es fest, dass in der Gesamtschau der Befund verfassungsrechtlich nicht mehr akzeptabel sei und sachliche Gründe für die vom Gesetzgeber vorgenommene Veränderung der Wertigkeit des Professorenamtes weder dargelegt noch sonst erkennbar seien.[82]

3. Der Tiger mit Biss: Ausgefeiltes Prüfprogramm zur R- und A-Besoldung

Drei Jahre nach der Entscheidung zur W-Besoldung folgten dann die grundlegenden Entscheidungen zur R- und A-Besoldung, bei denen die Angemessenheit bestimmter Besoldungsgruppen dieser Besoldungsordnungen in verschiedenen Ländern zur Prüfung stand.[83] Während das Bundesverfassungsgerichts es in seiner Entscheidung zur W-Besoldung noch im Wesentlichen bei einem besoldungsinternen Vergleich hatte belassen können, entwickelte es nun einen deutlich differenzierteren Ansatz. Erklärtes Ziel war es, einen durch Zahlenwerte konkretisierten Orientierungsrahmen zu ermitteln, der es den Besoldungsgesetzgebern und nachfolgend den Gerichten ermöglichen sollte zu ermitteln bzw. zu überprüfen, wie eine grundsätzlich verfassungsgemäße Ausgestaltung der Alimentationsstruktur und des Alimentationsniveaus auszusehen hat. Die Kriterien zur Ermittlung der Zahlenwerte, die sogenannten Parameter, wurden zum Teil der bisherigen Rechtsprechung entnommen, so etwa wie der systeminterne Be-

78 BVerfGE 130, 263 (308 ff.).
79 BVerfGE 130, 263 (303 ff.).
80 BVerfGE 130, 263 (305 ff.).
81 BVerfGE 130, 263 (307 f.).
82 BVerfGE 130, 263 (308).
83 BVerfGE 139, 64 (R-Besoldung); BVerfGE 140, 240 (A-Besoldung).

soldungsvergleich und der Vergleich mit der Vergütung von Personen in der freien Wirtschaft. Im Wesentlichen entstammten sie aber auch der Beratung durch Sachverständige in der mündlichen Verhandlung, insbesondere durch die Vertreter des Statistischen Bundesamtes. Das Bundesverfassungsgericht war ersichtlich bemüht, auf der einen Seite den Besoldungsgesetzgebern von Bund und Ländern die Grenzen ihres Gestaltungsspielraums aufzuzeigen. Der klar erkennbaren Entwicklung, Besoldungsgruppen und ganzen Besoldungsordnungen die Teilhabe an der allgemeinen wirtschaftlichen und finanziellen Entwicklung zum Zwecke der Haushaltssanierung zu verwehren, sollte wirksam Einhalt geboten werden. Auf der anderen Seite sollten den Besoldungsgesetzgebern klare Maßstäbe für ihr Handeln an die Hand geben werden. Die Frage der Unteralimentierung sollte nicht mehr allein durch das aus einer Gesamtbetrachtung erwachsene Bauchgefühl der Richter am Bundesverfassungsgericht entschieden werden. Stattdessen sollten nachvollziehbare und fassbare Kriterien zum Ausgangspunkt der Prüfung dieser Frage gemacht werden. Damit erhoffte man sich wohl auch eine Versachlichung der allgemeinen Diskussion über Beamtengehälter.

Das Prüfungsprogramm für eine die unzureichende Höhe der Grundgehaltssätze einer bestimmten Besoldungsgruppe rügende Besoldungsklage besteht seither aus drei Stufen: Auf einer ersten Prüfungsstufe wird anhand fünf „harter“, quantitativer Kriterien – den Parametern –,[84] ermittelt, ob Indizien für eine verfassungswidrige Unteralimentation bestehen. Diese liegen dann vor, wenn die für die Parameter vorgegebenen Schwellenwerte nicht eingehalten werden. Dabei ist allerdings zu beachten, dass diese lediglich Orientierungscharakter haben. In einer zweiten Prüfungsstufe findet eine Nachsteuerung statt, indem anhand weiterer „weicher“, qualitativer Kriterien,[85] überprüft wird, ob das in der ersten Stufe gefundene Ergebnis auch in einer Gesamtbetrachtung aller Umstände be-

---

84 Bei den fünf Parametern der ersten Stufe handelt es sich um einen Vergleich der Besoldungsentwicklung mit den Tarifergebnissen der Angestellten im öffentlichen Dienst in dem jeweils betroffenen Land (erster Parameter), einen Vergleich der Besoldungsentwicklung mit der Entwicklung des Nominallohnindexes im jeweils betroffenen Land (zweiter Parameter), einen Vergleich der Besoldungsentwicklung mit der Entwicklung des Nominallohnindexes (dritter Parameter), einen systeminternen Besoldungsvergleich, bei dem die Abstände der Bruttogehälter in den Besoldungsgruppen untersucht werden (vierter Parameter), und einen Quervergleich mit der Besoldung des Bundes und anderer Länder (fünfter Parameter).

85 Zu den weiteren Kriterien der zweiten Stufe zählen insbesondere das Ansehen des Amtes in den Augen der Gesellschaft sowie der vom Amtsinhaber geforderten Ausbildung und Beanspruchung , die Entwicklung der Qualifikation der eingestellten Bewerber, die besondere Qualität der Tätigkeit und Verantwortung, die Entwicklung im Bereich der Beihilfe und der Versorgung sowie der Vergleich mit den durchschnittlichen Bruttoverdiensten sozialversicherungspflichtiger Beschäftigter mit vergleichbarer Qualifikation, vgl. BVerfGE 139, 64 (120 f. Rn. 116).

stätigt wird. Verbunden werden die beiden Stufen durch die „Vermutung der Unteralimentation". In den Entscheidungen zur R- und A-Besoldung wurde hierzu lediglich ausgeführt, dass eine Vermutung für eine verfassungswidrige Unteralimentation jedenfalls dann vorliege, wenn drei der fünf Parameter der ersten Prüfungsstufe erfüllt seien. Diese Vermutung könne durch die Berücksichtigung weiterer alimentationsrechtlicher Kriterien im Rahmen einer Gesamtabwägung auf der zweiten Prüfungsstufe widerlegt oder erhärtet werden.[86] In der Entscheidung zur Berliner Richterbesoldung wurde klargestellt, dass diese als „Drei-Parameter-Regel" bezeichnete Aussage keine notwendige Bedingung für den Eintritt in die auf der zweiten Prüfungsstufe angesiedelte Abwägung beschreibt, sondern deren Ausgangslage konkretisiert.[87] Auf einer dritten Prüfungsstufe ist für den Fall, dass sich aus den ersten beiden Stufen eine Unteralimentation ergibt, zu untersuchen, ob diese ausnahmsweise durch kollidierendes Verfassungsrecht gerechtfertigt ist.[88] Schließlich sind die Einhaltung prozeduraler Anforderungen im Gesetzgebungsprozess zu prüfen, die dem Besoldungsgesetzgeber Begründungspflichten auferlegen.[89]

Die Entscheidung zur A-Besoldung folgt im Wesentlichen derjenigen zur R-Besoldung, spricht beim vierten Parameter jedoch – nicht entscheidungstragend – darüber hinaus die Frage an, ob der notwendige Abstand der Mindestbesoldung zur Grundsicherung (in den unteren Besoldungsgruppen) unterschritten wurde.[90] Weil hierfür keine Anhaltspunkte erkannt worden waren, wurde lediglich unter Rückgriff auf die Rechtsprechung zur Besoldung kinderreicher Beamter skizziert, welche Aspekte die Prüfung des Einhaltens einer Mindestalimentation voraussichtlich berücksichtigen müsste.[91] Mit Leben wurde die Frage der Mindestbesoldung erst durch die nachfolgende Entscheidung zur Berliner Richterbesoldung erfüllt.[92]

86 BVerfGE 139, 64 (113 Rn. 97; 120 f. Rn. 116).

87 Siehe hierzu unten unter IV. 1.

88 BVerfGE 139, 64 (113 Rn. 97; 124 Rn. 125).

89 BVerfGE 139, 64 (113 Rn. 97; 127 Rn. 130); hierzu näher unten unter IV. 6.

90 BVerfGE 140, 240 (286 Rn. 93).

91 BVerfGE 140, 240 (286 f. Rn. 94 f.), wobei dies bei genauer Betrachtung vielleicht gar nicht so eindeutig war.

92 Siehe hierzu unten unter IV. 3.

IV. Der Tiger bei der Zahnreinigung: Konsolidierte Maßstäbe in der Entscheidung zur Berliner Richterbesoldung

Dass es mit den Entscheidungen zur R- und A-Besoldung nicht sein Bewenden haben konnte, liegt an einer Besonderheit des Besoldungsrechts. Die Besoldung wird unmittelbar durch Gesetz geregelt (vgl. § 2 Abs. 1 BBesG). Das bedeutet, dass weder die Bezügestellen noch die Fachgerichte in der Lage sind, bei einer als defizitär erkannten Besoldungsordnung abzuhelfen. Nimmt der Gesetzgeber Entscheidungen des Bundesverfassungsgerichts in anderen Fällen nicht zum Anlass, die Besoldung rückwirkend zu korrigieren, führt an einer Richtervorlage nach Art. 100 Abs. 1 GG durch die Fachgerichte kein Weg vorbei.

Bei den Verwaltungsgerichten waren (und sind) eine ganze Reihe von Besoldungsverfahren anhängig, die sich auf Streitjahre seit Mitte der 2000er Jahre beziehen. Die Verwaltungsgerichte brachten diese in aller Regel mit Blick auf die Verfahren zur R- und A-Besoldung zum Ruhen oder setzten sie aus und haben sie nach den Entscheidungen im Jahr 2015 wiederaufgenommen. In der Folge gingen beim Bundesverfassungsgericht mehr als 30 Vorlagen aus acht Bundesländern ein. Sie beziehen sich in der Regel auf unterschiedliche Besoldungsgruppen und viele verschiedene Streitjahre.

Die Analyse der Vorlagen ergibt, dass vor allem in zweifacher Hinsicht Klärungsbedarf bestand: Zum einen gab es zur ersten Prüfungsstufe im Detail verschiedene Lesarten, vor allem zu den Fragen, ob auch eine besonders deutliche Überschreitung von einem oder zwei Parametern den Weg zu einer Gesamtabwägung eröffnet (1.) oder ob auf der ersten Stufe zwingend drei Parameter erfüllt sein müssen, dabei aber nötigenfalls eine „Spitzausrechnung" der Besoldungsentwicklung erforderlich sein könnte (2.). Zum anderen wurden die sehr knappen Ausführungen zum Mindestabstandsgebot in der Entscheidung zur A-Besoldung unterschiedlich interpretiert und umgesetzt (3.).

Der Senat wählte vor diesem Hintergrund die Vorlage des Bundesverwaltungsgerichts zur Berliner Richterbesoldung als Pilotverfahren aus und stellte sie mit diesem Hinweis allen Besoldungsgesetzgebern und Verbänden mit der Bitte um Stellungnahme zu.

1. Kontextualisierung der „Drei-Parameter-Regel"

Nach den A- und R-Entscheidungen des Bundesverfassungsgerichts berücksichtigten Bund und Länder bei den zukünftigen Besoldungsanpassungen die Auswirkungen auf die Indices der ersten Stufe des Prüfungskonzepts des Bundesverfassungsgerichts.[93] Die Hoffnung, dass alle Besoldungsgesetzgeber die Entscheidungen als eine Art Weckruf verstehen würden, die Besoldung ihrer Beamten allgemein wieder auf eine vernünftige Basis zu stellen,[94] erfüllte sich indes nicht. In der Praxis sah die Umsetzung der Entscheidungen vielfach so aus, dass die zukünftigen Besoldungsanpassungen gerade so bemessen wurden, dass maximal zwei der fünf Parameter der ersten Prüfungsstufe die jeweiligen Schwellenwerte überschritten.[95] Die Besoldungsgesetzgeber fokussierten sich auf die Maßgaben der ersten drei Parameter der ersten Prüfungsstufe, da bei diesen Parametern am ehesten ein Überschreiten der Schwellenwerte zu erwarten ist. Teilweise ermittelten die Besoldungsgesetzgeber den Parameter, dessen Schwellenwert mit dem kleinsten finanziellen Aufwand gerade noch eingehalten werden konnte.[96] Allgemein galt, dass die Besoldungsgesetzgeber sich verfassungsmäßig auf der sicheren Seite wähnten, wenn ihre Prüfungen ergaben, dass lediglich die Schwellenwerte eines oder zweier Parameter überschritten waren, da nach ihrer Auffassung damit keine Vermutung für eine Unterbesoldung bestehen konnte und somit auch der Weg zu einer weitergehenden Gesamtbetrachtung auf der zweiten Prüfungsstufe versperrt war.[97] Eine rückwirkende Selbstkontrolle der Besoldungsgesetzgeber für die beklagten Zeiträume fand nicht statt, weshalb die Verwaltungsgerichte die Besoldungsverfahren wiederaufnehmen mussten.

---

93 Vgl. dazu etwa für das Saarland LT-Drs. 15/1510, S. 28 ff. und 16/29, S. 27 ff.; für Rheinland-Pfalz LT-Drs. 17/9144, S. 49 ff.

94 So formulierte BVR *Maidowski* auf der vom Deutschen Richterbund und der Friedrich-Ebert-Stiftung veranstalteten rechtspolitischen Konferenz unter dem Titel „Gerechtigkeit braucht eine starke Justiz" am 28.09.2015: „Das Bundesverfassungsgericht hat lediglich eine relative Untergrenze für die Besoldung festgelegt." Die im Urteil genannten Kriterien „verlangen nicht nach Kleinkariertheit, sondern nach Großzügigkeit" (wiedergegeben in *Rebehn*, DRiZ 2015, 374 (376)).

95 Vgl. auch *Frank*, Vorsitzender des Deutschen Richterbundes, auf der vom Deutschen Richterbund und der Friedrich-Ebert-Stiftung veranstalteten rechtspolitischen Konferenz unter dem Titel „Gerechtigkeit braucht eine starke Justiz" am 28.09.2015, wiedergegeben in *Rebehn*, DRiZ 2015, 374 (375)).

96 Vgl. zu diesem Vorgehen BVerfGE 142, 116 (120 Rn. 5) und VG Halle, Beschluss vom 11.07. 2017–5 A 142/15 –, juris, Rn 16 ff.

97 Vgl. etwa für Sachsen-Anhalt LT-Drs. 6/4340 LSA, S. 7; für das Saarland LT-Drs. 15/1510, S. 30 ff. und 16/29, S. 38. Die saarländische Regierung formulierte dies auch ausdrücklich in ihrer Stellungnahme gegenüber dem Bundesverfassungsgericht in dem Verfahren BVerfGE 155, 1.

Ein großer Teil der Verwaltungsgerichte verstand die Vorgaben des Bundesverfassungsgerichts dahingehend, dass der Zugang zur zweiten Prüfungsstufe erst eröffnet sei, wenn eine Vermutung für eine Unteralimentation bestehe, weil drei von fünf Parametern erfüllt seien.[98] In Grenzfällen, in denen beispielsweise die Schwellenwerte über viele Jahre nur knapp nicht erreicht wurden, insgesamt aber – etwa unter Berücksichtigung landesspezifischer Aspekte – sich das Bild einer Unteralimentation ergab, stellte sich gleichwohl (zurecht) ein Störgefühl bei den Gerichten ein. Dies veranlasste sie teilweise dazu, aus ihrer Sicht angemessenere, die Umstände des Einzelfalls genauer einbeziehende Berechnungsvarianten für die einzelnen Parameter anzuwenden und so zu einer Überschreitung der Schwellenwerte zu kommen, die sich nach dem Ansatz des Bundesverfassungsgerichts nicht ergeben hätte.[99]

Das Bundesverwaltungsgericht stellte hingegen die vermeintliche „Drei-Parameter-Regel" mit seinen Vorlagebeschlüssen unter anderem zur Berliner Richterbesoldung in Frage.[100] Es vertrat die Auffassung, dass die Vermutung für eine verfassungswidrige Unteralimentation auch bei weniger als drei erfüllten Parametern vorliegen und die Prüfung der zweiten Prüfungsstufe eröffnen könnte.[101] Die dreistufige Prüfung diene dazu, eine Gesamtschau durchzuführen. Den Zahlenwerten, die das Bundesverfassungsgericht für seine Prüfung heranziehe, komme nur indizielle Bedeutung zu. Inhaltliche Zweifel an der Verfassungsmäßigkeit könnten sich auch ohne die formale Erfüllung von drei Indiz-Parametern ergeben. Dies könne etwa der Fall sein, wenn zwar nur zwei Parameter der ersten Prüfungsstufe erfüllt seien, dies aber in besonders deutlicher Weise oder bei

98 Vgl. z.B. VG Münster, Urteil vom 26.01.2016 – 5 K 1609/14 –, juris, Rn. 666; VG Gelsenkirchen, Urteil vom 15.03.2016 – 12 K 1012/14 –, juris, Rn. 530; VG Bremen, Beschluss vom 17.03.2016 – 6 K 280/14 –, juris, Rn. 34; VGH Baden-Württemberg, Urteil vom 06.06.2016 – 4 S 1094/15 –, juris, Rn. 81; Thüringer OVG, Urteil vom 23.08.2016 – 2 KO 333/14 –, juris, Rn. 106; OVG Berlin-Brandenburg, Urteil vom 12.10.2016 – 4 B 37.12 –, juris, Rn. 121; VG Köln, Urteil vom 03.05.2017 – 3 K 5747/13 – juris, Rn. 402; Niedersächsisches OVG, Urteil vom 25.04.2017 – 5 lC 228/15 –, juris, Rn. 417 ff.; VG Leipzig, Urteil vom 07.09.2017 – 3 K 557/12 –, juris, Rn. 55; VG Frankfurt a. M., Urteil vom 12.03.2018 – 9 K 40/17.F. –, juris. Anders – vor dem Vorlagebeschluss des Bundesverwaltungsgerichts – etwa VG Gelsenkirchen, Urteil vom 23.09.2015 – 1 K 5754/13 –, juris, Rn. 176; VG Köln, Urteil vom 07.11.2016 – 3 K 7154/10 –, juris, Rn. 230.

99 Vgl. hierzu auch unter 2.

100 Dem sind etwa OVG Saarland, Beschluss vom 17.05.2018 – 1 A 22/16 –, juris, Rn. 35; VG Schleswig, Beschluss vom 20.09.2018 – 12 A 69/18 –, juris, Rn. 68; VG Chemnitz, Beschluss vom 08.11.2018 – 3 K 2000/15 –, juris, Rn. 104 gefolgt.

101 BVerwGE 160, 1 (11 Rn. 44 ff.); BVerwG, Vorlagebeschluss vom 30.10.2018 – 2 C 32/17 –, Rn. 58 ff. juris.

Sonderlagen, die Zweifel an der indiziellen Bedeutung eines formalen Parameters rechtfertigten, etwa bei Verzerrung bestimmter Parameter.[102]

Das Bundesverwaltungsgericht nahm damit die Frage nach der Zielrichtung der R- und A-Entscheidungen in den Blick: Wollten sie den Besoldungsgesetzgebern ein Rechenschema an die Hand geben, mit dem diese eine verfassungsgemäße oder gerade noch verfassungsgemäße Besoldung auf den Cent genau berechnen können? Konnte sich also der Besoldungsgesetzgeber, der die Schwellenwerte von nicht mehr als zwei Parametern überschritt, sicher sein, eine zumindest nicht verfassungswidrige Besoldung zu gewähren? Oder ist das Prüfungsschema allein eine Orientierungshilfe, um die Feststellung einer evidenten Unteralimentierung von nachvollziehbaren Maßstäben abhängig und damit auch vorhersehbarer zu machen?

Die Entscheidung des Bundesverfassungsgerichts zur Berliner Richterbesoldung bestätigt die Leipziger Lesart:

> „Die Heranziehung dieser volkswirtschaftlichen Parameter dient vor allem der Rationalisierung der verfassungsrechtlichen Prüfung, darf aber nicht dahin missverstanden werden, dass sich die Höhe der amtsangemessenen Besoldung unter Rückgriff auf statistische Daten exakt berechnen ließe.[103] [...] Die Parameter sind weder dazu bestimmt noch geeignet, aus ihnen mit mathematischer Exaktheit eine Aussage darüber abzuleiten, welcher Betrag für eine verfassungsmäßige Besoldung erforderlich ist. Ein solches Verständnis würde die methodische Zielrichtung der Besoldungsrechtsprechung des Senats verkennen."[104]

Vor diesem Hintergrund stellt sich das Verhältnis der ersten und zweiten Prüfungsstufen wie folgt dar: Die erste Prüfungsstufe ist nicht der Türöffner für den Zugang zur zweiten Prüfungsstufe. Sie bereitet die auf der zweiten Prüfungsstufe stets gebotene Gesamtabwägung aller alimentationsrelevanten Aspekte vor, ersetzt sie aber nicht.[105] Mit der Heranziehung der fünf Parameter kann es nämlich schon deshalb nicht sein Bewenden haben, weil sich der Inhalt des Alimentationsprinzips nicht allein nach volkswirtschaftlichen Kriterien bemisst.[106]

Anders als von den Besoldungsgesetzgebern überwiegend angenommen, umfasst die notwendige Gesamtabwägung aller besoldungsrechtlich relevanten Kriterien also immer beide Prüfungsstufen.[107] Diese haben innerhalb dieser Gesamtabwägung ihre jeweils eigene Aufgabe. Die erste Prüfungsstufe schafft einen

---

102 Vgl. BVerwGE 160, 1 (11 Rn. 44 ff.).
103 BVerfGE 155, 1 (16 Rn. 28).
104 BVerfGE 155, 1 (17 Rn. 30).
105 BVerfGE 155, 1 (16 Rn. 28).
106 BVerfGE 155, 1 (16 Rn. 28).
107 So auch schon BVerfGE 139, 64 (141 Rn. 176); 140, 240 (314 Rn. 166, 167).

durch Zahlenwerte konkretisierten Orientierungsrahmen für eine grundsätzlich verfassungsgemäße Ausgestaltung der Alimentationsstruktur und des Alimentationsniveaus.[108] Auf der zweiten Prüfungsstufe werden die Ergebnisse der ersten Prüfungsstufe im Rahmen einer Gesamtabwägung durch die Heranziehung weiterer alimentationsrelevanter Kriterien eingeordnet und überprüft.[109]

Der Senat formuliert nun ausdrücklich, was das Prüfungsschema bereits nach seiner Konzeption vorgab: Den fünf Parametern der ersten Prüfungsstufe kommt für die Gesamtabwägung auf der zweiten Prüfungsstufe eine Steuerungswirkung hinsichtlich der Prüfungsrichtung- und tiefe zu. So hatte das Bundesverfassungsgericht in den vorherigen Besoldungsentscheidungen bereits den Fall beschrieben, in dem von den Ergebnissen der ersten Prüfungsstufe eine klare Vermutung für eine verfassungswidrige Unteralimentation ausgeht. Sind mindestens drei Parameter der ersten Prüfungsstufe erfüllt, besteht die Vermutung einer der angemessenen Beteiligung an der allgemeinen Entwicklung der wirtschaftlichen und finanziellen Verhältnisse und des Lebensstandards nicht genügenden und damit verfassungswidrigen Unteralimentation. Auf der zweiten Prüfungsstufe kann diese Vermutung im Rahmen der Gesamtabwägung sowohl widerlegt als auch erhärtet werden.[110] Nun nimmt der Senat auch zu den weiteren denkbaren Ergebnissen und ihren Folgen für die Behandlung auf der zweiten Prüfungsstufe ausdrücklich Stellung: Werden danach bei allen Parametern die Schwellenwerte unterschritten, wird eine angemessene Alimentation vermutet. Sind indessen ein oder zwei Parameter erfüllt, müssen die Ergebnisse der ersten Stufe, insbesondere das Maß der Über- beziehungsweise Unterschreitung der Parameter, zusammen mit den auf der zweiten Stufe ausgewerteten alimentationsrelevanten Kriterien im Rahmen der Gesamtabwägung eingehend gewürdigt werden.[111]

Als Konsequenz dieser Konkretisierungen haben die Besoldungsgesetzgeber bei zukünftigen Besoldungsanpassungen zu berücksichtigen, dass sie allein durch die (teilweise) Einhaltung der Parameter der ersten Prüfungsstufe nicht sicherstellen können, dass sie ihrer Verpflichtung zu einer angemessenen Besoldung nachkommen. Das gilt vor allem dann nicht, wenn die Schwellenwerte bei einzelnen Parametern besonders stark überschritten werden. Wie auch die mit Besoldungsklagen befassten Verwaltungsgerichte werden sie sich zumindest bei Überschreitung eines der Parameter näher mit der Frage befassen müssen, ob die Gesamtbetrachtung aller wesentlichen Aspekte für oder gegen eine verfassungswidrige Unteralimentation spricht.

---

108 BVerfGE 139, 64 (113 Rn. 97); 140, 240 (279 Rn. 76); 155, 1 (16 Rn. 28).

109 BVerfGE 155, 1 (40 Rn. 84).

110 BVerfGE 139, 64 (120 f. Rn. 116); 140, 240 (289 Rn. 99); 155, 1 (40 f. Rn. 85).

111 BVerfGE 155, 1 (40 f. Rn. 85).

2. Wechselbezüglichkeit von Signifikanz und Präzision der Parameter

Die Herangehensweise, mit der die Indices erstellt und die Parameter berechnet werden, wird wesentlich von der methodischen Zielrichtung der Drei-Stufen-Prüfung und dem Verhältnis der beiden ersten Prüfungsstufen zueinander geprägt.

Die methodische Zielrichtung der Drei-Stufen-Prüfung beeinflusst in besonderem Maße die Präzision, mit der die Parameter berechnet werden müssen. Sie gibt vor, in welchem Maß bei der Erstellung der Indices alle in Frage kommenden Einzelheiten berücksichtigt werden müssen oder Typisierungen zulässig sind. Sollen die Parameter der Ersten Stufe der Drei-Stufen-Prüfung als Rechenvorlage zur Bestimmung der in jedem Fall verfassungsgemäßen Alimentation dienen, müssen die Parameter genauer berechnet werden, um für die Anwender ein Höchstmaß an Vorhersehbarkeit und Rechtssicherheit zu schaffen. Dienen die Parameter der ersten Prüfungsstufe indessen lediglich als Orientierungsrahmen dafür, ob eine Alimentation verfassungsgemäß ist und wird für eine abschließende Einschätzung in jedem Fall eine ergänzende Betrachtung weitere Umstände durchgeführt, so müssen die Parameter weniger genau berechnet werden, da ihre Aufgabe ohnehin nur ist, eine allgemeine Richtung der weiteren Untersuchung zu bestimmen. Und umgekehrt prägt der vorgegebene Grad der Genauigkeit, mit der Daten für die Indices erhoben und einbezogen werden, die Erwartungen an die Objektivität und Verlässlichkeit des aus den Berechnungen hervorgehenden Ergebnisses. Umso „genauer" die Daten sind, die einbezogen werden, umso mehr wird den Berechnungsergebnissen Objektivität zugemessen, was den Raum für die Berücksichtigung weiterer qualitativer, d. h. nicht in Zahlen zu fassender Aspekte, verengt.

Das Verhältnis der ersten beiden Prüfungsstufen zueinander bestimmt die Frage, an welcher Stelle der Drei-Stufen-Prüfung Umstände berücksichtigt werden können, die zu einer erkennbaren „Verzerrung" des Berechnungsergebnisses und damit der Aussage eines Parameters führen. Wird also der Zugang zur Gesamtbetrachtung der zweiten Prüfungsstufe erst bei einem bestimmten Ergebnis auf der ersten Prüfungsstufe eröffnet, müssen zwingend alle „Verzerrungen" auf der ersten Prüfungsstufe berücksichtigt werden, sollen sie nicht gänzlich unbeachtet bleiben. Ist die Gesamtbetrachtung der zweiten Prüfungsstufe indessen immer durchzuführen, so ist es ausreichend, dass die Aussagen der Parameter auf der ersten Prüfungsstufe einen ersten Anhaltspunkt zu der Frage der Unteralimentation bieten und alle weiteren Umstände auf der zweiten Prüfungsstufe als weitere Anhaltspunkte Berücksichtigung finden.

Diese Abhängigkeiten werden sehr aussagekräftig durch die verwaltungsgerichtliche Rechtsprechung illustriert, die in Umsetzung der Entscheidungen zur R- und A-Besoldung ergangen ist. Soweit sie sich durch die „Drei-Parameter-Regel" für eine Gesamtbetrachtung auf der zweiten Prüfungsstufe gebunden sahen, erstellten einige Verwaltungsgerichte in Grenzfällen die Indices mit größerer Genauigkeit, um ihrem Ergebnis auf der ersten Prüfungsstufe größere Aussagekraft zu verleihen. So wurde etwa bei der Berechnung der Besoldungsentwicklung berücksichtigt, dass Besoldungsanpassungen regelmäßig nicht zum Beginn eines Jahres stattfanden, sondern erst zu einem späteren Zeitpunkt im Jahr.[112] Oder die Entwicklung der Tariflöhne wurde unter Einbeziehung der Änderungen bei Einmalzahlungen (Urlaubsgeld, Jahressonderzahlung) und Tariferhöhungen durch Festbeträge errechnet.[113]

Das Bundesverwaltungsgericht folgte diesem Weg indessen nicht, obwohl – worauf es selbst hinwies – etwa die regelmäßige verzögerte Anpassung der linearen Besoldungserhöhungen in Berlin erst zum August eines Jahres für Berliner Richter zu einer nicht unerheblichen Verzerrung der Ergebnisse führte.[114] Auch im Hinblick auf den Nominallohnindex zeigte das Bundesverwaltungsgericht Besonderheiten auf.[115] Es vertrat aber die Auffassung, dass die vom Bundesverfassungsgericht gewählte pauschalierende Berechnungsweise durch den Zweck der so ermittelten Daten gerechtfertigt werde.

Der Senat hat dieses Verständnis bestätigt und das Pilotverfahren zur Berliner Besoldung genutzt, um sowohl generelle Maßgaben zur Berechnung der Parameter und Erstellung der Indices vorzugeben als auch eine Klarstellung für mehrere konkrete Fragestellungen herbeizuführen. Den Ausgangspunkt bildet die Kernaussage der vorangegangenen Besoldungsentscheidungen: Die Schwellenwerte, bei deren Überschreitung eine erkennbare Differenz zwischen der Besoldungsentwicklung oder -höhe und der Vergleichsgröße vorliegt, haben lediglich Orientierungscharakter.[116] Dem fügt der Senat nun zur weiteren Verdeutlichung den Hinweis hinzu, dass die Schwellenwerte vor allem Indizien für eine Unteralimentation identifizieren sollen. Daraus folgert er, dass die Erstellung der Indices und die Berechnung der Parameter möglichst einfachen und klaren Regeln

---

112 Vgl. hierzu VG Halle, Beschluss vom 11.07.2017 – 5 A 140/15 –, juris, Rn. 80 ff.; VG Schleswig, Beschluss vom 20.09.2018 – 12 A 69/18 –, juris, Rn. 95 ff.

113 VG Bremen, Beschluss vom 17.03.2016 – 6 K 280/14 –, juris, Rn. 60; Beschluss vom 17.03.2016 – 6 K 83/14 –, juris, Rn. 60 f.

114 BVerwGE 160, 1 (9 Rn. 40; 14 Rn. 61).

115 BVerwGE 160, 1 (15 f. Rn. 62 ff.).

116 BVerfGE 155, 1 (17 Rn. 30) unter Bezugnahme auf BVerfGE 139, 64 (113 f. Rn. 98); 140, 240 (280 Rn. 77).

zu folgen haben.[117] Eine „Spitzausrechnung“, bei der insbesondere alle Veränderungen der Besoldung aber auch der Tariflöhne minutiös abgebildet würden, würde der ersten Prüfungsstufe eine vermeintliche Objektivität zumessen, die ihr nach der methodischen Zielrichtung der Besoldungsrechtsprechung des Senats gerade nicht zukommt.[118] Für die Ermittlung der Besoldungsentwicklung und der Tariflohnentwicklung bedeutet dies konkret, dass im Grundsatz die vom Bundesverfassungsgericht bereits in seinen vorherigen Entscheidungen angewendete Art der Ermittlung ausreicht. Der Senat verkennt nicht, dass damit bestimmte Aspekte außer Acht gelassen werden, die sich auf das Berechnungsergebnis der fünf Parameter auswirken können. Diese Berechnungsweisen genügen jedoch im Grundsatz dem Zweck ihrer Ermittlung, nämlich Orientierungswerte für die erforderliche Gesamtabwägung zu schaffen.[119] Nur soweit von vornherein feststeht, dass bestimmte Umstände einen erheblichen Einfluss auf Parameter haben, kann dies auf der ersten Prüfungsstufe berücksichtigt werden.[120] Im Übrigen kann gravierenden Verzerrungen, welche die Aussagekraft eines Vergleichs nachhaltig erschüttern würden, im Rahmen der Gesamtbetrachtung Rechnung getragen werden.[121] Zusammenfassend heißt dies, dass die Berechnung der Parameter nach möglichst einfachen Grundregeln erfolgt. Feststellungen der ersten Prüfungsstufe, insbesondere das Ausmaß der Über- oder Unterschreitungen der Schwellenwerte, sind im Wege einer Gesamtbetrachtung zu würdigen und etwaige Verzerrungen – insbesondere durch genauere Berechnungen – nur im Ausnahmefall zu kompensieren.[122]

Die gerichtliche Nachprüfung wird durch das Zusammenspiel der beiden Aspekte insofern wesentlich erleichtert, als es jedenfalls im ersten Zugriff hinsichtlich der Parameter keiner exakten Berechnung bedarf. Nur wenn die Prüfung der ersten Stufe insgesamt kein deutliches Ergebnis in die eine oder andere Richtung ergibt, muss gegebenenfalls eine genauere Betrachtung angestellt werden. Im Regelfall wird indessen die Gesamtbetrachtung der zweiten Prüfungsstufe stärker in den Vordergrund gerückt.

117 BVerfGE 155, 1 (17 Rn. 30).
118 Vgl. BVerfGE 155, 1 (17 Rn. 30).
119 BVerfGE 155, 1 (18 f. Rn. 33).
120 BVerfGE 155, 1 (18 Rn. 31).
121 BVerfGE 155, 1 (19 Rn. 33).
122 BVerfGE 155, 1 (40 f. Rn. 85).

3. Konkretisierung des systeminternen Besoldungsvergleichs

In den ersten beiden Entscheidungen zur R- und A-Besoldung wurde als vierter Parameter der systeminterne Besoldungsvergleich herangezogen. Während in der ersten Entscheidung dabei nur die Abstände zu den niedrigeren Besoldungsgruppen als Gegenstand des Vergleichs benannt worden war,[123] wurde in der zweiten Entscheidung darüber hinaus auch der Abstand der untersten Besoldungsgruppe zum Grundsicherungsniveau angesprochen.[124] Mangels Entscheidungserheblichkeit wurden weder das Verhältnis der beiden Aspekte zu einander näher ausgeleuchtet noch die jeweils zu beachtenden Anforderungen im Einzelnen ausbuchstabiert.[125]

Das Bundesverwaltungsgericht nahm den Hinweis auf das Mindestabstandsgebot auf und entwickelte ihn im Vorlagebeschluss zur Berliner Richterbesoldung zu einem eigenständigen, neben die dreistufige Alimentationsprüfung tretendes Kriterium für die Feststellung einer Unteralimentation fort. Es trat der Einschätzung von *Stuttmann*[126] bei, dass das Bundesverfassungsgericht mit der Bestimmung der verfassungsrechtlich zulässigen Minimalbesoldung eine absolute Grenze fixiert habe, die als „archimedischer Punkt" den Ausgangswert des Besoldungsgefüges bestimme.[127]

Vor diesem Hintergrund bestand in dem als Musterverfahren betriebenen Verfahren zur Berliner Besoldung Anlass für eine Reihe von Klarstellungen hinsichtlich der Bedeutung der beiden Aspekte im Rahmen der allgemeinen Alimentationsprüfung (a.) und für Konkretisierungen mit Blick auf den Inhalt des Mindestabstandsgebots (b.).

a) Doppelte alimentationsrechtliche Relevanz des besoldungsinternen Abstands und des Mindestabstands zur Grundsicherung

Weil die äußerst knappen Ausführungen in der Entscheidung zur A-Besoldung Anlass zu Missverständnissen gaben, stellt der Senat in einem ersten Schritt klar, dass die beiden Aspekte „Abstand zu den unteren Besoldungsgruppen" und „Wahrung des Mindestabstands der untersten Besoldungsgruppe zur Grundsicherung" als Teil des vierten Parameters nicht gleichgesetzt werden dürfen mit

---

123 Vgl. BVerfGE 139, 64 (117 f. Rn. 109 ff.).
124 Vgl. BVerfGE 140, 240 (286 f. Rn. 93 f.).
125 Vgl. BVerfGE 140, 240 (284 ff. Rn. 89 ff.).
126 Vgl. *Stuttmann*, NVwZ 2015, 1007 (1013); vgl. auch *ders.*, NVwZ 2016, 184 (185 f.).
127 Vgl. BVerwGE 160, 1 (36 Rn. 148).

dem Abstandsgebot bzw. dem Mindestabstandsgebot als *eigenständige* hergebrachte Grundsätze des Berufsbeamtentums.

aa) „Abschmelzen" und „Einebnen" der besoldungsinternen Abstände

Das Abstandsgebot im zuletzt genannten Sinne ist erst dann verletzt, wenn die Abstände zwischen zwei vergleichbaren – nicht notwendig unmittelbar „benachbarten" – Besoldungsgruppen ganz oder im Wesentlichen *eingeebnet* werden.[128] Ist dies der Fall, liegt eine Verletzung des Alimentationsprinzips vor, ohne dass es auf die anderen Parameter der Besoldung ankäme.[129] Im Rahmen der allgemeinen Alimentationsprüfung liegt die Schwelle einerseits deutlich niedriger: Es genügt, wenn die Abstände um mindestens 10 % in den zurückliegenden fünf Jahren *abgeschmolzen* worden sind. Andererseits begründet dies nicht bereits für sich genommen die Verletzung des Alimentationsprinzips, sondern nur, dass auf der ersten Prüfungsstufe ein Indiz für das Vorliegen einer unzureichenden Alimentation vorliegt, das in die Gesamtabwägung einzustellen ist.[130]

bb) Mindestabstandsgebot: Nah- und Fernwirkung

Auch das Mindestabstandsgebot spielt bei der Prüfung der Alimentation in zweifacher Hinsicht eine Rolle. In seinem unmittelbaren Anwendungsbereich handelt es sich – wie beim Abstandsgebot – um einen eigenständigen, aus dem Alimentationsprinzip abgeleiteten Grundsatz. Dahinter steht die Vorstellung, dass sich die für eine aktive Dienstleistung gewährte Besoldung deutlich von der sozialen Grundsicherung abheben muss. Im Mindestabstandsgebot findet der Spielraum des Besoldungsgesetzgebers, wie das Bundesverwaltungsgericht zutreffend erkannt hat, eine „absolute Grenze":[131] Wird dieser Grundsatz für eine Besoldungsgruppe missachtet, zieht dies ohne Weiteres das Verdikt der Verfas-

---

128 BVerfGE 155, 1 (23 Rn. 45) unter Verweis auf die zwischenzeitlich ergangenen Entscheidungen zur Ost-Besoldung und zur Besoldung beschränkt dienstfähiger Beamter BVerfGE 145, 304 (328 f. Rn. 74 ff.); 150, 169 (184 Rn. 34; 191, Rn. 60).

129 So konnte der VerfGH Nordrhein-Westfalen die Verfassungswidrigkeit der Grundgehaltssätze der Besoldungsgruppen A 11 bis A 16 (auch) unter Verweis auf das Abstandsgebot feststellen, weil die Grundgehaltssätze der unteren Besoldungsgruppen erheblich erhöht, die der oberen aber nur mäßig oder gar nicht angehoben wurden (VerfGH Nordrhein-Westfalen, Urteil vom 01.07.2014 – VerfGH 21/13 –, juris, Rn. 94). Die Frage, ob das Besoldungsniveau den allgemeinen Anforderungen des Alimentationsprinzips genügt, konnte er offenlassen (a.a.O., Rn. 95).

130 BVerfGE 155, 1 (23 Rn. 45).

131 BVerwGE 160, 1 (36 Rn. 148).

sungswidrigkeit der Grundgehaltssätze dieser Besoldungsgruppe nach sich, ohne dass es auf die anderen Parameter ankäme.

Davon zu unterscheiden ist freilich die Frage nach der „Fernwirkung" eines Verstoßes für höhere Besoldungsgruppen. Der Senat hält insofern im Ausgangspunkt daran fest, dass die Verpflichtung zur „amts-"angemessenen Alimentation notwendig nach einer abgestuften Besoldungsordnung verlangt, bei der sich die unterschiedliche Wertigkeit der Ämter in einer unterschiedlichen Besoldungshöhe widerspiegelt.[132] Der Besoldungsgesetzgeber ist mit anderen Worten gezwungen, ein Gesamtkonzept zu verfolgen, das die Besoldungsgruppen und -ordnungen zueinander ins Verhältnis setzt und abhängig von einander aufbaut. Vor diesem Hintergrund betrifft die Verletzung des Mindestabstandsgebots in den untersten Besoldungsgruppen insofern das gesamte Besoldungsgefüge, als sich der vom Besoldungsgesetzgeber selbst gesetzte Ausgangspunkt für die Besoldungsstaffelung als fehlerhaft erweist. Kurz: Er muss nachbessern.[133] Insoweit bestätigt der Senat die Erwägungen des Bundesverwaltungsgerichts. Der anschließenden Schlussfolgerung, dem Besoldungsgesetzgeber sei bei der rückwirkenden Anhebung der Besoldung in den untersten Besoldungsgruppen jegliche Verringerung der Abstände zwischen den Besoldungsgruppen verwehrt, weshalb aus der Unterschreitung des Mindestabstandsgebots zwingend auf die Fehlerhaftigkeit der gesamten Besoldungsordnung geschlossen werden kann,[134] folgt er jedoch nicht.

Dem Vorlagebeschluss lag, grob verkürzt, folgender gedanklicher Dreischritt zugrunde: Lässt sich ein Verstoß gegen das Mindestabstandsgebot feststellen, ist der Gesetzgeber (erstens) zwangsläufig verpflichtet, die unterste Besoldungsgruppe auf das betragsmäßige Niveau des Mindestabstands anzuheben. Diese Anhebung verkürzt (zweitens) die Abstände zu allen darüber liegenden Besoldungsgruppen (auch anderer Besoldungsordnungen). Dies führt (drittens) in der Regel zu einem Verstoß gegen das Abstandsgebot. Denn eine Veränderung des Besoldungsgefüges stellt nur dann keinen solchen Verstoß dar, wenn sie auf einer Neubewertung und Neustrukturierung des Besoldungsgefüges durch den Besoldungsgesetzgeber beruht. Und – so wird man das Bundesverwaltungsgericht wohl verstehen müssen – eine so weitreichende Entscheidung, das Strukturgefüge der Besoldungsordnung grundlegend umzuwälzen, steht anlässlich einer Jahre später ergangenen Gerichtsentscheidung nicht zu erwarten. Vielmehr ist davon auszugehen, dass sich der Gesetzgeber auf eine „minimalinvasive" Reparatur durch

132 BVerfGE 155, 1 (22 f. Rn. 43).

133 BVerfGE 155, 1 (25 Rn. 48).

134 Vgl. BVerwGE 160, 1 (37 Rn. 151 f. a.E.) ebenso zuvor bereits OVG Berlin-Brandenburg, Beschluss vom 11.10.2017 – 4 B 34.12 –, juris, Rn. 33 ff.

rückwirkende Anhebung der Bezüge nur in der betroffenen Besoldungsgruppe beschränkt, womöglich nur für die Beamte, die Ansprüche geltend gemacht haben.

Dieser durchaus durchdachten und nachvollziehbaren Erwägung ist der Senat an entscheidender Stelle – bei der Prognose einer unzulässigen Verkürzung der Abstände infolge einer Anhebung der untersten Besoldungsgruppe – nicht gefolgt. Denn „ganz simpel"[135] sind die Konsequenzen nicht, die aus einer unzureichenden Ausgestaltung der untersten Besoldungsgruppe folgen. Vielmehr stehen dem Gesetzgeber verschiedene Möglichkeiten offen, wie er die Beachtung des Mindestabstands zur Grundsicherung sicherstellt. Die Anhebung der Grundgehaltssätze, die beim Vergleich der Besoldungsgruppen allein betrachtet werden, ist nur eine davon.[136] Das hängt damit zusammen, dass bei der Berechnung des Mindestabstands die Lage einer vierköpfigen Familie betrachtet wird, also insbesondere der Beihilfe und dem Familienzuschlag maßgebliche Bedeutung zukommen.[137] Enthält die Gleichung daher eine Reihe von Variablen, besteht kein linearer Zusammenhang zwischen den Grundgehaltssätzen der unteren Besoldungsgruppen und der Besoldung der höheren Besoldungsgruppen. Ist es jedoch nicht ausgeschlossen, dass der Besoldungsgesetzgeber die erforderlichen „Reparaturmaßnahmen" so gestaltet, dass das Abstandsgebot gegenüber der zur Prüfung gestellten (höheren) Besoldungsgruppe gewahrt bleibt,[138] lässt sich ein Verfassungsverstoß hinsichtlich dieser Besoldungsgruppen im Vorgriff auf diese Maßnahmen nicht mit der nötigen Gewissheit feststellen.[139]

Auf den ersten Blick ist die „Besoldungsrevolution" mit Blick auf das Mindestabstandgebot[140] ausgeblieben. Das Mindestabstandsgebot ist nicht zum „archimedischen Punkt der Alimentation" ausgebaut worden, von dem aus sich die

---

135 So aber *Stuttmann*, NVwZ 2016, 184 (185).

136 Vgl. BVerfGE 155, 1 (25 Rn. 49).

137 Siehe hierzu unten unter IV. 3. b.

138 Vgl. beispielhaft Niedersächsisches OVG, Beschluss vom 25.04.2017–5 LC 76/17 –, juris, Rn. 314 ff.: Anhebung der Besoldung in der untersten Besoldungsgruppe (A 2) um 1 % würde genügen, um dem Mindestabstandsgebot Rechnung zu Tragen. In einer solchen Situation kann für die Besoldungsgruppe A 8 im Rahmen des vierten Parameters nichts hergeleitet werden.

139 BVerfGE 155, 1 (25 f. Rn. 49). Allerdings ist der Gedanke eines „Domino-Effekts" nicht völlig verfehlt: Um ihn zur Geltung zu bringen, ist jedoch eine strategische Prozessführung dahingehend erforderlich, dass Angehörige der unteren Besoldungsgruppen die (unmittelbare) Verletzung des Mindestabstandsgebots geltend machen und die Angehörigen der höheren Besoldungsgruppen rechtswahrende Schritte unternehmen, vgl. BVerfGE 155, 1 (183 Rn. 169). Zur Bedeutung kollektivstrategischer Prozessführung *Stuttmann*, NVwZ-Beilage 2020, 83 (88).

140 Vgl. *Stuttmann*, NVwZ-Beilage 2020, 83.

Mindesthöhe der Alimentation gleichsam mit mathematischer Präzision errechnen ließe.

Stattdessen bleibt die Prüfung, ob eine andere als die geprüfte Besoldungsgruppe dem Mindestabstandsgebot nicht genügt, wie bereits in der Entscheidung zur A-Besoldung angelegt,[141] in die Gesamtabwägung integriert. Einem Verstoß wird „nur" ein Indiz für die unzureichende Ausgestaltung der höheren Besoldungsgruppen entnommen.[142] Wie gewichtig dieses Indiz ist, hängt einerseits von der Intensität des Verstoßes gegen das Mindestabstandsgebot in den untersten Besoldungsgruppen und andererseits von der Nähe der geprüften Besoldungsgruppe zur Mindestbesoldung ab.[143] In diesem Zusammenhang kommt der bereits oben dargestellten Öffnung der zweiten Prüfungsstufe auch bei Nichterreichen von drei Parametern eine gewichtige Bedeutung zu: Eine eklatante Verletzung des vierten Parameters über mehrere Besoldungsgruppen hinweg könnte bei der stärker in den Fokus gerückten Gesamtbetrachtung durchaus eine ausschlaggebende Rolle spielen.[144]

Dass die Besoldungsgesetzgeber von den vom Senat angesprochenen Möglichkeiten, die Beachtung des Mindestabstandsgebots ohne Anhebung des Besoldungsniveaus in allen Besoldungsgruppen sicherzustellen, Gebrauch gemacht hätten, ist nicht ersichtlich. Allerdings verdienen zwei jüngere Entwicklungen Aufmerksamkeit, die ebenfalls geeignet sein könnten, die „Sprengkraft" des vierten Parameters einzudämmen. Zum einen lässt sich beobachten, dass der Besoldungsgesetzgeber in den letzten Jahren dazu übergegangen ist, die unteren Besoldungsgruppen – zumindest für aktive Beamte[145] – abzuschaffen.[146] Soweit in diesen ohnehin nur eine überschaubare Zahl von Beamten eingruppiert ist, könnte eine solche Stellenhebung für den Haushalt günstiger sein als eine allgemeine Besoldungsanpassung. Darüber hinaus bleibt abzuwarten, ob die Bundesländer, die wahlweise statt der klassischen Beihilfe die Hälfte der Beiträge der freiwillig gesetzlich versicherten Beamten übernehmen (sog. Hamburger Modell),

---

141 BVerfGE 140, 240 (286 f. Rn. 93 f).

142 Darauf hatte bereits *Jerxsen*, Besoldungsfragen vor dem Bundesverfassungsgericht, in: Scheffczyk/Wolter (Hrsg.), Linien der Rechtsprechung des Bundesverfassungsgerichts, Bd. 4, 2017, S. 343 (354) hingewiesen.

143 BVerfGE 155, 1 (25 f. Rn. 49).

144 Vgl. OVG Saarland, Beschluss vom 17.05.2018 – 1 A 22/16 –, juris, Rn. 87; ferner *Stuttmann*, NVwZ-Beilage 2020, 83 (88) mit anschaulichen Berechnungen.

145 Vgl. hierzu BVerfGE 155, 1 (36 Rn. 74).

146 So hat Berlin Anfang 2021 als Eingangsamt ein Amt der Besoldungsgruppe A 5 festgelegt. Baden-Württemberg hat im Herbst 2020 alle Ämter der Besoldungsgruppe A 5 der Besoldungsgruppe A 6 zugeordnet.

in zukünftigen Besoldungsverfahren auf etwaige günstigere Versicherungsbeiträge werden verweisen können.

b) Konkretisierung und Aktualisierung der Anforderungen des Mindestabstandsgebots

Auch jenseits dieser dogmatischen Klarstellungen hat der Senat die inhaltlichen Anforderungen des Mindestabstandsgebots aktualisiert und konkretisiert.

Unverändert bleibt freilich der Ausgangspunkt: Die Besoldung des Beamten muss sich, um amtsangemessen zu sein, spürbar von dem jedermann auch ohne Erwerbstätigkeit zugebilligten Lebensstandard, dem Grundsicherungsniveau, abheben. Als Mindestabstand ist hier bereits früh – in den Verfahren zur Alimentation kinderreicher Beamter – der Wert von 15 % über der Summe der Grundsicherungsleistungen benannt worden.[147] Den Besoldungsgesetzgeber an den Entscheidungen des Sozialgesetzgebers zu messen, hat für das Gericht den Vorteil, nicht selbst Überlegungen zum sächlichen Existenzminimum anstellen zu müssen.[148]

Weil die Sozialleistungen nur hinsichtlich der Regelsätze als Kopfpauschale ausgestaltet, im Übrigen aber am individuellen Bedarf ausgerichtet sind, führt dieser Ansatz zu der methodisch schwierigen Frage, wie sich für die Zwecke der Vergleichsbetrachtung ein genauer Betrag ermitteln lässt, der der Besoldung gegenübergestellt werden kann. Diese Frage ist nicht neu, sondern stellt sich seit langem bei der Bestimmung des steuerfrei zu stellenden Existenzminimums.[149]

Der Senat billigt dem Besoldungsgesetzgeber – wie dem Steuergesetzgeber – gewissermaßen das Erstzugriffsrecht darauf zu, die Höhe des Grundsicherungsniveaus mit Hilfe einer plausiblen und realitätsgerechten Methodik zu bestimmen.[150]

Solange es daran fehlt, kommt das Gericht nicht umhin, die verfassungsrechtlichen Vorgaben durch eine möglichst plausible Berechnungsgrundlage justiziabel zu machen.[151] Bei Lichte betrachtet handelt es sich um eine Schätzung

---

147 Vgl. BVerfGE 81, 363 (382) mit Bezug auf Erhebungen des statistischen Bundesamtes.

148 Inzwischen hat sich insofern eine gewisse gerichtsinterne Verschränkung eingestellt: Die strengeren Vorgaben des Ersten Senats zur Ausgestaltung der Grundsicherung (vgl. BVerfGE 125, 175; 137, 34), mit denen in den 1990er Jahren, in denen der Bezugspunkt bestimmt worden ist, nicht gerechnet werden konnte, wirken sich mittelbar auch zu Gunsten der Beamten aus.

149 BVerfGE 82, 60 (85); 99, 246 (260 ff.).

150 Vgl. BVerfGE 137, 34 (75 f. Rn. 82 ff.).

151 BVerfGE 155, 1 (28 Rn. 53).

von „legislative facts", also von Tatsachen (hier: des Grundsicherungsniveaus), die für die verfassungsrechtliche Beurteilung von (Besoldungs-)Gesetzen von Bedeutung sind.[152] Jeder Schätzung wohnt Ungenauigkeit inne. Sie hat im Rechtswesen aber dort ihren Platz, wo eine exakte Ermittlung mit Schwierigkeiten verbunden wäre, die außer Verhältnis zum möglichen Erkenntnisgewinn stehen (vgl. etwa § 287 Abs. 2 ZPO). So liegt es hier: Der Senat kann auf Grund der von ihm erhobenen Anknüpfungstatsachen (Bandbreite der von den Grundsicherungsbehörden anerkannten Bedarfe für Unterkunft sowie Bildung und Teilhabe; Kosten der beihilfeergänzenden Krankenversicherung; Heizkostenspiegel) in Verbindung mit den sozialrechtlichen Vorgaben einen Mindestbetrag des Grundsicherungsniveaus abschätzen. Steht auf dieser Basis fest, dass der vierte Parameter erfüllt ist, bedarf es keiner weitergehenden Feststellungen. Das gilt auch deshalb, weil das Gericht den Ball wieder an den Gesetzgeber zurückspielt. Diesem wird nicht vorgegeben, wie hoch die (Mindest-)Besoldung zu sein hat. Vielmehr stellt der Senat klar: Die „Ausführungen stellen keine für den Besoldungsgesetzgeber in jeder Einzelheit verbindliche Berechnungsgrundlage dar. Ihm stünde es insbesondere frei, die Höhe des Grundsicherungsniveaus mit Hilfe einer anderen plausiblen und realitätsgerechten Methodik zu bestimmen."[153] Sollte er bei den erforderlichen Nachbesserungsarbeiten bessere Erkenntnisse gewinnen, bleibt es ihm unbenommen, sich hierauf zu berufen.

Dass sich der Senat nicht noch weiter zurücknimmt und sich auf einen Hinweis auf unzureichende Darlegungen beschränkt,[154] mag auch mit den historischen Erfahrungen des Gerichts mit dem Besoldungsgesetzgeber zusammenhängen. Bei der Besoldung kinderreicher Beamter hatte sich das Gericht infolge der Passivität des Gesetzgebers genötigt gesehen, eine Vollstreckungsanordnung zu erlassen,[155] welche die Verwaltungsgerichte dazu ermächtigte, unter Rückgriff auf die vom Gericht vorgeschlagenen Berechnungswege unmittelbar die jedenfalls erforderlichen Besoldungsbestandteile zuzusprechen.[156]

Vor diesem Hintergrund sah sich der Senat genötigt, sich zu den methodischen Prämissen zu erklären. Das betrifft zunächst den Bezugspunkt der Prüfung,

---

152 Vgl. *Bryde*, in: Badura/Dreier, FS 50 Jahre BVerfG, Bd. I, 2001, S. 533 (533 mit Fn. 1); zur Tatsachenermittlung in Senatsverfahren *Voßkuhle*, NVwZ 2013, 1329 (1333 f.) m.w.N.; vgl. auch *Brink*, Tatsachengrundlagen verfassungsgerichtlicher Judikate, in: Rensen/Brink (Hrsg.), Linien der Rechtsprechung des Bundesverfassungsgerichts, Bd. 1, 2009, S. 3 ff.

153 BVerfGE 155, 1 (28 Rn. 53).

154 In diesem Sinne wohl *Wieckhorst*, DÖV 2021, 361 (365, 367).

155 BVerfGE 99, 300 (Ziffer 2 des Tenors).

156 Vgl. hierzu BVerwG, Urteil vom 31.01.2019 – 2 C 28.17 –, juris, Rn. 11.

die vierköpfige Familie, bestehend aus dem alleinverdienenden Beamten, seinem Ehepartner und zwei Kindern.

Gegen den „Mythos der Familienalimentation" war eingewandt worden, die frühere Senatsrechtsprechung sei durch die gesellschaftliche Entwicklung überholt. Der Gesetzgeber sei von Verfassungs wegen nicht verpflichtet, die allenfalls noch in gewissen Kreisen vorherrschende Alleinverdienerehe zu fördern. Hierbei handele es sich um einen „moralischen Luxus", dessen Finanzierung jedenfalls nicht der Dienstherr schulde. Der gesellschaftlichen Realität wie dem einfachrechtlichen Leitbild in anderen Bereichen entspreche vielmehr die Doppel- oder Zuverdienerehe. Der Besoldungsgesetzgeber dürfe nicht gezwungen werden, die Bemühungen um die Gleichstellung von Frauen und Männern zu konterkarieren, indem er mit der Familienalimentation einen Anreiz setze, einen der Ehegatten wieder „ins Haus zurückzuführen".[157]

Der Senat hält dessen ungeachtet am hergebrachten Grundsatz fest, dass der Beamte im Gegenzug dafür, dass er seine Arbeitskraft dem Dienstherrn vollständig zur Verfügung stellt, Anspruch auf einen amtsangemessenen Unterhalt für sich *und seine Familie* hat.[158] Er weist jedoch darauf hin, dass die Überlegung, der Beamte müsse die Familie (jedenfalls auf dem Niveau der Mindestalimentation) *allein* unterhalten können, nichts anderes als ein aus der bisherigen Besoldungspraxis und der zu ihr ergangenen Rechtsprechung abgeleiteter Kontrollmaßstab ist, der auch für den Besoldungsgesetzgeber einfach zu handhaben sein soll. So ist dieser der – tatsächlichen – Annahme des Bundesverfassungsgerichts, dass er die Grundgehaltssätze so bemisst, dass diese – zusammen mit den Familienzuschlägen für den Ehepartner und zwei Kinder – zur amtsangemessenen Unterhaltung einer solchen Familie ausreichen, weshalb es erst ab dem dritten Kind eines zusätzlichen Familienzuschlags bedarf,[159] in der Folge nicht entgegengetreten. Bei der Alleinverdienerfamilie handelt es sich also nicht um ein Abbild der Wirklichkeit oder das vom Bundesverfassungsgericht befürwortete Leitbild der Beamtenbesoldung, sondern lediglich um eine Bezugsgröße, die eine spezifische Funktion bei der Bemessung der Untergrenzte der (Familien-)Alimentation erfüllt.[160] Überdies müssen auch die Fälle bedacht werden, in denen der andere Elternteil gar nichts zum Familieneinkommen beisteuern kann, etwa weil behinderte Kinder oder betagte Großeltern dauernder Pflege bedürfen oder er selbst dauerhaft arbeitsunfähig erkrankt ist.[161]

157 *Füßer/Nowak*, NVwZ 2018, 447 (448 f., 451).
158 BVerfGE 155, 1 (13 f. Rn. 23 f.); 155, 77 (94 Rn. 35).
159 Vgl. BVerfGE 81, 363 (377).
160 Zutreffend erkannt von *Leisner-Egensperger*, NVwZ 2019, 777 (780).
161 Vgl. den am gleichen Tag ergangenen Beschluss BVerfGE 155, 77 (95 Rn. 37).

Der Senat betont denn auch mit Blick auf die Mindestalimentation, dass es dem Besoldungsgesetzgeber freistünde, etwa durch höhere Familienzuschläge bereits für das erste und zweite Kind stärker als bisher die Grundgehaltssätze an die gewandelten Lebensverhältnisse (Alleinstehende, kinderlose Paare, Alleinerziehende usw.) anzupassen.[162]

Auch im Übrigen betont der Senat, dass es zunächst Aufgabe des Besoldungsgesetzgebers ist, die verfassungsrechtliche Vorgabe zu erfüllen. Dieser sei nicht gehindert, die vom Bundesverfassungsgericht über die Jahre fortentwickelten Wege, das Grundsicherungsniveau quantitativ zu bestimmen, durch eine andere Methodik zu ersetzen, solange diese plausibel und realitätsgerecht ist.[163] Dabei ist eine gewisse Pauschalierung und Typisierung zwar unvermeidbar. Ihre Grenzen sieht der Senat allerdings dann erreicht, wenn die Varianz – gerade auch in regionaler Hinsicht – so groß ist, dass bei einer Durchschnittsbetrachtung nicht nur vereinzelt, sondern in einer größeren Zahl von Fällen das Ziel, das Grundsicherungsniveau einer vergleichbaren Familie zu erfassen, verfehlt würde.[164] Damit zielt der Senat in erster Linie auf die gravierenden Unterschiede bei den Wohnkosten vor allem innerhalb der Flächenländer.[165] Ist der Besoldungsgesetzgeber hier im Ausgangspunkt gehalten, sich an den Höchstwerten zu orientieren, wenn nur so das Ziel, eine über dem lokalen Grundsicherungsniveau liegende Besoldung zu sichern, nicht in signifikantem Umfang verfehlt wird, weist ihm der Senat mit der Möglichkeit einer regionalen Differenzierung der Besoldung, etwa in Gestalt von Ortszuschlägen, einen Ausweg.[166]

Die sich fortlaufend wandelnden tatsächlichen Verhältnisse und die Entwicklung des Sozial- und Steuerrechts bedingen, dass die verfassungsrechtlichen Maßstäbe in ihren Einzelheiten von Zeit zu Zeit neu konkretisiert werden müssen.[167] Es würde den Rahmen dieses Beitrags sprengen, auf alle, teilweise recht kleinteiligen Einzelheiten (etwa zur Berücksichtigung der Kosten der beihilfeergänzenden Krankenversicherung und der Leistungen für Bildung und Teilhabe nach § 28 SGB II) einzugehen, derer sich der Senat bei der Ermittlung der Mindestbesoldung annehmen musste. Stattdessen sollen drei grundlegende Beobachtungen herausgegriffen werden, an denen die Leitlinien sichtbar werden, die der Senat dem Gesetzgeber vorgegeben hat.

162 BVerfGE 155, 1 (24 Rn. 47).
163 BVerfGE 155, 1 (28 Rn. 53).
164 BVerfGE 155, 1 (26 f. Rn. 52).
165 Vgl. BVerfGE 155, 1 (29 ff. Rn. 57 ff.).
166 BVerfGE 155, 1 (28 Rn. 53; 31 f. Rn. 61).
167 Vgl. BVerfGE 155, 77 (95 Rn. 38).

aa) Verpflichtung des Gesetzgebers auf eine realitätsgerechte Methodik

Der Senat verpflichtet den Besoldungsgesetzgeber, die Höhe des Grundsicherungsniveaus mit Hilfe einer plausiblen und vor allem realitätsgerechten Methodik zu ermitteln.[168] Damit knüpft er zum einen an die frühere Rechtsprechung zum Besoldungsrecht, aber auch zum steuerlichen Existenzminimum an,[169] zum anderen stellt er ausdrücklich einen Bezug zu den vom Ersten Senat im Bereich des Grundsicherungsrechts gemachten Vorgaben her.[170] Der Besoldungsgesetzgeber darf sich danach nicht vorschnell auf Unwissen zurückziehen, sondern hat die Pflicht, die ihm zu Gebote stehenden Erkenntnismöglichkeiten hinsichtlich der Höhe der Grundsicherungsleistungen auszuschöpfen, um die Entwicklung der Lebensverhältnisse zu beobachten und die Höhe der Besoldung an diese Entwicklung kontinuierlich im gebotenen Umfang anzupassen.[171] In diesem Zusammenhang stellt der Senat ebenfalls klar, dass eine plausible und realitätsnahe Bestimmung des Grundsicherungsniveaus die Bedarfe so zu erfassen hat, wie sie das Sozialrecht definiert und die Grundsicherungsbehörden sie tatsächlich anerkennen.[172] Weil die Leistungen nach SGB II und XII, die den Kern des Grundsicherungsniveaus bilden, nur teilweise auf gesetzgeberischen Pauschalierungen beruhen, im Übrigen (insbesondere bei den Kosten der Unterkunft, vgl. § 22 SGB II) aber an die tatsächlichen Bedürfnisse anknüpfen, kann dies nicht ohne vereinfachende Annahmen gelingen. Die zu berücksichtigenden Positionen müssen notwendigerweise typisiert werden.

Allerdings sieht sich der Senat veranlasst, die Grenzen der Typisierung zu betonen. Die Herangehensweise muss von dem Ziel bestimmt sein, sicherzustellen, dass die Nettoalimentation *in möglichst allen Fällen* den gebotenen Mindestabstand zu dem den Empfängern der sozialen Grundsicherung gewährleisteten Lebensstandard wahrt.[173]

bb) Keine Typisierung bei zu großer Varianz – Kosten der Unterkunft

Was das bedeutet, lässt sich an den Kosten der Unterkunft verdeutlichen: Hier war die Varianz in den fraglichen Jahren so groß, dass der landes- oder gar bundesweite Durchschnittswert nicht nur in seltenen Ausnahmefällen, sondern in einer Vielzahl von Fällen hinter dem in Orten mit höherem Mietniveau tatsächlich von den Sozi-

---

168 BVerfGE 155, 1 (26 Rn. 52).
169 Vgl. BVerfGE 99, 246 (260).
170 Vgl. BVerfGE 137, 34 (75 f. Rn. 82 ff.).
171 BVerfGE 155, 1 (28 Rn. 53).
172 BVerfGE 155, 1 (29 Rn. 57).
173 BVerfGE 155, 1 (27 Rn. 52).

albehörden anerkannten Bedarf zurückblieb und das in einem erheblichen Umfang.[174] Gerade bei einer in erster Linie regionalen Spreizung kommt ein Rückgriff auf den Durchschnittswert nicht in Betracht. Hier würde das zuvor beschriebene Ziel, in möglichst allen Fällen den gebotenen Mindestabstand zu wahren, in großem Umfang systematisch verfehlt werden. Der Senat weist in diesem Zusammenhang darauf hin, dass Beamte ihren Wohnort nicht beliebig wählen können, weshalb das von der Regierung des Saarlandes vorgebrachte Argument, es könne erwartet werden, dass Beamte der unteren Besoldungsgruppen „amtsangemessen" in Regionen mit niedrigen Wohnkosten ziehen, jedenfalls für Flächenländer nicht verfangen kann.[175] Auch mit dem Einwand, der Beamte könne Wohngeld beziehen, wie ihn die Bundesregierung vorgebracht hat, kann der Dienstherr nicht gehört werden. Denn nach der gefestigten Rechtsprechung des Bundesverfassungsgerichts muss er selbst die amtsangemessene Alimentation gewähren und darf seine Beamten nicht auf ergänzende Sozialleistungen verweisen,[176] was im Übrigen mit dem Ausgangspunkt, einen Mindestabstand zum Grundsicherungsniveau zu sichern, unvereinbar wäre.

Vor diesem Hintergrund kommt zur Feststellung der Kosten der Unterkunft ein Rekurs auf den Existenzminimumbericht der Bundesregierung schon deshalb nicht in Betracht, weil dort – zumindest in der Vergangenheit – gerade die Mieten der höchsten Mietenstufen außer Ansatz gelassen worden sind. Das Bundesverwaltungsgericht hatte in seinem Vorlagebeschluss auf die Wohngeldhöchstsätze der höchsten im Bundesland vorkommenden Mietenstufe abgestellt.[177] Obgleich dieser Ansatz den Vorteil der leichten Handhabung für sich hat, ist ihm der Senat nicht gefolgt.[178] Stattdessen stellt der Senat auf die von der Bundesagentur für

---

174 Zutreffend bereits *Stuttmann*, NVwZ 2016, 184 (186) mit anschaulichen Beispielen.

175 BVerfGE 155, 1 (31 Rn. 60).

176 BVerfGE 155, 1 (29 Rn. 56).

177 BVerwGE 160, 1 (41 Rn. 168).

178 Das Bundessozialgericht hat zutreffend darauf hingewiesen, dass der Wohngeldhöchstsatz mit einer anderen Zielsetzung ermittelt worden ist und daher gerade in Orten mit schnell steigenden Mieten dem Anspruch der Hilfeempfänger, die Angemessenheit der Kosten der Unterkunft realitätsgerecht zu bemessen, nicht gerecht werden kann (BSG, Urteil vom 07.11.2006 –B 7b AS 18/06 R –, juris, Rn. 17). Das dürfte in erster Linie damit zusammenhängen, dass – jedenfalls in der Vergangenheit – besonders viele Bestandsmieten in die Berechnung eingeflossen sind (vgl. BMAS, Forschungsbericht 478, S. 173), weil aufgrund der rechtlichen Rahmenbedingungen überproportional viele Rentner wohngeldberechtigt sind, da (jüngere) Erwerbslose, die Leistungen nach dem SGB II beziehen, gemäß § 7 Abs. 1 Nr. 1 WoGG vom Wohngeldbezug ausgeschlossen sind. Dies und die nivellierende Ausgestaltung der Mietenstufen, bei denen die Mieten in den hochpreisigen Gemeinden nur unzureichend abgebildet werden, führten dazu, dass die Höchstsätze einen dynamischen Anstieg der Marktmieten nicht abbilden, vgl. näher *Berlit*, info also 2014, 243 (246).

Arbeit nach statistischer Auswertung der tatsächlich von den Grundsicherungsbehörden anerkannten Kosten der Unterkunft mitgeteilten 95 %-Perzentile ab. Das bedeutet, dass – im Ausgangspunkt – ein Wert angesetzt wird, der für 95 % der Fälle die Mietkosten abdeckt und (nur) statistische Ausreißer (die obersten 5 % der Fälle) außer Betracht lässt.

Nur scheinbar im Widerspruch dazu steht die Herangehensweise im Beschluss zur Besoldung kinderreicher Beamter. Bei der Berechnung der zusätzlichen Wohnkosten für das dritte (und jedes weitere) Kind erweisen sich die von der Bundesagentur für Arbeit vorgelegten Daten als unzureichend, um den Mehrbetrag zu ermitteln, der einer Familie mit drei Kindern im Vergleich zu einer Familie mit zwei Kindern zugestanden wird. Denn der *relative* Unterschied der Kosten der Unterkunft kann mit Hilfe der Daten, denen eine eher grobe Auflösung in 50-Euro-Schritten zugrunde liegt, nicht hinreichend genau bestimmt werden. Der Senat greift daher auf einen in der Rechtsprechung des Bundessozialgerichts für den Fall unzureichender Erkenntnisse über die örtlichen Mietpreise entwickelten Ansatz zurück. Um die grundsicherungsrechtlich anerkennungsfähigen Kosten der Unterkunft abschätzen zu können, legt er bei der Berechnung der zusätzlichen Wohnkosten für das dritte (und jedes weitere Kind) den wohngeldrechtlichen Miethöchstbetrag mit einem Sicherheitszuschlag von 10 %, indexiert mit dem Mietpreisindex, zugrunde.[179]

Bei alledem verkennt der Senat nicht, dass die regionale Staffelung der Lebenshaltungskosten, insbesondere der Wohnkosten, die Besoldungsgesetzgeber im Bund und in den Flächenländern vor die Herausforderung stellt, den alimentationsrechtlichen Anforderungen gerecht zu werden und zugleich eine „Überalimentation" in den günstigen Landesteilen zu verhindern. Anstatt jedoch deswegen hinzunehmen, dass die Besoldung in manchen Regionen nicht ausreicht, um das Grundsicherungsniveau zu erreichen,[180] weist der Senat den Besoldungsgesetzgebern den Weg hin zu einer regionalen Differenzierung der Bezüge: Diese sind nicht verpflichtet, die Mindestbesoldung für alle Beamten an den regionalen Höchstwerten auszurichten. Sie sind frei, Besoldungsbestandteile an die regionalen Lebenshaltungskosten anzuknüpfen, etwa durch (Wieder-)Einführung eines an den örtlichen Wohnkosten orientierten (Orts-)Zuschlags. Eine an

179 Vgl. BVerfGE 155, 77 (101 f. Rn. 50) unter Verweis auf BSG, Urteil vom 12.12.2013 – B 4 AS 87/12 R –, juris, Rn. 26 f.

180 In diesem Sinne noch für die vergleichbare Problemlage beim steuerlichen Existenzminimum BVerfGE 87, 153 (172), wo unter Verweis auf das Wohngeld sogar die Orientierung „an einem unteren Wert" nicht beanstandet worden ist.

Wohnsitz oder Dienstort anknüpfende Abstufung ist mit dem Alimentationsprinzip vereinbar, sofern sie sich vor Art. 3 Abs. 1 GG rechtfertigen lässt.[181]

cc) Berücksichtigung indirekter Grundsicherungsleistungen

Deutlicher als zuvor hat der Senat schließlich betont, dass taugliche Vergleichsgröße nicht allein die Summe der Sozialleistungsansprüche sein kann, sondern das *Grundsicherungsniveau im umfassenden Sinne* erfasst werden muss.

Dieses umfasst alle Elemente des Lebensstandards, die den Empfängern von Grundsicherungsleistungen staatlicherseits gewährt werden, unabhängig davon, ob diese zum verfassungsrechtlich garantierten Existenzminimum zählen oder über dieses hinausgehen, und unabhängig davon, ob zur Befriedigung der anerkannten Bedürfnisse Geldleistungen gewährt oder bedarfsdeckende Sach- beziehungsweise Dienstleistungen erbracht werden.[182]

Damit zielt der Senat vor allem auf Dienstleistungen, die zunehmend zu einem vergünstigten „Sozialtarif" angeboten werden, etwa im Bereich der weitverstandenen Daseinsvorsorge (öffentlicher Nahverkehr, Museen, Theater, Opernhäuser, Schwimmbäder usw.). Weil es sich hierbei regelmäßig um kommunale Einrichtungen handelt, ist eine retrospektive quantitative Auswertung kaum zu leisten; der Senat verweist denn auch auf die Verpflichtung des Gesetzgebers, statistische Erhebungen durchzuführen.[183] Dass diese Entwicklung trotz der beschriebenen Schwierigkeiten ihrer quantitativen Erfassung nicht außer Betracht gelassen werden kann, wenn das Ziel einer realitätsgerechten Bemessung der Mindestalimentation nicht aufgegeben werden soll, zeigt sich am Beispiel der Kosten der Kinderbetreuung: Seit 2019 dürfen von Grundsicherungsempfängern für die Förderung von Kindern in Tageseinrichtungen und Kindertagespflege keine Beiträge mehr erhoben werden.[184] Der Bundesgesetzgeber stuft auch diese Förderung als Bedürfnis ein, dessen Erfüllung die öffentliche Hand *für jedermann* als so bedeutsam erachtet, dass er Grundsicherungsempfängern entsprechende Leistungen mit Rücksicht auf ihre wirtschaftliche Lage kostenfrei oder vergünstigt zur Verfügung stellt – und hierfür öffentliche Mittel einsetzt. Denn die Gegenfinanzierung erfolgt im Rahmen des Finanzausgleichs.[185] Dabei handelt es sich – anders als beim Kindergeld – nicht um eine Vergünsti-

---

181 BVerfGE 155, 1 (31 f. Rn. 61); 155, 77 (103 Rn. 53).

182 BVerfGE 155, 1 (26 Rn. 50; 29 Rn. 57); 155, 77 (95 f. Rn. 39).

183 BVerfGE 155, 1 (35 Rn. 69 f.); 155, 77 (106 f. Rn. 60).

184 Vgl. § 90 Abs. 4 SGB VIII.

185 Vgl. Art. 3 und 4 des KiTa-Qualitäts- und -Teilhabeverbesserungsgesetzes vom 19.12.2018 (BGBl I S. 2696).

gung, die allen Kindern zuteilwird. Eltern, die keine Sozialleistungen beziehen, müssen diese Leistungen (zumindest teilweise) bezahlen. Diese geldwerten Vorteile werden nicht in der Statistik der Grundsicherungsbehörden erfasst, sie können aber bei einer realitätsgerechten Ermittlung des den Grundsicherungsempfängern gewährleisteten Lebensstandards nicht unberücksichtigt bleiben.

c) Wechselwirkung mit dem einkommensteuerrechtlichen Existenzminimum

Der Senat hat ausdrücklich darauf hingewiesen, dass mit der Verpflichtung des Besoldungsgesetzgebers die familiären Unterhaltsverpflichtungen des Beamten zu berücksichtigen, nicht notwendig eine Besserstellung der Beamtenfamilie einhergehen muss.[186] Würde sich der Steuergesetzgeber beispielsweise dazu entschließen, das Kindergeld oder den steuerlichen Kinderfreibetrag so auszugestalten, dass steuerpflichtigen Eltern für ihre Kinder jeweils ein 15 % über dem Grundsicherungsniveau liegender Mehrbetrag verbliebe, müssten Kinder weder bei der Bestimmung der Grundgehaltssätze noch durch einen zusätzlichen Kinderzuschlag ab dem dritten Kind berücksichtigt werden.

Nur am Rande ist an dieser Stelle auf die möglichen Wechselwirkungen der Ausführungen zum Mindestabstandsgebot mit dem von der Besteuerung freizustellenden Existenzminimum[187] hinzuweisen. In beiden Fällen hat das Gericht auf die Ausgestaltung des Sozialrechts abgestellt, um den Umfang des Existenzminimums zu bestimmen.[188] Jenseits der Frage, ob es dem Bundesgesetzgeber auch weiterhin gestattet ist, die Steuerpflichtigen auf den Bezug ergänzender Sozialleistungen wie das Wohngeld zu verweisen, wenn der ihnen zugebilligte Freibetrag die hohen Wohnkosten an ihrem Wohnort nicht abdeckt, dürfte die Verpflichtung zur realitätsgerechten Erfassung aller Grundsicherungsleistungen, namentlich auch derjenigen Leistungen für Bildung und Teilhabe, übertragbar sein.

---

186 Vgl. BVerfGE 155, 77 (94 f. Rn. 36).

187 Vgl. BVerfGE 82, 60; 87, 153.

188 Es dürfte kein Zufall sein, dass die vorletzte Entscheidung zur Alimentation kinderreicher Beamter (BVerfGE 99, 300) nur vierzehn Tage nach dem Beschluss zum einkommensteuerrechtlichen Kinderfreibetrag (BVerfGE 99, 246) ergangen ist.

4. Gewinnung qualifizierten Nachwuchses

Der institutionelle Ausgangspunkt der in Art. 33 Abs. 5 GG enthaltenen Verbürgung amtsangemessener Alimentation tritt erneut deutlich hervor, wenn das Bundesverfassungsgericht danach fragt, ob der Besoldungsgesetzgeber die Attraktivität der Dienstverhältnisse von Richtern und Staatsanwälten für überdurchschnittlich qualifizierte Kräfte angemessen berücksichtigt hat.[189] Als Gradmesser für die fachliche Qualifikation hat es die Ergebnisse in der Ersten Prüfung und der Zweiten Staatsprüfung herangezogen, und zwar im Verhältnis zu allen Absolventen. Ein erhebliches Absinken des Notenniveaus der Neueingestellten bzw. der formalen Einstellungsvoraussetzungen berechtigt regelmäßig zu der Schlussfolgerung, dass die Ausgestaltung der Besoldung unzureichend ist.[190] An diesem Kriterium hält der Senat fest und konkretisiert es dahingehend, dass der Umstand, dass in größerem Umfang Bewerber zum Zuge kommen, die nicht in beiden Examina ein Prädikatsexamen („vollbefriedigend" oder besser) erreicht haben, auf eine unzureichende Besoldung hindeutet.[191] Auch weil die Fachgerichte den Ball aufgenommen und bereits im Vorfeld der Vorlage entsprechende Auskünfte eingeholt hatten, konnte erstmals eine Subsumtion stattfinden. Dabei zeigte sich, dass in Berlin teilweise jeder fünfte Neueingestellte im ersten Examen das Prädikat verfehlt hatte. Vergleicht man diesen Wert mit den Examensergebnissen Berliner Studierender und Referendare, bedeutet dies, dass Richter und Staatsanwälte eingestellt wurden, die nicht einmal zu den besten 30 % ihres Jahrgangs gehörten. Die Erklärung des Landes Berlin hierzu war, dass die Absenkung der formalen Anforderungen nicht aus der Not heraus erfolgt sei, sondern um nicht von vornherein auf die Bewerbung einzelner hervorragend geeigneter Bewerber mit befriedigendem Examen verzichten zu müssen, deren Eignung erst im Rahmen des strukturierten Auswahlgesprächs zutage trete. Dieser Einwand konnte den Senat nicht überzeugen:[192] Wenn dies der Fall gewesen wäre, hätten in allen untersuchten Jahren Bewerber ohne Prädikatsexamen in einem proportionalen Verhältnis zur Zahl der besetzten Stellen zum Zuge kommen müssen. Dem war indes nicht so. Das ist umso bemerkenswerter, als die Zahl der Absolventen, die in der Zweiten Staatsprüfung ein Prädikatsexamen erreicht hatten, auch in den zur Prüfung stehenden Jahren die Stellenzahl um ein Mehrfaches überstieg.

---

189 BVerfGE 155, 1 (14 Rn. 25).
190 BVerfGE 139, 64 (121 Rn. 117).
191 BVerfGE 155, 1 (42 Rn. 88).
192 BVerfGE 155, 1 (72 Rn. 173).

Dabei darf der Kontext dieser Überlegungen nicht aus dem Blick verloren werden: Es geht allein darum, dass es einen Zusammenhang zwischen der Ausgestaltung der Richterbesoldung und der fachlichen Eignung der Neueingestellten gibt, die es im Interesse der Rechtsunterworfenen zu wahren gilt. Auch hier zeigt sich die konsequente Ausrichtung der Besoldungsrechtsprechung an der objektiven Dimension des Alimentationsprinzips und dem vom Verfassungsgeber verfolgten Ziel der Qualitätssicherung im Interesse der Bürger. Solide Rechtskenntnisse, die in einem überwiegend anonymen Verfahren durch mehr als zwei Dutzend unabhängige Prüfer festgestellt worden sind, sind keine hinreichende, wohl aber eine notwendige Voraussetzung für eine den berechtigten Erwartungen der Beteiligten und der Öffentlichkeit entsprechenden Amtsführung.

Ein Absinken der Examensnoten stellt daher einen Indikator – keinen Beleg – dafür dar, dass die Besoldung (und die anderen Arbeitsbedingungen) unzureichend sind. Hinter dem statistischen Wert können im Einzelfall Bewerber stehen, die in einem der Examina das Prädikat (knapp) verfehlt haben, bei denen aber – etwa aufgrund der Stationszeugnisse im Referendariat – keine Zweifel an ihrer fachlichen Eignung bestehen. Ein solcher Einzelfall hat keinen Aussagewert im oben beschriebenen Sinne. Es kann aber auch so liegen, dass freie Stellen nur besetzt werden können, wenn die Justizverwaltung Abstriche bei der Qualifikation der Bewerber macht. Letzteres wird mit der Zahl der Fälle immer wahrscheinlicher. Einen Hinweis darauf, welchen Einfluss die Höhe der (Einstiegs-)Gehälter auf die Qualifikation der Bewerber haben kann, gibt das Beispiel von Rheinland-Pfalz. Hier war der Anteil der Neueingestellten, die im zweiten Examen ein Prädikat erreicht hatten, im Jahr 2018 auf 38 % gefallen. Im Mai 2019 wurde beschlossen, die Besoldung in den Jahren 2019 und 2020 jeweils um 5,3 % zu erhöhen, um das Besoldungsniveau im bundesweiten Vergleich wieder in das „verdichtete Mittelfeld“ zu führen. Unter den im Jahr 2019 Eingestellten stieg die Prädikatsquote prompt auf gut zwei Drittel.[193]

5. Haushaltssanierung als Rechtfertigungsgrund

Der Besoldungsgesetzgeber kann mit dem unspezifischen Verweis auf eine angespannte Finanzlage aus den eingangs dargelegten Gründen[194] nicht gehört werden. Allerdings hat das Bundesverfassungsgericht in den Entscheidungen zur R- und A-Besoldung es dem Grunde nach für möglich gehalten, dass die Unter-

---

193 *Rebehn*, DRiZ 2020, 282.
194 Vgl. oben II. 4.

schreitung des durch Art. 33 Abs. 5 GG gebotenen Besoldungsniveaus dadurch gerechtfertigt sein könnte, dass der Besoldungsgesetzgeber zur Herstellung praktischer Konkordanz mit den Vorgaben des Grundgesetzes zur Haushaltskonsolidierung und der „Schuldenbremse" hierzu genötigt ist. Im Ergebnis geht es also darum, sicherzustellen, dass als Mittel der Ausgabendisziplin, sollte sie nach der Lage der Staatsfinanzen unumgänglich sein, nicht allein deshalb eine eigentlich unzureichende Beamtenbesoldung – mit allen ihren oben geschilderten Auswirkungen auf die Leistungsfähigkeit des öffentlichen Dienstes – gewählt wird, weil sich die Beamten nicht wehren können. Vor diesem Hintergrund verlangt das Bundesverfassungsgericht vom Gesetzgeber ein schlüssiges und umfassendes Konzept der Haushaltskonsolidierung. Es muss mindestens die Definition des angestrebten Sparziels sowie die nachvollziehbare Auswahl der zu dessen Erreichung erforderlichen Maßnahmen enthalten. Zudem muss das Sparvolumen gleichheitsgerecht erwirtschaftet werden, weil Beamte nicht stärker als andere zur Konsolidierung öffentlicher Haushalte herangezogen werden dürfen.[195]

Eine große Schuldenlast und die Notwendigkeit der Haushaltskonsolidierung alleine genügen also nicht. Das hat der Senat in der Entscheidung zur Berliner Besoldung bekräftigt. Das Land Berlin hatte auf seine extreme Verschuldung nach der Wiedervereinigung hingewiesen, die auch auf einen übermäßig großen Personalbestand zurückzuführen gewesen sei. Die Dämpfung der Personalausgaben sei Bestandteil der Sanierungsstrategie gewesen, die das Land als Empfänger von Konsolidierungshilfen zuletzt unter der Aufsicht des Stabilitätsrats nachweislich verfolgt habe. Dabei hätten nicht nur Beamte, sondern auch Tarifbeschäftigte ihren Beitrag leisten müssen. Der Senat zieht die Ausführungen zum Vorliegen einer Haushaltsnotlage nicht in Zweifel, bemängelt aber die Oberflächlichkeit der vom Haushaltsgesetzgeber niedergelegten Erwägungen, bei denen die erhofften Einsparungen weder quantifiziert noch miteinander oder mit der Entwicklung anderer Ausgabenposten ins Verhältnis gesetzt worden waren. Entscheidungstragend stellt er jedoch darauf ab, dass das Land nicht einmal der Versuch unternommen hatte, die Einsparungen gleichheitsgerecht zu erwirtschaften. Dies ergibt sich deutlich aus der auf der ersten Stufe festgestellten erheblichen Abkopplung der Besoldungsanpassungen von der Entwicklung der Tariflöhne im öffentlichen Dienst. Die Tariflöhne wurden ohne Erklärung vom Land Berlin deutlich angehoben, ohne diesen Schritt bei der Beamtenbesoldung nachzuvollziehen.[196]

195 Vgl. BVerfGE 155, 1 (45 ff. Rn. 92 ff.).
196 Vgl. BVerfGE 155, 1 (73 ff. Rn. 177 ff.).

Besoldungsgesetzgeber, die Einschnitte bei der Beamtenbesoldung als Mittel der Haushaltskonsolidierung erwägen, sind also gehalten, die haushaltsrechtlichen Zusammenhänge offenzulegen, darzulegen, welche Alternativen erwogen und weshalb sie verworfen wurden, und aufzuzeigen, dass die Entscheidungen nicht einseitig zu Lasten der Beamten getroffen worden sind. Mit anderen Worten: Die Abkopplung der Beamtenbesoldung von der allgemeinen wirtschaftlichen Entwicklung muss – auch der Höhe nach – unausweichlich erscheinen.

6. Relativierung der Prozeduralisierung?

Ungeachtet dieser Erwägungen ist die Entscheidung zur Berliner Richterbesoldung dafür kritisiert worden, dass der Senat nunmehr die Begründungspflicht des Besoldungsgesetzgebers bis hin zur praktischen Irrelevanz – kurz: zum zahnlosen Tiger – habe degenerieren lassen und damit das in ihr wohnende Potential verschenkt habe, den Gestaltungsspielraum des Gesetzgebers zu schonen.[197]

Zutreffend daran ist die Feststellung, dass auch jenseits der soeben erörterten Haushaltskonsolidierung eine Verletzung der prozeduralen Anforderungen für sich genommen ausgereicht hätte, um das gefundene Ergebnis – Verfassungswidrigkeit der Besoldung in der Berliner Besoldungsgruppe R 1 in den Jahren 2009 bis 2015 – zu begründen. Denn nach der Rechtsprechung des Bundesverfassungsgerichts treten die prozeduralen Anforderungen „als zweite Säule des Alimentationsprinzips" selbständig neben die materiellen Anforderungen.[198] Auf den ersten Blick erscheint es daher in der Tat verwunderlich, warum der Senat mehr als acht Jahre, nachdem er diesen Aspekt in der Entscheidung zur W-Besoldung erstmals herausgearbeitet hat, immer noch den mühsamen Rechenaufwand auf sich nimmt, statt auf die leichter zu prüfende formale Ebene abzuheben. Bei näherem Hinsehen gibt es jedoch vor allem einen guten Grund für diese Zurückhaltung, und das ist der Faktor Zeit: Die Verwaltungsgerichte hatten die bei ihnen anhängigen Besoldungsverfahren vielfach mit Blick auf die Entscheidungen zur R- und A-Besoldung zum Ruhen gebracht. Die nunmehr anhängigen Richtervorlagen beziehen sich überwiegend auf Zeiträume, in denen dem Besoldungsgesetzgeber die prozeduralen Anforderungen noch nicht klar vor Augen haben stehen müssen.

---

197 *Wieckhorst*, DÖV 2021, 361 (366 ff.).

198 Vgl. BVerfGE 155, 1 (47 f. Rn. 96). Hierzu näher *Jacob*, Prozeduralisierung und rationale Gesetzgebung in der Rechtsprechung des Bundesverfassungsgerichts, in: Modrzejewski/Naumann (Hrsg.), Linien der Rechtsprechung des Bundesverfassungsgerichts, Bd. 5, 2019, S. 53 ff.

Dass der Senat sich in einer solchen Situation nicht allein auf eine – jedenfalls für die Jahre vor 2012 regelmäßig vorliegende – unzureichende Gesetzesbegründung stützt, sondern sich die Mühe macht, auch die Verletzung der materiellen Anforderungen festzustellen, sollte als Ausdruck des Respekts vor dem parlamentarischen Gesetzgeber verstanden werden, der seinerzeit eher nicht mit diesen prozeduralen Anforderungen gerechnet hat.[199] Das war bei der Entscheidung zur abgesenkten Eingangsbesoldung in Baden-Württemberg[200] anders. Diese Maßnahme war im Dezember 2012 beschlossen worden, also deutlich nach Verkündung des Urteils zur W-Besoldung im Februar 2012.[201] Dieses kann daher hinsichtlich der prozeduralen Dimension des Alimentationsprinzips in funktionaler Perspektive als Warn- oder Ankündigungsentscheidung[202] verstanden werden.

Solange sich die Entscheidungen des Senats noch auf Altfälle beziehen, erscheint ein Abgesang auf die Begründungspflichten des Gesetzgebers daher verfrüht. Die prozeduralen Anforderungen des Alimentationsprinzips bergen ein noch nicht erschöpftes Potential: Sie haben eine streitvereinfachende Wirkung, indem die Verwaltungsgerichte und ultimativ das Bundesverfassungsgericht im Idealfall ein hinsichtlich der empirischen Entscheidungsgrundlagen aufbereitetes Feld vorfinden, weil bereits der Gesetzgeber – der über die Ministerialbürokratie viel einfacher statistische Daten erheben kann – bereits alle maßgeblichen Parameter in den Blick genommen hat. Das größte Potential besteht aber in der Hoffnung auf eine streitvermeidende Wirkung. Entweder weil sich der Gesetzgeber die Anforderungen des Alimentationsprinzips vor Augen führt und deshalb eine zureichende Besoldung festsetzt oder weil der betroffene Beamte leicht in die Lage versetzt wird, sich von der Verfassungsmäßigkeit seiner Besoldung zu überzeugen.

V. Fazit

Die vorstehenden Ausführungen sollten deutlich gemacht haben, dass die Besoldungsrechtsprechung des Bundesverfassungsgerichts nicht auf die Absicherung von überkommenen Privilegien um ihrer selbst willen zielt, sondern in der Grundentscheidung des Verfassungsgebers angelegt ist. Die Verpflichtung zu ei-

---

199 Vgl. auch BVerwG, Urteil vom 31.01.2019 – 2 C 28.17 –, juris, Rn. 23.

200 Vgl. BVerfGE 149, 382.

201 Diese zeitlichen Zusammenhänge verkennt *Wieckhorst*, DÖV 2021, 361 (364 f.), wenn er allein auf die Abfolge der Entscheidungen abstellt.

202 Vgl. zum Begriff Sondervotum *Rottmann*, BVerfGE 44, 125 (196).

ner amtsangemessenen Alimentation dient auch – und vielleicht sogar in erster Linie – dem Allgemeininteresse an einer fachlich leistungsfähigen, rechtsstaatlichen und unparteiischen Rechtspflege und öffentlichen Verwaltung, kurz: einem gemeinwohldienlichen Berufsbeamtentum.[203]

Diese Stoßrichtung wird dadurch unterstrichen, dass das Bundesverfassungsgericht die Wechselbezüglichkeit der verschiedenen hergebrachten Grundsätze des Berufsbeamtentums auch in letzter Zeit deutlich hervorgehoben hat. Namentlich das Streikverbot[204] und die Befugnis des Dienstherrn, Nebentätigkeiten zur Vermeidung von Loyalitätskonflikten zu begrenzen,[205] bilden das Gegenstück zum Anspruch auf amtsangemessene Besoldung und effektive gerichtliche Kontrolle.

Das Bundesverfassungsgericht wird noch eine Weile damit beschäftigt sein, die bei ihm anhängigen Richtervorlagen zu erledigen. Es handelt sich überwiegend um die Bewältigung der Folgen eines durch die Föderalismusreform entfesselten Unterbietungswettbewerbs,[206] bei dem auch das Paradigma des „Schlanken Staates"[207] fortgewirkt haben mag.[208] In der jüngeren Vergangenheit ist eine Gegenbewegung hin zum Leitbild eines „handlungsfähigen und starken Staates für eine freie Gesellschaft" erkennbar,[209] der – sicher begünstigt durch die bisher[210] allgemein gute Haushaltslage – auch durch spürbare Besoldungsanhebungen Rechnung getragen worden ist. Vor diesem Hintergrund besteht Hoffnung, dass Besoldungsfragen in der Rechtsprechung des Bundesverfassungsgerichts in der Zukunft wieder in den Hintergrund treten werden.

203 Vgl. BVerfGE 155, 77 (91 Rn. 28).

204 Vgl. BVerfGE 148, 296 (347 Rn. 121; 364 Rn. 152); 155, 1 (13 f. Rn. 24).

205 Vgl. BVerfGE 150, 169 (179 f. Rn. 27).

206 Zum „Besoldungswettbewerb" als Element des „Wettbewerbsföderalismus" *Konrad*, in: Hebeler/Kersten/Lindner, Handbuch Besoldungsrecht, 2015, § 4 Rn. 19 ff., 31 f.; vgl. ferner *Schnellenbach*, in: ders./Bodanowitz, Beamtenrecht in der Praxis, 10. Aufl. 2020, § 1 Rn. 10 ff. m.w.N.

207 Vgl. hierzu *Voßkuhle*, Neue Verwaltungsrechtswissenschaft, in: Voßkuhle/Eifert/Möllers (Hrsg.), Grundlagen des Verwaltungsrechts, Bd. I, 3. Aufl. 2021, § 1 Rn. 62 m.w.N.

208 Vgl. *Battis*, BBG, 5. Aufl. 2017, Einleitung Rn. 20.

209 So die Formulierung im Koalitionsvertrag zwischen CDU, CSU und SPD, 19. Legislaturperiode, Kap. IX.

210 Wie sich die fiskalischen Folgen der Coronapandemie auf die Besoldungsgesetzgebung auswirken, lässt sich noch nicht absehen.

Lars Dittrich

Prima Klima und sonst?

Gedanken zum „Klimabeschluss" des Bundesverfassungsgerichts

Leitentscheidungen des Bundesverfassungsgerichts

BVerfG, Beschluss des Ersten Senats vom 24. März 2021 – 1 BvR 2656/18 u. a. –, – Klimaschutz
BVerfGE 154, 152 – Auslandsfernmeldeaufklärung
BVerfGE 127, 293 – Legehennenhaltung
BVerfGE 125, 175 – Existenzminimum

Schrifttum (Auswahl)

Beckmann, Das Bundesverfassungsgericht, der Klimawandel und der „intertemporale Freiheitsschutz", UPR 2021, S. 241 ff.; *Burgi*, Klimaverwaltungsrecht angesichts von BVerfG-Klimabeschluss und European Green Deal, NVwZ 2021, S. 1401 ff.; *Calliess*, Das „Klimaurteil" des Bundesverfassungsgerichts: „Versubjektivierung" des Art. 20 a GG?, ZUR 2021, S. 355 ff.; *Faßbender*, Der Klima-Beschluss des BVerfG – Inhalte, Folgen und offene Fragen, NJW 2021, S. 2085 ff.; *Frenz*, Klimaschutz nach BVerfG-Beschluss und EU-Klimagesetz, EnWZ 2021, S. 201 ff.; *Görisch/Hartmann*, Grundrechtsrüge und Prüfungsumfang bei der Verfassungsbeschwerde, NVwZ 2007, 1007 ff.; *Janda*, Sozialstaat for future – Der Klima-Beschluss des BVerfG und seine Bedeutung für die Sozialgesetzgebung, ZRP 2021, S. 149 ff.; *Kahl:* Unzureichende Zielsetzung im Klimaschutzgesetz vereitelt künftige Ausübung von Freiheitsrechten, EnWZ 2021, S. 268 ff.; *Muckel*, Pflicht des Gesetzgebers zu effektivem Klimaschutz, JA 2021, S. 610 ff.; *Ruttloff/Freihoff*, Intertemporale Freiheitssicherung oder doch besser „intertemporale Systemgerechtigkeit"? – auf Konturensuche, NVwZ 2021, S. 917 ff.; *Schlacke*, Klimaschutzrecht – Ein Grundrecht auf intertemporale Freiheitssicherung, NVwZ 2021, S. 912 ff.; *Wagner*, Klimaschutz durch Gerichte, NJW 2021, S. 2256 ff.

Inhaltsübersicht

https://doi.org/10.1515/9783110686623-007

I. Einleitung

Die Entscheidung des Bundesverfassungsgerichts zum Klimaschutzgesetz (Beschluss des Ersten Senats vom 24. März 2021 – 1 BvR 2656/18 u. a. –, juris) liegt mittlerweile mehrere Monate zurück. Sie ist in der Öffentlichkeit überwiegend wohlwollend aufgenommen[1] und im juristischen Schrifttum uneinheitlich teilweise zustimmend[2], vereinzelt aber auch jedenfalls im Detail kritisch[3] kommentiert worden. Sinn und Ziel dieses Beitrages kann es demnach nicht sein, diesem Chor der Meinungen eine weitere Stimme hinzu zu fügen. Er soll vielmehr dazu dienen, einige bisher in der öffentlichen Debatte noch eher wenig beleuchtete Detailaussagen des Beschlusses zu erhellen und in die bisherige Rechtsprechung des Hauses einzubetten. Konkret thematisiert werden die Folgerungen aus dem Beschluss in Bezug auf die gesetzlichen Darlegungsanforderungen, §§ 23 Abs. 1 Satz 2, 92 BVerfGG, das Vorgehen des Senates, die verfassungsrechtliche Vorgabe zum Klimaschutz u. a. mittels einfachgesetzlicher Festlegungen zu konkretisieren, die Ausführungen zur Grundrechtsberechtigung und -verletzung ausländischer Beschwerdeführer und die Übertragbarkeit der Figur der intertemporalen Freiheitssicherung auf andere Rechtsbereiche. Dazu sollen Inhalt und Argumentationsstruktur des Klimabeschlusses zunächst nachgezeichnet (II.) und im An-

1 www.zeit.de/politik/deutschland/2021–04/karlsruhe-bundesverfassungsgericht-klimaschutz-urteil-grundgesetz-freiheit; www.welt.de/debatte/kommentare/article230820415/Urteil-aus-Karlsruhe-Klimaschutz-und-Freiheit.html · Kritisch dagegen: www.faz.net/aktuell/politik/inland/bundesverfassungsgericht-zum-klimaschutz-die-welt-ist-nicht-genug-17318117.html; www.nzz.ch/meinung/ bundesverfassungsgericht-klimaschutz-wird-zum-diktat-der-richter-ld.1614612 „Diktat“, „fragwürdige Anmassung“.

2 Vgl. exemplarisch: *Muckel*, JA 2021, S. 610; *Schlacke*, NVwZ 2021, S. 912; *Kahl*, EnWZ 2021, S. 268 (274).

3 Vgl. exemplarisch: *Calliess*, ZUR 2021, S. 355; *Faßbender*, NJW 2021, S. 2085; *Beckmann*, UPR 2021, S. 241; *Frenz*, EnWZ 2021, S. 201; zurückhaltend: *Burgi*, NVwZ 2021, S. 1401 (1402).

schluss die genannten Detailfragen benannt und untersucht werden (III.), bevor sich der Beitrag an einem Fazit versucht (IV.).

II. Der Klimabeschluss

Die behandelten Verfassungsbeschwerden wurden von zumeist jungen Deutschen aber auch zwei nichtdeutschen Beschwerdeführern mit Wohnsitz in Nepal und Bangladesch sowie von deutschen Umweltschutzverbänden erhoben. Gegenstand des Beschlusses ist ihr Vorwurf, die Bundesrepublik Deutschland habe es bisher unterlassen, zur Bekämpfung des Klimawandels geeignete gesetzliche Vorschriften zu erlassen und Maßnahmen zu ergreifen. Die entsprechenden Vorschriften des Klimaschutzgesetzes reichten nicht aus, um die Erwärmung der Erde auf 1,5 oder wenigstens unter 2 °C zu begrenzen.[4]

1. Klimawissenschaftlicher Vorspann

Um diesen Vorwurf auf seinen verfassungsrechtlichen Gehalt zu überprüfen, sah sich der Senat zunächst gezwungen, die naturwissenschaftlichen Fakten und den gesicherten aktuellen Stand der Klimadebatte aufzubereiten. Er stützt sich dabei maßgeblich auf die Erkenntnisse des Weltklimarates (Intergovernmental Panel on Climate Change, „IPCC"), dessen Zusammensetzung und Arbeitsweise er einleitend darstellt.[5] Das Gericht hatte bereits früher die Wichtigkeit und den großen Wert naturwissenschaftlicher Expertise in Umweltfragen betont.[6] Seine Ausführungen erklären sich insoweit aus der Notwendigkeit, die im wissenschaftlichen Prozess normalen und wünschenswerten, für eine juristische Beurteilung aber missliche Vielzahl und teilweise Widersprüchlichkeit der Forschungsergebnisse und wissenschaftlichen Meinungen auf einen festen, als „common sense" anzusehenden Kern zusammen zu führen und sich damit einen archimedischen Punkt für seine juristische Argumentation zu schaffen. Für die Tauglichkeit dieses Versuches kann der Senat zum einen auf eine Vielzahl anderer Organisationen verweisen, die sich ebenfalls dieser Daten bedienen (u. a. die EU-Kommission, die Vereinten Nationen und das Bundesumweltministerium)[7] und zum anderen – was

4 BVerfG, Beschl. v. 24. März 2021 – 1 BvR 2656/18 u. a. –, www.bverfg.de Rn. 1.
5 BVerfG, aaO Rn. 16, 17.
6 BVerfGE 127, 293 (328).
7 BVerfG aaO Rn. 16.

im Beschluss unerwähnt bleibt – darauf, dass das IPCC immerhin auch das Nobelpreiskomitee von seiner Arbeit zu überzeugen wusste.[8]

Im Folgenden erläutert der Beschluss die naturwissenschaftlichen Grundlagen des Klimawandels um den Treibhauseffekt, der über das Abschmelzen der Gletscher und des Polareises zum Anstieg des Meeresspiegels führe und möglicherweise auch eine Abschwächung der thermohalinen Zirkulation zur Folge habe, die wiederrum zu vermehrten Starkniederschlagsereignissen in Nordeuropa und zu einem Niederschlagsrückgang und Dürren in Südeuropa und der Sahelzone führten. Diese Prozesse verliefen nicht linear, sondern gewännen ihre besondere Relevanz aus sogenannten Kippunktprozessen, kraft derer sich besonders bedeutsame Parameter für das globale Klima ab einem bestimmten Wert irreversibel veränderten.[9] In diesen und den folgenden Ausführungen buchstabiert das Gericht auch überschlägig aus, welche Folgen die fortschreitende Erderwärmung um 1,5 °C, 2 °C aber auch um 3 °C hätte. Es nimmt dabei insbesondere die menschliche Gesundheit, Ernährung, Beruf und Eigentum[10] sowie die damit wahrscheinlich einhergehenden Migrationsströme[11] in den Blick.

Nach dieser eindrücklichen Problembeschreibung widmet sich der Senat der Frage nach der Ursache für den Klimawandel und benennt als solche die Emission von Treibhausgasen – genauer jene von CO_2, das anders als andere Treibhausgase in der Erdatmosphäre verbleibe und von dort nach dem heutigen Stand der Technik auch nicht mehr entfernt werden könne.[12] Die durch anthropogene Treibhausgasemissionen verursachte Erderwärmung sei deshalb nach heutigem Stand der Technik unumkehrbar.[13]

In diesem Abschnitt kommt der Senat auch auf Anpassungsmaßnahmen zu sprechen, durch die sich der Klimawandel zwar nicht begrenzen, seine negativen Folgen aber abmildern ließen.[14] Der klimawissenschaftliche Vorspann der Entscheidung schließt mit einleitenden Ausführungen[15] zur Umrechenbarkeit von CO_2 – Emissionen (Ursache) in künftige Erderwärmung (möglichst zu vermeidende Folge) und damit der wissenschaftlichen Fundierung der Sinnhaftigkeit der gesetzlich vorgesehenen Minimierungsziele, sowie der anhand einiger Beispiele

8 https://www.nobelprize.org/prizes/peace/2007/ipcc/facts/ – zuletzt abgerufen am 23. September 2021.
9 BVerfG aaO Rn. 19 ff.
10 BVerfG aaO Rn. 22 ff.
11 BVerfG aaO Rn. 28.
12 BVerfG aaO Rn. 31 ff.
13 BVerfG aaO Rn. 32.
14 BVerfG aaO Rn. 34.
15 BVerfG aaO 35 f. – später vertieft Rn. 123.

(Zement, Textilbranche) illustrierten Feststellung, dass weitreichende Transformationen notwendig sein werden, um Treibhausgasneutralität bis 2050 zu erreichen, wie in § 1 Abs. 3 des Klimaschutzgesetzes („KSG“) vorgesehen.[16]

Insgesamt sind die klimawissenschaftlichen Annahmen des Gerichts konservativ gewählt. Man darf insoweit von einer bewussten Entscheidung ausgehen, der das Motiv zugrunde gelegen haben dürfte, die folgenden juristischen Überlegungen nicht durch Zweifel an den tatsächlichen Grundannahmen zu diskreditieren. Das Gericht schafft sich den schon bezeichneten „archimedischen Punkt“.

2. Zulässigkeitsprüfung

Im Rahmen der Zulässigkeitsprüfung hatte der Senat zunächst die Einzelheiten der jeweiligen Begehren der Beschwerdeführer und der jeweiligen Beschwerdegegenstände zu berücksichtigen.[17] Zugleich nutzte er den Prüfungspunkt der „Beschwerdebefugnis“ um die anschließende Begründetheitsprüfung vor zu strukturieren.[18]

Er erkannte dabei die Möglichkeit an, einer bereits (gegen die gesetzgeberische Untätigkeit) erhobene Verfassungsbeschwerde durch nachträgliche Anpassungen als Reaktion auf zwischenzeitlich eingetretene Umstände (den Erlass eines Gesetzes) die Zulässigkeit zu erhalten.[19]

Weiter sah der Senat die Beschwerdebefugnis zum einen wegen einer möglichen Verletzung grundrechtlicher Schutzpflichten aus Art. 2 Abs. 2 Satz 1 GG und Art. 14 Abs. 1 GG als gegeben an. Schließlich hielt er auch eine Gefährdung der Freiheit der Beschwerdeführenden durch sehr hohe Minderungslasten für CO_2-Emissionen ab 2030 für denkbar.

In Bezug auf die Schutzpflichten bedurfte jeder Punkt der Betroffenheitstrias[20] „selbst, gegenwärtig, unmittelbar“ weiterer Argumentation. Der gegenwärtigen Betroffenheit stehe das aktuell geringe Ausmaß des Schadens nicht entgegen, weil die einmal in Gang gesetzten Vorgänge nicht mehr korrigierbar seien

16 BVerfG aaO Rn. 37.

17 Vgl. etwa die Ausführungen zur Beschwerdebefugnis der auch beschwerdeführenden Umweltvereinigungen, BVerfG aaO Rn. 128, 136 oder zu den im Ausland lebenden Beschwerdeführern Rn. 132.

18 Vgl. sogleich.

19 BVerfG aaO Rn. 92.

20 *Lechner/Zuck*, BVerfGG § 90 Rn. 128; *Zuck*, Das Recht der Verfassungsbeschwerde, 5. Aufl. 2017, Rn. 684.

und zu „nicht unerheblichen Grundrechtsgefährdungen" in der Zukunft führen könnten.[21] Die Selbstbetroffenheit sei trotz der großen Zahl betroffener Personen gegeben, weil die eigene Betroffenheit genüge und es keiner darüber hinausgehenden, den Einzelnen von der Allgemeinheit abhebenden Merkmale bedürfe.[22] Schließlich seien die Beschwerdeführer auch unmittelbar betroffen. Zwar drohten die eigentlichen Grundrechtseingriffe erst durch zukünftige Regelungen. Diese seien aber im jetzigen Recht unumkehrbar angelegt.[23] Es führe auch nicht zur Unzulässigkeit, dass die Beschwerdeführer ggf. später gegen einzelne, klimaschützende Freiheitseinschränkungen vorgehen können. Es sei vielmehr das justiziable Ziel der angegriffenen Rahmenregeln, Vorhersehbarkeit und insgesamt Verbindlichkeit herzustellen.[24]

In Bezug auf die Grundrechtsverletzung wegen einer möglichen Verletzung der intertemporalen Freiheit führte der Senat aus, dass mit dem Verbrauch weiter Teile des noch zur Verfügung stehenden Restemissionsbudgets in Zukunft deutlich härtere Einschnitte zur Eindämmung des Klimawandels notwendig werden. Sie könnten dann auch verfassungsrechtlich gerechtfertigt werden. Das Grundgesetz lasse deshalb „die tatenlose Hinnahme eines ab infinitum fortschreitenden Klimawandels durch den Staat nicht" zu.[25] Es bestehe eine direkte Abhängigkeit zwischen dem verbleibenden CO_2-Budget und dem Grad faktisch lebbarer und grundrechtlich einschränkbarer Freiheit. Bereits das Handeln im Jetzt habe danach irreversible Folgen für die zukünftige Betätigung grundrechtlicher Freiheit. Ihr Umfang hänge davon ab, welche alternativen, CO_2-freien Verhaltensweisen zur Verfügung stehen und damit davon, wie lang der Zeitraum für die Entwicklung- und Etablierung entsprechenden Verhaltensweisen ist.[26] Diese Ausführungen sind für die weitere Argumentation essentiell.

Zur Wahrung der gesetzlichen Darlegungsanforderungen bemerkte der Senat, dass zwar nur eine Verfassungsbeschwerde die Freiheitskomponente der angegriffenen Maßnahmen anspreche und die übrigen nur die Verletzung von Schutzpflichten rügten. Der Senat prüfe innerhalb des Streitgegenstandes aber alle in Betracht zu ziehenden Grundrechte.[27] Allerdings seien Umweltschutzverbände nicht klagebefugt, weil es ihnen an möglicherweise verletzten subjektiven

---

21 BVerfG aaO Rn. 108, 130.
22 BVerfG aaO Rn. 110, 131.
23 BVerfG aaO Rn. 133.
24 BVerfG aaO 134.
25 BVerfG aaO Rn. 118.
26 BVerfG aaO Rn. 119 ff.
27 BVerfG aaO Rn. 127.

Rechten fehle.[28] Für die beiden ausländischen Beschwerdeführer mit Wohnsitz in Bangladesch und Nepal bejahte der Senat die Beschwerdebefugnis in Bezug auf eine mögliche Schutzpflichtverletzung, verneinte sie aber in Bezug auf eine Verletzung von Freiheitsrechten. Der deutsche Gesetzgeber müsse zwar ggf. in Zukunft freiheitseinschränkende Maßnahmen zum Klimaschutz treffen, die Beschwerdeführenden seien diesen aber nicht unterworfen.[29]

Auch Bedenken an der Rechtswegerschöpfung und Subsidiarität der Verfassungsbeschwerden hatte der Senat nicht, weil seiner Ansicht nach insbesondere von entsprechenden fachgerichtlichen Verfahren keine weitergehende Klärung zu erwarten gewesen wäre.[30]

3. Begründetheitsprüfung

Die Prüfung der Begründetheit unterteilt der Senat. Entsprechend der vorangegangenen Strukturierung prüft er zum einen eine mögliche Verletzung von Schutzpflichten[31] und zum anderen eine Grundrechtsverletzung durch eingriffsähnliche Vorwirkungen in intertemporale Freiheitsgarantien.[32]

a) Schutzpflichtverletzung

Der Senat erkennt zunächst eine aus den Grundrechten resultierende Pflicht zum Schutz von Leben und Gesundheit der Grundrechtsträger[33] sowie ihres Eigentums[34] an, die auch die Gefährdungen durch Umweltbelastungen wie den Klimaschutz einschließe.[35] Er entnimmt dieser Pflicht überdies eine Pflicht zum Handeln „in internationaler Einbindung".[36] Sie umfasse sowohl Maßnahmen zur Abwehr gegen als auch solche zur Anpassung an den Klimawandel.[37] Allerdings sind diese Schutzpflichten nach Ansicht des Senates nicht verletzt, weil ein Ver-

28 BVerfG aaO Rn. 136 f.
29 BVerfG aaO Rn. 132 – vgl. umfassend die Ausführungen unter III.3.
30 BVerfG aaO Rn. 138 ff.
31 BVerfG aaO Rn. 143 ff.
32 BVerfG aaO Rn. 182.
33 BVerfG aaO Rn. 144 ff.
34 BVerfG aaO 171 f.
35 BVerfG aaO 146 ff.
36 BVerfG aaO 144, 149.
37 BVerfG aaO 150, 164.

stoß dagegen nur bei „völlig unzulänglichem“ Verhalten des Gesetzgebers bestehe, an dem es wiederrum fehle, weil nicht von vornherein auszuschließen sei, dass das vom Gesetzgeber angestrebte 2°-Ziel nicht ausreiche, sodass stattdessen das von den Beschwerdeführern favorisierten 1,5°-Ziel anzustreben sei.[38] Der Senat übt damit in Übereinstimmung mit der bisherigen Rechtsprechung[39] weitgehende Zurückhaltung gegenüber dem demokratisch legitimierten Gesetzgeber.

b) Grundrechtsverletzung wegen Fehlen ausreichender Vorkehrungen zur grundrechtsschonenden Bewältigung der Emissionsminderungspflichten

Für die letztlich seiner Ansicht nach durchschlagende Grundrechtsverletzung stellt der Senat nicht auf einzelne Freiheitsrechte ab, sondern nimmt allgemein eine Verletzung „der Grundrechte“ bzw. „der durch das Grundgesetz geschützten Freiheit“ der Beschwerdeführenden an. Dies begründet er damit, dass nach der zu beurteilenden Fassung des Klimaschutzgesetzes der Verbrauch weiter Teile des verbleibenden CO_2-Restbudgets bis zum Jahr 2030 zulässig sei. Gehe dieses Budget zur Neige, dürfe CO_2-basierte Freiheitsbetätigung nur noch zugelassen werden, soweit sich die entsprechenden Grundrechte in einer entsprechenden Abwägung mit dem Klimaschutz durchsetzten. Wegen des fortschreitenden Klimawandels nehme das relative Gewicht der Freiheitsbetätigung immer weiter ab. Das jetzige Zulassen unumkehrbarer CO_2-Emissionen begründe damit schon heute eine Gefährdung nahezu sämtlicher künftiger Freiheit, weil damit auch die Zeitspanne schrumpfe, um klimaneutrale technische und soziale Alternativen zu einem derartigen Freiheitsgebrauch zu entwickeln und zu implementieren.

Der Erlaubnis, so weitreichende Teile des Emissionsbudgets bis zum Jahr 2030 zu verbrauchen, komme dementsprechend „eingriffsähnliche Vorwirkung“ zu[40] – anders gewendet: folgt die Politik weiter diesem Emissionspfad, werden ab 2030 erhebliche Eingriffe nötig sein, um die völker- und verfassungsrechtliche Verpflichtung zum Klimaschutz zu erfüllen. Durch welche Maßnahmen dann wie in welche Grundrechte eingegriffen werden wird, ist heute noch nicht absehbar, wohl aber, dass diese Eingriffe nahezu alle Lebensbereiche betreffen werden (müssen). Die damit anzunehmende, künftige Freiheitseinschränkung bedürfe der verfassungsrechtlichen Rechtfertigung und müsse sich deshalb an den

38 BVerfG aaO 163.
39 BVerfGE 49, 89 (131); 83, 130 (141 f.).
40 BVerfG aaO 183, 187 ff.

Grundentscheidungen des Grundgesetzes, insbesondere auch Art. 20a GG messen lassen und zudem verhältnismäßig sein.

In Bezug auf Art. 20a GG betont der Senat einerseits nochmals seinen Charakter als justiziable Rechtsnorm. Dem stehe die globale Dimension des Klimawandels nicht entgegen. Der Klimawandel fordere auch verfassungsrechtlich stattdessen Schutzbemühungen in internationaler Einbindung sowie den Schutz des dafür notwendigen und vom Pariser Abkommen besonders betonten, gegenseitigen Vertrauens. Dieses dürfe nicht durch nationale Abweichungen von den gemeinsam vereinbarten Vorgaben untergraben werden.[41] Weil der Klimaschutz damit eine justiziable Vorgabe der Verfassung ist, steht der Senat im Folgenden vor der Aufgabe, den Begriff „Klimaschutz" rechtlich handhabbar zu machen, also darzulegen, welche Abweichungen vom aktuellen Klima die Verfassung noch zulässt. Er überträgt diese Aufgabe dem Gesetzgeber, dem aus Art. 20a GG ein erheblicher Gestaltungsspielraum und eine Konkretisierungsprärogative zukomme. In ihrer Ausfüllung habe der Gesetzgeber einen Anstieg der globalen Durchschnittstemperatur von deutlich unter 2 °C und möglichst auf 1,5 °C als Ziel ausgegeben. Er habe dadurch mit Blick auf die identische Zielsetzung des Pariser Abkommens auch das verfassungsrechtlich Gebotene konkretisiert.[42]

Soweit die Beschwerdeführer weitergehend das 1,5 °C-Ziel für maßgeblich hielten, entspreche das verbreiteter Einschätzung. Die weitere Vorgabe des Klimaschutzgesetz sei aber wegen der insoweit noch bestehenden naturwissenschaftlichen Unsicherheiten verfassungsrechtlich aktuell nicht zu beanstanden; allerdings bestehe die permanente Pflicht für den Gesetzgeber, das Recht den neuesten Entwicklungen und Erkenntnissen in der Wissenschaft anzupassen.[43] Den so beschrittenen Pfad verfolgt die Entscheidung im Folgenden weiter, indem sie das aus diesem Minderungsziel folgende, vom IPCC ermittelte globale CO_2-Restbudget und dann das daraus vom nationalen Sachverständigenrat für Umweltfragen ermittelte nationale CO_2-Restbudget trotz der mit dieser Festlegung verbundenen wissenschaftlichen Unsicherheiten und politischen Wertungen[44] für die verfassungsgerichtliche Prüfung als verbindlich ansieht.[45] Das zugrunde gelegt, sei das nationale Restbudget bei einer angenommenen Durchschnittszieltemperatur von +1,75 °C bis 2030 nahezu aufgebraucht, ohne dass die demnach

41 BVerfG aaO 203f.

42 BVerfG aaO Rn. 207ff., 210.

43 BVerfG aaO Rn. 212 unter Verweis auf BVerfGE 49, 89 (130, 132).

44 BVerfG aaO Rn. 224ff.

45 BVerfGE aaO Rn. 216ff. Einschränkend hält die Entscheidung gleichwohl fest, dass das nationale Restbudget kein „zahlengenaues Maß" bieten könne, BVerfG aaO Rn. 229, 231.

alsbald danach herzustellende Klimaneutralität wahrscheinlich oder auch nur als gesetzliches Ziel vorgesehen sei (Reduktionsziel bis 2030: 55%).[46] Ein Verfassungsverstoß folge daraus gleichwohl nicht, weil die „Unsicherheit über die zur Wahrung der Temperaturschwelle [...] verbleibenden Emissionsmöglichkeiten" auch angesichts der „normativen Spanne der Temperaturmaßgabe" (1,5 – 2 °C) zu groß sei, um einen solchen festzustellen.[47] Auch gegen die Rationalisierungsanforderungen an die Gesetzgebung sei nicht verstoßen worden.[48]

Wiewohl im Ergebnis nicht durchschlagend, sind diese Überlegungen als argumentative Grundlage für den letztlich festgestellten Verfassungsverstoß essentiell. Der Senat erblickt diesen Verstoß darin, dass die notwendige Reduktion von CO_2-Emissionen hin zur Klimaneutralität nicht hinreichend vorausschauend geregelt sei.[49] Weil das Emissionsrestbudget nach dem aktuellen Emissionsplan im Jahr 2030 nahezu erschöpft sein werde, hänge die Ausübung grundrechtlich geschützter Freiheit dann davon ab, ob gehaltvolle CO_2-freie Verhaltensalternativen zur Verfügung stünden. Der dafür notwendige Entwicklungsdruck entstehe, sobald absehbar werde, dass und welche Produkte, Dienstleistungen, Einrichtungen und Gewohnheiten umzugestalten seien. Deshalb sei der Gesetzgeber verfassungsrechtlich gehalten, weitere Reduktionsmaßgaben über das Jahr 2030 hinaus zu setzen. Diese müssten rechtzeitig erfolgen und zugleich hinreichend weit in die Zukunft weisen. Sie seien dann in einem gestuften Prozess rechtzeitig, kontinuierlich und hinreichend differenziert fortzuentwickeln, sodass erkennbar werde, welche Produkte und Verhaltensweisen zeitnah umzugestalten seien.[50] Das sei wegen der Nachfrage- und Technologieeffekte auch international bedeutsam.[51]

Die bisherigen gesetzlichen Maßgaben dafür seien verfassungsrechtlich unzureichend. Zwar könne zum jetzigen Zeitpunkt – auch um spätere Innovationen nicht zu bremsen – keine Planung bis in das Jahr 2050 verlangt werden, der bisher vorgesehene Vorlauf „im Jahr 2025 für weitere Zeiträume nach 2030 jährlich ab-

---

46 BVerfG aaO Rn. 231 ff.
47 BVerfG aaO Rn. 236 f.
48 BVerfG aaO Rn. 239 ff.
49 BVerfG aaO Rn. 243 ff.
50 BVerfG aaO Rn. 251 ff., 253 f.
51 BVerfG aaO Rn. 249, u. a. diesen Aspekt und den Ansatz des Pariser Abkommens, die Staaten durch Transparenz und Vergleichbarkeit der Bemühungen und Erfolge und damit durch zivilgesellschaftlichen Druck zu verstärkten Anstrengungen im Klimaschutz zu bewegen, verkennt Wagner, NJW 2021, S. 2256 (2261), indem er den Klimaschutz durch Gerichte für ein Nullsummenspiel hält, weil jede in Deutschland eingesparte Tonne CO_2 nur dazu führe, dass der Handlungsdruck auf die übrigen Staaten gemindert werde; mit ähnlicher Argumentation, eingebettet in den Vorwurf der „Europablindheit des Beschlusses" Frenz, in: EnWZ 2021, S. 201 (203).

sinkende Emissionsmengen festzulegen" genüge jedoch nicht.[52] Der Gesetzgeber müsse entweder die Größe der weiteren Jahresemissionsmengen schrittweise selbst regeln oder – bei Beibehaltung des verfassungsrechtlich als solchen nicht zu beanstandenden bisherigen Regelungsmodells über eine Rechtsverordnung[53] – dem Verordnungsgeber die wesentlichen Kriterien für die Bemessung der jährlichen Mengen vorgeben.[54]

III. Einzelne „take aways"

1. Darlegungsanforderungen

In verfassungsprozessualer Hinsicht könnte die Entscheidung Auswirkungen auf die zukünftige Rechtsprechung des Senates zu den grundrechtsbezogenen gesetzlichen Darlegungsobliegenheiten haben. Die Linie beider Senate hatte sich insoweit bisher partiell unterschieden. Nach § 23 Abs. 1 Satz 2 i.V.m. § 92 BVerfGG sind Verfassungsbeschwerden schriftlich zu begründen. Dazu gehört in rechtlicher Hinsicht auch, dass der Beschwerdeführer die Möglichkeit einer Verletzung seiner Grundrechte oder grundrechtsgleichen Rechte hinreichend deutlich aufzeigt.[55] Soweit das BVerfG für bestimmte Fragen bereits verfassungsrechtliche Maßstäbe entwickelt hat, muss anhand dieser Maßstäbe aufgezeigt werden, inwieweit Grundrechte durch die angegriffene Maßnahme verletzt werden.[56] Bei Urteilsverfassungsbeschwerden ist zudem in der Regel eine ins Einzelne gehende argumentative Auseinandersetzung mit den Gründen der angefochtenen Entscheidung erforderlich. Es bedarf demnach einer umfassenden einfachrechtlichen und verfassungsrechtlichen Aufarbeitung der Rechtslage.[57]

Die Frage ob damit auch die Verletzung jener Grundrechte in die verfassungsrechtliche Prüfung einzubeziehen ist, die der Beschwerdeführer nicht gerügt hat, wird teilweise durch die „Elfes-Doktrin" entschärft.[58] Danach lässt sich ein Grundrechtseingriff nur dann rechtfertigen, wenn das ihm zugrunde liegende

52 BVerfG aaO Rn. 257 ff., 261 ff.
53 BVerfG aaO Rn. 259.
54 BVerfG aaO Rn. 261 ff.
55 BVerfGE 89, 155 (171); 98, 169 (196).
56 BVerfGE 99, 84 (87).
57 Vgl. BVerfGE 20, 327 (329); BVerfG, Beschl. v. 23. Mai 2016 – 1 BvR 2230/15 –, juris, Rn. 25 jeweils m.w.N.
58 Benda/Klein, Verfassungsprozessrecht, § 19 Rn. 468, 497.

Gesetz insgesamt verfassungsgemäß ist.[59] Ein zulässig gerügter Grundrechtsverstoß führt bei einem entsprechenden Grundrechtseingriff also bereits dann zum Erfolg der Verfassungsbeschwerde, wenn das Gesetz nicht in jeder Hinsicht den Anforderungen des Grundgesetzes genügt.[60] Richtet sich die Verfassungsbeschwerde nicht gegen ein Gesetz und steht die verfassungsrechtliche Beurteilung eines Einzelaktes in Rede (und nicht inzident doch jene des ihm zugrunde liegenden Gesetzes), divergiert die Rechtsprechung beider Senate. Während der Zweite Senat seine Prüfung gleichwohl innerhalb des Streitgegenstandes auf alle in Betracht zu ziehenden Grundrechte erstreckt[61], bezog der Erste Senat in seine Prüfung traditionell nur jene Grundrechte ein, deren mögliche Verletzung der Beschwerdeführer hinreichend darlegte. Ungerügte Grundrechte blieben bisher – soweit sie nicht nur falsch oder nicht bezeichnet aber inhaltlich richtig bestimmt waren[62] – außer Betracht.[63]

Eine erste Durchbrechung hatte diese Regel in der Stadionverbotsentscheidung gefunden[64], wo auch der Erste Senat erstmals in der Beschwerdeschrift nicht gerügte Grundrechte zum Maßstab seiner Begründetheitsprüfung machte (konkret einen Gleichheitsverstoß im Einzelfall bei gerügter Verletzung von Art. 2 Abs. 1 GG).

Dem Klimabeschluss lagen Verfassungsbeschwerden gegen das Klimaschutzgesetz, mithin ein Gesetz zugrunde. Die Verletzung einer Schutzpflicht konnte der Senat nicht feststellen und Schutzpflichtverletzungen passen nicht in den klassischen Dreisatz der verfassungsrechtlichen Überprüfung hoheitlicher Eingriffe aus Schutzbereich, Eingriff und Schranken. Sie sind stattdessen im Doppelschritt aus „Bestehen einer Schutzpflicht“ und „Verletzung dieser Pflicht“ zu prüfen. Mangels Eingriff in einen Schutzbereich insoweit konnte die Elfes-Rechtsprechung dementsprechend nicht unmittelbar zur Anwendung kommen. Denkbar wäre nun ihre Übertragung auf die Dogmatik der Schutzpflichten gewesen – etwa: „staatliche Maßnahmen vermögen nur dann, Schutzpflichten zu erfüllen, wenn sie insgesamt verfassungsgemäß sind.“ Stattdessen hat der Senat

59 BVerfGE 6, 32 (41).
60 BVerfGE 115, 118 (139); BVerfGE 156, 11 (41).
61 BVerfGE 147, 364 (378).
62 BVerfGE 79, 174 (201); 84, 366 (369).
63 BVerfGE 85, 1 (11); BVerfGE 82, 6 (11 ff.), vgl. umfassend, allerdings ohne Eingehen auf die Elfes-Rechtsprechung: *Görisch/Hartmann*, NVwZ 2007, S. 1007 (1009 1112) die zu dem Ergebnis kommen, der Erste Senat sei zu einer Prüfung nicht gerügter Grundrechte berechtigt aber nicht verpflichtet sowie *Barczak*, in ders., BVerfGG, § 92 Rn. 10b, laut dem der Grundsatz gelte: „Was nicht gerügt ist, wird nicht geprüft“.
64 BVerfGE 148, 267 (278).

sich darauf berufen, dass er unabhängig von der Grundrechtsrüge „innerhalb des Streitgegenstandes alle in Betracht zu ziehenden Grundrechte“ prüfe.[65] In der Konstellation: Eingriff in Grundrecht X aber nicht in das gerügte Grundrecht Y findet sich dieser Gedanke in der Rechtsprechung des Ersten Senates nach dem Vorgenannten nur in der Stadionverbotsentscheidung. Sie ist dementsprechend, zusammen mit einer Entscheidung des Zweiten Senates über eine Urteilsverfassungsbeschwerde[66], auch zum Beleg zitiert.[67] Gleichwohl ist die damit zitierte Konstellation (Eingriff in Grundrecht X aber nicht in das gerügte Grundrecht Y) nicht identisch mit der hier tatsächlich in Rede stehenden (Eingriff in Grundrechte aber keine Verletzung der allein gerügten Schutzpflichten).

Damit hat der Senat erneut außerhalb der ursprünglichen Elfes-Rechtsprechung unabhängig von der Rüge „alle innerhalb des Streitgegenstandes in Betracht zu ziehenden Grundrechte“ geprüft. Die Rechtsprechung beider Senate zur Abhängigkeit der verfassungsgerichtlichen Prüfung von den gerügten Grundrechten dürfte sich dadurch zumindest weiter angenähert haben.

2. Konkretisierung der Verfassung durch einfachgesetzliche Festlegungen

a) Neuartigkeit des Vorgehens

Im hier zu entscheidenden Rechtstreit stand der Senat vor der Herausforderung, die verfassungsrechtlichen Garantien für den Klimaschutz zu operationalisieren. Eher wenig problematisch war dabei die Beantwortung der genuinen Rechtsfragen, welche Verfassungsnormen dazu subjektive Rechte begründen und welcher Art die rechtlichen Garantien aus Art. 20a GG sind (objektiv-rechtliche Pflicht zum Klimaschutz; Weltklima als Maßstab; Pflicht, auf internationale Zusammenarbeit zum Klimaschutz hinzuwirken und das dazu notwendige Vertrauen nicht durch Nachlässigkeiten bei der Umsetzung der eigenen Zusagen zu untergraben, ...). Es ist gerade die Aufgabe des Bundesverfassungsgerichts, die Verfassung insoweit verbindlich, § 31 BVerfGG, zu interpretieren und die sich daraus ergebenden Vorgaben abzuleiten.

Diffiziler war indes die Frage zu beantworten, was verfassungsrechtlich das Ziel des „Klimaschutzes“ zu sein hat, welche Zielmarken für die Temperaturer-

65 BVerfG aaO Rn. 127.
66 BVerfGE 147, 364 (378).
67 BVerfG aaO Rn. 127.

höhung also noch von der Verfassung gedeckt sind. Das Problem lag insoweit weniger in der Befugnis des Gerichtes. Die Aufgabe des Bundesverfassungsgerichts zur Auslegung des Grundgesetzes umfasst selbstverständlich auch die Definition und ggf. die Operationalisierung der verfassungsrechtlichen Garantien. Gleichwohl hat der Senat diese nicht selbst vorgenommen, sondern insoweit umfassend auf die wissenschaftlichen Unsicherheiten zu den einzelnen Temperaturszenarien hingewiesen und dann den Gesetzgeber an seiner eigenen Zielbestimmung, den Anstieg der globalen Durchschnittstemperatur auf „deutlich unter 2 °C und möglichst auf 1,5 °C" zu begrenzen, § 1 KSG, festgehalten.[68] Er hat dann große Mühe darauf verwendet, aus der doppelten einfachgesetzlichen Bestätigung dieses Zieles (im Klimaschutzgesetz und im Zustimmungsgesetz zum Pariser Abkommen) und den Verlautbarungen des Gesetzgebers den grundlegenden Charakter dieser Zielbestimmung abzuleiten, mit dem eine gesetzliche Konkretisierung der verfassungsrechtlichen Vorgabe einhergehe.[69] Ihrer Genese und ihrem Charakter nach einfachgesetzliche Regelungen sind so zu für den Gesetzgeber verbindlichen und damit gleichsam verfassungsrechtlichen Maßstäben geworden, ohne dass dazu die speziellen Anforderungen des Art. 79 GG einzuhalten gewesen wären.[70]

Das ist methodisch zumindest bemerkenswert und soweit ersichtlich in dieser Dimension neu. Allerdings hat das Bundesverfassungsgericht auch schon an anderer Stelle die Operationalisierung unbestimmter Verfassungsbegriffe dem Gesetzgeber überlassen. Bei der zumindest annähernd vergleichbar komplexen Fragestellung, was das menschenwürdige Existenzminimum konkret umfasse, ging das Gericht davon aus, dass sich die dafür erforderlichen Mittel nicht unmittelbar aus der Verfassung ableiten lassen, sodass die Aufgabe sie zu bestimmen, dem Gesetzgeber zukomme.[71] Damit korrespondiere eine zurückgenommene verfassungsgerichtliche Kontrolle der einfachgesetzlichen Regelungen, die materiell auf das Verbot evident unzureichender Leistungen beschränkt sei[72], in Bezug auf das Verfahren aber eine verfassungsgerichtliche Kontrolle der Berechnungsmethoden erlaube und die Pflicht zur fortlaufenden Überprüfung und ggf. Anpassung der Bedarfe enthalte.[73] Das Bundesverfassungsgericht weist die

68 Unkritisch gegenüber diesem Vorgehen: Kahl, EnWZ 2021, S. 268 (274).

69 BVerfG aaO 205 ff.

70 Der Senat betont an anderer Stelle (Rn. 238), dass dieses Erstarken nicht für sämtliche Vorschriften des KSG, insbesondere nicht für die Minderungsziele des § 3 Abs. 1 KSG gilt, weil sie nicht „wie § 1 Abs. 3 KSG gesamthaft das Klimaschutzziel des Gesetzgebers" benennen.

71 BVerfGE 91, 93 (111 f.); BVerfGE 125, 175 (224).

72 BVerfGE 125, 175 (225 f.).

73 BVerfGE 125, 175 (225 f.).

Aufgabe zur konkreten Ausgestaltung und Bezifferung des Verfassungsauftrages also beide Male dem Gesetzgeber zu, erlegt ihm im Gegenzug aber Verfahrens-, insbesondere Aktualisierungslasten auf, und beschränkt die verfassungsgerichtliche Kontrolle auf Evidenzverstöße. Ein ähnliches Vorgehen wählte er auch beim Verfassungsauftrag zum Tierschutz aus Art. 20a GG. Auch dort überließ er die Konkretisierung dem Gesetzgeber und leitete aus der Verfassung vor allem Verfahrensgarantien für diesen Vorgang ab.[74] Die „Konkretisierung"[75] einfachen Rechts zum verfassungsrechtlichen Maßstab erfolgte indes auch dort – anders als im Klimaschutz – nicht.

Der insoweit gewählte methodische Ansatz läuft auf eine Art Folgerichtigkeitsprüfung der gesetzgeberischen Überlegungen hinaus. Auch dieses Vehikel ist in der Rechtsprechung des Bundesverfassungsgerichts bereits etabliert. Ursprünglich für das Steuerrecht entwickelt[76] und auch unter dem Stichwort der „Systemgerechtigkeit" vertreten[77] hat diese methodische Figur inzwischen auch in anderen Rechtsbereichen Anwendung gefunden[78] und ist vom Bundesverfassungsgericht auch bereits freiheitsrechtlich in Stellung gebracht worden.[79] In den genannten Fällen war die Reichweite der Prüfung aber dergestalt auf das jeweilige Gesetz beschränkt, dass der Gesetzgeber das Ziel des Gesetzes nicht durch andere Maßnahmen im selben Gesetz konterkarieren, identischen Gefährdungen in demselben Gesetz also nicht unterschiedliches Gewicht beimessen durfte.[80] Der Grundsatz der Folgerichtigkeit verstärkte also die verfassungsrechtlichen Vorgaben und minimierte damit den Entscheidungsraum des Gesetzgebers nur für und innerhalb des einen überprüften Gesetzes.[81] Mit den Ausführungen im Klimabeschluss ist die verfassungsrechtliche Pflicht aus Art. 20a GG zum Klimaschutz

---

74 BVerfGE 127, 293 (328 f.).

75 „Konkretisierung" der verfassungsrechtlichen Vorgaben durch den Gesetzgeber meint eigentlich etwas anderes, nämlich das Ausfüllen der so Freiheitsräume und das Auflösen der aus gegenläufigen Garantien resultierenden Konflikte durch den Gesetzgeber, vgl. grundlegend: Badura, in HdbStR, 1. Aufl., VII. Band, § 163 Rn. 16 ff.

76 BVerfGE 105, 73 (125), BVerfGE 122, 210 (231).

77 *Badura*, in HdbStR, 1. Aufl., VII. Band, § 163 Rn. 16 ff.

78 Übersicht über die einzelnen Rechtsbereiche bei *P. Kirchhof*, in: Maunz/Dürig, GG, 94. EL, Art. 3 Rn. 417; vgl. auch: *Hilbert*, Systemdenken im Verwaltungsrecht, S. 166 ff.

79 BVerfGE 115, 276 (310); BVerfGE 121, 317 (362).

80 BVerfGE 107, 186 (197).

81 Kritisch zu solchen Folgerichtigkeitsanforderungen, weil sie den gerade bei wirtschaftlich gewichtigen und politisch hoch umstrittenen Fragestellungen häufig einzig zu erzielenden „durchlöcherter Kompromiss" erschwerten: Sondervotum Bryde, BVerfGE 121, 317 (380).

indes für jede daran zu messende staatliche Maßnahme konkretisiert, solange der Gesetzgeber nicht grundlegend anderweitig tätig wird.[82]

Das Gericht geht in seiner Argumentation sogar noch weiter und bringt auch den nationalen Budgetansatz des Sachverständigenrates als Bewertungsmaßstab mit in Ansatz. Die nicht in Gesetzes- oder sonstiger rechtlicher Form geäußerte Ansicht eines nicht demokratisch legitimierten Expertengremiums unter der Dienstaufsicht des Umweltbundesamtes wird so zum verfassungsrechtlichen Maßstab.[83] Den wissenschaftlichen Unsicherheiten hält der Senat insoweit die besondere Sorgfaltspflicht „auch in Verantwortung für die künftigen Generationen" entgegen.[84] Auf die politischen Wertungen, die einer Umrechnung auf nationale Restbudgets zugrunde liegen, geht die Entscheidung nicht ein. Sie dürften aber mit zu der Erwägung geführt haben, dass der Budgetansatz keine „zahlengenaue" verfassungsrechtliche Vorgabe liefere.[85]

b) Anlass für Methodenkritik?

Eine entsprechende Methodenkritik ginge folglich dahin, dass der Senat einfach- oder gar ungesetzliche Vorgaben zu verfassungsrechtlichen Maßstäben ertüchtigt hätte und damit den Entscheidungsraum des Gesetzgebers über das verfassungsrechtlich vorgegebene Maß eingeschränkt hätte. Sie ginge indes fehl.

Es ist die Aufgabe und liegt in der Befugnis des Bundesverfassungsgerichts, über die Auslegung des Grundgesetzes zu entscheiden, § 93 GG. Das Gericht kann seine eigene Bewertung auf der Primärebene zurückstellen und die Konkretisie-

82 BVerfG aaO 213 ff.

83 Zum Budgetansatz vgl. auch: *Schlacke*, in: NVwZ 2021, S. 912 (915 f.). Den dortigen Gedanken sei hinzugefügt, dass das Bundesverfassungsgericht (in Rn. 225) explizit ausführt, dass die Umrechnung anhand des Anteils an der Weltbevölkerung erfolgt und das andere Verteilungsschlüssel denkbar gewesen seien (vgl. zu solchen auch: Winter, ZUR 2019, S. 259 (263 f.)). Der Sachverständigenrat listete als solche noch auf: die relative ökonomische Leistungsfähigkeit, sodass Staaten mit höherer Wirtschaftskraft pro Kopf schneller Emissionen schneller reduzieren müssen oder den historisch kumulativen Anteil pro Kopf, in den zusätzlich zur aktuellen Einwohnerzahl die historischen Emissionen des Staates einberechnet werden oder Entwicklungsrechte, die für Staaten mit bislang geringerem Entwicklungs- und Wohlstandsniveau fossilbasierte Entwicklungsmöglichkeiten ermöglichen würden oder einen konstanten Anteil von Emissionen wodurch die prozentuale Verteilung der Treibhausgase auf heutiger Basis zwischen den Staaten bei der Emissionsreduktion konstant bliebe (Sachverständigenrat für Umweltfragen, Für eine entschlossene Umweltpolitik in Deutschland und Europa, Umweltgutachten 2020, S. 48).

84 BVerfGE aaO Rn. 229, vgl. dazu schon BVerfGE 128, 1 (37).

85 BVerfG aaO Rn. 229; dieses Vorgehen bejahend: *Kahl*, EnWZ 2021, S. 268 (274).

rung dem Gesetzgeber überlassen. Sein Handeln unterfällt dann nicht seiner „Einschätzungsprärogative“, weil es nicht darum geht, ob und wie wirksam einzelne Maßnahmen sind, um ein Ziel zu erreichen, sondern einer „Konkretisierungsprärogative“, weil er als Verfassungsunterworfener selbst die Maßstäbe des Grundgesetzes konkretisiert.

Diese unterlassene Kontrolle auf der Primärebene kann das Bundesverfassungsgericht methodisch unbedenklich auf der Sekundärebene ein Stück weit dadurch zurücknehmen, dass es die vom Gesetzgeber gewählte Begriffsbestimmung einer nachlaufenden Kontrolle auf ein „Untermaßverbot“ unterzieht und das einfache Recht über Folgerichtigkeitsüberlegungen verfassungsrechtlich an dem vom Gesetzgeber vorgegebenen Maßstäben überprüft. Der Entscheidungsraum des Gesetzgebers wird also nicht über Gebühr durch verfassungsfremde Maßstäbe eingeschränkt, sondern vielmehr erweitert, indem die zurückgenommene verfassungsgerichtliche Bewertung erst auf der Sekundärebene einsetzt.

Wie wohl methodisch demnach zulässig, zieht dieses Vorgehen für das Gericht gleichwohl das Problem nach sich, zur Fundierung seiner Argumentation dann im Einzelnen erklären zu müssen, dass und welche Maßstäbe des einfachen Rechts es warum zu verfassungsrechtlichen Maßstäben erhebt und welche nicht. Das klingt auch im Klimabeschluss an.[86] Das Gericht löst es, indem es auf die „grundlegende Ausrichtung“[87] und die „gesamthafte Benennung“[88] des Klimaschutzziels abstellt, sowie die genuin globale Dimension des Klimaschutzes[89] betont. Man könnte insoweit zusätzlich noch andenken, ob bei einem globalen Problem, das mit einem globalen Übereinkommen angegangen wird und nur so gelöst werden kann, auch die entsprechenden Definitionen wegen der „Völkerrechtsfreundlichkeit des Grundgesetzes“[90] Bindungswirkung für das Begriffsverständnis in den nationalen Verfassungsräumen entfalten, soweit dem keine Besonderheiten im Einzelfall entgegenstehen.

86 BVerfG aaO Rn. 238.

87 BVerfG aaO Rn. 210.

88 BVerfG aaO Rn. 238.

89 BVerfG aaO Rn. 210.

90 BVerfGE 31, 58 (75 f.); 111, 307 (317); 112, 1 (26); 123, 267 (344); 128, 326 (366); Vogel, Die Verfassungsentscheidung des Grundgesetzes für eine internationale Zusammenarbeit.

3. Grundrechtsberechtigung nicht-deutscher Beschwerdeführer mit Wohnsitz im Ausland

Der Klimawandel ist ein globales Phänomen. Die Entscheidung berührt damit zwangsläufig auch internale Aspekte. Neben den auch ins Internationale zielenden Pflichten des Gesetzgebers, die bereits bei der Darstellung der Entscheidungsgründe angeklungen sind[91], soll hier umfassender auf die Ausführungen des Senates zur Grundrechtsberechtigung nicht-deutscher Beschwerdeführer mit Wohnsitz im Ausland eingegangen werden. Konkret ging es insoweit um zwei Beschwerdeführende aus Nepal und Bangladesch. Die Frage ihrer Grundrechtsberechtigung ist deshalb heikel, weil sich nach dem aktuellen Stand der Wissenschaft, wie ihn der Senat seiner Entscheidung zugrunde legt, die Treibhausgasemissionen unabhängig vom Erzeugerstaat in der Atmosphäre akkumulieren und das Klima weltweit negativ beeinflussen. Zu entscheiden war damit über nicht weniger als über die Grundrechtsberechtigung der gesamten Weltbevölkerung, soweit diese nicht qua Staatsangehörigkeit oder Verbindung zum Staatsgebiet der BRD ohnehin geklärt war.[92]

In der Zulässigkeitsprüfung hatte der Senat insoweit über die Beschwerdebefugnis zu entscheiden, also darüber, ob die Grundrechte auch dieser Beschwerdeführer möglicherweise verletzt wurden oder ob eine solche Verletzung von vornherein und unter jeder denkbaren Sichtweise ausgeschlossen war.[93] Der Senat bejahte die Beschwerdebefugnis auch der ausländischen Beschwerdeführer in Bezug auf eine mögliche Schutzpflichtverletzung, weil bisher ungeklärt sei, ob die Grundrechte den deutschen Staat verpflichten, zum Schutz von Menschen im Ausland vor den Folgen des globalen Klimawandels beizutragen.[94] Allerdings sei ihre Verfassungsbeschwerde unzulässig, soweit sie sich unmittelbar auf die Verletzung von Freiheitsrechten stütze, weil der deutsche Gesetzgeber zwar ggf. in Zukunft freiheitseinschränkende Maßnahmen zum Klimaschutz treffen müsse, die Beschwerdeführenden diesen aber nicht unterworfen sein werden.[95] Der Senat hielt die Verfassungsbeschwerde der nicht-deutschen Beschwerdeführer dementsprechend nur in Bezug auf eine mögliche Verletzung von Schutzpflichten für zulässig.

---

91 Vgl. oben unter II.3.b.

92 Der Prüfungspunkt der „Selbstbetroffenheit“ scheidet insoweit als Korrektiv aus, weil der Senat dabei ausdrücklich nur eine eigene Betroffenheit fordert, nicht auch eine herausgehobene, gegenüber der Allgemeinheit besondere Betroffenheit – BVerfG aaO Rn. 110, 131.

93 BVerfGE 6, 445 (447); 28, 17 (19); 52, 303 (327).

94 BVerfG aaO Rn. 101.

95 BVerfG aaO Rn. 132.

In der Begründetheitsprüfung argumentierte er dann, dass grundgesetzliche Schutzpflichten des deutschen Staates zum Vorgehen gegen den Klimawandel auch gegenüber den ausländischen Beschwerdeführern „grundsätzlich denkbar" seien.[96] Der Inhalt einer solchen Schutzpflicht gegenüber den im Ausland Lebenden sei allerdings nicht gleichen Inhalts wie jener gegenüber Inländern. Während letztere durch eine Kombination aus Maßnahmen zur Minderung der Treibhausgasemissionen und solchen zur Anpassung an den Klimawandel zu schützen seien, stünden dem deutschen Staat Anpassungsmaßnahmen schon wegen der völkerrechtlichen (und auch der faktischen) Grenzen deutscher Staatsgewalt gegenüber im Ausland lebenden Menschen nicht zur Verfügung.[97] Jedenfalls seien diese Schutzpflichten aber nicht verletzt, weil der deutsche Staat selbst Maßnahmen zur Einhaltung der Klimaziele getroffen habe und sich auch international für diese einsetze.[98]

Diese Annahmen zur Grundrechtsberechtigung zeichnen die Rechtsprechungslinie aus der Entscheidung des Senats zur Auslands-Auslands-Fernmeldeüberwachung[99] weiter. Dort hatten sich insbesondere auch nichtdeutsche Staatsangehörige mit Wohnsitz im Ausland vor dem Bundesverfassungsgericht gewehrt. Der Senat hatte in jener Entscheidung auf die „umfassende Grundrechtsbindung" aus Art. 1 Abs. 3 GG[100] sowie auf einen entsprechenden grundrechtlichen Schutzbedarf verwiesen, weil die technischen Möglichkeiten und Gefährdungspotenziale nicht an Staatsgrenzen Halt machten.[101] Nachdem diese Grundsätze in der Entscheidung zur Auslands-Auslands-Fernmeldeüberwachung in einer Abwehrsituation zur Anwendung gekommen waren, hat der Senat nun ihre Erstreckung auf aus den Grundrechten folgende Schutzpflichten erläutert. Die allgemeine[102] Grundrechtsberechtigung des Einzelnen hängt demnach nicht von seiner Nationalität oder seinem Wohnort ab, sondern von seiner Betroffenheit. Die Grundrechtsbindung der deutschen öffentlichen Gewalt besteht demnach für jedes Handeln (oder Unterlassen) staatlicher Organe oder Organisatio-

96 BVerfG aaO Rn. 174.
97 BVerfG aaO Rn. 176 ff.
98 BVerfG aaO Rn. 180.
99 BVerfGE 154, 152.
100 BVerfGE 154, 152 (224 f.).
101 BVerfGE 154, 152 (227).
102 Damit ist selbstverständlich nur eine allgemeine Aussage zur Weite der Grundrechtsbindung getroffen, die im Einzelfall mit Blick auf das jeweilige Grundrecht variieren kann, etwa bei Grundrechten, deren subjektiver Schutzbereich sich nur auf Deutsche erstreckt.

nen. „Die Bindung an die Grundrechte und die politische Entscheidungsverantwortung sind unhintergehbar miteinander verknüpft".[103]

Über die Ausführungen in den Entscheidungsgründen hinaus ist insoweit festzuhalten, dass sich diese Bindung aus einer Betroffenheit des Einzelnen im Ausland oder aus seinem Bezug zum Inland ergeben kann. Im hier behandelten Beschluss war ersteres für die Beschwerdeführer aus Nepal und Bangladesch zu verneinen. Mit Blick auf den langen Zeithorizont und die „eingriffsgleichen Vorwirkungen" hätten sie ihre Betroffenheit gleichwohl noch über eine – ggf. auch zukünftige, jedenfalls aber hinreichend konkret absehbare – Verbindung zum Bundesgebiet herleiten können, etwa durch ein in Aussicht genommenes Übersiedeln ins Bundesgebiet aus Gründen des Studiums, der Berufsausübung, der Familienzusammenführung o. ä. Entsprechendes war aber nicht vorgetragen.

Auch wenn die öffentliche Gewalt der Bundesrepublik nach alledem auch gegenüber Ausländern im Ausland an die Grundrechte gebunden ist, ist damit noch nichts über die Schutzwirkung im konkreten Fall gesagt. Sie bedarf unter Umständen der Modifikation und Differenzierung gegenüber dem Grundrechtsschutz der im Inland Lebenden.[104] Die Schutzwirkung hängt dabei insbesondere auch von der in Anschlag gebrachten Grundrechtsdimension ab (Abwehr- oder Leistungsrecht, verfassungsrechtliche Wertentscheidung oder Schutzpflicht).[105] Mit Blick auf die weiter zunehmende globale Vernetzung und die damit einhergehenden über das deutsche Staatsgebiet hinausreichenden Folgen deutscher öffentlicher Gewalt dürften hier in Zukunft weitere Konkretisierungen zu erwarten sein.

4. Übertragbarkeit der Überlegungen auf andere Rechtsbereiche

Der Klimabeschluss des Bundesverfassungsgerichts war kaum veröffentlicht, da begannen schon die Spekulationen um die Übertragbarkeit der Pflicht zur „Sicherung grundrechtsgeschützter Freiheit über die Zeit und zur verhältnismäßigen Verteilung von Freiheitschancen über die Generationen".[106] Nach hiesiger Auffassung ist sie unterschiedlich danach zu beurteilen, ob es sich um soziale,

---

103 BVerfGE 154, 152 (218). Vgl. umfassend zur Entsprechung politischer Verantwortung und grundrechtlicher Bindung den Beitrag von *Buchheim*, in diesem Band.

104 BVerfGE 100, 313 (363); BVerfGE 154, 152 (216); BVerfG aaO Rn. 176.

105 BVerfG aaO Rn. 175, BVerfGE 154, 152 (224).

106 BVerfG aaO, Leitsatz 4.

wirtschaftliche und finanzielle Rechtsfragen oder um umweltrechtliche Probleme handelt.

a) Keine Übertragbarkeit auf soziale Sicherungssysteme und Staatsschulden

Die Übertragbarkeit der Pflicht zur „Sicherung grundrechtsgeschützter Freiheit über die Zeit und zur verhältnismäßigen Verteilung von Freiheitschancen über die Generationen" wurde beispielsweise für „die sozialen Sicherungssysteme, allen voran die gesetzliche Renten-, Kranken- und Pflegeversicherung" bejaht.[107] Alternativ wird auch eine Übertragbarkeit auf das Recht der Staatsverschuldung diskutiert und mit recours auf die vorgenannten Ausführungen daraus sowohl eine Pflicht zur Einhaltung der Schuldenbremse wie auch eine solche zu größeren Staatsschulden abgeleitet.[108] Derartigen Überlegungen dürfte indes schon der vom Bundesverfassungsgericht betonte Vorbehalt der „Unumkehrbarkeit" bzw. des „Unausweichlichen"[109] entgegenstehen[110], ohne dass sich eine eingriffsähnliche Vorwirkung und hinreichend konkrete Gefährdungen zukünftiger Freiheitsausübung nicht begründen lassen.[111] Soziale und wirtschaftliche Zusammenhänge wie haushalts-, währungs- und sozialversicherungsrechtliche Fragen sind nie derart zwangsläufig wie naturwissenschaftliche Kausalzusammenhänge. Sie hängen immer auch und maßgeblich von veränderlichen Variablen wie Migrationsbewegungen, dem Alter und dem Gesundheitszustand der Bevölkerung, der zukünftigen Wirtschaftsleistung, der zukünftigen finanziellen Situation des Staates sowie Inflations- und Währungsfragen ab.[112]

---

107 *Ruttloff/Freihoff*, NVwZ 2021, S. 917 (921); *Rath/Benner*, Verfassungsblog vom 7. Mai 2021.

108 Vgl. FAZ v. 7. Mai 2021, https://zeitung.faz.net/faz/wirtschaft/2021–507/94d040420599dda40e1aa 58f4292a694/?GEPC=s3; vgl. auch die Übersicht im Handelsblatt, unter: www.handelsblatt.com/politik/deutschland/generationengerechtigkeit-auf-welche-bereiche-das-karlsruher-urteil-zum-klimaschutz-auch-auswirkungen-haben-koennte/27148914.html?ticket=ST-4804428-HJslrUWg4sLj6LmiDy62-ap4; sowie die Ausführungen bei Faßbender, NJW 2021, S. 2085 (2089).

109 BVerfG aaO Rn. 187.

110 Kritisch zum Kriterium der Unumkehrbarkeit, weil nicht geklärt sei, ab wann eine solche anzunehmen sei: *Ruttloff/Freihoff*, NVwZ 2021, S. 917 (919).

111 Kritisch mit umfassenden Überlegungen und Nachweisen zur fehlenden Übertragbarkeit auf das Sozialrecht dementsprechend: *Janda*, ZRP 2021, S. 149 ff.

112 So auch: *Faßbender*, NJW 2021, S. 2085 (2089), a.A. *Schlacke*, NVwZ 2021, S. 912 (917), welche die Übertragbarkeit des Gedankens auf „mittels Staatsverschuldung finanzierte gegenwärtige Sozialleistungen" für „zumindest diskutabel" hält.

b) Mögliche Übertragbarkeit auf Fragen des Umweltrechts bei entsprechendem Fortschritt der naturwissenschaftlichen Forschung

Schwieriger dürfte dagegen die Frage nach der Übertragbarkeit auf andere Bereiche des Umweltrechts, etwa den Artenschutz, zu beantworten sein.[113] Dort kann jedenfalls das vorgenannte Kriterium der hinreichend gewissen „Unumkehrbarkeit" erfüllt sein, weil nach dem derzeitigen Stand der biologischen Forschung einmal ausgestorbene Arten nicht wieder neu entstehen und die Zahl der Arten insgesamt dramatisch zurück geht, ausgestorbene Arten und Bestände also nicht in hinreichendem Maße durch neue ersetzt werden. Weiter wird einer Erstreckung des Gedankens der intertemporalen Freiheitssicherung auf diese Bereiche in der Literatur entgegengehalten, dass es dort an verbindlichen Zielsetzungen und quantifizierten Schwellenwerten fehle, die das Herunterbrechen auf ein Restbudget wie im Klimabeschluss ermöglichten.[114] Tatsächlich sind etwa die Aichi-Ziele für den Schutz der Biodiversität rechtlich unverbindlich.[115] Allerdings setzt der Klimabeschluss eine solche Verbindlichkeit nach der hiesigen Auffassung für die Anwendung des Gedankens der intertemporalen Freiheitssicherung gerade nicht voraus. Vielmehr ist es nach dem Vorgenannten gerade die Aufgabe und liegt in der Befugnis des Bundesverfassungsgerichts, verfassungsrechtliche Begriffe auszulegen und operationabel zu machen. Die dazu nutzbaren Überlegungen erschöpfen sich nicht in rechtsverbindlichen Texten, wie die Übertragung der Gedanken zum nationalen Emissionsbudget aus einer Stellungnahme des Sachverständigenrates für Umweltfragen zeigt.[116] Die rechtliche Verbindlichkeit der Vorgaben entsteht ggf. auch erst mit der Heranziehung durch das Bundesverfassungsgericht. Sie und ist nicht bereits Voraussetzung dafür.

Die Bedenken an einer Übertragbarkeit insoweit rühren dementsprechend eher daher, dass der Klimaschutz nach der verfassungsgerichtlichen Interpretation der Konzeption des Grundgesetzes nicht um seiner selbst willen erfolgt, sondern als Sicherung zukünftiger Freiheit. Jedenfalls direkt übertragbar dürfte die Pflicht zur „Sicherung grundrechtsgeschützter <u>Freiheit</u> über die Zeit und zur verhältnismäßigen Verteilung von <u>Freiheit</u>schancen über die Generationen"[117] dementsprechend erst dann und nur dort sein, wo aus Umweltbelastungen unumkehrbare Gefahren für die Ausübung grundrechtlich geschützter Freiheit er-

113 Kritisch *Breuer*, Verfassungsblog vom 18. Mai 2021.
114 *Schlacke*, NVwZ 2021, S. 912 (917).
115 Abrufbar unter: https://www.cbd.int/doc/strategic-plan/2011–2020/Aichi-Targets-EN.pdf.
116 Vgl. oben unter III.2.a.
117 BVerfG aaO Leitsatz 4.

wachsen. Entsprechende Fälle sind – leider – keineswegs ausgeschlossen.[118] Die Zahlen etwa zum Artensterben sind dramatisch. Entsprechenden Zusammenhänge, mögliche „Kippunkte" und belastbare Schwellenwerte für wahrnehmbare Auswirkungen auf das menschliche Leben und damit die individuelle Freiheit dürften für eine direkte Übertragbarkeit des Gedankens aktuell aber noch zu wenig erforscht sein.

IV. Fazit

Die Entscheidung des Bundesverfassungsgerichts zum Klimaschutzgesetz ist ein Meilenstein. Ihre besondere Bedeutung erwächst zum einen aus der Relevanz des behandelten Themas und zum anderen aus der besonderen dogmatischen Konstruktion, welche der Senat zu seiner Bewältigung entwickelt. Diese erstreckt sich über die Operationalisierung des Klimaschutzgebotes unter Zuhilfenahme einfachgesetzlicher Festlegungen und des Emissionsbudgetansatzes über die Annahme einer „eingriffsgleichen Vorwirkung" bis zur verfassungsrechtlichen Garantie intertemporaler Freiheitssicherung. Anders als öffentlich wiederholt insinuiert, liegt die besondere Bedeutung der Entscheidung dagegen nicht darin, dass sich ihre Gedanken ohne weiteres auf zahlreiche andere Fragen „intergenerationeller Gerechtigkeit" übertragen lassen. Während eine Übernahme in Fragen des Sozial- und Haushaltsrechts nach der aktuellen Konzeption methodisch eher wenig vertretbar und damit eher unwahrscheinlich ist, dürfte ihr in umweltrechtlichen Problemstellungen zumindest dogmatisch weniger entgegenstehen. Bevor das geschehen kann, bedarf es wegen der Rückbindung der Konstruktion an die Freiheitsrechte aber wohl noch weiterer naturwissenschaftlicher Vorarbeiten. Verfassungsprozessual dürfte sich mit der Entscheidung überdies die Rechtsprechungslinie beider Senate zur Abhängigkeit der verfassungsgerichtlichen Prüfung von den Grundrechtsrügen weiter angenähert haben.

---

118 Vgl. exemplarisch zur Relevanz der Biodiversität für den Menschen: *Steffens/Habekus*, Über Leben, 4. Aufl., S. 61 ff.

Ruth Doerner, Daniel Bernhard Müller[1]

Satire in der Rechtsprechung des Bundesverfassungsgerichts

Zu den verfassungsrechtlichen Grundlagen der Satirefreiheit im Lichte der Meinungs- und Kunstfreiheit

Leitentscheidungen des Bundesverfassungsgerichts

BVerfGE 30, 173 – Mephisto
BVerfGE 67, 213 – Anachronistischer Zug
BVerfGE 75, 369 – Strauß-Karikatur
BVerfGE 81, 278 – Bundesflagge
BVerfGE 81, 298 – Deutschlandlied
BVerfGE 86, 1 – Satiremagazin Titanic
BVerfGE 119, 1 – Esra

Wichtige Kammerentscheidungen

BVerfG, Beschl. v. 12. November 1997 – 1 BvR 2000/96 –, juris –„Münzen-Erna“
BVerfG, Beschl. v. 10. Juli 2002 – 1 BvR 354/98 –, juris – Zeitschrift „Stern“
BVerfG, Beschl. v. 14. Februar 2005 – 1 BvR 240/04 –, juris – satirische Fotomontage

Schrifttum (Auswahl)

von Becker, Rechtsfragen der Satire, GRUR 2004, S. 908 ff.; *Brauneck*, Das Problem einer „adäquaten Rezeption“ von Satire mit Anmerkungen zum Beschluss des LG Hamburg vom 17. 5. 2016 im Fall Böhmermann, ZUM 2016, S. 710 ff.; *Bülow*, Zur anhängigen Verfassungsbeschwerde im Fall Böhmermann: Was ist Kunst und sind künstlerische Werke teilbar?, jM 2020, S. 243 ff.; *Christoph*, Die Strafbarkeit satirisch überzeichneter Schmähkritik, JuS 2016, S. 599 ff.; *Fahl*, Böhmermanns Schmähkritik als Beleidigung, NStZ 2016, S. 313 ff.; *Faßbender*, Was darf die Satire?, NJW 2019, S. 705 ff.; *Gärtner*, Was die Satire darf – Eine Gesamtbetrachtung zu den rechtlichen Grenzen einer Kunstform, 2009; *Heinicke/Schmidt*, Darf Satire alles? Über Schutzumfang und Grenzen der Satirefreiheit anhand der böhmermannschen „Schmähkritik“, NWVBl. 2016, S. 309 ff.; *Hoßbach*, Böhmermanns „Schmähkritik“ als Grenzfall schützenswerter Kommunikation – Anmerkung zu LG Hamburg ZUM-RD 2017, 412, ZUM-RD 2017, S. 417 ff.; *Klass*, Satire im Spannungsfeld von Kunstfreiheitsgarantie und Persönlichkeitsrechtsschutz, AfP 2016, S. 477 ff.; *Knieper/Tinnefeld*, Politische Satiren und Karikaturen – eine Bastion offener Demokratien?, DuD 2020, S. 375 ff.; *Oechsler*, Die Satire – Rechtliche Grenzen eines Kulturinstituts, NJW 2017, S. 757 ff.;

1 Der Beitrag gibt ausschließlich die persönlichen Ansichten der Autoren wieder.

https://doi.org/10.1515/9783110686623-008

Oglakcioglu/Rückert, Anklage ohne Grund – Ehrschutz contra Kunstfreiheit am Beispiel des sogenannten Gangsta-Rap, ZUM 2015, S. 876 ff.; *Rusch/Becker*, Warum Satire eben doch fast alles darf, AfP 2016, S. 201 ff.; *Senn*, Satire und Persönlichkeitsschutz – Zur rechtlichen Beurteilung satirischer Äusserungen auf der Grundlage der Literatur- und Rezeptionsforschung, 1998; *Wetzel*, Satire – Das unbekannte Stilprinzip; Wesen und Grenzen im Journalismus, CS 2012, S. 276 ff.

Inhaltsübersicht

A. Einleitung

Satire als Stilmittel ist aus der heutigen Kunst-, Kultur- und Medienlandschaft nicht mehr wegzudenken. Oftmals erhöht sie die Aufmerksamkeit und verhilft einem Thema zu schnellerer und weiterer Verbreitung. Nicht selten lösen satirische Darstellungen, wie in Deutschland zuletzt die „Causa *Böhmermann*“[2] gezeigt hat,[3] eine Welle der Empörung aus und werden als geschmacklose Grenzüber-

2 Siehe dazu unter B.II.3 und B.III.1 sowie unter C.

3 Vgl. dazu *Brauneck*, ZUM 2016, S. 710 ff.; *Bülow*, jM 2020, S. 243 ff.; *Christoph*, JuS 2016, S. 599 ff.; *Fahl*, NStZ 2016, S. 313 ff.; *Faßbender*, NJW 2019, S. 705 ff.; *Heinicke/Schmidt*, NWVBl. 2016, S. 309 ff.; *Hoßbach*, ZUM-RD 2017, S. 412 ff.; *Klass*, AfP 2016, S. 477 ff.; *Oechsler*, NJW 2017, S. 757 ff.; vgl. ferner LG Hamburg, Beschl. v. 17. Mai 2016 – 324 O 255/16 –, juris; Urt. v. 10. Februar 2017 – 324 O 402/16 –, juris; OLG Hamburg, Urt. v. 15. Mai 2018 – 7 U 34/17 –, juris; siehe in diesem

schreitungen angesehen, die sich bis zu diplomatischen Spannungen ausweiten können. Das generiert indes auch neue Aufmerksamkeit und rückt das jeweilige Thema so noch weiter in den Fokus.

Satire muss jedoch nicht um ihre Daseinsberechtigung fürchten. Sie ist in unserer Kommunikationskultur fest verwurzelt und leistet als Mittel zur bewusst verfremdeten, pointierten Darstellung einen wichtigen Beitrag zur Auseinandersetzung mit gesellschaftlichen wie politischen Themen und der Einordnung aktueller Ereignisse.[4] Als Mittel der Meinungsäußerung – und je nach Art der Darstellung auch als Kunstwerk – kann Satire einen großen grundrechtlichen Freiraum beanspruchen. Aber auch die Klassifizierung als „Satire" ist kein Freibrief für den Urheber und Satiriker. Satire unterliegt vielmehr rechtlichen Schranken, wenn sie in Konflikt mit rechtlich geschützten Interessen anderer gerät. Dabei auftretende Konflikte lassen sich nur lösen, wenn feststeht, welche widerstreitenden Rechtspositionen sich gegenüberstehen. Während für die von der Satire Betroffenen regelmäßig das Allgemeine Persönlichkeitsrecht (Art. 2 Abs. 1 in Verbindung mit Art. 1 Abs. 1 GG) streitet, kann sich die verfassungsrechtliche Einordnung satirischer Darstellungen als schwierig erweisen. Infrage stehen insbesondere der Schutz durch die Kunst-, oder jener durch die Meinungsfreiheit (Art. 5 Abs. 1 Satz 1, Abs. 3 GG). Diese Unterscheidung ist keineswegs rein rechtstechnischer Natur oder gar trivial, sondern vielmehr rechtlich bedeutsam, weil die Kunstfreiheit anders als die Meinungsfreiheit nur verfassungsimmanenten Schranken unterliegt.

Hieran anschließend stellt sich die zentrale Frage, welche Bedeutung die satirische Gestaltung, insbesondere die Über- und Untertreibung der eigentlichen Aussage, für die Abwägung mit dem Persönlichkeitsrecht des „Satireopfers" entfaltet. Im vorliegenden Beitrag wird versucht, die für die grundrechtliche Einordnung satirischer Darstellungen notwendigen verfassungsrechtlichen Grundlagen und deren Grenzen aufzuzeigen. Auch wenn es nur wenige Entscheidungen des Bundesverfassungsgerichts zur Satire gibt, die bereits Gegenstand zahlreicher wissenschaftlicher Veröffentlichungen gewesen sind,[5] lohnt es

---

Kontext auch BT-Drs. 18/8594. Das Verfassungsbeschwerdeverfahren von *Böhmermann* trägt das Aktenzeichen 1 BvR 2026/19.

4 Instruktiv *Oechsler*, NJW 2017, S. 757 ff.

5 Vgl. beispielhaft *Gärtner*, Was die Satire darf – Eine Gesamtbetrachtung zu den rechtlichen Grenzen einer Kunstform, 2009; *Senn*, Satire und Persönlichkeitsschutz – Zur rechtlichen Beurteilung satirischer Äusserungen auf der Grundlage der Literatur- und Rezeptionsforschung, 1998; *Wenmakers*, Rechtliche Grenzen der neuen Formen von Satire im Fernsehen – Wo hört bei Stefan Raab und Harald Schmidt der Spaß auf?, 2009; *Wolf*, Spötter vor Gericht – eine vergleichende

sich, die Rechtsprechung noch einmal nachzuzeichnen (B.). Denn zum einen sind die Fragen der verfassungsrechtlichen Einordnung von Satire von aktueller Relevanz:[6] Was darf Satire und wo verlaufen ihre Grenzen? Zum anderen steigt die Gefahr, dass – wie zum Teil im Fall *Böhmermann* behauptet wurde – Personen unter dem (Deck)Mantel der Satire kritisiert, verspottet oder angeprangert werden, um sich auf den stärkeren Schutz durch die Kunstfreiheit berufen und geltend machen zu können, das sei „alles von der Kunstfreiheit gedeckt"[7]. Nur auf den ersten Blick handelt es sich hierbei jedoch um eine schwer lösbare Herausforderung (C.). Der Beitrag schließt mit einem Fazit und einem Plädoyer für einen starken grundrechtlichen Schutz satirischer Darstellungen (D.).

B. Satire im Lichte der verfassungsgerichtlichen Rechtsprechung

Satirische Darstellungen haben sich in unserer Gesellschaft etabliert. Insbesondere seit dem Aufkommen der politischen Satire in der ersten Hälfte des 19. Jahrhunderts nutzten Herausgeber von Zeitungen und Zeitschriften das Stilmittel der Satire, um indirekte Kritik an den bestehenden gesellschaftlichen Verhältnissen zu üben und so der Zensur eine Verbotshandhabe zu erschweren.[8]

Studie zur Behandlung von Satire und Karikatur im Recht der Bundesrepublik, Frankreichs, Englands und der USA, 1996.

6 Vgl. hierzu instruktiv *Knieper/Tinnefeld*, DuD 2020, S. 375 (380), die die Befürchtung äußern, dass politische Karikaturen aus Angst vor den teils sehr aggressiven Reaktionen aus Zeitungen und Zeitschriften verschwinden könnten.

7 Der deutschen Rapper „*Danger Dan*" veröffentlichte 2021 das Lied „Das ist alles von der Kunstfreiheit gedeckt". Bei dem Stück handelt es sich um eine – satirische – Auseinandersetzung (u. a.) mit einem Prozess, den der Produzent und Moderator *Ken Jebsen* gegen die Musikband „Antilopen Gang" 2015 anstrengte, nachdem die Musiker das Lied „Beate Zschäpe hört U2" veröffentlichten. Von den Lyrics des Lieds sah sich *Ken Jebsen* verunglimpft. Als *Jebsen* beim Landgericht Köln eine einstweilige Verfügung gegen die Band beantragte, bezweifelte die Kammer im Hinblick auf „Äußerungen des Antragstellers in der Vergangenheit" und „unter besonderer Berücksichtigung" des Grundrechtes auf Kunstfreiheit seinen Anspruch, woraufhin er seinen Antrag Anfang Dezember 2014 wieder zurückzog (vgl. https://rap.de/allgemein/53583-verschwoerungstheoretiker-ken-jebsen-verliert-vor-gericht-gegen-antilopen-gang/, zuletzt abgerufen am 1. Dezember 2021). Vgl. dazu auch unter C.

8 Vgl. *Schulte*, Quellenerschließung in der Hochburg der oppositionellen sächsischen Presse, abrufbar unter https://idw-online.de/de/news76707, zuletzt abgerufen am 1. Dezember 2021. Zu den Ursprüngen der Satire in der römischen Antike vgl. *Senn*, Satire und Persönlichkeitsschutz – Zur rechtlichen Beurteilung satirischer Äusserungen auf der Grundlage der Literatur- und Rezeptionsforschung, 1998, S. 15 ff.; zur politischen Satire in der Weimarer Republik vgl. *Faßbender*,

Satire ist jedoch nicht auf Zeitschriftenbeiträge und Karikaturen beschränkt, sondern kann verschiedenste Formate und Kunstformen wie beispielsweise Lieder, Romane oder Fernsehshows charakterisieren. Mit der Satire einher gehen eine Reihe von – zumindest als solche empfundene – Kränkungen, Bloßstellungen, Entehrungen und Eklats. Diese führen zu Rechtsstreitigkeiten, in denen bereits seit Jahrzehnten[9] vornehmlich den Fachgerichten die Aufgabe zukommt, die Grundrechte der Beteiligten miteinander in Ausgleich zu bringen. Die verfassungsgerichtliche Rechtsprechung hat Satire dagegen nur langsam erobert. Nur einige wenige Senats- und Kammerentscheidungen befassen sich mit satirischen Darstellungen und Äußerungen. Ihnen allen ist gemein, dass sie sich mit Fällen befassen, in denen das Stilmittel der Satire genutzt wurde, um – im Rahmen eines öffentlichen Diskurses oder um einen solchen anzustoßen – auf einen als falsch empfundenen Umstand oder eine solche Entwicklung hinzuweisen, oder Kritik an dem Verhalten der dargestellten Person auf humoristische Art und Weise zum Ausdruck zu bringen.[10]

Aber was genau ist Satire? In der Rechtsprechung des Bundesverfassungsgerichts hat sich bereits früh ein eigener Satirebegriff[11] entwickelt, der im Folgenden dargestellt wird (I.). Hieran knüpfen sich die Fragen an, welchen grundrechtlichen Schutz Satire genießt (II.), welche verfassungsrechtlichen Maßstäbe für die Beurteilung der rechtlichen Zulässigkeit von Satire gelten (III.) und wie

---

NJW 2019, S. 705 (706); *Kühling*, in: Herrmann/Krämer (Hrsg.), Festschrift für Christian Kirchberg zum 70. Geburtstag am 5. September 2017, 2017, S. 111 (112 f.).

9 Vgl. bereits RGSt 62, 183 ff.; OLG Stuttgart, Urt. v. 11. Juni 1975 – 4 U 142/74 –, juris; LG Frankfurt, Beschl. v. 6. Oktober 1981 – 50 Js 19/81–915 Ls u.a. –, juris; OLG Köln, Urt. v. 8. Juni 1982 – 1 Ss 237/82 –, juris; BGH, Urt. v. 8. Juni 1982 – 1 Ss 237/82 –, juris; OLG Düsseldorf, Urt. v. 7. Dezember 1982 – 2 Ss 444/82–342/82 II –, juris.

10 BVerfGE 67, 213 ff.; 75, 369 ff.; 81, 278 ff.; 81, 298 ff.; 82, 1 ff.; 86, 1 f.; BVerfG, Beschl. v. 12. November 1997 – 1 BvR 2000/96 –, juris; Beschl. v. 10. Juli 2002 – 1 BvR 354/98 –, juris; Beschl. v. 14. Februar 2005 – 1 BvR 240/04 –, juris.

11 Davon zu unterscheiden ist der literaturwissenschaftliche Satirebegriff, der enger und deutlich klarer konturiert ist. Hiernach ist die Satire durch die drei Merkmale der Aggressivität, des Normbezugs und der Verfremdung gekennzeichnet (vgl. *Brummack*, Deutsche Vierteljahresschrift für Literaturwissenschaft und Geisteswissenschaft, 45 [1971], S. 275 [282]; *Senn*, Satire und Persönlichkeitsschutz – Zur rechtlichen Beurteilung satirischer Äusserungen auf der Grundlage der Literatur- und Rezeptionsforschung, 1998, S. 23 ff.; *Gärtner*, Was die Satire darf – Eine Gesamtbetrachtung zu den rechtlichen Grenzen einer Kunstform, 2009, S. 22 m.w.N.; *Wetzel*, CS 2012, S. 276 [278]; *Klass*, AfP 2016, S. 477 [478]). Bei der Erörterung der Satire wird zwischen der Satire als (Kunst-)Gattung und der Satire als gattungs- und formübergreifendem Stilmittel unterschieden (vgl. *Gärtner*, Was die Satire darf – Eine Gesamtbetrachtung zu den rechtlichen Grenzen einer Kunstform, 2009, S. 20 f.; *Wetzel*, CS 2012, S. 276 [278]; *Klass*, AfP 2016, S. 477 [478]).

weit die verfassungsrechtliche Prüfungsdichte bei der Überprüfung fachgerichtlicher Entscheidungen reicht (IV.).

I. Der Satirebegriff

Das Bundesverfassungsgericht hat – ebenso wie die Literaturwissenschaft (sog. literaturwissenschaftlicher Satirebegriff[12]) – in mehreren Entscheidungen versucht, den Begriff der Satire zu definieren. Im Folgenden soll die Entwicklung des bundesverfassungsgerichtlichen Satirebegriffs nachgezeichnet werden.

Den Präzedenzfall in der Satire-Judikatur des Bundesverfassungsgerichts stellt die *Strauß-Karikatur*-Entscheidung des Ersten Senats aus dem Jahr 1987[13] dar.[14] Der Beschwerdeführer – der deutsche Karikaturist *Rainer Hachfeld*[15] – veröffentlichte in der Zeitschrift „konkret" mehrere Karikaturen des damaligen Bayerischen Ministerpräsidenten *Franz Josef Strauß*, die diesen als Schwein darstellten. In der ersten der Zeichnungen kopuliert dieses Schwein mit einem anderen Schwein in richterlicher Amtstracht. Eine weitere Karikatur zeigt beide Schweinegestalten – teils paarweise, teils einzeln – bei unterschiedlicher sexueller Betätigung. In einer dritten Zeichnung werden vier Schweine dargestellt, von denen drei dem jeweils vor ihm befindlichen Schwein aufreiten. Auch hier tragen zwei der Schweinegestalten die Gesichtszüge des Bayerischen Ministerpräsidenten, zwei sind mit Justizrobe und Barett bekleidet. Über der ersten Zeichnung steht: „Satire darf alles. Rainer Hachfeld auch?" Die zweite Zeichnung hat den Begleittext: „Welches ist nun die endgültig richtige Zeichnung, Herr Staatsanwalt?" Der dritten Karikatur war die unvollständige Wiedergabe eines Briefes des Beschwerdeführers an die „konkret"-Redaktion vorangestellt, in dem er darüber klagt, immer wieder neue Schweinchenbilder zeichnen zu müssen, weil der Bayerische Ministerpräsident keine Ruhe geben wolle. Dieser hatte jeweils Strafantrag wegen Beleidigung gestellt. Die Fachgerichte gingen davon aus, die Zeichnungen seien Satire. Gleichwohl sahen sowohl das Amts- als auch das Oberlandesgericht darin ein strafbares Verhalten wegen Beleidigung in drei Fäl-

---

12 Vgl. dazu Fn. 11.

13 BVerfGE 75, 369 ff.

14 Vgl. auch *Gärtner*, Was die Satire darf – Eine Gesamtbetrachtung zu den rechtlichen Grenzen einer Kunstform, 2009, S. 31.

15 Die Entscheidung des Bundesverfassungsgerichts wurde daher zum Teil auch als „Hachfeld-" (vgl. *Gärtner*, Was die Satire darf – Eine Gesamtbetrachtung zu den rechtlichen Grenzen einer Kunstform, 2009, S. 31) oder als „Strauß/Hachfeld"-Entscheidung bekannt (vgl. *Ennens*, Persönlichkeitsrechtliche Grenzen der satirischen Bildbearbeitung, 2009, Fn. 362).

len. Das daraufhin angerufene Bundesverfassungsgericht äußerte sich in seiner Entscheidung erstmalig zum Satirebegriff. Danach sei es der Satire wesenseigen,

> „mit Übertreibungen, Verzerrungen und Verfremdungen zu arbeiten".[16]

Dabei bezieht sich das Gericht auf eine – die Rechtsprechung zur Satire bis heute wesentlich beeinflussende – Entscheidung des Reichsgerichts aus dem Jahr 1928.[17] Danach zeichnet es die Satire aus, dass

> „sie, mehr oder weniger stark, übertreibt, d. h. dem Gedanken, den sie ausdrücken will, einen scheinbaren Inhalt gibt, der über den wirklich gemeinten hinausgeht, jedoch in einer Weise, dass der des Wesens der Satire kundige Leser oder Beschauer den geäußerten Inhalt auf den ihm entweder bekannten oder erkennbaren tatsächlich gemeinten Gehalt zurückzuführen vermag, also erkennt, dass tatsächlich nicht mehr als dieser geringere Inhalt gemeint ist. Die Satire und die Karikatur ziehen oft, wenn sie Missstände rügen oder geißeln wollen, in jener übertreibenden, verzerrenden Weise die letzten Folgerungen aus dem Bestehen des Missstandes, um diesen, mag er selbst auch keineswegs in einer so starken Form aufgetreten sein, recht handgreiflich und darum eindrucksvoll als solchen zu kennzeichnen."[18]

Im Rahmen der Abwägung berücksichtigte das Bundesverfassungsgericht zugunsten des Zeichners, dass für satirische Karikaturen Übertreibungen „strukturtypisch" seien. Zudem seien Personen, die wie *Franz Josef Strauß* im öffentlichen Leben stünden, in verstärktem Maße Zielscheibe öffentlicher, auch satirischer Kritik.[19] Die Abwägung der widerstreitenden grundrechtlich geschützten Interessen fiel im vorliegenden Fall dennoch „zwangsläufig" zum Nachteil des Beschwerdeführers aus. Die Grenze des Zumutbaren sei bei weitem überschritten worden. Die Verfassungsbeschwerde des Karikaturisten wurde daher zurückgewiesen.[20]

Dass das Eigentümliche der Satire typischerweise die „Übertreibung, Verzerrung und Verfremdung" ist, hat das Bundesverfassungsgericht in nachfol-

---

16 BVerfGE 75, 369 (377); vgl. auch BVerfGE 86, 1 (10); BVerfG, Beschl. v. 12. November 1997 – 1 BvR 2000/96 –, juris, Rn. 13; Beschl. v. 10. Juli 2002 – 1 BvR 354/98 –, juris, Rn. 12. So auch der Europäische Gerichtshof für Menschenrechte, der ebenfalls Übertreibung und Verzerrung der Realität als inhärente Eigenschaften der Satire ansieht (vgl. EGMR, Urt. v. 2. März 2016 – 70434/12 – [Sousa Goucha/Portugal], NJW-RR 2017, S. 1194 [1196 Rn. 50]).

17 RGSt 62, 183 ff.

18 RGSt 62, 183 (183 f.).

19 Vgl. zu den Grenzen zulässiger Kritik an Politikern nach der Rechtsprechung des Europäischen Gerichtshofs für Menschenrechte BVerfG, Beschl. v. 19. Mai 2020 – 1 BvR 2397/19 –, juris, Rn. 31, sowie den Beitrag von *Fahl/Schaller/Müller* in diesem Linienband.

20 BVerfGE 75, 369 (379 f.).

genden Entscheidungen bekräftigt,[21] ohne den Satirebegriff weiter zu konkretisieren.[22] In seiner *Titanic*-Entscheidung[23] betonte das Bundesverfassungsgericht zudem, dass es ein typisches Ziel der Satire sei, „zum Lachen zu reizen".[24] Insgesamt geht die Rechtsprechung damit von einem weiten Satirebegriff[25] aus, da letztlich alle Formen der Kommunikation hierunter fallen, die die „Übertreibung, Verzerrung und Verfremdung" als Darstellungsmittel einsetzen.[26]

II. Grundrechtlicher Schutz von Satire

Satire nutzt nicht nur Übertreibungen, Verzerrungen und Verfremdungen, um einen bestimmten Umstand, ein Geschehnis oder das Verhalten einer Person pointiert darzustellen und gegebenenfalls auch ins Lächerliche zu ziehen. Vielmehr dient Satire regelmäßig dazu, um auf (empfundene) Widersprüche zwischen Anspruch und Wirklichkeit hinzuweisen.[27] Bereits das Reichsgericht, auf dessen Beschreibung von Satire das Bundesverfassungsgericht Bezug nimmt,[28] stellte heraus, dass es gerade das Ziel der satiretypischen Verfremdung sein könne, einen Missstand deutlich zu machen, indem dessen Folgen übertrieben dargestellt werden.[29] Mit anderen Worten: Mit Satire wird eine (kritische) Meinung zum Ausdruck gebracht; sie genießt daher jedenfalls den Schutz des Grundrechts der

---

21 BVerfGE 81, 278 (294); 86, 1 (1); BVerfG, Beschl. v. 12. November 1997 – 1 BvR 2000/96 –, juris, Rn. 12; Beschl. v. 10. Juli 2002 – 1 BvR 354/98 –, juris, Rn. 8; Beschl. v. 14. Februar 2005 – 1 BvR 240/04 –, juris, Rn. 12.

22 *Gärtner*, Was die Satire darf – Eine Gesamtbetrachtung zu den rechtlichen Grenzen einer Kunstform, 2009, S. 32 f.

23 BVerfGE 86, 1.

24 BVerfGE 86, 1 (11).

25 Zu dem engeren literaturwissenschaftlichen Satirebegriff siehe bereits oben Fn. 11.

26 Vgl. *Brauneck*, ZUM 2016, S. 710 (712).

27 Vgl. BVerfGE 81, 298 (307).

28 Vgl. BVerfGE 75, 369 (377); 86, 1 (10); BVerfG, Beschl. v. 12. November 1997 – 1 BvR 2000/96 –, juris, Rn. 13; Beschl. v. 10. Juli 2002 – 1 BvR 354/98 –, juris, Rn. 12.

29 Vgl. RGSt 62, 183 (183 f.). Hierauf weist auch der Europäische Gerichtshof für Menschenrechte hin, der betont, dass eine – unter den Schutz von Art. 10 EMRK fallende – Satire „eine Form künstlerischen Ausdrucks und sozialen Kommentars" sei, die durch die ihr inhärenten Eigenschaften der Übertreibung und Verzerrung der Realität naturgemäß provozieren und aufregen wolle (vgl. EGMR, Urt. v. 2. März 2016 – 70434/12 – [Sousa Goucha/Portugal], NJW-RR 2017, S. 1194 [1196 Rn. 50]).

Meinungsfreiheit aus Art. 5 Abs. 1 Satz 1 GG.[30] Nach der Rechtsprechung des Bundesverfassungsgerichts kann Satire allerdings (zugleich) auch Kunst sein[31] und damit den „stärkeren" Schutz von Art. 5 Abs. 3 Satz 1 GG beanspruchen.[32] Das Gericht fasst dies in der prägnanten Formel zusammen:

> „Satire kann Kunst sein; nicht jede Satire ist jedoch Kunst."[33]

1. Kunstfreiheit, Art. 5 Abs. 3 Satz 1 GG

Dem Begriff der Kunst kommt damit maßgebliche Bedeutung zu, wobei das Bundesverfassungsgericht, angesichts der wiederholt hervorgehobenen Schwierigkeit, den Begriff der Kunst abschließend zu definieren,[34] mit mehreren Kunstbegriffen operiert.[35]

Nach dem materiellen Kunstbegriff besteht das Wesentliche der künstlerischen Betätigung in der freien schöpferischen Gestaltung, in der Eindrücke, Erfahrungen, Erlebnisse des Künstlers durch das Medium einer bestimmten Formensprache zu unmittelbarer Anschauung gebracht werden. Alle künstlerische Tätigkeit ist ein Ineinander von bewussten und unbewussten Vorgängen, die rational nicht aufzulösen sind. Beim künstlerischen Schaffen wirken Intuition, Phantasie und Kunstverstand zusammen; es ist primär nicht Mitteilung, sondern Ausdruck und zwar unmittelbarster Ausdruck der individuellen Persönlichkeit des Künstlers.[36]

---

30 *Von Becker*, GRUR 2004, S. 908 (911). Daneben kann unter Umständen etwa auch das Grundrecht der Presse- (vgl. dazu BVerfG, Beschl. v. 10. Juli 2002 – 1 BvR 354/98 –, juris, Rn. 9) oder der Rundfunkfreiheit einschlägig sein (vgl. zum Verhältnis zur Kunstfreiheit Fn. 31).

31 Vgl. BVerfGE 86, 1 (9); vgl. auch BVerfG, Beschl. v. 12. November 1997 – 1 BvR 2000/96 –, juris, Rn. 12, Beschl. v. 10. Juli 2002 – 1 BvR 354/98 –, juris, Rn. 8. Ist dies der Fall, so greift der Schutz des Art. 5 Abs. 3 Satz 1 GG ungeachtet des Umstandes, ob der künstlerische Akt eine (politische) Meinungsäußerung enthält oder ob er durch Presse oder Rundfunk verbreitet wird. Art. 5 Abs. 3 Satz 1 ist also grundsätzlich lex specialis zu Art. 5 Abs. 1 GG (*Starck/Paulus*, in: v. Mangoldt/Klein/Starck, GG, 7. Aufl. 2018, Art. 5 Abs. 3 Rn. 413, 433).

32 Siehe auch *Starck/Paulus*, in: v. Mangoldt/Klein/Starck, GG, 7. Aufl. 2018, Art. 5 Abs. 3 Rn. 433.

33 BVerfGE 86, 1 (9); vgl. auch BVerfG, Beschl. v. 12. November 1997 – 1 BvR 2000/96 –, juris, Rn. 12; Beschl. v. 10. Juli 2002 – 1 BvR 354/98 –, juris, Rn. 8.

34 BVerfG, Beschl. v. 30. März 2021 – 1 BvR 354/98 –, juris, Rn. 15 m.w.N.

35 Vgl. dazu auch *Starck/Paulus*, in: v. Mangoldt/Klein/Starck, GG, 7. Aufl. 2018, Art. 5 Abs. 3 Rn. 423 ff.; *Stern/Sachs/Dietlein*, in: Stern, Staatsrecht: Die einzelnen Grundrechte Bd. IV/2, 1. Aufl. 2011, S. 625 ff.

36 Vgl. BVerfGE 30, 173 (188 f.); 67, 213 (226); 75, 369 (377); 119, 1 (20 f.); 142, 74 (103 f.).

Unter einem formalen Kunstbegriff besteht das Wesentliche eines Kunstwerks darin, dass bei formaler, typologischer Betrachtung die Gattungsanforderungen eines bestimmten Werktyps, etwa des Malens, Bildhauens oder Dichtens, erfüllt sind.[37]

Nach dem offenen Kunstbegriff muss es schließlich möglich sein, der Darstellung wegen der Mannigfaltigkeit ihres Aussagegehalts im Wege einer fortgesetzten Interpretation immer weiterreichende Bedeutungen zu entnehmen, so dass sich eine praktisch unerschöpfliche, vielstufige Informationsvermittlung ergibt.[38]

Ob die fragliche Darstellung dem Satirebegriff des Bundesverfassungsgerichts unterfällt, hat keine Auswirkungen auf ihre Einordnung als Kunst. Insbesondere stellt Satire auch keinen Werktypus dar, der immer unter den formalen Kunstbegriff fiele. Vielmehr bedarf es stets einer Prüfung im Einzelfall, ob die Satire als Kunst im verfassungsrechtlichen Sinne einzuordnen ist,[39] wobei hier nach der Rechtsprechung des Bundesverfassungsgerichts dem formalen und materiellen Kunstbegriff maßgebliche Bedeutung zukommt.

Erstmalig in seiner *Strauß-Karikatur*-Entscheidung stellte das Bundesverfassungsgericht in Anwendung des materiellen Kunstbegriffs darauf ab, dass die satirischen Karikaturen das geformte Ergebnis einer freien schöpferischen Gestaltung seien, in welcher der Beschwerdeführer seine Eindrücke, Erfahrungen und Erlebnisse zu unmittelbarer Anschauung bringe.[40] Angesichts der mit den Karikaturen offenkundig zum Ausdruck gebrachten Kritik an dem engen Verhältnis des damaligen Bayerischen Ministerpräsidenten zur Justiz stellte sich jedoch die Frage, welche Folgen es für die verfassungsrechtliche Würdigung der Karikaturen hat, dass hiermit auch eine Meinung zum Ausdruck gebracht wurde, zumal der Zeichner erkennbar darauf abstellte, eine öffentliche Debatte anzustoßen oder jedenfalls im Rahmen einer bestehenden Debatte auf einen aus seiner Sicht vorhandenen Missstand hinzuweisen.

---

37 Vgl. BVerfGE 67, 213 (226 f.).

38 BVerfGE 67, 213 (227); 81, 278 (291 ff.).

39 Dagegen wird es sich bei Satire im literaturwissenschaftlichen Sinne jedenfalls in aller Regel um Kunst im Sinne des materiellen und des offenen Kunstbegriffs handeln, da der Satiriker, um auf einen Missstand hinzuweisen, in einem Akt der freien schöpferischen Gestaltung reale Vorgänge oder Personen in neue Bezüge setzt und unter anderem mit den Mitteln der Ironie und der Symbolik derart verfremdet, dass das Werk nicht nur der Interpretation bedarf, sondern meist auch mehrdeutige Aussagen enthalten wird (vgl. *Brauneck*, ZUM 2004, S. 887 [893 f.]; *Klass*, AfP 2016, S. 477 [481]; *Gärtner*, Was die Satire darf – Eine Gesamtbetrachtung zu den rechtlichen Grenzen einer Kunstform, 2009, S. 68 ff.).

40 BVerfGE 75, 369 (377).

Das Bundesverfassungsgericht erachtete dennoch die Kunstfreiheit als das speziellere Grundrecht für maßgeblich:

> „Daß mit ihnen (den Karikaturen, Anm. der Autoren) gleichzeitig eine bestimmte Meinung zum Ausdruck gebracht wird, nimmt ihnen nicht die Eigenschaft als Kunstwerk. Kunst und Meinungsäußerung schließen sich nicht aus; eine Meinung kann – wie es bei der sogenannten engagierten Kunst üblich ist – durchaus in der Form künstlerischer Betätigung kundgegeben werden (...). Maßgebliches Grundrecht bleibt in diesem Fall Art. 5 Abs. 3 Satz 1 GG, weil es sich um die spezielle Norm handelt (BVerfGE 30, 173 [200]).“[41]

Diese Einordnung bestätigte das Gericht in seinen Folgeentscheidungen zur *Bundesflagge*[42] und zum *Deutschlandlied*[43]. In ersterem Fall ging es um eine Foto-Collage, bestehend aus einer Aufnahme eines Gelöbniszeremoniells der Bundeswehr samt Bundesflagge und dem Bild eines Urinstrahls, der im Wege der Fotomontage auf die Flagge gelenkt wird.

In letzterem Fall hatte das Nürnberger Stadtmagazin „plärrer“ unter der redaktionellen Verantwortung des Beschwerdeführers im Jahr 1986 unter der Überschrift *„Deutschlandlied '86 – Text: Anonym/Musik: Joseph Haydn“* einen Liedtext abgedruckt, der sich mit den Mitteln der Satire mit den damaligen gesellschaftlichen und politischen Verhältnissen in der Bundesrepublik kritisch auseinandersetzte. Neben diesem Text war ein Artikel unter der Überschrift *„Tomayers deutsche Hitparade, heute: Das Deutschlandlied 1986“* abgedruckt, in dem satirische Erläuterungen zum Inhalt und zu den Verwendungsmöglichkeiten des Liedes gegeben wurden.[44] Nachdem die entsprechende Ausgabe der Zeitung wegen der Veröffentlichung des Liedtextes beschlagnahmt wurde, druckte der Beschwerdeführer ein Flugblatt mit einer „Presseerklärung“, die er in mehreren Buchhandlungen auslegte. Darin schilderte und kommentierte er die Beschlagnahme und den ihr zugrundeliegenden Sachverhalt unter wörtlicher Wiedergabe des Liedes.[45]

Da es sich bei der streitgegenständlichen Collage (Bundesflagge) und dem streitgegenständlichen Liedtext (Deutschlandlied) nach der Auffassung des Gerichts – sowohl nach dem formalen als auch nach dem materiellen Kunstbegriff – jeweils um ein Kunstwerk im Sinne des Art. 5 Abs. 3 Satz 1 GG handelte, maß es die

41 BVerfGE 75, 369 (377). Vgl. zum Verhältnis von Art. 5 Abs. 3 Satz 1 zu Art. 5 Abs. 1 GG auch Fn. 31.

42 BVerfGE 81, 278 (291).

43 BVerfGE 81, 298 (305 ff.).

44 Vgl. für den vollständigen Liedtext BVerfGE 81, 298 (299 f.).

45 BVerfGE 81, 298 (299).

Ausgangsentscheidungen insoweit konsequent an der Kunstfreiheit,[46] auch wenn die Urheber jeweils offenkundig eine bestimmte Meinung zum Ausdruck bringen wollten. Das Gericht sah die Kunstfreiheit in der *Deutschlandlied*-Entscheidung auch insoweit als einschlägig an, als der streitgegenständliche Liedtext ein weiteres Mal im Rahmen einer Pressemitteilung in Form eines Flugblattes veröffentlicht wurde. Das Kunstwerk sei hier *„eingebettet in eine andere Lebensäußerung, nämlich in die unverfremdete Kundgabe einer Meinung zu den Strafverfolgungsmaßnahmen gegen die Verbreitung des Liedes"*.[47] Die Verteilung des Flugblattes, auf dem die Pressemitteilung abgedruckt war, falle zwar grundsätzlich in den Schutzbereich der Meinungsfreiheit nach Art. 5 Abs. 1 Satz 1 GG. Daran ändere auch der Umstand nichts, dass das Lied in der Pressemitteilung zitiert werde. Denn es diene in diesem Zusammenhang nur dazu, den kritisierten Geschehensablauf zu erläutern. Nichtsdestotrotz sei auch die strafrechtliche Verurteilung des Beschwerdeführers wegen der Verteilung des Flugblattes an der Kunstfreiheit zu messen. Denn die Verurteilung richte sich nicht gegen die in dem Flugblatt zum Ausdruck gebrachte Meinung, sondern ausschließlich gegen die – erneute – Verbreitung des Liedtextes.[48]

2. Meinungsfreiheit, Art. 5 Abs. 1 Satz 1 GG

Auch wenn satirische Darstellungen oftmals eine „künstlerische Prägung" enthalten, kann das Stilmittel der Satire mit seinen Wesensmerkmalen der Übertreibung, Verfremdung und Verzerrung auch nur im Rahmen einer reinen Meinungsäußerung zur Anwendung gelangen und daher ausschließlich dem Schutzbereich des Art. 5 Abs. 1 Satz 1 GG unterfallen. Davon ging das Bundesverfassungsgericht in seiner *Titanic*-Entscheidung[49] aus dem Jahr 1992 aus, die sich mit einer Reihe von Texten in einem Satire-Magazin auseinandersetzte. Zwar sah das Bundesverfassungsgericht durchaus die „satirischen Elemente", vertrat jedoch die Auffassung, dass diese die Beiträge nicht „prägten".[50]

Hieran knüpfen zwei Kammerentscheidungen an, die Formate betreffen, die sich von dem satirischen Zeitschriftenbeitrag wiederum deutlich unterscheiden. In einem stattgebenden Kammerbeschluss vom 12. November 1997 befasste sich die 1. Kammer des Ersten Senats mit einem Beitrag in einer Fernseh-Talkshow, in

46 BVerfGE 81, 278 (289 ff.); 81, 298 (305).
47 BVerfGE 81, 298 (305).
48 BVerfGE 81, 298 (305).
49 BVerfGE, 86, 1 ff.
50 BVerfGE 86, 1 (9 f.).

der die spätere Klägerin des Ausgangsverfahrens, *Prinzessin Erna von Sachsen*, in Anspielung auf ihre Vergangenheit als Numismatikerin und ihre Einheirat in den sächsischen Adel als „Münzen-Erna" bezeichnet wurde.[51] Der Moderator der Sendung wurde wegen Verletzung des Allgemeinen Persönlichkeitsrechts zur Zahlung von Schmerzensgeld verurteilt. Hiergegen legte er erfolgreich Verfassungsbeschwerde ein.

Ein weiterer stattgebender Kammerbeschluss vom 10. Juli 2002 betraf drei in der Zeitschrift „Stern" unter der Rubrik „Bonnbons" veröffentlichte und mit Sprechblasen versehene Fotos, die den Kläger des Ausgangsverfahrens im Gespräch mit dem damaligen CSU-Vorsitzenden und Bundesfinanzminister *Theo Waigel* zeigten. Die Aufnahmen waren anlässlich des Sommerfestes der Bayerischen Landesvertretung im August 1994 in Bonn gemacht worden. An diesem Fest nahm der Kläger in trachtenmäßiger Aufmachung teil. Den im „Stern" veröffentlichten Aufnahmen waren drei Sprechblasen beigefügt, in denen Finanzminister *Waigel* den Kläger als Herrn *Hingerl* vorstellte, der Generalsekretär der CSU werden solle und der genauso peinliche Statements wie (der damalige CSU-Generalsekretär und Bundestagsabgeordnete) *Bernd Protzner* abgebe, die aber Gott sei Dank keiner verstehe.[52] Der Kläger verklagte die Verlegerin des Sterns auf Zahlung von Schmerzensgeld wegen Verletzung seines Persönlichkeitsrechts. Gegen das daraufhin ergangene, der Klage im Wesentlichen stattgebende Urteil wandte sich die Verlegerin im Wege der Verfassungsbeschwerde.

Jeweils maß die 1. Kammer des Ersten Senats die angegriffenen Entscheidungen der Fachgerichte an dem Maßstab (nur) der Meinungsfreiheit aus Art. 5 Abs. 1 Satz 1 GG und nicht (auch) an dem der Kunstfreiheit aus Art. 5 Abs. 3 Satz 1 GG. In der *Münzen-Erna*-Entscheidung ging die Kammer davon aus, dass die von dem Beschwerdeführer moderierte Talk-Show und die vom Landgericht beanstandete Bezeichnung der Klägerin als „Münzen-Erna" durch satirische Verfremdung geprägt seien, ließ jedoch den Schutz durch die Kunstfreiheit offen. Auch wenn auf die Äußerung nur das nicht vorbehaltlos gewährleistete Grundrecht aus Art. 5 Abs. 1 Satz 1 GG angewendet werde, halte das angegriffene Urteil der verfassungsgerichtlichen Überprüfung nämlich nicht stand.[53] Dagegen bekannte die Kammer in der *Stern*-Entscheidung Farbe und ging von einer „bloßen Verzerrung" aus,[54] die die Darstellung, welche nicht das Ergebnis einer freien schöpferischen Gestaltung sei, noch nicht zu einem Kunstwerk mache.[55]

---

51 BVerfG, Beschl. v. 12. November 1997 – 1 BvR 2000/96 –, juris, Rn. 4.

52 BVerfG, Beschl. v. 10. Juli 2002 – 1 BvR 354/98 –, juris, Rn. 2.

53 BVerfG, Beschl. v. 12. November 1997 – 1 BvR 2000/96 –, juris, Rn. 14.

54 Selbst die Beschwerdeführerin (Stern) nahm für sich das Grundrecht der Kunstfreiheit nicht in Anspruch.

Zusammenfassend gilt damit, dass das Bundesverfassungsgericht keinesfalls unüberwindbare Hürden aufgestellt hat, um einer Satire den Schutz durch die Kunstfreiheit (Art. 5 Abs. 3 Satz 1 GG) zuteilwerden zu lassen. Voraussetzung ist stets, dass es sich nicht um eine bloße Meinungsäußerung handelt, die nicht von der satirischen Übertreibung, Verfremdung oder Verzerrung geprägt ist[56] und die Anforderungen an „Kunst" im Sinne von Art. 5 Abs. 3 Satz 1 GG erfüllt sind. Sind diese Voraussetzungen nicht erfüllt, geht dem Grundrechtsträger der verfassungsrechtliche Schutz indes nicht verloren. Auch bei Anwendung des dann einschlägigen Grundrechts auf Meinungsfreiheit (Art. 5 Abs. 1 Satz 1 GG) muss nämlich im Rahmen der verfassungsrechtlichen Überprüfung der Deutungsebene stets der spezifische (satirische) Charakter der einzelnen Meinungskundgabe berücksichtigt werden.[57]

Auch eine Darstellung, die nicht die Anforderungen an Satire nach der Rechtsprechung des Bundesverfassungsgerichts erfüllt, kann zudem grundrechtlichen Schutz nach Art. 5 Abs. 1 Satz 1 und Abs. 3 Satz 1 GG genießen. Dann kommen allerdings nicht die Maßstäbe zur Anwendung, die das Bundesverfassungsgericht speziell für die Zulässigkeit satirischer Darstellungen entwickelt hat.[58]

3. Die „Causa Böhmermann"

Die Diskussion, ob und wann bei satirischen Darstellungen die Freiheit der Kunst gilt, hat zuletzt durch den Fall des TV-Moderators *Jan Böhmermann* an Bedeutung gewonnen. Am 17. März 2016 wurde in der Satiresendung „extra 3" das Musikvideo „Erdowie, Erdowo, Erdogan" ausgestrahlt.[59] Darin wird zur Melodie des bekannten Popsongs „Irgendwie, irgendwo, irgendwann" der Band *Nena* ein neuer Text gesungen, der die damalige politische Lage in der Türkei thematisiert. Unterlegt wird die Musik von verschiedenen kurzen Videoaufnahmen, auf denen unter anderem Polizeigewalt gegenüber Demonstranten zu sehen ist.

Wenige Tage später wurde der deutsche Botschafter in der Türkei in das türkische Außenministerium einbestellt. In dem Gespräch wurde nach Presse-

55 BVerfG, Beschl. v. 10. Juli 2002 – 1 BvR 354/98 –, juris, Rn. 8.

56 Siehe in diesem Zusammenhang auch *Gärtner*, Was die Satire darf – Eine Gesamtbetrachtung zu den rechtlichen Grenzen einer Kunstform, 2009, S. 79 ff.

57 BVerfGE 86, 1 (9); BVerfG, Beschl. v. 10. Juli 2002 – 1 BvR 354/98 –, juris, Rn. 8.

58 Siehe dazu unter B.III.

59 https://www.ndr.de/fernsehen/sendungen/extra_3/videos_daserste/Song-Erdowie-Erdowo-Erdogan,extra11036.html, zuletzt abgerufen am 1. Dezember 2021.

angaben ein Stopp der weiteren Ausstrahlung des Videos „Erdowie, Erdowo, Erdogan" gefordert. In der deutschen Öffentlichkeit wurde die Einbestellung des Botschafters kritisiert.

Am 31. März 2016 thematisierte *Böhmermann* in seiner damaligen Fernsehsendung „Neo-Magazin-Royale" den Eklat um die Einbestellung des deutschen Botschafters in einem Sendebeitrag. Dabei führte er ein Gespräch mit seinem Co-Moderator („Sidekick") *Ralf Kabelka*[60] über die Ereignisse rund um die Ausstrahlung des Musikvideos „Erdowie, Erdowo, Erdogan" in der Sendung „extra 3" und trug in diesem Rahmen sein „Schmähgedicht" vor, in dem der türkische Staatspräsident *Erdoğan* unter anderem als „schwul" sowie „pervers, verlaust und zoophil" bezeichnet wurde.[61]

Bei diesem – satirischen – Fernsehbeitrag handelt es sich um Kunst nach sämtlichen Kunstbegriffen:[62] Die Anforderungen nach dem formalen Kunstbegriff sind erfüllt, da sich *Böhmermann* anerkannter Werktypen bedient, indem er das Gedicht in Reimform (Paarreim) vorträgt.[63] Zudem erfüllt auch die handwerklich-dramaturgische Gestaltung des gesamten Vortrags gattungstypische Merkmale.[64] Der Fernsehbeitrag genügt auch den Anforderungen des materiellen Kunstbegriffs.[65] Bei der Darbietung handelt es sich um eine freie schöpferische Gestaltung, in der Eindrücke, Erfahrungen und Erlebnisse – bezogen auf die aktuelle politische Situation – zur Anschauung gebracht werden. Die Gestaltung der Sendung erforderte Phantasie und Verstand und ist geprägt durch die Persönlichkeit des Moderators.[66] Letztlich bereitet auch eine Subsumtion unter dem offenen Kunstbegriff keine Schwierigkeiten.[67] Die Darbietung weist eine Vielschichtigkeit der Ebenen und damit eine Doppeldeutigkeit und Komplexität der Darstellung auf, die eine Vielzahl an Deutungs- und Interpretationsmöglichkeiten eröffnet.[68] Der Beitrag kritisiert – unter Bezugnahme auf die „extra 3"-Darbietung

---

60 Ralf Kabelka hat die Satireshow zwischenzeitlich verlassen.

61 Eine authentisch wirkende Videoaufnahme des Sendebeitrags findet sich unter https://www.bild.de/video/clip/recep-tayyip-erdogan/boehmermanns-erdogan-gedicht-45152028.bild.html, zuletzt abgerufen am 1. Dezember 2021.

62 GenStA OLG Koblenz, Entsch. v. 13. Oktober 2016 – 4 ZS 831/16 –, juris, Rn. 8 ff.; *Rusch/Becker*, AfP 2016, S. 201 (202 f.); *Hoßbach*, ZUM-RD 2018, S. 493 (494); so auch LG Hamburg, Urt. v. 10. Februar 2017 – 324 O 402/16 –, juris, Rn. 31 ff.; offenlassend dagegen OLG Hamburg, Urt. v. 15. Mai 2018 – 7 U 34/17 –, juris, Rn. 146 ff.

63 Siehe auch *Klass*, AfP 2016, S. 477 (487).

64 *Rusch/Becker*, AfP 2016, S. 201 (202).

65 Vgl. *Rusch/Becker*, AfP 2016, S. 201 (202).

66 Vgl. *Klass*, AfP 2016, S. 477 (487).

67 Vgl. *Rusch/Becker*, AfP 2016, S. 201 (203).

68 Vgl. *Rusch/Becker*, AfP 2016, S. 201 (203); *Klass*, AfP 2016, S. 477 (487).

„Erdowie, Erdowo, Erdogan" – die übertriebene Reaktion des türkischen Staatspräsidenten, der den deutschen Botschafter nach der Ausstrahlung der Sendung des öffentlich-rechtlichen Rundfunks einbestellte, und prangert damit ein Fehlverhalten eines in der Öffentlichkeit stehenden Staatspräsidenten an.[69] Auch wird Kritik daran zum Ausdruck gebracht, dass der türkische Präsident selbst die Presse-, Meinungs- und Kunstfreiheit missachtet[70] und Kritik an seiner Person nicht duldet. Zugleich wird der verfassungsrechtliche Schutz der Kunst- und der Meinungsfreiheit in der Bundesrepublik Deutschland positiv hervorgehoben und in Kontrast gesetzt zu den Verhältnissen in der Türkei.[71] Die bis ins Absurde gesteigerten Passagen in dem „Schmähgedicht" lassen die Kunst- und Meinungsfreiheit in der Bundesrepublik Deutschland geradezu grenzenlos erscheinen,[72] wobei der satirische Beitrag auch die Grenze zwischen zulässiger Satire und unzulässiger Schmähkritik aufzuzeigen beabsichtigt.[73]

Unerheblich ist in diesem Kontext, dass die Satire von *Böhmermann* zum Teil als niveau- und geschmacklos angesehen wird.[74] Es ist nur eine Unterscheidung zwischen Kunst und Nichtkunst zulässig; eine Niveaukontrolle, also eine Differenzierung zwischen „höherer" und „niederer", „guter" und „schlechter" (und deshalb nicht oder weniger schutzwürdiger) Kunst, liefe demgegenüber auf eine verfassungsrechtlich unstatthafte Inhaltskontrolle hinaus und erweist sich damit als unzulässig.[75] Entsprechende Überlegungen können allenfalls bei der nachgelagerten Prüfung, ob die Kunstfreiheit kollidierenden Rechtsgütern von Verfassungsrang zu weichen hat, eine Rolle spielen.[76] Auch eine vordergründige und eindeutige politische Absicht ändert nichts an der Einordnung als Kunst.[77] Das gilt auch für die Frage, ob es sich bei dem Beitrag um eine unzulässige Schmähkritik, Formalbeleidigung oder einen unzulässigen Angriff auf die Menschenwürde handelt, die die Kunsteigenschaft des Fernsehbeitrags nicht berührt.[78]

---

69 Vgl. *Hoßbach*, ZUM-RD 2017, S. 412 (417 f.); *Brauneck*, ZUM 2016, S. 710 (712); *Klass*, AfP 2016, S. 477 (487); *Fahl*, NStZ 2016, S. 313 (313).

70 Vgl. *Rusch/Becker*, AfP 2016, S. 201 (203); *Klass*, AfP 2016, S. 477 (487); *Fahl*, NStZ 2016, S. 313 (313); *Brauneck*, ZUM 2016, S. 710 (712).

71 Vgl. *Brauneck*, ZUM 2016, S. 710 (711); *Fahl*, NStZ 2016, S. 313 (316); *Hoßbach*, ZUM-RD 2017, S. 412 (417 f.).

72 Vgl. *Brauneck*, ZUM 2016, S. 710 (711).

73 Vgl. *Rusch/Becker*, AfP 2016, S. 201 (203); siehe auch *Fahl*, NStZ 2016, S. 313 (316).

74 Vgl. etwa *Christoph*, JuS 2016, S. 599 (601).

75 BVerfGE 75, 369 (377).

76 BVerfGE 83, 130 (139).

77 BVerfGE 67, 213 (227 f.).

78 Vgl. dazu unter C.

Losgelöst von der Frage, ob diese für die Meinungsäußerungsfreiheit entwickelten Figuren[79] überhaupt auf die Kunstfreiheit (uneingeschränkt) übertragen werden können,[80] käme ihnen nicht die Rechtsfolge zu, dass bereits der sachliche Schutzbereich nicht eröffnet wäre. Vielmehr hätte die Zurechnung zu diesen Fallgruppen nur zur Konsequenz, dass die Kunstfreiheit – sollten dieselben Maßstäbe wie bei der Meinungsfreiheit gelten – regelmäßig hinter den Ehrenschutz zurückträte, ohne dass es unter Umständen ausnahmsweise einer Einzelfallabwägung bedürfte.[81] Zwar hat das Bundesverfassungsgericht in seiner *Strauß-Transparent*-Entscheidung[82] Formalbeleidigungen – im Gegensatz zu Schmähkritik – nicht als vom Schutzbereich der Meinungsfreiheit erfasst angesehen.[83] Derartige Formulierungen lassen sich der jüngeren verfassungsgerichtlichen Rechtsprechung jedoch nicht mehr entnehmen. Vielmehr findet sich in der knapp vier Jahre später erfolgten Entscheidung *Auschwitzlüge*[84] nicht nur die „regelmäßig"-Formulierung, sondern auch die Einordnung der Formalbeleidigung als vom Schutzbereich erfasste Äußerung.[85] Davon geht das Bundesverfassungsgericht bis heute aus.[86]

III. Verfassungsrechtliche Maßstäbe zur Zulässigkeit von Satire

Auch wenn Satire rechtlich durchaus auch das erlaubt, was vielen nicht gefällt, ist nicht „alles" verfassungsrechtlich geschützt. Vielmehr unterliegt auch Satire rechtlichen Grenzen. Wo diese Grenzen verlaufen, kann eine schwierig zu beantwortende Frage sein, die die Würdigung aller Umstände des Einzelfalls erfordert. Welche Anforderungen jedoch stets beachtet werden müssen, soll im Folgenden dargestellt werden.

79 BVerfGE 93, 266 (294).

80 Vgl. dazu unter B.III.2., sowie eingehend dazu auch den Beitrag von *Fahl/Schaller/Müller* in diesem Linienband.

81 Vgl. zur Meinungsfreiheit BVerfGE 90, 241 (248); 93, 266 (294); BVerfG, Beschl. v. 19. Mai 2020 – 1 BvR 2397/19 –, juris, Rn. 15, 25.

82 BVerfGE 82, 43 ff.

83 BVerfGE 82, 43 (51).

84 BVerfGE 90, 241 ff.

85 BVerfGE 90, 241 (248, 254).

86 Vgl. auch BVerfG, Beschl. v. 19. Mai 2020 – 1 BvR 2397/19 –, juris, Rn. 15, 25.

1. Zweigliedrige Prüfungsmethode

Unabhängig davon, ob für die satirische Darbietung die Kunst- (Art. 5 Abs. 3 Satz 1 GG), oder „nur" die Meinungsfreiheit (Art. 5 Abs. 1 Satz 1 GG) streitet, sind im Rahmen der rechtlichen Bewertung der Satire „werkgerechte Maßstäbe" anzulegen, die der satiretypischen Übertreibung und Verfremdung Rechnung tragen.[87] Da es dem Wesensmerkmal der Satire entspricht, mit Übertreibungen, Verfremdungen und Verzerrungen zu arbeiten, darf Satire nicht immer „beim Wort genommen" werden. Vielmehr ist – wiederum basierend auf der Rechtsprechung des Reichsgerichts[88] – eine zweigliedrige Prüfung vorzunehmen.[89]

Um den eigentlichen Inhalt der satirischen Darstellung zu ermitteln, muss die Aussage ihres in „Wort und Bild gewählten satirischen Gewandes" entkleidet werden. In einem *ersten Schritt* ist daher der Aussagekern der Satire (was mittelbar gemeint ist) herauszuarbeiten und dieser von der satirischen Einkleidung (was der Rezipient unmittelbar bildlich oder sprachlich wahrnimmt) zu trennen.[90] Hiermit ist jedoch keine scharfe Trennung von Form und Inhalt der Satire gemeint. Eine solche wird regelmäßig auch gar nicht möglich sein, da der Aussagekern oder jedenfalls einzelne Aspekte desselben gerade mittels der konkreten ästhetischen Darstellung vermittelt werden.[91] Erforderlich ist vielmehr eine sorgfältige Herausarbeitung der eigentlichen Aussage unter Berücksichtigung der satiretypischen Übertreibung und Verzerrung. Es erfolgt also eine Rückübersetzung des Verfremdeten auf Möglichkeiten des Gemeinten.[92] Dabei ist notwendigerweise von einem Adressaten auszugehen, der grundsätzlich in der Lage ist, Satire als solche zu erkennen und sich jedenfalls im Ansatz des Umstandes be-

---

87 Vgl. BVerfGE 75, 369 (377 f.); 81, 278 (294); 81, 298 (306 f.); 86, 1 (9); BVerfG, Beschl. v. 12. November 1997 – 1 BvR 2000/96 –, juris, Rn. 12; Beschl. v. 10. Juli 2002 – 1 BvR 354/98 –, juris, Rn. 12.

88 Vgl. bereits RGSt 62, 183 (185).

89 Mit der zweigliedrigen Prüfungsmethode wird der Satire in zweierlei Weise Rechnung getragen: Zum einen wird anerkannt, dass die Satire dazu dient, eine inhaltliche Aussage zu vermitteln – andernfalls liefe die Trennung von Aussagekern und satirischer Einkleidung ins Leere. Zum anderen wird die Besonderheit der Satire, zu überspitzen und zu verfremden, in weitem Umfang anerkannt, indem in der Abwägung an die satirische Einkleidung andere Maßstäbe angelegt werden, als an den Aussagekern. Beide Schritte, die Herausarbeitung des Aussagekerns und die getrennte Beurteilung von Aussagekern und Einkleidung, setzen indes voraus, dass das Werk als Satire erkannt und entsprechend verstanden wird.

90 Vgl. *Brauneck*, ZUM 2000, S. 137 (141 f.).

91 Vgl. *Brauneck*, ZUM 2004, S. 887 (891 f.).

92 *Gärtner*, Was die Satire darf – Eine Gesamtbetrachtung zu den rechtlichen Grenzen einer Kunstform, 2009, S. 111; *Senn*, Satire und Persönlichkeitsschutz – Zur rechtlichen Beurteilung satirischer Äusserungen auf der Grundlage der Literatur- und Rezeptionsforschung, 1998, S. 54.

wusst ist, dass Satire nicht wortwörtlich verstanden werden will, sondern ihre eigentliche Aussage erst im Wege der Interpretation entfaltet. Denn ein unkundiger Betrachter wird die Satire regelmäßig als reine Tatsachenbehauptung missverstehen.[93] Andererseits kann jedenfalls dann, wenn sich die Satire an die breite Öffentlichkeit richtet, nicht auf einen umfassend (künstlerisch) gebildeten Adressaten abgestellt werden.[94] Maßgeblich ist daher der Verständnishorizont eines unvoreingenommenen und satireverständigen Publikums,[95] wobei Art und Umstände der Veröffentlichung mit zu berücksichtigen sind. Dagegen ist weder die subjektive Absicht des Satirikers, noch das subjektive Verständnis des Satire-Opfers ausschlaggebend.[96]

Zudem ist zu berücksichtigen, dass satirische Darstellungen oftmals mehreren Interpretationsmöglichkeiten zugänglich sind.[97] Bei der Bestimmung des Aussagekerns müssen daher alle in Betracht kommenden Deutungen bedacht werden, und zwar auch solche, die im Ergebnis nicht zu einer Beschränkung des betreffenden Werkes führen.[98] Insbesondere darf bei der rechtlichen Bewertung von Satire nicht ohne Auseinandersetzung mit anderen denkbaren Inhalten allein die strafrechtlich relevante Interpretation zugrunde gelegt werden.[99]

In einem *zweiten Schritt* sind sowohl der Aussagekern als auch die Einkleidung[100] jeweils gesondert daraufhin zu überprüfen, ob sie eine persönlichkeitsrechtsverletzende Kundgabe von Missachtung gegenüber der dargestellten Person enthalten, oder auf andere Weise das Persönlichkeitsrecht oder andere Grundrechte verletzen. Die Maßstäbe für die Beurteilung der Einkleidung sind dabei weniger streng, als die für die Bewertung des Aussagekerns; denn ihr ist die Verfremdung wesenseigen.[101] Insbesondere darf die satirische Einkleidung als Stilmittel der Kommunikation grundsätzlich nicht schon selbst als Kundgabe der

---

93 Vgl. *Brauneck*, ZUM 2004, S. 887 (890).
94 Vgl. BVerfGE 67, 213 (230).
95 Siehe dazu *Klass*, AfP 2016, S. 477 (484); vgl. auch *Brauneck*, ZUM 2004, S. 887 (890).
96 Für die Deutung einer Meinungsäußerung so auch BVerfGE 93, 266 (295).
97 Vgl. *Brauneck*, ZUM 2004, S. 887 (890).
98 Vgl. *Faßbender*, NJW 2019, S. 705 (708).
99 Vgl. BVerfGE 81, 298 (307).
100 In der Literatur wird die Sinnhaftigkeit einer eigenständigen Prüfung der satirischen Einkleidung bezweifelt. Form und Inhalt der Satire seien nicht trennbar. Denn die Strategie der transparenten Verfremdung diene gerade dazu, das Regelwidrige durch Verfremdung sichtbar zu machen. Eine separate, zusätzliche Betrachtung der formalen Einkleidung sei absurd (vgl. dazu *Gärtner*, Was die Satire darf – Eine Gesamtbetrachtung zu den rechtlichen Grenzen einer Kunstform, 2009, S. 125; *Steffen*, in: Brandt [Hrsg.], FS Simon, 1987, S. 359 [372]).
101 BVerfGE 75, 369 (378); 81, 278 (294); BVerfG, Beschl. v. 12. November 1997 – 1 BvR 2000/96 –, juris, Rn. 13; *von Becker*, GRUR 2004, S. 908 (911).

Missachtung gewürdigt werden.[102] Die rechtliche Einordnung von Satire erfordert aber nicht nur eine Differenzierung zwischen Aussagekern und Einkleidung, sondern auch eine Berücksichtigung der Besonderheiten der im konkreten Fall gewählten Werkgattung und der Umstände oder Personen, gegen die sich die Satire richtet.[103] Die Satire muss in ihrem Gesamtkontext gesehen werden.[104] Dieser für die Ermittlung des Aussageinhalts entwickelte Grundsatz muss in gleicher Weise für die Beurteilung der Einkleidung gelten. Ebenso wie eine Äußerung in ihrem jeweiligen Kontext zu beurteilen ist, kann eine satirische Abbildung nicht in ihre Einzelteile zerlegt werden, um den Schutzbereich von Art. 5 Abs. 3 Satz 1 GG zu bestimmen. Anderenfalls könnte bei einer solchen isolierten Betrachtung einzelnen Teilen der Einkleidung der Schutz des Grundrechts versagt werden mit der Folge, dass die gesamte Satire unzulässig wäre. Eine derart „sezierende Betrachtungsweise“ würde den Gestaltungsspielraum des Künstlers in grundrechtswidriger Weise verengen.[105]

Auch in dem Fall des „Schmähgedichts“ des Satirikers *Jan Böhmermann* kann der Aussagekern nicht ermittelt werden, ohne zum einen den gesamten Sendebeitrag und zum anderen die unmittelbar vorangegangenen Geschehnisse um das Musikvideo „Erdowie, Erdowo, Erdogan“ und insbesondere die Reaktion des türkischen Staatpräsidenten auf die Ausstrahlung dieses Videos im deutschen Fernsehen mit zu berücksichtigen.[106] In ihrem das „Schmähgedicht“ einleitenden Gespräch nehmen die beiden Moderatoren der Sendung hierauf mehrfach Bezug. Unter anderem sprechen sie den türkischen Staatspräsidenten direkt an und weisen auf belehrende Art und Weise auf die Geltung der Meinungs-, Presse- und Kunstfreiheit in der Bundesrepublik hin. Zudem wird während des Gedichtvortrags im Hintergrund die türkische Flagge gezeigt und die Melodie des Liedes

---

102 BVerfG, Beschl. v. 10. Juli 2002 – 1 BvR 354/98 –, juris, Rn. 12. Siehe dazu auch *Knieper/Tinnefeld*, DuD 2020, S. 375 (376), die darauf hinweisen, dass viele Betrachterinnen und Betrachter satirischer Karikaturen nicht mehr in der Lage seien, diese zu „decodieren“.

103 So ausdrücklich *von Becker*, GRUR 2004, S. 908 (911).

104 Vgl. BVerfGE 81, 278 (295); 86, 1 (12). Siehe dazu auch BVerfG, Beschl. v. 10. Juli 2002 – 1 BvR 354/98 –, juris, Rn. 16f.: In dem Beschluss die „Stern“-Rubrik „Bonnbons“ betreffend berücksichtigt die 1. Kammer des Ersten Senats bei der Ermittlung des Aussagegehalts der Fotomontage ausdrücklich sowohl den unmittelbaren Kontext des Gesamtwerkes – hier den Charakter einer festen Rubrik der Zeitschrift – als auch das zum Zeitpunkt ihrer Veröffentlichung aktuelle politische Zeitgeschehen.

105 Vgl. zur Meinungsfreiheit BGH, Urt. v. 30. September 2003 – VI ZR 89/02 –, juris, Rn. 20.

106 Vgl. *Kühling*, Festschrift für Christian Kirchberg zum 70. Geburtstag am 5. September 2017, 2017, S. 111 (115f.); *Faßbender*, NJW 2019, S. 705 (709); in diesem Sinne auch *Klass*, AfP 2016, S. 477 (488f.).

„Irgendwie, irgendwo, irgendwann" eingespielt, das wiederum die Vorlage für das vorangegangene Musikvideo in der Sendung „extra 3" gebildet hatte.

Wurde der in der satirischen Einkleidung versteckte Aussageinhalt herausgearbeitet, steht die Praxis oftmals vor der Herausforderung, eine Abwägung der widerstreitenden Interessen (Meinungs- und ggf. Kunstfreiheit auf der einen sowie das Allgemeine Persönlichkeitsrecht auf der anderen Seite) vorzunehmen und zu beurteilen, ob der Aussagekern und die satirische Einkleidung Persönlichkeitsrechte des Betroffenen verletzen. Nur in wenigen Einzelfällen hat das Bundesverfassungsgericht dabei bisher eine eigenständige rechtliche Prüfung des Aussagekerns einerseits *und* der satirischen Einkleidung anderseits vorgenommen. Eine solche kann der *Strauß-Karikatur*-Entscheidung entnommen werden.[107] Darin bestätigte das Bundesverfassungsgericht die Bestimmung des *Aussagekerns* durch das Oberlandesgericht,[108] wonach sich der dargestellte damalige Bayerische Ministerpräsident „die Justiz in anstößiger Weise seinen Zwecken zunutze" mache und „an einer ihm willfährigen Justiz ein tierisches Vergnügen" empfinde. Davon zu unterscheiden sei die Darstellung des Politikers als kopulierendes Schwein als *satirische Einkleidung*, mit der der beleidigende Aussagekern – nach der nicht beanstandeten Entscheidung des Oberlandesgerichts – eine „zusätzliche Ehrverletzung" erfahre.

In einer weiteren Kammerentscheidung aus dem Jahr 2005, die sich mit einer satirischen Fotomontage auseinandersetzt, nahm die 1. Kammer des Ersten Senats wiederum eine eigenständige rechtliche Bewertung der satirischen Einkleidung und auch nur eines bestimmten, abgrenzbaren Teils der Einkleidung vor.[109] Für die Montage war ein Foto des Beschwerdeführers technisch bearbeitet worden, ohne dass dies für den Betrachter ohne weiteres erkennbar gewesen wäre. Der Beschwerdeführer fühlte sich nicht durch die Fotomontage als solche, wohl aber durch die aus seiner Sicht negative Manipulation seines Bildes in seinem Persönlichkeitsrecht verletzt. Die Kammer befand, dass jedenfalls dann, wenn dem manipulierten Teil einer Abbildung ein eigenständiger Aussagegehalt zukomme, dieser (als Bestandteil der satirischen Einkleidung) gesondert auf eine mögliche Verletzung des Persönlichkeitsrechts überprüft werden müsse.[110]

---

107 Vgl. *Gärtner*, Was die Satire darf – Eine Gesamtbetrachtung zu den rechtlichen Grenzen einer Kunstform, 2009, S. 129 ff.

108 Vgl. OLG Hamburg, Urt. v. 17. Januar 1985 – 1 Ss 168/84 –, NJW 1985, S. 1654 f.

109 Vgl. BVerfG, Beschl. v. 14. Februar 2005 – 1 BvR 240/04 –, juris, Rn. 21 ff.

110 Vgl. BVerfG, Beschl. v. 14. Februar 2005 – 1 BvR 240/04 –, juris, Rn. 27.

2. Menschenwürdeangriff, Schmähkritik und Formalbeleidigung

Die Frage, ob ein Überwiegen des Persönlichkeitsrechts des von der satirischen Darbietung Betroffenen gegeben ist, lässt sich dann relativ leicht beantworten, wenn mit der Satire – genauer: dem Aussagekern oder der satirischen Einkleidung – ein Angriff auf die Menschenwürde des Betroffenen (Art. 1 Abs. 1 GG) verbunden ist. Die Grundrechte des Satirikers müssen dann zurücktreten. Dies gilt unabhängig davon, ob der Satiriker sich auf die Meinungs-, oder auf die Kunstfreiheit berufen kann.[111] Auch wenn die Kunstfreiheit – im Gegensatz zur Meinungsfreiheit (Art. 5 Abs. 2 GG) – unter keinem Gesetzesvorbehalt steht und auch eine Anwendung der Schranken aus Art. 2 Abs. 1, Art. 5 Abs. 2, und Abs. 3 Satz 2 GG ausscheidet,[112] so wird dieses Grundrecht zwar vorbehaltlos, aber nicht schrankenlos garantiert, sondern findet seine Schranke in kollidierendem Verfassungsrecht, also in Grundrechten anderer Rechtsträger und sonstigen Rechtsgütern mit Verfassungsrang.[113] Als verfassungsimmanente Grundrechtsschranke kommt insbesondere der Menschenwürde (Art. 1 Abs. 1 GG) eine herausragende Bedeutung zu, die als Wurzel aller Grundrechte nicht abwägungsfähig ist.[114] Bei Eingriffen in den durch Art. 1 Abs. 1 GG geschützten Kern menschlicher Ehre liegt deshalb auch immer eine schwerwiegende Beeinträchtigung des Allgemeinen Persönlichkeitsrechts vor, die nach der Rechtsprechung des Bundesverfassungsgerichts durch die Freiheit künstlerischer Betätigung nicht mehr gedeckt ist.[115]

Von einem derartigen nicht mehr rechtfertigungsfähigen Eingriff ging das Bundesverfassungsgericht in der *Strauß-Karikatur*-Entscheidung aus. In diesem Zusammenhang heißt es in der Entscheidung:[116]

> „Dem Beschwerdeführer ging es (...) anders als in den üblichen Darstellungen nicht nur darum, bestimmte Charakterzüge oder die Physiognomie eines Menschen durch die Wahl einer Tiergestalt zu kennzeichnen oder zu überspitzen, beabsichtigt war offenkundig ein Angriff auf die personale Würde des Karikierten. Nicht seine menschlichen Züge, seine

---

111 Siehe dazu *Brauneck*, ZUM 2000, S. 137 (140) m.w.N. aus der Rechtsprechung; *Fahl*, NStZ 2016, S. 313 (316).

112 Vgl. BVerfGE 30, 173 (191 f.); 67, 213 (228); 83, 130 (139).

113 Vgl. BVerfGE 142, 74 (102 Rn. 84 m.w.N.); siehe dazu auch *Starck/Paulus*, in: v. Mangoldt/Klein/Starck, GG, 7. Aufl. 2018, Art. 5 Abs. 3 Rn. 450; *Wendt*, in: v. Münch/Kunig, GG, 7. Aufl. 2021, Art. 5 Rn. 148.

114 BVerfGE 93, 266 (293).

115 BVerfGE 75, 369 (380); vgl. dazu auch *Starck/Paulus*, in: v. Mangoldt/Klein/Starck, GG, 7. Aufl. 2018, Art. 5 Abs. 3 Rn. 454; *Wendt*, in: v. Münch/Kunig, GG, 7. Aufl. 2021, Art. 5 Rn. 151.

116 BVerfGE 75, 369 (379 f.).

persönlichen Eigenarten, sollten dem Betrachter durch die gewählte Verfremdung nahegebracht werden. Vielmehr sollte gezeigt werden, daß er ausgesprochen „tierische" Wesenszüge habe und sich entsprechend benehme. Gerade die Darstellung sexuellen Verhaltens, das beim Menschen auch heute noch zum schutzwürdigen Kern seines Intimlebens gehört, sollte den Betroffenen als Person entwerten, ihn seiner Würde als Mensch entkleiden. Damit mißachtet der Beschwerdeführer ihn in einer Weise, die eine Rechtsordnung, welche die Würde des Menschen als obersten Wert anerkennt, mißbilligen muß.

Das vernachlässigt der Beschwerdeführer, wenn er dem Oberlandesgericht vorwirft, es habe keine Güterabwägung zwischen der Kunstfreiheit und dem Persönlichkeitsrecht des Nebenklägers vorgenommen, sondern einseitig auf das Persönlichkeitsrecht zu Lasten der Kunstfreiheit abgestellt. Das Oberlandesgericht hat zutreffend erkannt, daß derartige Eingriffe in die Menschenwürde nicht durch die Kunstfreiheit gerechtfertigt sein können. Zwar genießt der Schutz des allgemeinen Persönlichkeitsrechts keinen generellen Vorrang gegenüber dem Recht aus Art. 5 Abs. 3 Satz 1 GG, sondern muß auch im Lichte dieses Grundrechts verstanden werden. Soweit das allgemeine Persönlichkeitsrecht allerdings unmittelbarer Ausfluß der Menschenwürde ist, wirkt diese Schranke absolut ohne die Möglichkeit eines Güterausgleichs (...). Bei Eingriffen in diesen durch Art. 1 Abs. 1 GG geschützten Kern menschlicher Ehre liegt immer eine schwerwiegende Beeinträchtigung des Persönlichkeitsrechts vor, die nach der Rechtsprechung des Bundesverfassungsgerichts (BVerfGE 67, 213 [228]) durch die Freiheit künstlerischer Betätigung nicht mehr gedeckt ist."

Fällt die satirische Darstellung in den Schutzbereich (nur) der Meinungsfreiheit nach Art. 5 Abs. 1 Satz 1 GG kann selbiges Ergebnis auch dann gerechtfertigt sein, wenn die mit der satirischen Darstellung verbundene Meinungsäußerung eine der für die Meinungsäußerungsfreiheit (Art. 5 Abs. 1 Satz 1 GG) entwickelten Ausnahmefallgruppen der *Schmähkritik* oder der *Formalbeleidung* erfüllt.[117]

Schmähung im verfassungsrechtlichen Sinn ist gegeben, wenn eine Äußerung keinen irgendwie nachvollziehbaren Bezug mehr zu einer sachlichen Auseinandersetzung hat und es bei ihr im Grunde nur um das grundlose Verächtlichmachen der betroffenen Person als solcher geht. Das ist dann der Fall, wenn eine vorherige Auseinandersetzung erkennbar nur äußerlich zum Anlass genommen wird, um über andere Personen herzuziehen oder sie niederzumachen, etwa in Fällen der Privatfehde.[118] Davon abzugrenzen sind Fälle, in denen die Äußerung, auch wenn sie gravierend ehrverletzend und damit unsachlich ist, letztlich als (überschießendes) Mittel zum Zweck der Kritik eines Sachverhaltes dient. Dann geht es dem Äußernden nicht allein darum, den Betroffenen als solchen zu diffamieren, sondern stellt sich die Äußerung als Teil einer anlassbezogenen Auseinandersetzung dar.[119]

---

117 Vgl. dazu BVerfGK 1, 289 ff.; BVerfG, Beschl. v. 19. Mai 2020 – 1 BvR 2397/19 –, juris.

118 BVerfG, Beschl. v. 19. Mai 2020 – 1 BvR 2397/19 –, juris, Rn. 19 m.w.N.

119 BVerfG, Beschl. v. 19. Mai 2020 – 1 BvR 2397/19 –, juris, Rn. 20 m.w.N.

Ähnlich verhält es sich in den ebenfalls an strenge Maßstäbe geknüpften Fällen der – vorrangig im Rahmen der §§ 185 ff. StGB zur Anwendung kommenden – Formalbeleidigung im verfassungsrechtlichen Sinn, die deshalb von der Rechtsprechung mit der Schmähung stets in unmittelbarem Zusammenhang und zum Teil auch als deren Unterfall behandelt worden sind. Um solche Fälle kann es sich etwa bei mit Vorbedacht und nicht nur in der Hitze einer Auseinandersetzung verwendeten, nach allgemeiner Auffassung besonders krassen, aus sich heraus herabwürdigenden Schimpfwörtern – etwa aus der Fäkalsprache – handeln, deren einziger Zweck es ist, andere Personen herabzusetzen. Bei der Formalbeleidigung ist das Kriterium der Strafbarkeit nicht der fehlende Sachbezug einer Herabsetzung, sondern die kontextunabhängig gesellschaftlich absolut missbilligte und tabuisierte Begrifflichkeit und damit die spezifische Form dieser Äußerung.[120]

In der Rechtsprechung des Bundesverfassungsgerichts noch nicht ausdrücklich geklärt ist allerdings, ob vorgenannte Fallgruppen auch auf die Kunstfreiheit (Art. 5 Abs. 3 Satz 1 GG) übertragbar sind. Diese Frage gewinnt insbesondere seit dem Fall *Böhmermann* an Bedeutung, in dem – mit Blick auf die satirische Einkleidung – zum Teil geltend gemacht wird, auch die Kunstfreiheit könne den Vortrag des „Schmähgedichts" nicht decken, da es sich bei der satirischen Darbietung um nicht mehr zu rechtfertigende Schmähkritik handele.[121]

Auch wenn sich die bisherige Rechtsprechung nicht ausdrücklich zur Frage der Übertragbarkeit der Fallgruppen der Schmähkritik und der Formalbeleidigung, wie sie zu Art. 5 Abs. 2 GG entwickelt wurden, auf die Kunstfreiheit (Art. 5 Abs. 3 Satz 1 GG) verhält, lassen sich ihr Anhaltspunkte entnehmen, wie im Rahmen der Kunstfreiheit mit schwerwiegenden Persönlichkeitsrechtsbeeinträchtigungen umzugehen ist, die den Eingriff in die Kunstfreiheit rechtfertigen können.[122]

In ihrem Sondervotum zur *Mephisto*-Entscheidung[123] vertritt *Rupp-v. Brünneck*, die sich für einen starken Schutz der Freiheit der Kunst (Art. 5 Abs. 3 Satz 1 GG) ausspricht, die Auffassung, das entscheidende Kriterium für die Versagung oder Gewährung des Grundrechtsschutzes sei darin zu sehen, ob der Roman bei einer Gesamtbetrachtung ganz überwiegend das Ziel verfolge, bestimmte Personen zu *beleidigen* oder zu *verleumden*, ob die Kunstform des Romans zu diesem Zweck missbraucht werde oder ob das Werk nach den erkennbaren Motiven des Autors und nach objektiver Würdigung des Inhalts und der Darstellung einem

---

120 Vgl. zu Vorstehendem BVerfG, Beschl. v. 19. Mai 2020 – 1 BvR 2397/19 –, juris, Rn. 21 m.w.N.

121 Vgl. *Fahl*, NStZ 2016, S. 313 (317 f.).

122 Vvgl. BVerfGE 67, 213 (228).

123 BVerfGE 30, 173 ff.

anderen Anliegen diene. Bei einer solchen Bewertung könne die Antwort nur zugunsten des Romans „Mephisto" ausfallen.[124]

In der *Esra*-Entscheidung,[125] in der der Senat den durch das Romanverbot bewirkten Eingriff in das Grundrecht der Beschwerdeführerin aus Art. 5 Abs. 3 Satz 1 GG für nur teilweise gerechtfertigt ansah, lassen sich im Rahmen der verfassungsrechtlichen Maßstäbe zwar keine Ausführungen zur Schmähung bzw. Schmähkritik finden. Die Senatsmehrheit stellte jedoch fest, dass „durchaus der Persönlichkeitsschutz überwiegen" könne, wenn „sich ein literarischer Text (...) als eine bloße Abrechnung oder *Schmähung* heraus(stelle)".[126] Bei dem streitgegenständlichen Roman war dies jedoch nicht der Fall.[127]

Im Sondervotum von *Hohmann-Dennhardt* und *Gaier* zur *Esra*-Entscheidung wird ausgeführt, dass es nicht mehr von der Kunstfreiheit gedeckt sei, wenn bei einer Gesamtbetrachtung eines Romans offensichtlich werde, dass diese Kunstform missbraucht worden und lediglich eine Mogelpackung, ein Transportmittel sei, um bestimmte Personen zu beleidigen, zu verleumden oder verächtlich herabzuwürdigen.[128] Zugleich findet sich darin die Bemerkung, dass bei einem Roman der Inhalt nicht mit zweierlei Maß gemessen werden könne. Nur wenn es Anhaltspunkte gäbe, die deutlich machten, dass die Form eines Romans benutzt werde, um eine bestimmte Person mit *Schmähungen* zu überziehen, gäbe dies Anlass für eine differenzierende Betrachtung.[129]

Hoffmann-Riem bezeichnet es in seinem Sondervotum zur *Esra*-Entscheidung als „unglücklich", dass die Senatsmehrheit als Gegenstück zum Kunstwerk den Begriff der „*Schmähung*" benutze. Jedenfalls sei der Begriff der „Schmähkritik" im Rahmen der Dogmatik zu Art. 5 Abs. 1 GG ein *terminus technicus*, der sich auf die rechtliche Einordnung von Werturteilen beziehe und begrenze und Fälle erfasse, in denen die Wertung auch vom Standpunkt des Kritikers aus jeglicher Grundlage entbehre und auf persönliche Diffamierung abziele. Gehe es aber – wie im streitgegenständlichen Fall – um die Frage, ob eine Schilderung als intersubjektiv nachvollziehbare Beschreibung tatsächlichen Geschehens, als Fiktionales oder als kunstspezifische Konstruktion von Realität einzuordnen sei, taugten solche Kategorien nicht oder jedenfalls nur als grobe Indizien.[130]

---

124 BVerfGE 30, 173 (224).
125 BVerfGE 119, 1 ff.
126 BVerfGE 119, 1 (31).
127 BVerfGE 119, 1 (31).
128 Vgl. BVerfGE 119, 1 (47).
129 BVerfGE 119, 1 (44).
130 BVerfGE 119, 1 (59).

Der Entscheidung *Deutschlandlied*[131] wiederum lässt sich implizit entnehmen, dass eine *Verunglimpfung* durch die satirische Einkleidung zur Unerlaubtheit der Darstellung führen würde.[132]

Zusammenfassend gilt daher, dass weder die Einordnung als Schmähung noch als Verunglimpfung die Kunsteigenschaft einer satirischen Darstellung beeinflussen können, in derartigen Fällen aber das Persönlichkeitsrecht derart schwerwiegend beeinträchtigt sein *kann*, dass die Kunstfreiheit zurücktreten muss.[133] Das Recht der persönlichen Ehre bildet nämlich nicht nur eine die Meinungsfreiheit zulässigerweise einengende Schranke (Art. 5 Abs. 2 GG). Das Allgemeine Persönlichkeitsrecht (Art. 2 Abs. 1 in Verbindung mit Art. 1 Abs. 1 GG) schützt den Einzelnen vielmehr auch gegenüber der Kunstfreiheit (Art. 5 Abs. 3 Satz 1 GG) vor schwerwiegenden herabsetzenden Darstellungen. Geringfügige Beeinträchtigungen oder die bloße Möglichkeit einer schwerwiegenden Beeinträchtigung reichen dagegen angesichts der hohen Bedeutung der Kunstfreiheit nicht aus.[134]

Dass nach der Rechtsprechung des Bundesverfassungsgerichts im Falle einer Schmähkritik oder Formalbeleidigung die Meinungsfreiheit regelmäßig hinter den Ehrschutz zurücktritt, ohne dass es einer Abwägung bedarf,[135] erweist sich angesichts der Schwere der Beeinträchtigung als gerechtfertigt, zumal das Recht der persönlichen Ehre gemäß Art. 5 Abs. 2 GG ausdrücklich eine die Meinungsfreiheit einengende Schranke darstellt. Bei der Kunstfreiheit und in besonderem Maße bei satirischer Kunst hingegen wird sich eine Abwägungsentscheidung in der Regel immer als erforderlich erweisen.[136] Die rechtsfehlerfreie Annahme einer

131 BVerfGE 81, 298 ff.

132 BVerfGE 81, 298 (308).

133 Dies gilt ohnehin, wie bereits ausgeführt, dann, wenn mit der Persönlichkeitsrechtsbeeinträchtigung zugleich ein Eingriff in den Menschenwürdekern (Art. 1 Abs. 1 GG) verbunden ist.

134 BVerfGE 119, 1 (27).

135 Vgl. BVerfGE 61, 1 (12); 93, 266 (294). Es handelt sich hierbei auch nicht um eine „Abwägung vor der Abwägung", vgl. BVerfG, Beschl. v. 19. Mai 2020 – 1 BvR 2379/19 –, juris, Rn. 19; siehe dazu allerdings *Söder*, in: Gersdorf/Paal, BeckOK Informations- und Medienrecht, § 823 BGB, Rn. 175.1 (August 2021).

136 Siehe in diesem Zusammenhang auch *Starck/Paulus*, in: v. Mangoldt/Klein/Starck, GG, 7. Aufl. 2018, Art. 5 Abs. 3 Rn. 454, die davon ausgehen, dass es außerhalb von Eingriffen in die Menschenwürde einer Abwägung unter Heranziehung des Verhältnismäßigkeitsprinzips bedarf. Für eine sorgfältige Abwägung im Einzelfall spricht sich auch der Europäische Gerichtshof für Menschenrechte aus. Dieser betont in ständiger Rechtsprechung, dass aufgrund der besonderen Eigenschaften und der Funktion der Satire für den freien Diskurs jeder Eingriff in das Recht des Künstlers auf solche Äußerungen besonders sorgfältig geprüft werden müsse (vgl. EGMR, Urt. v. 2. Oktober 2008 – 36109/03 – [Leroy/Frankreich], NJOZ 2010, S. 512 [515 Rn. 44]; Urt. v. 14. März 2013 – 26.118/10 – [Eon/Frankreich, Kammer], NLMR 2013, S. 98 [100]; Entscheidung v. 20. Oktober

derart schwerwiegenden Beeinträchtigung in Gestalt einer Schmähkritik oder Formalbeleidigung, sodass es – jedenfalls im Regelfall – von vornherein nicht erforderlich ist, in eine Grundrechtsabwägung einzutreten, wird hier nämlich nur in Ausnahmefällen möglich sein.[137] Am ehesten wird dies noch bei der Schmähkritik der Fall sein können, allerdings nur, sofern – bei einer werkgerechten Betrachtung des Kunstwerks und der gebotenen umfassenden Gesamtschau – auch für das verständige und unvoreingenommene Publikum[138] keine durchgreifenden Zweifel daran bestehen, dass die Diffamierung einer Person erfolgt und beabsichtigt ist.[139] Die schwerwiegende Beeinträchtigung des Persönlichkeitsrechts muss somit zweifelsfrei feststellbar sein.[140] Wo die Interpretation eines satirischen Beitrags mehrere Deutungsvarianten zulässt, ist – auch im Lichte des Art. 5 Abs. 3 Satz 1 GG – *in dubio pro libertate* von der günstigeren Auslegung auszugehen.[141] Dagegen dürfte die Annahme einer Formalbeleidigung in Bezug auf Satire, die in den Schutzbereich der Kunstfreiheit fällt, regelmäßig nicht in Betracht kommen, da das bloße Abstellen auf gesellschaftlich absolut missbilligte und tabuisierte Begrifflichkeiten der künstlerischen Satire nicht gerecht werden würde. Vielmehr können diese gerade zum ästhetischen Gesamteindruck der Darbietung beitragen, der wiederum im Rahmen Abwägung berücksichtigt werden muss. Darüber hinaus dürfte sich ein bloßes Abstellen auf Begrifflichkeiten auch deshalb verbieten, weil eine als Formalbeleidigung zu klassifizierende Bemerkung im satirischen Kontext durchaus eine anders zu wertende Bedeutung haben und einen sachlichen Bezug aufweisen kann. Es bedarf daher stets der Berücksichtigung des Inhalts des Aussagekerns und einer Gesamtbetrachtung. Hierbei handelt es sich jedoch um wertende Gesichtspunkte, die eine Abwägungsentscheidung gebieten.

2015 – 25239/13 – [Dieudonné M'Bala M'Bala/Frankreich], NJW-RR 2016, S. 1514 [1515 Rn. 31]; Urt. v. 22. März 2016 – 70434/12 – [Sousa Goucha/Portugal], NJW-RR 2017, S. 1194 [1196 Rn. 50]; Urt. v. 6. April 2021 – 10.783/14 – [Handzhiyski gg. Bulgarien], NLMR 2021, S. 175 [177 Rn. 51]).

137 Siehe in diesem Zusammenhang auch *Faßbender*, NJW 2019, S. 705 (709).

138 Vgl. zur Meinungsfreiheit BVerfGE 93, 266 (295).

139 Vgl. BVerfGE 119, 1 (27); siehe dazu auch BayObLG, Urt. v. 18. Februar 1998 – 5 St RR 117–97 –, NJW 1999, S. 1982 (1984): „Es bedarf im Einzelfall der Klärung, ob die Beeinträchtigung des Persönlichkeitsrechts derart schwerwiegend ist, daß die Freiheit der Kunst zurückzutreten hat. Eine schwerwiegende Beeinträchtigung des Persönlichkeitsrechts, sofern sie zweifelsfrei feststellbar ist, kann durch die Kunstfreiheit nicht gerechtfertigt werden"; vgl. zur Schmähkritik *Faßbender*, NJW 2019, S. 705 (709).

140 Vgl. zur Schmähkritik *Faßbender*, NJW 2019, S. 705 (709).

141 *Christoph*, JuS 2016, S. 599 (601); vgl. auch *Bamberger/Förster*, in: Hau/Poseck (Hrsg.), BeckOK-BGB, § 12 Rn. 323 (November 2021).

Im Ergebnis kommt daher das Absehen von einer Abwägung zwischen der Kunstfreiheit und dem Allgemeinen Persönlichkeitsrecht regelmäßig nicht in Betracht.

Selbst in Fällen, in denen Fachgerichte zu dem Ergebnis kommen, dass eine Schmähung oder eine Formalbeleidigung vorliegt, sollte zudem hilfsweise eine Abwägung zwischen der Meinungs- bzw. Kunstfreiheit und dem Schutz der Persönlichkeit vorgenommen werden. Ein solches Vorgehen bietet sich insbesondere in den nicht eindeutig gelagerten Grenzfällen an, um sich nicht dem erhöhten Risiko einer Aufhebung durch das Bundesverfassungsgericht (§ 95 Abs. 2 BVerfGG) auszusetzen. Hält ein Gericht nämlich eine Äußerung ohne hinreichende Begründung für eine Formalbeleidigung oder Schmähung – selbiges gilt natürlich auch im Falle einer Antastung des Menschenwürdekerns –, mit der Folge, dass es eine konkrete Abwägung unter Berücksichtigung aller Umstände des Einzelfalls als entbehrlich ansieht, so liegt darin ein verfassungsrechtlich erheblicher Fehler, der zur Aufhebung der Entscheidung führt, wenn diese darauf beruht.[142]

Speziell für den Bereich der Satire wird sich die Praxis zukünftig der Aufgabe stellen müssen, zu beurteilen, ob und wann sich die Satire im Einzelfall als persönlichkeits- oder ggf. sogar menschenwürdeverletzend darstellt.[143] Der Fall *Böhmermann* gibt dem Bundesverfassungsgericht die Gelegenheit, sich hierzu eingehender zu verhalten. Im Gegensatz zur *Strauß-Karikatur*-Entscheidung[144] wird man jedoch nicht ohne weiteres davon ausgehen können, der türkische Staatspräsident werde durch das „Schmähgedicht" als Person entwertet und der Menschenwürdekern werde angetastet,[145] sodass die Kunstfreiheit zurücktreten müsse. Zwar werden durch das „Schmähgedicht" gleichfalls besonders geschützte Dimensionen des Persönlichkeitsrechts von *Erdoğan*, einer realen Person, die in dem „Gedicht" zweifelsfrei erkennbar ist, betroffen. So wird in dem Gedicht auch und gerade auf sexuelle Vorlieben und Praktiken abgestellt, die mit dem Amt des Staatspräsidenten nichts zu tun haben. Andererseits wird so stark übertrieben, dass wohl keiner auf die Idee käme, es gehe um tatsächliche Eigenschaften des Präsidenten.[146] Die Gefahr, dass der satirische Charakter der

---

142 Vgl. BVerfGE 93, 266 (294); BVerfGK 8, 89 (98); BVerfG, Beschl. v. 19. Februar 2019 – 1 BvR 1954/17 –, juris, Rn. 12; Beschl. v. 19. Mai 2020 – 1 BvR 2397/19 –, juris, Rn. 24.

143 Vgl. im Fall *Böhmermann* LG Hamburg, Urt. v. 10. Februar 2017 – 324 O 402/16 –, juris; OLG Hamburg, Urt. v. 15. Mai 2018 – 7 U 34/17 –, juris.

144 BVerfGE 75, 369 ff.

145 BVerfGE 75, 369 (380).

146 Siehe allgemein zur Übertreibung bzw. Verfremdung *Starck/Paulus*, in: v. Mangoldt/Klein/Starck, GG, 7. Aufl. 2018, Art. 5 Abs. 3 Rn. 457; siehe auch BVerfGE 119, 1 (29 f.).

Darbietung verkannt wird, ist aufgrund der Vielzahl von eindeutigen Signalen und nicht zuletzt durch die ins Groteske gesteigerte Übertreibung sehr gering.[147] Auch muss der Sendebeitrag hier in seinem Gesamtkontext gesehen[148] und berücksichtigt werden, dass sich die Angriffe *Böhmermanns* gegen *Erdoğan* als Staatspräsidenten richten,[149] der für ein Kritik unterdrückendes, diktatorisches Regime steht[150] und der vor dem Hintergrund der Berechtigung von Machtkritik auch mehr Kritik in seiner Eigenschaft als Amtsträger hinzunehmen hat.[151]

IV. Prüfungsdichte

Nach der Rechtsprechung des Bundesverfassungsgerichts sind die Gestaltung des Verfahrens, die Feststellung und Würdigung des Tatbestandes, die Auslegung des einfachen Rechts und seine Anwendung auf den einzelnen Fall allein Sache der dafür allgemein zuständigen Gerichte und der Nachprüfung durch das Bundesverfassungsgericht grundsätzlich entzogen. Wird das Bundesverfassungsgericht zur Überprüfung der fachgerichtlichen Entscheidung angerufen, überprüft es diese nur auf die Verletzung spezifischen Verfassungsrechts.[152]

Die Schwelle eines Verstoßes, den das Bundesverfassungsgericht zu korrigieren hat, wird insofern regelmäßig erst dann erreicht, wenn Entscheidungen der Fachgerichte Auslegungsfehler erkennen lassen, die auf einer grundsätzlich unrichtigen Auffassung von der Bedeutung eines Grundrechts, insbesondere vom Umfang seines Schutzbereichs, beruhen und auch in ihrer materiellen Bedeutung für den konkreten Rechtsfall von einigem Gewicht sind.[153] Das ist dann der Fall,

---

147 Vgl. in diesem Zusammenhang auch *Starck/Paulus*, in: v. Mangoldt/Klein/Starck, GG, 7. Aufl. 2018, Art. 5 Abs. 3 Rn. 455 m.w.N.

148 Vgl. dazu bereits oben unter B.III.1.

149 Siehe auch *Schlink* in seiner Stellungnahme für die Vereinte Dienstleistungsgewerkschaft (ver.di) in dem Verfahren 1 BvR 2026/19 (Böhmermann), S. 8 f., abrufbar unter https://www.verdi.de/presse/pressemitteilungen/++co++98f71312-ebc1-11eb-a010-001a4a16012a, zuletzt abgerufen am 1. Dezember 2021.

150 Siehe auch *Schlink* in seiner Stellungnahme für die Vereinte Dienstleistungsgewerkschaft (ver.di) in dem Verfahren 1 BvR 2026/19 (Böhmermann), S. 8 f., abrufbar unter https://www.verdi.de/++file++60ffe8eb416478b8a9c0c4e2/download/2021_07_16_Schm%C3%A4hkritik_Stellungnahme%20Prof%20Schlink.pdf, zuletzt abgerufen am 1. Dezember 2021.

151 Vgl. dazu BVerfGE 93, 266 (293); BVerfG, Beschl. v. 12. Mai 2009 – 1 BvR 2272/04 –, juris, Rn. 38; Beschl. v. 19. Mai 2020 – 1 BvR 2397/19 –, juris, Rn. 30 f.

152 Vgl. zur Nachprüfbarkeit gerichtlicher Entscheidungen auch BVerfGE 30, 173 (219) – Sondervotum von *Rupp-v. Brünneck*.

153 Vgl. BVerfGE 18, 85 (93); 81, 242 (253); 103, 89 (100); 142, 74 (101).

wenn die von den Fachgerichten vorgenommene Auslegung der Norm die Tragweite des Grundrechts nicht hinreichend berücksichtigt oder im Ergebnis zu einer unverhältnismäßigen Beschränkung der grundrechtlichen Freiheit führt.[154] Spezifisches Verfassungsrecht ist dagegen nicht schon dann verletzt, wenn eine Entscheidung, am einfachen Recht gemessen, objektiv fehlerhaft ist; der Fehler muss gerade in der Nichtbeachtung von Grundrechten liegen.[155]

Allerdings lassen sich die Grenzen der Eingriffsmöglichkeiten nach der Rechtsprechung des Bundesverfassungsgerichts nicht starr und gleichbleibend ziehen; ihm muss ein gewisser Spielraum bleiben, der die Berücksichtigung der besonderen Lage des Einzelfalles ermöglicht.[156] Von Bedeutung sind namentlich die Intensität der Grundrechtsbeeinträchtigung und die besondere Bedeutung des betroffenen Grundrechts sowie die Eigenart des betroffenen Sachbereichs, die eine stärkere Nachprüfungsmöglichkeit rechtfertigen können.[157] Dann können sogar die Feststellung und Würdigung des Tatbestandes nicht mehr der Kontrolle völlig entzogen sein. Die Nachprüfungsmöglichkeit kann ausnahmsweise auch so weit gehen, von den Zivilgerichten vorgenommene Wertungen zu ersetzen.[158]

1. Kunstfreiheit, Art. 5 Abs. 3 Satz 1 GG

In Bezug auf Handlungen, für die sich der Betroffene auf die Freiheit der Kunst (Art. 5 Abs. 3 Satz 1 GG) beruft, nimmt das Bundesverfassungsgericht eine strengere Kontrolle vor und untersucht – auf der Grundlage der konkreten Umstände des vorliegenden Sachverhalts – die Auslegung des einfachen Rechts auch in ihren Einzelheiten auf ihre Vereinbarkeit mit der Kunstfreiheit.[159]

Erstmalig in seiner Entscheidung „*anachronistischer Zug*“[160] – Gegenstand des Verfahrens war die Frage, ob eine Verurteilung wegen Beleidigung im Rahmen eines politischen Straßentheaters vor der Kunstfreiheitsgarantie des Art. 5 Abs. 3 Satz 1 GG Bestand hat – hat sich das Bundesverfassungsgericht in einer „je-desto-

154 BVerfGE 85, 248 (258) m.w.N.

155 BVerfGE 18, 85 (92 f.).

156 BVerfGE 18, 85 (93).

157 Vgl. BVerfGE 67, 213 (223); 76, 1 (51 f.); 81, 278 (289 f.).

158 Vgl. zu Vorstehendem *Voßkuhle*, in: von Mangoldt/Klein/Starck, GG, 7. Aufl. 2018, Art. 93 Rn. 62 m.w.N.

159 Vgl. BVerfGE 67, 213 (222 f.); 75, 369 (376); 81, 278 (289 f.); 83, 130 (145 f.); 119, 1 (22); anders noch BVerfGE 30, 173 (188).

160 BVerfGE 67, 213 ff.

Formel“ zu einer gesteigerten Prüfungsdichte bei der Kunstfreiheit (Art. 5 Abs. 3 Satz 1 GG) im Falle einer strafrechtlichen Verurteilung geäußert und ausgeführt:

> „Die Verfassungsbeschwerde richtet sich gegen strafrechtliche Entscheidungen, welche hinsichtlich der Tatsachenfeststellung sowie der Auslegung und Anwendung des Strafrechts vom Bundesverfassungsgericht grundsätzlich nicht nachzuprüfen sind. Es hat jedoch sicherzustellen, daß die ordentlichen Gerichte die grundrechtlichen Normen und Maßstäbe beachten. Dabei hängen die Grenzen seiner Eingriffsmöglichkeit namentlich von der Intensitat der geltend gemachten Grundrechtsbeeinträchtigung ab: (...) Je nachhaltiger ferner eine Verurteilung im Ergebnis die Grundrechtssphäre des Verurteilten trifft, desto strengere Anforderungen sind an die Begründung dieses Eingriffs zu stellen und desto weiter reichen die Nachprüfungsmöglichkeiten des Bundesverfassungsgerichts (vgl. BVerfGE 42, 143 [148 f.] – DGB -).
>
> Eine strafrechtliche Verurteilung ist als Sanktion kriminellen Unrechts schon für sich allein betrachtet von größerer Intensität als eine zivilrechtliche Verurteilung zu Unterlassung, Widerruf oder Schadensersatz (BVerfGE 43, 130 [136] – politisches Flugblatt -). Bei der strafrechtlichen Sanktion einer Handlung, für welche die Garantie der Kunstfreiheit in Frage steht, kommt die Gefahr hinzu, daß die negativen Auswirkungen für die Ausübung dieser wegen ihrer besonderen Bedeutung ohne Gesetzesvorbehalt gewährleisteten Freiheit über den konkreten Fall hinausgehen. Bei dieser Sachlage kann das Bundesverfassungsgericht seine Überprüfung nicht auf die Frage beschränken, ob die angegriffenen Entscheidungen auf einer *grundsätzlich* unrichtigen Auffassung von der Bedeutung des Art. 5 Abs. 3 Satz 1 GG, insbesondere vom Umfang seines Schutzbereichs, beruhen. Ebensowenig können einzelne Auslegungsfehler außer Betracht bleiben (vgl. BVerfGE 42, 163 [169]; 43, 130 [136 f.]; 54, 129 [136]; 66, 116 [131]).“[161]

Ein nachhaltiger Eingriff in Art. 5 Abs. 3 Satz 1 GG, der zu einer intensiveren verfassungsrechtlichen Prüfung führt, liegt allerdings nicht allein bei einer strafgerichtlichen Ahndung von Verhalten vor. Ein solcher Eingriff ist vielmehr auch bei anderen Entscheidungen von Staatsorganen anzunehmen, wenn diese geeignet sind, über den konkreten Fall hinaus präventive Wirkungen zu entfalten, das heißt, wenn sie in künftigen Fällen die Bereitschaft mindern könnten, von dem betroffenen Grundrecht Gebrauch zu machen.[162] Dass sich die verfassungsgerichtliche Kontrolle verstärken kann, ist jedoch nicht nur bei (besonders) intensiven Grundrechtseingriffen der Fall, sondern richtet sich nach dem „Rang und der Bedeutung des auf dem Spiele stehenden Grundrechtsgutes und der Eigenart des betroffenen Sachbereichs“. So ist bei einzelnen Grundrechten denkbar, dass „schon einzelne Fehler bei der Auslegung des einfachen Rechts“ und der Tatsachendeutung zu einer „Fehlgewichtung des Grundrechts führen“ oder falsche

---

161 BVerfGE 67, 213 (222 ff.).

162 BVerfGE 81, 278 (289 f); 83, 130 (145 f.).

Sachverhaltsfeststellungen „den Zugang zu dem grundrechtlichen Bereich von vornherein verstellen" können. Das ist nach der Rechtsprechung des Bundesverfassungsgerichts u. a. bei Art. 5 Abs. 3 Satz 1 GG der Fall.[163] In seiner Entscheidung *„Bundesflagge"* , in der das Bundesverfassungsgericht auch auf den besonderen Charakter der Kunstfreiheit als Kommunikationsgrundrecht verweist, heißt es:

> „Bei strafrechtlichen Ahndungen von Handlungen, für die der Beschwerdeführer sich auf die Freiheit der Kunst beruft, prüft das Bundesverfassungsgericht nicht nur, ob die inkriminierte Lebensäußerung in den Schutzbereich des Grundrechts fällt und dessen Umfang in der angegriffenen Entscheidung grundsätzlich richtig erkannt worden ist; es untersucht auch, ob das Gericht das Werk anhand der der Kunst eigenen Strukturmerkmale beurteilt (vgl. BVerfGE 30, 173 [188]), also ‚werkgerechte' Maßstäbe angelegt (BVerfGE 75, 369 [376] unter Berufung auf BGH, NJW 1983, S. 1194 [1195]), und auf dieser Grundlage die der Kunst gesetzten Schranken im einzelnen zutreffend gezogen hat (zuletzt BVerfGE 77, 240 [251]). Grund dafür ist zum einen, daß das Bundesverfassungsgericht die Grenzen seiner Eingriffsbefugnisse daran ausrichtet, mit welcher Intensität die fachgerichtliche Entscheidung die Sphäre des Beschwerdeführers trifft, zum anderen die besondere Bedeutung des betroffenen Grundrechts (vgl. BVerfGE 67, 213 [223]). Dies darf nicht dahin mißverstanden werden, bestimmte Grundfreiheiten genössen von vornherein einen höheren Rang als andere subjektive Verfassungsrechte. Entscheidend für die gesteigerte Prüfungsintensität ist vielmehr die Eigenart der in Rede stehenden Grundrechte. Ebenso wie die Meinungsäußerung lebt die künstlerische Tätigkeit von der Resonanz der Öffentlichkeit. Daß bei diesen Kommunikationsgrundrechten Kollisionen mit anderen Verfassungswerten, insbesondere den Grundrechten Dritter auftreten, liegt auf der Hand. Hier den richtigen Ausgleich der widerstreitenden Schutzgüter unter Anwendung der dafür geschaffenen Normen des einfachen Rechts zu finden, ist zwar in erster Linie Aufgabe der Fachgerichte. Die Anwendung des einfachen Rechts hat hier jedoch nicht unerhebliche Rückwirkungen auf die verfassungsrechtlich geschützten Positionen. Schon einzelne Fehler bei der Auslegung des einfachen Rechts und der Deutung der Äußerung oder des Kunstwerks können zu einer Fehlgewichtung des Grundrechts führen. Wegen der schwerwiegenden Folgen, die solche Fehler im Strafverfahren nach sich ziehen können, ist zumindest dort eine intensivere Kontrolle durch das Bundesverfassungsgericht unausweichlich (vgl. auch BVerfGE 43, 130 [137]). Dies gilt auch im Hinblick auf die nachteilige Wirkung, die eine auf das Grundsätzliche beschränkte verfassungsgerichtliche Prüfung bei den Kommunikationsgrundrechten zur Folge haben könnte. Das Verfassungsbeschwerde-Verfahren dient nicht nur dazu, den konkreten, individuellen Grundrechtseingriff zu korrigieren. Die fallübergreifende Wirkung der Verfassungsrechtsprechung hat gerade im Bereich dieser Grundrechte wegen der Öffentlichkeitsbezogenheit der geschützten Handlungen erhebliche Bedeutung (vgl. BVerfGE 42, 143 [156] – abweichende Meinung). Angesichts der einschüchternden Wirkung, die staatliche Eingriffe hier haben können, muß eine besonders wirksame verfassungsrechtliche Kontrolle Platz greifen, soll

163 *Voßkuhle*, in: von Mangoldt/Klein/Starck, Grundgesetz 7. Aufl. 2018, Art. 93 Rn. 63 m.w.N. aus der Rechtsprechung.

die Freiheit dieser Lebensäußerungen nicht in ihrer Substanz getroffen werden (vgl. BVerfGE 43, 130 [136]).

2. Meinungsfreiheit, Art. 5 Abs. 1 Satz 1 GG

Den Gedanken der intensiveren Prüfung hat das Bundesverfassungsgericht sowohl hinsichtlich strafrechtlicher Verurteilungen als auch hinsichtlich zivilgerichtlicher Entscheidungen auf das Grundrecht der Meinungsfreiheit (Art. 5 Abs. 1 Satz 1 GG) übertragen.[164] Es verlangt daher insbesondere, dass die jeweils für den Fall erheblichen Abwägungsgesichtspunkte identifiziert und ausreichend in Rechnung gestellt wurden.[165] Zu den Umständen, die im Rahmen einer kontextbezogenen Betrachtung[166] zu berücksichtigen sind, können insbesondere Inhalt, Form, Anlass und Wirkung der betreffenden Äußerung sowie Person und Anzahl der Äußernden, der Betroffenen und der Rezipienten gehören.[167] Die verfassungsgerichtliche Kontrolle geht sogar so weit, dass eine Überprüfung der Deutung der Aussage vorgenommen wird, um den objektiven Sinn einer Aussage richtig zu erfassen.[168] In diesem Bereich entfällt die Bindung an die Feststellungen der Fachgerichte hinsichtlich des Tatbestands, dessen Würdigung sowie Auslegung und Anwendung einfachen Rechts, da schon diese tatsächlichen Feststellungen der Gerichte zu einer Verletzung der Meinungsfreiheit – bzw. der Kunstfreiheit – führen können.[169]

3. Wertungsrahmen der Fachgerichte

Eine gesteigerte Prüfungsdichte bedeutet indes nicht, dass das Bundesverfassungsgericht die angegriffene Entscheidung neu und selbst treffen muss und insbesondere auch nicht, dass es die gebotene Grundrechtsabwägung selbst vorzunehmen hat. Je nachhaltiger im Ergebnis die Grundrechtssphäre betroffen ist, desto strengere Anforderungen sind jedoch an die Begründung des Grund-

---

164 BVerfGE 86, 1 (10) m.w.N.; *Schlaich/Korioth*, in: Schlaich/Korioth, Das Bundesverfassungsgericht, 12. Aufl. 2021, Rn. 308.

165 BVerfG, Beschl. v. 15. September 2008 – 1 BvR 1565/05 –, juris, Rn. 14; Beschl. v. 19. August 2020 – 1 BvR 2249/19 –, juris, Rn. 21.

166 Siehe dazu BVerfG, Beschl. v. 28. November 2011 – 1 BvR 917/09 –, juris, Rn. 25.

167 BVerfG, Beschl. v. 19. Mai 2020 – 1 BvR 1094/19 –, juris, Rn. 21 ff.

168 BVerfGE 93, 266 (295).

169 BVerfGE 43, 130 (137); 82, 43 (50); vgl. auch BVerfG, Beschl. v. 28. März 2017 – 1 BvR 1384/16 –, juris, Rn. 17.

rechtseingriffs zu stellen und desto weiter reichen die Nachprüfungsmöglichkeiten des Bundesverfassungsgerichts. Die verfassungsrechtliche Abwägung obliegt dagegen primär den Fachgerichten; diese ist auch nicht vorgegeben. In der Konsequenz daraus steht den Fachgerichten selbst bei einer intensiveren verfassungsrechtlichen Prüfung ein Wertungsrahmen in Bezug auf die im Einzelfall gebotene Abwägung zwischen den kollidierenden Grundrechtspositionen im Rahmen der Anwendung des einfachen Rechts zu,[170] der insbesondere in der Kammerrechtsprechung zur Meinungsfreiheit (Art. 5 Abs. 1 Satz 1 GG) immer wieder hervorgehoben wird.[171] Die Anerkennung eines verfassungsgerichtlich nicht überprüfbaren Spielraums der Gerichte bei der Interpretation des Grundrechts selbst ist damit gerade nicht verbunden.[172]

Entscheidungen, die das Verbot einer satirischen Darstellung oder Äußerung oder die Verurteilung wegen einer solchen Darstellung oder Äußerung zum Gegenstand haben, werden daher in aller Regel einer intensiveren verfassungsgerichtlichen Prüfung unterliegen. Hat das Fachgericht die Satire zutreffend als Kunst im Sinne des Art. 5 Abs. 3 Satz 1 GG oder als Meinungsäußerung im Sinne von Art. 5 Abs. 1 Satz 1 GG bewertet, die zweigliedrige Prüfungsmethode zur Anwendung gebracht und die maßgeblichen Abwägungsgesichtspunkte berücksichtigt[173], verbleibt die eigentliche Abwägung der kollidierenden Grundrechtspositionen aber Aufgabe der Fachgerichte, in die das Bundesverfassungsgericht in der Regel nicht selbst eintritt.[174]

---

170 Vgl. BVerfGE 120, 180 (222): „… den ihnen bei der abwägenden Gewichtung der Fallumstände zustehenden Wertungs- und Abwägungsspielraum …"; BVerfG, Beschl. v. 19. August 2020 – 1 BvR 2249/19 –, juris, Rn. 21; siehe dazu auch *Starck/Paulus*, in: v. Mangoldt/Klein/Starck, GG, 7. Aufl. 2018, Art. 5 Abs. 3 Rn. 457.

171 Vgl. nur BVerfG, Beschl. v. 19. August 2020 – 1 BvR 2249/19 –, juris, Rn. 21: „Aufgabe des Bundesverfassungsgerichts ist es lediglich zu überprüfen, ob die Fachgerichte dabei Bedeutung und Tragweite der durch die strafrechtliche Sanktion betroffenen Meinungsfreiheit ausreichend berücksichtigt und innerhalb des ihnen zustehenden Wertungsrahmens die jeweils für den Fall erheblichen Abwägungsgesichtspunkte identifiziert und ausreichend in Rechnung gestellt haben."

172 Vgl. zu Art. 16a GG BVerfGE 76, 143 (162); 83, 216 (234); BVerfG, Beschl. v. 10. August 2000 – 2 BvR 260/98 u. a. –, juris, Rn. 4.

173 Vgl. zu den hierbei zu berücksichtigenden Umständen BVerfG, Beschl. v. 16. Oktober 2020 – 1 BvR 1024/19 –, juris, Rn. 17 (zur Meinungsfreiheit).

174 Vgl. dazu *Starck/Paulus*, in: v. Mangoldt/Klein/Starck, GG, 7. Aufl. 2018, Art. 5 Abs. 3 Rn. 457.

C. Verbale Gewalt unter dem Deckmantel der Kunstfreiheit?

„Das ist alles von der Kunstfreiheit gedeckt“ lautet der Titel eines aktuellen Liedes des deutschen Musikers *Danger Dan*, der darin die Grenzen der Kunstfreiheit thematisiert und damit auch die Debatte um die Grenzen des Zulässigen befeuert. Dabei vertritt *Danger Dan* wohl die Auffassung, die Kunstfreiheit vermittele ihm das Recht, zu provozieren, gegen Personen des rechten politischen Randes auszuteilen und die im Lied – zum Teil im Konjunktiv – formulierten Meinungen äußern zu dürfen:

> „Juristisch wär die Grauzone erreicht. Doch vor Gericht machte ich es mir wieder leicht. Zeig' mich an und ich öffne einen Sekt. Das ist alles von der Kunstfreiheit gedeckt.“

Insofern mag es auch nicht verwundern, dass *Böhmermann* den Rapper in das „ZDF Magazin Royale“ einlud, war es doch *Böhmermann*, der fünf Jahre zuvor mit dem vorgenannten satirischen Schmähgedicht für großes Aufsehen sorgte und die heftige Diskussion darüber in Gang setzte, wie weit Satire und Kunstfreiheit gehen dürfen. Ebenso wie bei *Danger Dan*[175] wurde in der öffentlichen Diskussion geltend gemacht, *Böhmermann* würde sich hinter der Kunstfreiheit verstecken, um sich „ungestraft“ alles erlauben und Beleidigungen aussprechen zu können.[176] Auch wenn dieser Einwand naheliegend erscheint, wird dadurch der grundrechtliche Schutz nach Art. 5 Abs. 3 Satz 1 GG nicht in Zweifel gezogen. Jedes künstlerische Wirken bewegt sich zunächst im Schutzbereich des Art. 5 Abs. 3 Satz 1 GG, gleich wie und wo es stattfindet.[177] Solange eine satirische Darstellung unter den Kunstbegriff von Art. 5 Abs. 3 Satz 1 GG fällt, genießt sie daher deren grundrechtlichen Schutz und nicht (allein) den der Meinungsfreiheit gemäß Art. 5 Abs. 1 Satz 1 GG.[178]

---

175 Vgl. *Voss*, Soundtrack der glorifizierten Gewalt: Danger Dan spiel mit den Grenzen der Kunstfreiheit, NZZ vom 20. April 2021, abrufbar unter https://www.nzz.ch/feuilleton/danger-dan-der-saenger-provoziert-mit-seinem-lied-die-neue-rechte-ld.1612067, zuletzt abgerufen am 1. Dezember 2021.

176 Vgl. in diesem Zusammenhang auch *Ladeur*, ZUM 2016, S. 775 (776).

177 So ausdrücklich BVerfG, Beschl. v. 30. März 2021 – 1 BvR 160/19 –, juris, Rn. 21.

178 Vgl. dazu auch bereits oben unter B.II.; siehe dazu auch *Stern/Sachs/Dietlein*, in: Stern, Staatsrecht Bd. IV/2, 1. Aufl. 2011, § 117 S. 641; siehe aber BVerfGE 77, 240 (257): „Es braucht hier nicht geklärt zu werden, ob eine Handlung, die neben der Kunst ‚vor allem‘ anderen Zwecken dient, nicht mehr in den Schutzbereich des Art. 5 Abs. 3 Satz 1 GG fiele.“; siehe dazu *Kiesel*, Die Liquidierung des Ehrenschutzes durch das BVerfG, NVwZ 1992, S. 1129 (1136 f.).

Auch in Fällen, in denen unter dem vermeintlichen Deckmantel der Kunstfreiheit gehandelt wird, erweist sich daher grundsätzlich[179] eine Grundrechtsabwägung mit anderen Gütern von Verfassungsrang als notwendig.[180] Zu fragen ist, ob die Kunstfreiheit wegen der Beeinträchtigung insbesondere von Grundrechten Dritter zurücktreten muss, wobei hier das Wesen der Satire hinreichend zu würdigen ist, aber auch die Intention des Künstlers als Abwägungskriterium herangezogen werden kann.[181] Dabei sind allerdings strenge Anforderungen an die Feststellung zu stellen, der künstlerische Anspruch sei nur vorgeschoben[182] und in Wirklichkeit sei die Kunstausübung nur von der Absicht getragen, andere Personen verbal mit satirischen Mitteln und unter dem besonderen Schutz der Kunstfreiheit angreifen und verunglimpfen zu können. In der Regel wird es nämlich an ausreichenden Erkenntnisquellen fehlen, die erkennbar den Vorwurf der wahrheitswidrig vorgeschobenen Kunstausübung tatsächlich nicht mehr in Zweifel ziehen können. Allein daraus ergibt sich zudem noch kein zwingender Vorrang des Schutzes des Allgemeinen Persönlichkeitsrechts (Art. 2 Abs. 1 in Verbindung mit Art. 1 Abs. 1 GG) gegenüber dem Recht aus Art. 5 Abs. 3 Satz 1 GG. Derjenige, der derart die Kunstfreiheit missbraucht, muss zwar ernsthaft damit rechnen, dass die vorzunehmende Abwägung zu seinen Lasten ausfällt.[183] Freilich sind auch hier alle Umstände des Einzelfalls zu würdigen, bei der die Intention des Künstlers einen wesentlichen Gesichtspunkt unter vielen darstellen kann und insbesondere auch die Schwere der Persönlichkeitsbeeinträchtigung zu berücksichtigen ist. Auch muss dem Umstand, dass Satire immer auch eine Meinungsäußerung enthält, die grundrechtlich nach Art. 5 Abs. 1 Satz 1 GG geschützt ist, Bedeutung beigemessen werden.

---

179 Eine Ausnahme besteht bei Angriffen in den durch Art. 1 Abs. 1 GG geschützten Kern menschlicher Ehre (siehe bereits oben unter B.III.2).

180 Vgl. *Oglakcioglu/Rückert*, ZUM 2015, S. 876 (881).

181 Vgl. *Oglakcioglu/Rückert*, ZUM 2015, S. 876 (881); siehe in diesem Zusammenhang auch BVerfGE 119, 1 (47).

182 Vgl. in diesem Zusammenhang auch OLG Köln, Urt. v. 28. Januar 1992 – Ss 567-569/91 –, NJW 1993, S. 1486 (1487); OLG Celle, Urt. v. 25. August 2010 – 31 Ss 30/10 –, juris, Rn. 34; LG Köln, Urt. v. 23. März 2017 – 24 S 22/16 –, juris.

183 Vgl. z. B. zu Art. 17 EMRK z. B. EGMR, Entsch. v. 20. Oktober 2015 – 25239/13 – (Dieudonné M'Bala M'Bala/Frankreich), BeckRS 2016, 17845.

D. Fazit und Ausblick

Satire als Stilmittel kann sowohl der zugespitzten Kundgabe einer Meinung dienen, als auch ein Kunstwerk charakterisieren. In beiden Fällen ist sie auf die Rezeption durch ein Publikum ausgerichtet. Im gesellschaftlichen Diskurs erfüllt Satire eine nicht zu unterschätzende Funktion: Mittels Übertreibung, Verfremdung und Verzerrung vermag Satire Kritik an bestehenden Zuständen, Geschehnissen oder Personen pointiert und drastisch zum Ausdruck zu bringen, wobei die oftmals zum Lachen reizende satirische Einkleidung der Kritik zugleich wieder die Schärfe nimmt. Indem Satire ihre eigentliche Aussage gleichsam „verkleidet", sie oftmals lediglich in der Interpretation bedürftigen Bildern zum Ausdruck bringt, kann sie auch dazu dienen, um – mehr oder weniger offen – das Verbotene oder Unsagbare auszusprechen und damit der Tabuisierung bestimmter Themen zu entgehen.[184]

Dabei genießt Satire grundrechtlichen Schutz. In der Abwägung mit anderen Grundrechtsbelangen kommt in erster Linie den Fachgerichten die Aufgabe zu, die satirische Darstellung oder Äußerung im Einzelfall als Kunst im Sinne von Art. 5 Abs. 3 Satz 1 GG oder als Meinungsäußerung im Sinne von Art. 5 Abs. 1 Satz 1 GG einzuordnen (vgl. hierzu oben unter B.II.). Die Einordnung kann in aller Regel nicht offenbleiben, da die Schranken aus Art. 5 Abs. 2 GG auf die Kunstfreiheit keine Anwendung finden.[185] Zwar können Einschränkungen der Kunstfreiheit ebenfalls zum Schutz der persönlichen Ehre gerechtfertigt sein.[186] Der Freiheit der Kunst muss gleichwohl mehr Raum verbleiben als bei Anwendung der Schranken des Art. 5 Abs. 2 GG: Der im Interesse des Persönlichkeitsschutzes erfolgende Eingriff darf nur eine sehr eng zu begrenzende Ausnahme darstellen.[187] Gerade in derartigen Fällen sollten sich die Fachgerichte daher zur Eröffnung des Schutzbereichs von Art. 5 Abs. 3 Satz 1 GG positionieren, um der Kunstfreiheit die herausragende Bedeutung beizumessen, die ihr – neben der Meinungsäußerungsfreiheit – in einem demokratischen Rechtsstaat zukommt. Denn „die Kunst ist eine Tochter der Freiheit" (*Friedrich Schiller*).

An die Bestimmung des im Einzelfall eröffneten Schutzbereichs schließt sich die werkgerechte Betrachtung der Satire an. Das Bundesverfassungsgericht hat

184 Vgl. zu der Funktion der Satire für den demokratischen Meinungsbildungsprozess: *Knieper/Tinnefeld*, DuD 2020, S. 375 (376); *Kühling*, Festschrift für Christian Kirchberg zum 70. Geburtstag am 5. September 2017, 2017, S. 111 (112 f.); *Oechsler*, NJW 2017, S. 757 (758).

185 Vgl. *von Becker*, GRUR 2004, S. 908; *Faßbender*, NJW 2019, S. 705 (707).

186 Siehe dazu *Faßbender*, NJW 2019, S. 705 (707).

187 BVerfGE 30, 173 (224) – Sondervotum *Rupp v. Brünneck*.

hierzu in seiner Rechtsprechung die in diesem Beitrag dargestellten Leitplanken aufgestellt (vgl. hierzu oben unter B.III.1). Insbesondere die zweigliedrige Prüfungsmethode dient dabei dem Ziel, dem besonderen Wesen der Satire gerecht zu werden, die mit Verfremdung, Verzerrung und Übertreibung arbeitet und daher sorgfältig auf ihren eigentlichen Aussagekern zu hinterfragen ist. Satire vermag (notwendige) Diskurse anzustoßen und als Ventil für vorhandenen Unmut zu dienen, indem die zum Teil scharfe Kritik zugleich bis zur Lächerlichkeit verfremdet wird.[188] Ein vertieftes Verständnis hierfür erlaubt es, der Satire, auch wenn sie auf den ersten Blick anstößig oder unerhört erscheinen mag, mit Gelassenheit gegenüberzutreten.

Auch der Satire sind jedoch Grenzen gesteckt. Genießt eine satirische Darstellung grundrechtlichen Schutz nicht nur nach Art. 5 Abs. 1 Satz 1 GG, sondern nach Art. 5 Abs. 3 Satz 1 GG, dann gelten – wie dargelegt – zwar erhöhte Anforderungen an ihre Einschränkung. Die Freiheit der Kunst findet ihre Schranke nur in kollidierendem Verfassungsrecht. Geht mit der Satire ein Angriff auf den Menschenwürdekern einher, muss jedoch nicht nur die Meinungs- sondern auch die Kunstfreiheit des Satirikers hinter Art. 2 Abs. 1 in Verbindung mit Art. 1 Abs. 1 GG zurücktreten (vgl. hierzu oben unter B.III.2). Eine Abwägung kann sich darüber hinaus ausnahmsweise auch bei Vorliegen von Schmähkritik als entbehrlich erweisen. Insofern gelten allerdings strenge Anforderungen an deren Feststellung, die nur in eindeutigen Ausnahmefällen erfüllt sein werden (vgl. hierzu oben unter B.III.2). Hier die „Spreu vom Weizen zu trennen“, um der grundrechtlich geschützten Freiheit des Satirikers größtmöglichen Raum zu verschaffen, ohne einem Missbrauch der Satire Tür und Tor zu öffnen und auch die gegenläufigen Grundrechte Dritter zu berücksichtigen, erfordert nicht nur Fingerspitzengefühl, sondern insbesondere ein Verständnis für das Wesen, die Funktion, aber auch die rechtlichen Bezüge von Satire. Diesen Erfordernissen werden sich sowohl die Fachgerichte als auch das Bundesverfassungsgericht insbesondere im Kontext sich verändernder Gepflogenheiten sowie neuer Medien immer wieder stellen müssen. Wenn dieser Beitrag hierzu aus verfassungsrechtlicher Sicht etwas beitragen konnte, hat er sein Ziel erreicht.

---

188 Vgl. *Oechsler*, NJW 2017, S. 757 (758).

Holger Fahl, Sophia Schaller, Maximilian Müller

§ 185 StGB im Lichte der Kammerentscheidungen vom 19. Mai 2020

Eine Handlungsanleitung zum Umgang mit den Beleidigungsdelikten

Leitentscheidungen des Bundesverfassungsgerichts

BVerfGE 7, 198 – Lüth
BVerfGE 85, 1 – Kritische Bayer-Aktionäre
BVerfGE 93, 266 – Soldaten sind Mörder

Wichtige Kammerentscheidungen

BVerfG, Beschluss der 2. Kammer des Ersten Senats vom 19. Mai 2020 – 1 BvR 2397/19 –, juris – „asoziale Justizverbrecher“
BVerfG, Beschluss der 2. Kammer des Ersten Senats vom 19. Mai 2020 – 1 BvR 2459/19 –, juris – „Rechtsamt“
BVerfG, Beschluss der 2. Kammer des Ersten Senats vom 19. Mai 2020 – 1 BvR 362/18 –, juris – „Veterinäramt“
BVerfG, Beschluss der 2. Kammer des Ersten Senats vom 19. Mai 2020 – 1 BvR 1094/19 –, juris – „rote Null“
BVerfG, Beschluss der 2. Kammer des Ersten Senats vom 19. August 2020 – 1 BvR 2249/19 –, juris – „Trulla“
BVerfG, Beschluss der 2. Kammer des Ersten Senats vom 16. Oktober 2020 – 1 BvR 1024/19 –, juris – „dämlich grinsender Familienrichter“
BVerfG, Beschluss der 2. Kammer des Ersten Senats vom 16. Oktober 2020 – 1 BvR 2805/19 –, juris – „Sprechen Sie Deutsch?“

Schrifttum (Auswahl)

Hong, Apropos Künast-Fall: Das Bundesverfassungsgericht zum Schutz vor Beleidigungen im Netz, HRRS 2020, S. 490 ff.; *Leitmeier*, Künast, „taz“ und die (neuen) Grenzen der Meinungsfreiheit, HRRS 2020, S. 391 ff.; *Steinl/Schemmel*, Der strafrechtliche Schutz von Hassrede im Internet: jüngste Reformen im Lichte des Verfassungsrechts, GA 2021, S. 86 ff.

https://doi.org/10.1515/9783110686623-009

Inhaltsübersicht

I. Einleitung

Die Beleidigung nach § 185 StGB ist Prüfungsstoff des Ersten Juristischen Staatsexamens. Sie gehört zu den häufiger vorkommenden Delikten vor dem Strafrichter des Amtsgerichts, wobei sich die verhängten Geldstrafen regelmäßig eher im unteren Bereich bewegen. Die verfassungsrechtliche Bedeutung und die Häufigkeit der die Beleidigung betreffenden Kammerentscheidungen erschließt sich erst dann, wenn man in den Blick nimmt, dass in den Streitfällen zwei zentrale, grundrechtlich geschützte Positionen aufeinanderprallen: die Meinungsfreiheit des Äußernden und das Persönlichkeitsrecht des von der Äußerung Betroffenen. Die Entscheidungen, was man in unserer Gesellschaft ungestraft sagen darf und wo die Grenze dessen überschritten ist, was man als Betroffener einer Äußerung hinnehmen muss, bestimmen über wesentliche Weichenstellungen des gesellschaftlichen Diskurses. Dies verleiht der Kammerrechtsprechung zu den Beleidigungsdelikten ihre Bedeutung.

Zahlreiche wegen Beleidigung verurteilte Beschwerdeführer rügen jedes Jahr die Verkennung der verfassungsrechtlichen Grundsätze durch die Fachgerichte. Nur wenige Verfassungsbeschwerden werden angenommen und deshalb mit einer Begründung versehen. Die meisten Verfassungsbeschwerden werden abgelehnt und bleiben nach § 93d Abs. 1 Satz 3 BVerfGG unbegründet. Dies verzerrt die öffentliche Wahrnehmung und erschwert das Ausmachen einer „Linie“ der verfassungsgerichtlichen Rechtsprechung. Bisweilen hat die nunmehr zuständige 2. Kammer des Ersten Senats aber auch abgelehnte Verfassungsbeschwerden mit einer Begründung versehen, so geschehen am 19. Mai 2020 in gleich zwei Fällen.[1]

Mit Blick auf die vorangegangenen und die bereits nach Mai 2020 ergangenen Kammerentscheidungen soll im Folgenden die „Linie“, der rote Faden der verfassungsgerichtlichen Rechtsprechung zu den Beleidigungsdelikten noch einmal aufgenommen und für die Praxis handhabbar dargestellt werden. Zunächst werden kurz der Schutzbereich der Meinungsfreiheit (II.) und die Schranken des Art. 5 Abs. 2 GG (III.) beleuchtet. Im Anschluss soll die Sinnermittlung einer Äußerung als zentraler Baustein betrachtet werden (IV.). Abschließend steht die abwägende Gewichtung von Meinungsfreiheit und Persönlichkeitsrecht mit ihren Grundsätzen, zu beachtenden Ausnahmen (V.) und einzelnen in der Kammerrechtsprechung hervorzuhebenden Gesichtspunkten im Fokus (VI.).

---

1 BVerfG, Beschlüsse der 2. Kammer des Ersten Senats vom 19. Mai 2020 – 1 BvR 2397/19 – und – 1 BvR 2459/19 –, juris. Siehe auch die beiden erfolgreichen Verfassungsbeschwerden vom gleichen Tag – 1 BvR 302/18 – und – 1 BvR 1094/19 –, juris.

II. Zum Schutzbereich des Art. 5 Abs. 1 Satz 1 GG

Die anlässlich einer strafrechtlichen Verurteilung wegen Beleidigung eingelegten Verfassungsbeschwerden rügen regelmäßig die Verletzung der Meinungsfreiheit durch die fachgerichtlichen Entscheidungen. Ausgangspunkt der Betrachtung ist somit der Schutzbereich des Art. 5 Abs. 1 Satz 1 GG, in den zunächst durch die Verurteilung wegen Beleidigung eingegriffen werden muss. Es muss sich bei der streitgegenständlichen Äußerung also um eine Meinung, ein Werturteil und nicht um eine reine Tatsachenbehauptung handeln.

Den Schutzbereich hat das Bundesverfassungsgericht in seiner „Soldaten sind Mörder"-Entscheidung wie folgt definiert:[2]

> „[Art. 5 Abs. 1 Satz 1 GG] gibt jedem das Recht, seine Meinung in Wort, Schrift und Bild frei zu äußern und zu verbreiten. Meinungen sind im Unterschied zu Tatsachenbehauptungen durch die subjektive Einstellung des sich Äußernden zum Gegenstand der Äußerung gekennzeichnet [...]. Sie enthalten sein Urteil über Sachverhalte, Ideen oder Personen. Auf diese persönliche Stellungnahme bezieht sich der Grundrechtsschutz. Er besteht deswegen unabhängig davon, ob die Äußerung rational oder emotional, begründet oder grundlos ist und ob sie von anderen für nützlich oder schädlich, wertvoll oder wertlos gehalten wird [...]. Der Schutz bezieht sich nicht nur auf den Inhalt der Äußerung, sondern auch auf ihre Form. Daß eine Aussage polemisch oder verletzend formuliert ist, entzieht sie nicht schon dem Schutzbereich des Grundrechts [...]. Geschützt ist ferner die Wahl des Ortes und der Zeit einer Äußerung."

Knüpft eine strafrechtliche Sanktionierung an eine so definierte und damit dem Schutzbereich des Art. 5 Abs. 1 Satz 1 GG unterfallende Äußerung an, greift sie in die Meinungsfreiheit des Äußernden ein. Ein derartiger Eingriff bedarf der Rechtfertigung.

III. Die Schranken des Art. 5 Abs. 2 GG

Die Meinungsfreiheit ist nicht vorbehaltlos gewährleistet. Sie findet nach Art. 5 Abs. 2 GG in den Vorschriften der allgemeinen Gesetze, den gesetzlichen Bestimmungen zum Schutze der Jugend und in dem Recht der persönlichen Ehre ihre Schranken. Die Strafnorm des § 185 StGB bildet eine solche Schranke der

2 BVerfGE 93, 266 (289 f.).

Meinungsfreiheit.[3] Bei der Anwendung dieser Strafnorm verlangt Art. 5 Abs. 1 Satz 1 GG zunächst eine der Meinungsfreiheit gerecht werdende Sinnermittlung der Äußerung.[4]

IV. Die Sinnermittlung einer Äußerung als zentraler Baustein

Dass die zutreffende Sinnerfassung einer Äußerung die Voraussetzung jeder rechtlichen Würdigung sein muss, hat das Bundesverfassungsgericht bereits in der „Soldaten sind Mörder"-Entscheidung hervorgehoben.[5] Fehlt es hieran, wird im Einzelfall eine möglicherweise zulässige Äußerung untersagt. Darüber hinausgehend kann sich die fehlerhafte Sinnerfassung allgemein nachteilig auswirken, wenn und weil Äußerungswillige selbst wegen fernliegender oder unhaltbarer Deutungen ihrer Äußerungen eine Bestrafung riskieren und unter diesen Umständen von ihrem Grundrecht nur zurückhaltend Gebrauch machen.[6]

1. Abgrenzung Meinungsäußerung / Tatsachenbehauptung

Ein erstes Fehlerpotential für die Fachgerichte besteht bereits bei der Einordnung einer Äußerung in die Kategorie der von Art. 5 Abs. 1 Satz 1 GG geschützten Meinungsäußerung in Abgrenzung zur Tatsachenbehauptung. Der Schutzgehalt des Grundrechts auf Meinungsfreiheit wird verkürzt, wenn eine Meinungsäußerung nicht dem Regime des § 185 StGB unterworfen, sondern als nicht erweislich wahre ehrverletzende Tatsachenbehauptung im Sinne des § 186 StGB behandelt wird. Bei der Frage, ob eine Äußerung ihrem Schwerpunkt nach als Meinungsäußerung oder als Tatsachenbehauptung anzusehen ist, kommt es entscheidend auf den Gesamtzusammenhang an. Die isolierte Betrachtung eines umstrittenen

---

3 Vgl. etwa BVerfGE, Beschluss der 2. Kammer des Ersten Senats vom 19. Mai 2020 – 1 BvR 2397/19 –, juris, Rn. 12. Siehe auch *Grabenwarter*, in: Dürig/Herzog/Scholz, 95. EL Juli 2021, GG Art. 5 Abs. 1, Abs. 2 Rn. 197 ff.

4 BVerfG, Beschluss der 2. Kammer des Ersten Senats vom 19. Mai 2020 – 1 BvR 2397/19 –, juris, Rn. 15.

5 BVerfGE 93, 266 (295 ff.). Siehe auch BVerfG, Beschlüsse der 2. Kammer des Ersten Senats vom 19. Mai 2020 – 1 BvR 2397/19 –, juris, Rn. 15; vom 19. August 2020 – 1 BvR 2249/19 –, juris, Rn. 14; BVerfG, Beschluss der 3. Kammer des Ersten Senats vom 29. Juni 2016 – 1 BvR 2732/15 –, juris, Rn. 12.

6 BVerfGE 43, 130 (136).

Äußerungsteils wird den Anforderungen an eine zuverlässige Sinnermittlung regelmäßig nicht gerecht.[7] Auch dürfen die tatsächlichen und die wertenden Bestandteile einer Äußerung nur getrennt werden, wenn dadurch der Sinn nicht verfälscht wird. Ist dies nicht möglich, ist im Interesse eines wirksamen Grundrechtsschutzes insgesamt von einer Meinungsäußerung auszugehen.[8] Die unzutreffende Einstufung einer Äußerung als Tatsachenbehauptung verkennt Bedeutung und Tragweite der Meinungsfreiheit und stellt eine verfassungsrechtlich relevante Verletzung dar.[9]

2. Mehrdeutigkeit der Äußerung

Weiteres Fehlerpotential ergibt sich bei der Sinnermittlung mehrdeutiger Äußerungen. Ziel jeder Deutung muss die Ermittlung des objektiven Sinns einer Äußerung sein. Maßgeblich ist daher weder die subjektive Absicht des sich Äußernden noch das subjektive Verständnis des von der Äußerung Betroffenen, sondern der Sinn, den sie nach dem Verständnis eines unvoreingenommenen und verständigen Publikums hat. Dabei ist stets vom Wortlaut der Äußerung auszugehen. Dieser legt ihren Sinn aber nicht abschließend fest. Er wird ebenso von dem sprachlichen Kontext, in dem die umstrittene Äußerung steht, und den Begleitumständen, unter denen sie fällt, bestimmt, soweit diese für die Rezipienten erkennbar waren.[10]

Fachgerichte, die den Sinn der streitbefangenen Äußerung erkennbar verfehlen und ihre rechtliche Würdigung auf diese fehlerhafte Deutung stützen, verstoßen gegen das Grundrecht der Meinungsfreiheit. Dasselbe gilt, wenn ein Gericht bei mehrdeutigen Äußerungen seiner Verurteilung eine den Straftatbestand erfüllende Deutung der Äußerung zugrunde legt, ohne vorher die anderen

---

7 BVerfGE 93, 266 (295); 54, 129 (137); 94, 1 (9).

8 BVerfGE 61, 1 (9); 90, 241 (248).

9 BVerfG, Beschluss der 2. Kammer des Ersten Senats vom 29. Juni 2016 – 1 BvR 2732/15 –, juris, Rn. 11 f.: die Bezeichnung eines Polizeibeamten als „Spanner" sei keine Tatsachenbehauptung, sondern Wertung.

10 BVerfG, Beschluss der 1. Kammer des Ersten Senats vom 12. Mai 2009 – 1 BvR 2272/04 –, juris, Rn. 31. Der Kontext ist indes nicht grenzenlos, vgl. BVerfG, Beschluss der 2. Kammer des Ersten Senats vom 19. Mai 2020 – 1 BvR 2397/19 –, juris, Rn. 40: die Erstellung und Veröffentlichung eines Beitrags auf einem Blog verliert nicht ihren beleidigenden Charakter, weil in dem Blog zu einem früheren oder späteren Zeitpunkt eine auch sachliche und nicht beleidigende Auseinandersetzung stattfindet bzw. stattgefunden hat.

möglichen, im Ergebnis straflosen Deutungsvarianten mit schlüssigen Gründen ausgeschlossen zu haben.[11]

In der Praxis der Verfassungsbeschwerden zeigt sich, dass Beschwerdeführer bei der – zur vermeintlichen Straflosigkeit führenden – Auslegung ihrer Äußerung häufig sehr kreativ werden.[12] Die Fachgerichte müssen auf entfernte, weder durch den Wortlaut noch die Umstände der Äußerung gestützte Deutungsvariationen oder abstrakte Deutungsmöglichkeiten, die in den konkreten Umständen keinerlei Anhaltspunkte finden, nicht eingehen. Lassen Formulierungen oder Umstände jedoch nachvollziehbar und kontextgerecht eine nicht ehrenrührige Deutung zu, so verstößt ein Strafurteil, das diese übergeht, gegen Art. 5 Abs. 1 Satz 1 GG.[13]

V. Abwägende Gewichtung der beeinträchtigten Rechtsgüter persönliche Ehre und Meinungsfreiheit

1. Grundsatz

Auf der zutreffenden Sinnermittlung der Äußerung aufbauend erfordert das Grundrecht der Meinungsfreiheit als Voraussetzung einer strafgerichtlichen Verurteilung wegen Beleidigung grundsätzlich eine abwägende Gewichtung der Beeinträchtigungen, die den betroffenen Rechtsgütern und Interessen, hier also der Meinungsfreiheit und der persönlichen Ehre drohen. Dieses zentrale Element ist fester Bestandteil der verfassungsgerichtlichen Rechtsprechung seit der Lüth-Entscheidung[14] und findet sich in allen Kammerentscheidungen wieder.[15]

---

11 BVerfGE 82, 43 (52); BVerfG, Beschluss der 1. Kammer des Ersten Senats vom 12. Mai 2009 – 1 BvR 2272/04 –, juris, Rn. 31. Siehe auch BVerfG, Beschluss der 3. Kammer des Ersten Senats vom 28. März 2017 – 1 BvR 1384/16 –, juris Rn. 18 (allerdings zur Volksverhetzung).

12 Beispiele: „durchgeknallt“ als neutrale bis positive Bedeutung von absonderlich oder extravagant (so etwa in dem Verfahren 1 BvR 2272/04, juris, Rn. 32); gern wird vorgetragen, eine Äußerung sei nur „neckisch“, nicht aber beleidigend zu verstehen gewesen.

13 Zur Problematik von abweichenden Bedeutungen in juristischer Fachterminologie und Umgangssprache siehe BVerfGE 7, 198 (227); 85, 1 (19).

14 BVerfGE 7, 198 (212); siehe auch BVerfGE 85, 1 (16) „kritische Bayer-Aktionäre“ und BVerfGE 93, 266 (293) „Soldaten sind Mörder“.

15 Siehe etwa BVerfG, Beschluss der 2. Kammer des Ersten Senats vom 19. Mai 2020 – 1 BvR 2397/19 –, juris, Rn. 15; Beschluss der 1. Kammer des Ersten Senats vom 12. Mai 2009 – 1 BvR 2272/04 –,

Eine Abwägung ist nur ausnahmsweise entbehrlich, wenn die streitgegenständliche Äußerung sich als Schmähung oder Schmähkritik, als Formalbeleidigung oder als Angriff auf die Menschenwürde darstellt.[16] Zwei wesentliche Probleme haben sich diesbezüglich in der Praxis der Kammerrechtsprechung herauskristallisiert: zum einen nehmen die Fachgerichte zu freigiebig an, ein seltener, keine Abwägung erfordernder Ausnahmefall liege vor. Die Ausnahmefälle insbesondere der Schmähung sind nach den Leitlinien verfassungsgerichtlicher Rechtsprechung viel seltener anzunehmen als dies die umgangssprachliche Verwendung des Begriffs vielleicht nahelegt (siehe unten 2.). Damit verstellen sich die Fachgerichte den Weg zu einer erforderlichen Abwägung, so dass die Entscheidung bereits wegen eines Abwägungsausfalls aufzuheben ist. Zum anderen erfordert die für eine strafrechtliche Sanktion durchzuführende Abwägung eine umfassende Auseinandersetzung mit den konkreten Umständen des Falles und der Situation, in der die Äußerung erfolgte (siehe unten 3.). Das Ergebnis der Abwägung ist dabei nicht vorgegeben. Das Bundesverfassungsgericht überprüft – lediglich –, ob die Fachgerichte Bedeutung und Tragweite der durch die strafrechtliche Sanktion betroffenen Meinungsfreiheit ausreichend berücksichtigt und innerhalb ihres Wertungsrahmens die jeweils für den Fall erheblichen Abwägungsgesichtspunkte identifiziert und ausreichend in Rechnung gestellt haben.[17]

2. Ausnahmen

Die Verurteilung nach § 185 StGB kann nur ausnahmsweise ohne Abwägung der den betroffenen Rechtsgütern drohenden Beeinträchtigungen erfolgen, wenn sich die angegriffene Äußerung als Schmähung oder Schmähkritik (a), Formalbeleidigung (b) oder Angriff auf die Menschenwürde (c) darstellt.[18] In diesen Aus-

---

juris, Rn. 28; Beschluss der 3. Kammer des Ersten Senats vom 29. Juni 2016 – 1 BvR 2646/15 –, juris, Rn. 12.

16 BVerfG, Beschluss der 2. Kammer des Ersten Senats vom 19. Mai 2020 – 1 BvR 2397/19 –, juris, Rn. 17 mit Verweis auf BVerfGE 82, 43 (51); 85, 1 (16); 90, 241 (248); 93, 266 (293); 99, 185 (196).

17 BVerfG, Beschluss der 2. Kammer des Ersten Senats vom 19. Mai 2020 – 1 BvR 2397/19 –, juris, Rn. 27.

18 BVerfG, Beschluss der 2. Kammer des Ersten Senats vom 19. Mai 2020 – 1 BvR 2397/19 –, juris, Rn. 17 mit Verweis auf BVerfGE 82, 43 (51); 85, 1 (16); 90, 241 (248); 93, 266 (293); 99, 185 (196). Vgl. auch BVerfG, Beschlüsse der 1. Kammer des Ersten Senats vom 25. Februar 1993 – 1 BvR 151/93 –, juris, Rn. 29 und vom 12. Mai 2009 – 1 BvR 2272/04 –, juris, Rn. 28; Beschlüsse der 3. Kammer des Ersten Senats vom 29. Juni 2016 – 1 BvR 2646/15 –, juris, Rn. 17; vom 8. Februar 2017 – 1 BvR 2973/14 –, juris, Rn. 14; sowie Beschlüsse der 2. Kammer des Ersten Senats vom 14. Juni 2019 – 1 BvR 2433/17 –, Rn. 18, juris; vom 19. Mai 2020 – 1 BvR 1094/19 –, juris, Rn. 17 ff.; vom 19. Mai 2020 – 1 BvR

nahmefällen ist davon auszugehen, dass die Beeinträchtigung der persönlichen Ehre so tiefgreifend ist, dass eine Rechtfertigung der Äußerung durch die Meinungsfreiheit als schlicht nicht denkbar erscheint. Bei der Annahme eines solchen Ausnahmefalls ist entsprechende Zurückhaltung geboten.

a) Schmähkritik

Die Annahme einer Schmähkritik seitens der Fachgerichte ist Gegenstand zahlreicher Entscheidungen des Bundesverfassungsgerichts.[19] Aufgrund seines Ausnahmecharakters hat die verfassungsgerichtliche Rechtsprechung dem Begriff einen sehr engen Zuschnitt gegeben.[20]

aa) Definition und Herleitung

Der Begriff der Schmähkritik birgt die Gefahr, sich von der umgangssprachlichen Bedeutung der „Schmähung“ verleiten zu lassen. Laut Duden bedeutet „schmähen“, jemanden „mit verächtlichen Reden beleidigen, beschimpfen, schlechtmachen“. Bei weitem nicht jedes Schlechtmachen oder Beschimpfen einer anderen Person erfüllt jedoch die restriktiv zu handhabenden Voraussetzungen einer äußerungsrechtlichen Schmähkritik. Bereits in seiner „Soldaten sind Mörder“-Entscheidung hat das Bundesverfassungsgericht betont, dass nicht jede ausfällige und überzogene Kritik zugleich eine Schmähkritik ist.[21] Regelmäßig erfordern auch krasse und überzogene Äußerungen, die eine erhebliche Beeinträchtigung der Ehre darstellen, eine Abwägung mit der Meinungsfreiheit. Um es

---

362/18 –, juris, Rn. 16 ff.; vom 19. August 2020 – 1 BvR 2249/19 –, juris, Rn. 14 ff.; vom 16. Oktober 2020 – 1 BvR 1024/19 –, juris, Rn. 14 f.; vom 16. Oktober 2020 – 1 BvR 2805/19 –, juris, Rn. 15 und vom 8. Dezember 2020 – 1 BvR 842/19 –, juris, Rn. 11.

19 Siehe etwa BVerfGE 93, 266 „Soldaten sind Mörder“; BVerfGE 82, 272 „Zwangsdemokrat“; BVerfG, Beschlüsse der 1. Kammer des Ersten Senats vom 25. Februar 1993 – 1 BvR 151/93 –, juris und vom 12. Mai 2009 – 1 BvR 2272/04 –, juris; Beschluss der 3. Kammer des Ersten Senats vom 29. Juni 2016 – 1 BvR 2646/15 –, juris; sowie Beschlüsse der 2. Kammer des Ersten Senats vom 14. Juni 2019 – 1 BvR 2433/17 –, juris; vom 19. Mai 2020 – 1 BvR 1094/19 –, juris und ebenfalls vom 19. Mai 2020 – 1 BvR 362/18 –, juris.

20 Siehe bereits BVerfGE 93, 266 (294); BVerfG, Beschluss der 3. Kammer des Ersten Senats vom 29. Juni 2016 – 1 BvR 2646/15 –, juris, Rn. 17; BVerfG, Beschluss der 2. Kammer des Ersten Senats vom 19. Mai 2020 – 1 BvR 2397/19 –, juris, Rn. 17.

21 Vgl. BVerfGE 82, 272 (283 f.); BVerfGE 93, 266 (294).

mit den Worten der 2. Kammer auszudrücken: Schmähung oder Schmähkritik ist kein bloßer Steigerungsbegriff.[22]

Von einer ehrverletzenden Äußerung, die nach ihren konkreten Umständen den Tatbestand des § 185 StGB erfüllen kann, unterscheidet die Schmähung elementar ihr mangelnder Sachbezug.[23] Nur sofern eine Äußerung „keinen irgendwie nachvollziehbaren Bezug mehr zu einer sachlichen Auseinandersetzung hat" und es allein um die grundlose Diffamierung der betroffenen Person geht, kann es sich um eine Schmähkritik im verfassungsrechtlichen Sinne handeln.[24]

Ist es für die Abgrenzung von Beleidigung und Schmähkritik folglich bedeutsam, ob bei der Äußerung noch ein Bezug zu einer sachlichen Auseinandersetzung vorliegt, sind stets der Kontext der Äußerung sowie die Umstände, unter denen sie erfolgt ist, in den Blick zu nehmen.[25] Die isolierte Betrachtung eines – wenn auch besonders abwertenden – Schimpfwortes genügt den verfassungsrechtlichen Anforderungen nicht.[26] Das Fachgericht muss sich vielmehr die Frage stellen, ob es dem Äußernden – allein – darum geht, die betroffene Person unmittelbar und persönlich herabzusetzten, oder ob im konkreten Fall noch der – möglicherweise auch nur schwach ausgeprägte – Bezug zu einer sachlichen Kritik enthalten ist.[27]

Bei der Bewertung, ob im konkreten Fall noch ein die Einordnung als Schmähkritik ausschließender Sachbezug zu erkennen ist, scheint die Kammerrechtsprechung bisweilen durchaus großzügig.[28] Vor dem Hintergrund der herausragenden Bedeutung der Meinungsfreiheit sowie dem mit der Einordnung als Schmähung verbundenen Komplettausfall der Abwägung der beeinträchtigten Rechtsgüter ist es jedoch erklärlich, dass das Vorhandensein eines, wenngleich

---

22 BVerfG, Beschluss der 2. Kammer des Ersten Senats vom 19. Mai 2020 – 1 BvR 2397 –, juris, Rn. 18.

23 So bereits BVerfGE 82, 272 (283 f.); BVerfGE 93, 266 (294).

24 BVerfG, Beschluss der 2. Kammer des Ersten Senats vom 19. Mai 2020 – 1 BvR 2397 –, juris, Rn. 19.

25 Vgl. BVerfGE 93, 266 (303); BVerfG, Beschluss der 2. Kammer des Ersten Senats vom 14. Juni 2019 – 1 BvR 2433/17 –, Rn. 18; Beschluss der 2. Kammer des Ersten Senats vom 19. Mai 2020 – 1 BvR 2397/19 –, Rn. 18, juris.

26 Anders bei der Formalbeleidigung, da es hier die Begrifflichkeit an sich ist, die unabhängig vom Kontext und einem etwaigen Sachbezug als derart ehrverletzend zu qualifizieren ist, dass eine Rechtfertigung durch die Meinungsfreiheit ausscheidet, siehe hierzu unten V.2.b.

27 Entscheidend für die Beantwortung ist, dass der Sinn der Äußerung entsprechend den verfassungsrechtlichen Anforderungen ermittelt wurde (vgl. hierzu oben IV.). Verschließt sich das Gericht einer bestimmten Deutung der Aussage, so bleibt unter Umständen auch der noch bestehende Sachbezug unberücksichtigt.

28 Dies kritisiert *Leitmeier*, HRRS 2020, 391 (395).

schwachen Sachbezuges dazu führt, die Schmähkritik auszuschließen. Gerade Äußerungen, die die Öffentlichkeit wesentlich berührende Fragen betreffen, lassen häufig einen Sachbezug erkennen.[29] Der Anwendungsbereich der Schmähkritik beschränkte sich daher klassisch auf die sog. Privatfehde,[30] also interne, private Auseinandersetzungen ohne große Reichweite und Öffentlichkeitswirkung. Unter den Bedingungen der modernen Kommunikation mittels Internet und Social Media kann eine Privatfehde indes rasch eine äußerungsrechtlich erhebliche Dimension annehmen.

bb) Schmähungen in elektronischen Medien

Während früher öffentliche Diskussionen im Wesentlichen auf Presse, Rundfunk und Versammlungen beschränkt waren, bieten heute Internetblogs, Kommentarspalten unter Online-Artikeln und insbesondere „soziale Medien“ wie Facebook, Twitter und Co eine nie dagewesene Möglichkeit, sich gegenüber einer Vielzahl von Menschen Gehör zu verschaffen und damit ehrverletzende Äußerungen zu verbreiten. Hinzu kommt, dass bei der Äußerung im Netz die eigene Identität nicht zwingend preisgegeben werden muss und dass es an einer direkten Konfrontation mit der betroffenen Person mangelt. Diese Kombination scheint die Schwelle des Sagbaren herabzusetzten. Hetze und Hasskommentare (Hate Speech) im Internet gehören mittlerweile zur Tagesordnung. Diese Entwicklung nimmt die Kammerrechtsprechung auf, wenn sie wie folgt ausführt:

> „Erfolgen solche allein auf die persönliche Kränkung zielenden Äußerungen unter den Kommunikationsbedingungen des Internets, sind sie aber nicht selten auch von Privatfehden losgelöst. Sie können persönlich nicht bekannte Personen, auch des öffentlichen Lebens, betreffen, die im Schutz der Anonymität des Internets ohne jeden nachvollziehbaren Bezug zu einer Sachkritik grundlos aus verwerflichen Motiven wie Hass- oder Wutgefühlen heraus verunglimpft und verächtlich gemacht werden.“[31]

Bemerkenswert ist in diesem Zusammenhang, dass die Kammer sowohl hinsichtlich der Schmähkritik als auch der Formalbeleidigung ausführt, dass bei

---

29 BVerfGE 7, 198 (212); 93, 266 (294); BVerfG, Beschluss der 3. Kammer des Ersten Senats vom 29. Juni 2016 – 1 BvR 2646/15 –, juris Rn. 17.

30 Vgl. BVerfGE 93, 266 (294); so bspw. auch BVerfG, Beschluss der 1. Kammer des Ersten Senats vom 17. September 2012 – 1 BvR 2979/10 –, juris, Rn. 30; Beschluss der 2. Kammer des Ersten Senats vom 19. Februar 2019 – 1 BvR 1954/17 –, juris, Rn. 11.

31 BVerfG, Beschluss der 2. Kammer des Ersten Senats vom 19. Mai 2020 – 1 BvR 2397/19 –, juris Rn. 19.

Vorliegen dieser Rechtsfiguren eine Interessenabwägung „im Regelfall"[32] unterbleiben könne. Es scheint damit nicht gänzlich ausgeschlossen, dass in Ausnahmefällen der Ausnahmefälle doch abzuwägen sein könnte.[33]

cc) Beispiele aus der Kammerrechtsprechung

Während der Schriftzug „FCK BFE" (BFE ist die Abkürzung der Beweissicherungs- und Festnahmeeinheit) eine die Interessenabwägung entbehrlich machende Schmähung (oder auch Formalbeleidigung) gegenüber der konkret in Bezug genommenen und persönlich mit diesem Schriftzug konfrontierten Polizeieinheit darstellt,[34] hat die Kammer dies für die Bezeichnung von Richtern als „asoziale Justizverbrecher", „Provinzverbrecher" und „Kindesentfremder", die Rechtsbeugung begingen und Drahtzieher einer Vertuschung von Verbrechen im Amt seien, verneint. Die Äußerung stelle eine Auseinandersetzung mit Entscheidungen des fraglichen Gerichts dar und erschöpfte sich damit nicht in einer bloßen Diffamierung der Amtsträger.[35]

Einen Sachbezug sah die Kammer auch bei der Bezeichnung des ehemaligen Finanzministers des Landes Nordrhein-Westfalen als „rote Null" gegeben. Die Äußerung stellte eine Reaktion auf ein Rundschreiben des Ministers dar und war in einem Schreiben an die Finanzverwaltung erfolgt. In seinem Schreiben setzte sich der Beschwerdeführer unter anderem kritisch mit dem Steuerfestsetzungsverfahren auseinander.[36]

Entsprechend verhält es sich, wenn im Rahmen einer Dienstaufsichtsbeschwerde, bei der es darum geht, das dienstliche Verhalten und die Verfahrensführung eines Richters zu beanstanden, ausgeführt wird, der Richter habe „dämlich gegrinst" als er dem Kindesvater erläutert habe, dass dieser im vorliegenden familiengerichtlichen Verfahren unterliegen werde.[37]

---

32 BVerfG, Beschluss der 2. Kammer des Ersten Senats vom 19. Mai 2020 – 1 BvR 2397/19 –, juris Rn. 21.

33 So auch *Hong*, HRRS 2020, S. 490 (492).

34 BVerfG, Beschluss der 2. Kammer des Ersten Senats vom 8. Dezember 2020 – 1 BvR 842/19 –, juris Rn. 11. Siehe zu dieser Entscheidung auch unten VI.2.c.

35 Nichtsdestotrotz kamen die Fachgerichte im Rahmen ihrer durch das Bundesverfassungsgericht nicht beanstandeten Abwägung zu einem Überwiegen des Ehrschutzes (BVerfG, Beschluss der 2. Kammer des Ersten Senats vom 19. Mai 2020 – 1 BvR 2397/19 –, juris, Rn. 5, 39 ff.) und damit im Ergebnis zu einer Strafbarkeit gemäß § 185 StGB.

36 BVerfG, Beschluss der 2. Kammer des Ersten Senats vom 19. Mai 2020 – 1 BvR 1094/19 –, juris, Rn. 30 f.

37 BVerfG, Beschluss der 2. Kammer des Erstens Senats vom 16. Oktober 2020 – 1 BvR 1024/19 –, juris, Rn. 27. Das Fachgericht war hier sogar von einer Formalbeleidigung ausgegangen.

Bei genauerer Betrachtung der Kammerrechtsprechung ist auffällig, dass es vielfach die mangelnde Begründung durch die Fachgerichte ist,[38] die das Bundesverfassungsgericht zu einem Aufheben der Entscheidungen veranlasst. So bemängelte die Kammer etwa, dass sich das Fachgericht bei der Verurteilung des Beschwerdeführers, der einen Mitarbeiter des Veterinäramtes gegenüber dessen Vorgesetzten als „offenbar persönlich bösartig, hinterhältig, amtsmissbräuchlich und insgesamt asozial" bezeichnet hatte, auf die Schmähkritik stützte, ohne dass es dargelegt hätte oder sonst ersichtlich gewesen sei, dass es dem Beschwerdeführer allein um die Diffamierung des Betroffenen gegangen wäre.[39] Auch bei der Verurteilung eines Sicherungsverwahrten nach § 185 StGB, weil dieser eine Sozialarbeiterin der Justizvollzugsanstalt als „Trulla" bezeichnet hatte, mangelte es an tatgerichtlichen Feststellungen, die eine Einordnung als Schmähung hätten tragen können.[40] Die an einen Polizeibeamten gerichtete Frage, ob er der deutschen Sprache mächtig sei, hatten die Fachgerichte „aufgrund ihrer Form" als Beleidigung eingeordnet, ohne eine Herabsetzung des Beamten näher zu begründen.[41] Anlass der Äußerung war eine vom Beschwerdeführer kritisierte, aus seiner Sicht schleppende Abfertigung bei der Einreise am Flughafen, was noch deutlich für einen Sachbezug und damit gegen eine Schmähung sprach.

b) Formalbeleidigung

An strenge Anforderungen geknüpft ist auch der Ausnahmefall der Formalbeleidigung. Als solcher wurde sie in der verfassungsgerichtlichen Rechtsprechung nicht immer klar von der Schmähkritik abgegrenzt und mitunter auch als deren Unterfall behandelt.[42]

---

38 Zum Begründungserfordernis siehe unten VI.1.a.

39 BVerfG, Beschluss der 2. Kammer des Ersten Senats vom 19. Mai 2020 – 1 BvR 362/18 –, juris, Rn. 30.

40 Gerade in der konkreten Situation – wegen Computerproblemen stand dem Sicherungsverwahrten sein monatliches Taschengeld noch nicht zur Verfügung und er fürchtete keine Einkäufe tätigen zu können – lag ein sachlicher Bezug der Äußerung nahe, vgl. BVerfG, Beschluss der 2. Kammer des Ersten Senats vom 19. August 2020 – 1 BvR 2249/19 –, juris, Rn. 25.

41 BVerfG, Beschluss der 2. Kammer des Ersten Senats vom 16. Oktober 2020 – 1 BvR 2805/19 –, juris, Rn. 20.

42 Vgl. BVerfGE 93, 266 (294); siehe auch BVerfG, Beschlüsse der 1. Kammer des Ersten Senats vom 5. Dezember 2008 – 1 BvR 1318/07 –, juris, Rn. 16; vom 12. Mai 2009 – 1 BvR 2272/04 –, juris, Rn. 35; Beschlüsse der 2. Kammer des Ersten Senats vom 19. Februar 2019 – 1 BvR 1954/17 –, juris, Rn. 11; vom 19. Mai 2020 – 1 BvR 2397/19 –, juris, Rn. 21.

aa) Definition und Herleitung

Schmähkritik und Formalbeleidigung haben gemein, dass „die inhaltliche Auseinandersetzung und Stellungnahme gänzlich in den Hintergrund tritt und das Mittel der Sprache mit Vorbedacht nur noch dazu eingesetzt wird, Personen zu verletzen und in den Augen anderer herabzusetzen".[43] Im Gegensatz zur Schmähkritik kann jedoch bei der Formalbeleidigung bereits die isolierte Betrachtung des einzelnen Begriffs genügen.[44] Aus der neueren Kammerrechtsprechung ergibt sich eine klare Trennung zwischen den beiden Ausnahmenkonstellationen.

Nicht der fehlende Sachbezug, sondern die „kontextunabhängig gesellschaftlich absolut missbilligte und tabuisierte Begrifflichkeit und damit die spezifische Form dieser Äußerung"[45] machen eine Formalbeleidigung aus. Gemeint ist der kleine Kreis besonders krasser Schimpfwörter – insbesondere aus der Fäkalsprache –, die in jedem denkbaren Sachzusammenhang als bloße Herabsetzung der betroffenen Person erscheinen.[46]

bb) Beispiele aus der Kammerrechtsprechung

Die Fälle, in denen das Bundesverfassungsgericht das Vorliegen einer Formalbeleidigung bejaht hat, sind ebenfalls selten. In der jüngeren Rechtsprechung

---

43 BVerfG, Beschluss der 2. Kammer des Ersten Senats vom 8. Dezember 2020 – 1 BvR 842/19 –, juris, Rn. 11.

44 Vgl. auch BVerfG, Beschluss der 2. Kammer des Ersten Senats vom 19. Mai 2020 – 1 BvR 2397/19 –, juris, Rn. 18. Nichtsdestotrotz kann es in bestimmten Fällen unschädlich sein, wenn die Fachgerichte nicht zwischen den Rechtsfiguren der Schmähkritik und der Formalbeleidigung differenzieren, vgl. BVerfG, Beschluss der 2. Kammer des Ersten Senats vom 8. Dezember 2020 – 1 BvR 842/19 –, juris, Rn. 11.

45 BVerfG, Beschluss der 2. Kammer des Ersten Senats vom 19. Mai 2020 – 1 BvR 2397/19 –, juris, Rn. 21.

46 Vgl. auch BVerfG, Beschluss der 1. Kammer des Ersten Senats vom 5. Dezember 2008 – 1 BvR 1318/07 –, Rn. 16, juris. Insbesondere – so die Kammer – ist dieser Begriff nicht gleichzusetzten mit Beleidigungen im Sinne des § 192 StGB, die mitunter auch als „Form-" oder „Formal-"beleidigung bezeichnet werden. Denn eine Verurteilung nach dieser Norm kann in der Regel nicht ohne vorherige Interessenabwägung erfolgen. § 192 StGB macht eine Ausnahme davon, dass die Verbreitung wahrer – wenn auch ehrenrühriger – Tatsachen nach den §§ 185 ff. StGB grundsätzlich straflos bleibt. Diese Ausnahme gilt dann, wenn sich allein aus der Form oder den Umständen der Äußerung eine selbstständige, durch die wahren Tatsachen nicht mehr gedeckte beleidigende Wertung zum Ausdruck kommt. Vgl. *Eisele/Schittenhelm*, in: Schönke/Schröder, 30. Aufl. 2019, StGB § 192 Rn. 1; *Regge/Pegel*, in: MüKoStGB, 3. Aufl. 2017, StGB § 192 Rn. 1. Siehe auch BVerfG, Beschluss der 2. Kammer des Ersten Senats vom 19. Mai 2020 – 1 BvR 2397/19 –, juris, Rn. 21.

findet sich hier der bereits angeführte Schriftzug „FCK BFE“, der gegenüber der gemeinten Polizeieinheit demonstrativ zur Schau gestellt wurde.[47]

Demgegenüber zählen schlicht beleidigende Begriffe wie „asoziale Justizverbrecher“, „Provinzverbrecher“, „Kindesentfremder“ oder „Rechtsbeuger“ nicht zu dem kleinen Kreis absolut tabuisierter Beschimpfungen. Hier lehnt sich die Kammerrechtsprechung an die Definition der Schmähung an, wenn sie zur Begründung ausführt, dass diese Begriffe je nach Kontext durchaus verwendet werden können, eine sachliche Kritik zu äußern, und offensichtlich nicht allein der Herabsetzung dienten.[48] Gleiches gilt für die ehrverletzende Anrede als „Trulla“[49], die beleidigende Bezeichnung einer Person als „durchgeknallt“[50], als „Dummschwätzer“[51] oder als „bösartig, hinterhältig, amtsmissbräuchlich und insgesamt asozial“[52] sowie die Aussage, jemand habe ein „dämliches Grinsen“[53]. Wenig überraschend ist es daher auch, dass die Bezeichnung als „Null“[54] von der Kammer nicht kontextunabhängig als Formalbeleidigungen eingeordnet wurde.

c) Angriff auf die Menschenwürde

Die Menschenwürde setzt der Meinungsfreiheit eine absolute Grenze. Als Fundament aller Grundrechte ist sie mit keinem Einzelgrundrecht abwägungsfähig. Da aber auch Art. 5 Abs. 1 Satz 1 GG – sowie alle Grundrechte – seine Wurzeln in

---

47 Vgl. BVerfG, Beschluss der 2. Kammer des Ersten Senats vom 8. Dezember 2020 – 1 BvR 842/19 –, juris, Rn. 11. Auch wenn das Landgericht Berlin dies zunächst anders sah, handelt es sich bei der Bezeichnung einer Person als „Schlampe“, „Drecks Fotze“, oder „Drecksau“ ebenfalls um Formalbeleidigungen (vgl. zunächst LG Berlin, Beschluss vom 9. September 2019 – 27 AR 17/19 –, Rn. 35f., 43 juris; sodann LG Berlin, Beschluss vom 21. Januar 2020 – 27 AR 17/19 –, Rn. 15, juris).

48 BVerfG, Beschluss der 2. Kammer des Ersten Senats vom 19. Mai 2020 – 1 BvR 2397/19 –, juris, Rn. 37.

49 BVerfG, Beschluss der 2. Kammer des Ersten Senats vom 19. August 2020 – 1 BvR 2249/19 –, juris, Rn. 24.

50 So zwar ohne explizite Unterscheidung zwischen der Rechtsfigur der Formalbeleidigung und der Schmähung BVerfG, Beschluss der 1. Kammer des Ersten Senats vom 12. Mai 2009 – 1 BvR 2272/04 –, juris, Rn. 35f.

51 BVerfG, Beschluss der 1. Kammer des Ersten Senats vom 5. Dezember 2008 – 1 BvR 1318/07 –, juris, Rn. 17.

52 BVerfG, Beschluss der 2. Kammer des Ersten Senats vom 19. Mai 2020 – 1 BvR 362/18 –, juris, Rn. 30.

53 BVerfG, Beschluss der 2. Kammer des Ersten Senats vom 16. Oktober 2020 – 1 BvR 1024/19 –, juris, Rn. 24.

54 BVerfG, Beschluss der 2. Kammer des Ersten Senats vom 19. Mai 2020 – 1 BvR 1094/19 –, juris, Rn. 32.

Art. 1 Abs. 1 GG findet, bedarf die Annahme dieses Ausnahmefalles einer besonders sorgfältigen Begründung durch die Fachgerichte.[55] Dass die Menschenwürde lediglich berührt ist, genügt nicht. Das Fachgericht muss eine sie treffende Verletzung feststellen.[56]

Nicht jede Verletzung der Ehre eines Menschen, ist ein Angriff auf dessen Menschenwürde. Sie ist im äußerungsrechtlichen Kontext nur ausnahmsweise dann gegeben, wenn der betroffenen Person „der ihre menschliche Würde ausmachende Kern der Persönlichkeit"[57] bzw. „ihr Lebensrecht als gleichwertige Persönlichkeit in der staatlichen Gemeinschaft abgesprochen und sie als unterwertiges Wesen behandelt wird."[58] Solche Fälle sind in der Kammerrechtsprechung sehr selten anzutreffen. Einen dieser seltenen Fälle hatte das Bundesverfassungsgericht im Jahr 2020 zu entscheiden.[59] Es hat den Ausnahmefall eines Angriffs auf die Menschenwürde bejaht. Konkret ging es um die Kündigung des Beschwerdeführers wegen einer rassistischen Äußerung. Dieser hatte einen Schwarzen[60] Arbeitskollegen im Rahmen einer Auseinandersetzung im Betriebsrat mit den Worten „Ugah, Ugah" beleidigt. Die Arbeitsgerichte hatten die außerordentliche Kündigung als gerechtfertigt angesehen. Die Verfassungsbeschwerde blieb erfolglos.[61]

---

55 Vgl. BVerfGE 93, 266 (293); 107, 275 (284); BVerfGK 15, 93 (99); BVerfG, Beschluss der 1. Kammer des Ersten Senats vom 4. Februar 2010 – 1 BvR 369/04 u. a. –, juris, Rn. 29 f.; sowie BVerfG, Beschluss der 2. Kammer des Ersten Senats vom 19. Mai 2020 – 1 BvR 2397/19 –, juris, Rn. 22.

56 Vgl. BVerfG, Beschlüsse der 1. Kammer des Ersten Senats vom 5. April 2001 – 1 BvR 932/94 –, juris, Rn. 20; sowie vom 20. Februar 2009 – 1 BvR 2266/04 –, juris, Rn. 19.

57 BVerfG, Beschluss der 2. Kammer des Ersten Senats vom 19. Mai 2020 – 1 BvR 2397/19 –, juris, Rn. 22.

58 BVerfG, Beschluss der 1. Kammer des Ersten Senats vom 4. Februar 2010 – 1 BvR 369/04 –, juris, Rn. 31.

59 BVerfG, Beschluss der 3. Kammer des Ersten Senats vom 2. November 2020 – 1 BvR 2727/19 –, juris.

60 „Schwarz" oder „Schwarzsein" ist eine politische Selbstbezeichnung und wird bewusst großgeschrieben, um zu verdeutlichen, dass es sich um ein konstruiertes Zuordnungsmuster handelt, und keine reelle „Eigenschaft".

61 Die Äußerung „Ugah, Ugah" gegenüber einem Schwarzen Menschen ist eine menschenverachtende Diskriminierung, die sich auch unter Berufung auf die Meinungsfreiheit nicht rechtfertigen lässt. Denn hierdurch wird die betroffene Person nicht als Mensch, sondern als Affe und damit Tier adressiert, und ihr so „der ihre menschliche Würde ausmachende Kern der Persönlichkeit" (vgl. auch BVerfG, Beschluss der 2. Kammer des Ersten Senats vom 19. Mai 2020 – 1 BvR 2397/19 –, juris, Rn. 22) abgesprochen.

3. Die Abwägung im „Normalfall"

Dass eine Äußerung erkennbar ehrverletzend ist, macht eine Abwägung zwischen dem allgemeinen Persönlichkeitsrecht des von der Äußerung Betroffenen und der Meinungsfreiheit des Äußernden nicht obsolet. Liegt kein eng gefasster Ausnahmefall im Sinne einer Schmähung oder einer Formalbeleidigung vor, in dem eine Abwägung unterbleiben kann, hat eine einzelfallbezogene Gewichtung der Beeinträchtigungen unter Berücksichtigung aller wesentlichen Umstände[62] zu erfolgen. Die grundrechtlich angeleitete Abwägung muss an die wertungsoffenen Tatbestandsmerkmale und Strafbarkeitsvoraussetzungen des Strafgesetzbuchs, insbesondere die Begriffe der „Beleidigung" und der „Wahrnehmung berechtigter Interessen" anknüpfen.[63]

a) Tatsächliche Durchführung einer Abwägung

Das Bundesverfassungsgericht prüft, ob die Fachgerichte der Sache nach eine Abwägung im Einzelfall tatsächlich durchgeführt haben. Dass im Obersatz eine „Interessenabwägung" angekündigt wird, ohne sie im Anschluss auch durchzuführen, genügt nicht, wie sich etwa in der Entscheidung 1 BvR 362/18 vom 19. Mai 2020 zeigt. Der Beschwerdeführer war im Namen eines Tierschutzvereins an einen Abteilungsleiter des Veterinäramtes herangetreten und bezeichnete das Tätigwerden eines Mitarbeiters als „offenbar persönlich bösartig, hinterhältig, amtsmissbräuchlich und insgesamt asozial uns gegenüber". Das Amtsgericht kündigte in seiner Entscheidung eine Interessenabwägung an, stellte in der Sache aber – abstrakt – auf den eindeutigen Wortlaut der Äußerung und deren pointiert ehrkränkende Bedeutung ab. Das Landgericht ließ in seiner Entscheidung die Gelegenheit ungenutzt, eine Abwägung in der Sache nachzuholen. Mangels Auseinandersetzung mit der konkreten Situation, in der die Äußerung fiel, hob die Kammer die Verurteilung daher auf.[64]

---

62 Vgl. BVerfGE 93, 266 (293); 90, 241 (248).

63 BVerfG, Beschluss der 2. Kammer des Ersten Senats vom 19. Mai 2020 – 1 BvR 1094/19 –, Rn. 19, juris.

64 Die Kammer wies ausdrücklich darauf hin, dass mit der Aufhebung der Verurteilung keinerlei Aussage darüber verbunden sei, ob der inkriminierten Aussage im konkreten Kontext eine Strafbarkeit nach § 185 StGB zukommen oder nicht. „Es ist dem Bundesverfassungsgericht grundsätzlich verwehrt, die gebotene Abwägung selbst vorzunehmen (vgl. BVerfGK 1, 289 <292>), da sie Aufgabe der Fachgerichte ist, denen dabei ein Wertungsrahmen zukommt." BVerfG, Beschluss der 2. Kammer des Ersten Senats vom 19. Mai 2020 – 1 BvR 362/18 –, juris, Rn. 34 mit

b) Keine Ergebnisvorgabe

Dass das Ergebnis der von den Fachgerichten vorzunehmenden Abwägung aufgrund ihres Fallbezugs nicht generell und abstrakt vorwegzunehmen und zu bestimmen ist, hat das Bundesverfassungsgericht stets betont.[65] Diese Ergebnisoffenheit spiegelt sich auch in den Kammerentscheidungen wider.[66] Mit Blick auf die „Soldaten sind Mörder"-Entscheidung, in der das Bundesverfassungsgericht der Freiheit der Rede noch ein Prä eingeräumt hatte, stellt sich die Frage, ob es in der jüngeren Kammerrechtsprechung zu einem Paradigmenwechsel gekommen ist.

c) Die widerlegliche Vermutung zugunsten der freien Rede – Neuerung oder doch nur Feinjustierung?

In der Senatsentscheidung aus dem Jahr 1995 heißt es:

> „Handelt es sich bei der umstrittenen Äußerung um einen Beitrag zur öffentlichen Meinungsbildung, so spricht nach der ständigen Rechtsprechung des Bundesverfassungsgerichts eine Vermutung zugunsten der Freiheit der Rede [...]. Abweichungen davon bedürfen folglich einer Begründung, die der konstitutiven Bedeutung der Meinungsfreiheit für die Demokratie, in der die Vermutungsregel wurzelt, Rechnung trägt."[67]

Entsprechende Formulierungen fanden sich in der Folge in der Kammerrechtsprechung. Dass es sich dabei um eine widerlegliche Vermutung zugunsten der freien Rede handelte, wurde ebenfalls deutlich:

> „Doch kann diese Vermutung durch hinreichend gewichtige Gründe des Persönlichkeitsschutzes überwunden werden. Im Einzelnen kommt es auf die Einbußen an, die einerseits der Meinungsfreiheit durch ein Verbot der Äußerung, andererseits dem allgemeinen Persönlichkeitsrecht durch die Pflicht zur Duldung der Äußerung drohten."[68]

Verweis auf BVerfG, Beschluss der 3. Kammer des Ersten Senats vom 8. Februar 2017 – 1 BvR 2973/14 –, juris, Rn. 18.

65 Vgl. BVerfGE 85, 1 (16) „Kritische Bayer-Aktionäre"; BVerfGE 93, 266 (293)

66 BVerfG, Beschlüsse der 1. Kammer des Ersten Senats vom 8. April 1999 – 1 BvR 2126/93 –, juris, Rn. 31 f.; vom 12. Mai 2009 – 1 BvR 2272/04 –, juris, Rn. 28; vom 17. September 2012 – 1 BvR 2979/10 –, juris, Rn. 34; Beschluss der 2. Kammer des Ersten Senats vom 19. August 2020 – 1 BvR 2249/19 –, juris, Rn. 21.

67 BVerfGE 93, 266 (294 f.)

68 BVerfG, Beschluss der 1. Kammer des Ersten Senats vom 8. April 1999 – 1 BvR 2126/93 –, juris, Rn. 31 f.

aa) Die Kammerentscheidung 1 BvR 2397/19 vom 19. Mai 2020

In der Entscheidung 1 BvR 2397/19 vom 19. Mai 2020 umschreibt die Kammer das Verhältnis von Meinungsfreiheit und allgemeinem Persönlichkeitsrecht nunmehr wie folgt:

> „Aus dem Nichtvorliegen einer solchen – unabhängig von einer Abwägung strafbaren – Antastung der Menschenwürde, Schmähung oder Formalbeleidigung folgt noch keine Vorfestlegung dahingehend, dass das allgemeine Persönlichkeitsrecht bei der dann gebotenen Abwägungsentscheidung zurückzutreten habe. Eine solche Vorfestlegung ergibt sich auch nicht aus der Vermutung zugunsten der freien Rede. Diese Vermutung zielt insbesondere darauf, der Meinungsfreiheit dann zur Durchsetzung zu verhelfen, wenn es sich bei einer Äußerung um einen Beitrag zur öffentlichen Meinungsbildung in einer die Öffentlichkeit wesentlich berührenden Frage handelt (vgl. BVerfGE 7, 198 <208, 212>; 93, 266 <294 f.>). Sie ist Ausfluss der schlechthin konstituierenden Bedeutung der Meinungsfreiheit für eine freiheitlich-demokratische Staatsordnung, deren Lebenselement der ständige Kampf der Meinungen ist (vgl. BVerfGE 7, 198 <208>). Als solche begründet die Vermutungsregel keinen generellen Vorrang der Meinungsfreiheit gegenüber dem Persönlichkeitsschutz. Aus ihr folgt aber, dass auch dann, wenn Meinungsäußerungen die Ehre anderer beeinträchtigen und damit deren Persönlichkeitsrechte betreffen, diese nur nach Maßgabe einer Abwägung sanktioniert werden können. Dabei ist diese Abwägung offen und verlangt eine der konstitutiven Bedeutung der Meinungsfreiheit Rechnung tragende Begründung in Fällen, in denen Äußerungen im oben genannten Sinne im Wege der Abwägung hinter dem Persönlichkeitsschutz zurücktreten sollen (vgl. BVerfGE 93, 266 <295>). Darüber hinaus können sich hieraus auch für die Konfliktbewältigung im Einzelnen Vorrangregeln ergeben (vgl. etwa zur Auslegung von Äußerungen BVerfGE 93, 266 <295 f., 297 f., 303 f.>). Eine Asymmetrie zwischen den Grundrechten bei der Abwägung insgesamt ergibt sich hieraus jedoch nicht.“[69]

Aus dieser Formulierung schließt *Leitmeier*[70] auf eine Neuerung. Habe bislang die Meinungsfreiheit ein rechtliches Prä gegenüber dem Persönlichkeitsrecht gehabt, so gebe es nunmehr „keine Asymmetrie zwischen den Grundrechten bei der Abwägung“. Zwar betone die Kammer die fortdauernde Gültigkeit der Vermutung zugunsten der freien Rede. Diese schrumpfe aber auf eine Selbstverständlichkeit zusammen, namentlich, dass Einschränkungen der Meinungsfreiheit ihrer konstitutiven Bedeutung Rechnung trügen. In Grenzfällen könne sich der Äußernde nun nicht mehr auf die vormalige Vorrangregel berufen.

---

69 BVerfG, Beschluss der 2. Kammer des Ersten Senats vom 19. Mai 2020 – 1 BvR 2397/19 –, juris, Rn. 16.

70 *Leitmeier*, HRRS 2020, 391 (396).

bb) Bewertung

Auf den ersten Blick mag die Formulierung der Kammer überraschen. Bereits in der „Soldaten sind Mörder"-Entscheidung hatte aber das Bundesverfassungsgericht zwischen der Verfolgung von Eigeninteressen und einer die Öffentlichkeit wesentlich berührenden Frage unterschieden.[71]

Dementsprechend ist bei der Bewertung der Kammerentscheidung der zugrundeliegende Sachverhalt zu berücksichtigen. Dem Ausgangsverfahren lag zugrunde, dass der Beschwerdeführer in Reaktion auf ein familienrechtliches Verfahren in einem Weblog die beteiligten Richter namentlich benannt, Fotos von ihnen hinzugefügt und sie unter anderem als Rechtsbeugung begehende, Verbrechen im Amt vertuschende „asoziale Justizverbrecher" und „Kindesentfremder" bezeichnet hatte. Der verantwortliche Präsident des Oberlandesgerichts sei „rechtsradikal". Die Justiz sei asozial und parteipolitisch verseucht und leide an struktureller Korruption. Die ebenfalls mit Foto abgebildete Anwältin der Gegenseite sei eine widerwärtige und bösartige Hetzerin.

Zwar mag die Öffentlichkeit an etwaiger Korruption und Rechtsbeugung durch die Justiz interessiert sein. Angesichts der vorliegenden Äußerungen fällt es jedoch schwer, in ihnen einen über die Verfolgung von Einzelinteressen hinausgehenden Beitrag zur öffentlichen Meinungsbildung zu erkennen. Die Kammer führt folglich in Übereinstimmung mit der Senatsrechtsprechung aus, dass im vorliegenden Fall nicht der zentrale Anwendungsbereich der Vermutung zugunsten der freien Rede betroffen ist. Darüber hinaus ist festzuhalten, dass die Kammerentscheidung ausdrücklich den Fortbestand der Vermutung zugunsten der freien Rede betont. Dass es keine Asymmetrie zwischen den Grundrechten gibt, folgt zudem bereits aus der in ständiger Rechtsprechung betonten ergebnisoffenen Abwägung der widerstreitenden Interessen. Eine Ergebnisoffenheit vertrüge sich nur bedingt mit einem von vornherein einzustellenden Vorrang einer der Interessen.[72] Die spezifische Bedeutung der Meinungsfreiheit hebt die Kammer an späterer Stelle noch einmal hervor, wenn sie ausführt, dass das bei der Abwägung anzusetzende Gewicht der Meinungsfreiheit umso höher sei, je mehr die Äußerung darauf ziele, einen Beitrag zur öffentlichen Meinungsbildung zu

---

71 BVerfGE 93, 266 (295): „Dagegen fällt ins Gewicht, ob von dem Grundrecht auf Meinungsfreiheit im Rahmen einer privaten Auseinandersetzung zur Verfolgung von Eigeninteressen oder im Zusammenhang mit einer die Öffentlichkeit wesentlich berührenden Frage Gebrauch gemacht wird. Handelt es sich bei der umstrittenen Äußerung um einen Beitrag zur öffentlichen Meinungsbildung, so spricht nach der ständigen Rechtsprechung des Bundesverfassungsgerichts eine Vermutung zugunsten der Freiheit der Rede."

72 Siehe bereits BVerfG, Beschluss der 1. Kammer des Ersten Senats vom 8. April 1999 – 1 BvR 2126/93 –, juris, Rn. 31.

leisten, und umso geringer, je mehr es hiervon unabhängig lediglich um die emotionalisierende Verbreitung von Stimmungen gegen Einzelne gehe.[73]

Die Kammer lenkt den Blick der Fachgerichte darüber hinaus auf einen praktisch bedeutsamen Punkt: die Begründung. Nehmen die Fachgerichte an, dass die Meinungsfreiheit gegenüber dem Persönlichkeitsschutz zurücktritt, so müssen sie als Abwägungsergebnis eine der konstitutiven Bedeutung der Meinungsfreiheit für eine freiheitlich-demokratische Staatsordnung Rechnung tragende Begründung für diese Annahme geben können. Faktisch kommt diese Hürde, die die Fachgerichte für eine Verurteilung nach § 185 StGB überwinden müssen, einer Vermutung zugunsten der Meinungsfreiheit gleich.

Im Ergebnis stellt sich die Kammerrechtsprechung damit als Fortführung der Senatsrechtsprechung dar. Es dürfte weniger eine Neuerung darin zu sehen sein, denn eine Feinjustierung im Hinblick auf die zahlreichen Verfassungsbeschwerden aus dem Bereich des § 185 StGB und Arbeitshilfe für die Fachgerichte, um beschwerdefeste Urteile verfassen zu können.

VI. Probleme in der Praxis

Die Kammerrechtsprechung offenbart, dass es den Fachgerichten in der Praxis bisweilen schwerfällt, die an sie gestellten Anforderungen zu erfüllen. Ein wesentlicher Gesichtspunkt, dem es sich in diesem Zusammenhang zuzuwenden lohnt, ist die Frage der Einordnung des Sachverhalts unter einen Ausnahmefall (Schmähung, Formalbeleidigung) oder den Regelfall und die daran anknüpfende Notwendigkeit einer hinreichenden Begründung (siehe unten 1.). Im Anschluss sollen einzelne Aspekte der Abwägung, die die Kammer gleichsam als Hilfestellung für die Fachgerichte herausgearbeitet hat, betrachtet werden (siehe unten 2.). Insbesondere der Gesichtspunkt der Machtkritik verdient besondere Beachtung.

1. Das Begründungserfordernis

Die konstitutive Bedeutung der Meinungsfreiheit verlangt eine nachvollziehbare Begründung für den Fall, dass sich die Meinungsfreiheit einem anderen Interesse im Ergebnis unterordnen muss. Hier ergeben sich in der Kammerpraxis zahlreiche

---

73 BVerfG, Beschluss der 2. Kammer des Ersten Senats vom 19. Mai 2020 – 1 BvR 2397/19 –, juris, Rn. 29.

Probleme, denn eine fehlende hinreichende Begründung ist für sich bereits ein verfassungsrechtlich erheblicher Fehler.[74]

a) Begründung des Ausnahmefalls (Schmähung, Formalbeleidigung)

Geht ein Fachgericht davon aus, dass ein Ausnahmefall der Schmähung oder Formalbeleidigung gegeben ist, so muss es diese Ausnahme entsprechend der zuvor dargelegten Kammerrechtsprechung begründen. Der eine Abwägung entbehrlich machende und damit die Meinungsfreiheit verdrängende Effekt, der mit einer Einordnung als Schmähkritik oder Formalbeleidigung verbunden ist, gebietet es, diese Einordnung klar kenntlich zu machen und sie mit einer auf die konkreten Umstände des Falles bezogenen, gehaltvollen und verfassungsrechtlich tragfähigen Begründung zu versehen.[75]

Das Begründungserfordernis zwingt zur Selbstkontrolle. Das Fachgericht muss sich vergegenwärtigen, unter welchen – engen – Voraussetzungen eine Schmähkritik oder Formalbeleidigung vorliegt und ob im vorliegenden Fall ausnahmsweise eine solche gegeben ist, so dass eine Abwägung entbehrlich wird. Dass Zurückhaltung bei der Annahme eines Ausnahmefalls geboten ist, wurde bereits ausgeführt. Nicht ausreichend ist zudem eine Begründung, die sich in der bloßen Behauptung einer Schmähung oder Formalbeleidigung erschöpft, ohne die für diese Beurteilung maßgebenden Gründe unter Auseinandersetzung mit objektiv feststellbaren Umständen des Einzelfalls nachvollziehbar darzulegen.[76]

Folge einer fehlerhaften Annahme von Schmähung und Formalbeleidigung ist, dass die an sich gebotene Abwägung der widerstreitenden Interessen im Einzelfall unterbleibt und die fachgerichtliche Entscheidung aufzuheben ist, weil nicht ausgeschlossen werden kann, dass sie auf diesem Fehler beruht.[77]

---

74 BVerfGE 61, 1 (12); 93, 266 (294).

75 BVerfG, Beschluss der 2. Kammer des Ersten Senats vom 19. Mai 2020 – 1 BvR 2397/19 –, juris, Rn. 23 mit Verweis auf BVerfGE 61, 1 (12) und den Beschluss der 3. Kammer des Ersten Senats vom 29. Juni 2016 – 1 BvR 2646/15 –, juris, Rn. 18; siehe ebenso den Beschluss der 2. Kammer des Ersten Senats vom 16. Oktober 2020 – 1 BvR 2249/19 –, juris, Rn. 18.

76 BVerfG, Beschluss der 2. Kammer des Ersten Senats vom 19. Mai 2020 – 1 BvR 2397/19 –, juris, Rn. 23.

77 BVerfG, Beschluss der 2. Kammer des Ersten Senats vom 19. Februar 2019 – 1 BvR 1954/17 –, juris, Rn. 12; BVerfGE 93, 266 (294). BVerfGK 8, 89 (98); BVerfG, Beschluss der 3. Kammer des Ersten Senats vom 29. Juni 2016 – 1 BvR 2646/15 –, juris, Rn. 16 ff.

b) Hilfsweise Begründung

Da die Ausnahmefälle der Schmähung und der Formalbeleidigung weit weniger häufig vorliegen als gemeinhin angenommen, sind die Fachgerichte gut beraten, im Regelfall eine durch entsprechende Tatsachenfeststellungen gestützte Abwägung der betroffenen Interessen vorzunehmen und die Verurteilung zu begründen.

Die Kammer weist zwar in ihrer Rechtsprechung ausdrücklich darauf hin, dass gerade in Grenzfällen eine hilfsweise Abwägung zwischen Meinungsfreiheit und Persönlichkeitsschutz nicht ausgeschlossen sei, wenn das Fachgericht den Ausnahmefall der Schmähung oder Formalbeleidigung angenommen habe.[78] Dies führt indes zu doppeltem Begründungsaufwand, der durch entsprechende gerichtliche Feststellungen unterlegt sein muss.

c) Begründung des Regelfalls

Liegt keine eng umgrenzte Ausnahmekonstellationen vor, ist Voraussetzung einer strafrechtlichen Sanktion – wie es der Normalfall für den Ausgleich von Meinungsfreiheit und Persönlichkeitsrecht ist – eine grundrechtlich angeleitete Abwägung. Hierzu bedarf es einer Auseinandersetzung mit den konkreten Umständen des Falles und der Situation, in der die Äußerung erfolgte.[79] Aus der Kammerrechtsprechung der letzten Jahre lassen sich zahlreiche Aspekte entnehmen, die in die Abwägung eingestellt werden können (siehe unten 2.).

Die Kammer hat dabei betont, dass sie insbesondere die in ihren Entscheidungen vom 19. Mai 2020 noch einmal beispielhaft herausgearbeiteten Gesichtspunkte nicht als einen in seiner Gesamtheit abzuarbeitenden Katalog verstanden wissen möchte. Es bleibt Aufgabe der Fachgerichte, aufgrund der Umstände des Einzelfalles die jeweils abwägungsrelevanten Gesichtspunkte herauszuarbeiten und miteinander abzuwägen. Je nach den Umständen kann auch eine recht knappe Abwägung ausreichen. Maßgeblich ist aus Sicht des Bundesverfassungsgerichts „nur", dass die konkrete Situation der Äußerung erfasst und unter Berücksichtigung der auf beiden Seiten betroffenen Grundrechte

78 BVerfG, Beschluss der 2. Kammer des Ersten Senats vom 19. Mai 2020 – 1 BvR 2397/19 –, juris, Rn. 25.

79 BVerfG, Beschluss der 2. Kammer des Ersten Senats vom 19. Mai 2020 – 1 BvR 2397/19 –, juris, Rn. 26.

hinreichend gewürdigt wird.[80] Die Formulierung lässt den gewünschten Spielraum bei der Annahme von Verfahren erkennen.

Gleichwohl hat die Kammer aber – für die fachgerichtliche Praxis durchaus interessant und gewinnbringend – die infolge der Nichtbegründung abgelehnter Verfassungsbeschwerden regelmäßig nicht nach außen dringenden Gesichtspunkte ohne Anspruch auf Vollständigkeit beispielhaft aufgeführt.

2. Einzelne Aspekte der Abwägung

Für die Abwägung und Gewichtung bedeutsam ist die Frage, ob sich die streitbefangene Äußerung auf die private Person oder deren öffentliches (amtliches) Wirken bezieht (a). In diesem Zusammenhang sind die Gesichtspunkte der zulässigen Machtkritik und der vorherigen öffentlichen Wortmeldung zu berücksichtigen (b). Auch die Einordnung von Kollektivbeleidigungen ist in den Blick zu nehmen (c) ebenso wie die konkreten Umstände der Äußerung (d) und die subjektive Einsichts- und Artikulationsfähigkeit des Äußernden (e). Aus Sicht des Betroffenen ist ferner die Frage des Verbreitungsgrades der Äußerung maßgeblich (f).

a) Konkret ehrschmälernder Gehalt der Äußerung

Ausgangspunkt der Abwägung ist der konkret ehrschmälernde Gehalt der verfahrensgegenständlichen Äußerung.[81] Schon 1999 wies die Kammer darauf hin, dass die Personalisierung eines Sachanliegens in anklagender Weise auf unterschiedlichste Form und in verschiedenster Intensität zulässig sei, so dass eine Abwägung erforderlich werde. Dabei spiele eine Rolle, ob Gegenstand der Äußerung die Privatsphäre des Betroffenen oder sein öffentliches Wirken sei. Weiter sei zu untersuchen, welche Rückwirkungen auf die persönliche Integrität des Betroffenen ausgehen könnten.[82]

Diesen Gedanken aufgreifend führte die Kammer im Mai 2020 aus, dass der ehrschmälernde Gehalt einer Äußerung davon abhänge, ob und inwieweit sie

80 BVerfG, Beschluss der 2. Kammer des Ersten Senats vom 19. Mai 2020 – 1 BvR 2397/19 –, juris, Rn. 35.

81 Vgl. BVerfG, Beschluss der 2. Kammer des Ersten Senats vom 19. Mai 2020 – 1 BvR 2397/19 –, juris, Rn. 28.

82 BVerfG, Beschluss der 1. Kammer des Ersten Senats vom 8. April 1999 – 1 BvR 2126/93 –, juris, Rn. 32.

grundlegende, allen Menschen gleichermaßen zukommende Achtungsansprüche betreffe oder das jeweils unterschiedliche soziale Ansehen des Betroffenen schmälere. Auch könne in Rechnung zu stellen sein, ob eine abschätzige Äußerung die Person als ganze oder nur einzelne ihrer Tätigkeiten oder Verhaltensweisen betreffe.[83] Einschränkend gibt die Kammer zudem zu bedenken, dass es möglich bleiben müsse, bestimmte Inhalte und Wertungen überhaupt zum Ausdruck zu bringen. Mit Hilfe des Strafrechts dürfe nicht die öffentliche Kommunikation über Inhalte und Wertungen unterbunden werden.

b) Machtkritik und vorherige eigene Wortmeldung im Rahmen der öffentlichen Debatte

Die Bewertung des ehrschmälernden Gehaltes einer Äußerung spielt regelmäßig eine bedeutende Rolle bei Kritik an Amtsträgern und Politikern. Die Gesichtspunkte der Machtkritik und der vorherigen eigenen Wortmeldung des Betroffenen wirken sich auf das Maß hinzunehmender Kritik aus.

aa) Machtkritik

Nicht zuletzt aus dem besonderen Schutzbedürfnis der Machtkritik erwächst der Schutz der Meinungsfreiheit. Es muss dem Bürger möglich sein, von ihm als verantwortlich angesehene Amtsträger in anklagender und personalisierter Weise für die Art und Weise der Amts- und Machtausübung angreifen zu können, ohne befürchten zu müssen, dass die personenbezogenen Elemente seiner Äußerung aus dem Kontext gelöst und als Grundlage für eine strafrechtliche Sanktion verwendet werden.[84] Eine zentrale Weichenstellung liegt daher darin, ob die Äußerung die Privatsphäre des Betroffenen oder sein öffentliches (dienstliches oder amtliches) Tätigwerden mit seinen gesellschaftlichen Folgen betrifft und welche Rückwirkungen auf die persönliche Integrität des Betroffenen damit einhergehen.[85]

---

83 BVerfG, Beschluss der 2. Kammer des Ersten Senats vom 19. Mai 2020 – 1 BvR 2397/19 –, juris, Rn. 28.

84 BVerfG, Beschluss der 1. Kammer des Ersten Senats vom 12. Mai 2009 – 1 BvR 2272/04 –, juris, Rn. 38; Beschluss der 2. Kammer des Ersten Senats vom 19. Mai 2020 – 1 BvR 2397/19 –, juris, Rn. 30.

85 BVerfG, Beschluss der 1. Kammer des Ersten Senats vom 8. April 1999 – 1 BvR 2126/93 –, juris, Rn. 32.

bb) Vorherige eigene Wortmeldung im Rahmen der öffentlichen Debatte

Häufig gehen Fälle der Machtkritik einher mit einer allgemeinen öffentlichen Debatte. Wer sich, insbesondere als Politiker, dort zu Wort meldet, muss mit Widerrede rechnen. So kann etwa ein Unternehmensführer durchaus unabhängig und getrennt von seiner Eigenschaft als Privatperson in der öffentlichen Debatte scharf angegangen werden.[86] Hierin ist keine unzulässige Aufspaltung des Grundrechtsschutzes des Betroffenen zu sehen, denn die Reichweite des Persönlichkeitsschutzes wird eben auch von der Funktion, die eine Person ausübt, beeinflusst. Hatte sich der Betroffene zuvor aus eigenem Entschluss in den Meinungskampf begeben, ist dies bei der Abwägung zu berücksichtigen.

cc) Rechtsprechung des Europäischen Gerichtshofs für Menschenrechte

Neben der Rechtsprechung des Bundesverfassungsgerichts spielt in diesen Bereich wegen der Völkerrechtsfreundlichkeit des Grundgesetzes bei der Auslegung nationaler Grundrechte die Auslegung und die Anwendung des Art. 10 Abs. 2 EMRK durch den Europäischen Gerichtshof für Menschenrechte hinein.[87] In ständiger Rechtsprechung betont dieser, dass die Grenzen der zulässigen Kritik an Politikern weiter zu ziehen seien als bei Privatpersonen. Denn Politiker setzten sich unvermeidlich und wissentlich der eingehenden Kontrolle aller ihrer Worte und Taten durch die allgemeine Öffentlichkeit aus und müssten daher ein größeres Maß an Toleranz zeigen.[88] Zwar erlaube Art. 10 Abs. 2 EMRK den Schutz des guten Rufs auch bei Politikern, sogar wenn sie nicht in privater Eigenschaft aufträten. Doch müsse in solchen Fällen dieser Schutzzweck gegen das Interesse an einer freien Diskussion politischer Fragen abgewogen werden.[89] Art. 10 Abs. 2 EMRK sei dabei auch auf Äußerungen anwendbar, die beleidigten, schockierten oder störten.[90]

---

86 BVerfG, Beschluss der 1. Kammer des Ersten Senats vom 8. April 1999 – 1 BvR 2126/93 –, juris, Rn. 38.

87 BVerfGE 111, 307 (316 f.); 128, 326 (369).

88 EGMR, Urteil vom 8. Juli 1986 – 9815/82 –, Lingens v. Österreich, Rn. 42; Urteil vom 23. Mai 1991 – 11662/85 –, Oberschlick v. Österreich I, Rn. 59; Urteil vom 1. Juli 1997 – 20834/92 –, Oberschlick v. Österreich II, Rn. 29; Urteil vom 14. März 2013 – 26118/10 –, EON v. Frankreich, Rn. 59.

89 EGMR, Urteil vom 8. Juli 1986 – 9815/82 –, Lingens v. Österreich, Rn. 42; Urteil vom 1. Juli 1997 – 20834/92 –, Oberschlick v. Österreich II, Rn. 29.

90 EGMR, Urteil vom 21. Februar 2012 – 32131/08 – und – 41617/08 –, Tusalp v. Türkei, Rn. 48.

dd) Kammerentscheidungen

Die Kammerentscheidungen sind dieser Linie treu geblieben. So heißt es etwa in der Entscheidung vom 10. März 2016 zur Bewertung eines öffentlichen Schlagabtauschs nach vorheriger Wortmeldung:[91]

> „Zu berücksichtigen ist weiter, dass grundsätzlich auch die überspitzte Meinungsäußerung der durch Art. 5 Abs. 1 GG geschützten Selbstbestimmung unterliegt. Dabei kann insbesondere bei Vorliegen eines unmittelbar vorangegangenen Angriffs auf die Ehre eine diesem Angriff entsprechende, ähnlich wirkende Erwiderung gerechtfertigt sein. Wer im öffentlichen Meinungskampf zu einem abwertenden Urteil Anlass gegeben hat, muss eine scharfe Reaktion auch dann hinnehmen, wenn sie das persönliche Ansehen mindert."

Der Aspekt der Machtkritik war zudem Gegenstand zahlreicher jüngerer Entscheidungen:

Sie ist zentraler Baustein der Entscheidung 1 BvR 2397/19 vom 19. Mai 2020, die die Beleidigung eines Familiensenats auf einem öffentlichen Blog nebst Namensnennung und Bebilderung zu Gegenstand hatte. Die Kammer weist auf die Notwendigkeit einer zulässigen Machtkritik hin, setzt ihr aber zugleich Grenzen. Auch Personen des öffentlichen Lebens und Amtsträger, die primär der Machtkritik ausgesetzt sind und grundsätzlich auch ausgesetzt werden dürfen, seien gegen öffentliche Verächtlichmachung und Hetze zu schützen. Ein wirksamer Schutz der Persönlichkeitsrechte von Amtsträgern und Politikern liege im öffentlichen Interesse. Denn eine Bereitschaft zur Mitwirkung in Staat und Gesellschaft könne nur erwartet werden, wenn für diejenigen, die sich engagieren und öffentlich einbringen, ein hinreichender Schutz ihrer Persönlichkeitsrechte gewährleistet sei. Eine Äußerung sei daher umso weniger schutzwürdig, je mehr sie sich von einem Meinungskampf in die Öffentlichkeit wesentlich berührenden Fragen wegbewege und die Herabwürdigung der betreffenden Personen in den Vordergrund trete. Neben Art und Umständen der Äußerung sei die Position des Betroffenen relevant und ob der Betroffene öffentliche Aufmerksamkeit für sich beanspruche. Einem Bundesminister kann demnach eine schärfere Äußerung zugemutet werden als etwa einem Lokalpolitiker.[92]

Im Verfahren 1 BvR 1094/19 war der verurteilte Beschwerdeführer demgegenüber erfolgreich. Er hatte den Finanzminister eines Landes in einem Schreiben an die Finanzbehörden als „rote Null" und dilettierenden Finanzministerdarsteller bezeichnet. Dem vorangegangen war ein Rundbrief des Finanzministers im

---

91 BVerfG, Beschluss der 3. Kammer des Ersten Senats vom 10. März 2016 – 1 BvR 2844/13 –, juris, Rn. 25.

92 BVerfG, Beschluss der 2. Kammer des Ersten Senats vom 19. Mai 2020 – 1 BvR 2397/19 –, juris, Rn. 32 mit Verweis auf BVerfGE 152, 152 (199 Rn. 108).

Rahmen des einkommenssteuerrechtlichen Festsetzungsverfahrens, in dem es auszugsweise hieß: „Steuern machen keinen Spaß, aber Sinn. Die Leistungen des Staates [...] gibt es nicht zum Nulltarif". Aufgrund des sachlichen Bezuges zum Finanzverfahren schied eine Schmähkritik grundsätzlich aus. Sowohl die Bezeichnung „Null" als auch „dilettieren" sind nicht absolut tabuisiert, so dass keine Formalbeleidigung angenommen werden kann. Die Kammer ordnete die Äußerung zutreffend nicht als auf die (Privat-)Person des Finanzministers bezogen zu. Angesichts des Kontexts der Äußerung liege es nahe, die Äußerungen auf das politische und öffentlichkeitsbezogene Handeln des Betroffenen zu beziehen. Insbesondere gegenüber Amtsträgern in Regierungsfunktion sei auch harsche Fundamentalkritik zulässig.

Ebenfalls erfolgreich war der Beschwerdeführer des Verfahrens 1 BvR 362/18, der sich für einen Tierschutzverein engagierte und gegenüber einem Abteilungsleiter des Veterinäramtes im Zusammenhang mit einem Verfahren äußerte, er sehe das Verhalten eines seiner Mitarbeiter als absolut ungenügend und „mittlerweile nur noch als offenbar persönlich bösartig, hinterhältig, amtsmissbräuchlich und insgesamt asozial uns gegenüber an". Die Äußerung ist zweifellos ehrverletzend. Die Fachgerichte nahmen entgegen des erkennbaren Sachbezugs jedoch Schmähkritik an, weshalb die Entscheidung aufzuheben war. Im Rahmen der Abwägung der Fachgerichte wird der Aspekt der Machtkritik zu berücksichtigen sein, da es sich um Kritik an der Amtsausübung des betroffenen Mitarbeiters handelt.

Auch im Verfahren 1 BvR 1024/19 aus Oktober 2020 stellte Machtkritik ein zentrales Element dar. Der Beschwerdeführer war wegen Beleidigung verurteilt worden, weil er sich im Rahmen einer Dienstaufsichtsbeschwerde gegenüber dem Landgerichtspräsidenten über einen Familienrichter dahingehend geäußert hatte, dieser habe ihn im Termin süffisant angelächelt, angekündigt gegen den Beschwerdeführer zu entscheiden und auf die bestehenden Beschwerdemöglichkeiten verwiesen. Dem Beschwerdeführer sei erst später deutlich geworden, dass seine Beschwerde aufgrund der streitgegenständlichen zeitnahen Auslandsreise der Kindesmutter mit dem gemeinsamen Kind praktisch aussichtslos gewesen sei. Dies sei dem Familienrichter von Anfang an klar gewesen. Wäre es um das Kindeswohl seiner eigenen Kinder gegangen, wäre der Familienrichter sicher nicht so lax mit den Terminen umgegangen und hätte dabei nicht dämlich gegrinst, so der Beschwerdeführer. Da die Fachgerichte hier trotz der erkennbaren Kritik an der dienstlichen Tätigkeit in Form der Verfahrensführung eine Diffamierung der (Privat-) Person des Familienrichters und eine Formalbeleidigung annahmen, verstellten sie sich die Möglichkeit zur erforderlichen Abwägung. Dass bei der Abwägung die Frage der Machtkritik des aus seiner Sicht in einer zentralen

Rechtsposition (Kindeswohl) dem Familienrichter ausgelieferten Beschwerdeführers eine Rolle spielt, liegt auf der Hand.

Unmittelbare hoheitliche Befugnisse bilden ebenfalls den Angelpunkt des Verfahrens 1 BvR 2805/19, das die Kammer am 16. Oktober 2020 entschied. Der am Flughafen über die aus seiner Sicht zu schleppende Einreisekontrolle der Bundespolizei genervte Beschwerdeführer wollte Namen und Dienstnummer des verantwortlichen Beamten für eine zu erhebende Dienstaufsichtsbeschwerde haben. Es kam zu einem längeren Wortwechsel mit einem Beamten, in dessen Verlauf der Beschwerdeführer fragte, ob der Beamte der deutschen Sprache mächtig und in der Lage sei, einfachste Sachverhalte zu erfassen. Auch hier ist die – sicherlich ehrkränkende – Äußerung im Kontext der Machtkritik, konkret in Form der hoheitlichen Einreisekontrolle, zu beurteilen. Da die Fachgerichte allein auf eine vermeintlich vorliegende Diffamierung der (Privat-)Person des Beamten abstellten, verstellten sie sich wiederum die erforderliche Abwägung, die sie nach Aufhebung der Verurteilung durch die Kammer nunmehr anstellen werden.

c) Kollektivbeleidigungen

Neben Äußerungen gegenüber einzelnen Personen spielt in der Kammerrechtsprechung der Umgang mit Kollektivbeleidigungen vermittels der bekannten Zahlen- oder Buchstabencodes insbesondere gegenüber Polizeibeamten gelegentlich eine Rolle.[93] Entscheidend ist zunächst eine hinreichende Individualisierung einzelner Amtsträgerinnen und Amtsträger.

Eine herabsetzende Äußerung, die weder bestimmte Personen benennt noch erkennbar auf bestimmte Personen bezogen ist, sondern ohne individuelle Aufschlüsselung ein Kollektiv erfasst, kann unter bestimmten Umständen ein Angriff auf die persönliche Ehre der Mitglieder des Kollektivs sein. Je größer das Kollektiv ist, auf das sich die herabsetzende Äußerung bezieht, desto schwächer kann die persönliche Betroffenheit des einzelnen Mitglieds werden. Denn bei den Vorwürfen an große Kollektive geht es meist nicht um das individuelle Fehlverhalten oder individuelle Merkmale der Mitglieder, sondern um den aus der Sicht des Sprechers bestehenden Unwert des Kollektivs und seiner sozialen Funktion sowie der damit verbundenen Verhaltensanforderungen an die Mitglieder. Auf der imaginären Skala, deren eines Ende die individuelle Kränkung einer namentlich bezeichneten oder erkennbaren Einzelperson bildet, steht am anderen Ende die abwertende Äußerung über menschliche Eigenschaften schlechthin oder die

93 Zu Kollektivbeleidigungen beispielsweise gegenüber Soldaten vgl. BVerfGE 93, 266 (300 ff.).

Kritik an sozialen Einrichtungen oder Phänomenen, die jeweils nicht mehr geeignet sind, auf die persönliche Ehre des Individuums durchzuschlagen.[94]

Neben der hinreichenden Individualisierung des betroffenen Kollektivs tritt verstärkt der Gesichtspunkt, in welcher Situation die Kollektivbezeichnung gebraucht wird und ob sich der Äußernde bewusst in diese begeben hat:

So hat die Kammer eine Verurteilung einer Beschwerdeführerin wegen Beleidigung aufgehoben, die einen Anstecker mit der Buchstabenkombination „FCK CPS" getragen hatte und von einer Polizeistreife zufällig kontrolliert worden war.[95] Das Fachgericht hatte keine Feststellungen getroffen, dass sich der Anstecker auf eine hinreichend überschaubare und abgrenzbare Personengruppe bezog. Eine notwendige personalisierende Zuordnung war nicht ersichtlich. Die Begegnung zwischen der Beschwerdeführerin und der Polizei war zufällig. Die Beschwerdeführerin hatte sich nicht bewusst in eine Situation begeben, in der sie damit rechnen musste, mit einiger Sicherheit auf bestimmte Polizeibeamte zu treffen.

Noch weiter geht eine Entscheidung, die eine Beleidigung durch Zeigen der Buchstabenfolge „ACAB" oder der Zahlenfolge „1312"[96] in einem Fußballstadion gegenüber – regelmäßig zur Sicherung der Veranstaltung – anwesenden Beamten nicht als gegeben ansah.[97] Jedenfalls sei nicht ohne weiteres die Annahme einer hinreichenden Individualisierung des negativen Werturteils gegenüber den anwesenden Polizeibeamten begründet. Werde bewusst die Nähe zu Einsatzkräften der Polizei gesucht, um diese mit einer bestimmten Äußerung zu konfrontieren, könne dies ein Indiz für die Individualisierung sein.

Das maßgebliche Gesamtbild kann ferner dadurch beeinflusst werden, dass eine Äußerung im Zusammenhang mit öffentlich diskutierten Polizeieinsätzen steht. So sah die Kammer eine Verwendung des Akronyms „ACAB" in einem Stadion nicht als hinreichend an, weil die Äußerung im Zusammenhang mit der Kritik an umstrittenen Einsätzen der Polizei beim Projekt Stuttgart 21 gestanden habe.[98]

---

94 BVerfG, Beschlüsse der 3. Kammer des Ersten Senats vom 26. Februar 2015 – 1 BvR 1036/14 –, juris, Rn. 16 f.; vom 17. Mai 2016 – 1 BvR 2150/14 –, juris, Rn. 16 und vom 16. Januar 2017 – 1 BvR 1593/16 –, juris, Rn. 16.

95 BVerfG, Beschluss der 3. Kammer des Ersten Senats vom 26. Februar 2015 – 1 BvR 1036/14 –, juris.

96 Die Zahl „1312" verweist auf Buchstaben des Alphabets und somit auf das Akronym „ACAB".

97 BVerfG, Beschluss der 3. Kammer des Ersten Senats vom 16. Januar 2017 – 1 BvR 1593/16 –, juris, Rn. 17.

98 Vgl. BVerfG, Beschluss der 3. Kammer des Ersten Senats vom 17. Mai 2016 – 1 BvR 2150/14 –, juris, Rn. 18.

Anders lag es im Verfahren 1 BvR 842/19, bei dem der der linken Szene zugehörige Beschwerdeführer wegen Beleidigung verurteilt worden war, weil er vor einem Gerichtsgebäude einen Pullover mit der Aufschrift „FCK BFE“ getragen hatte. Ihm war bewusst, dass die Beweissicherungs- und Festnahmeeinheit der Polizei (BFE) zugegen sein und das Gebäude anlässlich eines Prozessauftaktes gegen einen Angehörigen der rechtsextremen Szene sichern würde. Der polizeilichen Anordnung, den Pullover auszuziehen, kam er nach, nur um dann das darunter getragene T-Shirt mit der gleichen Aufschrift darzubieten. Verhalten und Kontext der Auseinandersetzung zwischen Beschwerdeführer und Polizei lassen den Rückschluss zu, dass die Äußerung auf die konkret vor Ort befindlichen Beamten der Polizeieinheit gemünzt war.

d) Spontane Äußerung vs. Äußerung mit Vorbedacht

Bei der Bewertung einer Äußerung ist ferner zu berücksichtigen, dass nicht jedes Wort auf die Waagschale gelegt werden muss.[99] Insbesondere kann die Wortwahl im Eifer des Gefechts schriller und schärfer ausfallen. Die Kammerrechtsprechung erkennt daher durchaus eine situative und subjektive Komponente der Äußerung als abwägungsrelevant an.[100] Es macht einen Unterschied, ob eine Äußerung ad hoc in einer hitzigen Situation oder im Gegenteil mit längerem Vorbedacht gefallen ist. Der grundrechtliche Schutz der Meinungsfreiheit als unmittelbarer Ausdruck der Persönlichkeit impliziert – in den Grenzen zumutbarer Selbstbeherrschung – die rechtliche Anerkennung menschlicher Subjektivität und damit auch von Emotionalität und Erregbarkeit. Demgegenüber kann bei schriftlichen Äußerungen im Allgemeinen ein höheres Maß an Bedacht und Zurückhaltung erwartet werden. Unter Berücksichtigung der konkreten Kommunikationsumstände gilt dies auch für textliche Äußerungen in den „sozialen Netzwerken“ im Internet.

99 BVerfGE 76, 171 (192); BVerfG, Beschluss der 1. Kammer des Ersten Senats vom 29. Februar 2012 – 1 BvR 2883/11 –, juris, Rn. 16; Beschluss der 3. Kammer des Ersten Senats vom 28. September 2015 – 1 BvR 3217/14 –, juris, Rn. 16.

100 BVerfG, Beschluss der 2 Kammer des Ersten Senats vom 19. Mai 2020 – 1 BvR 2397/19 –, juris, Rn. 33.

e) Einsichts- und Artikulationsfähigkeit des Äußernden

Ein zusätzlicher subjektiv geprägter Gesichtspunkt ist die individuelle Fähigkeit, auch in besonderen Situation wie beispielsweise bei gerichtlichen oder behördlichen Verfahren, die äußerungsrechtlichen Grenzen zu erkennen und zu wahren. Diese Fähigkeit kann durch die berufliche Stellung, Bildung und persönlichen Erfahrungen des Äußernden beeinflusst werden.[101] Die Berücksichtigung subjektiver Faktoren erschöpft sich also nicht darin, die Spontaneität einer Äußerung zu berücksichtigen. Sie hat auch die allgemeinen individuellen Fähigkeiten des Äußernden einzubeziehen.

Soll die Meinungsfreiheit der persönlichen Entfaltung dienen, dann darf eine verminderte persönliche Einsichts- und Artikulationsfähigkeit nicht dazu führen, dass Äußerungen als Beitrag eines Diskurses bereits von vorneherein ausgeschlossen werden, da sie mangels Eloquenz der grundsätzlich erhöhten Gefahr der Strafbarkeit ausgesetzt sind. Eine Grenzziehung ist erforderlich, nicht zuletzt um einem Missbrauch dieses subjektiven Elements vorzubeugen. Dennoch sind im Interesse einer weitreichenden und umfassenden Teilhabe am (öffentlichen) Diskurs und an Kritik die individuellen Fähigkeiten der sich äußernden Person als ein Gesichtspunkt in Betracht zu ziehen.

Einen Beispielsfall für das Zusammenspiel der beiden vorgenannten subjektiven Elemente liefert die Entscheidung 1 BvR 2249/19.[102] Der sicherungsverwahrte Beschwerdeführer befand sich in Aufregung, weil aufgrund eines Computerproblems in der JVA sein Taschengeld nicht verbucht worden war, so dass er befürchtete, ihm werde der Einkauf privater Güter und Lebensmittel zur nächsten Einkaufsgelegenheit unmöglich sein. In der Hoffnung, eine Lösung zu finden, wandte er sich an eine Sozialarbeiterin der JVA, bei der er aus seiner Sicht mit seinem Anliegen indes nicht durchdringen konnte. In der Aufregung bezeichnete der Beschwerdeführer die Sozialarbeiterin in einem Wortschwall unter anderem als „Trulla“. Das Fachgericht hatte in seiner Abwägung die situativ bedingte emotionale Anspannung des Beschwerdeführers sowie den Umstand der ad hoc-Äußerung unberücksichtigt gelassen.

---

101 BVerfG, Beschluss der 2. Kammer des Ersten Senats vom 19. Mai 2020 – 1 BvR 2397/19 –, juris, Rn. 33.

102 BVerfG, Beschluss der 2. Kammer des Ersten Senats vom 19. August 2020 – 1 BvR 2249/19 –, juris.

f) Verbreitungsgrad der Äußerung

Für den von einer beleidigenden Äußerung Betroffenen ist regelmäßig ihr Verbreitungsgrad entscheidend. Die persönlichen Ehre wird umso schwerwiegender beeinträchtigt, je weiter die Äußerung verbreitet wurde.[103] Dabei kann das Medium der Äußerung eine maßgebliche Rolle spielen.

> „Erhält nur ein kleiner Kreis von Personen von einer ehrbeeinträchtigenden Äußerung Kenntnis oder handelt es sich um eine nicht schriftlich oder anderweitig perpetuierte Äußerung, ist die damit verbundene Beeinträchtigung der persönlichen Ehre geringfügiger und flüchtiger als im gegenteiligen Fall. Demgegenüber ist die beeinträchtigende Wirkung einer Äußerung beispielsweise gesteigert, wenn sie in wiederholender und anprangernder Weise, etwa unter Nutzung von Bildnissen der Betroffenen, oder besonders sichtbar in einem der allgemeinen Öffentlichkeit zugänglichen Medium getätigt wird. Ein solches die ehrbeeinträchtigende Wirkung einer Äußerung verstärkendes Medium kann insbesondere das Internet sein, wobei auch hier nicht allgemein auf das Medium als solches, sondern auf die konkrete Breitenwirkung abzustellen ist."[104]

Eine gesteigert verletzende Wirkung kann sich also insbesondere aus einer besonders hartnäckigen und wiederkehrenden Form der Äußerung im Internet (eigener Blog) unter Namensnennung und Bebilderung der betroffenen Person ergeben. Im Fall der „roten Null" handelte es sich demgegenüber um ein einzelnes Schreiben, das an die Finanzverwaltung, also nur an den für den Beschwerdeführer zuständigen Sachbearbeiter gerichtet war. Die Äußerung war keinem größeren Kreis von Personen zugänglich.[105] Im Fall des „dämlich grinsenden Familienrichters" fehlte es – neben der Berücksichtigung des Aspekts der Machtkritik – an der Würdigung, dass das Schreiben nur an den zuständigen Landgerichtpräsidenten im Rahmen einer Dienstaufsichtsbeschwerde gerichtet war und somit lediglich einem kleinen Kreis von Personen zugänglich wurde.[106] Demgegenüber dürfte die Verletzung als intensiver angesehen werden, wenn – wie im Fall der Leiterin des Rechtsamts[107] – die Äußerung in einem öffentlichen Verfahren fällt

103 Vgl. hierzu bereits BVerfGE 54, 208 (216 f.).

104 BVerfG, Beschluss der 2. Kammer des Ersten Senats vom 19. Mai 2020 – 1 BvR 2397/19 –, juris, Rn. 34.

105 BVerfG, Beschluss der 2. Kammer des Ersten Senats vom 19. Mai 2020 – 1 BvR 1094/19 –, juris, Rn. 36.

106 Vgl. BVerfG, Beschluss der 2. Kammer des Ersten Senats vom 16. Oktober 2020 – 1 BvR 1024/19 –, juris, Rn. 2, 26.

107 BVerfG, Beschluss der 2. Kammer des Ersten Senats vom 19. Mai 2020 – 1 BvR 2459/19 –, juris, Rn. 21.

und durch keinerlei Berufung auf den Aspekt des Kampfes um das Recht legitimiert ist.

VII. Zusammenfassung

Da in der Regel nur die stattgebenden Entscheidungen begründet werden, wirkt die Rechtsprechung der Kammer zu den Beleidigungsdelikten auf den ersten Blick deutlicher pro Meinungsfreiheit als dies tatsächlich der Fall sein dürfte. Aus den Stattgaben lässt sich ableiten, was verfassungsrechtlich wohl noch zulässig ist. Unklar bleibt jedoch häufig, wann ehrverletzende Äußerungen mit dem Persönlichkeitsrecht der Betroffenen nicht mehr in Einklang zu bringen sind. Insofern bringen gerade die begründeten Nichtannahmeentscheidungen Licht ins Dunkel.

Zwar machen die sich aus der Kammerrechtsprechung ergebenden Anforderungen an Art und Umfang der Begründung die in erster Instanz zu Verfügung stehenden 157 Minuten für eine allgemeine Strafsache vor dem Strafrichter[108] nicht auskömmlicher. Sie sind unter Berücksichtigung der entscheidenden Weichenstellungen in der Praxis aber gut beherrschbar.

Zuvorderst müssen die Fachgerichte den Sinngehalt der streitgegenständlichen Äußerung richtig erfassen. Die Unterscheidung zwischen Meinungsäußerung und Tatsachenbehauptung ist zentral. Können tatsächliche und wertende Bestandteile einer Äußerung nicht sinnerhaltend getrennt werden, ist insgesamt von einer Meinungsäußerung auszugehen.

Maßgeblich für das Verständnis einer Äußerung ist nicht die Absicht des Äußernden, sondern das Verständnis eines unvoreingenommenen Publikums. Ausgehend von ihrem Wortlaut sind der sprachliche Kontext und die Begleitumstände der Äußerung zu berücksichtigen. Ernstlich in Betracht kommende, nicht ehrenrührige Deutungsvarianten sind mit schlüssiger Begründung auszuschließen.

Der Versuchung, eine im Zusammenhang mit dem öffentlichen Wirken oder der dienstlichen Tätigkeit einer Person gefallene Äußerung direkt auf diese als Privatperson zu beziehen und als Angriff auf deren persönliche Integrität zu werten, ist zu widerstehen. Nicht jede ehrverletzende Äußerung gegenüber einem Politiker oder einem Amtsträger zielt auf dessen Person. Die persönlichen Elemente einer Äußerung dürfen gerade nicht aus ihrem Kontext herausgelöst werden, um eine Beleidigung der Person zu begründen, wenn die Äußerung ihrem Kontext nach eine pointierte, ggfs. auch überzogene Kritik an einem öffentlichen

---

108 Pebb§y 2014, Produkt RA 150.

oder dienstlichen Verhalten darstellen kann. Nicht jedes Infragestellen von Fähigkeiten (Lesen, Schreiben, etc.) spricht der oder dem Betroffenen sämtliche intellektuelle Befähigung ab und zielt allein auf eine Verächtlichmachung der (Privat-)Person.

Ebenfalls mit Zurückhaltung sollte sich die fachgerichtliche Praxis der Ausnahmekategorien Schmähung und Formalbeleidigung bedienen. Die in der Kammerrechtsprechung herausgearbeitete Definition der Schmähung lässt sich nur in wenigen Fällen schlüssig begründen. Oberflächliche oder schlagwortartige Sätze im Behauptungsstil genügen nicht den verfassungsrechtlichen Anforderungen. Und wer die hilfsweise Begründung durch eine Abwägung in Betracht zieht, sollte sich die Frage stellen, ob eine Ausnahmekonstellation wirklich vorliegt und die Zeit nicht sinnvoller auf eine ergebnisoffene Abwägung verwendet werden könnte.

Liegen weder Schmähung noch Formalbeleidigung vor, hat eine Abwägung der betroffenen Interessen stattzufinden, deren Ergebnis nicht vorgegeben ist. Die einzelnen Aspekte des konkreten Sachverhalts sind zu beleuchten und zu bewerten. Gerade die Kammerentscheidungen vom 19. Mai 2020 bieten der Rechtspraxis anschauliches Beispielsmaterial, welche Gesichtspunkte Berücksichtigung finden können.

Insbesondere beim „Kampf ums Recht“ und der „Machtkritik“ an Amtsträgern ist häufig über geschmack- und respektlose Äußerungen zu entscheiden, was die Abwägung nicht einfacher macht. In einer fachgerichtlichen Entscheidung fand sich unlängst der missmutige Passus:

> „Die Gerichte haben insoweit die Vorgaben der Rechtsprechung des Bundesverfassungsgerichts zu beachten, auch wenn diese zu einer deutlichen Einschränkung des Ehrenschutzes führt und deswegen auch massiver Kritik in der Literatur und auch mancher Fachgerichte unterliegt.“

Die Kammerrechtsprechung zeigt zum einen, dass sich das Bundesverfassungsgericht der Problematik bewusst ist und auf eine dienstliche Tätigkeit bezogene Kritik nicht grenzenlos akzeptiert. Sowohl das Interesse der Betroffenen am Ehrschutz als auch das öffentliche Interesse an der Aufrechterhaltung der Bereitschaft, in öffentlichen Ämtern und Funktionen mitzuwirken, setzt der zulässigen Kritik Grenzen.

Zum anderen sind die Fälle des „Kampfes ums Recht“ und der „Machtkritik“ im Zusammenhang mit allen Umständen eines Einzelfalls zu sehen. In die Abwägung einzustellen sind insbesondere die Begleitumstände der Äußerung. Eine mündlich und ad hoc gefallene Äußerung kann vor dem Hintergrund einer aufgeregten Situation und der beim Äußernden gegebenen Emotionalität anders zu bewerten sein als eine wohl überlegte schriftliche Äußerung. Für den Betroffenen dürfte der Verbreitungsgrad zudem eine wesentliche Rolle spielen. In welchem Umfeld wird er angesprochen? Ist das Schreiben an ihn persönlich, an bestimmte Dritte (etwa Dienstvorgesetzte) oder an eine unbestimmte Vielzahl gerichtet (Stichwort: Internetblog)? Letztlich hat für die Bewertung auch die berufliche Stellung und Bildung des Äußernden im Verhältnis zum Betroffenen eine Bedeutung.

Mit Blick auf die einzelnen Kammerentscheidungen, die sich mit ehrverletzenden Äußerungen gegenüber Politikern und Amtsträgern zu befassen hatten, ergibt sich danach ein durchaus differenziertes Bild:

Die unbegrenzte, weil im Internet stattfindende und mit Namensnennung und Bild versehene Beschimpfung als asoziale Justizverbrecher und Kindesentfremder ist bei aller persönlicher Aufregung, die in familiengerichtlichen Verfahren entsteht, nicht ungestraft hinzunehmen.[109]

Die Beleidigung einer Leiterin des städtischen Rechtsamtes anlässlich eines Verwaltungsprozesses mit ihre geistige Zurechnungsfähigkeit anzweifelnden Anfeindungen und unwahren Tatsachenbehauptungen blieb, so sah es die Kammer wie auch die Fachgerichte, ebenfalls nicht ungestraft.[110]

Wer sich als Landesfinanzminister mit einem Rundbrief an Steuerzahler richtet, muss mit Widerspruch rechnen. Die Bezeichnung als „Rote Null" erfüllt aber erkennbar nicht die Anforderungen einer Formalbeleidigung. Und die Tatsache, dass die streitgegenständliche Äußerung nicht öffentlich, sondern in einem an die Finanzverwaltung gerichteten Brief im Rahmen eines laufenden Verfahrens enthalten war, macht deutlich, dass der Sachbezug eine Schmähung ausschließt. Der – auch in anderen Verfahren immer wieder zu beobachtende – Versuch, die Äußerung unter diesen Umständen als gezielten persönlichen Angriff umzudeuten, musste scheitern. Der Kammerentscheidung ist also lediglich zu entnehmen, dass die „rote Null" weder Formalbeleidigung noch im konkreten Fall eine Schmähung ist.[111] Es bleibt abzuwarten, wie die Fachgerichte bei der erneuten Entscheidung die Abwägung durchführen.

109 BVerfG, Beschluss der 2. Kammer des Ersten Senats vom 19. Mai 2020 – 1 BvR 2397/19 –, juris – „asoziale Justizverbrecher".

110 BVerfG, Beschluss der 2. Kammer des Ersten Senats vom 19. Mai 2020 – 1 BvR 2459/19 –, juris – „Rechtsamt".

111 BVerfG, Beschluss der 2. Kammer des Ersten Senats vom 19. Mai 2020 – 1 BvR 1094/19 –, juris – „Rote Null".

Gleiches gilt für die Frage an einen Bundespolizeibeamten am Flughafen, ob er Deutsch spreche und in der Lage sei, einfachste Sachverhalte zu erfassen.[112] Die Kammerentscheidung hat zutreffend festgestellt, dass die Äußerung ehrkränkend sei. Die rechtliche Behandlung der Äußerung als Schmähung ist angesichts des bestehenden Sachbezugs vor dem Hintergrund der verfassungsgerichtlichen Rechtsprechung unzutreffend. Mitnichten hat die Kammer damit festgestellt, dass man Polizeibeamte beleidigen darf, indem man coram publico ihre intellektuellen Eigenschaften in Abrede stellt.

Auch die Bezeichnung als „Trulla" ist ehrverletzend, erfüllt aber, wenn der Sicherungsverwahrte in höchster Aufregung zu einer JVA-Bediensteten kommt und mit seinem – subjektiv sehr bedeutsamen – Anliegen nicht durchdringt, nicht die Voraussetzungen einer Schmähung. Da die Fachgerichte alles auf die Karte „Sonderkonstellation Schmähung" gesetzt und keine Abwägung vorgenommen hatten, war die Verurteilung aufzuheben.[113] Dass die Bezeichnung als „Trulla" keine Beleidigung ist, lässt sich der Entscheidung nicht entnehmen; sie ist nur eben keine Schmähung.

Ähnlich liegt es bei der Kritik an einem Mitarbeiter des Veterinäramtes.[114] Die Bezeichnung eines (dienstlichen) Verhaltens als „hinterhältig" und „asozial" mag unsachlich und gravierend ehrverletzend sein. Gegen die Auffassung der Fachgerichte, dass die Äußerung ehrkränkend sei, war nichts zu erinnern. In der Sache musste und durfte die Kammer darüber aber gar nicht entscheiden, weil die Fachgerichte fehlerhaft eine Schmähung angenommen und das Bestehen eines Sachbezuges verkannt hatten. Da die bei Nichtvorliegen eines Ausnahmefalls erforderliche Abwägung inhaltlich ausgeblieben war, war die Entscheidung aufzuheben. Aus der Kammerentscheidung lässt sich allein ableiten, dass bei Vorliegen eines Sachbezugs regelmäßig keine Schmähung vorliegt.

Auf den ersten Blick liegt es betreffend den „dämlich grinsenden Familienrichter" anders.[115] Tatsächlich bestand aber auch in diesem Fall wenig inhaltlicher Dissens mit den Fachgerichten. Dass der Vorhalt im Rahmen einer Dienstaufsichtsbeschwerde, der Vorsitzende habe den Antragsteller für den Fall der in Aussicht gestellten, für ihn nachteiligen Entscheidung auf die Rechtsmittel ver-

---

112 BVerfG, Beschluss der 2. Kammer des Ersten Senats vom 16. Oktober 2020 – 1 BvR 2805/19 –, juris – „Sprechen Sie Deutsch?".

113 BVerfG, Beschluss der 2. Kammer des Ersten Senats vom 19. August 2020 – 1 BvR 2249/19 –, juris – „Trulla".

114 BVerfG, Beschluss der 2. Kammer des Ersten Senats vom 19. Mai 2020 – 1 BvR 362/18 –, juris – „Veterinäramt".

115 BVerfG, Beschluss der 2. Kammer des Ersten Senats vom 16. Oktober 2020 – 1 BvR 1024/19 –, juris – „dämlich grinsender Familienrichter".

wiesen und dabei „dämlich gegrinst", nicht dem kleinen Kreis sozial absolut tabuisierter Schimpfwörter zuzurechnen ist, liegt auf der Hand. Auch könnte ein Sachbezug, der die Schmähung ausschließt, kaum ausgeprägter sein. Tatsächlich bestand für die Fachgerichte kaum Anlass, Energie auf die Begründung nicht gegebener Ausnahmen zu verwenden. Die Kammer wies zutreffend darauf hin, dass unter dem Aspekt des besonderen Schutzbedürfnisses der Machtkritik der der Entscheidungsgewalt des Familienrichters unmittelbar und in einer erheblichen Frage unterworfene Antragsteller in anklagender und personalisierter Weise die Amtsausübung rügen können muss, ohne befürchten zu müssen, dass die personenbezogenen Elemente ihres Kontexts entkleidet die Grundlage für strafrechtliche Sanktionen bilden. Der Versuch der Fachgerichte, die Äußerung ihrer erkennbar und greifbar vorhandenen Sachkritik zu entkleiden und in die private Sphäre des betroffenen Amtsträgers zu ziehen, ist unzulässig.

In der Sache hat die Kammerrechtsprechung damit die Bezeichnung als „dämlich grinsender Familienrichter" keineswegs als strafunwürdig bezeichnet. Sie nötigt den Fachgerichten in den Fällen der Kritik an Amtsträgern einzig eine eingehendere Auseinandersetzung mit dem für unsere demokratische Ordnung zentralen Grundrecht der Meinungsfreiheit ab. Eine „deutliche Einschränkung des Ehrenschutzes" folgt daraus nicht.

Malte Kröger

Verfassungsrechtliche Aspekte des Datenschutzrechts für juristische Personen des Privatrechts

Leitentscheidungen des Bundesverfassungsgerichts (Senat)

BVerfGE 65, 1 – Volkszählung
BVerfGE 84, 192 – Offenbarung der Entmündigung
BVerfGE 118, 168 – Kontostammdaten
BVerfGE 150, 244 – KfZ-Kennzeichenkontrollen 2
BVerfGE 152, 152 – Recht auf Vergessen I
BVerfGE 152, 216 – Recht auf Vergessen II
BVerfGE 155, 119 – Bestandsdatenauskunft II

Schrifttum (Auswahl)

Albers, Informationelle Selbstbestimmung, 2005; *Bäcker*, Grundrechtlicher Informationsschutz gegen Private, Der Staat 51 (2012), S. 91; *Grimm*, Der Datenschutz vor einer Neuorientierung, JZ 2013, S. 585; *Hoffmann-Riem*, Informationelle Selbstbestimmung in der Informationsgesellschaft – Auf dem Weg zu einem neuen Konzept des Datenschutzes, AöR 123 (1998), S. 513; *Masing*, Herausforderungen des Datenschutzes, NJW 2012, S. 2305; *Schnabel*, Das Recht der informationellen Selbstbestimmung für Unternehmen, WM 2019, S. 1384.

Inhaltsübersicht

https://doi.org/10.1515/9783110686623-010

I. Einleitung

Juristische Personen des Privatrechts erheben, speichern, nutzen und übermitteln Daten ihrer Kunden, Nutzer oder Mitarbeiter. Dabei haben sie unter anderem die Rechtmäßigkeit dieser Verarbeitungsvorgänge sicherzustellen, die Betroffenen über die Datenverarbeitungen zu informieren und technische Maßnahmen zur Datensicherheit zu treffen. Diese Vorgaben folgen aus der EU-Datenschutzgrundverordnung (DSGVO)[1]. Kontrolliert werden sie hierbei durch unabhängige Aufsichtsbehörden für den Datenschutz.[2] Im Fall gerichtlicher Auseinandersetzungen erfolgt die Anwendung der DSGVO durch die mitgliedstaatlichen Fachgerichte und im Wege des Vorabentscheidungsverfahrens nach Art. 267 des Vertrags über die Arbeitsweise der Europäischen Union (AEUV) durch den Europäischen Gerichtshof. In der EU-Datenschutzgrundverordnung wird hervorgehoben, dass deren Regelungen Konkretisierungen des Grundrechts auf Schutz personenbezogener Daten sind (vgl. Art. 1 Abs. 2 DSGVO). Gemäß Art. 8 Abs. 1 der Charta der Grundrechte der Europäischen Union (GRCh) sowie Art. 16 Abs. 1 AEUV hat jede Person das Recht auf Schutz der sie betreffenden personenbezogenen Daten.[3]

---

1 Verordnung (EU) 2016/679 des Europäischen Parlaments und des Rates vom 27. April 2016 zum Schutz natürlicher Personen bei der Verarbeitung personenbezogener Daten, zum freien Datenverkehr und zur Aufhebung der Richtlinie 95/46/EG (Datenschutz-Grundverordnung), ABl. L 119 vom 4.5.2016, S. 1–88.

2 Siehe hierzu *Kröger*, Unabhängigkeitsregime im europäischen Verwaltungsverbund, 2020, S. 123 ff. und 289 ff.

3 Erwägungsgrund (1) DSGVO.

Aus verfassungsrechtlicher Warte spielt in diesem Bereich das Recht auf informationelle Selbstbestimmung (Art. 2 Abs. 1 i.V.m. Art. 1 Abs. 1 GG) eine herausgehobene Rolle. Das Bundesverfassungsgericht hat dieses Grundrecht in seiner Rechtsprechung vor allem in Fällen fruchtbar gemacht, in denen sich natürliche Personen gegen staatliche Informationsmaßnahmen wendeten. Zu dieser abwehrrechtlichen Dimension des Rechts auf informationelle Selbstbestimmung sind Konstellationen hinzugetreten, in denen sich natürliche Personen gegenüber juristischen Personen des Privatrechts, zum Teil international agierende Unternehmen, auf den Schutz persönlicher Informationen berufen haben. Die hierzu entwickelte Rechtsprechungslinie des Bundesverfassungsgerichts bildet den Gegenstand dieses Beitrags. In den Blick genommen werden auch die Anforderungen, die für juristische Personen des Privatrechts gelten, wenn sie Daten an staatliche Behörden zur staatlichen Aufgabenerfüllung übermitteln. Abgerundet wird der Beitrag mit einem Blick darauf, inwiefern sich juristische Personen des Privatrechts auf das Grundrecht auf informationelle Selbstbestimmung berufen können.

II. Hintergrund: Das Recht auf informationelle Selbstbestimmung als Abwehrrecht des Einzelnen gegenüber staatlichen Informationsmaßnahmen

Das Volkszählungsurteil[4] des Bundesverfassungsgerichts ist der verfassungsgerichtliche Grundstein für die darauf aufbauende Rechtsprechungslinie zum Recht auf informationelle Selbstbestimmung (Art. 2 Abs. 1 i.V.m. Art. 1 Abs. 1 GG).[5] Die dogmatische Herleitung dieses Grundrechts beruhte auf der bis dato ergangenen Rechtsprechung zum allgemeinen Persönlichkeitsrecht, die gerade auch in Verfahren entwickelt wurde, deren einfachrechtlicher Hintergrund im Zivilrecht zu verorten war.[6] Im Volkszählungsurteil wiesen die Richter des Bundesverfassungsgerichts auf die aus der Selbstbestimmung des Einzelnen folgende Befugnis

4 BVerfGE 65, 1 – *Volkszählung.*

5 Siehe nur BVerfGE 113, 29 – *Anwaltsdaten*; 115, 166 – *Kommunikationsverbindungsdaten*; 115, 320 – *Rasterfahndung* II; 118, 168 – *Kontostammdaten*; 120, 378 – *Automatisierte Kennzeichenerfassung*; 128, 1 – *Gentechnikgesetz*; 130, 151 – *Zuordnung dynamischer IP-Adressen*; 150, 244 – *KfZ-Kennzeichenkontrollen 2.*

6 BVerfGE 35, 202 – *Lebach*; 54, 148 – *Eppler*; 63, 131 – *Gegendarstellung.*

hin, grundsätzlich selbst zu entscheiden, wann und innerhalb welcher Grenzen persönliche Lebenssachverhalte offenbart werden.[7] Durch Formen der automatischen Datenverarbeitung bedürfe der persönliche Lebensbereich in besonderem Maße des Schutzes, da die Erstellung eines teilweise oder weitgehend vollständigen Persönlichkeitsbildes technisch erleichtert möglich werde.[8] Individuelle Selbstbestimmung verlange, dass jeder frei darüber entscheide, welche Handlungen er vornehme und welche er unterlasse. Dazu müsse der Einzelne wissen, wer was wann und bei welcher Gelegenheit über ihn wisse. Dies könne auch Weiterungen für andere Freiheitsrechte wie die Versammlungsfreiheit (Art. 8 GG) haben, deren Wahrnehmung durch den Einzelnen bei der staatlichen Sammlung personenbezogener Daten leiden könne.[9] Vor diesem Hintergrund müsse der Einzelne Schutz gegenüber der unbegrenzten Erhebung, Speicherung, Verwendung und Weitergabe seiner persönlichen Daten beanspruchen können. Das Grundrecht des Art. 2 Abs. 1 i.V.m. Art. 1 Abs. 1 GG gewährleiste insoweit die Befugnis des Einzelnen, grundsätzlich selbst über die Preisgabe und Verwendung seiner persönlichen Daten zu bestimmen.[10] Diese – zum Teil missverstandene[11] – Formulierung bedeutet jedoch nicht, dass das Bundesverfassungsgericht personenbezogenen Daten eine eigentumsähnliche Stellung beimessen wollte.[12] Vielmehr hat das Bundesverfassungsgericht bereits im Volkszählungsurteil deutlich gemacht, dass der Einzelne nicht ein Recht im Sinne einer absoluten, uneinschränkbaren Herrschaft über „seine" Daten habe, sondern er vielmehr eine sich innerhalb der sozialen Gemeinschaft entfaltende, auf Kommunikation angewiesene Persönlichkeit sei.[13]

Das Volkszählungsurteil und die weit überwiegende Zahl der danach zum Recht auf informationelle Selbstbestimmung ergangenen Entscheidungen bezogen sich auf die Erhebung personenbezogener Daten durch staatliche Einrichtungen. Beispielhaft ist auf die Entscheidungen zur automatisierten Kontrolle von KfZ-Kennzeichen,[14] zur Bestandsdatenauskunft,[15] zum BKA-Gesetz[16] und zum

---

7 BVerfGE 65, 1 (41 f.) – *Volkszählung.*

8 BVerfGE 65, 1 (42) – *Volkszählung.*

9 Vgl. BVerfGE 65, 1 (43) – *Volkszählung.*

10 BVerfGE 65, 1 (43) – *Volkszählung.*

11 Siehe zu der Diskussion um ein „Eigentum an Daten" auch unter Verweis auf das Volkszählungsurteil des Bundesverfassungsgerichts *Stentzel*, Das Grundrecht auf ...?, PinG 2015, S. 185 (187 f.).

12 Siehe zu dieser Frage bereits *Hoffmann-Riem*, Informationelle Selbstbestimmung in der Informationsgesellschaft – Auf dem Weg zu einem neuen Konzept des Datenschutzes, AöR 123 (1998), S. 513 (519 ff.).

13 BVerfGE 65, 1 (43 f.) – *Volkszählung.*

14 BVerfGE 120, 378 – *Automatisierte Kennzeichenerfassung*; 150, 244 – *KfZ-Kennzeichenkontrollen 2.*

Antiterrordateigesetz[17] zu verweisen. Dabei hat sich ein ausgefeiltes Prüfprogramm entwickelt, welches das Bundesverfassungsgericht insbesondere auf die Anforderungen an die Rechtsgrundlagen staatlicher Informationsmaßnahmen ausgerichtet hat. Ausgehend davon, dass für Grundrechtseingriffe generell gilt, dass jeder Eingriff einer gesetzlichen Ermächtigungsgrundlage bedarf, die einen legitimen Gemeinwohlzweck verfolgt und im Übrigen den Grundsatz der Verhältnismäßigkeit wahrt,[18] d. h. zur Erreichung des Zwecks geeignet, erforderlich und verhältnismäßig im engeren Sinne ist,[19] müssen die Rechtsgrundlagen im Bereich der staatlichen Datenverarbeitung zugleich den Grundsätzen der Normenklarheit und Bestimmtheit[20] genügen.[21] Im Rahmen der Angemessenheitsprüfung darf der mit der Maßnahme verfolgte Zweck zu dem in ihr liegenden Eingriffsgewicht nicht außer Verhältnis stehen: Erforderlich sei danach, dass die Maßnahme grundsätzlich jeweils durch einen hinreichend konkreten, objektiv bestimmten Grund veranlasst sei und dem Schutz von Rechtsgütern von zumindest erheblichem Gewicht oder einem vergleichbar gewichtigen öffentlichen Interesse diene. Dabei müsse sich die gesetzliche Ausgestaltung in einer Gesamtabwägung der sie kennzeichnenden Umstände als im Hinblick auf das Grundrecht auf informationelle Selbstbestimmung zumutbar und damit verfassungsrechtlich tragfähig erweisen. Im Übrigen gehörten zu den Verhältnismäßigkeitsanforderungen Mindestvorgaben an Transparenz, individuellen Rechtsschutz und aufsichtliche Kontrolle sowie Regelungen zur Datennutzung und Löschung.[22]

---

15 BVerfGE 130, 151 – *Zuordnung dynamischer IP-Adressen*; 155, 119 – *Bestandsdatenauskunft II.*

16 BVerfGE 141, 220 – *BKA-Gesetz.*

17 BVerfGE 133, 277 – *Antiterrordateigesetz.*

18 BVerfGE 65, 1 (44) – *Volkszählung*; 155, 119 (176 f. Rn. 123) – *Bestandsdatenauskunft II.*

19 BVerfGE 67, 157 (173) – *G 10*; 120, 378 (427) – *Automatisierte Kennzeichenerfassung*; 141, 220 (265 Rn. 93) – *BKA-Gesetz*; 150, 244 (279 Rn. 82) – *KfZ-Kennzeichenkontrollen 2.*

20 Siehe hierzu *Grefrath*, Der Grundsatz der Normenklarheit in der Fallbearbeitung, JA 2008, S. 710 ff.

21 BVerfGE 113, 348 (375 ff.) – *Vorbeugende Telekommunikationsüberwachung*; 120, 378 (407 f.) – *Automatisierte Kennzeichenerfassung*; 141, 220 (265 Rn. 94) – *BKA-Gesetz*; 150, 244 (279 Rn. 82) – *KfZ-Kennzeichenkontrollen 2.*

22 Vgl. zum Vorstehenden BVerfGE 150, 244 (280 f. Rn. 90) – *KfZ-Kennzeichenkontrollen 2.*

III. Grundrechtlicher Datenschutz in Privatrechtsverhältnissen

Soweit juristische Personen des Privatrechts von sich aus personenbezogene Daten Betroffener verarbeiten, sind sie an die vom Bundesverfassungsgericht für staatliche Eingriffe in das Recht auf informationelle Selbstbestimmung entwickelten Maßgaben grundsätzlich nicht gebunden. Ihre Datenverarbeitungen müssen insbesondere nicht einem strengen Verhältnismäßigkeitsprinzip genügen. Denn sie sind nicht unmittelbar an die Grundrechte gebunden, sondern vielmehr Träger von Grundrechten, zumindest in Form der allgemeinen Handlungsfreiheit (Art. 2 Abs. 1 GG). Allerdings können die Grundrechte des Grundgesetzes (mittelbar) auch auf zivilrechtliche Rechtsverhältnisse einwirken, an denen juristische Personen des Privatrechts beteiligt sind.[23] Diese mittelbare Grundrechtswirkung ist ein in der Rechtsprechung des Bundesverfassungsgerichts fest etabliertes Institut des Grundrechtsschutzes. Es wirkt sich in verfassungsgerichtlichen Entscheidungen insbesondere dann aus, wenn zivilrechtliche Fallgestaltungen den Gegenstand einer Verfassungsbeschwerde bilden. Das Recht auf informationelle Selbstbestimmung ist in der bisherigen Rechtsprechung dennoch selten in Form der mittelbaren Drittwirkung Gegenstand von Entscheidungen gewesen.

1. Mittelbare Drittwirkung der Grundrechte

Entwickelt wurde das Institut der mittelbaren Drittwirkung in der Lüth-Entscheidung anhand des Grundrechts der Meinungsfreiheit (Art. 5 Abs. 1 Satz 1 GG).[24] Das Gericht begründete die Ausstrahlungswirkung des Grundrechts der Meinungsfreiheit auf Privatrechtsverhältnisse in dieser Entscheidung damit, dass das Grundgesetz keine wertneutrale Ordnung sein wolle, sondern in seinem Grundrechtsabschnitt eine objektive Werteordnung aufgerichtet habe. Dieses Wertesystem, das seinen Mittelpunkt in der innerhalb der sozialen Gemeinschaft sich frei entfaltenden menschlichen Persönlichkeit und ihrer Würde finde, müsse als verfassungsrechtliche Grundentscheidung für alle Bereiche des Rechts gel-

---

23 Allgemein zur mittelbaren Drittwirkung *Oeter*, „Drittwirkung“ der Grundrechte und die Autonomie des Privatrechts, AöR 119 (1994), S. 529 ff.; *Guckelberger*, Die Drittwirkung der Grundrechte, JuS 2003, S. 1151 ff.; *Knebel*, Die Drittwirkung der Grundrechte und -freiheiten gegenüber Privaten, 2018, S. 47 ff.

24 BVerfGE 7, 198 – *Lüth*.

ten.[25] „Einbruchstellen" für grundrechtliche Wertungen seien diejenigen Vorschriften des Privatrechts, die als zwingendes Recht der Herrschaft des Privatwillens entzogen seien. Im Hinblick auf die Meinungsfreiheit bedeute dies, dass die allgemeinen Gesetze in ihrer das Grundrecht beschränkenden Wirkung im Lichte der Bedeutung dieses Grundrechts gesehen und so interpretiert werden müssten, dass der besondere Wertgehalt dieses Rechts, der in der freiheitlichen Demokratie zu einer grundsätzlichen Vermutung für die Freiheit der Rede in allen Bereichen, namentlich aber im öffentlichen Leben, führen müsse, auf jeden Fall gewahrt bleibe.[26]

Eine Vielzahl der Fälle, in denen das Bundesverfassungsgericht auf das Institut der mittelbaren Drittwirkung zurückgegriffen hat, spielen sich im Bereich der Meinungs- und Pressefreiheit ab.[27] Auch in jüngerer Zeit hat das Bundesverfassungsgericht die mittelbare Drittwirkung auf weitere Grundrechte erstreckt, unter anderem die allgemeine Handlungsfreiheit im Rahmen der Vertragsfreiheit[28] und den Gleichheitsgrundsatz.[29]

2. Einwirkungen des Rechts auf informationelle Selbstbestimmung auf Privatrechtsverhältnisse

Auch das Recht auf informationelle Selbstbestimmung wirkt mittelbar auf Zivilrechtsverhältnisse ein.[30] Hierzu hat das Bundesverfassungsgericht in seiner Entscheidung „Recht auf Vergessen I" festgestellt: „Es gibt jedoch keinen Grund, den Grundrechtsschutz nach allgemeinen Regeln nicht auch auf das Verhältnis zwischen Privaten zu erstrecken und ihn im Wege der mittelbaren Drittwirkung auch in zivilrechtlichen Streitigkeiten zur Geltung zu bringen."[31] Zuvor hatte das Bundesverfassungsgericht im Jahr 1991 ausdrücklich die mittelbare Drittwirkung des Rechts auf informationelle Selbstbestimmung in wenigen Worten anerkannt: Das Recht auf informationelle Selbstbestimmung entfalte als objektive Norm seinen Rechtsgehalt auch im Privatrecht und strahle in dieser Eigenschaft auf die Aus-

25 BVerfGE 7, 198 (205) – *Lüth.*

26 BVerfGE 7, 198 (208) – *Lüth.*

27 BVerfGE 42, 143 (147 ff) – *Deutschland-Magazin*; 101, 361 (388 ff.) – *Caroline von Monaco II.*

28 BVerfGE 89, 214 (231 ff.) – *Bürgschaftsverträge*; 103, 89 (100) – *Unterhaltsverzichtsvertrag.*

29 BVerfGE 148, 267 (283 ff. Rn. 41 ff.) – *Stadionverbot*; siehe auch BVerfG, Beschl. v. 22. Mai 2019 – 1 BvQ 42/19 -, Rn. 15, bverfg.de.

30 Hierzu *Albers*, Informationelle Selbstbestimmung, 2005, S. 267.

31 BVerfGE 152, 152 (189 Rn. 85) – *Recht auf Vergessen I.*

legung und Anwendung privatrechtlicher Vorschriften aus.[32] Hieran hat das Bundesverfassungsgericht in Kammerbeschlüssen[33] und schließlich in der Entscheidung „Recht auf Vergessen I" angeknüpft.

Die Einwirkungen der Grundrechte auf Zivilrechtsverhältnisse hat der Erste Senat des Bundesverfassungsgerichts auch anerkannt, soweit es die Grundrechte der EU-Grundrechtecharta anwendet.[34] In der Entscheidung „Recht auf Vergessen II" hat der Erste Senat zivilgerichtliche Entscheidungen deutscher Gerichte nicht am Maßstab des Art. 2 Abs. 1 i.V.m. Art. 1 Abs. 1 GG überprüft, sondern erstmals das „EU-Datenschutzgrundrecht" aus Art. 7, 8 EU-GRCh herangezogen.[35] Das Unionsrecht kenne zwar nicht die Lehre der mittelbaren Drittwirkung, aber im Ergebnis komme den Grundrechten der EU-Grundrechtecharta für das Verhältnis zwischen Privaten eine ähnliche Wirkung zu.[36] Die Vorgehensweise des EuGH in den Fällen, in denen dieser Art. 7, 8 GRCh heranzieht, ist etwas anders gelagert als in den Fällen, in denen das Bundesverfassungsgericht im Wege einer Verfassungsbeschwerde die mittelbare Grundrechtswirkung in einem Zivilrechtsstreit prüft. Denn der EuGH legt – wie ein Fachgericht – Bestimmungen der Verträge und der Sekundärrechtsakte aus. Er ist kein reines Grundrechtegericht. Dem Bundesverfassungsgericht ist dahingehend zuzustimmen, dass die mittelbare Heranziehung der Grundrechte der Grundrechtecharta im Verfahren der Verfassungsbeschwerde weder aus verfassungs- noch aus unionsrechtlicher Perspektive grundlegende Bedenken auslöst, soweit man das Bundesverfassungsgericht für zuständig erachtet, die Wahrung der EU-Grundrechtecharta zu kontrollieren.

---

32 BVerfGE 84, 192 (194 f.) – *Offenbarung der Entmündigung.*

33 BVerfG, Beschl. v. 23. Oktober 2006 – 1 BvR 2027/02 –, Rn. 33, bverfg.de; Beschl. v. 28. Juli 2016 – 1 BvR 335/14 –, Rn. 8 ff., bverfg.de.

34 Zu dieser neuen Dimension des Grundrechtsschutzes durch das Bundesverfassungsgericht siehe *Wendel*, Das Bundesverfassungsgericht als Garant der Unionsgrundrechte, JZ 2020, S. 157 ff.; *Aust*, Zweierlei Integrationsverantwortung – Zur Begründung und Tragweite eines verfassungsrechtlichen Schlüsselbegriffs in der Rechtsprechung der beiden Senate des Bundesverfassungsgerichts, EuGRZ 2020, S. 410 ff.; *Ladeur*, Grundrechtsschutz im europäischen Mehrebenensystem durch das BVerfG, insbesondere der Grundrechtsschutz der Betreiber von Suchmaschinen, WRP 2020, S. 139 ff.; *Edenharter*, Die EU-Grundrechte-Charta als Prüfungsmaßstab des Bundesverfassungsgerichts, DÖV 2020, S. 349 ff.; mittlerweile hat auch der Zweite Senat diese Rechtsprechung übernommen: BVerfGE 156, 182 (197 Rn. 36) – *Rumänien II.*

35 BVerfGE 152, 216 (229 ff. Rn. 32 ff.) – *Recht auf Vergessen II.*

36 BVerfGE 152, 216 (254 Rn. 97) – *Recht auf Vergessen II.*

IV. Grundrechtlicher Schutz persönlicher Informationen

Personenbezogene Daten von Betroffenen einer Datenverarbeitung durch juristische Personen des Privatrechts sind einfachrechtlich durch die Bestimmungen der DSGVO und der nationalen Datenschutzgesetze geschützt. Mittelbar können sich diese auch auf das Recht auf informationelle Selbstbestimmung berufen. Der grundrechtliche Schutz persönlicher Informationen wird jedoch nicht nur durch dieses Grundrecht sichergestellt. Vielmehr können auf verfassungsrechtlicher Ebene auch andere Grundrechtsgewährleistungen Schutz bieten. Dies wirft Abgrenzungsfragen auf.

1. Persönlichkeitsschutz im weiteren Sinne

Der Anwendungsbereich der EU-Datenschutzgrundverordnung erstreckt sich auf die ganz oder teilweise automatisierte Verarbeitung personenbezogener Daten sowie die nichtautomatisierte Verarbeitung personenbezogener Daten, die in einem Dateisystem gespeichert sind oder gespeichert werden sollen (Art. 2 Abs. 1 DSGVO). Dies erfasst vor allem sämtliche rechnergestützten Verarbeitungen personenbezogener Daten sowie – aufgrund des Dateibezugs – strukturierte Sammlungen personenbezogener Daten, insbesondere in Akten.[37]

Derartige Datenverarbeitungsvorgänge können auch in den Schutzbereich des Rechts auf informationelle Selbstbestimmung fallen.[38] Der Schutz durch dieses Grundrecht reicht aber weiter wie die Rechtsprechung des Bundesverfassungsgerichts zeigt. So werden vom Recht auf informationelle Selbstbestimmung zusätzlich weitere Formen der Offenbarung persönlicher Daten erfasst: Dies hat das Bundesverfassungsgericht in einem Verfahren deutlich gemacht, in dem es um die Verfassungsmäßigkeit des damaligen § 687 der Zivilprozessordnung ging, der bestimmte, dass die Entmündigung einer Person wegen Verschwendung oder wegen Trunksucht sowie die Wiederaufhebung einer solchen Entmündigung vom Amtsgericht öffentlich bekanntzumachen ist. In das Recht auf informationelle Selbstbestimmung werde – so das Bundesverfassungsgericht – nicht nur eingegriffen, wenn der Staat vom Einzelnen die Bekanntgabe persönlicher Daten verlange oder diese der automatisierten Datenverarbeitung zuführe. Das Recht auf

37 Vgl. *Plath*, in: ders. (Hrsg.), DSGVO/BDSG, 3. Aufl. 2018, Art. 2 DSGVO Rn. 7 ff.
38 BVerfG, Beschl. v. 18. März 2009 – 2 BvR 8/08 –, Rn. 15 m.w.N., bverfg.de.

informationelle Selbstbestimmung schütze vielmehr wegen seiner persönlichkeitsrechtlichen Grundlage generell vor staatlicher Erhebung und Verarbeitung personenbezogener Daten und sei nicht auf den jeweiligen Anwendungsbereich der Datenschutzgesetze des Bundes und der Länder oder datenschutzrelevanter gesetzlicher Sonderregelungen beschränkt.[39]

2. Kein allgemeines „Datenschutzgrundrecht"

Der Schutzbereich des Rechts auf informationelle Selbstbestimmung kann somit Sachverhalte einbeziehen, die nicht durch die datenschutzrechtlichen Bestimmungen der DSGVO oder anderer Datenschutzgesetze erfasst werden. Zugleich fällt nicht jede Maßnahme, die nach dem einfachen Datenschutzrecht eine Verarbeitung personenbezogener Daten darstellt, in den Schutzbereich des Rechts auf informationelle Selbstbestimmung.

a) Besonderheit des Eingriffsbegriffs

In der bundesverfassungsgerichtlichen Rechtsprechung wird zwischen verschiedenen Formen der Verarbeitung personenbezogener Daten unterschieden. Dies entspricht auch der Regelungslage in der EU-Datenschutzgrundverordnung, die unter Verarbeitung „jeden mit oder ohne Hilfe automatisierter Verfahren ausgeführten Vorgang oder jede solche Vorgangsreihe im Zusammenhang mit personenbezogenen Daten wie das Erheben, das Erfassen, die Organisation, das Ordnen, die Speicherung, die Anpassung oder Veränderung, das Auslesen, das Abfragen, die Verwendung, die Offenlegung durch Übermittlung, Verbreitung oder eine andere Form der Bereitstellung, den Abgleich oder die Verknüpfung, die Einschränkung, das Löschen oder die Vernichtung" fasst (Art. 4 Nr. 2 DSGVO). Das Bundesverfassungsgericht unterscheidet zwischen der Erhebung, der Speicherung, der Verwendung und der Übermittlung[40] personenbezogener Daten, die jeweils eigenständige Grundrechtseingriffe darstellen.[41] Auch die Auswertung[42]

---

39 BVerfGE 78, 77 (84) – *Entmündigung.*

40 Eine Sonderform der Übermittlung ist die öffentliche Bekanntmachung: BVerfGE 78, 77 (84); BVerfG, Beschl. v. 25. Februar 2008 – 1 BvR 3255/07 –, Rn. 18, bverfg.de.

41 BVerfGE 65, 1 (43) – *Volkszählung*; 84, 239 (279) – *Kapitalertragssteuer*; 115, 320 (341) – *Rasterfahndung 2*; 130, 151 (184) – *Zuordnung dynamischer IP-Adressen*; 141, 220 (324 Rn. 277) – BKA-Gesetz; 154, 152 (231 Rn. 119) – *Ausland-Ausland-Fernmeldeaufklärung.*

42 BVerfGE 154, 152 (230 f. Rn. 118) – *Ausland-Ausland-Fernmeldeaufklärung.*

und der Abgleich[43] sind eigenständige Grundrechtseingriffe, die als Unterfälle der Verwendung verstanden werden können.

Verfassungsrechtlich zeigt der Eingriffsbegriff Besonderheiten auf: So ist nicht jede Erhebung personenbezogener Daten ein Eingriff in das Grundrecht auf informationelle Selbstbestimmung. Dies hat das Bundesverfassungsgericht jedenfalls für behördliche Datenerhebungen entschieden. Denn Erhebung bedeutet in der bundesverfassungsgerichtlichen Rechtsprechung die gezielte Zugänglichmachung personenbezogener Daten für die erhebende Stelle.[44] Hingegen stelle das ungezielte und nur technisch bedingte Miterfassen personenbezogener Daten jedenfalls dann keinen Eingriff dar, wenn diese Daten unmittelbar nach der Erfassung technisch wieder anonym, spurenlos und ohne Erkenntnisinteresse für die Behörden ausgesondert werden.[45] Maßgeblich sei, ob sich bei einer Gesamtbetrachtung mit Blick auf den durch den Überwachungs- und Verwendungszweck bestimmten Zusammenhang das behördliche Interesse an den betroffenen Daten bereits derart verdichtet habe, dass ein Betroffensein in einer einen Grundrechtseingriff auslösenden Qualität zu bejahen sei.[46] Das Bundesverfassungsgericht hatte zunächst in Bezug auf automatisierte KfZ-Kennzeichenkontrollen entschieden, dass in den Fällen, in denen ein KfZ-Kennzeichen gescannt und unverzüglich mit dem Datenbestand an gesuchten KfZ-Kennzeichen ohne Übereinstimmung abgeglichen wurde (sogenannter Nichttreffer), kein Eingriff vorliege,[47] dies jedoch in einer späteren Entscheidung korrigiert.[48] Denn – so das Bundesverfassungsgericht in der neueren Entscheidung – bereits der Kontrollvorgang an sich stelle einen Eingriff dar, auch wenn dieser für den Einzelnen unbemerkt und ohne Konsequenzen erfolge.[49] Ob dieses Verständnis des Eingriffs in das Recht auf informationelle Selbstbestimmung auch in Fällen gilt, in denen die Datenerhebung durch nicht-staatliche Akteure erfolgt, hatte das Bundesverfassungsgericht bislang noch nicht zu entscheiden.

---

43 BVerfGE 150, 244 (266 Rn. 42 und 44) – *KfZ-Kennzeichenkontrollen 2*.

44 BVerfGE 154, 152 (229 Rn. 115) – *Ausland-Ausland-Fernmeldeaufklärung*.

45 BVerfGE 115, 320 (343) – *Rasterfahndung II*; 120, 378 (399) – *Automatisierte Kennzeichenerfassung*; 150, 244 (266 Rn. 43) – *KfZ-Kennzeichenkontrollen 2*; 154, 152 (229 Rn. 115) – *Ausland-Ausland-Fernmeldeaufklärung*.; ebenso im Hinblick auf die Telekommunikationsfreiheit des Art. 10 GG: BVerfGE 100, 313 (366) – *Telekommunikationsüberwachung I*; 107, 299 (328) – *Verbindungsdaten*.

46 BVerfGE 115, 320 (343) – *Rasterfahndung II*; 120, 378 (398) – *Automatisierte Kennzeichenerfassung;* 150, 244 (266 Rn. 43) – *KfZ-Kennzeichenkontrollen 2*.

47 BVerfGE 120, 378 (399) – *Automatisierte Kennzeichenerfassung*.

48 BVerfGE 150, 244 (266 Rn. 45) – *KfZ-Kennzeichenkontrollen 2*.

49 BVerfGE 150, 244 (268 f. Rn. 51) – *KfZ-Kennzeichenkontrollen 2*.

b) Das Recht auf informationelle Selbstbestimmung als Teil des grundrechtlichen Datenschutzes

Die Grundrechte des Grundgesetzes bieten Schutz vor der Verarbeitung persönlicher Informationen. Diesen Schutz sichert jedoch nicht allein das Recht auf informationelle Selbstbestimmung.[50] Es ist vielmehr Teil eines grundrechtlichen Schutzkonzepts, das sich nicht daran orientiert, dass personenbezogene Daten verarbeitet werden, sondern das grundrechtlich geschützte Verhalten des Einzelnen in den Blick nimmt. So erfolgt beispielsweise der Schutz von Angaben zu Informanten eines Journalisten über Art. 5 Abs. 1 Satz 2 GG.[51] Persönliche Informationen werden auch über Art. 13 GG geschützt, wenn die räumliche Privatsphäre der Wohnung betroffen ist.[52] Dies macht es notwendig, den Schutzbereich des Rechts auf informationelle Selbstbestimmung von anderen grundrechtlichen Gewährleistungen abzugrenzen, was hier exemplarisch anhand der weiteren Konkretisierungen des allgemeinen Persönlichkeitsrechts und der Telekommunikationsfreiheit dargestellt werden soll.

aa) Abgrenzung gegenüber anderen Konkretisierungen des allgemeinen Persönlichkeitsrechts

Das allgemeine Persönlichkeitsrecht nach Art. 2 Abs. 1 i.V.m. Art. 1 Abs. 1 GG ist nicht abschließend umschrieben, sondern immer wieder fallweise weiterentwickelt worden. Der Grund hierfür liegt nach Auffassung des Bundesverfassungsgerichts in der Eigenart dieses Freiheitsrechts als Ergänzung der speziellen Freiheitsrechte des Grundgesetzes im Bereich der persönlichen Lebenssphäre.[53] Es sind deshalb verschiedene Konkretisierungen des allgemeinen Persönlichkeitsrechts in der bundesverfassungsgerichtlichen Rechtsprechung anerkannt worden: So schützt dieses Grundrecht unter anderem die Privat-, Geheim- und Intimsphäre,[54] das Verfügungsrecht über die Darstellung der eigenen Person,[55] das

---

50 Vgl. *Rudolf*, Recht auf informationelle Selbstbestimmung, in: Merten/Papier (Hrsg.), Handbuch der Grundrechte in Deutschland und Europa, 2011, § 90 Rn. 23; *Heckmann/Scheurer*, in: Heckmann/Paschke (Hrsg.), jurisPK-Internetrecht, 7. Aufl. 2021, Stand: 6. Juli 2021, Kap. 9, Rn. 32.

51 BVerfGE 100, 313 (365) – *Telekommunikationsüberwachung I*; 107, 299 (330 ff.) – *Verbindungsdaten*.

52 BVerfGE 109, 279 (325 ff.) – *Großer Lauschangriff*; 115, 166 (196 ff.) – *Kommunikationsverbindungsdaten*.

53 BVerfGE 54, 148 (153 f.) – *Eppler*.

54 Siehe etwa BVerfGE 49, 286 (298) – *Transsexuelle I*.

55 BVerfGE 35, 202 (219 ff.) – *Lebach*.

Recht am eigenen Bild und am gesprochenen Wort,[56] vor Äußerungen, die geeignet sind, sich abträglich auf das Ansehen der Person, insbesondere ihr Bild in der Öffentlichkeit, auszuwirken,[57] und die Gewährleistung der Vertraulichkeit und Integrität informationstechnischer Systeme[58]. Das Recht auf informationelle Selbstbestimmung ist ebenfalls eine Konkretisierung des allgemeinen Persönlichkeitsrechts.

Da heutzutage viele Informationen, die der persönlichen Lebenssphäre zufallen, in Datenverarbeitungsanlagen gespeichert und über diese übermittelt werden, könnte der Schutzbereich des Rechts auf informationelle Selbstbestimmung Sachverhalte erfassen, die auch von anderen Ausprägungen des allgemeinen Persönlichkeitsrechts geschützt werden. Denkbar wäre dies beispielsweise für höchstpersönliche Inhalte eines digitalen Tagebuchs. In der Entscheidung „Recht auf Vergessen I" hat das Bundesverfassungsgericht jedoch deutlich gemacht, dass sich der Schutzbereich des Rechts auf informationelle Selbstbestimmung jedenfalls gegenüber dem äußerungsrechtlichen Gehalt des allgemeinen Persönlichkeitsrechts abgrenzen lässt. Es hat insofern einen eigenständigen Schutzbereich. Gegenstand des Ausgangsverfahrens zu dieser Entscheidung war die Klage eines Beschwerdeführers gegen einen Presseverlag, der in seinem Online-Archiv mehrere Jahrzehnte alte Presseberichte zum Abruf vorhielt, in denen unter Nennung des Klarnamens des Beschwerdeführers über einen Gerichtsprozess berichtet wurde, in dem dieser wegen eines spektakulären Tötungsdelikts verurteilt worden war. Diese Berichte im Online-Archiv des Presseunternehmens waren über geläufige Internetsuchmaschinen auffindbar. Dies – so die Argumentation des Beschwerdeführers – hindere ihn daran, sich nach seiner verbüßten Haftstrafe zu resozialisieren. Die diesem Fall zugrundeliegene Problematik ist auch schon vor der Entscheidung des Bundesverfassungsgerichts in der Literatur unter dem Schlagwort „Recht auf Vergessenwerden" ausführlich diskutiert worden.[59] Angesichts der Konstellation im Ausgangsverfahren liegt es zunächst nicht fern, das Recht auf informationelle Selbstbestimmung in den Blick zu nehmen. Denn die vom Beschwerdeführer geschilderte Lage entspricht der den

56 BVerfGE 34, 238 (246) – *Tonband.*

57 BVerfGE 114, 339 (346) – *Mehrdeutige Meinungsäußerungen.*

58 BVerfGE 120, 274 (302 ff.) – *Online-Durchsuchungen.*

59 Einfachrechtlich ist dieser Aspekt in Art. 17 DSGVO geregelt; siehe hierzu *Kamlah*, in: Plath (Hrsg.), DSGVO/BDSG, 3. Aufl. 2018, Art. 17 DSGVO; *Schwartmann/Jaspers/Thüsing/Kugelmann*, in: dies. (Hrsg.), DS-GVO/BDSG, 2. Aufl. 2020, Art. 17 Recht auf Löschung („Recht auf Vergessenwerden"); *Kamann/Braun*, in: Ehmann/Selmayr (Hrsg.), Datenschutz-Grundverordnung, 2. Aufl. 2018, Art. 17 DSGVO; monographisch aufgearbeitet bei *Diesterhöft*, Das Recht auf medialen Neubeginn, 2014; *Becker*, Das Recht auf Vergessenwerden, 2019.

Schutzgedanken des Rechts auf informationelle Selbstbestimmung kennzeichnenden besonderen Gefährdungslage der menschlichen Persönlichkeit, die insbesondere durch die unbegrenzte Speicherbarkeit und jederzeitige Abrufbarkeit entstehen kann.[60]

Gleichwohl hat das Bundesverfassungsgericht für den Fall von Online-Presseveröffentlichungen den Anwendungsbereich des Rechts auf informationelle Selbstbestimmung für nicht eröffnet angesehen. Vielmehr ist die Prüfung anhand des äußerungsrechtlichen Gehalts des allgemeinen Persönlichkeitsrechts erfolgt. Als Kriterium zur Abgrenzung zwischen dem Anwendungsbereich des Rechts auf informationelle Selbstbestimmung und den äußerungsrechtlichen Schutzgehalten des allgemeinen Persönlichkeitsrechts hat das Gericht die Intransparenz der Datenverarbeitung herangezogen.[61] Dies hat es damit erklärt, dass das Recht auf informationelle Selbstbestimmung in Privatrechtsverhältnissen vor allem davor schützen solle, dass sich Dritte personenbezogene Informationen beschaffen, diese zusammenfügen und sie zur Profilbildung heranziehen. Derartige Profile könnten dann Einfluss auf die freie Persönlichkeitsentfaltung des Einzelnen haben. Im Gegensatz dazu erfolgten Pressepublikationen bereits ihrer Natur nach nicht im Verborgenen, sondern seien „Ergebnis eines Kommunikationsprozesses“. Diese Abgrenzung hat die zivilgerichtliche Rechtsprechung aufgenommen.[62]

Für juristische Personen des Privatrechts, die im Bereich des Pressewesens tätig sind, bedeutet dies im Ausgangspunkt, dass auch bei Presseveröffentlichungen im Internet zunächst die etablierten äußerungsrechtlichen Maßgaben des allgemeinen Persönlichkeitsrechts Anwendung finden. Allerdings stellt der Umstand, dass ein Artikel online abrufbar und suchbar ist, ein gewichtiges Kriterium innerhalb der Abwägung dar. So sei im Rahmen der Abwägung den „Kommunikationsbedingungen des Internets Rechnung zu tragen“.[63] Das Bundesverfassungsgericht erkennt hier die besonderen Gefährdungen an, die es bereits hinsichtlich des Rechts auf informationelle Selbstbestimmung betont hat.[64] Anders als bei Veröffentlichungen in einem Printmedium, auf die der Einzelne in der Regel nach dem Ende des Verkaufszeitraums kaum noch zugreifen kann, sind Veröffentlichung im Internet – unter Verwendung von Suchmaschinen – jederzeit und von jedem Ort der Welt aus auffindbar und mit weiteren Informationen

---

60 Siehe zu dieser Schutzrichtung des Rechts auf informationelle Selbstbestimmung BVerfGE 65, 1 (42) – *Volkszählung.*

61 BVerfGE 152, 152 (192 Rn. 90) – *Recht auf Vergessen I.*

62 Siehe nur BGH, Urt. v. 29. Juni 2021 – VI ZR 10/18 –, juris, Rn. 21 m.w.N.

63 BVerfGE 152, 152 (194 Rn. 96) – *Recht auf Vergessen I.*

64 BVerfGE 152, 152 (199 Rn. 108) – *Recht auf Vergessen I.*

kombinierbar.[65] Insofern stellt das allgemeine Persönlichkeitsrecht andere Anforderungen an im Internet dauerhaft abrufbare Presseberichte.

bb) Abgrenzung zum Telekommunikationsgeheimnis

Für juristische Personen des Privatrechts, die auch Daten über Telekommunikationsvorgänge verarbeiten, spielt die Abgrenzung des Schutzbereichs des Rechts auf informationelle Selbstbestimmung gegenüber der Telekommunikationsfreiheit des Art. 10 GG eine bedeutende Rolle. Das Bundesverfassungsgericht geht von einem Spezialitätsverhältnis zwischen dem Telekommunikationsgeheimnis und dem Recht auf informationelle Selbstbestimmung aus. Zwar erfasst der Schutzbereich des Art. 2 Abs. 1 i.V.m. Art. 1 Abs. 1 GG auch die personenbezogenen Daten, die bei einem Telekommunikationsvorgang anfallen, allerdings sei der in Art. 10 Abs. 1 GG enthaltene Schutz des Telekommunikationsgeheimnisses spezieller, weshalb nur dieser anzuwenden sei.[66] Gleichwohl überträgt das Bundesverfassungsgericht Maßgaben, die zum Recht auf informationelle Selbstbestimmung entwickelt wurden, auf die speziellere Garantie des Art. 10 GG.[67]

V. Grundrechtspositionen juristischer Personen des Privatrechts

Dem Recht auf informationelle Selbstbestimmung auf Seiten desjenigen, dessen Daten verarbeitet werden, stehen Grundrechte der juristischen Person des Privatrechts gegenüber. Dies sind in der Regel Grundrechte der wirtschaftlichen Betätigungsfreiheit, vor allem Art. 12 GG oder Art. 16 GRCh. Wirken Grundrechte mittelbar auf zivilrechtliche Fallkonstellationen ein, nimmt das Bundesverfassungsgericht eine Abwägung der sich gegenüberstehenden Grundrechte vor.[68] Diese sind im Wege praktischer Konkordanz so zueinander auszugestalten, dass jedes von ihnen bestmöglich zur Anwendung gelangt.[69] In der bisherigen bun-

---

65 BVerfGE 152, 152 (196 ff. Rn. 101 ff.) – *Recht auf Vergessen I.*

66 BVerfGE 155, 119 (170 Rn. 100) – *Bestandsdatenauskunft II.*

67 BVerfGE 100, 313 (358 f.) – *Telekommunikationsüberwachung I*; 125, 260 (310) – *Vorratsdatenspeicherung*; 155, 119 (169 f. Rn. 100) – *Bestandsdatenauskunft II.*

68 *Rudolf*, Recht auf Informationelle Selbstbestimmung, in: Merten/Papier (Hrsg.), Handbuch der Grundrechte in Deutschland und Europa, 2011, § 90 Rn. 44.

69 BVerfGE 83, 130 (143) – *Mutzenbacher*; 89, 214 (232) – *Bürgschaftsverträge*; 97, 169 (176) – *Kleinbetriebsklausel I*; 129, 78 (101 f.) – *Anwendungserweiterung*; 134, 204 (223 Rn. 68) – *Werkver-*

desverfassungsgerichtlichen Rechtsprechung tritt die grundrechtlich geschützte wirtschaftliche Betätigungsfreiheit bei der Abwägung in der Regel hinter den Schutz persönlicher Informationen zurück. Allerdings können Grundrechtspositionen und Interessen Dritter Einfluss auf den Abwägungsvorgang haben.

1. „Eingeschränkte Vorrangthese" des Bundesverfassungsgerichts

In seiner Entscheidung „Recht auf Vergessen II" hat das Bundesverfassungsgericht in einem Verfahren, in dem es um die Anzeige namensbezogener Suchergebnisse einer Internetsuchmaschine ging, Maßstäbe im Hinblick auf Art. 7, 8 GRCh aufgestellt. Dabei hat es einen eingeschränkten Vorrang des Rechts auf Schutz personenbezogener Daten angenommen. Denn allein das Gewicht der wirtschaftlichen Interessen des Suchmaschinenbetreibers (Art. 16 GRCh) sei grundsätzlich nicht hinreichend schwer, um den Schutzanspruch Betroffener zu beschränken.[70] Eine Suchmaschine könne sich für ihre Tätigkeit auch nicht auf die Freiheit der Meinungsäußerung (Art. 11 GRCh) berufen.[71] Allerdings sei die Meinungsfreiheit des Inhalteanbieters als unmittelbar mitbetroffenes Grundrecht in die Abwägung einzubeziehen. Dabei gelte keine Vermutung eines Vorrangs des Schutzes des Persönlichkeitsrechts, sondern es seien die sich gegenüberstehenden Grundrechte gleichberechtigt miteinander abzuwägen.[72] Der Erste Senat hat dies mit einer Parallele zum Persönlichkeitsrechtsschutz gegenüber Presseveröffentlichungen begründet, da der Einzelne im Rahmen der öffentlichen Kommunikation nicht darüber bestimmen könne, welche Informationen zu seiner Person bei einer Internetsuchmaschine angezeigt werden.[73] Des Weiteren seien die Zugangsinteressen der Internetnutzer in die Abwägung einzustellen.[74]

wertungsverträge; 142, 74 (96f. Rn. 70) – Sampling; prägend: *Hesse*, Grundzüge des Verfassungsrechts der Bundesrepublik Deutschland, 20. Aufl. 1999, Rn. 72.

70 BVerfGE 152, 216 (265 Rn. 120) – *Recht auf Vergessen II.*

71 BVerfGE 152, 216 (257 f. Rn. 105) – *Recht auf Vergessen II.*

72 BVerfGE 152, 216 (265 f. Rn. 121) – *Recht auf Vergessen II.*

73 BVerfGE 152, 216 (266 Rn. 121) – *Recht auf Vergessen II.*

74 BVerfGE 152, 216 (259 f. Rn. 110) – *Recht auf Vergessen II.*

2. „Vorrangthese" des Europäischen Gerichtshofs

Der Ansatz des Europäischen Gerichtshofs in dem im Jahr 2014 entschiedenen Verfahren „Google Spain" war etwas anders gelagert. Der EuGH hatte im Rahmen eines Vorabentscheidungsersuchens ebenfalls über die Rechtmäßigkeit der Anzeige namensbezogener Suchergebnisse bei einer Internetsuchmaschine zu befinden. Dabei hat der EuGH zunächst festgestellt, dass dies die Grundrechte auf Achtung des Privatlebens und Schutz personenbezogener Daten der Betroffenen erheblich beeinträchtigen könne.[75] Ein solcher Eingriff könne wegen seiner potenziellen Schwere nicht allein mit dem wirtschaftlichen Interesse des Suchmaschinenbetreibers gerechtfertigt werden.[76] An dieser Stelle stimmen die Maßstäbe des Bundesverfassungsgerichts und des Europäischen Gerichtshofs überein. Allerdings – so der EuGH – überwögen die durch Art. 7, 8 GRCh geschützten Rechte der betroffenen Person im Allgemeinen gegenüber dem Interesse der Internetnutzer.[77] Der Ausgleich könne jedoch in besonders gelagerten Fällen von der Art der betreffenden Information, von deren Sensibilität für das Privatleben der betroffenen Person und vom Interesse der Öffentlichkeit am Zugang zu der Information abhängen, das unter anderem je nach der Rolle, die die Person im öffentlichen Leben spielt, variieren könne.[78] Der EuGH hat in der „Google-Spain"-Entscheidung – anders als das Bundesverfassungsgericht im Beschluss „Recht auf Vergessen II" – den Inhalteanbieter nicht berücksichtigt.

3. Gleichrangigkeit der betroffenen Grundrechte im Abwägungsprozess

Der Europäische Gerichtshof hat den grundsätzlichen Vorrang des Rechts auf Schutz personenbezogener Daten in mehreren Entscheidungen bekräftigt,[79] wohingegen das Bundesverfassungsgericht bislang nur in einem Verfahren zum

---

75 EuGH, Urt. v. 13. Mai 2014, Rs. C-131/12, EU:C:2014:317, Rn. 80, curia.europa.eu – *Google Spain und Google*.

76 EuGH, Urt. v. 13. Mai 2014, Rs. C-131/12, EU:C:2014:317, Rn. 81, curia.europa.eu – *Google Spain und Google*.

77 EuGH, Urt. v. 13. Mai 2014, Rs. C-131/12, EU:C:2014:317, Rn. 81, curia.europa.eu – *Google Spain und Google*.

78 EuGH, Urt. v. 13. Mai 2014, Rs. C-131/12, EU:C:2014:317, Rn. 81, curia.europa.eu – *Google Spain und Google*.

79 EuGH, Urt. v. 24. September 2019, Rs. C-136/17, EU:C:2019:773, Rn. 53, curia.europa.eu – *GC u. a.*; Urt. v. 24. September 2019, C-507/17, EU:C:2019:772, Rn. 45, curia.europa.eu – *Google [Portée territoriale]*.

Recht auf Vergessen Gelegenheit gehabt hat, hierzu Stellung zu nehmen. Eine gefestigte Rechtsprechungslinie des Bundesverfassungsgerichts bezüglich der Kollision der Art. 7, 8 GRCh mit anderen Grundrechten besteht insofern noch nicht. Gleichwohl ordnet sich die Entscheidung aus Karlsruhe in die bisherige, zum nationalen Grundrechtsschutz entwickelte Rechtsprechungslinie zur mittelbaren Drittwirkung ein. Dass dem Grundrecht aus Art. 7, 8 GRCh kein grundsätzlicher Vorrang zukommt, entspricht zudem dem vom Bundesverfassungsgericht zugrunde gelegten Verständnis, nach dem der Einzelne eine sich innerhalb der sozialen Gemeinschaft entfaltende, auf Kommunikation angewiesene Persönlichkeit sei.[80] Mit diesem Verständnis wäre es kaum zu vereinbaren, jede Verarbeitung persönlicher Informationen unter einen Rechtfertigungsvorbehalt zu stellen.

In Bezug auf juristische Personen des Privatrechts ist aus der bisherigen Rechtsprechung des Bundesverfassungsgerichts erkennbar, dass der Persönlichkeitsschutz Betroffener in der Regel gegenüber der wirtschaftlichen Betätigungsfreiheit überwiegt. Anders verhält es sich, wenn sich die durch das Recht auf informationelle Selbstbestimmung begründeten Einschränkungen der wirtschaftlichen Tätigkeiten einer juristischen Person des Privatrechts so auswirken, dass sie Grundrechte oder berechtigte Interessen Dritter verkürzen. Dies dürfte vor allem Dienstleistungen oder Güter betreffen, an denen ein gesamtgesellschaftliches Interesse besteht. Sofern sich juristische Personen des Privatrechts gegen Maßnahmen wehren wollen, die ihnen unter Verweis auf den Persönlichkeitsrechtsschutz Beschränkungen auferlegen, stehen sie allerdings verfassungsprozessual vor der Herausforderung, dass sie sich im Rahmen einer Verfassungsbeschwerde nicht auf die Grundrechte oder Interessen Dritter berufen können. Denn § 90 Abs. 1 BVerfGG erlaubt lediglich, die Verletzung eigener Grundrechte zu rügen. Gleichwohl können sich juristische Personen des Privatrechts auf ihre wirtschaftliche Betätigungsfreiheit berufen. Im Rahmen der Abwägung der sich gegenüberstehenden Interessen wäre dann auch zu prüfen, inwiefern die von der juristischen Person des Privatrechts erbrachte wirtschaftliche Tätigkeit dem Schutz von Grundrechten Dritter dient. Diese Umstände sind bereits im zivilgerichtlichen Verfahren zu beachten.

80 BVerfGE 65, 1 (44) – *Volkszählung.*

VI. Juristische Personen des Privatrechts als staatliche Datenübermittler

Juristische Personen des Privatrechts treffen grundsätzlich nur die mittelbaren Wirkungen des Rechts auf informationelle Selbstbestimmung im Rahmen privatrechtlicher Rechtsverhältnisse. Allerdings haben sie in bestimmten Fällen sogar die für staatliche Grundrechtseingriffe geltenden Anforderungen zu beachten. Dies gilt vor allem dann, wenn sie personenbezogene Daten an staatliche Einrichtungen zur Erfüllung hoheitlicher Aufgaben übermitteln müssen. Denn in diesen Fällen liegt aus verfassungsrechtlicher Sicht ein Eingriff des Staates vor.[81] Dabei kann es sich um personenbezogene Daten handeln, welche eine juristische Person des Privatrechts aufgrund einer gesetzlichen Verpflichtung erheben muss, damit Behörden – beim Vorliegen bestimmter Voraussetzungen – auf diese zugreifen können. Es kann sich aber auch um personenbezogene Daten handeln, welche eine juristische Person des Privatrechts von sich aus zu eigenen Zwecken erhoben hat, weil diese beispielsweise für die Durchführung einer vertraglichen Vereinbarung notwendig sind, und diese Daten einer staatlichen Stelle für einen anderen (öffentlichen) Zweck zur Verfügung zu stellen sind.

Bei derartigen Übermittlungsvorgängen verlangt das Bundesverfassungsgericht, dass die Anforderungen des sogenannten „Doppeltürmodells" erfüllt sind[82] und wendet damit die auch für die Datenübermittlung zwischen staatlichen Stellen geltenden Vorgaben auf Private an, soweit diese aufgrund einer gesetzlichen Verpflichtung zur Übermittlung an staatliche Stellen verpflichtet sind. Mit dem Begriff der Doppeltür macht das Bundesverfassungsgericht bildlich deutlich, dass eine Datenübermittlung aus verfassungsrechtlicher Sicht aus zwei separat zu beurteilenden Vorgängen besteht, nämlich dem Abruf der Daten durch eine Stelle und die Übermittlung der Daten durch eine andere Stelle.[83] Es bedarf jeweils einer eigenständigen Rechtsgrundlage, die sich auf identische personenbezogene Daten und Nutzungszwecke bezieht. Juristische Personen des Privatrechts als übermittelnde Stelle müssen sich für die Zulässigkeit der Datenübermittlung auf eine gesetzliche Rechtsgrundlage berufen können, die im Hinblick auf den Zweck der Datenübermittlung zu der Rechtsgrundlage passt, auf welche sich die Behörde beruft, welche die Daten abruft. Angemessen sind derartige Übermitt-

81 BVerfGE 125, 260 (312) – *Vorratsdatenspeicherung.*

82 BVerfGE 125, 260 (312 f.) – *Vorratsdatenspeicherung*; 130, 151 (184) – *Zuordnung dynamischer IP-Adressen*; 155, 119 (167 Rn. 95) – *Bestandsdatenauskunft II.*

83 BVerfGE 130, 151 (184) – *Zuordnung dynamischer IP-Adressen*; 155, 119 (167 Rn. 93) – *Bestandsdatenauskunft II.*

lungsregelungen dabei nur, wenn der mit ihnen verfolgte Zweck und die zu erwartende Zweckerreichung nicht außer Verhältnis zu der Schwere des Eingriffs stehen.[84] Spezielle Anforderungen bestehen hinsichtlich der Rechtsgrundlage: Diese muss anhand spezifisch bezeichneter Zwecke die Nutzung von personenbezogenen Daten begrenzen (Zweckbindung). Auf diese Weise soll vermieden werden, dass personenbezogene Daten zu beliebigen Zwecken genutzt werden dürfen und so eine effektive Kontrolle verhindert wird. Die staatlichen Befugnisse zur Datennutzung müssen ferner den Grundsatz der Normenklarheit und Bestimmtheit wahren.[85]

Soweit eine gesetzliche Speicherpflicht für juristische Personen des Privatrechts besteht, muss auch diese gesetzliche Grundlage die Vorgaben für staatliche Eingriffe in das Recht auf informationelle Selbstbestimmung wahren. Klagen juristischer Personen des Privatrechts, die sich gegen derartige Datenspeicherungen gewehrt haben, sind in der verwaltungsgerichtlichen Rechtsprechung unter bestimmten Voraussetzungen in Form einer verwaltungsprozessualen Feststellungsklage für zulässig erachtet worden;[86] dabei konnten sich die juristischen Personen des Privatrechts auf ihre wirtschaftlichen Betätigungsfreiheiten berufen.[87]

VII. Juristische Personen des Privatrechts als Träger des Grundrechts auf informationelle Selbstbestimmung

Die einfachrechtlichen Bestimmungen des Datenschutzrechts dienen dem Schutz personenbezogener Daten. Hierunter fallen nach Art. 4 Nr. 1 DSGVO alle Informationen, die sich auf eine identifizierte oder identifizierbare natürliche Person beziehen; als identifizierbar wird eine natürliche Person angesehen, die direkt oder indirekt, insbesondere mittels Zuordnung zu einer Kennung wie einem Namen, zu einer Kennnummer, zu Standortdaten, zu einer Online-Kennung oder zu einem oder mehreren besonderen Merkmalen, die Ausdruck der physischen, physiologischen, genetischen, psychischen, wirtschaftlichen, kulturellen oder sozialen Identität dieser natürlichen Person sind, identifiziert werden kann. Aus

---

84 BVerfGE 141, 220 (267 Rn. 98) – *BKA-Gesetz*; 148, 40 (57 f. Rn. 49) – *Lebensmittelpranger*; 155, 119 (178 Rn. 128) – *Bestandsdatenauskunft II*.

85 BVerfGE 141, 220 (265 Rn. 94) – *BKA-Gesetz*; 155, 119 (177 Rn. 123) – *Bestandsdatenauskunft II*.

86 VG Köln, Urt. v. 20. April 2018 – 9 K 3859/16 –, juris, Rn. 14 ff.

87 OVG NRW, Beschl. v. 22. Juni 2017 – 13 B 238/17 –, juris, Rn. 85 ff.

der Beschränkung auf Informationen über natürliche Personen folgt, dass juristische Personen keinen Schutz erfahren. Dies bestätigen die Erwägungsgründe der DSGVO, in denen es heißt: „Diese Verordnung gilt nicht für die Verarbeitung personenbezogener Daten juristischer Personen und insbesondere als juristische Person gegründeter Unternehmen, einschließlich Name, Rechtsform oder Kontaktdaten der juristischen Person.“[88]

1. Wesensmäßige Anwendung des Rechts auf informationelle Selbstbestimmung

Auch die verfassungsgerichtliche Rechtsprechung stellt auf den Begriff der personenbezogenen Daten ab und definiert diese als Informationen, die eine bestimmte oder bestimmbare natürliche Person betreffen.[89] Gleichwohl hat das Bundesverfassungsgericht in seiner Rechtsprechung anerkannt, dass sich grundsätzlich auch juristische Personen des Privatrechts auf das Recht auf informationelle Selbstbestimmung berufen können.[90] Allerdings bestehen besondere Anforderungen an die geschützten Informationen.

Nach Art. 19 Abs. 3 GG gelten die Grundrechte für inländische juristische Personen, soweit sie ihrem Wesen nach auf diese anwendbar sind. Dies erfasst vor allem die Berufs- und die Eigentumsfreiheit. Darüber hinaus hat das Bundesverfassungsgericht unter anderem anerkannt, dass sich juristische Personen des Privatrechts auf das Recht am gesprochenen Wort als Ausprägung des allgemeinen Persönlichkeitsrechts berufen können, auch wenn die juristische Person gar nicht selbst sprechen kann.[91] Denn das Recht am gesprochenen Wort hänge nicht von einem besonderen personalen Kommunikationsinhalt ab. Es solle vielmehr gesichert sein, dass sich die Beteiligten in der Kommunikation eigenbestimmt und situationsangemessen verhalten können. Insofern könne auch eine juristische Person, die durch natürliche Personen kommuniziert, einer grundrechtstypischen Gefährdungslage ausgesetzt sein. Die juristische Person des Privatrechts könne sich aber nur auf Art. 2 Abs. 1 GG berufen, da der Menschenwürdegehalt des

88 Erwägungsgrund (14) Satz 2 DSGVO.

89 BVerfGE 152, 216 (255 Rn. 100) – *Recht auf Vergessen II*; ähnlich bereits in BVerfGE 65, 1 (42) – *Volkszählung*; 150, 244 (265 Rn. 40 m.w.N.) – *KfZ-Kennzeichenkontrolle 2*.

90 Vereinzelt haben dies auch Fachgerichte anerkannt: vgl. Nds. OVG, Beschl. v. 15. Mai 2009 – 10 ME 385/08 –, juris, Rn. 23; aus der Literatur siehe hierzu *Schnabel*, Das Recht der informationellen Selbstbestimmung für Unternehmen, WM 2019, S. 1384 (1386 ff.).

91 BVerfGE 106, 28 (42 ff.) – *Mithörvorrichtung*.

allgemeinen Persönlichkeitsrechts nicht auf juristische Personen des Privatrechts anwendbar sei.[92]

Entsprechend begrenzt hat das Bundesverfassungsgericht auch das Recht auf informationelle Selbstbestimmung bei juristischen Personen des Privatrechts angewendet.[93] Unterschiede zwischen dem Schutz der Daten natürlicher und juristischer Personen bestünden, da der Tätigkeitskreis juristischer Personen anders als der natürlicher Personen in der Regel durch eine bestimmte Zwecksetzung begrenzt werde.[94] Um den Anwendungsbereich des Grundrechts für eine juristische Person zu eröffnen, genüge nicht, dass die Informationen einen Bezug zu dieser aufwiesen. Die betroffene juristische Person müsse vielmehr einer Gefährdung hinsichtlich ihrer spezifischen Freiheitsausübung ausgesetzt sein, für die es maßgeblich auf die Bedeutung der betroffenen Informationen für den grundrechtlich geschützten Tätigkeitskreis der juristischen Person sowie auf den Zweck und die möglichen Folgen der Maßnahme ankomme.[95] So gefährde die Erfassung von Kontostammdaten die wirtschaftliche Verhaltensfreiheit eines Kreditinstituts grundsätzlich nicht, wenn die Abrufe dieser Informationen wegen der Kunden des Kreditinstituts durchgeführt würden. Allerdings könne der Schutzbereich auch für ein Kreditinstitut eröffnet sein, wenn die bei der Ermittlung der Kontostammdaten eines Kunden gewonnenen Informationen über die Ermittlungen hinaus gespeichert, genutzt oder weitergeleitet würden.[96] Häufig kommt hier aber vorrangig die Berufung auf Art. 12 GG in Betracht.[97]

2. Datenschutzrechtlicher Grundrechtsschutz juristischer Personen des Privatrechts in der EU-Grundrechtecharta

Soweit sich juristische Personen des Privatrechts auf die datenschutzrechtlichen Grundrechtsbestimmungen der Art. 7, 8 GRCh berufen wollen, ist dies bislang nur in engen Grenzen anerkannt. Nach der Rechtsprechung des EuGH können sich juristische Personen des Privatrechts auf den durch die Art. 7 und 8 GRCh verliehenen Schutz nur berufen, soweit der Name der juristischen Person eine oder

92 Vgl. zum Vorstehenden BVerfGE 106, 28 (43 f.) – *Mithörvorrichtung*.
93 BVerfGE 118, 168 (203 f.) – *Kontostammdaten*.
94 BVerfGE 118, 168 (204) – *Kontostammdaten*.
95 BVerfGE 118, 168 (204) – *Kontostammdaten*.
96 BVerfGE 118, 168 (205) – *Kontostammdaten*.
97 Vgl. *Rudolf*, Recht auf informationelle Selbstbestimmung, in: Merten/Papier (Hrsg.), Handbuch der Grundrechte in Deutschland und Europa, 2011, § 90 Rn. 37.

mehrere natürliche Personen bestimmt.[98] Der EuGH hat darüber hinaus deutlich gemacht, dass Informationen, die juristische Personen betreffen, im Unionsrecht nicht in vergleichbarer Weise wie Daten einer natürlichen Person in Art. 8 GRCh geschützt werden. Vielmehr gebe es im deutschen Recht ein eigenes Konzept des Schutzes personenbezogener Daten juristischer Personen.[99]

Der Schutz juristischer Personen des Privatrechts durch Art. 7, 8 EU-Grundrechtecharta ist nach der Rechtsprechung des EuGH deutlich begrenzter als der vom Bundesverfassungsgericht anerkannte grundgesetzliche Schutz durch das Recht auf informationelle Selbstbestimmung. Für das Bundesverfassungsgericht könnte dieser Unterschied relevant werden, sobald über einen Fall zu entscheiden ist, in dem sich eine juristische Person des Privatrechts auf ihre datenschutzrechtlichen Grundrechte in einem unionsrechtlich vollständig vereinheitlichten Bereich[100] beruft. Denn dann könnte sich die Frage stellen, ob sich eine juristische Person des Privatrechts über den vom EuGH anerkannten Bereich hinaus auf Art. 7, 8 GRCh berufen kann. Dabei kann das Bundesverfassungsgericht die Rechtsprechung des EuGH nicht außer Betracht lassen. Dies hat es auch selbst deutlich gemacht, indem es auf die enge Kooperation mit dem EuGH hingewiesen hat.[101] Das Bundesverfassungsgericht hat dabei die besondere Bedeutung der Einheit des Unionsrechts hervorgehoben.[102] Insofern spricht einiges dafür, dass der grundrechtliche Datenschutz für juristische Personen des Privatrechts im unionsrechtlich vollständig vereinheitlichten Bereich nicht in gleicher Weise gewährleistet ist wie auf grundgesetzlicher Ebene.

Dies ist angesichts des Eigenstands der jeweiligen Grundrechtskataloge nachvollziehbar. Gleichwohl ist die durch den EuGH vorgenommene begrenzte Anwendung der Art. 7, 8 GRCh nicht zwingend. Denn die EU-Grundrechtecharta erlaubt durchaus auch ein anderes Verständnis.[103] Die Anwendbarkeit der Grundrechte der EU-Grundrechtecharta auf juristische Personen des Privatrechts bestimmt sich nach der jeweiligen Grundrechtsbestimmung. Im Hinblick auf

---

98 EuGH, Urt. v. 9. November 2010, verb. Rs. C-92/09 und C-93/09, EU:C:2010:662, Rn. 53, curia.europa.eu – *Volker und Markus Schecke und Eifert*; Urt. v. 17. Dezember 2015, Rs. C-419/14, EU:C:2015:832, Rn. 79, curia.europa.eu – *WebMindLicenses*.

99 EuGH, Urt. v. 10. Dezember 2020, Rs. C-620/19, EU:C:2020:1011, Rn. 46 f., curia.europa.eu – *J & S Service*.

100 Siehe zu dieser Voraussetzung für die Anwendbarkeit der EU-Grundrechtecharta BVerfGE 152, 216 (229 ff. Rn. 32 ff.) – *Recht auf Vergessen II*.

101 BVerfGE 152, 216 (243 ff. Rn. 68 ff.) – *Recht auf Vergessen II*.

102 BVerfGE 152, 216 (244 f. Rn. 71) – *Recht auf Vergessen II*.

103 Vgl. *Heißl*, Können juristische Personen in ihrem Grundrecht auf Datenschutz verletzt sein?, EuR 2017, S. 564 ff. (570); *Leeb/Liebhaber*, Grundlagen des Datenschutzrechts, JuS 2018, S. 534 (536).

Art. 7, 8 GRCh sprechen gute Gründe für eine Anwendbarkeit auf juristische Personen des Privatrechts. Dass diese Träger des Grundrechts sein können, wird vom Wortlaut nicht ausgeschlossen, der nur auf „Person“ abstellt. Im Gegensatz dazu wird an anderen Stellen der EU-Grundrechtecharta der Terminus „Mensch“ verwendet.[104] Soweit in der EU-Grundrechtecharta auch der Begriff „juristische Person“ verwendet wird,[105] erklärt sich dies aus dem Zusammenhang der dortigen Formulierung, die neben Unionsbürgerinnen und Unionsbürgern auch juristische Personen einbezieht, die ihren Sitz in einem der Mitgliedstaaten der Europäischen Union haben. Ferner geht die Rechtsprechung des EuGH von den Bestimmungen des datenschutzrechtlichen Sekundärrechts aus, die sich auf den Datenschutz natürlicher Personen beschränken.

VIII. Zusammenschau

Aus der Rechtsprechung des Bundesverfassungsgerichts zum Schutz persönlicher Daten in Privatrechtsverhältnissen lässt sich erkennen, dass es keinen Gleichlauf der grundrechtlichen Anforderungen im öffentlichen und im nicht-öffentlichen Datenschutzrecht gibt.[106] Dies verdecken die Regelungen der EU-Datenschutzgrundverordnung, die grundsätzlich die staatliche und die private Datenverarbeitung den gleichen Regelungen unterwerfen.[107] Aus verfassungsrechtlicher Sicht ist diese Unterscheidung zwingend, da die Grundrechte als Abwehrrechte es erforderlich machen, dass jede staatliche Datenverarbeitung zu rechtfertigen ist, wohingegen Datenverarbeitungen durch juristische Personen des Privatrechts Teil ihrer grundrechtlichen Freiheit sind und nur im Rahmen einer Abwägung mit den datenschutzrechtlichen Grundrechten Betroffener zu begrenzen sind.[108] Aller-

---

104 Siehe beispielsweise bei der Menschenwürde (Art. 1 GRCh), dem Recht auf Leben (Art. 2 GRCh), dem Recht auf Unversehrtheit (Art. 3 GRCh), Recht auf Freiheit und Sicherheit (Art. 6 GRCh) und Gesundheitsschutz (Art. 35 GRCh).

105 Recht auf Zugang zu Dokumenten (Art. 42 GRCh), Europäische Bürgerbeauftragte (Art. 43 GRCh) und Petitionsrecht (Art. 44 GRCh).

106 So bereits *Rudolf*, Recht auf informationelle Selbstbestimmung, in: Merten/Papier (Hrsg.), Handbuch der Grundrechte in Deutschland und Europa, 2011, § 90 Rn. 28 f.; *Masing*, Herausforderungen des Datenschutzes, NJW 2012, S. 2305 (2306); *Grimm*, Der Datenschutz vor einer Neuorientierung, JZ 2013, S. 585 (587).

107 Dieser Gleichlauf der datenschutzrechtlichen Anforderungen für öffentliche und nicht-öffentliche Stellen wird gleichwohl an bestimmten Stellen durchbrochen (vgl. beispielsweise Art. 6 Abs. 1 UAbs. 2, Art. 27 Abs. 2 lit. b) DSGVO).

108 Siehe hierzu *Bäcker*, Grundrechtlicher Informationsschutz gegen Private, Der Staat 51 (2012), S. 91 (97 ff.).

dings können auch für juristische Personen des Privatrechts die für staatliche Datenverarbeitungen geltenden Vorgaben greifen, wenn diese zur staatlichen Aufgabenerfüllung Daten übermitteln. Strenge Maßgaben können aus grundrechtlicher Sicht ebenfalls bestehen, wenn juristische Personen des Privatrechts in eine staatsähnlich dominante Position rücken oder die Bereitstellung der Rahmenbedingungen öffentlicher Kommunikation selbst übernehmen.[109] Letzteres kann eine entsprechende gesetzliche Ausgestaltung der zulässigen Datenverarbeitung Privater erforderlich machen.[110] Daran wird deutlich, dass sich die bundesverfassungsgerichtliche Rechtsprechung nicht daran orientiert, dass persönliche Informationen betroffen sind oder wer persönliche Informationen verarbeitet, sondern welcher (potentiellen) Gefahr der Selbstbestimmung des Einzelnen zu begegnen ist, wenn andere über ihn Informationen sammeln, diese verknüpfen und als dessen Persönlichkeitsbild nutzen können. Insofern lässt sich aus dem Umstand, dass im Privatrechtsbereich grundsätzlich weniger strenge datenschutzrechtliche Anforderungen aus den Grundrechten folgen, nicht ablesen, dass das Bundesverfassungsgericht davon ausgeht, dass von Privaten weniger gravierende Konsequenzen für den Einzelnen aus der Verarbeitung seiner Daten folgen können. Die Konsequenzen für Betroffene werden vielmehr im Rahmen der Abwägung gewichtend berücksichtigt.

Im Rahmen der Abwägung sich gegenüberstehender Grundrechtspositionen besteht zudem nicht stets ein Gegeneinander des Rechts auf informationelle Selbstbestimmung auf Seiten des Betroffenen und der wirtschaftlichen Betätigungsfreiheit auf Seiten der juristischen Person des Privatrechts. Denn das Grundrecht auf informationelle Selbstbestimmung greift aufgrund seiner Funktion als Auffanggrundrecht nur, soweit keine speziellen Gewährleistungen geltend gemacht werden können. Zudem haben die Entscheidungen des Bundesverfassungsgerichts zum Recht auf Vergessen deutlich gemacht, dass weitere Grundrechte und Interessen Dritter Teil des Abwägungsprogramms werden können. Ansonsten – so die bisherige Rechtsprechung – fiele das Ergebnis der Abwägung in der Regel zulasten der juristischen Person des Privatrechts aus, die sich nur auf wirtschaftliche Freiheiten berufen kann. Dieser begrenzte Vorrang des Persönlichkeitsschutzes ist zumindest insofern nachvollziehbar, als dass nach dem Grundgesetz (betriebs-)wirtschaftliche Interessen nicht über dem Schutz persönlicher Informationen des Einzelnen stehen. Gleichwohl ist es nicht ausgeschlossen, dass grundrechtlich geschützte wirtschaftliche Tätigkeiten nicht stets hinter den Persönlichkeitsschutz zurücktreten müssen. Dies lässt sich dem

109 BVerfGE 152, 152 (191 Rn. 88) – *Recht auf Vergessen I.*

110 Vgl. *Masing*, Herausforderungen des Datenschutzes, NJW 2012, S. 2305 (2308).

Beschluss „Recht auf Vergessen II“ entnehmen, denn die Verfassungsbeschwerde gegen eine zivilgerichtliche Entscheidung, die im konkreten Fall einen Löschungsanspruch gegenüber einem Suchmaschinenbetreiber verneint hatte, hat das Bundesverfassungsgericht zurückgewiesen, wenn auch unter Berücksichtigung von Grundrechten Dritter. Das Bundesverfassungsgericht wird sicherlich in weiteren Verfahren Gelegenheit bekommen, die diesbezüglichen Maßstäbe zu konkretisieren.

Tobias Mast

Der Schutz geschlechtlicher Identität

Leitentscheidungen des Bundesverfassungsgerichts

BVerfGE 49, 286 – Transsexualität I
BVerfGE 60, 123 – Transsexualität II
BVerfGE 88, 87 – Transsexualität III
BVerfGE 115, 1 – Transsexualität V
BVerfGE 116, 243 – Transsexualität VI
BVerfGE 121, 175 – Transsexualität VII
BVerfGE 128, 109 – Transsexualität VIII
BVerfGE 147, 1 – Geschlechtsidentität/dritte Option

Wichtige Kammerentscheidungen

BVerfG, Beschluss der 2. Kammer des Zweiten Senats vom 15. August 1996 – 2 BvR 1833/95 –, NJW 1997, S. 1632 ff. – Anrede transsexueller Personen nach Namensänderung (Transsexualität IV)
BVerfG, Beschluss der 3. Kammer des Zweiten Senats vom 7. November 2008 – 2 BvR 1870/07 –, NJW 2009, S. 661 ff. – Kosmetikbedarf männlicher und weiblicher Strafgefangener
BVerfG, Beschluss der 2. Kammer des Ersten Senats vom 17. August 2017 – 1 BvR 747/17 –, NJW 2018, S. 222 ff. – Voraussetzungen für Namens- und Personenstandswechsel nach dem Transsexuellengesetz

Schrifttum (Auswahl)

Monografien

Adamietz, Geschlecht als Erwartung, 2011; *Britz*, Freie Entfaltung durch Selbstdarstellung, 2007; *Helms*, Brauchen wir ein drittes Geschlecht?, 2015; *Kieck*, Der Schutz individueller Identität als verfassungsrechtliche Aufgabe, 2019; *Kolbe*, Intersexualität, Zweigeschlechtlichkeit und Verfassungsrecht, 2010; *Morlok*, Selbstverständnis als Rechtskriterium, 1993; *Rädler*, Das dritte Geschlecht, 2019; *Risse*, Der verfassungsrechtliche Schutz der Homosexualität, 1998; *Sacksofsky*, Das Grundrecht auf Gleichberechtigung, 2. Aufl. 1996; *Siedenbiedel*, Selbstbestimmung über das eigene Geschlecht, 2016; Valentiner, Das Grundrecht auf sexuelle Selbstbestimmung, 2021; *Wielpütz*, Über das Recht ein anderer zu werden und zu sein, 2012.

Beiträge in Mehrpersonenwerken

Augstein, Die Transsexualität in der personenstandsrechtlichen Rechtsprechung der europäischen Gerichtshöfe und des Bundesverfassungsgerichts, in: *Lohrenscheit (Hrsg.)*, Sexuelle Selbstbestimmung als Menschenrecht, 2009, S. 135 ff.; *Baer*, „Sexuelle Selbstbestimmung"? Zur internationalen Rechtslage und denkbaren Konzeptionen von Recht gegen geschlechtsbezogene Diskriminierung, in: *Lohrenscheit (Hrsg.)*, Sexuelle Selbstbestimmung als Menschenrecht, 2009, S. 89 ff.; *Büchler/Cottier*, Intersexualität, Transsexualität und das Recht, Freiburger Frauenstudien

https://doi.org/10.1515/9783110686623-011

11 (2005), S. 115 ff.; *Lohrenscheit/Thiemann*, Sexuelle Selbstbestimmungsrechte – Zur Entwicklung menschenrechtlicher Normen für Lesben, Schwule, Transsexuelle und Intersexuelle, in: *Lohrenscheit (Hrsg.)*, Sexuelle Selbstbestimmung als Menschenrecht, 2009, S. 15 ff.; *Plett*, Intersex und Menschenrechte, in: *Lohrenscheit (Hrsg.)*, Sexuelle Selbstbestimmung als Menschenrecht, 2009, S. 151 ff.; *Plett*, Trans* und Inter* im Recht: Alte und neue Widersprüche, in: *Schochow/Gehrmann/Steger (Hrsg.)*, Inter* und Trans*identitäten, 2016, S. 215 ff.; *Richter*, Geschlechtliche Identitäten als rechtsgestalterische und rechtsreformerische Herausforderung, in: *Schochow/Gehrmann/Steger (Hrsg.)*, Inter* und Trans*identitäten, 2016, S. 279 ff.; *Schmidt*, Das Recht „auf Anerkennung der selbstbestimmten geschlechtlichen Identität" gemäß Art. 2 I, 1 I GG im Hinblick auf den geschlechtlichen Personenstand, in: *Schochow/Gehrmann/Steger (Hrsg.)*, Inter* und Trans*identitäten, 2016, S. 231 ff.; *Wintemute*, Recognising New Kinds of Direct Sex Discrimination: Transsexualism, Sexual Orientation and Dress Codes, Modern Law Review 60 (1997), S. 334 ff.; *Woweries*, Haben intersexuelle Kinder ein Geschlecht?, in: *Schochow/Gehrmann/Steger (Hrsg.)*, Inter* und Trans*identitäten, 2016, S. 189 ff.

Zeitschriftenbeiträge

Adamietz, Geschlechtsidentität im deutschen Recht, APuZ 20–21/2012, S. 15 ff.; *Baldus*, Der Kernbereich privater Lebensgestaltung – absolut geschützt, aber abwägungsoffen, JZ 2008, S. 218 ff.; *Buckel/König*, Körperwünsche im Recht – Zur Vermittlung von Rechtstheorie und Psychoanalyse, KJ 42 (2009), S. 341 ff.; *Coester-Waltjen*, Geschlecht – kein Thema mehr für das Recht?, JZ 2010, S. 854 ff.; *Correll*, Im falschen Körper – Ein Beitrag zur rechtlichen und tatsächlichen Problematik der Transsexualität, NJW 1999, S. 3372 ff.; *Froese*, Männlich, weiblich oder „weder noch"?, AöR 140 (2015), S. 598 ff.; *Froese*, Tertium datur: Der Abschied von der Binarität der Geschlechterordnung, DÖV 2018, S. 315 ff.; *Grünberger*, Ein Plädoyer für ein zeitgemäßes Transsexuellengesetz, StAZ 2007, S. 357 ff.; *Hoffmann*, Drittes Geschlecht, die „Gleichbehandlung von Männern und Frauen" und das AGG, JZ 2021, 484 ff.; *Lindenberg*, Das Dritte Geschlecht, NZFam 2018, S. 1062 ff.; *Mittag/Sauer*, Geschlechtsidentität und Menschenrechte im internationalen Kontext, APuZ 20–21/2012, S. 55 ff.; *Petričević, Rechtliche Anerkennung nicht-binärer Geschlechtsidentitäten, Betrifft Justiz 137 (2019), S. 9 ff.*; *Steinke*, Gerichte schauen nicht mehr auf Genitalien. Anmerkungen zur achten Entscheidung des Bundesverfassungsgerichts zur Transsexualität, KJ 44 (2011), S. 313 ff.; *Völzmann*, Postgender im Recht? Zur Kategorie „Geschlecht" im Personenstandsrecht, JZ 2019, S. 381 ff.

Inhaltsübersicht

I. Einleitung

Ein freiheitliches, plurales Gemeinwesen bringt es mit sich, dass die Grundrechte, die den einzelnen Personen unterschiedslos zugewiesen sind, ganz unterschiedliche Bedeutsamkeit für diese erlangen. Menschen, deren Geschlecht sich in gesellschaftliche Normen fügt, die sich in Übereinstimmung mit dem Geschlecht, das ihnen bei Geburt zugewiesen wurde als „weiblich“ oder „männlich“ definieren und ihr Aussehen den jeweiligen Erwartungen entsprechend gestalten wollen, werden ihre Geschlechtsidentität, also ihre individuell empfundene Geschlechtszugehörigkeit, kaum jemals beschränkt sehen.[1] Ganz anders steht es um Personen, die sich in diese Normen nicht einfügen, etwa weil ihr empfundenes

1 *Adamietz*, APuZ 20 – 21/2012, S. 16; vgl. *O'Flaherty/Fischer*, in: Lohrenscheidt (Hrsg.), Sexuelle Selbstbestimmung als Menschenrecht, 2009, S. 41 (52).

vom biologischen Geschlecht abweicht (Transsexualität) oder sie sich in einer binären Geschlechterlogik, bestehend aus Frauen und Männern, nicht wiederfinden (Intersexualität). Sie stellen Minderheiten dar, deren Persönlichkeitsentfaltung vor Herausforderungen steht, für die das inländische Fachrecht lange Zeit keine Lösungen bereithielt.

Erst Entscheidungen des Bundesverfassungsgerichts zum grundgesetzlichen Schutz der geschlechtlichen Identität stießen die Gesetzgebung in diesem Gebiet an und danach vielzählige Normen um. Erstmals wurde der verfassungsrechtliche Schutz der geschlechtlichen Identität in einer Entscheidung aus dem Jahr 1978[2] bezüglich transsexueller Menschen anerkannt, für die zu diesem Zeitpunkt noch keine Möglichkeit bestand, ihren Vornamen und/oder den Geschlechtseintrag im Personenstandsregister ändern zu lassen. Zu dem daraufhin im Jahr 1981 in Kraft getretenen Transsexuellengesetz (TSG) ergingen seither sechs weitere Senatsentscheidungen,[3] die den grundrechtlichen Schutz konkretisierten.[4] Einen Meilenstein stellte schließlich die Entscheidung zu der „dritten Option" des personenstandsrechtlichen Geschlechtseintrags für intersexuelle Menschen im Jahr 2017[5] dar, die der bislang freiheitsrechtlich geprägten Dogmatik ein gleichheitsrechtliches Pendant beistellte. Noch stärker als andernorts wurde und wird die geltende Rechtslage im Dialog zwischen Gesetzgebung, Bundesverfassungsgericht und Wissenschaft geformt. Insofern ist eine Geschichte dieser Rechtsprechung auch eine Geschichte des gesellschaftlichen Wandels und wissenschaftlichen Erkenntnisgewinns.

Inzwischen prägt das Bundesverfassungsgericht die persönlichkeitsrechtliche und antidiskriminatorische Rechtsprechung nicht mehr allein, sondern im Verbund mit dem Europäischen Gerichtshof für Menschenrechte (EGMR) und dem Europäischen Gerichtshof (EuGH). Dass sich die Gerichte hierbei gegenseitig beeinflussen, liegt insbesondere hinsichtlich der gleichheitsrechtlichen Öffnung für nichtbinäre Geschlechtsidentitäten durch das Bundesverfassungsgericht nahe. Der EGMR erkennt den Schutz der Geschlechtsidentität seit einem Urteil aus dem Jahr 2002 als Teilaspekt des in Art. 8 EMRK verankerten Rechts auf Achtung

2 BVerfGE 49, 286.

3 BVerfGE 60, 123; 88, 87; 115, 1; 116, 243; 121, 175; 128, 109.

4 Zu diesem Ping-Pong-Spiel zwischen Gesetzgeber und Bundesverfassungsgericht *Siedenbiedel*, Selbstbestimmung über das eigene Geschlecht, 2016, S. 26 ff.; ausführliche Darstellung der Entscheidungen bei *Adamietz*, Geschlecht als Erwartung, 2011, S. 125 ff.; *Rädler*, Das dritte Geschlecht, 2019, S. 34 ff.

5 BVerfGE 147, 1 ff.

des Privatlebens an.[6] Darüber hinaus interpretiert er das Verbot der Diskriminierung wegen des Geschlechts gemäß Art. 14 Var. 1 EMRK weit und sieht darin auch die Geschlechtsidentität („gender identity“) umfasst.[7] Der EuGH entschied Fälle transsexueller Personen bislang anhand antidiskriminatorischen EU-Richtlinien und Art. 141 EGV a.F. (Entgeltgleichheit für Männer und Frauen).[8]

Der vorliegende Beitrag stellt die einschlägige Rechtsprechung des Bundesverfassungsgerichts zu Art. 2 Abs. 1 i.V.m. Art. 1 Abs. 1 GG (II.) sowie Art. 3 Abs. 3 Satz 1 Var. 1 GG (III.) angelehnt an den Aufbau einer Grundrechtsprüfung dar, verweist an den entsprechenden Stellen auf Charakteristika des verfassungsgerichtlichen Vorgehens und erwägt mögliche Weiterentwicklungen der Spruchpraxis.

II. Persönlichkeitsrechtlicher Schutz der geschlechtlichen Identität (Art. 2 Abs. 1 i.V.m. Art. 1 Abs. 1 GG)

1. Ausprägung des Allgemeinen Persönlichkeitsrechts

In einigen Entscheidungen, die bis in die jüngere Vergangenheit reichen, leitete das Bundesverfassungsgericht die geschlechtliche Identität als einen Teilaspekt der *sexuellen Selbstbestimmung* her.[9] Nach Kritik in der Literatur, die Ge-

6 EGMR (GK), Goodwin v. Vereinigtes Königreich, Urteil vom 11. Juli 2002, Nr. 28957/95 – NJW-RR 2004, S. 289; EGMR, van Kück v. Deutschland, Urteil vom 12. Juni 2003, Nr. 35968/97 – NJW 2004, S. 2505; EGMR, Grant v. Vereinigtes Königreich, Urteil vom 23. Mai 2006, Nr. 32570/03; EGMR, L v. Litauen, Urteil vom 11. September 2007, Nr. 27567/03; EGMR (GK), Hämäläinen v. Finnland, Urteil vom 16. Juli 2014, Nr. 37359/09; EGMR, Y.Y. v. Türkei, Urteil vom 10. Juni 2015, Nr. 14793/08; EGMR, A.P., Garçon und Nicot v. Frankreich, Urteil vom 6. April 2017, Nr. 79885/12, 52471/13 und 52596/13, §§ 94 ff., §§ 126 ff. – NJOZ 2018, S. 1672; bestätigt in EGMR, S.V: v. Italien, Urteil vom 11. Oktober 2018, Nr. 55216/08 – NVwZ-RR 2019, S. 489, §§ 57 f.; EGMR, Rana v. Ungarn, Urteil vom 16. Juli 2020, Nr. 40888/17, § 24; EGMR, X v. Frühere Republik Mazedonien, Urteil vom 17. Januar 2019, Nr. 29683/16; EGMR, Y.T. v. Bulgarien, Urteil vom 9. Juli 2020, Nr. 41701/16.

7 EGMR, Identoba u. a. v. Georgien, Urteil vom 12. Mai 2015, Nr. 73235/12, § 96.

8 EuGH, Urteil vom 30. April 1996, P. v. S. und Cornwall County Council, C-13/94, Slg. 1996, I-2143 – NJW 1996, S. 2421; EuGH, Urteil vom 7. Januar 2004, K.B. v. National Health Service and Pensions Agency, C-117/01, Slg. 2004 I-00541; EuGH, Urteil vom 27. April 2006, Richards v. Secretary of State for Work and Pensions, C-423/04, Slg. 2006, I-03585 – EuZW 2006, S. 342; EuGH, Urteil vom 26.06. 2018, MB gegen Secretary of State for Work and Pension, C-451/16 – DVBl 2019, S. 166.

9 BVerfG NJW 1997, S. 1632 (1633); BVerfGE 115, 1 (14); 116, 243 (264), 121, 175 (190), 128, 109 (124).

schlechtsidentität stelle gerade keinen Aspekt der Sexualität dar,[10] bezieht sich das Bundesverfassungsgericht in seiner jüngsten Senatsentscheidung direkt auf das *allgemeine Persönlichkeitsrecht* der Art. 2 Abs. 1 i.V.m. Art. 1 Abs. 1 GG.[11] Dies überzeugt, wenn man sich die fundamentale Bedeutung vor Augen führt, die der Geschlechtszugehörigkeit in unserer heutigen Gesellschaft für die Persönlichkeit zukommt. Kaum etwas bietet eine stärkere Identifikationsmöglichkeit als das Geschlecht. Wird es in Frage gestellt, stellt man die gesamte Identität in Frage. Damit sind Fragen der Menschenwürde und Persönlichkeitsentfaltung angesprochen; in den Worten des Bundesverfassungsgerichts:

Art. 1 Abs. 1 GG schützt die Würde des Menschen, wie er sich in seiner Individualität selbst begreift und seiner selbst bewusst wird. Hierzu gehört, dass der Mensch über sich selbst verfügen und sein Schicksal eigenverantwortlich gestalten kann. Art. 2 Abs. 1 GG i.V.m. Art. 1 Abs. 1 GG gewährleistet die freie Entfaltung der im Menschen angelegten Fähigkeiten und Kräfte.[12] Dieses allgemeine Persönlichkeitsrecht ergänzt als „unbenanntes" Freiheitsrecht die speziellen („benannten") Freiheitsrechte, die ebenfalls konstituierende Elemente der Persönlichkeit schützen.[13] Eine der Aufgaben des allgemeinen Persönlichkeitsrechts ist es dabei, Grundbedingungen dafür zu sichern, dass die einzelne Person ihre Individualität selbstbestimmt entwickeln und wahren kann.[14] Das allgemeine Persönlichkeitsrecht schützt indessen nur solche Elemente der Persönlichkeitsentfaltung, die – ohne bereits Gegenstand der besonderen Freiheitsgarantien des Grundgesetzes zu sein – diesen in ihrer konstituierenden Bedeutung für die Persönlichkeit nicht nachstehen.[15] Es verbürgt also nicht Schutz gegen alles, was die selbstbestimmte Persönlichkeitsentwicklung auf irgendeine Weise beeinträchtigen könnte; ohnehin vermag kein Mensch seine Individualität unabhängig von äußeren Gegebenheiten und Zugehörigkeiten zu entwickeln. Der lückenschließende Schutz des allgemeinen Persönlichkeitsrechts greift aber dann, wenn die selbstbestimmte Entwicklung und Wahrung der Persönlichkeit spezifisch gefährdet ist.[16]

---

10 *Wielpütz*, Über das Recht, ein anderer zu werden und zu sein, 2012, S. 86; *Siedenbiedel*, Selbstbestimmung über das eigene Geschlecht, 2016, S. 96 f.; siehe zu verfassungsrechtlichen Fragen sexueller Autonomie BVerfGE 120, 224 (238 f.) sowie die Beiträge in *Lembke (Hrsg.)*, Regulierungen des Intimen, 2017.

11 BVerfGE 147, 1 (19 f. Rn. 39).

12 BVerfGE 49, 286 (298).

13 BVerfGE 99, 185 (193); 101, 361 (380); 120, 274 (303); 147, 1 (19 Rn. 38); 153, 182 (260).

14 BVerfGE 35, 202 (220); 79, 256 (268); 90, 263 (270); 117, 202 (225); 147, 1 (19); 153, 182 (261).

15 BVerfGE 99, 185 (193); 101, 361 (380); 120, 274 (303); 147, 1 (19); 153, 182 (260).

16 BVerfGE 141, 186 (201 f. Rn. 32).

Das allgemeine Persönlichkeitsrecht schützt danach auch die *geschlechtliche Identität*,[17] die regelmäßig ein konstituierender Aspekt der eigenen Persönlichkeit ist. Der Zuordnung zu einem Geschlecht kommt für die individuelle Identität unter den gegebenen Bedingungen herausragende Bedeutung zu; sie nimmt typischerweise eine Schlüsselposition sowohl im Selbstverständnis einer Person als auch dabei ein, wie die betroffene Person von anderen wahrgenommen wird. Die Geschlechtszugehörigkeit spielt in den alltäglichen Lebensvorgängen eine wichtige Rolle: Teilweise regelt das Recht Ansprüche und Pflichten in Anknüpfung an das Geschlecht, vielfach bildet das Geschlecht die Grundlage für die Identifikation einer Person, und auch jenseits rechtlicher Vorgaben hat die Geschlechtszugehörigkeit im täglichen Leben erhebliche Bedeutung. Sie bestimmt etwa weithin, wie Menschen angesprochen werden oder welche Erwartungen an das äußere Erscheinungsbild einer Person, an deren Erziehung oder an deren Verhalten gerichtet werden.[18]

2. Charakteristika der Schutzbereichsbestimmung

Nach den soeben dargestellten Maßstäben lässt sich der persönliche Schutzbereich des Grundrechts vergleichsweise einfach bestimmen. Entsprechend der verfassungsrechtlichen Rückbindung in Art. 2 Abs. 1 i.V.m. Art. 1 Abs. 1 GG sind in persönlicher Hinsicht jedenfalls alle *natürlichen Personen* unabhängig von ihrer Staatsangehörigkeit in den Schutzbereich des Grundrechts auf Anerkennung ihrer geschlechtlichen Identität aufgenommen.[19]

Was den *sachlichen Schutzbereich* anbelangt, zeichnen sich die verfassungsgerichtlichen Maßstäbe dagegen durch einige Besonderheiten aus.

a) Dynamische, nachbarwissenschaftlich informierte Schutzbereichsbestimmung

Verfassungsgerichte stehen vor der Herausforderung, ihre Maßstäbe über längere Zeiträume hinweg kohärent und folgerichtig zu gestalten. In dynamischen Sachgebieten kann dies gelingen, wenn die *Fremdreferenz der gerichtlichen Annahmen* – etwa über die Natur und Gesellschaft der Menschen – offengelegt und in

---

17 Vgl. BVerfGE 115, 1 (14 ff.); 116, 243 (259 ff.); 121, 175 (190 ff.); 128, 109 (123 ff.); 147, 1 (19).
18 BVerfGE 147, 1 (19 f. Rn. 39).
19 Vgl. BVerfGE 116, 243 (Rn. 66, 69).

die Bestimmung bereits des grundrechtlichen Schutzbereichs integriert wird. Das Grundrecht auf selbstbestimmte geschlechtliche Identität zeichnet sich durch eine solche transparent nachbarwissenschaftlich informierte Schutzbereichsbestimmung aus.[20]

Die Rechtsprechungslinie wurde anhand der wissenschaftlichen Erkenntnis der Transsexualität entwickelt. So leitete das Bundesverfassungsgericht in „Transsexualität I" seine Entscheidungsgründe sogleich mit dem derzeitigen Stand der Erkenntnisse nach der Dokumentation der Deutschen Gesellschaft für Sexualforschung ein.[21] Die Ausführungen der beschwerdeführenden Personen sowie der stellungnehmenden Verfassungsorgane und Fachorganisationen stellten sich mitunter als fachwissenschaftlicher Disput dar.[22] Immer wieder betonte das Gericht, von welchen Erkenntnissen es aktuell oder in früheren Entscheidungen ausgegangen sei.[23] In „Transsexualität V" revidierte es unter Bezugnahme auf zwischenzeitliche Sexualforschung seine vorherigen Annahmen über die Sexualität von Transsexuellen und über deren vermeintlich allgemeinen Wunsch, eine operative Geschlechtsanpassung vorzunehmen.[24] In der Entscheidung zur „dritten Option" verwies es ausführlich darauf, dass medizinisch an einer allein binären Geschlechtskonzeption nicht festgehalten werde.[25]

Das Recht auf Anerkennung der geschlechtlichen Identität lässt sich damit als *Grundrecht zweiter Ordnung* beschreiben. Es hat kein eigenes, zeitlich unumstößliches normatives Bild der Geschlechter vor Augen, sondern fordert, dass alle Menschen ihre Individualität in geschlechtlicher Hinsicht selbstbestimmt entwickeln können, wozu es auf die Erkenntnisse tatsächlich möglicher Geschlechtsentwicklungen und -identitäten anderer Fachdisziplinen angewiesen ist. In der Folge erkennt es die dergestalt empirisch als möglich erkannten Geschlechter auch verfassungsrechtlich ohne jede Wertung an. Dieser Ansatz ist nicht nur aus eigennützig-vertrauenswahrenden Erwägungen, sondern auch der Entschei-

20 Demgegenüber legt das Bundesverfassungsgericht in anderen Bereichen mitunter Vorstellungen über Wirkungsweisen und Realbedingungen zugrunde, die es nicht (explizit) fachwissenschaftlich belegt. Bspw. seien genannt die unterstellte besondere „Amtsautorität" staatlicher Informationstätigkeit (BVerfGE 44, 125 (174 f., 184 f.) – Öffentlichkeitsarbeit; 105, 252 (257, 269) – Glykol; 105, 279 (289) – Osho; 136, 323 (332); 138, 102 (109, 118 ff.); 140, 225 (227) – Rote Karte) und die unterstellte besondere „Aktualität, Breitenwirkung und Suggestivkraft" des Rundfunks gegenüber anderen Massenmedien (BVerfGE 90, 60 (87) – Rundfunkgebühren I; 95, 220 (236 f.) – Extra-Radio). Hierzu *Mast*, Staatsinformationsqualität, 2020, S. 44 f., 62 f.

21 BVerfGE 49, 286 (287).

22 Vgl. BVerfGE 88, 87 (94 f.); 128, 109 (119 f.); 147, 1 (11 ff.).

23 Vgl. BVerfGE 60, 123 (132 f.); 128, 109 (124, 132); 147, 1 (29).

24 BVerfGE 115, 1 (5 f.); erneut betont in BVerfGE 128, 109 (132).

25 BVerfGE 147, 1 (7 f.).

dungsqualität wegen zu begrüßen. Zwar scheinen wissenschaftliche Erkenntnisse in den Augen vieler ihren Universalitätsanspruch einzubüßen und Politisierungstendenzen zu unterliegen.[26] Das Bundesverfassungsgericht selbst hat in anderen Zusammenhängen die Vorläufigkeit wissenschaftlicher Erkenntnis herausgestellt und ein Abstellen auf den momentanen Stand der Forschung dennoch für rational erklärt.[27] Dieser mag nicht unumstößlich sein, wenn sich allerdings zu einem bestimmten Zeitpunkt eine klar vorherrschende Ansicht in einer Disziplin herausgebildet hat, stellt die Anknüpfung an diesen einen vernünftigen Umgang mit Unsicherheit dar.

Das verfassungsgerichtliche Verfahren dient hierbei als exponiertes Forum der durch die Stellungnahmen bestenfalls repräsentativen Meinungsbildes in Gesellschaft und Wissenschaft. Bezieht man die normative und soziologische Kraft mit ein, die bundesverfassungsgerichtlicher Rechtsprechung zukommen kann, wird ein *rekursives Verhältnis* zwischen gesellschaftlichen Konventionen, Recht und Wissenschaft sichtbar: Veränderungen in einem Bereich irritieren die anderen Bereiche und fordern sie dazu auf, sich an die gewandelten Umstände anzupassen.[28] Über den Geltungsvorrang der Verfassung und die Entscheidungsmacht des Bundesverfassungsgerichts fungiert das Grundrecht koppelnd zwischen Wissenschaft und Gesetzgeber. Es wirkt aber auch niedrigschwelliger. Besonders eindrücklich waren insoweit die über den eigentlichen Entscheidungsbereich der Entscheidung zur „dritten Option" hinausgehenden Reaktionen in der (Rechts-)Praxis: Innerhalb kürzester Zeit wurden Stellenausschreibungen geschlechtsneutral „m/w/d" gestaltet.[29]

---

26 *Collin/Horstmann*, in: dies. (Hrsg.), Das Wissen des Staates, 2004, S. 22; *Voßkuhle*, in: Trute/Groß/ Röhl/Möllers (Hrsg.), Allgemeines Verwaltungsrecht – zur Tragfähigkeit eines Konzepts, 2008, S. 638; *Spiecker gen. Döhmann*, in: Oebbecke (Hrsg.), Nicht-normative Steuerung in dezentralen Systemen, S. 270; *Masing*, in: FS Wahl, 2011, S. 149f.

27 Vgl. BVerfGE 49, 89 (130, 143) – Kalkar I; jüngst BVerfG, Beschluss des Ersten Senats vom 24. März 2021 – 1 BvR 2656/18 –, Rn. 212, 229 – Klimaschutz; *Hendricks/Verstergaard*, APuZ 13/2017, S. 4 (5); *Hoffmann-Riem*, in: E. Schmidt-Aßmann/Hoffmann-Riem (Hrsg.), Methoden der Verwaltungsrechtswissenschaft, 2004, S. 30f.; zum notwendigen Operieren mit reversiblen Wissensbeständen *Trute*, in: Röhl (Hrsg.), Wissen – Zur kognitiven Dimension des Rechts, 2010, S. 29; aus demokratietheoretischer Sicht *Möllers*, Demokratie – Zumutungen und Versprechen, 2008, S. 45.

28 Vgl. zur Einwirkung des Rechts auf gesellschaftliche Anschauungen BVerfGE 7, 198 (215) – Lüth; *Plett*, in: Schochow/Gehrmann/Steger (Hrsg.), Inter* und Trans*identitäten, 2016, S. 215ff.; *Adamietz*, Geschlecht als Erwartung, 2011, S. 150f.: „Beitrag [des Bundesverfassungsgerichts] zur sozialen Konstruktion – und auch Dekonstruktion – von Zweigeschlechtlichkeit und Heteronormativität".

29 Dies obgleich das Bundesarbeitsgericht in einem zeitlich hiernach ergangenen Urteil (BAG, Urteil vom 23. November 2017 – 8 AZR 372/16 –, NZA-RR 2018, S. 287) die Entscheidung noch nicht

b) Verhältnis des Individuums zur Gesellschaft

Es entspricht allgemeiner persönlichkeitsrechtlicher Dogmatik, die Freiheitsausübung der einzelnen Person als gesellschaftlich fundiert zu begreifen. Den sozialen, in einer freiheitlichen Massendemokratie lebenden Wesen kann das Grundgesetz unter Aufrechterhaltung dieser Freiheitlichkeit keine schrankenlose Persönlichkeitsentwicklung garantieren, die gleichsam gegen jede Irritation und Beeinträchtigung durch äußere Gegebenheiten und Zugehörigkeiten abgesichert ist.[30] Nicht nur das Recht, sondern bereits soziale Normen wirken verhaltensanleitend und -beschränkend und stehen einer absolut selbstbestimmten Persönlichkeitsentwicklung entgegen.

Das allgemeine Persönlichkeitsrecht orientiert sich an den gesellschaftlichen Gegebenheiten. Diese sind für das Auffanggrundrecht, das lediglich bedeutende Elemente der Persönlichkeitsentfaltung vor spezifischen Gefährdungen schützen möchte,[31] bereits zur *Bestimmung dieser persönlichkeitsrelevanten Umstände* relevant.

Den Persönlichkeitsmerkmalen kommt unterschiedliche zwischenmenschliche Bedeutsamkeit zu, die zudem gesellschaftlich und historisch variiert.[32] Würde das Geschlecht als gesellschaftliches Distinktionsmerkmal entfallen, verlöre es auch seine persönlichkeitsrechtliche Bedeutsamkeit. Das allgemeine Persönlichkeitsrecht adaptiert die gesellschaftliche Entwicklung insoweit, als es in einer weniger von der Geschlechtszuordnung geprägten Gesellschaft (postgender) eventuell am besonderen Schutzbedürfnis der Geschlechtsidentität fehlen und diese etwa auf einen Rang mit der Blutgruppe einer Person herabfallen könnte.

Aktuell reiht sich die Geschlechtszugehörigkeit von ihrer Bedeutsamkeit für das Leben aber in den Kanon der restlichen Ausprägungen des allgemeinen Persönlichkeitsrechts ein und wird von dem Bundesverfassungsgericht – im Kontext unserer konkreten Gesellschaft – als fundamental für das Selbst- und Fremdverständnis angesehen.[33] Sie spielt in den alltäglichen Lebensvorgängen eine wichtige Rolle: Nach wie vor bildet das Geschlecht in unterschiedlichen

---

berücksichtigte. Zur Thematik *Bettinghausen*, BB 2018, S. 372 ff.; *Möhler*, B+P 2019, S. 663 (665); *Legerlotz*, in: Heidel/Hüßtege/Mansel/Noack (Hrsg.), BGB Allgemeiner Teil / EGBGB, 4. Aufl. 2021, AGG, § 11 Rn. 5.

30 BVerfGE 141, 186 (201 f. Rn. 32).

31 Fn. 15.

32 Historische Darstellung der Bedeutsamkeit der Geschlechtsidentität bei *Kolbe*, Intersexualität, Zweigeschlechtlichkeit und Verfassungsrecht, 2010, S. 33 ff.; *Adamietz*, Geschlecht als Erwartung, 2011, S. 75 ff.

33 BVerfGE 147, 1 (20 Rn. 40); vgl. BVerfGE 121, 175 (196).

Bereichen eine rechtliche Kategorie,[34] ihm kommt nach den oben dargestellten Maßstäben des Bundesverfassungsgerichts erhebliche Bedeutung für die Identifikation einer Person und deren tägliches Leben zu.[35]

Diese Realität wird als Rahmen der Freiheitsausübung und Persönlichkeitsentfaltung berücksichtigt, aber nicht in allen ihren Ausprägungen toleriert. Selbstbestimmung bedeutet, dass man sich tradierten Sozialnormen einer Gesellschaft auch *widersetzen* kann, wenn man diese als nicht passend für sich empfindet. Das Finden und Ausleben der eigenen Geschlechtsidentität ist deswegen frei und weder in den zur Verfügung gestellten Kategorien noch in der konkreten Zuordnung in diese vorgegeben. Den Anknüpfungspunkt der Rechtsprechung des Bundesverfassungsgerichts bildet nicht die Existenz akzeptierter Rollenvorbilder, sondern die selbst empfundene Geschlechtsidentität.[36]

3. Eingriff

Ohne dass es das Bundesverfassungsgericht ausdrücklich formuliert hätte, wird man aus den Ausführungen in seinen Entscheidungen folgern können, dass prinzipiell jeder staatlich verantworteten Hürde der autonomen geschlechtlichen Empfindung und Darstellung Eingriffsqualität zukommt.

a) Realakte und Anerkennungsvoraussetzungen

Zunächst zeichnet sich in der Rechtsprechung des Bundesverfassungsgerichts keine Einschränkungen hinsichtlich der *Rechtsnatur* der Begrenzungen der Persönlichkeitsentfaltung ab.

So betrachtet es den Personenstandsregistereintrag losgelöst von seinen möglichen (rechtlichen) Auswirkungen als grundrechtsrelevant.[37] Da der Eintrag als Schauseite der Geschlechtlichkeit wesentlich für die Selbst- und Fremdwahrnehmung ist, kommt es auf weiteres nicht an. Das Bundesverfassungsgericht betont, der Personenstand sei „keine Marginalie“[38], die personenstandsrechtliche

34 Darstellung bei *Völzmann*, JZ 2019, S. 381 (383 ff.); *Wielpütz*, Über das Recht ein anderer zu werden und zu sein, 2012, S. 276 ff.; vgl. auch *Sieberichs*, FamRZ 2013, S. 1180 (1181 ff.); *Froese*, AöR 140 (2015), S. 598 (610 ff.).

35 Fn. 18.

36 Vgl. BVerfGE 116, 243 (264); 121, 175 (190 f.); 128, 109 (124).

37 BVerfGE 147, 1 (22 f.); vgl. BVerfGE 49, 286 (297 f.); 116, 243 (260 f.).

38 BVerfGE 147, 1 (22).

Anerkennung des empfundenen Geschlechts sei für das Leben der Betroffenen „existentiell“[39]. Der Grundrechtseingriff wird damit in den von dem empfundenen Geschlecht abweichenden Registereintragungen als *tatsächlichem Verwaltungshandeln*[40] erblickt.[41] Einen dem nahestehenden Blickwinkel nahm das Gericht in „Transsexualität VI“ ein, als eine „schwere Beeinträchtigung“ in der fehlenden Möglichkeit der Registeränderung gesehen wurde.[42]

Aber auch die *verfahrensrechtlichen Voraussetzungen* einer Änderung des Geschlechtseintrags stellen Hürden dar, die überwunden werden müssen, um den grundrechtlich gewünschten Zustand eines Gleichgewichts zwischen Geschlechtsidentität und Geschlechtseintragung zu erreichen.[43] Entsprechend sah das Bundesverfassungsgericht auch einen Grundrechtseingriff in den früheren TSG-Voraussetzungen, dass die antragstellende Person nicht verheiratet ist[44] bzw. sich einer zu dauernden Fortpflanzungsunfähigkeit führenden Operation unterzogen hat.[45]

Anders klingt lediglich eine Kammerentscheidung aus dem Jahr 2017 betreffend das Erfordernis zweier Sachverständigengutachten in § 4 Abs. 3 TSG an. Während dort an einer Stelle davon gesprochen wird, Grundrechte könnten insbesondere beeinträchtigt werden durch ausufernde, für die Tatbestandsmerkmale des § 1 Abs. 1 TSG nicht erforderliche Fragen der begutachtenden Personen,[46] wird ansonsten angedeutet, dass dem Gutachtenerfordernis als prozessrechtlichem Mittel mit „dienender Funktion“ für die gewünschte Geschlechtsfeststellung je-

---

39 Vgl. BVerfGE 121, 175 (196).

40 Zur verwaltungsrechtsdogmatischen Einordnung *Rhein*, PStG, 2012, § 1 Rn. 19; *Berkl*, Personenstandsrecht, 2015, S. 7; vgl. *Johansson/Sachse*, Anweisungs- und Berichtigungsverfahren in Personenstandssachen, 1996, Rn. 35 ff., 44; *Schaffarzik*, DÖV 2009, S. 899; implizit wohl hiervon ausgehend, da eine allgemeine Leistungsklage als statthaft anerkennend OVG Münster, Urteil vom. 13. Mai 1998 – 25 A 871–95 –, NVwZ-RR 1999, S. 503; a.A. *Forsthoff*, Lehrbuch des Verwaltungsrechts, Bd. 1, 10. Aufl. 1983, S. 210, zit. nach *U. Schmidt-Aßmann*, Öffentliche Bücher und Register der Verwaltungsrechtsordnung, 1977, S. 191: Verwaltungsakt.

41 Die Register werden behördlich durch die Standesämter betrieben (§ 1 Abs. 2 PStG), um beweiskräftige Unterlagen (§ 54 Abs. 1 PStG) über den Personenstand einer Person zur Verfügung zu stellen, *Berkl*, Personenstandsrecht, 2015, S. 9 f.; *Bornhofen*, in: Gaaz/Bornhofen/Lammers (Hrsg.), Personenstandsgesetz, 5. Aufl. 2020, § 54 Rn. 9.

42 BVerfGE 116, 243 (260 f.).

43 Ebenso *Wielpütz*, Über das Recht ein anderer zu werden und zu sein, 2012, S. 247.

44 BVerfGE 121, 175 (191).

45 BVerfGE 128, 109 (133 f.).

46 BVerfG, Beschluss der 2. Kammer des Ersten Senats vom 17. Oktober 2017 – 1 BvR 747/17 –, juris, Rn. 12.

denfalls bei einer Beschränkung auf das gesetzliche Prüfprogramm bereits keine eigenständige Eingriffsqualität zukomme.[47]

Solche Tendenzen sind kritisch zu sehen. Keine Person entscheidet sich als Neugeborenes aktiv für eine Geschlechtseintragung im Geburtenregister. Da der Staat die Maßgeblichkeit auch psychischer Faktoren für die Geschlechtsidentität anerkennt und das Geschlecht dennoch bei nicht artikulationsfähigen Neugeborenen allein anhand der äußeren Geschlechtsmerkmale bestimmt,[48] nimmt er ab diesem Zeitpunkt grundrechtsrelevante Fehlzuweisungen sehenden Auges in Kauf. Das Abänderungsverfahren stellt deswegen keinen Bereich der Leistungsverwaltung dar, der den Rechtskreis der antragstellenden Personen lediglich verbessert und daher auch grundrechtlich ungebunden Leistungsvoraussetzungen festschreiben kann. Den Hürden, die in diesem Verfahren aufgestellt werden, kommt richtigerweise eigene rechtfertigungsbedürftige Eingriffsqualität zu.

b) Personenstand, Namen – und darüber hinaus?

Bislang wurde das Persönlichkeitsrecht der geschlechtlichen Identität nicht außerhalb personenstands- und namensrechtlicher Bereiche durch das Bundesverfassungsgericht angewandt.[49] Die entwickelten Maßstäbe legen aber keine

47 BVerfG, Beschluss der 2. Kammer des Ersten Senats vom 17. Oktober 2017 – 1 BvR 747/17 –, juris, Rn. 10, 13.

48 Hierzu *Kolbe*, Intersexualität, Zweigeschlechtlichkeit und Verfassungsrecht, 2010, S. 89; *Siedenbiedel*, Selbstbestimmung über das eigene Geschlecht, 2016, S. 58 f.; *Froese*, DÖV 2018, S. 315 (319 f.); *dies.*, AöR 140 (2015), S. 598 (623 f.) spricht sich für eine Indizwirkung physischer Geschlechtsmerkmale aus.

49 „Transsexualität I" (BVerfGE 49, 286) betraf die Änderung der personenstandsrechtlichen Geschlechtseintragung nach einer geschlechtsangleichenden Operation, „Transsexualität II" (BVerfGE 60, 123) und „Transsexualität III" (BVerfGE 88, 78) betrafen Altersgrenzen des TSG und wurden nicht persönlichkeitsrechtlich, sondern über Art. 3 Abs. 1 gelöst. „Transsexualität IV" (NJW 1997, 1632) betraf eine Mann-zu-Frau-Transsexuelle, die noch nach ihrer Vornamensänderung vom Personal einer Justizvollzugsanstalt mit „Herr" angesprochen wurde, dagegen bezog sich „Transsexualität V" (BVerfGE 115, 1) auf eine damalige TSG-Regelung, nach der eine Vornamensänderung u. a. dann unwirksam werden sollte, wenn die betreffende Person eine (heterosexuelle) Ehe schließt. „Transsexualität VI" (BVerfGE 116, 243) betraf die Anwendungsbegrenzung des TSG auf Deutsche und Personen mit deutschem Personalstatut. „Transsexualität VII" (BVerfGE 121, 175) bezog sich auf das TSG-Erfordernis der Ehelosigkeit für eine für die personenstandsrechtliche Geschlechtsänderung, „Transsexualität VIII" (BVerfGE 128, 109) kassierte hierfür noch das Erfordernis einer geschlechtsangleichenden Operation. „Geschlechtsidentität" (BVerfGE 147, 1) setzte schließlich am Stamm des Personenstandsrechts an und wandte sich gegen dessen binäre Geschlechtslogik.

Begrenzung der denkbaren Eingriffe auf diese Rechtsbereiche nahe. Als Freiheitsgrundrecht schützt es umfassend vor autonomiebeschränkenden staatlichen Handlungen und Zuständen, die überall vorstellbar sind, wo auch der nunmehr extensiv ausgelegte Art. 3 Abs. 3 Satz 1 Var. 1 GG (dazu unten) in Stellung gebracht werden kann.

4. Schranke

a) Schrankenregelung des Art. 2 Abs. 1, Hs. 2 GG

Als Ausprägung des allgemeinen Persönlichkeitsrechts aus Art. 2 Abs. 1 i.V.m Art. 1 Abs. 1 GG unterliegt auch das Grundrecht auf Schutz der geschlechtlichen Identität der Schrankenregelung des Art. 2 Abs. 1, Hs. 2 GG.[50] Es kann nur im Rahmen der verfassungsmäßigen Ordnung ausgeübt werden.

b) Kein Kernbereich privater Lebensgestaltung

Nach allgemeiner persönlichkeitsrechtlicher Dogmatik ist der öffentlichen Gewalt ein letzter unantastbarer Bereich privater Lebensgestaltung schlechthin entzogen.[51] Die Zuordnung eines Sachverhalts zu diesem unantastbaren Kernbereich hängt davon ab, ob er nach seinem Inhalt höchstpersönlichen Charakters ist, also auch davon, in welcher Art und Intensität er aus sich heraus die Sphäre anderer oder Belange der Gemeinschaft berührt; maßgeblich sind die Besonderheiten des jeweiligen Falles.[52]

Diesen absolut geschützten Kernbereich hat das Bundesverfassungsgericht bislang nicht im Zusammenhang der Geschlechtsidentität anerkannt.[53] In diesem Zusammenhang ging es stets von einer prinzipiellen Rechtfertigbarkeit der Eingriffe aus, unabhängig davon ob diese bereits in einer fehlenden gesetzlichen Grundlage für den Personenstandswechsel,[54] in Anforderungen an die Durch-

50 Vgl. BVerfGE 120, 180 (201); 79, 256 (269); 65, 1 (44).

51 BVerfGE 80, 367 (373); 54, 143 (146); vgl. bereits BVerfGE 6, 32 (41) – Elfes.

52 BVerfGE 120, 224 (239); vgl. BVerfGE 141, 220 (227).

53 Vgl. BVerfGE 121, 175 (190); 60, 123 (132f.); hierzu *Siedenbiedel*, Selbstbestimmung über das eigene Geschlecht, 2016, S. 105ff.

54 BVerfGE 49, 286 (300ff.).

führung geschlechtsanpassender Operationen[55] oder in anderweitigen Anforderungen lagen.[56]

5. Schranken-Schranke: Verhältnismäßigkeitsgrundsatz

a) Keine Sphärentheorie

aa) Dogmatik

Eng verwandt mit dem Gedanken eines Kernbereichs privater Lebensgestaltung ist die sog. Sphärentheorie des Bundesverfassungsgerichts, die zur Prüfung der Rechtfertigung von Eingriffen in das allgemeine Persönlichkeitsrecht entwickelt wurde.[57] Der Kernbereich privater Lebensgestaltung bildet in diesem Zusammenhang die innerste, absolut geschützte Intimsphäre. Dagegen stehen einer Abwägung offen die mittlere Privatsphäre, die nichtöffentliche aber doch gewissen Sozialbezug aufweisende Bereiche erfasst, und die äußere Sozialsphäre, die auf die Öffentlichkeit ausgerichtet ist.

bb) Vokabular des Intimen und Existenziellen

Die unbefangene Lektüre der zum Schutzbereich der geschlechtlichen Identität entwickelten Maßstäbe lässt auf eine Anwendung der Sphärentheorie – und dort jedenfalls eine Nähe zur Intimsphäre – schließen, die bislang aber ausgeblieben ist.

Das Bundesverfassungsgericht verortete die Geschlechtsidentität zunächst über das Vehikel des „Intimbereichs" bzw. des „intimen Sexualbereichs" im allgemeinen Persönlichkeitsrecht[58] und bemüht die Intimität auch heute noch argumentativ. Bereits in „Transsexualität I" läutete es die Entscheidungsgründe mit der Feststellung ein, die Konfliktsituationen, denen Menschen ausgesetzt seien, die keinen zur ihrer Geschlechtsidentität passenden Vornamen wählen dürften, berührten eine Sphäre, die „zum intimsten Bereich der Persönlichkeit [gehörten], der prinzipiell staatlichem Zugriff entzogen" sei.[59] An anderen Stellen wies es darauf hin, es könne „nicht zweifelhaft sein, daß die rechtlich anerkannte Vor-

55 BVerfGE 60, 123 (132 f.).
56 Kritisch *Siedenbiedel*, Selbstbestimmung über das eigene Geschlecht, 2016, S. 105 f.
57 BVerfGE 27, 344 (351); 32, 373 (379); 38, 312 (320); 44, 353 (372 f.); 80, 367 (373 ff.); 89, 69 (82 f.); 109, 279 (313 ff.); 119, 1 (29 f.); 152, 216 (268 f.).
58 BVerfGE 88, 87 (97); 116, 243 (264); 120, 224 (238 f.).
59 BVerfGE 49, 286 (298).

wirkung des § 1 TSG in vollem Umfang dem grundrechtlichen Schutz der Intimsphäre [...] unterfällt".[60] „In diese Sphäre [des Findens und Erkennens der eigenen geschlechtlichen Identität], die zum intimsten Bereich der Persönlichkeit gehört, darf nur bei Vorliegen besonderer öffentlicher Belange eingegriffen werden."[61] Auch wie existentiell die Wahrnehmung und Durchsetzung des Rechts auf personenstandsrechtliche Anerkennung seines empfundenen Geschlechts für das Leben einer Person ist, wurde unterstrichen.[62]

Es erstaunt, dass die bisherigen Fälle trotz dieser Ausführungen und der thematischen Nähe zur Identität, Intimität und körperlichen Integrität der Person[63] nicht unter Heranziehung der Sphärentheorie gelöst wurden. Zwei Erklärungsansätze bieten sich an.

cc) Gesellschaftsbezug bisheriger Entscheidungen?

Ein Grund dafür, dass die klassischen Folgerungen einer Sphärenzuordnung im Rahmen der Abwägung nicht gezogen wurden, könnte darin liegen, dass die bisherigen Entscheidungen allesamt trotz der beschriebenen Intimitätsbezüge auch personenstands- und namensrechtliche Fragestellungen zum Gegenstand hatten, die gerade auf den Bezug des Individuums zur Gesellschaft gerichtet, also sozialbezogen waren. Besonders deutlich ist dies hinsichtlich des Personenstandsregisters, das neben dem persönlichen Auftreten als weitere Schauseite der Geschlechtlichkeit fungiert.[64]

Dem absolut geschützten Kernbereich werden dagegen eher abgeschiedene Konstellationen, etwa der nichtöffentlichen Kommunikation mit Personen des höchstpersönlichen Vertrauens zugerechnet.[65] Gut möglich, dass in einem Fall, der ausschließlich die *geschlechtliche Empfindung* als „forum internum" der Geschlechtsidentität beträfe, anders entschieden würde.[66] Neben räumlichen

---

60 BVerfG, Beschluss der 2. Kammer des Zweiten Senats vom 15. August 1996 – 2 BvR 1833/95 –, NJW 1997, S. 1632 (1633) – Transsexualität IV.

61 BVerfGE 121, 170 (190) unter vgl. Verweis auf BVerfGE 49, 286 (298); 115, 1 (14).

62 Vgl. BVerfGE 121, 175 (196); 147, 1 (22).

63 Zu dieser Trias der „drei großen I" der Intimsphäre *Hufen*, Staatsrecht II – Grundrechte, 8. Aufl. 2020, S. 176. Das BVerfG erstreckt den Menschenwürdeschutz dagegen auf „die Wahrung personaler Individualität, Identität und Integrität", BVerfGE 153, 182 (260 f. Rn. 206).

64 Vgl. BVerfGE 147, 1 (22 f.).

65 BVerfGE 141, 220 (276 f.).

66 Dass der Schutz der Geschlechtsidentität nicht lediglich die geschlechtliche Empfindung als „forum internum", sondern das „forum externum" umfasst, die eigene Geschlechtlichkeit auszudrücken und im Einklang mit dieser zu leben, wird besonders deutlich in BVerfGE 116, 243

Rückzugsgebieten erfasste das Bundesverfassungsgericht nämlich bereits auch den geistigen Innenbereich, also die Gefühlswelt über die Sphärendogmatik.[67]

dd) Geschlechtsidentität als Monosphäre?

Ein weiteres Anwendungshemmnis könnte in einem Charakteristikum des Grundrechts zu finden sein. Anders als andere Ausprägungen des allgemeinen Persönlichkeitsrechts, etwa das eigene Wort, Bild oder die räumliche Abgeschiedenheit, die jeweils intim (Tagebuch, Aktfoto, Schlaf- und Sanitärräume) oder öffentlichkeitsbezogenen (Interview, Person als Beiwerk [vgl. § 23 Abs. 1 Nr. 2 KUG], öffentlicher Raum) sein können, lässt sich die Geschlechtsidentität schwerlich in ihrem betroffenen Gehalt abschichten,[68] sondern eher von dem *Grad der Erschwernisse und Anforderungen* an deren Anerkennung. Es ähnelt insoweit den persönlichkeitsrechtlichen Ausprägungen des Rechts am eigenen Namen.[69]

b) Maß des Nachweises subjektiv empfundener Geschlechtlichkeit

Da sich der Gesetzgeber bislang nicht für die durch das Bundesverfassungsgericht rechtspolitisch aufgezeigte Möglichkeit entschieden hat, auf die personenstandsrechtliche Erfassung des Geschlechts zu verzichten,[70] sind die zuständigen Verwaltungsstellen darauf angewiesen, die Geschlechtsidentität festzustellen.[71] Eine hierzu angestellte Exploration des „forum internum" ist kein Spezifikum der Geschlechtsidentität. So wird etwa das behauptete religiöse Selbstverständnis im Rahmen des Art. 4 Abs. 1 und 2 GG auf sein tatsächliches Vorliegen hin gerichtlich erforscht.[72] Auch die Wehrdienstverweigerung gemäß Art. 12a Abs. 2 i.V.m. Art. 4

(262 f.); vgl. auch *Siedenbiedel*, Selbstbestimmung über das eigene Geschlecht, 2016, S. 94; *Froese*, AöR 140 (2015), S. 598 (617 f.).

67 BVerfGE 80, 367 (373 ff.); hierzu *Di Fabio*, in: Maunz/Dürig (Hrsg.), GG, Art. 2 Abs. 1 Rn. 150 (2001).

68 Eine denkbare Privilegierung des „forum internum" gegenüber dem „forum externum" hat das Bundesverfassungsgericht bislang nicht vorgenommen.

69 Zu diesem BVerfGE 84, 9 (22); 97, 391 (399); 123, 90, 1. LS.

70 BVerfGE 147, 1 (25, 30); weitere Regelungsalternativen bei *Rädler*, Das dritte Geschlecht, 2019, S. 219 ff.; *Dutta/Fornasier*, FamRZ 2020, S. 1015 (1016); kritisch *Helms*, Brauchen wir ein drittes Geschlecht?, 2015, S. 23 f.

71 BVerfGE 128, 109 (130).

72 BVerfGE 83, 341 (353).

Abs. 3 Satz 2 GG wurde daraufhin überprüft, ob die vorgetragene individuelle Gewissensentscheidung tatsächlich vorliegt.[73]

Im Zusammenhang mit dem Schutz der geschlechtlichen Identität muss grundrechtsdogmatisch aber – wie oben festgestellt – jedenfalls festgehalten werden, dass den Verfahrensanforderungen an die Feststellung einer trans- oder intersexuellen Prägung zur Abänderung des mit eigener Eingriffsqualität versehenen, unpassenden Geschlechtseintrags, ebenfalls Eingriffsqualität zukommt.

Nach allgemeiner Dogmatik müssen die Verfahrensanforderungen dem *Verhältnismäßigkeitsgrundsatz* genügen, also geeignet, erforderlich und angemessen sein. Dementsprechend formuliert das Bundesverfassungsgericht in diesem Zusammenhang, es obliege dem Gesetzgeber, die Rechtsordnung so auszugestalten, dass die rechtliche Zuordnung zum nachhaltig empfundenen Geschlecht nicht von *unzumutbaren* Voraussetzungen abhängig gemacht wird.[74]

Aus der Perspektive der Verhältnismäßigkeit soll erneut ein Blick auf die im Kapitel zum Eingriff angesprochene Rechtsprechung geworfen werden, die das Erfordernis zweier Sachverständigengutachten in § 4 Abs. 3 TSG als legitimes prozessrechtliches Mittel des objektiven Nachweises der rechtlichen Voraussetzungen des Geschlechtswechsels ansieht.[75] Meines Erachtens irritiert dieses Ergebnis angesichts des erheblichen finanziellen und zeitlichen Aufwands sowie den mit solchen Untersuchungen verbundenen Unannehmlichkeiten für betroffene Personen. Welches Rechtsgut auf der anderen Seite derart schwer wiegt, dass eine einzelne Begutachtung des tatsächlichen Vorliegens der behaupteten Geschlechtsidentität nicht ausreicht, bleibt unklar. Die Gesetzgebungsmaterialien sind insoweit nicht aufschlussreich. Mir ist kein anderes Rechtsgebiet bekannt, das *zwei* Sachverständigengutachten für den Nachweis des Vorliegens eines inneren Umstands verlangt. Selbst die strafgerichtliche Anordnung der (potentiell lebenslänglichen) Unterbringung in einem psychiatrischen Krankenhaus (§ 63 StGB) oder in der Sicherungsverwahrung (§ 66 StGB) erfordert nach § 246a Abs. 1 Satz 1 StPO lediglich *eine* sachverständige Person zu vernehmen. Die durch das TSG geschaffenen Zustände sind nicht weniger umkehrbar: Ein Vorname (§ 1 TSG) lässt sich ebenso rückändern wie eine gerichtliche Geschlechtsfeststellung (§ 8 TSG).

---

73 BVerfGE 12, 45 (55 f.); 48, 127 (168 f.).

74 BVerfGE 128, 109 (124); vgl. auch BVerfGE 121, 178 (194).

75 BVerfGE 128, 109 (130); BVerfG, Beschluss der 2. Kammer des Ersten Senats vom 17. Oktober 2017 – 1 BvR 747/17 –, juris, Rn. 10; für die „große Lösung“ als verhältnismäßig erachtend *Wielpütz*, Über das Recht ein anderer zu werden und zu sein, 2012, S. 261 f.

c) Aufladung der geschlechtlichen Identität durch die Verbindung mit anderen Grundrechten

Das Bundesverfassungsgericht lud bereits in zwei Entscheidungen den Schutzgehalt des Rechts auf Anerkennung der geschlechtlichen Identität durch die Zusammenschau mit weiteren Grundrechten auf.

Bei der Prüfung des TSG-Erfordernisses der Ehelosigkeit für eine für die personenstandsrechtliche Geschlechtsänderung betonte es, entscheidend für die Gewichtung sei das „Zusammenspiel“ von *Art. 6 Abs. 1* mit Art. 1 Abs. 1 i.V.m. Art. 2 Abs. 1 GG.[76]

Als es das TSG-Erfordernis einer zur Zeugungsunfähigkeit führenden geschlechtsangleichenden Operation untersuchte, bezog das Bundesverfassungsgericht die körperliche Unversehrtheit über eine Konstruktion nach Art. 2 Abs. 1 *und Abs. 2* i.V.m. Art. 1 Abs. 1 GG mit ein.[77] Es sei unzumutbar, den Nachweis der Dauerhaftigkeit des Empfindens und Lebens im anderen Geschlecht daran zu knüpfen, dass sich die transsexuelle Person einer die Geschlechtsmerkmale verändernden und zur Zeugungsunfähigkeit führenden Operation unterziehe.[78] Argumentiert wurde gerade mit der nicht hinnehmbaren Zwangssituation für Betroffene, des harten „Entweder-Oder“ zwischen den Optionen, dauerhaft im Widerspruch zu der rechtlichen Geschlechtszugehörigkeit zu leben oder aber körperliche Veränderungen und Funktionsverluste mit nicht unerheblichen Risiken hinzunehmen.[79]

Der durch die „i.V.m.“-Konstruktion zum Ausdruck kommende Gedanke, dass die Geschlechtsidentität nicht zum *Nachteil bei der durch andere Grundrechte geschützten Integrität und Freiheitsausübung* gereichen solle, nähert das aufgeladene Persönlichkeitsrecht den gleichheitsrechtlichen Diskriminierungsverboten an. Aus denselben Erwägungen verschärft sich auch der Maßstab des allgemeinen Gleichheitssatzes des Art. 3 Abs. 1 GG, wenn sich die Ungleichbehandlung negativ auf die Ausübung grundrechtlicher Freiheiten auswirken kann.[80] Je stärker das Grundrecht auf Anerkennung der geschlechtlichen Identität seiner namens- und personenstandsrechtlichen Wiege entwächst, desto mehr Grund-

76 BVerfGE 121, 175 (202); hierzu *Adamietz*, Geschlecht als Erwartung, 2011, S. 143.
77 BVerfGE 128, 109 (123).
78 BVerfGE 128, 109 (130 f.).
79 BVerfGE 128, 109 (134).
80 BVerfGE 82, 126 (146); 107, 27 (46); vgl. BVerfGE 136, 152 (180); 138, 136 (180 f.); 139, 1 (13); 139, 285 (309).

rechtskollisionen aber auch -verbindungen wie die hier dargestellten werden denkbar.[81]

III. Verbot der Diskriminierung wegen des Geschlechts (Art. 3 Abs. 3 Satz 1 Var. 1 GG)

Nach Art. 3 Abs. 3 Satz 1 GG darf niemand wegen seines Geschlechts, seiner Abstammung, seiner Rasse, seiner Sprache, seiner Heimat und Herkunft, seines Glaubens, seiner religiösen oder politischen Anschauungen benachteiligt oder bevorzugt werden. Diese Verfassungsnorm verstärkt den allgemeinen Gleichheitssatz des Art. 3 Abs. 1 GG, indem sie der dem Gesetzgeber darin eingeräumten Gestaltungsfreiheit engere Grenzen zieht. Nach ihrer Var. 1 darf das Geschlecht grundsätzlich nicht Anknüpfungspunkt für eine rechtliche Ungleichbehandlung sein.[82]

Nachdem das Grundrecht vom BVerfG in keiner der Transsexualitätsentscheidungen herangezogen wurde,[83] hat es jüngst eine tiefgreifende Weiterentwicklung erfahren, die noch nicht vollends aufgearbeitet worden ist.

1. Bestimmung des „Geschlechts"

a) Überwindung der Binarität

Bei der Entstehung des Grundgesetzes plädierte der Parlamentarische Rat im Gegensatz zum vorhergehenden Verfassungskonvent auf Herrenchiemsee dafür, in Art. 3 Abs. 3 GG das Merkmal des Geschlechts einzufügen; er hatte dabei die Gleichstellung von Frauen im Blick.[84] Das Merkmal des Geschlechts dürfte der Verfassungsgeber hierbei entsprechend der damals gängigen Vorstellungen körperlich verstanden haben, sodass jedenfalls die körperliche Konstitution einer

---

81 So werden etwa gegen landesrechtliche Bestrebungen, Parteien zu einer zu paritätischen Teilen männlichen und weiblichen Kandidatenaufstellung für die Wahllisten zu verpflichten, Bedenken aufgrund des dabei nicht abgebildeten „Dritten Geschlechts" erhoben bei *Morlok/Hobusch*, DÖV 2019, S. 14 (20); *Froese*, JZ 2020, S. 856 (860); Wissenschaftlicher Dienst des Deutschen Bundestages, WD 3 – 3000 – 028/19, S. 7 ff.; *Jutzi*, in: FS Robbers, 2020, S. 189 (200 f.).

82 BVerfGE 114, 357 (364).

83 Zu alldem *Adamietz*, Geschlecht als Erwartung, 2011, S. 124 ff..

84 JöR n.F. Bd. 1 (1951), S. 67, 69 f.; ausführlich *Sacksofsky*, Das Grundrecht auf Gleichberechtigung, 2. Aufl. 1996, S. 323 ff. vgl. BVerfGE 147, 1 (29 Rn. 61).

Person nach wie vor einen tauglichen Anknüpfungspunkt des Diskriminierungsverbots darstellt.[85]

In seiner Entscheidung zur „dritten Option" löste das Bundesverfassungsgericht das Diskriminierungsverbot wegen des Geschlechts erstmals aus einem binären, nur Männer und Frauen einschließenden Verständnis und öffnet es für weitere Kategorien:[86] Art. 3 Abs. 3 Satz 1 GG schütze nicht nur Männer vor Diskriminierungen wegen ihres männlichen Geschlechts und Frauen vor Diskriminierungen wegen ihres weiblichen Geschlechts, sondern auch Menschen, die sich diesen beiden Kategorien in ihrer geschlechtlichen Identität nicht zuordnen, vor Diskriminierungen wegen dieses weder allein männlichen noch allein weiblichen Geschlechts.[87] Zweck des Art. 3 Abs. 3 Satz 1 GG sei es, Angehörige strukturell diskriminierungsgefährdeter Gruppen vor Benachteiligung zu schützen.[88]

Auch hier bemüht das Bundesverfassungsgericht ein dynamisches, wissenschaftliche Erkenntnisse verarbeitendes Verfassungsverständnis: Dass dem Verfassungsgeber 1949 bei der Formulierung von Art. 3 Abs. 3 Satz 1 GG kaum Menschen weiteren Geschlechts vor Augen gestanden haben dürften, hindere die Verfassungsinterpretation nicht daran, diese Menschen angesichts des heutigen Wissens um weitere geschlechtliche Identitäten in den Diskriminierungsschutz einzubeziehen.[89]

b) Körper oder Identität?

So klar es sich bei der Entscheidung zur „dritten Option" um einen Paradigmenwechsel in der Auslegung des Art. 3 Abs. 3 Satz 1 Var. 1 GG handelt, so unklar bleibt der Ansatz des Bundesverfassungsgerichts: Knüpft es an den biologischen Geschlechtskörper (sex) intersexueller Personen an oder an deren gesellschaftlich

---

85 So *Uerpmann-Wittzack*, in: Merten/Papier (Hrsg.), Handbuch der Grundrechte, Bd. 5, 2013, § 128 Rn. 51; *Sachs*, in: Isensee/Kirchhof (Hrsg.), Handbuch des Staatsrechts, Bd. 8, 3. Aufl. 2010, § 182 Rn. 42; *Stern/Sachs/Dietlein*, in: Stern (Hrsg.), Das Staatsrecht der Bundesrepublik Deutschland, Bd. IV/2, 2011, § 121 S. 1629; wohl auch *Hohmann-Dennhardt*, Kritische Justiz, Beiheft 1 (2009), S. 125 (128); *Jarass*, in: Jarass/Pieroth (Hrsg.), GG, 16. Aufl. 2020, Art. 3 Rn. 138; *Baer/Markard*, in: von Mangoldt/Klein/Starck (Hrsg.), GG, 7. Aufl. 2018, Art. 3 Rn. 454; von einer Anknüpfung an körperliche Geschlechtsmerkmale ausgehend, jedoch Formen der Intersexualität über Art. 3 Abs. 1 GG im Lichte der Wertung des allgemeinen Persönlichkeitsrechts schützen wollend *Englisch*, in: Stern/Becker (Hrsg.), Grundrechte-Kommentar, 3. Aufl. 2019, Art. 3 Rn. 77.

86 BVerfGE 147, 1 (28 Rn. 58).

87 BVerfGE 147, 1 (28).

88 Vgl. BVerfGE 147, 1 (28); 88, 87 (96).

89 BVerfGE 147, 1 (29 Rn. 61).

erwartete beziehungsweise individuell empfundene Geschlechtsrolle (gender)[90]?[91] Letzteres entspräche der durch Art. 2 Abs. 1 i.V.m. Art. 1 Abs. 1 GG geschützten Geschlechtsidentität.

aa) Hinweise

Bereits in einem neun Jahre zuvor ergangenen Kammerbeschluss bezog sich das Bundesverfassungsgericht im Rahmen des Art. 3 Abs. 3 Satz 1 GG auf soziale Aspekte der Geschlechtlichkeit. Es betonte in einem Kammerbeschluss zum Kosmetikbedarf von Strafgefangenen, dass das Verbot der Benachteiligung des Geschlechts auch Personen in seinen Schutz einbezieht, denen Nachteile daraus erwachsen, dass sie den gesellschaftlichen Geschlechterklischees gegenläufig agieren. Den Angehörigen eines Geschlechts könne die Befriedigung eines Interesses nicht mit der Begründung versagt werden, dass es sich um ein typischerweise beim anderen Geschlecht auftretendes Interesse handele. Art. 3 Abs. 3 Satz 1 GG schütze auch das Recht, ohne Nachteil anders zu sein als andere Mitglieder der Gruppen, denen man nach den in dieser Bestimmung genannten Merkmalen angehört.[92]

In der Senatsentscheidung zur „dritten Option“ verwendet das Gericht sodann Formulierungen, die sich auf die selbstempfundene Geschlechtlichkeit („schützt auch Menschen, die *sich* diesen beiden Kategorien in ihrer geschlechtlichen Identität nicht zuordnen“[93]) beziehen. In Abgrenzung der nach Ansicht des Bundesverfassungsgerichts lediglich von Art. 3 Abs. 1 GG geschützten sexuellen Identität verwendet es den Begriff der Geschlechts*identität* und bemüht sich, die Selbständigkeit des Begriffs herauszustellen.[94]

Andererseits argumentiert das BVerfG im Rahmen der historischen Verfassungsauslegung damit, die Entstehungsgeschichte stehe der Erfassung eines

---

90 Zur Abgrenzung *Siedenbiedel*, Selbstbestimmung über das eigene Geschlecht, 2016, S. 46 ff.; *Adamietz*, Geschlecht als Erwartung, 2011, S. 23, 29; *Lohrenscheit/Thiemann*, in: Lohrenscheit (Hrsg.), Sexuelle Selbstbestimmung als Menschenrecht, S. 15 (30 ff., 34 ff.); *Rädler*, Das dritte Geschlecht, 2019, S. 26 ff.

91 Diese Undeutlichkeit der Entscheidung sehen auch *Sachs*, JuS 2018, S. 399 (401); *Froese*, DÖV 2018, S. 315 (320).

92 BVerfG, Beschluss der 3. Kammer des Zweiten Senats vom 7. November 2008 – 2 BvR 1870/07 –, NJW 2009, S. 661 (663 Rn. 27).

93 BVerfGE 147, 1 (28 Rn. 58) [Hervorhebung hier].

94 BVerfGE 147, 1 (29 Rn. 62). Der Begriff der sexuellen Identität hat aber in seiner verfassungsgerichtlich tradierten Bedeutung einmal als Oberbegriff geschlechtlicher Identität, einmal als Selbstbestimmung der eigenen sexuellen Orientierung (vgl. BVerfGE 115, 1 (14)), eine klar subjektiv-psychische Ausrichtung.

„weiteren Geschlechts“ nicht entgegen,[95] der Wortlaut der Norm könne auch ein „Geschlecht jenseits von männlich oder weiblich“ erfassen,[96] was jeweils eher eine unscharfe Nivellierung zwischen physischen und psychischen Konstitutionen anklingen lässt.

bb) Für und Wider

In der Literatur ist die Ansicht verbreitet, auch (nur) das psychische Geschlecht einer Person in den Schutz des Art. 3 Abs. 3 Satz 1 GG einzubeziehen.[97] Vor allem die Entstehungsgeschichte der Norm spricht gegen eine solche Auslegung.

Demgegenüber sprechen viele Argumente für diese Erweiterung des Diskriminierungsverbots. Zum einen lässt sie sich ohne weiteres mit dem Normtext vereinbaren, weil sich der mehrdeutige Begriff des Geschlechts sowohl auf das englische „gender“ als auch „sex“ beziehen kann.[98] Systematisch gewinnt Art. 3 Abs. 3 Satz 1 Var. 1 GG durch ein weites Verständnis an Eigenständigkeit gegenüber Art. 3 Abs. 2 Satz 1 GG.[99] Zudem würde ein Gleichlauf des persönlichkeitsrechtlichen und gleichheitsrechtlichen Schutzbereichs hergestellt.[100]

Art. 3 Abs. 3 Var. 1 GG nähert sich unabhängig von einer biologischen oder psychischen/sozialen Begriffsinterpretation durch die Entscheidung zur „dritten Option“ konzeptionell den übrigen Diskriminierungsverboten des Absatz 3 an: Keines der dort aufgezählten personengebundenen Merkmale weist eine binäre Struktur auf, es gibt unzählige Abstammungen, (vermeintliche) Rassen, Sprachen, Heimaten, Herkünfte, Glaubensarten und politische Anschauungen. Auch bei der Geschlechtsidentität handelt es sich – wie bei den restlichen Diskriminierungsmerkmalen des Art. 3 Abs. 3 GG – um einen den betroffenen Person nicht

---

95 BVerfGE 147, 1 (29 Rn. 61).

96 BVerfGE 147, 1 (28 Rn. 59).

97 *Sachs*, in: Isensee/Kirchhof (Hrsg.), Handbuch des Staatsrechts, Bd. 8, 3. Aufl. 2010, § 182 Rn. 42; *Risse*, Der verfassungsrechtliche Schutz der Homosexualität, 1998, S. 118; *Adamietz*, Geschlecht als Erwartung, 2011, S. 243 ff.; *Langenfeld*, in: Maunz/Dürig (Hrsg.), GG, Art. 3 Abs. 2 Rn. 24 (Feb. 2020); Schmidt, in: Schochow/Gehrmann/Steger (Hrsg.), Inter* und Trans*identitäten, 2016, S. 231 (245); in diese Richtung auch *Baer/Markard*, in: von Mangoldt/Klein/Starck (Hrsg.), GG, 7. Aufl. 2018, Art. 3 Rn. 451 ff.; aus normtheoretischer Perspektive *Baer*, in: Lohrenscheidt (Hrsg.), Sexuelle Selbstbestimmung als Menschenrecht, 2009, S. 89 (111 ff.).

98 Der Duden fasst unter den Begriff sowohl die „Gesamtheit der Merkmale, wonach ein Lebewesen in Bezug auf seine Funktion bei der Fortpflanzung meist eindeutig als männlich oder weiblich zu bestimmen ist“, als auch Gender als soziales Geschlecht, duden.de/rechtschreibung/geschlecht.

99 Vgl. *Risse*, Der verfassungsrechtliche Schutz der Homosexualität, 1998, S. 119 ff.

100 Vgl. *Adamietz*, Geschlecht als Erwartung, 2011, S. 247.

vorwerfbaren Umstand.[101] Sie miteinzubeziehen, rückt das „Geschlecht“ insofern in die Nähe der „Rasse“, als auch letzteres Diskriminierungsverbot Menschen schützt, die sich nicht biologisch von anderen unterscheiden müssen, denen aber teilweise vermeintliche Eigenschaften zugeschrieben werden und deren Rolle damit in bestimmter Weise sozial konstruiert ist.[102] Die Auslegung stünde mit der neuerdings betonten teleologischen Ausrichtung des Art. 3 Abs. 3 Satz 1 GG, besonders vulnerable Personengruppen zu schützen, im Einklang.

Schließlich lässt sich für eine die Geschlechtsidentität in den Diskriminierungsschutz mitaufnehmende Auslegung auf die hierdurch erzielte Harmonie im „Europäischen Verfassungsgerichtsverbund“[103] verweisen. Es entspricht ständiger Rechtsprechung, die EMRK in der Interpretation des EGMR als Auslegungshilfe des Grundgesetzes heranzuziehen.[104] Der Diskriminierungsschutz des Art. 14 EMRK erfasst nach Ansicht des EGMR aber, wie oben dargelegt, auch die Geschlechtsidentität.[105]

Zur Europäischen Grundrechtecharta und der Rechtsprechung des EuGH besteht zwar kein ebenso klar formulierter Grundsatz korrespondierender Normauslegung, allerdings hat das Bundesverfassungsgericht seine Neuinterpretation des Art. 3 Abs. 3 Satz 1 Var. 1 GG auch mit der EuGH-Auffassung der Transsexuellendiskriminierung als Diskriminierung wegen des Geschlechts begründet.[106] Jedenfalls die unionsrechtliche Literatur erstreckt den Begriff des Geschlechts im Diskriminierungsverbot des Art. 21 GrC durchgängig auch auf Formen der Trans- und Intersexualität.[107]

---

101 Vgl. *Adamietz*, a.a.O., S. 161.

102 *Adamietz*, a.a.O., S. 264 f.

103 *Voßkuhle*, Der europäische Verfassungsgerichtsverbund, TranState Working Papers No. 106, 2009, S. 7 ff.; *ders.*, NVwZ 2010, 1 ff.

104 BVerfGE 74, 357 (370); 111, 308 (317, 329); 128, 326 (370); 149, 293 (328 Rn. 86); 153, 182 (296 f.).

105 Fn. 7.

106 BVerfGE 147, 1 (30 Rn. 63).

107 *Rossi*, in: Calliess/Ruffert (Hrsg.), EUV/AEUV, 5. Aufl. 2016, Art. 21 GrC Rn. 8a; *Streinz*, in: ders. (Hrsg.), EU/AEUV, 3. Aufl. 2018, Art. 21 GrC Rn. 4; *Jarass*, in: ders. (Hrsg.), Charta der Grundrechte der EU, 4. Aufl. 2021, Art. 21 Rn. 19; *Hölscheidt*, in: Meyer/Hölscheidt (Hrsg.), Charta der Grundrechte der EU, 5. Aufl. 2019, Art. 21 Rn. 40; *Lemke*, in: von der Groeben/Schwarze/Hatje (Hrsg.), Europäisches Unionsrecht, 7. Aufl. 2015, Art. 21 GrC Rn. 9; *Graser/Reiter*, in: Schwarze/Becker/Hatje/Schoo (Hrsg.), EU-Kommentar, 4. Aufl. 2019, Art. 21 GrC Rn. 3.

2. Vergleichsgruppen

Die Öffnung des Art. 3 Abs. 3 Satz 1 Var. 1 GG wirkt sich auf die Bildung der Vergleichsgruppen aus.[108] Anstatt Differenzierungen ausschließlich zwischen Männern und Frauen in den Blick zu nehmen, wird eine vulnerable Personengruppe mit der Mehrheitsgruppe oder einer anderen vulnerablen Personengruppe verglichen. So stellte das Bundesverfassungsgericht in der Entscheidung zur „dritten Option" die Gesetzeslage für die Gruppe der intersexuellen Personen derjenigen der Gruppe der Menschen mit männlichem oder weiblichem Geschlecht gegenüber.[109] Auch insoweit nähert sich das Differenzierungsverbot den restlichen Varianten des Art. 3 Abs. 3 Satz 1 GG an.

3. Diskriminierung

Zwar legt der Wortlaut des Art. 3 Abs. 3 Satz 1 GG („wegen") ein unmittelbar-finales Anknüpfen an das Geschlechtsmerkmal nahe. Einer so engen Auslegung erteilt das Bundesverfassungsgericht aber eine Absage.[110] Man könne nicht am Wortlaut einer Regelung stehen bleiben und eine Diskriminierung allein deswegen verneinen, weil diese geschlechtsneutral formuliert ist.[111] Art. 3 Abs. 3 Satz 1 GG erschöpft sich dabei nicht in einem Verbot der unmittelbaren Anknüpfung an das Geschlecht, sondern erfasst auch Regelungen und Maßnahmen, die an andere Merkmale anknüpfen, aber typischerweise zu einer unterschiedlichen Behandlung unterschiedlicher Geschlechter führen (mittelbare Diskriminierung).[112] Das

---

108 Vgl. *Adamietz*, Geschlecht als Erwartung, 2011, S. 261; *Wintemute*, Modern Law Review 60 (1997), S. 334 (340).

109 BVerfGE 147, 1 (27 f. Rn. 57).

110 Ausführlich zur Entwicklung der Rechtsprechung des BVerfG zu Art. 3 Abs. 2 und 3 GG *Sacksofsky*, Das Grundrecht auf Gleichberechtigung, 2. Aufl. 1996, S. 23 ff.; rechtsvergleichend mit den USA *Baer*, Würde oder Gleichheit?, 1995, S. 159 ff.

111 BVerfGE 98, 35 (43).

112 BVerfGE 97, 35 (43 f.); 104, 373 (393); 126, 29 (53 f.); 121, 241 (254 ff.). In der Literatur ist dies umstritten. Gegen eine Erstreckung auf mittelbare Diskriminierungen sprechen sich aus *Ebsen*, in: Benda/Maihofer/Vogel (Hrsg.), Handbuch des Verfassungsrechts, 2. Aufl. 1995, § 8 Rn. 19 f.; *Stern/Sachs/Dietlein*, in: Stern (Hrsg.), Das Staatsrecht der Bundesrepublik Deutschland, Bd. IV/2, 2011, § 122 S. 1758 f.; *Sachs*, in: Isensee/Kirchhof (Hrsg.), Handbuch des Staatsrechts, Bd. 8, 2012, § 182 Rn. 95 f.; *Heun*, in: Dreier (Hrsg.), GG, 3. Aufl. 2013, Art. 3 Rn. 125; für alle Varianten des Art. 3 Abs. 3 Satz 1 außer das Geschlecht *Kischel*, in: BeckOK GG, Art. 3 Rn. 215 (Nov 2020).

gilt auch dann, wenn eine Regelung nicht auf eine verbotene Ungleichbehandlung angelegt ist, sondern in erster Linie andere Ziele verfolgt.[113]

Diskriminierungen wegen der Geschlechtsidentität sind nach den ergangenen personenstands- und namensrechtlichen Entscheidungen damit mindestens in zweifacher Hinsicht denkbar:

Die erste Fallgestaltung wird durch die Entscheidungen zur „dritten Option" und „Transsexualität I" aufgezeigt, die beide eine Gesetzeslage vorfanden, die Menschen mit bestimmten Geschlechtsidentitäten die rechtliche Anerkennung nicht bloß unter höhere Anforderungen stellte, sondern diese *schlicht verweigerte.* In beiden Fällen musste ein passendes Änderungsverfahren erst entworfen werden.

Der klassische Anwendungsfall des Diskriminierungsverbots dürfte aber darin liegen, dass die *rechtlichen Voraussetzungen* anhand des Merkmals „Geschlecht" differenziert werden. Hiernach stellt es etwa eine Diskriminierung dar, die Voraussetzungen für Personenstandsänderungen je nach der Geschlechtsidentität zu variieren.[114]

4. Rechtfertigung

a) Klassische Maßstäbe

Nach den gewachsenen Maßstäben des Bundesverfassungsgerichts verstößt nicht jede Ungleichbehandlung, die an das Geschlecht anknüpft, gegen Art. 3 Abs. 3 Satz 1 Var. 1 GG. Differenzierende Regelungen können vielmehr zulässig sein, soweit sie zur Lösung von Problemen, die ihrer Natur nach nur bei einem Geschlecht auftreten können, zwingend erforderlich sind.[115] Soweit ersichtlich, wurden solche biologisch zwingenden Gründe für eine Ungleichbehandlung, die wohl beispielsweise Bereiche der Schwangerschaft erfassen sollen,[116] bislang aber nie festgestellt.[117] Fehlt es an zwingenden Gründen für eine Ungleichbehandlung, lässt sich diese nur noch im Wege einer Abwägung mit kollidierendem

113 BVerfGE 114, 357 (364).

114 Vgl. *Adamietz*, Geschlecht als Erwartung, 2011, S. 243.

115 Vgl. BVerfGE 85, 191 (207); 92, 91 (109); 114, 357 (367).

116 Vgl. *Langenfeld*, in: Maunz/Dürig (Hrsg.), GG, Art. 3 Abs. 2 Rn. 83 (Aug 2020); *Adamietz*, Geschlecht als Erwartung, S. 235; generell kritisch zu dieser Ausnahme ebd., S. 238 f.

117 Vgl. etwa die Ablehnung für den Feuerwehrdienst in BVerfGE 92, 91 (109 ff.).

Verfassungsrecht legitimieren.[118] Lediglich im Falle bloß mittelbarer Diskriminierung stellt das Bundesverfassungsgericht reduzierte Rechtfertigungsanforderungen auf, hier genügen zur Rechtfertigung sonstige Sachgründe von erheblichem Gewicht.[119]

b) Sonderdogmatik der Geschlechtsidentität?

In seiner Entscheidung zur „dritten Option" hielt sich das Bundesverfassungsgericht kurz und stellte unter Bezugnahme auf die vorhergehende persönlichkeitsrechtliche Prüfung fest, dass es für eine Benachteiligung i.S.d. Art. 3 Abs. 3 Satz 1 GG keinen tragfähigen Grund gebe.[120] Das erstaunt insofern, als es zuvor im Rahmen des allgemeinen Persönlichkeitsrechts als mögliche Rechtfertigungsgründe auch den „bürokratischen und finanziellen Aufwand"[121] sowie „Ordnungsinteressen des Staates"[122] erwogen und abgelehnt hatte, ohne diese verfassungsrechtlich rückzukoppeln.[123] Nach der tradierten Dogmatik des Art. 3 Abs. 3 Satz 1 GG kann aber nicht jeder sachliche Grund eine Ungleichbehandlung wegen des Geschlechts rechtfertigen, gerade darin liegt der gesteigerte Schutz gegenüber dem allgemeinen Gleichheitssatz des Art. 3 Abs. 1 GG.

118 BVerfGE 92, 91 (109); 114, 357 (364); aus der Literatur *Nußberger*, in: Sachs (Hrsg.), GG, 8. Aufl. 2018, Art. 3 Rn. 254; *Boysen*, in: von Münch/Kunig (Hrsg.), GG, 7. Aufl. 2021, Art. 3 Rn. 132; *Jarass*, in: Jarass/Pieroth (Hrsg.), GG, 16. Aufl. 2020, Art. 3 Rn. 153; *Langenfeld*, in: Maunz/Dürig (Hrsg.), GG, Art. 3 Abs. 3 Rn. 72 f. (Mai 2015); *Sacksofsky*, in: Umbach/Clemens (Hrsg.), GG, Bd. 1, 2002, Art. 3 Rn. 314. Grundsätzliche Kritik an der Übertragung der freiheitsrechtlichen Verhältnismäßigkeitsdogmatik auf Gleichheitsgrundrechte mit dem Argument eines fehlenden Rechtsgüterkonflikts bei *Heun*, in: Dreier (Hrsg.), GG, 3. Aufl. 2013, Art. 3 Rn. 27 ff.; *Huster*, in: Kempny/P. Reimer (Hrsg.), Gleichheitssatzdogmatik heute, 2017, S. 91 (95 ff.), jeweils m.w.N.

119 BVerfGE 132, 72 (97 f.). Zu Fragen der mittelbaren Diskriminierung aus dem Schrifttum *Fehling*, in: FS Würtenberger, 2013, S. 669 (675 ff); *Sacksofsky*, in: Kempny/Reimer (Hrsg.), Gleichheitssatzdogmatik heute, 2017, 63 (82 ff.); *Bieback*, Die mittelbare Diskriminierung wegen des Geschlechts, 1997, passim; *Sachs*, Grenzen des Diskriminierungsverbots, 1987, S. 479 ff.; *Langenfeld*, in: Maunz/Dürig (Hrsg.), GG, Art. 3 Abs. 3 Rn. 37 f. (Aug 2020); *Baer/Markard*, in: von Mangoldt/Klein/Starck (Hrsg.), GG, 7. Aufl. 2018, Art. 3 Rn. 462.

120 BVerfGE 147, 1 (30).

121 BVerfGE 147, 1 (25).

122 BVerfGE 147, 1 (26).

123 Ebenso geht der BGH vor, der in einer aktuellen Entscheidung lapidar feststellte, eine Ungleichbehandlung i.S.d. Art. 3 Abs. 3 Satz 1 GG sei jedenfalls „aus den gleichen Gründen gerechtfertigt, die auch einer Verletzung des allgemeinen Gleichheitssatzes entgegenstehen", nachdem er die zuvor im Rahmen des Art. 3 Abs. 1 GG geprüften rechtfertigenden Sachgründe nicht verfassungsrechtlich rückgebunden hatte, BGH NJW 2020, S. 1955 (1961 Rn. 53).

Ähnlich gelagert wird in der Literatur bezweifelt, dass die auf die Diskriminierung von „normalen" Männern oder Frauen zugeschnittene „Zwingende-Gründe"-Formel im Falle einer erweiterten Auslegung des Art. 3 Abs. 3 Satz 1 GG aufrechterhalten werden könne.[124] Das mag zutreffen,[125] jedenfalls könnte die fehlende Passung der auch im Vergleich zwischen Männern und Frauen bislang irrelevant gebliebenen Fallgruppe aber nicht gegen die Erstreckung des Schutzbereichs angeführt werden. Stattdessen würde deren Bedeutung für das Grundrecht weiter sinken.

c) Rechtfertigung eines differenzierenden Personenstandsrechts?

Da sich der verfassungsrechtliche Geschlechtsidentitätsschutz bislang auf das Personenstands- und Namensrecht fokussierte, drängt sich die Frage auf, wie sich ein erweiterter Schutz des Art. 3 Abs. 3 Satz 1 GG in diesen Bereichen auswirken könnte. Das Verbot der Diskriminierung wegen des Geschlechts könnte hier *voraussetzungsnivellierend* wirken. Falls die betroffenen Regelungen in ihren Tatbeständen an unterschiedliche Formen der Geschlechtlichkeit (auch jenseits des Binären) anknüpfen, wären Ungleichbehandlungen nicht lediglich mittelbarer, sondern unmittelbarer Natur.[126] Da in diesem Zusammenhang ein zwingend biologischer Unterscheidungsgrund aber kaum vorstellbar erscheint, gölte der strenge verfassungsgerichtliche Rechtfertigungsmaßstab, nach welchem die Differenzierung ausschließlich durch *widerstreitende Verfassungsgüter* – nicht durch sonstige sachliche Gründe – gerechtfertigt werden könnte.

Die denkbaren *Grundrechte Dritter* sah das Bundesverfassungsgericht in der Entscheidung zur „dritten Option" als nicht betroffen an, weil die Erweiterung personenstandsrechtlicher Geschlechtsoptionen für niemanden statusgefährdend oder möglichkeitsmindernd wirke.[127] Erwägungen mittelbarer Grundrechtsbetroffenheit Dritter durch sich verändernde Konstellationen im Rechtsverkehr erörterte das Bundesverfassungsgericht nicht. Das liegt auf einer Linie mit der seitens des Bundesverfassungsgerichts eher zurückgenommenen Bedeutung des Schutzes Dritter zur Beschränkung individueller Selbstbestimmung in der Sterbehilfe-Entscheidung.[128]

---

124 *Adamietz*, Geschlecht als Erwartung, 2011, S. 244.

125 *Froese*, JZ 2020, S. 856 (859) sieht die Fallgruppe dagegen einschlägig im Verhältnis zwischen intersexuellen Personen mit und ohne körperlichen Varianten der Geschlechtsentwicklung.

126 Vgl. *Kolbe*, Intersexualität, Zweigeschlechtlichkeit und Verfassungsrecht, 2010, S. 124.

127 BVerfGE 147, 1 (25 Rn. 51).

128 BVerfGE 153, 182 (296 Rn. 301).

Eher fern liegen im Rahmen des Personenstands- und Namensrechts Erwägungen des *Selbstschutzes Betroffener.* Während ähnliche Gedanken noch in „Transsexualität VIII" aufgrund der Tatbestandsvoraussetzung einer zur Zeugungsunfähigkeit führenden geschlechtsangleichenden Operation angestellt wurden, sieht die heutige Gesetzeslage körperliche Eingriffe für die Anerkennung der Geschlechtsidentität nicht mehr vor. Wenn sie es täte, stellte dies einen eigenständigen Grundrechtseingriff dar und könnte nicht zur Aktivierung einer staatlichen Schutzpflicht[129] umgemünzt werden. Einer allzu paternalistischen Interpretation der Schutzpflicht für Leib und Leben hat das Bundesverfassungsgericht jüngst ohnehin zugunsten der Stärkung autonomer Selbstbestimmung eine Absage erteilt.[130]

Bislang wurde zur Rechtfertigung von Verfahrensanforderungen für die personenstandsrechtliche Änderung des Geschlechtseintrags vor allem das staatliche *Ordnungsinteresse* an dem Personenstandsregister vorgebracht: Nach § 1 Abs. 1 PStG ist der Personenstand die sich aus den Merkmalen des Familienrechts ergebende Stellung einer Person innerhalb der Rechtsordnung einschließlich ihres Namens. Die Eintragung solcher Eigenschaften dient staatlichen Ordnungsinteressen und soll deren sichere und eindeutige Identifikation und Zuordnung gewährleisten.[131] Ob diese Ordnungsinteressen allerdings verfassungsrechtlichen Rang genießen, ist fraglich. Am ehesten ließen sie sich dem rechtsstaatlichen Prinzip der *Rechtssicherheit* als Element des Rechtsstaatsprinzips[132] zuordnen. Dies geschieht in der Literatur zu öffentlichen Registern auch mitunter schlagwortartig.[133] Indes beziehen sich die klassischen Fallgruppen der *Rechts*sicherheit auf Aspekte der Verlässlichkeit und Bestimmbarkeit des Rechts sowie des Vertrauensschutzes: Staatliche Entscheidungen sollen ex ante vorhersehbar und ex post beständig sein, Normen sollen klar und bestimmt gefasst sein, die Rückwirkung von Gesetzen soll beschränkt bleiben.[134] Damit adressieren sie,

---

129 Zur Thematik *Kolbe,* Intersexualität, Zweigeschlechtlichkeit und Verfassungsrecht, 2010, S. 155 ff.

130 BVerfGE 153, 182 (286 Rn. 274 f.).

131 Vgl. BVerfGE 147, 1 (26).

132 BVerfGE 2, 380 (403); 7, 89 (92); 13, 261 (271); 60, 253 (268 f.); 88, 384 (403).

133 *Berger,* KommJur 2017, S. 169 (170); *Richter/Brinkmann,* in: Brinkmann/Schmoeckel (Hrsg.), Registerwesen, 2020, S. 15 (15 f., 32); *Shirvani,* in: Brinkmann/Schmoekel (Hrsg.), Registerwesen, 2020, S. 53 (65).

134 Vgl. *E. Schmidt-Aßmann,* in: Isensee/Kirchhof (Hrsg.), Handbuch des Staatsrechts, Bd. 2, 3. Aufl. 2004, § 26 Rn. 82–86; *Grzeszick,* in: Maunz/Dürig (Hrsg.), Art. 20 Rn. 50 ff. (Aug 2020); *Sommermann,* in: von Mangoldt/Klein/Starck (Hrsg.), 7. Aufl. 2018, Art. 20 Rn. 288 ff.; *Huster/Rux,* in: BeckOK GG, Art. 20 Rn. 181 ff. (Nov 2020); *Sachs,* in: Sachs (Hrsg.), GG, 8. Aufl. 2018, Art. 20 Rn. 122 ff.

wie der Oberbegriff bereits zeigt, Eigenschaften des Rechts selbst (Gesetze, Verwaltungs- und Gerichtsentscheidungen). Demgegenüber nehmen die Inhalte des Personenstandsregisters eine dienende Funktion ein. Das Register fungiert als externer Fixpunkt der Informationsbeschaffung und bewältigt damit Erkenntnisprobleme in anderweitigen Verwaltungs- und Gerichtsverfahren. Es gewährleistet formelle *Sachverhalts*sicherheit, die sich jedenfalls nicht selbstverständlich in das obige Ensemble fügt.

IV. Schluss

Beide hier behandelten Grundrechte haben mit der Zeit einen Gehalt gewonnen, wie er bei Entstehung des Grundgesetzes nicht vorauszuahnen war. Insbesondere das Grundrecht auf Anerkennung der geschlechtlichen Identität kann nach seiner vier Jahrzehnte währenden Geschichte als geglückte und wirkungsmächtige Ausgestaltung des allgemeinen Persönlichkeitsrechts gelten. Aber auch die nichtbinäre Öffnung des Diskriminierungsverbots prägt das gesellschaftliche Zusammenleben bereits weit über den Entscheidungsgegenstand hinaus. Gemeinsam sensibilisieren die Grundrechte für den fachwissenschaftlichen Erkenntnisstand, koppeln diesen mit dem politischen Prozess und wirken damit insgesamt progressiv. Dass grundrechtsdogmatisch noch jeweils Unklarheiten auf sämtlichen Prüfungsebenen bestehen, lädt zur verfassungsrechtswissenschaftlichen Behandlung ein. Nach hier vertretener Ansicht wäre es wünschenswert, zuletzt erzeugte Unsicherheiten insbesondere auf persönlichkeitsrechtlicher Eingriffs- und gleichheitsrechtlicher Rechtfertigungsebene im Sinne der übergeordnet tradierten Maßstäbe aufzulösen.

III. Staatsorganisationsrecht, europäische und internationale Bezüge

Jan-Marcel Drossel, Florian Alexander Kirsch

Die Rechtsprechung zu getrennten Verfassungsräumen in Wahlsachen

Leitentscheidungen des Bundesverfassungsgerichts

BVerfGE 1, 208 – 7,5 %-Sperrklausel
BVerfGE 96, 251 – Müllkonzept, Volksbegehren (Bayern)
BVerfGE 99, 1 – Bayerische Kommunalwahlen

Wichtige Kammerentscheidungen

BVerfGK 15, 186 – Passives Wahlrecht (I)
BVerfGK 16, 31 – Passives Wahlrecht (II)
BVerfG, Beschluss der 3. Kammer des Zweiten Senats vom 13. Dezember 2006 – 2 BvR 1487/06 –, juris, Wahlprüfung Hessen
BVerfG, Beschluss der 3. Kammer des Zweiten Senats vom 8. Juli 2008 – 2 BvR 1223/08 –, juris, Grundrechtsgleiche Rechte im Wahlprüfungsverfahren
BVerfG, Beschluss der 3. Kammer des Zweiten Senats vom 10. November 2010 – 2 BvR 1946/10 –, juris, Passives Wahlrecht (III)
BVerfG, Beschluss der 2. Kammer des Zweiten Senats vom 26. August 2013 – 2 BvR 441/13 –, juris, Höchstaltersgrenze
BVerfG, Beschluss der 3. Kammer des Zweiten Senats vom 18. Juli 2019 – 2 BvR 1301/19 –, juris, AfD-Landesliste Sachsen

Schrifttum (Auswahl)

Monografien

Hestermeyer, Eigenständigkeit und Homogenität in föderalen Systemen, 2019.

Beiträge in Mehrpersonenwerken

Lange, Das Bundesverfassungsgericht und die Landesverfassungsgerichte, in: Badura/Dreier, Festschrift 50 Jahre Bundesverfassungsgericht, Band 1, 2001, S. 289 ff.

Zeitschriftenbeiträge

Breuer, Anmerkung zu BVerfG, Beschl. v. 16.7.1997 – 2 BvR 1953/95, BayVBl 1999, S. 210 ff.; *Jutzi*, Wahlrechtliche Gleichheit/ allgemeiner Gleichheitssatz – Kommentar zu BVerfG, Beschluß vom 16. Juli 1998 – 2 BvR 1953/95, NJ 1998, S. 641; *Krajewski*, Kommunalwahlrechtliche Sperrklauseln im föderativen System, DÖV 2008, S. 345 ff.; *Lang*, Zur Effizienz des Rechtsschutzes in getrennten Verfassungsräumen, DÖV 1999, S. 712 ff.; *Lenz*, Das BVerfG zwischen Selbstentlastung und Selbstbelastung, NJW 1999, S. 34 ff.; *Pauly*, Das Wahlrecht in der neueren Rechtsprechung des Bundesverfassungsgerichts, AöR 123 (1998), S. 232 ff.; *Roth*, Zur Durchsetzung der Wahlrechts-

https://doi.org/10.1515/9783110686623-012

grundsätze vor dem Bundesverfassungsgericht, DVBl 1998, S. 214 ff.; *Sachs*, Keine Verfassungsbeschwerde zum BVerfG wegen Verletzung der Allgemeinheit und Gleichheit der Wahl in den Ländern, JuS 2000, S. 79 ff.; *Tietje*, Die Wahlrechtsgleichheit im Verfassungsprozeßrecht – BVerfG NJW 1999, 43, JuS 1999, S. 957 ff.

Inhaltsübersicht

I. Einleitung

Die Bundesrepublik Deutschland ist ein demokratischer und sozialer Bundesstaat, Art. 20 Abs. 1 GG. Dementsprechend sind auch in den Ländern Volksvertretungen zu bilden, deren Mitglieder das Volk wählt. Auch diese Wahlen müssen allgemein, unmittelbar, frei, gleich und geheim erfolgen, Art. 28 Abs. 1 Satz 2 GG.

In der Praxis der verfassungsgerichtlichen Kammerrechtsprechung scheitern zahlreiche gegen landeswahlrechtliche Hoheitsakte gerichtete Verfassungsbeschwerden indes bereits daran, dass die Beschwerdeführer dem Substantiierungserfordernis nach § 23 Abs. 1 Satz 2, § 92 BVerfGG im Hinblick auf ihre Beschwerdebefugnis[1] nicht gerecht werden. Dies gilt jedenfalls, soweit wahlrechtliche Hoheitsakte nach Landesrecht betroffen sind: Selbst anwaltlich[2] oder durch Hochschullehrer[3] vertretene Beschwerdeführer übersehen vielfach in Gänze,[4] dass nach der im Folgenden näher zu untersuchenden Rechtsprechung des Bundesverfassungsgerichts zu den getrennten Verfassungsräumen von Bund und Ländern die Frage, inwiefern dem Beschwerdeführer ein mit der Verfassungsbeschwerde rügefähiges Recht zur Seite steht, besonderer Betrachtung bedarf.

Dieser regelmäßig anzutreffende Substantiierungsmangel mag darin begründet sein, dass es nach jahrzehntelanger Rechtsprechungslinie des Bundesverfassungsgerichts ohne weiteres möglich war, Art. 3 Abs. 1 GG bei Verfassungsbeschwerden im Zusammenhang mit Wahlen zu den Volksvertretungen in den Ländern ins Feld zu führen. Die in Art. 28 Abs. 1 Satz 2 GG unter anderem gewährleisteten Grundsätze der Allgemeinheit und Gleichheit der Wahl konnten unter Berufung auf den allgemeinen Gleichheitssatz von durch landeswahlrechtliche Hoheitsakte Betroffenen geltend gemacht werden (II.). Mit jener Rechtsprechungslinie hat das Bundesverfassungsgericht jedoch bereits Ende des vergangenen Jahrtausends gebrochen (III.). Es hat seine Kontrolle bezüglich

---

1 Vgl. dazu BVerfGE 83, 162 (169); *Hömig*, in: Maunz/Schmidt-Bleibtreu/Klein/Bethge (Hrsg.), BVerfGG, § 92 Rn. 23 (Mai 2011); *Magen*, in: Burkiczak/Dollinger/Schorkopf, BVerfGG, 2. Aufl. 2022, § 92 Rn. 14, 54.

2 Vgl. etwa BVerfG, Beschl. v. 8. November 2020 – 2 BvR 1987/20 (unveröffentlicht).

3 Vgl. etwa BVerfG, Beschl. v. 18. Juli 2019 – 2 BvR 1301/19 –, juris, Rn. 15 ff.

4 Vgl. auch schon *Roth*, DVBl 1998, S. 214.

wahlrechtlicher Hoheitsakte der Länder eingedenk der getrennten Verfassungsräume von Bund und Ländern weit zurückgenommen, sodass zumindest in diesem Bereich von in der Verfassungswirklichkeit „verschränkten Verfassungsräumen“[5] weitgehend keine Rede (mehr) sein kann. Denn im Kernbereich des Art. 28 Abs. 1 Satz 2 GG ist danach den Ländern die ausschließliche Zuständigkeit überlassen, soweit es um die Gewährung subjektiven verfassungsgerichtlichen Rechtsschutzes geht.[6] Diskutabel ist freilich die Reichweite dieser Rechtsprechung, die näher beleuchtet werden soll (IV.), bevor abschließend auf die Auswirkungen der Rechtsprechung für die Praxis eingegangen wird (V.).

II. Ursprüngliche Rechtsprechung zur Anwendbarkeit von Art. 3 Abs. 1 GG bei Wahlen zu den Volksvertretungen in den Ländern

Seit Inkrafttreten des Grundgesetzes erlaubte es das Bundesverfassungsgericht zunächst in ständiger Rechtsprechung hinsichtlich der Grundsätze der Allgemeinheit und Gleichheit der Wahl uneingeschränkt, deren Verletzung unter Rückgriff auf den allgemeinen Gleichheitssatz geltend zu machen.[7] Damit wurden, obgleich das Gericht die Wahlrechtsgrundsätze nach Art. 38 Abs. 1 Satz 1 GG bei Wahlen zu den Volksvertretungen in den Ländern als vom Grundgesetz nicht subjektivrechtlich gewährleistet ansah, wahlrechtliche Hoheitsakte der Länder in weitem Umfang der (Bundes-)Verfassungsbeschwerde unterworfen, da jedenfalls die grundlegenden wahlrechtlichen Regelungen zum Wahlsystem zumeist die Gleichheit der Wahl berühren.[8] Insoweit wurde ein Vehikel[9] begründet, eine homogene Auslegung der auch in Art. 28 Abs. 1 Satz 2 GG für politischen Wahlen der Länder vorgegebenen Wahlrechtsgrundsätze über abstrakte und konkrete Nor-

---

5 So *Hestermeyer*, Eigenständigkeit und Homogenität in föderalen Systemen, 2019, S. 198.

6 *Breuer*, BayVBl. 1999, S. 210.

7 Vgl. BVerfGE 1, 208 (237, 242); 3, 383 (390 f.); 4, 31 (39); 4, 375 (382); 6, 84 (91); 11, 266 (271); 11, 351 (360); 12, 10 (25); 12, 73 (76); 13, 1 (12); 13, 243 (246); 18, 172 (180); 24, 300 (340); 28, 220 (225); 34, 81 (98); 41, 399 (413); 47, 253 (269); 48, 64 (79); 51, 222 (232); 52, 63 (89); 57, 43 (56); 58, 177 (190); 60, 162 (167); 69, 92 (106); 71, 81 (94); 78, 350 (357); 85, 148 (157).

8 Vgl. grundlegend *Meyer*, in: Isensee/Kirchhof, Handbuch des Staatsrechts, Bd. III, 3. Aufl. 2005, § 46 Rn. 29 f.; siehe auch *Brenner*, in: AöR 116 (1991), S. 536 (577); *Drossel*, Wahlsystem und Wahlgleichheit, 2021, S. 77 f.; *Krüper*, Jura 2013, S. 1147 (1148); *Lenz*, NJW 1999, S. 34.

9 Vgl. *Hestermeyer*, Eigenständigkeit und Homogenität in föderalen Systemen, 2019, S. 299 ff.

menkontrollen hinaus ebenso bei einer subjektiven Betroffenheit des Bürgers mittels einer Verfassungsbeschwerde durchzusetzen.

Nicht außer Acht zu lassen ist indes, dass sich dies auf die Grundsätze der Allgemeinheit und Gleichheit der Wahl beschränkte, während die gleichermaßen in Art. 28 Abs. 1 Satz 2 GG gewährleisteten Grundsätze der Unmittelbarkeit, Freiheit und Geheimheit mangels strukturellen Zusammenhangs mit dem allgemeinen Gleichheitsgrundsatz oder einem anderen Grundrecht[10] nicht mit der Verfassungsbeschwerde rügefähig waren. War aufgrund einer zulässigerweise erhobenen Rüge der Verletzung der Allgemeinheit oder Gleichheit der Wahl hingegen erst einmal die Prüfung der Begründetheit der Verfassungsbeschwerde eröffnet, erstreckte der Zweite Senat des Bundesverfassungsgerichts die Prüfung gegebenenfalls auch auf die Verletzung anderer Wahlrechtsgrundsätze (Flaschenhalsgedanke),[11] und zwar unabhängig davon, ob die Ausgangsrüge durchgriff.

1. Urteil des Zweiten Senats vom 5. April 1952 – BVerfGE 1, 208

Grundlage der Rechtsprechung zur Möglichkeit, sich auf Art. 3 Abs. 1 GG zu berufen, war mit dem Urteil des Zweiten Senats vom 5. April 1952 bereits eine der ersten Leitentscheidungen[12] des Gerichts zum Wahlrecht.[13] Ihren Anlass bot eine unter anderem von Angehörigen einer Landtagsfraktion angestrengte Verfassungsbeschwerde, die sich gegen eine Bestimmung des Schleswig-Holsteinischen Landeswahlgesetzes über die Teilnahme der politischen Parteien am Verhältnisausgleich wandte; so wurden unter anderem Parteien zum Verhältnisausgleich zugelassen, die nach der Gesetzesfassung 1951 ein Quorum von 7,5 % der im Lande abgegebenen gültigen Stimmen erzielt hatten.[14] Die Verfassungsbeschwerde hatte Erfolg. Der Senat hielt insbesondere die Beschwerdebefugnis der Beschwerde-

10 *Lange*, in: Festschrift 50 Jahre Bundesverfassungsgericht, 2001, S. 289 (291). Zum versperrten Rekurs auf Art. 2 Abs. 1 GG s.u.

11 Vgl. auch BVerfGE 48, 64 (79); 58, 177 (189 f.); siehe zu diesem Thema allgemein *O. Klein*, in: Rensen/Brink, Linien der Rechtsprechung des Bundesverfassungsgerichts, Bd. 1, 2009, S. 83 ff.; vgl. zur mittlerweile durch den Ersten Senat ebenfalls erfolgenden Erstreckung BVerfGE 148, 267 (278 Rn. 27).

12 Vgl. *Wild*, Die Gleichheit der Wahl, 2003, S. 98.

13 BVerfGE 1, 208.

14 Vgl. BVerfGE 1, 208 (211 ff.).

führer für gegeben, soweit sie das Recht der einzelnen Wähler auf gleichen Erfolgswert der Stimmen bei der Landtagswahl geltend machten.[15]

a) Beschränkung der unmittelbaren Geltung von Art. 38 GG auf die Wahl zum Deutschen Bundestag

Nach Ansicht des Senats konnte allerdings nur in Bezug auf das Bundestagswahlrecht die Verletzung aller fünf im Grundgesetz verbürgten Wahlrechtsgrundsätze mit der Verfassungsbeschwerde gerügt werden. Art. 38 GG, der in § 90 BVerfGG aufgeführt sei, stelle Wahlrechtsgrundsätze nur für die Wahl zum Bundestag auf. Vom Wahlrecht zu den Länderparlamenten handele im Grundgesetz Art. 28 Abs. 1 Satz 2 GG. Als unmöglich erachtete der Senat dabei eine Auslegung der Anführung des Art. 38 GG in § 90 BVerfGG dahingehend, dass damit das Wahlrecht des Einzelnen in dem Umfang gemeint sei, in dem es im Grundgesetz verbürgt sei, mithin Art. 38 Abs. 1 Satz 1 GG einschließlich der Ausdehnung seiner Grundsätze auf die Landeswahlen durch Art. 28 Abs. 1 Satz 2 GG. Art. 28 GG gelte nicht in den Ländern mit der Wirkung, dass er unmittelbar Rechte des einzelnen Wählers kraft Bundesrechts begründete. Er betreffe nicht zuletzt angesichts seiner systematischen Stellung das bundesrechtliche Verhältnis der Länder zum Bund. Er sichere die Homogenität der verfassungsmäßigen Ordnung, indem er den Ländern Pflichten gegenüber dem Bund auferlege. Dem entspreche seine Wortfassung. Der Bund seinerseits gewährleiste in Art. 28 Abs. 3 GG diese verfassungsmäßige Ordnung der Länder. Nur er könne also aus einer Verletzung der Grundsätze des Art. 28 Abs. 1 GG Rechte herleiten.[16]

b) Keine Art. 38 GG vergleichbare subjektive Gewährleistung bei Wahlen und Abstimmungen in den Ländern

Der Senat erblickte hingegen keine Art. 38 GG vergleichbare subjektive Gewährleistung hinsichtlich der Durchsetzung dieser Grundsätze bei allgemeinen politischen Wahlen und Abstimmungen auf der Ebene der Länder. Eine analoge Anwendung auf Wahlen und Abstimmungen in den Ländern schied für den Senat aus. Art. 28 Abs. 1 Satz 2 GG fordere die Geltung der Grundsätze der allgemeinen, unmittelbaren, freien, gleichen und geheimen Wahl auch bei politischen Wahlen

---

15 Vgl. BVerfGE 1, 208 (235 ff.).
16 Vgl. BVerfGE 1, 208 (235 f.).

in den Ländern. Die Länder hätten dem zwar bei der Regelung des Wahlrechts zu ihren Länderparlamenten und auf kommunaler Ebene zu genügen, allerdings fehle es an einer dem Einzelnen vermittelten, mit der Verfassungsbeschwerde rügefähigen subjektiven Rechtsposition.[17]

c) Rückgriff auf Art. 3 GG als wehrfähiges subjektives Recht

Auch wenn damit Art. 38 in Verbindung mit Art. 28 GG als Grundlage einer Verfassungsbeschwerde ausschied, hielt der Senat die Beschwerdebefugnis gleichwohl für gegeben, indem er die Wahlgleichheit als Unterfall der allgemeinen Gleichheit vor dem Gesetz einordnete. Daher könne das Vorbringen der Beschwerdeführer, ihr Anspruch auf gleiches Wahlrecht sei verletzt, dahin gedeutet werden, dass sie einen Verstoß gegen Art. 3 GG behaupteten.[18]

2. Historisch-dogmatischer Hintergrund des Urteils vom 5. April 1952

Die zunächst und in der Folge[19] nicht eingehender erläuterte Auffassung, die Wahlgleichheit sei ein Anwendungsfall des allgemeinen Gleichheitssatzes, ordnete das Bundesverfassungsgericht in sich anschließenden Entscheidungen näher ein und legte die eingeschlagene dogmatische Traditionslinie deutlicher offen.

Es ging davon aus, dass die Wahlgleichheit zwar gegenüber dem allgemeinen Gleichheitssatz durch eine weit stärkere Formalisierung charakterisiert sei und insofern eine selbständige Entwicklung genommen habe. Nichtsdestoweniger komme dem allgemeinen Gleichheitssatz auch im Verhältnis zur Wahlgleichheit eine regulative und letzthin übergeordnete Bedeutung zu. Nur so sei es verständlich, dass die Wahlgleichheit unter gewissen Voraussetzungen durchbrochen werden dürfe, obwohl sie unter dem Verhältniswahlsystem „radikal" formalisiert sei.[20] Damit machte sich das Gericht eine unter anderem von *Leibholz* vertretene Auffassung[21] zu eigen, der mit vergleichbarer Begründung in Abweichung zur damaligen Rechtsprechung des Staatsgerichtshofs für das Deutsche Reich Differenzierungen im Bereich der Wahlgleichheit in begrenztem Umfang für

17 Vgl. BVerfGE 1, 208 (236).
18 Vgl. BVerfGE 1, 208 (237, 242).
19 Vgl. BVerfGE 3, 383 (391); 4, 31 (39); in diese Richtung bereits BVerfGE 1, 208 (247).
20 Vgl. BVerfGE 4, 375 (382); 13, 243 (246 f.).
21 Vgl. JW 1929, S. 3042 ff.

möglich gehalten hatte.[22] Die Begründung der ursprünglichen Rechtsprechungslinie lässt sich folglich mit der historischen Entwicklung der Auslegung der Wahlgleichheit erklären: Denn bis dahin schien nur der Rückgriff auf den vermeintlich „übergeordneten" und Einschränkungen zugänglichen Art. 3 Abs. 1 GG einen Weg zu eröffnen, die für erforderlich gehaltenen Durchbrechungen des zunächst strikt verstandenen Grundsatzes der Wahlgleichheit zu legitimieren.[23] Bei den prozessualen Auswirkungen für wahlrechtliche Hoheitsakte der Länder handelte es sich wohl um einen bloßen Rechtsreflex.[24]

3. Fortschreibung der begründeten Rechtsprechungslinie

Obgleich die Annahme einer „regulativen und letzthin übergeordneten Bedeutung des allgemeinen Gleichheitssatzes" in der verfassungsgerichtlichen Judikatur bereits kurz darauf nicht mehr zur Rechtfertigung von wahlrechtlichen Differenzierungen herangezogen und auch ohne einen solchen Rückgriff auf Art. 3 Abs. 1 GG kein absolutes Differenzierungsverbot im Bereich der Wahlgleichheit mehr anerkannt wurde[25], bewertete das Bundesverfassungsgericht weiterhin ohne nähere Ausführungen die beiden Wahlrechtsgrundsätze der Allgemeinheit und Gleichheit als Erscheinungsform des allgemeinen Gleichheitssatzes.[26] Es zog hieraus die Folgerung, dass Verletzungen dieser Wahlrechtsgrundsätze bei politischen Wahlen in den Ländern über Art. 3 Abs. 1 GG mit der Verfassungsbeschwerde gerügt werden könnten.[27]

Ebenso hielt das Bundesverfassungsgericht daran fest, dass das objektivrechtliche Verfassungsgebot des Art. 28 Abs. 1 GG keine subjektive Rechtsposition vermittle. Einen Rückgriff auf Art. 2 Abs. 1 GG erachtete es als nicht möglich, da mit seinem Wahlrecht der Bürger die vom Volk ausgehende Staatsgewalt ausübe und die Wahrnehmung dieses Rechts nicht Teil der jedem Menschen gewährleisteten freien Entfaltung seiner Persönlichkeit sei. Die allgemeine Handlungs-

22 Vgl. *Frowein*, AöR 99 (1974), S. 72 (81 Fn. 56); *Murswiek*, JZ 1979, S. 48 (50); *Meyer*, Wahlsystem und Verfassungsordnung, 1973, S. 106 ff.; *Wild*, Die Gleichheit der Wahl, 2003, S. 99; *Tietje*, JuS 1999, S. 957 (958); s.a. BVerfGE 99, 1 (9 f.).

23 Vgl. BVerfGE 99, 1 (8 ff.); *Sachs*, JuS 2000, S. 79 (80); *Roth*, in: Umbach/Clemens (Hrsg.), GG, Bd. II, 2002, Art. 38 Rn. 33 Fn. 78.

24 Vgl. *Tietje*, JuS 1999, S. 957 (958).

25 Vgl. BVerfGE 28, 220 (225); 95, 408 (417 f.) m.w.N. Dazu auch *Sachs*, JuS 2000, S. 79 (80).

26 Vgl. BVerfGE 18, 172 (180); 24, 300 (340); 28, 220 (225); 34, 81 (98); 41, 399 (413); 47, 253 (269); 48, 64 (79); 51, 222 (232); 52, 63 (89); 57, 43 (56); 58, 177 (190); 60, 162 (167); 69, 92 (106); 71, 81 (94); 78, 350 (357). Dazu auch *Lenz*, NJW 1999, S. 34 (Auffangfunktion).

27 Vgl. etwa BVerfGE 58, 177 (190).

freiheit als umfassender Ausdruck der persönlichen Freiheitssphäre des Menschen unterscheide sich grundlegend von den im Grundgesetz gewährleisteten politischen Rechten des Aktiv-Status.[28] Für den subjektiven verfassungsrechtlichen Rechtsschutz im Hinblick auf politische Wahlen in den Ländern kam dem allgemeinen Gleichheitssatz nach dieser Rechtsprechung demnach zentrale Bedeutung zu.

4. Kritik in der Literatur

Auch wenn die Lehre sich der Ansicht zum Rückgriff auf den allgemeinen Gleichheitssatz weithin anschloss,[29] mehrten sich im Schrifttum allerdings nach und nach kritische Stimmen zur Anwendbarkeit von Art. 3 Abs. 1 GG bei Wahlen zu den Volksvertretungen der Länder.

So wurde zum einen eingewandt, die vom Bundesverfassungsgericht wegen der fehlenden subjektiven Rügefähigkeit von Art. 28 Abs. 1 GG allein aus praktischen Gründen des Prozessrechts[30] herausgehobene Anbindung der Wahlgleichheit an den allgemeinen Gleichheitssatz sei entstehungsgeschichtlich zweifelhaft, da sich beide unterschiedlich entwickelt hätten;[31] zum anderen wurde auf die Systematik des Grundgesetzes hingewiesen, wonach wegen der Spezialisierung der Wahlgleichheit diese Vorrang gegenüber dem allgemeinen Gleichheitssatz haben müsse.[32]

Auch soweit in der Literatur ein Rückgriff auf Art. 3 Abs. 1 GG als Auffangtatbestand nicht von vorneherein ausgeschlossen wurde, da Spezialität entweder Klarstellung oder abschließende Regelung bedeuten könne, wurden durchgreifende Zweifel an der bisherigen Auffassung der Verfassungsrechtsprechung geäußert.[33] Besonders *Roth*, zum damaligen Zeitpunkt wissenschaftlicher Mitarbeiter beim Bundesverfassungsgericht, skizzierte inhaltlich bereits einige der

---

28 Vgl. BVerfGE 49, 15 (23).

29 Vgl. statt vieler *Pauly*, AöR 123 (1998), S. 232 (250 ff.); ferner die Nachweise bei *Lang*, DÖV 1999, S. 712 Fn. 10.

30 Dazu auch *Magiera*, in: Sachs, GG, 1. Aufl. 1996, Art. 38 Rn. 92; *v. Münch*, in: ders./Kunig (Hrsg.), GG, Bd. 2, 3. Aufl. 1995, Art. 38 Rn. 48; *Pieroth*, in: Jarass/ders., GG, 4. Aufl. 1997, Art. 38 Rn. 7.

31 Vgl. *Frowein*, AöR 99 (1974), S. 72 (81); *Meyer*, Wahlsystem und Verfassungsordnung, 1973, S. 109.

32 Vgl. *Frowein*, AöR 99 (1974), S. 72 (81); *Meyer*, Wahlsystem und Verfassungsordnung, 1973, S. 144 ff., 151; *v. Münch*, in: ders./Kunig (Hrsg.), GG, Bd. 2, 3. Aufl. 1995, Art. 38 Rn. 48; *Pieroth*, in: Jarass/ders., GG, 4. Aufl. 1997, Art. 38 Rn. 7; s.a. *Murswiek*, JZ 1979, S. 48 (50 Fn. 75).

33 Vgl. *Roth*, DVBl. 1998, S. 214 (216 f.) m.w.N.

Grundthesen des später eingeschlagenen Kurswechsels: Der bisherigen Auffassung des Senats stehe eine Betrachtung der teleologischen und systematischen Zusammenhänge entgegen. Es sei zu berücksichtigen, dass es bei der Durchsetzung der Wahlrechtsgrundsätze um die Durchsetzung von Rechten aus dem Aktiv-Status, nicht hingegen aus der Individualsphäre gehe. Deshalb sei es zur besonderen subjektiv-rechtlichen Regelung des Art. 38 Abs. 1 Satz 1 GG gekommen. Da sich vergleichbare besondere Regelungen auf Länderebene fänden und prinzipiell selbständig nebeneinander existierende Verfassungsräume von Bund und Ländern bestünden, erweise es sich als konsequent, wenn dem Grundgesetz eine dem Art. 38 GG vergleichbare Subjektivierung der Wahlrechtsgrundsätze für die Wahlen auf Länderebene nicht zu entnehmen und Art. 28 Abs. 1 Satz 2 GG nicht in den Katalog verfassungsbeschwerdefähiger Rechte aufgenommen worden sei. Es sei Sache der Länder, den subjektiven Rechtsschutz im eigenen Organisationsbereich zu gewährleisten.

5. Erste erkennbare Zweifel?

Dass eine Aufgabe der bisherigen Rechtsprechungslinie in Betracht zu ziehen war, zeichnete sich in der Judikatur des Bundesverfassungsgerichts trotzdem weiter nicht ab.[34] Auch in seinem Beschluss vom 12. Dezember 1991 hielt der Zweite Senat „bei Zugrundelegung der bisherigen Rechtsprechung“ eine gegen eine landesverfassungsgerichtliche Wahlprüfungsentscheidung gerichtete Verfassungsbeschwerde für zulässig und bejahte eine Verletzung des Beschwerdeführers „in seinem in Art. 3 Abs. 1 GG mitgewährleisteten Grundrecht der Wahlrechtsgleichheit“[35]. In einem danach entschiedenen konkreten Normenkontrollverfahren stellte der Zweite Senat zwar nicht mehr auf Art. 3 Abs. 1 GG als Maßstab ab, sondern allein auf den speziellen wahlrechtlichen Gleichheitssatz aus Art. 28 Abs. 1 Satz 2 GG;[36] in diesem Verfahren kam es jedoch nur auf die Übereinstimmung der Norm mit der objektivrechtlichen Wahlgleichheit an.

34 So auch *Sachs*, JuS 2000, S. 79 (80); *Lenz*, NJW 1999, S. 34. Anders die Einschätzung bei BVerfGE 99, 1 (10) (erstmalige Erkennbarkeit von Zweifeln); *Jutzi*, NJ 1998, S. 641 unter Verweis auf BVerfGE 96, 231 ff. (dort ging es jedoch lediglich darum, dass das in Form einer Verletzung des Gesetzesinitiativrechts gerügte Recht auf Chancengleichheit bei der Durchführung des Volksentscheids nicht zu einer grundrechtlich geschützten Berechtigung der Gesamtheit der Unterzeichner des Volksbegehrens gehört).

35 BVerfGE 85, 148 (157).

36 Vgl. BVerfGE 93, 373 (376 ff.).

Anhaltspunkte für eine anstehende Rechtsprechungsänderung ergaben sich allenfalls daraus,[37] dass in einem Bericht der vom damaligen Bundesminister der Justiz eingesetzten Kommission „Entlastung des Bundesverfassungsgerichts" vom Dezember 1997 eine Aufgabe des bislang praktizierten Rückgriffs auf Art. 3 Abs. 1 GG jedenfalls in Bezug auf die Landeswahlprüfung als Möglichkeit erwähnt wurde; neben anderen Richtern des Bundesverfassungsgerichts gehörte die für das Wahlrecht (damals) zuständige Berichterstatterin *Graßhof* der Kommission an.[38] Als Alternative zu einer solchen Rechtsprechungsänderung wurde von der Kommissionsmehrheit ein gesetzlicher Ausschluss der Bundesverfassungsbeschwerde gegen Entscheidungen der Landesverfassungs- und Landeswahlprüfungsgerichte im Bereich der Landeswahlprüfung unter Sperrung der Berufung auf sämtliche Grundrechte und grundrechtsgleiche Rechte, insbesondere auf die Prozessgrundrechte, befürwortet.[39] Als Motive hierfür wurden einerseits die beabsichtigte Reduzierung der Arbeitslast des Zweiten Senats, andererseits die Betonung sowie Stärkung der Eigenständigkeit der Länder angesichts des Gedankens der „getrennten Verfassungsräume" genannt.[40] Eine Minderheitsauffassung in der Kommission erachtete dagegen einen völligen Verzicht auf Verfassungsbeschwerden in einem so wichtigen und sensiblen Bereich, der zudem die Homogenität innerhalb der bundesstaatlichen Ordnung betreffe, nicht für verantwortbar.[41]

III. Grundsatzentscheidung zu den selbständigen Verfassungsräumen von Bund und Ländern im Wahlrecht – BVerfGE 99, 1

Mit – einstimmig ergangenem – Beschluss vom 16. Juli 1998 gab der Zweite Senat die knapp 40 Jahre etablierte Rechtsprechung zum Rückgriff auf Art. 3 Abs. 1 GG

---

37 Vgl. *Lenz*, NJW 1999, S. 34; *Breuer*, BayVBl. 1999, S. 210 (Drehbuch für die Rechtsprechungsänderung); *Tietje*, JuS 1999, S. 957.

38 Vgl. Bundesministerium der Justiz (Hrsg.), Entlastung des BVerfG, Bericht der Kommission, 1998, S. 124 f.

39 Vgl. Bundesministerium der Justiz (Hrsg.), Entlastung des BVerfG, Bericht der Kommission, 1998, S. 125 f.

40 Vgl. Bundesministerium der Justiz (Hrsg.), Entlastung des BVerfG, Bericht der Kommission, 1998, S. 126.

41 Vgl. Bundesministerium der Justiz (Hrsg.), Entlastung des BVerfG, Bericht der Kommission, 1998, S. 126.

auf und schloss bezüglich wahlrechtlicher Hoheitsakte der Länder eingedenk der selbständigen Verfassungsräume von Bund und Ländern die Beschwerdebefugnis subjektiv Betroffener in weitem Umfange aus. Die wahlrechtlichen Gleichheitssätze wurden nunmehr als spezialgesetzliche, den Rückgriff auf die allgemeine Norm sperrende Ausprägungen des allgemeinen Gleichheitssatzes erachtet mit der Folge, dass in ihrem Anwendungsbereich nicht (mehr) auf Art. 3 Abs. 1 GG zurückgegriffen werden kann.[42] Soweit die Wahlgleichheit sich bis zu diesem Zeitpunkt für die Rechtsprechung des Bundesverfassungsgerichts durch den Rückgriff auf den allgemeinen Gleichheitssatz als Hebel zur Homogenisierung der Landesverfassungsräume erwiesen hatte,[43] ist dieser mit der Aufgabe der ursprünglichen Rechtsprechungslinie weggebrochen.

1. Anlass der Kehrtwende

Anlass der Kehrtwende[44] war eine das Wahlvorschlagsrecht bei Kommunalwahlen in Bayern betreffende Verfassungsbeschwerde. Sie war gegen eine das Unterschriftenquorum nach alten und neuen Wahlvorschlagsträgern differenzierende Regelung gerichtet.[45] Der Bayerische Verfassungsgerichtshof hatte sie im Rahmen mehrerer Popularklagen als insbesondere mit den Wahlrechtsgrundsätzen der allgemeinen, geheimen und gleichen Wahl (Art. 14 Abs. 1 Satz 1 BV) vereinbar gehalten angesehen.[46] Der Beschwerdeführer, der von seiner Partei als Kandidat für eine Kommunalwahl nominiert worden war und sich mangels Beibringung der erforderlichen Zahl von Unterstützungsunterschriften nicht zur Wahl hatte stellen können, rügte die Verletzung der Allgemeinheit und Gleichheit der Wahl und stützt sich hierzu auf den allgemeinen Gleichheitssatz des Art. 3 Abs. 1 GG.[47]

---

42 Vgl. *Pohlreich*, in: Linien der Rechtsprechung des Bundesverfassungsgerichts, Band 3, 2014, S. 37 (54); *Mann/Pohl*, in: Linien der Rechtsprechung des Bundesverfassungsgerichts, Band 3, 2014, S. 435 (438); *Roth*, in: Umbach/Clemens (Hrsg.), GG, Bd. II, 2002, Art. 38 Rn. 32.

43 Vgl. *Hestermeyer*, Eigenständigkeit und Homogenität in föderalen Systemen, 2019, S. 299 ff.

44 *Breuer*, BayVBl. 1999, S. 210.

45 Vgl. im Einzelnen BVerfGE 99, 1 (1 ff.).

46 Vgl. BayVerfGH 48, 61 (69 ff.); 49, 12 (15 ff.); 50, 106 (112).

47 Vgl. BVerfGE 99, 1 (3 ff.).

2. Unzulässigkeit mangels Beschwerdebefugnis

Die von der Verfassungsbeschwerde – freilich nicht zum ersten Mal – aufgeworfene Frage, ob die Einhaltung der Wahlrechtsgrundsätze bei allgemeinen politischen Wahlen auf der Ebene der Länder (Art. 28 Abs. 1 Satz 2 GG) mit der Verfassungsbeschwerde zum Bundesverfassungsgericht eingefordert werden kann, verneinte der Zweite Senat nunmehr und sprach dem Beschwerdeführer die Beschwerdebefugnis ab.[48]

a) Bestätigung der fehlenden subjektivrechtlichen Gewährleistung der Wahlrechtsgrundsätze bei Wahlen zu den Volksvertretungen in den Ländern durch die Bundesverfassung

Dabei wiederholte der Senat seine ständige Rechtsprechung, dass die Grundsätze der allgemeinen, unmittelbaren, freien, gleichen und geheimen Wahl bei Wahlen zu den Volksvertretungen in den Ländern von der Bundesverfassung nicht subjektivrechtlich gewährleistet, mithin nicht mit der Verfassungsbeschwerde wehrfähig[49] seien und das objektivrechtliche Verfassungsgebot des Art. 28 Abs. 1 GG auch nicht über Art. 2 Abs. 1 GG eingefordert werden könne.[50] Nach diesen einleitenden Worten verließ der Senat jedoch die vertrauten und tradierten Bahnen.

b) Kein Rückgriff auf den allgemeinen Gleichheitssatz des Art. 3 Abs. 1 GG im Anwendungsbereich der Art. 28 Abs. 1 Satz 2, Art. 38 Abs. 1 Satz 1 GG

Unter ausdrücklicher Aufgabe seiner bisherigen ständigen Rechtsprechung, deren Werdegang zunächst kurz erläutert wurde, hielt der Senat nunmehr im Anwendungsbereich der Art. 28 Abs. 1 Satz 2, Art. 38 Abs. 1 Satz 1 GG auch einen Rückgriff auf den allgemeinen Gleichheitssatz des Art. 3 Abs. 1 GG nicht (mehr) für mög-

48 Vgl. BVerfGE 99, 1 (7 ff.).

49 Vgl. *Sachs*, JuS 2000, S. 79 (80); *Lenz*, NJW 1999, S. 34.

50 Vgl. BVerfGE 99, 1 (7 f.). Insofern kommt der Frage der analogen Anwendung der Wahlrechtsgrundsätze des Art. 38 Abs. 1 GG durchaus Bedeutung zu (anders wohl *Hestermeyer*, Eigenständigkeit und Homogenität in föderalen Systemen, 2019, S. 293 Fn. 316); diese liegt auf prozessualem Gebiet (vgl. *Roth*, in: Umbach/Clemens (Hrsg.), GG, Bd. II, 2002, Art. 38 Rn. 33 f., zum versperrten Rückgriff auf Art. 3 Abs. 1 GG).

lich.[51] Stattdessen schränkte er den Rechtsweg zum Bundesverfassungsgericht ein. Rechtfertigend wirke insofern die Anerkennung der Autonomie der Länder, die, unter objektivrechtlicher Bindung an die Homogenitätsanforderungen des Art. 28 Abs. 1 GG, für den subjektivrechtlichen Schutz des Wahlrechts zu den Volksvertretungen in ihrem jeweiligen Verfassungsraum allein zuständig seien.[52]

aa) Spezialitätsverhältnis von Art. 38 Abs. 1 Satz 1 und Art. 28 Abs. 1 Satz 2 GG als Ausgangspunkt der Auslegung

Dabei leitete der Zweite Senat die fehlende subjektive Rügefähigkeit nicht aus dem bloßen Spezialitätsverhältnis von Art. 38 Abs. 1 Satz 1 und Art. 28 Abs. 1 Satz 2 GG ab. Zwar handele es sich bei den Anforderungen, die an demokratische Wahlen zu den Volksvertretungen zu stellen und für die Verfassungsräume des Bundes und der Länder in den gesonderten Vorschriften der Art. 38 Abs. 1 Satz 1 und Art. 28 Abs. 1 Satz 2 GG geregelt seien, um spezialgesetzlich normierte Ausprägungen der in Art. 3 Abs. 1 GG allgemein gewährleisteten Gleichheit der Bürger.[53] Mit der Qualifizierung als Spezialregelungen stünden aber die Rechtsfolgen für die Anwendbarkeit des allgemeinen Gleichheitssatzes noch nicht fest. Die Frage, ob im Sachbereich eines speziellen Gleichheitssatzes ein Rückgriff auf Art. 3 Abs. 1 GG zulässig sei, müsse jeweils durch Auslegung geklärt werden.[54]

bb) Zusammenwirken von Art. 38 Abs. 1 Satz 1 und Art. 28 Abs. 1 Satz 2 GG

Zur Klärung des Verhältnisses von Art. 3 Abs. 1 GG zu den Grundsätzen der Allgemeinheit und der Gleichheit bei politischen Wahlen in den Ländern erachtete der Senat daher eine Betrachtung des Zusammenwirkens der Art. 28 Abs. 1 Satz 2, Art. 38 Abs. 1 Satz 1, Art. 93 Abs. 1 Nr. 4a GG sowie des bundesstaatlichen Prinzips für erforderlich.[55]

Bund und Länder hätten gemäß Art. 20 Abs. 2, Art. 38 Abs. 1, Art. 28 Abs. 1 Satz 2 GG im jeweils eigenen Verfassungsraum aus Wahlen hervorgegangene

---

51 Vgl. BVerfGE 99, 1 (8 ff.).

52 Vgl. BVerfGE 99, 1 (17).

53 Kritisch zur Annahme eines normlogischen Spezialitätsverhältnisses mangels subjektivrechtlichen Gehalts von Art. 28 Abs. 1 Satz 2 GG *Roth*, in: Umbach/Clemens (Hrsg.), GG, Bd. II, 2002, Art. 38 Rn. 35, der im Ergebnis jedoch der systematisch-teleologischen Gesamtschau des Gerichts folgt; ähnlich *Lange*, in: Festschrift 50 Jahre Bundesverfassungsgericht, 2001, S. 289 (291); vgl. dagegen die Argumentation bei *Tietje*, JuS 1999, S. 957 (958 f.).

54 Vgl. BVerfGE 99, 1 (10 f.).

55 Vgl. BVerfGE 99, 1 (11).

Vertretungen des Volkes zu schaffen und dabei für die Einhaltung der fünf Wahlrechtsgrundsätze Sorge zu tragen. Dass deren Beachtung im Wege der Verfassungsbeschwerde vom Bürger nur bei politischen Wahlen auf Bundesebene eingefordert werden könne (Art. 93 Abs. 1 Nr. 4a i.V.m. Art. 38 Abs. 1 Satz 1 GG), erkläre sich aus dem bundesstaatlichen Prinzip. In den Grenzen föderativer Bindungen gewährleiste das Grundgesetz Bund und Ländern eigenständige Verfassungsbereiche. Die Länder genössen im Rahmen ihrer Bindung an die Grundsätze des Art. 28 GG im staatsorganisatorischen Bereich Autonomie, insbesondere bei der Regelung des Wahlsystems, des Wahlrechts zu ihren Parlamenten und den kommunalen Vertretungen des Volkes sowie der Ausgestaltung des Wahlprüfungsverfahrens. Die grundgesetzliche Bindung der Länder an die fünf Wahlrechtsgrundsätze werde durch das Bundesverfassungsgericht im Wege der Normenkontrollklage gemäß Art. 93 Abs. 1 Nr. 2 GG und der konkreten Normenkontrolle gemäß Art. 100 Abs. 1 GG kontrolliert.[56]

Mit Blick auf die Autonomie der Länder beschränke sich das Grundgesetz allerdings auf diese objektivrechtliche Kontrolle und räume nicht auch jedem Bürger bei Wahlen im Land das Recht ein, die Beachtung der fünf Wahlrechtsgrundsätze mit der Verfassungsbeschwerde beim Bundesverfassungsgericht einzufordern. Insoweit gebe das Grundgesetz den Ländern Raum, den subjektiven Schutz des Wahlrechts zu ihren Volksvertretungen in Ausübung ihres Rechts auf Selbstorganisation auszugestalten und durch die Gerichtsbarkeit des Landes zu gewährleisten.[57]

cc) Verdrängung von Art. 3 Abs. 1 GG durch Art. 28 Abs. 1 Satz 2, Art. 38 Abs. 1 Satz 1 GG

Eine Ausnahme von der genannten Trennung im Hinblick auf die Gleichheit und Allgemeinheit der Wahl erachtete der Senat bei teleologischer und historischer Betrachtung nicht für geboten.

Zwar habe das Bundesverfassungsgericht die aufgezeigte Rechtslage zur Zulässigkeit einer Verfassungsbeschwerde gegen wahlrechtliche Hoheitsakte der Länder für die drei Grundsätze der unmittelbaren, freien und geheimen Wahl stets als selbstverständlich angesehen, nicht jedoch für die beiden anderen Grundsätze der Allgemeinheit und Gleichheit der Wahl. Diesbezüglich habe es auf den allgemeinen Gleichheitssatz des Art. 3 Abs. 1 GG zurückgegriffen, ohne der Frage seiner Verdrängung durch die speziellen Regelungen der Art. 28 Abs. 1 Satz 2,

56 Vgl. BVerfGE 99, 1 (11 f.).

57 Vgl. BVerfGE 99, 1 (12).

Art. 38 Abs. 1 Satz 1 GG im Einzelnen nachzugehen. Die an der Einheit der Verfassung und ihren historischen Grundlagen ausgerichtete Verfassungsinterpretation ergebe jedoch keine Anhaltspunkte dafür, dass das Grundgesetz bei Wahlen in den Ländern zwei Wahlrechtsgrundsätze stärker als die drei anderen einer bundesverfassungsgerichtlichen Kontrolle unterworfen und insoweit die Autonomie der Länder zurückgedrängt habe.[58] Gründe für eine unterschiedliche Gewichtung der Wahlrechtsgrundsätze bestünden angesichts ihres grundlegenden Charakters und ihrer gemeinsamen Funktion, bei politischen Wahlen und Abstimmungen im Sinne von Art. 20 Abs. 2 Satz 2 GG das demokratische Prinzip wirksam zur Geltung zu bringen, nicht.[59]

Auch rechtsgeschichtlich habe sich die Wahlgleichheit in Deutschland nicht in einer Weise entwickelt, die es nahelegen könnte, im Geltungsbereich der speziellen gleichheitsrechtlichen Gewährleistungen der Art. 28 Abs. 1 Satz 2, Art. 38 Abs. 1 Satz 1 GG zusätzlich auf den allgemeinen Gleichheitssatz des Art. 3 Abs. 1 GG zurückzugreifen.[60] Ein Zusammenhang zwischen dem allgemeinen Gleichheitssatz und der Gleichheit der Bürger im Wahlrecht sei zunächst in der deutschen Verfassungsgeschichte nicht hergestellt worden. Noch in der Weimarer Zeit habe insbesondere der Staatsgerichtshof die Eigenständigkeit der Wahlgleichheit betont, die in der Reichsverfassung für die Länder und für das Reich eigenständig verbürgt gewesen sei. Jeden Rückgriff auf den allgemeinen Gleichheitssatz habe der Staatsgerichtshof abgelehnt.[61] Den Beratungen zum Grundgesetz lasse sich nicht entnehmen, dass mit diesem Verständnis habe gebrochen werden sollen, sondern sie seien abgesehen davon, dass es bei der Festlegung der Homogenitätsvorgaben darum gegangen sei, die Eigenstaatlichkeit der Länder möglichst weitgehend zu wahren, unergiebig. Auch bei der Aufnahme der Verfassungsbeschwerde in das Grundgesetz im Jahre 1969 sei das systematische Verhältnis der Gleichheitsgebote der Art. 3 Abs. 1, Art. 28 Abs. 1 Satz 2, Art. 38 Abs. 1 Satz 1 GG nicht erörtert worden. Die Aufnahme des subjektiven Wahlrechts in den Katalog der verfassungsbeschwerdefähigen Rechte habe lediglich bei den Beratungen zu dem im Jahre 1951 normierten Bundesverfassungsgerichtsgesetz eine Rolle gespielt. Zwar sei erörtert worden, ob auch das Wahlrecht als Grundrecht aufzufassen und in den Katalog der verfassungsbeschwerdefähigen Rechte aufzunehmen sei. Die hierzu vereinzelt vertretene Auffassung, es bedürfe keiner ausdrücklichen Regelung, weil zwar nicht das Wahlrecht als solches grund-

58 Vgl. BVerfGE 99, 1 (12 f.).
59 Vgl. BVerfGE 99, 1 (13).
60 Vgl. BVerfGE 99, 1 (13).
61 Vgl. BVerfGE 99, 1 (13 f.) m.w.N.

rechtlich gewährleistet sei, wohl aber die aus dem allgemeinen Gleichheitssatz abzuleitende Wahlgleichheit, habe sich letztlich nicht durchgesetzt. Der vom Rechtsausschuss eingesetzte Unterausschuss habe das subjektive Wahlrecht aus Art. 38 GG eigens in den Katalog der verfassungsbeschwerdefähigen Rechte aufgenommen.[62]

c) Folgen der Rechtswegeinschränkung für die Bürgerinnen und Bürger

Die sich aus der Rechtsprechungsänderung ergebende Einschränkung des Rechtswegs zum Bundesverfassungsgericht beziehungsweise dessen fehlende Zuständigkeit, dem Bürger bei Wahlen zu den Volksvertretungen in den Ländern subjektiven Rechtsschutz gegen eine Verletzung der Wahlrechtsgrundsätze zu gewährleisten, skizzierte der Zweite Senat in der Folge noch kurz.[63]

Den Bürgern stehe zur Verteidigung ihres subjektiven Wahlrechts auch bei Wahlen in den Ländern ein Rechtsweg zur Verfügung. Alle Länder sähen (wie durch Art. 28 Abs. 1 GG vorgesehen) die Prüfung der Wahl zu ihren Parlamenten vor, wobei je nach landesrechtlicher Ausgestaltung spätestens in zweiter Instanz eine gerichtliche Rechtskontrolle erreicht werde. Bei Kommunalwahlen hätten die Länder die gerichtliche Kontrolle der Wahlprüfung den Verwaltungsgerichten übertragen. Zusätzlich eröffneten die meisten Länder wegen der Verletzung des subjektiven Wahlrechts bei Wahlen zu ihren Volksvertretungen eine Verfassungsbeschwerde, Grundrechts- oder Popularklage zu ihren Landesverfassungsgerichten. Soweit ein solcher Rechtsschutz fehle, möge es der Bedeutung des subjektiven Wahlrechts entsprechen, insoweit verfassungsgerichtlichen subjektiven Rechtsschutz im Land einzuführen. Von Verfassungs wegen sei dies allerdings nicht geboten, da Art. 19 Abs. 4 GG keinen subjektiven verfassungsgerichtlichen Rechtsschutz verbürge.[64]

3. Unmittelbare Rezeption der Entscheidung

Obschon in der verfassungsrechtlichen Literatur die Trennung des Bundesverfassungsgerichts von einer lang dauernden, über mehrere Jahrzehnte praktizierten Rechtsprechungslinie hervorgehoben wurde,[65] blieb durchgreifende Kritik am

62 Vgl. BVerfGE 99, 1 (14 f.).
63 Vgl. BVerfGE 99, 1 (17 ff.).
64 Vgl. BVerfGE 99, 1 (17 ff.).
65 Vgl. *Sachs*, JuS 2000, S. 79 (80); *Jutzi*, NJ 1998, S. 641.

geänderten Verständnis des Verhältnisses von Art. 3 Abs. 1 und Art. 38 Abs. 1 GG[66] überwiegend aus.

a) Befürworter

Die Gegner der ursprünglichen Rechtsprechungslinie erkannten an, dass das Gericht sie „in zwar wortreich eingekleideten, aber doch hinreichend deutlichen Ausführungen" nunmehr als verfehlt gekennzeichnet habe.[67] Die mit der Anerkennung eigenständiger Differenzierungsmöglichkeiten bei der Wahlgleichheit eingeschlagene Loslösung von der „Zusammenhangstheorie" zu Art. 3 Abs. 1 GG sei nunmehr auch prozessual konsequent vollzogen.[68] Die Entscheidung sei konsequente Folge einer neuen Rechtsprechungslinie[69], in der das Bundesverfassungsgericht seine Kontrollkompetenz gegenüber den Landesverfassungsgerichten zurücknehme.[70] Der Entscheidung wurde insofern eine erhebliche prozessuale Relevanz zugeschrieben, als mit der Aufgabe des Rückgriffs auf Art. 3 Abs. 1 GG dem in seinem subjektiven Wahlrecht verletzten Bürger außerhalb des Anwendungsbereichs von Art. 38 GG kein verfassungsbeschwerdefähiges Recht mehr zukomme.[71]

b) Offenes Ergebnis

Teils wurde auch die neutrale Positionen eingenommen, ein Festhalten an der bisherigen Rechtsprechung sei dem Bundesverfassungsgericht ebenso möglich

---

66 Kritisch zu den Ausführungen zum Schutz des subjektiven Wahlrechts in den Ländern dagegen *Lang*, DÖV 1999, S. 712 (713 ff.) (vor dem Hintergrund der damals noch fehlenden Überprüfung subjektiver Wahlrechtsverletzungen im bundesrechtlichen Wahlprüfungsverfahren und des Verhältnisses von Verfassungs- und Wahlprüfungsbeschwerde).

67 Vgl. *Sachs*, JuS 2000, S. 79 (80); s.a. *Roth*, in: Umbach/Clemens (Hrsg.), GG, Bd. II, 2002, Art. 38 Rn. 35.

68 Vgl. *Tietje*, JuS 1999, S. 957 (958).

69 Vgl. BVerfGE 96, 231 (242); 96, 345 (368).

70 Vgl. *Lang*, DÖV 1999, S. 712 (713); s.a. *Lange*, in: Festschrift 50 Jahre Bundesverfassungsgericht, 2001, S. 289 (290); *Jutzi*, NJ 1998, S. 641; *Tietje*, JuS 1999, S. 957 (957, 959); ferner *Wild*, Die Gleichheit der Wahl, 2003, S. 260 f., der den landesverfassungsgerichtlichen Schutz als gleichwertig und daher keinen besonderen Schutz des Wahlrechts als Menschenrecht durch das Bundesverfassungsgericht als nötig erachtet.

71 Vgl. *Roth*, in: Umbach/Clemens (Hrsg.), GG, Bd. II, 2002, Art. 38 Rn. 34; *Wild*, Die Gleichheit der Wahl, 2003, S. 258, 260 f.; *Tietje*, JuS 1999, S. 957.

gewesen:[72] Für die im Einzelfall zu beantwortende Frage, ob der allgemeine Gleichheitssatz eine von einem speziellen Gleichheitssatz nur objektivrechtlich getroffene Vorgabe subjektiv „aufladen" könne, sei eine Wertung erforderlich. Die im Beschluss angeführten drei Gesichtspunkte (Autonomiegewinn der Länder; bisherige Handhabung der weiteren Wahlrechtsgrundsätze; historische Auslegung) seien trotz ihres Gewichts nicht zweifelsfrei.

Erstens sei der Gewinn an „Autonomie der Länder" begrenzt, weil die objektive Verpflichtung auf gleiche Wahlen ohnehin bestehe, durch Art. 28 GG ein landesrechtliches Wahlprüfungsverfahren vorgegeben sei und schließlich über die abstrakte und konkrete Normenkontrolle durchaus eine Kontrollbefugnis des Bundesverfassungsgerichts am Maßstab des Art. 28 GG bestehe. Zweitens könnten die drei Grundsätze der freien, geheimen und unmittelbaren Wahl bei Wahlen in Ländern nicht subjektivrechtlich ausgestaltet sein, weil ihnen anders als der Gleichheit und Allgemeinheit der Wahl ein allgemeines Auffangprinzip fehle. Drittens lasse sich gegen das rechtshistorische Argument jedenfalls ab 1968 einwenden, dass bei der Aufnahme der Verfassungsbeschwerde in das Grundgesetz der Verfassungsgeber die damalige ständige Rechtsprechung des Bundesverfassungsgerichts, Wahlregelungen der Länder an Art. 3 GG zu messen, gekannt und eine denkbare Beschränkung des Zugangs zum Bundesverfassungsgericht unterlassen habe.

Zumindest der Aspekt der Arbeitsentlastung des Gerichts wurde indes als legitimer Grund hervorgehoben. Jedenfalls eine Rücknahme des Kontrollmaßstabes bei einer wie hier „noch sachgerechten" Auslegung des Grundgesetzes gewinne, obgleich der erkennende Senat das Motiv der Entlastung nicht offenlege, Legitimität durch die Aufrechterhaltung der Funktionsfähigkeit mittels einer behutsamen „Selbstentlastung".[73]

c) Ablehnung

Befürchtet wurde indes (in Tradition der Kommissionsminderheit 1997) vereinzelt, dass künftig die Einheitlichkeit der Verfassungsauslegung im grundlegenden

---

72 Vgl. zum Folgenden *Lenz*, NJW 1999, S. 34f.; s.a. *Lange*, in: Festschrift 50 Jahre Bundesverfassungsgericht, 2001, S. 289 (291).

73 *Lenz*, NJW 1999, S. 34. Teils wird als maßgebliche Wirkung der Entscheidung die Selbstentlastung gesehen, da die inhaltlichen Vorgaben für die Länder weiter durch die Rechtsprechung des Bundesverfassungsgerichts determiniert seien, vgl. *Hestermeyer*, Eigenständigkeit und Homogenität in föderalen Systemen, 2019, S. 390; s.a. *Breuer*, BayVBl. 1999, S. 210.

Bereich der Wahlrechtsgrundsätze gefährdet sei.[74] Ein Auseinanderdriften ihrer Interpretation könne allein durch die abstrakte und die konkrete Normenkontrolle nicht hinreichend gehindert werden, da es zu ersterer nur bei politisch umstrittenen Normen, zu letzterer hingegen nur komme, wenn das (Landesverfassungs- oder Wahlprüfungs-) Gericht die Norm für verfassungswidrig halte.[75] Allenfalls die Divergenzvorlage nach Art. 100 Abs. 3 GG, die jegliche materielle Landesverfassungsgerichtsbarkeit erfasse und auch bei der sich als Vorfrage stellenden unmittelbaren Bindung an Grundgesetzbestimmungen wie Art. 28 Abs. 1 Satz 2 GG eingreife, könne Abhilfe schaffen.[76] Dem subjektiv Betroffenen stünden insofern jedoch keine Rechtsschutzmöglichkeiten zu: Art. 101 Abs. 1 Satz 2 GG könne nach der verfassungsgerichtlichen Rechtsprechung[77] nicht gerügt werden, wenn dem Landesverfassungsgericht wie im Bereich des subjektiven Rechtsschutzes im Zusammenhang mit Wahlen abschließende Entscheidungskompetenz zukomme.[78]

4. Fortführung der Rechtsprechung

Mit dem Beschluss vom 16. Juli 1998 wurde eine (neue) Rechtsprechungslinie begründet, die von den jeweils aufgrund der Zugehörigkeit des Berichterstatters zum Wahlrecht zuständigen Kammern seitdem konsequent fortgeführt wurde.[79] Zuletzt wurde die Rechtsprechung 2019 in einem veröffentlichten Kammerbeschluss in Bezug genommen und eine Verfassungsbeschwerde vor dem Hintergrund des Fehlens der nach § 23 Abs. 1 Satz 2, § 92 BVerfGG erforderlichen[80] Auseinandersetzung mit ihr nicht zur Entscheidung angenommen.[81] Dies ist zwar keine unmittelbare Anwendung der Judikatur, verdeutlicht aber in der Sache das Festhalten an ihr. Eine Aufgabe der Rechtsprechung läge auch außerhalb der

74 Vgl. *Breuer*, BayVBl. 1999, S. 210 (210 f.).
75 Vgl. *Breuer*, BayVBl. 1999, S. 210 (211).
76 Vgl. *Breuer*, BayVBl. 1999, S. 210 (211 f.).
77 BVerfGE 96, 231 (242 f.).
78 Vgl. *Breuer*, BayVBl. 1999, S. 210 (212).
79 Siehe etwa BVerfGK 15, 186 (189 ff.); 16, 31 (32 ff.); 18, 141 (142 f.); 19, 40 (42 ff.); BVerfG, Beschl. v. 13. August 1999 – 2 BvR 1442/99 –, juris, Rn. 3; Beschl. v. 13. Dezember 2006 – 2 BvR 1487/06 –, juris, Rn. 4; Beschl. v. 14. Januar 2008 – 2 BvR 1975/07 –, juris, Rn. 20 ff.; Beschl. v. 8. Juli 2008 – 2 BvR 1223/08 –, juris, Rn. 2 ff.; Beschl. v. 18. Oktober 2010 – 2 BvR 2174/10 –, juris, Rn. 3 f.; Beschl. v. 10. November 2010 – 2 BvR 1946/10 –, juris, Rn. 7 f.; Beschl. v. 26. August 2013 – 2 BvR 441/13 –, juris, Rn. 17 ff.
80 Hierzu *Magen*, in: Burkiczak/Dollinger/Schorkopf, BVerfGG, 2. Aufl. 2022, § 92 Rn. 47 m.w.N.
81 BVerfG, Beschl. v. 18. Juli 2019 – 2 BvR 1301/19 –, juris, Rn. 13, 16 ff.

Kompetenz der Kammern und müsste durch den Senat erfolgen (vgl. § 93c Abs. 1 Satz 1 BVerfGG). Keine solche beinhaltet das Urteil des Bundesverfassungsgerichts zur Verfassungswidrigkeit der 5%-Sperrklausel bei Kommunalwahlen.[82] Zwar entschied das Gericht dort über Regelungen des Kommunalwahlrechts. Es wurde aber nur als subsidiäres (Art. 99 GG, § 13 Nr. 10 BVerfGG) Landesverfassungsgericht im Rahmen eines Landesorganstreits tätig,[83] so dass es gerade nicht auf die oben aufgeworfenen Fragen ankam. Eingedenk dessen stellen die Inhalte der oben dargestellten Rechtsprechung den aktuell seitens des Gerichts angewandten und von Verfassungsbeschwerdeführern zu beachtenden Maßstab dar.

IV. Reichweite der geänderten Rechtsprechung

Obwohl der Inhalt der Rechtsprechungsänderung eindeutig zu sein scheint, bedarf ihre Reichweite einer näheren Betrachtung. Hierfür soll eingangs kurz die rechtliche Konstruktion der Rechtsprechung betrachtet werden (1.), aus der sich ableiten lässt, welchen Umfang sie im Einzelnen aufweist (2.).

1. Dogmatische Konstruktion

Ausgangspunkt der Rechtsprechung ist die in Art. 28 Abs. 1 GG verankerte Möglichkeit der Länder,[84] ihr Wahlrecht autonom auszugestalten. Insoweit beinhaltet das Homogenitätsgebot aus Art. 28 Abs. 1 Satz 2 GG nur Rahmenvorgaben, die die Länder einzuhalten verpflichtet sind.[85] Hiervon sollen sie durch die obige Rechtsprechung nicht freigestellt werden. Andernfalls setzten sie sich über die klaren Vorgaben des Grundgesetzes hinweg. Das Bundesverfassungsgericht stärkt die autonome Entscheidung der Länder über ihr Wahlrecht indes durch die Rechtsprechungsänderung auf einem letztlich verfassungsprozessualen Wege, indem es den *subjektiven* Rechtsschutz gegen landeswahlrechtliche Hoheitsakte der Länder ausschließt.

---

82 BVerfGE 120, 82ff.

83 BVerfGE 120, 82 (95f.); hierzu auch *Krajewski*, DÖV 2008, S. 345 (347).

84 BVerfGE 4, 31 (34); 99, 1 (11f.); 103, 111 (135); BVerfG, Beschl. v. 14. Januar 2008 – 2 BvR 1975/07 –, juris, Rn. 33; BVerwGE 118, 345 (347); *Dreier*, in: ders., GG, Bd. 2, 3. Aufl. 2015, Art. 28 Rn. 61.

85 Hierzu nur *Krajewski*, DÖV 2008, S. 345 (348); *Mann*, in: Kahl/Waldhoff, Bonner Kommentar zum GG, Art. 28 Rn. 67 (April 2016); *Schwarz*, in: v. Mangoldt/Klein/Starck, GG, 7. Aufl. 2018, Art. 28 Rn. 92f.

Insoweit basiert seine Rechtsprechung zunächst auf dem (zutreffenden) Gedanken, dass Art. 28 Abs. 1 Satz 2 GG den Bürgerinnen und Bürgern kein subjektives Recht einräumt, das sie vor dem Bundesverfassungsgericht geltend machen können.[86] Dies folgt in Bezug auf die Verfassungsbeschwerde schon aus Art. 93 Abs. 1 Nr. 4a GG, § 90 Abs. 1 BVerfGG, in denen die rügefähigen Rechte definiert werden. Umfasst sind davon die Grundrechte – gemeint sind (nur) die im Ersten Abschnitt des Grundgesetzes („Die Grundrechte", Art. 1 bis 19 GG) gewährleisteten subjektiven Rechtspositionen.[87] Diesen gehört Art. 28 Abs. 1 Satz 2 GG aufgrund seiner systematischen Stellung im Zweiten Abschnitt („Der Bund und die Länder", Art. 20 bis 37 GG) evident nicht an. Daneben benennen Art. 93 Abs. 1 Nr. 4a GG, § 90 Abs. 1 BVerfGG weitere Rechtspositionen (Art. 20 Abs. 4, Art. 33, 38, 101, 103 und 104 GG) als grundrechtsgleiche Rechte, die ebenfalls mit der Verfassungsbeschwerde geltend gemacht werden können. Auch hierunter fällt Art. 28 Abs. 1 Satz 2 GG offenkundig nicht. Die Beschränkung des Kreises rügefähiger Rechte auf die Grundrechte und grundrechtsgleichen Rechte ist dabei erkennbar abschließend.[88] Auch in anderen Verfahrensarten gewähren Grundgesetz und Bundesverfassungsgerichtsgesetz den Bürgerinnen und Bürgern nicht die Möglichkeit, sich im Hinblick auf Landtags- und Kommunalwahlen auf die nach Art. 28 Abs. 1 Satz 2 GG zu beachtenden Wahlrechtsgrundsätze zu berufen. Für das in Art. 41 Abs. 1 Satz 1, Abs. 2 GG verankerte Wahlprüfungsverfahren, das jedenfalls einfachrechtlich mittlerweile auch einen subjektiven Rechtsschutz gewährt,[89] ergibt sich dies schon daraus, dass als Ausgangsgegenstand des Verfahrens nur eine Bundestagswahl fungieren kann[90].

Mit der Rechtsprechungsänderung hingegen erkennt das Gericht in der Sache an, dass Art. 28 Abs. 1 Satz 2 GG die Frage der Gewährleistung der Wahlrechtsgrundsätze bei Landtags- und Kommunalwahlen speziell und im Zusammenhang mit weiteren Normen des Grundgesetzes abschließend regelt.[91] Insoweit schließt

---

86 Siehe insgesamt BVerfGE 1, 208 (236 f.); 6, 121 (129 f.); 13, 1 (17); 48, 64 (79) 85, 148 (157); 99, 1 (8); BVerfGK 16, 31 (32 f.); BVerfG, Beschl. v. 14. Januar 2008 – 2 BvR 1975/07 –, juris, Rn. 21 f.; Beschl. v. 10. November 2010 – 2 BvR 1946/10 –, juris, Rn. 7; siehe auch BVerfG, Beschl. v. 31. März 2016 – 2 BvR 1576/13 –, juris, Rn. 49.

87 *Lenz/Hansel*, BVerfGG, 3. Aufl. 2020, § 90 Rn. 216.

88 *Gusy*, Die Verfassungsbeschwerde, 1988, § 4 Rn. 66; *Hellmann*, in: Barczak, BVerfGG, 2018, § 90 Rn. 194, 200; *Voßkuhle*, in: von Mangoldt/Klein/Starck, GG, Bd. III, Art. 93 Rn. 179; nicht näher einzugehen ist auf die hier nicht relevante „Recht auf Vergessen"-Rechtsprechung, siehe hierzu BVerfGE 152, 152 ff. und 216 ff.

89 Hierzu BVerfGE 151, 1 (14 f. Rn. 30 f.).

90 *Drossel/Schemmel*, NVwZ 2020, S. 1318 (1319 f.).

91 Siehe auch *Krajewski*, DÖV 2008, S. 345 (348 f.). Art. 38 Abs. 1 Satz 1 GG ist nicht einschlägig, da er sich nur Bundestagswahlen bezieht, siehe nur BVerfGE 99, 1 (11 f.); BVerfGK 16, 31 (32).

es aus dem Zusammenspiel insbesondere mit Art. 93 Abs. 1 Nr. 4a GG, dass kein subjektives Recht der Bürgerinnen und Bürger gewährleistet und im Anwendungsbereich des Art. 28 Abs. 1 Satz 2 GG kein subjektiver Rechtsschutz möglich sein soll.[92] Folglich erlaubt es in der konkreten Entscheidung weder – insoweit im Einklang mit der vorherigen Judikatur[93] – den Rückgriff auf Art. 2 Abs. 1 GG noch – insoweit darüber hinausgehend – auf Art. 3 Abs. 1 GG, um Wahlrechtsgrundsätze aus Art. 28 Abs. 1 Satz 2 GG rügefähig zu machen. Damit stellt das Gericht nicht in Frage, dass die Allgemeinheit der Wahl und die Wahlgleichheit als solche strukturell mit dem allgemeinen Gleichheitssatz zusammenhängen.[94] Es entnimmt Art. 28 Abs. 1 Satz 2 GG aber, dass diese Rechte in Bezug auf die Landtags- und Kommunalwahlen nicht als subjektive Rechtspositionen gewährleistet sein sollen,[95] und verwehrt daher den Rückgriff auf den allgemeinen Gleichheitssatz, der deren Gehalte grundsätzlich umfasst.[96]

2. Umfang des Ausschlusses des Rechtsschutzes

Hieraus lässt sich die Reichweite der obigen Rechtsprechung in dreierlei Hinsicht erschließen: Erstens kann der Rechtsprechung entnommen werden, dass ein objektiver Rechtsschutz nach dem Grundgesetz weiterhin möglich sein soll (a). Zweitens ergibt sich aus ihr, welche Hoheitsakte betroffen sind (b). Drittens kann im Einzelnen bestimmt werden, auf welche Rechte sich die Bürgerinnen und Bürger nicht berufen können (c).

a) Kein Ausschluss objektiven Rechtsschutzes

Mit der obigen Rechtsprechung soll die Möglichkeit, eine Verletzung grundgesetzlicher Vorgaben durch landeswahlrechtliche Hoheitsakte zu rügen, nicht per se ausgeschlossen werden. Vielmehr geht es nur um eine Beschränkung der *subjektiven* Rechtsschutzmöglichkeiten der Bürgerinnen und Bürger, denen im Anwendungsbereich des Art. 28 Abs. 1 Satz 2 GG die Rüge von Grundrechtsver-

92 BVerfGE 99, 1 (11 f.).
93 BVerfGE 49, 15 (23).
94 Siehe etwa zur Gleichheit der Wahl in Bezug auf die Wahl der deutschen Abgeordneten des Europaparlaments BVerfGE 129, 300 (317 ff.); vgl. auch *Krajewski*, DÖV 2008, S. 345 (349).
95 Vgl. BVerfGE 99, 1 (10 ff.).
96 Kritisch gegenüber dieser Verdrängung *Pauly*, AöR 123 (1998), S. 232 (251); siehe auch Fn. 52; zustimmend im Ergebnis auch *Roth*, DVBl 1998, S. 214 (216 f.).

letzungen verwehrt wird.[97] Das Bundesverfassungsgericht hält hingegen schon selbst ausdrücklich fest, dass Art. 28 Abs. 1 Satz 2 GG eine *objektive* Kontrolle nicht ausschließen soll. In Betracht kommt daher insbesondere weiterhin die Initiierung abstrakter (Art. 93 Abs. 1 Nr. 2 GG, § 13 Nr. 5, §§ 76 ff. BVerfGG) und konkreter (Art. 100 Abs. 1 GG, § 13 Nr. 11, §§ 80 ff. BVerfGG) Normenkontrollverfahren mit dem Ziel, die Unvereinbar- und Nichtigkeit landeswahlrechtlicher Bestimmungen mit den Vorgaben aus Art. 28 Abs. 1 Satz 2 GG feststellen zu lassen.[98] Die aus Art. 28 Abs. 1 GG folgende Möglichkeit der Länder, ihr Wahlrecht eigenständig zu gestalten, wird damit nicht jeder, sondern nur der subjektivrechtlichen Kontrolle durch das Bundesverfassungsgericht entzogen.

b) Betroffene Hoheitsakte

Obschon das Bundesverfassungsgericht die Zulässigkeit von Verfassungsbeschwerden nicht am tauglichen Beschwerdegegenstand scheitern lässt, ist es sinnvoll, kurz auf die klassischerweise von seiner geänderten Judikatur betroffenen Hoheitsakte einzugehen. Dies erleichtert später die Bestimmung der genauen Reichweite. Zu berücksichtigen ist dabei allgemein, dass das Verfahren der Verfassungsbeschwerde grundsätzlich unter den näher vorgesehenen Zulässigkeitsvoraussetzungen die Überprüfung von Akten aller drei staatlichen Gewalten (Legislative, Exekutive, Judikative) ermöglicht,[99] darunter auch Entscheidungen von Landesverfassungsgerichten.[100] Soweit sich derartige Akte (der Landesgewalten) auf die Ausgestaltung und -übung des Wahlrechts zu den Landesparlamenten und Kommunalvertretungen beziehen, sind sie von der obigen Rechtsprechung betroffen. Wie in Bezug auf das Verfassungsbeschwerdeverfahren auch ansonsten üblich,[101] stehen dabei Rechtssatz- und Urteilsverfassungsbeschwerden im Vordergrund.

Die Rechtsprechung betrifft zunächst Verfassungsbeschwerden unmittelbar gegen Rechtsnormen des Landes- und Kommunalwahlrechts. Insoweit gewähr-

---

97 BVerfGE 99, 1 (11 f.); BVerfGK 18, 141 (142 f.); 19, 40 (42 f.).

98 BVerfGE 99, 1 (11 f.); BVerfGK 15, 186 (191); 16, 31 (33 f.); 19, 40 (43); *Ernst*, in: v. Münch/Kunig, GG, Bd. 1, 7. Aufl. 2021, Art. 28 Rn. 53.

99 *Rühl*, KritV 81 (1998), 156 (160); *Drossel*, in: Burkiczak/Dollinger/Schorkopf, BVerfGG, 2. Aufl. 2022, § 90 Rn. 5, 56.

100 BVerfGE 6, 445 (447); 13, 132 (140); 34, 81 (95); 85, 148 (157); siehe auch *Pohlreich*, in: Becker/ Lange, Linien der Rechtsprechung des Bundesverfassungsgerichts, Band 3, 2014, S. 37 (45 ff.).

101 Siehe nur *Dörr*, Verfassungsbeschwerde, 2. Aufl. 1997, § 3 Rn. 94; *van den Hövel*, NVwZ 1993, S. 549 (549).

leistet das Grundgesetz den Ländern gerade die Verfassungsautonomie und beschränkt sich gemäß Art. 28 Abs. 1 Satz 2 GG auf die rein objektive Kontrolle der entsprechenden Vorschriften.[102] Etwas anderes nimmt das Bundesverfassungsgericht vor dem Hintergrund des außerordentlichen Charakters der nicht in Art. 19 Abs. 4 GG verankerten Verfassungsbeschwerde[103] nicht einmal dann an, wenn in dem jeweiligen Land kein Verfassungsbeschwerdeverfahren für Bürgerinnen und Bürger vorgesehen ist (so in Bremen, Hamburg, Niedersachsen und Schleswig-Holstein).[104] Entsprechend kann es vorkommen, dass die Bürgerinnen und Bürger eines Landes keine Möglichkeit haben, im Wege einer Verfassungsbeschwerde gegen wahlrechtliche Normen in ihrem Land vorzugehen.[105] Dort bleibt aber grundsätzlich die Überprüfung in den jeweiligen – nach Art. 28 Abs. 1 Satz 2 GG vorzusehenden[106] – Wahlprüfungsverfahren möglich, soweit die jeweilige Norm bei einer Wahl zur Anwendung gekommen ist.[107]

Darüber hinaus betrifft die Rechtsprechung im Wesentlichen Entscheidungen der dritten Gewalt. Zum einen gilt dies für landesverfassungsgerichtliche Entscheidungen in Verfassungsbeschwerdeverfahren gegen wahlrechtliche Normen der Länder[108] oder, soweit vorgelagerter Rechtsschutz gegen Handlungen der

---

102 BVerfGE 99, 1 (11 ff.); BVerfG, Beschl. v. 13. August 1999 – 2 BvR 1442/99 –, juris, Rn. 3.

103 Vgl. BVerfGE 49, 252 (258); 55, 244 (247).

104 Vgl. BVerfGE 99, 1 (18 f.); siehe auch *Lange*, in: Festschrift 50 Jahre Bundesverfassungsgericht, 2001, S. 289 (292).

105 Vgl. auch BVerfGE 99, 1 (7 ff.); *Krajewski*, DÖV 2008, S. 345 (349).

106 BVerfGE 85, 148 (158); 99, 1 (11); 103, 111 (134 f.).

107 Vgl. zur Notwendigkeit der Anwendung einer Norm für eine Kontrolle im Rahmen der Wahlprüfung BVerfGE 146, 327 (348 Rn. 55); 151, 152 (163 f. Rn. 32); *Drossel/Schemmel*, NVwZ 2020, S. 1318 (1319 f.); *Misol*, in: Barczak, BVerfGG, 2018, § 48 Rn. 37 f., 40.

108 BVerfGE 99, 1 (18 f.); BVerfG, Beschl. v. 26. August 2013 – 2 BvR 441/13 –, juris, Rn. 18 ff. Ähnlich dürfte es für landesverfassungsgerichtliche Entscheidungen in abstrakten Normenkontrollverfahren schon wegen der für diese vielfach angeordneten Gesetzeskraft (vgl. bspw. § 25 Abs. 2 ThürVerfGHG) liegen. Hinzukommt dabei, dass im Falle einer Verfassungsbeschwerde durch natürliche Personen, die nicht Antragsteller im jeweiligen Normenkontrollverfahren waren, vor dem Bundesverfassungsgericht gerade ein subjektives Verfahren betrieben wird, sodass die Erwägungen der Rechtsprechung zu den in Art. 28 Abs. 1 Satz 2 GG genannten Positionen greifen dürften. Nur eingeschränkt gilt sie hingegen wohl in Bezug auf landesverfassungsgerichtliche Entscheidungen über Popularklagen im wahlrechtlichen Bereich, die gerade eine Prüfung losgelöst von subjektiven Rechten erlauben. Dort ist es dem Beschwerdeführer zwar auch verwehrt, im Rahmen der Verfassungsbeschwerde zum Bundesverfassungsgericht die Verletzung seines subjektiven Wahlrechts zu rügen. Indes kann mangels abschließenden Charakters des Verfahrens (siehe hierzu allgemein unten IV. 2. c)) insbesondere gerügt werden, dass Prozessgrundrechte verletzt sind, vgl. insgesamt BVerfG, Beschl. v. 31. März 2016 – 2 BvR 1576/13 –, juris, Rn. 40 ff.

Exekutive bezogen auf die Wahl gewährleistet wird,[109] gegen Akte der Wahlorgane.[110] Zum anderen entfaltet sie insbesondere auf (zumeist zweitinstanzliche und erstmalige gerichtliche)[111] Entscheidungen in Wahlprüfungsbeschwerdeverfahren über die Gültigkeit von Landtagswahlen Auswirkungen.[112] Derartige landesverfassungsgerichtliche Entscheidungen werden damit im Rahmen der Reichweite der Rechtsprechung nicht vom Bundesverfassungsgericht überprüft. Die getrennten Verfassungsräume werden mithin zu getrennten „Verfassungsgerichtsbarkeitsräumen".[113] Denn die oben aufgezeigte Rechtsprechungslinie soll gerade sicherstellen, dass die Länder hinsichtlich der Landtagswahlen den (subjektiven) Rechtsschutz allein und abschließend gewährleisten,[114] so dass von ihr gleichsam automatisch die Entscheidungen der diese Form des Rechtsschutzes gewährenden Landesverfassungsgerichte betroffen sind. Teils betont das Gericht dabei, dass das jeweilige Wahlprüfungsverfahren entsprechend den Anforderungen des Homogenitätsprinzips ausgestaltet ist.[115] Dies wirft die Frage auf, ob es anders entscheiden würde, wenn dies nicht mehr der Fall wäre. Praktisch hat sich dieser Fall indes noch nicht gestellt und es ist auch nicht absehbar, dass dies künftig mit einiger Wahrscheinlichkeit der Fall sein wird, weswegen eine nähere Erörterung unterbleibt. Schließlich greift die Rechtsprechung aber auch in Bezug auf verwaltungsgerichtliche Entscheidungen insbesondere im Hinblick auf kommunalwahlrechtliche Fragen[116] und gegebenenfalls wiederum hierüber ergangene landesverfassungsgerichtliche Entscheidungen[117].

---

109 VerfGH Sachsen, Urt. v. 16. August 2019 – Vf. 76-IV-19 (HS), Vf. 81-IV-19 (HS) –, juris, Rn. 41 ff.; kritisch *Brade*, NVwZ 2019, S. 1814 ff.

110 Vgl. in diese Richtung BVerfG, Beschl. v. 18. Juli 2019 – 2 BvR 1301/19 –, juris, Rn. 13 ff.

111 Siehe für die Bundesebene BVerfG, Beschl. v. 1. April 2019 – 2 BvC 4/18 –, juris, Rn. 1; Misol, in: Barczak, BVerfGG, 2018, § 48 Rn. 28.

112 BVerfG, Beschl. v. 13. Dezember 2006 – 2 BvR 1487/06 –, juris, Rn. 4; Beschl. v. 8. Juli 2008 – 2 BvR 1223/08 –, juris, Rn. 2 ff.

113 So treffend *Krajewski*, DÖV 2008, S. 345 (349).

114 BVerfGE 99, 1 (17); BVerfGK 15, 186 (190); 16, 31 (32 f.); 18, 141 (143); BVerfG, Beschl. v. 8. Juli 2008 –, 2 BvR 1223/08, juris, Rn. 7 f.; Beschl. v. 10. November 2010 – 2 BvR 1946/10 –, juris, Rn. 8; Beschl. v. 26. August 2013 – 2 BvR 441/13 –, juris, Rn. 20; Beschl. v. 18. Juli 2019 – 2 BvR 1301/19 –, juris, Rn. 16.

115 BVerfG, Beschl. v. 13. Dezember 2006 – 2 BvR 1487/06 –, juris, Rn. 4; Beschl. v. 8. Juli 2008 – 2 BvR 1223/08 –, juris, Rn. 7 f.

116 BVerfG, Beschl. v. 10. November 2010 – 2 BvR 1946/10 –, juris, Rn. 7 f.

117 Vgl. BVerfGK 15, 186 (190); 16, 31 (33); 18, 141 (143).

c) Betroffene Rechte

Die entscheidende Frage ist indes, welche Rechte angesichts der obigen Rechtsprechung vor dem Bundesverfassungsgericht in einem Verfassungsbeschwerdeverfahren gegebenenfalls nicht (mehr) geltend gemacht werden können. Maßgeblich für die Rügefähigkeit ist im Ergebnis die Reichweite von Art. 28 Abs. 1 Satz 2 GG. Diese Norm soll spezifisch bezogen auf die danach einzuhaltenden Wahlrechtsgrundsätze den Rechtsschutz auf eine objektive Kontrolle beschränken und den subjektiv-rechtlichen Schutz des Wahlrechts den Ländern überantworten. Nach dem Bundesverfassungsgericht ist es dabei – dies ist auch erkennbar die am häufigsten aufgeworfene Frage in Verfassungsbeschwerdeverfahren – nicht möglich, dessen Gehalte über das Auffanggrundrecht des Art. 2 Abs. 1 GG (schon mangels Verbürgung der in Art. 28 Abs. 1 Satz 2 GG genannten Rechtspositionen) sowie über den allgemeinen Gleichheitssatz aus Art. 3 Abs. 1 GG geltend zu machen. *Insoweit* steht den jeweiligen Beschwerdeführerinnen und -führern in Verfassungsbeschwerdeverfahren gegen die obengenannten Hoheitsakte kein rügefähiges Grundrecht zur Seite.[118]

Noch nicht gänzlich geklärt scheint hingegen, inwieweit andere Rechtspositionen geltend gemacht werden können. Das Bundesverfassungsgericht hat diesbezüglich eine gegen gesetzlich vorgesehene kommunalwahlrechtliche Höchstaltersgrenzen gerichtete Verfassungsbeschwerde – nach der Verneinung der Rügefähigkeit von Art. 3 Abs. 1 GG als Auffangposition für die Wahlgleichheit – in Bezug auf die Rechte aus Art. 12 Abs. 1 GG, Art. 33 Abs. 2 GG und Art. 3 Abs. 1 GG (in den sonstigen Ausprägungen) als „jedenfalls offensichtlich unbegründet" angesehen.[119] Ob diese Rechtspositionen aber überhaupt rügefähig sind, hängt letztlich davon ab, wie weit der Anwendungsbereich von Art. 28 Abs. 1 Satz 2 GG gefasst wird. Wird er dahingehend verstanden, dass nur die konkreten Schutzgehalte der Wahlrechtsgrundsätze durch ihn einer subjektivrechtlichen Kontrolle entzogen werden, könnte es möglich sein, andere Rechtspositionen in Bezug auf die betroffenen Hoheitsakte geltend zu machen. Wird er hingegen derart ausgelegt, dass die Sperrwirkung des Art. 28 Abs. 1 Satz 2 GG umfänglich greift, sobald in einen der Wahlrechtsgrundsätze eingegriffen wird, wird die Rügefähigkeit von Grundrechten dann insgesamt eingeschränkt.

Letzteres erscheint vorzugswürdig, da der jeweilige Wahlrechtsgrundsatz in Bezug auf den wahlrechtlich relevanten Sachverhalt die „speziellste" Norm ist

118 Siehe insgesamt BVerfGE 99, 1 (7 ff.); BVerfG, Beschl. v. 13. August 1999 – 2 BvR 1442/99 –, juris, Rn. 3; Beschl. v. 13. Dezember 2006 – 2 BvR 1487/06 –, juris, Rn. 4.

119 BVerfG, Beschl. v. 26. August 2013 – 2 BvR 441/13 –, juris, Rn. 21 ff.

und somit der Anwendung anderer Regeln entgegensteht.[120] Damit können allerdings – dies muss man sich vergegenwärtigen – Freiheitsrechte trotz gegebenenfalls zusätzlicher Schutzdimensionen verdrängt werden, wenn sie sich im Anwendungsbereich eines (auf dieser Ebene nicht subjektivrechtlich gewährleisteten) besonderen Gleichheitssatzes (Allgemeinheit und Gleichheit der Wahl) bewegen. Nur auf diesem Wege dürfte aber zu gewährleisten sein, dass die Länder den subjektiven Schutz des Wahlrechts, das im Falle eines Eingriffs in die Wahlrechtsgrundsätze stets auch betroffen sein dürfte, ohne Einschränkung allein und abschließend gewährleisten.[121] Andernfalls könnte dies umgangen werden, indem über andere Rechtspositionen ein Zugriff auf landeswahlrechtliche Hoheitsakte, die das Wahlrecht berühren, erfolgt. Der Grundgedanke, Eingriffe des Bundesverfassungsgerichts in den Gestaltungsspielraum der Länder im wahlrechtlichen Bereich abseits von objektiven Normenkontrollverfahren zu verhindern,[122] würde ausgehebelt.

Eine Ausnahme zu machen sein dürfte hingegen im Hinblick auf die Rüge, Art. 1 Abs. 1 GG sei verletzt.[123] Angesichts der Absolutheit der Menschenwürde kann deren subjektiv-rechtliche Geltendmachung durch die Regelung des Art. 28 Abs. 1 Satz 2 GG von vornherein nicht ausgeschlossen sein. Insoweit erweisen sich die Wahlrechtsgrundsätze des Art. 28 Abs. 1 Satz 2 GG gerade nicht als die speziellere und abschließende Regelung. Dem steht bereits entgegen, dass das Wahlrecht insgesamt vielmehr seinen Ursprung in der Menschenwürde findet.[124]

Eine weitere interessante Frage ist darüber hinaus, inwieweit sich die obige Rechtsprechung auf die Geltendmachung der Verletzung von Prozessgrundrechten in landesverfassungsgerichtlichen Verfahren auswirkt, die sich im Anwendungsbereich des Art 28 Abs. 1 Satz 2 GG bewegen. In dieser Konstellation dürfte es nicht möglich sein, sich auf derartige Rechte zu berufen. Es liegt insoweit nahe, die (in Bezug auf eine andere Konstellation entwickelte) Rechtsprechung des Bundesverfassungsgerichts anzuwenden,[125] nach der die Verletzung von Prozessgrundrechten dann nicht mit der Bundesverfassungsbeschwerde gerügt werden kann, wenn sie sich auf ein Verfahren des Landesverfassungsgerichts bezieht, in dem eine landesverfassungsrechtliche Streitigkeit in der Sache ab-

---

120 Vgl. in diese Richtung BVerfGK 15, 186 (191); 16, 31 (34).

121 Vgl. zur Bedeutung des Umgehungsgedankens grundsätzlich BVerfGE 96, 231 (243 f.); BVerfG, Beschl. v. 8. Juli 2008 – 2 BvR 1223/08 –, juris, Rn. 7 f.

122 Vgl. *Tietje*, JuS 1999, S. 957 (960).

123 So auch *Greve/Burmeister*, ZG 2019, S. 154 (173).

124 Vgl. nur BVerfGE 123, 267 (341); 144, 20 (208 Rn. 542).

125 Siehe insgesamt auch BVerfG, Beschl. v. 8. Juli 2008 – 2 BvR 1223/08 –, juris, Rn. 2 ff.

schließend entschieden wird.[126] Denn andernfalls würde – so die Begründung der Ausgangsentscheidung zu dieser Rechtsprechung – die insoweit anerkannte Unantastbarkeit der Landesverfassungsgerichtsbarkeit für einen Teilbereich wieder beseitigt, wenn das Bundesverfassungsgericht kontrollieren müsste, ob die Landesverfassungsgerichte im Verfahren dieser Verfassungsstreitigkeiten die (zu achtenden) grundrechtsgleichen Gewährleistungen beachtet haben. Zu deren Durchsetzung sei ein solcher Übergriff auf die Landesverfassungsgerichtsbarkeit auch nicht geboten, solange die Länder – wie dies in der Bundesrepublik Deutschland der Fall sei – bei der Einrichtung ihrer Landesverfassungsgerichte die Homogenitätsanforderungen des Art. 28 Abs. 1 GG beachteten.

Entsprechendes dürfte in der Sache auch gelten, wenn das Bundesverfassungsgericht im Anwendungsbereich des Art. 28 Abs. 1 Satz 2 GG liegende Entscheidungen der Landesverfassungsgerichte auf eine Verletzung von Verfahrensgrundrechten hin prüft.[127] In diesen Fällen sollen erklärtermaßen gerade die Länder allein und abschließend den subjektiven Rechtsschutz gewähren.[128] Die Landesverfassungsgerichte sollen in Bezug auf diese Streitigkeiten letztlich eine der Stellung des Bundesverfassungsgericht äquivalente Funktion einnehmen. Damit wird dem Einzelnen aber sogar die Möglichkeit abgeschnitten, im Falle einer Divergenz der landesverfassungs- insbesondere zur bundesverfassungsgerichtlichen Rechtsprechung über das Recht auf den gesetzlichen Richter aus Art. 101 Abs. 1 Satz 2 GG im Falle einer Nichtvorlage trotz Art. 100 Abs. 3 GG[129] eine gewisse Einheitlichkeit zu erreichen.[130]

V. Folgen für die Praxis und Fazit

Die oben aufgezeigte Rechtsprechung entfaltet ihrerseits nicht unerhebliche Folgen in der Praxis, verlagert sie die Gewährung subjektiven Rechtsschutzes gegen Hoheitsakte im wahlrechtlichen Bereich in den Ländern doch auf die

---

126 BVerfGE 96, 231 (243); aus jüngerer Zeit in diese Richtung BVerfG, Beschl. v. 2. Dezember 2020 – 2 BvR 865/15 –, juris, Rn. 3.

127 BVerfGE 96, 231 (243 f.).

128 BVerfGE 99, 1 (17); BVerfGK 15, 186 (190); 16, 31 (32 f.); 18, 141 (143); BVerfG, Beschl. v. 8. Juli 2008 –, 2 BvR 1223/08, juris, Rn. 7 f.; Beschl. v. 10. November 2010 – 2 BvR 1946/10 –, juris, Rn. 8; Beschl. v. 26. August 2013 – 2 BvR 441/13 –, juris, Rn. 20; Beschl. v. 18. Juli 2019 – 2 BvR 1301/19 –, juris, Rn. 16.

129 Zur Divergenzvorlage im Zusammenhang mit den getrennten Verfassungsräumen nur *Krajewski*, DÖV 2008, S. 345 (349 f.).

130 *Breuer*, BayVBl. 1999, S. 210 (212).

Landesverfassungsgerichte. Ihren Entscheidungen kommt nach der Judikatur insoweit ein letztverbindlicher Charakter zu. Die mit ihr angestrebte Stärkung der Autonomie der Länder im Hinblick auf die Gestaltung des Landtags- und Kommunalwahlrechts[131] soll letztlich durch eine Stärkung der autonomen Position der Landesverfassungsgerichte erreicht werden, die den subjektiven Rechtsschutz gegen landeswahlrechtliche Regelungen und Exekutivakte entweder nur im Rahmen der Wahlprüfung oder darüber hinaus, soweit eingerichtet, auch im Zusammenhang mit der Landesverfassungsbeschwerde abschließend gewährleisten. Ihnen kommt dabei eine dem Bundesverfassungsgericht auf Bundesebene vergleichbare Position zu, das heißt, ihre Entscheidungen unterliegen prinzipiell[132] keiner weiteren innerstaatlichen Kontrollinstanz. Insbesondere prüft das Bundesverfassungsgericht auch nicht die Verletzung von Prozessgrundrechten durch die Landesverfassungsgerichte.[133] Sieht sich ein Beschwerdeführer hierin verletzt, kann wohl höchstens eine Gegenvorstellung zum Landesverfassungsgericht selbst in Betracht kommen,[134] die indes nur in absoluten Ausnahmefällen Erfolg haben dürfte.[135]

Das Landeswahlrecht wird dennoch nur begrenzt zur „Experimentierwiese“ in puncto Wahlrecht. Zum einen bleibt zu berücksichtigen, dass das Bundesverfassungsgericht sich der Überprüfung der entsprechenden Regelungen auf die Einhaltung der Wahlrechtsgrundsätze nicht gänzlich entledigt hat. Objektivrechtliche Kontrollverfahren bleiben insoweit weiterhin möglich.[136] Andernfalls wäre das Homogenitätsgebot aus Art. 28 Abs. 1 Satz 2 GG, dessen Einhaltung durch Bund, Länder und Gerichte damit weiterhin eingefordert werden kann,[137] auch wirkungslos. Im Hinblick auf landeswahlrechtliche Regelungen mag bei abstrakten Normenkontrollen allerdings gegebenenfalls die politische „Sprengkraft“ entsprechender Verfahren deren Einleitung des Öfteren entgegenstehen. So dürfte es gewisse politische Friktionen mit sich bringen, wenn einer der Antragsberechtigten (Bundesregierung, Landesregierungen, mindestens ein Viertel der Mitglieder des Bundestages) das Landtags- oder Kommunalwahlrecht eines Landes angreift. Gleichwohl zeigt die jüngere Vergangenheit, dass auch etwaige politische Folgen abstrakten Normenkontrollverfahren nicht zwingend im Wege

131 BVerfGE 99, 1 (12 f., 17); BVerfGK 15, 186 (190); 19, 40 (43 f.).

132 Zu möglichen Ausnahmen in Bezug auf Art. 1 Abs. 1 GG siehe oben IV. 2. c).

133 Vgl. BVerfGE 96, 231 (243 ff.); BVerfG, Beschl. v. 8. Juli 2008 – 2 BvR 1223/08 –, juris, Rn. 2 ff.

134 Ablehnend beispielsweise VerfGH Sachsen, Beschl. v. 5. Februar 2021 – Vf. 138-IV-20 u. a. –, juris, Rn. 3.

135 Vgl. etwa BVerfG, Beschl. v. 1. April 2019 – 2 BvC 4/18 –, juris, Rn. 1.

136 BVerfGE 99, 1 (11 f.); BVerfGK 19, 40 (43).

137 Vgl. *Roth*, DVBl 1998, S. 214 (217).

stehen,[138] zumal jedenfalls bei politisch in großem Maße umstrittenen Entscheidungen eine Normenkontrolle zu erwarten sein dürfte.[139] Dennoch wird die Überprüfung des Landeswahlrechts in der Praxis damit erheblich eingeschränkt, zeigen doch schon die Verfahrenszahlen, dass die am häufigsten in Anspruch genommene Art des Rechtsschutzes vor dem Bundesverfassungsgericht diejenige des Individualrechtsschutzes in Form der Verfassungsbeschwerde ist.[140]

Zum anderen ist aber auch in Rechnung zu stellen, dass sich die Landesverfassungsgerichte bei ihrer Auslegung der Wahlrechtsgrundsätze an der Rechtsprechung des Bundesverfassungsgerichts orientieren[141] und dies im Umfang des Art. 100 Abs. 3 GG auch tun müssen[142]. Insoweit sehen sich die Landesgesetzgeber grundsätzlich einer Prüfung am gleichen Maßstab ausgesetzt. Sie sind gerade nicht von jeder Bindung an die Wahlrechtsgrundsätze befreit.

Entgegen im Zusammenhang mit der Rechtsprechungsänderung geäußerten Befürchtungen[143] dürfte diese dabei nicht zu einer Überlastung der Landesverfassungsgerichte mangels hinreichender Ausstattung führen. Hiergegen spricht bereits, dass eine solche sich bisher nicht abgezeichnet hat, obwohl die oben dargestellte Ausgangsentscheidung bereits über 20 Jahre zurückliegt. Zu beachten ist außerdem, dass die Zunahme von Verfahren bei den Landesverfassungsgerichten aufgrund dieser Judikatur nur in begrenztem Umfang zu erwarten ist. Soweit das Bundesverfassungsgericht sich mit der Rechtsprechung der Überprüfung landesverfassungsgerichtlicher Wahlprüfungsentscheidungen entledigt, wächst hierdurch nicht der Aufwand der Landesverfassungsgerichte selbst. Eine erhöhte Belastung dürfte vielmehr im Wesentlichen nur dadurch bedingt sein, dass die Gesetzesverfassungsbeschwerde gegen landeswahlrechtliche Regelungen, soweit vorgesehen,[144] nunmehr primär in der Hand der Landesverfassungsgerichte liegt. Derartige Verfahren dürften sich indes zahlenmäßig in Grenzen halten.

---

138 Aus jüngerer Zeit etwa BVerfG, Beschl. v. 25. März 2021 – 2 BvF 1/20, 2 BvL 4/20, 2 BvL 5/20 –, juris.

139 Vgl. *Breuer*, BayVBl. 1999, S. 210 (211).

140 Vgl. auch *Breuer*, BayVBl. 1999, S. 210 (211).

141 Aus jüngerer Zeit bspw. VerfGH Nordrhein-Westfalen, Beschl. v. 7. Juli 2020 – VerfGH 88/20 –, juris, Rn. 64 ff.; VerfGH Rheinland-Pfalz, Beschl. v. 28. Januar 2021 – VGH O 82/20, VGH A 83/20 –, juris, Rn. 37 ff.; VerfGH Thüringen, Urt. v. 15. Juli 2020 – 2/20 –, juris, Rn. 86; LVerfG Brandenburg, Urt. v. 23. Oktober 2020 – 55/19 –, juris, Rn. 151 f.; siehe auch schon *Krajewski*, DÖV 2008, S. 345 (350).

142 Vgl. *Krajewski*, DÖV 2008, S. 345 (350); teils wird deshalb der maßgebliche Effekt der Rechtsprechung auch in der Entlastung gesehen, siehe auch Fn. 72.

143 Siehe etwa Richtung *Krajewski*, DÖV 2008, S. 345 (349); *Lang*, DÖV 1998, S. 712 (713).

144 Kritisch zum Fehlen in einigen Ländern etwa *Krajewski*, DÖV 2008, S. 345 (349).

Demgegenüber ist eine deutliche Entlastung des Bundesverfassungsgerichts zu verzeichnen. Zwar zeigen schon die nach der Ausgangsentscheidung veröffentlichten Entscheidungen zu der Thematik, dass weiterhin Verfassungsbeschwerden gegen Hoheitsakte aus dem Bereich des Landeswahlrechts an das Bundesverfassungsgericht herangetragen werden. Indes hält sich der diesbezügliche Aufwand in Grenzen, da auf die obige Rechtsprechung verwiesen werden kann.[145] Ob aber, wie teils angenommen, die angestrebte Entlastung des Gerichts[146] ein Hauptmotiv der neuen Rechtsprechungslinie war,[147] kann nicht abschließend beantwortet, angesichts der dogmatischen Erwägungen des Senats aber bezweifelt werden. Zwar ist es schon eingedenk der obigen Ausführungen zur Entlastungskommission nicht fernliegend, dass diese Thematik eine Rolle spielte. Die umfangreichen dogmatischen Erwägungen innerhalb der Entscheidung legen aber nahe, dass dies nicht das ausschlaggebende Motiv war.

Eine nicht zu unterschätzende praktische Relevanz ergibt sich letztlich für die jeweiligen Beschwerdeführer in Verfassungsbeschwerdeverfahren selbst. Diese müssen, um in Bezug auf Hoheitsakte betreffend das Landeswahlrecht überhaupt Erfolgsaussichten zu haben, sich dazu verhalten, weshalb die obige Rechtsprechung ihrer Verfassungsbeschwerde nicht entgegensteht. Dies folgt bereits aus den Substantiierungsanforderungen aus § 23 Abs. 1 Satz 2, § 92 BVerfGG[148] und gelingt schon deshalb grundsätzlich nicht, weil die Judikatur die jeweiligen Fälle eindeutig umfasst. Des Öfteren beschränken sich Beschwerdeführer darauf, sie als falsch zu bezeichnen, was wiederum den Begründungsanforderungen ebenfalls nicht genügt. Verfassungsbeschwerden im Anwendungsbereich der Rechtsprechung unterliegen damit denkbar ungünstigen Erfolgsaussichten.

---

145 Siehe hierzu BVerfG, Beschl. v. 18. Juli 2019 – 2 BvR 1301/19 –, juris, Rn. 15 ff.

146 Allgemein zur Entlastungsdiskussion *Burkiczak*, in: BK-GG, Art. 94 Rn. 368 ff. m.w.N. (November 2018).

147 In diese Richtung *Dreier*, in: ders., GG, Bd. 2, 3. Aufl. 2015, Art. 28 Rn. 60, 64; siehe auch *Breuer*, BayVBl. 1999, S. 210; *Schwarz*, in: v. Mangoldt/Klein/Starck, GG, 7. Aufl. 2018, Art. 28 Rn. 114; positiv dem Entlastungsmotiv bei einer hinreichenden dogmatischen Grundlage der Entscheidung gegenüberstehend *Lenz*, NJW 1999, S. 34.

148 *O. Klein*, in: Benda/Klein, Verfassungsprozessrecht, 4. Aufl. 2020, § 19 Rn. 626; *Magen*, in: Burkiczak/Dollinger/Schorkopf, BVerfGG, 2. Aufl. 2022, § 92 Rn. 47.

Andreas Engel

Staatenimmunität in der Rechtsprechung des Bundesverfassungsgerichts

Zugleich ein Beitrag zur völkerrechtlichen Methodik des Bundesverfassungsgerichts

Leitentscheidungen des Bundesverfassungsgerichts

BVerfGE 15, 25 – Jugoslawische Militärmission
BVerfGE 16, 27 – Heizungsreparatur / Iranische Botschaft
BVerfGE 46, 342 – Botschaftskonto / Philippinische Botschaft
BVerfGE 64, 1 – National Iranian Oil Company
BVerfGE 117, 141 – Botschaftskonto / Argentinien-Anleihen

Wichtige Kammerentscheidungen

BVerfGK 9, 211
BVerfGK 13, 246
BVerfGK 14, 524
BVerfGK 19, 122
BVerfG, Beschluss der 1. Kammer des Zweiten Senats vom 17. März 2014 – 2 BvR 736/13 –, NJW 2014, S. 1723
BVerfG, Beschluss der 2. Kammer des Zweiten Senats vom 06. Mai 2020 – 2 BvR 331/18 –, NJW 2020, S. 3647 – Griechische Staatsanleihen

Schrifttum (Auswahl)

Monografien

Lorz, Ausländische Staaten vor deutschen Zivilgerichten, 2017; *Müller*, Staatsbankrott und private Gläubiger, 2015; *Reimer*, Staatenimmunität und Staatsverschuldung, 2020; *Weller*, Die Grenzen der Vertragstreue von (Krisen-)Staaten. Zur Einrede des Staatsnotstands gegenüber privaten Anleihegläubigern, 2013.

Beiträge in Mehrpersonenwerken

Geck, Das Bundesverfassungsgericht und die allgemeinen Regeln des Völkerrechts, in: Starck (Hrsg.), Bundesverfassungsgericht und Grundgesetz: Festgabe aus Anlaß des 25jährigen Bestehens des Bundesverfassungsgerichts, 1976, S. 125 ff.; *Orakhelashvili*, Jurisdictional Immunity of States and General International Law – Explaining the Jus Gestionis v. Jus Imperii Divide, in: Ruys/Angelet (Hrsg.), The Cambridge Handbook of Immunities and International Law, 2019, S. 105 ff.; *E. Klein*, Die Völkerrechtsverantwortung des Bundesverfassungsgerichts – Bemerkungen zu Art. 100 Abs. 2 GG –, in: Arndt/Knemeyer/Kugelmann u. a. (Hrsg.), Völkerrecht und deutsches Recht: Festschrift für Walter Rudolf zum 70. Geburtstag, 2001, S. 293 ff.; *Shan/Wang*, Divergent

https://doi.org/10.1515/9783110686623-013

Views on State Immunity in the International Community, in: Ruys/Angelet (Hrsg.), The Cambridge Handbook of Immunities and International Law, 2019, S. 61ff.

Zeitschriftenbeiträge

Geiger, Zur Lehre vom Völkergewohnheitsrecht in der Rechtsprechung des Bundesverfassungsgerichts, AöR 103 (1978), 382ff.; Geimer, Vertragsbruch durch Hoheitsakt: „Once a trader, not always a trader" – Immunitätsrechtlicher Manövrierspielraum für Schuldnerstaaten? (zu BGH, 8.3.2016 – VI ZR 516/14 u.a.), IPRax 2018, 344ff.; Hess, Abgrenzung der acta iure gestionis und acta iure imperii: Der BGH verfehlt die völkerrechtliche Dimension der Staatenimmunität (zu BGH, 19.12.2017 – XI ZR 796/16), IPRax 2018, 351ff.; Mankowski, Verfassungsgerichtlich leider bestätigt: Game over für die Gläubiger griechischer Staatsanleihen: Zugleich Besprechung BVerfG [NJW 2020, 3647], ZIP 2020, 1542ff.; Müller, Zur überholenden Immunität von Staaten: Zugleich Gedanken zu der Entscheidung BVerfG [NJW 2020, 3647], RIW 2020, 490ff.

Inhaltsübersicht

Staatenimmunität bezieht sich auf den völkergewohnheitsrechtlich anerkannten Grundsatz, dass ein Staat nicht fremdstaatlicher nationaler Gerichtsbarkeit unterworfen ist.[1] Mittlerweile ist weitgehend anerkannt, dass eine solche Immunität nicht umfassend greift und insbesondere für nicht-hoheitliche Akte (*acta iure gestionis*, im Gegensatz zu hoheitlichen *acta iure imperii*) eine solche Immunität nicht gewährt wird.

Dieser Grundsatz und die Diskussion seiner Einschränkungen spielen in der Rechtsprechung des Bundesverfassungsgerichts zum Völkerrecht eine herausragende Rolle. Das zeigt sich etwa in den Normverifikationsverfahren nach Art. 100 Abs. 2 GG – soweit ersichtlich befasst sich etwa ein Drittel solcher Verfahren mit Fragen der Staatenimmunität.[2] In der Sache bezogen sich diese Verfahren ebenso wie Verfassungsbeschwerden zunächst häufiger auf Vermögen und Vermögensgegenstände in Verbindung mit Botschaften, dann auch auf Staatsunternehmen. Im Gefolge von Staatsschuldenkrisen neuerer Zeit waren nunmehr Streitigkeiten zu Staatsanleihen und auch Lohnkürzungen durch Quellensteuern Gegenstand von Verfahren.

Zugleich weist Art. 100 Abs. 2 GG dem Bundesverfassungsgericht für die deutsche Position zum Völkergewohnheitsrecht eine zentrale Rolle zu[3] und belegt damit die Völkerrechtsverantwortung des Bundesverfassungsgerichts.[4]

Das nimmt der Beitrag zum Anlass, sich mit der völkerrechtlichen Thematik der Staatenimmunität speziell mit Fokus auf die einschlägige Judikatur des Bundesverfassungsgerichts zu befassen.

Dazu wird zunächst der Begriff der Staatenimmunität erörtert (I). Daran schließt sich eine Betrachtung an, wie diese verfassungsprozessual thematisiert wird: In welchen Verfahren und unter welchen Umständen hat sich das Bundesverfassungsgericht mit Staatenimmunität zu befassen? (II) Mit Blick auf die einschlägigen Verfahren widmet sich der Beitrag der völkerrechtlichen Methodologie, derer sich das Bundesverfassungsgericht in seinen Entscheidungen bedient hat (III). Schließlich geht der Beitrag auf den jüngsten Beschluss aus dem Themenfeld ein und diskutiert, wie das Bundesverfassungsgericht das Thema der

---

1 BVerfG, Beschluss der 1. Kammer des Zweiten Senats vom 17. März 2014 – 2 BvR 736/13 –, NJW 2014, S. 1723, juris Rn. 19.

2 Eine juris-Recherche (Stand: Juli 2021) zu Verfahren des Bundesverfassungsgerichts mit dem einschlägigen Registerzeichen BvM führt auf insgesamt 13 Entscheidungen (darunter zwei Kostenentscheidungen). Vier Entscheidungen werfen Fragen der Immunität auf.

3 *Kleinlein*, NJW 2007, 2591, S. 2593.

4 *Klein*, in: Festschrift für Rudolf, 2001, S. 293 (294).

Staatenimmunität im Gefolge des griechischen Schuldenschnitts behandelt hat (IV).

I. Einführung: Staatenimmunität

Staatenimmunität umschreibt, dass ein Staat nicht fremdstaatlicher nationaler Gerichtsbarkeit unterworfen ist.[5] Die einschlägigen Regeln sind als Völkergewohnheitsrecht Teil des Völkerrechts (siehe zu den Rechtsquellen des Völkerrechts die Auflistung in Art. 38 Abs. 1 IGH-Statut: völkerrechtliche Verträge, Völkergewohnheitsrecht und allgemeine Rechtsgrundsätze). Ihren Ausgang findet die Staatenimmunität in der souveränen Gleichheit der Staaten, aus der gefolgert wird, dass ein Staat nicht einen anderen, gleichermaßen souveränen Staat seiner Gerichtsbarkeit unterwerfen kann (*par in parem non habet jurisdictionem*).[6]

Eine genauere Bestimmung der Grundlagen erweist sich dagegen als schwierig und würde verschiedene theoretische Fragen berühren:[7] So könnte man Staatenimmunität als eine Ausnahme von der territorialen Souveränität der Staaten begreifen, in die der jeweilige Staat eingewilligt hat, dessen Hoheitsgebiet betroffen ist. Man könnte auch von der Staatenimmunität selbst ausgehen und sich fragen, ob diese eine Grundregel darstellt, von der es gewisse Ausnahmen gibt, oder aber ob Staatenimmunität nicht grundsätzlich greift, sondern nur einzelne Regeln, die unter bestimmten Umständen zu Staatenimmunität führen.

Sicher bestimmen lassen sich jedenfalls die Wirkungen: Staatenimmunität bringt mit sich, dass Staaten grundsätzlich nicht übereinander zu Gericht sitzen;

---

5 BVerfG, Beschluss der 1. Kammer des Zweiten Senats vom 17. März 2014 – 2 BvR 736/13 –, NJW 2014, S. 1723, juris Rn. 19.

6 BVerfGK 14, 524 (530); BVerfG, Beschluss der 1. Kammer des Zweiten Senats vom 17. März 2014 – 2 BvR 736/13 –, NJW 2014, S. 1723, juris Rn. 19; EuGH, Urt. v. 7.5.2020 – C-641/18 – ECLI:EU:C:2020:349 – Rina, Rn. 56; ausführlich und differenzierend zur Herleitung etwa *Lorz*, Ausländische Staaten vor deutschen Zivilgerichten, 2017, S. 9 ff.; *Crawford*, Brownlie's Principles of Public International Law, 9. Aufl. 2019, S. 471; *Dahm/Delbrück/Wolfrum*, Völkerrecht I/1, 2. Aufl. 1989, S. 453 f.; *Stoll*, in: Peters (Hrsg.), Max Planck Encyclopedia of Public International Law, s.v. State Immunity Rn. 4 ff. (April 2011); *Gaeta/Viñuales/Zappalà*, Cassese's International Law, 3. Aufl. 2020, S. 122 f. erwähnen weiter den gegenseitigen Respekt der Staaten für ihre Unabhängigkeit und den Aspekt der Gewaltenteilung: Es stehe nicht der *Justiz* eines Staates an, außenpolitische Entscheidungen zu treffen; siehe schließlich auch *Shaw*, International Law, 8. Aufl. 2017, S. 523 ff.

7 *Yearbook of the ILC*, Bd. 2, Teil 2, S. 142.

weiter ist die Zwangsvollstreckung in Vermögenswerte ausländischer Staaten in ähnlicher Weise begrenzt.[8]

Abzugrenzen ist die Frage der diplomatischen Immunität (die insbesondere die Frage betrifft, ob eine als diplomatisches Organ handelnde Person der Gerichtsbarkeit des Empfangsstaates unterliegt).[9]

1. Entwicklung eines relativen Immunitätsverständnisses

Staatenimmunität gilt nach überwiegender Auffassung nicht (mehr) absolut, sondern nur relativ.[10] Ausländische Staaten sind danach nicht mehr umfassend von inländischer Gerichtsbarkeit ausgenommen. Auch in Staaten wie Russland und China, die lange einem absoluten Immunitätsverständnis gefolgt sind, zeigen sich Tendenzen zu einer Aufweichung;[11] gleichwohl werden China, Polen und „some Latin American countries" in der Literatur als verbliebene Verfechter eines absoluten Immunitätsverständnisses genannt.[12]

Die Frage wurde zunächst, nach dem Ersten Weltkrieg, vor allem für sozialistische Staatswirtschaften relevant,[13] und hat inzwischen auch mit Blick auf die Aktivitäten von Staaten am Kapitalmarkt Bedeutung:[14] Soweit Hoheitsakte (*acta*

---

8 BVerfG, Beschluss der 1. Kammer des Zweiten Senats v. 17. März 2014 – 2 BvR 736/13 –, NJW 2014, S. 1723, juris Rn. 20; zur Vollstreckungsimmunität etwa auch *Gaeta/Viñuales/Zappalà*, Cassese's International Law, 3. Aufl. 2020, S. 129 f.

9 BVerfGE 96, 68 (85); 117, 141 (151 f., 155); *Kau*, in: Vitzthum/Proelß (Hrsg.), Völkerrecht, 8. Aufl. 2019, 3.II Rn. 94 (S. 209); *Lorz*, Ausländische Staaten vor deutschen Zivilgerichten, 2017, S. 52 ff.; *Stoll*, in: Peters (Hrsg.), Max Planck Encyclopedia of Public International Law, s.v. State Immunity Rn. 13 (April 2011).

10 Überblick etwa bei *Shan/Wang*, in: The Cambridge Handbook of Immunities and International Law, 2019, S. 61 (61 ff.) m.w.N.; viele Nachweise auch zur historischen Staatenpraxis bei *Yearbook of the ILC*, Bd. 2, Teil 2, S. 143 ff.

11 *Shan/Wang*, in: The Cambridge Handbook of Immunities and International Law, 2019, S. 61 (64 f.) m.w.N.; s. aber auch *Crawford*, Brownlie's Principles of Public International Law, 9. Aufl. 2019, S. 489 f. mit Verweis auf einen Fall aus Hongkong, der in Richtung eines absoluten Immunitätsverständnisses deutet.

12 *Gaeta/Viñuales/Zappalà*, Cassese's International Law, 3. Aufl. 2020, S. 124; *Orakhelashvili*, Akehurst's Modern Introduction to International Law, 8. Aufl. 2019, S. 232; *Crawford*, Brownlie's Principles of Public International Law, 9. Aufl. 2019, S. 473 Fn. 29 zu Polen.

13 *Dahm/Delbrück/Wolfrum*, Völkerrecht I/1, 2. Aufl. 1989, S. 461, die auch thematisieren, dass diese Staaten wirtschaftliche Aktivitäten zu ihrem zentralen Aufgabenbereich zählten; *Gaeta/Viñuales/Zappalà*, Cassese's International Law, 3. Aufl. 2020, S. 124.

14 *v. Arnauld*, Völkerrecht, 4. Aufl. 2019, Rn. 326; s. zur Staatenimmunität im Kontext von Anleihenfällen auch *Müller*, Staatsbankrott und private Gläubiger, 2012, S. 188 ff., *Reimer*, Staaten-

iure imperii) in Rede stehen, kann sich ein Staat auf seine Immunität berufen; versperrt ist ihm diese Möglichkeit dagegen mit Bezug auf sein nicht-hoheitliches Tätigwerden (*acta iure gestionis*).[15] Dahinter steht der Gedanke, dass der Staat, wenn er sich im grenzüberschreitenden Wirtschaftsverkehr wie ein Privater verhält, auch vor Gericht wie ein solcher behandelt werden sollte.[16] Auch soweit nationale Gesetze erlassen wurden, die sich mit Staatenimmunität befassen, gehen diese von einem restriktiven Verständnis von Staatenimmunität aus.[17]

Dass sich damit zugleich ein klar konturierter neuer völkergewohnheitsrechtlicher Standard etabliert hat, ist zu bezweifeln, da sich die Staatenpraxis im Einzelnen erheblich unterscheidet.[18] Das Bundesverfassungsgericht etwa, dem nach Art. 100 Abs. 2 GG die Normverifikation mit Blick auf das Völkerrecht zugewiesen ist,[19] hat zwar mehrfach einer absoluten Staatenimmunität eine Absage erteilt. Ganz überwiegend hat es sich jedoch darauf beschränkt, festzustellen, dass eine bestimmte hypothetische Regel des Völkerrechts nicht Bestandteil des Bundesrechts ist;[20] eine positive Feststellung, dass eine Regel gilt, erfolgte nur insoweit, als für eine bestimmte Fallgruppe (Vollstreckungs-)Immunität bejaht

---

immunität und Staatsverschuldung, 2020 und *Weller*, Die Grenzen der Vertragstreue von (Krisen-) Staaten, 2013, S. 15 f.

15 Vgl. BVerfG, Beschluss der 1. Kammer des Zweiten Senats v. 17. März 2014 – 2 BvR 736/13 –, NJW 2014, S. 1723, juris Rn. 20; *Dahm/Delbrück/Wolfrum*, Völkerrecht I/1, 2. Aufl. 1989, S. 458 f.; *Orakhelashvili*, Akehurst's Modern Introduction to International Law, 8. Aufl. 2019, S. 235 betont, dass kommerziell und nicht-hoheitlich nicht automatisch gleichzusetzen sind.

16 BGBl II 1990 S. 35.

17 So etwa in den USA, Kanada, UK und Australien. Ausführliche Erörterung bei *Fox*, in: The Cambridge Handbook of Immunities and International Law, 2019, S. 21; älterer Überblick bei *Dahm/Delbrück/Wolfrum*, Völkerrecht I/1, 2. Aufl. 1989, S. 462 f.; vgl. auch *Geiger*, Staatsrecht III, 7. Aufl. 2017, S. 302.

18 *Orakhelashvili*, Akehurst's Modern Introduction to International Law, 8. Aufl. 2019, S. 232.

19 Siehe dazu noch ausführlich II.

20 BVerfGE 15, 25 (Ls. 2 Abs. 1): „Eine Regel des Völkerrechts, nach der die inländische Gerichtsbarkeit für Klagen gegen einen ausländischen Staat in Bezug auf sein Gesandtschaftsgrundstück in jedem Fall ausgeschlossen ist, ist nicht Bestandteil des Bundesrechts"; BVerfGE 16, 27 (Ls. 1): „Eine Regel des Völkerrechts, nach der die inländische Gerichtsbarkeit für Klagen gegen einen ausländischen Staat in Bezug auf seine nicht-hoheitliche Betätigung ausgeschlossen ist, ist nicht Bestandteil des Bundesrechts"; BVerfGE 64, 1 (Ls. 1): „Es besteht *keine* allgemeine Regel des Völkerrechts, die es geböte, einen fremden Staat als Inhaber von Forderungen aus Konten zu behandeln, die bei Banken im Gerichtsstaat unterhalten werden und auf den Namen eines rechtsfähigen Unternehmens des fremden Staates lauten"; BVerfGE 117, 141 (Entscheidungsformel): „Eine allgemeine Regel des Völkerrechts, nach der ein lediglich pauschaler Immunitätsverzicht zur Aufhebung des Schutzes der Immunität auch für solches Vermögen genügt, das dem Entsendestaat im Empfangsstaat zur Aufrechterhaltung der Funktionsfähigkeit seiner diplomatischen Mission dient, ist nicht feststellbar."

wurde.[21] Eine exakte und umfassende Definition der relativen Staatenimmunität ist damit nicht getroffen.

2. Abgrenzung hoheitlich / nicht-hoheitlich

Gleichwohl ist nunmehr häufig eine konkrete Entscheidung nötig, wenn Staaten kommerziell tätig werden und in Betracht kommt, dass ein Akt *iure gestionis* vorliegt, für den keine Immunität gewährt wird. Für die rechtliche Würdigung und prozessuale Behandlung eines bestimmten Sachverhalts kann diese Abgrenzung von Akten *iure gestionis* und *iure imperii* mindestens ebenso wichtig sein wie die abstrakte Frage, ob ein Staat einem absoluten oder relativen Immunitätsverständnis folgt;[22] auch kann die Frage erhebliche Bedeutung entfalten, *welcher* konkrete Akt überhaupt zu beurteilen ist.

Die erforderliche Grenzziehung erfolgt grundsätzlich nach nationalem Recht,[23] entweder objektiv nach der Natur des jeweiligen Aktes oder nach seiner subjektiven Zielrichtung.[24] Da die Abgrenzung schwierig ist, findet sich in Gesetzen anderer Staaten[25] und Abkommen[26] häufig eine Auflistung denkbarer

---

21 BVerfGE 46, 342 (Ls. 8): „Es besteht eine allgemeine Regel des Völkerrechts, wonach die Zwangsvollstreckung durch den Gerichtsstaat aus einem gerichtlichen Vollstreckungstitel gegen einen fremden Staat, der über ein nichthoheitliches Verhalten (acta iure gestionis) dieses Staates ergangen ist, in Gegenstände dieses Staates, die sich im Hoheitsbereich des Gerichtsstaats befinden oder dort belegen sind, ohne Zustimmung des fremden Staates unzulässig ist, soweit diese Gegenstände im Zeitpunkt des Beginns der Vollstreckungsmaßnahme hoheitlichen Zwecken des fremden Staates dienen."

22 *Orakhelashvili*, in: The Cambridge Handbook of Immunities and International Law, 2019, S. 105 (108).

23 BVerfGE 16, 27 (62); 46, 342 (393 f.); 64, 1 (42); BVerfG, Beschluss der 1. Kammer des Zweiten Senats v. 17. März 2014 – 2 BvR 736/13 –, NJW 2014, S. 1723, juris Rn. 21; Beschluss der 2. Kammer des Zweiten Senats vom 6. Mai 2020 – 2 BvR 331/18 –, NJW 2020, 3647, juris Rn. 22; siehe aber auch BVerfGE 46, 342 (394 ff.); 64, 1 (42 f.) für Ausnahmen; *Kau*, in: Vitzthum/Proelß (Hrsg.), Völkerrecht, 8. Aufl. 2019, 3.II Rn. 91 (S. 206).

24 *Gaeta/Viñuales/Zappalà*, Cassese's International Law, 3. Aufl. 2020, S. 124; *Orakhelashvili*, Akehurst's Modern Introduction to International Law, 8. Aufl. 2019, S. 234 f.; *Dahm/Delbrück/Wolfrum*, Völkerrecht I/1, 2. Aufl. 1989, S. 467 f. m.w.N.

25 Vgl. 28 U.S.C. § 1605(a), (b), (d) (US-amerikanischer Foreign Sovereign Immunities Act 1976); § 2 State Immunity Act 1978 (UK); §§ 4 ff State Immunity Act (Canada 1985); §§ 9 ff Foreign States Immunities Act (Australien 1985).

26 Art. 5 ff. Übereinkommen der Vereinten Nationen über die gerichtlichen Immunitäten der Staaten und ihres Eigentums vom 2. Dezember 2004 (UNStImm); Art. 1 ff. Europäisches Übereinkommen über Staatenimmunität vom 16. Mai 1972 (EuStImmÜ); s. noch II.3.

Fälle, in denen die Immunität nicht greift.[27] Mit einer solchen Technik ist die Notwendigkeit einer Abgrenzung auf die nicht ausdrücklich geregelten Fallgestaltungen beschränkt, auch wenn sie damit nicht komplett entfällt.[28]

Ähnlich erfolgt eine Grenzziehung auch für die Frage, ob Gegenstände, in die vollstreckt werden soll, durch den Grundsatz der Staatenimmunität der *Vollstreckung* entzogen sind.[29] Das ist daran festzumachen, ob sie im Zeitpunkt des Beginns der Vollstreckungsmaßnahme hoheitlichen oder nicht-hoheitlichen Zwecken des fremden Staates dienen.[30]

Laut dem Bundesverfassungsgericht ergibt sich die Notwendigkeit, nationales Recht für die Abgrenzung heranzuziehen, bereits daraus, dass dem allgemeinen Völkerrecht Kriterien für eine Kategorisierung staatlicher Tätigkeiten als hoheitlich oder nicht-hoheitlich nicht zu entnehmen seien.[31] Ein völkergewohnheitsrechtlicher „Mindeststandard“ bzw. völkerrechtliche Schranken sind jedoch zu berücksichtigen.[32] Zudem ist ein Rekurs auf nationales Recht nicht erforderlich, wenn ein Akt vorliegt, der in den Bereich hoheitlicher Tätigkeit fällt, der unter den Staaten allgemein anerkannt ist.[33]

3. Abkommen zur Staatenimmunität

Verschiedene Kodifikationsversuche und Abkommen widmen sich dem Thema. Besonders hervorzuheben ist das Europäische Übereinkommen über Staatenimmunität vom 16. Mai 1972 (EuStImmÜ), das in Deutschland ratifiziert wurde.[34] Ihm kommt allerdings wegen der insgesamt geringen Zahl an Ratifizierungen bislang

---

27 *Gaeta/Viñuales/Zappalà*, Cassese's International Law, 3. Aufl. 2020, S. 124; *Orakhelashvili*, Akehurst's Modern Introduction to International Law, 8. Aufl. 2019, S. 233.

28 *Crawford*, Brownlie's Principles of Public International Law, 9. Aufl. 2019, S. 475.

29 Ausführlich zur Vollstreckungsimmunität auch *Lorz*, Ausländische Staaten vor deutschen Zivilgerichten, 2017, S. 277 ff.

30 BVerfGK 14, 524 (530); 19, 122 (129); *Gaeta/Viñuales/Zappalà*, Cassese's International Law, 3. Aufl. 2020, S. 124.

31 BVerfGE 16, 27 (62); 46, 342 (393 f.); 64, 1 (42); BVerfGK 19, 122 (129); BVerfG, Beschluss der 1. Kammer des Zweiten Senats v. 17. März 2014 – 2 BvR 736/13 –, NJW 2014, S. 1723, juris Rn. 21; kritisch *Hess*, IPRax 2018, S. 351 (352 f.).

32 BVerfGE 46, 342 (393 f.); *Kau*, in: Vitzthum/Proelß (Hrsg.), Völkerrecht, 8. Aufl. 2019, 3.II Rn. 92 (S. 206) m.w.N.

33 BVerfG, Beschluss der 1. Kammer des Zweiten Senats v. 17. März 2014 – 2 BvR 736/13 –, NJW 2014, 3.II Rn. 92 (S. 206), juris Rn. 21.

34 BGBl. 1990 II, 35.

wenig Bedeutung zu.[35] Das EuStImmÜ geht von einem restriktiven Immunitätsverständnis aus und folgt dabei einem „komplizierten enumerativen Ansatz“[36], der Ausdruck eines Kompromisses im Europarat ist.[37] Art. 1 bis 14 EuStImmÜ regeln Fälle, in denen sich ein Vertragsstaat nicht auf Immunität berufen kann. Unter diesen soll bereits jetzt Art. 4 Abs. 1 erwähnt werden, der Verpflichtungen betrifft, die aus nicht völkerrechtlichen Verträgen resultieren.[38] Dagegen kommt dem in Anspruch genommenen Staat für alle anderen, nicht zuvor enumerierten Konstellationen gem. Art. 15 EuStImmÜ Immunität zu.[39]

Einem ähnlichen Ansatz folgt das Übereinkommen der Vereinten Nationen über die gerichtlichen Immunitäten der Staaten und ihres Eigentums vom 2. Dezember 2004 (UNStImm).[40] Dieses hat Deutschland noch nicht gezeichnet. Das UNStImm konstatiert in Art. 5 den Grundsatz der Staatenimmunität.[41] Als eine Ausnahme benennt insbesondere Art. 10 „commercial transactions“,[42] die ihrerseits in Art. 2 Abs. 1 (c), 2 definiert werden.[43]

---

35 Das Übereinkommen wurde bislang von acht Staaten ratifiziert und zudem von Portugal gezeichnet (Stand nach coe.int, 1.12.2021).

36 *Dahm/Delbrück/Wolfrum*, Völkerrecht I/1, 2. Aufl. 1989, S. 462.

37 *Dahm/Delbrück/Wolfrum*, Völkerrecht I/1, 2. Aufl. 1989, S. 462.

38 „Vorbehaltlich des Artikels 5 kann ein Vertragsstaat vor einem Gericht eines anderen Vertragsstaats Immunität von der Gerichtsbarkeit nicht beanspruchen, wenn das Verfahren eine von dem Staat in einem nicht völkerrechtlichen Vertrag eingegangene Verpflichtung betrifft und die Verpflichtung im Gerichtsstaat zu erfüllen ist.“ (Art. 5 betrifft das Arbeitsrecht.)

39 „Ein Vertragsstaat kann vor den Gerichten eines anderen Vertragsstaats Immunität von der Gerichtsbarkeit beanspruchen, wenn das Verfahren nicht unter die Artikel 1–14 fällt; das Gericht muss die Durchführung eines solchen Verfahrens auch dann ablehnen, wenn sich der Staat daran nicht beteiligt.“

40 Abrufbar über United Nations Treaty Collection, Doc. A/59/508; das Abkommen ist noch nicht in Kraft getreten (dafür müssten 30 Staaten die Ratifikationsurkunde hinterlegt haben); Nachweise bei *Kau*, in: Vitzthum/Proelß (Hrsg.), Völkerrecht, 8. Aufl. 2019, 3.II Rn. 92 (S. 207 f.) Fn. 206; ausführlich zur Entstehungsgeschichte *Hafner*, in: Peters (Hrsg.), Max Planck Encyclopedia of Public International Law, s.v. United Nations Convention on Jurisdictional Immunities of States and Their Property (2004) Rn. 4 ff. (Juli 2010); Nachweise zur Entstehungsgeschichte auch bei *Crawford*, Brownlie’s Principles of Public International Law, 9. Aufl. 2019, S. 472.

41 „A State enjoys immunity, in respect of itself and its property, from the jurisdiction of the courts of another State subject to the provisions of the present Convention.“

42 „1. If a State engages in a commercial transaction with a foreign natural or juridical person and, by virtue of the applicable rules of private international law, differences relating to the commercial transaction fall within the jurisdiction of a court of another State, the State cannot invoke immunity from that jurisdiction in a proceeding arising out of that commercial transaction.
2. Paragraph 1 does not apply:

(a) in the case of a commercial transaction between States; or

Auch die Staaten, in denen das Abkommen bisher nicht ratifiziert wurde, wären an die darin getroffenen Abreden gebunden, wenn sich eine Bindung aus dem Völkergewohnheitsrecht ergibt, weil die Vertragsklauseln dieses nur wiedergeben. Das Verhältnis der Abkommen zum Völkergewohnheitsrecht ist jedoch unklar. Die Präambel des UNStImm etwa umfasst die Passage „Believing that an international convention on the jurisdictional immunities of States and their property would enhance the rule of law and legal certainty, particularly in dealings of States with natural or juridical persons, and would contribute to the codification and development of international law and the harmonization of practice in this area" und lässt damit offen, ob sie nur eine bestehende Praxis festhält oder zu einer künftigen Vereinheitlichung der Staatenpraxis beiträgt. Teilweise wird davon ausgegangen, die Abkommen spiegelten eine gemeinsame internationale Überzeugung wider,[44] es handele sich um eine kodifikatorische Konventionen als „wichtige autoritative Quelle".[45] Andererseits kann man die Weigerung

(b) if the parties to the commercial transaction have expressly agreed otherwise.

3. Where a State enterprise or other entity established by a State which has an independent legal personality and is capable of:

(a) suing or being sued; and

(b) acquiring, owning or possessing and disposing of property, including property which that State has authorized it to operate or manage, is involved in a proceeding which relates to a commercial transaction in which that entity is engaged, the immunity from jurisdiction enjoyed by that State shall not be affected."

43 „(c) „commercial transaction" means:

(i) any commercial contract or transaction for the sale of goods or supply of services;

(ii) any contract for a loan or other transaction of a financial nature, including any obligation of guarantee or of indemnity in respect of any such loan or transaction;

(iii) any other contract or transaction of a commercial, industrial, trading or professional nature, but not including a contract of employment of persons.

2. In determining whether a contract or transaction is a „commercial transaction" under paragraph 1 (c), reference should be made primarily to the nature of the contract or transaction, but its purpose should also be taken into account if the parties to the contract or transaction have so agreed, or if, in the practice of the State of the forum, that purpose is relevant to determining the non-commercial character of the contract or transaction."

44 Nachweise bei *Crawford*, Brownlie's Principles of Public International Law, 9. Aufl. 2019, S. 473; s. auch Epping, in: *Ipsen*, Völkerrecht, 7. Aufl. 2018, § 7 Rn. 264.

45 *Hess*, IPRax 2018, S. 351 (352 f.); s. zudem *Lorz*, Ausländische Staaten vor deutschen Zivilgerichten, 2017, S. 32: „Regelungen in den Übereinkommen geben gewichtige Hinweise" und in einem ähnlichen Sinn *Hafner*, in: Peters (Hrsg.), Max Planck Encyclopedia of Public International Law, s.v. United Nations Convention on Jurisdictional Immunities of States and Their Property (2004) Rn. 46 (Juli 2010) m.w.N.; s. bereits allgemein zu Verträgen als Kodifikation von Völkergewohnheitsrecht *Dörr*, in: *Ipsen*, Völkerrecht, 7. Aufl. 2018, § 19 Rn. 44 ff.

nationaler Gerichte, das UNStImm heranzuziehen, auch als kritische Distanz sehen, die eine Überzeugungsbildung hindert,[46] so dass das Verhältnis des Abkommens zum Völkergewohnheitsrecht ungeklärt ist.[47]

4. Konkrete Sachfragen

Bislang hatte das Bundesverfassungsgericht insbesondere folgende Fallgestaltungen im Zusammenhang mit der Staatenimmunität zu erörtern:

- Klage gegen einen ausländischen Staat mit Bezug auf sein Gesandtschaftsgrundstück im Zusammenhang mit Verkauf und Auflassung eines Grundstücks an einen Staat (Im Fall ging es um eine Grundbuchberichtigungsklage nach einer behauptetermaßen nichtigen Immobilientransaktion.)[48]
- Klage auf Erfüllung aus Werkvertrag (Heizungsreparatur im Botschaftsgebäude) gegen einen ausländischen Staat[49]
- Zwangsvollstreckung gegen einen ausländischen Staat aus einem Urteil[50] oder einem Schiedsspruch[51]
- Eintragung einer Arresthypothek auf ein diplomatisch genutztes Grundstück eines ausländischen Staates[52]
- Pfändung von Vermögen eines rechtsfähigen Unternehmens eines fremden Staates[53]
- Reichweite eines Immunitätsverzichts bei Emission von Staatsanleihen[54]

46 *Orakhelashvili*, Akehurst's Modern Introduction to International Law, 8. Aufl. 2019, S. 234; *Orakhelashvili*, in: The Cambridge Handbook of Immunities and International Law, 2019, 105 (124): „State practice in defiance to the Convention's standards has persisted"); s. andererseits *Mankowski*, ZIP 2020, S. 1542 (1544); *Hess*, IPRax 2018, S. 351 (353) m.w.N. zu Rechtsprechung von EGMR und IGH.

47 *Kau*, in: Vitzthum/Proelß (Hrsg.), Völkerrecht, 8. Aufl. 2019, 3.II Rn. 92 (S. 207 f.) mit Nachweisen in Fn. 207.

48 BVerfGE 15, 25.

49 BVerfGE 16, 27.

50 BVerfGE 46, 342.

51 BVerfGK 14, 524; 19, 122.

52 BVerfGK 9, 211.

53 BVerfGE 64, 1.

54 BVerfGE 117, 141.

- Klage gegen die Einbehaltung einer Quellensteuer durch einen ausländischen Staat gegenüber einem bei ihm in Deutschland beschäftigten Angehörigen dieses Staats[55]
- Klage auf Erfüllung aus Staatsanleihen nach einem Schuldenschnitt[56]

II. Verfassungsprozessuale Aspekte

Verfahren vor dem Bundesverfassungsgericht, die sich mit dem völkergewohnheitsrechtlichen Grundsatz der Staatenimmunität befassen, können sich vor allem als Normverifikationsverfahren über eine Vorlage nach Art. 100 Abs. 2 GG, §§ 13 Nr. 12, 83 f. i.V.m. 80, 82 Abs. 3 BVerfGG ergeben (dazu 1). Nach Art. 100 Abs. 2 GG haben deutsche Gerichte die Entscheidung des Bundesverfassungsgerichts einzuholen, wenn in einem Rechtsstreit zweifelhaft ist, ob eine Regel des Völkerrechtes Bestandteil des Bundesrechtes ist und ob sie unmittelbar Rechte und Pflichten für den Einzelnen erzeugt.

Dem Bundesverfassungsgericht kommt damit für die Auslegung des Völkerrechts herausragende Bedeutung zu.[57] Gleichwohl ergibt sich daraus kein allgemeines Völkerrechtsmonopol des Bundesverfassungsgerichts:[58] Den Fachgerichten ist weiterhin die Aufgabe zugewiesen, nötigenfalls Völkerrecht auszulegen und anzuwenden, soweit es sich um Völkergewohnheitsrecht handelt, es aber einer Vorlage nach Art. 100 Abs. 2 GG nicht bedarf, oder um Völkervertragsrecht, das nach Art. 59 Abs. 2 GG innerstaatlich anwendbar geworden ist.[59]

Daneben kann die Staatenimmunität vor allem im Rahmen von Verfassungsbeschwerden zu erörtern sein. Entsprechende Verfahren haben sich insbesondere auf eine Verletzung des grundrechtsgleichen Rechts auf den gesetzlichen Richter aus Art. 101 Abs. 1 Satz 2 GG gestützt. Eine solche kommt vor allem in zwei Konstellationen in Betracht: wegen einer unterlassenen Vorlage nach Art. 100

---

55 BVerfG, Beschluss der 1. Kammer des Zweiten Senats vom 17. März 2014 – 2 BvR 736/13 –, NJW 2014, S. 1723.

56 BVerfG, Beschluss der 2. Kammer des Zweiten Senats vom 06. Mai 2020 – 2 BvR 331/18 –, NJW 2020, S. 3647.

57 Ein anderer denkbarer Zugriff wäre jedoch, von Sachfragen her zu denken. Dann rückt die Rolle des Bundesverfassungsgerichts als Akteur in einem Gerichtsverbund in den Vordergrund. So dürfte es etwa zu verstehen sein, wenn *Mankowski* anlässlich des griechischen Schuldenschnitts von einem „Schulterschluss" von EuGH, EGMR, BGH, OGH und BVerfG spricht, *Mankowki*, ZIP 2020, S. 1542 (1542 f.).

58 BVerfGK 13, 246 (251); 19, 122 (126); *Klein*, in: Festschrift für Rudolf, 2001, S. 293 (296); vgl. BVerfGE 94, 315 (328).

59 BVerfGK 13, 246 (251 f.); 19, 122 (127).

Abs. 2 GG, oder aber dann, wenn ein ausländischer Staat unter Verstoß gegen den Grundsatz der Staatenimmunität der inländischen Gerichtsbarkeit unterworfen wird (dazu 2).[60] Im ersten Fall hätte nicht der gesetzliche Richter über den Fall entschieden, weil ein Fachgericht grundsätzlich nicht verbindlich über eine Frage des Völkerrechts entscheiden kann. Im zweiten Fall ergäbe sich der Verstoß daraus, dass ein ausländischer Staat nicht der deutschen Gerichtsbarkeit unterliegt, sodass ein deutscher Richter nicht der gesetzliche Richter sein kann.

1. Das Vorlageverfahren nach Art. 100 Abs. 2 GG[61]

a) Allgemeine Vorlagevoraussetzungen

Einer Vorlage nach Art. 100 Abs. 2 GG bedarf es, wenn zweifelhaft ist, ob eine allgemeine Regel des Völkerrechts im Sinne des Art. 25 GG existiert, die Bestandteil des Bundesrechts ist, und zwar hinsichtlich ihres Inhalts, Umfangs, ihrer Tragweite, Allgemeinheit sowie ihres zwingenden Charakters.[62] Damit ist der Boden dafür bereitet, dass das Bundesverfassungsgericht Fragen im Kontext der Staatenimmunität erörtert.

Über den Wortlaut von Art. 100 Abs. 2 GG hinaus („... und ob sie unmittelbar Rechte und Pflichten für den Einzelnen erzeugt") ist eine Vorlage auch dann zulässig, wenn die völkerrechtliche Regel ihrem Inhalt nach nicht geeignet ist, unmittelbar Rechte und Pflichten für den Einzelnen zu erzeugen, und sich vielmehr nur an die Staaten und ihre Organe wendet.[63] Jedoch gibt es derzeit nur wenige allgemeine Regeln des Völkerrechts, die dem Einzelnen selbst unmittelbar Rechte und Pflichten verleihen.[64] Die Formulierung in Art. 100 Abs. 2 GG, die auf „Rechte und Pflichten für den Einzelnen" Bezug nimmt, soll lediglich die allgemeine Qualität der Regel mit Blick auf die Wirkungen umschreiben, die Art. 25 Satz 2 GG den allgemeinen Regeln des Völkerrechts zuschreibt.[65]

---

60 BVerfG, Beschluss der 1. Kammer des Zweiten Senats v. 17.3.2014 – 2 BvR 736/13, NJW 2014, 1723, juris Rn. 17, 29 ff.

61 S. zu verfahrensrechtlichen Fragen betreffend allgemeine Regeln des Völkerrechts auch bereits *Geck*, in: Festgabe 25 Jahre BVerfG, Bd. II, S. 125 (142 ff.).

62 BVerfGE 15, 25 (31 f.); 16, 27 (32); 23, 288 (318); 64, 1 (13); 117, 141 (148); BVerfG, Beschluss der 2. Kammer des Zweiten Senats v. 6. Mai 2020 – 2 BvR 331/18 –, NJW 2020, 3647, juris Rn. 16 m.w.N.

63 BVerfGE 15, 25 (33 f.); 46, 342 (362).

64 Dederer, in: Dürig/Herzog/Scholz, Art. 100 GG Rn. 294 (Juli 2021).

65 BVerfGE 15, 25 (34).

Der Zulässigkeit der Vorlage steht zudem nicht entgegen, wenn das vorlegende Gericht nur zweifelt, ob es überhaupt eine Völkerrechtsregel des fraglichen Inhalts gibt, nicht aber, ob diese völkerrechtliche Regel – ihre Geltung unterstellt – eine allgemeine Regel des Völkerrechts ist.[66] Dafür spricht bereits, dass diese Fragen (nach Geltung und allgemeiner Geltung) kaum zu trennen sind.[67]

b) Aufgabenverteilung zwischen Bundesverfassungsgericht und Fachgerichten

An einer Vorlageberechtigung fehlt es dagegen, wenn nur eine anerkannte und in der Rechtsprechung des Bundesverfassungsgerichts hinreichend geklärte Regel des Völkerrechts anzuwenden ist.[68] Nach der Konzeption des Grundgesetzes ist es insoweit Aufgabe des Ausgangsgerichts und nicht des Bundesverfassungsgerichts, eine bereits festgestellte allgemeine Regel des Völkerrechts auf den konkreten Fall anzuwenden:[69] Das Bundesverfassungsgericht überprüft nicht fachgerichtliche Urteile am Maßstab des Völkerrechts.[70] So stellte das Bundesverfassungsgericht in der Entscheidung *Griechische Staatsanleihen* fest, dass der Bundesgerichtshof lediglich eine allgemeine Regel des Völkerrechts zur Anwendung gebracht hatte, wenn er – unter Bezugnahme auf die Entscheidung Griechische Schulen[71] – auf die Rechtsnatur der Umschuldungsmaßnahme (Aus- und Umbuchung von Staatsanleihen) abgestellt hatte, um die Immunität Griechenlands zu bejahen.[72]

Als Konsequenz könnten sich auch Fälle ergeben, in denen Fachgerichte das Völkerrecht falsch auslegen oder anwenden, ohne dass für sie eine Vorlagepflicht nach Art. 100 Abs. 2 GG bestanden hätte.[73] In einem solchen Fall wäre jedoch an

66 BVerfGE 15, 25 (32).

67 Siehe zum Begriff der allgemeinen Regel des Völkerrechts noch eingehend III.1.

68 BVerfG, Beschluss der 2. Kammer des Zweiten Senats v. 6. Mai 2020 – 2 BvR 331/18 –, NJW 2020, 3647, juris Rn. 17.

69 BVerfGK 13, 246 (250 f.).

70 BVerfGK 13, 246 (250 f.).

71 BVerfG, Beschluss der 1. Kammer des Zweiten Senats v. 17. März 2014 – 2 BvR 736/13 –, NJW 2014, S. 1723, juris Rn. 22.

72 BVerfG, Beschluss der 2. Kammer des Zweiten Senats v. 6. Mai 2020 – 2 BvR 331/18 –, NJW 2020, 3647, juris Rn. 20.

73 BVerfGK 9, 211 (214); BVerfGK 14, 524 (532 f.): „Schließlich hat die Beschwerdeführerin objektive Zweifel am Bestehen oder an der Tragweite einer allgemeinen Regel des Völkerrechts auch deshalb nicht darzulegen vermocht, weil es ihr nicht zentral um Zweifel an der Völkerrechtslage geht. Im Kern geht es ihr um einen Völkerrechtsverstoß der Fachgerichte, weil sie der Auffassung ist, die Abweisung ihrer Drittwiderspruchsklage stehe mit dem geltenden Völkerrecht nicht im Einklang."; vgl. auch das Sondervotum Lübbe-Wolff BVerfGE 118, 124 (156).

eine Verfassungsbeschwerde gestützt auf Art. 2 Abs. 1 i.V.m. Art. 25 GG bestanden hätte,[74] gegebenenfalls auch auf Art. 3 Abs. 1 GG wegen Verletzung des Willkürverbots.

Von einer bloßen Subsumtion abzugrenzen sind Fälle, in denen allgemeine Regeln des Völkerrechts auszulegen und zu konkretisieren sind. Das kann gerade deswegen vonnöten sein, weil die Regeln des Völkergewohnheitsrechts eine geringere Regelungsdichte haben.[75]

c) Zweifel

Soweit es nicht nur um eine bloße Subsumtion geht, kann das Fachgericht vorlegen, wenn es mit Blick auf eine allgemeine Regel des Völkerrechts auf ernstzunehmende Zweifel stößt. Das Gericht muss diese Zweifel selbst nicht notwendigerweise teilen.[76] *Ernstzunehmende* Zweifel sind nach ständiger Rechtsprechung bereits dann gegeben, wenn das Gericht mit seiner Entscheidung von der Meinung eines Verfassungsorgans oder von den Entscheidungen hoher deutscher, ausländischer oder internationaler Gerichte oder den Lehren anerkannter Autoren der Völkerrechtswissenschaft abweichen würde.[77]

d) Entscheidungserheblichkeit

Schließlich ist auch zu verlangen, dass die Vorlagefrage entscheidungserheblich ist.[78] Das vorlegende Gericht muss also dartun, dass die Entscheidung für den Fall, dass die fragliche Regel gilt, anders ausfiele als für den Fall, dass diese nicht gilt.[79] Speziell die Frage der Staatenimmunität kann auch dann entscheidungserheblich sein, wenn eine vorgesehene Beweiserhebung die Gefahr einer Völkerrechtsverletzung gegenüber dem fremden Staat mit sich bringt:[80] Die Be-

74 BVerfGK 19, 122 (126).
75 BVerfGK 13, 246 (250) (zum Nichteinmischungsgebot).
76 BVerfGE 64, 1 (14 f.); 96, 68 (77); BVerfGK 13, 246 (252).
77 BVerfGE 23, 288 (319); 64, 1 (15); 96, 68 (77); BVerfGK 9, 211 (215); 13, 246 (253); 14, 524 (530); 19, 122 (128).
78 BVerfGE 15, 25 (30); 94, 315 (328) (dort Entscheidungserheblichkeit nicht hinreichend dargelegt); BVerfGK 19, 122 (127 f.).
79 Dazu BVerfGE 94, 315 (323) (im Kontext von Art. 100 Abs. 1 GG).
80 BVerfGE 46, 342 (360).

weiserhebung ist für die Entscheidung des Falls erheblich und ihrerseits nur zulässig, wenn sie nicht gegen den Grundsatz der Staatenimmunität verstößt.

e) Formulierung der Vorlagefrage

Die Vorlagefrage muss klar umrissen sein, damit die Vorlage zulässig ist; eine Argumentation, wie ein Fall aufgrund Völkerrechts zu entscheiden sei, genügt demgegenüber nicht.[81]

An den Wortlaut der Vorlagefrage ist das Bundesverfassungsgericht nicht gebunden; vielmehr kann es sie erforderlichenfalls mit Blick auf ihre Begründung präzisieren.[82]

f) Konkrete Vorlagefragen

Als konkrete Beispiele für zulässige Vorlagefragen lassen sich aus dem Recht der Staatenimmunität nennen:[83]

---

81 Vgl. BVerfGK 14, 524 (530, 532f.) – dort Fragestellungen im Dunstkreis der Staatenimmunität: „Das Ausgangsverfahren wirft die Frage auf, ob und in welcher Hinsicht der völkergewohnheitsrechtliche Grundsatz der Vollstreckungsimmunität auch eingreifen könnte, wenn in einen Vermögensgegenstand vollstreckt werden soll, der zwar – dies bestreitet auch die Beschwerdeführerin nicht – für sich genommen nicht der Erfüllung hoheitlicher Aufgaben dient, der aber für den staatlichen Eigentümer von einem Staatsunternehmen hoheitlich verwaltet wird. Dabei geht die Beschwerdeführerin einerseits davon aus, dass ihr Wirtschaftsführungsrecht als hoheitliches Recht eines Staatsunternehmens durch den Grundsatz der völkergewohnheitsrechtlichen Vollstreckungsimmunität geschützt werde. Andererseits bezieht sie sich weitgehend auf das im Ausgangsverfahren erstattete Privatgutachten ihres Prozessbevollmächtigten, das im Kern aus der Perspektive des Staates argumentiert und von der hoheitlichen Verwaltung auf eine hoheitliche Zweckbindung des verwalteten Gegenstands schließen will. Mit dieser Argumentation hat die Beschwerdeführerin indes nicht nur keine konkrete Vorlagefrage formuliert, sondern auch Zweifel daran gelassen, um welche Regel des Völkerrechts es ihr geht.“, BVerfGK 14, 524 (530).

82 BVerfGE 15, 25 (31f.); 16, 27 (32f.); 117, 141 (146f.); 118, 124 (132).

83 Vgl. daneben allgemein die weiteren Vorlageverfahren BVerfGE 4, 319 (Gültigkeit eines völkerrechtlichen Vertrags kein zulässiger Gegenstand der Richtervorlage); BVerfGE 16, 276 (Keine Entscheidungserheblichkeit einer allgemeinen Völkerrechtsregel, wenn sich diese in ihrem wesentlichen Inhalt mit einem völkerrechtlichen Vertrag deckt); BVerfGE 100, 209 (Unzulässige Richtervorlage mangels Darlegung der Entscheidungserheblichkeit der Frage, ob die Stationierung von Atomwaffen sowie die Drohung mit ihrem Einsatz mit den Regeln des Völkerrechts vereinbar sind).

- Die Frage nach der Tragweite der Völkerrechtsregel „Gesandtschaftsgrundstücke sind exterritorial".[84] [Der Tenor des Vorlagebeschlusses zielte auf die Frage: Ist die Regel „Die Exterritorialität eines Gesandtschaftsgebäudes erstreckt sich nicht auf eine das Gesandtschaftsgebäude betreffende Klage auf Bewilligung der Berichtigung des Grundbuchs." Bestandteil des Bundesrechts und erzeugt sie unmittelbar Rechte und Pflichten für den einzelnen?[85] Das Bundesverfassungsgericht stellte jedoch fest, die Frage sei so spezifisch, dass es sich dabei „sicherlich" um keine allgemeine Regel des Völkerrechts handele.[86]]
- Die Frage, welche Tragweite die allgemeine Völkerrechtsregel über die Staatenimmunität hat, ob also einem Staat nach dieser Regel Immunität nur für seine hoheitliche oder auch für seine nicht-hoheitliche Betätigung zusteht.[87] [Der Vorlagebeschluss zielte wörtlich darauf, „ob nach den allgemein anerkannten Regeln des Völkerrechts die Klägerin den beklagten Staat Iran vor einem Gericht der Bundesrepublik verklagen kann". Das Bundesverfassungsgericht konkretisierte diese Vorlage mit Blick auf die Begründung des Beschlusses, um von den Parteien des Ausgangsverfahrens zu abstrahieren und zugleich ins Auge zu nehmen, warum die Klage nicht statthaft sein könnte.[88]]
- Gibt es eine Völkerrechtsregel, wonach die Zwangsvollstreckung aus einem gegen einen ausländischen Staat in Bezug auf seine nicht-hoheitliche Tätigkeit erlassenen Urteil in ein Bankkonto dieses Staates bzw. seiner Botschaft, das im Inland besteht und zur Deckung der offiziellen Ausgaben und Kosten der Botschaft bestimmt ist, schlechthin oder insoweit unzulässig ist, als durch die Pfändung die Funktionsfähigkeit der Botschaft als diplomatische Vertretung beeinträchtigt wird; ist eine solche Regel – wenn es sie gibt – Bestandteil des Bundesrechts?[89]
- Gibt es eine allgemeine Regel des Völkerrechts, die es geböte, einen fremden Staat als Inhaber von Forderungen aus Konten zu behandeln, die bei Banken

84 BVerfGE 15, 25 (32).
85 BVerfGE 15, 25 (27 f.).
86 BVerfGE 15, 25 (31 f.).
87 BVerfGE 16, 27 (32).
88 BVerfGE 16, 27 (32).
89 BVerfGE 46, 342 (347).

im Gerichtsstaat unterhalten werden und auf den Namen eines rechtsfähigen Unternehmens des fremden Staates lauten?[90]

- Gibt es eine allgemeine Regel des Völkerrechts, nach der ein lediglich pauschaler Immunitätsverzicht zur Aufhebung des Schutzes der Immunität auch für solches Vermögen genügt, das dem Entsendestaat im Empfangsstaat zur Aufrechterhaltung der Funktionsfähigkeit seiner diplomatischen Mission dient?[91] [Als Präzisierung der vorgelegten Fragen: „1) Gibt es eine allgemeine Regel des Völkerrechts, wonach ein ausländischer Schuldnerstaat pauschal auf seine Immunität gegenüber der Vollstreckung in die im Heimatstaat des privaten Gläubigers befindlichen Konten, die dem besonderen diplomatischen Schutz unterliegen, insofern verzichten kann, als durch die Pfändung die Funktionsfähigkeit der Botschaft als diplomatische Vertretung beeinträchtigt würde, und welche Anforderungen stellt das Völkerrecht an einen solchen Immunitätsverzicht? 2) Ist eine solche allgemeine Regel des Völkerrechts nach Maßgabe des Artikels 25 Grundgesetz Bestandteil des Bundesrechts?"[92]]
- Ist eine allgemeine Regel des Völkerrechts feststellbar, die einen Staat gegenüber Privatpersonen berechtigt, die Erfüllung fälliger privatrechtlicher Zahlungsansprüche unter Berufung auf den wegen Zahlungsunfähigkeit erklärten Staatsnotstand zeitweise zu verweigern?[93] [Bei dieser Frage handelt es sich wiederum um eine Konkretisierung der Frage, „ob der seitens der Beklagten erklärte Staatsnotstand wegen Zahlungsunfähigkeit diese kraft einer Regel des Völkerrechts berechtigt, die Erfüllung fälliger Zahlungsansprüche zeitweise zu verweigern und gegebenenfalls, ob es sich dabei um eine allgemeine Regel des Völkerrechts handelt, die gemäß Artikel 25 GG Bestandteil des Bundesrechts ist, die unmittelbar Rechte und Pflichten für den Einzelnen – hier die Parteien – erzeugt."[94]]

---

90 BVerfGE 64, 1 (22): Das Verfahren war ein Verfassungsbeschwerdeverfahren, in dessen Rahmen das BVerfG den Inhalt einer Vorlage erörterte, die nach Art. 100 Abs. 2 GG geboten gewesen wäre.

91 BVerfGE 117, 141 (147).

92 BVerfGE 117, 141 (143).

93 BVerfGE 118, 124.

94 BVerfGE 118, 124 (127, 132).

2. Verfassungsbeschwerde

Neben einer Vorlage nach Art. 100 Abs. 2 GG kommt als Ausgangspunkt für Erörterungen zur Staatenimmunität vor allem das Verfassungsbeschwerdeverfahren nach Art. 93 Abs. 1 Nr. 4a GG, §§ 13 Nr. 8a, 90 ff. BVerfGG in Betracht.

Eine Verfassungsbeschwerde kann in diesem Zusammenhang vor allem auf eine Verletzung des grundrechtsgleichen Rechts aus Art. 101 Abs. 1 Satz 2 GG gestützt werden.[95] Der gesetzliche Richter kann in diesem Sinne entzogen sein, wenn eine nach Art. 100 Abs. 2 GG gebotene Vorlage unterblieben ist.[96] Weiter kann sich eine Verletzung von Art. 101 Abs. 1 Satz 2 GG daraus ergeben, dass ein ausländischer Staat unter Verstoß gegen den Grundsatz der Staatenimmunität der inländischen Gerichtsbarkeit unterworfen wird.[97]

Das grundrechtsgleiche Recht aus Art. 101 Abs. 1 Satz 2 GG soll vor allem die Funktionsfähigkeit der Rechtspflege stützen.[98] Dieser Ausrichtung entspricht ein weiter Kreis von Rechtsträgern und damit Beschwerdeberechtigten. Berechtigt, sich auf das grundrechtsgleiche Recht zu berufen, sind zunächst natürliche Personen, daneben auch inländische juristische Personen des öffentlichen Rechts,[99] ausländische juristische Personen des Privatrechts[100] und ausländische Personen des öffentlichen Rechts (auch ausländische Staaten).[101]

Jedoch ist nicht mit jeder fehlerhaften Anwendung oder Nichtbeachtung einer einfachgesetzlichen Zuständigkeitsvorschrift der gesetzliche Richter im Sinne von Art. 101 Abs. 1 Satz 2 GG entzogen.[102] Vielmehr ist ein Verstoß gegen Art. 101 Abs. 1 Satz 2 GG in einer solchen Lage erst dann zu bejahen, wenn diese fehlerhafte Auslegung des einfachen Rechts willkürlich ist. Spezifisch für Staatenimmunität ist Willkür jedenfalls dann anzunehmen, wenn das Verfahren Maßnahmen be-

---

95 BVerfGE 64, 1 (12 f.); 96, 68 (77); BVerfGK 13, 246 (250); 14, 524 (529); vgl. auch BVerfG, Beschluss der 1. Kammer des Zweiten Senats v. 17. März 2014 – 2 BvR 736/13 –, NJW 2014, S. 1723, juris Rn. 32; zum Verhältnis von Staatenimmunität und allgemeinem Justizgewährungsanspruch (Art. 20 Abs. 3 i.V.m. Art. 2 Abs. 1 GG) s. *Lorz*, Ausländische Staaten vor deutschen Zivilgerichten, 2017, S. 66 f.

96 Vgl. dazu ausführlich BVerfGE 138, 64 (86 f.).

97 BVerfG, Beschluss der 1. Kammer des Zweiten Senats v. 17. 3. 2014 – 2 BvR 736/13, NJW 2014, 1723, juris Rn. 17, 29 ff.

98 BVerfG, Beschluss der 1. Kammer des Zweiten Senats v. 17. März 2014 – 2 BvR 736/13 –, NJW 2014, S. 1723, juris Rn. 17.

99 BVerfGE 61, 82 (104); 75, 192 (200).

100 Vgl. BVerfGE 18, 441 (447); 64, 1 (11).

101 BVerfGE 64, 1 (11); BVerfGK 9, 211 (213).

102 S. etwa BVerfG, Beschluss der 1. Kammer des Zweiten Senats v. 4. Februar 2016 – 2 BvR 2223/15 –, NVwZ 2016, S. 764, juris Rn. 89.

trifft, die dem Kernbereich des völkerrechtlich anerkannten staatlichen Handelns zuzurechnen sind.[103] In diesem Sinne gab das Bundesverfassungsgericht in einer Kammerentscheidung einer Verfassungsbeschwerde der Republik Griechenland gestützt auf Art. 101 Abs. 1 Satz 2 GG statt. Indem deutsche Gerichte sich für ein Verfahren für zuständig erachtet hatten, in dem die Einbehaltung einer griechischen Quellensteuer durch die Republik Griechenland gegenüber einem bei ihr in Deutschland beschäftigten griechischen Staatsbürger Streitgegenstand war, hatten sie über eine solche Maßnahme im Kernbereich völkerrechtlich anerkannten staatlichen Handelns entschieden.[104]

Auch in dieser Konstellation ist für den Erfolg der Verfassungsbeschwerde ein Beruhenszusammenhang zu verlangen:[105] Die Verfassungsbeschwerde ist nicht erfolgreich, wenn das Unterlassen der Vorlage keinen Einfluss auf die Entscheidung in der Sache hatte. Dieser Aspekt ist besonders einfach zu erörtern, wenn der erkennende Spruchkörper des Bundesverfassungsgerichts auch über die Vorlage entschieden hätte und damit das Ergebnis des Vorlageverfahrens feststellen kann.[106]

III. Methodik: Umgang mit Völkerrecht

Hat sich das Bundesverfassungsgericht im beschriebenen Rahmen mit Völkerrecht auseinanderzusetzen, stellt sich zunächst die Frage, wie es den Begriff einer allgemeinen Regel des Völkerrechts versteht (dazu 1). Dann wird betrachtet, wie das Bundesverfassungsgericht solche Regeln bestimmt (dazu 2).

1. Zum Begriff der allgemeinen Regel des Völkerrechts[107]

Indem sich das GG in Art. 25 und 100 GG auf (allgemeine) Regeln des Völkerrechts bezieht, bedient es sich einer Terminologie, die etwas von der allgemeinen Rechtsquellenlehre des Völkerrechts abweicht.[108]

---

103 BVerfG, Beschluss der 1. Kammer des Zweiten Senats v. 17. März 2014 – 2 BvR 736/13 –, NJW 2014, S. 1723, juris Rn. 30 f.

104 BVerfG, Beschluss der 1. Kammer des Zweiten Senats v. 17. März 2014 – 2 BvR 736/13 –, NJW 2014, S. 1723.

105 S. allgemein zum Beruhenszusammenhang *Scheffczyk*, in: Walter/Grünewald (Hrsg.), BeckOK-BVerfGG, § 92 Rn. 91 (Januar 2021) m.w.N.

106 BVerfGE 64, 1 (21 f.).

107 S. auch bereits *Geck*, in: Festgabe 25 Jahre BVerfG, Bd. II, S. 125 (127 ff.).

Eine Anknüpfung schafft das Bundesverfassungsgericht, wenn es feststellt, dass es sich bei den allgemeinen Regeln des Völkerrechts vorwiegend um universell geltendes Völkergewohnheitsrecht handelt, ergänzt durch anerkannte allgemeine Rechtsgrundsätze.[109] Bei den Regeln des Völkergewohnheitsrechts ist die Frage nach ihrer Geltung nicht von der nach ihrer *allgemeinen* Geltung zu trennen.[110] Noch näher wird die Anbindung, wenn das Bundesverfassungsgericht sich für den Begriff einer allgemeinen Regel des Völkergewohnheitsgewohnheitsrechts auf Art. 38 Abs. 1 lit. b IGH-Statut bezieht: „Eine allgemeine Regel des Völkergewohnheitsrechts ist eine Regel, die von einer gefestigten Praxis zahlreicher, aber nicht notwendigerweise aller Staaten (*usus*) in der Überzeugung einer völkerrechtlichen Verpflichtung (*opinio juris sive necessitatis*) getragen wird (vgl. Art. 38 Abs. 1 [b] des Statuts des Internationalen Gerichtshofs ...).“[111]

Einen minimal anderen Fokus, nämlich auf die Allgemeinheit einer Regel hat eine spätere Entscheidung: „Eine Regel des Völkerrechts ist dann allgemein im Sinne des Art. 25 GG, wenn sie von der überwiegenden Mehrheit der Staaten anerkannt wird ... Die Allgemeinheit der Regel bezieht sich auf deren Geltung, nicht auf den Inhalt, wobei eine Anerkennung durch alle Staaten nicht erforderlich ist. Ebensowenig ist es erforderlich, dass gerade die Bundesrepublik Deutschland die Regel anerkannt hat. Allgemeine Regeln des Völkerrechts sind Regeln des universell geltenden Völkergewohnheitsrechts, ergänzt durch aus den nationalen Rechtsordnungen tradierte allgemeine Rechtsgrundsätze .... Ob eine Regel eine solche des Völkergewohnheitsrechts ist oder ob es sich um einen allgemeinen Rechtsgrundsatz handelt, ergibt sich aus dem Völkerrecht selbst, welches die Kriterien für die Völkerrechtsquellen vorgibt.“[112]

Damit kann das Bundesverfassungsgericht insbesondere auf die in der allgemeinen Völkerrechtslehre etablierten objektiven[113] und subjektiven[114] Kriterien für die Entstehung von Völkergewohnheitsrecht zurückgreifen. Während das subjektive Kriterium (*opinio juris sive necessitatis*) soweit ersichtlich keine große

---

108 So erwähnt Art. 38 Abs. 1 IGH-Statut völkerrechtliche Verträge, Völkergewohnheitsrecht und allgemeine Rechtsgrundsätze als Rechtsquellen des Völkerrechts, siehe bereits I.

109 BVerfGE 15, 25 (33); 23, 288 (316).

110 BVerfGE 15, 25 (33).

111 BVerfGE 117, 141 (150).

112 BVerfGE 118, 124 (134).

113 Eingehend *Mendelson*, The Formation of Customary International Law, 272 Recueil des Cours (1998) 165 (197 ff.).

114 Eingehend *Mendelson*, The Formation of Customary International Law, 272 Recueil des Cours (1998) 165 (245 ff.).

Relevanz erlangt hat,[115] sind der Rechtsprechung einige Erwägungen zu den objektiven Kriterien zu entnehmen. Dabei geht es um eine gewisse Dauer, Einheitlichkeit und Verbreitung der Übung (*usus*).[116] Diese Kriterien entziehen sich einer exakten Quantifizierung,[117] was sich auch in der Rechtsprechung des Bundesverfassungsgerichts zeigt.

Mit der Frage nach der Dauer der Übung ist angesprochen, wie lange die Regel gelten muss, um zum Völkergewohnheitsrecht zu zählen.[118] Dieser Aspekt ist auch im Begriff der Gewohnheit angelegt.[119] Die Antwort ist unklar und nach Ansicht der International Law Association nicht exakt zu benennen: „normally some time will elapse before there is sufficient practice to satifsfy these criteria".[120] Vor allem kommt es wohl darauf an, dass sich die Praxis hinreichend verdichtet.[121] Das wird heute weniger lange dauern als früher angesichts der Institutionalisierung der Staatengemeinschaft und moderner Kommunikationsmittel.[122] Im *Heizungsreparatur*-Fall betrachtete das Bundesverfassungsgericht einen Zeitraum von der „Zeit bis zum Ersten Weltkrieg" bis in das Jahr 1964, um eine Rücknahme der Staatenimmunität zu konstatieren;[123] die *Botschaftskonto*-Entscheidung setzt sich mit Entscheidungen ab den Zwanzigerjahren des 20. Jahrhunderts auseinander, um andererseits festzuhalten, dass eine allgemeine Regel des Völkerrechts den Vollstreckungszugriff auf Gegenstände beschränkt, die hoheitlichen Zwecken eines fremden Staates dienen.[124]

Einheitlich muss die Übung innerhalb der Staaten[125] und zwischen den Staaten sein.[126] Dafür soll eine wertende Betrachtung stattfinden: Für Einheit-

---

115 Vgl. auch *Mendelson*, The Formation of Customary International Law, 272 Recueil des Cours (1998) 165 (246): „in the run-of-the-mill case, the subjective element is of limited value".

116 *v. Arnauld*, Völkerrecht, 4. Aufl. 2019, Rn. 253.

117 *v. Arnauld*, Völkerrecht, 4. Aufl. 2019, Rn. 253.

118 *Geiger*, AöR 103 (1978), S. 382 (384).

119 *ILA*, Statement of Principles Applicable to the Formation of General Customary International Law, 2000, Statement 12, Commentary (d).

120 *ILA*, Statement of Principles Applicable to the Formation of General Customary International Law, 2000, Statement 12 (ii).

121 *ILA*, Statement of Principles Applicable to the Formation of General Customary International Law, 2000, Statement 12, Commentary (b).

122 *Dörr*, in: *Ipsen*, Völkerrecht, 7. Aufl. 2018, § 19 Rn. 13.

123 BVerfGE 16, 27 (33 ff.).

124 BVerfGE 46, 342 (365 ff.).

125 Vgl. BVerfGE 16, 27 (35 f., 45); 117, 141 (160 f.).

126 BVerfGE 118, 124 (139); BVerfGK 19, 122 (130); vgl. *ILA*, Statement of Principles Applicable to the Formation of General Customary International Law, 2000, Principle 15 Commentary (a).

lichkeit ist „mehr als nur ein Trend" vonnöten, aber vereinzelte Abweichungen bleiben unschädlich.[127]

Hinreichend verbreitet ist eine Übung, wenn sie quasi-universal ist, es sich mithin um eine verbreitete und repräsentative Praxis handelt.[128] Relevant ist, dass Staaten an der Praxis beteiligt sind, die von der jeweiligen Regel besonders betroffen wären oder von ihr Gebrauch machen könnten.[129]

Dabei ist speziell mit Blick auf Staatenimmunität zu beachten, dass das Bundesverfassungsgericht bislang soweit ersichtlich nur einmal positiv eine Regel des Völkergewohnheitsrechts festgestellt hat: „Es besteht eine allgemeine Regel des Völkerrechts, wonach die Zwangsvollstreckung durch den Gerichtsstaat aus einem gerichtlichen Vollstreckungstitel gegen einen fremden Staat, der über ein nichthoheitliches Verhalten (acta iure gestionis) dieses Staates ergangen ist, in Gegenstände dieses Staates, die sich im Hoheitsbereich des Gerichtsstaats befinden oder dort belegen sind, ohne Zustimmung des fremden Staates unzulässig ist, soweit diese Gegenstände im Zeitpunkt des Beginns der Vollstreckungsmaßnahme hoheitlichen Zwecken des fremden Staates dienen."[130] In vielen anderen Fällen wurde dagegen keine positive Feststellung getroffen.[131] So hielt das Bundesverfassungsgericht fest, dass eine unbeschränkte Staatenimmunität für *acta iure gestionis* nicht mehr als Regel des Völkerrechts anzusehen war.[132] Weitere Entscheidungen, die jeweils gerade *keine* allgemeine Regel des Völkerrechts feststellen, befassen sich damit, bezüglich welcher Gegenstände ein Staat verklagt werden kann[133] oder als Inhaber welcher Forderungen er zu betrachten ist (mit der Folge, dass in diese nicht vollstreckt werden kann)[134] sowie mit der Reichweite eines Immunitätsverzichts.[135]

---

127 *Dörr*, in: *Ipsen*, Völkerrecht, 7. Aufl. 2018, § 19 Rn. 12.

128 *v. Arnauld*, Völkerrecht, 4. Aufl. 2019, Rn. 253; *ILA*, Statement of Principles Applicable to the Formation of General Customary International Law, 2000, Principle 14.

129 *Dörr*, in: *Ipsen*, Völkerrecht, 7. Aufl. 2018, § 19 Rn. 11.

130 BVerfGE 46, 342 (Leits. 8).

131 Siehe zudem Fn. 20 für den jeweiligen Wortlaut; vgl. über die sogleich erwähnten Entscheidungen hinaus die Entscheidung *Argentinien-Anleihen* zum Staatsnotstand („Es ist keine allgemeine Regel des Völkerrechts feststellbar, die einen Staat gegenüber Privatpersonen berechtigt, die Erfüllung fälliger privatrechtlicher Zahlungsansprüche unter Berufung auf den wegen Zahlungsunfähigkeit erklärten Staatsnotstand zeitweise zu verweigern.") – BVerfGE 118, 124.

132 BVerfGE 16, 27 (61).

133 BVerfGE 15, 25 (Leits. 2 Abs. 2).

134 BVerfGE 64, 1.

135 BVerfGE 117, 141.

Dabei ist zu beobachten, dass das Bundesverfassungsgericht sich oft mit mehrschichtigen Erwägungen zu befassen hatte, so im *Heizungsreparatur*-Fall.[136] In diesem war mit Blick auf eine Klage auf Zahlung aus einem Werkvertrag zu klären, ob nach einer allgemeinen Regel des Völkerrechts Klagen gegen einen ausländischen Staat in Bezug auf seine nicht-hoheitliche Betätigung ausgeschlossen sind. Das Gericht stellte dabei als historischen Ausgangspunkt fest, dass zunächst ein absolutes Verständnis der Staatenimmunität verbreitet war.[137] Weiter konstatierte es jedoch ein „Schrumpfen" der Staatenimmunität in dem Sinne, dass nicht-hoheitliche Akte vermehrt von der Staatenimmunität ausgenommen waren.[138] Auch wenn sich für die Abgrenzung im Einzelnen noch keine Übung hinreichend verbreitet hatte, konnte das Bundesverfassungsgericht doch immerhin feststellen, dass das allgemeine Völkerrecht eine absolute Gewährung von Staatenimmunität nicht mehr gebot.[139]

Diese Entscheidungen erlauben zudem einen quantitativen Blick darauf, wie die jeweiligen Kriterien angewandt wurden: Seine positive Entscheidung, dass eine allgemeine Regel des Völkerrechts vorlag, baute das Bundesverfassungsgericht im Botschaftskontofall auf Erwägungen dazu auf, dass es *keine* allgemeine Regel gebe, dass eine Zwangsvollstreckung in Eigentum eines Staates generell unzulässig sei.[140] Für die Unzulässigkeit der Zwangsvollstreckung in hoheitlich genutzte Gegenstände zog es spezifisch die Staatenpraxis von vier Staaten heran.[141] Diese befand sich im Einklang mit einer langen völkerrechtlichen Tradition.[142]

Häufiger hat das Bundesverfassungsgericht eine Situation vorgefunden, in der sich kein allgemeines Völkergewohnheitsrecht gebildet hatte: So zog es im Fall *Jugoslawische Militärmission* Entscheidungen von Gerichten aus drei Staaten und des Obersten Rückerstattungsgerichts für Berlin, dem Richter verschiedener Nationalität angehörten, als Gegenbeispiele heran, um zu konstatieren, dass aus der Praxis der Gerichte nicht hergeleitet werden könne, dass Staaten sich „nach einem von der überwiegenden Mehrheit der Staaten geübten Brauch" auf absolute Immunität berufen könnten.[143] Eine allgemeine Übung verneinte das Bundes-

136 BverfGE 16, 27.

137 BVerfGE 16, 27 (33).

138 BVerfGE 16, 27 (33 f.); vgl. in diesem Sinne auch *Gaeta/Viñuales/Zappalà*, Cassese's International Law, 3. Aufl. 2020, S. 123 mit Nachweisen aus Belgien und Italien.

139 BVerfGE 16, 27 (33).

140 S. soeben, BVerfGE 46, 342 (368).

141 BVerfGE 46, 342 (392 ff.).

142 BVerfGE 46, 342 (394) verweist auf *Grotius* und *Bynkerskoek*.

143 BVerfGE 15, 25 (35 ff.).

verfassungsgericht auch angesichts einer Zahl von acht Staaten („beträchtlich"[144]), die einem restriktiven Immunitätsverständnis folgten (wobei es zugleich die Haltung anderer Staaten als unklar erachtete). Eine Zahl von neun Staaten („nicht unbedeutend"[145]), die Zwangsvollstreckungsmaßnahmen gegen fremde Staaten zuließen, zog das Bundesverfassungsgericht im Botschaftskontofall heran, um eine allgemeine Regel einer insoweit absoluten Immunität abzulehnen. In der Entscheidung *National Iranian Oil Company* konnte das Bundesverfassungsgericht darauf aufbauend die weitere Praxis von mehr als zehn Staaten berücksichtigen, um eine Tendenz zur Einschränkung der Staatenimmunität festzustellen und eine allgemeine Regel einer absoluten Immunität zu verneinen.[146] Zuletzt hat das Bundesverfassungsgericht mit Blick auf die Reichweite eines pauschalen Immunitätsverzichts die erörterte Regel nicht feststellen können und vielmehr anhand der Staatenpraxis fünf verschiedener Staaten und Nachweisen aus Regelungen des diplomatischen Verkehrs, den Arbeiten der Völkerrechtskommission und dem völkerrechtlichen Schrifttum eine gegenläufige Tendenz konstatiert. Diese gegenläufige Tendenz war ihrerseits nicht Gegenstand der Vorlagefrage, so dass keine gegenläufige allgemeine Regel festgestellt wurde.

Ein *persistent objector* ist in Würdigung des Konsensprinzips[147] ggf. an Völkergewohnheitsrecht nicht gebunden;[148] diese Figur spielte für das Bundesverfassungsgericht jedoch bislang soweit ersichtlich keine Rolle.

2. Vorgehen bei der Bestimmung von Völkergewohnheitsrecht

Über die abstrakten Kriterien hinaus ist methodisch von Interesse, wie das Bundesverfassungsgericht vorgeht, um Völkergewohnheitsrecht festzustellen. Diese Erkundung, ob Völkergewohnheitsrecht existiert, ist gedanklich zu trennen von den Voraussetzungen für das Entstehen von Völkergewohnheitsrecht, auch wenn für beide mitunter das gleiche Material herangezogen werden kann.[149]

Generell lässt sich festhalten, dass das Bundesverfassungsgericht in einer Weise vorgeht, wie sie auch die Völkerrechtskommission für die Feststellung von

---

144 BVerfGE 16, 27 (51).

145 BVerfGE 46, 342 (368).

146 BVerfGE 64, 1 (24 ff.).

147 *Dörr*, in: *Ipsen*, Völkerrecht, 7. Aufl. 2018, § 19 Rn. 3, 29.

148 *ILA*, Statement of Principles Applicable to the Formation of General Customary International Law, 2000, Principle 15; *Mendelson*, The Formation of Customary International Law, 272 Recueil des Cours (1998) 165 (227 ff.).

149 *Vitzthum*, in: Vitzthum/Proelß (Hrsg.), Völkerrecht, 8. Aufl. 2019, 1.III Rn. 131 (S. 60).

Völkergewohnheitsrecht vorschlägt. Diese hält fest, dass die Staatenpraxis vielerlei Gestalt annehmen kann[150] und die Meinung und Lehren anerkannter völkerrechtlicher Autoren ergänzend berücksichtigt werden kann.[151] Damit spielt die Rechtsvergleichung eine große Rolle.

Als Quellen herangezogen hat das Bundesverfassungsgericht die Staatenpraxis,[152] die sich in der Frage der Staatenimmunität vor allem in Form von Gerichtsentscheidungen ergab.[153] Daneben konnten auch Gesetze als Entscheidungen des Gesetzgebers berücksichtigt werden,[154] wie etwa Immunitätsgesetze der USA und des Vereinigten Königreichs, aus Pakistan, Südafrika, Singapur und Kanada.[155] Überdies können auch Entscheidungen internationaler Gerichtshöfe Hinweise auf Völkergewohnheitsrecht liefern,[156] ebenso wie mehrseitige völkerrechtliche Verträge.[157] Schließlich hat das Bundesverfassungsgericht auch Kodifikationsversuche berücksichtigt, so vom Institut de Droit International und der Harvard Law School,[158] an anderer Stelle deren Rolle jedoch offengelassen.[159] Im Fall *Jugoslawische Militärmission* deckte sich die Ansicht des Gerichts mit den Kodifikationsversuchen.[160] Noch nicht endgültig festgelegt hat sich das Bundesverfassungsgericht zu der Rolle des UNStImm, das noch nicht in Kraft getreten ist.[161] Einerseits wurden die Aussagen des Abkommens im Kontext des Immunitätsverzichts durchaus gewürdigt.[162] Andererseits ließ das Bundesverfassungs-

150 Report of the International Law Commission on the work of its 68th session, Conclusion 6, UN Doc A/71/10 (2016), 74 ff.

151 Report of the International Law Commission on the work of its 68th session, Conclusion 14.

152 BVerfGE 15, 25 (35).

153 BVerfGE 15, 25 (35 ff); 16, 27 (34 ff.); 117, 141 (151).

154 BVerfGE 117, 141 (150).

155 BVerfGE 64, 1 (37 ff.).

156 BVerfGE 118, 124 (139); *Mendelson*, The Formation of Customary International Law, 272 Recueil des Cours (1998) 165 (202) weist darauf hin, dass diese für die Feststellung, nicht aber die Herausbildung von Völkergewohnheitsrecht relevant sein dürften.

157 BVerfGE 16, 27 (52 ff.); vgl. grundsätzlich eingehend *Mendelson*, The Formation of Customary International Law, 272 Recueil des Cours (1998) 165 (294 ff. m.w.N.).

158 BVerfGE 15, 25 (40 f.); 16, 27 (57 ff.).

159 BVerfGK 19, 122 (129) zu der Resolution Contemporary Problems Concerning the Immunity of States in Relation to Questions of Jurisdiction and Enforcement des Institut de Droit International von 1991 und zu den Draft Articles on Jurisdictional Immunities of States and Their Property der Völkerrechtskommission (diese trügen *möglicherweise* zur Entstehung von allgemeinem Völkerrecht bei).

160 BVerfGE 15, 25 (39 ff.).

161 Siehe bereits II.3.

162 BVerfGE 117, 141 (156).

gericht das Verhältnis des UNStImm zum Völkergewohnheitsrecht offen[163] und erwähnte in der Entscheidung *Griechische Staatsanleihen*, dass das UNStImm weder in Kraft getreten noch von Deutschland oder Griechenland (als den im Sachverhalt beteiligten Staaten) gezeichnet worden war.[164]

Lehren anerkannter Autoren zieht das Bundesverfassungsgericht ebenfalls heran.[165] Weiter hat sich das Gericht mit den so genannten Artikeln zur Staatenverantwortlichkeit[166] befasst und insofern klargestellt, dass das von der Generalversammlung der Vereinten Nationen zwar am 12. Dezember 2001 angenommene Dokument, das gleichwohl noch zu keinem Abschluss eines Vertrags geführt hat, immerhin als Indiz einer Rechtsüberzeugung herangezogen werden kann.[167]

Zudem hat das Bundesverfassungsgericht auch völkerrechtliche Materialien herangezogen, so aus der Entstehung des Vertrags zu den Voraussetzungen, dem Umfang und den Grenzen der Immunität von Staaten im Völkerrechtsverkehr, zu dem Übereinkommen der Vereinten Nationen über die gerichtlichen Immunitäten der Staaten und ihres Eigentums,[168] wie auch Beratungen der Völkerrechtskommission.[169]

Während frühe Entscheidungen als „überaus gründlich" bezeichnet wurden,[170] findet sich Kritik an der Auswahl der Materialien in der Entscheidung *Griechische Staatsanleihen*.[171] Eine Würdigung dieser Kritik muss schon vor einer inhaltlichen Auseinandersetzung[172] im Blick behalten, dass die Erwägungen des Bundesverfassungsgerichts zum Völkergewohnheitsrecht hier nur *obiter* erfolgten und es sich gerade um keine Normverifikation handelte.

Durch externe Expertise abgesichert hat sich das Bundesverfassungsgericht zudem, indem es in einzelnen Fällen Gutachten zum Völkerrecht eingeholt hat, so

---

163 BVerfGK 19, 122 (128).

164 BVerfG, Beschluss der 2. Kammer des Zweiten Senats v. 6. Mai 2020 – 2 BvR 331/18 –, NJW 2020, 3647, juris Rn. 31.

165 BVerfGE 15, 25 (35, 41 f.); 16, 27 (59 ff.).

166 Articles on State Responsibility – Annex zur Resolution der Generalversammlung der Vereinten Nationen A/RES/56/83 (12. Dezember 2001).

167 BVerfGE 118, 124 (136 ff.).

168 BVerfGE 117, 141 (163).

169 BVerfGE 15, 25 (39); 16, 27 (57); 117, 141 (162 f.); 118, 124 (136) und 124 (146) (Sondervotum *Lübbe-Wolff*); zur Aufgabe der Völkerrechtskommission s. deren Statut, UN Doc A/RES/174 (II) (1948) (21. November 1947).

170 *Geiger*, AöR 103 (1978), 382 (385) mit Blick auf BVerfGE 15, 25; 16, 27; 46, 342.

171 *Müller*, RIW 2020, S. 490 (493, 495 f.).

172 Dazu noch IV.

zur Frage der völkerrechtlichen Wirkung und Geltung des Staatsnotstands[173] und – im Themenbereich der diplomatischen Immunität – ein Gutachten zur Immunität von Bediensteten oder Agenten des ehemaligen Ministeriums für Staatssicherheit der DDR eingeholt.[174] Im Fall Jugoslawische Militärmission hatte der BGH vor seiner Vorlageentscheidung ein Gutachten eingeholt.[175]

IV. Staatenimmunität und der griechische Schuldenschnitt

Zuletzt haben das Bundesverfassungsgericht Verfahren beschäftigt, die sich aus der griechischen Staatsschuldenkrise und dem Schuldenschnitt (Hair-Cut) für griechische Staatsanleihen ergaben.[176] Griechische Staatsanleihen, die nach den Anleihebedingungen griechischem Recht unterfielen, waren aufgrund einer nachträglich durch Gesetz eingeführten Umschuldungsklausel gegen neue Anleihen niedrigeren Nennwerts getauscht worden.[177] In Ermangelung einer international einheitlichen Regelung für den Umgang mit Staatsschulden in Staatsschuldenkrisen[178] hatte Griechenland mithin eine einseitige Maßnahme ergriffen. Einen Immunitätsverzicht hatte Griechenland – anders als Argentinien in dem Fall, der der Entscheidung BVerfGE 117, 141 zugrunde lag – nicht erklärt.

173 BVerfGE 118, 124 (131 f.).

174 BVerfGE 92, 277 (310 f.). S. schließlich BVerfGK 14, 524 (526) als ein Beispiel für einen Fall, in dem ein Parteigutachten vorlag.

175 BVerfGE 15, 25 (27 f.).

176 BVerfG, Beschluss der 2. Kammer des Zweiten Senats v. 6. Mai 2020 – 2 BvR 331/18 –, NJW 2020, 3647 und die Parallelentscheidungen BVerfG, Beschluss der 2. Kammer des Zweiten Senats v. 14. Juli 2020 – 2 BvR 1163/16 –, juris; Beschluss der 2. Kammer des Zweiten Senats v. 27. Oktober 2020 – 2 BvR 558/19 –, juris; Beschluss der 2. Kammer des Zweiten Senats v. 9. November 2020 – 2 BvR 1047/18 –, juris; Beschluss der 2. Kammer des Zweiten Senats v. 9. November 2020 – 2 BvR 1286/18 –, juris. Im Folgenden wird exemplarisch die Entscheidung 2 BvR 331/18 in den Fokus genommen.

177 Die neuen Anleihen unterstehen englischem Recht, so dass ein erneuter Schuldenschnitt in dieser Form nicht in Betracht kommt, *Grund*, VLR 1 (2017), S. 34 (79).

178 Ein solches Resolvenzrecht hält für sinnvoll etwa *Mankowski*, ZIP 2020, S. 1542 (1545); weitere Nachweise bei *Weller*, Die Grenzen der Vertragstreue von (Krisen-)Staaten, 2013, S. 3 Fn. 24 und *Weller/Grotz*, JZ 2015, 989.

1. Entscheidung des Bundesverfassungsgerichts

Anleger, die diesem Umtausch nicht zugestimmt hatten, machten vor deutschen Gerichten Zahlungsansprüche aus den ursprünglich emittierten Staatsanleihen geltend. Der Bundesgerichtshof hatte entschieden, dass der Grundsatz der Staatenimmunität der Klage entgegenstehe, da die deutsche Gerichtsbarkeit nicht eröffnet sei.[179]

Die Beschwerdeführer wandten sich vor dem Bundesverfassungsgericht nicht etwa gegen die Grundannahmen zur Staatenimmunität. Vielmehr machten sie geltend, dass sie in ihrem Recht auf den gesetzlichen Richter verletzt worden seien, da eine Vorlage nach Art. 100 Abs. 2 GG erforderlich gewesen wäre. Der Bundesgerichtshof habe mit seinem Urteil „über die hochstreitige Frage nach dem völkergewohnheitsrechtlichen Umfang des Bestehens der Immunität“[180] entschieden. Er hätte seine Vorlagepflicht verletzt, da zu klären gewesen wäre, ob ein völkergewohnheitsrechtlich bestehendes Recht eines Staates auf Immunität dann zu verneinen ist, wenn der Staat sich einmal rechtsgeschäftlich auf die Ebene des Privatrechts begeben hat. Den Hintergrund bildete dabei, dass die Kapitalaufnahme durch Emission von Staatsanleihen nach ganz überwiegender Ansicht zum Kreis nicht-hoheitlichen Handelns gerechnet wird.[181] Die Beschwerdeführer brachten damit den Grundsatz „once a trader, always a trader“ in Stellung, wonach ein Staat für ein einmal nicht-hoheitlich begründetes Rechtsverhältnis nicht Immunität beanspruchen kann.[182] Als Gegenpol wird mitunter „überholende Immunität“ begriffen.[183] Darunter wäre eine Immunität zu verstehen, die sich ergibt, wenn ein Staat durch Hoheitsakt auf ein *iure gestionis* begründetes Rechtsverhältnis einwirkt.[184]

Das Bundesverfassungsgericht verneinte jedoch eine Verletzung einer Vorlagepflicht bereits deshalb, weil der Bundesgerichtshof nur eine anerkannte und in der Rechtsprechung des Bundesverfassungsgerichts hinreichend geklärte Regel des Völkerrechts angewandt habe. Der Bundesgerichtshof habe seinem Urteil das Verständnis zu Grunde gelegt, dass relevante Akte die Umschuldungsmaßnah-

179 Für das Verfahren 2 BvR 331/18: BGH, Urt. v. 19.12.2017 – XI ZR 217/16 –, juris.

180 BVerfG, Beschluss der 2. Kammer des Zweiten Senats vom 06. Mai 2020 – 2 BvR 331/18 –, juris, juris Rn. 13.

181 BVerfG 117, 141 (153).

182 Dazu ausführlich *Reimer*, Staatenimmunität und Staatsverschuldung, 2020, S. 138 ff.

183 So etwa *Müller*, RIW 2020, 490 m.w.N.

184 So etwa *Müller*, RIW 2020, 490 (491).

men waren. *Diese* habe er als hoheitlich qualifiziert und dafür nur unter eine bestehende völkerrechtliche Regel subsumiert.[185]

Der Nichtannahmebeschluss hält darüber hinaus fest, dass das Urteil des Bundesgerichtshofs auch der Sache nach zutreffe. Dazu führt das Bundesverfassungsgericht aus, dass ein Akt *iure imperii* in Rede stehe, nachdem Gegenstand des Rechtsstreits die Kürzung des Nennwerts der Anleihen sei:[186] „Eine solche Kürzung des Nennwerts durch Gesetz steht einem privaten Marktteilnehmer als Handlungsoption nicht zur Verfügung und gehört jedenfalls für nach dem Recht des emittierenden Staates begebene Anleihen zum Kernbereich hoheitlichen Handelns."[187] Zudem bezog sich das Bundesverfassungsgericht auch auf Entscheidungen anderer Gerichte in Staatsanleihenfällen, die diese Beurteilung stützten, auch wenn sie sich nicht alle ausdrücklich mit Fragen der Immunität befassten.[188]

Exemplarisch dafür steht die Rechtsprechung des EuGH in der Sache *Kuhn*.[189] Der EuGH befasste sich in diesem Verfahren mit der Anwendbarkeit der EuGVVO[190] und lehnte diese ab, da keine Zivil- und Handelssache im Sinne der Verordnung vorliege.[191] Die Verordnung gilt nach ihrem Art. 1 Abs. 1 Satz 2 nicht für die „Haftung des Staates für Handlungen oder Unterlassungen im Rahmen der Ausübung hoheitlicher Rechte (acta iure imperii)". Ein Rechtsstreit um einen Anspruch auf Erfüllung aus den ursprünglich ausgegebenen Anleihen gehe auf eine Wahrnehmung hoheitlicher Rechte zurück und resultiere aus Handlungen des griechischen Staates in Ausübung dieser hoheitlichen Rechte.[192] Interessan-

185 BVerfG, Beschluss der 2. Kammer des Zweiten Senats v. 6. Mai 2020 – 2 BvR 331/18 –, NJW 2020, 3647, juris Rn. 20.

186 BVerfG, Beschluss der 2. Kammer des Zweiten Senats v. 6. Mai 2020 – 2 BvR 331/18 –, NJW 2020, 3647, juris Rn. 22.

187 BVerfG, Beschluss der 2. Kammer des Zweiten Senats v. 6. Mai 2020 – 2 BvR 331/18 –, NJW 2020, 3647, juris Rn. 22.

188 EGMR, Urt. v. 21. Juli 2016 – 63066/14, 64297/14, 66106/14 –, NVwZ-RR 2017, 849 – Mamatas u. a./Hellenische Republik; EuGH, Urt. v. 7. Mai 2020 – C-308/17 –, ECLI:EU:C:2018:911 – Kuhn; Corte Suprema di Cassazione, Sez. Unite, Entscheidung v. 27. Mai 2005, n. 6532; ÖstOGH, Beschl. v. 22. Januar 2019 – 10 Ob 103/18 x –; vgl. BVerfG, Beschluss der 2. Kammer des Zweiten Senats v. 6. Mai 2020 – 2 BvR 331/18 –, NJW 2020, 3647, juris Rn. 23 ff.; vgl. weiter den älteren Überblick bei *Grund*, VLR 1 (2017), S. 34 (44 ff.), der auch fachgerichtliche Entscheidungen aus Deutschland und Österreich sowie Schiedssprüche in den Blick nimmt.

189 EuGH, Urt. v. 7. Mai 2020 – C-308/17 –, ECLI:EU:C:2018:911 – Kuhn.

190 Verordnung (EU) Nr. 1215/2012 des Europäischen Parlaments und des Rates vom 12. Dezember 2012 über die gerichtliche Zuständigkeit und die Anerkennung und Vollstreckung von Entscheidungen in Zivil- und Handelssachen, ABl. L 351/1 v. 20.12.2012.

191 EuGH, Urt. v. 7. Mai 2020 – C-308/17 –, ECLI:EU:C:2018:911 – Kuhn, Rn. 29 ff.

192 EuGH, Urt. v. 7. Mai 2020 – C-308/17 –, ECLI:EU:C:2018:911 – Kuhn, Rn. 36 ff.

terweise hat sich der EuGH hier gleichwohl nicht ausdrücklich mit der Frage befasst, ob sich Griechenland auf Immunität berufen konnte.[193] Aus der Rechtssache *Rina*[194] (die eine Klage gegen Schiffsklassifikations- und -zertifizierungsgesellschaften betraf) lässt sich ersehen, dass die Staatenimmunität der Anwendung der EuGVVO entgegenstehen kann;[195] es fällt dagegen schwer, der Entscheidung das genaue Verhältnis zu Art. 1 Abs. 1 Satz 2 EuGVVO zu entnehmen.[196] Insoweit könnte jedoch relevant sein, dass die Entscheidung *Rina* zur EuGVVO a.F.[197] erging, die in ihrem Art. 1 Abs. 1 Satz 2 noch nicht explizit die Ausnahme für Hoheitsakte enthielt. Wenn der EuGH in *Kuhn* zur EUGVVO n.F. dagegen darauf Bezug nehmen kann, dass eine Ausübung hoheitlicher Rechte vorlag, wird die Nähe zur Frage der Staatenimmunität deutlich.

2. Würdigung

Die Entscheidung des Bundesverfassungsgerichts kann man als Ausdruck einer „Renaissance des Staates als Rechtssubjekt“[198] lesen – wenn man nicht sogar annimmt, dass hier ohnedies ein Bereich staatlichen Handelns betroffen war, in dem Staatenimmunität nie fraglich war. Die Entscheidung ist jedoch vor allem hinsichtlich der Ausführungen zur Reichweite der Staatenimmunität auf Kritik gestoßen.

Dass die Kritik weniger das Ergebnis betrifft, erhellt sich daraus, dass zugleich verschiedene andere Wege erwähnt werden, wie eine Verurteilung Griechenlands zur Zahlung hätte ausscheiden können: Die internationale Zuständigkeit deutscher Gerichte hätte verneint werden können;[199] bei der Anwendung griechischen Sachrechts (über Art. 3 Abs. 1 Rom I-VO[200]: Rechtswahl oder Art. 4 lit. b Rom I-VO:

193 In diesem Lichte kritisch gegenüber einer Übertragung der Argumente des EuGH auf die Frage der Immunität *Müller*, RIW 2020, S. 490 (495).

194 EuGH, Urt. v. 7.5.2020 – C-641/18 – ECLI:EU:C:2020:349 – Rina.

195 EuGH, Urt. v. 7.5.2020 – C-641/18 – ECLI:EU:C:2020:349 – Rina, Rn. 53 ff.

196 Vgl. EuGH, Urt. v. 7.5.2020 – C-641/18 – ECLI:EU:C:2020:349 – Rina, Rn. 28 zum Prüfprogramm des EuGH.

197 Verordnung (EG) Nr. 44/2001 des Rates vom 22. Dezember 2000 über die gerichtliche Zuständigkeit und die Anerkennung und Vollstreckung von Entscheidungen in Zivil- und Handelssachen, ABl. L 12/1 v. 16.1.2001.

198 *Kau*, in: Vitzthum/Proelß (Hrsg.), Völkerrecht, 8. Aufl. 2019, 3.II Rn. 94a (S. 211).

199 *Geimer*, IPRax 2017, 344 (345 Fn. 11); *Hess*, IPRax 2018, S. 351 (354).

200 Verordnung (EG) Nr. 593/2008 des Europäischen Parlaments und des Rates vom 17. Juni 2008 über das auf vertragliche Schuldverhältnisse anzuwendende Recht (Rom I), ABl. L 177/6 (2008), L 309/8 (2009).

vertragstypische Leistung in Griechenland) hätte auch das einschlägige griechische Umschuldungsgesetz berücksichtigt werden können.[201] Rechtspolitisch könnte man zudem an ein Resolvenzrecht für Staaten denken.[202]

Vielmehr thematisiert die Kritik, dass man das geltende Völker(gewohnheits)recht anders zu verstehen habe. Hierfür könnte man zunächst *pacta sunt servanda* als allgemeinen Grundsatz heranziehen.[203] *Mankowski* misst darüber hinaus insbesondere dem UNStImm entscheidende Bedeutung zu. Das UNStImm werde als „autoritativer Ausdruck des einschlägigen Völkergewohnheitsrechts" gesehen und habe „mindestens Indizcharakter für das nationale Immunitätsverständnis".[204] Dies ist allerdings, wie bereits erörtert, insoweit zu hinterfragen, als Gerichte das UNStImm bislang nicht konsequent heranziehen.[205]

Zudem entnimmt *Mankowski* Art. 2 Abs. 2, 10 UNStImm, dass für das Vorliegen eines privatwirtschaftlichen Rechtsgeschäfts (commercial transaction[206]), für das keine Immunität beansprucht werden könne, vor allem auf das Grundverhältnis, nicht auf eine nachfolgende Eingriffsmaßnahme abzustellen sei.[207] Die Emission von Staatsanleihen unterfalle Art. 2 Abs. 1 lit. c (ii) UNStImm. Damit, konstatiert *Mankowski*, könne der Staat sich nicht selbst Immunität verschaffen. Das Bundesverfassungsgericht hatte dagegen dem UNStImm keine Aussage zu der spezifischen Sachfrage entnehmen können: Das Problem eines nachträglichen hoheitlichen Eingriffs in ein privatrechtlich begründetes Rechtsverhältnis werde im UNStImm nicht angesprochen.[208] So erkennt auch *Hess*, der zwar dem UNStImm (über Art. 2) eine Aussage hierzu entnehmen will, an, dass es sich bei der Subsumtion um „keine einfache Aufgabe" handele.

Auf einer methodischen Ebene wirft dagegen *Müller* die Frage auf, wie mit einer Situation umzugehen sei, in der sich keine explizite Regelung dazu finde, ob Immunität eingreife. Es sei angesichts früherer Entscheidungen überraschend, dass das Bundesverfassungsgericht nunmehr zu unterstellen scheine, dass im

---

201 *Hess*, IPRax 2018, S. 351 (354). *Geimer*, IPRax 2017, 344 (374) und *Kau* in: Vitzthum/Proelß (Hrsg.), Völkerrecht, 8. Aufl. 2019, 3.II Rn. 94b (S. 211) weisen darauf hin, dass dann allerdings auch noch weiter Enteignungsrecht zu prüfen gewesen wäre. Zu Schiedsverfahren mit Blick auf Investitionsschutzabkommen siehe schließlich *Grund*, VLR 1 (2017), S. 34 (60 ff.).

202 Vgl. Fn. 178.

203 *Hübner*, EWiR 2016, S. 713 (714); *Mankowski*, ZIP 2020, S. 1542 (1545).

204 *Mankowski*, ZIP 2020, S. 1542 (1544).

205 S. bereits oben II.3.

206 S. zur Definition bereits Fn. 41.

207 *Mankowski*, ZIP 2020, S. 1542 (1544 f.).

208 BVerfG, Beschluss der 2. Kammer des Zweiten Senats v. 6. Mai 2020 – 2 BvR 331/18 –, NJW 2020, 3647, juris Rn. 31.

Zweifel eine Gerichtsbarkeit über einen fremden Staat nicht eröffnet sei.[209] Er bezieht sich dabei darauf, dass das Bundesverfassungsgericht etwa in der *Heizungsreparatur*-Entscheidung formuliert hatte: „Eine Regel des Völkerrechts, nach der die inländische Gerichtsbarkeit für Klagen gegen einen ausländischen Staat in Bezug auf seine nicht-hoheitliche Betätigung ausgeschlossen ist, ist nicht Bestandteil des Bundesrechts."[210]

Diese Frage würde zu den theoretischen Grundlagen der Staatenimmunität führen, man mag jedoch Zweifel haben, dass sie den Weg zu einer praktischen Lösung weist. Zunächst ist festzuhalten, dass das Bundesverfassungsgericht hier nur *obiter* zu Fragen der allgemeinen Regeln zu Staatenimmunität Stellung zu nehmen hatte. Auch in anderen Entscheidungen ist die Frage nach einer „Grundregel" aber nicht ausdrücklich zu entscheiden gewesen. Die bisherigen Entscheidungen hatten sich in der Sache konkret damit auseinanderzusetzen, wie weit die hergebrachte Regel der Staatenimmunität eingeschränkt worden ist oder noch gilt. Die Formulierung im Einzelnen dürfte damit keinen definitiven Rückschluss zulassen, auf welche theoretische Grund- bzw. Zweifelsregel man diese Entscheidung zurückführen würde. Dies erscheint auch deswegen angemessen, weil unklar ist, ob sich eine solche Grundregel überhaupt klar bestimmen ließe. In diesem Sinne wählte auch die Völkerrechtskommission in ihrem Entwurf für das UNStImm von 1980 bewusst eine Formulierung zur Staatenimmunität, die diese Frage offenließ und mit den verschiedenen denkbaren theoretischen Grundlagen der Staatenimmunität vereinbar war.[211] Dies setzt sich in der endgültigen Fassung des UNStImm fort, die ebenfalls keine Entscheidung zu einer Grundregel trifft.[212]

In einem ähnlichen Sinne versteht auch *Orakhelashvili* das Völkergewohnheitsrecht so, dass die Natur jedes einschlägigen Aktes selbständig erfasst werden müsse, um ihn gegebenenfalls als hoheitlichen Akt zu qualifizieren.[213] Die restriktive Auffassung von Staatenimmunität sei nicht Ausdruck einer generellen Immunitätsregel und von Ausnahmen hierzu.[214]

---

209 *Müller*, RIW 2020, 490 (495).

210 BVerfGE 16, 27 (Ls. 1).

211 *Yearbook of the ILC*, 1980, Bd. 2, Teil 2, S. 142 zu Art. 6 des damaligen Entwurfs.

212 *Hafner*, in: Peters (Hrsg.), Max Planck Encyclopedia of Public International Law, s.v. United Nations Convention on Jurisdictional Immunities of States and Their Property (2004) Rn. 16 (Juli 2010) zu Art. 5 UNStImm.

213 *Orakhelashvili*, Akehurst's Modern Introduction to International Law, 8. Aufl. 2019, S. 234; s. auch *v. Schönfeld*, NJW 1986, S. 2980 und *Geiger*, NJW 1987, S. 1124, der Immunität als Grundsatz sieht.

214 *Orakhelashvili*, Akehurst's Modern Introduction to International Law, 8. Aufl. 2019, S. 235 f.

Zu erwägen wäre damit konkret, welche Aussage man in dieser Frage Art. 5 UNStImm und Art. 15 EuStImmÜ entnimmt.[215] Diese billigen Staaten Immunität zu, sofern nicht ein Ausnahmetatbestand eingreift – was man als deklaratorischen Ausdruck einer ohnedies gewohnheitsrechtlich bestehenden Regel sehen könnte, oder aber als konstitutive Festlegung. Spezifisch in Staatsanleihenfällen wäre weiter die UN-Resolution *Principles on Sovereign Debt Restructuring Processes*[216] zu würdigen. Diese umschreibt Staatenimmunität in diesem Bereich als Recht von Staaten und mahnt zur Zurückhaltung bei der Auslegung von Ausnahmetatbeständen: „Sovereign immunity from jurisdiction and execution regarding sovereign debt restructurings is a right of States before foreign domestic courts and exceptions should be restrictively interpreted." Dieser Resolution kann man für das Völkergewohnheitsrecht Relevanz zuschreiben – sei es als Praxis, sei es als Indiz für ein Verständnis vom geltenden Recht. Dabei ist mangels einstimmiger Verabschiedung gleichwohl Vorsicht geboten. Insbesondere problematisiert eine gemeinsame Position der EU zu der Resolution die Aussagen zu unter fremden Recht begebenen Staatsanleihen. Diese Vorbehalte beziehen sich jedoch nicht auf die Inhalte, die nach dem Recht des jeweiligen Emittentenstaates begebene Staatsanleihen – wie die hier in Rede stehenden griechischen Staatsanleihen – betreffen.[217] Auch dies spricht wenn überhaupt für diesen Fall eher für eine Annahme von Immunität qua Völkergewohnheitsrecht.

V. Zusammenfassung in Thesen

(1) Die völkergewohnheitsrechtlich anerkannten Regeln der Staatenimmunität bringen mit sich, dass Staaten grundsätzlich nicht übereinander zu Gericht sitzen; weiter ist die Zwangsvollstreckung in Vermögenswerte ausländischer Staaten in ähnlicher Weise begrenzt.

(2) Staatenimmunität gilt nach überwiegender Auffassung nicht (mehr) absolut, sondern nur relativ. Damit ist eine Abgrenzung von Hoheitsakten (*acta iure imperii*), für die Staatenimmunität beansprucht werden kann, von nicht-hoheitlichen Akten (*acta iure gestionis*), für die Staatenimmunität nicht beansprucht werden kann, nötig. Ähnlich erfolgt eine Grenzziehung auch für die

215 Hierzu auch bereits *v. Schönfeld*, NJW 1986, S. 2980 (2981) und *Geiger*, NJW 1987, S. 1124 (1124 f.).

216 A/RES/69/319 (10. September 2015); *Mendelson*, The Formation of Customary International Law, 272 Recueil des Cours (1998) 165, 201 f. weist darauf hin, dass man bei Resolutionen der UN-Generalversammlung eine Praxis ihrer Mitgliedstaaten (je nach Stimmverhalten) sehen könne.

217 Europäischer Rat, 7. September 2015, 11705/15.

Frage, ob Gegenstände, in die vollstreckt werden soll, durch den Grundsatz der Staatenimmunität der Vollstreckung entzogen sind.

(3) Als Abkommen zur Staatenimmunität sind hervorzuheben das EUStImmÜ und das UNStImm, deren Verhältnis zum Völkergewohnheitsrecht offen ist.

(4) Dem Bundesverfassungsgericht kommt über das Normverifikationsverfahren nach Art. 100 Abs. 2 GG für die Auslegung des Völkerrechts – und damit auch Fragen der Staatenimmunität – herausragende Bedeutung zu: Die Fachgerichte trifft eine Vorlagepflicht, wenn zweifelhaft und entscheidungserheblich ist, ob eine allgemeine Regel des Völkerrechts im Sinne des Art. 25 GG existiert, die Bestandteil des Bundesrechts ist, und zwar hinsichtlich ihres Inhalts, Umfangs, ihrer Tragweite, Allgemeinheit sowie ihres zwingenden Charakters. Den Fachgerichten zugewiesen bleibt dagegen die Anwendung dieser Regeln.

(5) Daneben können Fragen der Staatenimmunität auch in Verfassungsbeschwerdeverfahren zu erörtern sein, vor allem mit Blick auf das grundrechtsgleiche Recht auf den gesetzlichen Richter ausArt. 101 Abs. 1 Satz 2 GG.

(6) Das Normverifikationsverfahren nach Art. 100 Abs. 2 GG befasst sich mit allgemeinen Regeln des Völkerrechts. Dabei handelt es sich nach dem Bundesverfassungsgericht vorwiegend um universell geltendes Völkergewohnheitsrecht, ergänzt durch anerkannte allgemeine Rechtsgrundsätze.

(7) Zur Staatenimmunität hat das Bundesverfassungsgericht bislang soweit ersichtlich nur einmal positiv eine Regel des Völkergewohnheitsrechts festgestellt; weitere Entscheidungen stellen jeweils fest, dass es gerade *keine* allgemeine Regel des Völkerrechts gibt.

(8) Um Völkergewohnheitsrecht festzustellen, bedient sich das Bundesverfassungsgericht – im Einklang mit der Auffassung der Völkerrechtskommission – einer Vielzahl an Quellen und geht rechtsvergleichend vor.

(9) Im Nachgang zur griechischen Staatschuldenkrise hatte das Bundesverfassungsgericht über Verfassungsbeschwerden zu entscheiden, die geltend machten, der BGH hätte ein Vorlagepflicht nach Art. 100 Abs. 2 GG – und damit das grundrechtsgleiche Recht aus Art. 101 Abs. 1 Satz 2 GG – verletzt. Das verneinte das Bundesverfassungsgericht bereits deshalb, weil der Bundesgerichtshof nur eine anerkannte und in der Rechtsprechung des Bundesverfassungsgerichts hinreichend geklärte Regel des Völkerrechts angewandt habe.

(10) Kritik haben vor allem die weiteren Ausführungen des Bundesverfassungsgerichts dazu erfahren, dass ein Akt *iure imperii* in Rede stehe, nachdem Gegenstand des Rechtsstreits die Kürzung des Nennwerts der Anleihen sei. Jedoch sprechen neben den vom Bundesverfassungsgericht benannten Aspekten weitere für dessen Auffassung vom Völkergewohnheitsrecht.

Michael Krismann

Die Entwicklung der Ultra-vires-Kontrolle

Unter besonderer Berücksichtigung der Rechtsprechung des Bundesverfassungsgerichts zum Europäischen Banken- und Kapitalmarktrecht

Leitentscheidungen des Bundesverfassungsgerichts

BVerfGE 75, 223 – Kloppenburg
BVerfGE 89, 155 – Maastricht
BVerfGE 123, 267 – Lissabon
BVerfGE 126, 286 – Honeywell
BVerfGE 134, 366 – OMT (Vorlagebeschluss)
BVerfGE 142, 123 – OMT (Urteil)
BVerfGE 146, 216 – PSPP (Vorlagebeschluss)
BVerfGE 151, 202 – Europäische Bankenunion
BVerfGE 154, 17 – PSPP (Urteil)

Schrifttum (Auswahl)

Bender, Ambivalenz der Offensichtlichkeit, ZEuS 2020, S. 409 ff.; *Calliess*, Konfrontation statt Kooperation zwischen BVerfG und EuGH?, NVwZ 2020, S. 897 ff.; *Forsthoff*, Bankenunion und Bundesverfassungsgericht – Von der politischen Erfolgsgeschichte zur verfassungsrechtlichen Verlustsaga?, EuZW 2019, S. 977 ff.; *Fromberger/Schmidt*, Die Kollision von nationalem und europäischem Recht, ZJS 2018, S. 29 ff.; *Haltern*, Ultra-vires-Kontrolle im Dienst europäischer Demokratie, NVwZ 2020, S. 817 ff.; *Kainer*, Aus der nationalen Brille: Das PSPP-Urteil des BVerfG, EuZW 2020, S. 533 ff.; *Kirchhof*, Die Rechtsarchitektur der Europäischen Union, NJW 2020, S. 2057 ff.; *Kube*, Affront oder Wegweisung? – Die EZB-Entscheidung des Bundesverfassungsgerichts, DVBl 2020, S. 1161 ff.; *Kugelmann*, in: Niedobitek, Europarecht, 2. Aufl. 2020; *Oesch*, Europarecht, Bd. I, 2. Aufl. 2019; *Pießkalla*, Das BVerfG-Urteil zum Staatsanleihekaufprogramm der EZB: Eine wichtige rote Linie, EuZW 2020, S. 538 ff.; *Pötters/Traut*, Die ultra-vires-Kontrolle des BVerfG nach „Honeywell" – Neues zum Kooperationsverhältnis von BVerfG und EuGH?, EuR 2011, S. 580 ff.; *Proelß*, Zur verfassungsgerichtlichen Kontrolle der Kompetenzmäßigkeit von Maßnahmen der Europäischen Union: Der „ausbrechende Rechtsakt" in der Praxis des BVerfG, EuR 2011, S. 241 ff.; *Sander*, BVerfG, EuGH und EZB im OMT-Verfahren – Wer bietet der Notenbank die Stirn?, EuZW 2016, S. 614 ff.; *Sauer*, Europas Richter Hand in Hand? – Das Kooperationsverhältnis zwischen BVerfG und EuGH nach Honeywell –, EuZW 2011, S. 94 ff.; *Schorkopf*, Wer wandelt die Verfassung?, JZ 2020, S. 734 ff.; *Tischendorf*, Europa unter deutscher Supervision – Die Verantwortung der Verfassungsorgane des Bundes für die Geld- und Außenhandelspolitik der Europäischen Union, EuR 2018, S. 695 ff.; *Wernicke*, Ist Europa sterblich? – Eine rechtstheologische Rekonstruktion der Debatte um das EZB-Urteil des Bundesverfassungsgerichts, EuZW 2020, S. 543 ff.

https://doi.org/10.1515/9783110686623-014

Inhaltsübersicht

I. Einführung

Mit der in Art. 23 Abs. 1 Satz 2 GG enthaltenen Ermächtigung, Hoheitsrechte auf die Europäische Union zu übertragen, billigt das Grundgesetz die im Zustimmungsgesetz zu den Verträgen enthaltene Einräumung eines Anwendungsvorrangs zugunsten des Unionsrechts.[1] Mit der Ultra-vires-Kontrolle,[2] einer jüngeren Schöpfung des Bundesverfassungsgerichts, wird hierbei in erster Linie das Demokratieprinzip (Art. 20 Abs. 1 GG) abgesichert.[3] Nach allgemeiner Definition liegt ein Handeln ultra vires vor, wenn es die Grenzen der erteilten Ermächtigung überschreitet.[4] Die Entwicklung des Kontrollinstruments, das auch – in unter-

1 Vgl. BVerfG, Beschluss des Zweiten Senats vom 27. April 2021 – 2 BvR 206/14 –, Rn. 38.

2 Vereinzelt wird auch von Kompetenzkontrolle gesprochen (vgl. *Hopfauf*, in: Schmidt-Bleibtreu/Hofmann/Henneke, GG, 14. Aufl. 2018, Vorb. v. Art. 92 Rn. 151).

3 Vgl. *Haltern*, NVwZ 2020, S. 817 (817); daneben dient die Ultra-vires-Kontrolle dem Rechtsstaatsprinzip (näher dazu unter III. 2.).

4 Vgl. BVerfGE 104, 151 (209 f.).

schiedlicher Ausgestaltung[5] – zahlreiche andere europäische Länder kennen, ist untrennbar mit der Rechtsprechung des Zweiten Senats zum Europäischen Banken- und Kapitalmarktrecht aus den letzten Jahren verbunden. Mit der Entscheidung vom 5. Mai 2020 zum Anleihekaufprogramm *Public Sector Asset Purchase Programme* (PSPP) der Europäischen Zentralbank (EZB)[6] hat die Anwendung und konkretisierende Ausgestaltung der Ultra-vires-Kontrolle einen vorläufigen Schlusspunkt erreicht. Hierbei hat das Bundesverfassungsgericht erstmals in seiner rund 70-jährigen Geschichte sowohl eine Entscheidung des Europäischen Gerichtshofs (EuGH) als auch eine unionale Maßnahme als Ultra-vires-Akte qualifiziert.[7] Dem Gericht wurde zuvor die Tendenz vorgeworfen, das demokratisch begründete nationale Letztentscheidungsrecht über die Anwendung von Hoheitsgewalt im eigenen Territorium und die damit einhergehende Verantwortung für die Einhaltung der an die Europäische Union[8] verliehenen Kompetenzen nur noch auf dem Papier zu behaupten und vor deren praktisch wirksamer Vollziehung zurückzuschrecken.[9] Dieser Vorwurf dürfte keinesfalls (mehr) aufrecht zu erhalten sein.

II. Inhalt der Ultra-vires-Kontrolle

Auf die Ultra-vires-Rüge hin überprüft das Bundesverfassungsgericht mittelbar – als Vorfrage –[10] Akte von Organen, Einrichtungen und sonstigen Stellen der Europäischen Union auf ihre Anwendbarkeit und Bindungswirkung in Deutschland, wenn sie die Grundrechtsberechtigten in Deutschland betreffen.[11] Das ist zu bejahen, wenn sie entweder Grundlage von Handlungen deutscher Staatsorgane sind[12] oder aus der Integrationsverantwortung folgende Handlungs- und Unter-

---

5 Vgl. BVerfGE 134, 366 (387 Rn. 30); *Streinz*, in: ders., EUV/AEUV, 3. Aufl. 2018, Art. 5 AEUV Rn. 19; *Oesch*, Europarecht, Bd. I, 2. Aufl. 2019, Rn. 145 f.

6 BVerfGE 154, 17.

7 Vgl. *Frenz*, DVBl 2020, S. 1017 (1017); *Haltern*, NVwZ 2020, S. 817 (817).

8 Nachfolgend ist stets von der zum 1. November 1993 mit dem Vertrag von Maastricht gegründeten „Europäischen Union" die Rede, selbst wenn aufgrund des seinerzeitigen Kontextes (noch) die „Europäische Gemeinschaft" betroffen war.

9 Vgl. BVerfGE 126, 286 (324); *Sauer*, EuZW 2011, S. 94 (96); *Sander*, EuZW 2016, S. 614 (617); *Hopfauf*, in: Schmidt-Bleibtreu/Hofmann/Henneke, GG, 14. Aufl. 2018, Art. 93 Rn. 105.

10 Vgl. *Detterbeck*, in: Sachs, GG, 8. Aufl. 2018, Art. 93 Rn. 26; *Tischendorf*, EuR 2018, S. 695 (697); *Ogorek*, JA 2020, S. 795 (796).

11 Vgl. BVerfGE 142, 123 (180 Rn. 98); 151, 202 (279 Rn. 101); 154, 17 (81 f. Rn. 89).

12 Vgl. BVerfGE 126, 286 (301 ff.); 134, 366 (382 Rn. 23); 142, 123 (180 Rn. 99); 151, 202 (279 Rn. 101); 154, 17 (81 f. Rn. 89).

lassungspflichten deutscher Verfassungsorgane auslösen.[13] Rechtsakte des gemeinschaftlichen Sekundär- und Tertiärrechts sind tauglicher Gegenstand einer Verfassungsbeschwerde, soweit hiermit eine Verletzung der Integrationsverantwortung deutscher Verfassungsorgane bei der Umsetzung dieser Rechtsakte beziehungsweise in der Folge durch das Unterlassen eines aktiven Hinwirkens auf die (Wieder-)Einhaltung des Integrationsprogramms geltend gemacht wird.[14] Das Bundesverfassungsgericht prüft die Maßnahmen dahingehend, ob sie vom Integrationsprogramm (Art. 23 Abs. 1 Satz 2 GG) gedeckt sind[15] und insoweit am Anwendungsvorrang des Unionsrechts teilhaben[16] oder gegen die der Mitgliedschaft Deutschlands in der Europäischen Union durch das Grundgesetz sonst gezogenen Grenzen verstoßen.[17]

Die Annahme eines Ultra-vires-Akts setzt – ohne Rücksicht auf den betroffenen Sachbereich – voraus, dass eine Maßnahme von Organen, Einrichtungen und sonstigen Stellen der Europäischen Union offensichtlich außerhalb der übertragenen Kompetenzen liegt.[18] Nur bei hinreichend qualifizierten Kompetenzüberschreitungen kann die Rede davon sein, dass die Bürgerinnen und Bürger in Ansehung einer derartigen Maßnahme einer politischen Gewalt unterworfen sind, der sie nicht ausweichen können und die sie nicht prinzipiell personell und sachlich zu gleichem Anteil in Freiheit zu bestimmen vermögen.[19] Ein offensichtlicher Verstoß ist zu bejahen, wenn sich die Kompetenz bei Anwendung allgemeiner methodischer Standards unter keinem rechtlichen Gesichtspunkt begründen lässt.[20] Mit der Aufgabenzuweisung an den Gerichtshof zur Sicherung der Wahrung des Rechts bei der Auslegung und Anwendung der Verträge (Art. 19 Abs. 1 Satz 2 EUV) ist notwendigerweise ein gewisser Spielraum verbunden, dessen Grenze demnach erst bei einer offensichtlich schlechterdings nicht mehr nachvollziehbaren und somit objektiv willkürlichen Auslegung der

13 Vgl. BVerfGE 134, 366 (394 ff. Rn. 44 ff.); 135, 317 (393 f. Rn. 146); 142, 123 (180 Rn. 99); 151, 202 (279 Rn. 101); 154, 17 (81 f. Rn. 89).

14 Vgl. BVerfGE 151, 202 (280 Rn. 102 f.); 154, 17 (81 f. Rn. 89); vgl. auch BVerfGE 123, 267 (419 f.); 134, 366 (395 f. Rn. 49); 146, 216 (251 Rn. 49).

15 Vgl. BVerfGE 146, 216 (252 Rn. 52); 151, 202 (279 f. Rn. 101).

16 Vgl. BVerfGE 142, 123 (200 Rn. 146); 146, 216 (255 Rn. 57); 154, 17 (151 Rn. 234).

17 Vgl. BVerfGE 123, 267 (354); 126, 286 (298 ff.); 134, 366 (394 Rn. 44 ff.); 140, 317 (334 ff. Rn. 36 ff.); 142, 123 (180 Rn. 99 f.); 151, 202 (279 f. Rn. 101); 154, 17 (81 f. Rn. 89).

18 Vgl. BVerfGE 123, 267 (353, 400); 126, 286 (304); 134, 366 (392 Rn. 37); 142, 123 (200 Rn. 148); 151, 202 (300 Rn. 151).

19 Vgl. BVerfGE 123, 267 (341); 142, 123 (200 Rn. 147, 209 Rn. 166); 151, 202 (300 Rn. 150); 153, 74 (171 f. Rn. 10).

20 Vgl. BVerfGE 142, 123 (200 f. Rn. 149); 151, 202 (300 Rn. 151); *Bender*, ZEuS 2020, S. 409 (417); *Gärditz*, EuZW 2020, S. 505 (506).

Verträge überschritten ist.[21] Das Vorhandensein verschiedener Rechtsauffassungen zu der zu entscheidenden Frage hindert die Annahme der Offensichtlichkeit nicht; Gleiches gilt für eine auch sorgfältig und detailliert begründete Auslegung der unionrechtlichen Maßnahme.[22]

Eine strukturell bedeutsame Verschiebung zulasten mitgliedstaatlicher Kompetenzen liegt nur vor, wenn die Kompetenzüberschreitung ein für das Demokratieprinzip und die Volkssouveränität (Art. 20 Abs. 1 und Abs. 2 GG) erhebliches Gewicht besitzt,[23] also im Hinblick auf das Prinzip der begrenzten Einzelermächtigung[24] (Art. 5 Abs. 1 Satz 1, Abs. 2 EUV) und die rechtsstaatliche Gesetzesbindung erheblich ins Gewicht fällt.[25] Dies ist etwa zu bejahen, wenn diese geeignet ist, die kompetenziellen Grundlagen der Europäischen Union zu verschieben und hierdurch das Prinzip der begrenzten Einzelermächtigung zu unterlaufen.[26] Davon ist auszugehen, wenn die Inanspruchnahme der Kompetenz durch das Organ, die Einrichtung oder die sonstige Stelle der Europäischen Union eine Vertragsänderung nach Art. 48 EUV oder die Inanspruchnahme einer Evolutivklausel erforderte,[27] sodass in Deutschland der Gesetzgeber – entweder nach Art. 23 Abs. 1 Satz 2 GG oder nach dem Integrationsverantwortungsgesetz (IntVG) – tätig werden müsste.[28]

Für die zulässige Darlegung einer auf Art. 38 Abs. 1 Satz 1 GG gestützten Ultra-vires-Rüge muss es der Beschwerdevortrag zumindest als möglich erscheinen lassen, dass die beanstandete unionale Maßnahme eine hinreichend qualifizierte Kompetenzüberschreitung darstellt, die (einklagbare) Reaktionspflichten der Bundesregierung oder des Bundestages nach sich ziehen.[29] Zudem darf der Entleerung des Wahlrechts nicht auf andere Weise, etwa durch die Anrufung von

---

21 Vgl. BVerfGE 142, 123 (201 Rn. 149); 151, 202 (300 f. Rn. 151); 154, 17 (96 Rn. 118); *Reich*, EuZW 2011, S. 379 (379); *Ogorek*, JA 2020, S. 795 (796); kritisch zur Ultra-vires-Kontrolle gegenüber den „mitgliedstaatsnah" legitimierten Richtern des Gerichtshofs *Classen*, in: v. Mangoldt/Klein/Starck, GG, Bd. 2, 7. Aufl. 2018, Art. 23 Rn. 57.

22 Vgl. BVerfGE 142, 123 (201 Rn. 150); 151, 202 (301 Rn. 152); 154, 17 (92 f. Rn. 113).

23 Vgl. BVerfGE 126, 286 (309); 142, 123 (201 f. Rn. 151); 146, 216 (259 Rn. 63); 151, 202 (301 Rn. 152).

24 Vgl. BVerfGE 75, 223 (242); 89, 155 (187 f., 192, 199); 123, 267 (349); 142, 123 (199 Rn. 144); 146, 216 (250 f. Rn. 48, 259 f. Rn. 63, 277 f. Rn. 102); 153, 74 (170 Rn. 7, 173 Rn. 11); 154, 17 (118 Rn. 158).

25 Vgl. BVerfGE 126, 286 (304); 134, 366 (392 Rn. 37); 146, 216 (259 Rn. 63); 154, 17 (90 Rn. 110).

26 Vgl. BVerfGE 142, 123 (201 f. Rn. 151); 146, 216 (259 Rn. 63); 151, 202 (301 Rn. 153).

27 Vgl. *Bender*, ZEuS 2020, S. 409 (417).

28 Vgl. BVerfGE 142, 123 (201 f. Rn. 151); 146, 216 (259 f. Rn. 63); 151, 202 (301 Rn. 153); 154, 17 (90 Rn. 110).

29 Vgl. BVerfGE 142, 123 (173 Rn. 79); 151, 202 (282 f. Rn. 107 ff.); 154, 17 (90 f. Rn. 111);

Fachgerichten oder der Einholung einer Vorabentscheidung des Gerichtshofs, abgeholfen worden sein.[30]

III. Zweck der Ultra-vires-Kontrolle

Wie die Identitätskontrolle wurzelt auch die Ultra-vires-Kontrolle in Art. 79 Abs. 3 GG,[31] gleichwohl handelt es sich um zwei eigenständige Kontrollverfahren.[32] Hinreichend qualifizierte Kompetenzüberschreitungen verletzen stets auch die Identität der Verfassung, sodass die Ultra-vires-Kontrolle einen besonderen, an das Zustimmungsgesetz nach Art. 23 Abs. 1 Satz 2 GG anknüpfenden Anwendungsfall des allgemeinen Schutzes der Verfassungsidentität darstellt.[33] Die Eigenständigkeit der grundgesetzlichen Ordnung gegenüber der gemeineuropäischen Rechtsordnung wird hiermit abgesichert. Neben der vorrangigen Absicherung des Demokratieprinzips im unionalen Bereich dient die Ultra-vires-Kontrolle auch dem Rechtsstaatsprinzip.

1. Gewährleistung des Demokratieprinzips

Die Ultra-vires-Kontrolle sichert in erster Linie das Demokratieprinzip ab;[34] sie ist vor diesem Hintergrund nicht verzichtbar.[35] Der Vorrang der Verfassung (Art. 20 Abs. 3 GG) verpflichtet die Verfassungsorgane, bei der Mitwirkung am Vollzug des Integrationsprogramms sowie bei dessen näherer Ausgestaltung und Fortentwicklung für die Wahrung seiner Grenzen zu sorgen.[36] Ihnen obliegt insoweit eine dauerhafte Verantwortung für die Einhaltung des Integrationsprogramms durch die Organe, Einrichtungen und sonstigen Stellen der Europäischen Union.[37] Das

30 Vgl. BVerfGE 142, 123 (175 Rn. 84).

31 Vgl. BVerfGE 153, 74 (172 Rn. 10); *Kube*, DVBl 2020, S. 1161 (1162).

32 Vgl. BVerfGE 142, 123 (188 Rn. 121); *Müller*, in: v. Mangoldt/Klein/Starck, GG, Bd. 2, 7. Aufl. 2018, Art. 38 Rn. 173; *Bender*, ZEuS 2020, S. 409 (418).

33 Vgl. BVerfGE 142, 123 (203 Rn. 153).

34 Vgl. *Haltern*, NVwZ 2020, S. 817 (817).

35 Vgl. BVerfGE 134, 366 (384 Rn. 26); 142, 123 (199 f. Rn. 145).

36 Vgl. BVerfGE 123, 267 (351 ff., 435); 129, 124 (180 f.); 135, 317 (399 ff. Rn. 159 ff.); 142, 123 (208 Rn. 164); 154, 17 (88 Rn. 106).

37 Vgl. BVerfGE 123, 267 (352 ff., 389 ff., 413 ff.); 126, 286 (307); 129, 124 (181); 132, 195 (238 f. Rn. 105); 134, 366 (394 f. Rn. 47); 142, 123 (208 Rn. 165); 151, 202 (296 f. Rn. 141); 154, 17 (88 Rn. 106); BVerfG, Urteil des Zweiten Senats vom 2. März 2021 – 2 BvE 4/16 –, Rn. 69.

Zustimmungsgesetz enthält – in Zusammenwirken mit Art. 23 GG – den demokratisch legitimierten deutschen Rechtsanwendungsbefehl.[38]

Wenn Rechtsschutz auf Unionsebene nicht zu erlangen ist, prüft das Bundesverfassungsgericht, ob Maßnahmen von Organen, Einrichtungen und sonstigen Stellen der Europäischen Union die Grenzen des demokratisch legitimierten Integrationsprogramms nach Art. 23 Abs. 1 Satz 2 GG überschreiten und dadurch gegen den Grundsatz der Volkssouveränität verstoßen,[39] mithin, ob sie sich unter Wahrung des unionsrechtlichen Subsidiaritätsprinzips in den Grenzen der ihnen im Wege der begrenzten Einzelermächtigung eingeräumten Hoheitsrechte halten.[40] Für die Abgrenzung der Zuständigkeiten der Europäischen Union gilt das Prinzip der begrenzten Einzelermächtigung (Art. 5 Abs. 1 Satz 1 EUV). Danach wird die Europäische Union nur innerhalb der Grenzen der Zuständigkeiten tätig, die die Mitgliedstaaten ihr in den Verträgen zur Verwirklichung der darin niedergelegten Ziele übertragen haben; alle ihr nicht in den Verträgen übertragenen Zuständigkeiten verbleiben dagegen bei den Mitgliedstaaten (Art. 5 Abs. 2 EUV). Dieses Prinzip gilt sowohl für die vertikale Kompetenzabgrenzung zwischen der Union und den Mitgliedstaaten als auch für die horizontale Kompetenzabgrenzung zur Bestimmung des im konkreten Fall zum Handeln befugten Organs;[41] es gilt aber gerade auch für die Aufgaben und die Befugnisse, die die Verträge dem Europäischen System der Zentralbanken (ESZB; vgl. Art. 282 Abs. 1 Satz 1 AEUV, Art. 3 Protokoll <Nr. 4> über die Satzung des Europäischen Systems der Zentralbanken und der Europäischen Zentralbank[42]) zuweisen, zumal die Unabhängigkeit der EZB und der nationalen Zentralbanken (Art. 130, Art. 282 Abs. 3 Satz 3 und Satz 4 AEUV, Art. 88 Satz 2 GG) im ohnehin schwächer demokratisch legitimierten europäischen Kontext einen (weiteren) erheblichen demokratischen Einflussknick bedeuten.[43] Einer gerichtlichen Kontrolle bei der Abgrenzung der Zuständigkeiten der EZB steht ihre Unabhängigkeit nicht entgegen.[44] Die unionsrechtliche Legitimation findet die Ultra-vires-Kontrolle in der Verpflichtung zur Rücksichtnahme auf nationale Verfassungsstrukturen (Art. 4 Abs. 2 EUV) und der

---

38 Vgl. *Tischendorf*, EuR 2018, S. 695 (703 ff.); *Bender*, ZEuS 2020, S. 409 (412).

39 Vgl. BVerfGE 75, 223 (235, 242); 89, 155 (188); 123, 267 (353); 126, 286 (302 ff.); 134, 366 (382 ff. Rn. 23 ff.); 142, 123 (188 Rn. 121, 198 ff. Rn. 143 ff.); 151, 202 (296 ff. Rn. 140 ff.); 153, 74 (152 Rn. 136).

40 Vgl. *Classen*, in: v. Mangoldt/Klein/Starck, GG, Bd. 2, 7. Aufl. 2018, Art. 23 Rn. 56.

41 Vgl. *Pache*, in: Pechstein/Nowak/Häde, Frankfurter Kommentar, Bd. 1, 2017, Art. 5 EUV Rn. 17.

42 ABl Nr. C 202, S. 230.

43 Vgl. BVerfGE 134, 366 (399 Rn. 59); 146, 215 (256 Rn. 59).

44 Vgl. EuGH, Urt. v. 10. Juli 2003, Kommission/EZB, C-11/00, Slg. 2003, S. I-7215 (I-7265 Rn. 135); BVerfGE 134, 366 (400 Rn. 60); *Kube*, DVBl 2020, S. 1161 (1166); *Pießkalla*, EuZW 2020, S. 538 (542); kritisch *Calliess*, NVwZ 2020, S. 897 (903).

Unionstreue (Art. 4 Abs. 3 EUV).[45] Somit gehen die verfassungs- und die unionsrechtliche Gewährleistung der nationalen Verfassungsidentität im europäischen Rechtsraum Hand in Hand.[46]

Nach der gefestigten Rechtsprechung des Zweiten Senats schützt das – in seinen Grundsätzen nach Art. 79 Abs. 3 GG änderungsfeste – Demokratieprinzip in Verbindung mit Art. 38 Abs. 1 Satz 1 GG die wahlberechtigten Bürgerinnen und Bürger vor einer substantiellen Erosion der Gestaltungsmacht des Bundestages und vor offensichtlichen und strukturell bedeutsamen Kompetenzüberschreitungen durch Organe, Einrichtungen und sonstige Stellen der Europäischen Union.[47] Im Anwendungsbereich des Art. 23 GG schützt das Wahlrecht die Bürgerinnen und Bürger davor, dass die durch die Wahl bewirkte Legitimation von Staatsgewalt und Einflussnahme auf deren Ausübung durch die Verlagerung von Aufgaben und Befugnissen des Bundestages auf die europäische Ebene so entleert wird, dass das Demokratieprinzip verletzt wird.[48] Gleichfalls schützt dieses Recht davor, dass beim Vollzug des Integrationsprogramms die Grenzen des Art. 79 Abs. 3 GG nicht beachtet werden[49] oder innerhalb der Grenzen des Art. 79 Abs. 3 GG Organe, Einrichtungen oder sonstige Stellen der Europäischen Union nicht vom Integrationsprogramm gedeckte Maßnahmen treffen.[50] Im Falle offensichtlicher und strukturell bedeutsamer Kompetenzüberschreitungen hat der Schutz vor einer Erosion der substantiellen Gestaltungsmacht des Parlaments eine inhaltliche und eine verfahrensmäßige Komponente.[51] Art. 38 Abs. 1 Satz 1 GG sichert den wahlberechtigten Bürgerinnen und Bürgern ihre demokratischen Einflussmöglichkeiten im Prozess der europäischen Integration und gewährt ihnen hierbei ein Recht darauf, dass eine Verlagerung von Hoheitsrechten nur in den dafür vorgesehenen Formen von Art. 23 Abs. 1 Satz 2 und Satz 3, Art. 79 Abs. 2

---

45 Vgl. *Classen*, in: v. Mangoldt/Klein/Starck, GG, Bd. 2, 7. Aufl. 2018, Art. 23 Rn. 56; *Calliess*, NVwZ 2020, S. 897 (904).

46 Vgl. BVerfGE 123, 267 (354).

47 Vgl. BVerfGE 123, 267 (353, 400); 126, 286 (304); 134, 366 (392 Rn. 37); 142, 123 (188 Rn. 121, 191 ff. Rn. 129 ff.); 143, 65 (93 Rn. 51); 151, 202 (275 Rn. 92); BVerfG, Beschluss des Zweiten Senats vom 15. April 2021 – 2 BvR 547/21 –, Rn. 86.

48 Vgl. BVerfGE 89, 155 (172); 123, 267 (330); 134, 366 (396 Rn. 51).

49 Vgl. BVerfGE 123, 267 (353); 126, 286 (302); 133, 277 (316); 134, 366 (382 Rn. 22, 384 ff. Rn. 27 ff.); 140, 317 (336 ff. Rn. 40 ff.); 142, 123 (203 Rn. 153); 146, 216 (253 Rn. 54); 151, 202 (275 Rn. 92).

50 Vgl. BVerfGE 75, 223 (235, 242); 89, 155 (188); 123, 267 (353); 126, 286 (302 ff.); 134, 366 (382 ff. Rn. 23 ff.); 142, 123 (203 Rn. 153); 146, 216 (252 f. Rn. 52 f.); 151, 202 (275 Rn. 92); BVerfG, Urteil des Zweiten Senats vom 2. März 2021 – 2 BvE 4/16 –, Rn. 69 f., 73.

51 Vgl. BVerfGE 151, 202 (276 Rn. 93); 153, 74 (172 f. Rn. 11).

GG erfolgt.[52] Bei einer eigenmächtigen Kompetenzanmaßung von Organen, Einrichtungen und sonstigen Stellen der Europäischen Union wird der hierdurch gewährleistete demokratische Entscheidungsprozess unterlaufen.[53] Art. 38 Abs. 1 Satz 1 GG gewährleistet demnach in Verbindung mit der Ultra-vires-Kontrolle einen Anspruch auf Demokratie;[54] das Wahlrecht subjektiviert mithin das Demokratieprinzip für europarechtlich überformtes Handeln der öffentlichen Gewalt.[55]

Innerhalb der deutschen Jurisdiktion muss es dem einzelnen Wahlberechtigten daher möglich sein, die Integrationsverantwortung, die die deutschen Verfassungsorgane – neben den Organen der Europäischen Union – als Ausfluss des Demokratieprinzips[56] im Sinne der Einhaltung des Integrationsprogramms tragen,[57] im Fall ersichtlicher Grenzüberschreitungen bei der Inanspruchnahme von Zuständigkeiten durch die Europäische Union einfordern zu können.[58] Die Integrationsverantwortung, die bereits bei angekündigten, in ihrem Inhalt aber bereits hinreichend bestimmten Ultra-vires-Akten zur Anwendung gelangt,[59] obliegt den Verfassungsorganen; die Deutsche Bundesbank gehört als Teil der mittelbaren Staatsverwaltung nicht hierzu.[60] Der Gesetzgeber darf die Bundesregierung auch nicht ermächtigen, einem Ultra-vires-Akt von Organen, Einrichtungen und sonstigen Stellen der Europäischen Union zuzustimmen, da ansonsten der von Art. 23 Abs. 1, Art. 79 Abs. 3 GG gewährleistete demokratische Entscheidungsprozess unterlaufen werden könnte.[61] Mit der Integrationsverantwortung wird die Notwendigkeit der demokratischen Legitimation und Kontrolle des Integrationsprozesses unterstrichen.[62] Dies erfordert insbesondere auch eine hinreichende Bestimmtheit des Integrationsprogramms.[63]

52 Vgl. BVerfGE 134, 366 (397 Rn. 53); 140, 317 (330 f. Rn. 42); 146, 216 (251 Rn. 50); 151, 202 (298 Rn. 144).

53 Vgl. BVerfGE 134, 366 (397 Rn. 53); kritisch zu dieser „Heranführung“ der Ultra-vires- an die Identitätskontrolle und der damit verbundenen Einführung eines „allgemeinen Gesetzesvollziehungsanspruchs“ BVerfGE 134, 366 (432 Rn. 138).

54 Vgl. BVerfGE 135, 317 (386 Rn. 125); 142, 123 (200 Rn. 147); 151, 202 (275 f. Rn. 92); 153, 74 (172 Rn. 10); *Frenz*, DVBl 2020, S. 1017 (1020); *Schorkopf*, JZ 2020, S. 734 (738).

55 Vgl. *Bender*, ZEuS 2020, S. 409 (412); kritisch zur Subjektivierung *Tischendorf*, EuR 2018, S. 695 (718 ff.).

56 Vgl. *Bender*, ZEuS 2020, S. 409 (412).

57 Vgl. BVerfGE 123, 267 (352 ff., 389 ff., 413 ff.); 126, 286 (307); 129, 124 (181); 132, 195 (238 f. Rn. 105); 134, 366 (388 Rn. 31, 394 f. Rn. 47); 146, 216 (250 Rn. 47); BVerfG, Urteil des Zweiten Senats vom 2. März 2021 – 2 BvE 4/16 –, Rn. 70.

58 Vgl. BVerfGE 123, 267 (353).

59 Vgl. BVerfGE 134, 366 (417 f. Rn. 101).

60 Vgl. BVerfGE 154, 17 (83 f. Rn. 95).

61 Vgl. BVerfGE 151, 202 (297 f. Rn. 144).

62 Vgl. *Classen*, in: v. Mangoldt/Klein/Starck, GG, Bd. 2, 7. Aufl. 2018, Art. 23 Rn. 15.

2. Gewährleistung des Rechtsstaatsprinzips

Des Weiteren gewährleistet die Ultra-vires-Kontrolle das Rechtsstaatsprinzip.[64] Dieses ist – wie auch im nationalen Bereich – verletzt, wenn sich die auf Kompetenzüberschreitungen beruhenden Maßnahmen von Organen, Einrichtungen und sonstigen Stellen der Europäischen Union weder auf eine gültige Aufgabenzuweisung durch die Verträge in Verbindung mit dem jeweiligen Zustimmungsgesetz stützen noch Eingriffe in die Rechtssphäre der Bürgerinnen und Bürger rechtfertigen können.[65]

IV. Abgrenzung von anderen Kontrollinstrumenten

Die – vorliegend näher beleuchtete – auf Art. 38 Abs. 1 Satz 1 GG gestützte Ultra-vires-Kontrolle lässt die Ultra-vires-Kontrolle bei individueller Betroffenheit grundrechtlicher Freiheiten[66] unberührt.[67]

Gleiches gilt für die mit dem Beschluss des Zweiten Senats vom 13. Februar 2020 zum Übereinkommen über ein Einheitliches Patentgericht (EPGÜ)[68] etablierte formelle Übertragungskontrolle.[69] In diesem von der Senatsmehrheit[70] getragenen Beschluss ist die Ultra-vires-Kontrolle weiter konkretisiert worden. Sofern Hoheitsrechte nicht im von der Verfassung vorgesehenen Verfahren übertragen werden, werden sie überhaupt nicht wirksam übertragen. Eine Öffnung der deutschen Rechtsordnung für die Einwirkung supranationalen Rechts findet demnach nicht statt, weil supranationale Organisationen mit der Inanspruchnahme nicht wirksam übertragener Hoheitsrechte hoheitliche Gewalt ohne eine entsprechende demokratische Legitimation in Anspruch nehmen würden.[71] Diesbezügliche Maßnahmen von Organen, Einrichtungen und sonstigen Stellen der Europäischen Union oder der in einem Ergänzungs- oder sonstigen besonderen Näheverhältnis zu dieser stehenden zwischenstaatlichen Einrichtung er-

---

63 Vgl. BVerfGE 123, 267 (351); *Weiß*, in: Niedobitek, Europarecht, 2. Aufl. 2020, § 5 Rn. 43.

64 Vgl. BVerfGE 142, 123 (202 Rn. 152); 146, 216 (252 Rn. 52); *Haltern*, NVwZ 2020, S. 817 (820).

65 Vgl. BVerfGE 142, 123 (202 Rn. 152).

66 Vgl. BVerfGE 126, 286.

67 Vgl. BVerfGE 151, 202 (302 Rn. 156); BVerfG, Beschluss des Zweiten Senats vom 27. April 2021 – 2 BvR 206/14 –, Rn. 41.

68 BVerfGE 153, 74.

69 Vgl. BVerfGE 153, 74 (168 Rn. 6).

70 Die Entscheidung ist mit 5 : 3 Stimmen ergangen; vgl. BVerfGE 153, 74 (164 Rn. 168).

71 Vgl. BVerfGE 153, 74 (150 f. Rn. 133).

gehen daher notwendigerweise ultra vires und verstoßen gegen den Grundsatz der Volkssouveränität.[72]

Schließlich wirkt sich die Rechtsprechung des Ersten Senats zum Recht auf Vergessen[73] nicht auf die Ultra-vires-Kontrolle aus.[74] Die Anwendung der Charta der Grundrechte der Union durch das Bundesverfassungsgericht lässt den Kontrollvorbehalt auch im vollständig vereinheitlichten Bereich des Unionsrechts unberührt.[75]

V. Rechtsfolgen der Ultra-vires-Feststellung

Ultra-vires-Maßnahmen sind in Deutschland unanwendbar und entfalten keine Rechtswirkungen;[76] ihnen fehlt insoweit die demokratische Legitimation.[77] Deutsche Staatsorgane, namentlich alle Verfassungsorgane, Behörden und Gerichte, dürfen – entsprechend § 31 Abs. 1 BVerfGG[78] – an der Umsetzung, Vollziehung oder Operationalisierung von Ultra-vires-Akten nicht mitwirken.[79] Ein Ultra-vires-Akt löst vielmehr Unterlassungs- und Handlungspflichten deutscher Staatsorgane aus.[80] Der Bundestag und die Bundesregierung sind bei offensichtlichen und strukturell bedeutsamen Kompetenzüberschreitungen dazu verpflichtet, aktiv auf die Einhaltung des Integrationsprogramms hinzuwirken.[81] Sie müssen sich hierbei mit der Frage auseinandersetzen, wie bei einem Ultra-vires-Handeln von Organen, Einrichtungen und sonstigen Stellen der Europäischen

---

72 Vgl. BVerfGE 83, 37 (50 f.); 89, 155 (182); 93, 37 (66); 130, 76 (123); 137, 185 (232 f. Rn. 131); 139, 194 (224 Rn. 106); 142, 123 (174 Rn. 82); 146, 216 (252 f. Rn. 52 f., 255 Rn. 57); 153, 74 (150 f. Rn. 133).
73 BVerfGE 152, 152; 152, 216.
74 Vgl. BVerfGE 152, 216 (236 Rn. 49).
75 Vgl. BVerfGE 152, 216 <236 Rn. 49>; BVerfG, Beschluss des Zweiten Senats vom 1. Dezember 2020 – 2 BvR 1845/18 u. a. –, Rn. 40; Beschluss des Zweiten Senats vom 27. April 2021 – 2 BvR 206/14 –, Rn. 41.
76 Vgl. BVerfGE 142, 123 (201 Rn. 149, 207 Rn. 162); 151, 202 (300 f. Rn. 151); 154, 17 (92 f. Rn. 113).
77 Vgl. BVerfGE 146, 216 (252 Rn. 52); *Bender*, ZEuS 2020, S. 409 (412).
78 Vgl. *Wegener*, EuR 2020, S. 347 (357).
79 Vgl. BVerfGE 89, 155 (188); 126, 286 (302 ff.); 134, 366 (387 f. Rn. 30, 394 Rn. 45); 142, 123 (207 Rn. 162); 146, 216 (255 Rn. 57, 262 Rn. 70); 154, 17 (83 f. Rn. 95, 151 Rn. 234); BVerfG, Urteil des Zweiten Senats vom 2. März 2021 – 2 BvE 4/16 –, Rn. 81.
80 Vgl. BVerfGE 134, 366 (394 Rn. 44); 135, 317 (393 f. Rn. 146); 146, 216 (262 Rn. 69).
81 Vgl. BVerfGE 134, 366 (395 Rn. 49); 142, 123 (209 f. Rn. 167); 146, 216 (251 Rn. 49); 151, 202 (276 Rn. 94, 298 Rn. 145); 153, 74 (133 Rn. 96); BVerfG, Beschluss des Zweiten Senats vom 15. April 2021 – 2 BvR 547/21 –, Rn. 86; *Heide*; JZ 2019, S. 305 (306).

Union die Kompetenzordnung wiederhergestellt werden kann.[82] Hierzu können sie die Kompetenzanmaßung nachträglich legitimieren. Soweit dies nicht möglich oder gewollt ist, sind die Verfassungsorgane grundsätzlich verpflichtet, innerhalb ihrer Kompetenzen mit rechtlichen oder politischen Mitteln auf die Aufhebung der Maßnahmen hinzuwirken und – solange diese fortwirken – geeignete Vorkehrungen dafür zu treffen, dass ihre innerstaatlichen Auswirkungen so weit wie möglich begrenzt bleiben.[83] Weitere in die Zukunft gerichtete Pflichten, insbesondere für ein bestimmtes Handeln in vergleichbaren Fällen, ergeben sich dagegen aus der Ultra-vires-Feststellung nicht.

Sofern Bundesregierung oder Bundestag gegen ihre aus der Integrationsverantwortung resultierenden Pflichten verstoßen, verletzen sie (zugleich) subjektive, mit der Verfassungsbeschwerde rügefähige Rechte der Wahlberechtigten aus Art. 38 Abs. 1 Satz 1 GG.[84]

VI. Entwicklung der Ultra-vires-Kontrolle

Das Bundesverfassungsgericht hat die Ultra-vires-Kontrolle in mehreren wegweisenden Entscheidungen konkretisiert und präzisiert.

Bereits mit dem Kloppenburg-Beschluss vom 8. April 1987[85] stellte der Zweite Senat fest, dass es auch nach nationalem Verfassungsrecht erheblich ist, ob sich eine zwischenstaatliche Einrichtung im Sinne des (seinerzeitigen Europa-Artikels) Art. 24 Abs. 1 GG in den Grenzen der ihr übertragenen Hoheitsrechte hält oder aus ihnen ausbricht.[86]

1. Maastricht-Urteil

Mit dem Maastricht-Urteil vom 12. Oktober 1993[87] legte der Zweite Senat den Grundstein für den nationalen Kontrollvorbehalt zur Wahrung der staatlichen

82 Vgl. BVerfGE 142, 123 (174 f. Rn. 83); 151, 202 (298 f. Rn. 147); 154, 17 (89 Rn. 109); BVerfG, Urteil des Zweiten Senats vom 2. März 2021 – 2 BvE 4/16 –, Rn. 81.

83 Vgl. BVerfGE 134, 366 (395 f. Rn. 49); 142, 123 (211 ff. Rn. 170 ff.); 146, 216 (251 Rn. 49, 262 Rn. 72); 151, 202 (299 Rn. 149); 154, 17 (89 Rn. 109, 150 Rn. 231); BVerfG, Urteil des Zweiten Senats vom 2. März 2021 – 2 BvE 4/16 –, Rn. 78.

84 Vgl. BVerfGE 134, 366 (396 Rn. 50 f.); *Bender*, ZEuS 2020, S. 409 (412).

85 BVerfGE 75, 223.

86 Vgl. BVerfGE 75, 223 (242).

87 BVerfGE 89, 155.

und verfassungsrechtlichen Identität Deutschlands im weiteren Fortgang der Europäischen Integration. Dementsprechend prüft das Bundesverfassungsgericht, ob Rechtsakte der europäischen Einrichtungen und Organe sich in den Grenzen der ihnen eingeräumten Hoheitsrechte halten oder aus ihnen ausbrechen.[88]

Das Bundesverfassungsgericht betont, dass spätere wesentliche Änderungen des im Unions-Vertrag angelegten Integrationsprogramms und seiner Handlungsermächtigungen nicht mehr vom Zustimmungsgesetz zu diesem Vertrag gedeckt sind.[89] Handhaben europäische Einrichtungen oder Organe den Unions-Vertrag in einer vom deutschen Zustimmungsgesetz nicht mehr gedeckten Weise, sind die daraus hervorgehenden Rechtsakte im deutschen Hoheitsbereich – mangels eines Mindestmaßes an demokratischer Legitimation (Art. 23 Abs. 1 Satz 2, Art. 20 Abs. 1, Abs. 2, Art. 79 Abs. 3 GG) – nicht verbindlich.[90] Die bisherige Rechtsprechung,[91] wonach Akte supranationaler Organisationen von vornherein mangels Vorliegens eines Akts deutscher Staatsgewalt nicht vom Bundesverfassungsgericht überprüft werden können, wurde somit aufgegeben. Der Zweite Senat behielt sich vielmehr vor, Kompetenzüberschreitungen der europäischen Einrichtungen und Organe festzustellen, da der nationale Rechtsanwendungsbefehl Grund und Grenze des Unionsrechts darstellt. Der Europäischen Union fehlt demnach – anders als einem souveränen Staat – insbesondere die Kompetenz zur Verschaffung weiterer Kompetenzen (sog. Kompetenz-Kompetenz);[92] vielmehr kommt dem Prinzip der begrenzten Einzelermächtigung bei der europäischen Integration fundamentale Bedeutung zu.[93]

Durch seine Zuständigkeit stellt das Bundesverfassungsgericht einen wirksamen – dem vom Grundgesetz als unabdingbar gebotenen Grundrechtsschutz im Wesentlichen gleich zu erachtenden – Schutz der Grundrechte für die Einwohner Deutschlands auch gegenüber der Hoheitsgewalt der Europäischen Union generell (im Sinne des Wesensgehalts) sicher.[94] Seine Gerichtsbarkeit über die Anwendbarkeit von abgeleitetem Unionsrecht in Deutschland übt es dabei in einem

---

88 Vgl. BVerfGE 89, 155 (188); 123, 267 (353); 126, 286 (302ff.); 134, 366 (382ff. Rn. 23ff.); 142, 123 (198ff. Rn. 143ff.); 153, 74 (172 Rn. 10); *Kirchhof*, NJW 2020, S. 2057 (2061).

89 Vgl. BVerfGE 89, 155 (188).

90 Vgl. BVerfGE 89, 155 (188); 142, 123 (201 Rn. 149); 151, 202 (300 Rn. 151); 154, 17 (92f. Rn. 113); *Tischendorf*, EuR 2018, S. 695 (711).

91 Vgl. BVerfGE 6, 15 (18); 6, 290 (295); 22, 91 (92); 58, 1 (27).

92 Vgl. BVerfGE 89, 155 (187f., 192, 199); *Proelß*, EuR 2011, S. 241 (246); *Pache*, in: Pechstein/Nowak/Häde, Frankfurter Kommentar, Bd. 1, 2017, Art. 5 EUV Rn. 18.

93 Vgl. BVerfGE 89, 155 (187f., 192, 199); 154, 17 (90 Rn. 110, 110ff. Rn. 142f.).

94 Vgl. BVerfGE 89, 155 (174f.).

Kooperationsverhältnis mit dem Gerichtshof aus.[95] Nachdem dieser den Grundrechtsschutz in jedem Einzelfall für das gesamte Gebiet der Europäischen Union garantiert, kann sich das Bundesverfassungsgericht auf eine generelle Gewährleistung der unabdingbaren Grundrechtsstandards beschränken.[96]

2. Lissabon-Urteil

Im Urteil vom 30. Juni 2009[97] betreffend das Zustimmungsgesetz vom 8. Oktober 2008 zum Vertrag von Lissabon setzte der Zweite Senat diese Rechtsprechungslinie fort und hob unter Betonung des Demokratieprinzips hervor, dass die auf die Europäische Union übertragenen Zuständigkeiten von den Unionsorganen in einer Weise ausgeübt werden können und müssen, dass den Mitgliedstaaten sowohl im Umfang als auch in der Substanz Aufgaben von hinreichendem Gewicht verbleiben.[98] Aus verfassungsrechtlicher Sicht ist demnach (allein) relevant, dass der Bundesrepublik Deutschland für zentrale Regelungs- und Lebensbereiche substantielle innerstaatliche Gestaltungsmöglichkeiten verbleiben.[99] Der Senat hob hiermit die Bedeutung der innerstaatlichen Integrationsschranken hervor; einer unionsrechtlichen Kompetenz-Kompetenz erteilte das Bundesverfassungsgericht nochmals[100] eine deutliche Absage.[101] Die Eröffnung des verfassungsgerichtlichen Ultra-vires-Kontrollvorbehalts beschränkte der Senat auf Evidenzfälle, namentlich ersichtliche Kompetenzüberschreitungen.[102]

3. Honeywell-Beschluss

Der Honeywell-Beschluss vom 6. Juli 2010[103] stellt einen der wichtigsten Schritte für die Etablierung der Ultra-vires-Kontrolle in der heutigen Form dar.[104] Hiermit hat der Zweite Senat seine Kontrollbefugnisse nicht unerheblich eingeschränkt,

95 Vgl. zuletzt BVerfG, Beschluss des Zweiten Senats vom 1. Dezember 2020 – 2 BvR 1845/18 u. a. –, Rn. 38.
96 Vgl. BVerfGE 89, 155 (175); 142, 123 (204 f. Rn. 157).
97 BVerfGE 123, 267.
98 Vgl. BVerfGE 123, 267 (406).
99 Vgl. BVerfGE 123, 267 (406).
100 Zuvor bereits BVerfGE 89, 155 (187 f., 192, 199).
101 Vgl. BVerfGE 123, 267 (349 f.).
102 Vgl. BVerfGE 123, 267 (353).
103 BVerfGE 126, 286.
104 Vgl. *Wollenschläger*, in: Dreier, GG, Bd. 2, 3. Aufl. 2015, Art. 23 Rn. 176.

indem er die europarechtsfreundliche Ausübung seines Prüfungsvorbehalts betont und dem Gerichtshof einen Anspruch auf Fehlertoleranz zubilligt.[105] Letztlich zieht sich das Bundesverfassungsgericht auf eine auf Ausnahmefälle beschränkte Reservekompetenz[106] zur Feststellung der Nichtanwendbarkeit des Unionsrechts wegen einer Kompetenzüberschreitung zurück.[107]

Zum Schutz des supranationalen Integrationsprinzips ist die Ultra-vires-Kontrolle zurückhaltend auszuüben.[108] Deren europarechtsfreundliche Ausübung[109] soll das Spannungsverhältnis zwischen dem Prinzip der begrenzten Einzelermächtigung und damit auch der Wahrung demokratischer Legitimation unionalen Handelns[110] einerseits und dem Anwendungsvorrang des Unionsrechts sowie der Gewährleistung der Funktionsfähigkeit der Europäischen Union[111] andererseits miteinander im Sinne praktischer Konkordanz in Ausgleich bringen;[112] Aufgabe und Stellung der unabhängigen überstaatlichen Rechtsprechung sind zu wahren.[113] Der Koordination mit dem Gerichtshof, dem vertraglich die Auslegung und Anwendung des Unionsrechts bei Wahrung von dessen Einheit und Kohärenz übertragen ist (Art. 19 Abs. 1 Satz 2 EUV), kommt hierbei maßgebliche Bedeutung zu.[114] Würde jeder Mitgliedstaat für sich in Anspruch nehmen, durch eigene Gerichte über die Gültigkeit unionaler Rechtsakte zu entscheiden, könnte der Anwendungsvorrang praktisch unterlaufen werden; hierdurch würde die einheitli-

---

105 Vgl. BVerfGE 126, 286 (307); 142, 123 (200 f. Rn. 149); 151, 202 (300 Rn. 151); *Pötters/Traut*, EuR 2011, S. 580 (582); *Sauer*, EuZW 2011, S. 94 (97); *Fromberger/Schmidt*, ZJS 2018, S. 29 (31 f.); *Wollenschläger*, in: Dreier, GG, Bd. 2, 3. Aufl. 2015, Art. 23 Rn. 176; *Bender*, ZEuS 2020, S. 409 (410 f.); *Haltern*, NVwZ 2020, S. 817 (821); *Schorkopf*, JZ 2020, S. 734 (737); kritisch hierzu *Tischendorf*, EuR 2018, S. 695 (712).

106 Vgl. *Pötters/Traut*, EuR 2011, S. 580 (583, 592); *Proelß*, EuR 2011, S. 241 (246); *Calliess*, in: ders./Ruffert, EUV/AEUV, 5. Aufl. 2016, Art. 5 EUV Rn. 12; *Classen*, in: v. Mangoldt/Klein/Starck, GG, Bd. 2, 7. Aufl. 2018, Art. 23 Rn. 56; *Kainer*, EuZW 2020, S. 533 (535); *Kirchhof*, NJW 2020, S. 2057 (2059); *Kugelmann*, in: Niedobitek, Europarecht, 2. Aufl. 2020, § 4 Rn. 174; *Pießkalla*, EuZW 2020, S. 538 (540).

107 Vgl. BVerfGE 126, 286 (322, 331); in diese Richtung bereits BVerfGE 123, 267 (401).

108 Vgl. BVerfGE 126, 286 (307); 151, 202 (300 Rn. 151); 154, 17 (91 f. Rn. 112).

109 Vgl. BVerfGE 123, 267 (354); 126, 286 (303); 134, 366 (383 Rn. 24, 430 f. Rn. 135); 140, 317 (339 Rn. 46); 142, 123 (203 Rn. 154); 146, 216 (255 f. Rn. 58); 151, 202 (300 Rn. 151); 154, 17 (91 f. Rn. 112); *Fromberger/Schmidt*, ZJS 2018, S. 29 (31); *Mayer*, JZ 2020, S. 725 (729); *Ruffert*, JuS 2020, S. 574 (575).

110 Vgl. BVerfGE 126, 286 (321).

111 Vgl. BVerfGE 37, 271 (284); 73, 339 (387); 102, 147 (162 ff.); 123, 267 (399); 126, 286 (321); 129, 124 (172); 142, 123 (204 Rn. 155).

112 Vgl. BVerfGE 126, 286 (303); *Kainer*, EuZW 2020, S. 533 (535).

113 Vgl. BVerfGE 126, 286 (307).

114 Vgl. BVerfGE 126, 286 (302 f.).

che Anwendung des Unionsrechts gefährdet.[115] Ein vollständiger Verzicht der Mitgliedstaaten auf die Ultra-vires-Kontrolle würde zu einer Verlagerung der Disposition über die vertragliche Grundlage allein auf die Unionsorgane führen, insbesondere auch, wenn deren Rechtsverständnis im praktischen Ergebnis auf eine Vertragsänderung oder Kompetenzerweiterung hinausliefe.[116] Dies würde der Rolle der Mitgliedstaaten der Europäischen Union als „Herren der Verträge" (vgl. Art. 1 Abs. 1 EUV)[117] widersprechen.[118] Der aus Art. 23 GG folgende Grundsatz der Europafreundlichkeit des Grundgesetzes ist Korrelat des Grundsatzes der loyalen Zusammenarbeit (Art. 4 Abs. 3 EUV).[119]

Die europarechtsfreundliche Anwendung der Ultra-vires-Kontrolle verpflichtet das Bundesverfassungsgericht, die Ansicht des Gerichtshofs grundsätzlich als verbindliche Auslegung des Unionsrechts zu beachten.[120] Das Bundesverfassungsgericht muss dem Gerichtshof somit vor der Annahme eines Ultra-vires-Akts der europäischen Organe, Einrichtungen oder sonstigen Stellen im Vorabentscheidungsverfahren (Art. 267 AEUV) Gelegenheit zur Vertragsauslegung und zur Entscheidung über die Gültigkeit und die Auslegung der fraglichen Rechtsakte geben.[121] Vor einer Entscheidung des Gerichtshofs über die aufgeworfenen unionsrechtlichen Fragen ist das Bundesverfassungsgericht an einer Feststellung der Unanwendbarkeit des Unionsrechts für Deutschland gehindert.[122] Bereits im Lissabon-Urteil hat der Zweite Senat betont, dass der Schutz der Funktionsfähigkeit der Unionsrechtsordnung unter Beachtung des in Art. 100 Abs. 1 GG zum Ausdruck kommenden Rechtsgedankens dazu führt, dass die Ultra-vires-Feststellung allein dem Bundesverfassungsgericht obliegt.[123] Im weiteren Verlauf hat der Zweite Senat seine Rechtsprechung dahingehend konkretisiert, dass die unionseigenen Methoden der Rechtsfindung, die der Gerichtshof entwickelt hat

115 Vgl. BVerfGE 126, 286 (303); 154, 17 (90 f. Rn. 111).

116 Vgl. BVerfGE 126, 286 (303); 154, 17 (90 f. Rn. 111).

117 Vgl. *Calliess*, in: ders./Ruffert, EUV/AEUV, 5. Aufl. 2016, Art. 5 EUV Rn. 6.

118 Vgl. BVerfGE 75, 223 (242); 89, 155 (190); 123, 267 (348 f., 381 ff.); 126, 286 (303); 134, 366 (384 Rn. 26); 154, 17 (90 f. Rn. 111).

119 Vgl. BVerfGE 123, 267 (354); 126, 286 (321); *Fromberger/Schmidt*, ZJS 2018, S. 29 (30); *Tischendorf*, EuR 2018, S. 695 (711); *Bender*, ZEuS 2020, S. 409 (410 f.).

120 Vgl. BVerfGE 126, 286 (304); 134, 366 (430 f. Rn. 135); 142, 123 (204 Rn. 156); *Schorkopf*, JZ 2020, S. 734 (735).

121 Vgl. BVerfGE 126, 286 (304); 140, 317 (339 Rn. 46); 142, 123 (203 Rn. 154); 146, 216 (256 Rn. 58); *Hopfauf*, in: Schmidt-Bleibtreu/Hofmann/Henneke, GG, 14. Aufl. 2018, Art. 93 Rn. 104; *Bender*, ZEuS 2020, S. 409 (413); *Fromberger/Schmidt*, ZJS 2018, S. 29 (31).

122 Vgl. BVerfGE 123, 267 (353); 126, 286 (304).

123 Vgl. BVerfGE 123, 267 (354); *Hopfauf*, in: Schmidt-Bleibtreu/Hofmann/Henneke, GG, 14. Aufl. 2018, Vorb. v. Art. 92 Rn. 152 („Feststellungsmonopol").

und die der Eigenart der Verträge und ihren Zielen Rechnung tragen soll, vom Bundesverfassungsgericht grundsätzlich zu respektieren sind.[124] Eine offenkundige Außerachtlassung der im europäischen Rechtsraum überkommenen Auslegungsmethoden oder allgemeiner, den Rechtsordnungen der Mitgliedstaaten gemeinsamer Rechtsgrundsätze (Art. 6 Abs. 3 EUV) ist dagegen nicht mehr vom Mandat des Gerichtshofs zur Auslegung und Anwendung der Verträge gedeckt.[125]

Nach dem Honeywell-Beschluss ist es nicht die Aufgabe des Bundesverfassungsgerichts, bei Auslegungsfragen, die im üblichen rechtswissenschaftlichen Diskussionsrahmen zu unterschiedlichen Ergebnissen führen können, seine Auslegung an die Stelle derjenigen des Gerichtshofs zu setzen.[126] Demnach sind auch Interpretationen der vertraglichen Grundlagen hinzunehmen, die sich ohne gewichtige Verschiebung im Kompetenzgefüge auf Einzelfälle beschränken und belastende Wirkung auf Grundrechte entweder nicht entstehen lassen oder einem innerstaatlichen Ausgleich derartiger Belastungen nicht entgegenstehen.[127] Der Gerichtshof ist in Erfüllung seines Mandats nicht darauf beschränkt, über die Einhaltung der Vertragsbestimmungen zu wachen, sondern ihm kommt (daneben) die Befugnis zur Rechtsfortbildung im Wege methodisch gebundener Rechtsprechung zu.[128] Der Senat hat allerdings auch klargestellt, dass Rechtsfortbildung keine Rechtsetzung mit politischen Gestaltungsfreiräumen ist, sondern den gesetzlich oder völkerrechtlich festgelegten Vorgaben folgt und hierin ihre Gründe und Grenzen findet. Die Abänderung deutlich erkennbarer, möglicherweise sogar ausdrücklich im Wortlaut dokumentierter (vertrags-)gesetzlicher Entscheidungen oder die Schaffung neuer Regelungen ohne ausreichende Rückbindung an gesetzliche Aussagen sind somit nicht mehr von der Kompetenz zur Rechtsfortbildung erfasst; dies gilt insbesondere, wo die Rechtsprechung über den Einzelfall hinaus politische Grundentscheidungen trifft oder durch die Rechtsfortbildung strukturelle Verschiebungen im System konstitutioneller Macht- und Einflussverteilung stattfinden.[129] Eine wesentliche Grenze der richterlichen Rechtsfortbildung auf Unionsebene ist das Prinzip der begrenzten Einzelermächtigung;[130] insbesondere die Annahme einer Kompetenz-Kompetenz ist hiermit – wie der Senat erneut betont –

---

124 Vgl. BVerfGE 142, 123 (203 f. Rn. 154, 205 ff. Rn. 158 ff.).

125 Vgl. BVerfGE 142, 123 (206 f. Rn. 160).

126 Vgl. BVerfGE 126, 286 (307); 142, 123 (204 Rn. 154, 207 Rn. 161).

127 Vgl. BVerfGE 126, 286 (307).

128 Vgl. BVerfGE 126, 286 (305); *Wollenschläger*, in: Dreier, GG, Bd. 2, 3. Aufl. 2015, Art. 23 Rn. 176 f.

129 Vgl. BVerfGE 126, 286 (306).

130 Vgl. BVerfGE 126, 286 (306).

unvereinbar.[131] Ein formloser Verfassungswandel durch die praktische Handhabung der Unionsorgane ist demnach ausgeschlossen.[132]

Zudem wurde mit der Honeywell-Entscheidung das Merkmal des ersichtlichen Kompetenzverstoßes näher konturiert.[133] Danach ist ein Verstoß gegen das Prinzip der begrenzten Einzelermächtigung nur ersichtlich, wenn die europäischen Organe und Einrichtungen die Grenzen ihrer Kompetenzen in einer das Prinzip der begrenzten Einzelermächtigung spezifisch verletzenden Art überschritten haben, der Kompetenzverstoß somit hinreichend qualifiziert ist. Das kompetenzwidrige Handeln der Union muss demnach offensichtlich sein und der angegriffene Akt im Kompetenzgefüge zwischen Mitgliedstaaten und Europäischer Union im Hinblick auf das Prinzip der begrenzten Einzelermächtigung und die rechtsstaatliche Gesetzesbindung erheblich ins Gewicht fallen.[134]

Richter Landau war dagegen ausweislich seines Sondervotums[135] der Auffassung, dass die Senatsmehrheit[136] die Anforderungen an die Feststellung eines Ultra-vires-Akts überspannt habe und ohne überzeugende Gründe vom Lissabon-Urteil[137] abgewichen sei. Er erachtete – in Anknüpfung an das Lissabon-Urteil – jede ausdehnende Auslegung der Verträge, die einer unzulässigen Vertragsänderung gleichkommt, als ultra vires, ließ hierbei aber Kompetenzverletzungen peripherer Art, die nicht offensichtlich und eindeutig sind und die Substanz demokratischer Verantwortlichkeit nicht in Frage stellen, oder nur unionsintern bedeutsame und die mitgliedstaatlichen Freiräume unberührt lassende Kompetenzüberschreitungen außer Betracht.[138] Richter Landau war der Ansicht, dass die Senatsmehrheit mehr als die im Lissabon-Urteil verlangte ersichtliche, also klare und offensichtliche Kompetenzüberschreitung gefordert habe, indem der Kompetenzverstoß nunmehr „hinreichend qualifiziert", also offensichtlich sein und zu einer strukturell bedeutsamen Verschiebung im Kompetenzgefüge zwischen Mitgliedstaaten und supranationaler Organisation geführt haben müsse. Dieses Erfordernis sei nicht mehr mit dem bloßen Ziel einer europarechtsfreundlichen Ausgestaltung der Ultra-vires-Kontrolle zu rechtfertigen.[139] Vielmehr sah er hier-

---

131 Vgl. BVerfGE 123, 267 (353 f.); 126, 286 (307); 132, 195 (238 f. Rn. 105); 134, 366 (395 Rn. 48, 431 Rn. 135); *Pießkalla*, EuZW 2020, S. 538 (540).

132 Vgl. *Schorkopf*, JZ 2020, S. 734 (737).

133 Vgl. BVerfGE 126, 286 (304).

134 Vgl. BVerfGE 126, 286 (304 f.).

135 BVerfGE 126, 286 (318 ff.).

136 Die Entscheidung ist hinsichtlich der Begründung mit 6 : 2 Stimmen und im Ergebnis mit 7 : 1 Stimmen ergangen; vgl. BVerfGE 126, 286 (318).

137 BVerfGE 123, 267.

138 Vgl. BVerfGE 126, 286 (322).

139 Vgl. BVerfGE 126, 286 (322).

durch die zwingende demokratische Legitimation bei Ausübung aller hoheitlichen Gewalt, die bei jeder Kompetenzverletzung durchbrochen werde, nicht mehr als gewährleistet an.[140] In diesem Zusammenhang hob Richter Landau hervor, dass spezifische Gefahren für die Wahrung der Kompetenzen und damit der demokratischen Legitimation der Europäischen Union weniger in schwerwiegenden, als solchen erkennbaren Kompetenzanmaßungen im Einzelfall lägen als vielmehr von schleichenden Entwicklungen ausgingen, in deren Verlauf sich kleinere, isoliert betrachtet möglicherweise geringfügige Kompetenzüberschreitungen kumulierten.[141] Dies verdeutlichte er anhand des nachfolgend dargestellten Mangold-Urteils des Gerichtshofs,[142] wonach unterschiedliche, durchweg unionsfreundliche, aber für sich genommen längst akzeptierte Argumentationsmuster des Gerichtshofs in ihrer Kombination die Gefahr einer schrittweisen, schwer aufzuhaltenden Erosion mitgliedstaatlicher Kompetenzen und demokratischer Legitimation mit sich brächten.[143] Trotz der inhaltlich nicht ohne Weiteres zu negierenden Bedenken setzte sich die Linie der Senatsmehrheit für die künftige Ausgestaltung der Ultra-vires-Kontrolle durch.

In der Sache hatte der Senat mit der Honeywell-Entscheidung erstmals auch darüber zu befinden, ob die im zugrundliegenden Verfahren ergangene Mangold-Entscheidung des Gerichtshofs eine Rechtsfortbildung ultra vires gewesen ist. Die Entscheidung betraf die Auslegung der Richtlinie 1999/70/EG des Rates vom 28. Juni 1999 zu der EGB-UNICECEEP-Rahmenvereinbarung über befristete Arbeitsverträge[144] und der Richtlichtlinie 2000/78/EG des Rates vom 27. November 2000 zur Festlegung eines allgemeinen Rahmens für die Verwirklichung der Gleichbehandlung in Beschäftigung und Beruf[145] in Ansehung der nationalen Regelung des § 14 Abs. 3 Satz 4 TzBfG.

Unter Anwendung der vorstehenden Grundsätze verneinte die Senatsmehrheit, dass die Entscheidung des Gerichtshofs einen Ultra-vires-Akt darstellt.[146] Der Beschluss ließ offen, ob sich das vom Gerichtshof gefundene Ergebnis durch anerkannte juristische Auslegungsmethoden noch gewinnen lässt und ob gegebenenfalls bestehende Mängel offenkundig wären.[147] Richter Landau bejahte in seinem Sondervotum eindeutig, dass der Gerichtshof die Grenze vertretbarer

---

140 Vgl. BVerfGE 126, 286 (322f.); in diese Richtung *Tischendorf*, EuR 2018, S. 695 (713).
141 Vgl. BVerfGE 126, 286 (323).
142 Vgl. EuGH, Urt. v. 22. November 2005, Mangold, C-144/04, Slg. 2005, S. I-10013.
143 Vgl. BVerfGE 126, 286 (326).
144 ABl Nr. L 175, S. 43.
145 ABl Nr. L 303, S. 16.
146 Vgl. BVerfGE 126, 286 (308); zustimmend *Proelß*, EuR 2011, S. 241 (255).
147 Vgl. BVerfGE 126, 286 (308).

Auslegung – einschließlich der Rechtsfortbildung – überschritten und damit eine ausdehnende Auslegung der Verträge, die einer unzulässigen autonomen Vertragsänderung gleichkomme, vorgenommen habe.[148] Zudem nahm er an, dass das Verständnis des Gerichtshofs in der Rechtssache Mangold den Mitgliedstaaten Handlungsspielräume im Bereich der ihnen in weitem Umfang vorbehaltenen Beschäftigungspolitik nehme.[149] Nach Ansicht der Senatsmehrheit stellte sich die Mangold-Entscheidung dagegen jedenfalls nicht als eine das Prinzip der begrenzten Einzelermächtigung in offensichtlicher und strukturwirksamer Weise verletzende Überschreitung der durch das Zustimmungsgesetz auf die Europäische Union übertragenen Hoheitsrechte dar.[150] Die Entscheidung hob besonders hervor, dass selbst eine rechtsmethodisch nicht mehr vertretbare Rechtsfortbildung des Gerichtshofs erst zu einem ersichtlichen Verstoß gegen das Prinzip der begrenzten Einzelermächtigung würde, wenn sie auch praktisch kompetenzbegründend wirkt. Dies ist der Fall, wenn entweder ein neuer Kompetenzbereich für die Europäische Union zulasten der Mitgliedstaaten begründet oder eine bestehende Kompetenz mit dem Gewicht einer Neubegründung ausgedehnt wird.[151] Das ist nur zu bejahen, wenn ohne den Erlass eines Sekundärrechtsakts nicht nur Rechte, sondern auch Pflichten von Bürgerinnen und Bürgern durch Rechtsfortbildung begründet werden, die sich sowohl als Grundrechtseingriffe als auch als Kompetenzverschiebung zulasten der Mitgliedstaaten erweisen.[152]

VII. Fortentwicklung der Ultra-vires-Kontrolle im Europäischen Banken- und Kapitalmarktrecht

Mit bedeutenden Entscheidungen, die allesamt zum Europäischen Banken- und Kapitalmarktrecht ergangen sind, setzte der Zweite Senat in den letzten Jahren die dargestellte grundsätzliche Linie fort und nahm weitere richtungsweisende Konkretisierungen der Ultra-vires-Kontrolle vor.

148 Vgl. BVerfGE 126, 286 (324 f.).
149 Vgl. BVerfGE 126, 286 (328).
150 Vgl. BVerfGE 126, 286 (308 ff.).
151 Vgl. BVerfGE 126, 286 (312).
152 Vgl. BVerfGE 126, 286 (312 f.).

1. OMT-Verfahren

a) Vorlagebeschluss

Der Vorlagebeschluss im *Outright Monetary Transactions*-Verfahren vom 14. Januar 2014,[153] der die Vorlagepflicht an den Gerichtshof konsequent umsetzt, hat auf die mit dem Lissabon-Urteil[154] etablierten und in der Honeywell-Entscheidung[155] näher konturierten Voraussetzungen der Ultra-vires-Kontrolle Bezug genommen[156] und diese weiter konkretisiert. Der Zweite Senat hob nochmals deutlich hervor, dass ein Ultra-vires-Akt nicht nur vorliegt, wenn sich die eigenmächtigen Kompetenzerweiterungen auf Sachbereiche erstrecken, die zur Verfassungsidentität der Mitgliedstaaten zählen oder besonders vom demokratisch diskursiven Prozess in den Mitgliedstaaten abhängen.[157] Außerdem wurde nochmals unmissverständlich klargestellt, dass die Ultra-vires-Kontrolle im Hinblick auf Art. 20 Abs. 1 und Abs. 2 GG nicht verzichtbar ist. Ansonsten wären die Organe und sonstigen Stellen der Europäischen Union auch insoweit zur Disposition über die vertraglichen Grundlagen befugt, als deren Rechtsverständnis im praktischen Ergebnis auf eine Vertragsänderung oder Kompetenzerweiterung hinausliefe.[158]

Die Vorlageentscheidung identifiziert als Anknüpfungspunkte für Ultra-vires-Akte einen Verstoß des OMT-Beschlusses gegen das geld- und währungspolitische Mandat der EZB sowie gegen das Verbot monetärer Haushaltsfinanzierung (Art. 123 Abs. 1 AEUV).[159] Diese Zweiteilung liegt auch den weiteren – nachfolgend dargestellten – Entscheidungen zum Europäischen Banken- und Kapitalmarktrecht zugrunde. Bei der Betrachtung des geld- und währungspolitischen Mandats der EZB (Art. 127 Abs. 1 Satz 1 AEUV) ist eine strikte Abgrenzung[160] zur – im Titel VIII des AEUV geregelten – wirtschaftspolitischen Kompetenz der Mitgliedstaaten[161] vorzunehmen. Die Abgrenzung erfolgt nach der objektiv zu bestimmenden unmittelbaren Zielsetzung der jeweiligen Maßnahme.[162] Der Europäischen Union kommt in der Wirtschaftspolitik ganz überwiegend (nur) eine koordinierende

153 BVerfGE 134, 366.
154 BVerfGE 123, 267.
155 BVerfGE 126, 286.
156 Vgl. BVerfGE 134, 366 (382f. Rn. 24).
157 Vgl. BVerfGE 126, 286 (307); 134, 366 (383f. Rn. 25, 392 Rn. 37).
158 Vgl. BVerfGE 123, 267 (354f.); 126, 286 (302ff.); 134, 366 (384 Rn. 26).
159 Vgl. BVerfGE 134, 366 (392 Rn. 36, 38).
160 Kritisch zur tatsächlichen Umsetzbarkeit *Schorkopf*, JZ 2020, S. 734 (736).
161 Vgl. *Schorkopf*, JZ 2020, S. 734 (736).
162 Vgl. BVerfGE 134, 366 (401 Rn. 63).

Funktion zu (Art. 119 Abs. 1 AEUV); die EZB darf die allgemeine Wirtschaftspolitik innerhalb der Europäischen Union nur unterstützen (Art. 119 Abs. 2, Art. 127 Abs. 1 Satz 2 AEUV; Art. 2 Satz 2 ESZB-Satzung), nicht aber eine eigenständige Wirtschaftspolitik betreiben.[163] Im Vorlagebeschluss hob der Senat hervor, dass das Eingreifen der EZB in die mitgliedstaatliche Zuständigkeit strukturell bedeutsam ist, weil der OMT-Beschluss zu einer erheblichen Umverteilung zwischen den Haushalten und damit den Steuerzahlern der Mitgliedstaaten führen kann; dies trägt Züge eines Finanzausgleichs in sich, den die Verträge nicht vorsehen.[164] Ferner wurde erstmals ausdrücklich festgestellt, dass ein Handeln der EZB, das gegen das Verbot monetärer Haushaltsfinanzierung verstößt, eine offensichtliche und strukturell bedeutsame Kompetenzüberschreitung darstellt.[165] Die strukturelle Bedeutsamkeit folgt daraus, dass das Verbot monetärer Haushaltsfinanzierung eine zentrale Gewährleistung der Währungsunion als Stabilitätsunion ist und daneben die haushaltspolitische Gesamtverantwortung des Bundestages[166] absichert.[167]

In der Vorlageentscheidung hat der Senat deutlich gemacht, dass er den OMT-Beschluss nicht mehr als vom Mandat der EZB gedeckt ansieht, da es sich hierbei nicht um eine währungspolitische, sondern überwiegend wirtschaftspolitische Maßnahme handelt.[168] Zu diesem Ergebnis gelangte der Senat aufgrund einer Gesamtschau des OMT-Beschlusses anhand der maßgeblichen Abgrenzungskriterien, namentlich der unmittelbaren Zielsetzung,[169] der Selektivität,[170] der Parallelität mit Hilfsprogrammen der Europäischen Finanzstabilisierungsfazilität und des Europäischen Stabilitätsmechanismus[171] sowie dem Risiko, deren Zielsetzung und Auflagen zu unterlaufen.[172] Ein Verstoß des OMT-Beschlusses gegen das Verbot monetärer Haushaltsfinanzierung wurde gleichfalls angenommen.[173] Hierfür hat sich der Senat neben den bereits genannten Kriterien auf die Bereitschaft, sich bei den erworbenen Anleihen an einem Schuldenschnitt zu beteili-

163 Vgl. BVerfGE 134, 366 (392 f. Rn. 39).
164 Vgl. BVerfGE 134, 366 (393 Rn. 41).
165 Vgl. BVerfGE 134, 366 (394 Rn. 42).
166 Vgl. BVerfGE 129, 124 (181); 130, 318 (344 ff.); 131, 152 (205 f.); 132, 195 (243 f. Rn. 115 f.); 142, 123 (230 f. Rn. 210 ff.); 151, 202 (288 f. Rn. 123, 370 Rn. 308); 154, 17 (87 Rn. 104, 149 Rn. 227).
167 Vgl. BVerfGE 134, 366 (394 Rn. 43).
168 Vgl. BVerfGE 134, 366 (404 ff. Rn. 69 ff.).
169 Vgl. BVerfGE 134, 366 (404 ff. Rn. 70 ff.).
170 Vgl. BVerfGE 134, 366 (406 f. Rn. 73).
171 Vgl. BVerfGE 134, 366 (407 f. Rn. 74 ff.).
172 Vgl. BVerfGE 134, 366 (408 f. Rn. 79).
173 Vgl. BVerfGE 134, 366 (412 Rn. 87).

gen,[174] das erhöhte Risiko, dass es bei erworbenen Staatsanleihen zu einem solchen Schuldenschnitt kommen könne,[175] die Möglichkeit, die erworbenen Staatsanleihen bis zur Endfälligkeit zu halten,[176] den Eingriff in die Preisbildung am Markt[177] sowie die Ermutigung der Marktteilnehmer zum Erwerb der Anleihen am Primärmarkt[178] gestützt.

b) Urteil

Dem Urteil,[179] das wegweisend für die folgenden Urteile im Europäischen Banken- und Kapitalmarktrecht gewesen ist, liegt der OMT-Beschluss in der vom Gerichtshof im Urteil vom 16. Juni 2015[180] vorgenommenen Auslegung zugrunde, weil sich diese noch in den Grenzen des Mandats aus Art. 19 Abs. 1 Satz 2 EUV bewegt.[181] Der Senat erhob gegen die Entscheidung gleichwohl gewichtige Einwände hinsichtlich der Ermittlung des Sachverhalts,[182] mit Blick auf das Prinzip der begrenzten Einzelermächtigung[183] und die gerichtliche Kontrolle der EZB bei der Bestimmung ihres Mandats.[184] Im Ergebnis war der Senat – unter Zugrundelegung der Auslegung des Gerichtshofs – der Ansicht, dass sich der OMT-Beschluss nicht offensichtlich außerhalb der Kompetenzen der EZB im Sinne des Ultra-vires-Kontrollvorbehalts bewegt.[185] Die vom Gerichtshof für dessen Umsetzung identifizierten Parameter sind rechtsverbindlich[186] und begrenzen die Reichweite hinreichend.[187] Zugleich stellte der Senat keinen offensichtlichen Verstoß des OMT-Beschlusses gegen das Verbot monetärer Haushaltsfinanzierung fest; allerdings nur unter der Prämisse, dass dessen Durchführung den näheren – im Urteil detailliert genannten – Vorgaben genügt.[188]

---

174 Vgl. BVerfGE 134, 366 (412 Rn. 88).
175 Vgl. BVerfGE 134, 366 (412 f. Rn. 89).
176 Vgl. BVerfGE 134, 366 (413 f. Rn. 90 f.).
177 Vgl. BVerfGE 134, 366 (414 Rn. 92).
178 Vgl. BVerfGE 134, 366 (414 f. Rn. 93 f.).
179 BVerfGE 142, 123.
180 EuGH, Urt. v. 16. Juni 2015, Gauweiler, C-62/14, EU:C:2015:400.
181 Vgl. BVerfGE 142, 123 (215 ff. Rn. 176 ff.).
182 Vgl. BVerfGE 142, 123 (217 f. Rn. 182).
183 Vgl. BVerfGE 142, 123 (218 ff. Rn. 183 ff.).
184 Vgl. BVerfGE 142, 123 (220 f. Rn. 188 f.).
185 Vgl. BVerfGE 142, 123 (221 Rn. 190).
186 Vgl. BVerfGE 142, 123 (221 f. Rn. 191 f.).
187 Vgl. BVerfGE 142, 123 (222 ff. Rn. 193 ff.).
188 Vgl. BVerfGE 142, 123 (225 ff. Rn. 197 ff.).

2. Urteil zur Europäischen Bankenunion

Das Urteil zur Europäischen Bankenunion vom 30. Juli 2019[189] entnahm den Maßstab für die Ultra-vires-Kontrolle weitestgehend dem OMT-Urteil.[190] Hierbei stellte der Zweite Senat fest, dass der Erlass der SSM-Verordnung[191] in der von ihm vorgenommenen Auslegung keinen Ultra-vires-Akt darstellt. Die Inanspruchnahme der Ermächtigung des Art. 127 Abs. 6 AEUV erweist sich demnach nicht als offensichtliche Überschreitung des Integrationsprogramms. Vielmehr wird der EZB die Aufsicht über Kreditinstitute in der Eurozone nicht vollständig übertragen;[192] den nationalen Aufsichtsbehörden verbleibt – originär und nicht lediglich (rück-)delegiert – ein gewichtiger Teil der Aufgaben und Befugnisse bei der Bankenaufsicht.[193] Die Errichtung des Aufsichtsgremiums (Supervisory Board) durch Art. 26 Abs. 1 SSM-Verordnung stellt nach dem Urteil keinen offensichtlichen Verstoß gegen Art. 129 Abs. 1, Art. 141 Abs. 1 AEUV in Verbindung mit Art. 44 ESZB-Satzung dar.[194] Der Senat ließ insofern offen, ob damit eine strukturell bedeutsame Kompetenzverschiebung zugunsten der Europäischen Union einhergeht.[195]

Die Errichtung und die Kompetenzausstattung des einheitlichen Abwicklungsausschusses als unabhängige Regulierungsagentur (Art. 42 Abs. 1, Art. 47 Abs. 1 SRM-Verordnung[196]) stellt keine qualifizierten Überschreitungen der Kompetenzen nach Art. 114 Abs. 1 AEUV dar.[197] Im Urteil werden zwar nicht unerhebliche Bedenken gegen die Errichtung von Einrichtungen und sonstigen Stellen der Europäischen Union auf der Grundlage von Art. 114 Abs. 1 AEUV im Hinblick auf das Prinzip der begrenzten Einzelermächtigung geltend gemacht,[198] eine of-

---

189 BVerfGE 151, 202.

190 Vgl. *Forsthoff*, EuZW 2019, S. 977 (980).

191 Verordnung (EU) Nr. 1024/2013 des Rates vom 15. Oktober 2013 zur Übertragung besonderer Aufgaben im Zusammenhang mit der Aufsicht über Kreditinstitute auf die Europäische Zentralbank (ABl EU Nr. L 287, S. 63).

192 Vgl. BVerfGE 151, 202 (311 ff. Rn. 172 ff.).

193 Vgl. BVerfGE 151, 202 (317 ff. Rn. 183 ff.).

194 Vgl. BVerfGE 151, 202 (323 f. Rn. 199 ff.).

195 Vgl. BVerfGE 151, 202 (324 Rn. 202).

196 Verordnung (EU) Nr. 806/2014 des Europäischen Parlaments und des Rates vom 15. Juli 2014 zur Festlegung einheitlicher Vorschriften und eines einheitlichen Verfahrens für die Abwicklung von Kreditinstituten und bestimmten Wertpapierfirmen im Rahmen eines einheitlichen Abwicklungsmechanismus und eines einheitlichen Abwicklungsfonds sowie zur Änderung der Verordnung (EU) Nr. 1093/2010 (ABl EU Nr. L 225, S. 1).

197 Vgl. BVerfGE 151, 202 (337 ff. Rn. 232 ff.).

198 Vgl. BVerfGE 151, 202 (338 ff. Rn. 234 ff.).

fensichtliche Kompetenzüberschreitung wird aber verneint, sofern sie sich auf eng begrenzte Ausnahmen beschränkt und die dem Ausschuss zugewiesenen Aufgaben und Befugnisse strikt ausgelegt werden.[199] Die inhaltlichen Vorgaben der SRM-Verordnung für die Bankenabgabe überschreiten die Harmonisierungskompetenz des Art. 114 Abs. 1 AEUV ebenfalls zumindest nicht offensichtlich.[200] Da die Erhebung der Bankenabgabe – ungeachtet ihrer primärrechtlichen Fragwürdigkeit mangels einer Regelung im Eigenmittelbeschluss – auf nationalen Vorschriften beruht, wirft sie bereits deshalb keine Probleme im Hinblick auf die Ultra-vires-Kontrolle auf.[201] Gleiches gilt für die Übertragung des Aufkommens der Bankenabgabe auf den einheitlichen Abwicklungsfonds, da diese aufgrund des (zwischenstaatlichen) Übereinkommens vom 21. Mai 2014 über die Übertragung von Beiträgen auf den einheitlichen Abwicklungsfonds und über die gemeinsame Nutzung dieser Beiträge[202] erfolgt.[203] Das Zustimmungsgesetz zur SSM-Verordnung ist schließlich verfassungsrechtlich ebenfalls nicht zu beanstanden.[204]

Eine Anrufung des Gerichtshofs im Wege des Vorabentscheidungsverfahrens vor Erlass des Urteils, mit dem die Verfassungsbeschwerden zurückgewiesen worden sind, hielt der Senat weder in Bezug auf die SSM-Verordnung[205] noch die SRM-Verordnung[206] für erforderlich.[207]

3. PSPP-Verfahren

a) Vorlagebeschluss

Im Vorlagebeschluss vom 18. Juli 2017[208] zum Staatsanleihekaufprogramm PSPP der EZB bestätigte der Zweite Senat, dass eine Überschreitung des geld- und währungspolitischen Mandats der EZB[209] wie auch ein Verstoß gegen das Verbot monetärer Haushaltsfinanzierung[210] offensichtliche und strukturell bedeutsame

199 Vgl. BVerfGE 151, 202 (345 ff. Rn. 246 ff.).
200 Vgl. BVerfGE 151, 202 (363 ff. Rn. 294 ff.).
201 Vgl. BVerfGE 151, 202 (368 f. Rn. 303 ff.).
202 BGBl II S. 1298.
203 Vgl. BVerfGE 151, 202 (369 f. Rn. 306 ff.).
204 Vgl. BVerfGE 151, 202 (370 ff. Rn. 310 ff.).
205 Vgl. BVerfGE 151, 202 (372 f. Rn. 317).
206 Vgl. BVerfGE 151, 202 (373 f. Rn. 318 f.).
207 Kritisch hierzu *Forsthoff*, EuZW 2019, S. 977 (979).
208 BVerfGE 146, 216.
209 Vgl. BVerfGE 146, 216 (260 f. Rn. 65 f.).
210 Vgl. BVerfGE 146, 216 (261 Rn. 67 f.).

Kompetenzüberschreitungen darstellen. Die Vorlageentscheidung ließ keinen Zweifel aufkommen, dass mit dem PSPP eine unzulässige monetäre Staatsfinanzierung betrieben werden könnte.[211] Begründet wurde dies damit, dass Einzelheiten der Ankäufe in einer Art und Weise angekündigt werden, die auf den Märkten die faktische Gewissheit begründen könnten, dass das Eurosystem emittierte Staatsanleihen auch erwerben wird.[212] Ferner kann die Einhaltung bestimmter Mindestfristen (sog. Sperrfristen) zwischen der Ausgabe eines Schuldtitels auf dem Primärmarkt und seinem Ankauf auf dem Sekundärmarkt – zur Ermöglichung einer Marktpreisbildung – mangels Herausgabe entsprechender Informationen durch die EZB (gerichtlich) nicht nachgeprüft werden.[213] Außerdem kann sich ein Verstoß gegen Art. 123 Abs. 1 AEUV daraus ergeben, dass nach der bisherigen Praxis erworbene Anleihen durchweg bis zur Endfälligkeit gehalten worden sind[214] und Anleihen mit einer von vornherein negativen Rendite erworben wurden.[215] Daneben wurde in der Vorlageentscheidung problematisiert, ob das PSPP wegen seines Volumens, des mehr als zwei Jahre andauernden Vollzugs und der hierdurch bewirkten tatsächlichen Auswirkungen noch vom Mandat der EZB gedeckt ist. Aufgrund einer Gesamtschau der maßgeblichen Abgrenzungskriterien könnten sich der PSPP-Beschluss und sein Vollzug nicht mehr als währungspolitische, sondern als überwiegend wirtschaftspolitische Maßnahmen darstellen. Hierbei dürfen zwar die erklärte wirtschaftspolitische Zielsetzung und der Einsatz geldpolitischer Mittel nicht unbeachtet bleiben,[216] allerdings sind die wirtschaftspolitischen Auswirkungen aufgrund des Volumens des PSPP und der damit verbundenen Voraussehbarkeit des Ankaufs von Staatsanleihen bereits unmittelbar im Programm angelegt.[217] Hieraus leitete der Senat eine mögliche Unverhältnismäßigkeit des PSPP in Bezug auf die ihm zugrundeliegende währungspolitische Zielsetzung ab.[218] Schließlich wurde das Fehlen einer nachvollziehbaren Begründung der dem PSPP zugrunde liegenden Beschlüsse, die eine laufende Überprüfung der fortdauernden Erforderlichkeit des Programms ermöglichen würde, moniert.[219]

---

211 Vgl. *Calliess*, NVwZ 2020, S. 897 (903).
212 Vgl. BVerfGE 146, 216 (267 ff. Rn. 81 ff.).
213 Vgl. BVerfGE 146, 216 (272 ff. Rn. 93 ff.).
214 Vgl. BVerfGE 146, 216 (274 ff. Rn. 96 ff.).
215 Vgl. BVerfGE 146, 216 (276 f. Rn. 99).
216 Vgl. BVerfGE 146, 216 (284 f. Rn. 115 ff.).
217 Vgl. BVerfGE 146, 216 (285 ff. Rn. 119 ff.).
218 Vgl. BVerfGE 146, 216 (288 Rn. 122).
219 Vgl. BVerfGE 146, 216 (288 f. Rn. 123).

b) Urteil

Nach dem Urteil vom 5. Mai 2020[220] haben Bundesregierung und Bundestag die Beschwerdeführer in ihrem Recht aus Art. 38 Abs. 1 Satz 1, Art. 20 Abs. 1 und Abs. 2 in Verbindung mit Art. 79 Abs. 3 GG verletzt, soweit sie es unterlassen haben, geeignete Maßnahmen dagegen zu ergreifen, dass in den angegriffenen Beschlüssen der EZB zum PSPP weder geprüft noch dargelegt wird, dass die beschlossenen Maßnahmen dem Grundsatz der Verhältnismäßigkeit (Art. 5 Abs. 1 Satz 2 und Abs. 4 EUV) entsprechen. Die Beschlüsse stellen somit eine qualifizierte, weil offensichtliche und strukturell bedeutsame Überschreitung der der EZB in Art. 119, Art. 127 ff. AEUV und Art. 17 ff. ESZB-Satzung zugewiesenen Kompetenzen dar.

Diesem Ergebnis stand die anderweitige Auffassung des Gerichtshofs im Urteil vom 11. Dezember 2018[221] nicht entgegen, da die Entscheidung in diesem Punkt schlechterdings nicht mehr nachvollziehbar war und insoweit ultra vires ergangen ist;[222] das Bundesverfassungsgericht ist in dieser Frage hieran nicht gebunden.[223] Die Auffassung des Gerichtshofs, der Beschluss des EZB-Rates über das PSPP-Programm und seine Änderungen seien noch kompetenzgemäß,[224] verkennt demnach die Bedeutung und die Tragweite des auch bei der Kompetenzverteilung zu beachtenden Grundsatzes der Verhältnismäßigkeit offensichtlich und ist wegen der Ausklammerung der tatsächlichen Wirkungen des PSPP[225] methodisch nicht mehr vertretbar; hiernach lässt die Entscheidung des Gerichtshofs das Prinzip der begrenzten Einzelermächtigung leerlaufen.[226] Die Auslegung des Verhältnismäßigkeitsgrundsatzes und die darauf gestützte Bestimmung des Mandats des ESZB im Urteil vom 11. Dezember 2018 überschreiten offensichtlich das in Art. 19 Abs. 1 Satz 2 EUV erteilte Mandat[227] und bewirken eine strukturell bedeutsame Kompetenzverschiebung zu Lasten der Mitgliedstaaten.[228]

Die Beantwortung der verfassungsrechtlichen Frage, ob Bundesregierung und Bundestag ihrer Integrationsverantwortung gerecht geworden sind, bedurfte zuvor der Klärung, ob das Handeln des ESZB bei der Beschlussfassung und der

220 BVerfGE 154, 17.
221 EuGH, Urt. v. 11. Dezember 2018, Weiß, C-493/17, EU:C:2018:1000.
222 Vgl. BVerfGE 154, 17 (94 f. Rn. 116).
223 Vgl. BVerfGE 154, 17 (119 f. Rn. 162 f.).
224 Vgl. BVerfGE 154, 17 (96 ff. Rn. 120 ff.).
225 Vgl. *Ogorek*, JA 2020, S. 795 (797).
226 Vgl. BVerfGE 154, 17 (98 ff. Rn. 122 ff.); *Haltern*, NVwZ 2020, S. 817 (822).
227 Vgl. BVerfGE 154, 17 (117 Rn. 155 f.).
228 Vgl. BVerfGE 154, 17 (117 ff. Rn. 157 ff.).

Durchführung des PSPP durch die ihm eingeräumten Kompetenzen gedeckt ist; diese Vorfrage prüfte der Senat vorliegend eigenständig ohne Bindung an die dargestellte Auffassung des Gerichtshofs. Hiernach sind die angegriffenen Beschlüsse zum PSPP mangels hinreichender Erwägungen zur Verhältnismäßigkeit von der währungspolitischen Kompetenz der EZB und ihrer lediglich unterstützenden Kompetenz für die Wirtschaftspolitik der Mitgliedstaaten nicht gedeckt.[229] Die notwendige Verhältnismäßigkeit eines Ankaufsprogramms wie des PSPP setzt neben seiner Eignung zur Erreichung des angestrebten Ziels und seiner Erforderlichkeit voraus, dass das währungspolitische Ziel und die wirtschaftspolitischen Auswirkungen benannt, gewichtet und gegeneinander abgewogen werden.[230] Das währungspolitische Ziel des PSPP, die Inflation auf einen Wert von unter, aber nahe 2% anzuheben, ist zwar grundsätzlich noch nicht zu beanstanden.[231] Seine unbedingte Verfolgung unter Ausblendung der mit dem Programm verbundenen wirtschaftspolitischen Auswirkungen missachtet jedoch offensichtlich den Grundsatz der Verhältnismäßigkeit.[232] Dieser Verstoß ist auch strukturell bedeutsam, sodass das Handeln der EZB als Ultra-vires-Akt zu qualifizieren ist.[233]

Soweit das Urteil vom 11. Dezember 2018 einen Verstoß des PSPP gegen Art. 123 Abs. 1 AEUV verneine,[234] begegnet die Entscheidung zwar erheblichen Einwänden, verbleibt aber noch innerhalb des durch Art. 19 Abs. 1 Satz 2 EUV zugewiesenen Rechtsprechungsauftrags.[235] Sofern die vom Gerichtshof anerkannten „Garantien" zur Verhinderung einer Umgehung des Verbots monetärer Staatsfinanzierung strikt beachtet werden,[236] kann bei einer Gesamtabwägung ein offensichtlicher Verstoß gegen das Verbot monetärer Staatsfinanzierung (noch) nicht festgestellt werden,[237] obwohl das Eurosystem mit dem PSPP auch Staatsanleihen mit negativer Endfälligkeitsrendite und Collective Action Clauses (CAC) erwirbt.[238]

Nach dem Urteil vom 5. Mai 2020 sind Bundesregierung und Bundestag aufgrund ihrer Integrationsverantwortung verpflichtet, auf eine Verhältnismä-

229 Vgl. BVerfGE 154, 17 (120 f. Rn. 164).
230 Näher zur Berücksichtigung bei der Gesamtabwägung *Ohler*, WuB 2020, S. 417 (420).
231 Vgl. BVerfGE 154, 17 (121 f. Rn. 166).
232 Vgl. BVerfGE 154, 17 (122 ff. Rn. 167 ff.).
233 Vgl. BVerfGE 154, 17 (126 f. Rn. 178).
234 Vgl. BVerfGE 154, 17 (127 f. Rn. 181 ff.).
235 Vgl. BVerfGE 154, 17 (128 ff. Rn. 184 ff.).
236 Vgl. BVerfGE 154, 17 (136 ff. Rn. 197 ff.).
237 Vgl. BVerfGE 154, 17 (143 ff. Rn. 213 ff.).
238 Vgl. BVerfGE 154, 17 (145 f. Rn. 218 ff.).

ßigkeitsprüfung durch die EZB hinzuwirken. Hierzu müssen sie ihre Rechtsauffassung gegenüber der EZB deutlich machen oder auf sonstige Weise für die Wiederherstellung vertragskonformer Zustände sorgen. Für die am 1. Januar 2019 begonnene Reinvestitionsphase des PSPP und seine Wiederaufnahme zum 1. November 2019 stellt das Urteil zudem klar, dass insofern auch die Pflicht der zuständigen Verfassungsorgane, die Entscheidungen des Eurosystems über Ankäufe von Staatsanleihen unter dem PSPP zu beobachten und mit den ihnen zu Gebote stehenden Mitteln auf die Einhaltung des dem ESZB zugewiesenen Mandats hinzuwirken, fortdauert.[239]

VIII. Ausblick

Das PSPP-Urteil stellt angesichts der bisherigen Rechtsprechungslinie des Zweiten Senats, die insbesondere nach dem Honeywell-Beschluss, dem OMT-Urteil, dem Urteil zur Europäischen Bankenunion und schließlich dem Vorlagebeschluss im PSPP-Verfahren die Annahme eines Ultra-vires-Akts nahegelegt hat, keine Überraschung dar.[240] Das Urteil ist ein Baustein im Dialog mit dem Gerichtshof und stärkt damit die Europäische Union.[241] Es ist ein Aufruf zu mehr Rechtsstaatlichkeit, insbesondere zu einer verstärkten Kontrolle des Handelns der EZB durch den Gerichtshof,[242] und zu mehr Demokratie.[243] Die hierdurch vom Bundesverfassungsgericht geschaffene weitergehende Rechtssicherheit ist gerade angesichts künftiger europäischer Solidaritätsmaßnahmen wie etwa dem am 24. März 2020 von der EZB beschlossenen *Pandemic Emergency Purchase Programme* (PEPP) von besonderem Wert.[244] Hierauf sollte im europäischen Diskurs weiter aufgebaut werden.[245]

---

239 Vgl. BVerfGE 154, 17 (150 f. Rn. 232 f.).

240 Vgl. *Calliess*, NVwZ 2020, S. 897 (897); *Haltern*, NVwZ 2020, S. 817 (822); *Pießkalla*, EuZW 2020, S. 538 (538 f.); *Wernicke*, EuZW 2020, S. 543 (543).

241 Vgl. *Bender*, ZEuS 2020, S. 409 (414).

242 Vgl. *Krings*, ZRP 2020, S. 160 (161).

243 Vgl. *Gärditz*, EuZW 2020, S. 505 (507); *Haltern*, NVwZ 2020, S. 817 (820, 823).

244 Vgl. *Hellwig*, NJW 2020, S. 2497 (2503); *Ruffert*, JuS 2020, S. 574 (577); *Schorkopf*, JZ 2020, S. 734 (736).

245 Vgl. *Calliess*, NVwZ 2020, S. 897 (904); *Kube*, DVBl 2020, S. 1161 (1167).

Esther Roffael

Formelle Übertragungskontrolle und materielle Gerichtsstandards bei der Delegation von Hoheitsrechten auf supranationale Gerichte nach Art. 23 Abs. 1 Satz 2 und 3 GG

Leitentscheidungen des Bundesverfassungsgerichts

BVerfGE 89, 155 – Maastricht
BVerfGE 131, 152 – Unterrichtungspflicht der Bundesregierung
BVerfGE 134, 366 – OMT-Vorlagebeschluss
BVerfGE 135, 317 – ESM
BVerfGE 142, 123 – OMT-Programm
BVerfGE 153, 74 – Einheitliches Patentgericht
BVerfGE 154, 17 – PSPP
BVerfG, Beschluss des Zweiten Senats vom 23. Juni 2021 – 2 BvR 2216/20, 2 BvR 2217/20 –, GRUR-RS 2021, 17632

Schrifttum (Auswahl)

Monografien/Lehrwerke

König, Die Übertragung von Hoheitsrechten im Rahmen des europäischen Integrationsprozesses – Anwendungsbereich und Schranken des Art. 23 des Grundgesetzes, 2000; *Kraßer/Ann*, Patentrecht, 7. Aufl. 2016; *Schachtschneider*, Res publikca res populi, 1994; *Sauer*, Staatsrecht III, 6. Auf. 2020; *Streinz*, Europarecht, 11. Aufl. 2019.

Zeitschriftenbeiträge

Giegerich, BVerfG verzögert europäische Patentreform – Vorschläge zur Schadensbegrenzung, EuZW 2020, S. 560 ff.; *Hofmann/Heger*, Das Selbstverständnis des Bundesverfassungsgerichts als Hüter des Kompetenzverhältnisses zwischen der Europäischen Union und Deutschland, EuGRZ 2020, S. 176 ff.; *Klement*, Der Euro und seine Demokratie, ZG 2014, 169 ff.; *Knoth*, (Noch) mehr Rechtsschutz gegen die Übertragung von Hoheitsrechten: Das Instrument der formellen Übertragungskontrolle, EuR 2021, S. 274 ff.; *König*, Das Urteil des Bundesverfassungsgerichts zum Vertrag von Maastricht – ein Stolperstein auf dem Weg in die europäische Integration?, ZaoRV 54 (1994), S. 17 ff.; *Luckner von*, Stay home, stay healthy: Das Ergänzungs- oder besondere Näheverhältnis zum Unionsrecht in der BVerfG-Rechtsprechung und die europäische Integration durch Völkerrecht, EuR 2021, S. 209 ff.; Luginbühl, Das europäische Patent mit einheitlicher Wirkung (Einheitspatent), GRURInt 2013, S. 305 ff.; *Ogorek*, Übertragung von Hoheitsrechten, „Grundrecht auf Demokratie", JA 2020, S. 878 ff.; *Payandeh*, Rechtsschutz gegen die Übertragung von Hoheits-

https://doi.org/10.1515/9783110686623-015

rechten im Kontext der Europäischen Union – „Formelle Übertragungskontrolle“ im Kontext der europäischen Integration, Anwendungsbereich und Reichweite von Art. 23 I 3 GG, JuS 2020, S. 702 ff.; *Ries*, Die „formelle Übertragungskontrolle“ – ein neuer Baustein im Gefüge verfassungsrechtlicher Integrations-Kontrollvorbehalte?, Jura 2021, S. 65 ff.; *Ruffert*, Das BVerfG als Akteur im Prozess der europäischen Integration, EuGRZ 2017, S. 241 ff.; *Sauer*, Demokratische Legitimation zwischen Staatsorganisationsrecht und grundrechtlichem Teilhabeanspruch, Der Staat, Bd. 58 (2019), S. 7 ff.; *Schachtschneider*, Anspruch auf Demokratie, Überlegungen zum Demokratierechtsschutz des Bürgers, JR 1970, S. 401 ff.; *Schallmoser/Haberl*, Das BVerfG macht Politik – und alle sehen zu, GRUR-Prax 2020, S. 199 ff.; *Schneider*, Der Ultra-vires-Maßstab im Außenverfassungsrecht, Skizze sicherer Vollzugszeitumgebungen für zwischenstaatliche und supranationale Integrationsprozesse, S. 196 ff.; *Tilmann*, Zur Nichtigerklärung des EPGÜ-Ratifizierungsgesetzes, GRUR 2020, S. 441 ff.; *Tilmann*, Weitere Verfassungsbeschwerde gegen das EPGÜ-Ratifizierungsgesetz, GRUR 2021, S. 435 ff.; *Tilmann*, Verfassungsidentität, Ultra-vires-Kontrolle, Wahlbürgerbeschwerde – Auslegung oder Rechtsfortbildung, IWRZ 2021, S. 160 ff.; *Tilmann*, Freie Bahn für das Einheitliche Patentgericht, Zugleich Besprechung von BVerfG „EPGÜ-ZustG II“, GRUR 2021, S. 1138 ff.; *Wollenschläger*, Völkerrechtliche Flankierung des EU-Integrationsprogramms als Herausforderung für den Europa-Artikel des Grundgesetzes (Art. 23 GG), NVwZ 2012, S. 713 ff.

Inhaltsübersicht

I. Einführung

Der Zweck des Patent- und Urheberrechts liegt, wie es die US-amerikanische Verfassung in der eleganten Formulierung ihrer „Intellectual Property Clause“ beschreibt, in der „Förderung des Fortschritts der Wissenschaft und der nützlichen Künste, indem den Autoren und Erfindern für eine begrenzte Zeit das ausschließliche Recht an ihren jeweiligen Schriften und Entdeckungen gesichert wird“[1]. Auch wenn das Verfassungsrecht gemeinhin nicht zur Wissenschaft oder den nützlichen Künsten in diesem Sinne gezählt wird, so hat der lange Weg zum Einheitlichen Patentgericht[2] auch dem Verfassungsrecht eine – umstrittene[3] –

1 Article 1, Section 8, Clause 8 US Constitution.

2 Die Diskussion um die Schaffung eines einheitlichen Patentschutzes für das Gebiet der EU reicht bis an das Ende der 1950er Jahre zurück. Bereits 1962 wurde der Vorentwurf eines Abkommens über ein Europäisches Patentrecht veröffentlicht, mit dem ein EU-Patent mit europaweiter Erstreckung/einheitlicher Wirkung und einheitlichem Regelwerk (früher: „Gemeinschaftspatent“) geschaffen werden sollte (vgl. GRURInt. 1962, S. 561). Seine Verwirklichung scheiterte an der gemeinschaftspolitischen Krise der folgenden Jahre. In Weiterverfolgung des Anliegens eines gemeinschaftsweit einheitlichen Patentschutzes wurden 1975 das Gemeinschaftspatentübereinkommen (GPÜ) mit dem dazugehörigen Streitregelungsübereinkommen beschlossen, das jedoch mangels der notwendigen Anzahl an Ratifikationen und trotz dreier Nachbesserungsversuche nie in Kraft getreten ist. Derzeit wird der Patentschutz in Europa durch das Europäische Patentübereinkommen (EPÜ) vom Europäischen Patentamt (EPA) in München sichergestellt, welches Anträge auf Patenterteilung zentral entgegennimmt und auf die erforderlichen Patentvoraussetzungen (Neuheit und Erfindungshöhe) prüft. Die Patenterteilung erfolgt indes auf nationaler Ebene nach den Vorschriften der Länder, die der Anmelder benannt hat (sog. „Bündelpatent“). Auch sieht das EPÜ kein einheitliches Gerichtssystem und damit auch keine verbindliche Berufungsinstanz für Fragen der Nichtigkeit von Europäischen Patenten vor, mit der Folge, dass die Rechtsverfolgung in jedem einzelnen Mitgliedstaat erfolgen muss. Um insbesondere das zu ändern, wurde am 11.12.2012 vom Europäischen Parlament ein sog. „Patentpaket“, bestehend aus dem EU-Patent, der Sprachenregelung und dem Patentgericht, verabschiedet. Dabei konnte das Einheitspatentsystem nur im Wege einer verstärkten Zusammenarbeit nach Art. 20 EUV zwischen einem Großteil der EU-Mitgliedstaaten geschaffen werden, da eine Einigung aller EU-Mitgliedstaaten auf ein Patentsystem innerhalb des institutionellen Gefüges der EU am Widerstand einzelner Staaten gescheitert war. Das Einheitliche Patentgericht (EPGÜ) ist ein völkerrechtlicher Vertrag, der nur den EU-Mitgliedstaaten offensteht, gemeinsam mit den am 20.1.2013 in Kraft getretenen EU-Verordnungen, namentlich der Einheitspatenverordnung (EPV) 1257/2012/(EU) (= Verordnung des Europäischen Parlaments und des Rates vom 17.12.2012 über die Umsetzung der Verstärkten Zusammenarbeit im Bereich der Schaffung eines einheitlichen Patentschutzes, ABl. EU vom 31.12.2012, L 361/1) und den anzuwendenden Übersetzungsregelungen (ÜEPV) 1260/2012/(EU) (= Verordnung (EU) Nr. 1260/2012 des Rates vom 17.12.2012 über die Umsetzung der verstärkten Zusammenarbeit im Bereich der Schaffung eines einheitlichen Patentschutzes im Hinblick auf die anzuwenden Übersetzungsregelungen, ABl. EU

Innovation beschert, nämlich die formelle Übertragungskontrolle[4] bei der Delegation von Hoheitsrechten im Rahmen der europäischen Integration (Art. 23 Abs. 1 Satz 2 und 3 GG), die – zumindest bis auf weiteres – wohl als Ausprägung der Ultra-vires-Kontrolle den Rechtsschutz der Bürger über Art. 38 Abs. 1 Satz 1 erweitert (dazu II.). Daneben finden sich in der Entscheidung BVerfGE 153, 74 – Einheitliches Patentgericht[5] (und der Folgeentscheidung im einstweiligen Anordnungsverfahren vom 23. Juni 2021[6]) Ausführungen zur Einbeziehung unionsrechtsnaher völkerrechtlicher Verträge in den Art. 23 GG (dazu III.) und interessante, wenn auch knappe Bemerkungen zu den Anforderungen an die Delegation von Rechtsprechungsgewalt auf supranationale Gerichte (dazu IV.).

---

vom 31.12.2012, L 361/89), den Kern eines Regelungsgefüges zur Schaffung eines Einheitspatents darstellt und an das bestehende Europäische Patentübereinkommen (EPÜ) sowie dessen institutionelle Strukturen anknüpft. Danach sollen alle durch das Europäische Patentamt erteilten Patente für alle am Einheitspatentsystem teilnehmenden Mitgliedstaaten einheitliche Wirkung entfalten. Zur historischen Entwicklung und den weiteren Einzelheiten zum Konzept des Einheitspatents ausführlich *Ann*, in: Kraßer/Ann, Patentrecht, 7. Aufl. 2016, § 7 Rn. 58 ff., 90 ff.; vgl. auch *Luginbühl*, GRURInt 2013, S. 305 ff.; *von Luckner*, EuR 2021, S. 209 (210 ff.); *Möller*, EuZW 2020, S. 336 (336 f.).

3 Zur Kritik im Sondervotum unten II. 3.; zur (überwiegend kritischen) Rezeption in der Literatur *Giegerich*, EuZW 2020, S. 560 (562); *Hofmann/Heger*, EuGRZ 2020, S. 176 (184 ff.); *Payandeh*, JuS 2020, S. 702 (704 f.); *Sauer*, Staatsrecht III, 6. Aufl. 2020, § 9 Rn. 19; *Schallmoser/Haberl*, GRUR-Prax 2020, S. 199 f.; *Tilmann*, GRUR 2020, S. 441 (442 f.); *Knoth*, EuR 2021, S. 274 (281 ff.); aufgeschlossener *von Luckner*, EuR 2021, S. 209 ff.; *Ogorek*, JA 2020, S. 878 (880).

4 Zum Begriff BVerfGE 153, 74 (152 Rn. 137) – Einheitliches Patentgericht: „Im Anwendungsbereich von Art. 23 Abs. 1 GG schützt Art. 20 Abs. 1 und 2 i.V.m. Art. 79 Abs. 3 GG die Wahlberechtigten darüber hinaus davor, dass die formellen Voraussetzungen des Art. 23 Abs. 1 GG für eine Übertragung von Hoheitsrechten (...) eingehalten werden (formelle Übertragungskontrolle)“.

5 Die Entscheidung hatte eine Verfassungsbeschwerde gegen das Zustimmungsgesetz zum Übereinkommen über ein Einheitliches Patentgericht (EPGÜ) zum Gegenstand. Der Bundestag nahm das Zustimmungsgesetz zum EPGÜ zwar einstimmig an, an der Abstimmung beteiligten sich aber insgesamt nur etwa 35 Abgeordnete. Unter Berufung auf Art. 38 Abs. 1 i.V.m. Art. 20 Abs. 1 und 2 und Art. 79 Abs. 3 GG rügte der Beschwerdeführer, dass das Zustimmungsgesetz vom Bundestag nicht mit der erforderlichen qualifizierten Mehrheit aus Art. 23 Abs. 1 Satz 3 i.V.m. Art. 79 Abs. 2 GG angenommen wurde, sowie die materielle Verfassungswidrigkeit durch Unterschreitung rechtsstaatlicher Mindeststandards und die Unionsrechtswidrigkeit des geplanten Einheitlichen Patentgerichts. Zu den Einzelheiten des Verfahrens vgl. die auf der Internetseite des Beschwerdeführers bereitgestellten Informationen https://www.stjerna.de/patentreform/ – zuletzt abgerufen am 29.8.2021.

6 BVerfG, Beschluss des Zweiten Senats vom 23. Juni 2021 – 2 BvR 2216/20, 2 BvR 2217/20 –, GRUR-RS 2021, 17632.

II. Formelle Übertragungskontrolle bei der Delegation von Hoheitsrechten auf die Europäischen Union

1. Ausgangspunkt: Identitäts- und Ultra-vires-Kontrolle

Es entspricht der gefestigten Rechtsprechung des Verfassungsgerichts, dass die Delegation von Hoheitsrechten im Rahmen der europäischen Integration zwei Kontrollvorbehalten unterliegt, die beide von den Garantien des Art. 38 Abs. 1 Satz 1 GG erfasst sind und deshalb auch durch einzelne Wahlberechtigte mit der Verfassungsbeschwerde gerügt werden können.[7] Zum einen sichert die *Identitätskontrolle* nach Art. 23 Abs. 1 Satz 3 i.V.m. Art. 79 Abs. 3 GG die wahlberechtigten Bürgerinnen und Bürger vor einer Übertragung von Hoheitsrechten, die den wesentlichen Inhalt des Grundsatzes der Volkssouveränität (Art. 20 Abs. 1 und 2 GG) preisgibt.[8] Zum anderen verpflichtet Art. 38 Abs. 1 Satz 1 i.V.m. Art. 20 Abs. 1 und 2 Satz 1 GG die Staatsorgane Bundestag, Bundesrat und Bundesregierung dazu, in Wahrnehmung ihrer Integrationsverantwortung über die Einhaltung des in einem Zustimmungsgesetz zur Kompetenzübertragung an die Europäische Union niedergelegten Integrationsprogramms zu wachen und bei offensichtlichen und strukturell bedeutsamen Kompetenzüberschreitungen von Organen, Einrichtungen und sonstigen Stellen der Europäischen Union aktiv auf die Beachtung der Grenzen des im Zustimmungsgesetz niedergelegten Integrationsprogramms und seine Befolgung hinzuwirken *(Ultra-vires-Kontrolle)*.[9] Das Verhältnis der beiden Institute beschreibt das Urteil zum OMT-Programm[10]: Sie stehen zwar einerseits

---

7 Zum sog. „*Grundrecht auf Demokratie*" vgl. BVerfGE 89, 155 ff. – Maastricht; BVerfGE 123, 267 ff. – Lissabon; BVerfGE 135, 317 ff. – ESM; BVerfGE 142, 123 ff. – OMT-Programm; BVerfGE 154, 17 (85 Rn. 99) – PSPP; zur Entwicklung der Rechtsprechung auch *Knoth*, EuR 2021, S. 274 (275).

8 BVerfGE 153, 74 (152 Rn. 136) – Einheitliches Patentgericht m.w.N.; BVerfGE 151, 202 (296 ff. Rn 140 ff.) – Europäische Bankenunion; vgl. auch BVerfGE 129, 124 (169 f.) – EFS; *Streinz*, Europarecht, 11. Aufl. 2019, Rn. 242.; kritisch zu einem aus dem Wahlrecht abgeleiteten Anspruch auf Demokratie *König*, ZaöRV 54 (1994), S. 17 (27 ff.); *dies.*, Die Übertragung von Hoheitsrechten im Rahmen des europäischen Integrationsprozesses – Anwendungsbereich und Schranken des Art. 23 des Grundgesetzes, 2000, 476 ff.; *Ruffert*, EuGRZ 2017, S. 241 (248 f.); *Sauer*, Der Staat, Bd. 58 (2019), S. 7 ff.; vgl. auch *Schachtschneider*, JR 1970, S. 401 ff.; *ders.*, Res publica res populi, 1994, S. 494 ff., der den Anspruch auf Demokratie aus Art. 2 Abs. 1 GG ableitet.

9 BVerfGE 142, 123 (198 f. Rn. 143 und 202 Rn. 152) – OMT-Programm; BVerfGE 146, 216 (252 Rn. 52) – PSPP Vorlagebeschluss; BVerfGE 151, 202 (296 ff. Rn 140 ff.) – Europäische Bankenunion.

10 BVerfGE 142, 123 (203 Rn. 153) – OMT-Programm; kritisch *Tilmann*, IWRZ 2021, S. 160 (163): „Verhältnis zueinander unklar"; vgl. auch *Knoth*, EuR, S. 274 (276): „Verhältnis schwer zu be-

als „eigenständige Prüfverfahren nebeneinander“.[11] Weil aber „hinreichend qualifizierte Kompetenzüberschreitungen zugleich die Identität der Verfassung berühren (...), stellt die Ultra-vires-Kontrolle einen besonderen, an das Zustimmungsgesetz gemäß Art. 23 Abs. 1 Satz 2 GG anknüpfenden Anwendungsfall des allgemeinen Schutzes der Verfassungsidentität durch das BVerfG dar“.[12] Trotz ihrer gemeinsamen Wurzel in Art. 79 Abs. 3 GG unterscheiden sich ihre Prüfungsmaßstäbe: Während in der Ultra-vires-Kontrolle entscheidend ist, „ob das Handeln der Organe, Einrichtungen und sonstigen Stellen der Europäischen Union von den im Zustimmungsgesetz gem. Art. 23 Abs. 1 Satz 2 GG enthaltenen Vorgaben des Integrationsprogramms gedeckt ist oder die Maßnahme aus dem vom parlamentarischen Gesetzgeber vorgegebenen Rahmen ausbricht“, löst sich die Identitätskontrolle von der Reichweite der übertragenen Zuständigkeit und misst „die in Rede stehende Maßnahme der Europäischen Union in materieller Hinsicht an der ‚absoluten Grenze‘ der Grundsätze der Art. 1 und Art. 20 GG“.[13]

Die Entscheidung BVerfGE 153, 74 – Einheitliches Patentgericht lotet nun die Grenzen dieser in der Rechtsprechung anerkannten – und anerkanntermaßen individualrechtlich durch das grundrechtsgleiche Recht aus Art. 38 Abs. 1 Satz 1 GG bewehrten – Kontrollvorbehalte aus, und zwar einerseits – diese Frage stand im Zentrum der Entscheidung, des Sondervotums und der sich anschließenden Diskussion in der Literatur – im Hinblick auf die Wahrung auch der formellen Voraussetzungen des Art. 23 Abs. 1 GG an die Delegation von Hoheitsrechten (wie insbesondere des Erfordernisses einer Zwei-Drittel-Mehrheit für das Zustimmungsgesetz, sog. *formelle Übertragungskontrolle*[14], dazu sogleich unter II.), und andererseits im Hinblick auf die *Einbeziehung völkerrechtlicher Verträge* in die Vorgaben des Art. 23 Abs. 1 GG, wenn solche Verträge in einem Näheverhältnis zum europäischen Integrationsprozess stehen (dazu sodann unter III.). Die nachfolgende Entscheidung des Zweiten Senats vom 23. Juni 2021 – 2 BvR 2216/20, 2 BvR 2217/20 – bestätigt die Einbeziehung völkerrechtlicher Verträge in die Vorgaben des Art. 23 Abs. 1 GG, relativiert aber in einzelnen Punkten die frühere Entscheidung vom März 2020, ohne über das Schicksal der formellen Übertragungskontrolle abschließend zu entscheiden.

---

stimmen und nicht überschneidungsfrei“; *Klement*, ZG 2014, S. 169 (187); *Streinz*, Europarecht, 11. Aufl. 2019, Rn. 241 f.

11 BVerfGE 142, 123 (203 Rn. 153) – OMT-Programm.

12 BVerfGE 142, 123 (203 Rn. 153) – OMT-Programm; vgl. auch *Schneider*, AöR 139 (2014), S. 196 (245 f.).

13 BVerfGE 142, 123 (203 Rn. 153) – OMT-Programm.

14 Zum Begriff BVerfGE 153, 74 (152 Rn. 137) – Einheitliches Patentgericht.

2. Herleitung und Einbettung der formellen Übertragungskontrolle in die Rechtsprechung

Die formelle Übertragungskontrolle entfaltet der Senat mit unterschiedlichen Argumentationssträngen, die die Frage nach der Einordnung des neuen Instituts als eigenständiger neuer Kontrollvorbehalt, als Teil der Identitätskontrolle oder – am überzeugendsten – als Fortschreibung des Ultra-vires-Vorbehalts aufwerfen.

a) Formelle Übertragungskontrolle als neuer Kontrollvorbehalt ...

Zunächst stellt der Senat unter Rückgriff auf die Entscheidungen zum Euro-Rettungsschirm und zu OMT-Transaktionen fest, dass „Strukturveränderungen im staatsorganisationsrechtlichen Gefüge, wie sie bei der Übertragung von Hoheitsrechten auf die Europäische Union oder andere supranationale Einrichtungen eintreten können", vom Schutz des Art. 38 Abs. 1 Satz 1 GG erfasst sind,[15] und dass „Kompetenzen, die einem anderen Völkerrechtssubjekt übertragen werden, (...) im Unterschied zu einer Verfassungsänderung nicht ohne Weiteres ‚zurückgeholt' werden" können.[16] Die nach Art. 23 Abs. 1 Satz 3 i.V.m. Art. 79 Abs. 2 GG erforderliche Zwei-Drittel-Mehrheit „dient insoweit der Gewährleistung eines besonderen Legitimationsniveaus für Entscheidungen, die die Substanz des Wahlrechts zum Bundestag schwächen und die demokratischen Gewährleistungen des Grundgesetzes möglicherweise dauerhaft bis zu der durch die Verfassungsidentität geschützten Grenze zurücknehmen", indem sie für den Integrationsgesetzgeber „eine substantielle Hürde" schafft.[17]

Diese Argumentationslinie könnte ein Verständnis der formellen Übertragungskontrolle als eigenständiger – dritter – Kontrollvorbehalt neben der Identitäts- und Ultra-vires-Kontrolle nahelegen,[18] mit denen sie zwar die gemeinsame Wurzel in Art. 79 GG teilt, von denen sie sich aber dadurch unterscheidet, dass weder die inhaltliche Reichweite des Übertragungsgesetzes (wie bei der Ultra-vires-Kontrolle) noch die „absoluten" Grundsätze der Art. 1 und 20 GG Kontrollmaßstab sind. Vielmehr geht es darum, dass grundlegende „Strukturveränderungen im staatsorganisationsrechtlichen Gefüge" durch – zumindest faktisch –

---

15 BVerfGE 153, 74 (152 Rn. 97) – Einheitliches Patentgericht mit Verweis auf BVerfGE 129, 124 (169) – Euro-Rettungsschirm; BVerfGE 142, 123 (190 Rn. 126) – OMT-Programm.

16 BVerfGE 153, 74 (152 Rn. 97) – Einheitliches Patentgericht.

17 BVerfGE 153, 74 (134 Rn. 97) – Einheitliches Patentgericht.

18 So *Knoth*, EuR 2021, S. 274 (277): „tritt als weiteres Instrument zur Kontrolle von Hoheitsübertragungen neben die Identitätskontrolle".

kaum rückholbare[19] und damit dauerhafte Kompetenzübertragungen durch ein „besonderes Legitimationsniveau“ aufgewogen werden müssen, zu dem insbesondere die Zwei-Drittel-Mehrheit nach Art. 23 Abs. 1 Satz 2 und 3 GG zählt. Gegen ein solches Verständnis dürfte aber die Bemerkung in der Folgeentscheidung vom 23. Juni 2021 sprechen, das Bundesverfassungsgericht gewährleiste die Grenzen der Anwendung von Unionsrecht „insbesondere im Rahmen der Identitäts- und der Ultra-vires-Kontrolle“.[20] Es wird also keine dritte Fallgruppe erwähnt, auch wenn der Zusatz „insbesondere“ eine andere Deutung offenlässt.

b) … oder als Teil der Identitätskontrolle …

An anderen Stellen bemüht sich der Senat um eine Einbettung der formellen Übertragungskontrolle in die anerkannten Fallgruppen der Identitäts- und Ultra-vires-Kontrolle. Die Verbindung zur Identitätskontrolle könnte eine Bemerkung in der Begründetheit schlagen, wonach Art. 38 Abs. 1 Satz 1 GG „die wahlberechtigten Bürgerinnen und Bürger (…) vor einer Übertragung von Hoheitsrechten gemäß Art. 23 Abs. 1 GG [schützt], die unter Überschreitung der Grenzen des Art. 79 Abs. 3 in Verbindung mit Art. 23 Abs. 1 Satz 3 GG den wesentlichen Inhalt des Grundsatzes der Volkssouveränität (Art. 20 Abs. 1 und Abs. 2 GG) materiell preisgibt“, dies prüfe das Bundesverfassungsgericht „im Rahmen der Identitätskontrolle“.[21] Indes werden an anderer Stelle die Unterschiede zur Identitätskontrolle ausgeführt.[22] Vor allem wird in der Folgeentscheidung zum Einheitlichen

19 Dazu auch BVerfGE 153, 74 (134 f. Rn. 137) – Einheitliches Patentgericht: „Während eine Verfassungsänderung mit entsprechenden Mehrheiten rückgängig gemacht werden kann, sind Kompetenzen, die einem anderen Völkerrechtssubjekt übertragen werden, in aller Regel „verloren“ und können aus eigener Kraft nicht ohne Weiteres „zurückgeholt“ werden“. Siehe auch den Hinweis im Sondervotum BVerfGE 153, 74 (178) – Einheitliches Patentgericht (Sondervotum) *König/Langenfeld/Maidowski*, wonach die Mehrheitsmeinung die umfassende formelle und materielle vorbeugende Beschwerdemöglichkeit nach Art. 38 Abs. 1 Satz 1 GG als Korrektiv für die fehlende Rückholbarkeit eingeführt habe. Soweit *Knoth*, EuR 2021, S. 274 (286) auf die Möglichkeit der Kündigung des dem EPGÜ zugrundeliegenden EPÜ verweist, erscheint dies realitätsfremd, weil die Bundesrepublik Deutschland als wichtigstes europäisches Herkunftsland von Patentanmeldern und wichtigster Teilmarkt kaum das gut funktionierende EPÜ kündigen würde, ganz abgesehen von den möglichen Folgen für das EPÜ-System im Übrigen.

20 BVerfG, Beschluss des Zweiten Senats vom 23. Juni 2021–2 BvR 2216/20, 2 BvR 2217/20 –, GRUR-RS 2021, 17632 Rn 74.

21 BVerfGE 153, 74 (134 Rn. 136) – Einheitliches Patentgericht.

22 Der Unterschied zwischen formeller Übertragungskontrolle und „absoluter“ Identitätskontrolle zeigt sich an dem Umstand, dass erstere bereits für Entscheidungen eingreift, „die die Substanz des Wahlrechts zum Bundestag schwächen und die demokratischen Gewährleistungen

Patentgericht vom 23. Juni 2021 – in geänderter Zusammensetzung des Senats – ausdrücklich hervorgehoben, dass die Identitätskontrolle keinen Anspruch auf eine über die Sicherung des Demokratieprinzips „hinausgehende Rechtmäßigkeitskontrolle demokratischer Mehrheitsentscheidungen" eröffnet und „insbesondere" „nicht der inhaltlichen Kontrolle demokratischer Prozesse [diene], sondern (...) auf deren Ermöglichung gerichtet" sei.[23]

c) ... oder als Fortschreibung der Ultra-vires-Kontrolle?

Deshalb dürfte es sich nach Auffassung der Mehrheitsmeinung des Senats bei der formellen Übertragungskontrolle um eine Weiterentwicklung des Ultra-vires-Vorbehalts handeln. Dafür spricht zunächst die Bemerkung, dass Hoheitsrechte „ohne Beachtung der verfassungsrechtlichen Anforderungen an die Kompetenzübertragung, auch soweit damit keine Verfassungsänderung einhergeht, nicht wirksam übertragen werden [können], so dass an eine solche ‚Übertragung' anknüpfende Akte als Ultra-vires-Akte anzusehen sind".[24] Für eine Nähe zur Ultra-vires-Kontrolle spricht ferner die Abgrenzung zum ESM-Urteil. Die dort verneinte Ausdehnung des Art. 38 Abs. 1 Satz 1 GG auf die formellen Anforderungen des Gesetzgebungsverfahrens und das Erfordernis einer Zwei-Drittel-Mehrheit nach Art. 79 Abs. 2 GG unterscheidet der Senat von der im Verfahren zum Einheitlichen Patentgericht streitgegenständlichen Übertragung von Hoheitsrechten, weil „das ESM-Finanzierungsgesetz keine nicht rückholbare Übertragung von Hoheitsrechten zum Gegenstand hatte".[25] Dies zeige sich auch an dem ausdrücklichen Vorbehalt für die Ultra-vires-Konstellationen, der „sinnlos" wäre, „wenn er nicht als Vorbehalt für die hier zu entscheidende Konstellation einer unwirksamen Übertragung von Hoheitsrechten verstanden würde, die in der Konsequenz zahllose Ultra-vires-Akte nach sich zöge".[26] Am klarsten kommt die Nähe der formellen Übertragungskontrolle zum Ultra-vires-Vorbehalt schließlich in der

---

des Grundgesetzes möglicherweise dauerhaft bis zu der durch die Verfassungsidentität geschützten Grenze zurücknehmen" (BVerfGE 153, 74 (134 Rn. 97) – Einheitliches Patentgericht), so dass die Grenze der absoluten Verfassungsidentität offenbar noch nicht erreicht sein muss, bevor die formelle Übertragungskontrolle eingreift.

23 BVerfG, Beschluss des Zweiten Senats vom 23. Juni 2021 – 2 BvR 2216/20, 2 BvR 2217/20 –, GRUR-RS 2021, 17632 Rn. 55.

24 BVerfGE 153, 74 (134 Rn. 97) – Einheitliches Patentgericht.

25 BVerfGE 153, 74 (134 f. Rn. 99) – Einheitliches Patentgericht mit Verweis auf BVerfGE 135, 317 (386 Rn. 125) – ESM.

26 BVerfGE 153, 74 (134 f. Rn. 99) – Einheitliches Patentgericht mit Verweis auf BVerfGE 135, 317 (387 f. Rn. 129) – ESM.

Begründetheit zum Ausdruck: „Werden Hoheitsrechte nicht in dem von der Verfassung vorgesehenen Verfahren übertragen, werden sie überhaupt nicht (wirksam) übertragen. Eine Öffnung der deutschen Rechtsordnung für die Einwirkung supranationalen Rechts findet nicht statt. Mit der Inanspruchnahme von nicht (wirksam) übertragenen Hoheitsrechten nähmen supranantionale Organisationen daher hoheitliche Gewalt in Anspruch, ohne dafür demokratisch legitimiert zu sein. Entsprechende Maßnahmen von Organen, Einrichtungen und sonstigen Stellen der Europäischen Union oder der in einem Ergänzungs- oder sonstigen besonderen Näheverhältnis zu dieser stehenden zwischenstaatlichen Einrichtung ergingen notwendig ultra vires und verstießen damit gegen den Grundsatz der Volkssouveränität aus Art. 20 Abs. 2 Satz 1 GG."[27]

Im Ergebnis dürfte die formelle Übertragungskontrolle damit eine besondere Ausprägung der Ultra-vires-Kontrolle sein.[28] In Fortschreibung der Abgrenzung aus der OMT-Entscheidung[29] mag man formulieren, dass Identitätskontrolle, Ultra-vires-Vorbehalt und nun auch formelle Übertragungskontrolle eigenständig nebeneinanderstehen. Zugleich sind die drei Kontrollvorbehalte dadurch verbunden, dass die Ultra-vires-Kontrolle einen besonderen, an das Zustimmungsgesetz gemäß Art. 23 Abs. 1 Satz 2 GG anknüpfenden Anwendungsfall des allgemeinen Schutzes der Verfassungsidentität darstellt[30] und die formelle Übertragungskontrolle ihrerseits als Ausprägung des Ultra-vires-Vorbehalts zu verstehen ist, weil formell unwirksame Kompetenzübertragungen zwangsläufig zu Ultra-vires-Handlungen der supranationalen Organisation führen.[31]

Folge der Verlängerung der Ultra-vires-Kontrolle in die formelle Rechtmäßigkeit des Übertragungsaktes ist, dass eine nach den Maßstäben des Art. 23

---

27 BVerfGE 153, 74 (134 f. Rn. 133) – Einheitliches Patentgericht; siehe auch Rn. 137: „Vor allem aber fehlte ohne wirksame Übertragung von Hoheitsrechten jeder dennoch erlassenen Maßnahme von Organen, Einrichtungen und sonstigen Stellen der Europäischen Union oder einer supranationalen Organisation eine demokratische Legitimation." Auch das Sondervotum sieht in dem Argument, „keine Wahlbürgerin und kein Wahlbürger dürfe einer supranationalen Hoheitsgewalt ausgesetzt werden, die auf einem formell verfassungswidrigen und damit unwirksamen Übertragungsakt beruhe", ein „Kernargument des Senats für die formelle Übertragungsrüge", BVerfGE 153, 74 (177) – Einheitliches Patentgericht (Sondervotum) *König/Langenfeld/Maidowski*.

28 So auch *Knoth*, EuR 2021, S. 274 (279 Fn. 37): Erstreckung der Ultra-vires-Kontrolle auf Sachverhalte, in denen das deutsche Zustimmungsgesetz formell nichtig ist.

29 BVerfGE 142, 123 (203 Rn. 153) – OMT-Programm.

30 So bereits BVerfGE 142, 123 (203 Rn. 153) – OMT-Programm.

31 Mit der Identitätskontrolle wiederum ist die formelle Übertragungskontrolle zumindest insofern verbunden, als die formellen Voraussetzungen des Art. 23 Abs. 1 Satz 3 zur Volkssouveränität zählen, vgl. BVerfGE 153, 74 (134 Rn. 136) – Einheitliches Patentgericht.

Abs. 1 Satz 2 und 3 GG formell unwirksame Kompetenzübertragung auch den in Art. 38 Abs. 1 Satz 1 GG verankerten Anspruch der Bürgerinnen und Bürger verletzt, „nur einer öffentlichen Gewalt ausgesetzt zu sein, die er legitimieren und beeinflussen kann."[32] Auch wenn Art. 38 Abs. 1 Satz 1 GG im innerstaatlichen Bereich „grundsätzlich keine Beschwerdebefugnis gegen Parlamentsbeschlüsse, insbesondere Gesetzesbeschlüsse" schafft, erstreckt sich sein Gewährleistungsbereich auf „Strukturveränderungen im staatsorganisationsrechtlichen Gefüge, wie sie etwa bei der Übertragung von Hoheitsrechten auf die Europäische Union oder andere supranationale Einrichtungen eintreten können"[33]: „Anders als bei Verfassungsänderungen ist Art. 38 Abs. 1 Satz 1 GG bei der Übertragung von Hoheitsrechten stets betroffen."[34] Dies hat zur Folge, dass „die Bürgerinnen und Bürger zur Sicherung ihrer demokratischen Einflussmöglichkeiten im Prozess der europäischen Integration grundsätzlich ein [durch Art. 38 Abs. 1 Satz 1 GG gewährleistetes] Recht darauf [haben], dass eine Übertragung von Hoheitsrechten nur in den vom Grundgesetz dafür vorgesehenen Formen der Art. 23 Abs. 1 Satz 2 und Satz 3, Art. 79 Abs. 2 GG erfolgt".[35] Mit der Verfassungsbeschwerde kann deshalb auch ohne weitergehende individuelle Betroffenheit „[i]m Fall des Art. 23 Abs. 1 Satz 2 GG (...) das Fehlen eines zustimmungspflichtigen Bundesgesetzes gerügt werden und im Fall des Art. 23 Abs. 1 Satz 3 GG das Fehlen der qualifizierten Mehrheit nach Art. 79 Abs. 2 GG".[36]

---

32 BVerfGE 153, 74 (134 Rn. 135) – Einheitliches Patentgericht mit Verweis auf BVerfGE 123, 267 (341) – Lissabon; BVerfGE 142, 123 (191 Rn. 128) – OMT-Programm.

33 BVerfGE 153, 74 (134 Rn. 135) – Einheitliches Patentgericht mit Verweis auf BVerfGE 129, 124 (169) – EFS; BVerfGE 142, 123 (190 Rn. 126) – OMT-Programm.

34 BVerfGE 153, 74 (134 Rn. 97) – Einheitliches Patentgericht.

35 BVerfGE 153, 74 (134 Rn. 98) – Einheitliches Patentgericht mit Verweis auf BVerfGE 134, 366 (397 Rn. 53); 142, 123 (193 Rn. 134) – OMT-Programm; 146, 216 (251 Rn. 50) – PSPP-Vorlagebeschluss.

36 BVerfGE 153, 74 (134 Rn. 98) – Einheitliches Patentgericht, siehe auch Rn. 138: „Damit ist der Kern des in Art. 38 Abs. 1 Satz 1, 20 Abs. 1 und 2 i.V.m. Art. 79 Abs. 3 GG verankerten, verfassungsbeschwerdefähigen Rechts auf demokratische Selbstbestimmung betroffen, der nicht zur Disposition steht. Ohne die Möglichkeit, die objektiven Grundsätze des Art. 20 Abs. 1 und 2 GG in ihrem durch Art. 79 Abs. 3 GG geschützten Kern überprüfen zu lassen, verlöre der demokratische Kerngehalt von Art. 38 Abs. 1 Satz 1 GG seinen Sinn." Zur Kritik des Sondervotums sogleich II.3.b; ähnlich *Giegerich*, EuZW 2020, S. 560 (566); *Knoth*, EuR 2021, S. 274 (275, 286 ff.): „Popularverfassungsbeschwerde".

3. Kritik im Sondervotum

Das Sondervotum wendet sich gegen die formelle Übertragungskontrolle vor allem deshalb, weil sie jedem Wahlberechtigten eine Überprüfung auch der formellen Rechtmäßigkeit der Kompetenzübertragung im Wege der Individualverfassungsbeschwerde gestützt auf Art. 38 Abs. 1 Satz 1 GG eröffnet. Dies unterscheide sich prinzipiell von den bisher anerkannten Fallgruppen der Identitätskontrolle und der Ultra-vires-Kontrolle und verkenne die materielle Substanz und Grenzen des Art. 38 Abs. 1 Satz 1 GG als den in der Würde des Menschen wurzelnden Kern des Demokratieprinzips, für den bei Nichtbeachtung formeller Voraussetzungen des Zustimmungsgesetzes kein Raum sei.[37] Schließlich könne die formelle Übertragungskontrolle „entgegen den Intentionen des Senats letztlich dazu führen, dass der politische Prozess im Kontext mit der europäischen Integration nicht ermöglicht und gesichert, sondern verengt und behindert wird".[38]

a) Vereinbarkeit der formellen Übertragungskontrolle mit der bisherigen Rechtsprechung

Der Kritik im Hinblick auf die Kontinuität der Rechtsprechung ist zuzugeben, dass die formelle Übertragungskontrolle in der Rechtsprechung des Bundesverfassungsgerichts bisher nicht als solche anerkannt war. Anerkannt war allerdings, wie sowohl die Mehrheitsmeinung des Senats[39] als auch das Sondervotum unter Verweis auf den OMT-Vorlagebeschluss ausführen, eine „verfahrensmäßige Komponente der Ultra-vires-Kontrolle"[40]: Danach haben die Wahlberechtigten nach Art. 38 Abs. 1 Satz 1 GG „grundsätzlich ein Recht darauf, dass eine Verlagerung von Hoheitsrechten nur in den dafür vorgesehenen Formen von Art. 23 Abs. 1 Satz 2 und 3, Art. 79 Abs. 2 GG geschieht. Der demokratische Entscheidungsprozess, den diese Regelungen neben der gebotenen Bestimmtheit der Übertragung von Hoheitsrechten (...) gewährleisten, wird bei einer eigenmächtigen Kompetenzanmaßung von Organen und sonstigen Stellen der Europäischen

37 BVerfGE 153, 74 (166, 168 ff., 174 ff.) – Einheitliches Patentgericht (Sondervotum) *König/Langenfeld/Maidowski*.

38 BVerfGE 153, 74 (166, 181 f.) – Einheitliches Patentgericht (Sondervotum) *König/Langenfeld/Maidowski*.

39 BVerfGE 153, 74 (134 Rn. 98) – Einheitliches Patentgericht.

40 BVerfGE 153, 74 (172) – Einheitliches Patentgericht (Sondervotum) *König/Langenfeld/Maidowski* unter Hinweis u. a. auf BVerfGE 134, 366 (397 Rn. 53) – OMT-Vorlagebeschluss.

Union unterlaufen".[41] Das Sondervotum versteht den zweiten Satz des Zitats mithin als Einschränkung des ersten, bezieht den Hinweis auf die „dafür vorgesehenen Formen von Art. 23 Abs. 1 Satz 2 und 3, Art. 79 Abs. 2 GG" also nur auf die eigenständige Kompetenzanmaßung von Organen der EU,[42] während das Mehrheitsvotum des Senats aus dem Verweis auf die „dafür vorgesehenen Formen der Art. 23 Abs. 1 Satz 2 und 3, Art. 79 Abs. 2 GG" eine eigenständige Aussage des Inhalts folgert, dass „[i]m Fall des Art. 23 Abs. 1 Satz 2 GG (...) daher das Fehlen eines zustimmungspflichtigen Bundesgesetzes gerügt werden [kann] und im Fall des Art. 23 Abs. 1 Satz 3 GG das Fehlen der qualifizierten Mehrheit nach Art. 79 Abs. 2 GG".[43]

Noch bedeutsamer ist ein weiterer Einwand des Sondervotums, nämlich dass der Senat im ESM-Urteil „mit unmissverständlichen Worten" klargestellt habe, dass „Art. 79 Abs. 2 GG – auch in Verbindung mit Art. 23 Abs. 1 Satz 3 GG – eine Regel des objektiven Verfassungsrechts ist, die die Willensbildung innerhalb des Bundestages und des Bundesrates betrifft. Sie vermittelt den Wahlberechtigten (...) – abgesehen von den Fällen einer Ultra-vires-Konstellation (vgl. BVerfGE 134, 366 [383 f. Rn. 25]) – keine Rechte, weil der Umfang der Entscheidungsbefugnisse des Bundestages, mithin die Substanz des Wahlrechts, nicht davon abhängt, mit welcher Mehrheit der Bundestag seine Beschlüsse fasst".[44] Auch diese Formulierung wird von der Mehrheit und der Minderheit des Senats unterschiedlich gedeutet: Das Sondervotum folgert aus dem „Verweis auf den OMT-Vorlagebeschluss im 134. Band, der eine Ultra-vires-Konstellation im Sinne einer offensichtlichen und strukturell bedeutsamen Kompetenzüberschreitung betraf" und der „Begründung für die Notwendigkeit einer Ultra-vires-Kontrolle, nämlich die Überprüfung der Einhaltung der Grenzen bereits wirksam übertragener Kompetenzen (vgl. etwa BVerfGE 142, 123 [198 Rn. 143])", „dass sich der Vorbehalt nicht auf eine Konstellation bezieht, wie sie hier streitgegenständlich ist".[45] Die Mehrheitsmeinung des Senats leitet indes aus dem Umstand, dass das ESM-Finanzierungsgesetz „keine nicht rückholbare Übertragung von Hoheitsrechten zum Gegenstand hatte", und aus dem ausdrücklichen Vorbehalt für Ultra-vires-Kon-

---

41 BVerfGE 134, 366 (397 Rn 53) – OMT-Vorlagebeschluss.

42 BVerfGE 153, 74 (172) – Einheitliches Patentgericht (Sondervotum) *König/Langenfeld/Maidowski*.

43 BVerfGE 153, 74 (134 Rn. 98) – Einheitliches Patentgericht.

44 BVerfGE 153, 74 (173 f.) – Einheitliches Patentgericht (Sondervotum) *König/Langenfeld/Maidowski* mit Verweis auf BVerfGE 135, 317 (386 f. Rn. 129) – ESM; vgl. auch BVerfGE 132, 195 (235 Rn. 94).

45 BVerfGE 153, 74 (173 f.) – Einheitliches Patentgericht (Sondervotum) *König/Langenfeld/Maidowski*.

stellationen im ESM-Urteil[46] ab,[47] dass das ESM-Urteil einer formellen Übertragungskontrolle speziell bei der Übertragung von Hoheitsrechten nicht entgegensteht. Der Senat dürfte damit aussprechen, dass es – wie es das Sondervotum festhält – für „andere Gefährdungen der Verfassungsidentität, wie sie etwa den Urteilen über den Europäischen Stabilitätsmechanismus zugrunde lagen und die ebenfalls über Art. 38 Abs. 1 Satz 1 GG gerügt werden können", dabei bleiben dürfte, „dass die formelle Übertragungsrüge nicht eröffnet ist, da Art. 79 Abs. 2 in Verbindung mit Art. 23 Abs. 1 Satz 3 GG eine Regel des objektiven Verfassungsrechts darstellt, die die Substanz des Wahlrechts nicht berührt".[48]

Zusammenfassend ist dem Sondervotum zuzugeben, dass die enge, die Übertragung von Hoheitsrechten ausklammernde Lesart des ESM-Urteils durch den Senat nicht zwingend ist. Andererseits findet sich bereits im OMT-Vorlagebeschluss der Hinweis, dass der Schutz vor offensichtlichen und strukturell bedeutsamen Kompetenzüberschreitungen „nicht nur eine inhaltliche, sondern auch eine verfahrensmäßige Komponente"[49] hat und dass die Wahlberechtigten „grundsätzlich ein Recht" darauf haben, „dass eine Verlagerung von Hoheitsrechten nur in den dafür vorgesehenen Formen von Art. 23 Abs. 1 Satz 2 und 3, Art. 79 Abs. 2 GG geschieht"[50], so dass neben der inhaltlichen auch eine formell-verfahrensmäßige Komponente der Übertragungskontrolle in der Rechtsprechung anerkannt ist. Da das Bundesverfassungsgericht auch sonst Weiterentwicklungen seiner Rechtsprechung bis hin zu echten Innovationen – richtigerweise – nicht scheut, lässt sich die formelle Übertragungskontrolle als noch vertretbare Weiterentwicklung und nicht als Bruch mit der Rechtsprechung verstehen.

b) Überschreitung der materiellen Grenzen des Art. 38 Abs. 1 Satz 1 GG durch Subjektivierung der formellen Voraussetzungen einer Übertragung von Hoheitsrechten

Der zweite und wohl zentrale Einwand des Sondervotums gegen die auf Art. 38 Abs. 1 Satz 1 GG gestützte formelle Übertragungskontrolle ist, dass durch die resultierende weitere „Subjektivierung objektiven Verfassungsrechts, nämlich der formellen Voraussetzungen einer Übertragung von Hoheitsrechten gemäß Art. 23

46 BVerfGE 135, 317 (387 f. Rn. 129) – ESM.
47 BVerfGE 153, 74 (134 f. Rn. 99) – Einheitliches Patentgericht
48 BVerfGE 153, 74 (174) – Einheitliches Patentgericht (Sondervotum) *König/Langenfeld/Maidowski.*
49 BVerfGE 134, 366 (397 Rn. 53) – OMT-Vorlagebeschluss.
50 BVerfGE 134, 366 (397 Rn. 53) – OMT-Vorlagebeschluss.

Abs. 1 GG“[51] die „materielle Substanz“ und „immanenten Grenzen“ des Art. 38 Abs. 1 Satz 1 GG verkannt würden.[52] Art. 38 Abs. 1 Satz 1 GG habe nur eine „spezifische, auf den Erhalt demokratischer Selbstbestimmung gerichtete materielle Substanz“[53] des Inhalts, „dem Deutschen Bundestag einen hinreichenden demokratischen Gestaltungsspielraum zu erhalten“.[54] Diese Substanz sei durch die Nichtbeachtung von demokratischen Verfahrens- und Mehrheitsregeln nicht berührt, „weil der ‚Anspruch auf Demokratie‘ prinzipiell nicht gegen den demokratischen Prozess als solchen gewendet werden kann“.[55] „Andernfalls wandelte sich das Recht aus Art. 38 Abs. 1 Satz 1 GG in einen Anspruch jedes Wahlbürgers und jeder Wahlbürgerin auf eine über die Sicherung demokratischer Prozesse hinausgehende allgemeine Rechtmäßigkeitskontrolle demokratischer Mehrheitsentscheidungen“.[56] Dies lasse sich auch nicht durch das Argument der Mehrheitsmeinung im Senat rechtfertigen, „dass es an der notwendigen demokratischen Legitimation fehle, wenn das Übertragungsgesetz formell verfassungswidrig und unwirksam sei und folglich die Ausübung der übertragenen Hoheitsgewalt nicht tragen könne“.[57] Denn dies betreffe nicht mehr den „Schutz der Substanz des Wahlrechts vor ‚Entmachtung‘ des Deutschen Bundestages“, sondern führe zu einer „allgemeine[n] Rechtmäßigkeitskontrolle“.[58] Ein „Fehlen des demokratischen Legitimationszusammenhangs infolge der Unwirksamkeit der Hoheitsrechtsübertragung aus formellen Gründen“ stelle aber „keine substantielle Gefährdung des demokratischen Prozesses selbst dar, die eine Verletzung des damit korrespondierenden „Anspruchs auf Demokratie“ nach sich ziehen könnte“.[59]

---

51 BVerfGE 153, 74 (169) – Einheitliches Patentgericht (Sondervotum) *König/Langenfeld/Maidowski.*

52 BVerfGE 153, 74 (174) – Einheitliches Patentgericht (Sondervotum) *König/Langenfeld/Maidowski.*

53 BVerfGE 153, 74 (175) – Einheitliches Patentgericht (Sondervotum) *König/Langenfeld/Maidowski.*

54 BVerfGE 153, 74 (175) – Einheitliches Patentgericht (Sondervotum) *König/Langenfeld/Maidowski.*

55 BVerfGE 153, 74 (176) – Einheitliches Patentgericht (Sondervotum) *König/Langenfeld/Maidowski.*

56 BVerfGE 153, 74 (176) – Einheitliches Patentgericht (Sondervotum) *König/Langenfeld/Maidowski.*

57 BVerfGE 153, 74 (177) – Einheitliches Patentgericht (Sondervotum) *König/Langenfeld/Maidowski.*

58 BVerfGE 153, 74 (177) – Einheitliches Patentgericht (Sondervotum) *König/Langenfeld/Maidowski.*

59 BVerfGE 153, 74 (177 f.) – Einheitliches Patentgericht (Sondervotum) *König/Langenfeld/Maidowski.*

Auch wenn das Sondervotum das Anliegen des Senats als nachvollziehbar bezeichnet, einen später als formell verfassungswidrig erkannten Übertragungsakt und darauf gestützte Ultra-vires-Akte der supranationalen Hoheitsgewalt in Deutschland durch die umfassende Rechtmäßigkeitskontrolle gestützt auf Art. 38 Abs. 1 Satz 1 GG von vorneherein zu vermeiden, hält es die Möglichkeit einer späteren „Remedur" im innerstaatlichen Raum durch ein formell verfassungsmäßiges Übertragungsgesetz für ausreichend.[60] Weniger klar ist, was passieren soll, wenn dies nicht möglich ist, etwa weil die erforderliche Zwei-Drittel-Mehrheit nicht erreicht werden kann. Dazu verweist das Sondervotum lediglich auf die Verpflichtung der Verfassungsorgane, „ihre Integrationsverantwortung mit dem Ziel einer Auflösung des Widerspruchs zwischen völker-/unionsrechtlichem Müssen und verfassungsrechtlichem Dürfen wahrzunehmen und den Verfassungsverstoß auf diesem Wege zu beseitigen".[61] Schließlich könnten im Fall individueller Betroffenheit, etwa durch Rechtsschutz vor den Fachgerichten gegen die Vollstreckung von Entscheidungen supranationaler Gerichte, auch die Betroffenen die formelle Verfassungswidrigkeit des Zustimmungsgesetzes geltend machen.[62]

Der zweite Strang der Kritik im Sondervotum weist auf einen grundsätzlichen Widerstreit hin: Das Sondervotum wendet sich gegen den Ausbau des Art. 38 Abs. 1 Satz 1 GG in Richtung einer auch formellen Rechtmäßigkeitskontrolle bei der Kompetenzübertragung auf die Europäische Union, um die Zahl möglicher Beschwerdeführer nicht zu stark zu vergrößern und den politischen Gestaltungsraum des Parlaments nicht zu sehr zu verengen. Befürchtet wird, „dass die weite Eröffnung des Zugangs zum Bundesverfassungsgericht über die Ermöglichung der formellen Übertragungskontrolle bei so gut wie jeder Kompetenzübertragung im Anwendungsbereich des Art. 23 Abs. 1 GG den Deutschen Bundestag und den Bundesrat dazu veranlassen wird, nach einer Zwei-Drittel-Mehrheit zu streben, um auf der „sicheren Seite" zu sein und sich den Risiken der formellen Übertragungskontrolle nicht auszusetzen".[63] Diese Befürchtung dürfte allerdings unbegründet sein, denn auch bisher scheinen die politischen Entscheidungsträger den Erlass von Gesetzen selbst dann nicht zu scheuen, wenn

---

60 BVerfGE 153, 74 (179) – Einheitliches Patentgericht (Sondervotum) *König/Langenfeld/Maidowski.*

61 BVerfGE 153, 74 (180) – Einheitliches Patentgericht (Sondervotum) *König/Langenfeld/Maidowski.*

62 BVerfGE 153, 74 (180) – Einheitliches Patentgericht (Sondervotum) *König/Langenfeld/Maidowski.*

63 BVerfGE 153, 74 (181) – Einheitliches Patentgericht (Sondervotum) *König/Langenfeld/Maidowski.*

ihre Verfassungsmäßigkeit zweifelhaft ist; die Entscheidungspraxis des Bundesverfassungsgerichts legt davon beredtes Zeugnis ab. Wenn dies aber so ist, dann spricht in der Tat mehr für die Mehrheitsmeinung im Senat, die eine vorbeugende umfassende – auch formelle – Rechtmäßigkeitskontrolle gestattet, um für die Betroffenen und auch die supranationale Einrichtung frühzeitig Rechtssicherheit zu gewährleisten. Auch das Einheitliche Patentgericht kann und wird nur funktionieren, wenn die Betroffenen Vertrauen in das System fassen und nicht von der Möglichkeit des Opt-out über Art. 83 EPGÜ oder die Anmeldung rein nationaler (also nicht EPÜ-)Patente (vgl. Art. 3 i.V.m. Art. 2 lit. e EPGÜ) Gebrauch machen. Wenn andererseits die Gefahr besteht, dass zum Ende eines langen und kostspieligen Patentverletzungsverfahrens noch die Rechtmäßigkeit der Existenz des Gerichts im Rahmen der Vollstreckung ausgefochten werden muss, wird dieses Vertrauen leiden. Zwar mag das Gegenmodell einer umfassenden und vorbeugenden Rechtmäßigkeitskontrolle das Inkrafttreten des Übertragungsaktes und damit auch den Tätigkeitsbeginn der supranationalen Einrichtung verzögern, aber dies erscheint als der geringere Preis, zumal auch ohne das Einheitliche Patentgericht in Europa kein Stillstand der Patentrechtspflege droht.

4. Reichweite der formellen Übertragungskontrolle

Im Anschluss an die Entscheidung des Verfassungsgerichts ist in der Literatur die Frage nach der Reichweite der formellen Übertragungskontrolle aufgeworfen worden.[64] Sie wird teilweise bereits durch den Hinweis des Senats beantwortet, dass „[im] Fall des Art. 23 Abs. 1 Satz 2 GG (...) das Fehlen eines zustimmungspflichtigen Bundesgesetzes gerügt werden [kann] und im Fall des Art. 23 Abs. 1 Satz 3 GG das Fehlen der qualifizierten Mehrheit nach Art. 79 Abs. 2 GG“.[65] Das Sondervotum geht noch weiter und folgert aus dem Umstand, dass „der Senat auf die Unwirksamkeit des Übertragungsgesetzes und damit der Hoheitsrechtsübertragung abstellt“, dass „dies auch für jeden anderen formellen Mangel des Gesetzgebungsverfahrens gelten [müsse], soweit dieser zur Unwirksamkeit des Übertragungsaktes führt“.[66] Andererseits könnte die Bezugnahme auf den Schutzzweck des Art. 23 Abs. 1 GG dafür sprechen, dass nur die dort normierten Voraussetzungen von der formellen Übertragungskontrolle erfasst sein sollen.[67]

64 *Knoth*, EuR 2021, S. 274 (280); *Ries*, Jura 2021, S. 65 (72).

65 BVerfGE 153, 74 (134 Rn. 98) – Einheitliches Patentgericht.

66 BVerfGE 153, 74 (169) – Einheitliches Patentgericht (Sondervotum) *König/Langenfeld/Maidowski*.

67 *Knoth*, EuR 2021, S. 274 (280).

5. Relativierung durch die Folgeentscheidung 2 BvR 2216/20, 2 BvR 2217/20 vom 23. Juni 2021?

Schließlich wirft die Folgeentscheidung 2 BvR 2216/20, 2 BvR 2217/20 vom 23. Juni 2021 die Frage auf, was von der – nur mit knapper 5:3 Mehrheit begründeten – formellen Übertragungskontrolle noch bleibt, nachdem sich die personelle Besetzung des Senats geändert hat. Einigermaßen eindeutig dürfte sein, dass sie jedenfalls nicht zur Fallgruppe der Identitätskontrolle als solcher gezählt werden kann, weil diese keinen Anspruch auf eine über die Sicherung des Demokratieprinzips „hinausgehende Rechtmäßigkeitskontrolle demokratischer Mehrheitsentscheidungen" eröffnet und „insbesondere" „nicht der inhaltlichen Kontrolle demokratischer Prozesse [diene], sondern (...) auf deren Ermöglichung gerichtet" sei.[68] Da sie auch als eigenständige Fallgruppe nicht mehr erwähnt wird,[69] kann sie allenfalls als Ausprägung der Ultra-vires-Kontrolle Fortbestand haben, auf die die jüngere Entscheidung nicht ausdrücklich eingeht. Bemerkenswert ist aber, dass die Entscheidung vom 23. Juni 2021 – wenn auch im Kontext der Identitätskontrolle – die zentrale Kritik des Sondervotums ausdrücklich wiederholt („strikt... begrenzt"), zwar im Zusammenhang mit der Identitätskontrolle, aber unter Zitierung des „Rechts aus Art. 38 Abs. 1 Satz 1" im Allgemeinen: „Das sich daraus [Verletzung des Rechts aus Art. 38 Abs. 1 Satz 1 in Verbindung mit Art. 20 Abs. 1 und Abs. 2 sowie Art. 79 Abs. 3 GG] ergebende Recht der Bürgerinnen und Bürger auf demokratische Selbstbestimmung ist strikt auf den in der Würde des Menschen wurzelnden Kern des Demokratieprinzips begrenzt, der durch Art. 79 Abs. 3 GG auch dem Zugriff des verfassungsändernden Gesetzgebers entzogen ist. Es gewährt dagegen keinen Anspruch auf eine über dessen Sicherung hinausgehende Rechtmäßigkeitskontrolle demokratischer Mehrheitsentscheidungen und dient insbesondere nicht der inhaltlichen Kontrolle demokratischer Prozesse, sondern ist auf deren Ermöglichung gerichtet".[70] Auch wenn es angesichts der prozessualen Konstellation des einstweiligen Anordnungsverfahrens zu früh sein dürfte, daraus bereits das frühe Ende der formellen Übertragungskontrolle abzuleiten, dürfte es zumindest ein Fingerzeig sein, dass sie zurückhaltend gehandhabt werden könnte.

68 BVerfG, Beschl. v. 23. Juni 2021 – 2 BvR 2216/20, 2 BvR 2217/20 –, GRUR-RS 2021, 17632 Rn 55.
69 BVerfG, Beschl. v. 23. Juni 2021 – 2 BvR 2216/20, 2 BvR 2217/20 –, GRUR-RS 2021, 17632 Rn 74.
70 BVerfG, Beschl. v. 23. Juni 2021 – 2 BvR 2216/20, 2 BvR 2217/20 –, GRUR-RS 2021, 17632 Rn 55.

III. Erstreckung des Art. 23 Abs. 1 GG auf völkerrechtliche Verträge im Ergänzungs- oder sonstigen Näheverhältnis zur Europäischen Union

Während die formelle Übertragungskontrolle im Zentrum des Interesses und der Kritik im Sondervotum und der Literatur stand, waren ihre anderen Elemente weniger kontrovers. Dies betrifft zum einen die Bestätigung der früheren Rechtsprechung, dass unter Art. 23 Abs. 1 GG auch völkerrechtliche Verträge fallen, sofern „sie in einem Ergänzungs- oder sonstigen besonderen Näheverhältnis zum Recht der Europäischen Union stehen",[71] etwa weil die geplante Einrichtung im Primärrecht verankert, das Vorhaben in Vorschriften des Sekundär- oder Tertiärrechts vorgesehen ist oder ein sonstiger qualifizierter inhaltlicher Zusammenhang mit dem Integrationsprogramm der Europäischen Union besteht.[72] Liegt ein solches besonderes Näheverhältnis vor, so richtet sich die Abgrenzung zwischen Art. 23 Abs. 1 Satz 2 (einfache Mehrheit mit Zustimmung des Bundesrates) und Art. 23 Abs. 1 Satz 3 GG (Mehrheit des Art. 79 Abs. 2 GG) nach der *„Verfassungsrelevanz"* des Integrationsgesetzes und/oder völkerrechtlichen Vertrags.[73] Diese wiederum ist weit zu verstehen und erfasst nicht nur inhaltliche Änderungen, sondern auch Ergänzungen oder die bloße „Ermöglichung" von Änderungen,[74] erst recht die Übertragung neuer Zuständigkeiten der Union oder die Errichtung neuer zwischenstaatlicher Einrichtungen,[75] nicht aber „im Integrati-

---

71 BVerfGE 131, 152 (199) – Unterrichtungspflicht der Bundesregierung; bestätigt durch BVerfGE 153, 74 (146 Rn. 124) – Einheitliches Patentgericht und BVerfG, Beschluss des Zweiten Senats vom 23. Juni 2021 – 2 BvR 2216/20, 2 BvR 2217/20 –, GRUR-RS 2021, 17632 Rn. 54.

72 BVerfGE 131, 152 (199 f.) – Unterrichtungspflicht der Bundesregierung; bestätigt durch BVerfGE 153, 74 (146 Rn. 125) – Einheitliches Patentgericht.

73 BVerfGE 153, 74 (147 Rn. 126) – Einheitliches Patentgericht; zur Abgrenzung von Art. 23 Abs. 1 Satz 2 und 3 auch BVerfGE 153, 74 (136 Rn. 101) – Einheitliches Patentgericht: Fehlen einer unmittelbar einschlägigen Rechtsprechung (vgl. BVerfGE 129, 124 [171 f.]) und „kaum mehr überschaubare Verästelungen" im Schrifttum (vgl. dazu *Wollenschläger*, NVwZ 2012, S. 713 [715]).

74 BVerfGE 153, 74 (147 Rn. 127) – Einheitliches Patentgericht.

75 BVerfGE 153, 74 (149 Rn. 130 f.) – Einheitliches Patentgericht: „Dies ist vor allem der Fall, wenn das Integrationsgesetz und/oder der völkerrechtliche Vertrag – als innerstaatliches Recht konzipiert – eine ausschließliche Zuständigkeit der Europäischen Union begründet oder eine vollständige Verdrängung des Bundesgesetzgebers ermöglicht (Art. 73 f., 105 GG), Eingriffe in die Gesetzgebungszuständigkeit der Länder zugelassen (Art. 30, 70 GG) oder die Verwaltungs- (Art. 83 ff., 108 GG) und Rechtsprechungskompetenzen (Art. 92 GG) von Bund und Ländern beeinträchtigt werden. Eine Europäisierung grundgesetzlicher Vorgaben ist ferner anzunehmen,

onsprogramm hinreichend bestimmt angelegte (‚abgedeckte') und mit einer Zwei-Drittel-Mehrheit bereits gebilligte Übertragungen".[76] Wenig überraschend wird schließlich bekräftigt, dass „[a]uch bei der Übertragung von Hoheitsrechten auf eine in einem Ergänzungs- und sonstigen besonderen Näheverhältnis zur Europäischen Union stehende zwischenstaatliche Einrichtung" die Identitätskontrolle greift.[77]

Für das streitgegenständliche EPGÜ-Zustimmungsgesetz waren damit die Weichen gestellt, da es eine Änderung oder Ersetzung von Art. 262 AEUV darstellt, mit dem Sekundärrecht verwoben ist und von den Organen der EU vorangetrieben wurde und damit in einem „besonderen Näheverhältnis" zur Europäischen Union steht.[78] Wegen der Übertragung von Rechtsprechungsaufgaben auf ein supranationales Gericht (Art. 32, 82 Abs. 1 Satz 1 EPGÜ) und Rechtsetzungsaufgaben auf dessen Verwaltungsorgane (Art. 40 Abs. 2, 41 Abs. 1, 2 EPGÜ) wurden auch Hoheitsrechte auf eine zwischenstaatliche Einrichtung übertragen,[79] die zudem eine materielle Verfassungsänderung i.S.d. Art. 23 Abs. 1 Satz 2 GG bewirken, weil die vom Grundgesetz für Angelegenheiten des gewerblichen Rechtsschutzes vorgesehenen Gerichtsorganisation erheblich modifiziert wird (Art. 92, 96 Abs. 1 und 3 GG).[80] Es bedurfte damit der Zwei-Drittel-Mehrheit nach Art. 79 Abs. 2 GG, die unstreitig nicht erreicht wurde.[81]

Damit scheint sich zumindest eins zu bestätigen: „*Völkerrechtliche Schwarzbauten*"[82] machen sich nicht bezahlt, denn völkerrechtliche Verträge, die in einem

---

wenn das Integrationsgesetz und/oder der völkerrechtliche Vertrag die verfassungsrechtlichen Vorgaben für die kommunale Selbstverwaltung (Art. 28 Abs. 2 GG), die Bundesbank (Art. 88 GG) oder den Gerichtsaufbau (Art. 92ff., 96 GG) verändert oder überformt."; Da das EPGÜ somit kein „üblicher" völkerrechtlicher Vertrag ist, mit dem der Bund, wie in Art. 24 GG vorgesehen, Hoheitsrechte an eine zwischenstaatliche Organisation überträgt, war es auch nicht an Art. 24 GG, sondern an Art. 23 Abs. 1 Satz 3 GG zu messen; vgl. auch den kritischen Blick auf diese Frage von *Müller-Graff*, GRUR Int. 2020, S. 952 (953ff.).

76 BVerfGE 153, 74 (149 Rn. 129) – Einheitliches Patentgericht.

77 BVerfGE 153, 74 (153 f. Rn. 139 f.) – Einheitliches Patentgericht.

78 BVerfGE 153, 74 (155 ff. Rn. 144 ff.) – Einheitliches Patentgericht; ausführlich hierzu *von Luckner*, EuR 2021, 209 (215); kritisch hierzu *Giegerich*, EuZW 2020, S. 560 (563f.); *Sauer*, Staatsrecht III, 6. Auf. 2020, § 9 Rn. 19.

79 BVerfGE 153, 74 (154 f. Rn. 143) – Einheitliches Patentgericht.

80 BVerfGE 153, 74 (160 ff. Rn. 157 ff.) – Einheitliches Patentgericht.

81 BVerfGE 153, 74 (162 f. Rn. 162 ff.) – Einheitliches Patentgericht.

82 Zum Begriff der „*völkerrechtlichen Schwarzbauten*" und vergleichbaren Begrifflichkeiten wie „*Satelitenverträge*", „*Ersatzunionsrecht*", „*Sonderunionsrecht*" und „*intergouvernementale Ausweichkonstrukte*" vgl. *von Luckner*, EuR 2021, S. 209 (218 Fn. 45, 221 Fn. 55 m.w.N.). Gemeint sind hier völkerrechtliche Abkommen, die zwischen EU-Staaten, aber außerhalb des Unionsrechtsrahmens, eine Regelung vorsehen, die in zumindest ähnlicher Weise auch innerhalb der EU hätte

Ergänzungs- oder besonderem Näheverhältnis zum Integrationsprogramm der EU stehen, müssen nach Art. 23 Abs. 1 GG ratifiziert werden und befinden sich damit – mangels klarer Konturen in der Rechtsprechung[83] – unweigerlich in dem Mienenfeld der Abgrenzung zwischen den Sätzen 2 und 3 von Art. 23 GG. Erscheint der völkerrechtliche Vertrag auch innerhalb des Unionsrechts umsetzbar, bedarf es für das Ratifikationsgesetz – wie die Entscheidung klarstellt – der in Art. 23 Abs. 1 Satz 3 GG vorgesehenen Zweidrittelmehrheit in Bundestag und Bundesrat. Insoweit lohnt sich also ggf. die Überlegung, ob sich die ins Vezier genommenen Projekte nicht doch leichter innerhalb des Unionsrechts verwirklichen lassen.[84]

IV. Anforderungen an die Delegation von Rechtsprechungsgewalt auf supranationale Gerichte und Rügemöglichkeit über Art. 38 Abs. 1 Satz 1 GG

Schließlich thematisieren die Entscheidungen zum Einheitlichen Patentgericht auch die Anforderungen an die Delegation von Rechtsprechungsgewalt und die Möglichkeit, diese über Art. 38 Abs. 1 Satz 1 GG i.V.m. Art. 79 Abs. 3 GG unter dem Gesichtspunkt der Verfassungsidentität zu rügen. Hier sind die Voraussetzungen streng, so dass entsprechenden Angriffen in späteren Verfahren wohl wenig Chancen beschieden sein dürften.

1. Erste Entscheidung (BVerfGE 153, 74)

Zwar hatte der Beschwerdeführer bereits im ersten Verfahren einen Verstoß gegen die Verfassungsidentität damit begründet, dass es an einer hinreichend bestimmten Rechtsgrundlage für die Ernennung der Richter des Patentgerichts so-

---

vereinbart werden können, um die spezifischen Hürden wie z. B. das Einstimmigskeitserfordernis im Rat oder eine Parlamentsbeteiligung zu umgehen.

83 BVerfGE 153, 74 (136 Rn. 101): Eine „unmittelbar einschlägige Rechtsprechung des Senats fehlt (vgl. BVerfGE 129, 124 [171 f.]) und die im Schrifttum vertretenen Meinungen zum Verhältnis von Art. 23 Abs. 1 Satz 2 und Satz 3 GG [zerfallen] in kaum mehr überschaubare Verästelungen [...] (vgl. dazu *Wollenschläger*, NVwZ 2012, S. 713 [715]) ...“; *von Luckner*, EuR 2021, S. 209 (215): „wegen der verunglückten Formulierung schwierige und umstrittene Abgrenzung“.

84 So ausdrücklich *von Luckner*, EuR 2021, S. 209 (223); Zur vergleichbaren Rechtslage in Österreich vgl. *Griller*, Journal für Rechtspolitik 2012, S. 177 (177 ff., 182).

wie an einer hinreichenden parlamentarischen Mitwirkung für Grundrechtseingriffe durch das Einheitliche Patentgericht fehle, weil der Verwaltungsausschuss zum Erlass einer Verfahrensordnung des Einheitlichen Patentgerichts sowie zur Festlegung von Höchstbeträgen für erstattungsfähige Vertretungskosten befugt sei (Art. 41, 69 Abs. 1 EPGÜ).[85] Indes tritt das Bundesverfassungsgericht der Übertragung für den innerstaatlichen Bereich entwickelter Anforderungen an Bestimmtheit und Regelungsdichte entgegen[86] und verweist auf die Mitwirkung des deutschen Vertreters im Verwaltungsausschuss bei der Richterernennung (Art. 16 Abs. 2 EPGÜ: Einstimmigkeit bei Richterernennung; Art. 87 Abs. 3 EPGÜ: Vetorecht bei Revisionen des Übereinkommens; Art. 12 Abs. 3 EPGÜ: Erfordernis einer Drei-Viertel-Mehrheit bei Beschlüssen des Verwaltungsausschusses).[87]

Darin liegt eine weitreichende Regelungskompetenz für die Organe zwischenstaatlicher Einrichtungen wie das Einheitliche Patentgericht, denn angesichts der eher knappen Formulierung der für das Verfahren maßgeblichen Art. 41 ff. EPGÜ im Vergleich zu den umfangreichen „Rules of Procedure" sind es ziemlich viele und sehr bedeutsame „Einzelheiten der Verfahren"[88] (die weiten Teilen der deutschen ZPO entsprechen), die der Verwaltungsausschuss regeln kann. Hier wäre es zumindest sinnvoll gewesen, eine der Transparenz in deutschen oder europäischen Gesetzgebungsorganen vergleichbare Transparenz des Entstehungsprozesses solcher Regeln auch in zwischenstaatlichen Einrichtungen anzumahnen. Schließlich weist der Senat die Rüge einer Verletzung von Unionsrecht zurück, weil sich aus dem Unionsrecht „keine formellen oder materiellen Anforderungen an nationale Gesetze [ergeben], deren Verletzung ihre Gültigkeit in Frage stellen oder gar die Verfassungsidentität des Grundgesetzes verletzen könnte".[89]

Der einzige Punkt, der es neben der Zwei-Drittel-Mehrheit in die Begründetheit schafft (wobei der Senat diese Frage letztlich offen lässt[90]), ist für das Ein-

---

85 BVerfGE 153, 74 (137, 139 Rn. 103 f., 109) – Einheitliches Patentgericht.

86 BVerfGE 153, 74 (138, 140 f. Rn. 106, 112) – Einheitliches Patentgericht mit dem Hinweis, „[t]ypischerweise kann ein Integrationsgesetz nur das Programm umreißen, in dessen Grenzen eine politische Entwicklung stattfinden darf, diese jedoch nicht in jedem Punkt vorherbestimmen".

87 BVerfGE 153, 74 (138, 140 Rn. 106, 111) – Einheitliches Patentgericht.

88 BVerfGE 153, 74 (141 Rn. 112) – Einheitliches Patentgericht.

89 BVerfGE 153, 74 (141 Rn. 114) – Einheitliches Patentgericht.

90 Kritisch hierzu *Tilmann*, GRUR 2021, S. 1138 (1139 und Fn. 8), der darauf hinweist, dass das BVerfG sich in solchen Fällen in der Entscheidung zur Bankenunion eine Selbstverpflichtung zu einer umfassenden Prüfung auferlegt habe; in BVerfGE 151, 202 [326 f. Rn. 206]) heißt es hierzu wörtlich:

„Wird eine Ultra-vires- oder eine Identitätsrüge daher zulässigerweise auf eine mögliche Verletzung des „Anspruchs auf Demokratie" gestützt, muss die in Rede stehende Maßnahme der

heitliche Patentgericht praktisch bedeutungslos, nämlich ob die „Festschreibung eines unbedingten Vorrangs des Unionsrechts in Art. 20 EPGÜ gegen Art. 20 Abs. 1 und Abs. 2 in Verbindung mit Art. 79 Abs. 3 GG verstößt".[91] Die darin zum Ausdruck gebrachten Zweifel, ob es mit den Vorgaben aus der Rechtsprechung des Bundesverfassungsgerichts[92] vereinbar ist, wenn Art. 20 EPGÜ bestimmt, dass das Einheitliche Patentgericht das Unionsrecht in vollem Umfang anwendet und seinen „Vorrang" achtet bzw. wenn Art. 21 Satz 2 EPGÜ die Entscheidungen des EuGH für das Einheitliche Patentgericht als seiner Konstruktion nach „gemeinsamen" nationalen Gerichts für bindend erklärt, erscheinen durchaus berechtigt. Denn das Primärrecht kennt keine ausdrücklichen, durch Ratifikation der Mitgliedsstaaten legitimierten, positiven Aussagen zum Vorrang des Unionsrechts außerhalb der Rechtsprechung des EuGH.[93] Mit der uneingeschränkten Bindung

---

Europäischen Union daher (mittelbar) umfassend auf ihre Vereinbarkeit mit Art. 38 Abs. 1 Satz 1 in Verbindung mit Art. 20 Abs. 1 und Abs. 2 in Verbindung mit Art. 79 Abs. 3 GG überprüft werden. Wollte man die verfassungsgerichtliche Prüfung dagegen auf die mit einer Verfassungsbeschwerde gerügten Gesichtspunkte des „Anspruchs auf Demokratie" beschränken, wäre sie auch dann zurückzuweisen, wenn die – zulässigerweise gerügte – Maßnahme der Europäischen Union beziehungsweise ihre Umsetzung Art. 38 Abs. 1 Satz 1 in Verbindung mit Art. 20 Abs. 1 und Abs. 2 in Verbindung mit Art. 79 Abs. 3 GG aus anderen als den gerügten Gründen verletzen würde. Ein solches Vorgehen stellte eine materiell-rechtlich nicht begründbare Aufspaltung des Streitgegenstandes dar und findet im Prozessrecht des Bundesverfassungsgerichts keine Grundlage." Unbeschadet dessen, dass eine umfassende inhaltliche Auseinandersetzung mit der aufgeworfenen Frage zu begrüßen gewesen wäre, liegt der Fall hier insofern anders als im Fall der Bankenunion, als dass die Verfassungsbeschwerde bereits mit einer anderen Rüge Erfolg hatte.

91 BVerfGE 153, 74 (163 Rn. 166) – Einheitliches Patentgericht.

92 BVerfGE 142, 123 (206 Rn. 160 f.) – OMT-Programm: Eine offenkundige Außerachtlassung der im europäischen Rechtsraum überkommenen Auslegungsmethoden bzw. von den Rechtsordnungen der Mitgliedstaaten gemeinsamer Rechtsgrundsätze (Art. 6 Abs. 3 EUV) ist vom Mandat des Art. 19 Abs. 1 Satz 2 EUV nicht umfasst." Eine richterliche Rechtsfortbildung durch den EuGH muss das BVerfG nur solange respektieren, so lange sie sich auf anerkannte methodische Grundsätze zurückführen lässt und nicht objektiv willkürlich erscheint.

93 Auch das Protokoll (Nr. 30) über die Anwendung der Grundsätze der Subsidiarität und Verhältnismäßigkeit verweist insoweit lediglich auf die EuGH-Rechtsprechung, ABl. EG 1997 C 340 vom 10.11.1987, S. 105 Nr. 2, nachdem es nicht gelungen war, den Vorrang des Unionsrechts im Vertrag von Amsterdam selbst zu verankern. Eine Regelung über den Vorrang des Unionsrechts wurde nach Scheitern des Verfassungsvertrages auch in den Vertrag von Lissabon bewusst nicht aufgenommen, sondern durch die Beifügung der Erklärung Nr. 17 zur Schlussakte der Regierungskonferenz, ABl. C 326 vom 26.10.2012, S. 346 ersetzt; vgl. hierzu auch BVerfGE 123, 267 (401 f.) – Lissabon; auch der Conseil constitutionel hat in seiner Entscheidung zum Verfassungsvertrag (CC, Entscheidung No. 2004–505 DC v. 19.11.2004, Rn. 9 ff.) die Normierung des Vorrangs des Unionsrechts in Art. I-6 nur deshalb anerkannt, weil nach der dem Vertrag beige-

des Einheitlichen Patentgerichts als auch nationales Gericht an die Rechtsprechung des EuGH würde der deutsche Integrationsgesetzgeber sich – zumindest einem ersten Anschein nach – dem unbedingten Vorrang des Unionsrechts unterwerfen – und zwar entgegen der für ihn bindenden Vorgaben aus Art. 23 Abs. 1 i.V.m. Art. 79 Abs. 3 GG. Aber so grundlegend diese Frage im Allgemeinen und für das Verhältnis von BVerfG und EuGH im Besonderen auch sein mag, spezifisch für das Einheitliche Patentgericht hat sie wohl eher nur symbolische Bedeutung, denn es fällt schwer, einen Verstoß gegen Art. 79 Abs. 3 GG gerade im Patentstreitverfahren zu imaginieren.

2. Zweite Entscheidung (BVerfG 23. 6. 2021 – 2 BvR 2216/20, 2 BvR 2217/20)

Die strengen Anforderungen an eine Rüge rechtsstaatlicher Defizite bei der Delegation von Rechtsprechungsgewalt auf supranationale Gerichte schreibt auch die Folgeentscheidung im einstweiligen Anordnungsverfahren vom 23. Juni 2021 fort. Zunächst stellt der Senat klar, dass der Beschwerdeführer im Rahmen einer auf Art. 38 Abs. 1 Satz 1 GG gestützten Identitätskontrolle, die nicht die Berührung des Demokratieprinzips, sondern andere Staatsstrukturprinzipien wie das Rechtsstaatsprinzip rügt, „den Zusammenhang mit dem über Art. 38 Abs. 1 Satz 1 GG unmittelbar rügefähigen Demokratieprinzip herstellen“ muss.[94] Demgemäß stellt nicht „jede Verletzung rechtsstaatlicher Gewährleistungen (...) auch eine Verletzung des Demokratieprinzips dar“, sondern es bedarf beispielsweise der Darlegung, dass „Hoheitsrechte derart übertragen werden, dass bei ihrer Inanspruchnahme (...) neue Hoheitsrechte begründet werden können“ (Zuerkennung einer Kompetenz-Kompetenz), dass „Blankettermächtigungen zur Ausübung öffentlicher Gewalt ohne entsprechende Sicherungen erteilt werden“, das „Rechte des Bundestages (Budgetrecht, haushaltspolitische Gesamtverantwortung) wesentlich geschmälert“ werden oder „dass der Anspruch aller Bürgerinnen und Bürger auf freie und gleiche Teilhabe an der Legitimation und Beeinflussung der sie betreffenden Hoheitsgewalt beeinträchtigt wird und sie einer politischen Gewalt unterworfen werden, der sie nicht ausweichen können und die sie nicht prinzipiell personell und sachlich zu gleichem Anteil in Freiheit zu bestimmen

fügten Erklärung klargestellt sei, dass der durch die Vorschrift geregelte Vorrang nicht über den bisherigen Rechtszustand hinausgehe.

94 BVerfG, Beschluss des Zweiten Senats vom 23. Juni 2021 – 2 BvR 2216/20, 2 BvR 2217/20 –, GRUR-RS 2021, 17632 Rn. 56.

vermögen".[95] Ausreichend wäre auch die Darlegung, „dass die organisatorische Ausgestaltung des Einheitlichen Patentgerichts und seiner Organe das aus Art. 23 Abs. 1 Satz 3 in Verbindung mit Art. 79 Abs. 3 in Verbindung mit Art. 20 Abs. 1 und Abs. 2 GG abgeleitete Mindestmaß an demokratischer Legitimation und Kontrolle verfehlt".[96] Auch wenn es bei einigen der vom Senat genannten Beispiele schwer fällt, zu sehen, welche Relevanz sie überhaupt im Kontext des Rechtsstaatsprinzips erlangen können, illustrieren sie doch die hohen Hürden für die Geltendmachung eines Verstoßes gegen das Rechtsstaatsprinzip über Art. 38 Abs. 1 Satz 1 i.V.m. Art. 20 Abs. 1 und 2 und Art. 79 Abs. 3 GG. Demgemäß scheitern auch die Rügen des Beschwerdeführers, der die zeitliche Begrenzung der Richterernennung auf sechs Jahre (Art. 6 ff EPGÜ) mit der Möglichkeit der Wiederernennung und der nicht ausreichenden Anfechtbarkeit ihrer Amtsenthebung geltend gemacht hatte. Die zeitlich begrenzten Amtszeiten mit der Möglichkeit der Wiederwahl sieht der Senat an internationalen Gerichten als offenbar nicht näher problematischen „Regelfall" an,[97] während der Rechtsschutz der Richter gegen ihre Amtsenthebung zwar „essentiell für deren Unabhängigkeit ist", aber nicht das Recht des Beschwerdeführers auf demokratische Selbstbestimmung aus Art. 38 Abs. 1 Satz 1 GG betreffe.[98] Weitere Rügen eines nicht ausreichend wirksamen Rechtsschutzes durch das Einheitliche Patentgericht (gestützt auf Art. 19 Abs. 4 in Verbindung mit Art. 97 Abs. 1 GG sowie Art. 6 Abs. 1 EMRK) verwirft der Senat unter Verweis auf das Fehlen „einer gegenwärtigen und unmittelbaren Verletzung", weil die Ausführungen zu etwaigen Verfahren vor dem Einheitlichen Patentgericht nicht hinreichend konkret seien. Schließlich bekräftigt der Senat erneut, dass etwaige Verstöße gegen Unionsrecht eine Verletzung von Art. 38 Abs. 1 Satz 1 GG nicht begründen könnten.[99]

Mit Spannung erwartet wurde schließlich die Rüge des – in der Entscheidung vom März 2020 noch offen gelassenen – Verstoßes des Art. 20 EPGÜ gegen Art. 79 Abs. 3 GG, weil die Identitäts- und Ultra-vires-Kontrolle nicht vom Anwendungsvorrang des Unionsrechts in Art. 20, 24 Abs. 1 lit. a EPGÜ ausgenommen wird.

---

95 BVerfG, Beschluss des Zweiten Senats vom 23. Juni 2021 – 2 BvR 2216/20, 2 BvR 2217/20 –, GRUR-RS 2021, 17632 Rn. 58 m.w.N.

96 BVerfG, Beschluss des Zweiten Senats vom 23. Juni 2021 – 2 BvR 2216/20, 2 BvR 2217/20 –, GRUR-RS 2021, 17632 Rn. 58 m.w.N.

97 BVerfG, Beschluss des Zweiten Senats vom 23. Juni 2021 – 2 BvR 2216/20, 2 BvR 2217/20 –, GRUR-RS 2021, 17632 Rn. 60.

98 BVerfG, Beschluss des Zweiten Senats vom 23. Juni 2021 – 2 BvR 2216/20, 2 BvR 2217/20 –, GRUR-RS 2021, 17632 Rn. 61.

99 BVerfG, Beschluss des Zweiten Senats vom 23. Juni 2021 – 2 BvR 2216/20, 2 BvR 2217/20 –, GRUR-RS 2021, 17632 Rn. 68, 70.

Indes erkennt der Senat nunmehr auch darin keinen über Art. 38 Abs. 1 Satz 1 GG rügefähigen Verfassungsverstoß: Vielmehr müsse „Art. 20 EPGÜ so verstanden werden, dass mit ihm Zweifel hinsichtlich der Vereinbarkeit des Übereinkommens mit dem Unionsrecht ausgeräumt werden sollen, es hingegen nicht um eine über den Status quo hinausgehende Regelung des Verhältnisses von Unionsrecht und nationalem Verfassungsrecht geht".[100] Für dieses Verständnis werden u. a. die deutsche Gesetzesbegründung im Entwurf für das EPGÜ-Zustimmungsgesetz II und die Protokollerklärungen mehrerer Länder im Bundesrat angeführt,[101] wobei gleichzeitig – ohne nähere Erläuterung – erwähnt wird, dass die Bundesregierung dieses Verständnis des Art. 20 EPGÜ den anderen Vertragsmitgliedstaaten nicht mitgeteilt habe.[102] Auch wenn der Fall praktisch wohl kaum bedeutsam wird, bleibt damit letztlich offen, ob das vom Senat vorgenommene Verständnis des Art. 20 EPGÜ auch mit den völkerrechtlich und unionsrechtlich maßgeblichen Auslegungsmethoden erreicht werden kann.

V. Ergebnisse

Aus dem Patentrecht wissen wir, dass jede Innovation, so schutzwürdig sie sein mag, irgendwann überholt sein wird. Ob dies auch für die Innovationen gelten

---

100 BVerfG, Beschluss des Zweiten Senats vom 23. Juni 2021 – 2 BvR 2216/20, 2 BvR 2217/20 –, GRUR-RS 2021, 17632 Rn. 77; einen Verstoß vehement verneinend auch *Tilmann*, GRUR 2021, S. 1138 (1139 Fn. 9): „Weder durch Art. 20 noch durch Art. 24 Abs. 1 Buchst. e EPGÜ wird der umfassende Geltungsanspruch des Grundgesetzes zurückgenommen."; zur Begründung vgl. *ders.* GRUR 2021, S. 435 (438): „[Das] *BVerfG* [missversteht] sowohl Art. 20 als auch Art. 24 Abs. 1 Buchst. e EPGÜ, wenn es ausführt, dass *durch Art. 24 Abs. 1 EPGÜ* dem Übereinkommen Vorrang vor dem nationalen Recht eingeräumt und der umfassende *Geltungsanspruch des Grundgesetzes* insoweit *zurückgenommen* werde. Nicht die genannten Vorschriften des EPGÜ schließen die Anwendung des deutschen Verfassungsrechts durch das EPG aus, sondern die Schaffung des EPG als internationales Gericht. Dafür gibt es zwei miteinander zusammenhängende Gründe: (1) Das EPG ist nicht befugt, das nationale Verfassungsrecht eines von über 20 Vertragsmitgliedstaaten anzuwenden. (2) Ein Geltungsanspruch des deutschen Verfassungsrechts an ein internationales Gericht, der durch einzelne Vorschriften des dieses gründenden Übereinkommens *zurückgenommen* werden könnte, besteht nicht. Deutsches Verfassungsrecht ist auf die Tätigkeit eines internationalen Gerichts nicht anwendbar. Das EPG ist als internationales Gericht aus der Sicht des deutschen Verfassungsrechts nicht Adressat seiner Vorschriften. Deswegen kann das *BVerfG* gegen die Entscheidungen dieses Gerichts nicht angerufen werden."

101 BVerfG, Beschluss des Zweiten Senats vom 23. Juni 2021 – 2 BvR 2216/20, 2 BvR 2217/20 –, GRUR-RS 2021, 17632 Rn. 78 f.

102 BVerfG, Beschluss des Zweiten Senats vom 23. Juni 2021 – 2 BvR 2216/20, 2 BvR 2217/20 –, GRUR-RS 2021, 17632 Rn. 80.

wird, die die beiden Entscheidungen des Zweiten Senats dem Verfassungsrecht beschert haben, bleibt abzuwarten. Die wohl bedeutsamste Neuerung, die formelle Übertragungskontrolle, ist zugleich auch die umstrittenste, und es lässt sich zum jetzigen Zeitpunkt nicht absehen, ob der Zweite Senat an ihr auch in geänderter personeller Zusammensetzung als Ausprägung und Fortführung der Ultra-vires-Kontrolle festhalten wird. Wünschenswert wäre es, denn sie schafft Rechtssicherheit und damit letztlich Akzeptanz für supranationale Einrichtungen und Hoheitsträger, auch wenn sie den Kreis potenzieller Beschwerdeführer und Verfassungsbeschwerden gegen Kompetenzübertragungen erweitern mag.

Sicherer dürfte die Dauerhaftigkeit der Klarstellungen zur Anwendung des Art. 23 GG auf unionsrechtsnahe völkerrechtliche Verträge und zur Abgrenzung von Art. 23 Abs. 1 Satz 2 und 3 GG anhand des Kriteriums der *„Verfassungsrelevanz"* sein, die Orientierung in den „kaum mehr überschaubare[n] Verästelungen" des Schrifttums zur Abgrenzung der beiden Sätze bieten.

Und schließlich schaffen die Entscheidungen einen weiten Spielraum für die Delegation von Rechtsprechungsgewalt auf supranantionale Gerichte, weil sie die im deutschen Recht akzeptierten Anforderungen an die parlamentarische Bestimmtheit der Verfahrensregeln und die Unabhängigkeit der Richter zugunsten größerer Flexibilität auf internationaler Ebene zurücknehmen. Auch wenn man dies im Interesse der Mitwirkungsmöglichkeit Deutschlands in solchen Gerichten begrüßen mag, so wäre es doch schön, wenn zumindest gewisse Transparenzanforderungen an den Regelbildungs- und Richterernennungsprozess in solchen Einrichtungen vom Bundesverfassungsgericht entwickelt und gemeinsam mit Anforderungen an die Unabhängigkeit der Richter als Teil des wirksamen Rechtsschutzes in künftigen Entscheidungen entfaltet würden.

Tim R. Salomon*

Auslandseinsätze der Bundeswehr in Verfassungsrecht und Verfassungspraxis

Leitentscheidungen des Bundesverfassungsgerichts

BVerfGE 68, 1 – Atomwaffenstationierung / Pershing-2
BVerfGE 90, 286 – Out-of-area-Urteil / AWACS I
BVerfGE 100, 266 – Kosovo-Einsatz
BVerfGE 104, 151 – Neues Strategisches Konzept der NATO
BVerfGE 118, 244 – International Security Assistance Force (ISAF)-Einsatz
BVerfGE 121, 135 – Luftraumüberwachung Türkei / AWACS II
BVerfGE 123, 267 – Vertrag von Lissabon
BVerfGE 126, 55 – G8 / Heiligendamm
BVerfGE 132, 1 – Luftsicherheitsgesetz (Plenum)
BVerfGE 140, 160 – Pegasus (Evakuierungsoperation Libyen)
BVerfGE 152, 8 – Counter Daesh / Anti-IS-Einsatz

Wichtige Kammerentscheidungen

BVerfG, Beschluss der 2. Kammer des Zweiten Senats vom 18. November 2020 – 2 BvR 477/17 –, juris – Luftunterstützung Kundus 2009 II

Schrifttum (Auswahl)

Monografien

I. Fährmann, Die Bundeswehr im Einsatz für Europa – Die Beteiligung Deutschlands an der Gemeinsamen Sicherheits- und Verteidigungspolitik (GSVP) – Zulässigkeit nach dem Vertrag von Lissabon, 2010; *J. Fournier*, Der Einsatz der Streitkräfte gegen Piraterie auf See, 2014; *C. Gutmann*, Fortschreitende Militärkooperationen – Neue Herausforderungen für den wehrverfassungsrechtlichen Parlamentsvorbehalt, 2020; *M. Link*, Grundrechtsbindung der Bundeswehr im Ausland – Zur Notwendigkeit einer gesetzlichen Grundlage, 2020; *C.-W. Neubert*, Der Einsatz tödlicher Waffengewalt durch die deutsche auswärtige Gewalt, 2016; *V. Röben*, Außenverfassungsrecht,

---

* Der Verfasser ist im Bundesministerium der Verteidigung tätig und Non-Resident-Fellow am Institut für Friedensforschung und Sicherheitspolitik an der Universität Hamburg (IFSH). Vom Februar 2017 bis Dezember 2019 war er wissenschaftlicher Mitarbeiter im Dezernat der heutigen Vizepräsidentin des Bundesverfassungsgerichts, Frau Prof. Dr. König M.C.L.

Frau Maral Kashgar und Herrn Shpetim Bajrami wird für die überaus hilfreichen Anmerkungen und Gespräche gedankt. Verbliebene Fehler liegen allein in der Verantwortung des Verfassers. Die vertretenen Ansichten sind allein die privaten Ansichten des Verfassers und spiegeln nicht notwendigerweise die Auffassungen der genannten Institutionen wider.

https://doi.org/10.1515/9783110686623-016

2007; *H. Sauer*, Staatsrecht III, 6. Aufl. 2020; *F. Schorkopf*, Staatsrecht der internationalen Beziehungen, 2017; *P. Scherrer*, Das Parlament und sein Heer, 2010; *C. Schulte-Bunert*, Grundrechtsschutz und Verteidigungsauftrag, 2013; *J. Thiele*, Auslandseinsätze der Bundeswehr zur Bekämpfung des internationalen Terrorismus, 2011; *D. Wiefelspütz*, Das Parlamentsheer, 2005; *M.A. Yousif*, Die extraterritoriale Geltung der Grundrechte bei der Ausübung deutscher Staatsgewalt im Ausland, 2007.

Beiträge in Mehrpersonenwerken

H. Aust, Art. 24 und Art. 87a, in: v. Münch/Kunig, Grundgesetz Kommentar, Bd. 1 und 2, 7. Auflage 2021; *C. Calliess*, Art. 24 Abs. 2, in: Maunz/Dürig, Grundgesetz Kommentar, Januar 2018; *O. Depenheuer*, Art. 87a, in: Maunz/Dürig, Grundgesetz Kommentar, Oktober 2008; *V. Epping*, Art. 87a in: Epping/Hillgruber (Hrsg.), BeckOK Grundgesetz, Februar 2021; *B. Fassbender*, § 244 Militärische Einsätze der Bundeswehr, in: Isensee/Kirchhof (Hrsg.), Handbuch des Staatsrechts der Bundesrepublik Deutschland, Band XI, 3. Aufl. 2013; *B. Grzeszick*, Art. 87a, in: Friauf/Höfling (Hrsg.), Berliner Kommentar zum Grundgesetz, Band 4, August 2006; *W. von Heinegg/R. Frau*, Art. 24, in: Epping/Hillgruber (Hrsg.), BeckOK Grundgesetz, Mai 2021; *M. Herdegen*, Außen- und Wehrverfassung, in: Herdegen, u. a. (Hrsg.), Handbuch des Verfassungsrechts, 2021; *W. Heun*, Art. 87a, in: Dreier (Hrsg.), Grundgesetz Kommentar, Band 3, 3. Aufl. 2018; *F. Kirchhof*, § 84 Verteidigung und Bundeswehr, in: Isensee/Kirchhof (Hrsg.), Handbuch des Staatsrechts der Bundesrepublik Deutschland, Band IV, 3. Aufl. 2013; *P. Kirchhof*, Der Verteidigungsauftrag der deutschen Streitkräfte, in: Beyerlin, u. a. (Hrsg.), Recht zwischen Umbruch und Bewahrung – Festschrift für Rudolf Bernhardt, 1995, S. 797 ff.; *J. Kokott / D. Hummel*, Art. 87a, in: Sachs (Hrsg.), Grundgesetz Kommentar, 9. Aufl. 2021; *H. Krieger*, Art. 87a, in: Schmidt-Bleibtreu/Hofmann/Hennecke, Grundgesetz Kommentar, 14. Aufl. 2017; *S. Müller-Franken*, Art. 87a, in: von Mangoldt/Klein/Starck, Grundgesetz Kommentar, 7. Aufl. 2018; *S. Oeter*, § 243 Systeme kollektiver Sicherheit, in: Isensee/Kirchhof (Hrsg.), Handbuch des Staatsrechts der Bundesrepublik Deutschland, Band XI, 3. Aufl. 2013; *H. Sauer*, Art. 24, in: Kahl/Waldhoff/Walter (Hrsg.), Bonner Kommentar zum Grundgesetz, Mai 2019; *H. Sauer*, Das Verfassungsrecht der kollektiven Sicherheit – Materielle Grenzen und Organkompetenzverteilung beim Wandel von Bündnisverträgen und beim Auslandseinsatz der Bundeswehr, in: Rensen/Brink (Hrsg.), Linien der Rechtsprechung des Bundesverfassungsgerichts, 2009, S. 585 ff.; *R. Schmidt-Radefeldt*, in: Kielmansegg/Krieger/Sohm (Hrsg.), Multinationalität und Integration im militärischen Bereich, 2018, S. 83 ff.; *T. Stein*, Landesverteidigung und Streitkräfte im 40. Jahr des Grundgesetzes, in: Hailbronner/Ress/Stein (Hrsg.), Staat und Völkerrechtsordnung – Festschrift für Karl Doehring, 1989, S. 935 ff.; *R. Streinz*, Art. 24, in: Sachs (Hrsg.), Grundgesetz Kommentar, 9. Aufl. 2021; *S. Vöneky*, Das Ende der Unschuld? Völkerrechtliche Aspekte des Einsatzes militärischer Gewalt durch Truppen der Bundeswehr am Beispiel Afghanistans, in: Hestermeyer, u. a. (Hrsg.), Coexistence, Cooperation and Solidarity – Festschrift für Rüdiger Wolfrum, Band 2, 2012, S. 1309 ff.; *F. Wollenschläger*, Art. 24, in: Dreier (Hrsg.), Grundgesetz Kommentar, Band 2, 3. Aufl. 2015.

Zeitschriftenbeiträge

K. Dau, Die Streitkräfte in der Rechtsprechung des Bundesverfassungsgerichts, NZWehrr 2011, S. 1 ff.; *S. Graf von Kielmansegg*, An der Nahtstelle der Friedensordnung – Bedeutung und Grenzen des Selbstverteidigungsrechts im System kollektiver Sicherheit, AVR 50 (2012), S. 285 ff.; *C. Gutmann/ C.-P. Sassenrath*, Auslandseinsätze der Bundeswehr ohne Sicherheitsratsmandat: Rahmen und Regeln kollektiver Sicherheitssysteme und die Drittstaatennothilfe unter dem Grundgesetz, NZWehrr 2017, S. 177 ff.; S. 245 ff. und 2018, S. 17 ff.; *U. Hufeld*, 25 Jahre wehrverfassungsrechtlicher

Parlamentsvorbehalt, AVR 57 (2019), S. 383 ff.; *K. Ipsen*, Verteidigung: Neue Dimensionen eines Völkerrechts- und Verfassungsbegriffs?, S+F 2009, S. 266 ff.; *T. Kleinlein*, Kontinuität und Wandel in Grundlegung und Dogmatik des wehrverfassungsrechtlichen Parlamentsvorbehalts, AöR 142 (2017), S. 43 ff.; *D. König*, Putting an End to an Endless Constitutional Debate? The Decision of the Federal Constitutional Court on the 'Out of Area' Deployment of German Armed Forces, German Yearbook of International Law 38 (1995), S. 103 ff.; *C. Kreß*, Die Rettungsoperation der Bundeswehr in Albanien am 14. März 1997 aus völker- und verfassungsrechtlicher Sicht, ZaöRV 1997, S. 329 ff.; *M. Ladiges*, Die verfassungsgerichtliche Überprüfung von Einsatzentscheidungen – Führt ein Weg nach Karlsruhe?, NZWehrr 2016, S. 177 ff.; *S. Oeter*, Einsatzarten der Streitkräfte außer zur Verteidigung, NZWehrr 2000, S. 89 ff.; *M. Payandeh/ H. Sauer*, Die Beteiligung der Bundeswehr am Antiterroreinsatz in Syrien, ZRP 2016, S. 34 ff.; *H. Sauer*, Parameter eines materiellen Auslandseinsatzrechts, DÖV 2019, S. 714 ff.; *D. Wiefelspütz*, Das Lissabon-Urteil des Bundesverfassungsgerichts und das Wehrverfassungsrecht, DÖV 2010, S. 73 ff.; *D. Wiefelspütz*, Der Einsatz bewaffneter deutscher Streitkräfte im Ausland, AöR 132 (2007), S. 44 ff.

Inhaltsübersicht

I. Übersicht: Das Spannungsfeld der Wehrverfassung

Der Verfassungsgeber hat bereits bei der Konzeption des Grundgesetzes mit der Normierung des Art. 24 GG entschieden, dass die Bundesrepublik Deutschland grundlegend auf internationale Zusammenarbeit ausgerichtet ist.[1] Diese Grund-

1 Vgl. BVerfGE 58, 1 (41).

entscheidung bezieht sich seit der Geburtsstunde der Bundesrepublik gerade auch auf die Gewährleistung der Sicherheit nach Außen, wie Art. 24 Abs. 2 GG verdeutlicht. Die Sicherheitsgewährleistung als Kernbestandteil staatlicher Souveränität sollte nicht (vorrangig) durch eigene militärische Stärke, sondern vor allem durch die Einordnung des Bundes in Systeme gegenseitiger kollektiver Sicherheit garantiert werden, die fortan den Frieden garantieren sollten. Dem Bund wird in Art. 24 Abs. 2 Halbsatz 2 GG aufgegeben, in die damit einhergehenden Beschränkungen seiner Hoheitsrechte einzuwilligen. Schon der Verfassungskonvent von Herrenchiemsee formulierte diese grundlegende Weichenstellung mit den berühmt gewordenen Worten:

> „Um aber nicht wehrlos fremder Gewalt preisgegeben zu sein, bedarf es der Aufnahme des Bundesgebietes in ein System kollektiver Sicherheit, das ihm [dem deutschen Volk] den Frieden gewährleistet."[2]

Selbstredend stand diese Wertentscheidung vor dem Hintergrund, dass die junge Bundesrepublik zunächst selbst keine eigenen Streitkräfte hatte. Erst deutlich später fiel nach kontroversen Diskussionen die Entscheidung zugunsten der Wiederbewaffnung. Damit einhergehend wurde die heutige Zentralnorm für die Aufgabenwahrnehmung der Streitkräfte, Art. 87a GG, dessen Abs. 1 den Verfassungsauftrag zur Aufstellung von Streitkräften und ihren Grundauftrag enthält[3] und ihren Bestand institutionell garantiert,[4] in die Verfassung eingeführt.[5] Die in Art. 24 Abs. 2 GG enthaltene Entscheidung zugunsten der multilateralen Sicherheitsgewährleistung wurde dadurch aber nicht relativiert, sondern durch die nun ermöglichte eigene Verantwortungsübernahme im Sinne einer militärischen Beitragsleistung in multilateralen Systemen gestärkt. Einer Gesamtschau beider Normen ist daher das zu entnehmen, was von Beginn an die Idee des Verfassungsgebers war: die Verteidigung soll nicht unilateral, sondern multilateral im Rahmen von Bündnissen gewährleistet werden.

Die heutige Einsatzrealität der Bundeswehr, die in Wahrnehmung ihres Verfassungsauftrags nicht nur die Landes- und Bündnisverteidigung garantiert, sondern zudem in einer Vielzahl von Operationen zur Krisenbekämpfung und

---

2 Bucher (Hrsg.), Der Verfassungskonvent auf Herrenchiemsee, Der Parlamentarische Rat 1948–1949, Bd. 2, 1981, S. 207 (Bericht des Unterausschusses I).

3 Stv. *Heun*, in: Dreier (Hrsg.), GG, 3. Aufl. 2018, Art. 87a Rn. 10; *Depenheuer*, in: Maunz/Dürig, GG, Art. 87a Rn. 72 (Oktober 2008); *P. Kirchhof*, in: FS Bernhardt, 1995, S. 797 (804 f.).

4 Vgl. *Depenheuer*, in: Maunz/Dürig, GG, Art. 87a Rn. 72 m.w.N. (Oktober 2008); *Krieger*, in: Schmidt-Bleibtreu/Hofmann/Hennecke, GG, 14. Aufl. 2017, Art. 87a Rn. 5.

5 Zunächst BGBl. 1956 I S. 111; in der heutigen Form seit BGBl. 1968 I S. 709; zur geschichtlichen Entwicklung *P. Kirchhof*, in: FS Bernhardt, 1995, S. 797 (799 ff.).

Stabilisierung im Rahmen von Systemen gegenseitiger kollektiver Sicherheit im Ausland eingesetzt ist, zeichnete sich erst deutlich später ab. Erst die Klärung, die mit dem AWACS-I-/Out-of-area-Urteil des Bundesverfassungsgerichts 1994 erfolgte, ebnete den Weg für die heutige Realität einer Bundeswehr als „Armee im Einsatz".[6] Diese Realität ist dabei eng mit der Grundentscheidung zugunsten der Einordnung des Bundes in Systeme gegenseitiger kollektiver Sicherheit verknüpft und war in ihr – obgleich womöglich unbewusst – angelegt: Ohne die Leistung eines eigenen, auch militärischen, Beitrags wäre die vom Verfassungsgeber gewollte Mitgliedschaft in Systemen gegenseitiger kollektiver Sicherheit unmöglich umzusetzen und aufrechtzuerhalten. Anders gewendet: der Gedanke, der anlässlich des Herrenchiemseer Verfassungskonvents noch im Passiv formuliert wurde („ein System [...], das ihm [dem deutschen Volk] den Frieden gewährleistet"), war nie ohne einen aktiven Beitrag der Bundesrepublik zu realisieren. Der Zweite Senat erkannte dies 1994 und formulierte:

> „Diese Ermächtigung [aus Art. 24 Abs. 2 GG, Anm. d. Verf.] berechtigt den Bund nicht nur zum Eintritt in ein System gegenseitiger kollektiver Sicherheit und zur Einwilligung in damit verbundene Beschränkungen seiner Hoheitsrechte. Sie bietet vielmehr auch die verfassungsrechtliche Grundlage für die Übernahme der mit der Zugehörigkeit zu einem solchen System typischerweise verbundenen Aufgaben und damit auch für eine Verwendung der Bundeswehr zu Einsätzen, die im Rahmen und nach den Regeln dieses Systems stattfinden."[7]

Bereits damit ist der Grundkonflikt grob umrissen, welcher dem Wehrverfassungsrecht bis heute zugrunde liegt: Einerseits lassen die genannten verfassungsrechtlichen Grundlagen die heutige Armee im Einsatz zu, ja erfordern sogar, dass die deutschen Streitkräfte in Systemen im Sinne des Art. 24 Abs. 2 GG als Voraussetzung der von der Verfassung gewollten fortgesetzten Mitgliedschaft ihren angemessenen Beitrag leisten. Andererseits war die heutige Einsatzrealität weder bei der Geburt des Grundgesetzes noch 1968 zur Zeit der Einführung des Art. 87a GG in seiner heutigen Form abzusehen. Dementsprechend lassen die wehrverfassungsrechtlichen Normen sowohl hinsichtlich ihres Anwendungsbereichs als auch bezüglich der Modalitäten von Streitkräfteeinsätzen Rechtsklarheit teilweise vermissen. Nicht zuletzt war es dieser fragmentarische Charakter des maßgeblichen Normengerüsts, der dem Bundesverfassungsgericht Freiräume für die Verfassungsauslegung gab und gibt und ihm ermöglichte, den Parla-

6 Zum Begriff siehe Weißbuch zur Sicherheitspolitik und zur Zukunft der Bundeswehr (im Folgenden: Weißbuch), 2016, S. 115, 137; eine lesenswerte Rekonstruktion des Urteils anlässlich seines 25-jährigen Jubiläums bietet *Hufeld*, AVR 2019, S. 383 (385 ff.).

7 BVerfGE 90, 286 (345); siehe auch BVerfGE 100, 266 (269).

mentsvorbehalt als ungeschriebenen Verfassungsgrundsatz – maßgeblich aus der Verfassungshistorie – abzuleiten.[8] Stetig wiederkehrende Forderungen danach, das Wehrverfassungsrecht an die veränderte Realität anzupassen, verhallen bereits seit langem und eine grundlegende Überarbeitung ist wohl auch in der nahen Zukunft kaum zu erwarten.[9] So wichtig das Thema Auslandseinsätze der Bundeswehr im politischen Diskurs bisweilen ist, so wenig lohnt es anscheinend den verfassungskonzeptionellen und politisch-kommunikativen Aufwand. Eine Folge hiervon ist, dass die Aufgabenwahrnehmung der Bundeswehr wie die kaum einer anderen staatlichen Institution in der (Fach-)Öffentlichkeit aktuell zum Teil in sehr grundlegender Weise in Frage gestellt wird.[10]

---

8 Vom bloßen Verfassungstext ausgehend wäre noch nicht einmal die Bundesregierung als Kollegialorgan zuständig, über einen Auslandseinsatz zu befinden, dazu siehe unten II.3. Die grundsätzliche Zuständigkeit der Bundesregierung als Kollegialorgan war insoweit aber bereits vor dem Out-of-area-Urteil in der Staatspraxis anerkannt, siehe den Vortrag der Antragsgegner in BVerfGE 90, 286 (327), Zum fragmentarischen Charakter des wehrverfassungsrechtlichen Normtextes siehe auch *Sauer*, in: Rensen/Brink (Hrsg.), Linien der Rechtsprechung des Bundesverfassungsgerichts, 2009, S. 585 (591).

9 Den Rechtsrahmen klarstellende Reformansätze wären dabei gar nicht komplex, siehe etwa den – wenngleich leicht umformulierungsbedürftigen – Vorschlag eines Art. 87a Abs. 5 GG bei *Wiefelspütz*, DÖV 2010, S. 73 (80).

10 Exemplarisch *Sauer*, DÖV 2019, S. 714 (716 ff.), der den Grundsatz des Vorbehalts des Gesetzes modifikationslos auf die Aufgabenwahrnehmung der Bundeswehr im Ausland überträgt, andenkt, ob das humanitäre Völkerrecht, was die Aufgabenwahrnehmung der Bundeswehr in bewaffneten Konflikten (das meint auch den Fall der Verteidigung der Bundesrepublik gegen einen militärischen Angreifer) angeht, nicht weitgehend von den Grundrechten überlagert sei, der Bundeswehr also rechtlich weitgehend nicht zur Verfügung stehe (ebenda, S. 719) und zudem dazu kommt, dass ohne ein einfaches Gesetz, welches Befugnisse der Bundeswehr konkret regele, deutsche Soldatinnen und Soldaten im Auslandseinsatz Grundrechtseingriffe allenfalls zur Selbstverteidigung bzw. zur Verteidigung deutscher Bürgerinnen und Bürger aufgrund grundrechtlicher Schutzpflichten gestattet seien (ebenda, S. 720). Dabei scheint der eingriffsbefugnisbegründende Rückgriff auf grundrechtliche Schutzpflichten dem nicht ganz erfolgreichen Bemühen geschuldet, die Härte der vertretenen Auffassung, die weitgehende Beschränkung der Handlungsbefugnisse der Streitkräfte, jedenfalls im Ergebnis abzumildern. Ähnlich wie *Sauer* auch *Link*, Grundrechtsbindung der Bundeswehr im Ausland, 2020, S. 161 (das Fazit seiner vorgehenden Analyse); zur Diskussion auch *Zimmermann*, ZRP 2012, S. 116 (118 f.). Ähnlich *Neubert*, Der Einsatz tödlicher Waffengewalt durch die deutsche auswärtige Gewalt, 2016, *passim*, der vertritt, dass jedenfalls die Anwendung tödlicher Waffengewalt in Auslandseinsätzen durch die Bundeswehr mangels einfach-gesetzlicher Eingriffsgrundlagen verfassungswidrig sei, wobei er – anders als *Sauer* (S. 723) – davon ausgeht, dass dies nicht auf die strafrechtliche Beurteilung der einzelnen handelnden Personen durchschlage; zur strafrechtlichen Bewertung von Eingriffshandlungen in Auslandseinsätzen siehe z. B. *Frister/Korte/Kreß*, JZ 2010, S. 10 ff.; *Sohm/Salomon*, NZWehrr 2014, S. 133 ff.; insgesamt zum Komplex Rechtsgrundlagen für Eingriffshandlungen in Auslandseinsätzen siehe unten IV.

Ziel dieses Beitrags ist es, eine Zustandsdokumentation der wehrverfassungsrechtlichen Rahmenbedingungen des Streitkräftehandelns in Auslandseinsätzen in der Rechtsprechung des Bundesverfassungsgerichts vorzunehmen. Dafür geht dieser Beitrag zunächst auf die in mancherlei Hinsicht bereits ausgeleuchtete Frage ein, wer über Auslandseinsätze der Bundeswehr entscheidet (II.). Sodann werden die verfassungsrechtlichen Rahmenbedingungen thematisiert, nach denen sich die materiell-verfassungsrechtliche Zulässigkeit von Auslandseinsätzen der Bundeswehr richtet (III.). Der Beitrag schließt mit einem Ausblick zu materiell-verfassungsrechtlichen Anforderungen an Eingriffshandlungen von Streitkräften im Auslandseinsatz (IV.).

II. Die Entscheidungshoheit über Auslandseinsätze der Bundeswehr

Wie bereits dargestellt stand in der Rechtsprechung des Bundesverfassungsgerichts, die zumeist in Organstreitverfahren entwickelt wurde, häufig nicht die materiell-rechtliche Rechtfertigung eines Streitkräfteeinsatzes im Fokus, sondern die Frage, welchem Verfassungsorgan die Entscheidungskompetenz zukommt. Diese ist nunmehr weitgehend beantwortet.

1. Parlamentsvorbehalt

Geklärt sind die wesentlichen Fragen um die Anwendungsmodalitäten des Parlamentsvorbehalts, der nach der Rechtsprechung Anwendung findet, wenn die Einbeziehung deutscher Soldatinnen und Soldaten in bewaffnete Unternehmungen in Auslandsverwendungen „qualifiziert“ zu erwarten ist.[11] Den Parlamentsvorbehalt, aus dem das Bundesverfassungsgericht einen „Entscheidungsverbund von Parlament und Regierung“[12] folgert, sieht es in ständiger Rechtsprechung als unge-

---

11 BVerfGE 121, 135 (165 ff.); zum Ganzen aktuell *Gutmann*, Fortschreitende Militärkooperationen, 2020, S. 85.

12 BVerfGE 121, 135 (161). Die Rechtsschöpfung des Parlamentsvorbehalts bildet dabei ein Sonderregime, denn in der vorherigen Rechtsprechung lehnte das Bundesverfassungsgericht einen ungeschriebenen Parlamentsvorbehalt im Bereich des (durchaus auch rechtserheblichen) auswärtigen Handelns jenseits des nur für völkerrechtliche Verträge geltenden Art. 59 Abs. 2 Satz 1 GG ab, vgl. BVerfGE 68, 1 (86 f.); dazu *Kleinlein*, AöR 142 (2007), S. 43 (59 f.).

Dem Wortlaut der Entscheidungen nach sieht das Bundesverfassungsgericht auf Seiten der Exekutive die Entscheidung bei der Bundesregierung, wobei unklar ist, ob diese als Kollegial-

schriebenen Verfassungsgrundsatz an.[13] Diese Charakterisierung relativiert die normative Wirkmächtigkeit des Parlamentsvorbehalts nicht, denn das Bundesverfassungsgericht erkannte in ihm im Lissabon-Urteil sogar einen integrationsfesten Grundsatz,[14] ordnete ihn also letztlich dem „unantastbaren Kerngehalt der Verfassungsidentität" im Sinne des Art. 23 Abs. 1 Satz 3 in Verbindung mit Art. 79 Abs. 3 GG zu.[15]

Ihren Ausgangspunkt hat die Rechtsprechung um den Parlamentsvorbehalt im Out-of-area-Urteil. In diesem zog das Bundesverfassungsgericht mangels Anknüpfungspunkten im Verfassungswortlaut maßgeblich die deutsche Verfassungstradition[16] heran und verwies in systematischer Hinsicht zudem auf die Normen, die die parlamentarische Kontrolle der Streitkräfte regeln: Die Intention

---

organ handeln muss (was die Wortwahl „Regierung" suggeriert), oder ob der Zweite Senat die zuständigen Ressorts meinte, vgl. etwa BVerfGE 90, 286 (388 f.). Im Fall Pegasus gab es keine Kollegialentscheidung, sondern die Bundeskanzlerin stimmte dem vom Verteidigungs- und vom Außenminister vorgeschlagenen Einsatz zu, BVerfGE 140, 160 (164 f. Rn. 7), kritisch zum Urteil insoweit *Fischer/Ladiges*, NVwZ 2016, S. 32 (35). Zum Ganzen auch *Epping*, in: Maunz/Dürig, GG, Art. 65a Rn. 41 (Stand: Oktober 2008), der eine Entscheidungsverlagerung auf die Bundesregierung als Kollegialorgan annimmt und sie auf das „Ob" des Einsatzes beschränkt ansieht. Kritisch gegenüber der Zuständigkeit der Bundesregierung als Kollegialorgan *Brinktrine*, in: Sachs (Hrsg.), GG, 9. Aufl. 2021, Art. 65a Rn. 19a; *Schröder*, in: von Mangoldt/Klein/Starck, GG, 7. Aufl. 2018, Art. 65a Rn. 15; befürwortend hingegen *Fassbender*, in: Isensee/Kirchhof, HStR XI, 3. Aufl. 2013, § 244 Rn. 78. Die Kontroverse dürfte durch die Praxis im Falle eher üblicher Auslandseinsatzkonstellationen mit der Möglichkeit eines hinreichenden Planungsvorlaufs überholt sein. Zwar hat das Bundesverfassungsgericht nie begründet, warum es schon im Out-of-area-Urteil anscheinend die Bundesregierung als Kollegialorgan als entscheidungsbefugt ansah, gleichwohl hat das Parlamentsbeteiligungsgesetz diese Rechtsprechung übernommen (§ 3 ParlBG „Antrag der Bundesregierung"). Siehe zudem Fn. 8 zur Staatspraxis bereits vor dem Out-of-area-Urteil.

13 Die hierum geführte wissenschaftliche Debatte, in der teils eine stärkere Verortung bei der Exekutive und die Einbindung des Parlaments allein über das Rückholrecht vorgeschlagen wurde, ist weitgehend überholt, dazu noch mit weiteren Nachweisen *Scherrer*, Das Parlament und sein Heer, 2010, S. 71 ff.; *Burkiczak*, ZRP 2003, S. 82 (84); *Krings/Burkiczak*, DÖV 2002, S. 501 (505 f.), siehe *Wiefelspütz*, HFR 16/2010, S. 229 (243) „Verfassungsgewohnheitsrecht"; *König*, German Yearbook of International Law 38 (1995), S. 103 (124 f.). Zwar mag man die rechtliche Herleitung des Parlamentsvorbehalts durch das Bundesverfassungsgericht kritisieren, man wird aber kaum bestreiten können, dass er die politischen Kontroversen um Auslandseinsätze zumindest dadurch ein wenig befriedet, dass Einsätze, die die Mandatsschwelle überschreiten, durch die parlamentarische Zustimmung eine stärkere Legitimation genießen.

14 Vgl. BVerfGE 123, 267 (361).

15 Siehe etwa *Epping*, in: ders./Hillgruber (Hrsg.), GG, Art. 87a Rn. 35 m.w.N. (Februar 2021).

16 Vgl. BVerfGE 90, 286 (383 f.). Von Belang war etwa der Aspekt, dass nach Art. 45 Abs. 2 Weimarer Reichsverfassung Kriegserklärungen und Friedensschlüsse der Legislative vorbehalten waren.

des Verfassungsgebers sei es gewesen, „die Bundeswehr nicht als Machtpotential allein der Exekutive zu überlassen, sondern als ‚Parlamentsheer' in die demokratisch rechtsstaatliche Verfassungsordnung einzufügen, d.h. dem Parlament einen rechtserheblichen Einfluss auf Aufbau und Verwendung der Streitkräfte zu sichern".[17] Der Vorbehalt gelte nicht für die Verwendung der Bundeswehr für Hilfeleistungen im Ausland, sofern die Soldatinnen und Soldaten dabei nicht in bewaffnete Unternehmungen einbezogen seien.[18] Mit Weitsicht betonte das Bundesverfassungsgericht bereits in dieser ersten Entscheidung zum Parlamentsvorbehalt aber auch, dass die „verfassungsrechtlich gebotene Mitwirkung des Bundestages" die Verfassungsbelange „militärische Wehrfähigkeit und die Bündnisfähigkeit der Bundesrepublik Deutschland nicht beeinträchtigen" dürfe. Dies bedeutet zum Beispiel, dass bei „Gefahr im Verzug" die Bundesregierung vorläufig den Einsatz von Streitkräften beschließen und an entsprechenden Beschlüssen in den Bündnissen oder internationalen Organisationen ohne vorherige Einzelermächtigung durch das Parlament mitwirken und diese vorläufig vollziehen dürfe, wenn sie das Parlament umgehend mit dem so beschlossenen Einsatz nachbefasse und die Streitkräfte zurückzurufe, wenn der Bundestag es verlange.[19]

Im AWACS-II-Urteil stellte das Bundesverfassungsgericht sodann klar, dass die Begriffe des „Einsatzes bewaffneter Streitkräfte" und der „Einbeziehung deutscher Soldaten in bewaffnete Unternehmungen", die im Out-of-area-Urteil nicht näher definiert wurden, „im Zweifel parlamentsfreundlich" auszulegen seien.[20] Ferner seien die maßgeblichen Begriffe gerichtlich voll überprüfbar;[21] eine Einschätzungsprärogative der Exekutive bestehe nur im Eilfall.[22] Der Parlamentsvorbehalt werde aber erst bei der „qualifizierte[n] Erwartung einer Einbe-

17 BVerfGE 90, 286 (382); kritisch etwa *Epping*, in: ders./Hillgruber (Hrsg.), GG, Art. 87a Rn. 25 m.w.N. (Februar 2021). Der vom Bundesverfassungsgericht genutzte Begriff des Parlamentsvorbehalts trifft, der des Parlamentsheeres weniger. Letzterer täuscht darüber hinweg, dass das alleinige Initiativrecht bezüglich eines bewaffneten Auslandseinsatzes der Streitkräfte unstreitig auf Seiten der Exekutive verortet ist und diese auch über die Art und Weise der Durchführung im Rahmen der parlamentarischen Zustimmung entscheidet.

18 Vgl. BVerfGE 90, 286 (388).

19 Vgl. BVerfGE 90, 286 (388). Nachvollziehbarerweise erkennt der Senat später in BVerfGE 121, 135 (167) darin aber auch ein Argument dafür, die vorherige Zustimmung des Bundestages soweit irgend möglich einzuholen, weil der spätere parlamentarische Rückruf deutscher Soldatinnen und Soldaten für die außenpolitische Handlungs- und Bündnisfähigkeit im Vergleich nachteiliger sei; zum Spannungsfeld des Parlamentsvorbehalts und der Bündnisfähigkeit *Gutmann*, Fortschreitende Militärkooperationen, 2020, *passim*, insb. S. 147 ff.

20 Vgl. BVerfGE 121, 135 (162), 140, 160 (189, Rn. 70); dazu *Sohm*, NZWehrr 2008, S. 235 ff.

21 Vgl. BVerfGE 121, 135 (168 f.); 140, 160 (197, Rn. 90).

22 BVerfGE 121, 135 (163); 140, 160 (197 Rn. 91).

ziehung in bewaffnete Auseinandersetzungen"[23] ausgelöst, wenn „nach dem jeweiligen Einsatzzusammenhang und den einzelnen rechtlichen und tatsächlichen Umständen die Einbeziehung deutscher Soldaten in bewaffnete Auseinandersetzungen konkret zu erwarten ist und deutsche Soldaten deshalb bereits in bewaffnete Unternehmungen einbezogen sind"[24]. Im Out-of-area-Urteil habe der Senat von „bewaffneten Unternehmungen" und nicht von „bewaffneten Auseinandersetzungen" gesprochen, so dass es – um den Parlamentsvorbehalt auszulösen – nicht schon zu Kampfhandlungen gekommen sein müsse. Für die Frage, ob eine qualifizierte Erwartung vorliege, seien im Einzelfall Einsatzzweck und Einsatzbefugnisse näher zu betrachten, wobei von einem Einsatz bewaffneter Streitkräfte schon zum Zeitpunkt der Einsatzentscheidung auszugehen sei, wenn von vornherein geplant sei, dass deutsche Soldatinnen und Soldaten unabhängig von dem konkreten Einsatzverlauf militärische Gewalt anwendeten.[25] Die bloße Möglichkeit, dass es bei einem Einsatz zu bewaffneten Auseinandersetzungen komme, löse den Parlamentsvorbehalt hingegen nicht aus. Das Bundesverfassungsgericht betont hierbei, dass andernfalls die „verfassungsrechtlich angeordneten Gewichte der Organkompetenzverteilung im Bereich der auswärtigen Gewalt" im Widerspruch zu den Verfassungsvorgaben verschoben würden.[26] Denn bezogen auf die auswärtige Gewalt billigt die Verfassung der Exekutive eine starke Rolle zu. Die bloße Möglichkeit bewaffneter Auseinandersetzungen lässt sich bei Streitkräfteeinsätzen – wie das Bundesverfassungsgericht erkennt – niemals ganz ausschließen, so dass eine Anwendung des Parlamentsvorbehalts in solchen Fällen einen generellen Parlamentsvorbehalt für Streitkräfteverwendungen begründen würde, den die Verfassung nicht vorsieht.[27] Die Annahme einer qualifizierten Erwartung bedürfe eines hinreichend greifbaren tatsächlichen Anhaltspunktes dafür, dass ein Einsatz nach seinem Zweck, den konkreten politischen und militärischen Umständen sowie den Einsatzbefugnissen in die Anwendung von Waffengewalt münden könne (z. B. konkrete militärische Gefahrenlage, „Operationsziele", „Reichweite der militärischen Befugnisse").[28] Zudem müsse eine besondere Nähe der Anwendung von Waffengewalt vorliegen, etwa weil die Anwendung von Waffengewalt zeitlich nah bevorstehe oder eine

---

23 BVerfGE 121, 135 (165).

24 BVerfGE 121, 135 (164); dazu aktuell und ausführlich *Gutmann*, Fortschreitende Militärkooperationen, 2020, S. 109 ff.

25 Vgl. BVerfGE 121, 135 (164 f.).

26 BVerfGE 121, 135 (165); zur bestimmenden Rolle der Exekutive im Bereich der auswärtigen Gewalt bereits BVerfGE 68, 1 (80 ff.).

27 Vgl. BVerfGE 121, 135 (165).

28 Vgl. BVerfGE 121, 135 (165 f.).

Betrachtung der Einsatzplanung und der -befugnisse erweise, dass eine automatische Beteiligung deutscher Soldatinnen und Soldaten an der Anwendung bewaffneter Gewalt von der Gesamtsituation her wahrscheinlich sei und praktisch nur noch von Zufälligkeiten im Geschehensablauf abhänge.[29]

Nachdem die verfassungsdogmatische Fundierung der dargelegten Grundsätze des Parlamentsvorbehalts zunächst vor allem auf der Verfassungsgeschichte fußte, begründete das Bundesverfassungsgericht den Parlamentsvorbehalt im Lissabon-Urteil ergänzend mit Anklängen an die Wesentlichkeitstheorie, indem es formulierte, der Einsatz von Streitkräften sei „für individuelle Rechtsgüter der Soldatinnen und Soldaten sowie anderer von militärischen Maßnahmen Betroffener wesentlich" und trage „die Gefahr tiefgreifender Verwicklungen in sich".[30]

Zuletzt bestätigte der Zweite Senat im Pegasus-Verfahren seine Rechtsprechung bezüglich der Auslegung des Begriffs „Einsatz bewaffneter Streitkräfte".[31] Mit Bezug zu Operationen, die derartig kurzzeitig und eilig sind, dass die erforderliche parlamentarische Zustimmung weder vor noch während des Einsatzes eingeholt werden kann, stellte er klar, dass nach Beendigung eines solchen Einsatzes (typischerweise wird es sich dabei, wie auch im Pegasus-Verfahren, um militärische Evakuierungsoperationen handeln, bei denen nur im Ausnahmefall, wie kürzlich bei der vom 16. bis 27. August 2021 andauernden militärischen Evakuierungsoperation in Kabul, Afghanistan, eine Mandatierung erfolgen kann) keine parlamentarische Zustimmung im Sinne einer nachträglichen Genehmigung mehr erfolgen müsse, sondern sich der Parlamentsvorbehalt dann in einen Anspruch des Bundestags auf unverzügliche und qualifizierte Unterrichtung über den Einsatz umwandele.[32] Aufgabe des Bundestages sei es in diesen Fällen, da er

---

29 Vgl. BVerfGE 121, 135 (166 f.).

30 BVerfGE 123, 267 (360 f.); dazu *Epping*, in: ders./Hillgruber (Hrsg.), GG, Art. 87a Rn. 26 (Februar 2021); mit der Wesentlichkeitsgarantie erklären auch *Kokott* und *Hummel* den Parlamentsvorbehalt in: Sachs (Hrsg.), GG, 9. Aufl. 2021, Art. 87a Rn. 42; Anklänge daran finden sich bereits in BVerfGE 121, 135 (161), wo der Senat eher beiläufig ein „ein erhebliches Risiko für Leben und Gesundheit deutscher Soldaten" konstatierte, dazu auch *Gutmann*, Fortschreitende Militärkooperationen, 2020, S. 114; siehe auch *Scherrer*, Das Parlament und sein Heer, 2010, S. 81 ff. m.w.N. aus der vorausgegangenen Rechtsprechung; grundlegend zur dogmatischen Fundierung *Kleinlein*, AöR 142 (2007), S. 43 (59 ff.).

31 Vgl. BVerfGE 140, 160 (190 ff. Rn. 71 ff.); dazu *Kleinlein*, AöR 142 (2007), S. 43 (66 f.), der in der Entscheidung einen grundlegenden Umbau des Parlamentsvorbehalts „von der konstitutiven Zustimmung zu einem Einwilligungsrecht mit Wirkung allein in die Zukunft" erkennt (S. 75).

32 Vgl. BVerfGE 140, 160 (199 ff. Rn. 95 ff.); regelmäßige Unterrichtungen erfolgen hinsichtlich aller laufenden Einsatzvorhaben, zur rechtlichen Fundierung etwa *Scherrer*, Das Parlament und sein Heer, 2010, S. 322 ff. Die hier gegenständliche Unterrichtung ist aber naturgemäß qualitativ besonders, weil sie sich auf die Notwendigkeit und den Ablauf des abgeschlossenen Gesamteinsatzes bezieht.

nicht mehr konstitutiv tätig werden könne, seine parlamentarischen Kontrollbefugnisse wahrzunehmen,[33] wobei die Bundesregierung verpflichtet sei, ihn unverzüglich und qualifiziert über den abgeschlossenen Streitkräfteeinsatz zu unterrichten.[34]

Die für den Parlamentsvorbehalt maßgeblichen Begriffe können demnach heute als geklärt gelten. Der Regierungspraxis hat das Bundesverfassungsgericht detaillierte Maßgaben an die Hand gegeben. Lediglich im Detail bieten sich noch Widersprüchlichkeiten. So hat der Zweite Senat bei der Bestätigung der bisherigen Rechtsprechung im Pegasus-Urteil in einer die Entscheidung nicht tragenden Formulierung die (Einsatz)Realität durch Wiederholung einer Passage aus dem Out-of-area-Urteil ein wenig aus dem Blick verloren: Die Aussage, dass bei „Einsätzen bewaffneter Streitkräfte im Rahmen von Resolutionen des Sicherheitsrates die vorherige Zustimmung des Bundestages unabhängig davon erforderlich ist, ob den Streitkräften Zwangsbefugnisse nach Kapitel VII der Charta der Vereinten Nationen eingeräumt sind“,[35] lockt auf die falsche Fährte und verkennt die heutigen Einsätze im Zusammenhang mit Sicherheitsratsresolutionen. Richtig ist, dass nicht allein die Befugnisse der Streitkräfte in einem bestimmten Einsatz darüber bestimmen, ob das Parlament beteiligt werden muss. Eine Befugnis zur Selbstverteidigung z. B. führt auch bei Friedensmissionen dazu, dass die parlamentsbeteiligungsrechtliche Schwelle überschritten wird, wenn die Bedrohungslage eben erwarten lässt, dass es zu Selbstverteidigungssituationen kommen wird. Der bloße Konnex zu Sicherheitsratsresolutionen rechtfertigt aber nicht für sich und ohne weitergehende Einzelfallbetrachtung die Annahme einer qualifizierten Erwartung der Einbeziehung in bewaffnete Unternehmungen im o.g. Sinne. Heute sind gerade im Zusammenhang mit Sicherheitsratsresolutionen vielerlei Streitkräfteverwendungen denkbar, die einen denkbar großen Abstand zu bewaffneten Auseinandersetzungen wahren. In solchen Konstellationen, z. B. wenn es der einzige Sinn einer Operation ist, aus der Distanz mit Mitteln der militärischen Aufklärung, ob aus der Luft, auf See, an Land oder theoretisch auch in anderen Dimensionen, einen Beitrag zur Erstellung von Lagebildern zu leisten, die dann nicht zu bewaffneten Unternehmungen, sondern z. B. zur Information von VN-Gremien dienen (z. B. zur Einschätzung der Effektivität von Embargos, o. ä.), wäre es fernliegend, von einer verfassungsrechtlich gebotenen Parla-

---

33 Vgl. BVerfGE 140, 160 (201f. Rn. 101).

34 Vgl. BVerfGE 140, 160 (202 Rn. 102); ablehnend *Sauer*, in: Kahl/Waldhoff/Walter (Hrsg.), GG, Art. 24 Rn. 339 (Mai 2019); *ders.*, Staatsrecht III, 6. Aufl. 2020, S. 82f., der eine Entscheidung des Parlaments als Entscheidung über die Verantwortungsübernahme auch bei bereits abgeschlossenen Einsätzen für erforderlich hält.

35 BVerfGE 140, 160 (193 Rn. 81).

mentsbefassung auszugehen. Dies gilt unabhängig davon, dass auch in solchen Einsätzen für die Soldatinnen und Soldaten das Recht auf Selbstverteidigung im Sinne von Notwehr immer gewährleistet bleibt.[36] Auch in solchen Fällen wird es auf die Wahrscheinlichkeit ankommen, dass sich Selbstverteidigungslagen realisieren. Die heute vorstellbaren Verwendungen der Bundeswehr im Zusammenhang von Sicherheitsratsresolutionen sind demnach zu vielschichtig, um allein aus diesem Kontext und ohne Einzelfallbetrachtung eine Befassung des Parlaments für erforderlich zu halten.

2. Parlamentsbeteiligungsgesetz

Den Hinweis des Bundesverfassungsgerichts, dass die Verfassung nur die Mindestanforderungen vorgebe und es im Übrigen Sache des Gesetzgebers sei, die Form und das Ausmaß der parlamentarischen Mitwirkung näher auszugestalten,[37] nahm der Gesetzgeber, wenn auch erst mit deutlicher Verspätung, mit dem Gesetz über die parlamentarische Beteiligung bei der Entscheidung über den Einsatz bewaffneter Streitkräfte im Ausland (Parlamentsbeteiligungsgesetz)[38] auf, welches den Parlamentsvorbehalt einfach-gesetzlich kodifiziert. Das Spannungsfeld, in dem sich diese Kodifizierung verfassungsrechtlich bewegt, formuliert das Bundesverfassungsgericht selbst. So müsse die Regelung einerseits „das Prinzip förmlicher parlamentarischer Beteiligung hinreichend zur Geltung bringen“ und andererseits „den von der Verfassung für außenpolitisches Handeln gewollten Eigenbereich exekutiver Handlungsbefugnis und Verantwortlichkeit [..] beachten“.[39] Es ließe sich ergänzen, dass letzteres gerade vor dem Hintergrund der Bündnisfähigkeit zusätzliche Relevanz erlangt.

Klarstellend regelt das Parlamentsbeteiligungsgesetz demnach auch die Grenzen des Parlamentsvorbehalts. So stellt die Beteiligung von Soldatinnen und Soldaten an ständigen integrierten sowie multinational besetzten Stäben und Hauptquartieren der NATO und anderer „Organisationen kollektiver Sicherheit“ unabhängig von konkreten Einsätzen nach dem Parlamentsbeteiligungsgesetz

---

36 Unklar bleibt auch, warum das Bundesverfassungsgericht davon ausgeht, dass in solchen Konstellationen stets eine erweiterte Konzeption der Selbstverteidigung Anwendung findet, die die Auftragserfüllung einbezieht, so in BVerfGE 140, 160 (193 Rn. 81).

37 Vgl. BVerfGE 90, 286 (389).

38 Vom 18. März 2005 (BGBl. I S. 775).

39 BVerfGE 90, 286 (389 f.).

keinen Einsatz bewaffneter deutscher Streitkräfte dar.[40] Auch bloße vorbereitende Maßnahmen und Planungen sind aus dem Einsatzbegriff ausgenommen. Der Gesetzgeber ging insoweit davon aus, dass „gerade in international besetzten militärischen Organisationen wie der NATO abstrakte und konkrete Planungen" kaum voneinander zu trennen seien. Vorbereitungen und Planungen lägen aber in der Verantwortung der Bundesregierung; erst der konkrete militärische Einsatz deutscher Streitkräfte bedürfe der parlamentarischen Zustimmung.[41] Verfassungsrechtlich erscheint dies tragfähig, zumal der Zweite Senat erkennbar anknüpfend an diese gesetzgeberische Formulierung faktisch gleichlautende Ausführungen in seine Rechtsprechung aufgenommen hat.[42] Das Bundesverfassungsgericht hat in seinen Judikaten zum Parlamentsvorbehalt zwar stets die Relevanz des Bundestags bei der Entscheidung über bewaffnete Auslandseinsätze der Bundeswehr hervorgehoben, es betont aber eben auch den „Eigenbereich exekutiver Handlungsbefugnis und Verantwortlichkeit", „insbesondere hinsichtlich der Entscheidung über die Modalitäten, den Umfang und die Dauer der Einsätze, die notwendige Koordination in und mit Organen internationaler Organisationen".[43] Ohne vorherige Planungen und Vorbereitungen wäre die Bundesregierung gegenüber dem Parlament auch nicht in der Lage, die für dessen Befassung nötigen Angaben zu machen, z.B. den Einsatzauftrag, die notwendige Höchstzahl der einzusetzenden Soldatinnen und Soldaten und die für den Einsatz notwendigen Fähigkeiten zu definieren.[44] Die Planung, Vorbereitung und darauf fußende Entscheidung über die Einsatzmodalitäten ist dem parlamentarischen Zustimmungsprozess daher notwendigerweise vorgelagert. Bei bloßen Vorbereitungshandlungen oder Planungen besteht zudem kein mit der konkreten Durchführung von Einsätzen vergleichbares politi-

---

40 Dazu *Burkiczak*, in: ders. (Hrsg.), Parlamentsbeteiligungsgesetz, 2012, § 2 Rn. 26, der diese Positionierung im Gesetzentwurf „bei der entstehungsgeschichtlichen Interpretation als authentische Aussage des Gesetzgebers" als berücksichtigungsbedürftig einordnet.

41 Gesetzentwurf der Fraktionen SPD und Bündnis 90/Die Grünen, BT-Drs. 15/2742 vom 23. März 2004, S. 5 (zu § 2).

42 Siehe BVerfGE 123, 267 (361), wo der Zweite Senat mit Bezug zur Integrationsfestigkeit des Parlamentsvorbehalts formuliert: „Damit ist allerdings von Verfassungs wegen keine unübersteigbare Grenze für eine technische Integration eines europäischen Streitkräfteeinsatzes über gemeinsame Führungsstäbe, für die Bildung gemeinsamer Streitkräftedispositive oder für eine Abstimmung und Koordinierung gemeinsamer europäischer Rüstungsbeschaffungen gezogen. Nur die Entscheidung über den jeweiligen konkreten Einsatz hängt von der konstitutiven Zustimmung des Deutschen Bundestages ab."; kritisch *Seyffarth*, GSZ 2019, S. 57 (61f. m.w.N.).

43 BVerfGE 90, 286 (389).

44 All dies sind Pflichtangaben gem. § 3 Abs. 2 ParlBG.

sches Eskalations- oder Verstrickungspotenzial im Hinblick auf bewaffnete Auseinandersetzungen.[45]

Rechtlich kontrovers könnten Fälle sein, in denen deutsche Soldatinnen und Soldaten nicht in konventioneller Art und Weise im Ausland eingesetzt werden, aber gegebenenfalls dennoch mit Auslandsbezug tätig werden. Im Rahmen der Diskussion um die Einführung bewaffneter Drohnen hat das Bundesministerium der Verteidigung klargestellt, dass die jeweiligen Bedienerinnen und Bediener nach deutscher Praxis jedenfalls im Einsatzland oder in der Nähe eingesetzt werden würden.[46] Eine Situation vergleichbar mit der in anderen Staaten, in denen „Drohnenpiloten" vom Heimatland aus operieren, wäre daher auch im Fall der Beschaffung von bewaffneten Drohnen nicht zu erwarten. Gleichwohl wäre fraglich, wie ein solcher Fall verfassungsrechtlich zu behandeln wäre. Es wird bei solchen, weniger konventionellen Unternehmungen für die Frage des Parlamentsvorbehalts nicht strikt darauf ankommen können, ob deutsche Soldatinnen und Soldaten physisch eine Ländergrenze überqueren. Wenn es allein darauf ankäme, müsste man im theoretischen Fall der Drohnenbedienung im Inland konsequentermaßen einen Inlandseinsatz annehmen, der nicht dem Parlamentsvorbehalt,[47] aber anderweitig hohen materiellen Hürden unterläge. Allerdings wirkt sich die Tätigkeit der Soldatinnen und Soldaten in solchen Fällen eben nicht im Inland sondern im Ausland aus. Daher wird man darauf abstellen müssen, ob deutsche Soldatinnen und Soldaten im Ausland eine Operation durchführen, die eine bewaffnete Unternehmung im Sinne der Rechtsprechung darstellt, ohne dass ihre Präsenz vor Ort strikt erforderlich ist. Wenngleich es nicht auf physische Präsenz ankommt, so wird auch in weniger konventionellen Fallkonstellationen gemäß den allgemeinen Grundsätzen eine bloße Möglichkeit der Einbeziehung in bewaffnete Auseinandersetzungen nicht genügen, um den Parlamentsvorbehalt auszulösen. Vielmehr bedarf es auch hier einer qualifizierten Erwartung im o.g. Sinne. Soll aber im Ausland eine militärische Wirkung im o.g. Sinne z. B. mittels einer bewaffneten Drohne erzielt werden, spricht vieles dafür –

45 Das Eskalations- und Verstrickungspotenzial ist ein wiederkehrender Topos des Bundesverfassungsgerichts bei der Abgrenzung von Einsätzen im Sinne des Parlamentsvorbehalts zu anderweitigen, nicht mandatierungspflichtigen Verwendungen, vgl. BVerfGE 121, 135 (161); 140, 160 (204 Rn. 108; 207 Rn. 114). Die konkrete Abgrenzung von vorbereitenden Handlungen sowie Planungen und der Durchführung ist naturgemäß häufig nicht mit letzter Trennschärfe zu leisten.

46 Bericht des Bundesministeriums der Verteidigung an den Deutschen Bundestag zur Debatte über eine mögliche Beschaffung bewaffneter Drohnen für die Bundeswehr vom 3. Juli 2020, S. 6, abrufbar unter: https://www.bmvg.de/de/presse/drohnendebatte-bericht-bmvg-bundestag-274184 (Stand: Juni 2021) (im Folgenden: Drohnenbericht).

47 Vgl. BVerfGE 126, 55 (70 f.).

zumal unter Berücksichtigung des Gebots der parlamentsfreundlichen Auslegung – dass der Parlamentsvorbehalt zu berücksichtigen ist, obgleich deutsche Soldatinnen und Soldaten nicht im eigentlichen Wortsinn im Ausland eingesetzt werden.[48]

Bezogen auf die militärische Zusammenarbeit in Systemen gem. Art. 24 Abs. 2 GG wird in Zukunft zudem wieder zu diskutieren sein, wie dem integrationsfesten Parlamentsvorbehalt und zugleich der verfassungsrechtlich verbrieften Bündnisfähigkeit genüge getan werden kann. Soll die integrierte Zusammenarbeit von Bündnispartnern funktionieren und die Verteidigung, wie vom Verfassungsgeber gewollt, im Bündnis geplant, konzipiert und realisiert werden, so ist die Verlässlichkeit jedes einzelnen Bündnispartners für das gesamte Bündnis unumgänglich, weil bei einem Ausfall eines Einzelnen entscheidende Beiträge wegfallen, was die Leistungsfähigkeit des Bündnisses insgesamt drastisch vermindern kann.[49] Vorschläge hin zu einer Fortentwicklung des Parlamentsbeteiligungsgesetzes in dieser Hinsicht sind bereits vermehrt diskutiert worden und werden weiter relevant bleiben.[50] Die bisherige Rechtsprechung des Bundesverfassungsgerichts spricht dafür, dass es den Parlamentsvorbehalt nicht isoliert von anderen Verfassungsbelangen betrachten wird, wenn der Gesetzgeber Wege sucht, die die Verlässlichkeit Deutschlands als Bündnispartner und die maßgebliche Rolle des Parlaments bei der Entscheidung über Auslandseinsätze gleichermaßen gewährleisten. Soweit das Parlament maßgeblich in die Ent-

---

48 Ähnlich *Seyffarth*, GSZ 2019, S. 57 (62). Siehe auch den Drohnenbericht (Fn. 46), S. 11: „Verfassungsrechtlich bedarf jeder Einsatz bewaffneter deutscher Streitkräfte im Ausland grundsätzlich der vorherigen konstitutiven Zustimmung des Deutschen Bundestages (Parlamentsvorbehalt). Dies gilt auch für den Einsatz bewaffneter UAS." UAS steht für Unmanned Aircraft Systems.

49 Zum Spannungsfeld siehe etwa den Abschlussbericht der Rühe-Kommission, BT-Drs 18/5000 vom 16. Juni 2015, S. 18 f.; zudem eingehend *Gutmann*, Fortschreitende Militärkooperationen, 2020, S. 1 ff.; *Kleinlein*, AöR 142 (2007), S. 43 (45 f.); deutlich wird dies etwa auch an Konzepten wie dem Pooling und Sharing, welches auch Kleinlein erwähnt, im Rahmen dessen unter Vornahme einer arbeitsteiligen Spezialisierung der einzelnen Partner Fähigkeiten von einzelnen Bündnispartnern für das Gesamtbündnis bereitgestellt werden, dazu etwa *Mölling*, Pooling und Sharing in EU und NATO, SWP-Aktuell 25 aus dem Mai 2012.

50 Siehe etwa den Abschlussbericht der Rühe-Kommission, BT-Drs 18/5000 vom 16. Juni 2015; aktuell zu Reformansätzen auch *Seyffarth*, GSZ 2019, S. 57 (60 ff.), dessen Vorschläge allerdings, nicht ganz eingängig, darauf abzuzielen scheinen, die auf Einsätze bezogenen Informationsbeziehungen zwischen Parlament und Bundesregierung vollumfänglich im ParlBG zu regeln. Auch sein Vorschlag, den Einsatzbegriff im ParlBG zu reformieren, geht am Regelungsbedarf vorbei. In kaum einem Punkt dürfte es der Rechtspraxis so klar sein, dass die detaillierte verfassungsgerichtliche Rechtsprechung den maßgeblichen Maßstab darstellt, ohne dass diese in einfaches Recht überführt werden müsste.

scheidung eingebunden bleibt, dürften sich demnach verfassungskonforme Ausgestaltungsmöglichkeiten des Parlamentsvorbehalts ergeben, die auch für eine fortschreitende Bündnisintegration ein solides Fundament bilden. In der aktuellen Literatur wurde dies zurecht etwa am Beispiel der sog. Vorratsbeschlüsse diskutiert und darauf verwiesen, dass auch derartige Entscheidungsformen, mit denen die Einbindung des Bundestags vorverlagert wird, als Reformmöglichkeit wieder mehr Beachtung finden sollten, weil sie nicht pauschal als verfassungswidrig anzusehen sind.[51]

3. Verbleibende Einsatzkompetenz der Bundesministerin bzw. des Bundesministers der Verteidigung

Unterhalb der Schwelle bewaffneter Einsätze im parlamentsbeteiligungsrechtlichen Sinne, in denen nach der Rechtsprechung des Bundesverfassungsgerichts die Bundesregierung und der Bundestag zur Entscheidung berufen sind, bleibt es bei dem Grundsatz des „weit bemessenen Gestaltungsspielraums der Exekutive im auswärtigen Bereich".[52] Demnach unterfällt die Entscheidungskompetenz über die Verwendung der Streitkräfte in Friedenszeiten der Befehls- und Kommandogewalt der Bundesministerin bzw. des Bundesministers der Verteidigung nach Art. 65a Abs. 1 GG. Unterhalb der parlamentsbeteiligungsrechtlichen Einsatzschwelle ist dort verfassungsrechtlich die Einsatzkompetenz verortet, „d. h. die ausschließliche Kompetenz sowohl über das ‚Ob' eines nicht bewaffneten Einsatzes der Streitkräfte [...], als auch über das ‚Wie'", selbstredend in den materiellverfassungs- und völkerrechtlich geltenden Grenzen.[53] Dem Verteidigungsressort fällt damit „die Koordinierung der Befehls- und Kommandogewalt mit der Ge-

---

51 Siehe stv. *Gutmann*, Fortschreitende Militärkooperationen, 2020, S. 251 ff. m.w.N. Es ließe sich insoweit *de lege ferenda* in der Tat darüber nachdenken, ob es nicht auch verfassungskonform wäre, wenn eine vorgeschaltete Zustimmung des Bundestags bezüglich der Einplanung konkreter Truppenteile in eine Eventualfallplanung in Bündnissen erfolgte, die die schnelle Einsatzbereitschaft dieser Truppenteile im Eintreten des Eventualfalls absichert, und die parlamentarische Kontrolle hinsichtlich des konkreten Einsatzes über das Rückholrecht gewährleistet wäre (*ebenda*, S. 257). Freilich bleibt es bei der Warnung des Bundesverfassungsgerichts in BVerfGE 121, 135 (167), dass Lösungen über das Rückholrecht auch erhebliche Friktionen mit der Bündnisfähigkeit verursachen können.

52 BVerfGE 121, 135 (161).

53 *Epping*, in: Maunz/Dürig, GG, Art. 65a Rn. 41 (Stand: Oktober 2008); vgl. auch *F. Kirchhof*, in: Isensee/Kirchhof, HStR IV, 3. Aufl. 2006, § 84 Rn. 24 ff; a.A. *Scherrer*, Das Parlament und sein Heer, 2010, S. 292 ff., der eine „strenge Lesart" der Rechtsprechung des Bundesverfassungsgerichts befürwortet und Ausnahmen vom Kollegialprinzip nur bei Gefahr im Verzug für zulässig hält.

samtpolitik" zu, was die außen-, innen- und wirtschaftspolitischen Zusammenhänge, in die die Verfügung über die Streitkräfte notwendigerweise gestellt ist, einschließt.[54]

Verfassungsrechtlich sind hiervon wiederum Ausnahmen denkbar: Zum einen kann die Entscheidungszuständigkeit, abweichend von Art. 65a Abs. 1 GG, explizit bei der Bundesregierung als Kollegialorgan verortet sein.[55] Grundsätzlich sind zudem Situationen denkbar, in denen eine Kabinettskompetenz aus Art. 65 Satz 3 GG folgt,[56] falls bezüglich der Verwendung der Streitkräfte eine Meinungsverschiedenheit zwischen mehreren zuständigen Ressorts besteht, das konkrete Vorhaben also nicht in die alleinige Kompetenz des Verteidigungsressorts fallen sollte.[57] Zum anderen kann sich auch die Richtlinienkompetenz der Bundeskanzlerin bzw. des Bundeskanzlers gemäß Art. 65 Satz 1 GG auf konkrete Verwendungen der Streitkräfte erstrecken. Zwar ist diese kein „Selbsteintritts- oder Durchgriffsrecht" in die Ressortzuständigkeit, aber sie greift grundsätzlich auch bei Einzelfragen, wobei bei ihrer Ausübung ein weiter Spielraum besteht.[58]

In der Staatspraxis werden Auslandsverwendungen der Streitkräfte auch unterhalb der parlamentsbeteiligungsrechtlichen Einsatzschwelle in aller Regel intensiv und kooperativ jedenfalls zwischen Auswärtigem Amt und Bundesministerium der Verteidigung abgestimmt. Wie dargelegt ist dies verfassungsrechtlich nicht zwingend vorgegeben, stellt aber – auch fernab von Vorgängen allgemeiner Bedeutung gem. § 15 Abs. 1 der Geschäftsordnung der Bundesregierung – die nötige politische Koordinierung und Kommunikation sicher. In der politischen Realität sorgt dies zudem dafür, dass einmal konsentierte Streitkräfteverwendungen jedenfalls der politischen Kontroverse zwischen den Ressorts in einer Weise, die angesichts der Tragweite des Themas interessengerecht erscheint, weitgehend entzogen sind.

---

54 *Schröder*, in: von Mangoldt/Klein/Starck, GG, 7. Aufl. 2018, Art. 65a Rn. 6.

55 Siehe etwa Art. 35 Abs. 3 und Art. 87a Abs. 4 GG.

56 *Brinktrine*, in: Sachs (Hrsg.), GG, 9. Aufl. 2021, Art. 65a Rn. 20; *Epping*, in: Maunz/Dürig, GG, Art. 65a Rn. 41 m.w.N. (Stand: Oktober 2008).

57 Vgl. *Hermes*, in: Dreier (Hrsg.), GG, 3. Aufl. 2015, Art. 65 Rn. 35; *Schröder*, in: von Mangoldt/Klein/Starck, GG, 7. Aufl. 2018, Art. 65 Rn. 35. Zur Frage, inwiefern von dieser verfassungsrechtlich festgelegten Ressortordnung mit Rechtswirkung abgewichen werden kann (z. B. bei Vorgängen allgemeiner Bedeutung, siehe § 15 Abs. 1 Geschäftsordnung der Bundesregierung) siehe etwa *Hermes*, in: Dreier (Hrsg.), GG, 3. Aufl. 2015, Art. 65 Rn. 36; *Epping*, in: Maunz/Dürig, GG, Art. 65a Rn. 46 (Oktober 2008); *Brinktrine*, in: Sachs (Hrsg.), GG, 9. Aufl. 2021, Art. 65a Rn. 20.

58 Vgl. *Epping*, in: Maunz/Dürig, GG, Art. 65a Rn. 48 (Stand: Oktober 2008) m.w.N. zu den vertretenen Ansichten.

III. Materiell-verfassungsrechtliche Zulässigkeit von Auslandseinsätzen

Aufgrund verfassungsprozessualer Gegebenheiten ist die Frage, wann Auslandseinsätze der Streitkräfte materiell verfassungsrechtlich überhaupt zulässig sind, bislang eher im Halbschatten der verfassungsgerichtlichen Befassung verblieben.[59] Bei dieser Frage ist ein bisweilen merkwürdiges Phänomen zu beobachten: In der interessierten Öffentlichkeit, wozu auch die politischen Akteure zählen dürften, scheint sich zunehmend die Wahrnehmung verfestigt zu haben, dass in der Verfassung sehr klare und einschränkende Vorgaben für Auslandseinsätze der Streitkräfte niedergelegt sind. Dies ist eine unmittelbare Folge einer Staatspraxis, die letztlich aus rein politischen Erwägungen seit dem Out-of-area-Urteil den einen vom Bundesverfassungsgericht explizit geebneten Weg über Art. 24 Abs. 2 GG dankend angenommen hat und fortan jeden Einsatz über diesen rechtfertigte.[60]

---

59 Dies liegt daran, dass wehrverfassungsrechtliche Fragen sich bislang vor allem in Organstreitverfahren gem. Art. 93 Abs. 1 Nr. 1 GG i.V.m. §§ 13 Nr. 5, 63 ff. BVerfGG stellten, wo die verfassungsgerichtliche Prüfung auf die Verletzung von Organrechten beschränkt ist und keine vollumfängliche objektiv-rechtliche Prüfung von Streitkräfteeinsätzen erfolgt, siehe stv. BVerfGE 152, 8 (20 f. Rn. 28 m.w.N.; 27 f. Rn. 44). Allerdings weisen wehrverfassungsrechtliche Organstreitverfahren über die Prüfung der Grenzen des sog. Integrationsprogramms des Zustimmungsgesetzes gem. Art. 59 Abs. 2 Satz 1 GG mittlerweile durchaus auch materiell-verfassungsrechtliche Anteile auf, dazu *Sassenrath*, NVwZ 2020, S. 442 (443 f.) am Beispiel der Anti-IS-Entscheidung. Auch in dieser Verfahrensart wird also heute nicht mehr restriktiv geprüft (so noch BVerfGE 100, 266 (270)), sondern Rechtsentwicklungen werden durchaus ausführlich begutachtet (siehe als Beispiele BVerfGE 104, 151; 118, 244; 152, 8). Mit dieser Rechtsprechung hält sich das Bundesverfassungsgericht auch ohne ein Verfahren zur objektiven Rechtsprüfung von Einsätzen der Bundeswehr eine Prüfungsmöglichkeit bei evident rechtswidrigen Einsätzen offen, *Sauer*, in: Rensen/Brink (Hrsg.), Linien der Rechtsprechung des Bundesverfassungsgerichts, 2009, S. 585 (616), der zurecht darauf hinweist, dass ein Verfahren zur abstrakten Rechtskontrolle, welches sich ohnedies maßgeblich am Völkerrecht ausrichten müsste, „nicht recht [in das verfassungsgerichtliche Kontrollsystem] passen" würde. Die Frage, ob die abstrakte Normenkontrolle gem. Art. 93 Abs. 1 Nr. 2 GG i.V.m. §§ 13 Nr. 6, 76 ff. BVerfGG zur Prüfung von Zustimmungsbeschlüssen des Parlaments über Auslandseinsätze statthaft ist, ist bislang unbeantwortet, dazu etwa *Fassbender*, in: Isensee/Kirchhof, HStR XI, 3. Aufl. 2013, § 244 Rn. 125 ff.; *Ladiges*, NZWehrr 2016, S. 177 (186 ff.); *Sauer*, in: Rensen/Brink (Hrsg.), Linien der Rechtsprechung des Bundesverfassungsgerichts, 2009, S. 585 (602 f.); *Kleinlein*, AöR 142 (2007), S. 43 (58). Auch in derartigen Verfahren dürften die vom Bundesverfassungsgericht aus der Gewaltenteilung abgeleiteten Spielräume im Rahmen der auswärtigen Gewalt und die daraus folgende Beschränkung auf eine Vertretbarkeitsprüfung aber gelten.

60 Siehe *Oeter*, in: Isensee/Kirchhof, HStR XI, 3. Aufl. 2013, § 243 Rn. 29. Eine Gewohnheitsrecht begründende Rechtsüberzeugung, dass nur der Weg über Art. 24 Abs. 2 GG gangbar ist, dürfte

Die logische Konsequenz hiervon ist aber auch, dass außenpolitisch teils erhebliche Mühen unternommen werden, um – über völker- und verfassungsrechtliche Notwendigkeiten hinaus – z. B. für Resolutionen nach Kapitel VII auf Ebene des VN-Sicherheitsrats einzutreten mit dem Ziel, die politische Rechtfertigung von Einsatzvorhaben zu erleichtern.[61] Dass auch andere Wege als der über Art. 24 Abs. 2 GG zum Ziel verfassungskonformer Auslandseinsätze führen können, ist der lebendigen rechtswissenschaftlichen Diskussion um das Wehrverfassungsrecht mit zunehmender Deutlichkeit zu entnehmen.

1. Geltung des Verfassungsvorbehalts aus Art. 87a Abs. 2 GG für Auslandseinsätze

Gegenstand einer traditionellen Kontroverse, die bis heute nicht geklärt ist, ist die durchaus grundlegende Frage, ob der Verfassung über Art. 26 GG und das Völkerrecht (vor allem das aufgrund des Rechtsanwendungsbefehls des Art. 25 Satz 1 GG im nationalen Recht geltende Völkergewohnheitsrecht) hinaus überhaupt Restriktionen für Auslandseinsätze zu entnehmen sind. Allgemein aus dem

damit aufgrund der politisch-kommunikativen Gründe dieser Praxis nicht einhergehen, dazu *Schmidt-Radefeldt*, in: Kielmansegg/Krieger/Sohm (Hrsg.), Multinationalität und Integration im militärischen Bereich, 2018, S. 83 (91 f.), der zutreffend die politischen Folgen dieser Praxis, aber auch der wehrverfassungsrechtlichen Rechtsunklarheiten insgesamt hervorhebt: „Die Fixierung der politischen Debatte auf Art. 24 Abs. 2 GG verengt den längst überfälligen Diskurs über strategische Ziele, nationale Interessen und sicherheitspolitische Risiken von Auslandseinsätzen auf die Einhaltung von Verfassungsvorgaben und verlagert die politische Auseinandersetzung dadurch – wie in der Vergangenheit oft geschehen – von Berlin nach Karlsruhe." (S. 102). Eine aktuelle Ausnahme von dieser Praxis ist der Antrag der Bundesregierung, der der Entscheidung des Bundestags über die militärische Evakuierungsoperation aus Afghanistan zugrunde lag, siehe BT-Drs. 19/32022 vom 18. August 2021, S. 2.

61 Ohne dass dies wohl dem deutschen Eintreten zu verdanken war, lässt sich als Beispiel der Beginn der Anti-Pirateriееinsatz EUNAVFOR Operation ATALANTA anführen, für den der VN-Sicherheitsrat Staaten, die mit der damaligen Übergangsregierung Somalias zusammenarbeiteten, auf Grundlage einer zuvor von der Übergangsregierung ohnehin erteilten Zustimmung quasi absichernd befugte, in den Hoheitsgewässern Somalias seeräuberische Handlungen und bewaffnete Raubüberfälle auf See zu bekämpfen. Angesichts der zuvor erteilten Zustimmung Somalias wäre es völkerrechtlich auch ohne Sicherheitsratsresolution zulässig gewesen, in den Hoheitsgewässern Somalias zu operieren. Die Sicherheitsratsresolution beseitigte allenfalls völkerrechtliche Zweifel, die aus dem Status von Somalia als *failed state* folgten. Sie ermöglichte der Bundesregierung damals aber zudem die Einordnung der deutschen Einsatzteilnahme unter Art. 24 Abs. 2 GG in einer Zeit, in der der Zweite Senat im Lissabon-Urteil gerade mit missverständlichen Formulierungen in Zweifel gezogen hatte, ob die EU als System im Sinne von Art. 24 Abs. 2 GG anzusehen ist. Siehe zum Ganzen auch die Aussage im Weißbuch 2016 (Fn. 6), S. 108 f.

Rechtsstaatsprinzip lässt sich das Erfordernis einer ausdrücklichen verfassungsrechtlichen Befugnisnorm für Streitkräfteeinsätze im Ausland nicht ableiten. Dass Streitkräfteeinsätze soweit verboten sind wie die Verfassung sie nicht explizit erlaubt, müsste sich daher aus dem Verfassungstext ergeben. Letztlich konzentriert sich die Diskussion daher heute auf die Frage, ob das Erfordernis eines verfassungsrechtlichen Erlaubnissatzes für Auslandseinsätze aus Art. 87a Abs. 2 GG abzuleiten ist.[62] Immerhin formuliert diese Norm auf den ersten Blick klar:

> „Außer zur Verteidigung dürfen die Streitkräfte nur eingesetzt werden, soweit dieses Grundgesetz es ausdrücklich zulässt."

Je nachdem ob man eine solche ausdrückliche Zulassung für Auslandseinsätze der Bundeswehr[63] für erforderlich hält, erfordern diese entweder eine eigene Rechtfertigung im Sinne eines verfassungsrechtlichen Erlaubnissatzes, der in der Verteidigung (Art. 87a Abs. 1 Satz 1 GG)[64], dem Art. 24 Abs. 2 GG[65] bzw. in einer

62 So etwa *Aust*, in: von Münch/Kunig, GG, 7. Aufl. 2021, Art. 87a Rn. 40 ff.; *Epping*, in: ders./Hillgruber (Hrsg.), GG, Art. 87a Rn. 19 f. (Stand: Februar 2021]; *Link*, Grundrechtsbindung der Bundeswehr im Ausland, 2020. S. 20 ff.; *Müller-Franken*, in: von Mangoldt/Klein/Starck, GG, 7. Aufl. 2018, Art. 87a Rn. 72 ff.; *Heun*, in: Dreier (Hrsg.), GG, 3. Aufl. 2018, Art. 87a Rn. 16; *Thiele*, Auslandseinsätze der Bundeswehr zur Bekämpfung des internationalen Terrorismus, 2011, S. 261 ff.; *Arndt*, DÖV 1992, S. 618 (619); dafür auch BVerwG, Urteil des 2. Wehrdienstsenats vom 26. September 2006 – 2 WD 2/06 –, www.bverwg.de, Rn. 52; zum Ganzen *König*, German Yearbook of International Law 38 (1995), S. 103 (113 f.). Nicht verschwiegen werden soll die dogmatisch durchaus nicht unschlüssige Auffassung, die vertritt, dass Art. 87a Abs. 1 und 2 GG funktional und nicht territorial voneinander abgehoben seien, also Art. 87a Abs. 1 GG alle Verteidigungseinsätze inkl. kollektiver Selbstverteidigung im Sinne des Art. 51 VN-Charta meine und Art. 87a Abs. 2 GG die untypischen, eher polizeilich geprägten Einsätze unter Vorbehalt stelle, gleich wo sie erfolgten, siehe etwa *P. Kirchhof*, in: FS Bernhardt, 1995, S. 797 (807 f.).

63 Der Begriff des Einsatzes aus Art. 87a Abs. 2 GG läuft nicht mit dem parlamentsbeteiligungsrechtlichen Einsatzbegriff gleich. Er ist vielmehr weiter, stv. BVerfGE 132, 1 (20 Rn. 50); *Heun*, in: Dreier (Hrsg.), GG, 3. Aufl. 2018, Art. 87a, Rn. 15 unter Verweis auf BT-Drs. V/2873; siehe auch *Dau*, NZWehrr 2011, S. 1 (15 ff.). Das ergibt sich schon daraus, dass Art. 87a Abs. 2 GG jedenfalls auch, wenn nicht gar ausschließlich, den Inlandseinsatz regelt, der bei einsichtiger Interpretation nicht erst dann einem Verfassungsvorbehalt unterliegt, wenn eine qualifizierte Erwartung der Einbeziehung in bewaffnete Unternehmungen besteht, sondern bereits wenn die Bundeswehr „als Mittel der vollziehenden Gewalt in einem Eingriffszusammenhang" verwendet wird, was auch der Fall ist, wenn „personelle oder sachliche Mittel der Streitkräfte in ihrem Droh- oder Einschüchterungspotential genutzt werden", BVerfGE 132, 1 (20 Rn. 50). Der Befund, beide Begriffe würden in Literatur und Praxis „meist synonym verwendet" (*Trésoret*, Seepiraterie, 2011, S. 438) geht eher fehl.

64 Dazu unten III.2.

65 In dogmatischer Hinsicht ist bislang nicht abschließend geklärt, ob Art. 24 Abs. 2 GG als Fall einer ausdrücklichen (?) Zulassung im Grundgesetz im Sinne des Art. 87a Abs. 2 GG zu sehen ist

anderweitigen ausdrücklichen Zulassung im Sinne des Art. 87a Abs. 2 GG liegen kann, oder einer weitergehenden verfassungsrechtlichen Erlaubnis bedarf es nicht, weil Auslandseinsätze nicht unter den Vorbehalt des Art. 87a Abs. 2 GG fallen. Damit wären sie erlaubt, sofern sie nicht unter den Verbotssatz des Art. 26 GG fielen bzw. nach den allgemeinen Regeln des Völkerrechts im Sinne des Art. 25 Satz 1 GG (bzw. des übrigen Völkerrechts[66]) unzulässig wären und – insbesondere wenn über die Grundsätze des Parlamentsvorbehalts neben der Bundesregierung das Parlament einzubeziehen ist – ordnungsgemäß über sie entschieden wurde. Auslandseinsätze unterfielen nach der zweiten Ansicht materiell vor allem dem Völkerrecht, welches auswärtige Streitkräfteeinsätze unter der Fundamentalnorm des Gewaltverbots in Art. 2 Nr. 4 VN-Charta aber ebenfalls restriktiv regelt.[67] Ob es einer verfassungsrechtlichen Grundlage für Auslandseinsätze der Bundeswehr bedarf, hat das Bundesverfassungsgericht in der Out-of-area-Entscheidung aus-

---

oder – angesichts der nachträglichen Einfügung des Art. 87a GG näherliegend, der die deutsche Mitgliedschaft und damit verbundene Beiträge im Rahmen von Systemen gegenseitiger kollektiver Sicherheit gerade nicht ausschließen sollte – einen eigenständigen, neben Art. 87a Abs. 2 GG stehenden Fall einer Rechtfertigung von Einsätzen darstellt, siehe *Scherrer*, Das Parlament und sein Heer, 2010, S. 20 ff.; *Grzeszick*, in: Friauf/Höfling (Hrsg.), GG, Art. 87a Rn. 30 (Stand: August 2006). Der Zweite Senat hat insoweit entschieden, es sei mit dem Grundsatz der Einheit der Verfassung unvereinbar, Art. 87a Abs. 2 GG in einer Weise auszulegen, welche die Bundesrepublik Deutschland verfassungsrechtlich daran hindere, ihrer zentralen völkerrechtlichen Verpflichtung in einem System gegenseitiger kollektiver Sicherheit nachzukommen, siehe BVerfGE 90, 286 (355 ff.). Damit sieht die Rechtsprechung Art. 24 Abs. 2 GG eher als eigenständige Grundlage neben Art. 87a Abs. 2 GG denn als ausdrückliche Zulassung im Sinne des Art. 87a Abs. 2 GG, zumal es Art. 24 Abs. 2 GG an der Ausdrücklichkeit gerade fehlt. Vgl. dazu auch BVerwGE 103, 361 (364); *Streinz*, in: Sachs (Hrsg.), GG, 9. Aufl. 2021, Art. 24 Rn. 56 ff. m.w.N. Aus der Rechtsprechung zu folgern, das Bundesverfassungsgericht habe Art. 24 Abs. 2 GG als ausdrückliche Zulassung im Sinne des Art. 87a Abs. 2 GG angesehen (so z. B. *Sauer*, ZaöRV 2002, S. 317 (322)), dürfte eher fehlgehen.

66 *Kokott/Hummel*, in: Sachs (Hrsg.), GG, 9. Aufl. 2021, Art. 87a Rn. 15 leiten aus dem Prinzip der Völkerrechtsfreundlichkeit des Grundgesetzes in diesem Zusammenhang einen Gleichlauf des Völkerrechts mit dem materiellen Verfassungsrecht ab, unabhängig von Art. 25 GG und der damit verbundenen Frage, welche der jeweiligen Normen völkergewohnheitsrechtlich gelten; so auch *Müller-Franken*, in: von Mangoldt/Klein/Starck, GG, 7. Aufl. 2018, Art. 87a Rn. 41 über die Auslegung des Begriffs der Verteidigung.

67 Stv. dazu *von Arnauld*, Völkerrecht, 4. Aufl. 2019, § 13. Damit würde keine uferlose Ausweitung der Auslandseinsatzmöglichkeiten der Bundeswehr einhergehen. Allerdings wären Einsätze wie Pirateriebekämpfung und die Evakuierung von Personen aus Krisengebieten, also solche Einsätze, die von völkervertrags- und -gewohnheitsrechtlichen Erlaubnissätzen abgedeckt sind, sowie Einsätze auf Grundlage einer Zustimmung desjenigen Staats, in dem der Einsatz erfolgt (sog. Intervention auf Einladung), bereits kraft ihrer Völkerrechtskonformität auch verfassungskonform.

drücklich offen gelassen und in den im Schwerpunkt um wehrverfassungsrechtliche Fragen kreisenden Folgeverfahren nicht verdeutlicht:

> „Die mannigfachen Meinungsverschiedenheiten darüber, wie in diesem Zusammenhang die Begriffe der ‚Verteidigung' und des ‚Einsatzes' auszulegen sind, und ob Art. 87a Abs. 2 GG als eine Vorschrift zu verstehen ist, die nur den Einsatz der Streitkräfte ‚nach innen' regeln will, bedürfen in den vorliegenden Verfahren keiner Entscheidung. Denn wie immer dies zu beantworten sein mag, jedenfalls wird durch Art. 87a GG der Einsatz bewaffneter deutscher Streitkräfte im Rahmen eines Systems gegenseitiger kollektiver Sicherheit, dem die Bundesrepublik Deutschland gemäß Art. 24 Abs. 2 GG beigetreten ist, nicht ausgeschlossen."[68]

In den Organstreitverfahren um den ISAF-Einsatz[69] und den Anti-IS-Einsatz[70] übernahm der Zweite Senat die zitierte Out-of-area-Rechtsprechung. Weil die jeweiligen Einsätze von Bundesregierung und Parlament unter Rückgriff auf Art. 24 Abs. 2 GG gerechtfertigt wurden, konnte das Bundesverfassungsgericht die Verletzung von Organrechten, die aus Art. 24 Abs. 2 in Verbindung mit Art. 59 Abs. 2 Satz 1 GG folgen können, wenn ein System im Sinne von Art. 24 Abs. 2 GG durch ein rechtserhebliches Handeln über die Grenzen des Zustimmungsgesetzes (oder den eine absolute Grenze darstellenden Zweck der Friedenswahrung) hinaus fortentwickelt wird, untersuchen. Die Frage, ob es Art. 24 Abs. 2 GG als verfas-

68 BVerfGE 90, 286 (355 f.); offen gelassen auch in BVerfGE 121, 135 (157); 126, 55 (73 „jedenfalls"). Unzutreffend ist daher die pauschale Einordnung, das Bundesverfassungsgericht folge der Auffassung, dass Art. 87a Abs. 2 GG sich auf Auslandseinsätze beziehe, so aber *Link*, Grundrechtsbindung der Bundeswehr im Ausland, 2020. S. 22. Die einzige Ausnahme von dieser zurückhaltenden Rechtsprechung stellt die gleich in mehrfacher Hinsicht misslungene und nicht entscheidungstragende Kurzfeststellung im Lissabon-Urteil dar, in der der Zweite Senat formulierte: „Der Auslandseinsatz der Streitkräfte ist außer im Verteidigungsfall nur in Systemen gegenseitiger kollektiver Sicherheit erlaubt (Art. 24 Abs. 2 GG), wobei der konkrete Einsatz von der Zustimmung des Deutschen Bundestages konstitutiv abhängt." (BVerfGE 123, 267 (360)). Nicht nur ist geklärt, dass Verteidigungsfall und Verteidigung zwei unterschiedliche Begriffe sind (eindeutig insoweit BVerfGE 90, 286 (385 f.)), auch hätte diese in einem obiter versteckte Aussage ganz erhebliche Auswirkungen auf die Aufgabenwahrnehmung der Bundeswehr. So wären etwa militärische Evakuierungsoperationen (zum Pegasus-Verfahren siehe BVerfGE 140, 160) von vornherein verfassungswidrig. Diese Aussage im Lissabon-Urteil wurde bislang durch das Gericht nicht wiederholt, sondern eher relativiert (vgl. BVerfGE 126, 55 (73); 140, 160 (188 Rn. 69); siehe auch *Glawe*, NVwZ 2015, 1593 (1603)). Auch die Literatur sieht diese Aussage richtigerweise eher als Versehen, siehe etwa *Kokott/Hummel*, in: Sachs (Hrsg.), GG, 9. Auflage 2021, Art. 87a Rn. 32; *Krieger*, in: Schmidt-Bleibtreu/Hofmann/Hennecke, GG, 14. Aufl. 2017, Art. 87a Rn. 23; *Fournier*, Der Einsatz der Streitkräfte gegen Piraterie auf See, 2014, S. 134 f.; *Wiefelspütz*, DÖV 2010, S. 73 (76 ff.); *Sauer*, in: Kahl/Waldhoff/Walter (Hrsg.), GG, Art. 24 Rn. 320 (Mai 2019).

69 BVerfGE 118, 244.

70 BVerfGE 152, 8.

sungsrechtlichen Erlaubnissatzes für den konkreten Einsatz überhaupt bedurfte, stellte sich in diesen Verfahren daher nicht. Denn eine Fortentwicklung eines Systems im Sinne von Art. 24 Abs. 2 GG über das vom Bundestag durch das Zustimmungsgesetz gem. Art. 59 Abs. 2 Satz 1 GG mitverantwortete vertragliche Integrationsprogramm hinaus – allein um diese Frage ging es in den Verfahren –, verletzt den Bundestag in seinem Recht auf Teilhabe an der auswärtigen Gewalt aus Art. 24 Abs. 2 in Verbindung mit Art. 59 Abs. 2 Satz 1 GG, ohne dass es auf die verfassungsrechtliche Erforderlichkeit des Art. 24 Abs. 2 GG als Zulassungsnorm für Auslandseinsätze ankommt.[71]

Bei Verfahren um Inlandseinsätze der Streitkräfte betonte das Gericht die (vorrangige) Geltung des Art. 87a Abs. 2 GG im Innern stark, ohne aber in letztgültiger Klarheit festzulegen, dass Art. 87a Abs. 2 GG auf Auslandseinsätze unanwendbar ist.[72] Im Pegasus-Verfahren, welches eine militärische Evakuierungsoperation zum Gegenstand hatte, hat der Zweite Senat die Frage unter

71 Vgl. etwa BVerfGE 104, 151 (199 f.; 209 f.); 118, 244 (259 ff.); 121, 135 (158); 152, 8 (24 Rn. 35 f.). Dies wird übersehen, wenn Befürworter einer weiten Auslegung des Art. 87a Abs. 2 GG meinen, die Rechtsprechung des Bundesverfassungsgerichts sei „im Ergebnis" „nur mit einem umfassenderen Verständnis vereinbar, da es Art. 24 Abs. 2 GG als Ermächtigungsgrundlage für den Auslandseinsatz" interpretiere, *Heun*, in: Dreier (Hrsg.), GG, 3. Aufl. 2018, Art. 87a Rn. 15; denselben Übersehensfehler begehen *Kment*, in: Jarass/Pieroth, GG, 16. Aufl. 2020, Art. 87a Rn. 8 und *Thiele*, Auslandseinsätze der Bundeswehr zur Bekämpfung des internationalen Terrorismus, 2011, S. 263. Die Frage, ob sich eine Fortentwicklung eines Systems nach Art. 24 Abs. 2 GG im Rahmen des vom Parlament mitverantworteten Integrationsprogramms hält, ist rechtlich vom Parlamentsvorbehalt unabhängig, anders *Wiefelspütz*, HFR 16/2010, S. 229 (243). Zur Rechtsprechung des Bundesverfassungsgerichts im Hinblick auf die Rolle des Art. 59 Abs. 2 Satz 1 GG in der auswärtigen Gewalt kritisch *Sauer*, in: Rensen/Brink (Hrsg.), Linien der Rechtsprechung des Bundesverfassungsgerichts, 2009, S. 585 (592 ff.); *ders.*, in: Kahl/Waldhoff/Walter (Hrsg.), GG, Art. 24 Rn. 271 ff. (Mai 2019); dazu auch *Kleinlein*, AöR 142 (2007), S. 43 (50 ff.).

72 BVerfGE 126, 55 (73: „Art. 87a Abs. 2 GG ist mithin der Grundsatz zu entnehmen, dass jedenfalls ein Einsatz der Streitkräfte im Innern, der nicht der Verteidigung dient, einer verfassungsrechtlichen Grundlage bedarf."). Das Plenum in BVerfGE 132, 1 (9 f. Rn. 25 f.) formulierte stark in die Richtung einer Beschränkung des Art. 87a Abs. 2 GG auf Inlandseinsätze wie folgt: „Außer zur Verteidigung dürfen nach Art. 87a Abs. 2 GG die Streitkräfte nur eingesetzt werden, soweit das Grundgesetz es ausdrücklich zulässt. Die begrenzende Funktion dieser Regelung ist durch strikte Texttreue bei der Auslegung der grundgesetzlichen Bestimmungen über den Einsatz der Streitkräfte im Innern zu wahren (vgl. BVerfGE 90, 286 (356 f.); 115, 118 (142); BVerwGE 127, 1 (12 f.)). Die Verfassung begrenzt einen Streitkräfteeinsatz im Inneren in bewusster Entscheidung auf äußerste Ausnahmefälle."

Beschränkung seiner Begründung auf die entscheidungserheblichen Aspekte nicht adressiert.[73]

Auch der Rechtsprechung anderer Höchstgerichte fehlt es bislang an einer klaren Linie: So bejahte der Zweite Wehrdienstsenat des Bundesverwaltungsgerichts in einem obiter dictum die Anwendbarkeit des Art. 87a Abs. 2 GG auf Auslandseinsätze,[74] während der Zweite Senat des Bundesverwaltungsgerichts die Inlandsausrichtung der Norm betonte.[75]

Von Befürworterinnen und Befürwortern einer Anwendung des Art. 87a Abs. 2 GG auf Auslandseinsätze wird neben dem weiten Wortlaut vor allem angeführt, der Verfassungsgeber habe die Intention gehabt, „die Bestimmung über den Einsatz der Streitkräfte [...] in einem Artikel [Art. 87a GG] zusammenzufassen“, wobei auch, nicht aber ausschließlich der Einsatz im Inneren geregelt werden sollte.[76] Außerdem sei es wertungswidersprüchlich, wenn der Streitkräfteeinsatz im Innern einem strikten Vorbehalt unterworfen wäre, andere Einsätze außerhalb der Verteidigung aber „ins Belieben der Exekutive“ gestellt seien bzw. nur Art. 26 GG unterfielen.[77]

Der offene Wortlaut der Norm stellt dabei grundsätzlich ein gewichtiges Argument dar. Der Hinweis auf einen „Wertungswiderspruch“ vermag indes kaum zu überzeugen. Während für die – zudem verfassungsrechtlich, historisch und politisch besonders rechtfertigungsbedürftigen – Inlandseinsätze der Streitkräfte kein allgemeiner Parlamentsvorbehalt gilt,[78] entscheiden Bundesregierung und

---

73 BVerfGE 140, 160. In der Wissenschaft ist umstritten, auf welche verfassungsrechtliche Erlaubnisnorm sich solche Einsätze stützen ließen, wenn eine solche denn erforderlich wäre, zur Kontroverse, ob Personalverteidigung unter Art. 87a Abs.1 Satz 1 GG fällt, siehe Fn. 109.

74 BVerwGE 127, 1 (Rn. 52) (NVwZ-RR 2007, S. 257 (259)). Die vom Wehrdienstsenat in Bezug genommene Intention einer Verhinderung, „dass für die Verwendung der Streitkräfte als Mittel der vollziehenden Gewalt ‚ungeschriebene Zuständigkeiten aus der Natur der Sache‘ abgeleitet werden“ hilft nicht weiter, sie bezog sich gerade auf die Zuständigkeitsabgrenzung zwischen Streitkräften und Polizei und damit auf den Streitkräfteeinsatz im Innern.

75 BVerwG, Urteil des Zweiten Senats vom 16. Oktober 2008 – 2 A 9/07 –, juris, Rn. 61 ff. (NVwZ 2009, S. 782 (786)).

76 Schriftlicher Bericht des Rechtsausschusses, BT-Drs. 5/2873, S. 12 am Ende; siehe *Epping*, in: ders./Hillgruber (Hrsg.), GG, Art. 87a Rn. 19 (Februar 2021); *Heun*, in: Dreier (Hrsg.), GG, 3. Aufl. 2018, Art. 87a Rn. 16; *Müller-Franken*, in: von Mangoldt/Klein/Starck, GG, 7. Aufl. 2018, Art. 87a Rn. 73; *Aust*, in: von Münch/Kunig, GG, 7. Aufl. 2021, Art. 87a Rn. 41; *Fournier*, Der Einsatz der Streitkräfte gegen Piraterie auf See, 2014, S. 133.

77 *Epping*, in: ders./Hillgruber (Hrsg.), GG, Art. 87a Rn. 19 (Februar 2021); so auch *Heun*, in: Dreier (Hrsg.), GG, 3. Aufl. 2018, Art. 87a Rn. 16; *Fournier*, Der Einsatz der Streitkräfte gegen Piraterie auf See, 2014, S. 133; dahingehend auch *Payandeh/Sauer*, ZRP 2016, S. 34 (36); *Sauer*, Staatsrecht III, 6. Aufl. 2020, S. 77 f.

78 Vgl. BVerfGE 126, 55 (70 f.).

Parlament über Auslandseinsätze, wie gesehen, in einem Entscheidungsverbund, so dass für Auslandseinsätze eine intensive Art der institutionellen Einhegung greift.[79] Schließlich gilt für Auslandseinsätze, anders als für Inlandseinsätze, neben Art. 26 GG die Rechtsordnung des Völkerrechts, insbesondere das Gewaltverbot nach Art. 2 Nr. 4 VN-Charta und dessen Ausnahmen. Von einem „Belieben der Exekutive“ kann also nicht die Rede sein. Die materiell-rechtliche Einbindung von Auslandseinsätzen in das völkerrechtliche Regelungsgerüst und Art. 25 sowie 26 GG einerseits und die verfassungsinstitutionelle Einhegung durch den Parlamentsvorbehalt andererseits,[80] welcher die Beteiligung der Bundesregierung und des Parlaments gewährleistet, federn dabei auch den Umstand ab, dass „der Einsatz der Bundeswehr außerhalb des Bundesgebietes“ „zu weitreichenden und gegenüber einem rein internen Einsatz schwerwiegenderen Konsequenzen für die Bundesrepublik führen“ kann.[81] Auch dürfte fraglich sein, ob der angedeutete Erst-recht-Schluss vom Inlandseinsatz auf den Auslandseinsatz unter dem Deckmantel des Vorwurfs der Wertungswidersprüchlichkeit vor dem Hintergrund des absoluten Ausnahmecharakters eines Inlandseinsatzes der Streitkräfte methodisch überzeugen kann.[82] Der Verweis auf die Intention des Rechtsausschusses dürfte zudem schon dadurch nicht überzeugen, dass sich die Intention, eine Grundnorm für Streitkräfteeinsätze zu schaffen, zum einen eben vorrangig auf die damals im Zentrum der Überlegungen stehenden Inlandseinsätze bezog[83] und sie zum anderen spätestens dadurch, dass der Zweite Senat Art. 24 Abs. 2 GG systematisch eher eigenständig neben Art. 87a Abs. 2 GG verortet, ohnehin als nicht erreicht angesehen werden muss.[84]

Mit guten Gründen geht daher mittlerweile eine stark vertretene Literaturansicht davon aus, dass sich der Verfassungsvorbehalt des Art. 87a Abs. 2 GG nur

---

79 Der Einsatz der Streitkräfte nach Art. 35 Abs. 2 GG bedarf etwa keiner Parlamentsbefassung. Auch über den Einsatz nach Art. 87a Abs. 4 GG kann die Bundesregierung entscheiden, er ist lediglich gem. Art. 87a Abs. 4 Satz 2 GG einzustellen, wenn Bundestag oder Bundesrat es verlangen. Auch Art. 87a Abs. 3 GG sieht die Zustimmung des Bundestages zum Einsatz der Bundeswehr nicht vor, vgl. BVerfGE 126, 55 (71).

80 Dazu auch *Krieger*, in: Schmidt-Bleibtreu/Hofmann/Hennecke, GG, 14. Aufl. 2017, Art. 87a Rn. 28.

81 Auf diesen Punkt abstellend *Epping*, in: ders./Hillgruber (Hrsg.), GG, Art. 87a Rn. 19 (Februar 2021).

82 Dahingehend auch *Krieger*, in: Schmidt-Bleibtreu/Hofmann/Hennecke, GG, 14. Aufl. 2017, Art. 87a Rn. 27; siehe zum Ausnahmecharakter auch das Plenum in BVerfGE 132, 1 (9 Rn. 25 f.); rechtsvergleichend *von Kielmansegg*, GSZ 2019, S. 45.

83 Stv. *Wiefelspütz*, Das Parlamentsheer, 2005, S. 73.

84 Zur Frage, ob Art. 24 Abs. 2 GG als Zulassung im Sinne des Art. 87a Abs. 2 GG zu sehen ist oder neben diesem steht, siehe oben Fn. 65.

auf Einsätze im Inland bezieht.[85] Dieses Ergebnis legen auch systematische Gründe in vielerlei Hinsicht nahe.[86] Art. 87a Abs. 2 GG ersetzte den Art. 143 GG alte Fassung[87], der lediglich den Einsatz der Streitkräfte im Falle des inneren Notstandes, also im Inland, regelte.[88] Auch Art. 87a Abs. 3 und 4 GG normieren ausschließlich Inlandseinsätze, so dass die gesamte Norm eine starke Inlandsprägung aufweist.[89] Die systematische Stellung im VIII. Kapitel des Grundgesetzes, welches die Kompetenzverteilung zwischen Bund und Ländern im Bereich der Verwaltung regelt, spricht tendenziell ebenfalls gegen die auswärtige Dimension dieser Norm und für eine Auslegung des Art. 87a GG als Norm, welche die „Zuständigkeitsverteilung zwischen den Polizeibehörden der Länder und der Bundeswehr im inneren Notstand" normiert.[90] Bei der Einführung der Norm im Kontext der Notstandsverfassung 1968 stand die Möglichkeit, die Bundeswehr im Innern einzusetzen, im Zentrum der Überlegungen, die Beschränkung von Einsätzen im Ausland gegenüber den zuvor geltenden Vorgaben wurde indes nicht

---

85 *Herdegen*, in: ders./Masing/Poscher/Gärditz, HdbVerfR, 2021, § 27 Rn. 83; *Neubert*, DÖV 2017, S. 141 (144 f.); *Oeter*, in: Isensee/Kirchhof, HStR XI, 3. Aufl. 2013, § 243 Rn. 29 f.; *Krieger*, in: Schmidt-Bleibtreu/Hofmann/Hennecke, GG, 14. Aufl. 2017, Art. 87a Rn. 25–28; *F. Kirchhof*, in: Isensee/Kirchhof, HStR IV, 3. Aufl. 2006, § 84 Rn. 54–58; *Kokott/Hummel*, in: Sachs (Hrsg.), GG, 9. Aufl. 2021, Art. 87a Rn. 11–15; *Oeter*, NZWehrr 2000, S. 89 (93); *Stein*, in: Hailbronner/Ress/Stein (Hrsg.), FS Doehring, 1989, S. 935 (941 ff.); ähnlich *Röben*, Außenverfassungsrecht, 2007, S. 256 f.; *Wiefelspütz*, Das Parlamentsheer, 2005, S. 68–76; 106; *Depenheuer*, in: Maunz/Dürig, GG, Art. 87a Rn. 102; 167 f. (Oktober 2008).

86 Zum Ganzen *Wiefelspütz*, Das Parlamentsheer, 2005, S. 68 ff.

87 Im Wortlaut: „Die Voraussetzungen, unter denen es zulässig wird, die Streitkräfte im Falle eines inneren Notstandes in Anspruch zu nehmen, können nur durch ein Gesetz geregelt werden, das die Erfordernisse des Artikels 79 erfüllt."

88 *Kokott/Hummel*, in: Sachs (Hrsg.), GG, 9. Aufl. 2021, Art. 87a Rn. 14; *Krieger*, in: Schmidt-Bleibtreu/Hofmann/Hennecke, GG, 14. Aufl. 2017, Art. 87a Rn. 26; *Pechstein*, JA 1991, S. 461 (466); *Stein*, in: Hailbronner/Ress/Stein (Hrsg.), FS Doehring, 1989, S. 935 (942); *Wiefelspütz*, Das Parlamentsheer, 2005, S. 72 f. mit Nachweisen zur Entstehungsgeschichte.

89 *Kokott/Hummel*, in: Sachs (Hrsg.), GG, 9. Aufl. 2021, Art. 87a Rn. 12/14; *Pechstein*, JA 1991, S. 461 (466); dies sieht auch *Epping* in: ders./Hillgruber (Hrsg.), GG, Art. 87a Rn. 19 (Februar 2021), bewertet aber den weiten Wortlaut als maßgeblicher.

90 *Kokott/Hummel*, in: Sachs (Hrsg.), GG, 9. Aufl. 2021, Art. 87a Rn. 12; *Krieger*, in: Schmidt-Bleibtreu/Hofmann/Hennecke, GG, 14. Aufl. 2017, Art. 87a Rn. 27; *Pechstein*, JA 1991, S. 461 (466); *Stein*, in: Hailbronner/Ress/Stein (Hrsg.), FS Doehring, 1989, S. 935 (942); *Oeter*, in: Isensee/Kirchhof, HStR XI, 3. Aufl. 2013, § 243 Rn. 30; *Oeter*, NZWehrr 2000, S. 89 (93). *Aust* verweist indes zurecht darauf, dass das systematische Argument angesichts der insgesamt fehlenden systematischen Kohärenz der Norm im Verfassungsgefüge nicht überbewertet werden sollte, *Aust*, in: von Münch/Kunig, GG, 7. Aufl. 2021, Art. 87a Rn. 41; dahingehend auch *Fournier*, Der Einsatz der Streitkräfte gegen Piraterie auf See, 2014, S. 128 f.

besprochen.[91] Gegen die Auslandsgeltung der Norm dürfte auch sprechen, dass Art. 87a Abs. 2 GG eine ausdrückliche Zulassung im Grundgesetz verlangt, das Grundgesetz solche ausdrücklichen Zulassungen aber nur für Inlandseinsätze bereithält (Art. 87a Abs. 3, 4, Art. 35 Abs. 2, 3 GG). Dies gilt unbeschadet des Umstands, dass Verteidigung im Sinne des Art. 87a Abs. 1 Satz 1 und Abs. 2 GG naturgemäß auch Auslandshandeln beinhalten kann.[92] Die Befürworter einer Auslandsgeltung des Art. 87a Abs. 2 GG werden dem Verfassungsgeber damit unterstellen müssen, dass er mit Einführung des Art. 87a Abs. 2 GG in seiner jetzigen Form[93] alle Auslandseinsätze verbieten wollte, denn auch der Art. 24 Abs. 2 GG enthält keine „ausdrückliche" Zulassung und hat seinen Charakter als mögliche Grundlage für Auslandseinsätze erst durch die zitierte Rechtsprechung des Bundesverfassungsgerichts bekommen. Eine solche Intention müsste sich aber aus den Materialien ergeben, was nicht der Fall ist.[94] Näherliegend dürfte daher sein, dass für den Verfassungsgeber im Jahr 1968 – auch angesichts der Realitäten zu der Zeit – der Inlandseinsatz der Streitkräfte im Vordergrund stand, ohne dass er den Auslandseinsatz per se für verfassungswidrig erklären wollte. Die Intention des Verfassungsgebers lag vielmehr darin, den Inlandseinsatz der Streitkräfte zu ermöglichen, dabei aber gerade auch vor dem Hintergrund der historischen Erfahrungen, die Streitkräfte als Machtfaktor im Inneren hinreichend einzuhegen.[95] Dies legt eine teleologische Reduktion des Art. 87a Abs. 2 GG auf Inlandseinsätze nahe.

---

91 *Kokott/Hummel*, in: Sachs (Hrsg.), GG, 9. Aufl. 2021, Art. 87a Rn. 14; *Krieger*, in: Schmidt-Bleibtreu/Hofmann/Hennecke, GG, 14. Aufl. 2017, Art. 87a Rn. 26.

92 Zu letzterem *Müller-Franken*, in: von Mangoldt/Klein/Starck, GG, 7. Aufl. 2018, Art. 87a Rn. 74. Dadurch erhalten Art. 87a Abs. 1 Satz 1 und Abs. 2 GG natürlich auch einen grenzüberschreitenden Charakter, den auch *Müller-Franken* hervorhebt, aber natürlich erfolgt Verteidigung eben auch im Inland. Geht man daher davon aus, dass Art. 87a Abs. 2 GG den Inlandseinsatz betrifft, ist schlüssig erklärbar, warum Verteidigung in Art. 87a Abs. 2 GG Erwähnung finden musste. Dass Verteidigung auch im Ausland erfolgen kann, spricht daher kaum für eine Anwendung des Art. 87a Abs. 2 GG auf Auslandseinsätze. Siehe zudem *Pechstein*, JA 1991, S. 461 (466) mit dem Hinweis, dass das zur Zeit der Schaffung der Norm realistisch zu erwartende Verteidigungshandeln gerade im Inland stattgefunden hätte; dahingehend auch *Stein*, in: Hailbronner/Ress/Stein (Hrsg.), FS Doehring, 1989, S. 935 (943).

93 Die vorherige Fassung des Art. 87a GG sah den Verfassungsvorbehalt des Abs. 2 nicht vor, siehe dazu etwa *Oeter*, NZWehrr 2000, 89 (93); vgl. auch *P. Kirchhof*, in: FS Bernhardt, 1995, S. 797 (804 f.).

94 *Krieger*, in: Schmidt-Bleibtreu/Hofmann/Hennecke, GG, 14. Aufl. 2017, Art. 87a Rn. 26.

95 Siehe etwa *Wiefelspütz*, Das Parlamentsheer, 2005, S. 76 m.w.N.; dahingehend auch *Depenheuer*, in: Maunz/Dürig, GG, Art. 87a Rn. 168 (Oktober 2008); *Pechstein*, JA 1991, S. 461 (467) unter Hinweis darauf, dass diese Regelungssituation (strikte Vorgaben nur für den Inlandseinsatz) auch

Eine Anwendung des Art. 87a Abs. 2 GG auf Auslandseinsätze hätte womöglich auch erhebliche Konsequenzen. So wäre in Zweifel gezogen, ob – völkerrechtlich ohne weiteres zulässige – Interventionen auf Einladung eines Empfangsstaats durch die Bundeswehr durchgeführt werden dürfen. In Frage gestellt wären auch militärische Evakuierungsoperationen und andere völkerrechtlich zulässige, ja sogar intendierte Streitkräfteverwendungen.[96]

Als vermittelnde Auffassung ließe sich vertreten, dass Art. 87a Abs. 2 GG dem Grunde nach zwar auch Auslandseinsätze erfasst, das Gebot der strikten Texttreue bei der einen Streitkräfteeinsatz zulassenden Verfassungsnorm allerdings auf Inlandseinsätze beschränkt ist. Das Gebot der strikten Texttreue, welches aus dem Wortlaut des Art. 87a Abs. 2 GG folgt, ist durch das Bundesverfassungsgericht stets nur im Kontext des Inlandseinsatzes betont worden. So formulierte etwa das Plenum:

> „Außer zur Verteidigung dürfen nach Art. 87a Abs. 2 GG die Streitkräfte nur eingesetzt werden, soweit das Grundgesetz es ausdrücklich zulässt. Die begrenzende Funktion dieser Regelung ist durch strikte Texttreue bei der Auslegung der grundgesetzlichen Bestimmungen über den Einsatz der Streitkräfte im Innern zu wahren. Die Verfassung begrenzt einen Streitkräfteeinsatz im Inneren in bewusster Entscheidung auf äußerste Ausnahmefälle.“[97]

Dies könnte dahin gedeutet werden, dass für Auslandseinsätze im Hinblick auf die Ausdrücklichkeit der von Art. 87a Abs. 2 GG verlangten Zulassung verfas-

---

verfassungsvergleichend gesehen der Normalfall ist; so auch *Krieger*, in: Schmidt-Bleibtreu/Hofmann/Hennecke, GG, 14. Aufl. 2017, Art. 87a Rn. 27.

96 Zu Evakuierungsoperationen siehe unten Fn. 109. Als ein Beispiel weiterer Einsatzszenarien können Maßnahmen von Kriegsschiffen gegen Piraten oder zur Befreiung von durch Piraten entführte Handelsschiffe auch außerhalb von Operationen in Systemen gem. Art. 24 Abs. 2 GG dienen. Wendete man Art. 87a Abs. 2 GG auf Auslandseinsätze an, wäre eine Befreiung entführter deutsch-geflaggter Schiffe durch deutsche Marineeinheiten wohl nur im Rahmen von Operationen in Systemen gem. Art. 24 Abs. 2 GG oder bei einer weiten Auslegung des Verteidigungsbegriffs zulässig. Schiffe anderer Staaten könnten durch deutsche Streitkräfte aus solchen Zwangslagen allein in Einsatzgebieten von Systemen gem. Art. 24 Abs. 2 GG befreit werden. Der völkerrechtlich bestehenden Kooperationspflicht der Staaten aus Art. 100 SRÜ bei der Bekämpfung der Piraterie stünden damit verfassungsrechtliche Grenzen im Wege, dies akzeptierend *Fournier*, Der Einsatz der Streitkräfte gegen Piraterie auf See, 2014, S. 119 ff. (insb. 165) m.w.N. Weitere Einsätze, die verfassungsrechtlich erheblichen Zweifeln ausgesetzt wären, wären z. B. humanitäre Hilfseinsätze in gefährlichen Regionen, in denen eine bewaffnete Absicherung erforderlich ist, die bilaterale Unterstützung auf Anforderung von (z. B. europäischen) Staaten bei Katastrophenfällen, die im Inland Art. 35 Abs. 2/3 GG unterfallen würden sowie Interventionen im Ausland zur Abwehr von völkerrechtlichen Kernverbrechen, selbst wenn das Konzept der sog. Schutzverantwortung zu Völkergewohnheitsrecht erstarken würde.

97 BVerfGE 132, 1 (9 Rn. 25 f.), die Nachweise auf andere Quellen wurden im Zitat gelöscht.

sungsrechtlich keine strengen Maßstäbe gelten, sondern etwa ein Rückgriff auf Art. 25 GG z. B. in Verbindung mit den völkergewohnheitsrechtlich anerkannten Ausnahmen zum Gewaltverbot oder den völkergewohnheitsrechtlichen Normen zur Pirateriebekämpfung verfassungsrechtlich ausreicht.[98] Die Folgen einer solchen vermittelnden Auffassung wären weitgehend deckungsgleich mit denen der Ansicht die Art. 87a Abs. 2 GG für nicht auf Auslandseinsätze anwendbar hält.

2. Umrisse des Verteidigungsbegriffs des Art. 87a GG

Bezüglich des Verteidigungsbegriffs aus Art. 87a Abs. 1 Satz 1 bzw. Abs. 2 GG[99] (der in der Praxis an Bedeutung verlöre, wenn man Art. 87a Abs. 2 GG auf Inlandseinsätze beschränkte), ist geklärt, dass allein die Verteidigung allgemeinpolitischer Interessen durch die Streitkräfte *jedenfalls nicht*[100] und die Verteidigung gegen einen Angriff auf das Territorium der Bundesrepublik Deutschland gerade auch im Inland *jedenfalls* unter den Begriff der Verteidigung zu subsumieren ist.[101] Weitgehende Einigkeit besteht zudem dahingehend, dass der Verteidigungsfall gemäß Art. 115a Abs. 1 GG nicht mit dem Verteidigungsbegriff des Art. 87a GG deckungsgleich ist. So hat das Bundesverfassungsgericht in der Out-of-area-Entscheidung ausgeführt:

> „Die Feststellung des Verteidigungsfalles nach Art. 115 a Abs. 1 GG bewirkt zwar unmittelbar nur den Übergang von der Normal- zur Notstandsverfassung und passt insbesondere das Staatsorganisationsrecht den Anforderungen eines durch einen bewaffneten Angriff auf das

---

98 Zur Frage, ob Art. 25 GG eine verfassungsrechtliche Grundlage sein kann, wenn man annimmt, dass Art. 87a Abs. 2 GG vollumfänglich auf Auslandeinsätze Anwendung findet, *Fournier*, Der Einsatz der Streitkräfte gegen Piraterie auf See, 2014, S. 136 ff. m.w.N.; befürwortend für den Fall der Pirateriebekämpfung *Wolfrum*, Hansa 2003, S. 12 ff.

99 Es kann letztlich offenbleiben, ob die verfassungsrechtliche Einsatzermächtigung zu Verteidigungseinsätzen bereits aus Art. 87a Abs. 1 Satz 1 GG oder aus Art. 87a Abs. 2 GG folgt. Schon aus historischen Gründen dürfte aber die Aufgabenzuweisung in Art. 87a Abs. 1 Satz 1 GG auch als Befugnisnorm zu verstehen sein, zumal die Formulierung in Art. 87a Abs. 2 GG die Befugnis zum Verteidigungshandeln eher vorauszusetzen scheint. Siehe auch *Müller-Franken*, in: von Mangoldt/Klein/Starck, GG, 7. Aufl. 2018, Art. 87a Rn. 33; die Gegenauffassung vertritt z. B. *Thiele*, Auslandseinsätze der Bundeswehr zur Bekämpfung des internationalen Terrorismus, 2011, S. 258 ff. Siehe auch *P. Kirchhof*, in: FS Bernhardt, 1995, S. 797 (804 f.), der zudem darauf hinweist, dass der Art. 87a GG a.F., der heute in Art. 87a Abs. 1 GG enthalten ist, die Befugnis und den Verteidigungsauftrag enthalten müsse, da die Bundeswehr ansonsten von 1956 bis 1968 ihrem Auftrag nicht hätte nachkommen können.

100 Siehe nur *Depenheuer*, in: Maunz/Dürig, GG Art. 87a Rn. 47 f. (Oktober 2008].

101 Dies folgt schon aus BVerfGE 69, 1 (21 f.) unter Verweis auf BVerfGE 48, 127 (159 f.).

> Bundesgebiet hervorgerufenen äußeren Notstandes an. Sie ist also nicht Voraussetzung für jeden Verteidigungseinsatz der Bundeswehr. Das Grundgesetz knüpft aber an die Feststellung dieses Verteidigungsfalles neben notstandsrechtlichen auch wehrverfassungsrechtliche und den Bereich der auswärtigen Gewalt betreffende Rechtsfolgen (vgl. Art. 87 a Abs. 3; Art. 115a Abs. 5; Art. 115b; Art. 115 l Abs. 3 GG)".[102]

Die im Lissabon-Urteil erfolgte beiläufige Gleichsetzung des Verteidigungsfalls gemäß Art. 115a Abs. 1 GG mit dem Begriff der Verteidigung[103] – in nicht tragenden Erwägungen des Urteils – dürfte in gleich mehrfacher Hinsicht zu relativieren sein. Zu Recht geht die Literatur davon aus, dass die Aussage in dieser Form kaum beabsichtigt war.[104] Über die genannten Judikate hinaus fehlt es bislang an Rechtsprechung des Bundesverfassungsgerichts etwa zu den Fragen, ob und inwieweit kollektive Selbstverteidigung und/oder Bündnisverteidigung unter den Verteidigungsauftrag des Art. 87a Abs. 1 Satz 1 GG fallen.[105]

Das Bundesverwaltungsgericht geht in seiner Rechtsprechung einen deutlicheren Weg. So hat der Zweite Wehrdienstsenat zum Begriff der Verteidigung aus Art. 87a GG ausgeführt, der Begriff rekurriere zwar auf den „Verteidigungsfall" in Art. 115a GG, da der Normtext des Art. 87a Abs. 1 Satz 1 und Abs. 2 GG aber bewusst von „Verteidigung" und nicht von „Landesverteidigung" spreche und der verfassungsändernde Gesetzgeber bei der Verabschiedung der Regelung im Jahre 1968 auch einen Einsatz im Rahmen eines NATO-Bündnisfalles als verfassungsrechtlich zulässig angesehen habe, sei davon auszugehen, dass „Verteidigung" alles das umfassen solle, was nach dem geltenden Völkerrecht zum Selbstverteidigungsrecht nach Art. 51 der VN-Charta zu rechnen sei.[106] Art. 51 VN-Charta gewährleiste und begrenze für jeden Staat das – völkergewohnheitsrechtlich

---

102 BVerfGE 90, 286 (385 f.), Hervorhebung hinzugefügt.

103 BVerfGE 123, 267 (360).

104 Nicht nur setzte der Zweite Senat hier beiläufig und ohne Begründung den Verteidigungsfall mit Verteidigung gleich, er führte auch apodiktisch und entgegen der vorherigen zurückhaltenden Rechtsprechung aus, dass Auslandseinsätze auf Verteidigung und Fälle des Art. 24 Abs. 2 GG beschränkt seien, dazu *Ladiges*, UBWV 2010, S. 114 (118); *Epping*, in: ders./Hillgruber (Hrsg.), GG, Art. 87a Rn. 7 (Februar 2021); *Kokott/Hummel*, in: Sachs (Hrsg.), GG, 9. Aufl. 2021, Art. 87a Rn. 32; *Krieger*, in: Schmidt-Bleibtreu/Hofmann/Hennecke, GG, 14. Aufl. 2017, Art. 87a Rn. 23; *Dau*, NZWehrr 2011, S. 1 (13 f.); *Pechstein* hielt diese Ansicht (Gleichsetzung Verteidigungsfall und Verteidigung) bereits 1991 für „unvertretbar", *Pechstein*, JA 1991, S. 461 (465).

105 Zur Diskussion des Rechtscharakters von Art. 87a Abs. 1 Satz. 1 GG und dem Verständnis der Norm als verfassungsrechtlich verpflichtenden Auftrag siehe *Schulte-Bunert*, Grundrechtsschutz und Verteidigungsauftrag, 2013, S. 100 ff.

106 Vgl. BVerwG, Urteil des Zweiten Wehrdienstsenats vom 21. Juni 2005 – 2 WD 12/04 –, juris, Rn. 107 (BVerwGE 127, 302); so auch BVerwG, Urteil des Zweiten Wehrdienstsenats vom 26. September 2006 – 2 WD 2/06 –, juris, Rn. 51 (BVerwGE 127, 1), jeweils m.w.N.

allgemein anerkannte – Recht zur „individuellen" und zur „kollektiven Selbstverteidigung" gegen einen „bewaffneten Angriff", wobei das Recht zur „kollektiven Selbstverteidigung" den Einsatz von militärischer Gewalt – über den Verteidigungsbegriff des Art. 115a GG hinausgehend – auch im Wege einer erbetenen Nothilfe zugunsten eines angegriffenen Staats zulasse.[107] Der Einsatz „zur Verteidigung" sei stets nur als Abwehr gegen einen bewaffneten Angriff nach Art. 51 VN-Charta erlaubt, jedoch nicht zur Verfolgung, Durchsetzung und Sicherung ökonomischer oder politischer Interessen.[108]

In der Wissenschaft ist der Begriff der Verteidigung aus Art. 87a GG im Detail umstritten. Kontrovers ist etwa die Frage, ob die Personalverteidigung – denkbar etwa im Kontext der Evakuierung deutscher Staatsangehöriger in Krisensituationen im Ausland oder im Rahmen von Geiselbefreiungen sowie Operationen zur Befreiung bei seeräuberischen Entführungen deutscher Schiffe – unter den verfassungsrechtlichen Verteidigungsauftrag fällt.[109] Sähe man Art. 87a Abs. 2 GG als auch auf Auslandseinsätze anwendbar an, wäre es den Streitkräften nach der die Personalverteidigung ablehnenden Ansicht selbst mit explizitem Einverständnis des jeweiligen Zielstaats nicht erlaubt, deutsche Staatsangehörige in krisenhaft zugespitzten Fällen unilateral militärisch zu evakuieren. Im Pegasus-Verfahren, welchem eine ähnliche Situation (Rettung deutscher Staatsangehöriger aus Libyen am 26. Februar 2011) zugrunde lag, hat der Zweite Senat des Bundesverfassungsgerichts, obgleich wohl aus verfassungsprozessualen Gründen, jeden-

107 Ebenda.

108 Ebenda.

109 Mit Bezug zu Evakuierungsoperationen ablehnend *Epping*, in: ders./Hillgruber (Hrsg.), GG, Art. 87a Rn. 10 m.w.N. (Februar 2021]; *Heun*, in: Dreier (Hrsg.), GG, 3. Aufl. 2018, Art. 87a Rn. 17; von einer ausdrücklichen Zulassung im Grundgesetz macht auch *Aust* solche Operationen abhängig, in: von Münch/Kunig, GG, 7. Aufl. 2021, Art. 87a Rn. 43; 50 (unilaterale Operationen hält er für „*de constitutione lata* verfassungswidrig"); *Brunner*, ZRP 2011, S. 207; *Thiele*, Auslandseinsätze der Bundeswehr zur Bekämpfung des internationalen Terrorismus, 2011, S. 287 ff.; 295 ff.; dahingehend auch *Gramm*, NZWehrr 2005, S. 133 (139); zweifelnd *Sauer*, Staatsrecht III, 6. Aufl. 2020, S. 76; *Kokott/Hummel*, in: Sachs (Hrsg.), GG, 9. Aufl. 2021, Art. 87a Rn. 27 unter Hinweis darauf, dass regelmäßig vor allem ausländische Staatsangehörige gerettet werden; für die Zulässigkeit *Dau*, NZWehrr 2011, S. 1 (13 m.w.N.); *Burkiczak*, ZRP 2003, S. 82 (83); *Kreß*, ZaöRV 1997, S. 329 (349 ff.); *Müller-Franken*, in: von Mangoldt/Klein/Starck, GG, 7. Aufl. 2018, Art. 87a Rn. 47; *Depenheuer*, in: Maunz/Dürig, GG, Art. 87a Rn. 39 f. (Oktober 2008). Völkerrechtlich wird die Evakuierung jedenfalls von Personen, die nicht Staatsangehörige des Einsatzlandes sind, aus Krisenregionen unter gewissen Voraussetzungen als gewohnheitsrechtlich anerkannt angesehen, siehe etwa *von Arnauld*, Völkerrecht, 4. Aufl. 2019, Rn. 1132 ff.

falls keine materiell verfassungsrechtlichen Zweifel geäußert.[110] Während der vor Kurzem durchgeführten militärischen Evakuierungsoperation in Kabul, Afghanistan führte die Bundesregierung in ihrem Antrag, dem der Deutsche Bundestag am 25. August 2021 mit deutlicher Mehrheit (538 Ja-Stimmen; 9 Nein-Stimmen, 89 Enthaltungen) zustimmte, aus, dass der Einsatz „in Übereinstimmung mit den verfassungsrechtlichen Vorgaben für Einsätze bewaffneter deutscher Streitkräfte im Ausland, insbesondere auf der Grundlage von Artikel 87a Absatz 1 und 2 des Grundgesetzes" erfolge.[111] Damit lässt die Bundesregierung offen, ob sie davon ausgeht, dass der Vorbehalt in Art. 87a Abs. 2 GG für Auslandseinsätze gilt und dokumentiert ihre Auffassung, dass ein solcher Einsatz jedenfalls mit den verfassungsrechtlichen Vorgaben übereinstimmt.

Einigkeit besteht in der Literatur, jedenfalls unter den Stimmen, die Art. 87a Abs. 2 GG auf Auslandseinsätze anwenden, darüber, dass der Begriff der Verteidigung in Art. 87a GG im Vergleich zum Begriff des Verteidigungsfalls aus Art. 115a GG weiter ist[112] und dass auch ein anderer Staat taugliches Objekt einer Verteidigung nach Art. 87a GG sein kann. Begründet wird dies nachvollziehbar unter anderem mit dem historischen Kontext der deutschen Wiederbewaffnung, die ohne die Einbindung in die Verteidigungsbündnisse WEU und NATO undenkbar gewesen wäre.[113] Die Bündnisverteidigung wird dabei verbreitet – schon wegen des Erfordernisses der völkerrechtskonformen Auslegung unter dem Aspekt des verfassungsrechtlichen Dürfens der Erfüllung völkerrechtlicher Beistandspflichten[114] – unter den Begriff der Verteidigung des Art. 87a GG subsumiert.[115] Man wird nicht umhinkommen, festzustellen, dass die Regelungsbereiche des Art. 24 Abs. 2 GG und des Art. 87a GG im Fall einer Bündnisverteidigung ineinander übergehen. In Einsätzen in Systemen gem. Art. 24 Abs. 2 GG auf der völkerrechtlichen Grundlage des Art. 51 VN-Charta dürfte die verfassungsrechtliche

---

110 BVerfGE 140, 160. Verfahrensgegenständlich war vor allem die parlamentsbeteiligungsrechtliche Bewertung. Bei der zugrundeliegenden Operation war eine Zustimmung Libyens weder erteilt noch abgelehnt worden.

111 Antrag der Bundesregierung, der der Entscheidung des Bundestags über die militärische Evakuierungsoperation aus Afghanistan zugrunde lag, siehe BT-Drs. 19/32022 vom 18. August 2021, S. 2.

112 Stv. *Aust*, in: von Münch/Kunig, GG, 7. Aufl. 2021, Art. 87a Rn. 33; *Pieroth* in: Jarass/Pieroth, GG, 16. Aufl. 2020, Art. 87a Rn 10; *Thiele*, Auslandseinsätze der Bundeswehr zur Bekämpfung des internationalen Terrorismus, 2011, S. 290 ff. m.w.N.;

113 *Epping*, in: ders./Hillgruber (Hrsg.), GG, Art. 87a Rn. 6 f. (Februar 2021).

114 Ebenda; *Müller-Franken*, in: von Mangoldt/Klein/Starck, GG, 7. Aufl. 2018, Art. 87a Rn. 44.

115 Siehe etwa *Depenheuer*, in: Maunz/Dürig, GG, Art. 87a Rn. 78 (Oktober 2008); *F. Kirchhof*, in: Isensee/Kirchhof, HStR IV, 3. Aufl. 2006, § 84 Rn. 53; *König*, German Yearbook of International Law 38 (1995), S. 103 (110 f.).

Grundlage, soweit erforderlich, daher Art. 87a Abs. 1 Satz 1 (aufgrund der völkerrechtlichen Grundlage Art. 51 VN-Charta) in Verbindung mit Art. 24 Abs. 2 GG (weil das System gegenseitiger kollektiver Sicherheit den Rahmen bietet) sein, unabhängig davon, ob der Einsatz in einem Bündnis im engeren Sinne erfolgt.[116] Außerhalb der Kollektivverteidigung erfolgende Einsätze im Rahmen von Systemen nach Art. 24 Abs. 2 GG unterfallen dagegen (wohl weitgehend unstreitig) alleine dem Art. 24 Abs. 2 GG, während etwaige Verteidigungseinsätze gem. Art. 51 VN-Charta außerhalb von Systemen gegenseitiger kollektiver Sicherheit dogmatisch gesehen allein unter den Verteidigungsbegriff Art. 87a Abs. 1 Satz 1 GG gefasst werden müssten.

Letztere sieht die in der Literatur überwiegend vertretene Auffassung in Übereinstimmung mit dem Bundesverwaltungsgericht ebenfalls als Verteidigung im verfassungsrechtlichen Sinne an. Nach dieser Auffassung kann sich der Begriff der Verteidigung demnach auch auf die kollektive Selbstverteidigung bzw. Nothilfe nach Art. 51 der VN-Charta außerhalb von Bündnissen erstrecken und Bundeswehreinsätze verfassungsrechtlich rechtfertigen.[117] Teilweise wird dies davon abhängig gemacht, ob mit dem Einsatz zumindest auch deutsche Sicherheitsinteressen verfolgt werden[118] bzw. die Sicherheit der Bundesrepublik oder ihrer Bündnispartner durch den Angriff auf einen Drittstaat, auf den reagiert werden soll, ebenfalls bedroht ist.[119]

---

116 So auch *Depenheuer*, in: Maunz/Dürig, GG, Art. 87a Rn. 78 (Oktober 2008); siehe auch *Wiefelspütz*, AöR 2007, S. 44 (86).

117 *Herdegen*, in: ders./Masing/Poscher/Gärditz, HdbVerfR, 2021, § 27 Rn. 87; *Aust*, in: von Münch/Kunig, GG, 7. Aufl. 2021, Art. 87a Rn. 35; *Wolff*, in: Hömig/Wolff, GG, 12. Aufl. 2018, Art. 87a Rn. 3; *Kment*, in: Jarass/Pieroth, GG, 16. Aufl. 2020, Art. 87a Rn. 11; *Epping*, in: ders./Hillgruber (Hrsg.), GG, Art. 87a Rn. 6 f. (Februar 2021); *Wiefelspütz*, AöR 2007, S. 44 (58 ff. m.w.N.); *Oeter*, NZWehrr 2000, S. 89 (91); *Kokott/Hummel*, in: Sachs (Hrsg.), GG, 9. Aufl. 2021, Art. 87a Rn. 23 ff.; *Krieger*, in: Schmidt-Bleibtreu/Hofmann/Hennecke, GG, 14. Aufl. 2018, Art. 87a Rn. 12; *Hillgruber*, in: Umbach/Clemens (Hrsg.), GG, 2002, Art. 87a Rn. 23; *Speth*, Rechtsfragen des Einsatzes der Bundeswehr, 1985, S. 31 ff.; *P. Kirchhof*, in: FS Bernhardt, 1995, S. 797 (804); dahingehend auch *Ladiges*, JuS 2015, S. 598 (600); für eine auf Bündnisverteidigung begrenzte Auslegung des Art. 87a Abs. 1 Satz 1 bzw. Abs. 2 siehe stv. *Wieland*, DVBl 1991, S. 1174.

118 *Depenheuer*, in: Maunz/Dürig, GG, Art. 87a Rn. 120 (Oktober 2008). Dieses einschränkende Kriterium ist allenfalls ein theoretisches. Ein Bundeswehreinsatz, mit dem nicht zumindest mittelbar auch eigene Sicherheitsinteressen verfolgt werden, dürfte allenfalls im Rahmen von Lehrbuchfällen vorstellbar sein. Solche eigenen Sicherheitsinteressen dürften in Fällen des Art. 51 VN-Charta ohnehin schon in der mit dem Verteidigungseinsatz verbundenen Stärkung bzw. Durchsetzung des Gewaltverbots aus Art. 2 Nr. 4 VN-Charta und der auf der Stärke des Rechts basierenden internationalen Ordnung liegen.

119 Dazu *Heun*, in: Dreier (Hrsg.), GG, 3. Aufl. 2018, Art. 87a Rn. 17; *Müller-Franken*, in: von Mangoldt/Klein/Starck, GG, 7. Aufl. 2018, Art. 87a Rn. 45.

Der Wortlaut des Art. 87a Abs. 1 Satz 1 GG („zur Verteidigung“) steht einem solchen Gleichlauf des verfassungsrechtlichen und völkerrechtlichen Verteidigungsbegriffs erkennbar nicht entgegen. Bereits in den frühen Jahren der Bundesrepublik herrschte das Rechtsverständnis vor, dass die Bundesrepublik Deutschland zur kollektiven Selbstverteidigung außerhalb von Bündnissen zwar nicht verpflichtet, doch aber berechtigt sei. So wird in dem Bericht des Ausschusses für auswärtige Angelegenheiten von 1953 unter Berufung auf die Auffassung der Bundesregierung ausgeführt, es sei nicht ausgeschlossen, „dass man es im Falle eines Angriffs auf ein [..] außerhalb der Verträge stehendes Land nach dem allgemeinen völkerrechtlichen Begriff der kollektiven Selbstverteidigung doch im gemeinsamen Interesse für notwendig erachtet, für die Verteidigung dieses Landes einzustehen“.[120] Dafür, dass mit dem Art. 87a GG diese Möglichkeit versperrt werden sollte, gibt es keine Anhaltspunkte.[121] Ein solch völkerrechtsakzessorisches Verständnis des verfassungsrechtlichen Verteidigungsbegriffs hat den deutlichen Vorteil, dass Abgrenzungsprobleme zwischen Verfassungs- und Völkerrecht vermieden werden.[122] Von der Völkerrechtswarte aus betrachtet, stellt sich zudem die kollektive Verteidigung im Rahmen eines Bündnisses als nichts anderes als die Beistandsleistung außerhalb eines solchen dar, da beide Hand-

---

120 Schriftlicher Bericht des Ausschusses für auswärtige Angelegenheiten, 1953, BT-Drs. II/1200, S. 44 im Zusammenhang: „Während der Ausschußberatungen wurde seitens der Bundesregierung klargestellt, nach den Verträgen bestehe eine Verpflichtung der Bundesrepublik, an der Verteidigung der freien Welt mitzuwirken, nur insoweit, als es sich um Staaten handelt, die durch die gegenseitigen Beistandsabreden gebunden sind. Es bestehe also keine Verpflichtung der Bundesrepublik, sich beispielsweise für die Verteidigung Spaniens oder Jugoslawiens zu engagieren. Das schließe nicht aus, daß man es im Falle eines Angriffs auf ein solches außerhalb der Verträge stehendes Land nach dem allgemeinen völkerrechtlichen Begriff der kollektiven Selbstverteidigung doch im gemeinsamen Interesse für notwendig erachte, für die Verteidigung dieses Landes einzustehen. Jedes Land ist völkerrechtlich berechtigt, ein anderes Land zu verteidigen, das Opfer eines rechtswidrigen Angriffs geworden ist; dieser Grundsatz des allgemeinen Völkerrechts hat in der Charta der Vereinten Nationen noch einmal seinen besonderen Ausdruck gefunden. In diesem Sinne wäre eine Beteiligung der Bundesrepublik an der Verteidigung auch eines außerhalb der Verträge stehenden Landes denkbar; eine Verpflichtung hierzu besteht jedoch nicht.“

121 Dies wäre freilich auch nicht der Fall, wenn man Art. 87a Abs. 2 GG auf den Inlandseinsatz beschränkte, so dass hier mehrere Wege zum Ziel führen.

122 *Kokott/Hummel*, in: Sachs (Hrsg.), GG, 9. Aufl. 2021, Art. 87a Rn. 24; *Schmidt-Radefeldt*, in: Kielmansegg/Krieger/Sohm (Hrsg.), Multinationalität und Integration im militärischen Bereich, 2018, S. 83 (92ff. mit dem Begriff der „Völkerrechtsakzessorietät“); dahingehend auch *Ipsen*, S+F 2009, S. 266 (273f.), der im Verfassungstext (nachvollziehbar) keinen hinreichenden Ansatzpunkt für eine restriktive Auslegung des Verteidigungsbegriffs sieht. Ähnlich *Epping*, in: ders./Hillgruber (Hrsg.), GG, Art. 87a Rn. 5–8 (Februar 2021), der unter Art. 87a Abs. 1 Satz 1 GG alle Fälle der Abwehr von Angriffen fassen will und unter Art. 24 Abs. 2 GG die Gewährleistung des friedlichen Zusammenlebens der Staatengemeinschaft im Sinne von VN-Sicherheitsratsresolutionen.

lungen im Außenverhältnis auf Art. 51 VN-Charta fußen, wenngleich im ersteren Fall im Innenverhältnis wechselseitige Beistandsverpflichtungen hinzukommen.[123] Sähe man Art. 51 VN-Charta (dem deutschen Verständnis des Notwehrrechts nicht unähnlich) als Norm, die auf die Verteidigung der Völkerrechtsordnung und der ihr zugrundeliegenden Fundamentalnorm Art. 2 Nr. 4 VN-Charta ausgerichtet ist, ließe sich gar völkerrechtspolitisch ergänzen, dass die Ächtung der Gewaltanwendung in der besonders schwerwiegenden Form des bewaffneten Angriffs im Sinne des Art. 51 VN-Charta das gemeinsame Vorgehen aller Staaten bei der Verteidigung der Rechtsordnung erfordere – nicht nur bei Angriffen auf Bündnispartner, so dass ein über Bündnisverteidigung hinausgehendes Verständnis der Verteidigung naheläge.[124]

Ein Gleichlauf des Verteidigungsbegriffs mit dem Völkerrecht würde naturgemäß auch die Probleme bei der Auslegung des Art. 51 VN-Charta auf das Verfassungsrecht übertragen, wobei davon auszugehen ist, dass diese sich ohnehin stellen. So soll die Problematik nichtstaatlicher Akteure hier nicht weiter vertieft werden. Es genügt der Hinweis, dass die aktuelle Rechtsprechung des Bundesverfassungsgerichts auch die Frage aufgreift, ob Verteidigung im völkerrechtlichen Sinne allein auf Staatenkonflikte beschränkt ist. Im Beschluss über den Anti-IS-Einsatz sieht der Zweite Senat die Möglichkeit („vertretbar"[125]) auch An-

123 *Krieger*, in: Schmidt-Bleibtreu/Hofmann/Henneke, GG, 14. Aufl. 2018, Art. 87a Rn. 11ff.; ebenso *Oeter*, NZWehrr 2000, S. 89 (91); *Ipsen*, S+F 2009, S. 266 (273f.).

124 Dahingehend *Krieger*, in: Schmidt-Bleibtreu/Hofmann/Henneke, GG, 14. Aufl. 2018, Art. 87a Rn. 12.

125 BVerfGE 152, 8 (30f. Rn. 49ff.). Der Maßstab einer Vertretbarkeitsprüfung liegt nach der Rechtsprechung des Bundesverfassungsgerichts im materiellen Verfassungsrecht begründet, denn im gewaltengeteilten Staat obliegt das staatliche Handeln nach Außen auf Grundlage des Völkerrechts grundsätzlich zunächst der Exekutive, wobei eine gerichtliche Überprüfung insoweit auf Vertretbarkeit erfolgt und demnach nicht dazu führen kann, dass die Judikative ihre Völkerrechtsauffassung an die Stelle einer vertretbaren Völkerrechtsauffassung der Bundesregierung setzt, siehe dazu in unterschiedlichen Zusammenhängen BVerfGE 55, 349 (367f.); 77, 137 (167); 118, 144 (168f.); 121, 135 (158); 152, 8 (29 Rn. 46); dagegen erfolgte in einer Nichtannahmeentscheidung der 1. Kammer des Zweiten Senats vom 13. August 2013 – 2 BvR 2660/06 u. a. –, juris, Rn. 53, soweit ersichtlich, eine weitergehende Prüfung; siehe zum Ganzen etwa auch *Wiefelspütz*, AöR 2007, S. 44 (63ff. m.w.N.). Richtigerweise gilt ein Einschätzungsspielraum gerade auch dann, wenn die Bundesregierung das Handeln anderer souveräner Staaten auf Völkerrechtskonformität beurteilt und sich dazu eine Rechtsauffassung bildet, siehe dazu das sog. Ramstein-Verfahren, zuletzt BVerwG, NJW 2021, S. 1610 (1616f. Rn. 55ff.). Zu Unrecht kritisieren *Payandeh* und *Sauer* diese Entscheidung vor dem Hintergrund des verfassungsrechtlichen Grundsatzes der Völkerrechtsfreundlichkeit und der Rolle nationaler Gerichte bei der Völkerrechtsentwicklung, NJW 2021, S. 1570 (1574f.). Auch der Grundsatz der Völkerrechtsfreundlichkeit des Grundgesetzes bedeutet nicht, dass die nationalen Gerichte ihre eigene Völkerrechtsauffassung an die Stelle einer ver-

griffe nichtstaatlicher Akteure unter den Begriff der Verteidigung nach Art. 51 VN-Charta zu fassen.[126] Diese Klarstellung dürfte sich zum einen als wichtiger Beleg von Rechtsüberzeugung im international geführten Diskurs um die rechtliche Behandlung von Gewaltakten nichtstaatlicher Akteure erweisen, zum anderen könnte sie auch auf die Auslegung der Verteidigung im Sinne von Art. 87a Abs. 1 Satz 1 GG Auswirkungen zeitigen.[127]

Selbst wenn man den Verfassungsvorbehalt des Art. 87a Abs. 2 GG für auf Auslandseinsätze anwendbar hält, lässt sich daher das Fazit ziehen, dass die Kategorie der Verteidigungseinsätze im Sinne des Art. 87a Abs. 1 Satz 1 GG eine feste Grundlage für Streitkräfteeinsätze bietet, die im Kontext von Art. 51 VN-Charta erfolgen. Diese Einsatzkategorie führt in der Staatspraxis bislang zu Unrecht ein Schattendasein.[128]

Ein weitgehend unbeleuchteter Bereich im Verfassungs- wie auch im Völkerrecht, der hier nur kurz aufgeworfen werden soll, sind Rechtsfragen um die Vorbereitung der Verteidigung. Es ist eine Binsenweisheit, dass ein Staat, der seine Verteidigung nicht vorbereitet, im Ernstfall nicht in der Lage sein wird, sie aus dem Stand heraus zu gewährleisten. Von dem Verteidigungsauftrag der

---

tretbaren Völkerrechtsauffassung der Bundesregierung setzen und so determinieren können, welche von mehreren vertretbaren Auffassungen die Bundesregierung im diplomatischen Verkehr mit anderen Staaten vertritt und wie sie dies – unter Maßgabe der gegenseitigen Achtung auch voneinander abweichender Rechtsauffassungen – tut. *Payandeh* und *Sauer* weisen zwar zutreffend darauf hin, dass aus dem Grundsatz der Völkerrechtsfreundlichkeit eine Pflicht der deutschen Staatsorgane folgen kann, das Völkerrecht im eigenen Verantwortungsbereich zur Geltung zu bringen, wenn andere Staaten es verletzen, aber diesem Grundsatz ist weder zu entnehmen, dass nationale Gerichte stets entscheiden können, wie die Bundesregierung es gegenüber dem anderen Staat zur Geltung bringt, noch, dass bei der Frage, ob überhaupt eine Rechtsverletzung vorliegt, keine Spielräume in Ansatz zu bringen sind, die eine materielle Prüfung zumindest so weit einschränken, dass vertretbare Auffassungen der Exekutive aufrecht erhalten bleiben. Überzeugend zum Verfahren *Heinemann*, NVwZ 2019, S. 1580 (zur Vorinstanz); *ders.*, NVwZ 2021, 800 (810 ff.).

126 Siehe die Nachweise in BVerfGE 152, 8 (30 f., Rn. 49 ff.). Generell zum Thema unter verfassungsrechtlichen Aspekten *Wiefelspütz*, AöR 2007, 44 (72 ff. m.w.N.); für die Anwendung des verfassungsrechtlichen Verteidigungsbegriffs auf nichtstaatliche Akteure bereits *Grzeszick*, in: Friauf/Höfling (Hrsg.), GG, Art. 87a Rn. 28 (Stand: August 2006).

127 Dass der Zweite Senat diese Aussage im Kontext von Art. 24 Abs. 2 GG traf, hatte verfassungsprozessuale Gründe und lässt nicht den Rückschluss darauf zu, dass er Verteidigungseinsätze zwingend unter Art. 24 Abs. 2 GG subsumiert.

128 Beispielsweise hätte sich die Beteiligung der Bundeswehr an der Operation Enduring Freedom und auch am Counter Daesh Einsatz verfassungsrechtlich eingängiger als Verteidigung begründen lassen. Siehe dazu auch die Einordnung des Abgeordneten *Norbert Röttgen*, Plenarprotokoll 18/144, S. 14117, l.Sp.; zur ungenutzten Rechtfertigung des Anti-IS-Einsatzes über Art. 87a Abs. 1 Satz 1 bzw. Abs. 2 GG siehe auch *Gutmann/Sassenrath*, NZWehrr 2018, S. 17 (24 ff.).

Bundeswehr sind demnach notwendigerweise auch vorbereitende Maßnahmen umfasst.[129] Sie hat den Verfassungsauftrag, bereits im Frieden alles zu tun, um Angriffe abwehren zu können.[130] Dies umfasst den gesamten Grundbetrieb, also z. B. Planungen, Übungen, Materialbeschaffungen und ähnliches. Die heutige Realität der Hochtechnologie hat aber zunehmend zur Folge, dass manche Staaten derartige Vorbereitungen nicht mehr ausschließlich auf das eigene Staatsgebiet beschränken. Vielmehr lässt sich heute bei manchen Staaten der Trend beobachten, konkrete Vorbereitungshandlungen bereits zu Lasten des Rechtskreises von Staaten, von denen nach der Einschätzung des handelnden Staats eine Gefährdung ausgeht, vorzunehmen. So ist etwa zwischen den USA und Russland zu beobachten, dass nicht nur in Netzwerke in anderen Staaten eingedrungen wird, um etwaige Intentionen des strategischen Gegners im Vorfeld aufzuklären, sondern auch, um bereits eine „Wirkung" vorzubereiten. Ein Beispiel sind sog. Softwareimplantate, die es ermöglichen, im Falle der Aggression des anderen Staats z. B. dessen Stromnetze, Öl- und Gasversorgung oder Verkehrsinfrastruktur zu beeinträchtigen, um diesen von weiteren Aggressionen abzuhalten.[131] Ob und wann eine solche Art der „vorgelagerten Verteidigung" rechtlich zulässig sein könnte, etwa als Reaktion auf ein ähnliches Verhalten des jeweils anderen Staates, ist in der deutschen Völker- und Verfassungsrechtswissenschaft noch nicht grundlegend behandelt worden. Ein weiterer, damit zusammenhängender Aspekt, der rechtlich nur schwer zu fassen ist, ist die Abwehr von nicht-traditionellen Methoden der Kriegführung. Ein „moderner" militärischer Angriff dürfte sich kaum auf ein Vorrücken von Streitkräften beschränken, sondern würde erwartbar in Form von hybrider Kriegsführung, also unter Verschleierung der staatlichen Zuordnung der Akteure erfolgen, sich also rechtliche Graubereiche zunutze machen und zudem eingekleidet sein in Operationen im sog. Cyberraum (z. B. Beeinträchtigung der Kraftstoff-, Gas-, Lebensmittel- und Wasserversorgung, Kommunikationsinfrastruktur, etc.[132]) sowie Desinformati-

---

129 Siehe etwa *Kment*, in: Jarass/Pieroth, GG, 16. Aufl. 2020, Art. 87a Rn. 11; *Wolff*, in: Hömig/Wolff, GG, 12. Aufl. 2018, Art. 87a Rn. 3; *Depenheuer*, in: Maunz/Dürig, GG, Art. 87a Rn. 104 (Oktober 2008).

130 Stv. *F. Kirchhof*, in: Isensee/Kirchhof, HStR IV, 3. Aufl. 2006, § 84 Rn. 13.

131 Siehe etwa U.S. Escalates Online Attacks on Russia's Power Grid, New York Times vom 15. Juni 2019, https://www.nytimes.com/2019/06/15/us/politics/trump-cyber-russia-grid.html.

132 Als illustratives Beispiel kann der Cyberangriff mittels Ransomware auf die Benzinversorgung der US-amerikanischen Ostküste im Mai 2021 dienen, der allerdings einen rein kriminellen Hintergrund hatte, Cyber attack shuts down U.S. fuel pipeline 'jugular,' Biden briefed, Reuters vom 9. Mai 2021, https://www.reuters.com/technology/colonial-pipeline-halts-all-pipeline-operations-after-cybersecurity-attack-2021-05-08/.

onskampagnen[133]. Welche Auswirkungen diese komplexe Bedrohungsrealität auf die Auslegung des Verteidigungsauftrags in Art. 87a Abs. 1 Satz 1 GG hat, ist ebenfalls noch weitgehend unerforscht.[134]

3. Systeme gegenseitiger kollektiver Sicherheit im Sinne des Art. 24 Abs. 2 GG

Wie bereits dargelegt, stellt Art. 24 Abs. 2 GG neben der Landesverteidigung im engeren Sinne die einzige durch verfassungsgerichtliche Judikate abgesicherte Rechtsgrundlage von Auslandseinsätzen dar. Systeme gegenseitiger kollektiver Sicherheit im Sinne des Art. 24 Abs. 2 GG sind dabei ursprünglich Rechtsschöpfungen des Völkerrechts.[135] Der Begriff wird im Völkerrecht aber uneinheitlich definiert.[136] Im Schrifttum war lange umstritten, ob ein solches System allein nach Innen[137] oder auch im Sinne eines (regionalen) Defensivbündnisses gegen einen äußeren Angreifer gerichtet sein kann.[138] In dem Out-of-area-Urteil des Bundesverfassungsgerichts ist dies am Beispiel des Verteidigungsbündnisses NATO geklärt worden. Das Bundesverfassungsgericht entschied sich nach detaillierter Herleitung für eine weite Auslegung des Begriffs in Art. 24 Abs. 2 GG:

> „Das System gegenseitiger kollektiver Sicherheit begründet durch ein friedensicherndes Regelwerk und den Aufbau einer eigenen Organisation für jedes Mitglied einen Status völkerrechtlicher Gebundenheit, der wechselseitig zur Wahrung des Friedens verpflichtet und Sicherheit gewährt. Ob das System dabei ausschließlich oder vornehmlich unter den Mit-

133 Die drastischen Auswirkungen von Desinformations- und Verschwörungskampagnen sind in jüngster Vergangenheit im Kontext der US Wahl 2020 (QAnon, etc.) und der Querdenkerbewegung in der CoViD-19-Pandemie deutlich geworden. Geschickte und gezielte Kampagnen wären womöglich geeignet, den Rückhalt der eigenen Regierung in der Bevölkerung in kürzester Zeit drastisch herabzusetzen und damit die Verteidigungsfähigkeit eines Landes und die Resilienz gesellschaftlicher Strukturen ganz erheblich zu beeinträchtigen. Zur rechtlichen Bewertung solcher Kampagnen *Milanovic/Schmitt*, Journal of National Security Law & Policy 2020, S. 247.

134 Zur Entwicklungsoffenheit des Verteidigungsbegriffs hinsichtlich neuer Herausforderungen siehe *Dau*, NZWehrr 2011, S. 1 (13).

135 Zum völkerrechtlichen Begriff stv. *Calliess*, in: Maunz/Dürig, GG, Art. 24 Abs. 2 Rn. 8 ff. (Januar 2018); sowie eingehend *Orakhelashvili*, Collective Security, 2011, S. 11 ff.

136 *Aust*, in: von Münch/Kunig, GG, 7. Aufl. 2021, Art. 24 Rn. 73; *Streinz*, in: Sachs (Hrsg.), GG, 9. Aufl. 2021, Art. 24 Rn. 61; *P. Kirchhof*, in: FS Bernhardt, 1995, S. 797 (811 f.).

137 Dies entspricht der Konzeption der Vereinten Nationen, die dem Schutz vor Angriffen aus dem Kreis der Mitgliedstaaten dient, vgl. BVerfGE 90, 286 (349 f.); 104, 151 (195); 118, 244 (261 f.).

138 Dazu stv. *von Heinegg/Frau*, in: Epping/Hillgruber (Hrsg.), GG, Art. 24 Rn. 32 f. m.w.N. (Februar 2021).

gliedstaaten Frieden garantieren oder bei Angriffen von außen zum kollektiven Beistand verpflichten soll, ist unerheblich."[139]

Hinreichend für ein System gem. Art. 24 Abs. 2 GG ist also ein friedenssicherndes Regelwerk als materielles Element und eine eigene Organisationsstruktur als formales Element.[140] Maßgebliches Merkmal ist überdies die Zweckbindung der kooperativen Friedenswahrung[141] sowie der Status völkerrechtlicher Gebundenheit.[142] Zu den anerkannten existierenden Systemen im Sinne des Art. 24 Abs. 2 GG zählen heute jedenfalls die Vereinten Nationen, die NATO und die Europäische Union, zu denen sogleich ausgeführt wird.

Kontrovers ist dabei die Behandlung von sog. ad-hoc-Koalitionen oder *coalitions of the willing* (Koalitionen der Willigen), also nicht fest verrechtlichten Kooperationsformen, die sich anlassbezogen bilden. Solchen Koalitionen liegt regelmäßig kein Regelwerk und keine über die operative Einsatzführung hinausgehende Organisationsstruktur zugrunde. Sie weisen keine völkervertraglich festgelegte Zweckbindung und keine völkerrechtliche Gebundenheit im engeren Sinne auf. Ad-hoc-Koalitionen für sich werden dementsprechend verbreitet nicht als Systeme im Sinne von Art. 24 Abs. 2 GG angesehen.[143] Hiervon scheint auch die Bundesregierung auszugehen. Sie sieht im Weißbuch von 2016 solche Koalitionen als sicherheitspolitisches Vehikel für Auslandseinsätze in Fällen, „in denen die völkerrechtlichen Voraussetzungen für ein militärisches Vorgehen ohnehin vorliegen (etwa in Form einer Unterstützungsbitte der jeweiligen Gastregierung) und die daher auch keiner weiteren völkerrechtlichen Ermächtigung bedürfen", weil dann „die Einbindung in ein System gegenseitiger kollektiver Sicherheit zunehmend schwierig" werde.[144] Sie führt aber weiter aus, dass sie empfehle, der Bundestag möge in einem geeigneten Verfahren über eine mögliche Reform des verfassungsrechtlichen Rahmens für Auslandseinsätze der Bundeswehr beraten.[145] Damit gibt sie jedenfalls zu erkennen, dass sie hinsichtlich der Möglichkeit

139 BVerfGE 90, 286 (347 ff.).

140 *von Heinegg/Frau*, in: Epping/Hillgruber (Hrsg.), GG, Art. 24 Rn. 31 (Februar 2021); *Wollenschläger*, in: Dreier (Hrsg.), GG, 3. Aufl. 2015, Art. 24 Rn. 66 sieht darüber hinaus ein Erfordernis für eine Beistandspflicht, erkennt aber auch die Vereinten Nationen als Leitbild für ein System nach Art. 24 Abs. 2 GG an, obwohl eine solche hier fehlt (ebenda, Rn. 68).

141 Vgl. BVerfGE 118, 244 (261; 270 f.); *Aust*, in: von Münch/Kunig, GG, 7. Aufl. 2021, Art. 24 Rn. 78.

142 *Scherrer*, Das Parlament und sein Heer, 2010, S. 24.

143 Siehe stv. *Röben*, ZaöRV 2003, S. 585 (591); *ders.*, Außenverfassungsrecht, 2007, S. 251 f.; dazu auch *Weingärtner*, FAZ vom 22. November 2018, S. 13.

144 Weißbuch 2016 (Fn. 6), S. 109.

145 Weißbuch 2016 (Fn. 6), S. 108 f.

einer Beteiligung der Bundeswehr an Einsätzen in reinen ad-hoc-Koalitionen aber Klarstellungsbedarf erkennt. Dass ad-hoc-Koalitionen nach heutigem Stand nicht unter Art. 24 Abs. 2 GG zu fassen sein dürften, ergibt sich zudem aus formalen Gründen, denn für die Schaffung eines Systems nach Art. 24 Abs. 2 GG wäre nach der hergebrachten Auslegung, der insoweit auch das Bundesverfassungsgericht folgt (*„friedensicherndes Regelwerk und den Aufbau einer eigenen Organisation für jedes Mitglied einen Status völkerrechtlicher Gebundenheit“)* ein völkerrechtlicher Vertrag als Grundlage[146] und damit ein Zustimmungsgesetz nach Art. 59 Abs. 2 Satz 1 GG erforderlich,[147] was konträr zu der üblichen Organisationsweise von sich anlassbezogen spontan bildenden ad-hoc-Koalitionen ist. Verfassungsrechtlich unproblematisch wäre ein völkerrechtskonformes Vorgehen in ad-hoc-Koalitionen unter Einbindung der Bundeswehr indes, wenn der Verfassungsvorbehalt in Art. 87a Abs. 2 GG auf Inlandseinsätze beschränkt wäre. Jedenfalls auch zulässig wäre ein Vorgehen in ad-hoc-Koalitionen, wenn eine verfassungsrechtliche Grundlage anderweitig, etwa über Art. 87a Abs. 1 Satz GG (z. B. als kollektive Selbstverteidigung gem. Art. 51 VN-Charta) bestünde.[148]

a) Vereinte Nationen

Die Vereinten Nationen sind der „Prototyp“ eines System gemäß Art. 24 Abs. 2 GG und vom Bundesverfassungsgerichts als solches anerkannt.[149] Sie sind darauf angelegt, „Streitigkeiten unter ihren Mitgliedern auf friedliche Weise beizulegen und notfalls durch Einsatz von Streitkräften den Friedenszustand wiederherzu-

---

146 *Gutmann/Sassenrath*, NZWehrr 2017, S. 177 (186 f.); vgl. zudem *Classen*, in: von Mangoldt/Klein/Starck, GG, 7. Aufl. 2018, Art. 24 Rn. 83 m.w.N.

147 Vgl. BVerfGE 104, 151 (194).

148 Dazu siehe oben III.2. Ein mögliches Beispiel einer solchen Konstellation ist der Anti-IS-Einsatz, der dem Verfahren BVerfGE 152, 8 zugrunde lag. Ebenfalls denkbar, obgleich dann keine ad-hoc-Koalition im engeren Sinne mehr vorläge, ist ein Vorgehen in einer solchen Koalition der Willigen, wenn der deutsche Beitrag auf Grundlage eines anerkannten Systems im Sinne von Art. 24 Abs. 2 GG, etwa einer Sicherheitsratsresolution erfolgte. Militärische Operationen auf Grundlage einer Sicherheitsratsresolution werden in aller Regel durch einen Verbund „williger Staaten“ durchgeführt, wobei dann die Vereinten Nationen den Rahmen bieten. Dass ein Einsatz im Rahmen einer ad-hoc-Koalition erfolgt, steht der verfassungsrechtlichen Zulässigkeit demnach nicht entgegen, ein Handeln in solchen Koalitionen stellt nur nicht für sich eine verfassungsrechtliche Grundlage dar, sondern ist im Einzelfall zu bewerten. Gilt der Verfassungsvorbehalt in Art. 87a Abs. 2 GG nicht für Auslandseinsätze, wofür wie gesehen vieles spricht, wäre hier allein die völkerrechtliche Bewertung und die Defensivausrichtung des Einsatzes (Art. 26 GG) relevant.

149 Vgl. BVerfGE 90, 286 (349); stv. *Sauer*, in: Kahl/Waldhoff/Walter (Hrsg.), GG, Art. 24 Rn. 274 (Mai 2019) „Prototyp“.

stellen", wobei „die Mitgliedstaaten zu entsprechender Zusammenarbeit verpflichtet" sind und die „Charta der Vereinten Nationen die einzelnen Mitglieder in der Wahrnehmung ihrer Hoheitsrechte [beschränkt]".[150]

Fraglich ist insoweit lediglich, wann ein Auslandseinsatz im Rahmen und nach den Regeln dieses Systems erfolgt. Unstreitig ist dies der Fall, wenn er sich auf eine Resolution nach Kapitel VII stützt.[151] Dies ist aber nicht der einzig denkbare Fall, in dem Auslandseinsätze im Kontext der Vereinten Nationen verfassungsrechtlich unter Art. 24 Abs. 2 GG fallen. Vertretbar, aber sehr weitgehend und etwas gekünstelt scheint die Ansicht, jede Selbstverteidigungshandlung unter Art. 51 VN-Charta stelle eine Handlung im Sinne des Art. 24 Abs. 2 GG dar.[152] Zwar sind Selbstverteidigungshandlungen nach Art. 51 VN-Charta stets auch in einer gewissen Weise in das System der Vereinten Nationen eingebunden: Art. 51 VN-Charta hegt das völkergewohnheitsrechtlich geltende Selbstverteidigungsrecht von Staaten ein, indem er die Staaten verpflichtet, derartige Maßnahmen dem Sicherheitsrat anzuzeigen, und diesem eine Möglichkeit gibt, Selbstverteidigungshandlungen durch das Treffen der „zur Wahrung des Weltfriedens und der internationalen Sicherheit erforderlichen Maßnahmen" zu beenden.[153] Es ließe sich argumentieren, dass bereits die Anzeigeverpflichtung und die Möglichkeit des Sicherheitsrats, Nothilfehandlungen durch eigenes Tätigwerden die Rechtsgrundlage zu nehmen, für die Zuordnung eines Selbstverteidigungseinsatzes in das System der Vereinten Nationen genügten und den Rückgriff auf Art. 24 Abs. 2 GG ermöglichten. Ein tatsächlich hinreichender Konnex eines Einsatzes zu den Vereinten Nationen dürfte aber erst dann anzunehmen sein, wenn die Vereinten Nationen über die bloße Kenntnisnahme einer Anzeige gem. Art. 51 Satz 2 Halbsatz 1 VN-Charta hinaus auch tätig werden.[154]

---

150 Stv. *von Heinegg/Frau*, in: Epping/Hillgruber (Hrsg.), GG, Art. 24 Rn. 33.1 (Februar 2021); zum Vorgang der Beschränkung von Hoheitsrechten *Sauer*, in: Kahl/Waldhoff/Walter (Hrsg.), GG, Art. 24 Rn. 281 ff. (Mai 2019).

151 BVerfGE 90, 286 (349 f.), der Zweite Senat stellte hier auf die Bindung an die Beschlüsse des Sicherheitsrats gemäß Art. 25 VN-Charta ab. Diese Bindungswirkung gilt jedenfalls für Kapitel VII-Maßnahmen, aber auch darüber hinaus, dazu *Peters*, in: Simma/Khan/Nolte/Paulus (Hrsg.), The Charter of the United Nations, 3. Aufl. 2012, Art. 25 Rn. 11 ff. (S. 793).

152 Siehe etwa *Verlage*, ZRP 2016, S. 90 f.

153 Grundlegend *von Kielmansegg*, AVR 2012, S. 285 (292 ff.).

154 Verfassungsrechtlich liefe ansonsten der Begriff der Verteidigung auch völlig leer, da selbst die klassische Landes(selbst)verteidigung unter Art. 24 Abs. 2 GG fiele, denn auch sie erfolgt völkerrechtlich stets im Rahmen des Art. 51 VN-Charta. Es dürfte daher näher liegen, Verteidigungseinsätze, die völkerrechtlich unter Art. 51 VN-Charta fallen, wie beschrieben, unter Art. 87a Abs. 1 Satz 1 GG zu fassen bzw., soweit sie in Bündnissen erfolgen, unter Art. 87a Abs. 1 Satz 1 i.V.m. Art. 24 Abs. 2 GG i.V.m. dem jeweiligen System, dazu oben III.2.

Unter Art. 24 Abs. 2 GG in Verbindung mit dem System der Vereinten Nationen lassen sich aber vertretbar Einsätze fassen, die sich auf das System der Vereinten Nationen zurückführen lassen, ohne dass eine Kapitel-VII-Resolution vorliegt. Dies ließe sich etwa erwägen, wenn der Sicherheitsrat zu einer Angelegenheit zwar keine eigene Ermächtigung nach Kapitel VII der VN-Charta erließe, er sich aber mit der Sache befasste, Staaten für eine konkrete Situation mehr oder weniger explizit auf Art. 51 VN-Charta als Handlungsgrundlage verwiese und sie zum (weiteren) Handeln aufforderte.[155] Dass nur Sicherheitsratsresolutionen nach Kapitel VII Einsätze im Rahmen des Systems Vereinte Nationen im Sinne von Art. 24 Abs. 2 GG ermöglichen, steht jedenfalls nicht fest, es mag andere Handlungsformen der Vereinten Nationen, insbesondere durch den Sicherheitsrat (aber möglicherweise auch andere Organe[156]) geben, die verfassungsrechtlich eine Subsumtion eines Einsatzes unter Art. 24 Abs. 2 GG ermöglichen. Angesichts der politischen Blockade des VN-Sicherheitsrats sind solche Fälle bereits praxisrelevant geworden. Das Bundesverfassungsgericht hat eine entsprechende Argumentation des Bundestags im Anti-IS-Verfahren, die sich unter anderem darauf stützte, der Anti-IS-Einsatz falle u. a. deswegen unter Art. 24 Abs. 2 GG, weil die Streitkräfte auf Grundlage von Art. 51 VN-Charta in Verbindung mit der Resolution 2249 (2015) des Sicherheitsrats agierten,[157] nicht explizit thematisiert. Es ging indes sogar noch weiter, indem es für möglich hielt, dass bereits „die Resolution 2249 (2015) des Sicherheitsrats eine ausreichende Grundlage für den Einsatz der Bundeswehr darstellen könnte, so dass es eines Rückgriffs auf Art. 51 VN-Charta nicht mehr bedürfte“[158]. Ob es die VN-Sicherheitsratsresolution 2249 (2015) hiermit als (untypische) Kapitel-VII-Resolution anerkennen wollte (was mit nachvollziehbaren Gründen vertreten wird[159]) oder eine Subsumtion unter Art. 24 Abs. 2 GG auch dann als möglich ansieht, wenn keine Sicherheitsratsresolution

---

155 Zu einer solchen Konstellation *von Kielmansegg*, AVR 2012, S. 285 (296 ff.); dazu auch *Sassenrath*, NVwZ 2020, S. 442 (444).

156 „Uniting for Peace“, UNGA Res. 377 v. 3. November 1950, dazu etwa *Kolb*, ZaöRV 2004, 21; *Binder*, Uniting for Peace Resolution (1950), in: Peters (Hrsg.), Max Planck Encyclopedia of International Law, 2017, www.mpepil.com.

157 Vgl. BVerfGE 152, 8 (17 Rn. 21).

158 Vgl. BVerfGE 152, 8 (30 Rn. 49).

159 Siehe *Akande/Milanovic*, EJIL:Talk vom 21. November 2015, www.ejiltalk.org; sowie *Milanovic*, EJIL:Talk vom 3. Dezember 2015, www.ejiltalk.org mit Bezug zu den Beratungen im Bundestag; so auch *Hilpold*, Indian Journal of International Law (2015), S. 535 (539 ff.; 553 f.); kritisch *Starski*, DÖV 2018, S. 85 (92) „Meisterstück der Unbestimmtheit“ ohne autorisierende Wirkung; ihr im Ergebnis zustimmend *De Cock*, Israel Yearbook on Human Rights 2017, S. 69 (76 ff.); für die Einordnung als neue Handlungsform *Hakimi*, AJIL 112 (2018), S. 151 ff.

nach Kapitel VII der VN-Charta im eigentlichen Sinne vorliegt, muss derweil noch als offen angesehen werden.

b) NATO

Anhand des Anwendungsbeispiels der NATO hat der Zweite Senat des Bundesverfassungsgerichts den Begriff des Systems im Sinne des Art. 24 Abs. 2 GG konturiert und die lange Kontroverse um die Einbeziehung der NATO zu Gunsten eines weiten Verständnisses der Systeme gegenseitiger kollektiver Sicherheit geklärt.[160] Nach dieser Rechtsprechung bildet die NATO

> „ein Sicherheitssystem, in dem die Mitglieder ‚ihre Bemühungen für die gemeinsame Verteidigung und für die Erhaltung des Friedens und der Sicherheit ... vereinigen' (Präambel des NATO-Vertrages). Sie verfolgt dieses Ziel gem. Art. 5 des NATO-Vertrages insbesondere dadurch, dass sie einem Angriff gegen eine der Vertragsparteien eine Bündnisverpflichtung entgegenstellt, nach der jede der Vertragsparteien einen solchen Angriff als gegen alle Vertragspartner gerichtet ansehen wird. Dabei beanspruchen die Vertragsparteien für den Bündnisfall, die in Art. 51 VN-Charta anerkannten Rechte individueller oder kollektiver Selbstverteidigung wahrzunehmen. Die NATO dient der Wahrung des Friedens auch dadurch, dass die Vertragsparteien sich nach Art. 1 des NATO-Vertrages verpflichten, Streitfälle, an denen sie beteiligt sind, mit friedlichen Mitteln zu lösen. Sie zeichnet sich überdies durch die Ausbildung hochdifferenzierter integrierter militärischer Kommandostrukturen und die Aufstellung gemeinsamer Verbände vor herkömmlichen Militärallianzen aus und bewirkt damit nicht zuletzt, dass die Streitkräfte der Mitgliedstaaten in einer Weise miteinander verflochten werden, die die Sicherheit unter ihnen selbst erhöht. Außerdem begründet Art 4 des NATO-Vertrages eine Konsultationspflicht für alle Partnerstaaten in Krisenfällen. Damit ist die NATO durch ein friedenssicherndes Regelwerk und den Aufbau einer Organisation gekennzeichnet, die es zulassen, sie als System gegenseitiger kollektiver Sicherheit im Sinne des Art. 24 Abs. 2 GG zu bewerten".[161]

c) Europäische Union

Im Hinblick auf die Qualifizierung der EU hatte das Bundesverfassungsgericht zwischenzeitlich Zweifel daran gesät, ob es – mit der fast einhelligen Auffassung in der Wissenschaft – die EU als System im Sinne von Art. 24 Abs. 2 GG aner-

---

160 Siehe zur Kontroverse *Calliess*, in: Maunz/Dürig, GG, Art. 24 Abs. 2 Rn. 34 ff. (Januar 2018); *Fournier*, Der Einsatz der Streitkräfte gegen Piraterie auf See, 2014, S. 183 ff.; dazu auch *Oeter*, in: Isensee/Kirchhof, HStR XI, 3. Aufl. 2013, § 243 Rn. 27; *Sauer*, in: Kahl/Waldhoff/Walter (Hrsg.), GG, Art. 24 Rn. 263 ff. (Mai 2019).

161 BVerfGE 90, 286 (350 f.).

kennt.[162] So enthielt das Lissabon-Urteil – obgleich nicht die Entscheidung tragende – Aussagen im Kontext der Integrationsfestigkeit des Parlamentsvorbehalts, in denen der Ausbau der EU zu einem solchen System lediglich als mögliche Entwicklung in der Zukunft dargestellt wurde.[163] Diese sind angesichts des diametralen Gegensatzes zur Wissenschaft und Staatspraxis und der zudem fehlenden eingehenden Begründung mit Verwunderung aufgenommen worden.[164] In der Literatur wurde diese Positionierung des Gerichts mit guten Gründen überwiegend nicht als letztgültige Absage an eine Einordnung der EU als System gegenseitiger kollektiver Sicherheit aufgefasst,[165] sondern als allein auf den Parlamentsvorbehalt bezogen angesehen,[166] obgleich beide Fragen eigentlich nicht zwingend miteinander zusammenhängen. Die Einordnung der EU als System im Sinne von Art. 24 Abs. 2 GG bedeutet eben gerade nicht, dass die Bundesrepublik zu einem Einsatz deutscher Streitkräfte „am Parlament vorbei" gezwungen wäre. Dies ist auch weder bei Einsätzen im Rahmen der Vereinten Nationen noch bei der NATO der Fall. Die Aussagen im Lissabon-Urteil stellen aber jedenfalls klar, dass die Wahrung des wehrverfassungsrechtlichen Parlamentsvorbehalts auch in Zukunft die Voraussetzung einer Beteiligung Deutschlands an einer gemeinsamen Verteidigung in der EU ist.[167]

---

162 Ausgeblendet wird hier die im Ergebnis gleichlaufende Ansicht, die die EU zwar als System nach Art. 24 Abs. 2 GG behandelt, zusätzlich aber Art. 23 GG als eigene verfassungsrechtliche Grundlage für Auslandseinsätze ansieht, siehe *Fassbender*, in: Isensee/Kirchhof, HStR XI, 3. Aufl. 2013, § 244 Rn. 74 m.w.N.; *Wollenschläger*, in: Dreier (Hrsg.), GG, 3. Aufl. 2015, Art. 24 Rn. 82; dagegen *Thiele*, Auslandseinsätze der Bundeswehr zur Bekämpfung des internationalen Terrorismus, 2011, S. 328 ff.

163 Vgl. BVerfGE 123, 267 (361; 425).

164 Stv. *Fassbender*, in: Isensee/Kirchhof, HStR XI, 3. Aufl. 2013, § 244 Rn. 74 „nicht nachzuvollziehen".

165 Siehe dazu *Calliess*, in: Maunz/Dürig, GG, Art. 24 Abs. 2 Rn. 45 ff. (Januar 2018); *von Heinegg/Frau*, in: Epping/Hillgruber (Hrsg.), GG, Art. 24 Rn. 33.3 (Februar 2021); *Fassbender*, in: Isensee/Kirchhof, HStR XI, 3. Aufl. 2013, § 244 Rn. 72 ff.; *Classen*, in: von Mangoldt/Klein/Starck, GG, 7. Aufl. 2018, Art. 24 Rn. 94; *Thym*, EuR-Beiheft 2010, S. 171 (184); dahingehend auch *Wollenschläger*, in: Dreier (Hrsg.), GG, 3. Aufl. 2015, Art. 24 Rn. 68 m.w.N.; zudem Deutscher Bundestag, Wissenschaftliche Dienste, Die EU als System gegenseitiger kollektiver Sicherheit, WD 2–3000–022/15, Februar 2015, S. 7.

166 Stv. *Payandeh/Sauer*, ZRP 2016, S. 34 (36); *Fournier*, Der Einsatz der Streitkräfte gegen Piraterie auf See, 2014, S. 205 ff. (S. 188 ff. zur EU als System i.S.d. Art. 24 Abs. 2 GG); *Thiele*, Auslandseinsätze der Bundeswehr zur Bekämpfung des internationalen Terrorismus, 2011, S. 326; so ebenfalls *Sauer*, Staatsrecht III, 6. Aufl. 2020, S. 79, der die Entscheidung in diesem Aspekt als „recht apodiktisch" bezeichnet; s. auch Deutscher Bundestag, Wissenschaftliche Dienste, Die EU als System gegenseitiger kollektiver Sicherheit, WD 2–3000–022/15, Februar 2015, S. 6.

167 Vgl. BVerfGE 123, 267 (426).

Die EU erfüllt aber die materiellen Voraussetzungen eines Systems nach Art. 24 Abs. 2 GG. Sie weist wie kaum eine zweite multilaterale Kooperationsstruktur „ein friedensicherndes Regelwerk" und eine Organisationsstruktur auf und hat einen „Status völkerrechtlicher Gebundenheit" unter ihren Mitgliedern erreicht, der international ohne Vorbild ist. Auch die wechselseitige Verpflichtung zur Wahrung des Friedens[168] und zur Gewährung von Sicherheit ist tief im Vertragswerk der EU verwurzelt. Die Förderung des Friedens ist in Art. 3 Abs. 1 EUV als Ziel benannt und die Friedenswahrung ist auch für die Außenbeziehungen zum Maßstab erhoben (Art. 3 Abs. 5 EUV). Die Friedenssicherung lässt sich darüber hinaus als das „ureigentliche Ziel des europäischen Integrationsprozesses nach 1945" beschreiben.[169] Der Vertrag von Lissabon baut eine eigene, im Vergleich mit anderen Regionalsystemen hochdifferenzierte Organisation auf und stellt ein „friedensicherndes Regelwerk" dar,[170] zumal er unter anderem ein im internationalen Vergleich stark ausdifferenziertes supranationales Gerichtssystem zur Streitbeilegung etabliert. Betrachtet man demnach die anderen Beispiele für Systeme im Sinne von Art. 24 Abs. 2 GG (NATO, die ehemalige WEU[171] und die Vereinten Nationen), drängt sich die Frage auf, in welchen der maßgeblichen Aspekte die EU in ihrem heutigen Entwicklungsstand hinter diesen Institutionen zurückbleiben sollte. Auch bei einer isolierten Betrachtung der GSVP, wo die rechtliche Gebundenheit weniger ausgeprägt ist als in anderen Bereichen der EU, bleibt dieses Ergebnis bestehen. Denn auch insoweit bestehen Rechtspflichten der Mitgliedstaaten. So postuliert Art. 42 Abs. 7 EUV, ähnlich wie Art. 5 NATO-Vertrag und der vormalige WEU-Vertrag, eine gegenseitige und rechtsverbindliche[172] Beistandspflicht, die nach Auflösung der WEU die Funktion der ebenfalls

---

168 *Röben*, Außenverfassungsrecht, 2007, S. 250.

169 Stv. *Ruffert*, in: Calliess/Ruffert (Hrsg.), EUV/AEUV, 5. Aufl. 2016, Art. 3 EUV Rn. 15 m.w.N.

170 *Röben*, Außenverfassungsrecht, 2007, S. 250 f.; Deutscher Bundestag, Wissenschaftliche Dienste, Die EU als System gegenseitiger kollektiver Sicherheit, WD 2–3000–022/15, Februar 2015, S. 9.

171 Dazu stv. *Sauer*, in: Kahl/Waldhoff/Walter (Hrsg.), GG, Art. 24 Rn. 276 (Mai 2019).

172 Durch den Anti-IS-Beschluss des Zweiten Senats vom 17. September 2019 dürfte nunmehr – abweichend von der unnötig zweifelnden Einordnung in BVerfGE 123, 267 (423 f.) – verdeutlicht worden sein, dass Art. 42 Abs. 7 EUV (bereits jetzt) eine rechtsverbindliche Beistandspflicht zu entnehmen ist, die sich je nach der zugrundeliegenden Situation auch auf – tatsächlich und rechtlich möglichen – militärischen Beistand beziehen kann. Auch dies bedeutet keine Umgehung des Parlamentsvorbehalts, denn die Beistandsleistung ohne parlamentarische Zustimmung ist der Bundesrepublik rechtlich nicht möglich und demnach nicht geschuldet. Die häufig gegen eine Rechtsverbindlichkeit angeführte Berufung auf die ebenso beiläufige wie missverständliche Formulierung im Lissabon-Urteil überzeugt spätestens mit der Feststellung des Zweiten Senats, dass dem Wortlaut des Art. 42 Abs. 7 EUV eine Verpflichtung der Mitgliedstaaten zu entnehmen sei, dem angegriffenen Mitglied alle in ihrer Macht stehende Hilfe und Unterstützung zu leisten

verbindlichen Beistandspflicht aus Art. 5 WEU übernommen hat.[173] Zwar ist diese Beistandspflicht nicht zwingend konstituierend für die Einordnung der EU als System nach Art. 24 Abs. 2 GG,[174] sie ist allerdings ein weiterer gewichtiger Faktor.[175] Denn die Grundintention des Art. 24 Abs. 2 GG war es, wie zitiert, ein

---

(BVerfGE 152, 8 (35 Rn. 54)) nicht mehr (sie tat es allerdings schon vorher nicht, siehe etwa *Thym*, EuR-Beiheft 2010, S. 171 (178)). Die Formulierung diente wiederum nur der Betonung der Integrationsfestigkeit des Parlamentsvorbehalts, also der Klarstellung, dass die Beistandspflicht aus Art. 42 Abs. 7 EUV den Parlamentsvorbehalt nicht untergrabe (vgl. BVerfGE 123, 267 (424), ob diese Klarstellung erforderlich war, darf bezweifelt werden). Somit dürfte heute festzustellen sein, dass das, was der letztlich sehr klare und über Art. 5 NATO-Vertrag hinausgehende Wortlaut des Art. 42 Abs. 7 EUV ohnehin nahelegt und was durch die Systematik (etwa die in Art. 42 Abs. 7 UAbs. 2 EUV genannten „Verpflichtungen" und das Erfordernis der politischen NATO-first-Vorgabe, die Möglichkeit eines „opting outs" über die irische Klausel in Art. 47 UAbs. 1 i.V.m. Art. 42 Abs. 2 EUV, die ohne rechtlich verbindliche Beistandspflicht überflüssig wäre, vgl. *von Ondarza*, Die EU-Sicherheits- und Verteidigungspolitik im Schatten der Ungewissheit, SWP-Studien, 2008, S. 29, sowie die Übernahme der Funktion des Art. 5 WEU-Vertrag durch Art. 42 Abs. 7 EUV) belegt wird, auch in der Tat zutrifft: Art. 42 Abs. 7 EUV ist ein „vorweggenommener Teil einer gemeinsamen Verteidigung" und aus der Norm folgt bereits heute eine Verpflichtung der Mitgliedstaaten dazu, einem angegriffenen Mitgliedstaat „alle in ihrer Macht stehende Hilfe und Unterstützung" zu leisten (vgl. *Cremer*, in: Calliess/Ruffert (Hrsg.), EUV/AEUV, 5. Aufl. 2016, Art. 42 EUV Rn. 8). Dies wird durch das einstimmige Handeln der Mitgliedstaaten 2015 infolge der Berufung Frankreichs auf Art. 42 Abs. 7 EUV erhärtet; zum Ganzen *Cremer*, ZG 2016, S. 97; *Sauer*, in: Kahl/Waldhoff/Walter (Hrsg.), GG, Art. 24 Rn. 277 (Mai 2019).

173 So auch die Position der WEU, die vor dem Hintergrund des neuen Art. 42 Abs. 7 EUV anerkannte, dass die WEU ihre historische Rolle nunmehr erfüllt habe, WEU, Statement of the Presidency of the Permanent council vom 31. März 2010, zitiert bei *Kockel*, Die Beistandsklausel im Vertrag von Lissabon, 2012, S. 85 f.

174 So auch *Scherrer*, Das Parlament und sein Heer, 2010, S. 32, der das Bestehen einer rechtlichen Beistandspflicht jedoch (beiläufig) verneint. So werden die Vereinten Nationen eben als (archetypisches) System im Sinne des Art. 24 Abs. 2 GG angesehen, obwohl die VN-Charta keine Beistandsklausel enthält, stv. *Calliess*, in: Maunz/Dürig, GG, Art. 24 Abs. 2 Rn. 12 ff. (Januar 2018). Zwar bestehen in den Vereinten Nationen anderweitige Rechtspflichten, die die rechtliche Gebundenheit begründen, dies ist allerdings auch bei der EU/GSVP der Fall, siehe etwa Art. 42 Abs. 3 EUV, dazu *Sauer*, in: Kahl/Waldhoff/Walter (Hrsg.), GG, Art. 24 Rn. 278 (Mai 2019).

175 Ähnlich *Sauer*, in: Kahl/Waldhoff/Walter (Hrsg.), GG, Art. 24 Rn. 277 (Mai 2019); anders *Fährmann*, Die Bundeswehr im Einsatz für Europa, 2010, S. 203 der die Beistandsklausel in Art. 42 Abs. 7 EUV nicht für ausreichend hält, weil kein „Mechanismus" bzw. „Organ" über den Bündnisfall entscheide. Der Entscheidungsfindungsprozess hat sich infolge der französischen Berufung auf Art. 42 Abs. 7 EUV im November 2015 nunmehr, wenn auch durch Staatspraxis statt primärrechtliche Festlegung, herausgebildet. Die Entscheidungsfindung in einem System nach Art. 24 Abs. 2 GG unterliegt dessen Binnenrecht. Wenn dieses keine formalen Beschlusswege festlegt, ist es nicht etwa überzeugend, im Wege von Analogieschlüssen zu versuchen, formale Entscheidungsfindungsprozesse aus anderen Systemen, etwa dem NATO-Vertrag, zu übertragen. Dies gilt umso mehr, weil sich im Falle Frankreichs alle Mitgliedstaaten einig waren, dass ein

„staatenübergreifendes System der Friedensicherung zu schaffen, das der Bundesrepublik Deutschland zudem die militärische Sicherheit geben sollte, die sie damals schon mangels eigener Streitkräfte nicht gewährleisten konnte", und in dem die Bundesrepublik „nicht lediglich Pflichten übernimmt, sondern als Gegenleistung auch das Recht auf Beistand durch die anderen Vertragspartner erwirbt".[176]

Die EU nimmt – ebenso wie die NATO und früher die WEU – militärische Krisenmanagementaufgaben (Art. 43 EUV) wahr. Dies ist auch institutionell untermauert, denn gemäß Art. 43 Abs. 2 Satz 2 EUV sorgt der Hohe Vertreter der Union für Außen- und Sicherheitspolitik unter Aufsicht des Rates und in engem und ständigem Benehmen mit dem Politischen und Sicherheitspolitischen Komitee für die Koordinierung dieser Missionen. Mit diesen Aufgaben und den für ihre Umsetzung geschaffenen Institutionen (unter Einschluss des Militärausschusses sowie des Militärstabs) besteht auch ein militärisches Element der EU.[177] Eine noch stärker ausdifferenzierte militärische Integration ist keine Voraussetzung für eine Einordnung unter Art. 24 Abs. 2 GG. Auf die „hochdifferenzierten integrierten militärischen Kommandostrukturen" verwies der Zweite Senat zwar in Bezug auf die NATO als zusätzliches Indiz zur Einordnung dieser unter Art. 24 Abs. 2 GG, weil die Verflechtung der Streitkräfte die Sicherheit erhöhe.[178] Konstituierend für die Zuordnung der NATO zu Art. 24 Abs. 2 GG war dieses Argument jedoch nicht. Allerdings kann die im Vergleich zu den Vereinten Nationen deutlich stärkere militärische Integration und Zusammenarbeit der EU und ihrer Mitgliedstaaten als weiteres Indiz für die Einordnung der EU als System im Sinne von Art. 24 Abs. 2 GG dienen.[179] Eine kategoriale Unterscheidung zwischen der EU

Beistandsfall vorlag, siehe Council of the European Union, Outcome of the Council Meeting, 3426th Council meeting Foreign Affairs, Brüssel, 16. und 17. November 2015, S. 6. Daher kann auch der Ansatz von *Payandeh/Sauer* insoweit nicht überzeugen, ZRP 2016, S. 34 (36 f.).

176 BVerfGE 90, 286 (348).

177 Vgl. Deutscher Bundestag, Wissenschaftliche Dienste, Die EU als System gegenseitiger kollektiver Sicherheit, WD 2–3000–022/15, Februar 2015, S. 9; zum institutionellen Geflecht auch *Röben*, Außenverfassungsrecht, 2007, S. 250 f.; *Kuhn*, Die Europäische Sicherheits- und Verteidigungspolitik im Mehrebenensystem, 2012, S. 182 ff.; *Fournier*, Der Einsatz der Streitkräfte gegen Piraterie auf See, 2014, S. 190 ff.; *Gutmann*, Fortschreitende Militärkooperationen, 2020, S. 26 ff.

178 Siehe BVerfGE 90, 286 (350 f.).

179 Deutscher Bundestag, Wissenschaftliche Dienste, Die EU als System gegenseitiger kollektiver Sicherheit, WD 2–3000–022/15, Februar 2015, S. 9; siehe auch *Schorkopf*, Staatsrecht der internationalen Beziehungen, 2017, S. 371 f. (§ 6 Rn. 39); *Thiele*, Auslandseinsätze der Bundeswehr zur Bekämpfung des internationalen Terrorismus, 2011, S. 322 ff.; auf die weiteren Schritte etwa im Rahmen der Ständige Strukturierte Zusammenarbeit (PESCO) dürfte es für die Zuordnung der EU zu Art. 24 Abs. 2 GG im Ergebnis nicht mehr ankommen.

einerseits und der vormaligen WEU, der NATO sowie den Vereinten Nationen andererseits erscheint heute kaum zu rechtfertigen.[180]

Die Kontroverse um die EU, die maßgeblich durch die Aussagen des Zweiten Senats im Lissabon-Urteil am Leben gehalten wurde, dürfte nach der Kurskorrektur im Anti-IS-Beschluss nunmehr langsam im Sande verlaufen. In diesem stellte der Zweite Senat fest, dass das Diktum im Lissabon-Urteil nicht dahingehend zu verstehen sei, dass die EU nicht als System im Sinne von Art. 24 Abs. 2 GG eingeordnet werden könne. Vielmehr könne die EU angesichts der genannten Kriterien eines Systems gegenseitiger kollektiver Sicherheit im Sinne des Art. 24 Abs. 2 GG „zumindest vertretbar als ein System gegenseitiger kollektiver Sicherheit angesehen werden".[181] Hierin wird man eine gesichtswahrende Distanzierung von der Lissabon-Formulierung sehen müssen. Auch die Staatspraxis hat die EU vor (und nach) dem Lissabon-Urteil als System gemäß Art. 24 Abs. 2 GG angesehen. Bereits im Rahmen des EU-geführten Einsatzes auf mazedonischem Territorium zur weiteren Stabilisierung des Friedensprozesses 2003 ordnete die Bundesregierung die EU als System im Sinne von Art. 24 Abs. 2 GG ein.[182] Der Entwurf des Bundestages zur Neufassung des Parlamentsbeteiligungsgesetzes vom 26. Januar 2016 sah die EU explizit als System gegenseitiger kollektiver Sicherheit an.[183]

180 Deutscher Bundestag, Wissenschaftliche Dienste, Die EU als System gegenseitiger kollektiver Sicherheit, WD 2–3000–022/15, Februar 2015, S. 10; so auch *Calliess*, in: Maunz/Dürig, GG, Art. 24 Abs. 2 Rn. 45 ff. (Januar 2018); *Hobe*, in: Friauf/Höfling, GG, Art. 24 Rn. 57 (Mai 2012); *von Heinegg/Frau*, in: Epping/Hillgruber (Hrsg.), GG, Art. 24 Rn. 33.3 (Februar 2021); *Gutmann/Sassenrath*, NZWehrr 2017, S. 177 (186 f.); *Sauer*, in: Kahl/Waldhoff/Walter (Hrsg.), GG, Art. 24 Rn. 278 (Mai 2019); *Fassbender*, in: Isensee/Kirchhof, HStR XI, 3. Aufl. 2013, § 244 Rn. 73; *Classen*, in: von Mangoldt/Klein/Starck, GG, 7. Aufl. 2018, Art. 24 Rn. 94 m.w.N. Siehe aber unter Berufung auf den Umstand, dass die Mitgliedschaft in der EU nicht allen offenstehe und die Streitbeilegung nicht hinreichend ausgeprägt sei, *Fährmann*, Die Bundeswehr im Einsatz für Europa, 2010, S. 203 f. Unter Hinweis auf Ratifikationsvorbehalte (die Art. 42 Abs. 7 EUV aber gerade nicht erfassen) nicht ganz nachvollziehbar die völkerrechtliche Gebundenheit der Mitgliedstaaten der EU ablehnend *Müller-Franken*, in: von Mangoldt/Klein/Starck, GG, 7. Aufl. 2018, Art. 87a Rn. 95.

181 BVerfGE 152, 8 (33 f. Rn. 52).

182 Antrag der Bundesregierung, BT-Drs. 15/696 vom 19. März 2003, S. 2.

183 Gesetzentwurf der Fraktionen der CDU/CSU und SPD, BT-Drs. 18/7360 vom 26. Januar 2016, S. 2 (§ 2a ParlBG, in der 18. Legislaturperiode allerdings nicht verabschiedet) und S. 8 („Als Systeme gegenseitiger kollektiver Sicherheit werden neben den Vereinten Nationen insbesondere die NATO und die EU angesehen."); dazu *Sauer*, Staatsrecht III, 4. Aufl. 2016, S. 72; siehe auch § 4 Abs. 3 3. Spiegelstrich ParlBG.

IV. Ausblick: Rechtsgrundlagen für Eingriffshandlungen in Auslandseinsätzen und die Rechtsprechung des Bundesverfassungsgerichts

Das Wehrverfassungsrecht bietet demnach noch immer viel Stoff für ganz grundlegende konzeptionelle Überlegungen und das Bundesverfassungsgericht hat in seiner Rechtsprechung bei weitem nicht alle offenen Fragen geklärt, sondern teils noch weitere Fragen aufgeworfen. Dies gilt auch für den Problembereich der materiellen Maßstäbe für das Auslandshandeln der Bundeswehr. Dieser könnte durch das BND-Urteil des Ersten Senats,[184] mit dem der Senat den Schutz des Art. 10 Abs. 1 und des Art. 5 Abs. 1 Satz 2 GG als Abwehrrechte gegenüber einer Telekommunikationsüberwachung durch den BND im Ausland gegenüber ausländischen Staatsangehörigen anerkannte, wieder vermehrt in die Diskussion kommen. Die Entscheidung stellt, wie die Pressemitteilung selbst betont, „erstmals" klar, dass „sich der Schutz der Grundrechte gegenüber der deutschen Staatsgewalt nicht auf das deutsche Staatsgebiet beschränkt."[185] Dabei erkennt der Erste Senat in seinem BND-Urteil, dass sich der Schutz der einzelnen Grundrechte im Inland und Ausland unterscheiden kann.[186] Zwar hat das Bundesverfassungsgericht in dem Urteil weder die Aufgabenwahrnehmung der Bundeswehr noch die Kooperation zwischen Bundeswehr und BND problematisiert,[187] auch dürfte eine Übertragung der in dem Urteil für den BND aufgestellten Detailvorgaben auf die Aufgabenwahrnehmung der Bundeswehr fernliegen. Dennoch rückt die grundlegende Anerkennung der in der Wissenschaft schon zuvor verbreitet angenommenen Grundrechtsbindung auch in sog. doppelten Auslandssachverhalten (Maßnahmen der deutschen Staatsgewalt im Ausland

184 BVerfGE 154, 152.

185 BVerfG, Ausland-Ausland-Fernmeldeaufklärung nach dem BND-Gesetz verstößt in derzeitiger Form gegen Grundrechte des Grundgesetzes, Pressemitteilung Nr. 37/2020 vom 19. Mai 2020. Tatsächlich dürfte diese Aussage differenzierter zu betrachten sein, siehe etwa BVerfGE 100, 313 (362 ff.). Die Frage der Grundrechtsbindung in Auslandssachverhalten stellte sich zuvor auch in anderen Verfahren.

186 BVerfGE 154, 152, Leitsatz; siehe auch BVerfG, Beschluss der 2. Kammer des Zweiten Senats vom 18. November 2020 – 2 BvR 477/17 –, juris, Rn. 31.

187 Zur Zusammenarbeit siehe etwa die Darstellung im Gesetzentwurf der Bundesregierung Entwurf eines Gesetzes zur Änderung des BND-Gesetzes zur Umsetzung der Vorgaben des Bundesverfassungsgerichts sowie des Bundesverwaltungsgerichts, BT-Drs. 19/26103 vom 25. Januar 2021, S. 73.

gegenüber ausländischen Staatsangehörigen) jedenfalls bezogen auf die grundrechtliche Abwehrdimension auch den Rechtsrahmen der Aufgabenwahrnehmung der Bundeswehr wieder ins Licht.[188]

Für Auslandseinsätze der Bundeswehr wird in der Wissenschaft mit nachvollziehbaren Gründen angenommen, dass die Grundrechtsbindung, ähnlich wie auch im Anwendungsbereich der Europäischen Menschenrechtskonvention, ein Mindestmaß an Kontrolle über eine Person oder ein Gebiet voraussetzt und auch dann die verfassungsrechtlich begründeten Aufträge der Bundeswehr, die aus Art. 24 Abs. 2 GG und Art. 87a Abs. 1 Satz 1 GG folgen, die Intensität der Grundrechtsbindung herabsetzen.[189] Feststellen lässt sich jedenfalls, dass die Aufgabenwahrnehmung der Bundeswehr unter besonderen verfassungsrechtlichen Vorzeichen erfolgt. Soweit die Bundeswehr im Rahmen von Art. 24 Abs. 2 GG oder zur Verteidigung tätig wird, lässt sich ihr Handeln unmittelbar auf die Verfassung zurückführen, die das Bestehen der Bundeswehr und ihre effektive Aufgaben-

---

188 Vom Grundsatz der Grundrechtsbindung ist die Bundeswehr nicht pauschal auszunehmen. Die Ersetzung des Begriffs „Verwaltung“ durch „vollziehende Gewalt“ durch Gesetz vom 19. März 1956 (BGBl. I S. 111) sollte gerade klarstellen, dass Art. 1 Abs. 3 GG alle Staatsgewalt, auch die Bundeswehr, bindet, siehe Zweiter Schriftlicher Bericht des Ausschusses für Rechtswesen und Verfassungsrecht, BT-Drs. II/2150, S. 2. Zwar waren damals Auslandseinsätze der Bundeswehr noch nicht abzusehen, aber dafür, dass die Grundrechtsbindung der Bundeswehr, anders als die von Behörden (z. B. BND), pauschal bei Grenzübertritt enden sollte, sprechen keine guten Gründe. Die im BND-Urteil entwickelten Grundsätze zur Auslandsgeltung hält die 2. Kammer des Zweiten Senats so auch mit Bezug zu Auslandseinsätzen der Bundeswehr für berücksichtigungswürdig, siehe BVerfG, Beschluss der 2. Kammer des Zweiten Senats vom 18. November 2020 – 2 BvR 477/17 –, juris, Rn. 31 f. Schon lange vor diesen Entscheidungen war die Anwendbarkeit der Grundrechte auf Auslandshandeln der Bundeswehr in der Wissenschaft nicht mehr eine Frage des „Ob“, sondern eine Frage des „Wie weit“, *Schulte-Bunert*, Grundrechtsschutz und Verteidigungsauftrag, 2013, S. 36 ff. (und S. 55 ff. mit Literaturauswertung); *Link*, Grundrechtsbindung der Bundeswehr im Ausland, 2020. S. 28 f.; 46 ff. Dies ist im jeweiligen Einzelfall zu bestimmen. Anhand des Beispiels von Übergaben von Pirateriеverdächtigen in Auslandseinsätzen, siehe *Salomon*, Die internationale Strafverfolgungsstrategie gegenüber somalischen Piraten, 2017, S. 478 ff.; in ähnlichem Kontext *Fournier*, Der Einsatz der Streitkräfte gegen Piraterie auf See, 2014, S. 213 ff. Zur wissenschaftlichen Aufarbeitung stv. *Werner*, Die Grundrechtsbindung der Bundeswehr bei Auslandseinsätzen, 2006, S. 113 ff.; *Yousif*, Die extraterritoriale Geltung der Grundrechte bei der Ausübung deutscher Staatsgewalt im Ausland, 2007 sowie die in Fn. 10 genannten Nachweise.

189 *Herdegen*, in: Maunz/Dürig, GG, Art. 1 Abs. 3 Rn. 87 (März 2019); *Herdegen*, in: ders./Masing/Poscher/Gärditz, HdbVerfR, 2021, § 27 Rn. 106 unter Verweis auf BVerfGE 77, 170 (220 f.) und dem Hinweis, dass sich nur so verhindern lasse, dass in bewaffneten Konflikten die Grundrechtsbindung beim Streitkräfteeinsatz im Verhältnis zum Gegner zu massiven rechtlichen Asymmetrien führe und die Fähigkeit oder Bereitschaft der Bundesrepublik zur zwischenstaatlichen Kooperation im Dienste der internationalen Sicherheit gefährdet werde.

wahrnehmung garantieren.[190] Fänden die Grundrechte auf die Bundeswehr im Ausland gleichermaßen Anwendung wie auf die Eingriffsverwaltung im Inland, wäre sie zur Erfüllung ihres Verteidigungsauftrags und der Aufträge in Systemen im Sinne des Art. 24 Abs. 2 GG schon mangels konventioneller gesetzlicher Rechtsgrundlagen nur noch sehr beschränkt in der Lage.

Die Bundesregierung geht, wie kürzlich erst wieder dokumentiert,[191] davon aus, dass das Handeln der Bundeswehr maßgeblich auf den verfassungsunmittelbaren Befugnissen der Streitkräfte beruhe, wobei Art. 87a Abs. 1 Satz 1 und Abs. 2 GG sowie gegebenenfalls Art. 24 Abs. 2 GG eigene Rechtsgrundlagen darstellten, die je nach Konstellation durch weitere Rechtsgrundlagen aus dem anwendbaren Völkerrecht, etwa dem humanitären Völkerrecht oder Befugnissen aus Resolutionen des VN-Sicherheitsrats, gegebenenfalls in Verbindung mit dem Zustimmungsbeschluss des Deutschen Bundestages ergänzt würden. Nach Auffassung der Bundesregierung können diese Rechtsgrundlagen nicht nur auf der übergeordneten Ebene Einsätze und Operationen der Bundeswehr dem Grunde nach verfassungsrechtlich rechtfertigen, sondern stellen Eingriffsgrundlagen für Einzelhandlungen dar: die genannten Rechtsgrundlagen könnten „auch Eingriffe durch die Streitkräfte in gegebenenfalls dem nationalen Grundrechtsschutz unterfallende Rechtsgüter wie Leib und Leben oder das Recht auf informationelle Selbstbestimmung in Auslandssachverhalten rechtlich rechtfertigen."[192]

Aus der für moderne deutsche Juristinnen und Juristen gewohnten, häufig rein verwaltungsrechtlich geprägten Perspektive werfen die Rechtsgrundlagen für die Aufgabenwahrnehmung der Bundeswehr bereits seit längerem Fragen auf, die auch das Bundesverfassungsgericht bereits beschäftigt haben und zukünftig wieder beschäftigen könnten. Diese beginnen schon damit, dass Eingriffsmaßnahmen der Bundeswehr häufig nicht auf ein einfach-rechtliches Gesetz zurückzuführen sind.[193] In diesem Zusammenhang wird bereits seit langem die Frage diskutiert, wie dies mit dem Grundsatz des Vorbehalts des Gesetzes überein zu bringen ist.[194] Dabei ist zunächst zu berücksichtigen, dass die Bundeswehr neben dem Hauptauftrag der Verteidigung bezüglich ihrer Aufgabenwahrneh-

---

190 Dazu stv. *Dau*, NZWehrr 2011, S. 1 (5 ff.); *F. Kirchhof*, in: Isensee/Kirchhof, HStR IV, 3. Aufl. 2006, § 84 Rn. 13; sowie beispielhaft BVerfGE 69, 1 (21).

191 Antwort der Bundesregierung, BT-Drs. 19/26114 vom 25. Januar 2021, S. 2 f.; siehe auch bereits Antwort der Bundesregierung, BT-Drs. 17/6862 vom 26. August 2011, S. 3.

192 Ebenda.

193 Ausführlich *Neubert*, Der Einsatz tödlicher Waffengewalt durch die deutsche auswärtige Gewalt, 2016, S. 270 ff.

194 Siehe dazu stv. die Nachweise in Fn. 10.

mung in Systemen gem. Art. 24 Abs. 2 GG keine fest definierte Aufgabe hat.[195] Vielmehr ändern sich der Auftrag der Bundeswehr, die zur Auftragserfüllung benötigten Fähigkeiten und Kräfte und das rechtlich verfügbare Instrumentarium je nach der konkreten Einsatzsituation. Das kann die Bekämpfung konventioneller Streitkräfte,[196] die das Bundesgebiet oder Bündnispartner angreifen, mit allen humanitär-völkerrechtlich zulässigen Mitteln und Methoden der Kriegführung sein, das kann aber auch die Erhebung und Speicherung von für einen konkreten Einsatz erforderlichen Informationen, auch personenbezogener Daten,

195 Auch in kollektiven Verteidigungseinsätzen kann der Auftrag je nach Einsatz durchaus unterschiedlich sein.

196 Für Konstellationen mit staatlichen Gegnern dürfte allerdings schon ein Eingriff in grundgesetzlich geschützte Schutzbereiche zu verneinen sein. Die Rechtsprechung des Bundesverfassungsgerichts, auch das BND-Urteil, bedeuten nämlich gerade nicht, dass die Verfassung in der Auslegung durch das Bundesverfassungsgericht auch Hoheitsträger fremder Staaten unter den Schutz der Grundrechte stellt. Der Erste Senat hat für die Anwendbarkeit der Grundrechte im BND-Urteil z.B. betont, dass grundrechtliche Gewährleistungen im In- und Ausland hinsichtlich des persönlichen und sachlichen Schutzbereichs in unterschiedlichem Umfang Geltung beanspruchen könnten (Rn. 104). Der Schutzbereich in Auslandssachverhalten kann also enger sein als in Inlandssachverhalten. Selbst in Inlandssachverhalten können ausländische Hoheitsträger sich aber nicht ohne Weiteres auf die Grundrechte berufen, so dass dies erst recht für ausländische Hoheitsträger im Ausland gelten dürfte. So wies die 2. Kammer des Zweiten Senats in einem obiter dictum etwa darauf hin, dass sich Mitglieder ausländischer Regierungen bei Auftrittsversagungen im Rahmen von Versammlungen nicht auf die Grundrechte berufen könnten; es handele sich bei derartigen Entscheidungen nicht um die eines deutschen Hoheitsträgers gegenüber einem ausländischen Bürger, sondern um eine Entscheidung im Bereich der Außenpolitik, bei der sich die Regierungen beider Staaten auf der Grundlage des Prinzips der souveränen Gleichheit der Staaten (Art. 2 Nr. 1 VN-Charta) begegneten, BVerfG, Beschluss der 2. Kammer des Zweiten Senats vom 8. März 2017 – 2 BvR 483/17 –, juris, Rn. 3; siehe auch *Huber*, in: von Mangoldt/Klein/Starck, GG, 7. Aufl. 2018, Art. 19 Rn. 246. Eine äquivalente Betrachtung dürfte bei militärischen Auseinandersetzungen zwischen staatlichen Akteuren gelten, ebenso im Ergebnis, aber mit abw. Begründung *Isensee*, in: ders./Kirchhof, HStR V, 2. Aufl. 2000, § 115 Rn. 90; dagegen *Schulte-Bunert*, Grundrechtsschutz und Verteidigungsauftrag, 2013, S. 86 f. mit einem anderen Lösungsansatz; *Link*, Grundrechtsbindung der Bundeswehr im Ausland, 2020. S. 65. Bei staatsnah agierenden privaten Akteuren sieht der Erste Senat im BND-Urteil zudem eine Verringerung der grundrechtlichen Schutzintensität, vgl. BVerfGE 154, 152 (261 f. Rn. 196). Bei militärischen Handlungen gegen staatliche Akteure, in aller Regel im Rahmen bewaffneter Konflikte, besteht bei ausländischen Hoheitsträgern (z.B. Soldatinnen und Soldaten) auch keine grundrechtstypische Gefährdungslage. Während die Beschwerdeführer im BND-Verfahren (Journalistinnen und Journalisten, NGO-Mitarbeiterinnen und Mitarbeiter) der heimlichen technischen Aufklärung des BND im Ausland genauso gegenüberstanden, wie sie der Tätigkeit von Inlandsnachrichtendiensten gegenüberstünden, wenn sie sich auf deutschem Boden befänden, nämlich als Privatpersonen, haben ausländische Soldatinnen und Soldaten in bewaffneten Konflikten stets eine andere staatliche Schutzmacht hinter sich.

mit Mitteln der militärischen Aufklärung sein, die Herstellung eines sicheren Umfelds, um etwa eine militärische Evakuierung zu ermöglichen, die Kontrolle, das Festsetzen und das Umleiten ziviler Schiffe, der Besatzung und der Fracht etwa zur Durchsetzung von durch den VN-Sicherheitsrat beschlossenen Waffenembargos, das temporäre Stören von Funksignalen, etwa des Mobilfunks, durch sog. elektronische Gegenmaßnahmen, z. B. um eigene Einheiten vor mobilfunkgesteuerten Sprengsätzen zu schützen, die Ingewahrsamnahme von Personen unter verschiedenen Rechtsregimen, etwa in bewaffneten Konflikten oder im Rahmen anderer militärischer Einsätze, die Anwendung unmittelbaren Zwangs im Kontext der Befreiung von Geiseln, um nur einige zu nennen.

Demnach ist die grundsätzliche Forderung nach einem Gesetz, welches Standardbefugnisse festlegt, schnell erhoben. Es wird aber schlichtweg nicht möglich sein, jenseits von letztlich bedeutungsleeren und abstrakt formulierten Generalbefugnissen, ein in sich geschlossenes Instrumentarium der zur Auftragserfüllung erforderlichen Einzelmaßnahmen zu formulieren, wie es etwa bei Polizeibehörden und den jeweiligen Sicherheits- und Ordnungsgesetzen, aber auch beim BND noch möglich ist. Eine Auflistung zulässiger Standardmaßnahmen und ihrer Tatbestandsvoraussetzungen wie in der vergleichsweise gleichförmigen Aufgabenwahrnehmung von Gefahrabwehrbehörden üblich, ist vor dem Hintergrund der großen Vielfalt an möglichen Einsatzszenarien und denkbaren Eingriffsmaßnahmen sowie der unterschiedlichen anwendbaren Rechtsrahmen verschiedener Einsätze nicht vorstellbar.[197] Bei derartigen Regelungsvorhaben ist stets auch im Blick zu behalten, dass die „militärische Wehrfähigkeit und die Bündnisfähigkeit der Bundesrepublik Deutschland“ aufrechterhalten bleiben

---

197 A.A. *Zimmermann*, ZRP 2012, S. 116 (119), der meint, dass eine Bundeswehrregelung genauso konkret oder konkreter gefasst werden könne wie eine polizeiliche Generalklausel. Dies verkennt, dass bei Streitkräften eine völlig andere Regelungssystematik erforderlich wäre und nicht die vorbekannten polizei- oder nachrichtendienstrechtlichen Schablonen fruchtbar gemacht werden könnten. Denn diese Rechtsgebiete sind (bzgl. des Nachrichtendiensterechts im weiteren Sinne) Gefahrenabwehrrecht und haben somit eine klare Struktur, wobei auf Tatbestandsebene stets die Erkennung und Erforschung, vor allem aber Abwehr von (ggf. qualifizierten) Gefahren für (ggf. bestimmte) Rechtsgüter steht. Schon der Tatbestand solcher Eingriffsnormen wäre bei einem „Streitkräfteeinsatzgesetz“ nicht konkret ausformulierbar, wenn man nicht pauschal auf die Erfüllung des jeweiligen militärischen Auftrags abstellen wollte. Dies verkennend auch *Link*, Grundrechtsbindung der Bundeswehr im Ausland, 2020. S. 65 ff. Schon für die Normen, die den Inlandseinsatz betreffen, wurde beobachtet, dass diese punktuell und rudimentär geraten seien, weil „der Weg eines positivistischen Perfektionismus zur Bewältigung der vielfältigen, kaum prognostizierbaren Situationen des Staatsnotstandes allenfalls bedingt geeignet“ sei, *R. Breuer*, in: Rüthers/Stern (Hrsg.), Freiheit und Verantwortung im Verfassungsstaat, 1984, S. 79 (87 f.). Dies gilt umso mehr für die deutlich variantenreicheren Auslandseinsätze.

muss.[198] Diese Verfassungsbelange setzen voraus, dass die Streitkräfte in ihrem zulässigen Einsatzspektrum handlungsfähig bleiben und in Auslandseinsätzen das Maß des völkerrechtlichen Dürfens auch voll anwenden können. Besonders plastisch wird dies in bewaffneten Konflikten, wo es ganz erhebliche Folgen hätte, wenn deutschen Streitkräften nicht dasselbe rechtliche Instrumentarium und dieselben Handlungsspielräume zur Verfügung stünden, wie dem humanitärvölkerrechtskonform handelnden militärischen Gegner.[199]

Das Bundesverfassungsgericht hat sich mit den hiermit zusammenhängenden, teils sehr komplexen und vielschichtigen Fragen[200] noch nicht in der Tiefe befasst und nicht letztgültig geklärt, ob überhaupt und, wenn ja, wie der Grundsatz des Vorbehalts des Gesetzes in diesem Kontext Anwendung findet.[201] Bislang folgt aus seiner Rechtsprechung zu Art. 24 Abs. 2 GG jedenfalls, dass diese Norm den Bund nicht nur zum Eintritt in ein System gegenseitiger kollektiver Sicherheit ermächtige, sondern auch eine Ermächtigung zum Einsatz deutscher Streitkräfte im Rahmen eines solchen Systems enthalte.[202] Die in Art. 24 Abs. 2 GG

198 Auch diese Belange haben Verfassungsrang und der Zweite Senat betont ihre maßgebende Bedeutung sogar gegenüber dem normativ sehr wirkmächtigen Parlamentsvorbehalt, vgl. BVerfGE 90, 286 (388); 108, 34 (43 ff.); 121, 135 (167). Siehe auch BVerfGE 49, 24 (56 f.).

199 Nachvollziehbar daher auch die Beobachtung von *Heun*, in: Dreier (Hrsg.), GG, 3. Aufl. 2018, Art. 87a Rn. 21, der meint, dass ein strikter Gesetzesvorbehalt für Bundeswehreinsätze im Ausland (wohl vor allem im Rahmen bewaffneter Konflikte) ebenso wenig wie das grundrechtlich fundierte Verhältnismäßigkeitsprinzip gelte, und warnt, dass die Forderung nach gesetzlichen Ermächtigungsgrundlagen für Auslandseinsätze der Bundeswehr „allenfalls zu einer weithin sinnlosen Generalermächtigung oder zu völliger Unpraktikabilität" führe; ebenso *Fassbender*, in: Isensee/Kirchhof, HStR XI, 3. Aufl. 2013, § 244 Rn. 166: „Regelung wäre aber kaum möglich ohne Gefährdung des militärischen Auftrags, insbesondere des Verteidigungsauftrags."; siehe auch *Herdegen*, in: Maunz/Dürig, GG, Art. 1 Abs. 3 Rn. 88 (März 2019).

200 *Sauer* weist etwa auf die Frage der Vereinbarkeit grundrechtlicher und humanitär-völkerrechtlicher Wertungen bei der rechtlichen Bewertung von zu erwartenden zivilen Kollateralschäden hin, die nicht außer Verhältnis zum militärischen Erfolg des jeweiligen Waffeneinsatzes stehen, DÖV 2019, 714 (719). Dazu schon *Zimmermann/Geiß*, Der Staat 46 (2007), S. 377 ff.; *Hong*, Der Menschenwürdegehalt der Grundrechte, 2019, S. 720 f.

201 Die neuere Tendenz in der Literatur wendet den Grundsatz weitgehend unmodifiziert an, geht aber auf die in der verfassungsgerichtlichen Rechtsprechung anerkannte Möglichkeit der modifizierten Anwendung grundrechtlicher Normen in Auslandszusammenhängen (offen gelassen BVerfGE 31, 58 (76 f.); angenommen in BVerfGE 92, 26 (41 f.); 100, 313 (362 f.) und zuletzt BVerfGE 154, 152 (224 Rn. 104) zumeist nur verkürzt ein, dazu etwa *Link*, Grundrechtsbindung der Bundeswehr im Ausland, 2020. S. 67 f. m.w.N., dessen in diesem Punkt ohnehin schon sehr kurze Analyse sich aber vor allem daran abarbeitet, dass er fälschlicherweise meint, *rules of engagement* (Einsatzregeln) würden vom BMVg verfasst; zum Ganzen *Hofmann*, Grundrechte und grenzüberschreitende Sachverhalte, 1994, S. 31 ff.

202 BVerfGE 90, 286 (345, 351, 353).

vorgesehene verfassungsrechtliche Öffnung legitimiere, soweit sie reiche, den einzelnen Streitkräfteeinsatz als Folge dieser Integration verfassungsrechtlich.[203] Es erscheint nicht zu weit gegriffen, dies auch auf der Ebene des Einzelakts zu vertreten, also in Fortführung dieser Rechtsprechung davon auszugehen, dass Art. 24 Abs. 2 GG nicht nur den Streitkräfteeinsatz an sich, sondern auch den vom jeweiligen militärischen Auftrag gedeckten Eingriffsakt legitimiert.[204] Die legitimierende Wirkung muss sich dabei im Ergebnis nicht allein aus Art. 24 Abs. 2 GG ergeben. Der gegebenenfalls vorliegende Rechtsakt des Systems gem. Art. 24 Abs. 2 GG, der Antrag der Bundesregierung und die parlamentarische Zustimmung sowie schließlich die über die jeweiligen Zustimmungsgesetze bzw. den Art. 25 GG auch im nationalen Recht geltenden völkerrechtlichen Normen bilden zusammen mit der Verfassungsnorm ein Regelungsgerüst, welches die Funktion einer einfach-gesetzlichen Eingriffsgrundlage im Ergebnis vollständig erfüllt.[205]

---

203 Vgl. BVerfGE 121, 135 (157).

204 Stv. *Vöneky*, in: FS Wolfrum, Bd. 2, 2012, S. 1309 (1324 f.).

205 *Vöneky*, in: FS Wolfrum, Bd. 2, 2012, S. 1309 (1324 f.) sieht in Art. 24 Abs. 2 GG eine implizite Befugnis, in Einsätzen im Rahmen von Systemen gem. Art. 24 Abs. 2 GG völkerrechtskonforme Schädigungshandlungen vorzunehmen, den Eingriff in einen grundrechtlichen Schutzbereich bejaht sie und tritt für eine Lösung auf Rechtfertigungsebene bzw. bzgl. der Menschenwürde in bewaffneten Konflikten für eine Schutzbereichsverengung ein. In der Wissenschaft variiert teils, worin konkret der legitimierende Schwerpunkt gesehen wird, *Fassbender*, in: Isensee/Kirchhof, HStR XI, 3. Aufl. 2013, § 244 Rn. 160 ff. etwa sieht ihn mangels Bestimmtheit nicht in den Verfassungsnormen Art. 87a Abs. 1 Satz 1 GG und Art. 24 Abs. 2 GG und auch nicht in den Zustimmungsgesetzen zu den humanitär-völkerrechtlichen Verträgen, weil diese das Recht, gegnerische Kombattanten zu töten und zu verletzen, nur stillschweigend aussprächen und ansonsten Verbotsnormen seien (Rn. 161). Allerdings stelle die konstitutive Zustimmung des Bundestages einen „adäquaten funktionalen Ersatz" einer Eingriffsgrundlage dar, *Fassbender*, in: Isensee/Kirchhof, HStR XI, 3. Aufl. 2013, § 244, Rn. 168; dahingehend auch *Epping*, in: ders./Hillgruber (Hrsg.), GG, Art. 87a Rn. 27.2 (Februar 2021). Das humanitäre Völkerrecht wird häufig in dieser Hinsicht verkannt, so etwa auch *Zimmermann*, ZRP 2012, S. 116 (119); *Heun*, in: Dreier (Hrsg.), GG, 3. Aufl. 2018, Art. 87a Rn. 21. Es enthält aber sowohl explizite wie auch implizite völkervertragliche und gewohnheitsrechtliche Befugnisse. So stellt etwa Art. 43 Abs. 2 des Ersten Zusatzprotokolls zu den Genfer Konventionen vom 12. August 1949 vom 8. Juni 1977 im Sinne einer Befugnisnorm fest: „Die Angehörigen der Streitkräfte einer am Konflikt beteiligten Partei (...) sind berechtigt, unmittelbar an Feindseligkeiten teilzunehmen.". Auch darüber hinaus ist dem humanitären Völkerrecht in vielerlei Hinsicht eine legitimierende Wirkung für militärische Handlungen zu entnehmen vgl. stv. *Wiefelspütz*, NZWehrr 2008, S. 89 (102); zur rechtlichen Berücksichtigungsfähigkeit auch der stillschweigenden humanitär-völkerrechtlichen Wertungen bei der Auslegung der Menschenrechte siehe *Salomon*, AVR 2015, S. 322; *ders.*, Consonance or dissonance: the relationship of human rights in armed conflict and international humanitarian law, 2017, abrufbar unter: http://theses.gla.ac.uk/8511/1/2017SalomonLLM%28R%29.pdf.

Ähnlich ist es bei Verteidigungseinsätzen.[206] Dabei ist darauf hinzuweisen, dass dieses Gerüst in der Gesamtschau für jeden einzelnen Einsatz der Streitkräfte einen Detailgrad erreicht und damit eine Rechtssicherheit, Vorhersehbarkeit und Kontrolle gewährleistet, den eine notwendigerweise deutlich unklarere, abstrakt-generelle Kodifizierung nie aufweisen könnte.[207] Durch die konstitutive Parlamentsbefassung ist im Falle bewaffneter Einsätze zudem die Legislative maßgeblich in den Prozess eingebunden, so dass die entscheidenden Funktionen des Grundsatzes des Vorbehalts des Gesetzes auch insoweit gewahrt sind.[208]

Die verfassungsrechtliche Tragfähigkeit des normativen status quo für Eingriffshandeln in Auslandseinsätzen jedenfalls im Ergebnis belegt dabei die jüngste Entscheidung des Bundesverfassungsgerichts vom 18. November 2020

---

206 Grundlegend dazu *Schulte-Bunert*, Grundrechtsschutz und Verteidigungsauftrag, 2013, S. 106 ff. zur materiell rechtlichen Wirkung von Art. 87a Abs. 1 Satz 1 GG und S. 149 ff. für eine Schutzbereichsbegrenzung durch den verfassungsrechtlichen Verteidigungsauftrag; für das Verständnis als Befugnisnorm auch bereits *P. Kirchhof*, in: FS Bernhardt, 1995, S. 797 (804 f.).

207 Zu den Mindestangaben im Antrag der Bundesregierung nach § 3 Abs. 2 ParlBG zählen der Einsatzauftrag, das Einsatzgebiet, die rechtlichen Grundlagen des Einsatzes, die Höchstzahl der einzusetzenden Soldatinnen und Soldaten, die Fähigkeiten der einzusetzenden Streitkräfte, die geplante Dauer des Einsatzes und die voraussichtlichen Kosten und die Finanzierung, dazu *Scherrer*, Das Parlament und sein Heer, 2010, S. 205 ff. Teil der Angaben sind dabei nur die Fähigkeiten, nicht aber die konkreten Systeme (z. B. konkrete Waffensysteme), mit denen die Fähigkeiten bereitgestellt werden. Als Beispiel einer abstrakt-generellen Rechtsgrundlage kann das österreichische Bundesgesetz über die Entsendung von Soldaten zur Hilfeleistung in das Ausland (Auslandseinsatzgesetz 2001) dienen, dessen Art. 6a neun mögliche Eingriffshandlungen im Auslandseinsatz schlicht benennt und ansonsten auf das Militärbefugnisgesetz verweist. Vgl. auch *Fassbender*, in: Isensee/Kirchhof, HStR XI, 3. Aufl. 2013, § 244 Rn. 166, der darauf hinweist, dass eine möglichst präzise und detailreiche Regelung der Anforderungen an einen zulässigen Grundrechtseingriff in diesem Zusammenhang nicht durch ein Parlamentsgesetz zu erreichen ist. So auch *Müller-Franken*, in: von Mangoldt/Klein/Starck, GG, 7. Aufl. 2018, Art. 87a Rn. 116. *Link*, Grundrechtsbindung der Bundeswehr im Ausland, 2020. S. 162 f. lobt dagegen die österreichische Rechtslage, ohne aber darauf einzugehen, inwiefern die für Auslandseinsätze der Bundeswehr geltenden Vorgaben von der Funktion des Vorbehalts des Gesetzes ausgehend hinter der Rechtslage in Österreich zurückbleiben.

208 Zur Begründung des Parlamentsvorbehalts anhand der Wesentlichkeitsgarantie auch aufgrund der mit Einsätzen verbundenen Eingriffsmaßnahmen siehe oben Fn. 30. Wie hier auch *Müller-Franken*, in: von Mangoldt/Klein/Starck, GG, 7. Aufl. 2018, Art. 87a Rn. 116–8; *Fassbender*, in: Isensee/Kirchhof, HStR XI, 3. Aufl. 2013, § 244 Rn. 167 ergänzt die zutreffende Beobachtung, dass eine grundlegende Überlegung des Erfordernisses einer gesetzlichen Eingriffsgrundlage die Mitbestimmung der von dem Eingriffshandeln betroffenen Gesellschaft über das Parlament als Repräsentationsorgan war. Diese kann durch ein Gesetz nicht erreicht werden, weil die Bundeswehr in den hier gegenständlichen Fällen eben allein im Ausland eingesetzt wird.

zum Luftschlag bei Kundus.[209] In dieser entschied die 2. Kammer des Zweiten Senats unter dem Aspekt der Amtshaftung, dass die Frage, ob in einem bewaffneten Konflikt eine Amtspflichtverletzung deutscher Soldatinnen oder Soldaten vorliege, sich vor allem nach den Regeln des humanitären Völkerrechts richte und dies auch für die Beurteilung von sog. zivilen Begleitschäden (Kollateralschäden) gelte.[210] Werde in solchen Fällen ein Verstoß gegen das humanitäre Völkerrecht durch die klägerische Partei nicht dargelegt, dürfe das Fachgericht von Verfassungs wegen davon ausgehen, dass keine Amtspflichtverletzung begangen worden sei.[211] In diesen Ausführungen stecken wichtige Erkenntnisse. Erstens stellen sie klar, dass das Handeln der deutschen Streitkräfte sich bei Einsätzen in bewaffneten Konflikten vorrangig am humanitären Völkerrecht auszurichten hat und – wenn dies erfolgt – auch grundrechtskonform ist. Anders als teils in der Literatur vertreten,[212] stellt damit richtigerweise das humanitäre Völkerrecht den maßgeblichen Maßstab für Streitkräftehandeln in bewaffneten Konflikten dar, ohne dass dieses dergestalt von grundrechtlichen Wertungen überlagert wäre, dass gänzlich andere Maßstäbe gelten würden. Zweitens lässt sich der Entscheidung wohl entnehmen, dass der Vorbehalt des Gesetzes, jedenfalls in dem verfahrensgegenständlichen Fall, im Ergebnis keine Anwendung auf das Handeln der Bundeswehr fand oder aber die bestehenden Rechtsgrundlagen, ob verfassungsunmittelbar oder völkerrechtlicher Natur, hinreichend waren. Wären die Rechtsgrundlagen gemessen am Maßstab des Vorbehalts des Gesetzes nämlich nicht hinreichend, hätte die 2. Kammer des Zweiten Senats einen Amtshaftungsanspruch kaum unter Rückgriff auf das humanitäre Völkerrecht abgelehnt, sondern sich dazu verhalten, ob der Umstand einer fehlenden einfach-gesetzlichen Eingriffsgrundlage den Anspruch begründet.[213] Denn der Grundsatz des

---

209 BVerfG, Beschluss der 2. Kammer des Zweiten Senats vom 18. November 2020 – 2 BvR 477/17 –, juris; besprochen von *Grzeszick*, JZ 2021, S. 146 f.; *Neubert*, NVwZ 2021, S. 402 ff.; *Payandeh*, JuS 2021, S. 382 f.; *Salomon*, BWV 2021, S. 62 ff.

210 BVerfG, Beschluss der 2. Kammer des Zweiten Senats vom 18. November 2020 – 2 BvR 477/17 –, juris, Rn. 34.

211 BVerfG, Beschluss der 2. Kammer des Zweiten Senats vom 18. November 2020 – 2 BvR 477/17 –, juris, Rn. 35.

212 Stv. *Sauer*, DÖV 2019, S. 714 (719).

213 Dies hatte vorliegend auch keine prozessualen Gründe, z. B., dass die genannten Argumente im Rahmen der Begründungsanforderungen nicht durch die Beschwerdeführer vorgetragen wurden, denn der Zweite Senat und seine Kammern prüfen (im Gegensatz zum Ersten Senat) eine zulässige Verfassungsbeschwerde stets umfassend und nicht nur auf die jeweilige Rügebegründung beschränkt, siehe *Heilmann*, in: Barczak (Hrsg.), BVerfGG, 2018, § 90 Rn. 191; *Barczak*, in: ders. (Hrsg.), BVerfGG, 2018, Art. 92, Rn. 94 ff. Die entsprechenden Ausführungen der Kammer erfolgten auf Ebene der Begründetheit.

Vorbehalts des Gesetzes dürfte eine „Verbotsnorm für die vollziehende Gewalt“[214] darstellen und insoweit auch die Amtspflicht enthalten, schädigende Eingriffsmaßnahmen ohne hinreichende gesetzliche Grundlage zu unterlassen. Mit der rein auf das humanitäre Völkerrecht abstellenden Entscheidung ist daher die Aussage verknüpft, dass eine einfach-gesetzliche Eingriffsgrundlage über das oben dargestellte Regelungsgerüst hinaus jedenfalls in diesem Fall verfassungsrechtlich nicht erforderlich war.[215]

Der Beschluss dürfte daher die Weichen ein Stück weit in Richtung einer Befriedung der wissenschaftlichen Kontroversen um Eingriffsmaßnahmen der Bundeswehr und die Anwendbarkeit des Vorbehalts des Gesetzes auf die Aufgabenwahrnehmung der Bundeswehr stellen. Er wird aber sicher nicht das letzte Wort sein, welches das Bundesverfassungsgericht zur Aufgabenwahrnehmung der Bundeswehr gesprochen hat.

---

214 Vgl. *Sachs*, in: ders. (Hrsg.), GG, 9. Aufl. 2021, Art. 20 Rn. 113.

215 Das dürfte *Neubert* verkennen, wenn er meint, das Bundesverfassungsgericht habe in der Entscheidung offengelassen, welche Anforderungen aus dem Vorbehalt des Gesetzes für Bundeswehreinsätze folgten, *Neubert*, NVwZ 2021, S. 398 (403).

IV. Verfassungsrechtliche Grundlagen des fachgerichtlichen Rechtschutzes

Matthias Berton

Der Antrag auf Zulassung der Berufung nach § 124a Abs. 4 VwGO und der Anspruch auf effektiven Rechtsschutz in der Rechtsprechung des Bundesverfassungsgerichts

Leitentscheidungen des Bundesverfassungsgerichts

BVerfGE 151, 173 – Subdelegierte Verordnung
BVerfGE 134, 106 – Anhörungsrügeverfahren, Deichsicherheit
BVerfGE 125, 104 – Personenbeförderung Ausgleichsbetrag
BVerfGE 4, 74 – Ärztliches Berufungsgericht

Wichtige Kammerentscheidungen

BVerfG, Beschluss der 3. Kammer des Ersten Senats vom 22. Juli 2020 – 1 BVR 561/19 –, juris
BVerfG, Beschluss der 2. Kammer des Ersten Senats vom 13. Mai 2020 – 1 BvR 1521/17 –, juris
BVerfG, Beschluss der 1. Kammer des Zweiten Senats vom 6. Juni 2018 – 2 BvR 350/18 –, juris
BVerfG, Beschluss der 1. Kammer des Zweiten Senats vom 16. Januar 2017 – 2 BvR 2615/14 –, juris
BVerfG, Beschluss der 2. Kammer des Ersten Senats vom 20. Dezember 2010 – 1 BvR 2011/20 –, juris
BVerfGK 17, 508
BVerfGK 16, 465 – Berufungszulassung
BVerfGK 15, 306 – Finanzmarktstabilisierungsfonds
BVerfGK 15, 37 – Castor-Transport
BVerfGK 10, 525 – Spielbankenmonopol
BVerfGK 10, 330 – Videoüberwachung
BVerfGK 10, 208 – Mobilfunksendeanlage
BVerfGK 7, 350 – Berufungszulassungsverfahren
BVerfGK 5, 369 – Berufungszulassungsbegründung
BVerfG, Beschluss der 1. Kammer des Zweiten Senats vom 18. Dezember 2002 – 2 BvR 1618/01 –, juris
BVerfG, Beschluss der 2. Kammer des Ersten Senats vom 23. Juni 2000 – 1 BvR 830/00 –, juris

https://doi.org/10.1515/9783110686623-017

Schrifttum (Auswahl)

Zeitschriftenbeiträge

Conrad, Das Verfassungsgericht als Berufungszulassungsinstanz im Verwaltungsprozess, NVwZ 2021, S. 369 ff.

Heinig, „Ernstliche Zweifel" trotz richtigen Ergebnisses?, DÖV 2004, S. 525 ff.

Roth, Der Berufungszulassungsgrund der „ernstlichen Zweifel" im verwaltungsgerichtlichen Verfahren, VerwArch 88 (1997), S. 416 ff.

Schmieszek, Sechstes Gesetz zur Änderung der Verwaltungsgerichtsordnung und anderer Gesetze (6. VwGOÄndG), NVwZ 1996, S. 1151 ff.

Inhaltsübersicht

I. Einleitung

Während die unterliegende Partei eines Zivilprozesses – von Bagatellfällen abgesehen – ohne weitere Voraussetzung in die nächste Instanz kommt,[1] muss der Beteiligte, der vor dem Verwaltungsgericht erfolglos war, – sofern nicht das Verwaltungsgericht selbst die Berufung wegen grundsätzlicher Bedeutung oder Divergenz zugelassen hat (§ 124a Abs. 1 Satz 1 VwGO) – zunächst die Zulassung der Berufung erstreiten (§ 124 Abs. 1 Alt. 2 VwGO), bevor ihm die zweite Instanz of-

1 Nach § 511 Abs. 1 ZPO findet gegen die im ersten Rechtszug erlassenen Endurteile die Berufung statt. Diese ist nach § 511 Abs. 2 ZPO allerdings nur statthaft, wenn der Wert des Beschwerdegegenstandes 600 € übersteigt, oder wenn das Gericht des ersten Rechtszugs die Berufung zugelassen hat.

fensteht. Dies ist verfassungsrechtlich unproblematisch,[2] denn Art. 19 Abs. 4 GG gebietet keinen Instanzenzug.[3] Hat allerdings der Gesetzgeber mehrere Instanzen geschaffen, darf der Zugang zu ihnen nicht in unzumutbarer und durch Sachgründe nicht mehr zu rechtfertigender Weise erschwert werden. Das gleiche gilt, wenn – wie im Verwaltungsprozess – das Prozessrecht den Verfahrensbeteiligten die Möglichkeit gibt, die Zulassung eines Rechtsmittels zu erstreiten.[4] Der Beschluss des Oberverwaltungsgerichts, mit dem der Antrag auf Zulassung der Berufung abgelehnt wird, ist unanfechtbar (§ 152 Abs. 1 VwGO), das verwaltungsgerichtliche Urteil wird rechtskräftig (§ 124a Abs. 5 Satz 4 VwGO). Verfassungsbeschwerden werden daher nicht selten mit der Begründung erhoben, das Oberverwaltungsgericht habe die Anforderungen an die Zulassung der Berufung in verfassungswidriger Weise überspannt.[5] Soweit ersichtlich, spielen dabei vor allem der Zulassungsgrund der grundsätzlichen Bedeutung (§ 124 Abs. 2 Nr. 3 VwGO) und derjenige der ernstlichen Zweifel an der Richtigkeit des verwaltungsgerichtlichen Urteils (§ 124 Abs. 2 Nr. 1 VwGO) eine Rolle. Während der Begriff der „grundsätzlichen Bedeutung" wortgleich als Revisionsgrund existiert (§ 132 Abs. 1 Nr. 1 VwGO) und insoweit zur Auslegung (zumindest weitgehend) auf die revisionsrechtliche Rechtsprechung zurückgegriffen werden kann,[6] finden die „ernstlichen Zweifel" keine Entsprechung im Revisionsrecht.[7] Der vorliegende Beitrag beschränkt sich daher auf den Zulassungsgrund des § 124 Abs. 2 Nr. 1 VwGO. Zunächst soll kurz die einfachrechtliche Diskussion um die Auslegung des Begriffs der „ernstlichen Zweifel" erläutert werden. In einem zweiten Schritt wird dann die Entwicklung der Rechtsprechung des Bundesverfassungsgerichts nachgezeichnet werden, bevor

---

2 Vgl. BVerfG, Beschluss der 2. Kammer des Ersten Senats vom 23. Juni 2000 – 1 BvR 830/00 –, juris, Rn. 13.

3 Vgl. Beschluss des Ersten Senats vom 21. Oktober 1954 – 1 BvL 9/51, 1 BvL 2/53 -, BVerfGE 4, 74 (94 f.); Beschluss des Zweiten Senats vom 11. Oktober 1978 – 2 BvR 1055/76 -, BVerfGE 49, 329 (340); Beschluss des Zweiten Senats vom 30. April 1997 – 2 BvR 817/90, 2 BvR 728/92, 2 BvR 802/95, 2 BvR 1065/95 -, BVerfGE 96, 27 (39); Beschluss des Ersten Senats vom 18. Juni 2019 – 1 BvR 587/17 -, BVerfGE 151, 173 (184 Rn. 27); st. Rspr.

4 Vgl. Beschluss des Ersten Senats vom 18. Juni 2019 – 1 BvR 587/17 -, BVerfGE 151, 173 (184 Rn. 27); BVerfG, Beschluss der 2. Kammer des Ersten Senats vom 23. Juni 2000 – 1 BvR 830/00 – juris, Rn. 10.

5 *Conrad*, NVwZ 2021, S. 369 (375) meint gar, „regelmäßig" müsse eine Verfassungsbeschwerde erwogen werden, wenn der Zulassungsantrag erfolglos bleibt.

6 Vgl. *Rudisile*, in: Schoch/Schneider, VwGO, § 124, Rn. 30 ff. (Oktober 2015); *Seibert*, in Sodan/Ziekow, VwGO, 5. Aufl. 2018, § 124 Rn. 126; *Kautz*, in: Fehling/Kastner/Störmer, Verwaltungsrecht, 5. Aufl. 2021, § 124 VwGO, Rn. 77; *Happ*, in: *Eyermann*, VwGO, 15. Aufl. 2019, § 124 Rn. 36.

7 Vgl. *Schmieszek*, NvWZ 1996, S. 1151 (1153).

abschließend anhand der verschiedenen Entscheidungen „Leitlinien" aufgezeigt werden.

II. Die verwaltungsprozessuale Diskussion um den Begriff der „ernstlichen Zweifel" i.S.d. § 124 Abs. 2 Nr. 1 VwGO

Mit dem 6. VwGO-ÄndG vom 1. November 1996[8] hat der Gesetzgeber die Zulassungsberufung eingeführt und hierbei auch den Zulassungsgrund der „ernstlichen Zweifel" an der Richtigkeit des verwaltungsgerichtlichen Urteils.[9] Obwohl der Gesetzgeber meinte, mit dem Zulassungsgrund der „ernstlichen Zweifel" an eine „gefestigte Rechtsprechung" zu § 80 Abs. 4 Satz 3 VwGO anknüpfen zu können,[10] ist die verwaltungsprozessuale Frage, wann „ernstliche Zweifel" vorliegen, bis heute überaus umstritten.[11]

Sowohl in der Rechtsprechung der Oberverwaltungsgerichte als auch in der Literatur sind zahlreiche Definitionen für die „ernstlichen Zweifel" entwickelt worden, wobei diese mitunter miteinander kombiniert werden, oder die eine Definition mit einer anderen Definition konkretisiert wird. Eine umfassende Darstellung der insoweit vertretenen Ansätze kann im Rahmen dieses Beitrags nicht geleistet werden. Es sollen jedoch – beispielhaft und ohne Anspruch auf Vollständigkeit – zumindest einige der insoweit existierenden „Obersätze" wiedergegeben werden. So werden ernstliche Zweifel angenommen, wenn die Berufung „nicht offensichtlich aussichtslos"[12], bzw. ihr Erfolg „möglich"[13] erscheint, was dann der Fall sei, wenn sich nicht „ohne den Aufwand eines Berufungsverfahrens schon im Zulassungsverfahren zuverlässig sagen lässt, das VG habe im Ergebnis richtig entschieden";[14] wenn die Richtigkeit des Urteils „auf Grund der innerhalb der Zulassungsbegründungsfrist dargelegten Gesichtspunkte weiterer

---

8 BGBl I, 1626.

9 Vgl. zur Entstehungsgeschichte: *Roth*, VerwArch 88 (1997), S. 416 ff.; *Rudisile*, in: Schoch/Schneider, VwGO, § 124, Rn. 1 ff. (Oktober 2015).

10 Vgl. BT-Drs. 13/3993, S. 13; *Rudisile*, in: Schoch/Schneider, VwGO, § 124, Rn. 2 (Oktober 2015); kritisch zur gesetzgeberischen Intention: *Roth*, VerwArch 88 (1997), S. 416 (419 ff.).

11 *Roth*, in: BeckOK-VwGO, , § 124 Rn. 32 f. (Juli 2020) bezeichnet die Frage als eine der „umstrittensten" des Berufungszulassungsrechts.

12 So *Roth*, in: BeckOK-VwGO, § 124 Rn. 40 (Januar 2021).

13 So BVerwG, Beschluss vom 10. März 2004 – 7 AV 4.03 –, NVwZ-RR 2004, S. 542 (543).

14 BVerwG, Beschluss vom 10. März 2004 – 7 AV 4.03 –, NVwZ-RR 2004, S. 542 (543); *Roth*, in: BeckOK-VwGO, § 124 Rn. 40 (Januar 2021).

Prüfung in einem Berufungsverfahren bedarf", was voraussetze, dass „ein Erfolg der angestrebten Berufung nach den Erkenntnismöglichkeiten des Zulassungsverfahrens möglich erscheint";[15] wenn „gegen die Richtigkeit des Urteils gewichtige Gesichtspunkte sprechen", wovon immer dann auszugehen sei, „wenn ein einzelner tragender Rechtssatz oder eine erhebliche Tatsachenfeststellung mit schlüssigen Gegenargumenten in Frage gestellt wird und wenn sich nicht ohne nähere Prüfung die Frage beantworten lässt, ob die Entscheidung möglicherweise im Ergebnis aus einem anderen Grund richtig ist";[16] wenn „erhebliche Gründe dafür sprechen, dass die vom VG getroffene Entscheidung im Ergebnis fehlerhaft ist, wenn also der Erfolg der Berufung mindestens etwa gleich wahrscheinlich ist wie der Misserfolg";[17] wenn tragende Rechtssätze oder erhebliche Tatsachenfeststellungen in einer Weise angegriffen werden, dass der Erfolg der Berufung „wahrscheinlicher ist als ein Misserfolg"[18] oder wenn „erhebliche Gründe dafür sprechen, dass die verwaltungsgerichtliche Entscheidung einer rechtlichen Prüfung wahrscheinlich nicht standhalten wird".[19]

Angesichts dieser Kakophonie wird mitunter eine „uneinheitliche Handhabung" beklagt,[20] es sei nicht gelungen, „in einer für den Rechtsschutzsuchenden zufriedenstellenden Weise die maßgeblichen Kriterien voraussehbar" zu machen.[21] Zugleich wird jedoch bezweifelt, dass die zahlreichen unterschiedlichen Ansätze zu einem abweichenden Ergebnis führten.[22]

III. Die Entwicklung der Rechtsprechung des Bundesverfassungsgerichts zum Begriff der „ernstlichen Zweifel" i.S.d. § 124 Abs. 2 Nr. 1 VwGO

Soweit ersichtlich, hat sich das Bundesverfassungsgericht erstmals im Jahr 2000 zum Zulassungsgrund des § 124 Abs. 2 Nr. 1 VwGO geäußert. In einem Nichtan-

15 VGH Baden-Württemberg, Beschluss vom 24. November 2020 – 10 S 2012/19 –, juris, Rn. 2.
16 Bayerischer VGH, Beschluss vom 1. Februar 2021 – 15 ZB 20.747 –, juris, Rn. 22.
17 *Rudisile*, in: Schoch/Schneider, VwGO, § 124, Rn. 26p (Oktober 2015).
18 OVG Berlin-Brandenburg, Beschluss vom 23. Januar 2015 – OVG 9 N 149.12 –, juris, Rn. 6.
19 *Seibert*, in: Sodan/Ziekow, VwGO, 5. Aufl. 2018, § 124 Rn. 75.
20 Vgl. *Conrad*, NVwZ 2021, S. 369 (370) m.w.N..
21 Vgl. *Kautz*, in: Fehling/Kastner/Störmer, Verwaltungsrecht, 5. Aufl. 2021, § 124 VwGO, Rn. 62.
22 Vgl. *Kautz*, in: Fehling/Kastner/Störmer, Verwaltungsrecht, 5. Aufl. 2021, § 124 VwGO, Rn. 62.

nahmebeschluss[23] hat die 2. Kammer des Ersten Senats ausgeführt, dass „ernstliche Zweifel" an der Richtigkeit einer Gerichtsentscheidung immer schon dann begründet seien, wenn ein einzelner tragender Rechtssatz oder eine erhebliche Tatsachenfeststellung mit schlüssigen Gegenargumenten in Frage gestellt würden.

Erstaunlicherweise ging die Kammer auf den Umstand, dass – wie ausgeführt – der Gesetzgeber davon ausging, dass der Begriff der „ernstlichen Zweifel" in § 124 Abs. 1 Nr. 1 VwGO an denjenigen in § 80 Abs. 4 Satz 3 VwGO anknüpft,[24] und dort üblicherweise dahin verstanden wird, dass diese dann vorliegen, wenn der Erfolg eines Rechtsmittels in der Hauptsache wahrscheinlicher ist, als dessen Misserfolg,[25]nicht ein. Ebenso wenig setzte sich die Kammer damit auseinander, dass der Begriff der „ernstlichen Zweifel" auch in Art. 16a Abs. 4 GG verwendet wird und dort vom Bundesverfassungsgericht selbst dahin ausgelegt wurde, dass diese dann bestehen, wenn erhebliche Gründe dafür sprechen, dass die Maßnahme einer rechtlichen Prüfung nicht standhalten wird.[26] Schließlich ging die Kammer ebenfalls nicht darauf ein, dass in § 361 Abs. 2 Satz 2 AO und § 69 Abs. 2 Satz 2 FGO ebenfalls der Begriff der „ernstlichen Zweifel" verwendet wird und dort üblicherweise dahin verstanden wird, dass diese dann vorliegen, wenn der Erfolg des Rechtsbehelfs in der Hauptsache mindestens ebenso wahrscheinlich ist wie ein Misserfolg oder wenn neben den für die Rechtmäßigkeit sprechenden Umständen gewichtige gegen die Rechtmäßigkeit sprechende Grunde zutage treten, die Unsicherheit oder Unentschiedenheit in der Beurteilung von Rechtsfragen oder Unklarheiten in der Beurteilung von Tatfragen bewirken.[27]

Bereits 2002 hat die 1. Kammer des Zweiten Senats jedoch angedeutet, dass eine bloß falsche Begründung aus verfassungsrechtlicher Sicht nicht ohne weiteres zur Zulassung der Berufung nötigt. Die Kammer hatte eine Verfassungsbeschwerde gegen eine Entscheidung des Niedersächsischen Oberverwaltungsgerichts nicht zur Entscheidung angenommen, obwohl das Oberverwaltungsgericht – jedenfalls sei-

---

23 Beschluss vom 23. Juni 2000 – 1 BvR 830/00 –, juris, Rn. 15.

24 Vgl. BT-Drs. 13/3993, S. 13; *Rudisile*, in: Schoch/Schneider, VwGO, § 124, Rn. 2 (Oktober 2015).

25 Vgl. nur OVG Nordrhein-Westfalen, Beschluss vom 17. September 1993 – 16 B 2069/93 –, NVwZ 1994, S. 198; OVG Rheinland-Pfalz, Beschluss vom 2. Februar 1984 – 6 D 2/83 –, NJW 1986, S. 1004 (1005); VGH Baden-Württemberg, Beschluss vom 14. Oktober 2015 – 2 S 1685/15 –, juris, Rn. 13; OVG Berlin-Brandenburg, Beschluss vom 11. August 2020 – OVG 11 S 70/20 –, juris, Rn. 6; *Bostedt*, in: Fehling/Kastner/Störmer, Verwaltungsrecht, 5. Aufl. 2021, § 80 VwGO, Rn. 113.

26 Vgl. BVerfG, Urteil des Zweiten Senats vom 14. Mai 1996 – 2 BvR 1516/93 –, BVerfGE 94, 166 (194); siehe auch: *Will*, in: Sachs, Grundgesetz, 8. Aufl. 2018, Art. 16a Rn. 105.

27 BFH, Beschluss vom 12. Januar 2021 – II B 61/19 –, juris, Rn. 13; Beschluss vom 17. September 2013 – VII B 160/13 –, juris, Rn. 14; *Stapperfend*, in: Gräber, FGO, 9. Aufl. 2019, § 69, Rn. 160 (jeweils zu § 69 Abs. 2 Satz 1 FGO); *Rätke*, in: Klein, AO, 15. Aufl. 2020, § 361 Rn. 16 (zu § 361 AO).

nem Obersatz nach –[28] (nur) auf die Richtigkeit des Ergebnisses der verwaltungsgerichtlichen Entscheidung abgestellt hatte. Zwar postuliert die Kammer insoweit übereinstimmende Maßstäbe. Wörtlich wird insoweit ausgeführt:

> „Trotz unterschiedlicher Formulierungen decken sich die von Oberverwaltungsgericht und Bundesverfassungsgericht zugrunde gelegten Maßstäbe. Zweifel in Bezug auf einzelne Begründungselemente genügen dem Oberverwaltungsgericht nicht; vielmehr müsse das Ergebnis der Entscheidung als solches Zweifel begründen. Auch das Bundesverfassungsgericht stellt auf Zweifel in Bezug auf tragende, also entscheidungserhebliche Rechtssätze oder erhebliche Tatsachenfeststellungen ab (Beschluss der 2. Kammer des Ersten Senats des Bundesverfassungsgerichts vom 23. Juni 2000 – 1 BvR 830/00 –, NVwZ 2000, S. 1163 <1164>), also auf solche Zweifel, die das Entscheidungsergebnis in Frage stellen."[29]

Tatsächlich ist der Maßstab der Ergebnisrichtigkeit jedoch ein anderer als der des Infragestellens tragender Rechtssätze oder erheblicher Tatsachenfeststellungen. Es ist ohne weiteres möglich, dass ein tragender Rechtssatz oder eine entscheidungserhebliche Tatsachenfeststellung in Frage gestellt wird, sich das Urteil jedoch gleichwohl im Ergebnis als richtig erweist.[30] Denn die Frage, ob ein Rechtssatz tragend – und damit ergebnisrelevant – ist, bestimmt sich nach der vom Gericht gegebenen Begründung, nicht danach, ob das Ergebnis hypothetisch auch auf anderem Weg erreicht werden hätte können oder gar müssen. Nichts anderes gilt für die Frage, ob eine Tatsachenfeststellung entscheidungserheblich war. Auch dies kann nur anhand der vom Gericht gegebenen Begründung beurteilt werden.

In der Folge betonte 2006 die 2. Kammer des Zweiten Senats – bezogen auf den Zulassungsgrund der grundsätzlichen Bedeutung – dass das Oberverwaltungsgericht die Entscheidungserheblichkeit einer als grundsätzlich geltend gemachten Frage nur dann unter Abstellen auf eine vom Verwaltungsgericht nicht herangezogene Begründung verneinen darf, wenn diese Begründung offensichtlich ist und nicht selbst auf einen Zulassungsgrund führt.[31] Dieses Ergebnis begründete die Kammer mit einer Bezugnahme auf Rechtsprechung des Bundesverwaltungsgerichts, nach der das Oberverwaltungsgericht – bezogen auf den Zulassungsgrund der ernstlichen Zweifel – im Zulassungsverfahren nur dann auf andere Gründe, aus denen das angefochtene Urteil im Ergebnis richtig ist, abstellen darf, wenn diese Gründe ohne weiteres auf der Hand liegen, ihre Heran-

28 Vgl. Beschluss vom 15. August 2001 – 5 L 2948/00 –, n.v.

29 Beschluss vom 18. Dezember 2002 – 2 BvR 1618/01 –, juris, Rn. 6.

30 Vgl. *Heinig*, DÖV 2004, S. 525 (526, 530); BVerwG, Beschluss vom 10. März 2004 – 7 AV 4.03 –, NVwZ-RR 2004, S. 542 (543).

31 Beschluss vom 2. März 2006 – 2 BvR 767/02 –, BVerfGK 7, 350 (356).

ziehung also nicht über den Aufwand hinausgeht, der in einem Zulassungsverfahren mit Blick auf dessen Zweck vernünftigerweise zu leisten ist.[32] Damit impliziert die Kammer die verfassungsrechtliche Unbedenklichkeit der Rechtsprechung des Bundesverwaltungsgerichts. 2007 hat die 2. Kammer des Ersten Senats dann auch ausdrücklich bestätigt, dass es grundsätzlich keinen verfassungsrechtlichen Bedenken begegne, wenn das Berufungsgericht bei der Überprüfung des angefochtenen Urteils auf ernstliche Zweifel auf andere rechtliche Erwägungen abstelle als das Verwaltungsgericht in den Entscheidungsgründen seines Urteils und die Zulassung der Berufung deshalb ablehnt, weil sich das Urteil aus anderen Gründen im Ergebnis als richtig erweist, mahnte insoweit jedoch an, dass dies mit Rücksicht auf den Anspruch der Verfahrensbeteiligten auf Gewährung rechtlichen Gehörs einen vorherigen Hinweis hierauf erfordere.[33] Dies haben in der Folge mehrere Kammerentscheidungen bestätigt.[34]

Während das Bundesverfassungsgericht zunächst vor allem „überspannte" Anforderungen an die Darlegung „ernstlicher Zweifel" beanstandete, stellte die 2. Kammer des Ersten Senats 2007 ausdrücklich fest, dass auch bei der Auslegung und Anwendung der Zulassungsgründe selbst die Anforderungen nicht überspannt werden dürfen.[35] Dies wurde nachfolgend mehrfach bestätigt.[36]

Zur Frage, wie „tief" das Oberverwaltungsgericht bereits im Zulassungsverfahren prüfen darf, hat sich 2007 die 1. Kammer des Ersten Senats geäußert. Dabei betonte die Kammer, dass keine umfassenden Erwägungen in der Sache selbst vorgenommen werden dürften.[37] 2009 beanstandete die 3. Kammer des Ersten Senats, dass das Oberverwaltungsgericht anstelle einer summarischen Prüfung des Zulassungsvorbringens auf die schlüssige Infragestellung der Auffassung des Verwaltungsgerichts abschließende Erwägungen angestellt habe.[38] Ebenfalls 2009 führte die 1. Kammer des Ersten Senats aus, dass die Tatsache, dass der

32 BVerwG, Beschluss vom 11. November 2002 – 7 AV 3.02 –, NVwZ 2003, S. 490 (491); Beschluss vom 10. März 2004 – 7 AV 4.03 –, NVwZ-RR 2004, S. 542 (543).

33 Beschluss vom 24. Januar 2007 – 1 BvR 382/05 –, BVerfGK 10, 208 (214).

34 Vgl. BVerfG, Beschluss der 1. Kammer des Ersten Senats vom 15. Februar 2011 – 1 BvR 980/10 –, juris, Rn. 16; Beschluss der 1. Kammer des Ersten Senats vom 23. Februar 2007 – 1 BvR 2368/06 –, BVerfGK 10, 330 (334 f.); Beschluss der 3. Kammer des Ersten Senats vom 20. April 2006 – 1 BvR 546/04 –, juris, Rn. 30.

35 Beschluss vom 24. Januar 2007 – 1 BvR 382/05 –, BVerfGK 10, 208 (213).

36 Vgl. etwa Beschluss der 2. Kammer des Ersten Senats vom 9. Juni 2016 – 1 BvR 2453/12 –, juris, Rn. 14; Beschluss der 1. Kammer des Zweiten Senats vom 6. Juni 2018 – 2 BvR 350/17 –, juris, Rn. 15; Beschluss des Ersten Senats vom 18. Juni 2019 – 1 BvR 587/17 – BVerfGE 151, 173 (184 Rn. 28); Beschluss des Zweiten Senats vom 8. Dezember 2009 – 2 BvR 758/07 – BVerfGE 125, 104 (136 f.).

37 Beschluss vom 26. März 2007 – 1 BvR 2228/02 –, BVerfGK 10, 525 (528).

38 Beschluss vom 21. Januar 2009 – 1 BvR 2524/06 –, BVerfGK 15, 37 (48).

Verwaltungsgerichtshof sich mit einigen – mit seiner Auffassung nicht im Einklang stehenden – Stimmen inhaltlich auseinandersetzt habe, nichts daran ändere, dass die zu entscheidende Frage nicht geklärt sei.[39] Der Zweite Senat hat im selben Jahr eine Entscheidung des Oberverwaltungsgerichts (auch) deshalb beanstandet, weil dieses das Berufungsverfahren vorweggenommen habe.[40] Eine Entscheidung der 2. Kammer des Ersten Senats aus demselben Jahr hat ebenfalls die Entscheidung eines Oberverwaltungsgerichts aufgehoben, weil dieses bereits im Zulassungsverfahren abschließend über Einwände gegen eine Prüfungsentscheidung entschieden hatte.[41] Dass auch keine Nachweise für streitige Tatsachen im Zulassungsverfahren gefordert werden dürfen, hat die 2. Kammer des Ersten Senats 2010 ausgeführt.[42]

Zur Frage, ob der „richtige“ Berufungszulassungsgrund genannt werden muss, hat sich bereits 2005 die 3. Kammer des Ersten Senats geäußert. Die Kammer war der Auffassung, dass es keine Rolle spielt, ob der richtige Berufungszulassungsgrund zitiert wird.[43] Werde hinreichend zu ernstlichen Zweifeln vorgetragen, dürfe sich das Oberverwaltungsgericht nicht darauf zurückziehen, dass, der „falsche“ Berufungszulassungsgrund genannt werde. Dies hat die 1. Kammer des Ersten Senats 2009 bestätigt.[44] Allerdings hat die 3. Kammer des Ersten Senats 2010 klargestellt, dass es nicht zu beanstanden ist, wenn aus einer nicht auf einzelne Zulassungsgründe zugeschnittenen Begründung auch durch Auslegung nicht eindeutig ermittelt werden kann, auf welchen Zulassungsgrund der Antrag gestützt wird, der Antrag als unzulässig verworfen wird.[45]

---

39 Beschluss vom 10. September 2009 – 1 BvR 814/09 –, juris, Rn. 20.

40 Beschluss vom 8. Dezember 2009 – 2 BvR 758/07 –, BVerfGE 125, 104 (139).

41 Beschluss vom 21. Dezember 2009 – 1 BvR 812/09 –, BVerfGK 16, 465 (471).

42 Beschluss vom 20. Dezember 2010 – 1 BvR 2011/10 –, juris, Rn. 19.

43 Beschluss vom 30. Juni 2005 – 1 BvR 2615/04 –, BVerfGK 5, 369 (375 f.).

44 Beschluss vom 10. September 2009 – 1 BvR 814/09 –, juris, Rn. 22.

45 Beschluss vom 24. August 2010 – 1 BvR 2309/09 –, BVerfGK 17, 508 (511 f.); vgl. im Anschluss hieran auch Beschluss der 2. Kammer des Ersten Senats vom 20. Dezember 2010 – 1 BvR 2011/10 –, juris, Rn. 25.

IV. Verfassungsrechtliche Grenzen der Verneinung „ernstlicher Zweifel“ i.S.d. § 124 Abs. 2 Nr. 1 VwGO – „Leitlinien“

Im Folgenden soll anhand ausgewählter Entscheidungen des Bundesverfassungsgerichts aufgezeigt werden, wann die Verneinung „ernstlicher Zweifel“ aus verfassungsrechtlicher Sicht (nicht mehr) vertretbar ist.

1. Keine überzogenen Anforderungen an die Zulassungsbegründung

Dass bei der Frage, ob ein Zulassungsgrund dargelegt wurde, nicht rein formalistisch argumentiert werden darf, zeigt eine Entscheidung der 3. Kammer des Ersten Senats von 2005.[46] Der Beschwerdeführer erstrebte die Aufhebung seiner Examensnote in der Zweiten Juristischen Staatsprüfung. Dabei machte der Beschwerdeführer vor dem Verwaltungsgericht unter anderem geltend, der Prüfer habe seinen Aktenvortrag zu Unrecht als „abgelesen“ qualifiziert. Das Verwaltungsgericht war der Auffassung, die Beurteilung, ob ein Vortrag frei gehalten werde, betreffe keine entscheidungserhebliche Tatsache, sondern sei eine Frage der Bewertung. Ausschlaggebend sei allein, ob und inwieweit der Vortragende an seinem gedanklichen Konzept verhaftet gewesen sei. Dies zu beurteilen, sei Aufgabe der Prüfer in der konkreten Prüfungssituation. Einen entsprechenden Beweisantrag auf Vernehmung der Prüfer als Zeugen lehnte es deshalb ab, die Klage wurde abgewiesen. Der Verwaltungsgerichtshof lehnte den Antrag auf Zulassung der Berufung ab. Im Hinblick auf den gerügten Verfahrensmangel habe der Beschwerdeführer nicht dargelegt, inwieweit die Vernehmung der Prüfer als Zeugen zu einer anderen Entscheidung des Verwaltungsgerichts hätte führen können. Soweit der Beschwerdeführer inhaltliche Einwände gegen das Urteil erhebe, seien die Kritikpunkte schon keinem der Zulassungsgründe zugeordnet, sie seien aber auch inhaltlich nicht stichhaltig. Die 3. Kammer des Ersten Senats des Bundesverfassungsgerichts beanstandete dies. Es sei überzogener Formalismus, wenn dem Beschwerdeführer vorgeworfen würde, er habe seine Erwartung, dass die Vernehmung der Prüfer im Ergebnis doch auf einen vorwiegend freien Vortragsstil schließen lasse, nicht in einem Satz ausdrücklich formuliert. Auch sei der Beschwerdeführer nicht gehalten gewesen, darzulegen, dass ein für ihn günstiges

46 Beschluss vom 20. Juni 2005 – 1 BvR 2615/04 –, BVerfGK 5, 369.

Beweisergebnis hinreichend wahrscheinlich war. Denn es sei nicht von vornherein ausgeschlossen gewesen, dass die Beweisaufnahme zu diesem Ergebnis komme. Zwar führte die Kammer dies in Bezug auf den Zulassungsgrund des Verfahrensfehlers (§ 124 Abs. 2 Nr. 5 VwGO) aus. Die Kammer betonte jedoch, dass dies unabhängig davon gelte, unter welchen Zulassungsgrund das Vorbringen des Beschwerdeführers richtigerweise zu subsumieren sei. Sei die Ablehnung des Beweisantrags kein Verfahrensfehler, so ergäben sich jedenfalls erhebliche Bedenken daran, dass die Auffassung des Verwaltungsgerichts vom Vorliegen einer reinen Rechtsfrage haltbar sei. Damit sei die Frage nach ernstlichen Zweifeln an der Richtigkeit des Urteils eröffnet. Auch im Hinblick hierauf sei ausreichend vorgetragen worden, da der Beschwerdeführer geltend gemacht habe, dass nach seiner Ansicht in dem betreffenden Punkt Tatsachen-, keine Rechtsfragen zu klären seien. Darauf, dass dann der falsche Berufungszulassungsgrund zitiert worden sei, komme es nicht an.

Dies hat auch der Erste Senat 2019[47] nochmals bestätigt. Der Senat betonte, dass die Anforderungen an die Darlegung überspannt werden, wenn dieselben Anforderungen gestellt würden, wie an die spätere Berufungsbegründung. Das Zulassungsvorbringen sei angemessen zu würdigen und durch sachgerechte Auslegung selbständig zu ermitteln, welche Zulassungsgründe der Sache nach geltend gemacht werden und welche Einwände welchen Zulassungsgründen zuzuordnen seien.

2. Die Verneinung ernstlicher Zweifel bedarf einer (inhaltlich) hinreichend nachvollziehbaren Begründung

Der Rechtsprechung des Bundesverfassungsgerichts kann ohne weiteres entnommen werden, dass das Oberverwaltungsgericht die Gründe, mit denen es das Vorliegen ernstlicher Zweifel verneint, hinreichend verständlich darstellen muss. Fehlt es hieran, ist die Nichtzulassung der Berufung verfassungsrechtlich nicht haltbar. Dies zeigt etwa eine Entscheidung der 2. Kammer des Ersten Senats aus dem Jahr 2020.[48] Gegenstand des verwaltungsgerichtlichen Rechtsstreits war eine Abbruchanordnung. Die Beschwerdeführerin hatte eine Mauer errichtet. Für das Grundstück existierte ein Bebauungsplan, der neben planungsrechtlichen Festsetzungen auch örtliche Bauvorschriften enthielt, die Nebenanlagen für unzulässig erklärten, aber Einfriedungen in bestimmter Art und Höhe zuließen. Das

47 Beschluss vom 18. Juni 2019 – 1 BvR 587/17 –, BVerfGE 151, 173.

48 Beschluss vom 13.05.2020 – 1 BvR 1512/17 –, juris.

Verwaltungsgericht wies die gegen die Abbruchanordnung gerichtete Klage mit der Begründung ab, die Mauer liege außerhalb des festgesetzten Baufensters und verstoße daher gegen das Verbot sämtlicher Nebenanlagen. Im Berufungszulassungsverfahren machte die Beschwerdeführerin geltend, dass die bauordnungsrechtliche Festsetzung, nach der Einfriedungen nur in einer bestimmten Höhe zulässig seien, nicht von der bei Erlass des Bebauungsplans geltenden Landesbauordnung Baden-Württemberg gedeckt gewesen sei. Die Nichtigkeit dieser bauordnungsrechtlichen Festsetzung führe auch zur Nichtigkeit des Ausschlusses sämtlicher Nebenanlagen. Denn die Nichtigkeit einzelner Festsetzungen führe nur insoweit nicht zur Nichtigkeit der übrigen Festsetzungen, als diese für sich betrachtet noch eine sinnvolle städtebauliche Ordnung bewirken könnten und die Gemeinde auch einen Plan mit dem eingeschränkten Inhalt beschlossen hätte. Dies sei vorliegend nicht der Fall, weil in der Festsetzung zur Zulässigkeit bestimmter Einfriedungen der Wille zum Ausdruck komme, diese auch außerhalb des Baufensters zuzulassen. Diesem Willen wäre bei fortbestehender Wirksamkeit des Verbots von Nebenanlage nicht Rechnung getragen. Der Verwaltungsgerichtshof hatte ernstliche Zweifel gleichwohl verneint. Dabei ließ er offen, ob die Auffassung der Beschwerdeführerin, das Verbot bestimmter Einfriedungen sei nichtig, zutreffend sei. Denn die Nichtigkeit dieses Verbots ziehe „keineswegs" den Ausschluss sämtlicher Nebenanlagen im Gebiet des Bebauungsplans nach sich. Vielmehr nötige das Verbot bestimmter Einfriedungen zu einem einschränkenden Verständnis des generellen Verbots von Nebenanlagen dahingehend, dass nach der Festsetzung zulässige Einfriedungen vom generellen Verbot ausgenommen seien. Damit habe – so die Kammer – der Verwaltungsgerichtshof eine Festsetzung zur einschränkenden Auslegung einer anderen Festsetzung herangezogen, obwohl er deren Nichtigkeit unterstellt habe. Dabei werde nicht nachvollziehbar erläutert, weshalb eine nichtige Norm eine solche Wirkung sollte entfalten können und sich nicht stattdessen entsprechend der von der Beschwerdeführerin dargelegten Fehlerfolgenlehre die Nichtigkeit der Festsetzung über bestimmte Einfriedungen auch auf das Verbot von Nebenanlage erstrecke. Soweit der Verwaltungsgerichtshof davon ausgegangen sein sollte, dass sich eine Nichtigkeit der Festsetzung zum Verbot bestimmter Einfriedungen wegen fehlender Rechtsgrundlage nur auf ein in der Festsetzung enthaltenes Verbot der Errichtung von den Anforderungen nicht genügenden Einfriedungen erstrecke, nicht jedoch auf eine in der Festsetzung ebenfalls enthaltene Zulassung der übrigen Einfriedungen, fehle es auch insoweit an einer nachvollziehbaren Begründung, obwohl hierzu Anlass bestanden habe. Denn die Beschwerdeführerin habe im Zulassungsverfahren vorgetragen, dass die Gemeinden nach der zum Zeitpunkt des Erlasses des Bebauungsplans gültigen Fassung der Landesbauordnung Baden-Württemberg nur dazu befugt gewesen seien, die Art und Höhe von Einfriedungen zur Abwehr von Verunstaltungen zu regeln, nicht jedoch mit gestalterischer Zielsetzung. Ausgehend davon liege es nicht ohne weiteres auf der Hand, dass eine bauordnungsrechtliche Festsetzung, die sich auf die Zulassung bestimmter Einfriedungen beschränkt, von dieser Ermächtigung gedeckt gewesen sei. Auch erschließe sich nicht ohne weiteres das Verhältnis einer solchen bauordnungsrechtlichen Zulassung bestimmter Nebenanlagen zu dem an anderer Stelle getroffenen bauplanungsrechtlichen generellen Verbot.

Auch eine Entscheidung der 1. Kammer des Zweiten Senats aus dem Jahr 2018[49] beanstandet die fehlende inhaltliche Nachvollziehbarkeit der Nichtzulassung der Berufung. Der Beschwerdeführer war Beamter des Landes Sachsen-Anhalt und der Auffassung, ihm stehe ab dem Jahr 2014 ein höherer Familienzuschlag für sein drittes Kind zu. Nach dem Beschluss des Bundesverfassungsgerichts vom 24. November 1998[50] sei bei der Berechnung des Familienzuschlags vom sozialhilferechtlichen Gesamtbedarf auszugehen und deshalb der sozialrechtliche Regelsatz um einen pauschalen Zuschlag von 20 % zu erhöhen. Dieser Zuschlag sei bei der derzeitigen Ausgestaltung der Sozialhilfe (wieder) geboten. Er begehrte die Zahlung eines höheren Familienzuschlags, hilfsweise die Feststellung, dass der Familienzuschlag verfassungswidrig zu niedrig bemessen sei. Das Verwaltungsgericht wies durch Teilurteil seinen Hauptantrag ab. Für einen Zahlungsanspruch fehle es an einer Anspruchsgrundlage, die vom Bundesverfassungsgericht durch Beschluss des Zweiten Senats vom 24. November 1998 getroffene Vollstreckungsanordnung[51] ändere hieran nichts. Zwar sei die Vollstreckungsanordnung nach wie vor anwendbar, zu einer Modifikation der dort enthaltenen Vorgaben sei das Verwaltungsgericht jedoch nicht befugt. Im Jahr 2005 seien die sozialhilferechtlichen Zusatzleistungen nahezu vollständig in die Regelsätze eingeflossen, weshalb der 20 %-Zuschlag entfallen sei. Bildungs- und Teilhabeleistungen könnten nur berücksichtigt werden, soweit sie der Gesetzgeber beziffert habe. Ausgehend davon ergebe sich nach Maßgabe der Vollstreckungsanordnung kein Fehlbetrag. Im Berufungszulassungsverfahren machte der Beschwerdeführer unter anderem geltend, das Verwaltungsgericht argumentiere widersprüchlich, wenn es die Einführung zusätzlicher Sozialhilfeleistungen anerkenne und dennoch den in der Vollstreckungsanordnung für diese Fälle vor-

49 Beschluss vom 6. Juni 2018 – 2 BvR 350/18 –, juris.

50 – 2 BvL 26/91 –, BVerfGE 99, 300.

51 Das Bundesverfassungsgericht hatte insoweit festgestellt, dass die Besoldung verheirateter Beamter mit mehr als zwei unterhaltsberechtigten Kindern in den Jahren 1988 bis 1996 den verfassungsrechtlichen Anforderungen nicht entsprochen habe und erließ eine Vollstreckungsanordnung, nach der Fachgerichte befugt waren, familienbezogene Gehaltsbestandteile nach einem bestimmten Maßstab zuzusprechen.

gesehenen Zuschlag nicht anwende. Das Verwaltungsgericht erkläre zwar, zu Modifikationen der Vollstreckungsanordnung nicht befugt zu sein, nehme eine solche aber gerade vor, wenn es an Stelle des 20 %-Zuschlags diejenigen Bildungs- und Teilhabeleistungen in die Berechnung einführe, die der Gesetzgeber selbst beziffert habe. Das Oberverwaltungsgericht verneinte schon die Darlegung ernstlicher Zweifel mit der Begründung, der Beschwerdeführer mache nicht plausibel, wie er auf Grundlage der Vollstreckungsanordnung einen höheren Familienzuschlag beanspruchen könne. Soweit er sich dagegen wende, dass das Verwaltungsgericht nur bezifferte Bildungs- und Teilhabeleistungen berücksichtigt habe, setze er sich mit dessen Erwägungen nicht auseinander. Er erläutere nicht, wie sich diese Leistungen innerhalb der Vorgaben des Bundesverfassungsgerichts einbeziehen ließen. Für die Wiederanwendung des 20 %-Zuschlags habe er auch keine inhaltlichen Argumente vorgebracht; allein der Umstand, dass der Gesetzgeber im Jahr 2011 weitere Bedarfe normiert habe, erlaube nicht die Folgerung, die Konsumtion des Zuschlags durch die Regelsätze sei wieder entfallen. Die 1. Kammer des Zweiten Senats des Bundesverfassungsgerichts gab der Verfassungsbeschwerde statt. Das Oberverwaltungsgericht überspanne die Darlegungsanforderungen, wenn es bemängele, der Beschwerdeführer habe sich mit den Erwägungen des Verwaltungsgerichts nicht hinreichend auseinandergesetzt und nicht schlüssig dargelegt, wie die Bildungs- und Teilhabeleistungen entsprechend der Vorgaben des Bundesverfassungsgerichts berücksichtigt werden könnten. Gleiches gelte für die Bewertung, der Beschwerdeführer habe für die Wiederanwendung des 20 %-Zuschlags keine inhaltlichen Argumente vorgebracht. Mit der Nichtanwendung des 20 %-Zuschlags habe der Beschwerdeführer einen tragenden Rechtssatz des Teilurteils mit schlüssigen Argumenten in Frage gestellt, ohne dass der angegriffene Beschluss erkennen ließe, dass sich das Teilurteil gleichwohl im Ergebnis aus anderen Gründen als richtig erweise. Der Beschwerdeführer habe in seinem Zulassungsantrag darauf hingewiesen, dass das Bundesverfassungsgericht in der Vollstreckungsanordnung den 20 %-Zuschlag in die Berechnung eingeführt habe, um den tatsächlichen sozialhilferechtlichen Gesamtbedarf näherungsweise zu bestimmen, der sich seinerzeit aus den Regelsätzen und einmaligen Leistungen zum Lebensunterhalt zusammengesetzt habe. Er habe nachgezeichnet, dass das Oberverwaltungsgericht im Jahr 2007 selbst insofern eine Modifikation dieser Vollstreckungsanordnung als zulässig und den 20 %-Zuschlag unter Verweis auf die im Jahr 2005 erfolgte Integration aller sozialhilferechtlichen Leistungen in die Regelsätze für obsolet erachtet habe. Schließlich habe er ausgeführt, dass der sozialhilferechtliche Gesamtbedarf von Kindern in der Folge wieder durch das Zusammenspiel von Regelsätzen und auf Antrag gewährten einmaligen Leistungen gedeckt werde. Diese Ausführungen und die Schlussfolgerung, der in der Vollstreckungsanordnung zur Erfassung einmaliger Sozialhilfeleistungen dienende 20 %-Zuschlag sei (wieder) anzuwenden, gerade um den Vorgaben der Vollstreckungsanordnung gerecht zu werden, seien schlüssig. Hinzu komme, dass das Oberverwaltungsgericht für das Land Nordrhein-Westfalen in seinem Urteil vom 7. Juni 2017[52] die Wiederanwendung des 20%-Zuschlags gleichsinnig begründet und der Beschwerdeführer hierauf im Zulassungsantrag ausdrücklich Bezug genommen habe.

Ein weiteres Beispiel für die fehlende inhaltliche Nachvollziehbarkeit der Ablehnung „ernstlicher Zweifel" bietet eine Entscheidung der 1. Kammer des Zweiten Senats aus dem Jahr 2017.[53] Die Beschwerdeführerin war Professorin und wurde wegen Dienstunfähigkeit in den Ruhestand versetzt. Das Verwaltungsgericht wies die hiergegen gerichtete Klage ab. Im Berufungszulassungsverfahren machte die Beschwerdeführerin geltend, dass das dem verwaltungsgerichtlichen Urteil zugrundeliegende Gutachten die Entscheidung nicht trage. Sie beanstandete insbesondere eine fehlende Sachkunde des Gutachters. Der wechselnde Gebrauch der Fachtermini „Somatisierungsstörung" und „somatoforme Störung" könne – anders als das Verwaltungsgericht annehme – nicht mit einer bloßen Falschbezeichnung gerechtfertigt werden, da die Begriffe eine völlig unterschiedliche Symptomatik beschrieben. Sie führte unter Verweis auf Fachliteratur aus, dass mit „somatoformen Beschwerden" körperliche Beschwerden bezeichnet würden, welche nicht direkt durch eine organische Grunderkrankung begründet seien und unter denen – je nach Beurteilungskriterien – zwischen 30 % und 80 % der erwachsenen Bundesbevölkerung gelegentlich litten (Befindlichkeitsstörungen wie Rückenschmerzen oder Kopfschmerzen). Demgegenüber handele es sich bei einer „Somatisierungsstörung" um ein sehr präzise formuliertes Krankheitsbild, dessen Häufigkeit unter 0,1 % der Bevölkerung liege und mit einer Vielzahl von Körperbeschwerden unterschiedlicher Körperregionen einhergehe. Solche Merkmale seien aber bei der Beschwerdeführerin gerade nicht festgestellt worden. Hinzu komme, dass der Sachverständige in seiner mündlichen Anhörung ausweislich des Terminprotokolls erklärt habe, bei der Beschwerdeführerin auch keine depressiven Symptome feststellen zu können, also einen nicht unerheblichen Teil seines Gutachtens widerrufe. Dies sei mit einer Verwechslung von Fachbegriffen nicht mehr zu erklären. Die Ablehnung des von der Beschwerdeführerin in der mündlichen Verhandlung gestellten Beweisantrags auf Einholung eines neuen Sachverständigengutachtens begründe daher sowohl ernstliche Zweifel an der Richtigkeit der angefochtenen Entscheidung (§ 124 Abs. 2 Nr. 1

52 – 3 A 1061/15 –, juris.

53 Beschluss vom 16. Januar 2017 – 2 BvR 2615/14 –, juris.

VwGO) als auch einen Verfahrensmangel in Form der Verletzung der gerichtlichen Aufklärungspflicht (§ 124 Abs. 2 Nr. 5 VwGO). Das Oberverwaltungsgericht lehnte den Antrag auf Zulassung der Berufung ab. Die 1. Kammer des Zweiten Senats des Bundesverfassungsgerichts beanstandete dies. Die Ablehnung des Zulassungsantrags mit der Begründung, eine fehlende Sachkunde des Gutachters sei nicht zu erkennen, sei nicht nachvollziehbar. Die Beschwerdeführerin habe in ihrer Begründung des Berufungszulassungsantrags zur fehlenden Sachkunde des Gutachters unter Verweis auf Fachliteratur nachvollziehbar dargelegt, dass der wechselnde Gebrauch der Fachtermini „Somatisierungsstörung" und „somatoforme Beschwerden" im Sachverständigengutachten – anders als das Verwaltungsgericht annehme – nicht mit einer bloßen Falschbezeichnung gerechtfertigt werden könne, da die Begriffe eine völlig unterschiedliche Symptomatik beschrieben. Sie habe schlüssig argumentiert, dass es sich bei der Diagnose „somatoforme Beschwerden" um eine deutlich leichtere Erkrankung handele und dass mit dieser die dauernde Dienstunfähigkeit einer Beamtin nur schwer begründbar sei. Damit habe sie konkrete Anhaltspunkte gegen die Richtigkeit der erstinstanzlichen Entscheidung dargetan. Unabhängig von der Frage, ob der Sachverständige angesichts des mäandernden Gebrauchs unterschiedlicher Fachtermini für ein und denselben medizinischen Sachverhalt noch als hinreichend sachkundig einzuschätzen war, hätte sich dem Oberverwaltungsgericht die Notwendigkeit der Überprüfung aufdrängen müssen, ob die der Beschwerdeführerin nach mündlicher Korrektur des Gutachtens attestierten „somatoformen Beschwerden" die Annahme einer Dienstunfähigkeit noch zu rechtfertigen vermögen. Anstatt sich mit den von der Beschwerdeführerin diesbezüglich dargelegten Zweifeln an der Richtigkeit der angegriffenen Entscheidung auseinanderzusetzen, habe das Oberverwaltungsgericht lediglich die Begründung des Verwaltungsgerichts nachvollzogen.

3. Das Zulassungsverfahren hat nicht den Zweck, das eigentliche Berufungsverfahren vorwegzunehmen

Während die Fälle einer nicht nachvollziehbaren Begründung der Verneinung ernstlicher Zweifel eher die Ausnahme zu sein scheinen, gibt es eine nicht unerhebliche Anzahl von Entscheidungen, in denen das Oberverwaltungsgericht das Berufungsverfahren gewissermaßen ins Zulassungsverfahren „vorverlagert" hatte, obwohl – wie ausgeführt – das Bundesverfassungsgericht schon früh betont hat, dass das Zulassungsverfahren nicht die Aufgabe hat, das Berufungsverfahren vorwegzunehmen.[54]

Insoweit ist die bereits genannte Entscheidung der 1. Kammer des Zweiten Senats aus dem Jahr 2017[55] in doppelter Hinsicht interessant, als dort nicht nur die fehlende inhaltliche Nachvollziehbarkeit der Entscheidung, sondern auch eine Vorwegnahme des Berufungsverfahrens beanstandet wurde. Das Oberverwaltungsgericht habe die in Frage gestellte erhebliche Tatsachenfeststellung der vermeintlich eine Dienstunfähigkeit begründenden Diagnose der Beschwerdeführerin aufrechterhalten und damit das Ergebnis eines Berufungsverfahrens, in dem zu klären gewesen wäre, welche der beiden Diagnosen zutrifft und zugleich die Annahme der Dienstunfähigkeit zu tragen vermag, in verfassungswidriger Weise vorweggenommen.

Ebenfalls exemplarisch für eine Vorwegnahme des Berufungsverfahrens ist etwa die Entscheidung zum Ausgleichsbetrag für Personenbeförderung.[56] Die Beschwerdeführerin erbrachte in Zusammenarbeit mit Landkreisen und Gemeinden Leistungen im öffentlichen Personennahverkehr, unter anderem auch die Beförderung von Auszubildenden zu einem ermäßigten Tarif. Sie begehrte die Gewährung eines Ausgleichs für gemeinwirtschaftliche Leistungen im Straßenpersonenverkehr, der nur teilweise bewilligt wurde. Im verwaltungsgerichtlichen Verfahren machte die Beschwerdeführerin geltend, dass das Haushaltsgesetz, durch das eine Kürzungsvorschrift in das PBefG eingeführt worden sei, nicht verfassungsgemäß zustande gekommen sei. Das Verwaltungsgericht wies die Klage ab. Der Antrag auf Zulassung der Berufung blieb ohne Erfolg. Das Bundesverfassungsgericht beanstandete unter anderem, dass die „knappen Erwägungen" des Gerichts zur formellen Verfassungsmäßigkeit des § 45a Abs. 2 Satz 3 PBefG, mit denen das Vorliegen ernstlicher Zweifel an der Richtigkeit der Entscheidung des Verwaltungsgerichts verneint werde, ihrerseits grundsätzliche Bedeutung hätten. Dadurch dass das Oberverwaltungsgericht bereits im Zulassungsverfahren Erwägungen von grundsätzlicher Bedeutung angestellt habe, habe es der Beschwerdeführerin nicht nur unzulässig die Möglichkeit des Berufungsverfahrens abgeschnitten, in dem eine vertiefte Auseinandersetzung mit den aufgeworfenen Rechtsfragen hätte stattfinden müssen, sondern zugleich den

---

54 Vgl. schon Beschluss der 2. Kammer des Ersten Senats vom 23. Juni 2000 – 1 BvR 830/00 –, juris, Rn. 15; Beschluss der 2. Kammer des Zweiten Senats vom 2. März 2006 – 2 BvR 767/02 –, BVerfGK 7, 350 (355); Beschluss der 1. Kammer des Ersten Senats vom 26. März 2007 – 1 BvR 2228/02 –, BVerfGK 10, 525 (528); zuletzt etwa Beschluss der 3. Kammer des Ersten Senats vom 22. Juli 2020 – 1 BvR 561/19 –, juris, Rn. 16.

55 Beschluss vom 16.01.2017 – 2 BvR 2615/14 –, juris.

56 Beschluss des Zweiten Senats vom 8. Dezember 2009 – 2 BvR 75/07 –, BVerfGE 125, 104.

Rechtsweg zum Bundesverwaltungsgericht als der zur abschließenden fachgerichtlichen Klärung rechtsgrundsätzlicher Fragen des Bundesrechts zuständigen Instanz versperrt.

Als weiteres Beispiel mag eine Entscheidung des Ersten Senats vom 16. Juli 2013[57] dienen.

Die Beschwerdeführer waren Eigentümer verschiedener Grundstücke. Der Niedersächsische Landesbetrieb für Wasserwirtschaft, Küsten- und Naturschutz stellte auf Antrag eines Deichverbands einen Plan für die Verbesserung der Deichsicherheit fest. Der festgestellte Plan übernahm auch einen Änderungsantrag des Deichverbands, der vorsah, einen Deich auf einem der im Eigentum der Beschwerdeführer stehenden Grundstücke zu errichten. Die Klage gegen den Planfeststellungsbeschluss blieb ohne Erfolg. Auch der Antrag auf Zulassung der Berufung blieb erfolglos. Zwar habe das Verwaltungsgericht irrig angenommen, das Grundstück werde nur für die Dauer der Bauzeit in Anspruch genommen. Dies sei jedoch für die Ergebnisrichtigkeit ohne Bedeutung, da die dauerhafte teilweise Inanspruchnahme des Grundstücks durch den Beklagten ordnungsgemäß in die Abwägung eingestellt worden sei. Der Erste Senat des Bundesverfassungsgerichts beanstandete, dass das Oberverwaltungsgericht sich nicht dazu veranlasst gesehen habe, die Berufung aufgrund der unzutreffenden Annahme der tatsächlichen Betroffenheit der Beschwerdeführer durch das Verwaltungsgericht zuzulassen, sondern vielmehr im Berufungszulassungsverfahren eine eigene Prüfung der fachplanerischen Abwägungsentscheidung vorgenommen zu haben und damit Teile der dem Berufungsverfahren vorbehaltenen Sachprüfung in das Berufungszulassungsverfahren vorverlagert habe. Das Oberverwaltungsgericht habe die vom Verwaltungsgericht vorgenommene Kontrolle der fachplanerischen Abwägungsentscheidung in einem für die Beschwerdeführer entscheidenden Punkt durch eine eigene Kontrolle ersetzt. Ob das Deichbauvorhaben die Eigentumsrechte der Beschwerdeführer gemessen an den damit verfolgten Zielen und den in Frage kommenden Vorhabenalternativen unverhältnismäßig beeinträchtige, hänge unter anderem maßgeblich von der mit den festgestellten Maßnahmen einhergehenden Eigentumsbelastung für die Beschwerdeführer ab. Dass es insofern für die Abwägungsentscheidung von erheblichem Gewicht sei, ob das Grundstück nur vorübergehend während der Bauzeit als Arbeitsstreifen oder dauerhaft in dem doch beträchtlichen Umfang von 3.100 qm in Anspruch genommen wird, liege auf der Hand. Es sei dem Oberverwaltungsgericht bei Beachtung des Gebots effektiven Rechtsschutzes verwehrt, im Berufungszulassungsverfahren, das insbesondere mangels eines förmlichen Beweisaufnahmeverfahrens den Beteiligten von vorn-

57 – 1 BvR 3057/11 –, BVerfGE 134, 106.

herein weniger Einwirkungsmöglichkeiten auf die Tatsachenfeststellung einräume als das Hauptsacheverfahren, diese Frage der Abgewogenheit des Planfeststellungsbeschlusses abweichend vom Verwaltungsgericht in der Sache zu entscheiden.

Ebenfalls in die Kategorie der „Vorwegnahme des Berufungsverfahrens“ dürfte die Entscheidung des Ersten Senats vom 18. Juni 2019[58] gehören. Der Beschwerdeführer hatte sich gegen eine Anordnung der Landwirtschaftskammer gewandt. Dabei machte der Beschwerdeführer insbesondere geltend, die Niedersächsische Verordnung über Meldepflichten in Bezug auf Wirtschaftsdünger sei rechtswidrig, weil das Zitiergebot verletzt sei. In der Präambel würden nur § 4 DüngG i.V.m. § 6 der Verordnung über das Inverkehrbringen und Befördern von Wirtschaftsdünger genannt, § 4 DüngG enthalte aber nicht die Ermächtigung zur Subdelegation. Diese finde sich in § 15 Abs. 6 Satz 1 DüngG, der in der Landesverordnung nicht zitiert werde. Das Verwaltungsgericht wies die Klage ab. Der Antrag auf Zulassung der Berufung blieb ohne Erfolg. Der Erste Senat des Bundesverfassungsgerichts beanstandete dies. Gegen die Wirksamkeit der das klageabweisende Urteil des Verwaltungsgerichts tragenden Landesverordnung hätten hinsichtlich der Wahrung des Zitiergebots (Art. 80 Abs. 1 Satz 3 GG) Bedenken bestanden, deren Schlüssigkeit im Sinne einer „ernstliche Zweifel“ begründenden Gegenargumentation nicht sachlich vertretbar abgelehnt werden hätten können. Wortlaut und Systematik des Art. 80 Abs. 1 GG böten Anhaltspunkte dafür, dass die nach Art. 80 Abs. 1 Satz 3 GG anzugebende Rechtsgrundlage aus der Vorschrift der subdelegierenden Verordnung und der gesetzlichen Verordnungs- und Subdelegationsermächtigung gemeinsam bestehe. Hiervon gehe auch das Schrifttum überwiegend aus. Das Bundesverfassungsgericht habe die Frage noch nicht entschieden, verlange aber in ständiger Rechtsprechung, dass eine Verordnung, die auf mehreren Ermächtigungsgrundlagen beruht, diese vollständig zitiert. Es erschiene somit nicht ausgeschlossen, dass dies auch für den Fall einer vertikalen Ermächtigungsmehrzahl gelten könnte, wie sie bei der Subdelegation bestehe. Dass sich der Bundesgerichtshof 1976 zur Frage geäußert habe, ändere hieran nichts, da infolge der späteren Rechtsprechung des Bundesverfassungsgerichts neue Argumente vorgebracht werden hätten können.

---

58 – 1 BvR 587/17 –, BVerfGE 151, 173.

V. Schlussbemerkung

Ausgehend davon, dass der Zugang zur Berufungsinstanz nicht in unzumutbarer und durch Sachgründe nicht mehr zu rechtfertigender Weise erschwert werden darf, unterliegt die Ablehnung eines Antrags auf Zulassung der Berufung durch das Oberverwaltungsgericht verfassungsrechtlichen Grenzen.

Nach der Rechtsprechung des Bundesverfassungsgerichts dürfen dabei die Anforderungen an die nach § 124a Abs. 4 Satz 4 VwGO geforderte Darlegung des Zulassungsgrundes nicht überspannt werden. Das Zulassungsvorbringen muss durch das Oberverwaltungsgericht angemessen gewürdigt werden, wobei durch sachgerechte Auslegung selbständig ermittelt werden muss, welche Zulassungsgründe der Sache nach geltend gemacht werden und welche Einwände welchen Zulassungsgründen zuzuordnen sind. Dies ändert aber nichts daran, dass dann, wenn auch durch Auslegung nicht eindeutig ermittelt werden kann, auf welchen Zulassungsgrund der Antrag gestützt wird, dieser unzulässig ist.

Auch an das Vorliegen eines Zulassungsgrundes selbst dürfen keine überspannten Anforderungen gestellt werden. Obwohl „ernstliche Zweifel" regelmäßig schon dann vorliegen, wenn ein einzelner tragender Rechtssatz oder eine erhebliche Tatsachenfeststellung mit schlüssigen Gegenargumenten in Frage gestellt wird, nötigt nicht jede fehlerhafte Begründung des Verwaltungsgerichts zur Annahme „ernstlicher Zweifel". Ist das Entscheidungsergebnis (offensichtlich) richtig, so kann der Zulassungsantrag verfassungskonform abgelehnt werden. Insoweit ist aber besondere Vorsicht geboten. Erstens ist sicherzustellen, dass durch das Abstellen auf andere Gründe, als die des angefochtenen Urteils, nicht das rechtliche Gehör des Rechtsmittelführers verkürzt wird. Ferner müssen die Gründe, mit denen die Ergebnisrichtigkeit der verwaltungsgerichtlichen Entscheidung begründet wird, ihrerseits ausreichend verständlich sein. Schließlich dürfen die Erwägungen, weshalb die Entscheidung im Ergebnis richtig ist, nicht selbst auf einen Zulassungsgrund führen.

Stets unzulässig ist es, mit dem Zulassungsverfahren das Berufungsverfahren selbst vorwegzunehmen. Eine Klärung grundsätzlich bedeutsamer Fragen im Zulassungsverfahren scheidet damit ebenso aus wie eine antizipierte Beweiswürdigung.

Mark Lerach

Prozessuale Waffengleichheit

Verfassungsrechtliche Anforderungen an die prozessuale Waffengleichheit im (zivilrechtlichen) Eilverfahren

Wichtige Kammerentscheidungen

BVerfG, Beschluss der 3. Kammer des Ersten Senats vom 30. September 2018 – 1 BvR 1783/17 –, juris – Die F.-Tonbänder

BVerfG, Beschluss der 3. Kammer des Ersten Senats vom 30. September 2018 – 1 BvR 2421/17 –, juris – Steuersparmodell eines Fernsehmoderators

BVerfG, Beschluss der 2. Kammer des Ersten Senats vom 3. Juni 2020 – 1 BvR 1246/20 –, juris – Personalratswahl bei der Bundespolizei

BVerfG, Beschluss der 2. Kammer des Ersten Senats vom 17. Juni 2020 – 1 BvR 1380/20 –, juris – Ibiza-Videos

BVerfG, Beschluss der 2. Kammer des Ersten Senats vom 27. Juli 2020 – 1 BvR 1379/20 –, juris – Prozessuale Waffengleichheit im lauterkeitsrechtlichen Eilverfahren

BVerfG, Beschluss der 2. Kammer des Ersten Senats vom 30. Juli 2020 – 1 BvR 1422/20 – juris, – Internetportal für Steuerberatungsdienstleistungen

BVerfG, Beschluss der 3. Kammer des Zweiten Senats vom 1. September 2020 – 2 BvQ 61/20 –, juris – Abberufung des Stiftungsratsvorsitzenden

BVerfG, Beschluss der 2. Kammer des Ersten Senats vom 23. September 2020 – 1 BvR 1617/20 –, juris – Feststellungsinteresse bei Waffengleichheitsverstoß

BVerfG, Beschluss der 2. Kammer des Ersten Senats vom 3. Dezember 2020 – 1 BvR 2575/20 –, juris – Missbräuchliche Titelerschleichung

BVerfG, Beschluss der 2. Kammer des Ersten Senats vom 22. Dezember 2020 – 1 BvR 2740/20 –, juris – Ermittlungsverfahren Metzelder

BVerfG, Beschluss der 2. Kammer des Ersten Senats vom 11. Januar 2021 – 1 BvR 2681/20 –, juris – Lobbyaktivitäten zu Guttenberg

BVerfG, Beschluss der 2. Kammer des Ersten Senats vom 22. Januar 2021 – 1 BvR 2793/20 –, juris – Abweichung des Verbotstenors vom Verfügungsantrag

BVerfG, Beschluss der 2. Kammer des Ersten Senats vom 4. Februar 2021 – 1 BvR 2743/19 –, juris – Diplomatenpässe

BVerfG, Beschluss der 2. Kammer des Ersten Senats vom 6. Februar 2021 – 1 BvR 249/21 –, juris – Unterschriftenaktion gegen Hohenzollern

BVerfG, Beschluss der 2. Kammer des Ersten Senats vom 16. März 2021 – 1 BvR 375/21 –, juris – Kartellrechtliches Eilverfahren

Schrifttum (Auswahl)

Beiträge in Mehrpersonenwerken

Ahrens, „Schlichte“ und serielle Verletzung rechtlichen Gehörs im Eilverfahren, in: Schütze/ Klötzel/Gebauer (Hrsg.), Usus Atque Scientia, Festschrift für Roderich C. Thümmel zum 65. Ge-

https://doi.org/10.1515/9783110686623-018

burtstag am 23. Oktober 2020, 2020, S. 1ff.; *Kaess*, Sind Beschlussverfügungen ohne Anhörung des Gegners im gewerblichen Rechtsschutz im Allgemeinen und in Patentstreitsachen im Besonderen nach den Entscheidungen des BVerfG vom 30.9.2018 noch möglich?, in: Lunze/Hohagen/Kamlah/Rektorschek (Hrsg.), Die internationale Durchsetzung von Schutzrechten, Festschrift für Sabine Rojahn zum 70. Geburtstag, 2020, S. 443ff.; *Lambrecht*, Die Flucht zur Kammer für Handelssachen bei Beschlussverfügungen, in: Ahrens/Büscher/Goldmann/McGuire (Hrsg.), Praxis des Geistigen Eigentums: Festschrift für Henning Harte-Bavendamm zum 70. Geburtstag, 2020, S. 501ff.

Zeitschriftenbeiträge

Bornkamm, Befreit die einstweilige Verfügung von den Fesseln des Arrestes – Plädoyer gegen eine entsprechende Anwendung des § 922 Abs. 3 ZPO auf das Verfügungsverfahren, WRP 2019, S. 1242ff.; *ders.*, Das Ende der ex-parte-Verfügung auch im Wettbewerbs- und Immaterialgüterrecht, GRUR 2020, S. 715ff.; *Danckwerts*, Rechtliches Gehör in zivilrechtlichen Verfügungsverfahren, AnwBl Online, 2020, S. 20ff.; *Dissmann*, Totgesagte leben länger – wie es mit der Beschlussverfügung weitergehen kann, GRUR 2020, S. 1152ff.; *Löffel*, Bleibt alles anders? – Prozessuale Waffengleichheit im einstweiligen Verfügungsverfahren: auch und gerade im Wettbewerbsrecht, WRP 2019, S. 8ff.; *Mantz*, Weiterentwicklung des Rechts auf prozessuale Waffengleichheit – Licht und Schatten, WRP 2020, S. 1250ff.; *ders.*, Konkretisierung des Rechts auf prozessuale Waffengleichheit durch das BVerfG, NJW 2020, S. 2007ff.; *Möller*, Das Bundesverfassungsgericht und das einstweilige Verfügungsverfahren – Vorhang gefallen?, WRP 2020, S. 982ff.; *Petersenn/Peters*, Vereinbarkeit der Rechtsprechung zur prozessualen Waffengleichheit mit der Durchsetzungs-Richtlinie?, GRUR 2021, S. 553ff.; *Ringer/Wiedemann*, Aux armes – Rechtsprechung des BVerfG zur prozessualen Waffengleichheit im einstweiligen Verfügungsverfahren, GRUR-Prax 2020, S. 359ff.; *Safferling*, Audiatur et altera pars – die prozessuale Waffengleichheit als Prozessprinzip? Qui statuit alliquid parte inaudita altera, Aequm liquet statuerit haud aequs fuit, NStZ 2004, S. 181ff.; *Schumann*, Kein Geheimverfahren bei einstweiligen Verfügungen in Pressesachen, JZ 2019, S. 398ff.; *Teplitzky*, Neuer Rechtsschutz gegen die Verletzung von Verfahrensgrundrechten beim Erlass einstweiliger Verfügungen, WRP 2017, S. 1163ff.; *Vollkommer*, Rechtliches Gehör: Verletzung der prozessualen Waffengleichheit bei Beschlussverfügung ohne Anhörung des Gegners, MDR 2020, S. 904ff.; *Zuck*, Das verfassungsrechtliche Fundament der prozessualen Waffengleichheit, EUGRZ 2020, S. 1ff.

Inhaltsübersicht

Prolog

Die Rechtsprechung des Bundesverfassungsgerichts verläuft zuweilen nicht in gerader Linie. Sie bildet nicht die kürzeste Verbindung zweier Punkte, ist gekrümmt, schlägt Kapriolen und weist unterschiedliche Punktdichte auf. Dies gilt in der Praxis zumal für das Kammerverfahren. Obgleich sich hier die Bescheidung der Verfassungsbeschwerde (respektive deren Nichtannahme zur Entscheidung) an sich bloß als ein Vorgang der Subsumtion unter bestehende verfassungsrechtliche Obersätze darstellen sollte, die sich in der Senatsrechtsprechung bereits herausgebildet haben. Als exemplarisch für den Prozess der Linienbildung kann die Kammerrechtsprechung zur prozessualen Waffengleichheit im (zivilprozessualen) einstweiligen Verfügungsverfahren gelten, die sich seit 2018 entwickelt. Ihrer fortdauernden Genese widmet sich der nachfolgende Beitrag.

I. Waffengleichheit

Der Begriff der „Waffengleichheit" evoziert martialisch anmutende Bilder: Der Zivilprozess als Kampf um das Recht, geführt von ebenbürtigen Gegnern. Gleich einem Duell steht hier nicht die Nivellierung gegebener Unterschiede der Parteien im Vordergrund, was individuelle Fertigkeiten zum Angriff und zur Verteidigung,

Zielsicherheit oder Schlagkraft angeht. Regelmäßig obliegt es im Zivilverfahren zwar dem Kläger (respektive dem Antragsteller im Eilverfahren) – als Angreifer – über den Zeitpunkt sowie Art und Gegenstand des Angriffs zu entscheiden. Doch bereits im Schwabenspiegel[1] waren die Regeln des gerichtlichen Zweikampfes genau festgelegt. Dabei galt: die Waffen für die Duellanten sind gleich und der Richter hat nötigenfalls vor dem Waffengang für gleiche Ausrüstung zu sorgen.

1. Begriff und Verortung der Waffengleichheit

Waffengleichheit im verfassungsrechtlichen Sinne kann als Ausprägung der Rechtsstaatlichkeit und des allgemeinen Gleichheitssatzes begriffen werden. Im Zivilverfahren gewährleistet der allgemeine Gleichheitssatz die Gleichwertigkeit der prozessualen Stellung der Parteien *vor* dem Richter. Dazu zählt die Gleichheit der Rechtsanwendung *durch* den Richter im Interesse materieller Gerechtigkeit. Diese verfassungsrechtliche Verpflichtung gilt nach der Rechtsprechung des Bundesverfassungsgerichts nicht nur bei der Auslegung und Anwendung sachlichen Rechts; sie gilt auch für die Handhabung des Verfahrensrechts.[2] Dies dient der Herbeiführung gesetzmäßiger und unter diesem Blickpunkt richtiger, aber darüber hinaus auch – im Rahmen dieser Richtigkeit – gerechter Entscheidungen.[3]

a) Waffengleichheit im Verfassungsrecht

Das Grundgesetz kennt den Begriff der Waffengleichheit nicht.[4] Im Kontext der Justizgrundrechte erwähnt das Grundgesetz in Art. 103 Abs. 1 GG allein das Recht auf rechtliches respektive richterliches Gehör. Das *Bundesverfassungsgericht* bedient sich des Begriffs der Waffengleichheit gleichwohl. Die grundrechtliche Verortung der Waffengleichheit ist jedoch nicht einheitlich. Das Bundesverfassungsgericht leitet den Grundsatz der Waffengleichheit sowohl aus Art. 2 Abs. 1

---

1 Schwabenspiegel, Cap. CLXX Aber von Kempffen merck: „Der richter der sol leyhen dem, den man da schuldiget, einen schilte unnd auch ein schwerte. […] und auch blosse schwerter in den henden und ir yetweder eins umb sich oderzwey das stat an ir kur. und einen sinwellen schilt in der hand da nit bein holcz oder leder an sey […]“ (abrufbar unter: http://www.opera-platonis.de/Landrecht/Land_und_Lehenrecht.pdf).

2 BVerfGE 54, 117 (125); 69, 248 (254).

3 BVerfGE 42, 64 (73).

4 *Safferling*, NStZ 2004, S. 181 (182).

i.V.m. dem Rechtsstaatsprinzip gemäß Art. 20 Abs. 2, Abs. 3 GG ab als auch aus dem allgemeinen Gleichheitssatz des Art. 3 Abs. 1 GG.[5] Zuletzt wurde die verfahrensrechtliche Waffengleichheit im Ordnungswidrigkeitenverfahren als Ausprägung des Anspruchs auf ein faires Verfahren aus Art. 2 Abs. 1 i.V.m. Art. 20 Abs. 3 GG verstanden.[6] Im Zivilverfahren hingegen wurde der Grundsatz der prozessualen Waffengleichheit maßgeblich aus Art. 3 Abs. 1 i.V.m. Art. 20 Abs. 3 GG abgeleitet.[7] Gleichzeitig soll wiederum der Gehörsgrundsatz aus Art. 103 Abs. 1 GG eine besondere Ausprägung der Waffengleichheit darstellen.[8] Die prozessuale Waffengleichheit muss mit dem Gebot des effektiven Rechtsschutzes aus Art. 19 Abs. 4 GG in Einklang gebracht werden. Im Rahmen der vorzunehmenden Gesamtschau auf das Verfahrensrecht sind auch die Erfordernisse einer funktionstüchtigen Rechtspflege in den Blick zu nehmen.[9] Verfahrensgestaltungen, die den Erfordernissen einer wirksamen Rechtspflege dienen, verletzen daher nicht schon dann den Anspruch auf ein faires Verfahren, wenn verfahrensrechtliche Positionen des Betroffenen dabei eine Zurücksetzung zugunsten einer wirksamen Rechtspflege erfahren.[10]

b) Waffengleichheit in der EMRK

Das Bundesverfassungsgericht berücksichtigt in völkerrechtsfreundlicher Auslegung des Grundgesetzes auch die durch den EGMR aus Art. 6 Abs. 1 EMRK hergeleitete Waffengleichheit.[11] Der EGMR geht davon aus, dass die dem Konzept einer „fairen Anhörung"" innewohnenden Anforderungen in Fällen, welche die Entscheidung über „Bürgerrechte und -pflichten" betreffen, nicht notwendig dieselben seien wie in Fällen, welche die Entscheidung von strafrechtlichen Be-

5 BVerfGE 52, 131 (143 f.).

6 BVerfG, Beschluss der 3. Kammer des Zweiten Senats vom 12. November 2020 – 2 BvR 1616/18 –, BeckRS 2020, 34958, Rn. 32: „Der Anspruch auf ein faires Verfahren ist durch das Verlangen nach verfahrensrechtlicher „Waffengleichheit" von Ankläger und Beschuldigtem gekennzeichnet und dient damit in besonderem Maße dem Schutz des Beschuldigten, für den bis zur Verurteilung die Vermutung seiner Unschuld streitet" (unter Verweis auf BVerfGE 38, 105 (111).

7 BVerfG, Beschluss der 3. Kammer des Ersten Senats vom 30. September 2018 – 1 BvR 1783/17 –, juris, Rn. 12 – Die F.-Tonbänder.

8 BVerfG, Beschluss der 3. Kammer des Ersten Senats vom 30. September 2018 – 1 BvR 1783/17 –, juris, Rn. 15 – Die F.-Tonbänder.

9 BVerfGE 47, 239 (250); 80, 367 (375); 122, 248 (272); 133, 168 (200 f.).

10 BVerfGE 122, 248 (273); 133, 168 (201).

11 BVerfG, Beschluss der 3. Kammer des Ersten Senats vom 30. September 2018 – 1 BvR 1783/17 –, juris, Rn. 16 – Die F.-Tonbänder.

schuldigungen betreffen.[12] Der Grund dafür liege darin, dass detaillierte Regelungen – wie die des Art. 6 Abs. 2, Abs. 3 EMRK – in Bezug auf zivilrechtliche Fälle fehlten. Die Vertragsstaaten besäßen daher eine größere Freiheit bei der Behandlung zivilrechtlicher Fälle – zu Bürgerrechten und -pflichten – als bei Strafrechtsfällen. Im Hinblick auf eine Prozessführung, die sich auf unterschiedliche private Interessen bezieht, beinhalte der Grundsatz der Waffengleichheit gleichwohl, dass jeder Partei eine vernünftige Möglichkeit eingeräumt werden müsse, ihren Fall vor Gericht unter Bedingungen zu präsentieren, die für diese Partei keinen substantiellen Nachteil im Verhältnis zum Prozessgegner bedeuten. Es bleibe den nationalen Behörden überlassen, in jedem einzelnen Fall sicherzustellen, dass die Anforderungen an eine „faire Anhörung" erfüllt seien.

2. Waffengleichheit im Zivilprozess

Im verfahrensrechtlich vornehmlich auf die Lösung privater Interessenkonflikte ausgerichteten Parteienstreit der Zivilprozessordnung erscheint das Prinzip der Waffengleichheit besonders geeignet, die dortige Interessenkonstellation abzubilden. Erwägungen, die in erster Linie für den von der Amtsermittlungspflicht beherrschten Strafprozess angestellt und dort mit Blick auf die rechtsstaatlich gebotene Ausgestaltung des Verfahrens gelegentlich unter den Begriff der prozessualen Waffengleichheit eingeordnet werden, können im Zivilprozess indes keine uneingeschränkte Geltung beanspruchen.[13] Der Grundsatz der Waffengleichheit ist im Zivilprozess als Ausprägung der Rechtsstaatlichkeit und des allgemeinen Gleichheitssatzes zu verstehen. Dies beinhaltet die verfassungsrechtlich gewährleistete Gleichwertigkeit der prozessualen Stellung der Parteien. Der Bundesgerichtshof zählt den verfassungsrechtlichen Grundsatz prozessualer Waffengleichheit aus Art. 3 Abs. 1 i.V.m. Art. 20 Abs. 3 GG zum verfahrensrechtlichen ordre public.[14]

Der Richter hat mit Blick auf die grundrechtlich gesicherte Verfahrensgarantie des Anspruchs auf rechtliches Gehör aus Art. 103 Abs. 1 GG den Prozessparteien im Rahmen der Verfahrensordnung gleichermaßen die Möglichkeit einzuräumen, alles für die gerichtliche Entscheidung Erhebliche vorzutragen und alle zur Abwehr des gegnerischen Angriffs erforderlichen prozessualen Verteidigungsmittel

12 EGMR, Urteil vom 27. Oktober 1993 – 37/1992/382/460 –, NJW 1995, S. 1413.

13 BVerfGE 52, 131 (156).

14 BGH, Beschluss vom 23. Juli 2020 – I ZB 88/19 –, GRUR 2021, S. 118 (121) – Demontage einer HDPE-Anlage (zum Schiedsverfahren, § 1042 Abs. 1 Satz 1 ZPO).

selbständig geltend zu machen.[15] Ihr entspricht die Pflicht des Richters, diese Gleichstellung der Parteien durch eine objektive, faire Verhandlungsführung, durch unvoreingenommene Bereitschaft zur Verwertung und Bewertung des gegenseitigen Vorbringens, durch unparteiische Rechtsanwendung und durch korrekte Erfüllung seiner sonstigen prozessualen Obliegenheiten gegenüber den Prozessbeteiligten zu wahren, Art. 97, 101 Abs. 1 Satz 2 GG.[16] Darüber hinaus lassen sich aus der so verstandenen prozessualen Waffengleichheit für das zivilprozessrechtliche Erkenntnisverfahren – mit seiner von der jeweiligen Beweislage und den geltenden Beweisregeln abhängigen Verteilung des Risikos am Verfahrensausgang – keine verfassungsrechtlichen Folgerungen herleiten.[17]

Das Bundesverfassungsgericht tendiert hier zur Anwendung des weiten Prüfungsmaßstabs des Art. 3 Abs. 1 GG. Die Waffengleichheit ist im Zivilprozess nur dann verletzt, wenn eine fehlerhafte Rechtsanwendung bei verständiger Würdigung der das Grundgesetz beherrschenden Gedanken nicht mehr verständlich ist und sich daher der Schluss aufdrängt, dass sie auf sachfremden Erwägungen beruht.[18] Damit ist ausgeschlossen, dass bereits jeder Fehler bei der Anwendung zivilprozessualer Vorschriften eine erfolgreiche Verfassungsbeschwerde begründet. Nicht jede Verletzung von Verfahrensvorschriften führt zu einem Verstoß gegen den Grundsatz der prozessualen Waffengleichheit.[19]

II. Prozessuale Waffengleichheit im einstweiligen Verfügungsverfahren

Im Bereich des gewerblichen Rechtsschutzes sowie des Presse- und Äußerungsrechts erleben Verfassungsbeschwerden und Anträge auf Erlass einstweiliger Anordnungen zum Bundesverfassungsgericht aktuell eine ungeahnte Blüte. Sie betreffen die Rüge der Verletzung der prozessualen Waffengleichheit im einstweiligen Verfügungsverfahren durch einseitigen Erlass von sog. Beschlussverfügungen ohne Anhörung des Antragsgegners. Für die Rechtsdurchsetzung in diesen Bereichen entfaltet die verfassungsrechtlich gebotene Handhabung der prozessualen Waffengleichheit eine enorme Bedeutung.[20]

---

15 BVerfGE 9, 124 (130 f.); 26, 66 (71); 35, 348 (355); 38, 105 (111); 52, 131 (156 f.).
16 BVerfGE 21, 139 (145 f.).
17 BVerfGE 52, 131 (157).
18 BVerfG, Beschluss der 2. Kammer des Ersten Senats vom 7. Oktober 1987 – 1 BvR 1471/86 –, NJW 1988, S. 2597; *Rauscher*, in: Münchener Kommentar zur ZPO, 6. Aufl. 2020, Einl. Rn. 279.
19 BVerfGE 52, 131 (147, 156); 138, 64 (87 f.) zu Art. 101 Abs. 1 Satz 2 GG.
20 Vgl. zur umfangreichen Diskussion im Schrifttum: *Mantz*, NJW 2020, S. 2007 ff.

1. Verfahrenspraxis

Die gerichtliche Praxis im gewerblichen Rechtsschutz, im Urheberrecht sowie im Presse- und Äußerungsrecht ist von verfahrensrechtlichen Besonderheiten geprägt. So hat sich im Verfahren des einstweiligen Rechtsschutzes verbreitet die Übung entwickelt, Beschlussverfügungen im einseitigen Verfahren ohne mündliche Verhandlung und ohne Beteiligung des Antragsgegners zu erlassen. § 937 Abs. 2 ZPO sieht demgegenüber die Entscheidung über den Verfügungsantrag aufgrund mündlicher Verhandlung als Regelfall an. Eine Abweichung hiervon lässt der Normtext nur in besonders dringenden Fällen zu. Zwar bewegen sich alle deutschen Gerichtsstände, die mit presse- oder immaterialgüterrechtlichen Fragen befasst sind, im gleichen Rechtsrahmen. Die Ausfüllung desselben ist aber – wohl auch mangels Entscheidungskompetenz des Bundesgerichtshofs in Verfügungsverfahren – stark von regionalen Besonderheiten geprägt. Das Auseinanderklaffen von gesetzlichem Normalfall und Verfahrenspraxis impliziert verfassungsrechtliche Probleme mit Blick auf die Wahrung rechtlichen Gehörs (Art. 103 Abs. 1 GG), die prozessuale Waffengleichheit und das Recht auf ein faires Verfahren (jeweils Art. 3 Abs. 1 i.V.m. Art. 20 Abs. 3 GG).

In den Regelungen zum zivilprozessualen Eilverfahren scheint das Recht auf rechtliches Gehör keinen unmittelbaren normativen Niederschlag gefunden zu haben. Gemäß § 937 Abs. 2 ZPO kann die Entscheidung in dringenden Fällen – sowie im Falle der Zurückweisung – ohne mündliche Verhandlung ergehen. Nach § 922 Abs. 1 ZPO kann die Entscheidung über das Arrestgesuch im Falle einer mündlichen Verhandlung durch Endurteil ergehen. Andernfalls – also ohne mündliche Verhandlung – ergeht die Entscheidung aber durch Beschluss: die sogenannte Beschlussverfügung[21]. Nach § 922 Abs. 3 ZPO ist der Beschluss, durch den das Arrestgesuch zurückgewiesen wird, dem Gegner nicht mitzuteilen; in diesem Fall wird rechtliches Gehör also gerade ausgeschlossen. Die Arrestvorschriften sind auf einstweilige Verfügungen gemäß § 936 ZPO entsprechend anzuwenden. Gemäß § 924 Abs. 1 ZPO findet gegen den Beschluss, durch den ein Arrest angeordnet wird, der Widerspruch statt. Gemäß § 925 Abs. 1 ZPO ist über die Rechtmäßigkeit des Arrestes durch Endurteil zu entscheiden, also nach mündlicher Verhandlung. Jedenfalls das Widerspruchsverfahren gewährleistet also nachträglich rechtliches Gehör. Die Zivilprozessordnung sieht den Ausschluss respektive den Verzicht auf Gewährung rechtlichen Gehörs vor einer Entschei-

21 Zum Begriff der Beschlussverfügung und zur Abgrenzung zur sog. „ex-parte"-Verfügung des angelsächsischen Rechtskreises siehe *Dissmann*, GRUR 2020, S. 1152 (1156).

dung im Eilverfahren also durchaus vor.[22] Freilich darf dies nicht weiter gehen als im Interesse des Eilrechtsschutzes sachlich geboten ist.[23]

2. Verfassungsrechtliche Anforderungen

Das rechtliche Gehör soll den Beteiligten Gelegenheit geben, auf eine bevorstehende gerichtliche Entscheidung einzuwirken. In der Regel ist daher eine vorherige Anhörung geboten. Dies soll nicht nur dann gelten, wenn es um die abschließende rechtliche Beurteilung eines Sachverhalts geht, sondern auch für vorläufige Maßnahmen zur Regelung eines einstweiligen Zustandes oder zur einstweiligen Sicherung privater oder öffentlicher Rechte.[24] Eine Pflicht zur mindestens schriftlichen Anhörung kann sich aus Art. 103 Abs. 1 GG unmittelbar ergeben.[25] Nur wenn der Schutz gewichtiger Interessen die Überraschung eines Beteiligten unabweisbar erfordert, soll es ausnahmsweise zulässig sein, ihn erst nach der Entscheidung anzuhören.[26]

Die Sicherung gefährdeter Interessen kann einen sofortigen Zugriff notwendig machen, der nicht nur eine Aufklärung des Sachverhalts nicht zulässt, sondern sogar eine vorgängige Anhörung des Betroffenen ausschließt.[27] Stehen schwerwiegende Interessen auf dem Spiel, kann es sogar geboten sein, auf eine an sich mögliche Anhörung des Betroffenen zu verzichten, um ihn nicht zu warnen.[28] Als solche besonderen Verfahrenslagen des einstweiligen Rechtsschutzes, in denen eine vorherige Anhörung verzichtbar ist, wenn sie den Zweck des Verfahrens vereiteln würde, werden ausdrücklich das ZPO-Arrestverfahren, die Anordnung

---

22 *Bornkamm*, WRP 2019, S. 1242ff., plädiert gegen eine entsprechende Anwendung des § 922 Abs. 3 ZPO auf das Verfügungsverfahren.

23 Außerhalb der Bereiche des Presse- und Äußerungsrechts, des gewerblichen Rechtsschutzes und des Urheberrechts dürfte auch in einstweiligen Verfügungsverfahren in der Praxis in der überwiegenden Zahl der Fälle eine mündliche Verhandlung anberaumt werden, obwohl die Gesetzeslage dazu nicht zwingt.

24 BVerfGE 65, 227 (233).

25 BVerfGE 7, 95 (98).

26 BVerfGE 49, 329 (342). In diesen Sonderfällen hat das Bundesverfassungsgericht ein Absehen von der vorherigen Anhörung unter Umständen auch dann noch für vereinbar mit Art. 103 Abs. 1 GG gehalten, wenn in erster Instanz eine dem Beteiligten günstige Entscheidung ergangen war, die erst im Beschwerdeverfahren zu seinem Nachteil geändert werden sollte, BVerfGE 7, 95 (99) für das zivilprozessuale Arrestverfahren.

27 BVerfGE 9, 89 (98).

28 BVerfGE 7, 95 (99).

von Untersuchungshaft oder Wohnungsdurchsuchungen genannt.[29] Gerade die Einschaltung des Richters macht es tragbar, derartige Anordnungen ohne vorgängiges Gehör des Gegners zu treffen. Da es sich aber hierbei immer um einen Eingriff in die Rechte des Betroffenen handelt, kann eine Ausnahme von dem Grundsatz vorheriger Anhörung nur zulässig sein, wenn dies unabweisbar ist, um nicht den Zweck der Maßnahme zu gefährden. An den Gesetzgeber ergibt sich daraus die Forderung, Eingriffe ohne vorgängiges Gehör an tunlichst enge Voraussetzungen zu binden. Außerdem verlangt der Rechtsstaatsgedanke, dass der Betroffene in einem solchem Fall Gelegenheit erhält, sich wenigstens nachträglich gegen die angeordneten Maßnahmen zu wehren. Es muss also auf Verlangen des Betroffenen zu einem Nachverfahren kommen, in dem ihm rechtliches Gehör gewährt und über die Berechtigung der getroffenen Maßnahmen entschieden wird: Gegen Arrest und einstweilige Verfügung nach der Zivilprozessordnung steht dem Antragsgegner der Widerspruch mit nachfolgender mündlicher Verhandlung zu (§ 924 ZPO). Bei einstweiligen Anordnungen nach § 32 BVerfGG führt der Widerspruch notwendig zu einer kurzfristig folgenden mündlichen Verhandlung.[30]

III. Der Weg zu den Grundsatzentscheidungen vom 30. September 2018

Das Bundesverfassungsgericht präzisierte in zwei grundlegenden Kammerentscheidungen vom 30. September 2018 (1 BvR 1783/17[31] und 1 BvR 2421/17[32]) die Anforderungen an die Handhabung der prozessualen Waffengleichheit im einstweiligen Verfügungsverfahren im Presse- und Äußerungsrecht.[33] Dies führte in der Praxis zu nicht unerheblicher Verunsicherung, schien den Erlass von Beschlussverfügungen ex parte – ohne Beteiligung der Gegenseite – insgesamt in

29 BVerfGE 70, 180 (188).

30 § 32 Abs. 3 BVerfGG eröffnet ein Widerspruchsverfahren gegen die Ablehnung oder den Erlass einer einstweiligen Anordnung durch Beschluss. Das Widerspruchsverfahren steht grds. allen Verfahrensbeteiligten offen, gemäß § 32 Abs. 3 Satz 2 BVerfGG allerdings nicht dem Beschwerdeführer im Verfahren der Verfassungsbeschwerde.

31 BVerfG, Beschluss der 3. Kammer des Ersten Senats vom 30. September 2018 – 1 BvR 1783/17 –, juris – Die F.-Tonbänder.

32 BVerfG, Beschluss der 3. Kammer des Ersten Senats vom 30. September 2018 – 1 BvR 2421/17 –, juris – Steuersparmodell eines Fernsehmoderators.

33 Dazu *Danckwerts*, AnwBl Online 2020, S. 20; *Schlüter*, GRUR-Prax 2018, S. 530.

Frage zu stellen und regte eine lebhafte Diskussion in der Literatur an.[34] Die „Grundsatzentscheidungen" vom 30. September 2018 haben jedoch eine prozessuale Vorgeschichte, die für ihr Verständnis bedeutsam ist.

1. Einseitige Beschlussverfügung als Gegenstand der Verfassungsbeschwerde

Mit Beschluss vom 6. Juni 2017 nahm die 3. Kammer des Ersten Senats des Bundesverfassungsgerichts[35] zunächst zwei Verfassungsbeschwerden des Spiegel-Verlags nicht zur Entscheidung an.[36] Die parallel gestellten Anträge auf Erlass einstweiliger Anordnungen wurden damit gegenstandslos.[37] Obwohl diese Verfassungsbeschwerden also keinen Erfolg hatten, ebnete das Bundesverfassungsgericht hier erstmals den Weg für eine Verfassungsbeschwerde, die sich – wegen Verstoßes gegen die prozessuale Waffengleichheit – unmittelbar gegen eine einstweilige Verfügung richtet.[38]

a) Der Spiegel-Verlag begehrte die Aufhebung von zwei Beschlüssen des LG Hamburg, mit denen seine Anträge auf einstweilige Einstellung der Zwangsvollstreckung aus äußerungsrechtlichen einstweiligen Verfügungen abgelehnt worden waren. Diese Beschlussverfügungen waren ohne mündliche Verhandlung und ohne Anhörung sowie nach telefonischem Hinweis an die Antragstellerseite ex parte erlassen worden. Gleichzeitig beantragte der Spiegel-Verlag beim Bundesverfassungsgericht die Anordnung der einstweiligen Einstellung der Zwangsvollstreckung aus den einstweiligen Verfügungen. Das LG Hamburg hatte zwischenzeitlich in beiden Verfahren bereits mündlich verhandelt, durch Urteil nach §§ 936, 925 Abs. 1 ZPO entschieden

---

34 *Bornkamm*, GRUR 2020, S. 715; *Löffel*, WRP 2020, S. 850 *Mantz*, WRP 2020, S. 1250; *Möller*, WRP 2020, S. 982; *Vollkommer*, MDR 2020, S. 904.

35 Seinerzeit in der Besetzung mit den Richtern Kirchhof, Masing und Paulus.

36 BVerfG, Beschluss der 3. Kammer des Ersten Senats vom 6. Juni 2020 – 1 BvQ 16/17; 1 BvQ 17/17; 1 BvR 764/17; 1 BvR 770/17 –, juris.

37 Der Antrag auf Erlass einer einstweiligen Anordnung gemäß § 32 BVerfGG ist akzessorisch zum Hauptsacheverfahren. Seine Statthaftigkeit hängt davon ab, dass ein „Streitfall" vorliegt. Mit der Entscheidung der Hauptsache ist dies nicht mehr der Fall. Im Verfassungsbeschwerdeverfahren gilt die Hauptsache auch dann als entschieden, wenn die Annahme der Verfassungsbeschwerde durch eine Kammer nach § 93b BVerfGG abgelehnt wird. Über einen etwaigen Antrag nach § 32 BVerfGG wird dann nicht mehr selbständig entschieden. Gemäß § 40 Abs. 3 GOBVerfG werden die in dieser Sache gestellten Anträge auf Erlass einer einstweiligen Anordnung gegenstandslos, wenn die Kammer die Annahme einer Verfassungsbeschwerde ablehnt.

38 Vgl. *Teplitzky*, WRP 2017, S. 1163 ff.

und (jedenfalls eine) der einstweiligen Verfügungen vollumfänglich bestätigt.[39]

b) Das Bundesverfassungsgericht sah diese Verfassungsbeschwerden unter verschiedenen Aspekten als unzulässig an. Soweit sich der Spiegel-Verlag gegen die Ablehnung der einstweiligen Einstellung der Zwangsvollstreckung wandte, hatten sich die unmittelbar angegriffenen Beschlüsse erledigt. Denn inzwischen war ja über die Widersprüche entschieden worden. Ein fortwirkendes Rechtsschutzinteresse bestehe auch nicht unter dem Gesichtspunkt der Wiederholungsgefahr.[40] Ein solches Rechtsschutzbedürfnis – nach Erledigung des ursprünglichen Begehrens – wird in der Rechtsprechung des Bundesverfassungsgerichts dann angenommen, wenn ein Gericht bereits herausgearbeitete verfassungsrechtliche Maßstäbe nicht beachtet hat und bei hinreichend bestimmter Gefahr einer gleichartigen Entscheidung bei gleichartiger Sach- und Rechtslage zu befürchten ist, dass es diese auch in Zukunft verkennen wird.[41] Die angegriffenen Beschlüsse des LG Hamburg erschöpften sich in der Ablehnung des Antrags auf einstweilige Einstellung der Zwangsvollstreckung. Der Spiegel-Verlag hatte kein spezifisches Interesse an vorläufigem Vollstreckungsschutz geltend gemacht, sondern berief sich allein auf Gehörsverstöße, Art. 103 Abs. 1 GG, bezüglich der zugrundeliegenden einstweiligen Verfügung. Der Antrag auf einstweilige Einstellung der Zwangsvollstreckung nach §§ 936, 924 Abs. 3 Satz 2, 707 ZPO ist aber ungeeignet, um – abseits von einem sachlichen Vollstreckungsschutzinteresse – mittelbar Grundrechtsverletzungen zu rügen.[42]

c) Auch soweit sich die Verfassungsbeschwerde mittelbar gegen die – vermeintlich prozessrechtswidrig erlassenen – einstweiligen Verfügungen selbst richteten, stufte das Bundesverfassungsgericht sie als unzulässig ein. Denn die gerügte Verletzung rechtlichen Gehörs war nach Durchführung der

---

39 LG Hamburg, Beschluss vom 5. Mai 2017 – 324 O 13/17 –, juris. Mit einem Antrag auf Aufhebung der einstweiligen Verfügung wegen veränderter Umstände gemäß §§ 927 Abs. 1, 936 ZPO scheiterte der Spiegel-Verlag, vgl. LG Hamburg, Urteil vom 18. September 2017 – 324 O 401/17 –, juris.

40 Unter Verweis auf BVerfG, Beschluss der 1. Kammer des Ersten Senats vom 20. Dezember 2012 – 1 BvR 2794/10 , juris, Rn. 14 (zum Versammlungsrecht).

41 BVerfG, Beschluss der 1. Kammer des Ersten Senats vom 20. Dezember 2012 – 1 BvR 2794/10 , juris, Rn. 14. In dem zugrundeliegenden versammlungsrechtlichen Fall ließ das BVerfG ausreichen, dass die Beschwerdeführer bereits konflikthafte Versammlungen in der gleichen Stadt durchgeführt hatten und auch in Zukunft die Durchführung von Versammlungen dort planten, bei denen sie mit ähnlichen Konfliktsituationen rechnen und gegebenenfalls gleichartige Entscheidungen des Verwaltungsgerichts und des Oberverwaltungsgerichts befürchten müssten.

42 Diese Einschätzung der Fachgerichte befand das Bundesverfassungsgericht als verfassungsrechtlich unbedenklich.

mündlichen Verhandlungen geheilt. Das Bundesverfassungsgericht betont die Funktionenteilung zwischen der Fach- und Verfassungsgerichtsbarkeit: Danach sind zunächst die Fachgerichte mit der Korrektur bereits verwirklichter Grundrechtseingriffe betraut.[43] Dies gilt insbesondere für die Heilung von Gehörsverstößen durch nachträgliche Gewährung rechtlichen Gehörs.[44] Jedenfalls im Zuge der auf einen Widerspruch gegen eine einstweilige Verfügung hin gemäß §§ 936, 924 Abs. 2 Satz 2 ZPO veranlassten mündlichen Verhandlung wird rechtliches Gehör gewährt. Hinsichtlich einer gerügten Gehörsverletzung ist also der Rechtsweg nach § 90 Abs. 2 Satz 1 BVerfGG nicht erschöpft.

d) Das Bundesverfassungsgericht prüfte sodann die Rügen einer Verletzung des Rechts auf prozessuale Waffengleichheit, das hier isoliert aus Art. 3 Abs. 1 GG abgeleitet wird[45], sowie das Recht auf ein faires Verfahren aus Art. 20 Abs. 3 GG; sieht diese aber nach § 93 Abs. 1 BVerfGG als verfristet an. Zwar könne sich eine Verfassungsbeschwerde unmittelbar gegen die einstweilige Verfügung selbst erhoben werden, wenn sich auch die gerügte Rechtsverletzung unmittelbar auf die einstweilige Verfügung bezieht. Denn einstweilige Verfügungen könnten hinsichtlich der geltend gemachten Grundrechtsverletzung – nämlich des bewussten Übergehens prozessualer Rechte bei ihrem Erlass – vor den Fachgerichten nicht wirksam angegriffen und dieser Verstoß auch nicht mehr beseitigt werden. Das Bundesverfassungsgericht weist darauf hin, dass eine prozessrechtliche Möglichkeit, etwas im Wege einer Feststellungsklage eine fachgerichtliche Kontrolle eines solchen Vorgehens zu bewirken, nicht besteht. Auch die Verfassungsbeschwerde könne diese Rechtsverletzung zwar nicht mehr beseitigen. Es sei aber „nicht ausgeschlossen", dass ein fortwirkendes Feststellungsinteresse für eine Verfassungsbeschwerde unmittelbar gegen eine Verletzung der prozessualen Waffengleichheit durch eine einseitig erlassene einstweilige Verfügung bestehe. Im konkreten Fall war die Monatsfrist für die Erhebung der Verfassungsbeschwerde nach § 93 Abs. 1 GG jedoch abgelaufen. Weiterer Ausführungen zu den Kriterien für ein solch fortwirkendes Feststellunginteresse bedurfte es daher nicht. Das Bundesverfassungsgericht eröffnete damit jedoch (erstmals) die Möglichkeit, einen etwaigen Verstoß gegen die prozessuale Waffen-

43 vgl. BVerfGE 96, 27 <40>; 104, 220 <232f.

44 vgl. BVerfGE 5, 9 (10); 58, 208 (222); 62, 392 (397); 107, 395 (410 ff.).

45 BVerfG, Beschluss der 3. Kammer des Ersten Senats vom 6. Juni 2020 – 1 BvQ 16/17; 1 BvQ 17/17; 1 BvR 764/17; 1 BvR 770/17 –, juris, Rn. 8.

gleichheit im zivilprozessualen Eilverfahren verfassungsrechtlich jedenfalls in Form einer feststellenden Entscheidung überprüfen zu lassen.[46]

2. Einstweilige Anordnung versus einstweilige Verfügung

Die schließlich erfolgreichen Verfassungsbeschwerden 1 BvR 1783/17 und 1 BvR 2421/17, die in die Kammerentscheidungen vom 30. September 2018[47] mündeten, wurden – in unterschiedlicher prozessualer Einkleidung – jeweils von Eilanträgen nach § 32 BVerfGG auf Erlass einstweiliger Anordnungen flankiert. Diese Anträge wurden indes vor Entscheidung über die Verfassungsbeschwerden abgelehnt.

a) Mit Beschluss vom 23. August 2017 lehnte die 3. Kammer des Ersten Senats des Bundesverfassungsgerichts einen Antrag auf Erlass einer einstweiligen Anordnung eines sog. Recherchenetzwerks gegen eine Beschlussverfügung des LG Köln[48] ab, die ohne vorhergehende außergerichtliche Abmahnung erlassen worden war.[49] Der Eilantrag wurde wiederum zusammen mit der Verfassungsbeschwerde gestellt, hier aber getrennt vorab beschieden.[50] Dies verdient Beachtung, denn die Verfassungsbeschwerde sollte ein Jahr später erfolgreich sein (siehe unten). Das Bundesverfassungsgericht befand den Antrag auf Erlass einer einstweiligen Anordnung indes für unzulässig. Im Hinblick auf die gerügte Verletzung des rechtlichen Gehörs gemäß Art. 103 Abs. 1 GG ergab sich dies schon daraus, dass auch die Verfassungsbeschwerde mangels Erschöpfung des Rechtswegs unzulässig war. Denn eine einstweilige Anordnung nach § 32 Abs. 1 BVerfGG ist ausgeschlossen, wenn sich das in der Hauptsache verfolgte Begehren von vornherein als unzulässig oder offensichtlich unbegründet erweist.[51] Soweit sich der Antrag auf Erlass einer einstweiligen Anordnung auf die Verletzung der prozessualen Waffengleichheit und des Rechts auf ein faires Verfahren stützte, sei dies zwar nicht der Fall und ein Rechtsweg vor den Fachgerichten nicht eröffnet. Gleichwohl scheiterte der Antrag an der substantiierten Darlegung eines schweren

---

46 Vgl. BVerfG, Beschluss der 3. Kammer des Ersten Senats vom 30. September 2018 – 1 BvR 2421/17 –, juris, Rn. 23 – Steuersparmodell eines Fernsehmoderators.

47 BVerfG, Beschluss der 3. Kammer des Ersten Senats vom 30. September 2018 – 1 BvR 1783/17 –, juris – Die F.-Tonbänder; BVerfG, Beschluss der 3. Kammer des Ersten Senats vom 30. September 2018 – 1 BvR 2421/17 –, juris – Steuersparmodell eines Fernsehmoderators.

48 LG Köln, Beschluss vom 10. Juli 2017 – 28 O 200/17 –, juris.

49 BVerfG, Beschluss der 3. Kammer des Ersten Senats vom 23. August 2017 – 1 BvR 1783/17 –, juris.

50 Antrag auf Erlass der einstweiligen Anordnung und Verfassungsbeschwerde tragen in diesem Fall das gleiche Aktenzeichen.

51 BVerfGE 103, 41 (42); 111, 147 (152 f.).

Nachteils im Sinne von § 32 BVerfGG. Im Streitfall kann das Bundesverfassungsgericht einen Zustand durch einstweilige Anordnung nach § 32 Abs. 1 BVerfGG vorläufig regeln, wenn dies zur Abwehr schwerer Nachteile, zur Verhinderung dringender Gewalt oder aus einem anderen wichtigen Grunde zum gemeinen Wohl dringend geboten ist.[52] Das Recherchenetzwerk versäumte es, nachvollziehbar darzulegen, dass für den Fall, dass die einstweilige Anordnung nicht erlassen wird, ein schwerer Nachteil droht. Das Bundesverfassungsgericht stellte hier einerseits darauf ab, dass auch der Erlass einer einstweiligen Anordnung die gerügte Verletzung der prozessualen Waffengleichheit und des fairen Verfahrens nicht mehr beseitigen könne. Denn ein Verfahrensfehler könne lediglich festgestellt werden. Die Feststellung des Verfahrensfehlers werde nur für das vorliegende Verfahren und zumindest nicht ohne weiteres auch für etwaige andere Verfahren der Beschwerdeführerin gelten. Zum anderen sei im konkreten Fall nicht ersichtlich, weshalb die Allgemeinheit einen irreparablen Schaden erlitte, wenn der streitgegenständliche Artikel über Ereignisse aus dem Jahr 2009 den Lesern erst nach Abschluss des fachgerichtlichen Verfahrens zugänglich sei.[53]

b) Mit Beschluss vom 29. Januar 2018 lehnte das BVerfG unter dem Aktenzeichen 1 BvQ 70/17[54] den (isolierten) Antrag eines Hamburger Nachrichtenmagazins auf einstweilige Einstellung der Zwangsvollstreckung aus einer Beschlussverfügung des OLG Hamburg ab, mit dem er zum Abdruck einer Gegendarstellung verpflichtet worden war.[55] Das Bundesverfassungsgericht befand, dass die Voraussetzungen für den Erlass einer einstweiligen Anordnung nicht vorlagen. Im Hinblick auf die gerügte Verletzung der grundrechtsgleichen Rechte des Nachrichtenmagazins auf prozessuale Waffengleichheit aus Art. 3 Abs. 1 GG und ein faires Verfahren aus Art. 20 Abs. 3 GG wurde wiederum darauf abgestellt, dass der Nachteil bereits eingetreten sei und durch den Erlass einer einstweiligen Anordnung nicht mehr abgewehrt werden könne. Ein möglicher Verstoß gegen das Recht auf Gehör nach Art. 103 Abs. 1 GG sei

52 Vgl. BVerfG, Beschluss der 1. Kammer des Ersten Senats vom 21. September 2020 – 1 BvR 2152/20 – juris, Rn. 2. Dabei gelten – selbst wenn die Verfassungsbeschwerde in der Sache Aussicht auf Erfolg hat – für den Erlass der einstweiligen Anordnung im Rahmen der der maßgeblichen Folgenabwägung strenge Maßstäbe, BVerfGE 71, 158 (161); 88, 185 (186); 91, 252 (257 f.); 111, 147 (152 f.).

53 Auch ein drohender schwerer Nachteil wegen Verletzung der Meinungs- und Pressefreiheit war nach Auffassung des Bundesverfassungsgerichts nicht hinreichend substantiiert und sei ohnehin gegebenenfalls vorrangig im Widerspruchsverfahren vor den Fachgerichten zu heilen.

54 BVerfG, Beschluss der 3. Kammer des Ersten Senats vom 29. Januar 2018 – 1 BvQ 70/17 –, juris.

55 Entgegnet werden sollte dabei auf eine Berichterstattung vom 20. Mai 2017. Die zugehörige Verfassungsbeschwerde unter dem Aktenzeichen 1 BvR 2421/17 war bereits am 26. Oktober 2017 erhoben worden.

dadurch geheilt, dass vor dem LG Hamburg auf den Widerspruch des Nachrichtenmagazins hin mündlich verhandelt worden war und auch das OLG Hamburg sich in der Entscheidung über die Nichteinstellung der Zwangsvollstreckung mit dessen Argumenten auseinandergesetzt, diese im Ergebnis aber nicht für durchgreifend erachtet habe. Ein spezifisches Vollstreckungsschutzinteresse sei nicht geltend gemacht worden. Ein maßgebliches Argument des Bundesverfassungsgerichts zur Ablehnung einer einstweiligen Anordnung in diesen Fällen war also, dass eine bereits erfolgte Verletzung der prozessualen Waffengleichheit nicht mehr rückgängig gemacht werden kann und sich auch auf den weiteren Verlauf des fachgerichtlichen Verfahrens nicht mehr auswirkt. Eine Aufhebung der einseitig erlassenen Beschlussverfügungen im Wege der einstweiligen Anordnung – mit der Folge, dass die Ausgangsgerichte neu, diesmal unter Beachtung des beiderseitigen Vortrags, über die Verfügungsanträge hätten befinden müssen – erwog das Bundesverfassungsgericht offenbar nicht.

IV. Die Kammerentscheidungen vom 30. September 2018

1. 1 BvR 2421/17 (Hamburger Verfahren)

a) Sachverhalt

Dem Verfassungsbeschwerdeverfahren 1 BvR 2421/17[56] lag eine presserechtliche Streitigkeit zugrunde. Der Beschwerdeführer – das Hamburger Nachrichtenmagazin – veröffentlichte einen Magazinartikel über einen Fernsehmoderator. Gegenstand des Artikels waren Briefkastenfirmen und die Nutzung eines Steuersparmodells. Der Moderator verlangte daraufhin außergerichtlich eine Gegendarstellung. Der Verlag lehnte den Abdruck der Gegendarstellung ab. In der Folge wurden Gegendarstellungsansprüche im einstweiligen Verfügungsverfahren geltend gemacht. Die Pressekammer des LG Hamburg wies drei sukzessive gestellte Verfügungsanträge zurück.[57] Die vom Antragsteller jeweils eingelegte Beschwerde blieb vor dem OLG Hamburg zweimal erfolglos bzw. wurde wieder zurückgenommen. Parallel machte der Antragsteller auch außergerichtlich weitere Gegendarstellungsverlan-

56 BVerfG, Beschluss der 3. Kammer des Ersten Senats vom 30. September 2018 – 1 BvR 1783/17 –, juris.

57 LG Hamburg, Beschluss vom 12. September 2017 – 324 O 411/17 –, juris.

gen gegenüber dem Verlag geltend. Die ablehnenden Schreiben des Verlages legte der Antragsteller im gerichtlichen Verfahren nicht vor. Im Beschwerdeverfahren über den dritten Verfügungsantrag erließ das OLG Hamburg schließlich – vier Monate nach dem ersten Verfügungsantrag – im Beschlusswege unter Bezugnahme auf die besondere Dringlichkeit ohne mündliche Verhandlung eine einstweilige Verfügung, mit der dem Verlag auferlegt wurde, Gegendarstellungen abzudrucken.[58] Dem Antragsteller waren zuvor verschiedentlich telefonische Hinweise erteilt worden. Der Verlag erfuhr erstmals mit der Zustellung der Beschlussverfügung von dem gerichtlichen Verfahren. Auf dessen Widerspruch hin wurde die einstweilige Verfügung nach mündlicher Verhandlung durch Urteil des LG Hamburg bestätigt.[59] Das Berufungsverfahren war noch anhängig. Das OLG Hamburg wies die Berufung gegen das erstinstanzliche Urteil schließlich zurück.[60]

b) Entscheidungsinhalt

Auf die Verfassungsbeschwerde des Nachrichtenmagazins hin stellte das Bundesverfassungsgericht mit stattgebender Kammerentscheidung nach § 93c Abs. 1 Satz 1 i.V.m. § 93a Abs. 2 BVerfGG fest, dass der Beschluss des OLG Hamburg die Beschwerdeführerin in ihrem grundrechtsgleichen Recht auf prozessuale Waffengleichheit – nunmehr hergeleitet aus Art. 3 Abs. 1 i.V.m. Art. 20 Abs. 3 GG – verletzte.[61]

aa) Die Verfassungsbeschwerde könne ausnahmsweise unmittelbar gegen die einstweilige Verfügung selbst erhoben werden. Denn der Verlag wende sich gegen ein – nach seinem Vorbringen – bewusstes und systematisches Übergehen prozessualer Rechte, welches die Fachgerichte im Vertrauen darauf praktizierten, dass diese Rechtsverletzungen angesichts später eröffneter Verteidigungsmöglichkeiten folgenlos blieben und nicht geltend ge-

58 OLG Hamburg, Beschluss vom 5. Oktober 2017 – 7 W 108/17 –, juris.

59 LG Hamburg, Urteil vom 3. November 2017 – 324 O 411/17 –, juris.

60 OLG Hamburg, Urteil vom 6. Februar 2018 – 7 U 138/17 –, juris. Allerdings hob das Bundesverfassungsgericht die Entscheidungen des LG Hamburg und des OLG Hamburg schließlich aufgrund Verletzung des Spiegel-Verlags in dessen Grundrecht auf Pressefreiheit aus Art. 5 Abs. 1 Satz 2 GG wiederum auf, BVerfG Beschluss der 2. Kammer des Ersten Senats vom 9. Dezember 2020 – 1 BvR 704/18 –, juris.

61 BVerfG, Beschluss der 3. Kammer des Ersten Senats vom 30. September 2018 – 1 BvR 2421/17 –, juris – Steuersparmodell eines Fernsehmoderators. Die schematische Feststellung, dass die für die Verfassungsbeschwerde maßgeblichen Rechtsfragen vom Bundesverfassungsgericht bereits entschieden worden seien (Rn. 22), demonstriert die faktische Verlagerung von Entscheidungen auch mit grundsätzlicher Bedeutung in das Kammerverfahren.

macht werden könnten. Ein Rechtsbehelf zur fachgerichtlichen Kontrolle eines solchen Vorgehens bestehe nicht. Ein hinreichend gewichtiges Feststellungsinteresse sei insoweit gegeben, wenn die gerügte Verfahrenspraxis der ständigen Übung einiger Spruchkörper entspreche, die mit dem Presse- und Äußerungsrecht befasst seien und insoweit eine Wiederholung der angegriffenen Maßnahme zu befürchten stehe.[62]

bb) Sowohl der Erlass der einstweiligen Verfügung ohne vorherige Anhörung des Verlages als auch die einseitige Hinweiserteilung an den Antragsteller allein, ohne den Verlag unverzüglich hierüber zu benachrichtigen, hätten gegen die verfassungsrechtlichen Anforderungen einer Gleichwertigkeit der prozessualen Stellung der Parteien im Zivilprozess verstoßen. Nach dem Grundsatz der Waffengleichheit müsse ein Gericht im Presse- und Äußerungsrecht der Gegenseite vor einer stattgebenden Entscheidung über den Antrag einer Partei des Zivilrechtsstreits Recht auf Gehör gewähren. Von der Erforderlichkeit einer Überraschung des Gegners könne bei der Geltendmachung von Ansprüchen im Presse- und Äußerungsrecht jedenfalls nicht als Regel ausgegangen werden. Noch weniger gelte dies im Gegendarstellungsrecht. Da die vorherige Veröffentlichung hier materielle Voraussetzung des Anspruchs sei, scheide ein schutzwürdiges Interesse daran, dass die Geltendmachung des Gegendarstellungsanspruchs als solche dem Schuldner verborgen bleibe, von vornherein aus.[63]

cc) Die Frage der Gehörsgewährung sei indes von der Frage zu unterscheiden, wann über den Erlass einer einstweiligen Verfügung ohne mündliche Verhandlung entschieden werden könne. Für die Beurteilung, wann ein dringender Fall im Sinne des § 937 Abs. 2 ZPO vorliege und damit auf eine mündliche Verhandlung verzichtet werden könne, komme den Fachgerichten ein weiter Wertungsrahmen zu. Denn das Presserecht sei vom Erfordernis einer schnellen Reaktion geprägt, wenn es darum gehe, gegen eine Berichterstattung vorzugehen. Dies gelte namentlich im Gegendarstellungsrecht. Im Hinblick auf den durch das Internet beschleunigten Informationsaustausch könne der Verzicht auf eine mündliche Verhandlung im Interesse effektiven Rechtsschutzes sogar geboten sein, um Ansprüchen in unmittelbarer zeitlicher Nähe zur Berichterstattung Geltung zu verschaffen,

---

62 BVerfG, Beschluss der 3. Kammer des Ersten Senats vom 30. September 2018 – 1 BvR 2421/17 –, juris, Rn. 24 – Steuersparmodell eines Fernsehmoderators.

63 BVerfG, Beschluss der 3. Kammer des Ersten Senats vom 30. September 2018 – 1 BvR 2421/17 –, juris, Rn. 31 – Steuersparmodell eines Fernsehmoderators.

vorausgesetzt, das Verfahren werde auch entsprechend zügig vorangetrieben.[64]

Eine stattgebende Entscheidung über den Verfügungsantrag komme aber grundsätzlich nur in Betracht, wenn die Gegenseite zuvor die Möglichkeit gehabt habe, auf das mit dem Antrag geltend gemachte Vorbringen zu erwidern, wobei für Art und Zeitpunkt der Gehörsgewährung nach den Umständen des Einzelfalls zu differenzieren sei. Hierbei könnten auch vorprozessuale Möglichkeiten einbezogen werden, die es der Antragsgegnerseite erlaubten, sich zu dem Verfügungsantrag zu äußern, etwa eine vorgerichtliche Abmahnung. Dabei sei auch die nunmehr in den §§ 945a, 945b ZPO geregelte Möglichkeit des Antragsgegners, eine Schutzschrift zu hinterlegen, zu berücksichtigen.[65] Der prozessualen Waffengleichheit genügten vorprozessuale Erwiderungsmöglichkeiten indes nur dann, wenn sichergestellt sei, dass die Erwiderungen dem Gericht im Entscheidungszeitpunkt auch vorliegen. Der Verfügungsantrag hinsichtlich eines Unterlassungsbegehrens müsse dafür im Anschluss an die Abmahnung unverzüglich nach Ablauf einer angemessenen Frist für die begehrte Unterlassungserklärung bei Gericht eingereicht werden. Die abgemahnte Äußerung sowie die Begründung für die begehrte Unterlassung müssten mit dem bei Gericht geltend gemachten Unterlassungsbegehren identisch sein und der Antragsteller müsse ein etwaiges Zurückweisungsschreiben des Antragsgegners zusammen mit seiner Antragsschrift bei Gericht einreichen. Bei Abweichungen zwischen dem Antrag vor Gericht und dem vorprozessualen Begehren sowie bei abweichender Begründung sei dem Antragsgegner Gehör zu gewähren.[66] Das Gericht müsse die Argumente beider Seiten in seine Entscheidung einbeziehen und auf dieser Grundlage entscheiden.[67]

dd) Rechtliches Gehör sei schließlich auch zu gewähren, wenn das Gericht dem Antragsteller Hinweise nach § 139 ZPO erteile, von denen die Gegenseite sonst erst nach Erlass einer für sie nachteiligen Entscheidung oder gar nicht erfahre. Das OLG Hamburg habe angesichts des mehrmonatigen Verfahrenszeitraums wiederholt Veranlassung gehabt, dem Verlag Gelegenheit zur

---

64 BVerfG, Beschluss der 3. Kammer des Ersten Senats vom 30. September 2018 – 1 BvR 2421/17 –, juris, Rn. 32 – Steuersparmodell eines Fernsehmoderators.

65 BVerfG, Beschluss der 3. Kammer des Ersten Senats vom 30. September 2018 – 1 BvR 2421/17 –, juris, Rn. 34 – Steuersparmodell eines Fernsehmoderators.

66 BVerfG, Beschluss der 3. Kammer des Ersten Senats vom 30. September 2018 – 1 BvR 2421/17 –, juris, Rn. 36 – Steuersparmodell eines Fernsehmoderators.

67 BVerfG, Beschluss der 3. Kammer des Ersten Senats vom 30. September 2018 – 1 BvR 2421/17 –, juris, Rn. 35 – Steuersparmodell eines Fernsehmoderators.

Stellungnahme zu geben, was auch schriftsätzlich habe geschehen können. Dies sei nicht zu rechtfertigen, zumal dem Antrag auf Erlass der einstweiligen Verfügung stattgegeben worden sei, ohne die Zurückweisungsschreiben zu berücksichtigen. Telefonische Hinweise durch die befassten Richter mit der Folge mehrfacher Anpassung der Verfügungsanträge durch den Antragstelleranwalt seien mit Blick auf die prozessuale Waffengleichheit bereits inhaltlich zweifelhaft. Jedenfalls aber liege ein Verstoß darin, dass die Hinweise der Gegenseite nicht jeweils unverzüglich mitgeteilt und in der Akte nicht ausreichend dokumentiert worden seien. Aktenvermerke wie „Bedenken erörtert" genügten den Dokumentationsanforderungen nicht.[68]

2. 1 BvR 1783/17 (Kölner Verfahren)

Dem Parallelverfahren 1 BvR 1783/17[69] lag ebenfalls eine äußerungsrechtliche Streitigkeit zugrunde, bei der es um die Veröffentlichung von Protokollen einer Aufsichtsratssitzung im Internet ging.[70] Dem Recherchenetzwerk wurde per – nur im Tenor begründeter – Beschlussverfügung aufgegeben, bestimmte Äußerungen zu unterlassen, ohne dass eine vorprozessuale Abmahnung erfolgt oder der Antragsgegner im gerichtlichen Verfahren angehört worden wäre. Eine Verletzung im grundrechtsgleichen Recht auf prozessuale Waffengleichheit sah das Bundesverfassungsgericht hier darin, dass der Antragsgegner weder Anlass noch Möglichkeit gehabt habe, sich vor der Entscheidung des Gerichts Gehör zu verschaffen und seine Sicht der Dinge darzulegen, obwohl das Ziel eines effektiven Rechtsschutzes eine Überraschung oder Überrumpelung keineswegs geboten habe. Gleichwohl habe das LG Köln nicht nur ohne mündliche Verhandlung entschieden, sondern auch ohne vorherige ordnungsgemäße Abmahnung durch die Antragstellerin des Ausgangsverfahrens und ohne Anhörung des Recherchenetzwerks im Verfahren.[71] Die Ausführungen zur prozessualen Waffengleichheit und zum Feststellungsinteresse decken sich weitestgehend mit denjenigen im Verfahren 1 BvR 2421/17. Soweit die Verfassungsbeschwerde darüber hinaus aber eine Aufhebung des Beschlusses des LG Köln und die Einstellung der Vollstreckung

68 BVerfG, Beschluss der 3. Kammer des Ersten Senats vom 30. September 2018 – 1 BvR 2421/17 –, juris, Rn. 40 – Steuersparmodell eines Fernsehmoderators.

69 BVerfG, Beschluss der 3. Kammer des Ersten Senats vom 30. September 2018 – 1 BvR 1783/17 –, juris – Die F.-Tonbänder.

70 LG Köln, Beschluss vom 10. Juli 2017 – 28 O 200/17 –, juris.

71 BVerfG, Beschluss der 3. Kammer des Ersten Senats vom 30. September 2018 – 1 BvR 1783/17 –, juris, Rn. 25 – Die F.-Tonbänder.

aus diesem Beschluss begehrte, wurde sie nicht zur Entscheidung angenommen.[72] Denn diese Entscheidungen waren zwischenzeitlich prozessual überholt, so dass es für diese Anträge an einem Rechtsschutzbedürfnis fehlte.[73]

V. Grundsätze prozessualer Waffengleichheit im einstweiligen Verfügungsverfahren

Resümieren lässt sich, dass das Bundesverfassungsgericht in den Verfahren 1 BvR 1783/17 und 1 BvR 2421/17 den Weg zur sofortigen Verfassungsbeschwerde gegen einstweilige Verfügungen eröffnet hat, wenn mit ihr die Verletzung eines Verfahrensgrundrechts der mit dem Verfügungsantrag angegriffenen Partei – namentlich deren Recht auf Waffengleichheit – geltend gemacht wird. In materieller Hinsicht ist zum einen das Verhältnis zwischen der vorprozessualen Abmahnung und dem bei Gericht gestellten Verfügungsantrag bedeutsam. Zum anderen stehen die Rolle und die Folgen etwaiger Hinweise des Gerichts an den Antragsteller im Fokus.

1. Feststellungsinteresse

Das Bundesverfassungsgericht hält Verfassungsbeschwerden wegen Verletzung der prozessualen Waffengleichheit aus Art. 3 Abs. 1 i.V.m. Art. 20 Abs. 3 GG unmittelbar gegen einstweilige Verfügungen ausnahmsweise für zulässig, wenn ein hinreichend gewichtiges Feststellungsinteresse vorliegt und nicht nur ein bloßer error in procedendo. Dies sei der Fall, wenn die angegriffene Vorgehensweise der ständigen Praxis „einiger Spruchkörper" entspreche, die mit dem Presse- und Äußerungsrecht befasst sind und daher die konkrete Gefahr der Wiederholung einer gleichartigen Entscheidung bestehe. Hinzukommen muss also eine verstetigte Verfahrenspraxis, welche die Verletzung der Verfahrensrechte perpetuiert und eine Wiederholung dieser Verfahrensweise nahelegt. Die vom Bundesver-

72 BVerfG, Beschluss der 3. Kammer des Ersten Senats vom 30. September 2018 – 1 BvR 1783/17 –, juris, Rn. 27 – Die F.-Tonbänder.

73 Das LG Köln bestätigte in der Folge die im Verfassungsbeschwerdeverfahren angegriffene einstweilige Verfügung, vgl. LG Köln, Urteil vom 11. Oktober 2017 – 28 O 200/17 –, juris. In der Berufung änderte das OLG Köln das landgerichtliche Urteil ab und hob die einstweilige Verfügung auf, vgl. OLG Köln, Urteil vom 18. April 2019 – I-15 U 204/18 –, juris. Das OLG Köln stellte allerdings fest, dass die eigenständige Verletzung der prozessualen Waffengleichheit für den Erfolg der Berufung nicht maßgeblich war (Rn. 42).

fassungsgericht eingeholten Stellungnahmen belegen offenbar lediglich für zwei Landgerichtsbezirke (Köln und Hamburg) die Praxis, regelmäßig ohne mündliche Verhandlung und ohne Anhörung des Gegners zu entscheiden, während in den übrigen Landgerichtsbezirken – jedenfalls der Bundesländer Nordrhein-Westfalen, Hessen, Mecklenburg-Vorpommern, Niedersachsen und Schleswig-Holstein – diese Praxis eine Ausnahme darstelle. Außerhalb des Presserechts dürfte eine entsprechende Handhabung gerade bei spezialisierten Zivilkammern und Kammern für Handelssachen nach vorsichtiger Einschätzung allerdings noch weitaus verbreiteter sein.

2. Äußerungsmöglichkeit des Antragsgegners

Den Verfahrensgrundsätzen ist im summarischen Eilverfahren zukünftig ein höherer Stellenwert beizumessen. Durch den Erlass einer einstweiligen Verfügung ohne vorherige Anhörung des Antragsgegners durch das Gericht und ohne hinreichende vorprozessuale Abmahnung durch den Antragsteller ist die Gleichwertigkeit der prozessualen Stellung der Verfahrensbeteiligten nicht mehr gewährleistet. Für die Beurteilung, ob ein dringender Fall im Sinne des § 937 Abs. 2 ZPO vorliegt und damit auf eine mündliche Verhandlung verzichtet werden kann, verfügen die Fachgerichte zwar über einen weiten Wertungsrahmen. Eine stattgebende Entscheidung über den Verfügungsantrag kommt aber grundsätzlich nur in Betracht, wenn die Gegenseite zuvor die Möglichkeit hatte, auf das in dem Antrag geltend gemachte Vorbringen zu erwidern. Hierfür kann auch auf die Möglichkeit zur Erwiderung auf eine vorangegangene Abmahnung oder eine hinterlegte Schutzschrift, §§ 945a, 945b ZPO, abgestellt werden.

a) Erwiderungsmöglichkeit auf Abmahnung

Dem Grundsatz prozessualer Waffengleichheit genügen die Erwiderungsmöglichkeiten auf eine Abmahnung aber nur unter folgenden Voraussetzungen:

- der Verfügungsantrag wird unverzüglich im Anschluss an die in der Abmahnung gesetzte Frist eingereicht;
- der abgemahnte Verstoß sowie die Begründung für die begehrte Unterlassung sind identisch mit dem bei Gericht geltend gemachten Unterlassungsbegehren;
- ein etwaiges Zurückweisungsschreiben wird zusammen mit der Antragsschrift bei Gericht eingereicht.

Demgegenüber ist der Antragsgegner anzuhören, wenn er nicht in der „gehörigen Form" abgemahnt wurde oder der Antrag vor Gericht in anderer Weise als in der Abmahnung oder mit ergänzendem Vortrag begründet wird. Diese Anhörung kann auch fernmündlich oder per E-Mail mit kurz bemessener Frist erfolgen.

b) Gehörsgewährung nach Hinweiserteilung

Gehör ist ebenso zu gewähren, wenn das Gericht dem Antragsteller Hinweise nach § 139 ZPO erteilt, von denen der Antragsgegner sonst nicht oder erst nach Erlass einer für ihn nachteiligen Entscheidung erfährt. Dann ist es geboten, den Gegner zeitnah in den gleichen Kenntnisstand zu versetzen wie den Antragsteller und auch ihm die richterlichen Hinweise zeitnah mitzuteilen. Dies soll insbesondere bei – in der Praxis sehr üblichen – rechtlichen Hinweisen gelten, die dazu dienen:
- dem Antragsteller Gelegenheit zur Nachbesserung oder
- eine Einschätzung zu den Erfolgsaussichten zu geben.

VI. Entwicklung der Entscheidungspraxis des Bundesverfassungsgerichts

Die Spruchpraxis des Bundesverfassungsgerichts zu Fällen der prozessualen Waffengleichheit im einstweiligen Verfügungsverfahren hat seit den beiden „Grundsatzbeschlüssen" 1 BvR 2421/17 und 1 BvR 1783/17 weitere Entwicklungsstufen durchlaufen.

1. Nichtannahmeentscheidungen

Im unmittelbaren Nachgang nahm das Bundesverfassungsgericht zunächst mehrere Verfassungsbeschwerden in äußerungsrechtlichen Verfahren – in denen wiederum der Erlass einstweiliger Unterlassungsverfügungen ohne Anhörung der Gegenseite und eine einseitige telefonische Hinweiserteilung durch das Gericht an die Gegenseite gerügt wurde –, nicht zur Entscheidung an.

a) In den Verfahren 1 BvR 2909/17[74] und 1 BvR 1811/17; 1 BvR 218/18; 1 BvR 871/18; 1 BvR 872/18[75] (Beschlüsse vom 15. April 2019) hätten die Verfassungsbe-

---

74 BVerfG, Beschluss der 2. Kammer des Ersten Senats vom 15. April 2019 – 1 BvR 2909/17 –, juris.

schwerden zwar im Zeitpunkt ihrer Erhebung Aussicht auf Erfolg gehabt. Nach Klärung der Anforderungen, die für das äußerungsrechtliche Verfahren aus dem Grundsatz der prozessualen Waffengleichheit folgen, hatten die Verfahren aber keine grundsätzliche Bedeutung mehr und war ihre Annahme zur Durchsetzung der Rechte aus § 90 Abs. 1 BVerfGG nicht mehr angezeigt, eine Wiederholungsgefahr nicht ersichtlich und das Feststellungsinteresse somit entfallen. Allerdings wurde Auslagenerstattung angeordnet, da im Zeitpunkt der Erhebung der Verfassungsbeschwerde die Annahmevoraussetzungen des § 93a Abs. 2 BVerfGG vorlagen.

b) In den Verfahren 1 BvR 1078/19 und 1 BvR 1260/19[76] wurde zwei Medienunternehmen im einstweiligen Verfügungsverfahren ohne mündliche Verhandlung und ohne Anhörung bestimmte Äußerungen und die Verbreitung von Bildnissen untersagt. Sie machten geltend, dass die Abmahnungen, die ihnen gegenüber vorprozessual ausgesprochen worden waren, nicht identisch mit den bei Gericht eingereichten Verfügungsanträgen und deren Begründung seien. Das Bundesverfassungsgericht verneinte auch hier ein auf Wiederholungsgefahr gestütztes Feststellungsinteresse. Denn dies setze voraus, dass die Zivilgerichte die aus dem Grundsatz der prozessualen Waffengleichheit folgenden Anforderungen grundsätzlich verkennen und sie ihre Praxis hieran unter Missachtung der verfassungsrechtlichen Maßstäbe nicht ausrichten. Dazu gab der Beschwerdevortrag indes nichts her.

2. Einstweilige Anordnung gegen Beschlussverfügung

Diese zurückhaltende Praxis fand ihr vorläufiges Ende mit den Verfahren 1 BvR 1246/20[77] und 1 BvR 1380/20[78].

a) Wiederum handelt es sich äußerungsrechtliche Streitigkeiten, in denen einstweilige Unterlassungsverfügungen – hier des LG Berlin – einseitig ergingen. Dem Verfahren 1 BvR 1246/20 liegt eine Streitigkeit rivalisierender Polizei-gewerkschaften im Vorfeld von Betriebsratswahlen zugrunde[79]; dem

---

75 BVerfG, Beschluss der 2. Kammer des Ersten Senats vom 15. April 2019 – 1 BvR 1811/17; 1 BvR 218/18; 1 BvR 871/18; 1 BvR 872/18 – juris.

76 BVerfG, Beschluss der 2. Kammer des Ersten Senats vom 8. Oktober 2019 – 1 BvR 1078/19; 1 BvR 1260/19 –, juris.

77 BVerfG, Beschluss der 2. Kammer des Ersten Senats vom 3. Juni 2020 – 1 BvR 1246/20 –, juris – Personalratswahl bei der Bundespolizei.

78 BVerfG, Beschluss der 2. Kammer des Ersten Senats vom 17. Juni 2020 – 1 BvR 1380/20 –, juris – Ibiza-Videos.

79 Vgl. LG Berlin, Beschluss vom 30. April 2020 – 27 O 169/20 –.

Verfahren 1 BvR 1380/20 die Berichterstattung über einen Fall von Chantage gegen einen österreichischen Politiker.[80] Den Verfügungsanträgen gingen jeweils vorgerichtliche Abmahnungen und die Aufforderung zur Abgabe einer Unterlassungserklärung voraus, die vom Gegner zurückgewiesen und auf die erwidert wurde. In den Begründungen der gerichtlichen Verfügungsanträge reagierten die Antragsteller wiederum auf die von der Antragsgegnerseite in den Erwiderungen auf die Abmahnung vorgebrachten Argumente und bauten eigene Argumente aus bzw. stützten das Unterlassungsverlangen hilfsweise auf andere Äußerungsteile.

b) Das Bundesverfassungsgericht erließ erstmalig einstweilige Anordnungen gemäß § 32 BVerfGG unmittelbar gegen zwei Beschlussverfügungen, stellte darin Verstöße gegen das grundrechtgleiche Recht auf prozessuale Waffengleichheit fest und setzte die Wirkung der Beschlussverfügungen bis zu einer Entscheidung über die Verfassungsbeschwerde in der Hauptsache oder bis zu einer erneuten Entscheidung des Landgerichts, längstens aber für die Dauer von sechs Monaten, aus. Die im Rahmen des § 32 BVerfGG vorzunehmende Folgenabwägung falle zugunsten des Erlasses einer einstweiligen Anordnung aus. Denn die Verfassungsbeschwerde sei hinsichtlich der gerügten Verletzung der prozessualen Waffengleichheit offensichtlich zulässig und begründet. Eines besonders gewichtigen Feststellungsinteresses bedürfe es nicht, da die „Verfügung in Gestalt eines weiterhin vollstreckbaren Unterlassungstitels fortdauere“. Es genüge, dass der Antragsgegner weiterhin durch die angegriffene Verfügung beschwert sei, so dass ihm durch deren verfassungsgerichtlich Aufhebung oder Außervollzusetzung Rechtsschutz gewährt werden könne. Dies bedeutete eine ganz erhebliche Absenkung der Zulässigkeitsvoraussetzungen für einen Antrag auf Erlass einer einstweiligen Anordnung nach § 32 BVerfGG in diesen Fällen. Auf die substantiierte Darlegung eines schweren Nachteils wurde de facto gänzlich verzichtet (auch wenn dieses Merkmal im Obersatz noch Erwähnung findet). Der Verzicht auf dieses Merkmal überrascht angesichts der vorangegangenen Eilverfahren zu 1 BvR 1783/17[81] und 1 BvQ 70/17[82], in denen der Erlass einer einstweiligen Anordnung noch scheiterte, weil nicht ersichtlich war, weshalb die Allgemeinheit einen irreparablen Schaden erlitte, wenn Presseartikel über geraume Zeit zurückliegende Ereignisse erst nach Abschluss des fachgerichtlichen Verfahrens zugänglich lesbar seien.

---

80 Vgl. LG Berlin, Beschluss vom 12. Mai 2020 – 27 O 196/20 –.
81 BVerfG, Beschluss der 3. Kammer des Ersten Senats vom 23. August 2017 – 1 BvR 1783/17 –, juris.
82 BVerfG, Beschluss der 3. Kammer des Ersten Senats vom 29. Januar 2018 – 1 BvQ 70/17 –, juris.

c) In zwei weiteren Entscheidungen zu ähnlich gelagerten Fallkonstellationen, von denen eine zeitgleich – 1 BvR 1378/20[83] – die andere einen Monat später erging – 1 BvR 1617/20[84] – wurden die Anträge auf Erlass einer einstweiligen Anordnung hingegen mangels Darlegung eines grundrechtlich erheblichen schweren Nachteils abgelehnt. Dabei wurde klargestellt, dass konkrete schwere Nachteile – etwa in Gestalt von drohenden Vollstreckungsmaßnahmen – für ein ausnahmsweises Einschreiten des Bundesverfassungsgerichts per einstweiliger Anordnung auch bei klaren Erfolgsaussichten der Verfassungsbeschwerde erforderlich sind. Daran fehlt es jedenfalls auch dann, wenn die Unterlassungsverpflichtung in der Sache ohnehin keine Belastung darstellt, etwa eine bestimmte Form der Berichterstattung gar nicht mehr beabsichtigt ist.

3. Waffengleichheit im UWG-Verfahren

Mit zwei Entscheidungen aus Juli 2020, 1 BvR 1379/20[85] und 1 BvR 1422/20[86], hat das Bundesverfassungsgericht schließlich erstmals klargestellt, dass die Maßstäbe zur Handhabung der prozessualen Waffengleichheit und des rechtlichen Gehörs im Presse- und Äußerungsrecht auch für einstweilige Verfügungsverfahren im Bereich des Lauterkeitsrechts gelten. In der Sache wurden die beiden unmittelbar gegen Beschlussverfügungen gerichteten Verfassungsbeschwerden allerdings nicht zur Entscheidung angenommen und die parallel gestellten Eilanträge damit nach § 40 Abs. 3 GOBVerfG gegenstandslos. Die Nichtannahmeentscheidungen 1 BvR 2575/20[87] und 1 BvR 2793/20[88] ergingen ebenfalls zu lauterkeitsrechtlichen Sachverhalten. Mit der Entscheidung 1 BvR 375/21[89] wurden die Grundsätze zur prozessualen Waffengleichheit schließlich auch auf einstweilige Verfügungsverfahren im Bereich des Kartellrechts erstreckt.

83 BVerfG, Beschluss der 2. Kammer des Ersten Senats vom 17. Juni 2020 – 1 BvR 1378 –, juris.

84 BVerfG, Beschluss der 2. Kammer des Ersten Senats vom 16. Juli 2020 – 1 BvR 1617/20 –, juris.

85 BVerfG, Beschluss der 2. Kammer des Ersten Senats vom 27. Juli 2020 – 1 BvR 1379/20 –, juris – Prozessuale Waffengleichheit im lauterkeitsrechtlichen Eilverfahren.

86 BVerfG, Beschluss der 2. Kammer des Ersten Senats vom 30. Juli 2020 – 1 BvR 1422/20 – juris – Internetportal für Steuerberatungsdienstleistungen.

87 BVerfG, Beschluss der 2. Kammer des Ersten Senats vom 3. Dezember 2020 – 1 BvR 2575/20 –, juris – Missbräuchliche Titelerschleichung.

88 BVerfG, Beschluss der 2. Kammer des Ersten Senats vom 22. Januar 2021 – 1 BvR 2793/20 –, juris – Abweichung des Verbotstenors vom Verfügungsantrag.

89 BVerfG, Beschluss der 2. Kammer des Ersten Senats vom 16. März 2021 – 1 BvR 375/21 –, Kartellrechtliches Eilverfahren.

4. Verfahren 1 BvR 1617/20

Das Verfassungsbeschwerdeverfahren zu 1 BvR 1617/20[90] zeigt die intensivierten Bemühungen dem Merkmal des „Feststellungsinteresses" in Fällen von Verstößen gegen die prozessuale Waffengleichheit stärkere Konturen zu verleihen.

a) Die Darlegung eines solchen Feststellungsinteresses könne nur ausnahmsweise entbehrlich sein, wenn folgende Bedingungen erfüllt sind[91]:
   - eine offenkundig prozessrechtswidrig erlassene einstweilige Verfügung wirkt noch fort,
   - das darauf bezogene fachgerichtliche Widerspruchsverfahren wurde zügig beschritten und dauert noch an, geltend gemacht werden schwere, grundrechtlich erhebliche Nachteile i.S.d. §§ 32 Abs. 1, 90 Abs. 2 BVerfGG, die ein Einschreiten des BVerfG noch während des laufenden fachgerichtlichen Verfahrens gebieten.

   Die „gewöhnliche" Belastung durch den „formellen Unterlassungstitel" und die Kostenlast stellen jedoch keinen schwerwiegenden Nachteil i.S.v. § 32 Abs. 1 BVerfGG dar. Soweit sich der Beschwerdeführer in den Verfahren 1 BvR 1246/20[92] und 1 BvR 1380/20[93] darauf berufen habe, sei der Verzicht auf die Darlegung eines besonderen Feststellungsinteresses in diesen Fällen der dortigen Verfahrenskonstellation geschuldet gewesen. Dort habe die Verletzung der prozessualen Waffengleichheit jeweils fortgewirkt, Widerspruch sei eingelegt und begründet worden und außerdem sei in diesen Verfahren ein schwerwiegender Nachteil i.S.d. § 32 BVerfGG geltend gemacht worden.[94]

b) Diese Falldifferenzierung überzeugt jedoch nicht vollends; vielmehr ähneln sich die Konstellationen hinsichtlich der angeführten Nachteile durchaus. Das Bundesverfassungsgericht suchte hier wohl einen Weg, um die nicht völlig konsistenten Entscheidungen 1 BvR 1246/20 und 1 BvR 1380/20 wieder „einzufangen" und auf Einzelfälle zu beschränken. Denn diese beiden Ent-

---

90 BVerfG, Beschluss der 2. Kammer des Ersten Senats vom 23. September 2020 – 1 BvR 1617/20 –, juris – Feststellungsinteresse bei Waffengleichheitsverstoß. Der Antrag auf Erlasse einer einstweiligen Anordnung war unter gleichem Aktenzeichen bereits zuvor zurückgewiesen worden, vgl. BVerfG, Beschluss der 2. Kammer des Ersten Senats vom 16. Juli 2020 – 1 BvR 1617/20 –, juris.

91 BVerfG, Beschluss der 2. Kammer des Ersten Senats vom 23. September 2020 – 1 BvR 1617/20 –, juris, Rn. 7 – Feststellungsinteresse bei Waffengleichheitsverstoß.

92 BVerfG, Beschluss der 2. Kammer des Ersten Senats vom 3. Juni 2020 – 1 BvR 1246/20 –, juris – Personalratswahl bei der Bundespolizei.

93 BVerfG, Beschluss der 2. Kammer des Ersten Senats vom 17. Juni 2020 – 1 BvR 1380/20 –, juris – Ibiza-Videos.

94 BVerfG, Beschluss der 2. Kammer des Ersten Senats vom 23. September 2020 – 1 BvR 1617/20 –, juris, Rn. 11 – Feststellungsinteresse bei Waffengleichheitsverstoß.

scheidungen mussten tatsächlich so verstanden werden, dass ein Beschwerdeführer gerade kein besonders gewichtiges Feststellungsinteresse geltend machen müsse. Die Aufgabe dieses Erfordernisses war aber in der Sache nicht gerechtfertigt. Vielmehr haben die gleichen Maßstäbe zu gelten, wie auch sonst in Fällen einer nachträglichen Feststellung von Verfahrensverstößen. Die substantiierte Darlegung und verfassungsgerichtliche Prüfung eines solchen besonderen Feststellungsinteresses dürfte in aller Regel im Eilverfahren nicht mit Aussicht auf Erfolg möglich sein.[95]

5. Jüngste Entscheidungspraxis

a) Diese eher restriktive Linie bei den Zulässigkeitsvoraussetzungen wurde indes bereits in dem einstweiligen Anordnungsverfahren 1 BvR 2740/20[96] betreffend einen presserechtlichen Fall wieder abweichend gehandhabt. Eine Rolle mag hier gespielt haben, dass es sich um einen Fall der gleichen Pressekammer des Landgerichts Berlin handelte, deren Entscheidung bereits im Verfahren 1 BvR 1380/20[97] außer Vollzug gesetzt worden war. Lapidar hieß es hier lediglich, da die Rechtsbeeinträchtigung durch die Verfügung in Gestalt eines weiterhin vollstreckbaren Unterlassungstitels fortwirke, müsse der Beschwerdeführer hierzu kein besonders gewichtiges Feststellungsinteresse geltend machen.[98] Im Verfahren 1 BvR 2681/20[99], das ein Ausgangsverfahren des OLG Hamburg[100] betraf, hatte der Eilantrag nach § 32 BVerfGG wiederum Erfolg. Zusätzliches Argument, auf ein besonders gewichtiges Feststellungsinteresse zu verzichten, war hier, dass der Antragsteller des Ausgangsverfahrens bereits das die Vollstreckung betrieb und die Beschwerdeführerin dem akuten Risiko ausgesetzt sei, zur Veröffentlichung einer Gegendarstellung gezwungen zu sein, ohne dass sie Gelegenheit gehabt hätte, hierzu vor

95 BVerfG, Beschluss der 2. Kammer des Ersten Senats vom 23. September 2020 – 1 BvR 1617/20 –, juris, Rn. 11 – Feststellungsinteresse bei Waffengleichheitsverstoß.

96 BVerfG, Beschluss der 2. Kammer des Ersten Senats vom 22. Dezember 2020 – 1 BvR 2740/20 –, juris – Ermittlungsverfahren Metzelder.

97 BVerfG, Beschluss der 2. Kammer des Ersten Senats vom 17. Juni 2020 – 1 BvR 1380/20 –, juris – Ibiza-Videos.

98 BVerfG, Beschluss der 2. Kammer des Ersten Senats vom 22. Dezember 2020 – 1 BvR 2740/20 –, juris, Rn. 16 – Ermittlungsverfahren Metzelder.

99 BVerfG, Beschluss der 2. Kammer des Ersten Senats vom 11. Januar 2021 – 1 BvR 2681/20 –, juris – Lobbyaktivitäten zu Guttenberg.

100 OLG Hamburg, Beschluss vom 29. Oktober 2020 – 7 W 127/20 – in Form des Berichtigungsbeschlusses vom 3. November 2020.

Gericht Stellung zu nehmen. Dies wog für das Bundesverfassungsgericht besonders schwer, da die Verpflichtung zur Veröffentlichung einer Gegendarstellung einen besonders intensiven Eingriff in das Selbstbestimmungsrecht der Presse aus Art. 5 Abs. 1 Satz 2 GG bedeute.[101]

b) Erstmals seit den grundlegenden Kammerentscheidungen vom 30. September 2018 gab das Bundesverfassungsgericht im Verfahren 1 BvR 2743/19[102] auch wieder einer Verfassungsbeschwerde wegen Verstoßes gegen das Gebot der prozessualen Waffengleichheit im einstweiligen Verfügungsverfahren statt. Wiederum handelt es sich um einen presserechtlichen Fall. Dieser illustriert, dass selbst nach Aufhebung der einstweiligen Verfügung im Widerspruchsverfahren die Feststellung eines Verstoßes gegen die prozessuale Waffengleichheit noch möglich bleibt. Bislang waren Entscheidungen der Pressekammern aus Hamburg, Berlin und Köln Gegenstand der verfassungsgerichtlichen Feststellung solcher Verstöße, nun auch des LG Frankfurt a. M.

c) Das Verfahren 1 BvR 249/21[103] betraf ein äußerungsrechtliches Verfahren – wiederum vor dem LG Berlin –, das Aussagen im Rahmen einer Unterschriftenkampagne einer politischen Partei. Der Antrag auf Erlass einer einstweiligen Anordnung war zulässig und begründet. Sofern das Äußerungsrecht aus Art. 5 Abs. 1 GG und das Recht der Partei, an der Willensbildung des Volkes mitzuwirken aus Art. 5 Abs. 1 i.V.m. Art. 21 Abs. 1 GG betroffen sei, werde aufgrund der besonderen Bedeutung dieser Grundrechte in der Regel davon auszugehen sein, dass der durch die einstweilige Verfügung belasteten Partei ohne das Einschreiten des Bundesverfassungsgerichts ein besonders schwerer Nachteil drohe.

VII. Fazit

Den Entscheidungen des Bundesverfassungsgerichts zur prozessualen Waffengleichheit im einstweiligen Verfügungsverfahren kommt für den gesamten Bereich des Presse- und Äußerungsrechts sowie des gewerblichen Rechtsschutzes höchste praktische Bedeutung zu. Für den Bereich des Urheberrechts ist dies noch

101 BVerfG, Beschluss der 2. Kammer des Ersten Senats vom 11. Januar 2021 – 1 BvR 2681/20 –, juris, Rn. 26 – Lobbyaktivitäten zu Guttenberg.

102 BVerfG, Beschluss der 2. Kammer des Ersten Senats vom 4. Februar 2021 – 1 BvR 2743/19 –, juris – Diplomatenpässe.

103 BVerfG, Beschluss der 2. Kammer des Ersten Senats vom 6. Februar 2021 – 1 BvR 249/21 –, juris – Unterschriftenaktion gegen Hohenzollern.

ungeklärt.[104] In materieller Hinsicht betont das Bundesverfassungsgericht die strengen Anforderungen an die Waffengleichheit: Jegliche Abweichung zwischen vorgerichtlicher Abmahnung und dem bei Gericht gestellten Verfügungsantrag machen die Einbeziehung des Gegners unabdingbar. Jede Hinweiserteilung an die Antragstellerseite – auch wenn sie nur die Antragsfassung und fehlende Glaubhaftmachungsmittel betrifft – löst eine Mitteilungspflicht an die Gegenseite aus. Das Bundesverfassungsgericht konturiert detailliert verfahrensrechtliche Vorgaben für das Beschlussverfahren. Die Abmahnung – als Mittel der außergerichtlichen Streitbeilegung – erlangt dadurch eine verfahrensrechtliche Bedeutung, die ihr bislang nicht zukam. Das Identitätserfordernis zwischen Abmahnung und Verfügungsantrag dürfte hier zu weit gehen. Gerichtlicher Antrag einerseits und Abmahnung andererseits verfolgen unterschiedliche Zwecke, was sich auch in der sprachlichen Form und Darstellung niederschlägt. Der Abmahner ist nicht dazu verpflichtet, der Abmahnung eine vorformulierte strafbewehrte Unterlassungserklärung beizufügen, da es Sache des Schuldners ist, die Wiederholungsgefahr durch Abgabe einer geeigneten Unterlassungserklärung auszuräumen.

Es zeichnet sich ab, dass das Bundesverfassungsgericht im Lichte der Pressefreiheit geringere Anforderungen an die Feststellung und das Feststellungsinteresse bei Waffengleichheitsverstößen stellt als etwa in lauterkeitsrechtlichen Fällen. Auch für die Annahme eines Waffengleichheitsverstoßes bei fehlender Kongruenz von Abmahnung und Verfügungsantrag dürften in Pressesachen erleichterte Anforderungen gelten, die sich nicht verallgemeinern lassen.

Das verfassungsprozessuale einstweilige Anordnungsverfahren und der zivilprozessuale Eilrechtsschutz greifen nicht konsistent ineinander. Verfassungsbeschwerde und einstweilige Anordnung nach § 32 BVerfGG eignen sich daher nicht als standardmäßige Rechtsbehelfe, um jegliche Verstöße gegen die prozessuale Waffengleichheit zu korrigieren. Prozessual geht der Effekt der einstweiligen Anordnung des Bundesverfassungsgerichts nicht über die einstweilige Einstellung der Zwangsvollstreckung nach § 707 Abs. 1 Satz 1 ZPO hinaus. Allerdings erscheint mit Blick auf § 318 ZPO und die speziellen Verfahrensverfahrensvorschriften der §§ 925 ff. ZPO zweifelhaft, ob das Ausgangsgericht außerhalb des Widerspruchsverfahrens – wie vom Bundesverfassungsgericht aber angedacht[105] – eine neuerliche Entscheidung in derselben Sache treffen könnte. In der

104 Vgl. BVerfG, Beschluss der 2. Kammer des Ersten Senats vom 27. Juli 2020 – 1 BvR 1379/20 –, juris, Rn. 7 – Prozessuale Waffengleichheit im lauterkeitsrechtlichen Eilverfahren. Für die Anwendbarkeit – auch unter Berücksichtigung von Art. 9 Abs. 4 der Richtlinie 2004/48/EG – *Petersenn/Peters*, GRUR 2021, S. 553 ff.

105 Vgl. BVerfG, Beschluss der 2. Kammer des Ersten Senats vom 22. Dezember 2020 – 1 BvR 2740/20 –, juris, Rn. 29 – Ermittlungsverfahren Metzelder.

Entscheidung nach Widerspruch erfolgt demgegenüber ohnehin eine Überprüfung der Beschlussverfügung unter Berücksichtigung des beidseitigen Parteivortrags. Es wäre wohl stringenter, in besonders gravierenden Fällen die unter Verstoß gegen die prozessuale Waffengleichheit ergangene einstweilige Verfügung durch einstweilige Anordnung nach § 32 BVerfG aufzuheben. Dann müsste das Ausgangsgericht zwangsläufig – nun unter Beachtung des beiderseitigen Vortrags – erneut in der Sache entscheiden. Diese einschneidende Intervention sollte freilich nur unter engen Voraussetzungen erfolgen. Die Aufhebung einer Beschlussverfügung durch das Bundesverfassungsgericht dürfte nur dann in Betracht kommen, wenn der vor Erlass einer Beschlussverfügung nicht beteiligten Partei durch diese tatsächlich solch gravierende Nachteile drohen, die durch die Schadensersatzpflicht nach § 945 ZPO nicht aufgefangen werden können und ein Abwarten der Widerspruchsverhandlung nicht zumutbar ist. Selbst nach Aufhebung einer einstweiligen Verfügung im Widerspruchsverfahren bleibt die Feststellung eines Verstoßes gegen die prozessuale Waffengleichheit aber möglich. Die verfassungsrechtliche Rechtsprechung kann nunmehr als einigermaßen konsolidiert gelten. Die jeweilige Austarierung zentraler Punkte der materiellen Begründung eines Waffengleichheitsverstoßes und eines entsprechenden Feststellungsinteresses sowie des schweren Nachteils im Rahmen von § 32 BVerfGG bleiben aber stark einzelfallbezogen.

Philip Schwarz

Wann ist der Rechtsschutz „effektiv“?

Eine Linie durch die aktuelle Kammerrechtsprechung

Leitentscheidungen des Bundesverfassungsgerichts

BVerfGE 81, 347 (Prozesskostenhilfe)
BVerfGE 96, 27 – Durchsuchungsanordnung
BVerfGE 104, 220 – Rehabilitierung bei Abschiebungshaft
BVerfGE 107, 395 – fachgerichtlicher Rechtsschutz
BVerfGE 129, 1 – Investitionszulage
BVerfGE 143, 216 – Telekommunikationsgesetz Entgeltregulierung
BVerfGE 149, 407 – naturschutzfachliche Einschätzungsprärogative (Windrad)

Wichtige Kammerentscheidungen

BVerfG, Beschluss der 1. Kammer des Zweiten Senats vom 23. März 2020 – 2 BvR 2051/19 –
BVerfG, Beschluss der 1. Kammer des Ersten Senats vom 8. Juli 2020 – 1 BvR 932/20 –
BVerfG, Beschluss der 1. Kammer des Ersten Senats vom 8. Juli 2020 – 1 BvR 1094/20 –
BVerfG, Beschluss der 3. Kammer des Zweiten Senats vom 28. Oktober 2020 – 2 BvR 764/20 –
BVerfG, Beschluss der 3. Kammer des Zweiten Senats vom 28. Oktober 2020 – 2 BvR 765/20 –
BVerfG, Beschluss der 1. Kammer des Zweiten Senats vom 4. Januar 2021 – 2 BvR 673/20 –

Schrifttum (Auswahl)

Ernst, in: v. Münch/Kunig, GG, 7. Aufl. 2021, Art. 19 Rn. 98 ff.; *Huber*, in: v. Mangoldt/Klein/Starck, GG, 7. Aufl. 2018, Art. 19 Rn. 332 ff.; *Papier*, Justizgewähranspruch, in: Isensee/Kirchhof, Handbuch des Staatsrechts, Band VIII, 3. Aufl. 2010, § 176, S. 491; *ders.*, Rechtsschutzgarantie gegen die öffentliche Gewalt, in: Isensee/Kirchhof, Handbuch des Staatsrechts, Band VIII, 3. Aufl. 2010, § 177, S. 507; *Voßkuhle*, Rechtsschutz gegen den Richter, 1993; *ders.*, Bruch mit einem Dogma: Die Verfassung garantiert Rechtsschutz gegen den Richter, NJW 2003, S. 2193; *ders./Kaiser*, Grundwissen – Öffentliches Recht: Der allgemeine Justizgewährungsanspruch, JuS 2014, S. 312; *Zuck*, Die Gewährleistung effektiven Rechtsschutzes im Zivilprozess, NJW 2013, S. 1132.

https://doi.org/10.1515/9783110686623-019

Inhaltsübersicht

I. Einleitung

Nach *Peter Drucker* ist Effektivität eine Gewohnheit, die jeder erlernen kann, wenn er nur ausreichend übt.[1] *Peter Drucker* hatte dabei zwar die Eigenschaften von Managern im Sinn und nicht die Gewährleistung eines Prozessgrundrechts durch die deutsche Justiz. Sein Ausspruch ist in einem gewissen Sinn aber auch in letzterem Zusammenhang treffend: Wie Richterinnen und Richter nämlich die *Effektivität im Rechtsschutz* wahren können, dürfte sich den meisten von ihnen weder aus dem Verfassungstext noch aus den allgemeinen Obersätzen des Bundesverfassungsgerichts erschließen (unter II.). Vielversprechender erscheint es, aus der einschlägigen Kammerrechtsprechung des Bundesverfassungsgerichts eine Leitlinie für die richterliche Arbeitspraxis zu entwickeln. Um in den Worten *Peter Druckers* zu formulieren: Wenn Richterinnen und Richter anhand dieser Einzelfälle üben, wird es ihnen leichter fallen, selbst effektiven Rechtsschutz zu gewährleisten. Ein Blick in die Kammerrechtsprechung zeigt, dass der effektive Rechtsschutz häufig im Zusammenhang mit dem *Zugang* zu einem gerichtlichen Verfahren Bedeutung erlangt (unter III.). Aktuelle Kammerentscheidungen aus vier Rechtsbereichen offenbaren, dass die Verfassung – über den Zugang hinaus – auch *innerhalb* eines Verfahrens effektiven Rechtsschutz gewährleistet (unter IV.).

1 Vgl. *Drucker*, The Effective Executive, 1967, S. 23: „Effectiveness, in other words, is a habit; that is, a complex of practices. And practices can alway be learned."

Dabei ist eine „Linie“ erkennbar (unter V.), auf deren Grundlage sich Thesen zum verfassungsrechtlichen Gewährleistungsgehalt formulieren lassen (unter VI.).

II. Rechtsquellen und allgemeine Obersätze

In Art. 19 Abs. 4 Satz 1 GG heißt es, dass der Rechtsweg offen steht, wenn jemand durch die öffentliche Gewalt in seinen Rechten verletzt wird. Nach Art. 20 Abs. 3 GG ist die Rechtsprechung an Recht und Gesetz gebunden. Die beiden Vorschriften sind die wesentlichen[2] Regelungen über die Rechtsschutzgarantie in der Verfassung. Die Rechtsweggarantie aus Art. 19 Abs. 4 Satz 1 GG enthält dabei ein selbstständiges Grundrecht,[3] während der allgemeine Justizgewährungsanspruch (auch: Justizgewähranspruch, Justizgewährleistungsanspruch) aus Art. 20 Abs. 3 GG in Verbindung mit den Grundrechten, insbesondere in Verbindung mit Art. 2 Abs. 1 GG, einen effektiven Rechtsschutz garantiert.[4]

Die beiden Vorschriften haben einen unterschiedlichen Anwendungsbereich:[5] Bei Art. 19 Abs. 4 Satz 1 GG handelt es sich um eine spezialgesetzliche Ausprägung des allgemeinen Justizgewährungsanspruchs, die dann Anwendung findet, sofern ein Rechtseingriff durch die öffentliche Gewalt vorliegt. Gemeint sind damit jene Situationen, in denen sich der Einzelne gegenüber dem Staat in einem Unterordnungsverhältnis befindet.[6] Akte der Rechtsprechung sollen in diesem Zusammenhang grundsätzlich nicht unter den Begriff der öffentlichen Gewalt fallen.[7] Begründet wird die Beschränkung des Anwendungsbereichs mit der plakativen, aber auch zirkelschlüssigen[8] Formulierung, Art. 19 Abs. 4 Satz 1 GG

---

2 Einen Hinweis auf weitere Regelungen, die den Rechtsschutz betreffen, gibt *Grzeszick*, in: Dürig/Herzog/Scholz, GG, Art. 20 VII Rn. 133 (Juli 2021).

3 S. nur *Schmidt-Aßmann*, in: Dürig/Herzog/Scholz, GG, Art. 19 Abs. 4 Rn. 7 (Juli 2021); *Schulze-Fielitz*, in: Dreier, GG, 3. Aufl. 2013, Art. 19 Abs. 4 Rn. 39.

4 Vgl. BVerfGE 93, 99 (107); 107, 395 (401); s. dazu auch *Zuck*, NJW 2013, S. 1132 (1132).

5 Für eine instruktive Abgrenzung vgl. auch die beiden unten (IV.3.) dargestellten Entscheidungen BVerfG, Beschluss der 3. Kammer des Zweiten Senats vom 28. Oktober 2020 – 2 BvR 764/20 –, juris, Rn. 35 ff. und – 2 BvR 765/20 –, juris, Rn. 43 ff.; s. ferner auch *Voßkuhle/Kaiser*, JuS 2014, S. 312 (313 f.).

6 Vgl. BVerfGE 116, 135 (149).

7 Vgl. BVerfGE 11, 263 (265); 15, 275 (280 f.); 49, 329 (340); 65, 76 (90); 107, 395 (403 f.); 138, 33 (39 Rn. 17).

8 Denn: Ob Art. 19 Abs. 4 Satz 1 GG Rechtsschutz auch gegen den Richter gewährleistet, ist gerade die Frage. Vgl. insoweit auch *Huber*, in: v. Mangoldt/Klein/Starck, GG, 7. Aufl. 2018, Art. 19 Rn. 441; *Voßkuhle*, Rechtsschutz gegen den Richter, 1993, S. 158 ff.; 176 ff., 298 ff.; *ders.*, NJW 2003, S. 2193 (2196 ff.); s. auch *Ernst*, in: v. Münch/Kunig, GG, 7. Aufl. 2021, Art. 19 Rn. 135.

gewährleiste Rechtschutz durch den Richter, nicht gegen den Richter.[9] Im Einzelnen wird indessen feinsinnig unterschieden: So sollen etwa solche richterliche Entscheidungen vom Anwendungsbereich des Art. 19 Abs. 4 Satz 1 GG umfasst sein, in denen das Gericht aufgrund eines normierten Richtervorbehalts tätig wird.[10] Nicht erfasst sein sollen jene Fälle, in denen von der Gerichtsentscheidung erstmals eine verfassungsrelevante Beeinträchtigung ausgeht, weil Verfahrensgrundrechte – insbesondere das rechtliche Gehör (Art. 103 Abs. 1 GG) – verletzt werden.[11] Gleichwohl wird Art. 19 Abs. 4 Satz 1 GG angewendet, wenn ein Exekutivakt den Ausgangspunkt für ein gerichtliches Verfahren bildet und das Gericht bei seiner Entscheidung ein Rechtsverständnis offenbart, das der Effektivität des Rechtsschutzes entgegensteht.[12] Geht es nicht um einen Eingriff durch die öffentliche Gewalt, gewährleistet der allgemeine Justizgewährungsanspruch die Effektivität des Rechtsschutzes. Im Ergebnis betrifft dies insbesondere bürgerlichrechtliche Streitigkeiten, also solche vor den Zivil- und Arbeitsgerichten.[13]

In ihrem „rechtsstaatlichen Kerngehalt" unterscheiden sich die Rechtsweggarantie und der allgemeine Justizgewährungsanspruch indessen nicht.[14] Daher schützt die Verfassung die Effektivität des Rechtsschutzes in allen Rechtsbereichen grundsätzlich in gleicher Weise.[15]

Worin der genaue Inhalt der Garantie effektiven Rechtsschutzes liegt, beschreibt das Bundesverfassungsgericht in allgemeiner Form so, dass Art. 19 Abs. 4

---

9 Vgl. BVerfGE 11, 263 (265); 15, 275 (280 f.); 49, 329 (340); 65, 76 (90); 107, 395 (403 f.); 138, 33 (39 Rn. 17).

10 Vgl. BVerfGE 107, 395 (406); s. auch *Papier*, in: Isensee/Kirchhof, Handbuch des Staatsrechts, Band VIII, 3. Aufl. 2010, § 176 Rn. 5, § 177 Rn. 43 ff.; *Sachs*, in: Sachs, GG, 9. Aufl. 2021, Art. 19 Rn. 120a; *Schmidt-Aßmann*, in: Dürig/Herzog/Scholz, GG, Art. 19 Abs. 4 Rn. 100 (Juli 2021).

11 Vgl. BVerfGE 107, 395 (406); s. auch *Sachs*, in: Sachs, GG, 9. Aufl. 2021, Art. 19 Rn. 121; *Schmidt-Aßmann*, in: Dürig/Herzog/Scholz, GG, Art. 19 Abs. 4 Rn. 99 (Juli 2021). A.A. aber *Ernst*, in: v. Münch/Kunig, GG, 7. Aufl. 2021, Art. 19 Rn. 135; *Voßkuhle*, NJW 2003, S. 2193 (2196 ff.).

12 Vgl. die hier unter IV. 1., 2. und 4. dargestellten Fälle sowie BVerfG, Beschluss der 1. Kammer des Zweiten Senats vom 9. Juni 2020 – 2 BvR 469/20 –, juris; s. auch *Ernst*, in: v. Münch/Kunig, GG, 7. Aufl. 2021, Art. 19 Rn. 135 ff.

13 Vgl. BVerfGE 54, 277 (291); 85, 337 (345); 88, 118 (123); 93, 99 (107); 97, 169 (185 f.); s. auch BVerfG, Beschluss der 3. Kammer des Zweiten Senats vom 16. Juli 2019 – 2 BvR 881/17 –, juris, Rn. 16; *Grzeszick*, in: Dürig/Herzog/Scholz, GG, Art. 20 VII Rn. 133 (Juli 2021); *Huber*, in: v. Mangoldt/Klein/Starck, GG, 7. Aufl. 2018, Art. 19 Rn. 362; *Papier*, in: Isensee/Kirchhof, Handbuch des Staatsrechts, Band VIII, 3. Aufl. 2010, § 176 Rn. 1.

14 Vgl. BVerfGE 107, 395 (401 f.); 108, 341 (347); 112, 185 (207 f.); 117, 71 (122); s. aber auch *Papier*, in: Isensee/Kirchhof, Handbuch des Staatsrechts, Band VIII, 3. Aufl. 2010, § 177 Rn. 17, der auf Unterschiede hinsichtlich der Ermöglichung privatautonomer Streitentscheidung hinweist.

15 S. dazu im Einzelnen *Papier*, in: Isensee/Kirchhof, Handbuch des Staatsrechts, Band VIII, 3. Aufl. 2010, § 176 Rn. 18 ff., § 177 Rn. 90 ff.; *Voßkuhle/Kaiser*, JuS 2014, S. 312 (313 f.).

Satz 1 GG einen möglichst lückenlosen gerichtlichen Schutz gegen die Verletzung der Rechtssphäre des Einzelnen durch Eingriffe der öffentlichen Gewalt gewährleiste.[16] Es bestehe nicht nur das formelle Recht und die theoretische Möglichkeit, die Gerichte anzurufen, sondern der Bürger habe einen Anspruch auf tatsächlich wirksame gerichtliche Kontrolle.[17] Der allgemeine Justizgewährungsanspruch umfasse den Zugang zu den Gerichten, eine grundsätzlich umfassende tatsächliche und rechtliche Prüfung des Streitgegenstands sowie eine verbindliche Entscheidung durch den Richter.[18]

Diese Formulierungen klingen zwar nachvollziehbar und unmittelbar „einleuchtend“. Sie sind aber gleichzeitig so allgemein gehalten, dass es einem Fachgericht schwerfallen wird, ein stattgefundenes oder geplantes Prozessgeschehen hierunter zu subsumieren. Wann nimmt ein Gericht im Einzelfall eine „wirksame Kontrolle“ vor? Wann prüft es den Streitgegenstand in tatsächlicher und rechtlicher Hinsicht umfassend? Konkrete Leitlinien für die richterliche Praxis lassen sich aus den allgemeinen Obersätzen kaum herleiten.

III. Effektiver Rechtsschutz bei dem Zugang zu einem Verfahren

Wenn die allgemeinen Obersätze eine Annäherung an den Gewährleistungsgehalt der Garantie effektiven Rechtsschutzes nur bedingt erlauben, dann gibt möglicherweise ein Blick in die Kammerrechtsprechung des Bundesverfassungsgerichts Aufschluss: In welchen Fällen spielt der effektive Rechtsschutz eine Rolle? Und vor allem: In welchen Fällen stellt das Bundesverfassungsgericht hier eine Verletzung der Verfassung fest? Wer sich unter diesem Gesichtspunkt einen Überblick über die Kammerrechtsprechung verschafft, der stellt fest, dass die Rechtsschutzgarantie häufig im Zusammenhang mit dem Zugang zu einem gerichtlichen Verfahren Bedeutung erlangt. Bleibt dem Rechtsschutzsuchenden bereits die Durchführung eines Verfahrens verwehrt, beschäftigt sich ein Fachgericht nicht „in der Sache“ mit seinem Rechtsschutzanliegen. Hierin kann eine Verletzung der Rechtsschutzgarantie liegen. Bedeutsam sind insoweit vor allem[19]

---

16 Vgl. BVerfGE 8, 274 (326); 67, 43 (58); 96, 27 (39); 104, 220 (231).

17 Vgl. BVerfGE 37, 150 (153).

18 Vgl. BVerfGE 54, 277 (291); 85, 337 (345); 112, 185 (207).

19 S. aber etwa auch BVerfG, Beschluss der 3. Kammer des Zweiten Senats vom 16. Juli 2019 – 2 BvR 881/17 –, juris (Berechnung der Frist für einen Einspruch gegen einen Vollstreckungsbescheid in einer sachlich nicht mehr zu rechtfertigender Weise.); Beschluss der 1. Kammer des

die Versagung von Prozesskostenhilfe (unter 1.) sowie die Beschränkung des Zugangs zu einer weiteren Instanz (unter 2.). Herausgehobene Relevanz kommt auch der Auslegung des Rechtsschutzbegehrens zu (unter 3.).

1. Die Versagung von Prozesskosten- bzw. Verfahrenskostenhilfe

Ob einem Beteiligten Prozesskosten- bzw. Verfahrenskostenhilfe[20] zu gewähren ist, hängt nach Maßgabe des Fachrechts nicht nur von der Bedürftigkeit, sondern auch davon ab, ob die beabsichtigte Rechtsverfolgung oder Rechtsverteidigung hinreichende Aussicht auf Erfolg bietet. Eine entsprechende Regelung trifft § 114 Abs. 1 Satz 1 ZPO für den Zivilprozess. Die Vorschrift findet nach § 11a Abs. 1 ArbGG im arbeitsgerichtlichen Verfahren, nach § 76 Abs. 1 FamFG in Familiensachen[21] und im Bereich der freiwilligen Gerichtsbarkeit, nach § 166 Abs. 1 Satz 1 VwGO im Verwaltungsrechtsstreit, nach § 73a Abs. 1 Satz 1 SGG im sozialgerichtlichen Verfahren sowie nach § 142 Abs. 1 FGO im finanzgerichtlichen Verfahren Anwendung.

Gegen diese Rechtslage hegt das Bundesverfassungsgericht keine grundsätzlichen Einwände.[22] Vielmehr stellt es in ständiger Rechtsprechung fest, dass die Garantie effektiven Rechtsschutzes – hier in Verbindung mit dem allgemeinen Gleichheitssatz aus Art. 3 Abs. 1 GG („Rechtsschutzgleichheit") – zwar eine weitgehende Angleichung der Situation von Bemittelten und Unbemittelten bei der Verwirklichung des Rechtsschutzes gebiete.[23] Dass für die Bewilligung von Prozesskostenhilfe auch die Erfolgsaussichten maßgeblich seien, begegne dabei jedoch keinen Bedenken. Der Unbemittelte solle nur mit dem Bemittelten

---

Zweiten Senats vom 9. Juni 2020 – 2 BvR 469/20 –, juris (Pauschale Versagung einstweiligen Rechtsschutzes nach § 123 VwGO im Zusammenhang mit dem Nichtbestehen einer Prüfung, die die Entlassung eines Beamten aus dem Vorbereitungsdienst zur Folge hatte.) Beschluss der 2. Kammer des Ersten Senats vom 6. Juli 2020 – 1 BvR 2843/17 –, juris (Nachteilige Anwendung von § 275 FamFG mit der Folge des Fristversäumnisses.).

20 Wenn nachfolgend von der „Prozesskostenhilfe" die Rede ist, ist auch die Verfahrenskostenhilfe gemeint.

21 In Ehesachen (§ 111 Nr. 1 FamFG) sowie in Familienstreitsachen (§ 112 FamFG) findet nach § 113 Abs. 1 Satz 1 FamFG die Vorschrift des § 114 Abs. 1 Satz 1 und Satz 2 ZPO entsprechende Anwendung.

22 S. dazu bereits *Bergner/Pernice*, in: Emmenegger/Wiedmann (Hrsg.), Linien der Rechtsprechung des Bundesverfassungsgerichts, Band 2, 2011, S. 241 (256 ff.).

23 Vgl. BVerfGE 78, 104 (117 f.); 81, 347 (357) m.w.N.

gleichgestellt werden, der seine Prozessaussichten vernünftig abwäge und der dabei auch das Kostenrisiko berücksichtige.[24]

Die Kammern beschäftigt in diesem Zusammenhang aber immer wieder[25] die Frage, in welcher Tiefe die Erfolgsaussichten eines Rechtsschutzbegehrens bereits im Prozesskostenhilfeverfahren geprüft werden dürfen.[26] Das Bundesverfassungsgericht bemerkt insoweit, dass die Anforderungen an das Vorliegen von Erfolgsaussichten nicht überspannt werden dürften. Insbesondere dürfe die Prüfung der Erfolgsaussichten nicht dazu führen, das Rechtsschutzbegehren selbst in das Prozesskostenhilfeverfahren zu verlagern. Dieses Verfahren wolle den Rechtsschutz nicht selbst bieten, sondern ihn erst zugänglich machen.[27] Insbesondere schwierige, noch nicht geklärte Rechtsfragen seien daher nicht im Prozesskostenhilfeverfahren zu entscheiden. Stelle sich eine solche Rechtsfrage, sei vielmehr Prozesskostenhilfe zu bewilligen. Andernfalls würde dem Unbemittelten die Möglichkeit genommen, seinen Rechtsstandpunkt im Hauptsacheverfahren mit anwaltlicher Hilfe darzustellen und von dort aus in die höhere Instanz zu bringen.[28]

Eine „wirksame gerichtliche Kontrolle“ eines Rechtsschutzbegehrens findet demnach nur dann statt, wenn der Zugang zu einem gerichtlichen Hauptsacheverfahren auch für einen Unbemittelten tatsächlich möglich ist. Nur dann steht auch dem Unbemittelten ein Rechtsanwalt zur Seite, nur dann stehen ihm die Rechtsmittel für Hauptsacheverfahren zur Verfügung und nur dann profitiert er von weiteren prozessualen Regelungen, die nur für das Hauptsacheverfahren gelten. Hierzu gehört im Zivilprozess etwa die Möglichkeit, auch im Rahmen einer mündlichen Verhandlung vor dem erkennenden Spruchkörper gehört zu werden (§ 128 Abs. 1 ZPO).

---

24 Vgl. BVerfGE 9, 124 (130 f.); 81, 347 (357); 117, 163 (187); zum Vergleichsmaßstab s. auch *Bergner/Pernice* (o. Fn. 22), S. 241 (248 ff.).

25 Aus der jüngsten Kammerrechtsprechung s. etwa: BVerfG, Beschluss der 1. Kammer des Ersten Senats vom 4. Oktober 2019 – 1 BvR 1710/18 –, juris (zum sozialgerichtlichen Verfahren); Beschluss der 1. Kammer des Zweiten Senats vom 12. Mai 2020 – 2 BvR 2151/17 –, juris (zum Verwaltungsrechtsstreit); Beschluss der 3. Kammer des Ersten Senats vom 9. Juli 2020 – 1 BvR 1571/19 –, juris (zum sozialgerichtlichen Verfahren, hier: Verkennung von § 119 Abs. 1 Satz 2 ZPO); Beschluss der 1. Kammer des Zweiten Senats vom 26. September 2020 – 2 BvR 1942/18 –, juris (ebenfalls zum Verwaltungsrechtsstreit); Beschluss der 2. Kammer des Ersten Senats vom 8. Dezember 2020 – 1 BvR 149/16 –, juris (zum zivilgerichtlichen Verfahren, hier: Amtshaftungsklage wegen menschenunwürdiger Unterbringung in der Untersuchungshaft).

26 S. dazu auch *Bergner/Pernice* (o. Fn. 22), S. 241 (258 ff.).

27 Vgl. BVerfGE 81, 347 (357).

28 Vgl. BVerfGE 81, 347 (358 f.); BVerfGK 2, 279 (282); 8, 213 (217).

2. Die Versagung des Zugangs zu einer weiteren Instanz

Die fachrechtlichen Regelungen knüpfen den Zugang zu einer weiteren Instanz nicht nur an das betragsmäßig bestimmte Gewicht der Beschwer,[29] sondern mitunter auch an solche Voraussetzungen, die eine inhaltliche Wertung des Prozessgeschehens erforderlich machen. So sieht etwa § 124 Abs. 2 Nr. 1 VwGO für den Verwaltungsrechtsstreit vor, dass die Berufung zuzulassen ist, wenn „ernstliche Zweifel an der Richtigkeit des Urteils" bestehen.[30] Zahlreiche Vorschriften aus dem Rechtsmittelrecht ordnen die Zulassung eines Rechtsmittels für den Fall an, dass die Rechtssache bzw. eine entscheidungserhebliche Rechtsfrage „grundsätzliche Bedeutung" hat.[31] Zuzulassen sind Rechtsmittel außerdem regelmäßig dann, wenn die „Sicherung einer einheitlichen Rechtsprechung" die Entscheidung eines Gerichts höherer Ordnung erfordert.[32] Im Zivilprozess sind das Fehlen einer „grundsätzlichen Bedeutung" und das Fehlen des Erfordernisses, eine „einheitliche Rechtsprechung" zu sichern, zudem Voraussetzung dafür, dass das Berufungsgericht die Berufung ohne mündliche Verhandlung nach § 522 Abs. 2 ZPO zurückweisen kann.[33]

Rechtsfehler im Zusammenhang mit dem Zugang zu einer weiteren Instanz berühren nicht nur den effektiven Rechtsschutz. Regelmäßig wird zugleich das Recht auf den gesetzlichen Richter aus Art. 101 Abs. 1 Satz 2 GG verletzt sein. Dies ergibt sich daraus, dass der Spruchkörper, der bei korrekter Anwendung des Prozessrechts zu einer Entscheidung in der Sache berufen wäre, eine solche

---

29 Vgl. § 511 Abs. 2 Nr. 1 Var. 1 ZPO, § 61 Abs. 1 FamFG, § 64 Abs. 2 lit. b) ArbGG, § 144 Abs. 1 Satz 1 Nr. 1 SGG.

30 S. hierzu im Einzelnen den Beitrag von *Berton* (in diesem Band).

31 Vgl. §§ 511 Abs. 4 Satz 1 Nr. 1 (für die Berufung), 543 Abs. 2 Satz 1 Nr. 1 ZPO (für die Revision); §§ 64 Abs. 3 Nr. 1 (für die Berufung), 72 Abs. 2 Nr. 1 ArbGG (für die Revision); § 70 Abs. 2 Satz 1 Nr. 1 FamFG (für die Rechtsbeschwerde); §§ 124 Abs. 2 Nr. 3 (für die Berufung), 132 Abs. 2 Nr. 1 VwGO (für die Revision); §§ 144 Abs. 2 Nr. 1 (für die Berufung), 160 Abs. 2 Nr. 1 SGG (für die Revision); § 115 Abs. 2 Nr. 1 FGO (für die Revision).

32 Vgl. §§ 511 Abs. 4 Satz 1 Nr. 1 Var. 3 (für die Berufung), 543 Abs. 2 Satz 1 Nr. 2 Var. 2 ZPO (für die Revision); § 70 Abs. 2 Satz 1 Nr. 2 Var. 2 FamFG; § 115 Abs. 2 Nr. 2 Var. 2 FGO (für die Revision); ähnlich auch §§ 64 Abs. 3 Nr. 3 ArbGG (für die Berufung), 72 Abs. 2 Nr. 2 ArbGG (für die Revision); §§ 124 Abs. 2 Nr. 4 (für die Berufung), 132 Abs. 2 Nr. 2 VwGO (für die Revision); §§ 144 Abs. 2 Nr. 2 (für die Berufung), 160 Abs. 2 Nr. 2 SGG (für die Revision).

33 Vgl. zur Bedeutung des effektiven Rechtsschutzes speziell in diesem Zusammenhang *Rensen*, in: Rensen/Brink (Hrsg.), Linien der Rechtsprechung des Bundesverfassungsgerichts, Band 1, 2009, S. 453 (467 ff.); exemplarisch für eine stattgebende Kammerentscheidung im Zusammenhang mit dieser Norm s. BVerfG, Beschluss der 2. Kammer des Ersten Senats vom 25. März 2015 – 1 BvR 2811/14 –, juris.

Entscheidung nicht trifft. Insofern wird dem Rechtsschutzsuchenden der gesetzliche Richter entzogen.[34]

Gegen die referierten Regelungen des Rechtsmittelrechts bestehen nach Maßgabe der Rechtsschutzgarantie insofern keine Bedenken, als die Verfassung ohnehin keinen Anspruch auf eine weitere Instanz gewährt.[35] Von verfassungsrechtlicher Relevanz ist aber ihre Anwendung. Hat sich der Gesetzgeber nämlich für die Eröffnung einer weiteren Instanz entschieden, dann folgt aus dem Gebot effektiven Rechtsschutzes auch insoweit ein Anspruch auf eine wirksame gerichtliche Kontrolle.[36] Das Rechtsmittelgericht darf ein von der jeweiligen Prozessordnung eröffnetes Rechtsmittel nicht ineffektiv machen und für den Beschwerdeführer „leerlaufen“ lassen.[37]

Soweit das Rechtsmittelrecht eine inhaltliche Wertung des Prozessgeschehens vorsieht, stellt sich – ähnlich wie schon bei den Erfolgsaussichten im Zusammenhang mit der Prozesskostenhilfe (dazu oben III.1.) – die Frage danach, in welcher Tiefe ein Gericht die erforderliche Prüfung vornehmen darf, ohne die Rechtsschutzgarantie zu verletzen. Das Bundesverfassungsgericht bemerkt insoweit, dass ein Gericht es nicht unzumutbar erschweren dürfe, die Zulassung eines Rechtsmittels zu erstreiten, wenn das Prozessrecht diese Möglichkeit grundsätzlich eröffne.[38] Die Anforderungen an die *Darlegung* eines Zulassungsgrundes dürften daher nicht derart hoch sein, dass sie den Entscheidungsgründen entsprächen, die das Gericht im Falle einer Stattgabe selbst zu entwickeln hätte.[39] Ebenso dürften die Anforderungen an das *Vorliegen* eines Zulassungsgrundes nicht so bemessen sein, dass das Gericht zur Ablehnung der Zulassung in einer

---

34 Das Bundesverfassungsgericht stellt daher mitunter auch (nur) einen Verstoß gegen Art. 101 Abs. 1 Satz 2 GG fest und lässt offen, ob weitere Verfassungsverstöße vorliegen. Vgl. BVerfG, Beschluss der 1. Kammer des Ersten Senats vom 16. April 2020 – 1 BvR 2373/19 –, juris (zur „grundsätzlichen Bedeutung); Beschluss der 3. Kammer des Zweiten Senats vom 4. Mai 2015 – 2 BvR 2053/14 –, juris (zur „grundsätzlichen Bedeutung“ und zur „Sicherung einer einheitlichen Rechtsprechung“); Beschluss der 1. Kammer des Ersten Senats vom 7. September 2015 – 1 BvR 1863/12 –, juris (zur „Sicherung einer einheitlichen Rechtsprechung“). Vereinzelt stellt das Bundesverfassungsgericht auch ganz allgemein einen Verstoß gegen das Willkürverbot aus Art. 3 Abs. 1 GG fest, vgl. BVerfGK 12, 298 (301 f.); BVerfG, Beschluss vom 26. Mai 2004 – 1 BvR 2682/03 –, juris; Beschluss vom 27. Mai 2016 – 1 BvR 345/16 –, juris (jeweils zur „Sicherung einer einheitlichen Rechtsprechung“). Tatsächlich dürften die Gewährleistungen aus Art. 19 Abs. 4, 20 Abs. 3 i.V.m. Art. 2 Abs. 1, 101 Abs. 1 Satz 2 GG aber spezieller sein.

35 Vgl. BVerfGE 87, 48 (61); 92, 365 (410); 96, 27 (39).

36 Vgl. BVerfGE 40, 272 (274 f.); 65, 76 (90); 96, 27 (39).

37 Vgl. BVerfGE 78, 88 (98 f.); 96, 27 (39); 104, 220 (231 f.); 117, 244 (268); s. auch 136, 382 (393 Rn. 34); BVerfGE 151, 173 (184 Rn. 27).

38 Vgl. BVerfGE 125, 104 (136 f.); 134, 106 (117 f. Rn. 34); 151, 173 (184 Rn. 27).

39 Vgl. BVerfGE 125, 104 (137); 134, 106 (117 f. Rn. 34); 151, 173 (184 f. Rn. 29).

sachlichen Tiefe argumentieren müsste, die dem eigentlichen Rechtsmittelverfahren vorbehalten sei.[40]

Dementsprechend liegen „ernstliche Zweifel an der Richtigkeit des Urteils" bereits dann vor, wenn ein einzelner tragender Rechtssatz oder eine erhebliche Tatsachenfeststellung mit schlüssigen Argumenten in Frage gestellt wird.[41] Es kommt nicht darauf an, ob sich das Gericht diesen Argumenten anschließt. Außerdem darf das Rechtsmittelgericht eine Zurückweisung nicht mit anderen Erwägungen begründen als das erstinstanzliche Gericht, wenn diese Erwägungen „nicht ohne Weiteres auf der Hand liegen".[42] Die vertiefte Bewertung der Argumente, die für die Zulassung vorgebracht werden, ist ebenso wie die Entwicklung einer neuen Begründungslinie dem Rechtsmittelverfahren selbst vorbehalten.[43]

Die „grundsätzliche Bedeutung" einer Rechtssache oder einer Rechtsfrage darf nach der Rechtsprechung des Bundesverfassungsgerichts nicht sachwidrig und damit willkürlich verneint werden.[44] Dabei geht das Bundesverfassungsgericht – unter Bezugnahme auf die Rechtsprechung der Fachgerichte – davon aus, dass eine grundsätzliche Bedeutung dann vorliege, wenn ein Verfahren eine entscheidungserhebliche, klärungsbedürftige und klärungsfähige Rechtsfrage aufwerfe, die sich in einer unbestimmten Vielzahl von Fällen stellen könne, oder wenn andere Auswirkungen des Rechtsstreits auf die Allgemeinheit deren Interessen in besonderem Maße berührten.[45] Ein Fachgericht darf danach insbesondere die Klärungsbedürftigkeit einer Rechtsfrage nicht verneinen, obwohl eine Klärungsbedürftigkeit offensichtlich besteht. Das Bundesverfassungsgericht verschafft sich in entsprechenden Fällen selbst einen Überblick über den Streitstand

40 Vgl. BVerfGE 151, 173 (185 Rn. 30); s. ferner BVerfGE 125, 104 (137); 134, 106 (117 f. Rn. 34) sowie BVerfG, Beschluss der 2. Kammer des Ersten Senats vom 16. April 2020 – 2 BvR 2705/16 –, juris, Rn. 19; Beschluss der 3. Kammer des Ersten Senats vom 22. Juli 2020 – 2 BvR 561/19 –, juris, Rn. 15.

41 Vgl. BVerfGE 125, 104 (140); 134, 106 (118 Rn. 36); 151, 173 (186 Rn. 32).

42 Vgl. BVerfGE 134, 106 (119 f. Rn. 40); s. ferner BVerfG, Beschluss der 2. Kammer des Zweiten Senats vom 7. Oktober 2020 – 2 BvR 2426/17 –, juris, Rn. 34.

43 Aus der jüngsten Kammerrechtsprechung s. etwa BVerfG, Beschluss der 2. Kammer des Ersten Senats vom 16. April 2020 – 2 BvR 2705/16 –, juris; Beschluss der 2. Kammer des Ersten Senats vom 13. Mai 2020 – 1 BvR 1521/17 –, juris; Beschluss der 3. Kammer des Ersten Senats vom 22. Juli 2020 – 2 BvR 561/19 –, juris; Beschluss der 2. Kammer des Zweiten Senats vom 7. Okt. 2020 – 2 BvR 2426/17 –, juris (alle bezogen auf § 124 Abs. 2 Nr. 1 VwGO – „ernstliche Zweifel").

44 Vgl. BVerfG, Beschluss der 4. Kammer des Ersten Senats vom 25. September 2018 – 1 BvR 453/17 –, juris, Rn. 10; Beschluss der 2. Kammer des Ersten Senats vom 28. Mai 2019 – 1 BvR 2006/16, 1 BvR 2029/16 –, juris, Rn. 11; s. auch BVerfG, Beschluss der 1. Kammer des Ersten Senats vom 20. April 2016 – 1 BvR 2405/14 –, juris, Rn. 14, 20; Beschluss der 3. Kammer des Zweiten Senats vom 4. September 2020 – 2 BvR 1206/19 –, juris, Rn. 14.

45 Vgl. BVerfGK 17, 526 (530); BVerfG, Beschluss der 3. Kammer des Zweiten Senats vom 4. September 2020 – 2 BvR 1206/19 –, juris, Rn. 16.

in Rechtsprechung und Schrifttum, um die Klärungsbedürftigkeit beurteilen zu können.[46] Dabei entscheidet es die jeweilige Rechtsfrage nicht, sondern es prüft alleine, ob die vom Fachgericht verneinte Klärungsbedürftigkeit dem fachrechtlichen Streitstand entspricht oder ob das Fachgericht den festzustellenden Streitstand willkürlich unzutreffend darstellt.[47]

Dasselbe gilt hinsichtlich des Zulassungsgrunds der „Sicherung einer einheitlichen Rechtsprechung". Auch hier überprüft das Bundesverfassungsgericht selbst, ob divergierende Rechtsprechung eines höher- oder gleichrangigen Gerichts tatsächlich nicht vorliegt oder ob die angefochtene Entscheidung dies zu Unrecht angenommen hat.[48] Maßgeblich ist dabei, ob Vergleichsentscheidungen einen anderen Rechtssatz aufstellen.[49]

Verfolgt ein Rechtsschutzsuchender sein Begehren nach einer erstinstanzlichen Entscheidung weiter, dann findet eine „wirksame gerichtliche Kontrolle" nur dann statt, wenn die maßgeblichen Fragen in dem dafür vorgesehen Verfahren geklärt werden, also im nächstinstanzlichen Hauptsacheverfahren. Der Zugang zu diesem Verfahren darf nicht durch eine Vorverlagerung der gerichtlichen Prüfung in das Zulassungsverfahren vereitelt werden. Auch die sachwidrige Versagung der grundsätzlichen Bedeutung einer Rechtsfrage und des Erfordernisses, eine einheitliche Rechtsprechung zu sichern, sind mit der Rechtsschutz-

---

46 Vgl. exemplarisch BVerfG, Beschluss der 2. Kammer des Ersten Senats vom 25. März 2015 – 1 BvR 2120/14 –, juris, Rn. 15; Beschluss der 1. Kammer des Ersten Senats vom 20. April 2016 – 1 BvR 2405/14 –, juris, Rn. 20; Beschluss der 2. Kammer des Ersten Senats vom 28. Mai 2019 – 1 BvR 2006/16, 1 BvR 2029/16 –, juris, Rn. 14 ff.; Beschluss der 3. Kammer des Zweiten Senats vom 4. September 2020 – 2 BvR 1206/19 –, juris, Rn. 18 f.

47 Aus der jüngeren und jüngsten Kammerrechtsprechung s. etwa BVerfG, Beschluss der 1. Kammer des Ersten Senats vom 20. April 2016 – 1 BvR 2405/14 –, juris, Rn. 20 (zur Revision im Zivilprozess); Beschluss der 4. Kammer des Ersten Senats vom 25. September 2018 – 1 BvR 453/17 –, juris (zur Revision im Zivilprozess; hier: Kein Entfallen der Klärungsbedürftigkeit, weil in einem anderen Verfahren lediglich die Aussicht auf eine Klärung besteht, Rn. 12); Beschluss der 2. Kammer des Ersten Senats vom 28. Mai 2019 – 1 BvR 2006/16, 1 BvR 2029/16 –, juris (zur Rechtsbeschwerde nach § 70 Abs. 2 Satz 1 Nr. 1 FamFG); Beschluss der 3. Kammer des Zweiten Senats vom 4. September 2020 – 2 BvR 1206/19 –, juris (zur Revision im Zivilprozess).

48 Vgl. BVerfG, Beschluss der 2. Kammer des Ersten Senats vom 19. Dezember 2013 – 1 BvR 859/13 –, juris, Rn. 22 ff.; Beschluss der 1. Kammer des Zweiten Senats vom 12. August 2014 – 2 BvR 176/12 –, juris, Rn. 11 ff.; Beschluss der 2. Kammer des Ersten Senats vom 16. Juni 2016 – 1 BvR 873/15 –, juris, Rn. 22 ff. (zugleich zur „grundsätzlichen Bedeutung", vgl. Rn. 33 ff.); Beschluss vom 4. Juli 2017 – 2 BvR 2157/15 –, juris, Rn. 23 (zugleich zur „grundsätzlichen Bedeutung", vgl. Rn. 21 ff.); Beschluss der 1. Kammer des Zweiten Senats vom 30. März 2021 – 2 BvR 1344/20 –, juris, Rn. 27.

49 Vgl. BVerfG, Beschluss der 2. Kammer des Ersten Senats vom 23. April 2014 – 1 BvR 2851/13 –, juris, Rn. 34; Beschluss der 2. Kammer des Ersten Senats vom 16. Juni 2016 – 1 BvR 873/15 –, juris, Rn. 23.

garantie unvereinbar, denn dadurch unterbleibt die Beantwortung dieser Rechtsfrage durch eine höhere Instanz.

3. Die Auslegung des Rechtsschutzbegehrens

Soweit der effektive Rechtsschutz verlangt, dem Rechtsschutzbedürfnis des Betroffenen gerecht zu werden, ergeben sich aus der Verfassung auch Anforderungen an die gerichtliche Bewertung seines Vortrags.[50] Eine Verfassungsverletzung liegt dabei dann vor, wenn ein Gericht den Verfahrensgegenstand in einer Weise auslegt, die das vom Rechtsschutzsuchenden erkennbar verfolgte Rechtsschutzziel ganz oder in wesentlichen Teilen außer Betracht lässt. Die Verkennung des Rechtsschutzziels muss dabei zur Folge haben, dass die gebotene Sachprüfung unterbleibt.[51] Daraus folgt etwa, dass die Einlegung eines Rechtsbehelfs nicht alleine an dessen unzulänglicher Formulierung scheitern darf.[52]

Demnach lässt sich auch die Auslegung des Rechtsschutzbegehrens dem Zugang zu einem Verfahren zuordnen: Wenn ein Gericht das Rechtsschutzbegehren nicht sachgerecht erfasst, ergeht zwar eine Entscheidung in der Sache. Diese Entscheidung betrifft aber nicht das eigentliche Anliegen des Rechtsschutzsuchenden. Insoweit ergeht keine Entscheidung.

Zuletzt hat das Bundesverfassungsgericht etwa die Entscheidung einer Strafvollstreckungskammer aufgehoben. Dort hatte der Beschwerdeführer die nachträgliche gerichtliche Überprüfung einer bereits vollzogenen Haftverlegungsentscheidung begehrt, ohne ausdrücklich einen Feststellungsantrag zu stellen. Das Landgericht hatte den Antrag des Beschwerdeführers auch[53] mit

---

50 Vgl. BVerfG, Beschluss der 3. Kammer des Zweiten Senats vom 25. Juli 2008 – 2 BvR 31/06 –, juris, Rn. 25.

51 So BVerfG, Beschluss der 2. Kammer des Zweiten Senats vom 19. Februar 1997 – 2 BvR 2989/95 –, juris, Rn. 13; s. ferner BVerfGK 10, 509 (513); Beschluss der 3. Kammer des Zweiten Senats vom 27. Februar 2002 – 2 BvR 553/01 –, juris, Rn. 13; Beschluss der 3. Kammer des Zweiten Senats vom 5. Juli 2005 – 2 BvR 497/03 –, juris, Rn. 55; Beschluss der 2. Kammer des Zweiten Senats vom 18. Juni 2007 – 2 BvR 2395/06 –, juris, Rn. 15; Beschluss der 3. Kammer des Zweiten Senats vom 25. Juli 2007 – 2 BvR 2282/06 –, juris, Rn. 4; Beschluss der 3. Kammer des Zweiten Senats vom 25. Juli 2008 – 2 BvR 31/06 –, juris, Rn. 25; Beschluss der 2. Kammer des Zweiten Senats vom 19. Januar 2017 – 2 BvR 476/16 –, juris, Rn. 12 Beschluss der 2. Kammer des Zweiten Senats vom 22. September 2021 – 2 BvR 955/17 –, juris, Rn. 24; s. auch BVerfGE 96, 44 (50); BVerfG, Beschluss vom 6. Februar 2020 – 2 BvR 1719/19 –, juris, Rn. 21 („Sachdienliche Auslegung von Anträgen").

52 Vgl. BVerfGE 88, 118 (127); BVerfG, Beschluss der 2. Kammer des Ersten Senats vom 17. Dezember 2015 – 1 BvR 3164/13 –, juris, Rn. 32.

53 S. zu dieser Entscheidung im Übrigen noch unten unter IV.4.

Verweis auf den fehlenden Feststellungsantrag zurückgewiesen. Tatsächlich hatte der Beschwerdeführer einen Feststellungsantrag zwar nicht ausdrücklich, aber doch der Sache nach gestellt.[54] Eine weitere Entscheidung betraf die Abhaltung bekenntnisgebundenen islamischen Religionsunterrichts an hessischen Schulen. Hier hatten das Verwaltungsgericht Wiesbaden und der Hessische Verwaltungsgerichtshof das Rechtsschutzbegehren der Eilanträge jeweils in einer Weise ausgelegt, die zur Unzulässigkeit der Anträge führte. Das Bundesverfassungsgericht hielt die Auslegung für „sachlich nicht mehr vertretbar“.[55]

IV. Effektiver Rechtsschutz innerhalb eines Verfahrens

Die Verfassung gewährleistet effektiven Rechtsschutz auch innerhalb eines Verfahrens.[56] Sechs stattgebende Entscheidungen aus der jüngsten Kammerrechtsprechung zeigen exemplarisch, wie es zu einer Verletzung der Verfassung kommen kann. Mit einem beamtenrechtlichen Konkurrentenstreit (unter 1.), zwei sozialrechtlichen Verfahren über die Gewährung von Grundsicherungsleistungen nach dem SGB II (unter 2.), zwei insolvenzrechtlichen Verfahren über die Bestätigung eines Insolvenzplans (unter 3.) sowie einem Verfahren über die Feststellung der Rechtswidrigkeit einer Haftverlegung (unter 4.) entstammen die Entscheidungen ganz unterschiedlichen Rechtsbereichen.

1. Beamtenrechtlicher Konkurrentenstreit

Der beamtenrechtliche Konkurrentenstreit[57] betraf die Besetzung einer Stelle als weitere(r) aufsichtführender Richter(in) am Sozialgericht Neuruppin in Brandenburg (Besoldungsgruppe R 2). Nach den maßgeblichen Allgemeinverfügungen

---

54 Vgl. BVerfG, Beschluss der 1. Kammer des Zweiten Senats vom 4. Januar 2021 – 2 BvR 673/20 –, juris, Rn. 29 („Verweigerung einer sachdienlichen Auslegung des Begehrs“).

55 Vgl. BVerfG, Beschluss der 2. Kammer des Ersten Senats vom 19. Januar 2021 – 1 BvR 2671/20 –, juris, Rn. 25 ff.

56 Vgl. insoweit auch *Zuck*, NJW 2013, S. 1132 (1133 f.), der von Anforderungen an die „Verfahrensgestaltung“ spricht, die in der Kammerrechtsprechung jedoch nur „marginale Bedeutung“ habe. S. ferner auch *Voßkuhle/Kaiser*, JuS 2014, S. 312 (313): „grundsätzlich umfassende Prüfung des Streitgegenstands“.

57 BVerfG, Beschluss der 1. Kammer des Zweiten Senats vom 23. März 2020 – 2 BvR 2051/19 –, juris.

des Brandenburgischen Justizministeriums wird die allgemeine Eignung für ein solches Beförderungsamt (auch) durch eine Erprobungsabordnung festgestellt. Eine Erprobung findet im Bereich der Sozialgerichtsbarkeit regelmäßig durch eine neunmonatige Abordnung an das Landessozialgericht statt. Das Justizministerium „kann" aber auch eine zweijährige Abordnung an das Bundessozialgericht als gleichwertig anerkennen. Eine solche Abordnung hatte der Beschwerdeführer absolviert, das Justizministerium hatte deren Anerkennung jedoch abgelehnt. Der Beschwerdeführer verfolgte insoweit unabhängig von dem Stellenbesetzungsverfahren und parallel dazu vor dem zuständigen Verwaltungsgericht das Ziel, die Anerkennung seiner Abordnung an das Bundessozialgericht zu erreichen.

Hinsichtlich der ausgeschriebenen Stelle am Sozialgericht Neuruppin blieb die Bewerbung des Beschwerdeführers auch deswegen erfolglos, weil das Justizministerium ihn als nicht „erprobt" ansah. Das in zweiter Instanz zuständige Oberverwaltungsgericht Berlin-Brandenburg bestätigte diese Rechtsansicht, ohne die Entscheidung des Justizministeriums hinsichtlich der Abordnung an das Bundessozialgericht selbst nachzuprüfen. Maßgeblich sei, dass der Beschwerdeführer die Anerkennung in dem parallel geführten Verwaltungsrechtsstreit bislang nicht erstritten habe.

Das Bundesverfassungsgericht sah in der Entscheidung des Oberverwaltungsgerichts einen Verstoß gegen Art. 19 Abs. 4 Satz 1 GG. Zur Begründung verwies es darauf, dass aus der Garantie effektiven Rechtsschutzes grundsätzlich die Pflicht der Fachgerichte folge, die angefochtenen Verwaltungsakte bzw. die streitentscheidende Verwaltungsentscheidung in rechtlicher und tatsächlicher Hinsicht vollständig nachzuprüfen.[58] Das bedeutet im vorliegenden Fall, dass das Oberverwaltungsgericht die Auswahlentscheidung des Justizministeriums auch hinsichtlich der Frage hätte nachprüfen müssen, ob die Abordnung des Beschwerdeführers an das Bundessozialgericht als Erprobungsabordnung anzuerkennen ist. Zwar könne der Gesetzgeber die gerichtliche Kontrolle einschränken.[59] So wäre eine Nachprüfung der Auswahlentscheidung hinsichtlich der Erprobung etwa dann ausgeschlossen, wenn die Anerkennung eine gesonderte Verwaltungsentscheidung mit rechtsgestaltendem Charakter voraussetzte. Eine Anerkennung dieser Art ist aus anderen Rechtsbereichen bekannt: Zum Beamten wird etwa nur derjenige, der nach § 8 Abs. 1 Nr. 1 BeamtStG durch Aushändigung der Ernennungsurkunde (§ 8 Abs. 2 Satz 1 BeamtStG) zum Beamten ernannt wurde.[60]

---

58 BVerfG, aaO, Rn. 26 mit Hinweis auf BVerfGE 129, 1 (20); 143, 216 (225 Rn. 20); 149, 407 (413).
59 BVerfG, aaO, Rn. 27 mit Hinweis auf BVerfGE 129, 1 (21f.).
60 Weitere Beispiele: Einbürgerung eines Ausländers (§ 10 StAG), die durch Aushändigung einer Einbürgerungsurkunde erfolgt (§ 16 Satz 1 StAG); Eigenschaft einer Straße als Bundesfernstraße, die durch Widmung entsteht (§ 2 Abs. 1 FStrG).

Beamter ist aber nicht bereits auch derjenige, bei dem die Voraussetzungen für eine Ernennung vorliegen und der ernannt werden könnte. Im vorliegenden Fall dränge sich aber, so das Bundesverfassungsgericht, eine entsprechende Rechtslage mit Blick auf die maßgeblichen landesrechtlichen Regelungen weder auf noch begründe das Oberverwaltungsgericht seine Entscheidung dahingehend.[61]

Im Ergebnis führt die Rechtsauffassung des Oberverwaltungsgerichts dazu, dass der Beschwerdeführer die Frage, ob er „erprobt" ist, nicht mit Wirkung für das konkrete Stellenbesetzungsverfahren gerichtlich klären lassen kann. In diesem Sinne habe, so begründet das Bundesverfassungsgericht die Verletzung von Art. 19 Abs. 4 Satz 1 GG sinngemäß, die Rechtsauffassung des Oberverwaltungsgerichts eine rechtsschutzverkürzende Wirkung.[62]

2. Sozialrechtliche Verfahren über die Gewährung von Leistungen nach dem SGB II

Die beiden parallel und im Wesentlichen mit identischer Begründung ergangenen Entscheidungen mit sozialrechtlichem Hintergrund[63] betrafen das Begehren zweier vier- bzw. fünfköpfiger Familien mit rumänischer Staatsangehörigkeit auf Gewährung von Leistungen nach dem SGB II. Die zuständigen Behörden hatten dem jeweils in Teilzeit erwerbstätigen Elternteil und den Kindern die Leistungen zuerkannt, denn aufgrund der Erwerbstätigkeit des Elternteils bestehe insoweit eine Freizügigkeits- und damit auch eine Anspruchsberechtigung. Hinsichtlich des jeweils nicht erwerbstätigen Elternteils lehnten die Behörden die Leistungsberechtigung ab, denn es bestehe jeweils nur ein „Aufenthaltsrecht zur Arbeitssuche" bzw. ein „Aufenthaltsrecht als Mutter eines leistungsberechtigten Kindes". Daher bestehe nach § 7 Abs. 1 Satz Nr. 2 lit. b) und c) SGB II keine Leistungsberechtigung.

Die Beschwerdeführer wandten sich hiergegen im Wege einstweiligen Rechtsschutzes. Das in zweiter Instanz zuständige Hessische Landessozialgericht bestätigte die behördlichen Entscheidungen im Frühjahr 2020 und wies außerdem darauf hin, dass die Leistungsberechtigung nach § 7 Abs. 1 Satz Nr. 2 lit. a) SGB II ausscheide, soweit ein Aufenthaltsrecht gar nicht bestehe. Ein Aufenthaltsrecht bestehe insbesondere nicht nach § 11 FreizügG/EU in Verbindung mit § 28 Abs. 1 Satz 1 Nr. 3 AufenthG (analog) unter Berücksichtigung von Art. 18

61 BVerfG, aaO, Rn. 33 f.

62 BVerfG, aaO, Rn. 32 a.E.

63 BVerfG, Beschluss der 1. Kammer des Ersten Senats vom 8. Juli 2020 – 1 BvR 932/20 –, juris; Beschluss der 1. Kammer des Ersten Senats vom 8. Juli 2020 – 1 BvR 1094/20 –, juris.

AEUV. Zur Begründung verwies der Senat des Landessozialgerichts auf seinen Beschluss vom 21. August 2019[64] und ergänzte, dass die Kinder die Bundesrepublik auch dann nicht verlassen müssten, wenn der nicht erwerbstätige Elternteil über kein Aufenthaltsrecht verfüge. Sie könnten von dem in Teilzeit tätigen anderen Elternteil betreut werden, wenn sie sich nicht in Kindergarten oder Schule befänden.

Auch in diesen Entscheidungen sah das Bundesverfassungsgericht einen Verstoß gegen Art. 19 Abs. 4 Satz 1 GG. Entscheidungen im Eilrechtsschutz dürften grundsätzlich sowohl auf eine Folgenabwägung als auch auf eine summarische Prüfung der Erfolgsaussichten gestützt werden.[65] Wenn ohne die Gewährung von Eilrechtsschutz irreparable Grundrechtsverletzungen entstünden, die durch das Hauptsacheverfahren nicht mehr zu beseitigen wären, dürfe auf die Erfolgsaussichten aber nur dann abgestellt werden, wenn die Sach- und Rechtslage abschließend geprüft werde.[66] Dabei dürften im Grundsatz auch schwierige und ungeklärte Rechtsfragen abschließend geprüft werden. Allerdings müsse die Entscheidung insoweit eine hinreichende Begründungstiefe aufweisen und sie müsse sich zumindest knapp mit dem Meinungsstand auseinandersetzen.[67] Diesen Anforderungen sei das Landessozialgericht hier nicht gerecht geworden, denn das Bundesverfassungsgericht habe am 4. Oktober 2019[68] eine Entscheidung des auch hier betroffenen Senats in anderer Sache zu der hier maßgeblichen Rechtsfrage aufgehoben und dabei auf die Wertungen der Art. 6 GG und Art. 8 EMRK (Schutz der Familie) hingewiesen. Diese Wertungen seien mit Blick auf die hier ausdrücklich in den Raum gestellte Trennung der Familie zu berücksichtigen gewesen. Insoweit sei auch der Verweis auf den Beschluss vom 21. August 2019 unergiebig, denn seinerzeit seien die Erwägungen des Bundesverfassungsgerichts noch nicht bekannt gewesen.[69]

Die Entscheidungen des Landessozialgerichts haben – weil Eilrechtsschutz nicht gewährt wurde – zur Folge, dass die Beschwerdeführer eine irreversible Beeinträchtigung erleiden. Denn der elementare Lebensbedarf, um den es bei

---

64 Der Beschluss (Az. 7 AS 285/19 B ER, juris) war zwischen denselben Beteiligten ergangen, die auch das hier dargestellte Verfassungsbeschwerdeverfahren zum Az. 1 BvR 1094/20 betraf. Es ging seinerzeit um einen früheren Bewilligungszeitraum.

65 BVerfG, aaO, Rn. 11 (1 BvR 932/20), Rn. 11 (1 BvR 1094/20) mit Hinweis auf BVerfGE 126, 1 (27).

66 BVerfG, aaO, Rn. 11 (1 BvR 932/20), Rn. 11 (1 BvR 1094/20). Zum Verhältnis der Maßstäbe sowie zur Prüfungstiefe vgl. auch *Schreiber*, in: Modrzejewski/Naumann (Hrsg.), Linien der Rechtsprechung des Bundesverfassungsgerichts, Band 5, 2019, S. 487 (491 ff., 494 ff.).

67 BVerfG, aaO, Rn. 12 (1 BvR 932/20), Rn. 12 (1 BvR 1094/20).

68 BVerfG, Beschluss der 1. Kammer des Ersten Senats vom 4. Oktober 2019 – 1 BvR 1710/18 –, juris, Rn. 13.

69 BVerfG, aaO, Rn. 15 (1 BvR 932/20), Rn. 15 (1 BvR 1094/20).

Leistungen nach dem SGB II geht, kann nur in dem Augenblick befriedigt werden, in dem er besteht.[70] Die Verletzung von Art. 19 Abs. 4 Satz 1 GG liegt darin, dass diese irreversible Beeinträchtigung mit einer Rechtsauffassung einhergeht, die das Landessozialgericht nicht in der erforderlichen Tiefe begründet.

3. Insolvenzrechtliche Verfahren über die Bestätigung eines Insolvenzplans

Die Beschwerdeführerin in den beiden Verfassungsbeschwerdeverfahren mit insolvenzrechtlichem Hintergrund[71] hatte mit der späteren Insolvenzschuldnerin (Schuldnerin) zwei Bauträgerverträge abgeschlossen, wonach sich die Schuldnerin verpflichtete, auf ihr gehörenden Grundstücken Wohnanlagen zu errichten und diese Grundstücke an die Beschwerdeführerin zu veräußern. Zur Sicherung des Auflassungsanspruchs hatte die Schuldnerin jeweils eine Vormerkung bewilligt, die in das Grundbuch eingetragen wurde. Vor Fertigstellung des Bauvorhabens und vor Übereignung der Grundstücke war es zum Streit zwischen den Vertragsparteien gekommen. In dessen Zuge hatte die Beschwerdeführerin zwischenzeitlich vor den Zivilgerichten ihren Auflassungsanspruch geltend gemacht. Während der Rechtsstreit noch andauerte, hatte das Amtsgericht Bremen auf Eigenantrag der Schuldnerin das Insolvenzverfahren eröffnet.

Der bestellte Insolvenzverwalter legte alsbald einen Insolvenzplan vor, dem im Abstimmungstermin nur die Beschwerdeführerin nicht zustimmte. Nach dem Insolvenzplan verzichtet die Beschwerdeführerin auf die Auflassungsansprüche und erhält zur Abgeltung jeweils eine Geldzahlung im Range einer sonstigen Masseverbindlichkeit. Dabei liegt die Höhe der Geldzahlung weit unterhalb der anteiligen Kaufpreiszahlungen, die die Beschwerdeführerin vereinbarungsgemäß und dem Baufortschritt entsprechend bereits geleistet hatte. Das Amtsgericht Bremen bestätigte den Insolvenzplan nach § 248 Abs. 1 InsO.

Die dagegen gerichtete sofortige Beschwerde nach § 253 Abs. 1 InsO wies das Landgericht Bremen zurück. Seine Entscheidung begründet es mit einer Nachteilsabwägung nach § 253 Abs. 4 Satz 1 InsO. Dazu führt das Landgericht insbesondere aus, die Bauwerke befänden sich um Rohbauzustand und seinen schon seit längerem der Witterung ausgesetzt. Würde der Insolvenzplan nicht umgesetzt, führten die Beschwerdeführerin und die Schuldnerin den Zivilrechtsstreit über

70 BVerfG, aaO, Rn. 13 (1 BvR 932/20), Rn. 13 (1 BvR 1094/20) mit Hinweis auf BVerfGE 125, 175 (225).

71 BVerfG, Beschluss der 3. Kammer des Zweiten Senats vom 28. Oktober 2020 – 2 BvR 764/20 –, juris; Beschluss der 3. Kammer des Zweiten Senats vom 28. Oktober 2020 – 2 BvR 765/20 –, juris.

das Bestehen eines Auflassungsanspruchs wohl weiter. Der Zustand der Bauwerke würde sich während der Dauer des Prozesses weiter verschlechtern. Ein besonders schwerer Rechtsverstoß im Sinne von § 253 Abs. 4 Satz 2 InsO, der eine Nachteilsabwägung ausschlösse, sei zudem nicht „offensichtlich".

Den festgestellten Verstoß gegen den allgemeinen Justizgewährungsanspruch aus Art. 20 Abs. 3 i.V.m. Art. 2 Abs. 1 GG[72] begründet das Bundesverfassungsgericht unter Verweis auf die allgemeinen Maßstäbe zur Geltung der Rechtsschutzgarantie auch in einer gesetzlich eröffneten weiteren Instanz[73] sinngemäß damit, dass das Landgericht gar nicht bzw. willkürlich unter die Tatbestandsvoraussetzungen subsumiert habe. Bei der Nachteilsabwägung nach § 253 Abs. 4 Satz 1 InsO habe das Landgericht auf eine *gänzlich unterbleibende* Umsetzung des Insolvenzplans abgestellt, nicht aber auf die Nachteile, die sich *gerade aus der Verzögerung durch die Dauer des Beschwerdeverfahrens* ergeben könnten.[74] Ob ein besonders schwerer Rechtsverstoß im Sinne von § 253 Abs. 4 Satz 2 InsO vorliege, habe das Landgericht im Ergebnis nicht geprüft.[75] Dazu habe aber Anlass bestanden, weil es hier um eine vormerkungsgesicherte Forderung gegangen sei. Der Gläubiger einer solchen Forderung habe nach § 106 InsO eine dem Aussonderungsberechtigten jedenfalls vergleichbare Stellung. Mit Blick darauf werde im Schrifttum einhellig die Auffassung vertreten, dass eine solche Forderung nicht ohne Zustimmung des betroffenen Gläubigers den Regelungen eines Insolvenzplans unterworfen werden könne. Daher sei die Bestätigung des Insolvenzplans wegen eines unzulässigen Inhalts wohl nach § 250 Nr. 1 InsO zu versagen gewesen.[76]

Das Landgericht hat hier also in zweierlei Hinsicht keine Rechtsprüfung vorgenommen: In Bezug auf § 253 Abs. 4 Satz 1 InsO folgt dies daraus, dass sich die angestellten Erwägungen nicht auf das maßgebliche Tatbestandsmerkmal beziehen. Bei § 253 Abs. 4 Satz 2 InsO fehlt es nahezu vollständig an Ausführungen zu der maßgeblichen Rechtsfrage. Die Verletzung von Art. 20 Abs. 3 i.V.m. Art. 2 Abs. 1 GG liegt dabei darin, dass nach § 254 Abs. 1 InsO mit der Rechtskraft der Bestätigung des Insolvenzplans – zu der die Entscheidung des Landgerichts

72 Zur Abgrenzung von Art. 19 Abs. 4 Satz 1 GG s. bereits oben unter II. sowie die instruktiven Ausführungen bei BVerfG, aaO, Rn. 35 ff. (2 BvR 764/20), Rn. 43 ff. (2 BvR 765/20).

73 S. dazu oben bei und in Fn. 36 f.

74 BVerfG, aaO, Rn. 49 f. (2 BvR 764/20), Rn. 57 f. (2 BvR 765/20).

75 BVerfG, aaO, Rn. 52 (2 BvR 764/20), Rn. 59 (2 BvR 765/20): Das Landgericht nehme „eine Rechtsprüfung, die diese Bezeichnung verdient, überhaupt nicht vor (...)".

76 BVerfG, aaO, Rn. 53 f. (2 BvR 764/20), Rn. 60 f. (2 BvR 765/20).

führt[77] – die darin festgelegten Wirkungen eintreten.[78] Das könnte hier zur Folge haben, dass die Beschwerdeführerin die Auflassungsansprüche endgültig verliert, ohne dass sich das Landgericht mit den Rechtsfragen befasst hat, die dem Rechtsverlust potentiell entgegenstehen. Das gilt insbesondere für die Rechtsstellung, die die Beschwerdeführerin aufgrund der Auflassungsvormerkung hat, und für die Folgen, die sich aus dieser Rechtsstellung für die Entscheidung über die Bestätigung des Insolvenzplans ergeben. Diese Rechtsauffassung – der (drohende) Verlust der Auflassungsansprüche durch den Eintritt der Planwirkungen – lag der Entscheidung des Bundesverfassungsgerichts erkennbar zugrunde, ohne dass es dies ausdrücklich zum Ausdruck gebracht hätte.

Die Rechtsauffassung des Bundesverfassungsgerichts setzt demnach voraus, dass die tatsächlich rechtswidrigen, aber gleichwohl gerichtlich bestätigten Planwirkungen dem durch Vormerkung dinglich gesicherten Auflassungsanspruch vorgehen. Mit Blick auf die Gesetzgebungsmaterialien[79] und die im Schrifttum vertretene Auffassung[80] hätte man diese Frage möglicherweise auch abweichend beantworten können. Das hätte zur Folge, dass die Beschwerdeführerin von den Planwirkungen – entgegen der ausdrücklichen Regelung im gestaltenden Teil des Insolvenzplans – nicht betroffen gewesen wäre. Sie hätte demzufolge ihren vormerkungsgesicherten Auflassungsanspruch behalten und diesen Anspruch auf dem Zivilrechtsweg weiterverfolgen können. Weil insoweit aber ein gewisses Maß an Rechtsunsicherheit bestehen dürfte, dürften die Verfassungsbeschwerden auch ausgehend von dieser abweichenden Rechtsauffassung zulässig gewesen sein.

---

77 Die Rechtsbeschwerde ist nicht statthaft, vgl. BGH, Beschluss vom 17. September 2014 – IX ZB 26/14 –, NZI 2014, S. 904 (905 Rn. 10 ff.).

78 Darauf weisen auch die Entscheidungen hin, BVerfG, aaO, Rn. 43 (2 BvR 764/20), Rn. 51 (2 BvR 765/20).

79 BT-Drucks. 12/2443, S. 195: „Rechte der aussonderungsberechtigten Gläubiger können durch einen Insolvenzplan nicht beeinträchtigt werden. Einem aussonderungsberechtigten Gläubiger steht insoweit ein Gläubiger gleich, dessen Anspruch auf Übereignung eines unbeweglichen Gegenstands der Insolvenzmasse gerichtet und durch eine Vormerkung gesichert ist (...)“

80 Deutlich insbesondere *Marotzke* in: Kayser/Thole (Hrsg.), Heidelberger Kommentar zur Insolvenzordnung, 10. Aufl. 2020, § 106, Rn. 31 f.: Ohne Zustimmung des Gläubigers könne der Insolvenzplan dem vormerkungsgesicherten Anspruch „nichts anhaben“. In diesem Sinne auch *Brünkmans*, in: Brünkmans/Thole (Hrsg.), Handbuch Insolvenzplan, 2. Aufl. 2020, § 8 Rn. 233; *Eidenmüller*, in: Münchener Kommentar zur Insolvenzordnung, 4. Aufl. 2020, § 217 Rn. 89.

4. Feststellung der Rechtswidrigkeit einer Haftverlegung

In dem Verfahren über die Feststellung der Rechtswidrigkeit einer Haftverlegung[81] hatte sich der Beschwerdeführer im Rahmen des Strafvollzugs in einer Justizvollzugsanstalt K befunden. Von dort war er aufgrund „negativer Äußerungen über eine Anstaltspsychologin" in die Justizvollzugsanstalt L und von dort – einige Zeit später – in die Justizvollzugsanstalt A verlegt worden.

Einen Tag nach der Verlegung in die Justizvollzugsanstalt L hatte sich der Beschwerdeführer mit einem Antrag auf gerichtliche Entscheidung nach §§ 109, 115 StVollzG gegen die Verlegung gewandt. Noch bevor eine gerichtliche Entscheidung ergangen war, hatte der Beschwerdeführer mitgeteilt, er wolle nicht mehr in die Justizvollzugsanstalt K zurückverlegt werden. Die Verlegung sei allerdings rechtswidrig gewesen.

Das Landgericht Augsburg wies den Antrag als unzulässig zurück. Der Beschwerdeführer befinde sich mittlerweile in der Justizvollzugsanstalt A, sodass nur ein Feststellungsantrag in Betracht komme. Ein solcher Antrag sei nicht gestellt. Zudem sei ein solcher Feststellungsantrag mangels Feststellungsinteresses im Sinne von § 115 Abs. 3 StVollzG auch unzulässig. Weder halte der diskriminierende Charakter der Maßnahme an noch handele es sich um einen tiefgreifenden Grundrechtseingriff. So liege ein tiefgreifender Grundrechtseingriff nur bei Maßnahmen vor, die unter Richtervorbehalt gestellt seien. Das Bayerische Oberste Landesgericht hatte im weiteren Verlauf die Rechtsbeschwerde zurückgewiesen.

In der Behandlung des Rechtsschutzbegehrens des Beschwerdeführers durch das Landgericht[82] sah das Bundesverfassungsgericht eine Verletzung von Art. 19 Abs. 4 Satz 1 GG. Dies ergebe sich zunächst daraus, dass das Landgericht bereits das Vorliegen eines Feststellungsantrags mit einer Begründung abgelehnt habe, die den Anforderungen des effektiven Rechtsschutzes nicht genüge. Insoweit geht es allerdings um den Zugang zu einem Verfahren.[83] Hinzu komme aber – und insoweit geht es um den Rechtsschutz innerhalb eines Verfahrens –, dass das Landgericht unzumutbare Anforderungen an die Zulässigkeit eines Feststellungsantrags gestellt habe.[84]

---

81 BVerfG, Beschluss der 1. Kammer des Zweiten Senats vom 4. Januar 2021 – 2 BvR 673/20 –, juris.

82 Das Bundesverfassungsgericht befasst sich auch mit der Entscheidung des Bayerischen Obersten Landesgerichts (BayObLG). Die Verfassungsverletzung begründet es insoweit insbesondere damit, dass das BayObLG die verfassungswidrige landgerichtliche Entscheidung nicht aufgehoben habe, BVerfG, aaO, Rn. 40 a.E. Weiteres bleibt hier außer Betracht.

83 Vgl. BVerfG, aaO, Rn. 25 ff.; s. dazu auch bereits oben bei Fn. 53.

84 BVerfG, aaO, Rn. 30 ff.

Den festgestellten Verstoß des Landgerichts gegen Art. 19 Abs. 4 Satz 1 GG begründet das Bundesverfassungsgericht damit, dass es mit dem Gebot effektiven Rechtsschutzes zwar vereinbar sei, die Rechtsschutzgewährung von einem vorhandenen und fortbestehenden Rechtsschutz- bzw. Feststellungsinteresse abhängig zu machen. Die Anforderungen hieran dürften aber nicht überspannt werden. Insbesondere liege ein Feststellungsinteresse auch bei fortwirkenden Beeinträchtigungen durch einen an sich beendeten Eingriff vor.[85] Ob ein schutzwürdiges Interesse an der gerichtlichen Überprüfung einer Maßnahme bestehe, richte sich außerdem danach, ob und inwiefern Grundrechte berührt würden.[86] Wenn ein Strafgefangener gegen seinen Willen verlegt werde, greife dies in dessen Grundrecht aus Art. 2 Abs. 1 GG ein, denn dessen soziale Beziehungen innerhalb der Justizvollzugsanstalt sowie der Anspruch auf Resozialisierung würden berührt.[87] Bei einer unfreiwilligen Haftverlegung würde die Beeinträchtigung der Resozialisierungschancen fortwirken. Das gelte auch dann, wenn eine Rückverlegung nicht mehr begehrt werde.[88]

Das Landgericht führe nichts dazu aus, ob sich die erste Verlegung weiterhin auf die Resozialisierungschancen auswirke. Es habe dann aber nicht ohne weitere Begründung von einer Erledigung durch die zweite Verlegung ausgehen dürfen.[89] Außerdem verkenne das Landgericht, dass ein schwerwiegender Grundrechtseingriff nicht ausschließlich, sondern nur insbesondere bei Maßnahmen vorliege, die unter Richtervorbehalt stünden. Daher setze sich das Landgericht nicht damit auseinander, ob der Eingriff in Art. 2 Abs. 1 GG ein Feststellungsinteresse begründe.[90]

Weil das Landgericht den Feststellungsantrag bereits für unzulässig gehalten hat, setzt es sich nicht mit der Frage auseinander, ob die erste Haftverlegung des Beschwerdeführers rechtswidrig war. Diese Frage kann der Beschwerdeführer folglich nicht mehr gerichtlich klären lassen. Zur Unzulässigkeit des Feststellungsantrags kommt das Landgericht dabei aufgrund einer in zweierlei Hinsicht ungewöhnlichen Rechtsauffassung: Erstens geht es von einer Erledigung der

---

85 BVerfG, aaO, Rn. 32 mit Hinweis u. a. auf BVerfGE 104, 220 (233); 110, 77 (85).

86 BVerfG, aaO, Rn. 32 mit Hinweis u. a. auf BVerfGE 96, 27 (40).

87 BVerfG, aaO, Rn. 33.

88 BVerfG, aaO, Rn. 34 mit Hinweis auf BVerfG, Beschluss der 2. Kammer des Zweiten Senats vom 30. Juni 2015 – 2 BvR 1857/14 u. a. –, Rn. 39 f.

89 BVerfG, aaO, Rn. 36.

90 BVerfG, aaO, Rn. 37.

ersten Haftverlegung aus. Damit verneint es zugleich die an sich fortbestehende[91] Beeinträchtigung der Resozialisierungschancen. Seine Rechtsauffassung begründet das Landgericht insoweit nicht. Zweitens verneint das Landgericht einen tiefgreifenden Grundrechtseingriff, obwohl ein solcher auch jenseits von Maßnahmen vorliegen kann, die unter Richtervorbehalt stehen.[92]

V. Die Linie

Die Kammerrechtsprechung des Bundesverfassungsgerichts zur Rechtsschutzgarantie lässt eine Linie erkennen. Das gilt zunächst für die dargestellten Entscheidungen zum Rechtsschutz „innerhalb" eines Verfahrens, die ganz unterschiedliche Lebenssachverhalte und Rechtsbereiche betreffen. Sie haben gemeinsam, dass eine bedeutende Rechtsfrage offen bleibt (unter 1.) und dass ein Rechtsverlust eintritt, der auch bei einer späteren Beantwortung der Rechtsfrage im Sinne des Rechtsschutzsuchenden nicht mehr reversibel ist (unter 2.). Im Grundsatz bewegen sich auch die Entscheidungen auf dieser Linie, die den Zugang zu einem Verfahren betreffen (unter 1. und 2., jeweils am Ende).

1. Offene Rechtsfrage

Die Entscheidungen zur Garantie effektiven Rechtsschutzes haben gemeinsam, dass die Fachgerichte jeweils eine Rechtsfrage offen gelassen haben. Dabei handelt es sich jeweils um die Rechtsfrage bzw. um eine der Rechtsfragen, die der jeweilige Lebenssachverhalt in seinem Kern aufwirft. Deutlicher formuliert: Es drängt sich die Frage geradezu auf, wie das Gericht eine Entscheidung hat treffen können, ohne diese Rechtsfrage zu beantworten.

Dabei bleibt die Rechtsfrage deswegen offen, weil das Fachgericht seiner Entscheidung eine ungewöhnliche, aber gleichwohl nicht begründete Rechtsauffassung zugrunde gelegt hat. Dass die Entscheidung unter keinem denkbaren Aspekt rechtlich vertretbar ist, dass also die Grenze zur willkürlichen Rechtsanwendung überschritten ist,[93] ist dabei nicht unbedingt erforderlich. Hätte das Gericht seiner Entscheidung aber die allgemein vertretene Rechtsauffassung zu-

---

91 Dass dies die „gewöhnliche" Rechtsauffassung ist, ergibt sich aus der Rechtsprechung des Bundesverfassungsgerichts, vgl. BVerfG, Beschluss der 2. Kammer des Zweiten Senats vom 30. Juni 2015 – 2 BvR 1857/14 u. a. –, juris, Rn. 39 f.

92 Zur „Gewöhnlichkeit" dieser Rechtsauffassung vgl. BVerfGE 96, 27 (40); 104, 220 (233).

93 Zum Maßstab vgl. BVerfGE 87, 273 (278 f.).

grunde gelegt, wäre der offen gelassenen Rechtsfrage entscheidungserhebliche Bedeutung zugekommen.

Im beamtenrechtlichen Konkurrentenstreit bleibt die Frage offen, ob der Beschwerdeführer angesichts seiner Tätigkeit am Bundessozialgericht als „erprobt“ anzusehen ist. Die Entscheidung beruht insoweit darauf, dass das Oberverwaltungsgericht – ohne dies zu erklären – konkludent von einer eingeschränkten Nachprüfbarkeit der Verwaltungsentscheidung ausgegangen ist. Hätte es seiner Entscheidung hingegen die allgemein vertretene Rechtsauffassung zugrunde gelegt, wonach Verwaltungsentscheidungen grundsätzlich vollständig nachgeprüft werden müssen, hätte es sich dazu verhalten müssen, ob es den Beschwerdeführer als „erprobt“ ansieht. Verfügte der Beschwerdeführer über eine Erprobung, wäre seine Bewerbung um die ausgeschriebene Stelle aus diesem Grund nicht gescheitert. Dass seine Bewerbung auch aus anderen Gründen gescheitert wäre, hat das Oberverwaltungsgericht nicht – auch nicht hilfsweise – ausgeführt.

In den beiden sozialrechtlichen Verfahren besteht die offene Rechtsfrage darin, ob die Beschwerdeführer über ein Aufenthaltsrecht nach § 11 FreizügG/EU in Verbindung mit § 28 Abs. 1 Satz 1 Nr. 3 AufenthG (analog) verfügen, wenn man bei der Auslegung der Vorschriften die Wertungen der Art. 6 GG und Art. 8 EMRK (Schutz der Familie) berücksichtigt. Das Landessozialgericht hat das Bestehen eines Aufenthaltsrechts nach den genannten Vorschriften zwar ausdrücklich verneint, es hat dabei aber den Schutz der Familie unberücksichtigt gelassen. Ungewöhnlich ist die Begründungstiefe und in diesem Sinne auch die Rechtsauffassung des Landessozialgerichts hier insofern, als sich dem Gericht die Berücksichtigung entsprechender Erwägungen hier aufdrängen musste. Erst wenige Monate zuvor hatte das Bundesverfassungsgericht eine Entscheidung desselben Senats aufgehoben und dabei darauf hingewiesen hatte, dass Art. 6 GG und Art. 8 EMRK zu berücksichtigen seien. Hätte das Landessozialgericht seine Entscheidung auf die Erwägungen gestützt, die zum Zeitpunkt seiner Entscheidung allgemein – weil vom Bundesverfassungsgericht als maßgeblich beschrieben (vgl. § 31 Abs. 1 BVerfGG) – anzustellen waren, dann hätte es den Schutz der Familie berücksichtigt. Es wäre dann möglicherweise zu dem Ergebnis gelangt, dass die Beschwerdeführer über ein solches Aufenthaltsrecht verfügen, das zum Bezug von Leistungen nach dem SGB II berechtigt.

Bei der Bestätigung des Insolvenzplans hat das Landgericht zwei Rechtsfragen nicht beantwortet: Es hat weder eine Nachteilsabwägung *nach Maßgabe* von § 253 Abs. 4 Satz 1 InsO vorgenommen noch hat es überprüft, ob der Insolvenzplan einen besonders schweren Rechtsverstoß im Sinne von § 253 Abs. 4 Satz 2 InsO darstellt. Hinsichtlich der ersten Frage ist die eingenommene Rechtsauffassung insofern ungewöhnlich, als das Landgericht, ohne dies zu erklären, bei der

Nachteilsabwägung nicht auf das Vergleichsszenario abstellt, das der Tatbestand ausdrücklich nennt. Hinsichtlich der zweiten Frage hat das Landgericht eine ungewöhnliche Rechtsauffassung eingenommen, ohne überhaupt eine Rechtsprüfung vorzunehmen – denn dass der Insolvenzplan hier einen unzulässigen Inhalt aufgewiesen hat, entspricht der allgemeinen Meinung und lag daher auf der Hand. Hätte das Landgericht die *maßgebliche* Nachteilsabwägung vorgenommen, wäre es möglicherweise zu dem Ergebnis gelangt, dass das Beschwerdeverfahren keine solche Dauer aufweist, die hinsichtlich des witterungsbedingten Verfalls von Gebäuden maßgeblich ins Gewicht fällt. Das hätte wiederum zur Folge gehabt, dass eine Zurückweisung der Beschwerde aufgrund einer Nachteilsabwägung nach § 253 Abs. 4 Satz 1 InsO nicht in Betracht gekommen wäre und dass sich das Landgericht mit den Einwänden gegen den Insolvenzplan hätte in der Sache auseinandersetzen müssen. Hätte das Landgericht geprüft, ob ein besonders schwerer Rechtsverstoß im Sinne von § 253 Abs. 4 Satz 2 InsO vorliegt, wäre es wohl zu dem Ergebnis gelangt, dass dem Insolvenzplan wegen eines unzulässigen Inhalts die Bestätigung nach § 250 Nr. 1 InsO hätte versagt werden müssen.

In der Entscheidung des Landgerichts über die Haftverlegung bleibt offen, ob die angegriffene Haftverlegung rechtswidrig war. Mit dieser Frage setzt sich das Landgericht deswegen nicht auseinander, weil es den Feststellungsantrag für unzulässig hält. Dabei setzt es sich in Widerspruch zu den Kriterien, die das Bundesverfassungsgericht für die Zulässigkeit eines solchen Feststellungsantrags aufgestellt hat: Nach dessen Rechtsprechung wirkt die Beeinträchtigung der Resozialisierungschancen durch eine Haftverlegung auch dann fort, wenn der Inhaftierte eine Rückverlegung nicht mehr begehrt. Außerdem kann ein tiefgreifender Grundrechtseingriff auch dann vorliegen, wenn die angegriffene Maßnahme nicht unter Richtervorbehalt steht.

Soweit die fachgerichtlichen Entscheidungen den Zugang zu einem Verfahren betreffen (dazu oben III.), befassen sich die Gerichte zwar mit der Rechtsfrage, die der Fall aufwirft: Sie treffen eine Entscheidung über die Erfolgsaussichten eines Rechtsschutzbegehrens, sie unterziehen die vorgebrachten „ernstlichen Zweifel“ einer Bewertung, sie äußern sich zu der Frage, ob eine Rechtsfrage „grundsätzliche Bedeutung“ aufweist und sie gehen auf den eingereichten Schriftsatz ein. Offen bleibt die Rechtsfrage aber in dem Sinne, dass die Fachgerichte die Frage nicht innerhalb des dafür eigentlich vorgesehenen Verfahrens (Prozesskostenhilfe und Zugang zu einer weiteren Instanz) bzw. in dem eigentlich begehrten Sinne (Auslegung des Rechtsschutzbegehrens) beantworten. Das Stadium des erst- bzw. nächstinstanzlichen Hauptsacheverfahrens erreichen die Rechtsschutzsuchenden nicht bzw. nicht mit dem angestrebten Begehren.

2. Irreversibler Rechtsverlust

In allen Fällen kommt es zu einer solchen Rechtsschutzverkürzung, die mit einem irreversiblen Rechtsverlust für den Rechtsschutzsuchenden einhergeht. Der Rechtsschutzsuchende hat jeweils nicht mehr die Möglichkeit, die offen gebliebene Rechtsfrage in einem anderen Verfahren klären zu lassen. Das gilt jedenfalls in dem Sinne, dass die spätere Beantwortung der Rechtsfrage zugunsten des Beschwerdeführers den Rechtsverlust nicht mehr verhindern kann.

Im beamtenrechtlichen Konkurrentenstreit besteht der irreversible Rechtsverlust darin, dass die ausgeschriebene Stelle durch das Unterliegen im verwaltungsgerichtlichen Eilrechtsschutz mit einem Mitbewerber besetzt werden kann. Für den Rechtsschutzsuchenden wird die Stelle wegen des Grundsatzes der Ämterstabilität dadurch unerreichbar.[94]

Bei den sozialrechtlichen Verfahren führt das Unterliegen im Eilrechtsschutz dazu, dass dem Rechtsschutzsuchenden Leistungen nach dem SGB II verwehrt bleiben. Diese Leistungen sind nicht mehr nachholbar, denn der elementare Lebensbedarf kann nur in dem Augenblick befriedigt werden, in dem er besteht.[95]

Unterstellt man, dass die Wirkungen des Insolvenzplans dem vormerkungsgesicherten Anspruch eines Gläubigers vorgehen, weil man ihn – in Kenntnis seiner Rechtsposition – ausdrücklich in den Insolvenzplan einbezogen hat, dann verliert der Gläubiger mit der Rechtskraft der Bestätigung des Insolvenzplans seinen Anspruch. Er kann diesen Anspruch nicht mehr erfolgreich auf dem Zivilrechtsweg verfolgen.[96]

Wird einem Betroffenen die Möglichkeit genommen, nachträglich die Rechtswidrigkeit einer Haftverlegung feststellen zu lassen, kann er diese Haftverlegung gar nicht mehr überprüfen lassen. Bereits der Feststellungsantrag leitet ein nachgelagertes Verfahren ein, in dem eine Betroffenheit nur noch in begrenztem Maße vorliegt: Die Rückverlegung wird schließlich nicht mehr begehrt. Es handelt sich damit um die „letzte“ Möglichkeit, ein Verfahren anzustrengen, in dem sich ein Gericht mit den konkreten Einwänden des Betroffenen gegen die Rechtmäßigkeit Haftverlegung befasst.

Soweit bereits der Zugang zu einem gerichtlichen Verfahren verweigert wird, tritt in gewisser Hinsicht ebenfalls ein irreversibler Rechtsverlust ein: Gelingt es dem Rechtsschutzsuchenden gar nicht, sein Anliegen vor einem Gericht vorzu-

---

94 Vgl. BVerwG, Urteil vom 4. November 2010 – 2 C 16.09 –, BVerwGE 138, 102 (Rn. 27); BVerwG, Urteil vom 13. November 2019 – 2 C 35/18 –, BVerwGE 167, 77 (Rn. 25); vgl. insoweit auch BVerfG, Beschluss der 1. Kammer des Zweiten Senats vom 2. Mai 2016 – 2 BvR 120/16 –, juris, Rn. 5.

95 S. dazu den Nachweis in Fn. 59.

96 S. dazu auch oben unter IV.3. a.E.

tragen, das sich damit „in der Sache“ befasst, dann bleibt dem Rechtsschutzsuchenden auch die Geltendmachung seines Rechtsschutzanliegens selbst endgültig verwehrt.

VI. Thesen

Stellt das Bundesverfassungsgericht eine Verletzung der Garantie effektiven Rechtsschutzes fest, dann hat das Fachgericht regelmäßig eine Rechtsfrage nicht beantwortet, die der jeweilige Lebenssachverhalt in seinem Kern aufwirft. Dass die Rechtsfrage unbeantwortet bleibt, beruht dabei auf einer ungewöhnlichen, aber nicht begründeten Rechtsauffassung des Fachgerichts. Ausgehend von der gewöhnlichen Rechtsauffassung wäre die offen gelassene Rechtsfrage entscheidungserheblich gewesen.

Das Offenlassen einer Rechtsfrage geht dabei mit einem irreversiblen Rechtsverlust einher. Der Rechtsschutzsuchende hat nicht mehr die Möglichkeit, sein Rechtsschutzziel dadurch zu erreichen, dass ein Gericht zu einem späteren Zeitpunkt die offene Rechtsfrage zu seinen Gunsten beantwortet.

Wie kann – um zum Ausgang zurückzukommen – ein Gericht nach alldem einen effektiven Rechtsschutz gewährleisten? Erstens sollte das Gericht eine solche Rechtsauffassung sorgfältig begründen, die zur Folge hat, dass die Rechtsfrage, die im Zentrum des Lebenssachverhalts steht, nicht mehr zu beantworten ist. Zweitens sollte das Gericht in geeigneten Fällen in Betracht ziehen, zu der seiner Auffassung nach unerheblichen, aber zentralen Rechtsfrage zumindest Hilfserwägungen anzustellen.

Dominik Till

Verfassungsrechtliche Anforderungen aus Art. 19 Abs. 4 Satz 1 GG an Entscheidungsmaßstab und Prüfungstiefe im verwaltungsgerichtlichen einstweiligen Rechtsschutz

Leitentscheidungen des Bundesverfassungsgerichts

BVerfGE 35, 263 – baurechtliche Nachbarklage
BVerfGE 67, 43 – Offensichtlichkeitsentscheidung (Asylantrag)
BVerfGE 79, 69 – Eid
BVerfGE 93, 1 – Kruzifix
BVerfGE 126, 1 – Lehrfreiheit für Hochschullehrer

Wichtige Kammerentscheidungen

BVerfGK 5, 237 (= Beschluss der 3. Kammer des Ersten Senats vom 12. Mai 2005 – 1 BvR 569/05, juris) – Grundsicherung
BVerfG, Beschluss der 1. Kammer des Ersten Senats vom 6. Februar 2013 – 1 BvR 2366/12 –, juris
BVerfG, Beschluss der 1. Kammer des Ersten Senats vom 14. September 2016 – 1 BvR 1335/13 –, juris
BVerfG, Beschluss der 1. Kammer des Zweiten Senats vom 8. November 2017 – 2 BvR 809/17 –, juris
BVerfG, Beschluss der 1. Kammer des Zweiten Senats vom 14. Dezember 2017 – 2 BvR 1872/17 –, juris
BVerfG, Beschluss der 1. Kammer des Ersten Senats vom 26. Juni 2018 – 1 BvR 733/18 –, juris
BVerfG, Beschluss der 1. Kammer des Ersten Senats vom 14. März 2019 – 1 BvR 169/19 –, juris
BVerfG, Beschluss der 1. Kammer des Zweiten Senats vom 9. Juni 2020 – 2 BvR 469/20 –, juris
BVerfG, Beschluss der 1. Kammer des Ersten Senats vom 8. Juli 2020 – 1 BvR 932/20 –, juris

Schrifttum (Auswahl)

Heinemann, Verwaltungsgerichtlicher Eilrechtsschutz: Die Chimäre der summarischen Rechtsprüfung, NVwZ 2019, S. 517 ff.; *Schreiber*, Die Anforderungen aus Art. 19 Abs. 4 GG an den sozialgerichtlichen einstweiligen Rechtsschutz, in: Modrzejewski/Naumann (Hrsg.), Linien der Rechtsprechung des Bundesverfassungsgerichts, Band 5, 2019, S. 487 ff.; *Schwarz*, Wann ist der Rechtsschutz „effektiv"? Eine Linie durch die aktuelle Kammerrechtsprechung, in diesem Band; *Zimmermann*, Ausgewählte verfassungsrechtliche Anforderungen an behördliche und gerichtliche Asylverfahren, in diesem Band.

https://doi.org/10.1515/9783110686623-020

Inhaltsübersicht

I. Einführung

Eilrechtsschutz spielt in der verwaltungsgerichtlichen Praxis eine wichtige Rolle. Gerade die Entwicklungen der jüngeren Zeit, in der zur Eindämmung der Ausbreitung des Coronavirus SARS-CoV-2 tief in Grundrechte eingegriffen wurde, haben seine Bedeutung noch einmal unterstrichen. Oft besteht für den Bürger nur auf diesem Wege die Möglichkeit, eine nicht wieder zu korrigierende Rechtsbeeinträchtigung zu verhindern. Das Bundesverfassungsgericht betont in ständiger Rechtsprechung die Bedeutung des fachgerichtlichen Eilrechtsschutzes durch die Verwaltungsgerichtsbarkeit für die Verwirklichung effektiven Rechtsschutzes i.S.d. Art. 19 Abs. 4 Satz 1 GG. Dieser gewährleistet den Rechtsweg gegen jede behauptete Verletzung subjektiver Rechte durch ein Verhalten der öffentlichen Gewalt nicht nur formell, sondern garantiert auch die Effektivität dieses Rechtsschutzes.[1] Daraus folgt, dass gerichtlicher Rechtsschutz in Eilverfahren so weit wie möglich der Schaffung solcher vollendeter Tatsachen zuvorzukommen hat, die dann, wenn sich eine Maßnahme bei (endgültiger) richterlicher Prüfung als rechtswidrig erwiese, nicht mehr rückgängig gemacht werden könnten.[2] Art. 19 Abs. 4 GG verbürgt nicht nur, dass überhaupt ein Gericht angerufen werden kann, sondern auch eine tatsächlich wirksame gerichtliche Kontrolle.[3] Dass im verwaltungsgerichtlichen Verfahren grundsätzlich Möglichkeiten bestehen, durch

---

1 Vgl. BVerfGE 35, 263 (274); 93, 1 (13); stRspr; siehe zudem allgemeiner zu den verfassungsrechtlichen Anforderungen an die Gewährung effektiven Rechtsschutzes *Schwarz*, Wann ist der Rechtsschutz „effektiv"?, in diesem Band, Abschnitte II. und III.

2 BVerfG, Beschl. v. 9. Juni 2020 – 2 BvR 469/20 –, juris, Rn. 13; Beschl. v. 26. Juni 2018 – 1 BvR 733/18 –, juris, Rn. 3, (zum Sozialrecht); unter Bezugnahme von BVerfGE 93, 1 (13 f.); 126, 1 (27).

3 BVerfG, Beschl. v. 27. Mai 2020 – 1 BvR 1255/19 –, juris, Rn. 10; vgl. auch BVerfGK 3, 135 (139) (= Beschl. v. 31. März 2004 – 1 BvR 356/04 –, juris, Rn. 19).

spezielle Verfahrensarten eine schnelle Entscheidung zu erlangen, ist damit keine freie Entscheidung des Gesetzgebers, sondern Ausfluss der verfassungsrechtlichen Garantie des Art. 19 Abs. 4 Satz 1 GG.[4] Führt eine Auslegung der entsprechenden Normen durch die Fachgerichte dazu, dass einstweiliger Rechtsschutz im Eilverfahren generell ausgeschlossen ist, liegt darin eine gravierende Rechtsschutzeinschränkung, die nur durch zwingende Gründe zu rechtfertigen ist.[5]

Angesichts der in der Verwaltungsgerichtsordnung existierenden Regelungen zum einstweiligen Rechtsschutz ist dessen Existenz an sich in verwaltungsgerichtlichen Verfahren kaum ein praktisches Problem.[6] Problematischer sind hingegen die Wahl des richtigen Entscheidungsmaßstabs und die Prüfungstiefe der Fachgerichte bei der Anwendung der bestehenden Regelungen. Der folgende Beitrag befasst sich mit der jüngeren (Kammer-)Rechtsprechung des Bundesverfassungsgerichts aus dem Bereich des öffentlichen Rechts, um die hierzu bestehenden Anforderungen an verwaltungsgerichtliche Eilentscheidungen im Lichte des Art. 19 Abs. 4 Satz 1 GG nachzuzeichnen. Betrachtet werden im Wesentlichen Entscheidungen, die sich entweder auf Verfahren vor den Verwaltungsgerichten oder den Sozialgerichten beziehen. Dabei lassen sich durchaus Linien erkennen, die in der praktischen Anwendung eine Hilfestellung geben können.[7]

---

4 *Finkelnburg*, in: Ders./Dombert/Külpmann, Vorläufiger Rechtsschutz im Verwaltungsstreitverfahren, 7. Aufl. 2017, § 1 Rn. 1, 3.

5 Vgl. BVerfGE 143, 216 (233 Rn. 40; 238 Rn. 51); BVerfG, Beschl. v. 9. Juni 2020 – 2 BvR 469/20 –, juris, Rn. 24.

6 Vgl. *Finkelnburg*, in: Ders./Dombert/Külpmann, Vorläufiger Rechtsschutz im Verwaltungsstreitverfahren, 7. Aufl. 2017, § 1 Rn. 5, vgl. zu bedenklichen Einschränkungen im Asylrecht nach dem – mittlerweile nicht mehr geltenden – § 34a Abs. 1 AsylVfG: *Schoch*, in: Ders./Schneider (Hrsg.), VwGO, § 80 Rn. 331 ff. (Juli 2020).

7 Insofern etwas zu pessimistisch *Schoch*, in: Ders./Schneider (Hrsg.), VwGO, § 80 Rn. 372 (Juli 2020), der die verfassungsrechtliche Rechtsprechung bei der für die Beantwortung der „Maßstabsfrage" im Eilverfahren für „wenig hilfreich" hält, wenngleich seine Feststellung, dass „[d]ie Anforderungen und Vorgaben, die das BVerfG unter dem Blickwinkel des Art. 19 Abs. 4 S. 1 GG formuliert, [...] nicht frei von einer gewissen Beliebigkeit [sind]" auch nicht völlig von der Hand zu weisen ist.

II. Einfachgesetzliche Ausgestaltung und verfassungsrechtliche Anforderungen an einstweilige Rechtsschutzverfahren

Da die in Art. 19 Abs. 4 Satz 1 GG verbürgte Effektivität des Rechtsschutzes in erster Linie von den Prozessordnungen gesichert wird, müssen diese Vorkehrungen dafür treffen, dass der Einzelne seine Rechte tatsächlich wirksam durchsetzen kann und er die Folgen staatlicher Eingriffe im Regelfall nicht ohne eine (effektive) gerichtliche Prüfung zu tragen hat.[8] Vor den Verwaltungsgerichten führen verschiedene „Wege“ zum einstweiligen Rechtsschutz; einmal die Aussetzungsverfahren nach § 80 (und § 80a) VwGO und daneben die Verfahren zum Erlass einstweiliger Anordnungen nach § 47 Abs. 6 VwGO und § 123 VwGO. Zu Fällen, in denen die Handhabung des § 47 Abs. 6 VwGO vor dem Hintergrund des Art. 19 Abs. 4 Satz 1 GG im Raum stand, hat sich das Bundesverfassungsgericht dabei seltener geäußert.[9] Zur Anwendung der §§ 80 f. und 123 VwGO und der dabei heranzuziehenden Maßstäbe ist hingegen schon eine Vielzahl von Entscheidungen ergangen. Hinzu treten zahlreiche Entscheidungen zum inhaltlich vergleichbaren § 86b SGG.[10]

Dabei ist zunächst festzuhalten, dass aus verfassungsrechtlicher Sicht die Rechtsschutzmöglichkeiten der §§ 80 f. und des § 123 VwGO gleichwertig sind, d.h. der Gesetzgeber hat mit dieser Aufspaltung, die für den Rechtsschutzsuchenden angesichts der Unterschiede im Verfahren durchaus relevant sein kann, seinen Gestaltungsspielraum nicht überschritten.[11] Verfassungsrechtlich entscheidend ist nicht die Sicherungstechnik, sondern der Sicherungserfolg.[12] In-

---

8 Vgl. BVerfG, Beschl. v. 10. Juni 2020 – 2 BvR 297/20 –, juris, Rn. 12; vgl. auch Beschl. v. 27. Mai 2020 – 1 BvR 1255/19 –, juris, Rn. 10.

9 Siehe aber erst jüngst BVerfG, Beschl. v. 21. Mai 2021 – 1 BvR 683/21, 1 BvQ 40/21 –, juris, Rn. 4, wo auf die „üblichen“ und auch im Folgenden als maßgeblich angesehenen Maßstäbe abgestellt wird. Das Gericht hat zudem bereits klargestellt, dass die Existenz des § 47 Abs. 6 VwGO (und des gesamten Normenkontrollverfahrens) solange durch Art. 19 Abs. 4 GG nicht erzwungen wird, wie er lediglich einen zusätzlichen Rechtsbehelf darstellt und daneben primär Rechtsschutzmöglichkeiten gegen die Auswirkungen entsprechender Regelungen bestehen, vgl. BVerfGE 31, 364 (368 f.).

10 Vgl. *Wahrendorf*, in: Roos/Wahrendorf/Müller (Hrsg.), BeckOK, § 86b SGG, Rn. 14 (Stand: 1. Januar 2021); „Die Regelung des § 86b entspricht dem Ziel des Gesetzgebers, dass SGG der VwGO und der FAO strukturell anzugleichen.“

11 Siehe dazu insgesamt *Puttler*, in: Sodan/Ziekow (Hrsg.), VwGO, 5. Aufl. 2018, § 123 Rn. 8 ff.

12 *Schmidt-Aßmann*, in: Maunz/Dürig (Begr.), GG, Art. 19 Abs. 4 Rn. 274 (Oktober 2020); aufgenommen durch BVerfG, Beschl. v. 1. Oktober 2008 – 1 BvR 2466/08 –, juris, Rn. 17.

sofern ist es grundsätzlich von Verfassungs wegen unerheblich, auf welchem Wege Eilrechtsschutz gewährt wird.[13] Die in der Verwaltungsgerichtsordnung vorgesehenen Möglichkeiten einstweiligen Rechtsschutzes gewähren – soweit ihre Anwendung nicht durch speziellere Regelungen eingeschränkt wird – bei entsprechender Auslegung wie verfassungsrechtlich gefordert ein lückenloses System vorläufigen Rechtsschutzes.[14] Dabei kommt der Rechtschutzsuchenden auch zugute, dass Art. 19 Abs. 4 Satz 1 GG den Gerichten gebietet, das Verfahrensrecht so anzuwenden, dass den erkennbaren Interessen des rechtsschutzsuchenden Bürgers bestmöglich Rechnung getragen wird. Legt ein Gericht den Verfahrensgegenstand in einer Weise aus, die das vom Antragsteller erkennbar verfolgte Rechtsschutzziel ganz oder in wesentlichen Teilen außer Betracht lässt, so liegt darin eine Rechtswegverkürzung, die den Rechtsschutzanspruch des Betroffenen nach Art. 19 Abs. 4 Satz 1 GG verletzt.[15]

Aus dem Gebot, den Eintritt unumkehrbarer Folgen vor Abschluss der (endgültigen) Prüfung im Hauptsacheverfahren zu verhindern, ergeben sich für die Gerichte Anforderungen an die Auslegung und Anwendung der jeweiligen Gesetzesbestimmungen über den Eilrechtsschutz. Insbesondere muss auch ein Eilverfahren zu einer wirksamen Kontrolle in tatsächlicher und rechtlicher Hinsicht führen.[16] Bei der Auslegung und Anwendung des Prozessrechts sind die Fachgerichte daher gehalten, vorläufigen Rechtsschutz zu gewähren, wenn sonst dem Antragsteller eine erhebliche, über Randbereiche hinausgehende Verletzung in seinen Rechten droht, die durch die Entscheidung in der Hauptsache nicht mehr beseitigt werden kann, es sei denn, dass ausnahmsweise überwiegende, besonders gewichtige Gründe entgegenstehen. Aus dem Zweck der Rechtsschutzgarantie und dem Verfassungsgrundsatz der Verhältnismäßigkeit ergibt sich, dass der Rechtsschutzanspruch des Betroffenen umso stärker ist und seine vorläufige Regelung oder Sicherung umso weniger zurückstehen darf, je gewichtiger die dem

---

13 Vgl. BVerfG, Beschl. v. 8. November 2017 – 2 BvR 809/17 –, juris, Rn. 13.

14 Vgl. *Finkelnburg*, in: Ders./Dombert/Külpmann, Vorläufiger Rechtsschutz im Verwaltungsstreitverfahren, 7. Aufl. 2017, § 2 Rn. 11.

15 BVerfG, Beschl. v. 19. Januar 2021 – 1 BvR 2671/20 –, juris Rn. 23 m.w.N. Zudem gebietet auch das einfache Recht entsprechend den Grundsätzen des § 88 VwGO Eilanträge nach dem erkennbaren Rechtsschutzziel auszulegen. Dies kommt insbesondere dann zum Tragen, wenn unklar ist, ob ein Eilantrag gemäß § 80 Abs. 5 VWGO oder gemäß § 123 Abs. 1 VwGO statthaft ist, siehe *Schoch*, in: Ders./Schneider (Hrsg.), VwGO, § 80 Rn. 458 (Juli 2020).

16 Vgl. BVerfG, Beschl. v. 9. Juni 2020 – 2 BvR 469/20 –, juris, Rn. 23; siehe auch BVerfG, Beschl. v. 23. Juli 2015 – 2 BvR 48/15 –, juris, Rn. 7; BVerfGE 46, 166 (178 f.); 65, 1 (70); 67, 43 (58); 93, 1 (13).

Betroffenen auferlegte Belastung ist und je mehr die Maßnahmen der Verwaltung Unabänderliches bewirken.[17]

Für den hiesigen Beitrag ist dabei vor allem relevant, dass die verfassungsrechtlichen Anforderungen bei der Anwendung der §§ 80 f. und 123 VwGO jedenfalls insofern übereinstimmen, als in beiden Fällen die Prognose der Erfolgsaussichten in der Hauptsache – sowohl nach der überwiegenden Auffassung zum einfachen Recht als auch in der Behandlung der verfassungsmäßigen Maßstäbe durch das Bundesverfassungsgericht – eine wesentliche Rolle spielt, soweit die Entscheidung im einstweiligen Rechtschutz daran zu orientieren ist.[18] Im Anwendungsbereich des § 123 VwGO wird dieser Punkt bei der Prüfung der Glaubhaftmachung eines „Anordnungsanspruchs" relevant. Bei diesem handelt es sich nicht um den Anspruch auf Erlass der einstweiligen Anordnung selbst, sondern um den materiellen Anspruch, den der Antragsteller als Kläger im Hauptsacheverfahren geltend macht.[19] Im Falle der §§ 80, 80a VwGO hat demgegenüber eine Interessenabwägung zu erfolgen, bei der die Erfolgsaussichten des Hauptsacherechtsbehelfs maßgeblich mitzuberücksichtigen sind.[20] Auch hinsichtlich der einstweiligen Anordnung nach § 47 Abs. 6 VwGO wird von der Rechtsprechung überwiegend zuvörderst zunächst auf die Erfolgsaussichten des Normenkontrollantrages in der Hauptsache abgestellt.[21]

1. Grundsätzliche Stufenfolge des Entscheidungsmaßstabs

Um beurteilen zu können, ob einstweiliger Rechtsschutz zu gewähren ist, muss das befasste Gericht zunächst klären, was der anzulegende Entscheidungsmaßstab sein soll.[22] Insoweit wird in der Rechtsprechung des Bundesverfassungsge-

---

17 BVerfG, Beschl. v. 9. Juni 2020 – 2 BvR 469/20 –, juris, Rn. 23; BVerfGK, 3, 135 (139) (= Beschl. v. 31. März 2004 – 1 BvR 356/04 –, juris, Rn. 19); BVerfGE 67, 43 (59); 69, 220 (228).

18 Vgl. zu den verschiedenen Entscheidungsmaßstäben im einstweiligen Rechtschutz sogleich unter 1.

19 *Puttler*, in: Sodan/Ziekow (Hrsg.), VwGO, 5. Aufl. 2018, § 123 Rn. 77; siehe auch *Dombert*, in: Finkelnburg/Dombert/Külpmann, Vorläufiger Rechtsschutz im Verwaltungsstreitverfahren, 7. Aufl. 2017, § 15 Rn. 116; vgl. auch BVerfG, Beschl. v. 12. März 2003 – 2 BvR 996/02 –, juris, Rn. 4.

20 Vgl. *Schoch*, in: Ders./Schneider (Hrsg.), VwGO, § 80 Rn. 372 (Juli 2020); *Gersdorf*, in: Posser/Wolf (Hrsg.), BeckOK VwGO, § 80a Rn. 67, 69 (1. Oktober 2020).

21 Siehe *Lenk*, JA 2021, 388 (393) m.w.N.; BVerwG, Beschl. v. 30. April 2019 – 4 VR 3.19 –, juris Rn. 4; siehe auch BVerfG, Beschl. v. 21. Mai 2021 – 1 BvR 683/21, 1 BvQ 40/21 –, juris, Rn. 4.

22 Vgl. *Schreiber*, Die Anforderungen aus Art. 19 Abs. 4 GG an den sozialgerichtlichen einstweiligen Rechtsschutz, in: Modrzejewski/Naumann (Hrsg.), Linien der Rechtsprechung des Bundesverfassungsgerichts, Band 5, 2019, S. 487 (506).

richts regelmäßig darauf verwiesen, im Eilverfahren dürften Entscheidungen grundsätzlich sowohl auf eine Folgenabwägung als auch auf eine Prüfung der Erfolgsaussichten in der Hauptsache gestützt werden.[23] Diese Aussage darf gerade unter Beachtung der jüngeren Kammerrechtsprechung aber nicht dazu verleiten, von einer „Wahlfreiheit" des Fachgerichts auszugehen.[24] Denn auch bei der Frage des Bezugspunktes der Prüfung ist dem Gewicht der infrage stehenden und gegebenenfalls miteinander abzuwägenden Grundrechte Rechnung zu tragen, um deren etwaige Verletzung nach Möglichkeit zu verhindern.[25]

Droht einem Antragsteller bei Versagung des einstweiligen Rechtsschutzes eine erhebliche, über Randbereiche hinausgehende Verletzung in seinen Grundrechten, die durch eine der Klage stattgebende Entscheidung in der Hauptsache nicht mehr beseitigt werden kann, ist grundsätzlich eine eingehende tatsächliche und rechtliche Prüfung des im Hauptsacheverfahren geltend gemachten Anspruchs vorzunehmen.[26] Ausschließlich auf eine Folgenabwägung darf es nur ankommen, soweit eine derart vollständige Rechtmäßigkeitsprüfung im Eilverfahren nicht möglich ist,[27] etwa weil es dafür weiterer und in der Kürze der zur Verfügung stehenden Zeit nicht zu verwirklichender tatsächlicher Aufklärungsmaßnahmen bedürfte.[28] Dies erscheint folgerichtig: Da in diesen Fällen das Fachgericht nur im einstweiligen Rechtsschutz eine endgültige und nicht unerhebliche Grundrechtsverletzung verhindern kann, droht der durch Art. 19 Abs. 4 Satz 1 GG gewährte Rechtsschutz leerzulaufen, obwohl der geltend gemacht Anspruch ggfs. besteht. Eine in das freie Ermessen der Fachgerichte gestellte Folgenabschätzung würde dies überdecken und vom grundsätzlichen Ausgangspunkt des Art. 19 Abs. 4 Satz 1 GG, dem effektiven Schutz subjektiver Rechte des

---

23 Vgl. BVerfGE 126, 1 (28); BVerfG, Beschl. v. 14. März 2019 – 1 BvR 169/19 –, juris, Rn. 15 (zum Sozialrecht); BVerfGK 5, 237 (242) (= Beschl. v. 12. Mai 2005 – 1 BvR 569/05 –, juris, Rn. 25 f.) und Beschl. v. 6. Februar 2013 – 1 BvR 2366/12 –, juris, Rn. 2 (beide zum Sozialrecht).

24 Vgl. etwa zu Unklarheiten, ausgelöst durch einen zum Sozialrecht ergangenen Beschluss des Bundesverfassungsgerichts *Schreiber*, Die Anforderungen aus Art. 19 Abs. 4 GG an den sozialgerichtlichen einstweiligen Rechtsschutz, in: Modrzejewski/Naumann (Hrsg.), Linien der Rechtsprechung des Bundesverfassungsgerichts, Band 5, 2019, S. 487 (500 f.).

25 Vgl. BVerfGE 126, 1 (28); BVerfG, Beschl. v. 6. Februar 2013 – 1 BvR 2366/12 –, juris, Rn. 2 (zum Sozialrecht).

26 Vgl. BVerfGE 79, 69 (75); 94, 166 (216); 143, 216 (232 Rn. 37).

27 BVerfG, Beschl. v. 14. September 2016 – 1 BvR 1335/13 –, juris, Rn. 20, zustimmend *Burkiczak*, NZS 2017, S. 75; vgl. auch BVerfGE 110, 77, (87 f.) und Beschl. v. 4. Juni 2020 – 1 BvR 2846/16 –, juris, Rn. 10 (zum Sozialrecht).

28 Vgl. BVerfG, Beschl. v. 6. Februar 2013 – 1 BvR 2366/12 –, juris, Rn. 2 f. (zum Sozialrecht); Beschl. v. 14. März 2019 – 1 BvR 169/19 –, juris, Rn. 15 (zum Sozialrecht); vgl. auch Beschl. v. 20. Dezember 2012 – 1 BvR 2794/10 –, juris, Rn. 18; Beschl. v. 26. Juni 2018 – 1 BvR 733/18 –, juris, Rn. 3 f. (zum Sozialrecht) und Beschl. v. 21. Mai 2021 – 1 BvR 683/21, 1 BvQ 40/21 –, juris, Rn. 4.

betroffenen Bürgers, weg zu allgemeineren Erwägungen führen, die nicht zwingend bzw. ausschließlich mit dem Schutzgut der effektiven Durchsetzung eigener (Grund-) Rechte verknüpft sind.[29] Eine reine Folgenabwägung steht damit unter der Bedingung, dass eine der drohenden Grundrechtsverletzung entsprechende Klärung der Sach- und Rechtslage im Eilverfahren nicht möglich ist.[30] Sie muss die rechtfertigungsbedürftige Ausnahme für Konstellationen bleiben, in denen eine Prüfung der Rechtslage nicht möglich ist.[31]

Zudem muss natürlich auch eine Folgenabwägung ihrerseits den Anforderungen einer wirksamen gerichtlichen Kontrolle entsprechen. Dafür muss sie auf die im konkreten Rechtstreit bedeutenden Umstände abstellen und darf die zu gewichtenden Interessen nicht einseitig oder verkürzt einstellen.[32] Gefordert ist eine „sorgfältige und hinreichend substantiierte Folgenabwägung".[33] Dabei kann in Fällen des § 80 Abs. 5 VwGO etwa auch zu prüfen sein, ob nicht ggfs. eine befristete (vgl. § 80 Abs. 5 Satz 5 VwGO) oder mit Auflagen versehene (vgl. § 80 Abs. 5 Satz 4 VwGO) Wiederherstellung oder Anordnung der aufschiebenden Wirkung eines Widerspruchs möglich ist.[34]

In eine andere Richtung scheinen indes Ausführungen in der Kammerrechtsprechung des Zweiten Senats zu deuten, die im Sinne eines praktisch weitgehenden Vorrangs einer Folgenabwägung verstanden werden könnten. Dabei ging

---

29 Vgl. hier auch *Heinemann*, NVwZ 2019, S. 517 (518 f.).

30 BVerfG, Beschl. v. 4. Juni 2020 – 1 BvR 2846/16 –, juris, Rn. 10 (zum Sozialrecht).

31 *Burkiczak*, NZS 2017, S. 75. Nicht beantwortet wird damit freilich, in wie weit neben dem Abstellen auf den Ausgang der Hauptsache noch weitere (Interessens-)Erwägungen nötig sein können, wenn die Hauptsache voraussichtlich erfolglos sein wird (vgl. dazu im Kontext der Überprüfung der Anordnung einer sofortigen Vollziehung *Gersdorf*, in: Posser/Wolff BeckOK VwGO, § 80 Rn. 187 (Oktober 2019); *Schoch*, in: Ders./Schneider, VwGO, § 80 Rn. 384, 387 (Juli 2020)). So kann es etwa mit Blick auf Art. 19 Abs. 4 Satz 1 GG nötig sein, die Folgen der Entscheidung im Eilverfahren für die effektive Verfolgung der geltend gemachten Rechte im Hauptsacheverfahren zu berücksichtigen (vgl. unten 2. c)). Zudem soll aus Art. 12 Abs. 1 GG folgen, dass allein die hohe Wahrscheinlichkeit, dass das Hauptsacheverfahren zum Nachteil des Betroffenen ausgehen wird, nicht ausreicht, um die Umsetzung der Maßnahme vor der endgültigen Klärung ihrer Rechtmäßigkeit im Hauptsacheverfahren zu rechtfertigen (BVerfG, Beschl. v. 24. August 2011 – 1 BvR 1611/11 –, juris, Rn. 12 f.). Siehe zu den besonderen verfassungsrechtlichen Anforderungen in Anordnung der sofortigen Vollziehung in diesem Bereich auch OVG Bremen, Urt. v. 2. Oktober 2019 – 2 B 229/19 –, juris, Rn. 7, m.w.N. aus der Rspr. des Bundesverfassungsgerichts.

32 Vgl. BVerfG, Beschl. v. 20. September 2019 – 2 BvR 880/19 –, juris, Rn. 27 ff.; vgl. zu einzustellenden Punkten auch *Külpmann*, in: Finkelnburg/Dombert/Külpmann, Vorläufiger Rechtsschutz im Verwaltungsstreitverfahren, 7. Aufl. 2017, § 45 Rn. 984 ff.

33 BVerfG, Beschl. v. 14. September 2016 – 1 BvR 1335/13 –, Rn. 20; siehe auch Beschl. v. 20. Dezember 2012 – 1 BvR 2794/10 –, juris, Rn. 18.

34 Vgl. BVerfG, Beschl. v. 20. September 2019 – 2 BvR 880/19 –, juris, Rn. 29.

es um Fälle, in denen die Aufenthaltserlaubnisse von im Bundesgebiet geborenen und dauerhaft wohnhaften ausländischen Staatsbürgern nicht verlängert worden waren.[35] Es wurde ausgeführt, das Fachgericht habe sich ausgehend von der Erkenntnis, dass der Fall womöglich im Hauptsacheverfahren zu klärende Sach- und Rechtsfragen aufwerfe und deshalb die Gewährung vorläufigen Rechtsschutzes nicht von den Erfolgsaussichten in der Hauptsache abhängig gemacht werden könne, mit den substantiiert vorgetragenen persönlichen Belangen der Beschwerdeführerin in einer der Bedeutung dieser Umstände für die Aussetzungsentscheidung angemessenen Weise auseinandersetzen müssen. Es lägen Fragen vor, die der Klärung im Hauptsacheverfahren vorbehalten sein dürften und mit der gegebenen Begründung nicht im Verfahren des vorläufigen Rechtsschutzes entschieden werden könnten.[36] Dies dürfte indes nicht so zu verstehen sein, dass eine materiell-akzessorische Prüfung im verwaltungsgerichtlichen Eilverfahren immer schon dann unzulässig sein soll, wenn bestimmte Sach- und Rechtsfragen (auch) im Hauptsacheverfahren zu klären sind.[37] Insofern gilt nämlich, dass allein der Umstand, dass sich in einem Rechtsstreit Rechtsfragen stellen, die schwierig und ungeklärt sind oder die im entscheidungserheblichen Zeitpunkt als streitig eingestuft werden müssen, für sich genommen eine abschließende Prüfung im Eilverfahren nicht hindert.[38] Im Ergebnis dürfte bei näherer Betrachtung auch keine inhaltliche Diskrepanz anzunehmen sein. So wird in den angesprochenen Kammerbeschlüssen deutlich, dass primär ein Begründungsmangel der jeweiligen fachgerichtlichen Entscheidung im Raum stand und im Ergebnis die Mängel der „gegebenen Begründung“, gerade auch bei der Einbeziehung der Argumente des Betroffenen, dafür verantwortlich waren, dass ein Verfassungsverstoß angenommen wurde.[39] So verstanden lassen sich die Entscheidungen in die oben skizzierten Anforderungen einfügen, da es angesichts der Schwere der drohenden Grundrechtsverletzungen durch eine (ggfs. zwangsweise) Beendigung des Aufenthalts der Betroffenen an einer hinreichenden Be-

---

35 Siehe BVerfG, Beschl. v. 29. Januar 2020 – 2 BvR 690/19 –, juris, Rn. 1, 3; Beschl. v. 21. Februar 2011 – 2 BvR 1392/10 –, juris, Rn. 2, 4.

36 BVerfG, Beschl. v. 29. Januar 2020 – 2 BvR 690/19 –, juris, Rn. 17 f.; ebenso bereits Beschl. v. 21. Februar 2011 – 2 BvR 1392/10 –, juris, Rn. 17 f.

37 So aber *Schoch*, in: Schoch/Schneider (Hrsg.), VwGO, § 80 Rn. 376 (Juli 2020).

38 Siehe dazu unten. So insbesondere auch die 1. Kammer des Zweiten Senats, siehe Beschl. v. 20. November 2018 – 2 BvR 80/18 –, juris, Rn. 8.

39 Siehe zur Bedeutung einer hinreichenden Begründung in der Rechtsprechung des Bundesverfassungsgerichts zur Gewährung effektiven Rechtsschutzes *Schwarz*, Wann ist der Rechtsschutz „effektiv“, in diesem Band, Abschnitt V.

gründung fehlte, die den gesteigerten Prüfungsanforderungen für solche Fälle entsprochen hätte.

2. Die geforderte Prüfungstiefe

Der zuletzt angesprochene Punkt führt zur schwierigen und stellenweise auch umstrittenen Frage, welche Prüfungstiefe wann verfassungsrechtlich geboten ist. Stichwort ist hier die verfassungsrechtliche Zulässigkeit einer „summarischen" Prüfung im Eilverfahren in dem Sinne, dass die Prüfungsdichte hinter der im Hauptsacheverfahren zurückbleibt. Dabei bleibt bei der Heranziehung des Begriffs in verwaltungsgerichtlichen Verfahren oft beim Bezugspunkt dieser Prüfung unklar, ob sich diese sowohl auf tatsächliche als auch auf rechtliche Fragen bezieht.[40] In der Literatur wird kritisiert, dass es eine summarische Prüfung in Bezug auf die rechtliche Würdigung jenseits faktischer Restriktionen nicht geben könne. Maßgebend sei das (nach realer Geltung drängende) materielle Recht, das im Streitfall der Durchsetzung in einem Rechtsschutzverfahren bedürfe.[41]

Das Bundesverfassungsgericht hat indes bisher keine grundsätzliche Kritik an der Heranziehung der Begrifflichkeit der „summarischen Prüfung" geübt. Auch in der Sache billigt es grundsätzlich, dass in Eilverfahren eine Reduzierung der Prüfungsdichte erfolgt, solange die Prüfung (noch) in einer gemessen an der drohenden Grundrechtsverletzung hinreichenden Tiefe erfolgt. Demnach folgt aus Art. 19 Abs. 4 Satz 1 GG im Eilverfahren nur ausnahmsweise die Notwendigkeit einer Prüfung, die man als „Vollprüfung" oder auch „abschließende Prüfung" bezeichnen könnte.[42] Dabei hält das Bundesverfassungsgericht sich bei der Kontrolle fachgerichtlicher Entscheidungen nicht an den dort verwendeten Begrifflichkeiten fest, sondern prüft unabhängig davon, ob die verfassungsrechtlichen Anforderungen an eine effektive Rechtsschutzgewährung erfüllt sind. Findet eine gemessen am Gewicht der geltend gemachten Grundrechtsverletzungen ge-

40 Vgl. *Schoch*, in: Ders./Schneider (Hrsg.), VwGO, § 80 Rn. 400 (Juli 2020); insgesamt kritisch hinsichtlich Begriff und Konzept *Heinemann*, NVwZ 2019, S. 517 f.

41 Schoch, in: Ders./Schneider (Hrsg.), VwGO, § 123 Rn. 122a (Juli 2020); siehe auch *ders.*, a.a.O. § 80 Rn. 400 ff.

42 Vgl. BVerfG, Beschl. v. 26. Juni 2018 – 1 BvR 733/18 –, juris, Rn. 4 (zum Sozialrecht); Beschl. v. 23. Mai 2019 – 1 BvR 1724/18 –, juris, Rn. 22 (zur Finanzgerichtsbarkeit); Beschl. v. 6. Februar 2013 – 1 BvR 2366/12 –, juris, Rn. 2 f. (zum Sozialrecht); vgl. auch Beschl. v. 25. Januar 2017 – 1 BvR 2297/ 10 –, juris, Rn. 65. Teils spricht das Gericht auch statt von einer „abschließenden" nur von einer „eingehenden" Prüfung vgl. BVerfG, Beschl. v. 14. März 2019 – 1 BvR 169/19 –, juris, Rn. 15 (zum Sozialrecht) und vom 14. September 2016 – 1 BvR 1335/13 –, juris, Rn. 20.

nügend intensive Durchdringung der Sach- und Rechtslage statt, kann es daher unschädlich sein, wenn das Fachgericht den Ausgang des Hauptsacheverfahrens gleichwohl als offen einschätzt und die von ihm vorgenommene Prüfung selbst als summarisch bezeichnet, ohne deswegen allein auf eine Folgenabwägung abzustellen, sofern nur deutlich wird, dass das Fachgericht den Ausgang des Hauptsacheverfahrens für weitgehend zuverlässig prognostizierbar hielt.[43]

a) Ein gleitender Maßstab

Stützen sich die Fachgerichte auf die Erfolgsaussichten der Hauptsache, ergibt sich aus der Rechtsprechung des Bundesverfassungsgerichts ein „gleitender" Maßstab: Auf der einen Seite wird betont, dass Art. 19 Abs. 4 Satz 1 GG besondere Anforderungen an die Ausgestaltung des Eilverfahrens stellt, wenn ohne die Gewährung vorläufigen Rechtsschutzes schwere und unzumutbare, anders nicht abwendbare Beeinträchtigungen entstehen können.[44] Die Gerichte sollen in derartigen Fällen, wenn sie sich an den Erfolgsaussichten der Hauptsache orientieren „wollen", die Sach- und Rechtslage regelmäßig nicht nur summarisch, sondern abschließend prüfen müssen und „sich schützend und fördernd vor die Grundrechte des Einzelnen stellen".[45] Auf der anderen Seite soll aus den aus Art. 19 Abs. 4 Satz 1 GG folgenden Anforderungen an den fachgerichtlichen Eilrechtsschutz aber nur ausnahmsweise die Notwendigkeit einer Vollprüfung folgen. Die Fachgerichte müssen die Sach- und Rechtslage „nur" umso eingehender prüfen, je gewichtiger die drohende Grundrechtsverletzung und je höher ihre Eintrittswahrscheinlichkeit ist.[46] Eine „abschließende" Prüfung ist, wie oben bereits erwähnt, notwendig, wenn dem Rechtsschutzsuchenden bei Versagung des einstweiligen Rechtsschutzes eine erhebliche, über Randbereiche hinausgehende Verletzung in seinen Grundrechten droht, die durch eine der Klage stattgebende

---

43 BVerfG, Beschl. v. 26. Juni 2018 – 1 BvR 733/18 –, juris, Rn. 4 (zum Sozialrecht); vgl. aber auch Beschl. v. 14. März 2019 – 1 BvR 169/19 –, juris, Rn. 18 (zum Sozialrecht), wo als ein Argument herangezogen wird, dass das Sozialgericht sich ausdrücklich auf eine summarische Prüfung beschränkt habe.

44 Vgl. hierzu und zum Folgenden BVerfGK 5, 237 (242) (= Beschl. v. 12. Mai 2005 – 1 BvR 569/05 –, juris, Rn. 24) und Beschl. v. 27. Juli 2016 – 1 BvR 1241/16 –, juris, Rn. 11 (beide zum Sozialrecht); vgl. auch BVerfGK 3, 135 (139 f.) (= Beschl. v. 31. März 2004 – 1 BvR 356/04 –, juris, Rn. 19, 21).

45 BVerfG, Beschl. v. 26. Juni 2018 – 1 BvR 733/18 –, juris, Rn. 3 (zum Sozialrecht).

46 BVerfG, Beschl. v. 26. Juni 2018 – 1 BvR 733/18 –, juris, Rn. 3 (zum Sozialrecht); Beschl. v. 14. März 2019 – 1 BvR 169/19 –, juris, Rn. 15 (zum Sozialrecht); Beschl. v. 8. September 2014 – 1 BvR 23/14 –, juris, Rn. 24.

Entscheidung in der Hauptsache nicht mehr beseitigt werden kann.[47] Zum Teil hat das Bundesverfassungsgericht für bestimmte Fällen auch ausgeführt, dass hier regelmäßig eine abschließende Prüfung der Sach- und Rechtslage geboten sein soll.[48] Da eine Folgenabwägung durchzuführen ist, wenn eine der drohenden Grundrechtsverletzung entsprechende Klärung der Sach- und Rechtslage im Eilverfahren nicht möglich ist,[49] kann gerade das Erfordernis einer erhöhten Prüfungstiefe – mit der einhergehenden erhöhten Schwierigkeit – zur Notwendigkeit einer Folgenabwägung führen. Auch in diesem Fall sind die grundrechtlichen Belange des Antragstellers umfassend in die Abwägung einzustellen.[50]

Das Zulassen einer Prüfung, die in ihrer Tiefe nicht der in der Hauptsache entspricht, entfernt sich ein stückweit vom materiellen Recht als maßgeblicher Entscheidungsdeterminante, was zum Teil kritisiert wird.[51] Einen Widerspruch zur Garantie des effektiven Rechtsschutzes sieht das Bundesverfassungsgericht darin aber nicht:

> „Nach Sinn und Zweck des Eilverfahrens ist es regelmäßig nicht Aufgabe der Gerichte, schon im Verfahren des einstweiligen Rechtsschutzes eine umfassende rechtliche Prüfung der Hauptsache vorzunehmen. Denn damit würde die Effektivität dieses Verfahrens geschwächt. Der grundsätzlich summarische Charakter des verwaltungsgerichtlichen Eilverfahrens folgt

---

47 Vgl. BVerfG, Beschl. v. 20. Mai 2020 – 1 BvR 2289/19 –, juris, Rn. 9 (zum Sozialrecht); Beschl. v. 14. September 2016 – 1 BvR 1335/13 –, juris, Rn. 20.

48 So soll „[...] im beamtenrechtlichen Konkurrentenstreit eine abschließende Prüfung der Sach – und Rechtslage geboten [sein], wenn bei einer Versagung des einstweiligen Rechtsschutzes eine Verletzung des subjektiven Rechts aus Art. 33 Abs. 2 GG nicht mehr beseitigt werden kann und wenn nicht ausnahmsweise gewichtige Gründe entgegenstehen." BVerfG, Beschl. v. 23. März 2020 –2 BvR 2051/19 –, juris, Rn. 25. Zudem fordert es im Asylrecht zum Teil eine abschließende Prüfung (siehe dazu näher *Zimmermann*, Ausgewählte verfassungsrechtlichen Anforderungen an behördlich und gerichtliche Asylverfahren, in diesem Band, Abschnitt IV. 3). So hat etwa in einstweiligen Rechtsschutzverfahren betreffend als offensichtlich unbegründet abgelehnter Asylanträge „[...] das Verwaltungsgericht aufgrund einer eigenständigen Beurteilung insbesondere zu prüfen, ob das Offensichtlichkeitsurteil des Bundesamts auch weiterhin Bestand haben kann. Das Verwaltungsgericht darf sich dabei nicht mit einer bloßen Prognose zur voraussichtlichen Richtigkeit des Offensichtlichkeitsurteils begnügen, sondern muss die Frage der Offensichtlichkeit – will es sie bejahen – erschöpfend, wenngleich mit Verbindlichkeit allein für das Eilverfahren klären und insoweit über eine lediglich summarische Prüfung hinausgehen." BVerfG, Beschl. v. 25. Februar 2019 – 2 BvR 1193/18 –, juris, Rn. 21.

49 Vgl. BVerfG, Beschl. v. 8. Juli 2020 – 1 BvR 932/20 –, juris, Rn. 11 (zum Sozialrecht).

50 Vgl. BVerfG, Beschl. v. 25. Februar 2009 – 1 BvR 120/09 –, juris, Rn. 11 (zum Sozialrecht).

51 Insofern kritisch *Heinemann*, NVwZ 2019, S. 517 (518 f.), der davon ausgeht, dass damit kein Rechtsschutz i.S.v. Art. 19 Abs. 4 Satz 1 GG mehr gewährt würde.

aus dem Wesen vorläufiger Rechtsschutzgewährung und steht mit Art. 19 Abs. 4 GG nicht in Widerspruch."[52]

Dabei kann die grundsätzliche Billigung einer summarischen Prüfung durch das Bundesverfassungsgericht nicht so verstanden werden, dass eine (bewusst) unsorgfältige Prüfung im Eilverfahren zulässig wäre.[53] Vielmehr wird lediglich das Spannungsverhältnis zwischen dem Anspruch auf schnellen Rechtsschutz und der damit limitierten faktischen Prüfungsmöglichkeiten der Gerichte sowie einer möglichst tiefen Durchdringung des Verfahrensstoffes anerkannt, das in einen Ausgleich zu bringen ist.[54] Gerade bei schwierigen Rechtsfragen wird zudem den Fachgerichten durchaus einiges an rechtlicher Argumentation abverlangt (vgl. unten). Insofern ist auch zu berücksichtigen, dass es nicht Sache des Bundesverfassungsgerichts ist und sein kann, selbst stets bis ins Letzte anhand des einfachen Rechts zu prüfen, ob die im Eilverfahren zur Beurteilung des Ausgangs der Hauptsache zu prüfenden (einfachrechtlich) Fragen in dessen Rahmen mit ausreichender Sicherheit zu beantworten gewesen wären, oder nicht. Vielmehr kontrolliert es, ob eine hinreichende Sachverhaltsaufklärung im Eilverfahren möglich war und ob nicht in diesem zu beantwortende Rechtsfragen vorlagen, „nur" darauf, ob die dementsprechenden Annahmen vertretbar waren bzw. die Anforderungen an den Eilrechtsschutz aus Art. 19 Abs. 4 Satz 1 GG selbst „verkannt" wurden.[55] Es prüft, ob die fachgerichtliche Auslegung und Anwendung Fehler erkennen lässt, die auf einer grundsätzlich unrichtigen Anschauung von der Bedeutung des Grundrechts des jeweiligen Antragstellers und seines Anspruchs auf effektiven Rechtsschutz beruhen.[56]

---

52 BVerfG, Beschl. v. 20. Mai 2020 – 1 BvR 2289/19 –, juris, Rn. 9 (zum Sozialrecht).

53 Vgl. zu diesem (nicht) Verständnis des Begriffs *Schoch*, in: Ders./Schneider (Hrsg.), VwGO, § 80 Rn. 409 (Juli 2020).

54 Vgl. zur Verknüpfung der steigenden Prüfungsanforderungen mit dem Grundsatz der Verhältnismäßigkeit BVerfG, Beschl. v. 9. Juni 2020 – 2 BvR 469/20 –, juris, Rn. 24.

55 Vgl. BVerfG, Beschl. v. 21. Mai 2021 – 1 BvR 683/21, 1 BvQ 40/21 –, juris, Rn. 3 ff.; Beschl. v. 4. Juni 2020 – 1 BvR 2846/16 –, juris, Rn. 12 und v. 6. August 2014 – 1 BvR 1453/12 –, juris, Rn. 12 (beide zum Sozialrecht); siehe auch Beschl. v. 12. Juli 2018 – 1 BvR 1401/18 –, juris, Rn. 7: „Die Einschätzung des Oberverwaltungsgerichts, dass mit Rücksicht auf den Umfang und die Komplexität des Vorhabens hier eine Beantwortung der relevanten Fragen im vorläufigen Rechtsschutzverfahren im Wege einer wenigstens summarischen Prüfung der Sach- und Rechtslage nicht in für den begehrten Eilrechtsschutz angemessener Zeit möglich sei, ist jedoch nicht von vornherein von der Hand zu weisen." und *Harks*, jurisPR-SozR 20/2020 Anm. 1, der von der Zubilligung eines „Entscheidungsspielraums" ausgeht.

56 BVerfG, Beschl. v. 9. Juni 2020 – 2 BvR 469/20 –, juris, Rn. 23; Beschl. v. 11. Juli 2014 – 2 BvR 1006/14 –, juris, Rn. 9; Beschl. v. 23. März 2020 – 2 BvR 2051/19 –, juris, Rn. 29; BVerfGE 79, 69 (74).

b) Berücksichtigung der Schwere der Grundrechtsverletzung

Neben der Frage, ob beim Betroffenen unumkehrbare Beeinträchtigungen eintreten, ist nach der Rechtsprechung des Bundesverfassungsgerichts bei der Ermittlung der im Einzelfall erforderlichen Prüfungstiefe maßgeblich einzubeziehen, ob „eine erhebliche, über Randbereiche hinausgehende Verletzung“ in Grundrechten droht, bzw. es ist eine umso eingehendere Prüfung der Rechtslage angezeigt „je gewichtiger die drohende Grundrechtsverletzung und je höher ihre Eintrittswahrscheinlichkeit ist“.[57] Dabei wird die Anknüpfung an das Gewicht der drohenden Grundrechtsverletzung als Kriterium zur Bestimmung der Prüfungstiefe zum Teil als untauglich angesehen.[58] Dem wird zumindest zuzugeben sein, dass hier eine gewisse Unschärfe liegt.[59] Um einen Zirkelschluss dürfte es sich indes nicht handeln, da es nicht darauf ankommt, ob ein Grundrecht tatsächlich verletzt ist, sondern zunächst nur darauf, dass die Gefahr einer solchen Verletzung droht. Um dies zu prüfen, wird nicht stets eine „Vollprüfung“ notwendig sein, ob der mögliche Eingriff ggfs. gerechtfertigt ist.[60] Es ist allein anhand der Gefährdung festzustellen, ob eine vertiefte Prüfung notwendig ist (bei der wiederum die Rechtfertigung zu berücksichtigen wäre). Ein Beispiel mag dies illustrieren: Begehrt jemand einstweilig die Aufstellung eines Verkehrsschildes, weil nur so vermieden werden kann, dass er bei der Zufahrt zu seinem Grundstück mit seinem Pkw mehrmals auf der öffentlichen Straße rangieren muss, kann ohne Weiteres bereits die Gefahr einer schweren Grundrechtsverletzung abgelehnt werden. Einer Befassung mit der Rechtfertigung eines möglicherweise vorliegenden Eingriffs bedarf es für diese Feststellung nicht.

Einen nicht von der Hand zu weisenden Punkt trifft die Kritik damit, dass es schwierig sein kann, festzustellen, welche Grundrechtseingriffe „gewichtig“ sind und ein Abstellen auf das jeweilige Grundrecht allein mangels Hierarchie der Grundrechte hier nicht weiterhilft.[61] Insofern erscheint es nicht ideal, wenn zur Herleitung der Anforderungen an die Prüfungstiefe auf die Beeinträchtigung von

57 BVerfG, Beschl. v. 6. August 2014 – 1 BvR 1453/12 –, juris, Rn. 10 (zum Sozialrecht); Beschl. v. 26. Juni 2018 – 1 BvR 733/18 –, juris, Rn. 4 (zum Sozialrecht); Beschl. v. 6. Februar 2013 – 1 BvR 2366/12 –, juris, Rn. 2 (zum Sozialrecht); vgl. aber auch Beschl. v. 23. Juli 2020 – 2 BvR 939/20 –, juris, Rn. 17 und Beschl. v. 25. Februar 2019 – 2 BvR 1193/18 –, juris, Rn. 16.

58 Siehe *Heinemann*, NVwZ 2019, S. 517 (520).

59 Vgl. auch *Harks*, jurisPR-SozR 20/2020 Anm. 1.

60 Mit diesem Verständnis aber wohl *Heinemann*, NVwZ 2019, S. 517 (520).

61 *Heinemann*, NVwZ 2019, S. 517 (520), zur Unmöglichkeit einer Grundrechtsrangordnung siehe *Bethge*, in: Maunz/Schmidt-Bleibtreu/Klein/Bethge, BVerfGG, § 90 Rn. 311 (Juli 2020).

„Grundrechtspositionen von Gewicht"[62] abgestellt wird oder darauf, dass sich das Maß dessen, was wirkungsvoller Rechtsschutz ist, entscheidend auch nach dem sachlichen Gehalt des als verletzt behaupteten Rechts bestimme.[63] Hingegen dürfte die Intensität eines drohenden Eingriffs der vorzuziehende Bezugspunkt sein, nach dem die Prüfungstiefe zu bestimmen ist.[64] Vor dem Hintergrund dessen, dass die Garantie des Art. 19 Abs. 4 Satz 1 GG eine ausgewogene Gestaltung des Rechtsschutzes erfordert,[65] erscheint es dann durchaus angebracht, diese Ausgewogenheit auch in der Frage der zu fordernden Prüfungstiefe abzubilden: Bei (möglicherweise) drohenden Eingriffen geringer Intensität kommt auch dem Rechtsschutz vor diesen geringere Bedeutung zu. Insoweit kann das befasste Gericht dann in verfassungsrechtlich vertretbarer Weise hinter den Anforderungen zurückbleiben, welche sich bei einer endgültigen Entscheidung der Hauptsache stellen. Würden auch hier dieselben Anforderungen wie im Hauptsacheverfahren gelten, verlöre die Trennung von einstweiligem Rechtsschutz und Hauptsacherechtsschutz ihren Gehalt, was wiederum die Effektivität des einstweiligen Rechtsschutzes schwächen würde.[66] Soweit kritisiert wird, es sei „völlig untauglich", zur Bestimmung der erforderlichen Kontrolldichte auf das Gewicht der geltend gemachten Grundrechtsverletzungen abzustellen, weil die Beteiligten vieles geltend machen könnten,[67] ist nicht ersichtlich, warum es den Verwaltungsgerichten vor dem Hintergrund der Rechtsprechung des Bundesverfassungsgerichts nicht möglich sein sollte, evident unsinnige Behauptungen von Verletzungen ohne Weiteres zurückzuweisen und – im Sinne einer „Vollprüfung" – zu verwerfen. Nur wenn und soweit neben solchen Behauptungen noch ernsthafte Grundrechtsverletzungen drohen, können diese dann bei der Feststellung der Prüfungstiefe eine Rolle spielen.

c) Umgang mit ungeklärten und umstrittenen Rechtsfragen

Ergeben sich in einem Eilverfahren schwierige, ungeklärte oder umstrittenen Rechtsfragen stellt sich die Frage, ob dann stets auf eine Folgenabwägung aus-

---

62 BVerfG, Beschl. v. 23. Juli 2020 – 2 BvR 939/20 –, juris, Rn. 17.
63 BVerfG, Beschl. v. 25. Februar 2019 – 2 BvR 1193/18 –, juris, Rn. 16.
64 Vgl. auch *Heinemann*, NVwZ 2019, S. 517 (520); siehe aber auch BVerfG, Beschl. v. 21. April 2016 – 2 BvR 273/16 –, juris, Rn. 11 oder Beschl. v. 31. Juli 2018 – 2 BvR 714/18 –, juris, Rn. 19, die eher in eine andere Richtung zu deuten scheinen.
65 Vgl. *Schmidt-Aßmann*, in: Maunz/Dürig, GG, Art. 19 Abs. 4 Rn. 273 (Oktober 2020).
66 Vgl. BVerfG, Beschl. v. 20. Mai 2020 – 1 BvR 2289/19 –, juris, Rn. 9 (zum Sozialrecht).
67 *Heinemann*, NVwZ 2019, S. 517 (520).

zuweichen ist, oder ob das angerufene Gericht diese selbst klären kann bzw. muss. In der jüngeren Kammerrechtsprechung wurde insofern klargestellt, dass eine an den Erfolgsaussichten der Hauptsache auszurichtende Entscheidung auch dann nicht von vornherein ausgeschlossen und – die gegebenenfalls notwendige – „abschließende" rechtliche Prüfung im Prinzip möglich ist. Das entscheidende Gericht habe dann allerdings in den Blick zu nehmen, dass sich eine solche Prüfung im Eilverfahren auf die Möglichkeiten des Rechtsschutzsuchenden auswirken kann, die Entscheidungsfindung im Hauptsacheverfahren und im Rahmen prozessrechtlich vorgesehener Rechtsmittelverfahren zu beeinflussen.[68] Daraus werden wiederum Anforderungen an die Begründungstiefe abgeleitet.[69] Insbesondere soll eine „abschließende" Prüfung dann eine zumindest knappe Auseinandersetzung mit dem juristischen Meinungsstand erfordern können.[70] Allgemein ist ein Verwaltungsgericht damit nicht gehindert, zu der aufgeworfenen Rechtsfrage eine andere Rechtsauffassung als das ihm übergeordnete Obergericht vertreten.[71] Bezugspunkt der Prüfung der Erfolgsaussichten ist mithin zunächst das „eigene" Verfahren des befassten Gerichts, was sich auch daraus ergibt, dass es diesem – bei ausreichender Begründung – gerade nicht verwehrt ist, auch bei einer schwierigen, ungeklärten oder umstrittenen Rechtsfrage einen eigenen Standpunkt zu beziehen.

Was mit der Notwendigkeit, die Auswirkungen auf das Rechtsmittelverfahren zu berücksichtigen, gemeint ist und warum dies von Bedeutung auch für den effektiven Rechtsschutz sein kann, lässt sich anhand eines Beispiels aus dem Asylrecht verdeutlichen. Hier fehlt es im Eilverfahren an einer Beschwerdeinstanz (vgl. § 80 AsylG). Der Betroffene muss daher im Fall einer Ablehnung einstweiligen Rechtsschutzes durch das Verwaltungsgericht das Hauptsacheverfahren evtl. aus dem Ausland weiterverfolgen, ohne dass das in der Hauptsache als Folgeinstanz (wieder) vorhandene Oberverwaltungsgericht dies durch eine Kontrolle bereits der Eilentscheidung anhand seiner ggfs. abweichenden eigenen Rechtsprechung hätte verhindern können. Schon dies allein kann nach der Kammerrechtsprechung unzumutbar sein.[72] Zudem kann ein Risiko der Reali-

---

68 BVerfG, Beschl. v. 20. November 2018 – 2 BvR 80/18 –, juris, Rn. 8; Beschl. v. 8. Juli 2020 – 1 BvR 932/20 –, juris, Rn. 12 und – 1 BvR 1094/20 –, juris, Rn. 12 (beide zum Sozialrecht); Beschl. v. 1. August 2019 – 2 BvR 1556/17 –, juris, Rn. 11.

69 Vgl. BVerfG, Beschl. v. 20. November 2018 – 2 BvR 80/18 –, juris, Rn. 11; Beschl. v. 1. August 2019 – 2 BvR 1556/17 –, juris, Rn. 14, wobei der Ableitungszusammenhang etwas unklar scheint.

70 BVerfG, Beschl. v. 8. Juli 2020 – 1 BvR 932/20 –, juris, Rn. 12 (zum Sozialrecht).

71 BVerfG, Beschl. v. 22. Januar 2018 – 2 BvR 80/18 –, juris, Rn. 6. Anderes – einfachrechtliches – Verständnis wohl *Hoppe*, in: Eyermann (Begr.), VwGO, 15. Aufl. 2019, § 80 Rn. 102.

72 Vgl. BVerfG, Beschl. v. 22. Januar 2018 – 2 BvR 80/18 –, juris, Rn. 6.

sierung von vorgetragenen Gefährdungen im Zielstaat einer Abschiebung bestehen. Insofern ist es nachvollziehbar, dass es unter dem Gesichtspunkt das Art. 19 Abs. 4 Satz 1 GG problematisch sein kann, wenn ein Verwaltungsgericht von einer Rechtsprechung seines zuständigen Oberverwaltungsgerichts abweicht, deren Berücksichtigung zum Erfolg der Hauptsache führen würde, um auf Grundlage dieser eigenen Einschätzung die Gewährung einstweiligen Rechtsschutzes zu verweigern.[73]

Etwas anders soll es sich wohl hinsichtlich unklarer Rechtsfragen verhalten, wenn im Hauptsacheverfahren eine Vorlage an den EuGH erforderlich werden kann:

> „Stellt sich bei dieser Rechtsprüfung eine entscheidungserhebliche unionsrechtliche Frage, die im Hauptsacheverfahren voraussichtlich eine Vorlage des dann letztinstanzlich entscheidenden Gerichts an den EuGH erfordert ([...]), so gebietet Art. 19 Abs. 4 Satz 1 GG, dies im Eilverfahren bei der Prüfung der Erfolgsaussichten zu berücksichtigen. Regelmäßig wird dann jedenfalls die offensichtliche Rechtmäßigkeit des Verwaltungsakts – unabhängig von der eigenen, notwendig nur vorläufigen rechtlichen Einschätzung des entscheidenden Gerichts – nicht bejaht werden können (vgl. BVerfG, Beschluss der 1. Kammer des Zweiten Senats vom 17. Januar 2017–2 BvR 2013/16 -, juris Rn. 18).“[74]

Es soll dann von offenen Erfolgsaussichten auszugehen sein.[75] Das Verwaltungsgericht dürfe sich im Falle einer (zumindest) ungeklärten unionsrechtliche Rechtsfrage, bei der im Hauptsacheverfahren eine Vorlage an den EuGH naheliege, nicht mit einer summarischen Prüfung der Erfolgsaussichten zufriedengeben, sondern müsse darüber hinaus eine Interessenabwägung durchführen.[76] Dabei stellt sich zunächst die Frage, wann kein „Regelfall“ gegeben sein soll und wie viel Raum dem Fachgericht hier für eine eigene rechtliche Prüfung des Unionsrecht bleibt.[77] Auch warum genau bei solchen Rechtsfragen anders als bei ungeklärten und sogar umstrittenen Rechtsfragen des nationalen Rechts grund-

73 Vgl. auch BVerfG, Beschl. v. 21. April 2016 – 2 BvR 273/16 –, juris, Rn. 14. Siehe zur Bedeutung von allgemein vertretenen bzw. „gewöhnlichen“ Rechtsauffassungen für die Feststellung einer Verletzung der Garantie deseffektiven Rechtsschutzes durch das Bundesverfassungsgericht auch *Schwarz*, Wann ist der Rechtsschutz „effektiv“?, in diesem Band, Abschnitte IV und V.

74 BVerfG, Beschl. v. 14. Dezember 2017 – 2 BvR 1872/17 –, juris, Rn. 18; vgl. auch Beschl. v. 27. April 2005 – 1 BvR 223/05 –, juris, Rn. 31 ff., 35.

75 Vgl. BVerfG, Beschl. v. 14. Dezember 2017 – 2 BvR 1872/17 –, juris, Rn. 19 und v. 17. Januar 2017 – 2 BvR 2013/16 –, juris, Rn. 19.

76 Vgl. BVerfG, Beschl. v. 17. Januar 2017 – 2 BvR 2013/16 –, juris, Rn. 18 ff., 21.

77 Mit einem Verständnis dieser Rechtsprechung, nach dem wohl stets nur noch eine Interessenabwägung in Betracht kommt etwa SG Duisburg, Beschl. v. 19. Juli 2019 – S 38 AS 2700/19 ER –, juris, Rn. 18.

sätzliche keine (für das eigene Verfahren) abschließende Prüfung des mit der Eilrechtssache befassten Gerichts stattfinden können soll, erschließt sich nicht ohne Weiteres. In Bezug auf ein Gericht, dass zugleich im Eilverfahren entscheidet und in der Hauptsache als dort letztinstanzliches Gericht zur Vorlage verpflichtet ist (vgl. Art. 267 Abs. 2 AEUV), könnte dies daraus gefolgert werden, dass diesem insofern in der Hauptsache gar keine eigene „abschließende" Einschätzung möglich ist, als die Entscheidung der sich stellenden Rechtsfragen nicht vollständig bei ihm liegt. Besteht für das im Eilverfahren entscheidende Gericht im Rahmen des späteren Hauptsacheverfahrens aber keine Vorlagepflicht (vgl. Art. 267 Abs. 3 AEUV), trifft dies nicht zu. Dennoch wäre auch hier – selbst mit entsprechender Begründung – eine Antizipation der eigenen Hauptsacheentscheidung nach der zitierten Rechtsprechung regelmäßig ausgeschlossen, auch wenn das befasste Gericht nicht gedenkt, die Sache vorzulegen, sondern im Rahmen seiner Kompetenz die sich stellenden ungeklärten Rechtsfragen des Unionsrechts selbst beantworten will. Insofern stellt sich aber die im Falle einer Fortführung des Rechtsstreits bis zur letzten Instanz zu erwartende Entscheidung des EuGH aus Sicht des im Eilverfahren entscheidenden Instanzgerichts nicht substanziell anders dar, als die schließlich ergehende letztinstanzliche Entscheidung der ihm übergeordneten Instanz selbst, welche die Sache vorgelegt und die erhaltene Antwort dann zur Entscheidung des konkreten Falls herangezogen hat.

d) Pflicht zur Sachverhaltsermittlung

Bestehen in einem verwaltungsgerichtlichen Eilverfahren tatsächliche Unsicherheiten, stellt sich die Frage, inwieweit diese durch die Verwaltungsgerichte im Rahmen der Amtsermittlung aufzuklären sind. Dabei gilt zunächst schon einfachrechtlich der Amtsermittlungsgrundsatz des § 86 Abs. 1 VwGO.[78] Dieser gilt grundsätzlich auch in verwaltungsgerichtlichen Eilverfahren,[79] auch wenn er dessen Besonderheiten anzupassen bzw. modifiziert anzuwenden ist.[80] Die verfassungsrechtlichen Vorgaben sind dabei vom oben bereits genannten Ausgangspunkt aus zu ermitteln: Je gewichtiger demnach die drohende Grundrechtsverletzung und je höher ihre Eintrittswahrscheinlichkeit, desto intensiver

78 Vgl. BVerfGK 3, 135 (141) (= Beschl. v. 31. März 2004 – 1 BvR 356/04 –, juris, Rn. 24).
79 Peters, in: Ders./Kukk/Ritgen, Der Beweis im Verwaltungsrecht, 1. Aufl. 2019, Teil A Rn. 80.
80 Vgl. nur *Kothe*, in: Redeker/von Oertzen, VwGO, 16. Aufl. 2014, § 86 Rn. 7 sowie *Puttler*, in: Sodan/Ziekow (Hrsg.), VwGO, 5. Aufl. 2018, § 80 Rn. 136 einer-, und *Kuhla*, in: Posser/Wolff (Hrsg.), BeckOK VwGO, § 123 VwGO Rn. 68 (1. Juli 2020) andererseits.

hat nicht nur die rechtliche sondern auch die tatsächliche Durchdringung der Sache bereits im Verfahren des vorläufigen Rechtsschutzes zu erfolgen.[81] Dabei müssen die verfahrensrechtlichen Anforderungen an die Sachverhaltsaufklärung dem Wert der betroffenen Rechte Rechnung tragen.[82] Zudem kann es Konstellationen geben, in denen eine zumindest kursorische oder stichprobenartige Sachverhaltsermittlung zur Gewährung effektiven Rechtsschutzes notwendig ist, weil sonst keine tatsächliche Chance für eine Verwirklichung des Rechtsschutzbegehrens besteht.[83] Es ist zu berücksichtigen, dass die fachgerichtliche Überprüfung grundrechtseingreifender Maßnahmen die rechtsstaatlich gebotene Beachtung des geltenden Rechts und den effektiven Schutz der berührten materiellen Rechte nur gewährleisten kann, wenn sie auf zureichender Aufklärung des jeweiligen Sachverhalts beruht. Insofern können zur Klärung der tatsächlichen Grundlagen für die erforderliche Abwägung Maßnahmen der gerichtlichen Sachverhaltsermittlung bereits im Verfahren des vorläufigen Rechtsschutzes verfassungsrechtlich geboten sein. Die Eilbedürftigkeit eines Verfahrens berechtigt die Gerichte nicht ohne Weiteres dazu, ihrer Eilentscheidung Tatsachen als gewiss zugrunde zu legen, die mit plausiblen Gründen umstritten sind. Jedenfalls wenn eine erhebliche Grundrechtsverletzung in Rede steht, ist eine Prüfung des Rechtsschutzbegehrens auch in tatsächlicher Hinsicht geboten und es besteht eine – durch den Charakter und die Eigenheiten des Eilverfahrens wie etwa die Eilbedürftigkeit gegebenenfalls beschränkte – Pflicht zur Ermittlung der entscheidungserheblichen Umstände.[84] Der Sachaufklärungspflicht der § 86 VwGO kann dann durch die Wirkung des Art. 19 Abs. 4 Satz 1 GG

---

81 Vgl. BVerfG, Beschl. v. 21. April 2021 – 1 BvR 683/21, 1 BvQ 40/21 –, juris, Rn. 4; Beschl. v. 26. Juni 2018 – 1 BvR 733/18 –, juris, Rn. 4 (zum Sozialrecht); Beschl. v. 3. Dezember 2013 – 2 BvR 2299/13 –, juris, Rn. 18; Beschl. v. 6. Februar 2013 – 1 BvR 2366/12 –, juris, Rn. 3 (zum Sozialrecht).

82 Vgl. BVerfG, Beschl. v. 31. Juli 2018 – 2 BvR 714/18 –, juris, Rn. 19, vom 8. Mai 2017 – 2 BvR 157/17 –, juris, Rn. 16 und v. 25. Februar 2019 – 2 BvR 1193/18 –, juris, Rn. 29. Siehe zur besonderen Bedeutung der Sachverhaltsermittlung gerade in Asylverfahren, *Zimmermann*, Ausgewählte verfassungsrechtliche Anforderungen an behördliche und gerichtliche Asylverfahren, in diesem Band, Abschnitte III. 1 und VI. 3 zu Fällen, in denen in solchen Verfahren bereits im Eilverfahren eine Vollprüfung zu erfolgen hat.

83 Siehe etwa BVerfGK 3, 135 (140 f.) (= Beschl. v. 31. März 2004 – 1 BvR 356/04 –, juris, Rn. 23 f. (zum Hochschulzulassungsrecht)).

84 Vgl. BVerfG, Beschl. v. 3. Dezember 2013 – 2 BvR 2299/13 –, juris, Rn. 18 und v. 5. Mai 2014 – 2 BvR 1823/13 –, juris, Rn. 18 (beide zu einstweiligen Rechtsschutz durch ordentliche Gerichte im Bereich des Strafvollzugs).

verfassungsrechtliches Gewicht zukommen.[85] Können die entscheidungserheblichen Faktoren nicht in der gebotenen Tiefe aufgeklärt werden und bedarf es daher einer weiteren Sachverhaltsaufklärung im Hauptsacheverfahren, so ist – wie auch bei einer nicht hinreichend klärbaren Rechtslage – anhand einer Folgenabwägung zu entscheiden.[86]

III. Fazit

Die Rechtsprechung des Bundesverfassungsgerichts zeigt die wesentliche Bedeutung auf, die Eilverfahren zur Durchsetzung subjektiver Rechte zukommt. Dabei mögen die Maßstäbe zur gebotenen Prüfungstiefe aus der Sicht des einfachen Rechts in gewisser Weise unscharf wirken. Dies liegt allerdings zum Teil bereits in Wesen und Abstraktionsgrad verfassungsrechtlicher Maßstäbe. Festgehalten werden kann, dass sich die Fachgerichte bei der Durchführung einstweiliger Rechtsschutzverfahren deren Bedeutung für die Verwirklichung der Grundrechte und der Bedeutung des Grundrechts des effektiven Rechtsschutzes bewusst sein müssen. Die richtige Maßstabswahl fordert dabei, eine Einschätzung des Gewichts der drohenden Grundrechtsverletzungen vorzunehmen. Auf dieser Grundlage kann dann geprüft werden, ob in der zur Verfügung stehenden Zeit eine Klärung der Sach- und Rechtslage in der gebotenen Prüfungstiefe möglich ist.[87] Ein mehr oder minder pauschaler Verweis auf die im Eilverfahren vorzunehmende „summarische Prüfung" in den Entscheidungsmaßstäben mag dabei zwar verfassungsrechtlich unschädlich sein.[88] Selbst aber, wenn man den Begriff zudem wegen seiner Signalwirkung für unverzichtbar hielte, um deutlich zu machen, dass das Ergebnis im Hauptsacheverfahren von demjenigen des Eilverfahrens abweichen kann, verbietet sich sein unreflektierter Gebrauch.[89] Insofern sollte die Rechtsprechung des Bundesverfassungsgerichts auch als Anlass gesehen werden, in fachgerichtlichen Eilentscheidungen stets so weit wie möglich transparent zu

---

85 Vgl. BVerfG, Beschl. v. 10. Oktober 2019 – 2 BvR 1380/19 –, juris, Rn. 15 und Beschl. v. 18. Dezember 2017 – 2 BvR 2259/17 –, juris, Rn. 18; BVerfGK 3, 135 (141) (= Beschl. v. 31. März 2004 – 1 BvR 356/04 –, juris, Rn. 24).

86 Vgl. BVerfG, Beschl. v. 25. Februar 2009 – 1 BvR 120/09 –, juris, Rn. 11 (zum Sozialrecht).

87 So auch *Schreiber*, Die Anforderungen aus Art. 19 Abs. 4 GG an den sozialgerichtlichen einstweiligen Rechtsschutz, in: Modrzejewski/Naumann (Hrsg.), Linien der Rechtsprechung des Bundesverfassungsgerichts, Band 5, 2019, S. 487 (507 f.).

88 Vgl. BVerfG, Beschl. v. 26. Juni 2018 – 1 BvR 733/18 –, juris, Rn. 4 (zum Sozialrecht).

89 Vgl. *Schoch*, in: Ders./Schneider (Hrsg.), VwGO, § 80 Rn. 399 und 409 (Juli 2020).

machen, wo die Prüfung nicht „erschöpfend" in dem Sinne war, dass sie der einer Hauptsache entsprach und warum dies an der betreffenden Stelle der Fall war.

Ralph Zimmermann

Ausgewählte verfassungsrechtliche Anforderungen an behördliche und gerichtliche Asylverfahren

Leitentscheidungen des Bundesverfassungsgerichts

BVerfGE 65, 76 – Gerichtliche Offensichtlichkeitsentscheidung I
BVerfGE 67, 43 – Behördliche Offensichtlichkeitsentscheidung und gerichtliche Überprüfung im Eilverfahren
BVerfGE 71, 276 – Gerichtliche Offensichtlichkeitsentscheidung II
BVerfGE 94, 49 – Sichere Drittstaaten
BVerfGE 94, 115 – Sichere Herkunftsstaaten
BVerfGE 94, 166 – Flughafenverfahren

Wichtige Kammerentscheidungen

BVerfG, Beschluss der 1. Kammer des Zweiten Senats vom 13.3.1993 – 2 BvR 1988/92 –, DVBl. 1993, 601 – Maßstäbe für Ablehnung eines Folgeantrags als unzulässig
BVerfG, Beschluss der 1. Kammer des Zweiten Senats vom 4.10.2017 – 2 BvR 496/17 –, juris – Bewilligungsreife als maßgeblicher Zeitpunkt für PKH-Entscheidung
BVerfG, Beschluss der 1. Kammer des Zweiten Senats vom 3.4.2020 – 2 BvR 1838/15 –, juris – keine inhaltliche oder formale „Glaubensprüfung" im Asylverfahren

Schrifttum (Auswahl)

Berlit/Dörig/Storey, Glaubhaftigkeitsprüfung bei Asylklagen aufgrund religiöser Konversion oder Homosexualität: Ein Ansatz von Praktikern, ZAR 2016, S. 281 ff., 332 ff.; *Berlit*, Qualitätvolle Asylverfahren und -prozesse: eine Herausforderung für den Rechtsstaat, NVwZ 2020, S. 97 ff.; *Dittrich/Wild*, Über den Umgang mit Traumatisierungen im Asylprozess, NVwZ 2020, S. 118 ff.; *Dörig* (Hrsg.), Handbuch Migrations- und Integrationsrecht, 2. Aufl. 2020; *Farahat*, Die Objektivierung des Asylverfahrens aus verwaltungsrechtswissenschaftlicher Sicht, Die Verwaltung 52 (2019), S. 311 ff.; *Froese*, Die Konversion zum christlichen Glauben als Asylgrund – Was müssen Gerichte glauben und was dürfen sie prüfen?, NVwZ 2021, S. 43 ff.; (Zwei-)Jahresberichte zur Rechtsprechung des Bundesverfassungsgerichts zum Asylrecht, *Roeser*, EuGRZ 1994, S. 85 ff.; 1995, S. 101 ff.; 1996, S. 132 ff.; 1998, S. 429 ff.; 2000, S. 346 ff.; 2002, S. 498 ff.; 2005, S. 86 ff.; 2007, S. 397 ff.; 2011, S. 445 ff.; 2013, S. 369 ff.; 2015, S. 637 ff.; 2017, S. 642 ff.

https://doi.org/10.1515/9783110686623-021

Inhaltsübersicht

I. Einleitung

Wer es unternimmt, den Linien der Rechtsprechung des Bundesverfassungsgerichts im Asylrecht in den amtlichen Sammlungen BVerfGE und BVerfGK, in juristischen Zeitschriften und Datenbanken nachzuspüren, findet sich rasch einigen Senats- und einer Vielzahl an dort dokumentierten Kammerentscheidungen gegenüber. Um angesichts dieser Materialfülle Linien erkennen, also die Entscheidungen ordnen sowie systematisieren und dabei unvermeidlich auch eine Auswahl der hier darzustellenden Gesichtspunkte treffen zu können, bedarf es zuerst der Besinnung auf die Faktoren, die das Rechtsgebiet des Asylrechts prägen.

Zu erinnern ist zunächst daran, dass die Geschichte des Asylrechts wechselvoll ist und durch mehrere grundlegende Novellierungen geprägt wurde.[1] Zu-

1 Vgl. als Überblicke nur *Wollenschläger/Becker*, AöR 115 (1990), S. 369 ff.; *Tiedemann*, ZAR 2009, S. 161 ff.

dem wird diese Geschichte von kritischen Stimmen als eine der Beschleunigung (des Verfahrens), des Abbaus und der Verkürzung (von Rechtsschutzmöglichkeiten) beschrieben.[2] Ob man diese Einschätzung teilt oder nicht, ruft sie doch in Erinnerung, dass verfassungsgerichtliche Entscheidungen zum Asylrecht – namentlich unter den Vorzeichen von Art. 19 Abs. 4 Satz 1 GG – im Kontext des jeweils geltenden einfachen Rechts zu lesen sind.[3]

Neben den einfachrechtlichen Grundlagen des Asylrechts unterlag auch der einschlägige Verfassungstext Änderungen. Im Ausmaß der Umgestaltung wohl nur mit der Veränderung von Art. 13 GG im Jahr 1998 vergleichbar, wurde – im Zuge des so genannten Asylkompromisses der Jahre 1992/93[4] – das Asylgrundrecht aus Art. 16 Abs. 2 Satz 2 GG a.F. gestrichen und als Art. 16a GG neu konzipiert. Diese Novelle, deren wesentliche Elemente verfassungsgerichtlich unbeanstandet geblieben sind,[5] brachte die Einschränkung des Schutzbereichs des Asylgrundrechts um die Sichere-Drittstaaten-Klausel des Art. 16a Abs. 2 GG und die Möglichkeit der Bestimmung sicherer Herkunftsstaaten nach Art. 16a Abs. 3 GG, erweiterte die Möglichkeiten der Rechtsschutzbeschränkung bei offensichtlich unzulässigen oder offensichtlich unbegründeten Anträgen (Art. 16a Abs. 4 GG) und öffnete den Weg für eine völker- und unionsrechtliche Überformung des Asylrechts (Art. 16a Abs. 5 GG).[6] Mit ihr sollte die bis dahin ergangene Rechtsprechung des Bundesverfassungsgerichts und des Bundesverwaltungsgerichts zu Art. 16 Abs. 2 Satz 2 GG a.F. aufgegriffen und an jenen Stellen korrigiert werden,

2 So etwa *Berlit*, Asylmagazin 2019, S. 84 (90); ähnlich auch *Markard*, Die Verwaltung 52 (2019), S. 337 (349).

3 Beispielhaft sei auf BVerfG, Beschluss der 1. Kammer des Zweiten Senats vom 6. März 1991 – 2 BvR 83/91 –, juris, verwiesen, der sich mit der Beurteilung eines Folgeantrags als „unbeachtlich" – entsprechend der damals geltenden Rechtslage – befasst und Ausführungen zur zwischen Ausländerbehörde und Bundesamt aufgeteilten Prüfungskompetenz enthält. Diese Aufteilung sieht das geltende Recht aber nicht mehr vor. S. dazu auch BVerfG, Beschluss der 1. Kammer des Zweiten Senats vom 3. März 2000 – 2 BvR 39/98 –, juris, Rn. 30 ff.

4 Vgl. Blätter für deutsche und internationale Politik 1993, S. 114 ff.; eingehender zum Asylkompromiss etwa die Beiträge in *Barwig* u. a. (Hrsg.), Asyl nach der Änderung des Grundgesetzes, 1994.

5 Vgl. BVerfGE 94, 49 ff.; 94, 115 ff.; 94, 166 ff.; kritisch zu diesen Entscheidungen *Lübbe-Wolff*, DVBl. 1996, S. 825 ff.; zu den Folgerungen aus der Entscheidung BVerfGE 94, 49 ff. bereits *Moll/Pohl*, in: Emmenegger/Wiedmann (Hrsg.), Linien der Rechtsprechung des Bundesverfassungsgerichts, Bd. 2, 2011, S. 399 ff.

6 Zeitgenössische Kritik etwa bei *Voßkuhle*, DÖV 1994, S. 53 ff.; deutlich auch *Franßen*, DVBl. 1993, S. 300 (301): Art. 16a GG als „Grundrechtsbehinderungsvorschrift"; vgl. auch *Wollenschläger/Schraml*, JZ 1994, S. 61 ff.

an denen der verfassungsändernde Gesetzgeber Korrekturbedarf sah.[7] Für das Nachzeichnen von Linien der bundesverfassungsgerichtlichen Rechtsprechung sind die Ergebnisse des Asylkompromisses damit zugleich als mögliche „Bruchkanten" im Auge zu behalten; es muss reflektiert werden, ob zu Art. 16 Abs. 2 Satz 2 GG a.F. ergangene Rechtsprechung auch für das geltende Verfassungsrecht noch Aussagekraft besitzt.[8]

Ein dritter ins Gedächtnis zu rufender Faktor ist, dass das Asylrecht – materiell stärker als im behördlichen Verfahrensrecht und dieses wiederum stärker als das gerichtliche Verfahrensrecht – etwa gleichzeitig mit dem Asylkompromiss einsetzend und seither zunehmend völker-, vor allem aber unionsrechtlich geprägt wurde und heute weitgehend überformt ist. Praktisch führt das dazu, dass jedenfalls die materiellen Gehalte des Asylgrundrechts des Art. 16a GG gegenüber dem unionsrechtlich verbürgten internationalen Flüchtlings- und subsidiären Schutz erheblich an Bedeutung verloren haben.[9] Das zeigt sich auch an den Verfahrenszahlen des Bundesamts für Migration und Flüchtlinge (im Folgenden nur: Bundesamt): Während die Anerkennungsquote als asylberechtigt i.S.v. Art. 16a Abs. 1 GG (einschließlich der Zuerkennung von Familienasyl) in den Jahren 2010 bis 2019 zwischen – jeweils nahezu marginalen – 0,3 und 1,5 Prozent aller Asylverfahren schwankte, wurden im selben Zeitraum jährlich zwischen 12,4 und 47,8 Prozent aller Schutzsuchenden als Flüchtlinge i.S.v. § 3 Abs. 1 AsylG anerkannt.[10] Die Rechtsprechung des Bundesverfassungsgerichts – bis 1983 des Ersten, seither des Zweiten Senats bzw. der von ihm gebildeten Kammern[11] – zum materiellen Gehalt des Art. 16a Abs. 1 GG prägt danach das Verständnis des Asylrechts als Rechtsgebiet nicht mehr unmittelbar,[12] auch wenn man nicht so weit gehen muss, sie „funktional zur neueren Rechtsgeschichte zu zählen"[13].

---

7 Zu Art. 16a GG als klassischem „Fall von Korrekturgesetzgebung" *Wittreck*, in: Dreier (Hrsg.), GG, 3. Aufl. 2013, Art. 16a Rn. 104; ebenso *Gärditz*, in: Maunz/Dürig, GG, Art. 16a Rn. 42 (April 2018).

8 Ausdrückliche Feststellung der Fortgeltung etwa in BVerfG, Beschluss der 1. Kammer des Zweiten Senats vom 1. Dezember 1993 – 2 BvR 1506/93 –, juris, Rn. 15.

9 So auch *Gärditz*, in: Maunz/Dürig, GG, Art. 16a Rn. 181 (April 2018); s. auch *Fontana*, NVwZ 2016, S. 735 (737 f.).

10 Vgl. *Bundesamt für Migration und Flüchtlinge*, Das Bundesamt in Zahlen 2019 – Asyl, Migration und Integration, 2019, S. 52.

11 Vgl. *Roeser*, EuGRZ 1994, S. 85 (85).

12 Nicht nachgegangen wird dabei dem Gedanken der sog. Pfadabhängigkeit, ob also die spätere Sicht des Bundesverfassungsgerichts auf das Asylrecht durch die ältere Rechtsprechung zu den materiellen Gehalten des Art. 16a GG vorgeprägt wird.

13 *Wittreck*, in: Dreier (Hrsg.), GG, 3. Aufl. 2013, Art. 16a Rn. 39 m.w.N.

Führt man sich diese Faktoren vor Augen, spricht alles dafür, bei der Auswahl von Linien in der Rechtsprechung des Bundesverfassungsgerichts zum Asylrecht nicht das materielle, sondern das Verfahrensrecht in den Blick zu nehmen. Das will der vorliegende Beitrag versuchen. Denn unvermindert richtig ist die schon 1981 formulierte Erkenntnis, dass die materiellen Schutzverbürgungen des Asylrechts nicht wirksam in Anspruch genommen werden können, wenn sie nicht durch geeignete Organisationsformen und Verfahrensregelungen sowie eine grundrechtskonforme Anwendung des Verfahrensrechts begleitet werden.[14] Weil der den Schutz des Asylrechts Suchende eine ihm günstige Statusentscheidung erwirken und notfalls erstreiten muss, um diese Verbürgungen (praktisch) nutzen zu können,[15] ist eine für die Feststellung eines Schutzstatus oder eines Abschiebungsverbots geeignete Verfahrensregelung jedenfalls mit Blick auf Art. 19 Abs. 4 Satz 1 GG bedeutsam.[16] Asylverfahren müssen daher von Verfassungs wegen sachgerecht, geeignet und zumutbar sein. Das kann auch besondere, vom allgemeinen Verwaltungsverfahren abweichende Ausgestaltungen ermöglichen.[17] Der Fokus dieses Beitrags liegt daher auf einem Querschnitt durch die Besonderheiten des Asylverfahrens; dass daneben die allgemeinen Vorgaben des Grundgesetzes für Verwaltungsverfahren und -prozesse auch für Asylverfahren gelten, versteht sich von selbst.

II. Anforderungen an das behördliche Asylverfahren

Das behördliche Asyl- als ordnungsrechtliches Verwaltungsverfahren wird durch den Untersuchungsgrundsatz des § 24 VwVfG strukturiert, der durch das AsylG, besonders durch dessen §§ 24 und 25 Modifikationen erfährt. Dabei trifft der Untersuchungsgrundsatz im Asylverfahren auf die Besonderheit, dass vom Bundesamt prognostische Aussagen über die Wahrscheinlichkeit künftiger Verfolgung auf einer regelmäßig schmalen Tatsachenbasis verlangt werden[18] – einer Basis, die häufig nur vom Schutzsuchenden selbst vorgebracht werden kann und sich in aller Regel außerhalb des deutschen Hoheitsgebiets befindet, also dem

---

14 Vgl. BVerfGE 56, 216 (236).

15 So schon BVerfGE 60, 253 (295).

16 Eingehend zur Bedeutung des Asylverfahrens *Berlit*, NVwZ 2020, S. 97 ff.; *Farahat*, Die Verwaltung 52 (2019), S. 311 ff.

17 Vgl. BVerfGE 94, 166 (199 f.).

18 S. dazu etwa *Farahat*, Die Verwaltung 52 (2019), S. 311 (321).

unmittelbaren Zugang des Bundesamts entzogen ist.[19] Diese Umstände hat das Bundesverfassungsgericht aufgegriffen und verlangt, dass die gesetzliche Ausgestaltung und der praktische Vollzug behördlicher Asylverfahren den sachtypischen Besonderheiten Rechnung tragen müssen, die ein asylrechtliches Schutzersuchen in aller Regel begleiten.[20]

Neben den schon genannten Besonderheiten zeichnet sich das Asylverfahren dadurch aus, dass sich der Schutzsuchende typischerweise in Beweisnot befindet. Er ist als „Zeuge in eigener Sache" oft das einzige Beweismittel. Auf die Glaubhaftigkeit seiner Schilderung und die Glaubwürdigkeit seiner Person kommt es entscheidend an. In der Regel wird er der deutschen Sprache nicht mächtig und deshalb auf die Hilfe eines Sprachmittlers angewiesen sein; auch mit den kulturellen und sozialen Gegebenheiten der Bundesrepublik, mit Behördenzuständigkeiten und Verfahrensabläufen sowie mit den sonstigen geschriebenen und ungeschriebenen Regeln, auf die er nunmehr achten soll, ist er häufig nicht (näher) vertraut.[21] Trotz aller Schulungen werden andererseits dem über das Schutzgesuch entscheidenden Bediensteten des Bundesamtes oft weder die sozialen und kulturellen Gegebenheiten im Herkunftsland des Schutzsuchenden noch dessen sprachliche Ausdrucksformen aus eigener Erfahrung geläufig sein. Hinzu kommt, dass Schutzsuchende, die alsbald nach ihrer Ankunft in Deutschland angehört werden, etwaige physische und psychische Auswirkungen einer Verfolgung und Flucht[22] möglicherweise noch nicht überwunden haben, was ihre Fähigkeit zu einer überzeugenden Schilderung ihres Fluchtgrundes beeinträchtigen kann.[23]

Diese Ausgangslage erhellt, dass die rechtsstaatlich und grundrechtlich anzustrebende Sicherung eines qualitativ hochwertigen Asylverfahrens zentral von der Qualität der Anhörung des Schutzsuchenden und der sonstigen Sachverhaltsermittlung durch das Bundesamt abhängt.[24]

---

19 So treffend *Schönenbroicher/Dickten*, in: Kluth/Heusch (Hrsg.), BeckOK Ausländerrecht, § 24 AsylG Rn. 2 (April 2021).

20 Vgl. BVerfGE 94, 166 (200).

21 Dazu zuerst BVerfGE 60, 253 (293).

22 Zum Umgang mit Traumatisierungen im Asylprozess *Dittrich/Wild*, NVwZ 2020, S. 118 ff.

23 Vgl. BVerfGE 94, 166 (200 f.).

24 S. dazu auch die Überlegungen von *Berlit*, NVwZ 2020, S. 97 ff.

1. Anhörung des Schutzsuchenden

Gleichwohl ergeben sich aus der Verfassung nur relativ unbestimmte Leitlinien für die Gestaltung des behördlichen Asylverfahrens: Das Bundesamt ist gehalten, bei der Wahl des Zeitpunkts der Anhörung, bei der Vorbereitung des Schutzsuchenden auf die Anhörung und bei ihrer Durchführung auf die physische und psychische Verfassung des Schutzsuchenden Rücksicht zu nehmen. Soweit möglich, ist alles zu vermeiden, was zu Irritationen und in deren Gefolge zu nicht hinreichend zuverlässigem Vorbringen in der Anhörung führen kann. Etwa durch den Einsatz hinreichend geschulten und sachkundigen Personals und zuverlässiger Sprachmittler oder die Art der Unterbringung der Schutzsuchenden während des Verfahrens sind zudem Rahmenbedingungen zu schaffen, unter denen tragfähige Entscheidungsgrundlagen erzielt werden können und der Asylantragsteller vollständige und wahrheitsgetreue Angaben machen kann.[25] Verfassungsrechtlich geboten ist allerdings nicht, dem Schutzsuchenden bereits vor der Anhörung durch das Bundesamt Gelegenheit zu geben, mit einem Rechtsbeistand seiner Wahl Kontakt aufzunehmen.[26] Auch hält es das Bundesverfassungsgericht für zumutbar, dem Schutzsuchenden grundsätzlich erhöhte Sorgfalt und Mühe bei der Überwindung praktischer Hindernisse, etwa durch Verständigungsschwierigkeiten, abzuverlangen;[27] die Verfassung setzt hier erst Grenzen, wenn die Einforderung asylrechtlichen Schutzes praktisch unmöglich wird.[28] Zudem lassen sich der Verfassung keine spezifischen Vorgaben zur Information des Schutzsuchenden über seine Mitwirkungsobliegenheiten im Asylverfahren, insbesondere in der Anhörung entnehmen. Wichtig ist vielmehr, dass der einzelne Antragsteller in einer seiner Person gemäßen Art und Weise jedenfalls zu Beginn der Anhörung darüber ins Bild gesetzt wird, worauf es nun für ihn und die Entscheidung über sein Schutzersuchen ankommt, und dass der Bedienstete des Bundesamts die Anhörung loyal und verständnisvoll führt.[29]

Besondere Beachtung verlangen diese sachtypischen Besonderheiten, wenn das Asylverfahren als sog. Flughafenverfahren (vgl. § 18a AsylG) innerhalb kürzester Zeit nach der Ankunft des Schutzsuchenden noch im Transitbereich eines Flughafens durchgeführt wird. Unter solchen Bedingungen kann der Asylsu-

---

25 BVerfGE 94, 166 (202).

26 BVerfGE 94, 166 (204 f.) für das sog. Flughafenverfahren nach § 18a AsylG.

27 Vgl. BVerfGE 86, 280 (285 f.); 94, 166 (201).

28 Vgl. BVerfGE 60, 253 (293); 94, 166 (202).

29 BVerfGE 94, 166 (204).

chende sonst gegebene Möglichkeiten, sich zu orientieren und Rechtsrat einzuholen, allenfalls sehr eingeschränkt nutzen.[30]

2. Sachverhaltsermittlung

Neben die Anhörung des Schutzsuchenden tritt die nach § 24 Abs. 1 Satz 1 AsylG vom Bundesamt von Amts wegen zu betreibende Ermittlung des Sachverhalts einschließlich der hierzu erforderlichen Erhebung von Beweisen, die freilich ihrerseits durch die Pflicht des Schutzsuchenden zur Mitwirkung an der Sachverhaltsaufklärung beschränkt wird (vgl. § 15 Abs. 1 AsylG).

a) Pflicht zur Entscheidung auf aktueller Erkenntnisgrundlage

Diese einfachrechtliche Pflicht des Bundesamts – und nachfolgend die Pflicht des Verwaltungsgerichts nach § 86 Abs. 1 VwGO – ist bezüglich der objektiven Umstände[31] im Herkunftsland des Schutzsuchenden mit Rücksicht auf die Vorwirkungen des Art. 19 Abs. 4 Satz 1 GG in das Verwaltungsverfahren hinein[32] dahin auszudeuten, dass sie eine aktuelle Gesamtwürdigung der zur jeweiligen Situation vorliegenden Berichte und Stellungnahmen erfordert; dabei kommt regelmäßigen und übereinstimmenden Berichten von staatlichen Stellen und internationalen Nichtregierungsorganisationen besondere Bedeutung zu.[33] Das verfassungsrechtliche Gewicht der Pflicht des Bundesamts (und des Gerichts) zur Sachverhaltsermittlung nimmt zu, wo sich die Lage, das meint vor allem die Sicherheitslage, etwa im Angesicht politischer Entwicklungen oder der Covid-19-Pandemie aber auch die wirtschaftliche und medizinische Versorgungslage,[34] im Herkunftsland des Schutzsuchenden als volatil oder sich stetig verschlechternd erweist. Bei einer derartigen Fallgestaltung hat sich das Bundesamt laufend über die tatsächlichen Entwicklungen zu unterrichten und darf nur auf der Grundlage

30 BVerfGE 94, 166 (201).

31 Hinsichtlich der höchstpersönlichen Umstände des Schutzsuchenden greift wiederum § 15 AsylG ein.

32 Dazu BVerfGE 101, 106 (123); 109, 279 (364); 118, 168 (207).

33 Vgl. etwa BVerfG, Beschluss der 3. Kammer des Zweiten Senats vom 21. April 2016 – 2 BvR 273/16 –, juris, Rn. 11.

34 Dazu BVerfG, Beschluss der 1. Kammer des Zweiten Senats vom 9. Februar 2021 – 2 BvQ 8/21 –, juris, Rn. 7; zuvor bereits Beschluss der 1. Kammer des Zweiten Senats vom 15. Dezember 2020 – 2 BvR 2187/20 –, juris, Rn. 2.

„tagesaktueller" Erkenntnisse entscheiden.[35] Wenn sich der Schutzsuchende auf neuere relevante Dokumente beruft, ist das Bundesamt (und das Gericht) daran gehindert, zur Beurteilung der Lage im Herkunftsland auf – auch nur Monate zurückliegende – frühere Entscheidungen oder Quellen zu verweisen. Ein derartiges Vorgehen kann die Gefahr einer Art. 2 Abs. 2 GG verletzenden Abschiebung in ein Land begründen, in dem eine erhebliche konkrete Gefahr für Leib, Leben oder Freiheit besteht, Probleme im Hinblick auf Art. 19 Abs. 4 Satz 1 GG aufwerfen und wird – im gerichtlichen Verfahren – Art. 103 Abs. 1 GG nicht gerecht. Das gilt insbesondere dann, wenn sich die neueren Erkenntnismittel erstmals oder in besonderer Weise mit der Situation der sozialen Gruppe befassen, der der Schutzsuchende angehört.[36] Auch wenn die hierzu vorliegenden Entscheidungen vor allem zur Situation in Afghanistan ergangen sind, spricht nichts dafür, dass sie nicht in gleicher Weise auch für andere Herkunftsländer Geltung beanspruchen. Das gilt umso mehr, als die grundrechtlichen Gewährungen von Asyl und eines angemessenen Verfahrens unabhängig vom Herkunftsstaat des Asylsuchenden gelten.

b) Insbesondere: Grenzen der Beweiswürdigung bei Konversion und im Bereich der sexuellen Orientierung

Als besonders grundrechtssensibel und anspruchsvoll erweist sich die Sachverhaltsermittlung durch das Bundesamt auch dort, wo Vorbringen eines Schutzsuchenden zu überprüfen und zu würdigen ist, mit dem er eine Verfolgung aufgrund von Konversion oder wegen der eigenen nicht-heterosexuellen Orientierung geltend macht.[37] Entsprechendes gilt für andere – indes in Asylverfahren seltener geltend gemachte – Aspekte der Persönlichkeitsentfaltung, die vorrangig durch innere Vorgänge geprägt sind, etwa die Weltanschauungsfreiheit oder die geschlechtliche Identität.

35 Vgl. BVerfG, Beschluss der 3. Kammer des Zweiten Senats vom 21. April 2016 – 2 BvR 273/16 –, juris, Rn. 11; Beschlüsse der 1. Kammer des Zweiten Senats vom 27. März 2017 – 2 BvR 681/17 –, juris, Rn. 11; vom 25. April 2018 – 2 BvR 2435/17 -, juris, Rn. 34; und vom 15. Dezember 2020 – 2 BvR 2187/20 –, juris, Rn. 2; s. zu diesem Aspekt der Rechtsprechung auch *Maidowski*, in: Gärditz u. a. (Hrsg.), Der Kontrollauftrag der Verwaltungsgerichtsbarkeit, 2020, S. 272 ff.

36 BVerfG, Beschluss der 1. Kammer des Zweiten Senats vom 1. Juni 2017 – 2 BvR 1226/17 –, juris, Rn. 8.

37 Instruktiv zur Glaubhaftigkeitsprüfung in diesen Bereichen *Berlit/Dörig/Storey*, ZAR 2016, S. 281 ff., 332 ff.

Zwar verletzt das fachgerichtlich entwickelte Prüfprogramm zu §§ 3 ff. AsylG, nach dem das Bundesamt und die Verwaltungsgerichte die Frage zu beantworten haben, ob und ggf. welche Glaubensaspekte in einer Verfolgungsfurcht begründenden Intensität für die religiöse Identität des Schutzsuchenden prägend sind, und dazu die Stellung des Schutzsuchenden zu seinem Glauben ergründen müssen, weder die Pflicht des Staates zu religiös-weltanschaulicher Neutralität noch die Freiheiten des Einzelnen aus Art. 4 Abs. 1, Abs. 2 GG, da – und man wird ergänzen müssen: wenn – mit dieser Prüfung keine inhaltliche Bewertung des Glaubens des Einzelnen oder der Lehre der Religionsgemeinschaft einhergeht.[38] Um Art. 4 Abs. 1, Abs. 2 GG gerecht zu werden, muss die Beurteilung des Vorbringens des Schutzsuchenden durch staatliche Stellen aber auf einer hinreichend verlässlichen und auch ihrem Umfang nach zureichenden tatsächlichen Grundlage beruhen. Das gebietet in aller Regel nicht nur die Anhörung des Schutzsuchenden und die Berücksichtigung seines Vorbringens im Übrigen, sondern auch die Heranziehung äußerer Anknüpfungstatsachen, die Rückschlüsse auf die innere Einstellung des Betroffenen erlauben. Auch im Rahmen der Beweiswürdigung ist die besondere Bedeutung von Art. 4 Abs. 1, Abs. 2 GG zu beachten. Die Beweiswürdigung ist zwar zuvörderst Aufgabe des Bundesamts bzw. des Gerichts und verfassungsrechtlich nicht im Detail geprägt, zumal sie in aller Regel von den Umständen des Einzelfalls abhängt. Das Bundesverfassungsgericht geht aber davon aus, dass sie – auch zur Wahrung unions- und konventionsrechtlicher Vorgaben – regelmäßig aus der Gesamtschau einer Vielzahl von Gesichtspunkten bestehen muss, die Aufschluss über die religiöse Identität des Schutzsuchenden geben können.[39] Dabei darf von einem volljährigen Antragsteller im Regelfall – unter Beachtung seiner individuellen Situation – erwartet werden, dass er schlüssige und nachvollziehbare Angaben zu den inneren Beweggründen für die Konversion machen kann und mit den Grundzügen seiner neuen Religion hinreichend vertraut ist.[40]

Zugleich tritt das Bundesverfassungsgericht einer Überbetonung der Vertrautheit des Schutzsuchenden mit seiner neuen Religion entgegen und zeichnet so die verfassungsrechtlichen Grenzen der Beweiswürdigung nach. Bei der Beweiswürdigung haben sich staatliche Stellen jeglicher inhaltlicher Bewertung des Glaubens des Einzelnen und der Religionsgemeinschaften zu enthalten. Eine inhaltliche „Glaubensprüfung" – etwa durch eigene Auslegung oder Gewichtung einzelner Glaubensinhalte – ist ihnen verschlossen. Auch die Vertrautheit des

38 Näher und m.w.N. dazu BVerfG, Beschluss der 1. Kammer des Zweiten Senats vom 3. April 2020 – 2 BvR 1838/15 –, juris, Rn. 27 ff.

39 Zu diesen Gesichtspunkten im Einzelnen BVerfG, a.a.O., Rn. 35.

40 BVerfG, a.a.O., Rn. 36.

Schutzsuchenden mit den Lehraussagen einer Religionsgemeinschaft kann – muss aber nicht – ein Indiz für die identitätsprägende Bedeutung eines Übertritts zu dieser Religion darstellen; der Umkehrschluss ist aber nicht in jedem Fall zulässig; vielmehr können auch bei fehlender Vertrautheit aussagekräftige und gewichtige Umstände des Einzelfalles festzustellen sein, die die Prognose rechtfertigen, dass der Schutzsuchende sich den Verhaltensleitlinien seines neu gewonnenen Glaubens derart verpflichtet sieht, dass er ihnen auch nach Rückkehr in seinen Heimatstaat folgen und sich damit der Gefahr von Verfolgung oder menschenunwürdiger Behandlung aussetzen wird.[41]

Zwar beschränkt sich die gerade dargestellte Rechtsprechung des Bundesverfassungsgerichts auf Fälle der geltend gemachten Verfolgungsfurcht des Schutzsuchenden wegen Konversion. Es liegt aber nahe, dass – *mutatis mutandis* – vergleichbare Anforderungen zu stellen sind, wenn es um die Beurteilung der Glaubhaftigkeit von Vorbringen des Schutzsuchenden zu einer ihm wegen seiner angegebenen nicht-heterosexuellen Orientierung drohenden Verfolgung geht.

3. Folgeverfahren

Nicht anders als bei anderen Verwaltungsverfahren ist auch im Asylverfahren die Rechtsbeständigkeit behördlicher Entscheidungen ein rechtsstaatlich bedeutsamer Belang; andererseits liegt das persönliche Interesse eines Schutzsuchenden daran, insbesondere bei einer nachträglichen Änderung der Sach- oder Rechtslage in Bezug auf sein Herkunftsland eine Überprüfung einer zuvor erfolgten Ablehnung seines Asylantrags zu erreichen, klar auf der Hand. Diese Interessen greift der Gesetzgeber in § 71 AsylG auf, der dem Leitprinzip folgt, dass eine Instrumentalisierung von weiteren Asylanträgen nur zur Aufenthaltsverlängerung ausgeschlossen werden soll.[42] Eine inhaltliche Prüfung des Vorbringens des Schutzsuchenden in einem weiteren Asylverfahren ist daher nur dann vorgesehen, wenn ein Wiederaufgreifensgrund nach § 51 Abs. 1 Nrn. 1 bis 3 VwVfG besteht.

Da mit der Ablehnung eines Folgeantrags als unzulässig – mangels Vorliegens eines Wiederaufgreifensgrunds – eine deutliche Verkürzung der Positionen des Schutzsuchenden verbunden ist (vgl. § 71 Abs. 4 AsylG i.V. insbesondere mit § 36 AsylG), ergeben sich aus der Garantie effektiven Rechtsschutzes auch Anforderungen an die Behandlung eines Folgeantrags.

---

41 Eingehend BVerfG, a.a.O., Rn. 32ff.

42 Vgl. *Dickten*, in: Kluth/Heusch (Hrsg.), BeckOK Ausländerrecht, § 71 AsylG Rn. 3 (April 2021).

Geht es – wie zumeist – im Folgeantragsverfahren um die Frage, ob der Antrag wegen einer nachträglichen Änderung der Sach- oder Rechtslage zugunsten des Betroffenen zulässig ist, genügt es, wenn der Schutzsuchende eine Änderung der allgemeinen politischen Verhältnisse oder Lebensbedingungen im Heimatstaat oder der sein persönliches Schicksal bestimmenden Umstände im Verhältnis zu der der früheren Asylentscheidung zugrunde gelegten Sachlage glaubhaft und substantiiert vorträgt. Es genügt mithin schon die Möglichkeit einer günstigeren Entscheidung aufgrund der geltend gemachten Wiederaufgreifensgründe.[43] Nicht von Bedeutung ist, ob der neue Vortrag im Hinblick auf das glaubhafte persönliche Schicksal des Schutzsuchenden sowie unter Berücksichtigung der allgemeinen Verhältnisse im angeblichen Verfolgerland tatsächlich zutrifft, die Verfolgungsfurcht begründet erscheinen lässt und die Annahme einer relevanten Verfolgung rechtfertigt. Diese Prüfung hat im Rahmen eines neuen, mit den Verfahrensgarantien des AsylG ausgestatteten materiellen Verfahrens zu erfolgen. Lediglich wenn das Vorbringen des Schutzsuchenden zwar glaubhaft und substantiiert, jedoch von vornherein nach jeder vertretbaren Betrachtungsweise ungeeignet ist, zur Asylberechtigung beziehungsweise zur Zuerkennung internationalen Schutzes zu verhelfen, darf der Folgeantrag als unzulässig abgelehnt bzw. die Unzulässigkeitsentscheidung gerichtlich bestätigt werden.[44]

III. Anforderungen an das gerichtliche Asylverfahren

Noch stärker als das behördliche Asylverfahren steht der Asylprozess im Fokus der verfassungsgerichtlichen Rechtsprechung. Das ist vor allem bedingt durch das Gebot der Rechtswegerschöpfung des § 90 Abs. 2 Satz 1 BVerfGG, aufgrund dessen Asylverfahren das Bundesverfassungsgericht nahezu ausschließlich erst nach einer fachgerichtlichen Aufbereitung der Sach- und Rechtslage erreichen. Aus der Vielzahl der verfassungsgerichtlichen Entscheidungen zu asylprozessualen Entscheidungen sollen daher im Folgenden einige wenige Aspekte her-

43 BVerfG, Beschlüsse der 1. Kammer des Zweiten Senats vom 13. März 1993 – 2 BvR 1988/92 –, juris, Rn. 23; vom 11. Mai 1993 – 2 BvR 2245/92 –, juris, Rn. 22; vom 3. März 2000 – 2 BvR 39/98 –, Rn. 32, und vom 4. Dezember 2019 – 2 BvR 1600/19 –, juris, Rn. 20.

44 BVerfG, Beschlüsse der 1. Kammer des Zweiten Senats vom 13. März 1993 – 2 BvR 1988/92 –, juris, Rn. 23; vom 11. Mai 1993 – 2 BvR 2245/92 –, juris, Rn. 22, vom 3. März 2000 – 2 BvR 39/98 –, Rn. 32, und vom 4. Dezember 2019 – 2 BvR 1600/19 –, juris, Rn. 21.

ausgegriffen werden, ohne dass damit der Anspruch auf vollständige Abbildung der verfassungsrechtlichen Anforderungen in allen Detailfragen verbunden wäre.

1. Sachverhaltsermittlung

Sehen sich die Verwaltungsgerichte in gleicher Weise wie zuvor das Bundesamt mit den sachtypischen Besonderheiten von asylrechtlichen Schutzgesuchen konfrontiert, nimmt es nicht wunder, dass das Bundesverfassungsgericht die Anforderungen an die Sachverhaltsermittlung durch Bundesamt einerseits, Gerichte andererseits parallel anlegt. Die oben bereits geschilderten Anforderungen an die Aktualität der Sachverhaltsermittlung und an die Würdigung des Vorbringens des Schutzsuchenden sind denn auch ausdrücklich für Bundesamt und Gericht zugleich formuliert worden. Daneben leitet das Bundesverfassungsgericht im Anwendungsbereich des Art. 16a Abs. 1 GG aus dessen verfahrensrechtlichen Gewährleistungsdimensionen,[45] für die übrigen Schutzstatus des Asylrechts aus Art. 19 Abs. 4 Satz 1 GG i.V.m. Art. 2 Abs. 2 Sätze 1 und 2 GG[46] weitere Anforderungen an die Sachverhaltsermittlung durch die Gerichte ab.

Dabei geht das Bundesverfassungsgericht – wie allgemein üblich – davon aus, dass die Feststellung und Würdigung des Tatbestands – wie auch die Auslegung des einfachen Rechts und seiner Anwendung auf den einzelnen Fall – zunächst allein Sache der dafür allgemein zuständigen Gerichte ist; es selbst greift erst ein, wenn dabei spezifisches Verfassungsrecht verletzt ist, insbesondere der Fehler gerade in der Nichtbeachtung von Grundrechten liegt.[47] Der in § 86 Abs. 1 VwGO niedergelegten einfachrechtlichen Sachaufklärungspflicht kann danach – bezogen auf Asylverfahren – besonders dann verfassungsrechtliches Gewicht zukommen, wenn hinreichend substantiierte Behauptungen von Schutzsuchenden oder andere ins Verfahren eingeflossene Erkenntnisse auf Umstände zielen, die, ihr Vorliegen unterstellt, für die Verwirklichung hochrangiger grundrechtlicher Gewährleistungen von ausschlaggebender Bedeutung sind.[48] Insgesamt werden die fachgerichtlichen Ermittlungen zu den Voraussetzungen asylrechtlicher Schutztatbestände vom Bundesverfassungsgericht daraufhin überprüft, ob sie einen hinreichenden Grad an Verlässlichkeit aufweisen und auch dem Umfang

45 Dazu BVerfGE 76, 143 (161 ff.).
46 Dazu BVerfGK 20, 146 (153 f.).
47 Zuerst BVerfGE 18, 85 (92 f.); s. auch BVerfGE 76, 143 (161).
48 Vgl. BVerfG, Beschlüsse der 1. Kammer des Zweiten Senats vom 31. Juli 2018 – 2 BvR 714/18 –, juris, Rn. 19 m.w.N.; vom 10. Oktober 2019 – 2 BvR 1380/19 –, juris, Rn. 13 ff.; vom 13. September 2020 – 2 BvR 2082/18 –, juris, Rn. 25, je m.w.N.

nach, bezogen auf die besonderen Gegebenheiten im Asylbereich, zureichend sind.[49]

Besondere praktische Relevanz kommt diesem Ansatz vor allem in Fallgestaltungen zu, in denen sich der Betroffene auf eine in seinem Abschiebungszielstaat bestehende Foltergefahr beruft, sowie in Fällen, in denen der Betroffene Gefahr läuft, im Fall der Überstellung in einen anderen EU-Mitgliedstaat oder der Abschiebung in einen sicheren Drittstaat einer gegen Art. 3 EMRK verstoßenden Situation ausgesetzt zu werden.

Beruft sich der Betroffene auf eine in seinem Abschiebungszielstaat bestehende Foltergefahr und liegen für diese auch ernsthafte Anhaltspunkte vor,[50] hält es das Bundesverfassungsgericht danach für verfassungsrechtlich – und durch die Vorgaben der EMRK – geboten, dass sich das Gericht vor einer Rückführung des Betroffenen in den Zielstaat über die dortigen Verhältnisse informiert und ggf. Zusicherungen der zuständigen Behörden einholt,[51] die geeignet sein müssen, eine ansonsten bestehende beachtliche Gefahr einer Art. 3 EMRK verletzenden Behandlung wirksam auszuschließen.[52] Andernfalls kann es zur Sicherung effektiven Rechtsschutzes insbesondere geboten sein, einem fachgerichtlichen Eilantrag zunächst stattzugeben.[53]

Diese ursprünglich zu Foltergefahren im Abschiebungszielstaat entwickelte Rechtsprechung hat das Bundesverfassungsgericht – nach Einfügung von Art. 16a Abs. 3 GG bzw. nach Inkrafttreten des unionsrechtlichen Dublin-Regimes – auch auf Fälle der Rückführung von Schutzsuchenden in andere Konventionsstaaten der EMRK erstreckt.[54] Besondere praktische Bedeutung kommt ihr auch zu, wenn Rechtsschutz gegen Rücküberstellungen im Rahmen der Dublin-III-Verordnung in Rede steht. In der Rechtsprechung des EGMR ist nämlich anerkannt, dass die Rückführung eines Flüchtlings in einen anderen Konventionsstaat eine Verletzung des Art. 3 EMRK auch durch den rückführenden Staat darstellen kann – die den unionsrechtlichen Grundsatz des gegenseitigen Vertrauens durchbricht –, wenn den Behörden bekannt ist oder bekannt sein muss, dass dort gegen Art. 3

49 Für die Anerkennung als Asylberechtigter nach Art. 16a Abs. 1 GG BVerfGE 76, 143 (162); 83, 216 (234); für die Zuerkennung der Flüchtlingseigenschaft BVerfGK 20, 146 (153).

50 Vgl. etwa BVerfG, Beschlüsse der 1. Kammer des Zweiten Senats vom 17. Mai 1996 – 2 BvR 528/96 –, juris, Rn. 27 ff.; und vom 3. März 2021 – 2 BvR 1400/20 –, juris, Rn. 29.

51 BVerfGE 94, 49 (100).

52 Vgl. näher BVerfG, Beschlüsse der 1. Kammer des Zweiten Senats vom 24. Juli 2017 – 2 BvR 1487/17 –, juris, Rn. 46 ff.; und vom 3. März 2021 – 2 BvR 1400/20 –, juris, Rn. 30, m.w.N.

53 BVerfG, Beschlüsse der 1. Kammer des Zweiten Senats vom 18. Dezember 2017 – 2 BvR 2259/17 –, juris, Rn. 17, m.w.N.; und vom 3. März 2021 – 2 BvR 1400/20 –, juris, Rn. 30.

54 S. etwa BVerfG, Beschluss der 1. Kammer des Zweiten Senats vom 31. Juli 2018 – 2 BvR 714/18 –, juris.

EMRK verstoßende Aufnahmebedingungen herrschen, etwa weil ein Flüchtling völlig auf sich allein gestellt ist und er über einen langen Zeitraum gezwungen sein wird, auf der Straße zu leben, ohne Zugang zu sanitären Einrichtungen oder Nahrungsmitteln.[55] Auch in solchen Konstellationen kommt der Sachaufklärungspflicht nach § 86 Abs. 1 VwGO verfassungsrechtliches Gewicht zu; die fachgerichtliche Beurteilung der Aufnahmebedingungen muss daher, jedenfalls wenn diese ernsthaft zweifelhaft sind, etwa weil in der jüngsten Vergangenheit noch von der Bundesregierung und der EU-Kommission ein Verstoß gegen Art. 3 EMRK bejaht wurde und damit der Grundsatz des gegenseitigen Vertrauens erschüttert ist, auf einer hinreichend verlässlichen, auch ihrem Umfang nach zureichenden tatsächlichen Grundlage beruhen.[56] Zum konkreten Gehalt der Sachaufklärungspflicht knüpft das Bundesverfassungsgericht dann an die zuvor dargestellte Rechtsprechung zum Vorliegen einer Foltergefahr an. Deutlich für den Bedarf an weiterer Sachaufklärung, die im Eilverfahren nicht zu leisten ist, spricht es auch, wenn die Vereinbarkeit einer Rückführung in einen anderen EU-Mitgliedstaat mit Art. 3 EMRK zuvor von einer Vielzahl anderer Verwaltungsgerichte aufgrund aktueller Auskunftslage verneint wurde.[57]

2. Nebenentscheidungen, insbesondere Prozesskostenhilfe (PKH)

Da Schutzsuchende häufig, wenn nicht gar in aller Regel bereits im Heimatland bzw. nach Aufbringung der (Aus-)Reisekosten mittellos sind oder nur über geringe finanzielle Mittel verfügen, kommt der Bewilligung von PKH im gerichtlichen Asylverfahren erhebliche Bedeutung für die effektive Erreichbarkeit von Rechtsschutz durch die Schutzsuchenden zu.

a) Allgemeine Maßstäbe

Das Bundesverfassungsgericht knüpft dabei auch für das Asylrecht an seine allgemeine Rechtsprechung zu den verfassungsrechtlichen Anforderungen an die

---

55 Vgl. hierzu etwa EGMR, Urteil vom 21. Januar 2011 – 30696/09 – M.S.S./Belgien und Griechenland, Rn. 263 f. und 365 ff.

56 BVerfG, Beschluss der 3. Kammer des Zweiten Senats vom 21. April 2016 – 2 BvR 273/16 –, juris, Rn. 11; Beschluss der 1. Kammer des Zweiten Senats vom 8. Mai 2017 – 2 BvR 157/17 –, juris, Rn. 16.

57 S. dazu BVerfG, Beschluss der 3. Kammer des Zweiten Senats vom 21. April 2016 – 2 BvR 273/16 –, juris, Rn. 14.

Bewilligung von PKH an.[58] Deren Kernaussage lässt sich anhand eines Beschlusses aus dem Jahr 1990[59] dahin zusammenfassen, dass Art. 3 Abs. 1 GG i.V.m. Art. 19 Abs. 4 Satz 1 GG die weitgehende Angleichung der Situation von Bemittelten und Unbemittelten bei der Verwirklichung des Rechtsschutzes gebietet. Von Verfassungs wegen darf danach zwar die Gewährung von PKH davon abhängig gemacht werden, dass die beabsichtigte Rechtsverfolgung oder -verteidigung hinreichende Aussicht auf Erfolg hat und nicht mutwillig erscheint (vgl. § 166 VwGO i.V.m. § 114 ZPO). Die Prüfung der Erfolgsaussichten darf jedoch nicht dazu dienen, die Rechtsverfolgung oder -verteidigung selbst in das nur summarische Verfahren der PKH zu verlagern und dieses an die Stelle des Hauptsacheverfahrens treten zu lassen. Auslegung und Anwendung des einfachen Rechts obliegen dabei zwar bis zur Grenze einer grundsätzlich unrichtigen Anschauung von der Bedeutung der Rechtsschutzgleichheit den zuständigen Fachgerichten. Diesen Entscheidungsspielraum verlassen die Fachgerichte aber, wenn sie einen Auslegungsmaßstab verwenden, durch den unbemittelten Beteiligten im Vergleich zu bemittelten die Rechtsverfolgung oder -verteidigung unverhältnismäßig erschwert wird, indem etwa die Anforderungen an die Erfolgsaussicht der beabsichtigten Rechtsverfolgung oder -verteidigung weit überspannt werden und dadurch der Zweck der PKH deutlich verfehlt wird. Dem genügt eine Auslegung von § 114 Satz 1 ZPO, nach der ein Rechtsschutzbegehren in aller Regel dann hinreichende Aussicht auf Erfolg hat, wenn die Entscheidung in der Hauptsache von der Beantwortung einer schwierigen, bislang ungeklärten Rechtsfrage abhängt. Umgekehrt verletzt das Verwaltungsgericht Verfassungsrecht, wenn es meint, dass auch schwierige, noch nicht hinreichend geklärte Rechtsfragen im PKH-Verfahren entschieden werden können. Entsprechendes gilt, wenn die Entscheidung in der Hauptsache von der Beantwortung schwieriger, bislang ungeklärter tatsächlicher Fragen abhängt.

Vor diesem Hintergrund zeigt die Rechtsprechung des Bundesverfassungsgerichts auch Anhaltspunkte auf, die für die Annahme einer schwierigen, bislang ungeklärten – oder gar von einer zu Gunsten des Rechtsschutzsuchenden geklärten – Rechts- oder Tatsachenfrage sprechen. Für eine schwierige, bislang ungeklärte Tatsachenfrage spricht dabei etwa, wenn das dem Verwaltungsgericht übergeordnete Oberverwaltungsgericht zuvor die Berufung zu den streitent-

---

58 Vgl. dazu eingehend *Bergner/Pernice*, in: Emmenegger/Wiedmann (Hrsg.), Linien der Rechtsprechung des Bundesverfassungsgerichts, Bd. 2, 2011, S. 241 ff.
59 BVerfGE 81, 347 (356 ff.).

scheidenden Fragen wegen grundsätzlicher Bedeutung zugelassen hatte;[60] liegen zudem weitere, divergierende obergerichtliche Entscheidungen vor, führt auch einschlägige Kammerrechtsprechung des betroffenen Verwaltungsgerichts keine Klärung der Frage im Sinne der PKH herbei.[61] Erst recht verfehlt ein Gericht die Anforderungen der Rechtsschutzgleichheit, wenn es in einer entscheidungserheblichen Rechtsfrage von der (noch aktuellen) Auffassung der höchstrichterlichen Rechtsprechung und der herrschenden Meinung in der Literatur abweicht.[62] Für eine schwierige, bislang ungeklärte Tatsachenfrage streitet auch, dass das dem Verwaltungsgericht übergeordnete Obergericht diese Frage bislang nicht geklärt hat und sie in der übrigen obergerichtlichen und erstinstanzlichen Verwaltungsrechtsprechung uneinheitlich beantwortet wird.[63]

b) Bewilligungsreife als maßgeblicher Zeitpunkt

Insbesondere für gerichtliche Asylverfahren hat das Bundesverfassungsgericht aus der Rechtsschutzgleichheit aber auch gefolgert, dass Änderungen in der Beurteilung der Erfolgsaussichten, die nach der Bewilligungsreife des PKH-Antrags eintreten, grundsätzlich nicht mehr zu Lasten des Rechtsschutzsuchenden zu berücksichtigen sind.[64] Denn der vernünftig abwägende Rechtsschutzsuchende kann die Entscheidung über die Klageerhebung – jedenfalls in einem Rechtsgebiet wie dem Asylrecht, in dem ein isolierter PKH-Antrag vielfach als unzulässig angesehen wird[65] – nur innerhalb des Laufs der Rechtsbehelfsfristen treffen.[66]

---

60 BVerfG, Beschluss der 1. Kammer des Ersten Senats vom 4. Mai 2015 – 1 BvR 2096/13 –, juris, Rn. 16; Beschluss der 1. Kammer des Zweiten Senats vom 4. Oktober 2017 – 2 BvR 846/17 u. a. –, juris, Rn. 13.

61 Vgl. BVerfG, Beschluss der 1. Kammer des Zweiten Senats vom 4. Oktober 2017 – 2 BvR 846/17 u. a. –, juris, Rn. 13.

62 Vgl. BVerfG, Beschluss der 1. Kammer des Ersten Senats vom 7. November 2011 – 1 BvR 1403/09 –, juris, Rn. 34 m.w.N.; Beschluss der 2. Kammer des Zweiten Senats vom 22. Mai 2012 – 2 BvR 820/11 –, juris, Rn. 11.

63 Plakatives Beispiel m.w.N. in BVerfG, Beschluss der 1. Kammer des Zweiten Senats vom 29. August 2017 – 2 BvR 351/17 u. a. –, juris, Rn. 12.

64 Vgl. nur BVerfGK 8, 213 (216 ff.).

65 M.w.N. *Neumann*, in: Sodan/Ziekow, VwGO, 4. Aufl. 2014, § 166 Rn. 29.

66 Zuerst BVerfG, Beschlüsse der 1. Kammer des Zweiten Senats vom 4. Oktober 2017 – 2 BvR 496/17 –, juris, Rn. 14; vom 5. Dezember 2018 – 2 BvR 1122/18, 2 BvR 1222/18, 2 BvR 1583/18 –, juris, Rn. 13; vom 12. Mai 2020 – 2 BvR 2151/17 –, juris, Rn. 20; und zuletzt vom 22. März 2021 – 2 BvR 353/21 –, juris, Rn. 6.

Treten hingegen nach der Bewilligungsreife des PKH-Antrags Änderungen in der Beurteilung der Erfolgsaussichten ein, die sich zugunsten des Rechtsschutzsuchenden auswirken und die nach dem einschlägigen Fachrecht – insbesondere also nach § 77 Abs. 1 AsylG – zu berücksichtigen sind, überschreiten die Fachgerichte ihren von der Verfassung begrenzten Entscheidungsspielraum nicht, wenn sie aus Gründen der Billigkeit und der Prozessökonomie davon ausgehen, dass solche Änderungen bei der Entscheidung über den PKH-Antrag zu berücksichtigen sind bzw. insoweit ausnahmsweise für die Beurteilung der Erfolgsaussichten auf den Zeitpunkt der Entscheidung des Gerichts über diesen Antrag abzustellen ist.[67]

Damit wird der Zeitpunkt der Bewilligungsreife, das meint den Zeitpunkt, in dem sowohl die beabsichtigte Rechtsverfolgung oder -verteidigung nebst ihrer wesentlichen Begründung für das Gericht erkennbar geworden ist als auch die persönlichen und wirtschaftlichen Voraussetzungen des Rechtsschutzsuchenden anhand der hierfür vorgesehenen Erklärung nebst Anlagen beurteilt werden können, zum zentralen Fixpunkt der Entscheidung über den PKH-Antrag. Das hat wiederum Folgewirkungen für die Substantiierung einer Verfassungsbeschwerde, die sich gegen die Ablehnung eines PKH-Gesuchs richtet: Hängen die Erfolgsaussichten einer beabsichtigten Rechtsverfolgung, wie dies im Asylrecht häufig anzutreffen ist, von Entwicklungen im Herkunftsland des Schutzsuchenden ab, so ist Kenntnis vom (und entsprechender Vortrag zum) Zeitpunkt der Bewilligungsreife erforderlich, um bestimmen zu können, welche dieser Entwicklungen das über das PKH-Gesuch entscheidende Gericht noch berücksichtigen durfte und welche nicht (mehr).

c) Anforderungen an die Begründung einer ablehnenden PKH-Entscheidung

Zudem ergeben sich aus der Rechtsschutzgleichheit verfassungsrechtliche Anforderungen an die Begründung einer ablehnenden PKH-Entscheidung. Das Grundgesetz lässt dabei zwar im Ausgangspunkt zu, wenn zur Begründung der Versagung von PKH auf die Begründung der jeweiligen Sachentscheidung Bezug genommen wird. Auch müssen mit ordentlichen Rechtsbehelfen nicht mehr angreifbare gerichtliche Entscheidungen, darunter auch solche über die Versagung von PKH, von Verfassungs wegen grundsätzlich nicht begründet werden.[68] Die

67 BVerfG, Beschluss der 1. Kammer des Zweiten Senats vom 22. März 2021 – 2 BvR 353/21 –, juris, Rn. 7.

68 Vgl. BVerfGE 50, 287 (289 f.); 71, 122 (135); 81, 97 (106).

Entscheidung über die Bewilligung der PKH hat allerdings auf den Zeitpunkt der Bewilligungsreife, d. h. auf eine ex-ante-Perspektive abzustellen, während der Zeitpunkt der maßgeblichen Sach- und Rechtslage für die Sachentscheidung typischerweise später liegt. Das kann im Einzelfall eine gesonderte Begründung der Ablehnung der PKH erforderlich machen; jedenfalls aber hat das Gericht die Unterschiede im Beurteilungszeitpunkt hinreichend kenntlich zu machen.[69] Anlass zu einer gesonderten Begründung besteht dabei etwa, wenn die Mehrzahl der publizierten Entscheidungen anderer Verwaltungsgerichte die sich in der Sache stellende Frage in einem für den Schutzsuchenden positiven Sinn entschieden hatte.[70]

IV. Insbesondere: Offensichtlichkeitsentscheidungen

Eine der im Vergleich zum allgemeinen Verwaltungs- und Verwaltungsprozessrecht am deutlichsten hervortretenden Besonderheiten behördlicher und gerichtlicher Asylverfahren sind die dem Bundesamt bzw. dem Verwaltungsgericht möglichen Offensichtlichkeitsentscheidungen (vgl. §§ 30, 36, 78 Abs. 1 Satz 1 AsylG).

Das Asylverfahrensrecht geht zwar von dem Grundsatz aus, dass ein Schutzsuchender ein (vorläufiges) Bleiberecht genießt, bis verbindlich und abschließend eine, ggf. negative, Entscheidung über seinen Asylantrag getroffen ist. Um jedoch den Aufenthalt von Schutzsuchenden, deren Antrag offensichtlich aussichtslos ist, im Bundesgebiet zu verkürzen, aber auch als Sanktion für Missbrauchspraktiken[71] räumt § 30 AsylG dem Bundesamt die Möglichkeit ein, einen Asylantrag nicht nur als (einfach) unbegründet, sondern als offensichtlich unbegründet abzulehnen. Mit einer solchen Ablehnung geht einher, dass die dem Schutzsuchenden zu setzende Ausreisefrist lediglich eine Woche (§ 36 Abs. 1 AsylG) und nicht wie im Regelfall 30 Tage bzw. im Fall der Klageerhebung 30 Tage nach unanfechtbarem Abschluss des Asylverfahrens (vgl. § 38 Abs. 1 AsylG) beträgt. Zudem sind die Rechtsschutz- sowie Entscheidungsfristen im einstweiligen Rechtsschutzverfahren gegen die Abschiebungsandrohung erheblich verkürzt

69 BVerfG, Beschlüsse der 1. Kammer des Zweiten Senats vom 15. November 2017 – 2 BvR 902/17 u. a. –, juris, Rn. 14; und vom 26. September 2020 – 2 BvR 1942/18 –, juris, Rn. 16.

70 BVerfG, Beschluss der 3. Kammer des Zweiten Senats vom 8. Juli 2016 – 2 BvR 2231/13 –, juris, Rn. 13.

71 Vgl. *Heusch*, in: Kluth/ders. (Hrsg.), BeckOK AusländerR, § 30 AsylG Rn. 1 f. (April 2021).

(vgl. § 36 Abs. 3 AsylG), die Aufklärungspflichten des Gerichts eingeschränkt (vgl. § 36 Abs. 4 AsylG) und der Klage gegen die Abschiebungsandrohung kommt keine aufschiebende Wirkung zu (vgl. § 75 Abs. 1 Satz 1 AsylG).

Daneben steht auch dem Verwaltungsgericht die Möglichkeit offen, eine Klage gegen die Ablehnung des Asylantrags als offensichtlich unzulässig oder als offensichtlich unbegründet abzuweisen. Ein entsprechendes Urteil ist nach § 78 Abs. 1 Satz 1 AsylG unanfechtbar, Rechtsmittel sind mithin ausgeschlossen.

Vergleichbares gilt, wenn das Bundesamt einen Folgeantrag nach § 71 AsylG als unzulässig ablehnt (vgl. § 29 Abs. 1 Nr. 5 AsylG). Die im vorgehenden Verfahren ergangene Abschiebungsandrohung oder -anordnung muss nicht erneuert werden (vgl. § 71 Abs. 5 Satz 1 AsylG), der Schutzsuchende ist bzw. bleibt also unmittelbar vollziehbar ausreisepflichtig. Zudem beschränkt § 71 Abs. 4 AsylG i.V.m. § 36 Abs. 4 AsylG die Aufklärungspflicht des Verwaltungsgerichts wie in Fällen der Ablehnung eines Asylantrags als offensichtlich unbegründet. Auch verweist § 18a Abs. 4 Satz 6 AsylG für Entscheidungen im sog. Flughafenverfahren auf den eingeschränkten gerichtlichen Prüfungsmaßstab des § 36 Abs. 4 AsylG.

Die einfachrechtlichen Regelungen der behördlichen und der gerichtlichen Offensichtlichkeitsentscheidungen bzw. der Einschränkung des gerichtlichen Prüfungsmaßstabs hat das Bundesverfassungsgericht dabei – vor dem Hintergrund des Art. 16a Abs. 4 GG – für verfassungsrechtlich grundsätzlich unbedenklich gehalten,[72] aber in der Folgezeit die Anforderungen an Offensichtlichkeitsentscheidungen in inhaltlicher wie prozeduraler Hinsicht näher konkretisiert.

1. Das behördliche Offensichtlichkeitsverdikt

Wegen der mit der Ablehnung des Asylantrags als offensichtlich unbegründet einhergehenden Verkürzung des vorläufigen Bleiberechts und der hieraus resultierenden möglichen Nachteile für die Wahrnehmung der Rechte im Klageverfahren[73] entfaltet Art. 19 Abs. 4 Satz 1 GG bereits Vorwirkungen auf das behördliche Verfahren und verlangt, dass das Bundesamt nur solche Asylanträge als

72 Vgl. BVerfGE 94, 166 (190 ff.) zu § 36 Abs. 4 AsylG wie zu § 78 Abs. 1 Satz 1 AsylG; zu den Vorgängerbestimmungen BVerfGE 65, 76 (90 ff.); 67, 43 (56 ff.); 71, 276 (293); für die Unbedenklichkeit auch in Folgeantragssituationen BVerfG, Beschluss der 1. Kammer des Zweiten Senats vom 16. März 1999 – 2 BvR 2131/95 –, juris, Rn. 22; dem folgend Beschluss der 2. Kammer des Zweiten Senats vom 7. März 2002 – 2 BvR 191/02 –, juris, Rn. 4, und Beschluss der 1. Kammer des Zweiten Senats vom 23. Juli 2020 – 2 BvR 939/20 –, juris, Rn. 18.

73 Vgl. BVerfGE 67, 43 (60).

offensichtlich unbegründet ablehnt, die sich ihm bei richtiger Rechtsanwendung als eindeutig aussichtslos darstellen. Ob es im Einzelfall so liegt, hat das Bundesamt durch umfassende Würdigung der ihm vorgetragenen oder sonst erkennbaren maßgeblichen Umstände unter Ausschöpfung aller ihm vorliegenden oder zugänglichen Erkenntnismittel zu entscheiden.[74] Auf diese Weise kommt der behördlichen Sachverhaltsermittlung und Würdigung der Erkenntnismittel auch bei Offensichtlichkeitsentscheidungen verfassungsrechtliches Gewicht zu. Um eine sachgerechte gerichtliche Überprüfung der Offensichtlichkeitsentscheidung des Bundesamts zu ermöglichen, folgt aus Art. 19 Abs. 4 Satz 1 GG auch, dass die Begründung der Entscheidung des Bundesamts klar erkennen lassen muss, weshalb der Asylantrag nicht als (schlicht) unbegründet, sondern als offensichtlich unbegründet abgelehnt worden ist.[75]

Was die inhaltlichen Anforderungen an das behördliche Offensichtlichkeitsverdikt angeht, ist das Bundesverfassungsgericht ersichtlich darum bemüht, die Maßstäbe für die behördlichen und gerichtlichen Entscheidungen zu parallelisieren. Es geht davon aus, dass es von Verfassungs wegen geboten sei, dass für die Ablehnung eines Asylantrags durch das Bundesamt als offensichtlich unbegründet keine geringeren Maßstäbe zu gelten haben als die Anforderungen, die an die Abweisung einer asylrechtlichen Klage als offensichtlich unbegründet zu stellen sind.[76]

2. Der gerichtliche Offensichtlichkeitsausspruch

Das Grundgesetz enthält zudem Vorgaben für den gerichtlichen Offensichtlichkeitsausspruch, also die Abweisung einer Asylklage als offensichtlich unzulässig oder offensichtlich unbegründet. Diese Vorgaben ergeben sich dabei – wenn die Ablehnung der Asylanerkennung in Streit steht – aus den verfahrensrechtlichen Dimensionen des Art. 16a Abs. 1 GG[77], für die übrigen Schutzstatus aus Art. 19 Abs. 4 Satz 1 GG i.V.m. Art. 2 Abs. 2 Satz 1 GG.[78] Ungeachtet der jeweiligen *sedes materiae* gebietet das Grundgesetz Sicherungen, die der aus § 78 Abs. 1 Satz 1

74 BVerfGE 67, 43 (56 f.).

75 Vgl. BVerfGE 67, 43 (57).

76 Vgl. BVerfGE 67, 43 (57).

77 In diesem Sinne sind BVerfGE 65, 76 ff. und BVerfGE 67, 43 ff. zu verstehen.

78 Vgl. BVerfG, Beschluss der 1. Kammer des Zweiten Senats vom 25. April 2018 – 2 BvR 2435/17 –, juris, Rn. 21 m.w.N.

AsylG resultierenden Gefahr unanfechtbarer Fehlurteile vorbeugen.[79] Die damit angesprochenen Sicherungen sind sowohl formeller als auch inhaltlicher Natur.

a) Formelle Anforderungen

In formeller Hinsicht muss sich aus den Entscheidungsgründen eindeutig ergeben, weshalb das Gericht zu einem Urteil nach § 78 Abs. 1 AsylG kommt, warum somit die Klage nicht nur als schlicht unbegründet, sondern als offensichtlich unbegründet abgewiesen worden ist.[80] Durch diese Darlegungspflicht wird die Gewähr für die materielle Richtigkeit verstärkt.[81] Die Entscheidungsgründe müssen die Maßstäbe erkennen lassen, die der Klageabweisung als offensichtlich unbegründet zugrunde liegen,[82] und sich nach diesen Maßstäben mit dem Einzelfall auseinandersetzen. Dabei erfordert die Darlegung besondere Sorgfalt, wenn das Bundesamt den Asylantrag lediglich als (einfach) unbegründet abgelehnt hat.[83] Die schlichte Behauptung, die Klage sei offensichtlich unbegründet, genügt den verfassungsrechtlichen Anforderungen jedenfalls nicht.[84]

Will das Verwaltungsgericht die Klage hinsichtlich mehrerer Schutzbegehren – etwa: Asylanerkennung, Zuerkennung der Flüchtlingseigenschaft, hilfsweise subsidiären Schutzes – oder aller der vom Schutzsuchenden geltend gemachten – individuellen oder kollektiven – Fluchtgründe als offensichtlich unzulässig oder offensichtlich unbegründet abweisen, so muss die Offensicht-

79 Vgl. BVerfGE 65, 76 (94 f.).

80 BVerfGE 65, 76 (95); 71, 276 (292 f.).

81 Vgl. BVerfGE 65, 76 (95 f.); 71, 276 (292 f.); BVerfG, Beschlüsse der 1. Kammer des Zweiten Senats vom 3. September 1996 – 2 BvR 2353/95 –, juris, Rn. 13; und vom 25. April 2018 – 2 BvR 2435/17 –, juris, Rn. 20.

82 BVerfG, Beschluss der 1. Kammer des Zweiten Senats vom 16. November 2000 – 2 BvR 1684/98 –, juris, Rn. 4.

83 BVerfG, Beschluss der 1. Kammer des Zweiten Senats vom 9. November 1993 – 2 BvR 1214/93 –, juris, Rn. 12; Beschluss der 2. Kammer des Zweiten Senats vom 20. Dezember 2006 – 2 BvR 2063/06 –, juris, Rn. 10; Beschlüsse der 3. Kammer des Zweiten Senats vom 22. Oktober 2008 – 2 BvR 1819/07 –, juris, Rn. 12, und vom 7. November 2008 – 2 BvR 629/06 –, juris, Rn. 10.

84 BVerfG, Beschluss der 2. Kammer des Zweiten Senats vom 20. Dezember 2006 – 2 BvR 2063/06 –, juris, Rn. 10; Beschlüsse der 3. Kammer des Zweiten Senats vom 2. Juli 2008 – 2 BvR 877/06 –, juris, Rn. 15, v. 7.11.2008 – 2 BvR 629/06 –, juris, Rn. 10, und vom 25. April 2018 – 2 BvR 2435/17 –, juris, Rn. 20.

lichkeitsentscheidung bezogen auf alle begehrten Schutzstatus bzw. hinsichtlich aller Fluchtgründe gesondert begründet werden.[85]

b) Inhaltliche Anforderungen

In inhaltlicher Hinsicht hat sich eine ständige Rechtsprechung – in Anknüpfung an Rechtsprechung des Bundesverwaltungsgerichts[86] – herausgebildet, wonach ein Offensichtlichkeitsverdikt voraussetzt, dass nach vollständiger Erforschung des Sachverhalts gemäß § 86 VwGO im maßgeblichen Zeitpunkt der Entscheidung des Verwaltungsgerichts (§ 77 Abs. 1 AsylG) an der Richtigkeit der tatsächlichen Feststellungen des Gerichts vernünftigerweise keine Zweifel bestehen können und sich bei einem solchen Sachverhalt nach allgemein anerkannter Rechtsauffassung in Rechtsprechung und Lehre die Abweisung der Klage dem Verwaltungsgericht geradezu aufdrängt. Offensichtlich unzulässig ist eine Klage, wenn an der Richtigkeit der *zu den Sachurteilsvoraussetzungen* getroffenen vollständigen Feststellungen des Verwaltungsgerichts kein vernünftiger Zweifel besteht und die unzweifelhaften Feststellungen also die Abweisung der Klage nach der eindeutigen Rechtslage gebieten.[87]

Unter welchen Voraussetzungen sich eine Klage nach diesen Maßstäben als offensichtlich aussichtlos erweisen kann, lässt sich nicht abstrakt bestimmen, sondern bedarf der jeweiligen Beurteilung im Einzelfall.[88] Jedenfalls nicht erfüllt sind die Anforderungen, wenn das Gericht seine Entscheidung in einem wesentlichen Punkt auf eine Rechtsauffassung stützt, die von der bis dahin vorliegenden ober- oder höchstrichterlichen Rechtsprechung zu diesem Punkt abweicht.[89]

85 Zum Verhältnis der Flüchtlingsanerkennung zur Zuerkennung subsidiären Schutzes BVerfG, Beschluss der 1. Kammer des Zweiten Senats vom 26. Juni 2017 – 2 BvR 1353/17 –, juris, Rn. 2; zum Verhältnis mehrerer Fluchtgründe zueinander etwa BVerfG, Beschluss der 1. Kammer des Zweiten Senats vom 22. Mai 2000 – 2 BvR 349/97 –, juris, Rn. 4 m.w.N.

86 Vgl. etwa BVerwG, DÖV 1979, 902 (903).

87 BVerfGE 65, 76 (95 f.); vielfach bestätigt, etwa durch BVerfGE 71, 276 (293 f.); BVerfGK 1, 298 (302).

88 Vgl. BVerfGE 65, 76 (97).

89 Vgl. in Bezug auf Rechtsprechung des BVerwG BVerfGE 71, 276 (298 f.).

3. Eilrechtsschutz bei behördlicher Asylantragsablehnung als offensichtlich unbegründet

Unter den Vorzeichen der Garantie effektiven Rechtsschutzes nach Art. 19 Abs. 4 Satz 1 GG ergeben sich auch Anforderungen an die Überprüfung einer Abschiebungsandrohung – genauer: ihrer sofortigen Vollziehbarkeit – im Wege einstweiligen Rechtsschutzes, nachdem das Bundesamt den Asylantrag als offensichtlich unbegründet abgewiesen hat. Für diesen Fall ordnet § 36 Abs. 3, Abs. 4 AsylG eine Verkürzung der Rechtsschutz- und Entscheidungsfristen ebenso an wie eine Beschränkung des Prüfprogramms des Verwaltungsgerichts. Dieselben, mit Blick auf die Fristen sogar noch strengere Maßstäbe gelten – kraft Verweisung – in sog. Flughafenverfahren (vgl. § 18a Abs. 4 AsylG) und bei Ablehnung eines Asylfolgeantrags als unzulässig durch das Bundesamt (vgl. § 71 Abs. 4 AsylG).

Dabei begegnet es zwar grundsätzlich keinen verfassungsrechtlichen Bedenken, wenn sich die Fachgerichte an den Erfolgsaussichten im Hauptsacheverfahren orientieren und dann die Sach- und Rechtslage im Rahmen der Prüfung des Anordnungsanspruchs lediglich summarisch prüfen.[90] Eine umfassendere Prüfung des im Hauptsacheverfahren in Rede stehenden materiellen Anspruchs bereits im Eilverfahren kann aber von Verfassungs wegen geboten sein, wenn dem Antragsteller im Falle der Versagung einstweiligen Rechtsschutzes bereits eine endgültige Verletzung seiner Rechte droht und insoweit auch Grundrechtspositionen von Gewicht in Rede stehen.[91] Eben dies ist in den drei Anwendungsfällen von § 36 Abs. 4 AsylG (Ablehnung des Asylantrags als offensichtlich unbegründet, Flughafenverfahren, Ablehnung eines Folgeantrags als unzulässig) der Fall, weil dem Schutzsuchenden insoweit bereits vor Abschluss des Hauptsacheverfahrens der Vollzug der angedrohten Abschiebung droht.

Daraus folgt, dass das Verwaltungsgericht aufgrund einer eigenständigen Beurteilung insbesondere zu prüfen hat, ob das Offensichtlichkeitsurteil des Bundesamts auch weiterhin Bestand haben kann; die Kriterien für das Offensichtlichkeitsurteil folgen auch hier denjenigen zur Abweisung einer Asylklage als offensichtlich unbegründet.[92] Das Verwaltungsgericht darf sich dabei nicht mit einer bloßen Prognose zur voraussichtlichen Richtigkeit des Offensichtlichkeitsurteils begnügen, sondern muss die Frage der Offensichtlichkeit – will es sie bejahen – erschöpfend, wenngleich mit Verbindlichkeit allein für das Eilverfahren

90 Vgl. BVerfGK 5, 237 (242); 16, 233 (238).

91 Vgl. BVerfGE 69, 315 (363 f.); BVerfGK 1, 292 (296); 5, 237 (242); 16, 233 (238).

92 Vgl. BVerfGE 67, 43 (56 f., 60 ff.).

klären und insoweit über eine lediglich summarische Prüfung hinausgehen.[93] Dabei muss es überprüfen, ob das Bundesamt aufgrund einer umfassenden Würdigung der ihm vorgetragenen oder sonst erkennbaren maßgeblichen Umstände unter Ausschöpfung aller ihm vorliegenden oder zugänglichen Erkenntnismittel entschieden und in der Entscheidung klar zu erkennen gegeben hat, weshalb der Antrag nicht als schlicht unbegründet, sondern als offensichtlich unbegründet abgelehnt worden ist, ferner, ob die Ablehnung als offensichtlich unbegründet auch weiterhin Bestand haben kann.[94] Je nach Sachlage kann es dabei geboten sein, Beweise zu erheben oder dem Antragsteller Gelegenheit zur persönlichen Anhörung zu gewähren.[95] Verneint das Gericht die offensichtliche Unbegründetheit, so bedarf es keiner weiteren Erörterung mehr, ob die Klage beim derzeitigen Stand der Erkenntnis auch begründet oder nur (schlicht) unbegründet erscheint; in einem solchen Fall gebietet das Verfassungsrecht die Anordnung der aufschiebenden Wirkung der Klage gegen die Abschiebungsandrohung.[96]

Dieselben Maßstäbe finden Anwendung, wenn sich ein Eilverfahren gegen die Ablehnung eines Asylfolgeantrags als unzulässig richtet, wenn also die Frage zur gerichtlichen Überprüfung ansteht, ob nach Stellung eines Folgeantrags die Voraussetzungen für die Durchführung eines weiteren Asylverfahrens nach § 71 Abs. 1 AsylG i.V.m. § 51 Abs. 1 bis 3 VwVfG vorliegen.[97]

V. Rechtsmittelzugang

Auch im Bereich der Rechtsmittel sieht das Asylprozessrecht einige gegenüber den allgemeinen Vorschriften der VwGO erhebliche Verschärfungen vor. Das gilt zum einen für die bereits dargestellte Klageabweisung als offensichtlich unzulässig oder offensichtlich unbegründet, die nach § 78 Abs. 1 Satz 1 AsylG die Unanfechtbarkeit des verwaltungsgerichtlichen Urteils zur Folge hat. Zum anderen ordnet § 78 Abs. 4 Satz 4 AsylG für die anfechtbaren verwaltungsgerichtlichen

93 Allgemein zu den aus Art. 19 Abs. 4 Satz 1 GG folgenden Anforderungen an verwaltungsgerichtliche Eilverfahren der Beitrag von *Till*, in diesem Band, S. 629 ff.

94 Vgl. BVerfG, Beschlüsse der 1. Kammer des Zweiten Senats vom 19. Juni 1990 – 2 BvR 369/90 –, juris, Rn. 20; vom 1. Dezember 1993 – 2 BvR 1506/93 –, juris, Rn. 13, und vom 25. Februar 2019 – 2 BvR 1193/18 –, juris, Rn. 21.

95 BVerfGE 67, 43 (62).

96 Vgl. BVerfGE 67, 43 (61).

97 BVerfG, Beschlüsse der 1. Kammer des Zweiten Senats vom 12. November 1991 – 2 BvR 1216/91 –, juris, Rn. 10, und vom 23. Juli 2020 – 2 BvR 939/20 –, juris, Rn. 19.

Urteile an, dass die *Begründung* eines – neben der Sprungrevision allein in Betracht kommenden – Berufungszulassungsantrags gegen ein verwaltungsgerichtliches Urteil in einer asylrechtlichen Streitigkeit ebenfalls in der von § 78 Abs. 4 Satz 1 AsylG vorgesehenen Monatsfrist zur *Stellung* des Berufungszulassungsantrags darzulegen ist. Gegenüber dem gestaffelten Fristenregime des § 124a Abs. 4 Sätze 1 und 4 VwGO stellt dies eine erhebliche Verschärfung der formellen Anforderungen an den Berufungszulassungsantrag dar. Zudem begrenzt § 78 Abs. 3 AsylG die Berufungszulassungsgründe strenger als § 124 Abs. 2 VwGO; insbesondere der von § 124 Abs. 2 Nr. 1 VwGO vorgesehene Zulassungsgrund der erheblichen Richtigkeitszweifel, dem praktisch eine erhebliche Bedeutung zukommt, fehlt in der Auflistung des § 78 Abs. 3 AsylG.

Vor diesem Hintergrund nimmt es nicht wunder, dass sich das Bundesverfassungsgericht immer wieder auch zu den verfassungsrechtlichen Anforderungen an den Zugang zur Berufungsinstanz im Asylprozess äußert. Ihren Ausgang nimmt die hierzu ergangene Rechtsprechung dabei bei den allgemeinen Anforderungen des Art. 19 Abs. 4 Satz 1 GG, der zwar keinen Anspruch auf die Einrichtung eines bestimmten Rechtszuges vermittelt, nach Schaffung mehrerer Instanzen durch den Gesetzgeber aber verlangt, dass der Zugang zu ihnen nicht in unzumutbarer und durch Sachgründe nicht mehr zu rechtfertigender Weise erschwert wird, auch wenn die Zulassung eines Rechtsmittels durch einen Verfahrensbeteiligten erst zu erstreiten ist.[98] Daher dürfen die Anforderungen an die Darlegung der Zulassungsgründe nicht derart erschwert werden, dass sie auch von einem durchschnittlichen, nicht auf das gerade einschlägige Rechtsgebiet spezialisierten Rechtsanwalt mit zumutbarem Aufwand nicht mehr erfüllt werden können und die Möglichkeit, die Zulassung eines Rechtsmittels zu erstreiten, für den Rechtsmittelführer leerläuft. Das gilt nicht nur hinsichtlich der Anforderungen an die Darlegung der Zulassungsgründe gemäß § 78 Abs. 4 Satz 4 AsylG, sondern in entsprechender Weise für die Auslegung und Anwendung der Zulassungsgründe des § 78 Abs. 3 AsylG selbst.[99]

Aus diesen allgemeinen Überlegungen ergeben sich von Verfassungs wegen Auslegungsleitlinien für die einzelnen Zulassungsgründe.

So ist eine Rechtssache i.S.v. § 78 Abs. 3 Nr. 1 AsylG von grundsätzlicher Bedeutung, wenn es maßgebend auf eine konkrete, über den Einzelfall hinausgehende Rechtsfrage ankommt, deren Klärung im Interesse der Einheit oder der Fortbildung des Rechts oder seiner einheitlichen Auslegung und Anwendung

---

98 Vgl. hierzu statt vieler BVerfGE 125, 104 (136 f.).

99 Vgl. BVerfGE 125, 104 (137); BVerfGK 5, 369 (375 f.); 10, 208 (213); 15, 37 (46 f.).

geboten erscheint.[100] Vom Vorliegen einer grundsätzlichen Bedeutung ist regelmäßig dann auszugehen, wenn eine bundesrechtliche Rechtsfrage – um die es bei Anwendung des AsylG in aller Regel geht – in der Rechtsprechung der Oberverwaltungsgerichte uneinheitlich beurteilt wird und es an einer Klärung durch das Bundesverwaltungsgericht fehlt.[101] Bei Tatsachenfragen – etwa zur Lage im Herkunftsstaat des Schutzsuchenden – kommt es regelmäßig nur auf die Klärung des im Instanzenzug übergeordneten Oberverwaltungsgerichts an, weil wegen der Bindung des Revisionsgerichts an die tatsächlichen Feststellungen des Berufungsgerichts, § 137 Abs. 2 VwGO, eine weitergehende Vereinheitlichung der Rechtsprechung durch das Bundesverwaltungsgericht ausscheidet.[102]

Zudem kann sich der Anspruch auf effektiven Rechtsschutz aus Art. 19 Abs. 4 Satz 1 GG zu einem Berufungszulassungsanspruch nach § 78 Abs. 3 Nr. 2 AsylG verdichten, wenn eine im Zeitpunkt des Urteils des Verwaltungsgerichts noch ungeklärte bundesrechtliche Rechtsfrage vor Entscheidung des Oberverwaltungsgerichts bzw. Verwaltungsgerichtshofs über die Berufungszulassung durch das Bundesverwaltungsgericht oder das Berufungsgericht selbst in der Weise beantwortet wird, dass danach objektiv ein Fall der Divergenz im Sinne von § 78 Abs. 3 Nr. 2 AsylG vorliegt.[103] Andererseits erfasst § 78 Abs. 3 Nr. 2 AsylG nur die Divergenzentscheidung eines Verwaltungsgerichts zu dem im Instanzenzug übergeordneten Berufungsgericht als Grund für die Zulassung der Berufung. Es ist auch nicht von Verfassungs wegen geboten, jeden Fall der Abweichung eines Verwaltungsgerichts von der Rechtsprechung eines Oberverwaltungsgerichts bzw. Verwaltungsgerichtshofs eines anderen Bundeslandes als einen Fall von grundsätzlicher Bedeutung im Sinne des § 78 Abs. 3 Nr. 1 AsylG anzusehen, insbesondere wenn sich das dem Verwaltungsgericht übergeordnete Oberverwaltungsgericht bereits anderweitig mit dieser Rechtsprechung auseinandergesetzt hat.[104]

100 Vgl. BVerfGE 125, 104 (140); BVerfGK 10, 208 (214).

101 Vgl. bereits BVerfG, Beschluss der 1. Kammer des Zweiten Senats vom 26. Januar 1993 – 2 BvR 1058/92, 2 BvR 1059/92 –, juris, Rn. 13 ff. mit Ausführungen zu den damals maßgeblichen Materialien des § 32 AsylVfG a.F.

102 Vgl. BVerfG, Beschlüsse der 1. Kammer des Zweiten Senats vom 14. November 2016 – 2 BvR 31/14 –, juris, Rn. 11 m.w.N., und vom 10. Juli 2019 – 2 BvR 1545/14 –, juris, Rn. 15.

103 Vgl. BVerfG, Beschlüsse der 1. Kammer des Zweiten Senats vom 26. Januar 1993 – 2 BvR 1058/92, 2 BvR 1059/92 –, juris, Rn. 16, und vom 24. Mai 1994 – 2 BvR 131/94 –, juris, Rn. 19.

104 Vgl. BVerfG, Beschluss der 1. Kammer des Zweiten Senats vom 21. März 1994 – 2 BvR 211/94 –, juris, Rn. 6.

VI. Fazit und Ausblick

Der in diesem Beitrag gebotene Querschnitt durch die Rechtsprechung des Bundesverfassungsgerichts zu behördlichen und gerichtlichen Verfahren, der einige der übergreifenden Leitlinien offenlegen sollte und dabei eine Vielzahl bislang singulär gebliebener Entscheidungen zu Einzelaspekten außer Betracht lassen musste, zeigt, dass das Bundesverfassungsgericht – gerade auch in Phasen der Geschichte des deutschen Asylrechts, in denen die Sicherung der Qualität der behördlichen oder gerichtlichen Verfahren im Angesicht sprunghaft ansteigender Verfahrenszahlen besonders herausgefordert war[105] – bestrebt sowie bereit ist und war, die verfassungsrechtlichen Sicherungen als Mindestmaßstab der Verfahrensqualität zu aktivieren, dabei aber der behördlichen und fachgerichtlichen Verfahrensgestaltung den erforderlichen Selbststand jenseits dieser Mindestgarantien zu belassen. Dass sich dabei vor allem die verfahrens- und prozessgrundrechtlichen Garantien als „Motor" der Fortbildung des Verfassungsrechts im Hinblick auf das Asylrecht erweisen, kann nicht verwundern, ist doch das materielle Asylrecht zunehmend völker- und unionsrechtlich überformt und damit den unmittelbaren Einflüssen des nationalen Verfassungsrechts entzogen. Da die Zahl der anhängigen behördlichen und gerichtlichen Asylverfahren in den letzten Jahren zwar sinkt, dabei aber von einem hohen Niveau ausgeht, steht schließlich zu erwarten, dass die hier angedeuteten Rechtsprechungslinien, insbesondere in den Bereichen der Sachverhaltsermittlung, der PKH- und der Offensichtlichkeitsentscheidungen, ihre Fortsetzung finden werden.

105 Vgl. hierzu noch einmal *Berlit*, NVwZ 2020, S. 97 ff.

V. Verfassungsprozessrecht

Maximilian Bowitz

Darlegungsanforderungen bei Verfassungsbeschwerden gegen die Fortdauer von Untersuchungshaft

Leitentscheidungen des Bundesverfassungsgerichts

BVerfGE 36, 264 – Untersuchungshaft

Wichtige Kammerentscheidungen

BVerfGK 7, 21
BVerfGK 7, 140
BVerfGK 12, 166
BVerfGK 14, 402
BVerfG, Beschluss der 1. Kammer des Zweiten Senats vom 20. Dezember 2017 – 2 BvR 2552/17 –
BVerfG, Beschluss der 1. Kammer des Zweiten Senats vom 11. Juni 2018 – 2 BvR 819/18 –
BVerfG, Beschluss der 1. Kammer des Zweiten Senats vom 23. Januar 2019 – 2 BvR 2429/18 –
BVerfG, Beschluss der 1. Kammer des Zweiten Senats vom 18. Februar 2020 – 2 BvR 2090/19 –
BVerfG, Beschluss der 1. Kammer des Zweiten Senats vom 9. März 2020 – 2 BvR 103/20 –
BVerfG, Beschluss der 1. Kammer des Zweiten Senats vom 1. April 2020 – 2 BvR 225/20 –

Schrifttum (Auswahl)

M. Mayer/D. Hunsmann, Zur verfassungsrechtlich gebotenen Begründungstiefe in Untersuchungshaftsachen, in: Scheffczyk/Wolter (Hrsg.), Linien der Rechtsprechung des Bundesverfassungsgerichts, Band 4, 2017, S. 205 ff.; *Güntge* in: Jahn/Krehl/Löffelmann/Güntge, Die Verfassungsbeschwerde in Strafsachen, 2. Auflage 2017, S. 385 ff.; *Meyer-Goßner/Schmitt*, Kommentar zur Strafprozessordnung, 64. Auflage 2021.

Inhaltsübersicht

https://doi.org/10.1515/9783110686623-022

I. Einführung

Der Zweite Senat des Bundesverfassungsgerichts ist seit einigen Jahren mit einer steigenden Zahl von Verfassungsbeschwerden gegen die Fortdauer von Untersuchungshaft befasst. Zuletzt führten sie vermehrt zu stattgebenden Kammerentscheidungen nicht (nur) wegen fehlender Begründungstiefe[1], sondern auch (ausdrücklich) wegen Verstößen gegen das Beschleunigungsgebot bei dauerhaft überlasteten Strafkammern[2]. Der weit überwiegende Teil der erhobenen Verfassungsbeschwerden scheitert jedoch – wie auch in vielen anderen Sachgebieten – an der mangelnden Zulässigkeit und hierbei vor allem daran, dass sie den Anforderungen der § 23 Abs. 1 Satz 2, § 92 BVerfGG nicht genügen, weil sie nicht hinreichend substantiiert begründet sind. Der vorliegende Beitrag soll daher nicht vorrangig die verfassungsrechtlichen Vorgaben behandeln, die die zuständigen Gerichte bei ihren Haftfortdauerentscheidungen zu beachten haben[3], sondern stellt die Begründungsanforderungen dar, die der Beschwerdeführer zu beachten hat, wenn er mit einer Verfassungsbeschwerde einen Verstoß gegen sein Freiheitsgrundrecht aus Art. 2 Abs. 2 Satz 2 in Verbindung mit Art. 104 GG geltend machen will.

Die materiellen Maßstäbe des verfassungsrechtlichen Beschleunigungsgebots in Untersuchungshaftsachen (II.) und die allgemeinen Anforderungen an die Begründung einer Verfassungsbeschwerde (III.) sind seit vielen Jahren im Wesentlichen unverändert. Für Verfassungsbeschwerden gegen die Fortdauer von Untersuchungshaft ergeben sich hieraus besondere Begründungsanforderungen (IV.).

1 Vgl. hierzu *Mayer/Hunsmann*, Zur verfassungsrechtlich gebotenen Begründungstiefe in Untersuchungshaftsachen, in: Scheffczyk/Wolter (Hrsg.), Linien der Rechtsprechung des Bundesverfassungsgerichts, Band 4, 2017, S. 205 ff.

2 Vgl. etwa BVerfG, Beschluss der 1. Kammer des Zweiten Senats vom 20. Dezember 2017 – 2 BvR 2552/17 –; Beschluss der 1. Kammer des Zweiten Senats vom 11. Juni 2018 – 2 BvR 819/18 –; Beschluss der 1. Kammer des Zweiten Senats vom 23. Januar 2019 – 2 BvR 2429/18 –; Beschluss der 1. Kammer des Zweiten Senats vom 1. April 2020 – 2 BvR 225/20 –; Beschluss der 2. Kammer des Zweiten Senats vom 1. Dezember 2020 – 2 BvR 1853/20 –.

3 Hierzu vielmehr *Mayer/Hunsmann*, a.a.O. (Fn. 1) m.w.N.

II. Das verfassungsrechtliche Beschleunigungsgebot in Untersuchungshaftsachen

Die materiellen verfassungsrechtlichen Maßstäbe in der Rechtsprechung des Zweiten Senats und dessen zuständigen Kammern zum verfassungsrechtlichen Beschleunigungsgebot in Untersuchungshaftsachen sind seit vielen Jahren im Wesentlichen unverändert: Art. 2 Abs. 2 Satz 2 GG gewährleistet jedermann die Freiheit der Person und nimmt einen hohen Rang unter den Grundrechten ein. Die Freiheit der Person darf nur aus besonders gewichtigen Gründen und unter strengen formellen Gewährleistungen eingeschränkt werden. Zu diesen Gründen gehören in erster Linie solche des Strafrechts und des Strafverfahrensrechts. Eingriffe in die persönliche Freiheit auf diesem Gebiet dienen vor allem dem Schutz der Allgemeinheit[4]. Zugleich haben die gesetzlichen Eingriffstatbestände freiheitsgewährleistende Funktion, da sie die Grenzen zulässiger Einschränkung der Freiheit der Person bestimmen[5].

Bei der Anordnung und Aufrechterhaltung der Untersuchungshaft ist stets das Spannungsverhältnis zwischen dem in Art. 2 Abs. 2 Satz 2 GG gewährleisteten Recht des Einzelnen auf persönliche Freiheit und den unabweisbaren Bedürfnissen einer wirksamen Strafverfolgung zu beachten. Grundsätzlich darf nur einem rechtskräftig Verurteilten die Freiheit entzogen werden. Der Entzug der Freiheit eines der Straftat lediglich Verdächtigen ist wegen der Unschuldsvermutung, die ihre Wurzel im Rechtsstaatsprinzip des Art. 20 Abs. 3 GG hat und auch in Art. 6 Abs. 2 EMRK ausdrücklich hervorgehoben ist[6], nur ausnahmsweise zulässig. Dabei muss den vom Standpunkt der Strafverfolgung aus erforderlich und zweckmäßig erscheinenden Freiheitsbeschränkungen der Freiheitsanspruch des noch nicht rechtskräftig verurteilten Beschuldigten als Korrektiv gegenübergestellt werden, wobei dem Grundsatz der Verhältnismäßigkeit eine maßgebliche Bedeutung zukommt[7].

---

4 Vgl. BVerfGE 22, 180 (219); 45, 187 (223); 58, 208 (224f.).

5 Vgl. BVerfG, Beschluss der 1. Kammer des Zweiten Senats vom 23. Januar 2019 – 2 BvR 2429/18 –, Rn. 53; Beschluss der 1. Kammer des Zweiten Senats vom 9. März 2020 – 2 BvR 103/20 –, Rn. 61.

6 Vgl. BVerfGE 19, 342 (347); 74, 358 (371).

7 Vgl. BVerfGE 19, 342 (347); 20, 45 (49f.); 36, 264 (270); 53, 152 (158f.); BVerfG, Beschluss der 1. Kammer des Zweiten Senats vom 23. Januar 2019 – 2 BvR 2429/18 –, Rn. 54; Beschluss der 1. Kammer des Zweiten Senats vom 9. März 2020 – 2 BvR 103/20 –, Rn. 62.

Der Verhältnismäßigkeitsgrundsatz ist nicht nur für die Anordnung, sondern auch für die Dauer der Untersuchungshaft von Bedeutung. Er verlangt, dass die Dauer der Untersuchungshaft nicht außer Verhältnis zur erwarteten Strafe steht, und setzt ihr auch unabhängig von der Straferwartung Grenzen[8]. Das Gewicht des Freiheitsanspruchs vergrößert sich gegenüber dem Interesse an einer wirksamen Strafverfolgung regelmäßig mit zunehmender Dauer der Untersuchungshaft[9]. Daraus folgt zum einen, dass die Anforderungen an die Zügigkeit der Arbeit in einer Haftsache mit der Dauer der Untersuchungshaft steigen. Zum anderen nehmen auch die Anforderungen an den die Haftfortdauer rechtfertigenden Grund zu[10]. Im Rahmen der von den Fachgerichten vorzunehmenden Abwägung zwischen dem Freiheitsanspruch des Betroffenen und dem Strafverfolgungsinteresse der Allgemeinheit ist die Angemessenheit der Haftfortdauer anhand objektiver Kriterien des jeweiligen Einzelfalls zu prüfen; insofern sind in erster Linie die Komplexität der einzelnen Rechtssache, die Vielzahl der beteiligten Personen und das Verhalten der Verteidigung von Bedeutung[11].

Das Beschleunigungsgebot in Haftsachen verlangt daher, dass die Strafverfolgungsbehörden und Strafgerichte alle möglichen und zumutbaren Maßnahmen ergreifen, um die notwendigen Ermittlungen mit der gebotenen Schnelligkeit abzuschließen und eine gerichtliche Entscheidung über die einem Beschuldigten vorgeworfenen Taten herbeizuführen[12]. An den zügigen Fortgang des Verfahrens sind dabei umso strengere Anforderungen zu stellen, je länger die Untersuchungshaft schon andauert. Zur Durchführung eines geordneten Strafverfahrens und zur Sicherstellung der Strafvollstreckung kann die Untersuchungshaft dann nicht mehr als notwendig anerkannt werden, wenn ihre Fortdauer durch Verfahrensverzögerungen verursacht ist, die ihre Ursache nicht in dem konkreten Strafverfahren haben. Entsprechend dem Gewicht der zu ahndenden Straftat können zwar kleinere Verfahrensverzögerungen die Fortdauer der Untersuchungshaft rechtfertigen[13]. Von dem Beschuldigten nicht zu vertretende, sachlich nicht gerechtfertigte und vermeidbare erhebliche Verfahrensverzögerungen ste-

---

8 Vgl. BVerfGE 20, 45 (49 f.).

9 Vgl. BVerfGE 36, 264 (270); 53, 152 (158 f.).

10 Vgl. BVerfGK 7, 140 (161); 15, 474 (480); 17, 517 (522); BVerfG, Beschluss der 1. Kammer des Zweiten Senats vom 9. März 2020 – 2 BvR 103/20 –, Rn. 47.

11 Vgl. BVerfG, Beschluss der 3. Kammer des Zweiten Senats vom 22. Januar 2014 – 2 BvR 2248/13 u. a. –, Rn. 37; Beschluss der 1. Kammer des Zweiten Senats vom 23. Januar 2019 – 2 BvR 2429/18 –, Rn. 56; Beschluss der 1. Kammer des Zweiten Senats vom 18. Februar 2020 – 2 BvR 2090/19 –, Rn. 47.

12 Vgl. BVerfGE 20, 45 (50); 36, 264 (273).

13 Vgl. BVerfG, Beschluss der 1. Kammer des Zweiten Senats vom 11. Juni 2018 – 2 BvR 819/18 –, Rn. 29.

hen indes regelmäßig einer weiteren Aufrechterhaltung der Untersuchungshaft entgegen[14]. Allein die Schwere der Tat und die sich daraus ergebende Straferwartung vermögen bei erheblichen, vermeidbaren und dem Staat zuzurechnenden Verfahrensverzögerungen nicht zur Rechtfertigung einer ohnehin schon lang andauernden Untersuchungshaft zu dienen[15].

Die nicht nur kurzfristige Überlastung eines Gerichts kann insofern niemals Grund für die Anordnung der Haftfortdauer sein. Sie kann selbst dann die Fortdauer der Untersuchungshaft nicht rechtfertigen, wenn sie auf einem Geschäftsanfall beruht, der sich trotz Ausschöpfung aller gerichtsorganisatorischen Mittel und Möglichkeiten nicht mehr innerhalb angemessener Fristen bewältigen lässt[16]. Die Überlastung eines Gerichts fällt – anders als unvorhersehbare Zufälle und schicksalhafte Ereignisse – in den Verantwortungsbereich der staatlich verfassten Gemeinschaft. Dem Beschuldigten darf nicht zugemutet werden, eine längere als die verfahrensangemessene Aufrechterhaltung des Haftbefehls nur deshalb in Kauf zu nehmen, weil der Staat es versäumt, seiner Pflicht zur rechtzeitigen verfassungsgemäßen Ausstattung der Gerichte zu genügen[17].

III. Allgemeine Begründungsanforderungen für Verfassungsbeschwerden

Nach der ständigen Rechtsprechung beider Senate des Bundesverfassungsgerichts erfordern § 23 Abs. 1 Satz 2, § 92 BVerfGG die substantiierte und schlüssige Darlegung einer Grundrechtsverletzung[18]. Die Verfassungsbeschwerde muss sich mit dem zugrundeliegenden einfachen Recht sowie mit der verfassungsrechtli-

---

14 Vgl. BVerfGK 15, 474 (480); 17, 517 (523).

15 Vgl. BVerfGK 7, 140 (155 f.); BVerfG, Beschluss der 1. Kammer des Zweiten Senats vom 11. Juni 2018 – 2 BvR 819/18 –, Rn. 29; Beschluss der 1. Kammer des Zweiten Senats vom 23. Januar 2019 – 2 BvR 2429/18 –, Rn. 58; Beschluss der 1. Kammer des Zweiten Senats vom 18. Februar 2020 – 2 BvR 2090/19 –, Rn. 51.

16 Vgl. BVerfGE 36, 264 (273 ff.); BVerfG, Beschluss der 2. Kammer des Zweiten Senats vom 30. Juli 2014 – 2 BvR 1457/14 –, Rn. 23; Beschluss der 1. Kammer des Zweiten Senats vom 23. Januar 2019 – 2 BvR 2429/18 –, Rn. 59; Beschluss der 1. Kammer des Zweiten Senats vom 18. Februar 2020 – 2 BvR 2090/19 –, Rn. 52.

17 Vgl. BVerfGE 36, 264 (275); BVerfG, Beschluss der 2. Kammer des Zweiten Senats vom 30. Juli 2014 – 2 BvR 1457/14 –, Rn. 23; Beschluss der 1. Kammer des Zweiten Senats vom 20. Dezember 2017 – 2 BvR 2552/17 –, Rn. 18; Beschluss der 1. Kammer des Zweiten Senats vom 11. Juni 2018 – 2 BvR 819/18 –, Rn. 3; Beschluss der 1. Kammer des Zweiten Senats vom 23. Januar 2019 – 2 BvR 2429/18 –, Rn. 59.

18 Vgl. BVerfGE 9, 109 (115); 81, 208 (214); 81, 347 (355); 140, 229 (232).

chen Beurteilung des Sachverhalts auseinandersetzen und hinreichend substantiiert darlegen, dass eine Grundrechtsverletzung möglich erscheint[19]. Richtet sich die Verfassungsbeschwerde gegen eine gerichtliche Entscheidung, bedarf es in der Regel einer ins Einzelne gehenden argumentativen Auseinandersetzung mit ihr und ihrer Begründung[20]. Dabei ist auch darzulegen, inwieweit das jeweils bezeichnete Grundrecht verletzt sein und mit welchen verfassungsrechtlichen Anforderungen die angegriffene Maßnahme kollidieren soll[21]. Soweit das Bundesverfassungsgericht für bestimmte Fragen bereits verfassungsrechtliche Maßstäbe entwickelt hat, muss der Beschwerdeführer anhand dieser Maßstäbe darlegen, inwieweit seine Grundrechte durch die angegriffenen Maßnahmen verletzt sind[22].

Da das Bundesverfassungsgericht in die Lage versetzt werden soll, die behauptete Grundrechtsverletzung allein aufgrund der Verfassungsbeschwerde ohne weitere Nachforschungen nachzuvollziehen, ist es regelmäßig geboten, die angefochtene Entscheidung und die zu ihrem Verständnis erforderlichen Unterlagen vorzulegen oder zumindest – was allerdings kaum praktikabel und daher unüblich ist – ihrem wesentlichen Inhalt nach detailliert wiederzugeben[23]. Wenn – zumal wiederholte – Haftfortdauerentscheidungen auf die Gründe früherer Entscheidungen verweisen[24], sind auch diese Entscheidungen vorzulegen oder wiederzugeben, ebenso wie gegebenenfalls in Bezug genommene Stellungnahmen oder Vorlageberichte des Generalbundesanwalts beziehungsweise der Generalstaatsanwaltschaft[25].

Um zu belegen, dass der Grundsatz der materiellen Subsidiarität[26] gewahrt ist, ist regelmäßig auch die Vorlage der Beschwerdebegründung beziehungsweise Stellungnahme im Rahmen des Haftfortdauerverfahrens (§ 122 Abs. 1 StPO) erforderlich. Nur so lässt sich beurteilen, ob sich der Beschwerdeführer bereits im

19 Vgl. BVerfGE 89, 155 (171).

20 Vgl. BVerfGE 105, 252 (264); BVerfGK 14, 402 (417).

21 Vgl. BVerfGE 88, 382 (384); 99, 84 (87); 108, 370 (386 f.).

22 Vgl. BVerfGE 99, 84 (87); 130, 1 (21).

23 Vgl. BVerfGE 88, 40 (45); 93, 266 (288); 129, 269 <278>; BVerfGK 5, 170 (171); 20, 249 (254); BVerfG, Beschluss der 1. Kammer des Zweiten Senats vom 8. Dezember 2017 – 2 BvR 2019/17 –, Rn. 10.

24 Gerade bei letztinstanzlichen Entscheidungen ist eine solche Bezugnahme nicht grundsätzlich ausgeschlossen: BVerfGE 65, 293 (295); BVerfG, Beschluss der 3. Kammer des Zweiten Senats vom 7. August 1998 – 2 BvR 962/98 –, Rn. 9. Vgl. auch *Mayer/Hunsmann* a.a.O. (Fn. 1), S. 213.

25 Vgl. etwa BVerfG, Beschluss der 1. Kammer des Zweiten Senats vom 14. Oktober 2019 – 2 BvR 1768/19 –.

26 Vgl. hierzu BVerfGE 112, 50 (60); 146, 294 (308).

fachgerichtlichen Verfahren um Abhilfe des mit der Verfassungsbeschwerde beanstandeten Grundrechtsverstoßes bemüht hat[27].

Fehlt es an einem dieser Erfordernisse, führt dies dazu, dass allein aufgrund der Verfassungsbeschwerde der behauptete Grundrechtsverstoß nicht nachvollzogen werden kann. Es ist dann nicht die Aufgabe des Bundesverfassungsgerichts, die in Bezug genommenen Unterlagen oder gar eine noch beizuziehende Akte auf verfassungsrechtliche relevante Tatsachen oder verfassungsrechtlich relevanten Vortrag hin zu durchsuchen, um eine verantwortbare verfassungsrechtliche Beurteilung so erst zu ermöglichen[28].

IV. Besonderheiten bei der gebotenen Auseinandersetzung mit der Haftfortdauerentscheidung

Die Zulässigkeit vieler Verfassungsbeschwerden in Untersuchungshaftsachen scheitert bereits an den vorstehend dargestellten, allgemeinen Begründungsanforderungen; denn evidente Grundrechtsverstöße, bei deren Vorliegen auch eine rudimentäre Begründung zur Darlegung eines Grundrechtsverstoßes genügen kann, liegen hier in aller Regel nicht vor.

Wendet sich der Beschwerdeführer gegen die Fortdauer von Untersuchungshaft, ergeben sich jedoch spezifische Besonderheiten aufgrund der Logik der angefochtenen Entscheidungen. Denn die Verfassungswidrigkeit einer Haftfortdauerentscheidung kommt nur in Betracht, wenn die Gerichte trotz erheblicher Verfahrensverzögerungen einen Verstoß gegen das Beschleunigungsgebot zu Unrecht verneinen oder zu den maßgeblichen tatsächlichen Vorgängen schweigen. Ob eine Verfahrensverzögerung vorliegt, die ihre Ursache nicht in dem konkreten Strafverfahren hat, von dem Beschuldigten nicht zu vertreten, sachlich nicht gerechtfertigt und vermeidbar ist[29], lässt sich dann weder aufgrund der angegriffenen Entscheidung noch anhand einer – allein hierauf bezogenen – Verfassungsbeschwerde abschließend beurteilen.

Es genügt daher regelmäßig nicht, wenn der Beschwerdeführer die Gründe der Haftfortdauerentscheidung verfassungsrechtlicher Kritik unterzieht, ohne zugleich die konkreten zeitlichen Abläufe und die in Betracht kommenden Ur-

27 Vgl. BVerfGE 140, 229 (232ff.).

28 Vgl. BVerfGE 80, 257 (263); 83, 216 (228); BVerfGK 19, 362 (363); BVerfG, Beschluss der 1. Kammer des Zweiten Senats vom 14. Oktober 2019 – 2 BvR 1768/19 –, Rn. 3.

29 Zu den Maßstäben siehe oben II.

sachen für Verzögerungen eigenständig nachvollziehbar darzustellen und verfassungsrechtlich zu würdigen. Erst recht genügt es nicht, wenn der Beschwerdeführer sich nur selektiv mit den Gründen der angefochtenen Entscheidung auseinandersetzt oder lediglich sein vor den Fachgerichten geleistetes Vorbringen wiederholt, ohne dieses auf die Gründe der hierauf entgangenen Entscheidung zu beziehen. Die schlüssige Darlegung eines Verstoßes gegen das Beschleunigungsgebot erschöpft sich also regelmäßig nicht darin, Unzulänglichkeiten in der angegriffenen Entscheidung aufzuzeigen.

Bei der substantiierten Begründung einer Verfassungsbeschwerde darf zunächst nicht die verfassungsrechtliche Rechtfertigung der Fortdauer der Untersuchungshaft mit der einfachrechtlichen Beurteilung gleichgesetzt werden (1). Als verfassungsgerichtlich justiziabel haben sich in der jüngeren Vergangenheit Verstöße gegen das Beschleunigungsgebot im Ermittlungsverfahren (2), im Zwischenverfahren (3) und – vor allem – wegen Verzögerungen im Verlauf der Hauptverhandlung (4) erwiesen. Absolute Grenzen der Dauer der Untersuchungshaft sind dagegen nur in seltenen Fällen überschritten (5).

1. Kein Gleichlauf der einfachrechtlichen und verfassungsrechtlichen Maßstäbe

Häufig lässt sich in Verfassungsbeschwerden lesen, ein wichtiger Grund im Sinne des § 121 Abs. 1 StPO, der die Fortdauer der Untersuchungshaft über sechs Monate hinaus rechtfertigen könnte, liege nicht vor, und deshalb sei der Beschwerdeführer in seinem Freiheitsgrundrecht aus Art. 2 Abs. 2 Satz 2 in Verbindung mit Art. 104 GG verletzt. Dieser Vortrag wäre nur dann im Verfassungsbeschwerdeverfahren beachtlich und ausreichend, wenn es sich bei den §§ 121, 122 StPO nicht nur um einfachrechtliche Vorschriften handelte – deren Anwendung durch die Fachgerichte einer Überprüfung durch das Bundesverfassungsgericht entzogen ist, soweit diese über eine bloße Willkürkontrolle hinausgeht[30] –, sondern wenn das einfache Recht insoweit originär verfassungsrechtlichen Vorgaben entspräche. Dies wird, soweit ersichtlich, nicht vertreten. Insbesondere die Sechs-Monats-Frist ist nicht verfassungsrechtlich begründet; die Rechtsprechung des Bundesverfassungsgerichts betont erst die grundsätzliche zeitliche Grenze des Vollzugs der Untersuchungshaft von einem Jahr: darüber hinaus wird die Unter-

30 Vgl. BVerfGE 18, 85 (92f.); 65, 317 (322), stRspr.

suchungshaft nur in ganz besonderen Ausnahmefällen zu rechtfertigen sein[31]. Auch wenn die besondere Schwierigkeit oder der besondere Umfang der Ermittlungen (§ 121 Abs. 1 StPO) durchaus verfassungsrechtlich beachtliche Rechtfertigungsgründe der Fortdauer der Untersuchungshaft sein können, ergibt sich allein aus einem etwaigen Verstoß gegen die einfachrechtlichen Vorschriften der §§ 121, 122 StPO noch nicht zwangsläufig ein Verfassungsverstoß[32]. Vor allem ist das Bundesverfassungsgericht nicht befugt, die tatsächliche Würdigung des Sachverhalts und die Subsumtion der Fachgerichte unter die wichtigen Gründe im Sinne des § 121 Abs. 1 StPO inhaltlich in Frage zu stellen, solange sie nicht spezifisches Verfassungsrecht verletzt, insbesondere nicht willkürlich ist[33].

2. Ermittlungsverfahren

Wendet sich die Verfassungsbeschwerde gegen die Fortdauer der Untersuchungshaft mit der Begründung, das Ermittlungsverfahren gegen den untersuchungsgefangenen Beschwerdeführer habe zu lange gedauert[34], genügt es nicht, die bloßen Zeitabläufe darzustellen und auf dieser Grundlage zu behaupten, die Ermittlungen seien verzögert, „schleppend" verlaufen. Dieser Vortrag wird den vielfältigen Schwierigkeiten, die umfangreiche Ermittlungen mit sich bringen können, regelmäßig nicht gerecht, zumal, wenn das Ermittlungsverfahren – wie dies häufig der Fall ist – zeitgleich mit der Festnahme des Beschwerdeführers anlässlich einer kurz zuvor begangenen Tat begonnen hat. Allein der Umstand, dass während des Ermittlungsverfahrens einige Zeit lang scheinbar „nichts passiert", bedeutet noch nicht, dass eine Verfahrensverzögerung anzunehmen ist. Um eine Verletzung des Beschleunigungsgebots im Ermittlungsverfahren geltend zu machen, muss der Beschwerdeführer vielmehr im Einzelnen die nach dem jeweiligen Verfahrensstand gebotene Ermittlungsmaßnahme und die damit mutmaßlich zu erzielende Beschleunigung des Verfahrens konkret darlegen, sofern sich dies nicht ausnahmsweise aus den sonstigen Umständen des Falles erschließt. So muss gegebenenfalls geprüft werden können, ob die Ursache für

---

31 Vgl. BVerfG, Beschluss der 3. Kammer des Zweiten Senats vom 30. September 1999 – 2 BvR 1775/99 –, Rn. 16; Beschluss der 2. Kammer des Zweiten Senats vom 11. Juni 2008 – 2 BvR 806/08 –, Rn. 36; Beschluss der 2. Kammer des Zweiten Senats vom 30. Juli 2014 – 2 BvR 1457/14 –, Rn. 24; Beschluss der 1. Kammer des Zweiten Senats vom 23. Januar 2019 – 2 BvR 2429/18 –, Rn. 55.

32 Vgl. BVerfGE 36, 264 (271).

33 Vgl. BVerfGE 18, 85 (92); 65, 317 (322); BVerfGK 6, 242 (253).

34 Zu den Anforderungen an die Beschleunigung des Ermittlungsverfahrens BVerfGE 20, 45 (50); 36, 264 (273).

Verfahrensverzögerungen im Verantwortungsbereich der Justiz oder des Beschwerdeführers wurzelt[35].

3. Zwischenverfahren

Beim Zwischenverfahren greifen die zuständigen Kammern des Zweiten Senats auf eine – ausdrücklich nicht starre – zeitliche Grenze zurück: Nach Anklageerhebung ist bei Entscheidungsreife über die Zulassung der Anklage zur Hauptverhandlung zu beschließen und im Regelfall innerhalb von weiteren drei Monaten mit der Hauptverhandlung zu beginnen[36].

Dabei ist es zunächst geboten, zwischen dem dringenden Tatverdacht einerseits und der Eröffnungsreife mit dem hierfür erforderlichen hinreichenden Tatverdacht andererseits zu unterscheiden: Zwar muss der für die Untersuchungshaft erforderliche dringende Tatverdacht im Sinne des § 112 Abs. 1 Satz 1 StPO grundsätzlich stärker sein als der nach §§ 170 Abs. 1, 203 StPO für eine Anklageerhebung beziehungsweise Eröffnungsentscheidung notwendige hinreichende Tatverdacht. Die Annahme eines dringenden Tatverdachts setzt aber nicht voraus, dass auch der hinreichende Tatverdacht feststeht[37]. Denn die Prüfung des hinreichenden Tatverdachts erfolgt erst auf Grundlage des abgeschlossenen Ermittlungsergebnisses (§ 169a StPO), anhand dessen die Staatsanwaltschaft über die Anklageerhebung entscheidet (§ 170 StPO). Erst dann prüft das Gericht im Rahmen des Zwischenverfahrens (§§ 199 ff. StPO), ob es ebenfalls von einem hinreichenden Tatverdacht ausgeht. Die Beurteilung des dringenden Tatverdachts beruht dagegen auf dem gegenwärtigen – aber nicht unveränderlichen – Ermittlungsstand. Der verfassungsrechtliche Beschleunigungsgrundsatz erfordert nicht, dass die Eröffnungsreife bereits bei Erlass eines Haftbefehls (mit dem hierfür erforderlichen dringenden Tatverdacht) anzunehmen wäre, der häufig am Beginn eines umfangreichen Ermittlungsverfahrens steht, und dass es der

35 BVerfGK 12, 166 (167); BVerfG, Beschluss der 2. Kammer des Zweiten Senats vom 23. Juli 2020 – 2 BvR 1233/20 –, Rn. 2.

36 Vgl. BVerfGK 10, 294 (393); BVerfG, Beschluss der 2. Kammer des Zweiten Senats vom 4. Mai 2011 – 2 BvR 2781/10 –, Rn. 15; Beschluss der 3. Kammer des Zweiten Senats vom 14. November 2012 – 2 BvR 1164/12 –, Rn. 43; Beschluss der 2. Kammer des Zweiten Senats vom 30. Juli 2014 – 2 BvR 1457/14 –, Rn. 21; Beschluss der 1. Kammer des Zweiten Senats vom 20. Dezember 2017 – 2 BvR 2552/17 –, Rn. 16; Beschluss der 1. Kammer des Zweiten Senats vom 11. Juni 2018 – 2 BvR 819/18 –, Rn. 28, 37; Beschluss der 1. Kammer des Zweiten Senats vom 1. August 2018 – 2 BvR 1258/18 –, Rn. 25, 30.

37 Vgl. nur *Schmitt* in: Meyer-Goßner/Schmitt, StPO, 64. Aufl. 2021, § 112 Rn. 6.

Staatsanwaltschaft somit verwehrt wäre, ohne Verstoß gegen das Beschleunigungsgebot den Sachverhalt sorgfältig aufzuklären (vgl. § 160 StPO), bevor sie Anklage erhebt.

Liegt nach den Gründen der angegriffenen Entscheidung oder nach dem schlüssigen Vorbringen des Beschwerdeführers der hinreichende Tatverdacht an einem bestimmten Zeitpunkt vor, folgt hieraus noch nicht, dass zugleich die Eröffnungsreife gegeben wäre: Zunächst hat das Gericht die Anklageschrift dem Angeschuldigten mitzuteilen und nach Ablauf der gesetzten Frist über etwaige Anträge und Einwendungen zu entscheiden (§ 201 StPO). Nach § 202 StPO kann das Gericht auch von Amts wegen vor der Eröffnungsentscheidung „zur besseren Aufklärung der Sache" Beweiserhebungen anordnen. Erst danach kann die Eröffnungsreife angenommen werden, nach deren Eintritt regelmäßig innerhalb von drei Monaten mit der Hauptverhandlung zu beginnen ist.

Beweiserhebungen nach § 202 StPO geschehen in der Praxis häufig nach „überbeschleunigten" Ermittlungsverfahren, in denen die Staatsanwaltschaft den Sachverhalt im Interesse einer möglichst raschen Anklageerhebung nicht sorgfältig ausermittelt hat, sodass zwar der Anklagevorwurf im Sinne des § 160 StPO hinreichend aufgeklärt und belegt ist, aber einzelner ergänzender Beweiserhebungen bedarf[38]. Ähnlich liegt es, wenn die Staatsanwaltschaft in Erwartung bestimmter noch ausstehender Ermittlungsergebnisse bereits Anklage erhoben hat. Geht in solchen Fällen aus der Haftfortdauerentscheidung ausdrücklich hervor, dass und welche Ermittlungsergebnisses noch ausstanden oder welche konkreten Nachermittlungen durch das Gericht in Auftrag gegeben wurden, muss sich die Verfassungsbeschwerde auch hiermit substantiiert auseinandersetzen. Ein Verstoß gegen das Beschleunigungsgebot kann vorliegen, wenn die ausstehenden oder ergänzend angeordneten Beweiserhebungen nicht – zumindest nicht für die Eröffnungsentscheidung – erforderlich waren oder ihrerseits nicht hinreichend beschleunigt durchgeführt wurden. Allein der Umstand, dass schon die Staatsanwaltschaft die Ermittlungen hätte durchführen beziehungsweise abschließen können oder müssen, genügt jedoch nicht, denn dann liegt vielmehr nahe, dass sich diese in jedem Fall durchzuführenden Ermittlungen nicht zulasten des Beschwerdeführers auf die Gesamtverfahrensdauer ausgewirkt haben[39].

Entsprechendes gilt, wenn das Gericht nicht unverzüglich nach Eintritt der Eröffnungsreife über die Zulassung der Anklage entscheidet, insoweit also bei

---

38 Vgl. OLG Karlsruhe, Beschluss vom 1. September 2003 – 1 Ws 235/03 –, Rn. 27, juris; *Schmitt* in: Meyer-Goßner/Schmitt, StPO, 64. Aufl. 2021, § 202 Rn. 1 m.w.N.

39 BVerfG, Beschluss der 1. Kammer des Zweiten Senats vom 1. April 2020 – 2 BvR 225/20 –, Rn. 65.

isolierter Betrachtung ein Verstoß gegen das Beschleunigungsgebot im Zwischenverfahren vorläge, das Gericht jedoch bald nach der Eröffnungsentscheidung mit der Hauptverhandlung beginnt, sodass im Ergebnis zwischen Eröffnungsreife und Beginn der Hauptverhandlung nicht mehr als drei Monate liegen.

Legen die Zeitabläufe (Anklageerhebung, Ablauf der Frist nach § 201 Abs. 1 Satz 1 StPO, Abschluss etwaiger Beweiserhebungen nach § 202 StPO) einen Verstoß gegen die Drei-Monats-Frist nahe, ist der Beschwerdeführer gehalten, zu in Betracht kommenden Umständen Stellung zu nehmen, die die Verzögerungen rechtfertigen können. Zumindest aber muss er auch in diesem Zusammenhang alle für eine verantwortbare Beurteilung erforderlichen Unterlagen vorlegen; er darf sich nicht auf die bloße Mitteilung von Daten beschränken[40].

4. Hauptverhandlung

Verstöße gegen das verfassungsrechtliche Beschleunigungsgebot in der Hauptverhandlung gegen untersuchungsgefangene Angeklagte können vorliegen, wenn die Beweisaufnahme nicht hinreichend beschleunigt gestaltet wird (a) oder das Gericht zwar effektiv, aber nicht häufig (dicht) genug verhandelt (b).

a) Verzögerter Ablauf der Beweisaufnahme

Entsprechendes wie beim Ermittlungsverfahren[41] gilt, wenn der Beschwerdeführer der Meinung ist, die Beweisaufnahme im Hauptverfahren verlaufe schleppend. Ob hierin ein Verstoß gegen das Beschleunigungsgebot liegt, lässt sich nur beurteilen, wenn der Beschwerdeführer konkret aufzeigt, welchen Stand die Beweisaufnahme gegenwärtig hat und welchen Stand sie haben könnte, wenn das Gericht die bisherige Beweisaufnahme anders gestaltet hätte.

b) Unzureichende Verhandlungsdichte

Häufigstes Indiz für eine dauerhafte Überlastung eines Spruchkörpers ist die unzureichende Verhandlungsdichte. Bei absehbar umfangreicheren Verfahren ist

---

40 BVerfG, Beschluss der 1. Kammer des Zweiten Senats vom 14. Oktober 2019 – 2 BvR 1768/19 –, Rn. 3.

41 Siehe oben 2.

nach der ständigen Kammerrechtsprechung stets eine vorausschauende, auch größere Zeiträume umfassende Hauptverhandlungsplanung mit mehr als nur durchschnittlich einem Hauptverhandlungstag pro Woche notwendig[42]. Ab wie vielen Verhandlungstagen die Grenze zu einem „absehbar umfangreichen Verfahren" erreicht ist, hat das Bundesverfassungsgericht bislang nicht abstrakt definiert; dies dürfte zumindest eine deutlich zweistellige Zahl an Verhandlungstagen erfordern[43].

Bei der Berechnung der Verhandlungsdichte ist die Zahl der Sitzungstage nicht einzubeziehen, an denen nur kurze Zeit verhandelt und das Verfahren dadurch nicht entscheidend gefördert wurde[44]. Begnügt sich der Beschwerdeführer jedoch mit der bloßen Auflistung der (jeweiligen oder durchschnittlichen) Dauer der Verhandlungstage und berechnet er hieraus die Verhandlungsdichte, ist dies nicht aussagekräftig, da ohne zusätzliche Schilderung des Ablaufs der jeweiligen Sitzungstage nicht geprüft werden kann, ob die Ursache für eine frühzeitige Beendigung eines Verhandlungstags im Verantwortungsbereich der Justiz wurzelt[45]. Soweit einzelne Verhandlungstage nur kurze Zeit gedauert haben, sind die Gründe hierfür darzustellen: Handelte es sich nach der Terminplanung von vornherein um einen „Durchlauftermin" ohne wesentliche Verfahrensförderung[46] oder waren es unerwartete, nicht der Strafkammer zuzurechnende Umstände, die zu einem frühzeitigen Ende des Verhandlungstags geführt haben? Die kürzere Dauer einzelner Verhandlungstage kann auf Umständen beruhen, die außerhalb des Einflusses des Gerichts liegen (kurzfristige Verhinderung, Erkrankung, Verspätung, unentschuldigtes Nichterscheinen von Verfahrensbeteiligten, Zeugen usw.). Auch Pausen während der Hauptverhandlung, die etwa für kurzfristige Absprachen zwischen Angeklagten und Verteidigern oder für Beratungen der Kammer über Beweisanträge notwendig werden, sind regelmäßig prozessual

---

42 Vgl. BVerfGK 7, 21 (46 f.); 7, 140 (157); 12, 166 (167); BVerfG, Beschluss der 3. Kammer des Zweiten Senats vom 23. Januar 2008 – 2 BvR 2652/07 –, Rn. 49 ff.; Beschluss der 1. Kammer des Zweiten Senats vom 23. Januar 2019 – 2 BvR 2429/18 –, Rn. 57; Beschluss der 1. Kammer des Zweiten Senats vom 18. Februar 2020 – 2 BvR 2090/19 –, Rn. 50.

43 Bei BVerfGK 7, 21 (46 f.); 7, 140 (157) und dem Beschluss der 1. Kammer des Zweiten Senats vom 23. Januar 2019 – 2 BvR 2429/18 –, Rn. 57 handelte es sich um 91, 156 beziehungsweise 52 Verhandlungstage.

44 BVerfGK 7, 21 (46 f.); BVerfG, Beschluss der 3. Kammer des Zweiten Senats vom 17. Januar 2013 – 2 BvR 2098/12 –, Rn. 52; Beschluss der 1. Kammer des Zweiten Senats vom 23. Januar 2019 – 2 BvR 2429/18 –, Rn. 63.

45 BVerfGK 12, 166 (167); BVerfG, Beschluss der 2. Kammer des Zweiten Senats vom 23. Juli 2020 – 2 BvR 1233/20 –.

46 Ein solcher kann dazu dienen, die Höchstdauer einer Unterbrechung der Hauptverhandlung gemäß § 229 StPO zu wahren.

geboten, beruhen zudem häufig auf dem Verteidigungsverhalten und sind daher nicht, jedenfalls nicht ohne Weiteres, als dem Gericht anzulastende Verfahrensverzögerungen zu werten.

Wenn nachträglich Fortsetzungstermine anberaumt werden, ist allein die Mitteilung der zeitlichen Abläufe wiederum nicht hinreichend aussagekräftig[47]. Ob eine Verfahrensverzögerung vorliegt, lässt sich vielmehr nur dann beurteilen, wenn der Beschwerdeführer den Verfahrensgang und die prozessuale Lage, die die Fortsetzungstermine erforderlich gemacht hat, im Einzelnen nachvollziehbar darstellt. Oftmals stellt sich dann heraus, dass es unvorhergesehene neue Erkenntnisse, Beweismittel oder geändertes Verteidigungsverhalten waren, die dann – unter Berücksichtigung der zeitlichen Verfügbarkeit aller wesentlichen Verfahrensbeteiligten – Fortsetzungstermine erforderlich gemacht haben.

Auf Grundlage der so ermittelten Verhandlungstage ist die Verhandlungsdichte (Verhandlungstage pro Woche) zu berechnen. Dabei müssen jedoch angemessene Urlaubszeiträume von Verfahrensbeteiligten unberücksichtigt bleiben[48]. Gerade wenn sich die Hauptverhandlung über viele Monate erstreckt, kann dies einen erheblichen Unterschied machen.

Schließlich liegt ein Verstoß gegen das Beschleunigungsgebot nur vor, wenn sich eine eingetretene Verfahrensverzögerung tatsächlich und nicht nur unerheblich auf die Verfahrensdauer ausgewirkt hat[49] und auch nicht mehr im Verlauf des weiteren Verfahrens kompensiert werden kann[50].

Vom Beschwerdeführer selbstverständlich nicht zu verlangen sind Ausführungen zu ihm regelmäßig nicht bekannten internen Maßnahmen der Justizverwaltung, die grundsätzlich geeignet sein können, eine an sich überlange Untersuchungshaft zu rechtfertigen[51]. Gegebenenfalls gibt das Bundesverfassungsgericht dem Beschwerdeführer Gelegenheit, zu dem entsprechenden Vorbringen des zu-

47 Vgl. BVerfGK 12, 166 (167).

48 BVerfG, Beschluss der 3. Kammer des Zweiten Senats vom 23. Januar 2008 – 2 BvR 2652/07 –, Rn. 53; BVerfG, Beschluss der 3. Kammer des Zweiten Senats vom 17. Januar 2013 – 2 BvR 2098/12 –, Rn. 51; Beschluss der 1. Kammer des Zweiten Senats vom 23. Januar 2019 – 2 BvR 2429/18 –, Rn. 64.

49 Vgl. BVerfG, Beschluss der 1. Kammer des Zweiten Senats vom 14. Oktober 2019 – 2 BvR 1768/19, Rn. 3; Beschluss der 1. Kammer des Zweiten Senats vom 4. Dezember 2019 – 2 BvR 1974/19 –, Rn. 2; Beschluss der 1. Kammer des Zweiten Senats vom 1. April 2020 – 2 BvR 225/20 –, Rn. 65.

50 Vgl. hierzu BVerfGK 12, 166 (168); BVerfG, Beschluss der 1. Kammer des Zweiten Senats vom 13. Oktober 2016 – 2 BvR 1275/16 –, Rn. 57; Beschluss der 1. Kammer des Zweiten Senats vom 20. Dezember 2017 – 2 BvR 2552/17 –, Rn. 21; Beschluss der 1. Kammer des Zweiten Senats vom 11. Juni 2018 – 2 BvR 819/18 –, Rn. 36; Beschluss der 1. Kammer des Zweiten Senats vom 23. Januar 2019 – 2 BvR 2429/18 –, Rn. 65.

51 Vgl. hierzu etwa Beschluss der 1. Kammer des Zweiten Senats vom 23. Januar 2019 – 2 BvR 2429/18 –, Rn. 71 ff.

ständigen Ministeriums im Verfassungsbeschwerdeverfahren (§ 94 Abs. 1 BVerfGG) Stellung zu nehmen[52]. Soweit dem Beschwerdeführer jedoch bereits bei Erhebung der Verfassungsbeschwerde relevante Unterlagen vorliegen, aus denen sich Erkenntnisse über die Überlastung des Spruchkörpers und etwaige Abhilfemaßnahmen der Justizverwaltung ergeben (Gründe vorangegangener Entscheidungen, Terminierungsanfragen mit Aussagen zur Belastung des Gerichts, dienstliche Äußerungen o. ä.), muss er diese Unterlagen vorlegen oder zumindest inhaltlich wiedergeben und begründen, warum er einen Verstoß gegen den Beschleunigungsgrundsatz gleichwohl für gegeben hält[53].

5. Absolute Grenzen

Schließlich verdienen noch Verfassungsbeschwerden Erwähnung, die sich gegen jahrelang andauernde Untersuchungshaft in Verfahren wenden, in denen der Beschwerdeführer zwar erstinstanzlich verurteilt worden ist, jedoch (gegebenenfalls mehrmals) erfolgreich Revision eingelegt wurde und daher noch kein rechtskräftiges Urteil vorliegt.

Wie sich auch aus der Wertung des § 121 Abs. 1 StPO ergibt, vergrößert sich das Gewicht des staatlichen Strafanspruchs, wenn auf Grund der gerichtlich durchgeführten Beweisaufnahme die Begehung einer Straftat als erwiesen angesehen worden ist[54]. Gleichwohl rechtfertigt dieser Gesichtspunkt noch nicht, dass der Verurteilte bis zum Zeitpunkt der Vollverbüßung der ausgesprochenen Strafe in Untersuchungshaft gehalten werden kann. Die verhängte Freiheitsstrafe stellt grundsätzlich nur ein Indiz für das Gewicht der zu verfolgenden Straftat dar. Sie kann auch deshalb nicht ohne weiteres als Maßstab für die mögliche Länge der Untersuchungshaft dienen, weil dies mit dem Resozialisierungszweck der Strafhaft in ein Spannungsverhältnis tritt. Wird die verhängte Freiheitsstrafe durch Anrechnung der Untersuchungshaft zum überwiegenden Teil oder gar vollständig verbüßt, so können die im Rahmen des Vollzugs der Strafhaft möglichen Maßnahmen zur Resozialisierung nur in geringem Ausmaß oder überhaupt keine Wirkung entfalten[55].

---

52 Vgl. hierzu BVerfG, Beschluss der 1. Kammer des Zweiten Senats vom 23. Januar 2019 – 2 BvR 2429/18 –, Rn. 48.

53 Vgl. BVerfG, Beschluss der 1. Kammer des Zweiten Senats vom 14. Oktober 2019 – 2 BvR 1768/19 –, Rn. 3.

54 Vgl. BVerfGK 5, 109 (122); 7, 140 (161).

55 BVerfGK 7, 140 (161); BVerfG, Beschluss der 1. Kammer des Zweiten Senats vom 18. September 2018 – 2 BvR 745/18 – Rn. 32.

Bis zur dieser Grenze können fehlerhafte erstinstanzliche Entscheidungen jedoch grundsätzlich nicht als rechtsstaatswidrige Verfahrensverzögerung angesehen werden. Denn das Revisionsverfahren und dessen übliche Dauer sind Ausfluss einer rechtsstaatlichen Ausgestaltung des Rechtsmittelsystems. Eine Ausnahme gilt bei eklatanten Gesetzesverletzungen, etwa bei schwerwiegenden, offensichtlich der Justiz anzulastenden Verfahrensfehlern[56]. Hierzu ist in der Verfassungsbeschwerde im Einzelnen, auch unter Vorlage von und Auseinandersetzung mit den Urteilsgründen, der Revisionsbegründung und gegebenenfalls der Revisionsentscheidung, substantiiert vorzutragen. Fehlt es hieran, bleiben auch Verfassungsbeschwerden gegen bedenklich lang andauernde Untersuchungshaft unzulässig und somit erfolglos[57].

V. Ergebnis

Die dargestellten allgemeinen und besonderen Begründungsvoraussetzungen haben zur Folge, dass Verfassungsbeschwerden gegen Haftfortdauerentscheidungen eine umfassende und vor allem tatsächlich fundierte Darlegung der wesentlichen Umstände des Einzelfalls erfordern, um eine Sachentscheidung des Bundesverfassungsgerichts zu ermöglichen. Insofern ist der Beschwerdeführer in aller Regel gehalten, sich nicht auf Kritik an der angefochtenen Haftfortdauerentscheidung zu beschränken und in Betracht kommende Rechtfertigungsgründe für die Fortdauer der Untersuchungshaft nicht auszublenden, sondern – soweit möglich – proaktiv auch hierzu vorzutragen.

---

56 Vgl. BVerfGK 2, 239 (251); 7, 21 (35 ff.).

57 Vgl. etwa BVerfG, Beschluss der 2. Kammer des Zweiten Senats vom 23. Juli 2020 – 2 BvR 1233/20 –.

Sebastian Fritzsche

„Steter Tropfen höhlt den Stein“ – gibt es einen Wandel der Subsidiaritätsanforderungen bei gegen Befangenheitsentscheidungen gerichteten Verfassungsbeschwerden?

Ein Streifzug durch die Verfahrens- und Prozessordnungen im Lichte der Rechtsprechung des Bundesverfassungsgerichts

Leitentscheidungen des Bundesverfassungsgerichts

BVerfGE 21, 139 – Freiwillige Gerichtsbarkeit
BVerfGE 24, 56
BVerfGE 101, 106 – Verwaltungsbehörde
BVerfGE 119, 292

Wichtige Kammerentscheidungen

BVerfG, Beschluss der 1. Kammer des Ersten Senats vom 21. November 2018 – 1 BvR 436/17 –, juris
BVerfG, Beschluss der 2. Kammer des Ersten Senats vom 27. Juni 2018 – 1 BvR 1494/17 –, juris
BVerfG, Beschluss der 2. Kammer des Ersten Senats vom 29. November 2017 – 1 BvR 1904/17 –, juris
BVerfG, Beschluss der 3. Kammer des Ersten Senats vom 12. Januar 2009 – 1 BvR 3113/08 –, juris – Anhörungsrüge
BVerfG, Beschluss der 2. Kammer des Ersten Senats vom 18. Dezember 2007 – 1 BvR 1273/07 –, juris – Richterablehnung
BVerfG, Beschluss der 3. Kammer des Ersten Senats vom 27. November 2006 – 1 BvR 2719/06 –, juris – Zwischenentscheidung
BVerfG, Beschluss der 1. Kammer des Zweiten Senats vom 24. Februar 2006 – 2 BvR 836/04 –, juris – Richterablehnungsgesuch
BVerfG, Beschluss der 3. Kammer des Zweiten Senats vom 02. Juni 2005 – 2 BvR 625/01 –, juris – Richterablehnung, gesetzlicher Richter

Inhaltsübersicht

https://doi.org/10.1515/9783110686623-023

I. Einleitung

Das Recht auf den gesetzlichen Richter ist eine der zentralen verfassungsrechtlichen Garantien für einen rechtstaatlichen Gerichtsprozess. Dementsprechend enthalten alle Prozessordnungen Vorgaben, um die Unvoreingenommenheit der entscheidenden Spruchkörper zu sichern und ggf. im fachgerichtlichen Verfahren isoliert überprüfen zu lassen. Die auf derartige Rügen ergehende Entscheidungen sind als Hoheitsakte grundsätzlich mit der Verfassungsbeschwerde angreifbar, § 90 Abs. 1 BVerfGG. Vorliegender Beitrag spürt der Frage nach, welche Anforderungen das Bundesverfassungsgericht an die formelle Subsidiarität von Verfassungsbeschwerden stellt, die sich gegen solche Zwischenentscheidung richten. Diese sollen hier mit Blick auf die verschiedenen zugrundeliegenden Prozessordnungen eingeordnet werden. Ziel ist es dabei aufzuzeigen, inwieweit die Linien der Rechtsprechung des Bundesverfassungsgerichts in diesem Bereich gerade und konturiert sind, an welchen Stellen sie ihre Geradlinigkeit verlieren und ob ein Wandel in den Anforderungen zu erkennen ist.

II. Ausgangslage

1. Prüfungsmaßstab des Bundesverfassungsgerichts bei einer Rüge der Verletzung von Art. 101 Abs. 1 Satz 2 GG in Befangenheitsfällen

Art. 101 Abs. 1 Satz 2 GG gewährleistet dem Einzelnen das Recht auf den gesetzlichen Richter. Ziel der Verfassungsgarantie ist es, der Gefahr einer möglichen Einflussnahme auf den Inhalt einer gerichtlichen Entscheidung vorzubeugen, die durch eine auf den Einzelfall bezogene Auswahl der zur Entscheidung berufenen Richter eröffnet sein könnte.[1] Damit soll die Unabhängigkeit der Rechtsprechung gewahrt und das Vertrauen der Rechtsuchenden und der Öffentlichkeit in die Unparteilichkeit und Sachlichkeit der Gerichte gesichert werden.[2]

Nach der gefestigten Rechtsprechung des Bundesverfassungsgerichts hat Art. 101 Abs. 1 Satz 2 GG (auch) einen materiellen Gewährleistungsgehalt. Die Verfassungsnorm garantiert, dass der Rechtsuchende im Einzelfall vor einem Richter steht, der unabhängig und unparteilich ist und der die Gewähr für Neutralität und Distanz gegenüber den Verfahrensbeteiligten bietet.[3]

Der Gesetzgeber hat deshalb in materieller Hinsicht Vorsorge dafür zu treffen, dass die Richterbank im Einzelfall nicht mit Richtern besetzt ist, die dem zur Entscheidung anstehenden Streitfall nicht mit der erforderlichen professionellen Distanz eines Unbeteiligten und Neutralen gegenüberstehen. Die materiellen Anforderungen der Verfassungsgarantie verpflichten den Gesetzgeber dazu, Regelungen vorzusehen, die es ermöglichen, einen Richter, der im Einzelfall nicht die Gewähr der Unparteilichkeit bietet, von der Ausübung seines Amts auszuschließen.[4] Für den Zivilprozess enthalten daher die §§ 42 ff. ZPO Regelungen über das Recht zur Ablehnung einer Gerichtsperson wegen der Besorgnis ihrer Befangenheit und über das Verfahren zur Behandlung des Ablehnungsgesuchs. Sie bestimmen, dass das Gericht, dem der Abgelehnte angehört, ohne dessen Mitwirkung zur Entscheidung auf der Grundlage einer dienstlichen Stellungnahme

1 BVerfGE 17, 294 (299); 48, 246 (254); 82, 286 (296); 95, 322 (327); BVerfG, Beschl. v. 15. Juni 2015, – 1 BvR 1288/14 –, juris, Rn. 11.

2 BVerfGE 95, 322 (327 m.w.N.); BVerfG, Beschl. v. 15. Juni 2015, – 1 BvR 1288/14 –, juris, Rn. 11; Beschl. v. 5. Mai 2021, – 1 BvR 526/19 –, juris, Rn. 17.

3 Vgl. BVerfGE 21, 139 (145 f.); 30, 149 (153); 89, 28 (36), BVerfG, Beschl. v. 15. Juni 2015, – 1 BvR 1288/14 –, juris, Rn. 13; Beschl. v. 5. Mai 2021, – 1 BvR 526/19 –, juris, Rn. 19.

4 BVerfGK 5, 269 (279 f.); BVerfG, Beschl. v. 15. Juni 2015, – 1 BvR 1288/14 –, juris, Rn. 14; Beschl. v. 5. Mai 2021, – 1 BvR 526/19 –, juris, Rn. 20.

des abgelehnten Richters berufen ist. Durch die Zuständigkeitsregelung wird dem Umstand Rechnung getragen, dass es nach der Natur der Sache an der völligen inneren Unbefangenheit und Unparteilichkeit eines Richters fehlen wird, wenn er über die vorgetragenen Gründe für seine angebliche Befangenheit selbst entscheiden müsste. Dies gilt über entsprechende Verweisungsnormen auch in vielen anderen Prozess- und Verfahrensordnungen.[5] Einen vergleichbaren materiellen Gehalt, wenngleich mit abweichenden Verfahrensregeln, gewähren die §§ 24 ff. StPO.[6]

Eine „Entziehung" des gesetzlichen Richters durch die Rechtsprechung, der die Handhabung des Ablehnungsrechts im Einzelfall obliegt, kann nicht in jeder fehlerhaften Rechtsanwendung gesehen werden; andernfalls müsste jede fehlerhafte Handhabung des einfachen Rechts zugleich als Verfassungsverstoß angesehen werden.[7] Die Grenzen zum Verfassungsverstoß sind aber jedenfalls dann überschritten, wenn die Auslegung einer Zuständigkeitsnorm oder ihre Handhabung im Einzelfall willkürlich oder offensichtlich unhaltbar ist oder wenn die richterliche Entscheidung Bedeutung und Tragweite der Verfassungsgarantie des Art. 101 Abs. 1 Satz 2 GG grundlegend verkennt.[8] Ob die Entscheidung eines Gerichts auf Willkür, also auf einem Fall grober Missachtung oder grober Fehlanwendung des Gesetzesrechts,[9] beruht oder ob sie darauf hindeutet, dass ein Gericht Bedeutung und Tragweite der Verfassungsgarantie des Art. 101 Abs. 1 Satz 2 GG grundlegend verkannt hat, kann nur anhand der besonderen Umstände des Einzelfalls beurteilt werden.[10]

In der zivil-[11], familien-[12], finanz-[13] und verwaltungsgerichtlichen[14] Rechtsprechung ist allerdings anerkannt, dass abweichend von diesem Grundsatz und

---

5 Vgl. § 46 Abs. 2 Satz 1 ArbGG (auch i.V.m. § 80 Abs. 2 Satz 1 ArbGG), § 6 Abs. 1 FamFG (auch i.V.m. § 9 LwVG u. a.) und 113 Abs. 1 Satz 2 FamFG, § 51 Abs. 1 Satz 1 FGO, § 48 Abs. 1 Satz 1 LwVG, § 60 Abs. 1 SGG, § 54 Abs. 1 VwGO (auch i.V.m. § 3 BDG, § 112c Abs. 1 Satz 1 BRAO, § 96 Abs. 1 Satz 1 BNotO i.V.m. § 3 BDG, § 111b Abs. 1 Satz 2 BNotO).

6 Auch i.V.m. entsprechenden Verweisungen in anderen Verfahrensordnungen, vgl. § 120 Abs. 1 Satz 2 StVollzG, § 46 Abs. 1 OWiG, § 116 Abs. 1 Satz 2 BRAO, § 98 Abs. 1 Satz 2 PAO § 153 StBerG, § 127 WPO, Heilberufe-Kammergesetze der Länder, z. B. Art. 72 Satz 1 BayHKaG u. a.

7 Vgl. BVerfGE 82, 286 (299); BVerfG, Beschl. v. 5. Mai 2021, – 1 BvR 526/19 –, juris, Rn. 22.

8 Vgl. BVerfGE 82, 286 (299).

9 Vgl. BVerfGE 29, 45 (49).

10 BVerfGK 5, 269 (280); BVerfG, Beschl. v. 11. März 2013 – 1 BvR 2853/11 –, juris, Rn. 26; Beschl. v. 5. Mai 2021, – 1 BvR 526/19 –, juris, Rn. 22.

11 BGH, Beschl. v. 12. Oktober 2011 – V ZR 8/10 –, juris, Rn. 8; Thüringer Oberlandesgericht, Beschl. v. 4. April 2017 – 6 W 104/17 –, juris, Rn. 12.

12 OLG Hamm, Beschl. v. 7. März 2019 – II–4 WF 22/19 –, juris, Rn. 15.

13 BFH, Beschl. v. 16. Oktober 2019 – X B 99/19 –, BFHE 266, 494, Rn. 14 f.

vom Wortlaut des § 45 Abs. 1 ZPO der Spruchkörper ausnahmsweise unter Mitwirkung des abgelehnten Richters über unzulässige Ablehnungsgesuche in bestimmten Fallgruppen entscheidet.[15] Hierzu zählen die Ablehnung eines ganzen Gerichts als solches, das offenbar grundlose, nur der Verschleppung dienende und damit rechtsmissbräuchliche Gesuch und die Ablehnung als taktisches Mittel für verfahrensfremde Zwecke.[16]

Ähnlich wie der Gesetzgeber im Strafprozessrecht, in welchem § 26a StPO ein vereinfachtes Ablehnungsverfahren für unzulässige Ablehnungsgesuche unter Mitwirkung des abgelehnten Richters zur Verfügung stellt, während das Regelverfahren des § 27 StPO die Entscheidung ohne Mitwirkung des abgelehnten Richters garantiert, trägt diese Rechtsprechung mit der differenzierenden Zuständigkeitsregelung in den Fällen der Richterablehnung einerseits dem Gewährleistungsgehalt des Art. 101 Abs. 1 Satz 2 GG angemessen Rechnung: Ein Richter, dessen Unparteilichkeit mit jedenfalls nicht von vorneherein untauglicher Begründung in Zweifel gezogen worden ist, kann und soll nicht an der Entscheidung über das gegen ihn selbst gerichtete Ablehnungsgesuch mitwirken, das sein eigenes richterliches Verhalten und die – ohnehin nicht einfach zu beantwortende – Frage zum Gegenstand hat, ob das beanstandete Verhalten für eine verständige Partei Anlass sein kann, an der persönlichen Unvoreingenommenheit des Richters zu zweifeln. Andererseits soll aus Gründen der Vereinfachung und Beschleunigung des Verfahrens der abgelehnte Richter in den klaren Fällen eines unzulässigen oder missbräuchlich angebrachten Ablehnungsgesuchs an der weiteren Mitwirkung nicht gehindert sein und ein aufwendiges und zeitraubendes Ablehnungsverfahren verhindert werden.[17]

Hegt der Betroffene verfassungsrechtliche Zweifel an der Entscheidung über sein Ablehnungsgesuch und will er diese als Akt der Judikative mit der Verfassungsbeschwerde angreifen, hat er zu ihrer Zulässigkeit indes den aus § 90 Abs. 2 BVerfGG abgeleiteten Grundsatz der Subsidiarität zu wahren. Der Betroffene muss alle nach Lage der Sache zur Verfügung stehenden prozessualen Möglichkeiten ergreifen, um die geltend gemachte Grundrechtsverletzung in dem unmittelbar

14 BVerwG, Beschl. v. 9. Juni 2015 – 6 B 59/14 –, juris, Rn. 58; Beschl. v. 29. Januar 2014 – 7 C 13/13 –, juris, Rn. 5.

15 Vgl. auch BVerfG, Beschl. v. 15. Juni 2015, – 1 BvR 1288/14 –, Rn. 15.

16 *G. Vollkommer*, in: Zöller, Zivilprozessordnung, 33. Aufl. 2020, § 44 Rn. 12ff.

17 Vgl. BVerfGK 5, 269 (280f.); 7, 325 (338); BVerfG, Beschl. v. 11. März 2013 – 1 BvR 2853/11 –, juris, Rn. 29.

mit ihr zusammenhängenden sachnächsten Verfahren zu verhindern oder zu beseitigen.[18]

Steht dem Betroffenen einerseits kein fachgerichtlicher Rechtsbehelf mehr zur Verfügung, andererseits aber die Endentscheidung über den Rechtstreit in der Sache noch aus, stellt sich die Frage, ob und in welchen Fällen der Betroffene mit der Verfassungsbeschwerde bereits gegen die Ablehnungs- als Zwischenentscheidung vorgehen muss (und einzig kann) oder ob er gehalten ist, den Rechtsweg in der Hauptsache zu durchlaufen, bevor er den behaupteten Verfassungsverstoß zulässigerweise vor dem Bundesverfassungsgericht rügen kann. Es stellt sich somit auf verfassungsprozessualer Ebene die Frage, ob durch Letzteres nicht eine Korrektur erreicht werden kann, sodass – auch im Beschleunigungsinteresse des Betroffenen – eine Anrufung des Bundesverfassungsgerichts vermieden wird.

1. Subsidiaritätsanforderungen bei der Anfechtung von Zwischenentscheidungen im Allgemeinen

Abgeleitet aus dem Grundsatz der Subsidiarität, vgl. § 90 Abs. 2 BVerfGG,[19] sind Verfassungsbeschwerden gegen Zwischenentscheidungen grundsätzlich ausgeschlossen, weil Verfassungsverstöße mit der Anfechtung der Endentscheidung inzident gerügt werden können.[20] Nach älterer Rechtsprechung sei die Anfechtung einer Zwischenentscheidung dabei dann (noch) möglich, wenn die Endentscheidung bereits in Rechtskraft erwachsen ist.[21] Nach neuerer Rechtsprechung können Zwischenentscheidungen indes nur selbstständig angegriffen werden, wenn ein dringendes schutzwürdiges Interesse daran besteht, dass über die Verfassungsmäßigkeit der Zwischenentscheidung sofort und nicht erst in Verbindung mit einer Überprüfung der Endentscheidung erkannt werde.[22] Dieses liege vor, wenn eine Zwischenentscheidung zu einem bleibenden rechtlichen Nachteil für den Betroffenen führt, der später nicht oder nicht vollständig beho-

---

18 BVerfGE 125, 104 (120); 129, 78 (92 f.); 134, 242 (285, Rn. 150); 134, 106 (115, Rn. 27); 142, 268 (280, Rn. 44); 149, 407 (410, Rn. 8); st. Rspr.

19 Letztlich zurückgehend auf: BVerfGE 5, 9 (10); vgl. sodann BVerfGE 10, 274 (281); 16, 1 (2); seither st. Rspr.

20 Vgl. BVerfGE 21, 139 (143).

21 Vgl. BVerfGE 1, 9 f.; 21, 139 (144); BVerfG, Beschl. v. 20. November – 2 BvR 31/19, 2 BvR 886/19 –, juris, Rn. 42.

22 BVerfGK 15, 180 (183 f.); vgl. BVerfG, Beschl. v. 19. Mai 2020, – 2 BvR 483/20 –, juris, Rn. 3.

ben werden kann.[23] Das sei namentlich dann der Fall, wenn in einem selbständigen Zwischenverfahren über eine für das weitere Verfahren wesentliche Rechtsfrage eine abschließende Entscheidung fällt, die im Hauptsacheverfahren keiner Nachprüfung mehr unterliegt.[24] Entsprechendes treffe auch auf Entscheidungen der Fachgerichte über Ablehnungsgesuche zu, wenn sie Bindungswirkung für das weitere Verfahren entfalten, über eine wesentliche Rechtsfrage abschließend befinden und in weiteren Instanzen nicht mehr nachgeprüft und korrigiert werden können.[25]

2. Zwischenergebnis

Bis hierher sind die aktuellen Linien der Rechtsprechung des Bundesverfassungsgerichts klar und mit Kontur. Einerseits gebietet Art. 101 Abs. 1 Satz 2 GG im Regelfall, dass wegen ihrer Besorgnis der Befangenheit abgelehnte Richter nicht selbst hierüber befinden. Dass andererseits eine solche Zwischenentscheidung direkt mit der Verfassungsbeschwerde angegriffen werden kann, bedarf einer besonderen Rechtfertigung im Sinne eines schutzwürdigen und dringenden Interesses des Beschwerdeführers hieran.

Bei einem Blick darauf, wann im Einzelfall dieses schutzwürdige Interesse vorliegt, scheinen indes diese Linien an Klarheit zu verlieren. Eine damit fortbestehende Unsicherheit dürfte – wie aufzuzeigen beabsichtigt ist – zwei Gründe haben:

Einerseits etablierte sich ab 2005 Kammerrechtsprechung, wonach ein anlässlich einer Ablehnungsentscheidung eingetretener Verstoß gegen Art. 101 Abs. 1 Satz 2 GG auch der nachfolgenden sachlichen Endentscheidung anhafte.[26] Andererseits könnte dies auch, je nach anzuwendender Verfahrensordnung im Ausgangsverfahren, am unterschiedlichen Gang des Ablehnungsverfahrens und der divergierenden Prüfungskompetenz der Rechtsmittelgerichte betreffend die Endentscheidung liegen.

Besonderes Augenmerk verdienen damit die im Folgenden zur Präzisierung des schutzwürdigen Interesses getrennt zu beleuchtenden Voraussetzungen der

---

23 vgl. BVerfGE 1, 322 (324 f.); 58, 1 (23); 101, 106 (120); 119, 292 (294).

24 vgl. BVerfGE 24, 56 (61); 58, 1 (23); 101, 106 (120).

25 BVerfGE 119, 292 (294); BVerfG, Beschl. v. 12. Januar – 1 BvR 3113/08 –, juris, Rn. 10 ff.

26 BVerfG, Beschl. v. 2. Juni 2005 – 2 BvR 625/01 –, juris, Rn. 65 ff.; Beschl. v. 24. Februar 2006 – 2 BvR 836/04 –, juris, Rn. 60 ff.; Beschluss der 1. Kammer des Ersten Senats vom 20. Juli 2007 – 1 BvR 3084/06 –, juris, Rn. 28; Beschl. v. 11. März 2013 – 1 BvR 2853/11 –, juris, Rn. 37 ff.; Beschl. v. 5. Mai 2021, – 1 BvR 526/19 –, juris, Rn. 29 f.

„Bindungswirkung“ (III.) und der „fehlenden späteren Korrigierbarkeit“ (IV.) einer Zwischenentscheidung, weil – jedenfalls auf den ersten Blick – diese beiden „zwei Seiten einer Medaille“ zu sein scheinen: Keine Bindung bei späterer Korrektur – und umgekehrt.

III. Bindungswirkungen von Ablehnungs- als Zwischenentscheidungen

Was unter „Bindungswirkungen“ verstanden wird, lässt sich nicht eindeutig beschreiben; in der (Kammer-)Rechtsprechung des Bundesverfassungsgerichts kommen hier unterschiedliche Gesichtspunkte zum Tragen.

1. Bindungswirkung für das weitere Verfahren bis zu einer ersten/weiteren Sachentscheidung

Eine „Bindungswirkung“ könnte darin zu sehen sein, dass sich der Betroffene im Rahmen der aktuellen Instanz einem Verfahren vor einem verfassungswidrig besetzten Gericht stellen müsste, also (vorerst) an diese Besetzung gebunden wäre.[27] Besondere Brisanz hat diese Frage in Dauerverfahren[28], also solchen, in denen immer wieder Sachentscheidungen des Gerichts anstehen.

Im Sinne einer solchen Bindungswirkung könnte BVerfGE 119, 292 (294 f.)[29] zu verstehen sein, wonach für eine gegen eine Ablehnungsentscheidung des Bundesarbeitsgerichts gerichtete Verfassungsbeschwerde ein Rechtsschutzbedürfnis bestehen soll, auch wenn die Sachentscheidung des Bundesarbeitsgerichts noch ausstand.[30] Indes lag hier eine Sonderkonstellation vor, die einen verallgemeinerungsfähigen Rückschluss in diesem Sinne nicht zulässt: Zwar wird der Ablehnungsentscheidung selbst eine Bindungswirkung zugesprochen, vorrangig jedoch, um eine Parallele zur nachfolgenden Entscheidung über eine dazu erhobene Anhörungsrüge zu formulieren.[31] Denn die Verfassungsbeschwerden waren maßgeblich von einer Rüge der Verletzung von Art. 103 Abs. 1 GG im Zwi-

---

27 Vgl. BVerfGE 24, 56 (61); auch BVerfG, Beschl. v. 19. Juni 1992 – 1 BvR 1150/89 –, juris, Rn. 4.
28 Z. B. in Betreuungs- und Insolvenzverfahren.
29 Auch BVerfG, Beschl. v. 6. Mai 2010 – 1 BvR 96/10 –, juris, Rn. 13 ff.
30 BVerfGE 119, 292 (293), so auch schon BVerfGE 24, 56 (61).
31 Vgl. BVerfGE 119, 292 (295); BVerfG, Beschl. v. 6. Mai 2010 – 1 BvR 96/10 –, juris, Rn. 15.

schenverfahren der Richterablehnung geprägt,[32] wobei es naheliegt, dass ein Gehörsverstoß im Zwischenverfahren nur die dortige Zwischenentscheidung betrifft und nicht auch der Endentscheidung in der Sache anhaftet.

Für Fälle der primären Rüge einer Verletzung von Art. 101 Abs. 1 Satz 2 GG ist hierdurch in Bezug auf eine Bindungswirkung nicht viel gewonnen. Denn ob der Beschwerdeführer letztlich von der Zwischenentscheidung ausgehende negative Wirkungen dauerhaft hinzunehmen hat, ist damit nicht beantwortet. Dies hängt stattdessen davon ab, ob ihn eine Endentscheidung beschwerte und noch eine Korrekturmöglichkeit besteht. Letzteres ist zwar – wie im Fall BVerfGE 119, 292 – bei einer Ablehnungsentscheidung eines obersten Bundesgerichts ausgeschlossen. Dieser Gesichtspunkt kann indes nicht tragen bei einer Ablehnungsentscheidung betreffend einen (erst-)instanzlich tätigen Richter.[33] Insgesamt erscheint es daher naheliegend, im Rahmen der Subsidiaritätsanforderungen die Konstellation einer ausstehenden Endentscheidung unter die Ausnahme des § 90 Abs. 2 Satz 2 BVerfGG zu fassen. Also wäre – für ein Abweichen von den allgemeinen Subsidiaritätsanforderungen – danach zu fragen, ob dem Betroffenen in dieser Situation ein schwerer und unabwendbarer Nachteil droht.[34] Hier könnte der Gedanke, ob es dem Beschwerdeführer zuzumuten ist, das Verfahren vor dem (insbesondere letztinstanzlich tätigen) ungesetzlichen Richter fortzuführen und auf einen für ihn günstigen Ausgang des Rechtsstreits zu hoffen,[35] nutzbar gemacht werden. Dieses fügte sich problemlos ein in die weitere Annahme, dass erst nach Abschluss der Hauptsache zweifelsfrei erkennbar sei, ob der Sachentscheidung ein fortdauernder Verfahrensfehler anhaftet oder aber eine Korrektur im Instanzenzug erfolgte, die dem Betroffenen letztlich die Beschwer nimmt. Eine Rechtsschutzlücke entstände damit nicht, weil auch ein im Instanzenzug betreffend die Endentscheidung nicht korrigierter Fehler bei der Gerichtsbesetzung der dortigen Letztentscheidung anhaftete.[36]

---

32 BVerfGE 119, 292 (294); BVerfG, Beschl. v. 6. Mai 2010 – 1 BvR 96/10 –, juris, Rn. 2, 8 ff.

33 Vgl. indes BVerfG, Beschl. v. 6. Mai 2010 – 1 BvR 96/10 –, juris, Rn. 13 ff.

34 Vgl. BVerfG, Beschl. v. 29. November 2017 – 1 BvR 1904/17 –, juris, Rn. 5.

35 Vgl. *Lenz/Hansel*, in Lenz/Hansel, Bundesverfassungsgerichtsgesetz, 3. Aufl. 2020, § 90, Rn. 481.

36 BVerfG, Beschl. v. 2. Juni 2005 – 2 BvR 625/01 –, juris, Rn. 65 ff.; Beschl. v. 24. Februar 2006 – 2 BvR 836/04 –, juris, Rn. 60 ff.; Beschl. v. 20. Juli 2007 – 1 BvR 3084/06 –, juris, Rn. 28; Beschl. v. 11. März 2013 – 1 BvR 2853/11 –, juris, Rn. 37 ff.; Beschl. v. 5. Mai 2021 – 1 BvR 526/19 –, juris, Rn. 29 f.

2. Bindungswirkung bei ergangener Sachentscheidung

Eine „Bindungswirkung" für den Betroffenen könnte sich auch daraus ergeben, dass ein Fachgericht – zeitnah nach bzw. mit Erlass der Ablehnungsentscheidung – eine Sachentscheidung trifft. Damit könnte sich die Fehlerhaftigkeit der Ablehnungsentscheidung eines verfassungswidrig besetzten Gerichts in dessen Sachentscheidung manifestiert haben. Erstere schlug sich damit in Letzterer nieder, sodass faktisch eine Bindung der Sach- an die Befangenheitsentscheidung erfolgte.

Die Annahme einer Bindungswirkung scheidet in dieser Konstellation letztlich aus: Denn allein maßgeblich bleibt die Frage der späteren Korrigierbarkeit eines der Sachentscheidung anhaftenden verfassungsrechtlichen Mangels im Rahmen eines bestehenden Instanzenzuges. In diesem Fall hat ein Misserfolg, vor dem die Verfassungsgarantie des Art. 101 Abs. 1 Satz 2 GG schützen will, zunächst bereits in die instanzabschließende Sachentscheidung Eingang gefunden. Aus Subsidiaritätsgesichtspunkten erscheint folglich nur bedeutsam, inwieweit die jeweilige Verfahrensordnung Korrekturmöglichkeiten für die Sachentscheidung besonders unter dem Blickwinkel einer Verletzung von Art. 101 Abs. 1 Satz 2 GG zur Verfügung stellt. Daher wird man bestenfalls bei Fehlen solcher Möglichkeiten von einer Bindungswirkung für das weitere (Rechtsmittel-)Verfahren sprechen können.

Dabei ist ebenso denkbar, dass das Rechtsmittel des Betroffenen gegen die Sachentscheidung aus sonstigen Gründen zu einem Wegfall seiner Beschwer führte; ein möglicher Verfahrensfehler hat sich dann nicht zu seinen Lasten auswirkt. Somit dürfte sich in dieser Fallkonstellation die Frage einer korrekturlosen Bindungswirkung der vorangegangenen Ablehnungsentscheidung nur nach einer Rechtswegerschöpfung in der Hauptsache beantworten lassen.

Im Ergebnis ist mittlerweile bezüglich der erlassenen Sachentscheidung anerkannt, dass der Erfolg einer Verfassungsbeschwerde infolge Verfassungswidrigkeit einer Ablehnungsentscheidung auch die nachfolgende/parallele Sachentscheidung erfasst,[37] jedenfalls wenn auch diese Angriffsgegenstand der Verfassungsbeschwerde war.[38]

---

37 BVerfG, Beschl. v. 20. Juli 2007 – 1 BvR 3084/06 –, juris, Rn. 28; Beschl. v. 11. März 2013 – 1 BvR 2853/11 –, juris, Rn. 37 ff.; Beschl. v. 5. Mai 2021 – 1 BvR 526/19 –, juris, Rn. 29 f.

38 Vgl. BVerfG, Beschl. v. 20. Juli 2007 – 1 BvR 3084/06 –, juris, Rn. 12; Beschl. v. 11. März 2013 – 1 BvR 2853/11 –, juris, Rn. 24; Beschl. v. 5. Mai 2021 – 1 BvR 526/19 –, juris, Rn. 16: Es ist jeweils von „Die angegriffenen Entscheidungen…" die Rede, weil sich die jeweiligen Verfassungsbeschwerden sowohl auf die Ablehnungs- als auch die Sachentscheidung bezogen.

3. Bindungswirkung über die Sachentscheidung hinaus für das weitere (Rechtsmittel-)Verfahren

Ferner könnten sich auch Bindungswirkungen daraus ergeben, dass ein der Sachentscheidung eines Gerichts anhaftender Verfahrensfehler im hiesigen Sinne nicht mehr innerhalb des Rechtsmittelzuges betreffend die Sachentscheidung korrigiert wird.[39] Zentrale Normen sind insofern im Zivilprozess § 512 ZPO für die Berufung und § 557 Abs. 2 ZPO für die Revision. Sie können, auch z. B. über die §§ 202 SGG,[40] 173 VwGO[41] Bedeutung für den Rügeumfang in Rechtsmittelverfahren anderer Rechtswege haben. Vergleichbares gilt nach § 124 Abs. 2 FGO für das finanzgerichtliche Revisionsverfahren.[42]

Aber auch dies ist letztlich eine Frage der späteren Korrigierbarkeit der getroffenen Sachentscheidung im Rechtsmittelzug, weil damit der Prüfungsumfang des Rechtsmittelgerichts vorgegeben wird.

4. Analyse und Zwischenergebnis

Vorstehende Konstellationen und die dazu entwickelten Lösungen belegen letztlich, dass in der (Kammer-)Rechtsprechung des Bundesverfassungsgerichts von der Annahme einer Bindungswirkung einer Ablehnungsentscheidung seit 2005[43] – letztlich in Abkehr von BVerfGE 24, 56 – zurückhaltend Gebrauch gemacht wird. Stringent durchgehalten wurde diese Linie – meist ohne nähere Begründung – indes nicht.[44] Zudem kristallisiert sich heraus, dass die in der Senatsrechtsprechung des Bundesverfassungsgerichts[45] entwickelten zwei Tatbestandsmerkmale der „Bindungswirkung" und „der späteren fehlenden Korrigierbarkeit" einer Zwischenentscheidung im Ergebnis dasselbe meinen: Eine

---

39 In diesem Sinne dürften z. B. BVerfG, Beschl. v. 27. November 2006 – 1 BvR 2719/06 –, juris – Zwischenentscheidung –, Rn. 10, und Beschl. v. 21. November 2018 – 1 BvR 436/17 –, juris, Rn. 8 ff., zu verstehen sein.

40 Vgl. BVerfG, Beschl. v. 6. Mai 2010 – 1 BvR 96/10 –, juris, Rn. 17 m.w.N.

41 Vgl. BVerfG, Beschl. v. 18. Dezember 2007 – 1 BvR 1273/07 –, juris – Richterablehnung –, Rn. 10; auch BVerwG, Beschl. v. 28. Oktober 2020 – 8 B 50/20 –, juris, Rn. 5.

42 Vgl. BFH, Beschl. v. 28. Juli 2005 – II B 81/04 –, juris, Rn. 6; Beschl. v. 10. September 2015 – X B 134/14 –, juris, Rn. 40; st. Rspr.

43 Vgl. die Nachweise bei Fn. 36.

44 Z. B. BVerfG, Beschl. v. 27. November 2006 – 1 BvR 2719/06 –, juris – Zwischenentscheidung –, Rn. 10; Beschl. v. 15. Juni 2015 – 1 BvR 1288/14 –, juris, Rn. 5, 8 f., Beschl. v. 21. November 2018 – 1 BvR 436/17 –, juris, Rn. 8 ff. und Beschl. v. 1. Juli 2021 – 2 BvR 890/20 -, juris, Rn. 23.

45 Vgl. insbesondere BVerfGE 119, 292 (294), auch BVerfGE 1, 322 (324 f.); 58, 1 (23); 101, 106 (120).

Bindungswirkung der Zwischenentscheidung gibt es nur dort, wo eine spätere Korrektur – auch im Rechtsmittelzug betreffend eine Endentscheidung – nicht mehr möglich ist.

Maßgebend ist dabei der Gesichtspunkt (geworden), einem Beteiligten im Einzelfall die Neutralität und Distanz des zur (End-)Entscheidung berufenen Richters zu sichern[46], mithin ihn davor zu schützen, dass eine ihn beschwerende Endentscheidung eines nicht entsprechend Art. 101 Abs. 1 Satz 2 GG besetzten Gerichts ergeht und in Rechtskraft erwächst, da die Endentscheidung auf dem Makel des Verfassungsverstoßes beruht.[47]

Eingedenk dessen ließe sich zugespitzt fragen, warum es überhaupt der Zulässigkeit einer Verfassungsbeschwerde gegen diese Art von Zwischenentscheidung bedarf, wenn es letztlich um die Korrektur ihrer Auswirkungen auf die Sachentscheidung geht. Wenn es für hinreichend erachtet wird, rechtswegimmanent die Sachentscheidung unter diesem Blickwinkel zu überprüfen, läge es ebenso nahe, Verfassungsbeschwerden allein auf die Beseitigung der so fehlerbehafteten Sachentscheidung zu beschränken. Strukturelle Unterschiede, die eine differenzierte Handhabung geböten, sind nicht erkennbar: Ein Angriff auf die Sachentscheidung mit der Verfahrensrüge der fehlerhaften Besetzung des entscheidenden Gerichts[48] sowie mit anschließender Heilung des Mangels durch – vorrangig im Revisions- und Rechtsbeschwerdeverfahren – Zurückverweisung des Verfahrens[49] (ohne dass die Ablehnungsentscheidung formal beseitigt wird)[50] oder – vorrangig im Berufungs- bzw. Beschwerdeverfahren, ggf. auch erst nach ihrer Zulassung[51] – durch Zuführung des Verfahrens zu einer neuerlichen umfänglichen Sachentscheidung durch das Rechtsmittelgericht,[52] unterscheidet sich nicht wesentlich von demjenigen nach Erfolg einer gegen die Sachentscheidung

46 Vgl. BVerfG, Beschl. v. 24. Februar 2006 – 2 BvR 836/04 –, juris, Rn. 42.

47 Vgl. schon BVerfGE 4, 412 (418 ff.), vgl. auch die Nachweise bei Fn. 36.

48 BVerfG, Beschl. v. 27. November 2006 – 1 BvR 2719/06 –, juris – Zwischenentscheidung – zu § 544 in Verbindung mit § 547 Nr. 1 ZPO; Beschl. v. 18. Dezember 2007 – 1 BvR 1273/07 –, juris – Richterablehnung – zu § 124 Abs. 2 Nr. 5 VwGO; Beschl. v. 29. November 2017 – 1 BvR 1904/17 –, juris zu § 72 Abs. 2 Nr. 3 Alt. 1, § 72a Abs. 3 Satz 2 Nr. 3 Alt. 1 ArbGG in Verbindung mit § 547 Nr. 1 ZPO.

49 Vgl. BFH, Beschl. v. 16. Oktober 2019 – X B 99/19 –, juris, Rn. 24 zu § 116 Abs. 6 FGO; BVerwG, Urt. v. 16. Juni 2020 – 2 C 2/19 –, juris, Rn. 7 zu § 144 Abs. 3 Nr. 2 VwGO; Beschl. v. 19. September 2018 – 8 B 2/18 –, juris, Rn. 22 zu § 133 Abs. 6 VwGO; BAG, Beschl. v. 27. Februar 2020 – 2 AZN 1389/19 –, juris, Rn. 6 zu § 72a Abs. 7 ArbGG.

50 BFH, Beschl. v. 27. Dezember 2019 – X B 6/18 –, juris, Rn. 58; a.A. (formale Aufhebung der Ablehnungsentscheidung nötig): BAG, Beschl. v. 20. April 2016 – 7 ABN 55/15 –, juris , Rn. 20.

51 Vgl. §§ 124, 124a VwGO, § 144 Abs. 1 Satz 1 i.V.m. Abs. 2 Nr. 3 SGG.

52 Vgl. §§ 128 Satz 1, 130 Abs. 1 VwGO; § 157 SGG, §§ 68 Abs. 3 Satz 1, 37 Abs. 1 FamFG.

gerichteten Verfassungsbeschwerde. Letztlich wird der Ablehnungsentscheidung im Falle des Erfolgs der Verfahrensrüge die Bindungswirkung abgesprochen, gleich ob dies nach Zurückverweisung zu einem automatischen Wiederaufleben des ehedem erfolglosen Ablehnungsgesuchs[53] oder ausnahmsweise zur Zulässigkeit seiner Wiederholung führte. Anders ist der Verfahrensstand auch nicht im Erfolgsfalle der Verfassungsbeschwerde betreffend die Sachentscheidung.

Eine rein solche Sichtweise, die – vorbehaltlich § 90 Abs. 2 Satz 2 BVerfGG – die Mangelbehaftung der letztinstanzlichen Sachentscheidung zum alleinigen Angriffspunkt einer auf Art. 101 Abs. 1 Satz 2 GG gestützten Verfassungsbeschwerde erhebt, ist aber in der Rechtsprechung des Bundesverfassungsgerichts (noch) nicht verankert.[54]

Welche Linie sich künftig durchsetzt, bleibt abzuwarten. Dies zu erarbeiten, wird die Aufgabe künftiger Entscheidungen sein.

Vorerst als entscheidendes (Mindest-) Kriterium für die Zulässigkeit einer Verfassungsbeschwerde gegen eine Ablehnungs- als Zwischenentscheidung verbleibt damit die Unkorrigierbarkeit eines mit dieser für die sachliche Endentscheidung einhergehenden Verfahrensfehlers im dortigen Rechtsmittelzug. Vorrangig wird dabei danach gefragt, ob eine nachfolgende Sachentscheidung, die auf dem Makel des fehlerhaft besetzten Gerichts beruht, überhaupt den das erfolglose Ablehnungsgesuch anbringenden Beteiligten beschwert bzw. ob im Falle der Beschwer Korrekturmöglichkeiten im dortigen Rechtsmittelzug bestehen. Dies bedingt, auch weil die Statthaftigkeit von Rechtsmitteln mitunter das Erreichen einer Mindestbeschwer voraussetzt,[55] regelmäßig das Abwarten einer Sachentscheidung. Den aus dem Abwarten ggf. resultierenden, unzumutbaren Nachteilen kann jedenfalls über die Ausnahme des § 90 Abs. 2 Satz 2 BVerfGG begegnet werden.

IV. Korrigierbarkeit von Ablehnungsentscheidungen nach den jeweiligen Prozess- und Verfahrensordnungen

Während manche Prozess- und Verfahrensordnungen, jedenfalls wenn erstinstanzliche Ablehnungsgesuche erfolglos bleiben, unmittelbar ein Rechtsmittel zur

53 So wohl BFH, Beschl. v. 27. Dezember 2019 – X B 6/18 –, juris, Rn. 58: „...Ablehnungsantrag ... bisher nicht ordnungsgemäß behandelt...".

54 Vgl. Nachweise bei Fn. 44.

55 Vgl. z. B. § 511 Abs. 2 Nr. 1 ZPO, § 544 Abs. 2 Nr. 1 ZPO, § 61 Abs. 1 FamFG, § 144 Abs. 1 Satz 1 SGG.

Verfügung stellen[56], schließen andere Prozess- und Verfahrensordnungen dies aus.[57] Aus Subsidiaritätsgesichtspunkten bleibt dann die Frage, inwieweit sich fehlerhafte Ablehnungsentscheidungen als Verfahrensfehler auf die Endentscheidungen in der Hauptsache auswirken können, also ggf. einer Korrektur im dortigen Instanzenzug zugänglich sind.

1. Grundsätze der Verfahrensfehlerkorrektur

Zu den einzelnen Verfahrens- und Prozessordnungen ist anerkannt, dass unterlaufene Verfahrensfehler durch die nächsthöhere Instanz geheilt werden können, jedenfalls dann, wenn es sich ebenfalls um eine vollständige Tatsachen- und Rechtsinstanz handelt.[58]

1. Die einzelnen Prozess- und Verfahrensordnungen

In welchen Prozess- und Verfahrensordnungen dies möglich ist und welche Zugangsbarrieren bestehen, ist Gegenstand nachstehender Detailbetrachtungen. Eingeschlossen sind Überlegungen, inwieweit entsprechende Verfahrensfehler der letzten Tatsacheninstanz ggf. revisions- bzw. rechtsbeschwerdegerichtlicher Kontrolle und Korrektur unterliegen:

---

56 Vgl. § 46 Abs. 2 Var. 2 ZPO und § 6 Abs. 2 FamFG, jeweils i.V.m. §§ 567 bis 572, 574 bis 577 ZPO. Sofern unter Geltung dieser Verfahrensordnungen ein Befangenheitsgesuch gegen Mitglieder eines zweitinstanzlichen Gerichts zurückgewiesen wird, ist zudem unmittelbar die Zulassungsrechtsbeschwerde nach § 574 Abs. 1 Satz 1 Nr. 2 ZPO statthaft, vgl. BGH, Beschl. v. 8. November 2004 – II ZB 24/03 –, juris, Rn. 3.

57 Vgl. § 49 Abs. 3 ArbGG, § 128 Abs. 2 FGO, § 172 Abs. 2 SGG, § 146 Abs. 2 VwGO.

58 Zu § 128 VwGO: BGH, Urt. v. 7. Dezember 2020 – AnwZ (Brfg) 19/19 –, juris, Rn. 29 m.w.N.; OVG Lüneburg, Beschl. v. 26. April 2013 – 5 ME 108/13 –, juris, Rn. 13; zu § 157 SGG: *Wehrhahn* in: Schlegel/Voelzke, jurisPK-SGG, 1. Aufl., § 144 SGG (Stand: 06.04.2021), juris, Rn. 50; zu § 68 Abs. 3 FamFG: BGH, Beschl. v. 17. Oktober 2012 – XII ZB 181/12 –, juris, Rn. 10; *Bartels* in: Jox/Fröschle, Praxiskommentar Betreuungs- und Unterbringungsverfahren, 4. Aufl. 2020, § 69 FamFG Beschwerdeentscheidung, juris, Rn. 2; auch BVerfG, Beschl. v. 31. März 2020 – 1 BvR 2392/19 –, juris, Rn. 20.

a) Verwaltungsrechtsweg und Verwaltungsgerichtsordnung

Verwaltungsgerichtliche Entscheidungen über Ablehnungsgesuche sind keinem unmittelbaren Rechtsmittel zugänglich, § 146 Abs. 2 VwGO. Gleiches gilt für entsprechende Entscheidungen der Oberverwaltungsgerichte/Verwaltungsgerichtshöfe, § 152 Abs. 1 VwGO.

Allerdings entspricht es ganz überwiegender Rechtsprechung der Oberverwaltungsgerichte, willkürliche, manipulativ zustande gekommene bzw. den Kerngehalt von Art. 101 Abs. 1 Satz 2 verkennende Entscheidungen der Verwaltungsgerichte als einen Verfahrensfehler einzustufen, der auch der von ihnen in der Hauptsache getroffenen bzw. zu treffenden Sachentscheidung anhaftet.[59] Es besteht damit inhaltlich ein Gleichlauf zu den vom Bundesverfassungsgericht zu Art. 101 Abs. 1 Satz 2 GG entwickelten Maßstäben.[60] Ein solcher Fehler rechtfertigt die Zulassung der Berufung nach § 124 Abs. 2 Nr. 5 VwGO (bzw. § 78 Abs. 3 Nr. 3 AsylG), sofern diese nicht ohnehin vom Verwaltungsgericht zugelassen worden bzw. zulassungsfrei[61] statthaft ist. Ein Prüfungsausschluss nach § 173 VwGO i.V.m. § 512 ZPO kommt insoweit nicht in Betracht. Die Heilung des Verfahrensfehlers liegt dann darin, dass das Oberverwaltungsgericht als volle Tatsacheninstanz, §§ 128 Satz 1, 130 Abs. 1 VwGO,[62] das Verfahren einer eigenen neuerlichen Sachentscheidung zuführt.[63]

Folgerichtig hat das Bundesverfassungsgericht angenommen, dass eine Verfassungsbeschwerde, gerichtet gegen die ein Ablehnungsgesuch zurückweisende Entscheidung eines Verwaltungsgerichts, wegen fehlender Wahrung des Grundsatzes der Subsidiarität unzulässig ist, wenn nicht gegen die anschließende Sachentscheidung vorgegangen wurde.[64]

---

59 VGH Bayern, Beschl. v. 30. April 2020 – 1 ZB 19.1575 –, juris, Rn. 3 ff.; OVG Bremen, Beschl. v. 26. Februar 2020 – 1 LA 344/19 -, juris, Rn. 4; OVG Berlin-Brandenburg, Beschl. v. 18. März 2020 – OVG 9 N 191.17 –, juris, Rn. 21; OVG Nordrhein-Westfalen, Beschl. v. 13. Dezember 2017 – 14 A 2265/15 –, juris, Rn. 32; OVG Sachsen, Beschl. v. 23.03.2015 – 5 A 352/13 –, juris, Rn. 5 ff.; VGH Hessen, Beschl. v. 20. Januar 2016 – 5 A 1471/15.Z –, juris, Rn. 22.

60 Vgl. oben II. 1.

61 Z. B. nach § 64 Abs. 1 BDG.

62 Vgl. zum einstweiligen Rechtsschutz nach der VwGO: BVerfGK 3, 135 (142).

63 BVerwG, Beschl. v. 19. Juli 2010 – 2 B 127/09 –, juris, Rn. 5; VGH Baden-Württemberg, Urt. v. 20. Juni 2017 – DL 13 S 214/17 –, juris, Rn. 30.

64 BVerfG, Beschl. v. 18. Dezember 2007 – 1 BvR 1273/07 –, juris – Richterablehnung. Anders BVerfG, Beschl. v. 01. Juli 2021 – 2 BvR 890/20 –, Rn. 21 ff., weil der VGH Hessen die willkürliche etc. Ablehnung eines Befangenheitsgesuchs noch nicht als einen die Berufungszulassung rechtfertigenden Verfahrensfehler anerkannt habe. Dies erscheint im Hinblick sowohl auf die in Fn. 59

Diese verfassungsprozessualen Erfordernisse wird man auch auf vergleichbare Ablehnungsentscheidungen der Oberverwaltungsgerichte übertragen können und müssen: Nach der Rechtsprechung des Bundesverwaltungsgerichts bedingen willkürlich getroffene, manipulativ zustande gekommene bzw. den Aussagegehalt von Art. 101 Abs. 1 Satz 2 GG eindeutig verkennende Entscheidungen derselben einen auch einer Sachentscheidung anhaftenden Verfahrensmangel. Dieser kann – im Falle ihrer grundsätzlichen Statthaftigkeit[65] – mit der Besetzungsrüge (§ 138 Nr. 1 VwGO) in einem Revisions- bzw. über § 132 Abs. 2 Nr. 3 VwGO in einem Nichtzulassungsbeschwerdeverfahren gegen die Endentscheidung in der Hauptsache geltend gemacht werden.[66] Korrektur bzw. Heilung des Mangels erfolgt seitens des Bundesverwaltungsgerichts durch Aufhebung und Zurückverweisung, §§ 144 Abs. 3 Satz 1 Nr. 2, 133 Abs. 6 VwGO, an das Oberverwaltungsgericht.[67]

a) Verfahren nach der Verwaltungsgerichtsordnung außerhalb des Verwaltungsrechtsweges

Vergleichbar ist die Situation in Verfahren außerhalb des Verwaltungsrechtsweges, für die aber gleichwohl die Verwaltungsgerichtsordnung (ergänzend) Anwendung findet; dies sind namentlich die verwaltungsrechtlichen Anwaltssachen, §§ 112 ff. BRAO, die notariellen Disziplinarsachen, §§ 92 ff. BNotO, sowie die verwaltungsrechtlichen Notarsachen, §§ 111 ff. BNotO.

Trotz der erstinstanzlichen Zuständigkeit sowohl des Anwaltsgerichtshofs als auch des Oberlandesgerichts – Senat für Notarsachen – stehen beide in Verwaltungssachen einem Oberverwaltungsgericht gleich, § 112c Abs. 1 Satz 2 BRAO, § 111b Abs. 1 Satz 2 BNotO.[68] Die unmittelbare Unanfechtbarkeit ihrer Zwischenentscheidungen ergibt sich insofern aus § 112a Abs. 2 BRAO bzw. § 111 Abs. 2

genannte Entscheidung des VGH Hessen als auch den Grundsatz, dass selbst ungewiss erfolgversprechende Rechtsbehelfe zu durchlaufen sind (BVerfGE 68, 376 [381]), nicht nachvollziehbar.

65 Also nicht, wenn die Ablehnungsentscheidung des Oberverwaltungsgerichts im Berufungszulassungsverfahren ergeht und die Berufung nicht zugelassen wird, vgl. § 124a Abs. 5 Satz 4 VwGO.

66 BVerwG, Beschl. v. 21. Dezember 2004 – 1 B 66/04 –, juris, Rn. 3; Beschl. v. 19. September 2018 – 8 B 2/18 –, juris, Rn. 14.

67 BVerwG, Beschl. v. 19. September 2018 – 8 B 2/18 –, juris, Rn. 22.

68 In Disziplinarsachen steht das Oberlandesgericht – Senat für Notarsachen – einem Verwaltungsgericht gleich, vgl. § 105 BNotO.

BNotO, wonach der Bundesgerichtshof nur im Falle von Zwischenentscheidungen zum Rechtsweg, § 17a GVG, zur Entscheidung über Rechtsmittel berufen ist.[69]

Gleichwohl ist in allen drei Verfahrensarten anerkannt, dass willkürlich getroffene, manipulativ zustande gekommene bzw. den Aussagegehalt des Art. 101 Abs. 1 Satz 2 GG eindeutig verkennende Ablehnungsentscheidungen der Ausgangsgerichte als Verfahrensfehler im Berufungsrechtszug zum Bundesgerichtshof, vgl. § 112e BRAO, § 105 BRAO i.V.m. §§ 64 ff. BDG, § 111d BNotO, gerügt werden können, auch über den Zulassungsgrund des § 124 Abs. 2 Nr. 5 VwGO.[70] Die Heilung eines solchen Verfahrensfehlers dürfte auch hier darin liegen, dass der Bundesgerichtshof als volle Tatsacheninstanz, §§ 128 Satz 1, 130 Abs. 1 VwGO, das Verfahren einer eigenen neuerlichen Sachentscheidung zuführt.[71]

Damit erschiene es konsequent, auch in diesen Verfahren ergangene Ablehnungsentscheidungen des Anwaltsgerichtshofs bzw. des Oberlandesgerichtsgerichts – Senat für Notarsachen – nicht als solche Zwischenentscheidungen im Sinne des Verfassungsprozessrechts anzuerkennen, bezüglich derer eine Verfassungsbeschwerde nach § 90 Abs. 2 Satz 1 BVerfGG zulässig sein kann.

b) Finanzgerichtsordnung

Auch Entscheidungen der Finanzgerichte über Ablehnungsgesuche sind keiner unmittelbaren Anfechtung zugänglich, § 128 Abs. 2 FGO.

Jedoch ist auch hier anerkannt, dass willkürlich getroffene, den Aussagegehalt des Art. 101 Abs. 1 Satz 2 GG eindeutig verkennende oder auch gänzlich unterlassene[72] Entscheidungen der Finanzgerichte als Verfahrensfehler (§ 119 Nr. 1 FGO) in einem Revisions- bzw. über § 115 Abs. 2 Nr. 3 FGO in einem Nichtzulassungsbeschwerdeverfahren gegen die Endentscheidung in der Hauptsache geltend gemacht werden können.[73] Insoweit erfasst der einer solch fehlerhaften

---

69 In notariellen Disziplinarsachen bleibt es beim Ausschluss unmittelbarer Rechtsmittel gegen Ablehnungsentscheidungen über die Verweisungskette des § 96 Abs. 1 Satz 1 BNotO, § 67 BDG, § 146 Abs. 2 VwGO.

70 Zu verwaltungsrechtlichen Anwaltssachen: BGH, Beschl. v. 11. Dezember 2019 – AnwZ (Brfg) 50/19 –, juris, Rn. 77 ff.; zum notariellen Disziplinarverfahren: BGH, Beschl. v. 13. November 2017 – NotSt (Brfg) 3/17 –, BGHZ 216, 368–386, Rn. 11 ff.; zu verwaltungsrechtlichen Notarsachen: BGH, Beschl. v. 20. Juli 2020 – NotZ (Brfg) 3/20 –, juris, Rn. 19 ff.

71 Bejaht bei den verwaltungsrechtlichen Anwaltssachen durch: BGH, Urt. v. 7. Dezember 2020 – AnwZ (Brfg) 19/19 –, juris, Rn. 29 m.w.N.

72 Vgl. BFH, Beschl. v. 28. März 2019 – VIII B 121/18 –, juris, Rn. 13.

73 Vgl. BFH, Beschl. v. 13. Januar 2016 – IX B 94/15 –, juris, Rn. 5; st. Rspr.

Ablehnungsentscheidung anhaftende Makel die getroffene Sachentscheidung.[74] Die Bereinigung des Mangels ergibt sich dann daraus, dass der Bundesfinanzhof in der Regel unter Aufhebung der finanzgerichtlichen Sachentscheidung, deren Feststellungen infolge des Mangels unverwertbar sind,[75] das Verfahren zur erneuten Entscheidung zurückverweist, §§ 126 Abs. 3 Satz 1 Nr. 2, 116 Abs. 6 FGO.[76]

Aus verfassungsprozessualer Sicht gilt daher das zu lit. a) und b) Geschriebene entsprechend.

c) Verfahren nach dem Sozialgerichtsgesetz

Sozialgerichtliche Entscheidungen über Ablehnungsgesuche sind (mit Wirkung seit 1. April 2008[77]) keinem unmittelbarem Rechtsmittel zugänglich, § 172 Abs. 2 SGG. Gleiches gilt für solche landessozialgerichtlichen Entscheidungen, § 177 SGG.

Anders als im Verwaltungsprozess wird nach der landessozialgerichtlichen Rechtsprechung zum Prüfungsumfang im dortigen Berufungs-(zulassungs-)verfahren aus § 202 SGG i.V.m. § 512 ZPO weitgehend ein vollumfassender Ausschluss der Nachprüfung von sozialgerichtlichen Ablehnungsentscheidungen angenommen.[78] Eine Ausnahme bildet insofern die Rechtsprechung des Landessozialgerichts Baden-Württemberg, welches eine vollständige Inzidenzüberprüfung solcher Entscheidungen im Berufungsrechtszug, jedenfalls in Bezug auf die Ablehnung gerichtlicher Sachverständiger, vornimmt.[79]

Das Bundesverfassungsgericht hat, ungeachtet seiner Zweifel an einer solchen weitreichenden Wirkung von § 202 SGG i.V.m. § 512 ZPO, angenommen, ein Beschwerdeführer sei aus dem Grundsatz der Subsidiarität heraus nicht gehalten, eine Sachentscheidung des Sozialgerichts mit der Berufung anzugreifen, um zur

74 Vgl. BFH, Beschl. v. 16.10.2019 – X B 99/19 –, juris, Rn. 18 ff.

75 Vgl. BFH, Urt. v. 4. Juli 1990 – II R 65/89 –, BFHE 161, 8, Rn. 22.

76 Vgl. BFH, Beschl. v. 16. Oktober 2019 – X B 99/19 –, juris, Rn. 24.

77 Vgl. Art. 1 Nr. 29 a des Gesetzes zur Änderung des Sozialgerichtsgesetzes und des Arbeitsgerichtsgesetzes (SGGArbGGÄndG) vom 26. März 2008, BGBl. I S. 444, vgl. auch BT-Drucks. 16/7716, S. 9, 22.

78 Vgl. *Flint* in: Schlegel/Voelzke, jurisPK-SGG, 1. Aufl., § 60 SGG (Stand: 15.02.2021), Rn 166.2; *Karl* in: Schlegel/Voelzke, jurisPK-SGG, 1. Aufl., § 172 SGG (Januar 2021), Rn. 210.1 f.; Landessozialgericht Bayern, Beschl. v. 10. April 2017 – L 11 AS 209/17 NZB –, juris, Rn. 13, und Beschl. v. 11. Februar 2013 – L 7 AS 703/12 NZB –, juris, Rn. 9; a.A. wohl Landessozialgericht für das Land Nordrhein-Westfalen, Beschl. v. 29. August 2011 – L 11 SF 163/11 AB –, juris, Rn. 5.

79 Landessozialgericht Baden-Württemberg, Urt. v. 4. Mai 2017 – L 6 U 207/17 –, juris, Rn. 57, und Urt. v. 24. Oktober 2019 – L 6 U 1582/19 –, juris, Rn. 67.

Beseitigung eines Verfassungsverstoßes zu gelangen. Denn eine Überprüfung der sozialgerichtlichen Ablehnungsentscheidung auf Verstöße gegen das Willkürverbot etc. sei in der landessozialgerichtlichen Rechtsprechung nicht verankert und das Durchschreiten des Berufungsrechtszugs dem Beschwerdeführer deshalb letztlich unzumutbar.[80]

Dies dürfte indes zu kurz greifen: Denn – entsprechend der allgemeinen Handhabung – geht es im Rahmen der Subsidiarität nicht darum, durch den Erfolg einer Verfassungsbeschwerde eine einzelne Zwischenentscheidung zu korrigieren, sondern darum, sicherzustellen, dass der Betroffene einer solchen Zwischenentscheidung letztlich eine gerichtliche Sachentscheidung erhält, der nicht der Makel einer verfassungswidrigen Besetzung des Gerichts anhaftet. Wie im Verwaltungsberufungsprozess ein derartiger Verfahrensmangel dadurch behoben wird, dass das Oberverwaltungsgericht – ggf. auch erst nach auf § 124 Abs. 2 Nr. 5 VwGO gestützter Zulassung der Berufung – in tatsächlicher und rechtlicher Hinsicht neu entscheidet, §§ 128 Satz 1, 130 Abs. 1 VwGO, und dabei als volle Tatsacheninstanz nicht an etwaige Feststellungen des Verwaltungsgerichts gebunden ist, liegt es auch hier nahe, eine Mangelbeseitigung in der vollständigen sachlichen Neuentscheidung des Landessozialgerichts, vgl. § 157 SGG, zu erblicken.[81]

Die Frage, inwieweit sich die Landessozialgerichte zur Überprüfbarkeit sozialgerichtlicher Ablehnungsentscheidungen als der Endentscheidung anhaftender Verfahrensfehler verhalten, dürfte sich tatsächlich damit nur im Berufungszulassungsverfahren in Bagatellfällen nach § 144 Abs. 1 Satz 1 i.V.m. Abs. 2 Nr. 3 SGG stellen.[82] Ein solcher Bagatellfall[83] lag der Kammerentscheidung zu 1 BvR 436/17, in dem es um einen Rückgriffanspruch einer Krankenkasse über ca. 49.000,00 € ging,[84] indes erkennbar nicht zugrunde.

Vorrangig dürfte vielmehr die Frage zu stellen gewesen sein, ob dem Betroffenen nicht ein Einlassen und Verhandeln vor dem aktuell besetzten Gericht sowie – im Falle des Unterliegens in der Hauptsache – ein Ausschöpfen des

80 Vgl. BVerfG, Beschl. v. 21. November 2018 – 1 BvR 436/17 –, juris, Rn. 8 ff.

81 So wohl letztlich auch: Landessozialgericht Berlin-Brandenburg, Urt. v. 25. April 2013 – L 8 AL 321/10 –, juris, Rn. 25.

82 Vgl. insoweit die Nachweise bei Fn. 78, die sämtlichst in Nichtzulassungsbeschwerdeverfahren nach § 145 SGG ergingen.

83 Hierzu hätte die hypothetische Beschwer in der Hauptsache unter 750,00 € liegen müssen, vgl. § 144 Abs. 1 Satz 1 Nr. 1 SGG.

84 BVerfG, Beschl. v. 21. November 2018 – 1 BvR 436/17 –, juris, Rn. 2

Rechtsweges in der Hauptsache unzumutbar im Sinne des § 90 Abs. 2 Satz 2 BVerfGG gewesen sind.[85]

Auf der Ebene der Ablehnungsentscheidungen der Landesozialgerichte ist dagegen auch innerhalb der Rechtsprechung des Bundesozialgerichts anerkannt,[86] dass ein infolge willkürlicher Zurückweisung eines Ablehnungsgesuchs der sachlichen Endentscheidung anhaftender Verfahrensmangel im Revisions- bzw. Nichtzulassungsbeschwerdeverfahren erfolgreich gerügt werden kann; die Heilung dieses Mangels erfolgt dann durch Aufhebung der landessozialgerichtlichen Endentscheidung und Zurückverweisung des Verfahrens an das Landessozialgericht gemäß der §§ 170 Abs. 2 Satz 2, 160a Abs. 5 SGG.[87] Dabei wird davon ausgegangen, dass dieses – unter Beachtung der Bindungswirkungen des § 170 Abs. 5 SGG – erneut (und positiv) über das Ablehnungsgesuch entscheidet, so dass es keiner Verweisung an einen anderen Senat des Landessozialgerichts bedarf.[88]

d) Angelegenheit der Freiwilligen Gerichtsbarkeit nach dem FamFG

Im Verfahren der freiwilligen Gerichtsbarkeit einschließlich der „nichtstreitigen" Familiensachen des § 111 Nr. 2 bis 9 FamFG[89] findet in Bezug auf erstinstanzliche Ablehnungsentscheidungen der Amts- oder Landgerichte[90] die sofortige Beschwerde nach § 6 Abs. 2 FamFG i.V.m. §§ 567 ff. ZPO statt. Die Nachprüfung dieser Zwischenentscheidung im Beschwerdeverfahren gegen die Hauptsacheentscheidung unterbleibt daher, Umkehrschluss aus § 58 Abs. 2 FamFG.[91]

Für die Frage der Subsidiarität einer Verfassungsbeschwerde gegen eine solche Zwischenentscheidung ist damit nicht viel gewonnen; denn das Beschwerdegericht ist nach § 68 Abs. 3 Satz 1 i.V.m. § 37 Abs. 1 FamFG zu einer vollständigen Neuentscheidung der Sache in tatsächlicher und rechtlicher Hin-

85 Vgl. hierzu unter III. 2. und IV. 2. h).

86 Vgl. BSG, Beschl. v. 5. August 2003 – B 3 P 8/03 B –, juris, Rn. 5 ff., und Beschl. v. 27. Oktober 2009 – B 1 KR 51/09 B –, juris, Rn. 4 ff.

87 BSG, Beschl. v. 27. Oktober 2009 – B 1 KR 51/09 B –, juris, Rn. 12 f.

88 So offenbar BSG, Beschl. v. 27. Oktober 2009 – B 1 KR 51/09 B –, juris, Rn. 13.

89 Umkehrschluss aus den §§ 112, 113 Abs. 1 FamFG, wonach in Ehe- (§ 111 Nr. 1 FamFG) und Familienstreitsachen (§§ 111 Nr. 8 bis 10 FamFG, soweit sie nach § 112 FamFG als solche definiert werden) der Allgemeine Teil des FamFG nur sehr eingeschränkt Anwendung findet.

90 Die landgerichtliche Eingangszuständigkeit in Verfahren der freiwilligen Gerichtsbarkeit ist eine Ausnahme, vgl. die Übersicht bei *Sternal*, in Keidel, FamFG – Familienverfahren, Freiwillige Gerichtsbarkeit, 20. Aufl. 2020, § 68, Rn. 37.

91 *A. Fischer*, in Münchener Kommentar zum FamFG, 3. Aufl. 2018, Rn. 8, 87.

sicht berufen.[92] Wie auch im Rahmen der nach VwGO und SGG zugelassenen Berufungen würde ein mit einer erstinstanzlichen Ablehnungsentscheidung einhergehender Verfassungsverstoß, der auch der sachlichen Ausgangsentscheidung anhaftete, durch die Durchführung des Beschwerdeverfahrens in der Hauptsache geheilt.[93]

Aus dem Grundsatz der Subsidiarität ergeben sich damit nur im Einzelfall keine weiteren Erfordernisse für einen Verfassungsbeschwerdeführer, nämlich dann, wenn in vermögensrechtlichen[94] Bagatellfällen, vgl. § 61 Abs. 1 FamFG, die Beschwerde in der Hauptsache nicht eröffnet ist.

Gegen zweitinstanzliche Ablehnungsentscheidungen der Land-[95] und Oberlandesgerichte[96] ist dagegen ein Rechtsmittel nur infolge Zulassung der Rechtsbeschwerde nach § 6 Abs. 2 FamFG iVm. §§ 574 ff. ZPO unmittelbar statthaft.[97] Im Übrigen kommt eine Heilung eines Verfassungsverstoßes durch ein Rechtsbeschwerdeverfahren in der Hauptsache, §§ 70 ff. FamFG, auch nur dann in Betracht, wenn das Beschwerdegericht diesbezüglich die Rechtsbeschwerde zuließ, § 70 Abs. 1 und 2 FamFG, oder aber diese ausnahmsweise zulassungsfrei statthaft ist, § 70 Abs. 3 FamFG. In diesen Fällen ist, § 72 Abs. 3 FamFG i.V.m. § 547 Nr. 1 ZPO, eine Besetzungsrüge möglich.[98] Eine Nichtzulassungsbeschwerde für die Beschwerde bzw. Rechtsbeschwerde ist dem FamFG dagegen fremd;[99] die Frage einer

---

92 BGH, Beschl. v. 5. Januar 2011 – XII ZB 240/10 –, juris, Rn. 8; *Sternal*, in Keidel, FamFG – Familienverfahren, Freiwillige Gerichtsbarkeit, 20. Aufl. 2020, § 68, Rn. 86.

93 Vgl. KG, Beschl. v. 18. Dezember 2018 – 3 UF 179/18 –, BeckRS 2018, 39642, Rn. 74.

94 Verfahren der freiwilligen Gerichtsbarkeit beziehen sich überwiegend auf nichtvermögensrechtliche Angelegenheiten, in denen es folglich keine Mindestbeschwer gibt; in vermögensrechtlichen Angelegenheiten ist die Mindestbeschwer zudem in den §§ 228, 439 Abs. 3 FamFG ausgenommen. Eine nichtvermögensrechtliche Angelegenheit wird nicht dadurch zu einer vermögensrechtlichen Angelegenheit im Sinne des § 61 FamFG, dass in der Ausgangsentscheidung nur noch über die Verfahrenskosten befunden wird; auch insofern gibt es also keine Mindestbeschwer, vgl. BGH, Beschl. v. 25. September 2013 – XII ZB 464/12 –, Rn. 12 ff.

95 Vgl. § 72 Abs. 1 Satz 2 GVG.

96 Vgl. § 119 Abs. 1 Nr. 1 GVG. Das gilt auch für erstinstanzlich getroffene Ablehnungsentscheidungen eines Oberlandesgerichts, weil auch in diesen Fällen verfahrensrechtlich für das Verfahren vor den Oberlandesgerichten die Bestimmungen über das Beschwerdeverfahren gelten, vgl. § 107 Abs. 7 Satz 1 FamFG, Umkehrschluss aus § 29 EGGVG, und gegen Entscheidungen in der Hauptsache nur die Rechtsbeschwerde nach Maßgabe von § 70 FamFG oder § 29 EGGVG eröffnet ist. § 6 Abs. 2 FamFG hilft nicht weiter, weil dieser auf § 567 Abs. 1 ZPO und damit erstinstanzliche Zwischenentscheidungen der Amts- oder Landgerichte verweist.

97 BGH, Beschl. v. 15. Februar 2012 – XII ZB 451/11 –, juris, Rn. 5.

98 BGH, Beschl. v. 25. November 2015 – XII ZB 105/13 –, juris, Rn. 9.

99 BGH, Beschl. v. 15. November 2012 – I ZB 69/12 –, juris, Rn. 1;

diesbezüglichen Rügeobliegenheit hinsichtlich eines Verfahrensfehlers stellt sich damit nicht.

e) Ehe- und Familienstreitsachen nach den §§ 112 ff. FamFG i.V.m. der ZPO

Hinsichtlich erstinstanzlicher Ablehnungsentscheidungen der Amts- als Familiengerichte[100] in Ehe- und Familienstreitsachen ergibt sich eine unmittelbare Anfechtbarkeit mittels sofortiger Beschwerde aus § 113 Abs. 1 Satz 2 FamFG i.V.m. §§ 46 Abs. 2, 567 ff. ZPO.

Auch insofern sind – vorbehaltlich etwaiger Bagatellverfahren im Sinne der §§ 113 Abs. 1 Satz 1, 61 Abs. 1 FamFG – Erwägungen dazu geboten, ob nicht die Durchführung eines Beschwerdeverfahrens in der Hauptsache zur Heilung einer etwaigen Verletzung von Art. 101 Abs. 1 Satz 2 GG führte. Zwar gilt auch insofern der aus den §§ 113 Abs. 1 Satz 1, 58 Abs. 2 FamFG abzuleitende Ausschluss der Nachprüfbarkeit einer solchen Zwischenentscheidung durch das Beschwerdegericht, allerdings nimmt dieses auch in diesen Verfahren eine vollumfängliche Prüfung der Sach- und Rechtslage vor, §§ 113 Abs. 1 Satz 1, 68 Abs. 3 Satz 1 FamFG, jetzt nicht i.V.m. § 37 Abs. 1 FamFG[101], sondern i.V.m. §§ 253 ff. ZPO (Verfahren im ersten Rechtszug).[102] Eine inhaltlich nur beschränkte Prüfung der Endentscheidung erfolgt damit nicht; § 115 FamFG schließt nur für besondere Konstellationen das Vorbringen neuer Angriffs- und Verteidigungsmittel im Beschwerdeverfahren aus, lässt jedoch eine umfängliche Prüfung des erstinstanzlichen Vorbringens der Beteiligten durch das Beschwerdegericht inklusive etwaig daraus resultierender Neufeststellungen von Tatsachen unberührt.

Aus verfassungsprozessualer Sicht wird man daher das Durchlaufen eines Beschwerdeverfahrens in der Hauptsache regelmäßig voraussetzen müssen, weil dieses zu einer Heilung eines etwaigen erstinstanzlichen Verfassungsverstoßes führte.

Demgegenüber sind – vorbehaltlich einer Rechtsbeschwerdezulassung durch das Beschwerdegericht in der Zwischenentscheidung selbst[103] bzw. in der Hauptsache, § 70 Abs. 2 FamFG – bei zweitinstanzlichen Ablehnungsentschei-

100 Vgl. § 23b GVG.

101 Dieser ist in Ehe- und Familienstreitsachen über § 113 Abs. 1 Satz 2 FamFG von der Anwendung ausgenommen.

102 *Weber*, in Keidel, FamFG – Familienverfahren, Freiwillige Gerichtsbarkeit, 20. Aufl. 2020, § 117, Rn. 62.

103 Der BGH hat offengelassen, ob sich ein Rechtsbeschwerdeverfahren nach den §§ 574 ff. ZPO oder den §§ 70 ff. FamFG richtete, vgl. BGH, Beschl. v. 15. Februar 2012 – XII ZB 451/11 –, juris.

dungen aus Subsidiaritätsgesichtspunkten keine weiteren Erfordernisse zu stellen, weil auch insofern eine Nichtzulassungsbeschwerde nicht statthaft ist.[104]

f) Zivilprozess

Im Zivilprozess unterliegen die ein Ablehnungsgesuch als unzulässig bzw. unbegründet zurückweisenden Entscheidungen erstinstanzlich tätiger Amts- und Landgerichte der sofortigen Beschwerde nach den §§ 46 Abs. 2 2. Alt., 567 ff. ZPO. Entsprechende Zwischenentscheidungen zweitinstanzlich tätiger Land- bzw. der Oberlandesgerichte unterliegen – ebenso wie Entscheidungen innerhalb vorgenannter sofortiger Beschwerdeverfahren – der Rechtsbeschwerde nach den §§ 574 ff. ZPO nach Maßgabe ihrer Zulassung.[105]

Im Hinblick auf § 512 ZPO werden diese somit einer eigenen Anfechtung unterliegenden Zwischenentscheidungen erstinstanzlich tätiger Gerichte im Rahmen der Berufung gegen deren Sachentscheidungen nicht (erneut) überprüft. Diese Rechtslage wirft ihrerseits Fragen auf:

Kann einer Sachentscheidung nach rechtskräftigem Abschluss des Zwischenverfahrens noch ein Verfahrensmangel anhaften? Vermag allein die Durchführung des Berufungsverfahrens vor einem ordnungsgemäß besetzten (Berufungs-)Gericht diesen Mangel zu beseitigen?

Die erste Frage wird man zumindest in den – vor dem Gewährleistungshalt von Art. 101 Abs. 1 Satz 2 GG schwieriger zu rechtfertigenden – Fällen der Selbstentscheidung unter Suspendierung der Zuständigkeitsregel des § 45 Abs. 1 ZPO verneinen müssen, in denen das Gesuch tatsächlich zulässig war.[106] Denn die mit einer sofortigen Beschwerdeentscheidung einhergehende umfassende Behandlung des Gesuchs in tatsächlicher wie rechtlicher Hinsicht durch das in der Besetzung abweichende Beschwerdegericht eliminierte einen etwaigen Mangel dieser Art. Für sonstige mit der Zwischenentscheidung einhergehende Verlet-

---

104 BGH, Beschl. v. 28. Februar 2018 – XII ZR 87/17 –, juris, Rn. 5 ff., und Hinweisbeschl. v. 22. August 2018 – XII ZB 312/18 –, juris, Rn. 9.

105 BGH, Beschl. v. 8. November 2004 – II ZB 24/03 –, juris, Rn. 3; Beschl. v. 5. Mai 2011 – IX ZB 246/10 –, juris, Rn. 3 ff.

106 BVerfG, Beschl. v. 20. Juli 2007 – 1 BvR 3084/06 –, juris, Rn. 17 ff.; Beschl. v. 11. März 2013 – 1 BvR 2853/11 –, juris, Rn. 28 ff.; Beschl. v. 5. Mai 2021 – 1 BvR 526/19 –, juris, Rn. 23 ff.; zu § 26a StPO: Beschl. v. 2. Juni 2005 – 2 BvR 625/01 –, juris, Rn. 52 ff.; Beschl. v. 24. Februar 2006 – 2 BvR 836/04 –, juris, Rn. 38 ff.

zungen von Art. 101 Abs. 1 Satz 2 GG, die durch die Beschwerdeentscheidung perpetuiert werden, gilt dies dagegen nicht.[107]

Die zweite Frage wird zunächst in der Rechtsprechung des Bundesgerichtshofs dahingehend beantwortet, dass eine eigene Sachentscheidung des Berufungsgerichts einen etwaig der Endentscheidung des Ausgangsgerichts anhaftender Besetzungsmangel heilte, so dass es keiner Entscheidung darüber bedürfe, ob der Mangel tatsächlich bestand.[108] Dies rechtfertige sich aus der Erwägung, dass im Zivilprozess mit dem Berufungsverfahren eine zweite Tatsacheninstanz eröffnet sei. Anderes würde gelten, wenn das erstinstanzliche Verfahren überhaupt keine Grundlage für das Berufungsverfahren darstellen könne; dann sei eine Zurückverweisung nach § 538 Abs. 2 Satz 1 Nr. 1 ZPO geboten.

In der Kammerrechtsprechung des Bundesverfassungsgerichts werden die singulär gegen die Zwischenentscheidungen der Ausgangsgerichte gerichteten Verfassungsbeschwerden indes nicht unter Subsidiaritätsgesichtspunkten kritisch betrachtet.[109] Dies verwundert eingedenk der benannten Entscheidung des Bundesgerichtshofs[110] und auch angesichts ähnlicher Entscheidungen des Bundesarbeitsgerichts[111], dürfte im Ergebnis indes zutreffen: Denn im Zivilprozess ist – in Wirklichkeit – die Berufungs- keine vollständig zweite Tatsacheninstanz. Vielmehr ist das Berufungsgericht grundsätzlich an die Tatsachenfeststellungen des Ausgangsgerichts gebunden, § 529 Abs. 1 Nr. 1 ZPO; sie ist (nur) „... ein Instrument zur Kontrolle und Beseitigung von Fehlern der erstinstanzlichen Entscheidung...“[112]. Indes schlägt sich die fehlerhafte Besetzung des Gerichts auch und gerade in der von ihm vorgenommenen Tatsachenfeststellung nieder.[113] Dies ist im Rahmen absoluter Revisionsgründe, zu der auch die Besetzungsrüge zählt, § 547 Nr. 1 ZPO, anerkannt, weshalb in diesen Fällen eine eigene Sachentscheidung des Revisionsgerichts, § 563 Abs. 3 ZPO, ausscheidet.[114] Eine Heilung eines erstinstanzlichen Verfahrensfehlers durch das Berufungsverfahren setzte daher

107 Vgl. BVerfG, Beschl. v. 20. Juli 2007 – 1 BvR 3084/06 –, juris, Rn. 28; Beschl. v. 25. Juli 2012 – 2 BvR 615/11 –, juris, Rn. 11 ff.; Beschl. v. 12. Dezember 2012 – 2 BvR 1750/12 –, juris, Rn. 12 ff.; Beschl. v. 11. März 2013 – 1 BvR 2853/11 –, juris, Rn. 37 ff.

108 BGH, Beschl. v. 17. März 2008 – II ZR 313/06 –, juris; auch KG, Beschl. v. 25. Juli 2011 – 8 U 170/10 –, juris, Rn. 4; OLG Köln, Urt. v. 3. November 2017 – 6 U 41/17 –, juris, Rn. 187; Brandenburgisches Oberlandesgericht, Beschl. v. 2. Mai 2019 – 6 U 23/19 –, juris, Rn. 11.

109 Vgl. BVerfG, Beschl. v. 25. Juli 2012 – 2 BvR 615/11 –, juris, Rn. 10; Beschl. v. 12. Dezember 2012 – 2 BvR 1750/12 –, juris, Rn. 11;

110 Vgl. Fn. 108.

111 Vgl. nachstehend unter IV. 2. h), insb. die Nachweise unter Fn. 120.

112 BGH, Urt. v. 14. Juli 2004 – VIII ZR 164/03 –, juris, II.1.

113 Vgl. für den Finanzgerichtsprozess: BFH, Urt. v. 4. Juli 1990 – II R 65/89 –, BFHE 161, 8, Rn. 22.

114 Vgl. BGH, Beschl. v. 21. April 1993 – BLw 40/92 –, juris, m.w.N.

voraus, dass das Berufungsgericht die Tatsachenfeststellung wiederholte. Dass dies die berufungsgerichtliche Praxis prägte, ist indes nicht erkennbar. Dies liegt auch fern, weil im Berufungsverfahren nach § 512 ZPO nicht mehr diejenigen Zwischenentscheidungen überprüft werden, die – wie Ablehnungsentscheidungen – eigenständig anfechtbar waren.[115] Damit fehlt es an der „Einstiegs-" Voraussetzung für eine nach § 529 Abs. 1 Nr. 1 a.E. ZPO mögliche Tatsachenneufeststellung. Die in diesem Zusammenhang aufgestellte Ausnahme, ein Vorgehen nach § 538 Abs. 2 Nr. 1 ZPO sei geboten, wenn das erstinstanzliche Verfahren überhaupt keine Grundlage für das Berufungsverfahren darstellen könne, vermag ebenfalls nicht weiterzuhelfen, weil infolge der Beschränkung des Prüfungsumfangs nach § 512 ZPO gerade insoweit keine Prüfung erfolgt. Das Durchlaufen des Berufungsverfahrens in der Hauptsache erscheint daher nicht geeignet, etwaige Besetzungsfehler zu korrigieren.

Aus letztlich ähnlichen Gründen sieht das Bundesverfassungsgericht (mittlerweile[116]) davon ab, aus Gründen der Subsidiarität auf ein Revisions- bzw. Nichtzulassungsbeschwerdeverfahren zu verweisen, wenn eine ein Ablehnungsgesuche zurückweisende Zwischenentscheidung des Berufungsgerichts selbst angegriffen wurde.[117] Dies geht zurück auf die Rechtsprechung des Bundesgerichtshofs, wonach durch § 557 Abs. 2 ZPO die inzidente Überprüfung unanfechtbarer Zwischenentscheidung (über ein Ablehnungsgesuch) dem Revisionsgericht entzogen sei.[118] Hieran dürfte für die nähere Zukunft festzuhalten sein, auch wenn der Bundesgerichtshof in einer neueren Entscheidung es (erstmalig) offengelassen hat, ob nicht eine einschränkende Auslegung von § 557 Abs. 2 ZPO in Fällen der Verletzung von Art. 101 Abs. 1 Satz 2 GG durch der Endentscheidung vorangegangene Zwischenentscheidungen geboten sei.[119] Eine eindeutige Abkehr von der bisherigen, gefestigten Handhabung des Revisionsrechts geht damit nicht einher.

115 Vgl. OLG Hamm, Beschl. v. 24. August 2016 – 30 U 61/16 –, juris, Rn. 50.

116 Anders noch: BVerfG, Beschluss der 3. Kammer des Ersten Senats vom 27. November 2006 – 1 BvR 2719/06 –, juris – Zwischenentscheidung, Rn. 10.

117 BVerfG, Beschl. v. 12. Januar 2009 – 1 BvR 3113/08 –, juris, Rn. 11 ff.

118 BGH, Beschl. v. 8. November 2004 – II ZB 24/03 –, juris, Rn. 5; Beschl. v. 30. November 2006 – III ZR 93/06 –, juris, Rn. 4.

119 BGH, Urt. v. 8. April 2020 – VIII ZR 130/19 –, juris, Rn. 22.

g) Arbeitsgerichtsverfahren

Sowohl im Urteils- als auch im Beschlussverfahren, vgl. § 80 Abs. 2 ArbGG, unterliegen Entscheidungen der Arbeitsgerichte über Ablehnungsgesuche nach § 49 Abs. 3 ArbGG keiner unmittelbaren Anfechtung; gleiches gilt für diesbezügliche Entscheidungen der Landesarbeitsgerichte, § 64 Abs. 7 bzw. § 87 Abs. 2 je iVm. § 49 Abs. 3 ArbGG.

Dazu, inwieweit ein mit der Zurückweisung eines Ablehnungsgesuchs ggf. verbundener Mangel der im Urteilsverfahren ergangenen arbeitsgerichtlichen Endentscheidung infolge der Durchführung eines Berufungsverfahrens geheilt werden kann, liegen veröffentlichte Entscheidungen des Bundesverfassungsgerichts nicht vor. Allerdings entspricht es ständiger Rechtsprechung des Bundesarbeitsgerichts, dass jedwede, auch schwerste, Mängel des erstinstanzlichen Verfahrens (bei der Besetzung des Arbeitsgerichts) infolge der Durchführung des Berufungsverfahrens geheilt seien.[120] Ob dies aus verfassungsprozessualer Sicht den Schluss zulässt, ein Verfassungsbeschwerdeführer sei zumutbarer Weise gehalten, zunächst ein arbeitsgerichtliches Berufungsverfahren zu durchlaufen, weil dort jeder Verfahrensmangel geheilt werden könne, erscheint indes zweifelhaft. Nach § 64 Abs. 6 Satz 1 ArbGG finden auf das arbeitsgerichtliche Berufungsverfahren die Vorschriften der ZPO über das dortige Berufungsrecht, §§ 511 ff. ZPO, entsprechende Anwendung. Dies gilt auch für die seitens des Arbeitsgerichts getroffene Tatsachenfeststellung, vgl. § 529 Abs. 1 Nr. 1 ZPO.[121] Nur hinsichtlich der Möglichkeit, neue Angriffs- und Verteidigungsmittel ins Berufungsverfahren einzuführen, bestimmt § 67 ArbGG Abweichungen von den §§ 529 Abs. 1 Nr. 2, 531 Abs. 2 ZPO.[122] Für die Korrektur der arbeitsgerichtlichen Tatsachenfeststellungen, auf die sich eine fehlerhafte Gerichtsbesetzung gerade auswirkt,[123] aufgrund bisheriger Angriffs- und Verteidigungsmittel bedarf es daher auch hier Anhaltspunkte dafür, dass Zweifel an der Richtigkeit der Feststellungen bestehen, vgl. § 529 Abs. 1 Nr. 1 a.E. ZPO. Diese setzen wiederum voraus, dass die Frage der Fehlbesetzung des Arbeitsgerichts überhaupt der Prüfung durch das Landesarbeitsgericht unterliegt. Dies drängt sich im Hinblick auf den in § 512 ZPO, der über § 64 Abs. 6 Satz 1 ArbGG anwendbar ist, enthaltenen Ausschluss der

---

120 BAG, Urt. v. 25. April 2006 – 3 AZR 78/05 –, juris, Rn. 41, und Urt. v. 28. Juni 2018 – 8 AZR 141/16 –, juris, Rn. 18 f. mit letztlichem Verweis auf BAG, Urt. v. 4. Dezember 1958 – 2 AZR 282/57 –, juris, Rn. 9 ff., und Urt. v. 25. Februar 1988 – 2 AZR 500/87 –, juris, Rn. 36 f.

121 Vgl. BAG, Urt. v. 29. Juni 2017 – 2 AZR 47/16 –, juris, Rn. 41, und Urt. v. 21. Mai 2019 – 2 AZR 574/18 –, juris, Rn. 11.

122 BAG, Urt. v. 21. Mai 2019 – 2 AZR 574/18 –, juris, Rn. 13.

123 Vgl. vorstehend IV. 2. g).

Nachprüfung von den der Endentscheidung vorausgehenden Zwischenentscheidungen, die ihrerseits unanfechtbar sind – wie vorliegend nach § 49 Abs. 3 ArbGG –, nicht auf. Die eine Heilungsmöglichkeit annehmende Rechtsprechung des Bundesarbeitsgerichts dürfte – ebenso wie die Entscheidung des Bundesgerichtshofs vom 17. März 2008[124] – nicht hinreichend in den Blick genommen haben, dass nach der Reform des ZPO-Berufungsrechts 2002 das zivilprozessuale Berufungsverfahren gerade keine vollständige zweite Tatsacheninstanz mehr bietet.

Im arbeitsgerichtlichen Beschlussverfahren, §§ 80 ff. ArbGG, liegt dagegen eine Heilung infolge durchlaufenen Beschwerdeverfahrens, §§ 87 ff. ArbGG, nahe, weil das Landesarbeitsgericht insofern tatsächlich eine vollwertige zweite Tatsacheninstanz ist und den Sachverhalt eigenständig (neu) von Amts wegen feststellt, §§ 90 Abs. 2, 83 Abs. 1 ArbGG.[125]

Auf der Ebene der Landesarbeitsgerichte ist dagegen sowohl im Urteils- als auch im Beschlussverfahren anerkannt, dass willkürlich etc. getroffene Ablehnungsentscheidungen eine spätere (Berufungs- oder Beschwerde-) Endentscheidung als verfahrensmangelbehaftet erscheinen lassen, was in einem Revisions-, Rechtsbeschwerde- bzw. Nichtzulassungsbeschwerdeverfahren vor dem Bundesarbeitsgericht gerügt werden kann, §§ 72 Abs. 2 Nr. 3 Alt. 1, 72a Abs. 3 Satz 2 Nr. 3 Alt. 1, auch in Verbindung mit §§ 92, 92a ArbGG.[126] Die Heilung erfolgt durch Aufhebung der berufungs- bzw. beschwerdegerichtlichen Endentscheidung und Zurückverweisung an das Landesarbeitsgericht, auch bereits im Nichtzulassungsbeschwerdefahren selbst, § 72a Abs. 7 ArbGG.[127]

h) Verfahren nach der Strafprozessordnung

In Verfahren nach der Strafprozessordnung, auch kraft entsprechender Verweisung,[128] findet gegen den Beschluss, durch den die Ablehnung als unzulässig verworfen oder als unbegründet zurückgewiesen wird, die sofortige Beschwerde

124 BGH, Beschl. v. 17. März 2008 – II ZR 313/06 –, juris.

125 Koch, in Erfurter Kommentar zum Arbeitsrecht, 21. Aufl. 2021, § 90, Rn. 1.

126 Zum Urteilsverfahren: BAG, Beschl. v. 17. März 2016 – 6 AZN 1087/15 –, juris, Rn. 7; zum Beschlussverfahren: BAG, Beschl. v. 20. April 2016 – 7 ABN 55/15 –, juris, Rn. 11, und Beschl. v. 21. April 2020 – 7 ABN 79/19 –, juris, Rn. 34.

127 BAG, Beschl. v. 17. März 2016 – 6 AZN 1087/15 –, juris, Rn. 17.

128 Vgl. § 120 Abs. 1 Satz 2 StVollzG, § 46 Abs. 1 OWiG, § 116 Abs. 1 Satz 2 BRAO, § 98 Abs. 1 Satz 2 PAO § 153 StBerG, § 127 WPO, Heilberufe-Kammergesetze der Länder, z. B. Art. 72 Satz 1 BayHKaG u. a.

statt, §§ 28 Abs. 2 Satz 1, 311, 304ff. StPO. Danach unterliegen solche Zwischenentscheidungen der Amts- und Landgerichte einer entsprechenden Anfechtung, Umkehrschluss aus § 304 Abs. 4 StPO. Eine Ausnahme sieht § 28 Abs. 2 Satz 2 StPO vor, soweit ein Ablehnungsgesuch gegen einen erkennenden Richter verworfen/ zurückgewiesen wurde[129]. Hier steht dem Ablehnenden nur eine entsprechende Rüge im Rahmen der gegen die Endentscheidung gegebenen Rechtsmittel zur Verfügung.[130]

Unterliegt die Endentscheidung dem Rechtsmittel der Berufung, führt die Durchführung dieses Verfahrens im Hinblick darauf, dass das Berufungsgericht die maßgeblichen Tatsachen eigenständig festzustellen, § 327 StPO,[131] und eine eigene Sachentscheidung zu treffen hat, § 328 Abs. 1 StPO, zur Heilung eines etwaigen erstinstanzlichen Verfahrensverstoßes, was auch eine weitergehende Revisionsrüge ausschließt.[132]

Unterliegt dagegen die Endentscheidung (nur) dem Rechtsmittel der Revision, bleibt die dort mögliche Anfechtung nach § 28 Abs. 2 Satz 2 StPO ihrer Natur nach Beschwerde, wird aber wie eine Verfahrensrüge behandelt, für die § 344 Abs. 2 Satz 2 StPO Anwendung findet. Dabei gilt die Endentscheidung als auf der fehlerhaften Zwischenentscheidung beruhend, § 338 Nr. 3 StPO, was im Erfolgsfalle zur Zurückverweisung des Verfahrens unter Aufhebung der Endentscheidung nebst den zugrundeliegenden Feststellungen führt, § 353 StPO.[133]

Verfassungsprozessual wird hieraus geschlossen, dass das (erfolglose) Durchlaufen dieser Rechtsmittelverfahren nach § 90 Abs. 2 Satz 1 BVerfGG geboten ist.[134]

V. Fazit

War die (Senats-)Rechtsprechung des Bundesverfassungsgerichts anfänglich davon geprägt, die Verfassungsbeschwerde bereits gegen Zwischenentscheidungen über Ablehnungsgesuche zu eröffnen, um frühzeitig verfahrensfehlerbehaftete Sachentscheidungen zu verhindern, lenkt die (Kammer-)Rechtsprechung mitt-

---

129 Dies wird entsprechend angewandt in Strafvollstreckungs-, Strafvollzugs- und Wiederaufnahmeverfahren, vgl. die Einzelnachweise bei *Scheuten*, in Karlsruher Kommentar zur Strafprozessordnung, 8. Aufl. 2019, § 28, Rn. 5.

130 *Scheuten*, in Karlsruher Kommentar zur Strafprozessordnung, 8. Aufl. 2019, § 28, Rn. 5 m.w.N.

131 *Paul*, in Karlsruher Kommentar zur Strafprozessordnung, 8. Aufl. 2019, § 327, Rn. 4 m.w.N.

132 RGSt 60, 111 (112).

133 *Gericke*, in Karlsruher Kommentar zur Strafprozessordnung, 8. Aufl. 2019, § 338, Rn. 5 m.w.N.

134 BVerfG, Beschl. v. 18. Februar 2019 – 2 BvR 229/19 –, juris.

lerweile vorrangig den Blick auf die Frage, ob einer nachfolgenden Sachentscheidung – nach einem möglichen Durchlaufen des Instanzenzuges insoweit – „am langen Ende" noch eine Verletzung von Art. 101 Abs. 1 Satz 2 GG anhaftet. Insofern wird jetzt regelmäßig die Annahme einer von der Ablehnungs- als Zwischenentscheidung ausgehenden „Bindungswirkung", die mit dem Merkmal der „fehlenden späteren Korrigierbarkeit" eines Fehlers eine Einheit bildet, verneint. Parallel vermied man insofern das Entstehen einer Rechtsschutzlücke dadurch, dass gerade im Falle fortdauernder Anhaftung eines verfassungsrechtlich relevanten Fehlers auch die Endentscheidungen einer Aufhebung zugeführt wurden. Dies stärkt erfreulicherweise die fachgerichtsimmanente Fehlerkontrolle und -beseitigung und führt zu einer Entlastung des Bundesverfassungsgerichts.

Durchgängig praktiziert wurde dieser Wechsel indes nicht. Der „Stein" der Senatsrechtsprechung wurde zwar durch „die Tropfen" der Kammerrechtsprechung „gehöhlt", ein „Hühnergott"[135] wurde hieraus bisher aber nicht. Eine Konturierung der Rechtssprechungslinie zu erarbeiten, ist gleichermaßen wünschenswert wie im Sinne der Rechtssicherheit vorteilhaft.

135 (Feuer-)Stein mit Loch, vgl. https://de.wikipedia.org/wiki/Hühnergott.

Michael Rolfsen

Der Insichprozess vor dem Bundesverfassungsgericht

Leitentscheidungen des Bundesverfassungsgerichts

BVerfG, Urteil des Zweiten Senats vom 2. März 2021 – 2 BvE 4/16 –, juris – CETA-Organstreit
BVerfGE 152, 8 – Antiterroreinsatz
BVerfGE 142, 123 – OMT-Urteil
BVerfGE 142, 25 – Parlamentarische Minderheitenrechte
BVerfGE 134, 366 – OMT-Vorlagebeschluss
BVerfGE 132, 195 – Europäischer Stabilitätsmechanismus
BVerfGE 123, 267 – Vertrag von Lissabon

Schrifttum (Auswahl)

Monografien

Grote, Der Verfassungsorganstreit, 2010.

Beiträge in Mehrpersonenwerken

Lorenz, Der Organstreit vor dem Bundesverfassungsgericht, in: Starck, Bundesverfassungsgericht und Grundgesetz – Festgabe aus Anlass des 25jährigen Bestehens des Bundesverfassungsgerichts, Bd. 1, 1976, S. 225 ff.; *Sauer*, Zur Wehrfähigkeit parlamentarischer Selbstentleibung im Organstreit, in: Krüper, Die Organisation des Verfassungsstaats – Festschrift für Martin Morlok, 2019, S. 227 ff.

Inhaltsübersicht

https://doi.org/10.1515/9783110686623-024

I. Die unerwartete CETA-Problematik

Vor dem Bundesverfassungsgericht gehört das Freihandelsabkommen zwischen der Europäischen Union und Kanada („CETA") ohne jeden Zweifel zu denjenigen Verfahrensgegenständen, denen die größte öffentliche Aufmerksamkeit zuteil-wird. Dementsprechend enorm muss der Ansturm auf die Pressestelle des Gerichts gewesen sein, nachdem diese mit Pressemitteilung vom 7. August 2020[1] eine mündliche Verhandlung zu diesem Thema für den 13. Oktober 2020 ankündigt hatte. Dies wird allein dadurch deutlich, dass sich die Pressestelle mit weiterer Mitteilung vom 10. September 2020[2] zu der Klarstellung veranlasst sah, dass an diesem Termin ausschließlich das Organstreitverfahren, in dem die Fraktion DIE LINKE im Deutschen Bundestag rügte, dieser habe durch eine Stellungnahme im Zusammenhang mit dem Freihandelsabkommen das Grundgesetz verletzt, verhandelt werde. Die Verfassungsbeschwerden zahlreicher – genauer ausgedrückt: mehr als 125.000[3] – Beschwerdeführerinnen und Beschwerdeführer und Organstreitverfahren, welche die Unterzeichnung, die vorläufige Anwendung und den Abschluss des Freihandelsabkommens betreffen, seien nicht Verfahrensgegenstand und nicht Teil der mündlichen Verhandlung. Hierüber werde in gesonderten Verfahren entschieden. Hiernach war nicht nur klar, dass die angekündigte Verhandlung auch unter den einschränkenden Bedingungen der Corona-Pandemie im Sitzungssaalgebäude am Karlsruher Schlossplatz würde stattfinden können, sondern auch, dass sich der Zweite Senat dem großen Thema schrittweise unter Beleuchtung einzelner Problempunkte nähern würde.[4] Da die antragstellende Linksfraktion Rechte des Deutschen Bundestages prozessstandschaftlich

1 https://www.bundesverfassungsgericht.de/SharedDocs/Pressemitteilungen/DE/2020/bvg20-070.html.

2 https://www.bundesverfassungsgericht.de/SharedDocs/Pressemitteilungen/DE/2020/bvg20-084.html.

3 Vgl. nur das Rubrum in dem in den „CETA"-Verfassungsbeschwerden bereits ergangenen Urteil über den Erlass einer einstweiligen Anordnung vom 13. Oktober 2016, BVerfGE 143, 65.

4 Vgl. den Bericht zur mündlichen Verhandlung in der Süddeutschen Zeitung vom 14. Oktober 2020 (www.sz.de/1.5064894): „Es war nur eine Ouvertüre".

gegen eben diesen Bundestag geltend machte, lautete einer dieser Punkte: „Bundestag gegen Bundestag – geht das überhaupt?“[5].

II. Die Vorgeschichte

1. Das Lissabon-Urteil

Diese unter dem Stichwort „Insichprozess“ zu behandelnde Frage hat der Zweite Senat erstmals in seinem Urteil zum Lissabon-Vertrag vom 30. Juni 2009[6] bejaht. Er hat – insoweit zentral – zur Antragsbefugnis der auch in diesem Verfahren aktiv beteiligten Bundestagsfraktion DIE LINKE ausgeführt:

> „Die Antragsbefugnis kann nicht mit dem Argument verneint werden, es handele sich um einen verbotenen Insichprozess. Die in § 64 Abs. 1 BVerfGG vorgesehene Prozessstandschaft stellt den Organstreit in die Wirklichkeit des politischen Kräftespiels, in der sich Gewaltenteilung nicht so sehr in der klassischen Gegenüberstellung der geschlossenen Gewaltträger, sondern in erster Linie in der Einrichtung von Oppositions- und Minderheitenrechten verwirklicht. Sinn und Zweck der Prozessstandschaft liegen deshalb darin, der Parlamentsopposition und -minderheit die Befugnis zur Geltendmachung der Rechte des Bundestages nicht nur dann zu erhalten, wenn dieser seine Rechte, insbesondere im Verhältnis zu der von ihm getragenen Bundesregierung, nicht wahrnehmen will (vgl. BVerfGE 1, 351 <359>; 45, 1 <29 f.>; 121, 135 <151>), sondern auch dann, wenn die Parlamentsminderheit Rechte des Bundestages gegen die die Bundesregierung politisch stützende Parlamentsmehrheit geltend machen will (vgl. Lorenz, in: Festgabe aus Anlass des 25jährigen Bestehens des Bundesverfassungsgerichts, Bd. 1, 1976, S. 225 <253 f.>). Die Zuerkennung der Prozessstandschaftsbefugnis ist sowohl Ausdruck der Kontrollfunktion des Parlaments als auch Instrument des Minderheitenschutzes (vgl. BVerfGE 45, 1 <29 f.>; 60, 319 <325 f.>; 68, 1 <77 f.>; 121, 135 <151>; Schlaich/Korioth, Das Bundesverfassungsgericht, 7. Aufl. 2007, Rn. 94).“[7]

Diese im Zusammenhang mit der vorliegenden Fragestellung häufig zitierte Passage steht indes nicht für sich allein. Zu sehen ist, dass der Senat zuvor die Antragsbefugnis der Fraktion überhaupt nur hinsichtlich der Rüge der Verletzung des wehrverfassungsrechtlichen Parlamentsvorbehalts durch das Zustimmungsgesetz zum Vertrag von Lissabon angenommen hatte. Lediglich insoweit habe die Antragstellerin hinreichend dargelegt, dass der Deutsche Bundestag durch das

5 In einem weiteren Bericht über die Verhandlung (www.sz.de/1.5221150, 1. März 2021) zitiert die Süddeutsche Zeitung Bundesverfassungsrichter *Peter Müller* mit dem Satz: „Der Bundestag hat Rechte des Bundestags verletzt – geht das?“.

6 BVerfGE 123, 267.

7 BVerfGE 123, 267 (338 f.).

Zustimmungsgesetz in Rechten verletzt oder unmittelbar gefährdet sein könnte.[8] Sie habe vorgetragen, dass der Bundestag durch die Bestimmungen des Vertrags von Lissabon seine Entscheidungsbefugnisse über den Einsatz der deutschen Streitkräfte für den Bereich europäischer Kriseninterventionen verliere, weil der Rat nach Art. 42 Abs. 4 EUV über die „Einleitung einer Mission" entscheide. Da dieser Beschluss nicht im Einklang mit den verfassungsrechtlichen Vorschriften der Mitgliedstaaten gefasst werden müsse, stelle sich die Frage, ob der deutsche Regierungsvertreter im Rat verpflichtet sei, vor der Abstimmung im Rat die Zustimmung des Deutschen Bundestages einzuholen. Die Antragsbefugnis verneint hat der Senat indes, soweit die Linksfraktion geltend machte, dass das Zustimmungsgesetz demokratische Entscheidungsbefugnisse über das in Art. 23 Abs. 1 Satz 3 in Verbindung mit Art. 79 Abs. 3 GG zulässige Maß hinaus übertrage. Das in Art. 20 Abs. 1 und Abs. 2 GG gewährleistete Demokratieprinzip sei, auch soweit es durch Art. 79 Abs. 3 GG für unantastbar erklärt werde, kein Recht des Bundestages. Für eine allgemeine, von Rechten des Bundestages losgelöste, abstrakte Kontrolle der Verfassungsmäßigkeit einer angegriffenen Maßnahme sei im Organstreit kein Raum.[9] Diesen Zusammenhang in dem Urteil zu sehen ist für die Beurteilung der hier beginnenden Rechtsprechungslinie essenziell.

2. Die Fortführung der Rechtsprechung

a) Das ESM-Urteil

Die Thematik des Insichprozesses hat der Zweite Senat in der Folge erstmals im Urteil vom 12. September 2012 über den beantragten Erlass einer einstweiligen Anordnung zur Verhinderung der Einrichtung eines so genannten Europäischen Stabilitätsmechanismus (ESM)[10] wieder aufgegriffen. Indes führt er nur kurz aus, die wiederum antragstellende Linksfraktion sei als Fraktion des Deutschen Bundestages befugt, für diesen geltend zu machen, durch die angegriffenen Gesetze entäußere sich der Deutsche Bundestag seiner haushaltspolitischen Gesamtverantwortung.[11] An anderer Stelle im Urteil heißt es entsprechend, die Rüge, der Deutsche Bundestag werde in seinem Recht verletzt, die haushaltspolitische Gesamtverantwortung wahrzunehmen, könne auch von einer Fraktion des

8 BVerfGE 123, 267 (338).

9 BVerfGE 123, 267 (339) unter Verweis auf BVerfGE 68, 1 (73); 73, 1 (30); 80, 188 (212); 104, 151 (193 f.).

10 BVerfGE 132, 195.

11 BVerfGE 132, 195 (237 f.).

Deutschen Bundestages in einem Organstreitverfahren erhoben werden. Der Prüfungsmaßstab entspreche insoweit demjenigen der Verfassungsbeschwerde.[12] Auch hier war die Antragsbefugnis zuvor indes schon thematisch beschränkt worden. Abgelehnt wurde sie, soweit die Antragstellerin eine Verletzung ihres Rechts aus Art. 38 Abs. 1 Satz 2 GG, an einem Konvent im Rahmen des ordentlichen Vertragsänderungsverfahrens nach Art. 48 Abs. 2 bis Abs. 5 EUV teilzunehmen, gerügt hatte. Die Antragstellerin habe bereits nicht dargetan, inwiefern aus dem Grundgesetz ein Recht des Deutschen Bundestages oder der Antragstellerin selbst zur Teilnahme an einem Konvent nach Art. 48 EUV abzuleiten sein könnte. Es erschließe sich daher nicht, welches durch das Grundgesetz gewährte Recht im Sinne des § 64 BVerfGG betroffen sein solle.[13]

b) Das OMT-Verfahren

Etwa anderthalb Jahre nach dieser Entscheidung macht der Vorlagebeschluss des Zweiten Senats vom 14. Januar 2014 im Verfahren über den Beschluss des Rates der Europäischen Zentralbank über Technical features of Outright Monetary Transactions (OMT-Beschluss)[14] in der Begründung der Senatsmehrheit im vorliegenden Zusammenhang die Integrationsverantwortung der Verfassungsorgane des Grundgesetzes – die bereits im Lissabon-Urteil, allerdings noch nicht im Zusammenhang mit dem Organstreitverfahren, herangezogen worden war[15] – stark. Aus dieser erwachse für den Deutschen Bundestag und die Bundesregierung die Pflicht, über die Einhaltung des Integrationsprogramms zu wachen und bei offensichtlichen und strukturell bedeutsamen Kompetenzüberschreitungen durch Organe der Europäischen Union nicht nur Mitwirkungs- und Umsetzungshandlungen zu unterlassen, sondern aktiv auf die Einhaltung des Integrationsprogramms hinzuwirken. Ein Verstoß gegen diese aus der Integrationsverantwortung resultierenden Pflichten von Deutschem Bundestag und Bundesregierung verletze subjektive, mit der Verfassungsbeschwerde rügefähige Rechte der Wahlberechtigten und könne zudem Gegenstand eines Organstreits sein. Gegenüber offensichtlichen und strukturell bedeutsamen Kompetenzüberschreitungen durch die Europäischen Organe habe der Schutz vor einer Erosion der substantiellen Gestaltungsmacht des Parlaments nicht nur eine inhaltliche,

12 BVerfGE 132, 195 (247), der Senat nimmt hier Bezug auf Art. 20 Abs. 1 und Abs. 2 i.V.m. Art. 79 Abs. 3 GG.

13 BVerfGE 132, 195 (236 f.).

14 BVerfGE 134, 366.

15 Siehe vor allem BVerfGE 123, 267 (432 ff.).

sondern auch eine verfahrensmäßige Komponente. Der wahlberechtigte Bürger habe zur Sicherung seiner demokratischen Einflussmöglichkeit im Prozess der europäischen Integration aus Art. 38 Abs. 1 Satz 1 GG grundsätzlich ein Recht darauf, dass eine Verlagerung von Hoheitsrechten nur in den dafür vorgesehenen Formen von Art. 23 Abs. 1 Sätze 2 und 3, Art. 79 Abs. 2 GG geschehe. Der demokratische Entscheidungsprozess, den diese Regelungen neben der gebotenen Bestimmtheit der Übertragung von Hoheitsrechten gewährleisteten, werde bei einer eigenmächtigen Kompetenzanmaßung von Organen und sonstigen Stellen der Europäischen Union unterlaufen. Der Bürger könne deshalb verlangen, dass Bundestag und Bundesregierung sich aktiv mit der Frage auseinandersetzten, wie die Kompetenzordnung wiederhergestellt werden könne, und eine positive Entscheidung darüber herbeiführen, welche Wege dafür beschritten werden sollten. Entsprechendes gelte für den Organstreit. Die in Art. 23 GG verankerte Integrationsverantwortung umfasse Rechte und Pflichten des Deutschen Bundestages, deren Verletzung die Fraktionen im Wege der Prozessstandschaft im eigenen Namen auch gegenüber dem Parlament selbst geltend machen könnten. Der Deutsche Bundestag dürfe auf die Rechte und Pflichten, die ihn im Rahmen der europäischen Integration träfen, nicht verzichten und gegenüber einer drohenden Erosion seiner Gestaltungsmacht durch Kompetenzusurpationen von Organen und Stellen der Europäischen Union nicht untätig bleiben. Werde er seiner Integrationsverantwortung nicht gerecht, könnten die Fraktionen im Wege der Prozessstandschaft dagegen vorgehen.[16]

Im „OMT-Urteil" des Zweiten Senats vom 21. Juni 2016[17], das im selben Verfahren im Anschluss an die Vorabentscheidung des Europäischen Gerichtshofs[18] ergangen ist, wird zur Befugnis der Antragstellerin – wiederum die Fraktion DIE LINKE im Deutschen Bundestag –, Rechte des Bundestages gegenüber diesem selbst geltend zu machen, ausgeführt, es sei gerade Sinn und Zweck der in § 64 BVerfGG geregelten Prozessstandschaft, der Parlamentsminderheit die Befugnis zur Geltendmachung der Rechte des Bundestages auch dann zu erhalten, wenn die Mehrheit seiner Mitglieder sie, insbesondere im Verhältnis zu der von ihr getragenen Bundesregierung, nicht wahrnehmen wolle. Die in § 64 BVerfGG geregelte Prozessstandschaft sei sowohl Ausdruck der Kontrollfunktion des Parlaments als auch Instrument des Minderheitenschutzes und wurzele insofern im aus Art. 38 Abs. 1 Satz 2 GG abgeleiteten Status der Fraktionen, denen als organisierte parlamentarische Minderheit und Gegenspieler der Regierungsmehrheit

16 BVerfGE 134, 366 (397).
17 BVerfGE 142, 123.
18 EuGH, Urt. v. 16. Juni 2015 – C-62/14 –, juris.

der Rechtsweg zum Bundesverfassungsgericht eröffnet werde, um die Geltendmachung der dem Parlament im Verfassungsgefüge zukommenden Rechte tatsächlich zu ermöglichen.

c) Das Urteil zu parlamentarischen Minderheitenrechten

Mit einer vergleichbaren Formulierung hatte der Zweite Senat bereits zuvor im Urteil vom 3. Mai 2016 zu der von der Linksfraktion eingeforderten Stärkung der parlamentarischen Minderheitenrechte[19] die Antragsbefugnis bejaht. Die Fraktion hatte sich auf einen Verstoß gegen das Demokratieprinzip (Art. 20 Abs. 1 und 2 GG) und gegen Grundsätze des parlamentarischen Regierungssystems (Art. 45b, 63, 67, 68 und 69 GG), namentlich gegen die Gebote effektiver Ausübung der Opposition und wirksamer parlamentarischer Kontrolle von Regierung und Parlamentsmehrheit, berufen. Hierzu führt der Zweite Senat aus, bei dem prozessstandschaftlich geltend gemachten Recht des Bundestages handele es sich um parlamentarische Kontrollrechte, welche strukturell maßgeblich von Ausübungsmöglichkeiten durch die parlamentarische Opposition abhängig seien. Effektivität und Intensität der vom Bundestag ausgeübten Kontrolle hingen im parlamentarischen Regierungssystem von der Reichweite der parlamentarischen Minderheitenrechte und ihrer Ausgestaltung im Hinblick auf Instrumente der Kontrolle von Regierung und regierungstragender Mehrheit ab. Die parlamentarische Kontrolle sei umso effektiver, je stärker die der parlamentarischen Opposition zur Verfügung stehenden Minderheitenrechte seien.[20] In der Sache konnte der Senat eine Rechtsverletzung aber letztlich nicht feststellen.

d) Der Beschluss zum Antiterroreinsatz

Der Antrag der Fraktion DIE LINKE im Deutschen Bundestag sowohl gegen die Bundesregierung als auch gegen den Bundestag selbst mit dem Ziel, festzustellen, dass die Antragsgegner die Rechte des Deutschen Bundestages aus Artikel 24 Absatz 2 in Verbindung mit Artikel 59 Absatz 2 Satz 1 GG durch die Beteiligung bewaffneter deutscher Streitkräfte an dem Einsatz zur Verhütung und Unterbindung terroristischer Handlungen durch die Terrororganisation IS verletzen, wurde

19 BVerfGE 142, 25.
20 BVerfGE 142, 25 (50 f.).

mit Beschluss des Zweiten Senats vom 17. September 2019[21] wegen unzureichender Darlegung der eigenen Antragsbefugnis verworfen. Grundsätzlich bestätigte der Senat aber seine im Lissabon-Urteil entwickelte Formel über die Zulässigkeit der prozessstandschaftlichen Geltendmachung parlamentarischer Rechte auch gegen den Deutschen Bundestag.[22]

3. Der Insichprozess vor den Landesverfassungsgerichten

Die Verfassungsgerichte der Länder stehen – soweit ersichtlich – der Zulassung von Organstreitverfahren, an denen das jeweilige Landesparlament sowohl aktiv als auch passiv beteiligt ist, kritisch gegenüber.

a) Der Verfassungsgerichthof des Landes Berlin

So sah der Verfassungsgerichtshof des Landes Berlin im Beschluss vom 22. November 1993[23] den Antrag einer Fraktion des Abgeordnetenhauses, die sich gegen die konkrete Ausgestaltung des Haushaltsplans durch das Haushaltsgesetz gewendet hatte, als unzulässig an. Soweit sich die Fraktion prozessstandschaftlich für das Abgeordnetenhaus auf dessen Budgetrecht berufen hatte, führte der Verfassungsgerichtshof aus, dies sei an sich zwar zulässig. Hiermit sei aber noch nichts darüber gesagt, wem gegenüber die Antragstellerin Rechte des Abgeordnetenhauses geltend machen könne. Bei dem Organstreitverfahren handele es sich um ein kontradiktorisches Streitverfahren um den Umfang und die Grenzen der den streitenden Verfassungsorganen verfassungsrechtlich zugewiesenen Rechte und Pflichten. Wenn eine Fraktion jedoch nicht ihre eigenen Rechte geltend mache, sondern Rechte des Parlaments, könne sie dies nicht gegenüber dem Parlament selbst tun. Die gesetzliche Eröffnung prozessstandschaftlicher Verteidigung finde ihre Grenze dort, wo sich die Rechtsverfolgung gegen denjenigen richte, dessen Rechte gerade wahrgenommen werden sollten. Dies folge schon aus dem Wortlaut des § 37 Abs. 1 VerfGHG.[24] Eine Antragsbefugnis bestehe nur dann,

21 BVerfGE 152, 8.

22 BVerfGE 152, 8 (18 Rn. 25 f.).

23 VerfGH Berlin, Beschl. v. 22. November 1993 – 18/93 –, juris.

24 § 37 Abs. 1 des Berliner Gesetzes über den Verfassungsgerichtshof vom 8. November 1990 (GVBl. S. 2246) lautet: „Der Antrag ist nur zulässig, wenn der Antragsteller geltend macht, dass er oder das Organ, dem er angehört, durch eine Maßnahme oder Unterlassung des Antragsgegners

wenn das Organ (Abgeordnetenhaus), dem die antragstellende Fraktion angehöre, durch einen Antragsgegner (also durch ein anderes Organ) in seinen Rechten und Pflichten verletzt oder unmittelbar gefährdet werde. Eine verfassungsrechtlich bedenkliche Rechtsschutzlücke bestehe nicht. Soweit es die Verfassungsmäßigkeit von Gesetzen betreffe, eröffne die Landesverfassung einem Drittel der Mitglieder des Abgeordnetenhauses die Möglichkeit, den Verfassungsgerichtshof im Wege der abstrakten Normenkontrolle anzurufen. Diese bewusste Begrenzung der Antragsbefugnis auf mindestens ein Drittel der Mitglieder des Abgeordnetenhauses schließe Anträge von weniger Mitgliedern des Abgeordnetenhauses aus und lasse auch Anträge von Fraktionen nicht zu. Damit sei durch die Verfassung selbst die Grenze festgelegt, von der an die Verfassungsmäßigkeit von Gesetzen durch nicht vom Gesetz in ihren organschaftlichen Rechten betroffene Abgeordnete vor dem Verfassungsgerichtshof zur Überprüfung gestellt werden könne.[25]

b) Der damalige Staatsgerichtshof für das Land Baden-Württemberg

Im Ergebnis ebenso entscheid der damalige Staatsgerichtshof für das Land Baden-Württemberg in einem vergleichbaren Fall einer sich gegen den Haushaltsplan wendenden Fraktion mit Urteil vom 20. November 1996.[26] Es sei nicht nur formallogisch, sondern auch in der Sache nicht zulässig, dass eine Fraktion Rechte des Landtags gegenüber diesem selbst als Antragsgegner geltend mache. Hiergegen spreche bereits der Wortlaut des § 45 Abs. 1 des Staatsgerichtshofgesetzes, wenn es dort heiße, dass die Antragstellerin oder das Organ, dem sie angehöre, durch eine Handlung oder Unterlassung „des Antragsgegners" in der Wahrnehmung ihrer ihr durch die Verfassung übertragenen Rechte und Pflichten verletzt oder unmittelbar gefährdet sein müsse. Antragsgegner könne in einem kontradiktorischen Verfahren wie dem Organstreit, in dem über die Abgrenzung der Verfassungsrechte und -pflichten unterschiedlicher Verfassungsorgane entschieden werden solle, nicht dasselbe Organ sein, dessen Teil die Antragstellerin sei. Das entspreche nicht nur der Logik, sondern auch dem Zweck des Organstreits. Auch die Figur der „Selbstverletzung" des Landtags führe nicht weiter. Eine Rechtsverfolgung werde im kontradiktorischen Organstreit sinnlos, wenn sie sich gegen denselben Antragsgegner richte, dessen Rechte die Antragstellerin

---

in seinen ihm durch die Verfassung von Berlin übertragenen Rechten und Pflichten verletzt oder unmittelbar gefährdet ist."

25 VerfGH Berlin, Beschl. v. 22. November 1993 – 18/93 –, juris, Rn. 22 f.

26 StGH Baden-Württemberg, Urt. v. 20. November 1996 – GR 2/95 –, NVwZ-RR 1997, S. 265.

wahrnehmen möchte. Auch eine Rechtsschutzlücke sah der Staatsgerichtshof mit vergleichbaren Argumenten wie der Berliner Verfassungsgerichthof nicht.[27]

c) Der Verfassungsgerichtshof des Saarlandes

Den vorstehenden Ausführungen schloss sich der Verfassungsgerichtshof des Saarlandes mit Urteil vom 12. Dezember 2015 an. Antragsgegner sei im Organstreitverfahren regelmäßig ein anderes Verfassungsorgan. Das Organstreitverfahren sei ein kontradiktorisches Verfahren, in dem über die Abgrenzung der Verfassungsrechte und -pflichten unterschiedlicher Verfassungsorgane entschieden werden solle. Dafür spreche schon der Wortlaut von § 40 Abs. 1 des Gesetzes über den Verfassungsgerichtshof, nach dem Rechte des betroffenen Organs durch eine Maßnahme des Antragsgegners, also eines anderen Organs, verletzt oder unmittelbar gefährdet sein müssten. Der Sinn und Zweck des Organstreitverfahrens werde verfehlt, wenn Antragsteller – beziehungsweise derjenige, dessen Rechte der Antragsteller als Prozessstandschafter verfolge – und Antragsgegner identisch seien. Ein Organstreit mit (partieller) Identität von Antragsteller und Antragsgegner sei deshalb ausgeschlossen.[28]

d) Das Landesverfassungsgericht Mecklenburg-Vorpommern

In einem Verfahren, in dem eine Landtagsfraktion monierte, dass über ein Landesgesetz Letztentscheidungskompetenzen auf den Finanzausschuss des Landtages übertragen worden waren, setzte sich das Landesverfassungsgericht Mecklenburg-Vorpommern explizit mit dem Lissabon-Urteil des Bundesverfassungsgerichts auseinander. In seinem Urteil vom 27. August 2015[29] stellte es indes fest, dass die Ausgangslage des zu entscheidenden Falles mit derjenigen im Lissabon-Urteil nicht zu vergleichen sei und erklärte die Anträge daher für unzulässig. Der Fall liege schon deswegen anders, weil der Antragsgegner weder gegenüber einem Handeln Dritter untätig geblieben sei, das geeignet sein könnte, seine eigenen Rechte zu verletzen, noch wesentliche Kompetenzen auf außerparlamentarische oder supranationale Organisationen bzw. Institutionen übertragen habe. Vielmehr habe er selbst mit dem verfahrensgegenständlichen Gesetz

---

27 StGH Baden-Württemberg, Urt. v. 20. November 1996 – GR 2/95 –, NVwZ-RR 1997, S. 265 (266 f.).
28 SaarlVerfGH, Urt. v. 12. Dezember 2015 – Lv 4/05 –, NVwZ-RR 2006, S. 665 (666).
29 LVerfG MV, Urt. v. 27. August 2015 – 1/14 –, juris.

in Ausübung seines grundsätzlichen Budgetrechts gerade seine Einflussmöglichkeiten auf das Eingehen größerer Risiken für den Landeshaushalt in Gestalt von Bürgschaften für Werften sichern wollen. Auch die Antragsteller rügten nicht, dass sich der Landtag eigener Kompetenzen entäußert hätte, sie würfen ihm vielmehr vor, dass er sich in Gestalt der Beteiligung seines Finanzausschusses in einer der Verfassung widersprechenden Weise Kompetenzen angemaßt hätte und gleichsam gegenüber der Landesregierung als Exekutive „übergriffig" geworden wäre. Ein solcher Fall gebe keinen Anlass, unter der Überschrift „Organstreitverfahren" allgemein die „Wächterrolle der (Oppositions-) Fraktionen gegenüber Verschiebungen in der verfassungsmäßigen Kompetenzordnung zu Lasten des Parlaments zu aktivieren".[30] Die abstrakte, von Rechten des Landtages losgelöste allgemeine Kontrolle der Verfassungsmäßigkeit sei nicht Aufgabe des Organstreits. Der Anerkennung einer aus staatsgestaltenden Grundentscheidungen wie dem allgemeinen Grundsatz der Gewaltenteilung, dem Prinzip der repräsentativen Demokratie und der Verfassungsbindung der Gesetzgebung (Art. 20 Abs. 1 Satz 3 i.V.m. Art. 2, Art. 3 Abs. 1 Satz 2 und Art. 4 der Landesverfassung) hergeleiteten subjektiven öffentlichen Pflicht des Landtages auf Einhaltung der Verfassung, die dieser sich selbst gegenüber verletzen könne, vermöge das Gericht jedenfalls nicht näher zu treten.[31]

e) Der Verfassungsgerichtshof für das Land Nordrhein-Westfalen

Anders als die vorgenannten Gerichte hat sich der Verfassungsgerichtshof für das Land Nordrhein-Westfalen indes mittlerweile – in Abkehr vorheriger Entscheidungen[32] – der vom Bundesverfassungsgericht in seinem Lissabon-Urteil begründeten Rechtsprechungslinie angeschlossen. In seinem Beschluss vom 10. August 2010[33] führt er – freilich ohne dass es in der Sache infolge anderer Unzulässigkeitsgründe darauf angekommen wäre – aus, wenn man, wie das Bundesverfassungsgericht, die Prozessstandschaft funktional vor allem als Mittel sehe, es der Parlamentsminderheit zu ermöglichen, die gegebenenfalls fehlende Bereitschaft der die Regierung stützenden Mehrheit, die Rechte des Bundestages geltend zu machen, prozessual in Frage stellen zu können, sei die Beschränkung der Prozessstandschaft auf dritte Verfassungsorgane vom Sinn und Zweck der

30 Das Gericht zitiert hier *Grote*, der Verfassungsorganstreit, 2010, S. 213.
31 LVerfG MV, Urt. v. 27. August 2015 – 1/14 –, juris, Rn. 85 f.
32 Vgl. VerfGH NRW, Urt. v. 29. April 1997 – VerfGH 9/95 –, juris, Rn. 34.
33 VerfGH NRW, Beschl. v. 10. August 2010 – VerfGH 5/10 –, über die Entscheidungssammlung des Verfassungsgerichtshofs online abzurufen.

gesetzlich eingeräumten Prozessstandschaft weniger plausibel. Der Verfassungsgerichtshof räume dem Funktionsschutz Vorrang vor dem systematischen Argument aus der Prozessstandschaft ein und lasse es folglich zu, dass im Wege der Prozessstandschaft Rechte des Landtages gegen diesen geltend gemacht werden können.[34]

4. Die Wirklichkeit des politischen Kräftespiels

Das Bundesverfassungsgericht hat den Insichprozess – dies wird aus der Gesamtschau der bisherigen Entscheidungen deutlich – als Instrument des Minderheitenschutzes zur Aufrechterhaltung der Kontrollfunktion des Parlaments konzipiert. Dieser ist in den Bestimmungen des Grundgesetzes angelegt, wird von ihm indes nicht unbegrenzt gewährt. Dementsprechend hat das Gericht diese Verfahrenskonstellation auch nicht voraussetzungslos, sondern nur in bestimmten Fällen zugelassen, was bisweilen übersehen zu werden scheint. Will man anhand dieser Fälle eine Rechtsprechungslinie nachzeichnen, gilt es, deren Gemeinsamkeiten zu ergründen.

Im Ausgangspunkt klar dürfte sein, dass das Organstreitverfahren als seinem Wesen nach kontradiktorisch erhalten bleiben und sich nicht zu einer allgemeinen Rechtmäßigkeitskontrolle entwickeln soll. Demgemäß formuliert das Bundesverfassungsgericht in ständiger Rechtsprechung – aus den vorgenannten Entscheidungen etwa in dem Beschluss über den Anti-IS-Einsatz der Bundeswehr:

> „Ein Antrag im Organstreitverfahren ist gemäß § 64 Abs. 1 BVerfGG nur zulässig, wenn der Antragsteller geltend macht, dass er oder das Organ, dem er angehört, durch eine Maßnahme oder Unterlassung des Antragsgegners in seinen ihm durch das Grundgesetz übertragenen Rechten und Pflichten verletzt oder unmittelbar gefährdet ist. Bei dem Organstreit handelt es sich um eine kontradiktorische Parteistreitigkeit (vgl. BVerfGE 126, 55 <67>; 138, 256 <258 f. Rn. 4>); er dient maßgeblich der gegenseitigen Abgrenzung der Kompetenzen von Verfassungsorganen oder ihren Teilen in einem Verfassungsrechtsverhältnis, nicht hingegen der Kontrolle der objektiven Verfassungsmäßigkeit eines bestimmten Organhandelns (vgl. BVerfGE 104, 151 <193 f.>; 118, 244 <257>; 126, 55 <67 f.>; 140, 1 <21 f. Rn. 58>; 143, 1 <8 Rn. 29>; BVerfG, Beschluss des Zweiten Senats vom 11. Dezember 2018 – 2 BvE 1/18 -, Rn. 18; stRspr). Kern des Organstreitverfahrens ist auf Seiten des Antragstellers die Durchsetzung von Rechten (vgl. Lenz/Hansel, BVerfGG, 2. Aufl. 2015, § 64 Rn. 19; vgl. auch BVerfGE 67, 100 <126>; 124, 78 <113>; 143, 101 <132 Rn. 104>). Der Organstreit eröffnet daher nicht die Möglichkeit einer objektiven Beanstandungsklage (vgl. BVerfGE 118, 277 <319>; 126, 55 <68>; 138, 256 <259 Rn. 5>; 140, 1 <21 f. Rn. 58>; 143, 1 <8 Rn. 29>; BVerfG, Beschluss des Zweiten Senats

34 Vgl. S. 4 des Beschlussabdrucks.

> vom 11. Dezember 2018 – 2 BvE 1/18 -, Rn. 18). Für eine allgemeine oder umfassende, von eigenen Rechten des Antragstellers losgelöste, abstrakte Kontrolle der Verfassungsmäßigkeit einer angegriffenen Maßnahme ist im Organstreit kein Raum (vgl. BVerfGE 73, 1 <30>; 80, 188 <212>; 104, 151 <193 f.>; 118, 277 <318 f.>; 136, 190 <192 Rn. 5>; BVerfG, Beschluss des Zweiten Senats vom 11. Dezember 2018 – 2 BvE 1/18 -, Rn. 18). Eine Respektierung sonstigen (Verfassungs-)Rechts kann im Organstreit nicht erzwungen werden; er dient allein dem Schutz der Rechte der Staatsorgane im Verhältnis zueinander, nicht aber einer allgemeinen Verfassungsaufsicht."[35]

Diese Ausführungen sind vor allem mit Blick auf das Verfahren der abstrakten Normenkontrolle nach Art. 93 Abs. 1 Nr. 2 GG; §§ 13 Nr. 6, 76 ff. BVerfGG relevant. Hier weisen das Grundgesetz und das Gesetz über das Bundesverfassungsgericht die Antragsbefugnis ausdrücklich nur einem Viertel der Mitglieder des Bundestages, nicht aber dessen Fraktionen zu. Dieser Umstand würde unterlaufen, erlaubte man Organstreitverfahren von Fraktionen, die beispielsweise rügten, der Bundestag habe mit der Verabschiedung eines verfassungswidrigen Gesetzes seine Bindung an die verfassungsmäßige Ordnung aus Art. 20 Abs. 3 GG missachtet. Vergleichbar hiermit hat der Zweite Senat schon im Urteil zum Lissabon-Vertrag den Antrag insoweit für unzulässig gehalten, als die Antragstellerin die Verletzung des Demokratieprinzips rügte; dies sei per se kein Recht des Bundestages.[36]

Der Begriff, der in der eingangs zitierten Begründung des Zweiten Senats zur Zulässigkeit des Insichprozesses heraussticht, und der womöglich als Richtschnur zur Bestimmung der zulässigen Verfahrenskonstellationen geeignet ist, ist der der „Wirklichkeit des politischen Kräftespiels". Soweit hiermit zum Ausdruck gebracht wird, dass es tatsächlich häufig die Oppositionsfraktionen sind, die die Rechte des Parlaments etwa gegenüber der Regierung zu verteidigen suchen, da letztere gerade von den Mehrheitsfraktionen getragen wird, ist dieser Ansatz auf breite Zustimmung gestoßen.[37] Eine Rechtsverteidigung „gegen sich selbst" wird dagegen bisweilen als zu weitgehend empfunden.[38] Dabei ist der Weg von der

---

35 BVerfGE 152, 8 (20).

36 BVerfGE 123, 267 (339).

37 Siehe nur *Bethge*, in: Maunz/Schmidt-Bleibtreu/Klein/Bethge, BVerfGG, § 64 Rn. 81 ff. (Januar 2017); *Korioth*, in: Schlaich/Korioth, Das Bundesverfassungsgericht, 11. Aufl. 2018, Rn. 94, jeweils m.w.N.

38 *Detterbeck*, in: Sachs, Grundgesetz, 9. Aufl. 2021, Art. 93 Rn. 49; *Korioth*, in: Schlaich/Korioth, Das Bundesverfassungsgericht, 11. Aufl. 2018, Rn. 94a; Walter, in: Walter/Grünewald, BeckOK BVerfGG, 10. Edition (Januar 2021), § 64 Rn. 20; Benda/Klein, Verfassungsprozessrecht, 3. Aufl. 2012, Rn. 1029 bezeichnen die Zulassung der Prozessstandschaft in der hier fraglichen Konstellation als „recht radikale Konsequenz der Tatsache, dass die faktische Kontrollfunktion des Parlaments zunehmend auf die in Opposition stehenden Fraktionen übergegangen ist.".

„Außenverteidigung" zur „Innenverteidigung" in der Rechtsprechung keineswegs als Automatismus angelegt. Im Gegenteil gehört es nach der bisherigen Rechtsprechung des Zweiten Senats gerade auch zur „Wirklichkeit des politischen Kräftespiels", dass der Unterlegene seinen Misserfolg in der parlamentarischen Auseinandersetzung regelmäßig zu akzeptieren hat und die politische Debatte nicht auf der juristischen Bühne soll fortführen können. Zu einer Erweiterung der Antragsmöglichkeiten in Karlsruhe ist es bisher nur dort gekommen, wo sich die „Wirklichkeit" von den Vorstellungen des historischen Gesetzgebers entfernt hat. Daher wird die hier interessierende Frage überwiegend im Rahmen der europäischen Integration und internationalen Verflechtung der Bundesrepublik diskutiert (Vertrag von Lissabon, Europäischer Stabilitätsmechanismus, OMT, Antiterroreinsatz). Lediglich in einer „innenpolitischen" Konstellation, der Frage nach den Oppositionsrechten, hat der Zweite Senat das Problem ebenfalls aufgeworfen. Aber auch hier bestand dadurch, dass die Oppositionsfraktionen erstmalig in der Geschichte der Bundesrepublik nicht über hinreichend Mandate verfügten, um die vom Grundgesetz, bestimmten einfachen Gesetzen oder der Geschäftsordnung des Bundestages vorgesehenen Minderheitenrechte auszuüben, gewissermaßen eine „Ausnahmekonstellation". Stets ging es in den Entscheidungen also um den faktischen Schutz des Parlaments vor dessen „Selbstbeschädigung" in seiner Kontrollfunktion.[39] Hierin mag auch der Grund liegen, warum die Landesverfassungsgerichte dem Ansatz weitgehend nicht gefolgt sind. Ihnen lagen vergleichbare Konstellationen bisher schlichtweg nicht vor.

Vor diesem Hintergrund steht die Zulassung der Antragsbefugnis im Zusammenhang mit der materiell-rechtlichen Zuweisung einer parlamentarischen Kontrollbefugnis, die sich – gleichsam als rechtliche Obliegenheit – zu einer Kontrollpflicht verdichtet. Eine solche Pflicht hat der Zweite Senat bisher im Zusammenhang mit dem wehrverfassungsrechtlichen Parlamentsvorbehalt, der haushaltspolitischen Gesamtverantwortung, der Integrationsverantwortung und dem Gebot effektiver Ausübung der Opposition und wirksamer parlamentarischer Kontrolle von Regierung und Parlamentsmehrheit gesehen. Zu ersterem hat der Zweite Senat u.a. ausgeführt, der wehrverfassungsrechtliche Parlamentsvorbehalt begründe ein wirksames Mitentscheidungsrecht des Deutschen Bundestages in Angelegenheiten der auswärtigen Gewalt.[40] Er könne auch nicht aufgrund von sekundärrechtlich begründeten Handlungspflichten der Mitgliedstaaten umgan-

39 *Grote*, Der Verfassungsorganstreit, 2010, S. 213 spricht insoweit von der „Wächterrolle der Oppositionsfraktionen gegenüber Verschiebungen in der verfassungsmäßigen Kompetenzordnung zu Lasten des Parlaments".
40 BVerfGE 123, 267 (423).

gen werden.[41] In der Entscheidung zum Europäischen Stabilitätsmechanismus heißt es, die nationale Haushaltsautonomie sei eine „wesentliche, nicht entäußerbare Kompetenz der unmittelbar demokratisch legitimierten Parlamente der Mitgliedstaaten“[42]. Gerade für die kommende Rechtsprechungsentwicklung zentral dürfte in diesem Zusammenhang aber die schon im Lissabon-Urteil behandelte[43] und später im OMT-Vorlagebeschluss auch als im Organstreitverfahren grundsätzlich rügefähig bezeichnete Integrationsverantwortung sein. Diese baut im vorliegenden Zusammenhang auf das „Grundproblem“ der nationalen Parlamente bei der europäischen Integration auf, welches der Zweite Senat zuletzt im Beschluss vom 27. April 2021 zu Informationspflichten der Bundesregierung gegenüber Bundestag und Bundesrat in Angelegenheiten der Europäischen Union wie folgt umschrieben hat:

> „Die Europäische Union besitzt aufgrund der Übertragung von Hoheitsrechten (Art. 23 Abs. 1 GG) die Kompetenz, selbst Recht zu setzen, das unmittelbar gilt und in vielfältiger Weise Rechte und Pflichten für die Bürger der Mitgliedstaaten begründet. Bei seinem Erlass agieren über den Europäischen Rat und den Rat der Europäischen Union nicht primär die nationalen Gesetzgebungsorgane, sondern die mitgliedstaatlichen Exekutiven. Das stellt die parlamentarische Demokratie auf nationaler Ebene vor besondere Herausforderungen, weil das Parlament aus der Rolle der zentralen Entscheidungsinstanz teilweise verdrängt wird.“[44]

Die Integrationsverantwortung stellt den verantwortungsvollen Umgang der deutschen Staatsorgane mit ihrer Einbindung in den europäischen Rechtsetzungsprozess gleichsam unter einen Oberbegriff, ohne dass dieser in seinen Einzelheiten bisher endgültig ausdifferenziert worden wäre. Mit dessen Ausschärfung dürfte aber auch das Bild von den zu seiner Durchsetzung notwendigen prozessualen Mittel mit jeder Entscheidung klarer werden.

III. CETA und der Insichprozess

Auf dieser Linie befindet sich letztlich auch das Urteil des Zweiten Senats vom 2. März 2021 zum eingangs genannten CETA-Verfahren, welches auf die mündliche Verhandlung vom 13. Oktober 2020 ergangen ist und welches – wie ausgeführt – zumindest von prozessrechtlich Interessierten mit besonderer Spannung erwartet worden war. Eine bisweilen geforderte grundsätzliche Neukonzeption in Sachen

---

41 BVerfGE 123, 267 (424).

42 BVerfGE 132, 195 (243).

43 Siehe vor allem BVerfGE 123, 267 (432 ff.).

44 BVerfG, Beschl. v. 27. April 2021 – 2 BvE 4/15 –, juris, Rn. 66.

„Bundestag gegen Bundestag“[45] blieb freilich aus. Stattdessen verwarf das Gericht den Antrag der Linksfraktion, da es dieser nicht gelungen sei, eine mögliche Verletzung ihrer eigenen Rechte oder von Rechten des Deutschen Bundestages substantiiert darzulegen. Die Antragstellerin hatte im Wesentlichen vorgetragen, der Bundestag habe es im Zuge seiner Befassung mit dem CETA-Abkommen unter Verstoß gegen seine Integrationsverantwortung versäumt, das Stimmverhalten des deutschen Vertreters im Rat der Europäischen Union an eine vorherige gesetzliche Ermächtigung zu binden. Hierauf entgegnete der Zweite Senat, das Grundgesetz kenne kein Mandatsgesetz, das eine Inanspruchnahme von Hoheitsrechten durch die Europäische Union oder andere zwischenstaatliche Einrichtungen legitimieren könnte. Nehme die Europäische Union oder eine andere Einrichtung Hoheitsrechte in Überschreitung der ihr in den zugrunde liegenden Verträgen eingeräumten Kompetenzen einseitig und im Widerspruch zum geltenden Integrationsprogramm wahr oder werde durch ihr Handeln die Identität der Verfassung berührt, so sei dieses Handeln vom Zustimmungsgesetz nicht gedeckt und damit verfassungswidrig. Ein solches Handeln bleibe auch dann mit der Verfassung unvereinbar, wenn der deutsche Vertreter im Rat in der Form eines Gesetzes ermächtigt würde, ihm zuzustimmen. Eine Heilung des Verfassungsverstoßes durch Gesetz sei im Falle eines Ultra-vires-Handelns ohne vorangegangene Änderung der Verträge und im Falle eines Identitätsverstoßes gar nicht möglich. Der Gesetzgeber dürfe die Bundesregierung auch nicht dazu ermächtigen, einem Ultra-vires-Akt von Organen, Einrichtungen und sonstigen Stellen der Europäischen Union zuzustimmen. Eine Verletzung von Rechten der Antragstellerin oder des Deutschen Bundestages durch das Unterlassen eines solchen Mandatsgesetzes scheide daher von vornherein aus.[46] Gleichsam im Sinne einer Hilfserwägung führt der Zweite Senat weiter aus, der Antrag könne auch keinen Erfolg haben, soweit die Linksfraktion sinngemäß vorgebracht habe, die konkrete Befassung des Parlaments mit dem Abkommen – welches sich insbesondere durch die Abgabe einer Stellungnahme äußerte[47] – genüge der Integrationsverantwortung nicht. Bei der Wahrnehmung der Integrationsverantwortung komme dem Bundestag grundsätzlich ein weiter politischer Handlungsspielraum zu. Die fragliche Stellungnahme enthalte erkennbar inhaltliche Vorgaben für die Mitwirkung der Bundesregierung im Rat der Europäischen Union. Sie betone, dass

---

45 *Walter*, in: Walter/Grünewald, BeckOK BVerfGG, 10. Edition (Januar 2021), § 64 Rn. 20: „Im derzeit anhängigen Organstreitverfahren zum Umfassenden Wirtschafts- und Handelsabkommen (CETA) zwischen der EU und Kanada (BVerfG – 2 BvE 4/16 –) bietet sich dem Bundesverfassungsgericht die Gelegenheit für eine Rechtsprechungskorrektur.“.

46 BVerfG, Urt. v. 2. März 2021 – 2 BvE 4/16 –, juris, Rn. 65 f.

47 Vgl. BT-Plenarprotokoll 18/190 vom 22. September 2016, S. 18777 ff.; BTDrucks 18/9663.

die vorläufige Anwendung des CETA keinesfalls in den Bereichen erfolgen dürfe, die mitgliedstaatliche Kompetenzen umfassten. Ausdrücklich adressiere sie den Investitionsschutz, gehe aber darüber hinaus. Sie fordere die Bundesregierung auf durchzusetzen, dass in Abstimmung zwischen dem Rat der Europäischen Union, der Europäischen Kommission und dem Europäischen Parlament Ausnahmen von der vorläufigen Anwendung vereinbart würden, wo dies aufgrund von Zuständigkeiten der Mitgliedstaaten der Europäischen Union rechtlich geboten sei. Warum der Bundestag hiermit seine Integrationsverantwortung verletzt haben sollte, habe die Antragstellerin nicht dargetan.[48]

IV. Der Insichprozess als Phänomen der europäischen Integration

Der Zweite Senat des Bundesverfassungsgerichts hat dadurch, dass er Bundestagsfraktionen erstmals im Urteil zum Vertrag von Lissabon zugestanden hat, verfassungsmäßige Rechte des Deutschen Bundestages im eigenen Namen auch gegenüber diesem selbst geltend zu machen, die Palette an möglichen Verfahrenskonstellationen im Zusammenhang mit dem Organstreit erweitert. Er hat einen solchen „Insichprozess" auch in der Folge aber nicht generell für zulässig erklärt. Vielmehr bedarf die in den Plänen des historischen Gesetzgebers womöglich noch nicht vorhandene Prozesssituation einer Rechtfertigung, die der Zweite Senat bisher in der „Wirklichkeit des politischen Kräftespiels" erblickt. Ein entsprechender Antrag kann erst dann von Erfolg gekrönt sein, wenn er zum einen eine verfassungsrechtliche Obliegenheitsverletzung des Parlaments darlegt und sodann, dass dessen Geltendmachung aus dem politischen Bereich[49] realistischerweise allein durch eine Oppositionsfraktion erfolgen kann. Insofern ist die Prozesssituation vom Vorliegen eines zu verteidigenden materiellen Rechts abhängig. Diese Voraussetzungen wurden bisher allein in wenigen Ausnahmekonstellationen anerkannt, dessen Schwerpunkt im Prozess der europäischen Integration lag und wohl auch weiter liegen wird. Hierin dürfte ein wesentlicher Grund dafür liegen, dass die Landesverfassungsgerichte mit dem hier zu besprechenden Institut bisher in der Mehrheit zurückhaltend umgegangen sind.

---

48 BVerfG, Urt. v. 2. März 2021 – 2 BvE 4/16 –, juris, Rn. 83 f.

49 Unabhängig hiervon ist die Frage nach der Zulässigkeit einer Verfassungsbeschwerde, siehe hierzu vor allem die hier aufgeführten ESM- und OMT-Entscheidungen.

Iris Schomäcker

Die Neuregelungsverpflichtung des Gesetzgebers bei erkannter Verfassungswidrigkeit

Leitentscheidungen des Bundesverfassungsgerichts

BVerfGE 125, 175 – Hartz IV-Regelsatz
BVerfGE 128, 326 – Sicherungsverwahrung
BVerfGE 129, 49 – Mediziner-BAföG
BVerfGE 130, 240 – Bayerisches Landeserziehungsgeldgesetz
BVerfGE 132, 179 – Asylbewerberleistungsgesetz
BVerfGE 133, 277 – Antiterrordatei
BVerfGE 135, 238 – Gewinnspielautomat
BVerfGE 141, 143 – Akkreditierung von Studiengängen
BVerfGE 145, 106 – Verlustabzug nach schädlichem Beteiligungserwerb
BVerfGE 147, 253 – NC Humanmedizin
BVerfGE 148, 147 – Einheitsbewertung (Grundsteuerbemessung)
BVerfGE 150, 204 – Biersteuergesetz

Schrifttum (Auswahl)

Monografien

Graßhof, Die Vollstreckung von Normenkontrollentscheidungen des Bundesverfassungsgerichts, 2003; *Hein*, Die Unvereinbarerklärung verfassungswidriger Gesetze durch das Bundesverfassungsgericht, 1988; *Kleuker*, Gesetzgebungsaufträge des Bundesverfassungsgerichts, 1993; *Schwindt*, Rechtsfolgen verfassungswidriger Steuergesetze, 2014; *Siedler*, Gesetzgeber und Bundesverfassungsgericht, 1999; *Wiechmann*, Finanzfolgen höchstrichterlicher Entscheidungen, 2021.

Beiträge in Mehrpersonenwerken

Bartone, Rechtsfolgenanordnungen in der jüngeren Rechtsprechung des Bundesverfassungsgerichts zum Steuerrecht, in: Emmenegger/Wiedmann (Hrsg.), Linien der Rechtsprechung des Bundesverfassungsgerichts, Band 2, 2011, S. 73 ff.; *Bethge*, in: Maunz/Schmidt-Bleibtreu/Klein/Bethge, Bundesverfassungsgerichtsgesetz, § 31 (Februar 2019), § 78 (Juni 2018); *Hey*, Evidenz von Verfassungsverstößen, Budgetschutz und Unvereinbarkeitssprüche – Zu den Rechtsfolgen verfahrensfehlerhaft zustande gekommener Gesetzte aus Anlass des BVerfG-Beschlusses zum Haushaltsbegleitgesetz 2004 vom 08.12.2009, in: Mellinghoff/Schön/Viskorf (Hrsg.), Festschrift für Wolfgang Spindler zum 65. Geburtstag, 2011, S. 97 ff.; *Kees*, in: Barczak, BVerfGG. Mitarbeiterkommentar zum Bundesverfassungsgerichtsgesetz, 2018, § 78; *Nettersheim*, in: Barczak, BVerfGG. Mitarbeiterkommentar zum Bundesverfassungsgerichtsgesetz, 2018, § 95.

https://doi.org/10.1515/9783110686623-025

Zeitschriftenbeiträge

Feick/Henn, Drohendes Überschreiten der vom BVerfG zur Neuregelung der Erbschaftsteuer gesetzten Frist zum 31. Dezember 2008: Darf das alte Recht weiter angewandt werden?, DStR 2008, S. 1905 ff.; *Gaier*, Die Durchsetzung verfassungsgerichtlicher Entscheidungen, JuS 2011, S. 961 ff.; *Moes*, Die Anordnung der befristeten Fortgeltung verfassungswidriger Steuergesetze durch das Bundesverfassungsgericht, StuW 2008, S. 27 ff.

Inhaltsübersicht

I. Rechtsfolgenanordnungen in der Rechtsprechung des Bundesverfassungsgerichts

Die Gesetzgebung ist nach Art. 20 Abs. 3 GG an die verfassungsmäßige Ordnung gebunden. Die Pflicht des Gesetzgebers, bei erkannter Verfassungswidrigkeit einer Norm Abhilfe zu schaffen und die Rechtslage verfassungskonform umzugestalten, folgt somit unmittelbar aus der Verfassung.[1] Nichtsdestotrotz enthalten Entscheidungen des Bundesverfassungsgerichts, welche die Verfassungswidrigkeit von gesetzlichen Normen feststellen, in der Regel auch umfassende Erwägungen zu den Rechtsfolgen der Entscheidung und dabei häufig auch zur Verpflichtung des Gesetzgebers, innerhalb einer bestimmten Frist eine Neuregelung zu treffen. Dies ist insbesondere darauf zurückzuführen, dass das Bundesverfassungsgericht neben der grundsätzlich gesetzlich vorgesehenen Rechtsfolge – der Nichtigerklärung – weitere Rechtsfolgenaussprüche entwickelt hat, die sich vor allem in ihrer zeitlichen Wirkung unterscheiden. Im Hinblick auf die Neuregelungsverpflichtung des Gesetzgebers reichen die Rechtsfolgenaussprüche dabei von der Verpflichtung rückwirkender Neuregelung bis zur in die Zukunft gerichteten Frist, innerhalb derer eine Neuregelung zu schaffen ist. Diese zeitliche Dimension der Neuregelungsverpflichtung des Gesetzgebers steht im Fokus des vorliegenden Beitrags.

1. Die Nichtigerklärung als gesetzlich normierter Regelfall

Kommt das Bundesverfassungsgericht im Rahmen einer abstrakten Normenkontrolle (Art. 93 Abs. 1 Nr. 2 GG, §§ 13 Nr. 6, 76 ff. BVerfGG) zu der Überzeugung, dass die zur Prüfung gestellte Norm mit dem Grundgesetz unvereinbar ist, sieht § 78 BVerfGG als Rechtsfolge vor, dass die Norm für nichtig erklärt wird. Gleiches gilt über die Verweisung in § 82 BVerfGG auch für die konkrete Normenkontrolle (Art. 100 Abs. 1 GG, §§ 13 Nr. 11, 80 ff. BVerfGG) sowie gemäß § 95 Abs. 3 Satz 1 und 2 BVerfGG für die Verfassungsbeschwerde (Art. 93 Abs. 1 Nr. 4a GG, §§ 13 Nr. 8a, 90 ff. BVerfGG). Die Nichtigerklärung wirkt nach allgemeiner Ansicht ex tunc.[2] Sie wirkt

1 Vgl. BVerfGE 55, 100 (110); *Maurer*, in: Festschrift für Weber, 1974, S. 345 (347).
2 BVerfGE 7, 377 (387); *Hömig*, in: Maunz/Schmidt-Bleibtreu/Klein/Bethge, BVerfGG, § 95 Rn. 39 (Januar 2017); *Kees*, in: Barczak, BVerfGG, § 78 Rn. 8; s. aber *Graßhof*, in: Burkiczak/Dollinger/Schorkopf, BVerfGG, 1. Aufl. 2015, § 78 Rn. 14: Normtheoretisch folge aus dem Begriff der Nich-

also zurück auf den Zeitpunkt, in dem das verfassungswidrige Gesetz in Kraft getreten ist bzw. in dem ein zunächst verfassungsmäßiges Gesetz verfassungswidrig geworden ist.[3]

In der Sache wird die Rückwirkung jedoch durch § 79 Abs. 2 BVerfGG begrenzt: Danach bleiben – jenseits der von § 79 Abs. 1 BVerfGG erfassten Strafurteile und vorbehaltlich der Vorschrift des § 95 Abs. 2 BVerfGG oder einer besonderen gesetzlichen Regelung – die nicht mehr anfechtbaren Entscheidungen, die auf einer gemäß § 78 BVerfGG für nichtig erklärten Norm beruhen, unberührt. Allerdings ist die Vollstreckung aus einer solchen Entscheidung unzulässig (§ 79 Abs. 2 Satz 2 BVerfGG). Das Bundesverfassungsgericht hat daraus den allgemeinen Rechtsgedanken abgeleitet, dass einerseits zwar unanfechtbar gewordene Akte der öffentlichen Gewalt, die auf verfassungswidriger Grundlage zustande gekommen sind, nicht rückwirkend aufgehoben und die nachteiligen Wirkungen, die in der Vergangenheit von ihnen ausgegangen sind, nicht beseitigt werden, andererseits jedoch zukünftige Folgen, die sich aus einer zwangsweisen Durchsetzung verfassungswidriger Entscheidungen ergeben würden, abgewendet werden sollen.[4]

Im Gegensatz zu anderen Rechtsfolgenaussprüchen geht die Nichtigerklärung in der Regel nicht mit der Anordnung einher, dass der Gesetzgeber innerhalb einer bestimmten Frist eine Neuregelung zu schaffen habe.[5] Da der verfassungswidrige Zustand bereits durch die Nichtigerklärung beseitigt wird, besteht aus verfassungsrechtlicher Sicht kein Neuregelungsbedürfnis. Die Anordnung einer Neuregelungspflicht erübrigt sich daher.

2. Die Unvereinbarerklärung

Da die gesetzlich vorgesehene Rechtsfolge – die Nichtigkeit und damit der Wegfall der Vorschrift ex tunc – nicht immer sachgerecht erscheint,[6] weicht das Bundesverfassungsgericht in einigen Fällen von §§ 78 Satz 1, 95 Abs. 3 BVerfGG ab und

---

tigkeit nicht, zu welchem Zeitpunkt sie eintrete. Sie könne daher auch erst ab einem Zeitpunkt in der Zukunft oder mit dem Ausspruch der Nichtigkeit eintreten.

3 *Bethge*, in: Maunz/Schmidt-Bleibtreu/Klein/Bethge, BVerfGG, § 31 Rn. 152f. (Februar 2019); *Kees*, in: Barczak, BVerfGG, § 78 Rn. 8.

4 BVerfGE 115, 51 (63) m.w.N.

5 Vgl. aus der jüngeren Rechtsprechung BVerfGE 145, 171; 149, 1; 149, 382; 153, 182.

6 Vgl. *Kees*, in: Barczak, BVerfGG, § 78 Rn. 20; *Schwindt*, Rechtsfolgen verfassungswidriger Steuergesetze, 2014, S. 10; *Wiechmann*, Finanzfolgen höchstrichterlicher Entscheidungen, 2021, S. 34.

erklärt die betroffenen Vorschriften lediglich für unvereinbar mit dem Grundgesetz (vgl. § 31 Abs. 2, § 79 Abs. 1 BVerfGG). Die Unvereinbarerklärung wirkt grundsätzlich ebenfalls ex tunc;[7] sie führt jedoch im Gegensatz zur Nichtigerklärung nicht zur Unwirksamkeit der Norm, sondern bewirkt lediglich eine Anwendungssperre.[8] Sie verpflichtet den Gesetzgeber dazu, die Rechtslage verfassungskonform neu zu gestalten.[9]

Die bloße Unvereinbarkeitserklärung ist nach der ständigen Rechtsprechung des Bundesverfassungsgerichts[10] statt der gesetzlich vorgesehenen Nichtigkeit als Rechtsfolge regelmäßig dann geboten, wenn der Gesetzgeber verschiedene Möglichkeiten hat, den Verfassungsverstoß zu beseitigen. Dies betrifft insbesondere Verletzungen des Gleichheitssatzes.[11] In diesen Fällen dient die Unvereinbarerklärung unter anderem dem Schutz der Gestaltungsfreiheit des Gesetzgebers.[12]

Daneben ist die bloße Unvereinbarerklärung geboten, wenn durch eine Nichtigerklärung ein Zustand geschaffen würde, der der verfassungsmäßigen Ordnung noch ferner stünde als die verfassungswidrige Regelung. Wenn die Nachteile des sofortigen Außerkrafttretens gegenüber den Nachteilen, die mit der vorläufigen Weitergeltung verbunden wären, überwiegen, ordnet das Bundesverfassungsgericht die befristete Weitergeltung der verfassungswidrigen Regelung an.[13] Als Rechtfertigungsgründe für die befristete Weitergeltung werden neben

---

7 BVerfGE 37, 217 (262); *Bethge*, in: Maunz/Schmidt-Bleibtreu/Klein/Bethge, BVerfGG, § 78 Rn. 63 (Juni 2018).

8 BVerfGE 73, 404 (101); 99, 280 (298); 117, 1 (70); *Bethge*, in: Maunz/Schmidt-Bleibtreu/Klein/Bethge, BVerfGG, § 31 Rn. 221 (Februar 2019); *Schwindt*, Rechtsfolgen verfassungswidriger Steuergesetze, 2014, S. 31; *Wiechmann*, Finanzfolgen höchstrichterlicher Entscheidungen, 2021, S. 36.

9 *Wiechmann*, Finanzfolgen höchstrichterlicher Entscheidungen, 2021, S. 36, 41 f. m.w.N.

10 Vgl. BVerfGE 147, 253 (362 Rn. 252) m.w.N.

11 Vgl. BVerfGE 99, 280 (298); 105, 73 (133); 107, 27 (57); 117, 1 (69); 122, 210 (245); 126, 400 (431); 138, 136 (249 Rn. 286); 147, 253 (362 Rn. 252). Beruhe die Verfassungswidrigkeit ausschließlich auf einem Verstoß gegen den allgemeinen Gleichheitssatz, so gelte inzwischen nach der ständigen Rechtsprechung des Bundesverfassungsgerichts ein umgekehrtes Regel-Ausnahme-Verhältnis: Regelfolge sei die Unvereinbarkeit, BVerfGE 110, 94 (138). Bisweilen stellt das Bundesverfassungsgericht aber auch bei Verstößen gegen den allgemeinen Gleichheitssatz die Nichtigkeit der betroffenen Vorschriften fest, s. etwa BVerfGE 132, 72 (98 f. Rn. 60).

12 Vgl. BVerfGE 22, 349 (362); 37, 217 (260); 132, 72 (98 Rn. 60); *Bartone*, Rechtsfolgenanordnungen in der jüngeren Rechtsprechung des Bundesverfassungsgerichts zum Steuerrecht, in: Emmenegger/Wiedmann (Hrsg.), Linien der Rechtsprechung des Bundesverfassungsgerichts, Band 2, 2011, S. 73 (80); *Bethge*, in: Maunz/Schmidt-Bleibtreu/Klein/Bethge, BVerfGG, § 31 Rn. 206a (Februar 2019).

13 Vgl. BVerfGE 33, 303 (347 f.); 61, 319 (356); 83, 130 (154); 85, 386 (401); 87, 153 (177 f.); 119, 331 (382 f.); 128, 282 (321 f.); 137, 108 (171 Rn. 148); 147, 253 (363 Rn. 252).

den Grundrechten[14] vor allem das Rechts- und das Sozialstaatsprinzip[15] anerkannt.[16]

Darüber hinaus kommt die bloße Unvereinbarerklärung auch dann in Betracht, wenn der verfassungswidrige Teil der Norm nicht klar abgrenzbar ist[17] oder wenn sich die für verfassungswidrig erachtete Rechtslage erst aus dem Zusammenwirken mehrerer Einzelregelungen ergibt und sich der Mangel durch eine Nachbesserung bei der einen oder der anderen Einzelregelung beheben ließe.[18]

3. Andere Rechtsfolgenanordnungen

Neben den zuvor genannten, am häufigsten vorzufindenden Rechtsfolgenanordnungen hat das Bundesverfassungsgericht verschiedene weitere Rechtsfolgenaussprüche entwickelt. So hat das Bundesverfassungsgericht etwa festgestellt, dass eine Regelung zwar noch verfassungsgemäß sei, der Gesetzgeber aber wegen zwischenzeitlich eingetretener Veränderungen verpflichtet sei, eine Neuregelung in Angriff zu nehmen.[19] Auch mit dieser sogenannten Appellentscheidung[20] geht also eine Neuregelungsverpflichtung des Gesetzgebers einher.[21] In einigen Fällen beschränkt sich das Gericht nicht auf eine bloße Unvereinbarerklärung mit Fortgeltungsanordnung, sondern trifft konkrete Übergangsregelungen für den Zeitraum bis zum Inkrafttreten einer gesetzlichen Neuregelung.[22] Auch hier steht jedoch die Verpflichtung des Gesetzgebers im Vordergrund, eine Neuregelung zu schaffen.

Eine andere Entscheidungsvariante ist die verfassungskonforme Auslegung: Ermöglicht eine angegriffene Norm eine Auslegung, die im Einklang mit dem Grundgesetz steht, und bei der das Gesetz sinnvoll bleibt, verbietet sich nach ständiger Rechtsprechung des Bundesverfassungsgerichts eine Nichtigerklärung.

---

14 Vgl. BVerfGE 83, 130 (154); 92, 158 (186).

15 Vgl. BVerfGE 37, 217 (261); 73, 40 (101 f.); 119, 331 (383 f.).

16 BVerfGE 137, 108 (171 Rn. 148).

17 BVerfGE 90, 263 (276).

18 BVerfGE 82, 60 (84).

19 BVerfGE 54, 11 (37, 39).

20 BVerfGE 86, 369 (379). Unter den Begriff der Appellentscheidung werden auch solche Entscheidungen gefasst, in denen das Gericht den Gesetzgeber unter Bestimmung einer konkreten Frist zur Neuregelung auffordert, s. BVerfGE 86, 369 (379 f.); *Bethge*, in: Maunz/Schmidt-Bleibtreu/Klein/Bethge, BVerfGG, § 78 Rn. 82a m.w.N. (Juni 2018).

21 Zu deren zeitlicher Dimension s. BVerfGE 86, 369 (379 f.).

22 S. etwa BVerfGE 127, 132 (133, 164 f.); 130, 131 (132, 150 f.); 130, 372 (373, 402 f.); 132, 134 (135 f., 174 ff. Rn. 98 ff.); 133, 59 (60, 99 Rn. 107 f.); 142, 313 (314, 353 Rn. 103); 152, 68 (70 f., 150 f. Rn. 218 ff.).

Stattdessen schreibt das Bundesverfassungsgericht fest, wie die Norm verfassungskonform auszulegen ist.[23] Da die Norm in ihrer verfassungskonformen Auslegung bestehen bleibt, besteht hier keine Neuregelungsverpflichtung des Gesetzgebers.

II. Die Neuregelungsverpflichtung des Gesetzgebers

Der wesentliche Vorteil der Unvereinbarerklärung gegenüber der Nichtigerklärung ist, dass das Bundesverfassungsgericht die zeitliche Wirkung der Entscheidung auf der Grundlage von § 35 BVerfGG[24] unter Berücksichtigung des Gemeinwohls flexibel festlegen kann.[25] Die Unvereinbarerklärung ermöglicht somit einen „schonenden Übergang von der verfassungswidrigen zu einer verfassungsmäßigen Rechtslage“[26]. Ob das Bundesverfassungsgericht den Gesetzgeber verpflichtet, rückwirkend oder lediglich für die Zukunft eine Neuregelung zu schaffen, hängt dabei von einer Vielzahl von Kriterien ab.

1. Verpflichtung zur rückwirkenden Neuregelung

Stellt das Bundesverfassungsgericht die Unvereinbarkeit einer Norm mit dem Grundgesetz fest, folgt daraus nach der Rechtsprechung des Bundesverfassungsgerichts grundsätzlich die Verpflichtung des Gesetzgebers, die Rechtslage rückwirkend verfassungsgemäß umzugestalten.[27] Die Verpflichtung der rückwirkenden Neuregelung ist also der Regelfall, Abweichungen hiervon bedürfen einer Rechtfertigung. Das Bundesverfassungsgericht hat mehrere Fallgruppen anerkannt, in denen von einer rückwirkenden Neuregelung abgesehen werden kann:

a) Eine Ausnahme von der Verpflichtung zur rückwirkenden Neuregelung hat das Bundesverfassungsgericht wiederholt bei haushaltswirtschaftlich bedeutsa-

---

23 BVerfGE 2, 266 (282); 69, 1 (55); 88, 203 (331).

24 *Bethge*, in: Maunz/Schmidt-Bleibtreu/Klein/Bethge, BVerfGG, § 78 Rn. 82b (Juni 2018); *Graßhof*, Die Vollstreckung von Normenkontrollentscheidungen des Bundesverfassungsgerichts, 2003, S. 171; *Lenz/Hansel*, BVerfGG, 3. Aufl. 2020, § 78 Rn. 14; a.A. *Gaier*, JuS 2011, S. 961 (965); kritisch: *Burkiczak*, in: Burkiczak/Dollinger/Schorkopf, BVerfGG, 1. Aufl. 2015, § 35 Rn. 62.

25 Ähnlich *Kees*, in: Barczak, BVerfGG, § 78 Rn. 21.

26 *Bethge*, in: Maunz/Schmidt-Bleibtreu/Klein/Bethge, BVerfGG, § 31 Rn. 227 (Februar 2019).

27 BVerfGE 81, 363 (384); 130, 263 (312); 140, 240 (316 Rn. 170).

men Normen bejaht.[28] Die Notwendigkeit einer verlässlichen Finanz- und Haushaltsplanung kann dafür sprechen, eine verfassungswidrige Norm für vorübergehend weiter anwendbar zu erklären.[29] Dies gilt allerdings nicht in jedem Fall.[30] Haushaltswirtschaftliche Gründe können einer rückwirkenden Neuregelung insbesondere nur dann entgegenstehen, wenn der Gesetzgeber sich auf seine Finanz- und Haushaltsplanung verlassen durfte. Dies ist nicht der Fall, wenn die in Frage stehende Norm von Anfang an mit erheblichen verfassungsrechtlichen Unsicherheiten belastet war.[31]

b) Nach der Rechtsprechung des Bundesverfassungsgerichts muss der Gesetzgeber einen mit dem Grundgesetz unvereinbaren Rechtszustand auch dann nicht rückwirkend beseitigen, wenn die verfassungsrechtliche Rechtslage zuvor nicht hinreichend geklärt war und dem Gesetzgeber aus diesem Grund eine angemessene Frist zur Schaffung einer Neuregelung zu gewähren ist.[32] Auf der anderen Seite kann der Umstand, dass die Verfassungsmäßigkeit einer Regelung stets umstritten war, gegen eine Ausnahme von der Verpflichtung rückwirkender Neuregelung sprechen.[33] Hinter diesen Erwägungen dürfte der Gedanke eines Vertrauensschutzes zugunsten des Gesetzgebers stehen.[34]

c) Als weiteren Grund für die Abweichung von der Verpflichtung rückwirkender Neuregelung nennt das Bundesverfassungsgericht im Bereich des Steuerrechts die Erfordernisse gleichmäßigen Verwaltungsvollzugs für Zeiträume einer weitgehend schon abgeschlossenen Veranlagung.[35] Da es aus Sicht des Steuerpflichtigen von Zufälligkeiten abhängen kann, ob ein Steuerfall bereits abschließend entschieden ist, kann eine Unterscheidung zwischen rechtsförm-

28 BVerfGE 93, 121 (148); 105, 73 (134); 117, 1 (70); 130, 263 (312 f.); 139, 64 (147 f. Rn. 195); 140, 240 (316 Rn. 170); 150, 169 (193 f. Rn. 64).

29 BVerfGE 145, 171 (229 Rn. 162); BVerfG, Beschl. v. 25. März 2021 – 2 BvL 1/11 –, juris, Rn. 98.

30 Vgl. BVerfGE 122, 210 (246); 126, 268 (285 f.); 145, 171 (229 Rn. 162); 150, 345 (378 Rn. 85); BVerfG, Beschl. v. 25. März 2021 – 2 BvL 1/11 –, juris, Rn. 98.

31 BVerfGE 145, 171 (229 Rn. 162).

32 BVerfGE 120, 125 (168); 125, 175 (258).

33 BVerfGE 122, 210 (246); 126, 268 (285 f.); 133, 377 (424 Rn. 109); 139, 285 (320 f. Rn. 92); 145, 171 (229 Rn. 162).

34 Vgl. *Moes*, StuW 2008, S. 27 (32 ff.); *Wiechmann*, Finanzfolgen höchstrichterlicher Entscheidungen, 2021, S. 109 ff. m.w.N.

35 BVerfGE 87, 153 (180); 93, 121 (148); 93, 165 (178); 117, 1 (70); 139, 285 (319 Rn. 89); BVerfG, Beschl. v. 18. Juli 2019 – 1 BvR 807/12 –, juris, Rn. 73; kritisch hierzu *Hey*, in: Festschrift für Wolfgang Spindler, 2011, S. 97 (107 f.); *Wiechmann*, Finanzfolgen höchstrichterlicher Entscheidungen, 2021, S. 119 ff.

lich abgeschlossenen und noch anhängigen Verfahren im Rahmen einer rückwirkenden Neuregelung problematisch erscheinen.[36]

d) Daneben entfällt die Verpflichtung rückwirkender Neuregelung, wenn sie nach der tatsächlichen Lage praktisch nicht mehr durchführbar wäre oder den Betroffenen keinen tatsächlichen Nutzen mehr bringen könnte oder wenn sie nur unter unverhältnismäßig großer Beeinträchtigung anderer schutzwürdiger Belange möglich wäre.[37] Letzteres dürfte insbesondere Fälle betreffen, in denen eine rückwirkende Neuregelung aus Gründen des Vertrauensschutzes ihrerseits verfassungsrechtlich problematisch wäre.[38]

2. Verpflichtung zur Neuregelung für die Zukunft

Ist eine rückwirkende Neuregelung nach den vorstehenden Erwägungen ausnahmsweise nicht erforderlich, verpflichtet das Bundesverfassungsgericht den Gesetzgeber lediglich für die Zukunft, eine verfassungsmäßige Neuregelung zu treffen. Damit verbunden ist häufig eine auf § 35 BVerfGG gestützte[39] sogenannte Weitergeltungsanordnung, mittels derer das Bundesverfassungsgericht das für verfassungswidrig erklärte Gesetz für vorübergehend weiter anwendbar erklärt. Eine solche, von der grundsätzlichen Rückwirkung sowohl einer Nichtigkeits- als auch Unvereinbarkeitserklärung abweichende Anordnung kommt nach der Rechtsprechung des Bundesverfassungsgerichts nur im Ausnahmefall in Betracht und bedarf einer besonderen Rechtfertigung.[40] Die Rechtfertigungsgründe stimmen mit den zuvor genannten Gründen überein, aus denen von einer rückwirkenden Neuregelung abgesehen werden kann. Die Fortgeltung kann sowohl für vergangene Zeiträume als auch in die Zukunft gerichtet angeordnet werden.[41]

3. Neuregelungsfrist

Unabhängig davon, für welchen Zeitraum der Gesetzgeber zur Neuregelung der verfassungswidrigen Rechtslage verpflichtet ist, kann das Bundesverfassungsgericht dem Gesetzgeber eine Frist setzen, innerhalb derer er die Rechtslage

36 BVerfGE 87, 153 (180).
37 BVerfGE 87, 114 (137); 99, 280 (299); 138, 136 (250 f. Rn. 291)
38 Vgl. dazu etwa den Beitrag von *Bleschick*, S. 103 ff. m.w.N.
39 Vgl. BVerfGE 128, 326 (405).
40 BVerfGE 120, 125 (167 f.); 132, 179 (193 f. Rn. 48); 135, 238 (246 Rn. 25).
41 Vgl. BVerfGE 148, 147 (213 f. Rn. 169 ff.).

verfassungsgemäß umzugestalten hat.[42] Diese Neuregelungsfrist soll im Folgenden näher betrachtet werden.

a) Erfordernis der Fristsetzung

Wenn das Bundesverfassungsgericht die Unvereinbarkeit einer Norm mit dem Grundgesetz feststellt, ist der Gesetzgeber grundsätzlich verpflichtet, die Rechtslage *unverzüglich* mit dem Grundgesetz in Einklang zu bringen.[43] Der Gesetzgeber muss also „ohne schuldhaftes Zögern" tätig werden (vgl. § 121 Abs. 1 BGB). Der ausdrücklichen Anordnung einer Neuregelungsfrist bedarf es danach dem Grunde nach nicht.[44] Gleichwohl findet sich in vielen Entscheidungen des Bundesverfassungsgerichts eine explizite Neuregelungsfrist.[45] Dadurch wird die Neuregelungspflicht des Gesetzgebers in ihrer zeitlichen Dimension von vornherein klar umrissen. Die Fristsetzung macht die Neuregelungsverpflichtung des Gesetzgebers operabel.[46] Sie ermöglicht dem Bundesverfassungsgericht, zugleich Anordnungen für den Fall zu treffen, dass der Gesetzgeber seiner Neuregelungsverpflichtung nicht fristgerecht nachkommt.[47] Darüber hinaus wirkt sie Folgeverfahren entgegen, die allein die Rechtsfrage zum Gegenstand haben, ob der Gesetzgeber seiner Neuregelungsverpflichtung rechtzeitig nachgekommen ist.[48]

Trifft das Bundesverfassungsgericht Übergangsregelungen für den Zeitraum bis zum Inkrafttreten einer gesetzlichen Neuregelung, sieht es regelmäßig von einer Fristsetzung ab.[49] In diesen Fällen erscheint es zunächst weniger relevant, in

---

42 BVerfGE 90, 263 (276 f.); 138, 136 (249 Rn. 286); 139, 285 (318 Rn. 88); 148, 147 (211 Rn. 165); s.a. *Gaier*, Jus 2011, S. 961 (965); kritisch *Hein*, Die Unvereinbarerklärung verfassungswidriger Gesetze durch das Bundesverfassungsgericht, 1988, S. 172 f.

43 BVerfGE 92, 158 (186 f.); 107, 150 (185 f.); 133, 377 (425 Rn. 113); 142, 313 (314, 353 Rn. 103); s.a. BVerfGE 98, 169 (215); 132, 134 (135); *Nettersheim*, in: Barczak, BVerfGG, § 95 Rn. 69.

44 S.a. *Benda/Klein*, Verfassungsprozessrecht, 4. Aufl. 2020, Rn. 1469.

45 S. etwa aus der jüngeren Rechtsprechung BVerfGE 143, 216 (217); 145, 304 (305); 146, 71 (149 Rn. 218); 148, 147 (149); 149, 293 (295); 151, 101 (102); keine Neuregelungsfrist: BVerfGE 130, 131; 150, 204; 152, 68.

46 *Kees*, in: Barczak, BVerfGG, § 78 Rn. 41; s.a. *Graßhof*, Die Vollstreckung von Normenkontrollentscheidungen des Bundesverfassungsgerichts, 2003, S. 171.

47 BVerfGE 99, 300 (304); 111, 115 (146); 125, 175 (258 f.); 130, 240 (241); 145, 106 (107); 148, 40 (63 Rn. 64); 148, 147 (215 Rn. 176), dazu sogleich unter b).

48 Vgl. etwa BVerfGE 86, 369 (380 ff.).

49 BVerfGE 127, 132 (165); 130, 131 (150 f.); 130, 372 (402 f.); 132, 134 (174 f. Rn. 98 ff., 178 Rn. 110); 133, 377 (425 Rn. 113); 142, 313 (353 Rn. 103); 152, 68 (70 f., 151 Rn. 224); s. aber BVerfGE 146, 71 (73, 149 Rn. 218).

welchem Zeitrahmen der Gesetzgeber eine Neuregelung trifft, weil die Verfassungsmäßigkeit der Rechtslage bereits durch die Übergangsregelungen vorläufig hergestellt wird. Da derartige Übergangsregelungen jedoch ihrerseits nur in engen Grenzen verfassungsrechtlich legitimiert sind,[50] erscheint eine Fristsetzung auch in diesen Fällen sinnvoll.[51]

Von einer Fristsetzung sieht das Bundesverfassungsgericht auch dann ab, wenn der Gesetzgeber zwischenzeitlich bereits eine verfassungskonforme Regelung getroffen[52] oder den Gesetzgebungsprozess zumindest eingeleitet hat.[53]

Verpflichtet das Bundesverfassungsgericht den Gesetzgeber, eine *rückwirkende* Neuregelung zu treffen, findet sich anstelle einer Neuregelungsfrist häufig eine Regelung, *mit Wirkung* zu welchem Zeitpunkt die Neuregelung zu treffen sei.[54] Teilweise setzt das Bundesverfassungsgericht aber auch in diesen Fällen eine Frist, *bis wann* die Neuregelung zu erfolgen habe.[55]

Besondere Bedeutung kommt der Fristsetzung zu, wenn das Bundesverfassungsgericht die vorübergehende Weitergeltung der mit dem Grundgesetz unvereinbaren Vorschriften anordnet.[56] Die Fristsetzung begrenzt hier gleichsam den Zeitraum, für den die Fortgeltung der verfassungswidrigen Rechtslage hingenommen werden kann.[57] Ähnlich wie eine Fristsetzung wirkt insoweit die befristete Anordnung der Weitergeltung der mit dem Grundgesetz unvereinbaren Vorschriften.[58] Da die angegriffene Vorschrift ohne Neuregelung nach Fristablauf ersatzlos wegfällt, wird der Gesetzgeber auf diesem Weg indirekt zu einer zeitnahen Neuregelung angehalten.[59] Teilweise wird die befristete Weitergeltungsanordnung dennoch mit einer ausdrücklichen Neuregelungsfrist kombiniert.[60]

---

50 Vgl. *Kees*, in: Barczak, BVerfGG, § 78 Rn. 45 m.w.N.

51 Eine Fristsetzung bei gleichzeitiger Anordnung einer Übergangsregelung enthalten etwa BVerfGE 133, 59 (60); 146, 71 (73, 149 Rn. 218).

52 BVerfGE 150, 204.

53 BVerfGE 127, 87 (132).

54 BVerfGE 126, 268 (285); 131, 239 (266); 133, 377 (424 Rn. 110); 140, 240 (244).

55 BVerfGE 129, 49 (77); 139, 285 (286); 145, 106 (169 Rn. 165).

56 BVerfGE 143, 216 (217, 246 Rn. 72); 147, 253 (263, 363 Rn. 253).

57 Vgl. *Bethge*, in: Maunz/Schmidt-Bleibtreu/Klein/Bethge, BVerfGG, § 31 Rn. 228 (Februar 2019); *Graßhof*, in: Umbach/Clemens/Dollinger (Hrsg.), BVerfGG, 2. Aufl. 2005, § 78 Rn. 51; *Kleuker*, Gesetzgebungsaufträge des Bundesverfassungsgerichts, 1993, S. 106. *Kees*, in: Barczak, BVerfGG, § 78 Rn. 42, geht davon aus, dass die angegriffene Norm nach erfolglosem Ablauf der Frist unanwendbar sei.

58 S. etwa BVerfGE 109, 190 (191); 127, 293 (335); 128, 326 (404 f.); 130, 151 (210); 133, 277 (375 ff. Rn. 229 ff.); 141, 143 (181 f. Rn. 88); 141, 220 (222, 352 Rn. 357); 150, 244 (247); 150, 309 (311).

59 Vgl. *Kees*, in: Barczak, BVerfGG, § 78 Rn. 39; *Siedler*, Gesetzgeber und Bundesverfassungsgericht, 1999, S. 170.

60 BVerfGE 148, 40 (40 f., 63 f. Rn. 64); 149, 293 (294 f., 344 f. Rn. 126 ff.); 154, 152 (156, 312 Rn. 331).

b) Justiziabilität der Frist

Von besonderer Relevanz für die Praxis dürfte die Justiziabilität der durch das Bundesverfassungsgericht gesetzten Neuregelungsfrist sein. Ob und wie es sich auswirkt, wenn der Gesetzgeber seiner Neuregelungspflicht nicht innerhalb der vom Bundesverfassungsgericht gesetzten Frist nachkommt, hängt von dem weiteren Inhalt der jeweiligen Entscheidung ab. Trifft das Bundesverfassungsgericht keine Anordnungen für den Fall, dass die Frist ohne Ergebnis verstreicht, hat der Fristablauf zunächst keine unmittelbaren Folgen.[61] Insbesondere dürfte der Fristablauf auch nicht dazu führen, dass die angegriffene Norm, deren Weitergeltung bis zu einer Neuregelung angeordnet wurde, ohne Weiteres unanwendbar wird.[62] Nachdem etwa die mit Urteil vom 17. Dezember 2014[63] gesetzte Frist für die Neuregelung von Vorschriften des Erbschaftsteuer- und Schenkungsteuergesetzes ohne Ergebnis verstrichen war, kündigte der Erste Senat des Bundesverfassungsgerichts an, dass er sich alsbald „mit dem weiteren Vorgehen im Normenkontrollverfahren um das Erbschaftsteuer- und Schenkungsteuergesetz befassen" werde.[64] Einer erneuten Befassung des Senats hätte es nicht bedurft, wenn die Weitergeltungsanordnung mit Fristablauf automatisch ausgelaufen wäre. Offenbar genügte jedoch schon die Ankündigung einer weiteren Befassung, um den Gesetzgeber zu einem baldigen Abschluss des bereits angelaufenen Gesetzgebungsverfahrens anzuhalten. Die maßgeblichen Vorschriften wurden durch Gesetz vom 4. November 2016 rückwirkend zum 1. Juli 2016 – dem Tag nach Ablauf der durch das Bundesverfassungsgericht gesetzten Frist – neu gefasst.[65]

Unklarheiten über die Rechtsfolgen des Fristablaufs werden vermieden, wenn das Bundesverfassungsgericht im Wege der Vollstreckungsanordnung (§ 35 BVerfGG)[66] zugleich weitere Konsequenzen für den Fall anordnet, dass der Gesetzgeber seiner Neuregelungsverpflichtung nicht fristgerecht nachkommt. Nicht

---

61 Vgl. BVerfGE 99, 300 (331 f.): Nachdem der Gesetzgeber seiner bereits zuvor festgestellten Neuregelungsverpflichtung nicht nachgekommen war, stellte das Gericht erneut die Neuregelungspflicht fest und setzte dem Gesetzgeber eine erneute Frist von etwa einem Jahr.

62 Vgl. BVerfGE 148, 147 (215 Rn. 176); *Gaier*, JuS 2011, S. 961 (966); a.A. *Graßhof*, Die Vollstreckung von Normenkontrollentscheidungen des Bundesverfassungsgerichts, 2003, S. 173; wohl auch *Kees*, in: Barczak, BVerfGG, § 78 Rn. 42; differenzierend *Feick/Henn*, DStR 2008, S. 1905 (1906 ff.).

63 BVerfGE 138, 136.

64 Pressemitteilung Nr. 41/2016 vom 14. Juli 2016, abrufbar unter www.bundesverfassungsgericht.de (zuletzt aufgerufen 28.06.2021).

65 Vgl. BGBl. I 2016, S. 2464, s.a. BT-Drs. 18/5923, S. 1.

66 *Bethge*, in: Maunz/Schmidt-Bleibtreu/Klein/Bethge, BVerfGG, § 31 Rn. 243 (Februar 2019); s.a. *Graßhof*, Die Vollstreckung von Normenkontrollentscheidungen des Bundesverfassungsgerichts, 2003, S. 171.

selten ist etwa die Anordnung, dass die Nichtigkeit der beanstandeten Vorschriften eintritt, wenn bis zum Fristablauf keine verfassungsgemäße Neuregelung getroffen wurde.[67] In diesen Fällen tritt die Nichtigkeit der beanstandeten Vorschriften als Folge der Verfassungswidrigkeit automatisch mit dem Ablauf des Datums ein.[68] In anderen Fällen hat das Bundesverfassungsgericht lediglich festgehalten, dass ein pflichtwidrig später erlassenes Gesetz mit Wirkung zum Tag nach Fristablauf in Kraft gesetzt werden müsse.[69] In der Entscheidung zur Einheitsbewertung bei der Bemessung der Grundsteuer wurde der Gesetzgeber für den Fall einer fristgerechten Neuregelung mit einer – nur dann anwendbaren – weiterreichenden Weitergeltungsanordnung „belohnt".[70]

Ordnet das Bundesverfassungsgericht die *befristete* Weitergeltung der angegriffenen Norm an oder trifft es eine sonstige befristete Übergangsregelung, läuft diese mit Fristablauf auch dann aus, wenn der Gesetzgeber bis dahin keine Neuregelung getroffen hat.[71] Dies geschah etwa bei der Vermögensteuer: In seiner Entscheidung vom 22. Juni 1995 gab das Bundesverfassungsgericht dem Gesetzgeber auf, bis zum 31. Dezember 1996 eine Neuregelung zu treffen und ordnete die weitere Anwendbarkeit des bisherigen Rechts längstens bis zu diesem Zeitpunkt an.[72] Da eine Neuregelung bis heute nicht erfolgt ist, wird die Vermögensteuer seit dem 1. Januar 1997 nicht mehr erhoben.[73]

Auch wenn das Bundesverfassungsgericht die Neuregelungsfrist nicht durch eine der vorbeschriebenen Mechanismen abgesichert hat, läuft der Gesetzgeber nach fruchtlosem Fristablauf jedenfalls Gefahr, dass die Normen erneut Gegenstand eines Normenkontroll- oder Verfassungsbeschwerdeverfahrens werden.[74]

---

67 BVerfGE 111, 115 (146); 130, 240 (241); 133, 143 (163 Rn. 52); 145, 106 (168 f. Rn. 162); 148, 40 (63 Rn. 64).

68 *Bethge*, in: Maunz/Schmidt-Bleibtreu/Klein/Bethge, BVerfGG, § 31 Rn. 240 (Februar 2019).

69 BVerfGE 125, 175 (258 f.).

70 BVerfGE 148, 147 (215 Rn. 177 f.).

71 Vgl. *Kees*, in: Barczak, BVerfGG, § 78 Rn. 39.

72 BVerfGE 93, 121 (122).

73 *Bartone*, Rechtsfolgenanordnungen in der jüngeren Rechtsprechung des Bundesverfassungsgerichts zum Steuerrecht, in: Emmenegger/Wiedmann (Hrsg.), Linien der Rechtsprechung des Bundesverfassungsgerichts, Band 2, 2011, S. 73 (81).

74 Vgl. BVerfGE 99, 300 (331 f.); *Kleuker*, Gesetzgebungsaufträge des Bundesverfassungsgerichts, 1993, S. 104; *Nettersheim*, in: Barczak, BVerfGG, § 95 Rn. 76.

c) Bemessung der Neuregelungsfrist

Die Dauer der Neuregelungsfrist wird nur in wenigen Entscheidungen des Bundesverfassungsgerichts näher begründet.[75] Dennoch lassen sich einige Tendenzen ausmachen:

Grundsätzlich wird die Frist so bemessen, dass dem Gesetzgeber ein „angemessener Zeitraum" für die Neuregelung zur Verfügung steht.[76] Die Frist muss also lang genug sein, um ein „ordnungsgemäßes parlamentarisches Verfahren ohne übermäßigen Zeitdruck, aber auch ohne unnötige Verschleppungen"[77] zu ermöglichen.[78] In einzelnen Fällen hat das Bundesverfassungsgericht insoweit einen Zeitraum von sechs Monaten als ausreichend erachtet.[79] Gerade in der jüngeren Vergangenheit hat das Bundesverfassungsgericht dem Gesetzgeber jedoch in der Regel eine Frist zwischen zwölf und 24 Monaten gesetzt, in der Regel bis Mitte oder Ende eines Jahres.[80]

Eine Frist von 18 Monaten und mehr dürfte dabei schon großzügig bemessen und Besonderheiten der Regelungsmaterie geschuldet sein.[81] Zur Rechtfertigung für besonders lange Neuregelungsfristen hat das Bundesverfassungsgericht etwa die Notwendigkeit länderübergreifender Abstimmungsprozesse,[82] die Erforderlichkeit besonderer Maßnahmen, die zur praktischen Umsetzung einer Neuregelung erforderlich sind,[83] die Komplexität der Regelungsmaterie[84] oder etwaigen

---

75 Vgl. etwa aus der jüngeren Rechtsprechung BVerfGE 143, 216 (246 Rn. 72); 143, 246 (394 Rn. 399); 145, 106 (169 Rn. 165); 145, 304 (346 Rn. 125); 146, 71 (149 Rn. 218); 148, 40 (63 Rn. 63); 151, 101 (151 Rn. 132); 154, 152 (312 Rn. 331), jeweils ohne Begründung für die Dauer der Neuregelungsfrist.

76 Vgl. BVerfGE 148, 147 (211 f. Rn. 167); s.a. BVerfGE 125, 175 (257 f.).

77 *Sauer*, in: BeckOK BVerfGG, § 35 Rn. 42 (Januar 2021).

78 S.a. *Graßhof*, in: Umbach/Clemens/Dollinger (Hrsg.), BVerfGG, 2. Aufl. 2005, § 78 Rn. 51; *ders.*, Die Vollstreckung von Normenkontrollentscheidungen des Bundesverfassungsgerichts, 2003, S. 172; *Benda/Klein*, Verfassungsprozessrecht, 4. Aufl. 2020, Rn. 1469.

79 BVerfGE 126, 400 (431 f.); 129, 49 (77); 130, 240 (262); 132, 179 (193 f. Rn. 45, 49 f.); 135, 238 (247 f. Rn. 28 ff.).

80 BVerfGE 125, 104 (136); 127, 293 (335); 128, 157 (158); 128, 326 (404 f.); 133, 59 (60); 133, 143 (162 f. Rn. 51 f.); 133, 277 (375 Rn. 229); 136, 9 (59 Rn. 108); 136, 338 (339); 138, 136 (251 Rn. 293); 139, 285 (318 Rn. 87); 141, 143 (181 f. Rn. 88); 141, 220 (351 f. Rn. 357); 143, 216 (246 Rn. 72); 143, 246 (394 Rn. 399); 145, 106 (169 f. Rn. 165 f.); 145, 304 (346 Rn. 125); 146, 71 (149 Rn. 218); 147, 253 (363 Rn. 253); 148, 40 (63 Rn. 64); 148, 147 (211 f. Rn. 167); 151, 101 (151 Rn. 132); 154, 152 (312 Rn. 331).

81 Vgl. BVerfGE 133, 277 (377 Rn. 232).

82 BVerfGE 141, 143 (181 f. Rn. 88).

83 BVerfGE 128, 326 (405).

84 BVerfGE 147, 253 (363 Rn. 253).

mit den verfahrensgegenständlichen Vorschriften zusammenhängenden, weitergehenden Regelungsbedarf[85] angeführt.

Als Gründe für eine knapper bemessene Neuregelungsfrist nennt das Bundesverfassungsgericht etwa die betroffenen Grundrechte.[86] Daneben kann für eine kürzere Neuregelungsfrist sprechen, dass die Notwendigkeit einer alsbaldigen Neuregelung den Gesetzgeber nicht unvorbereitet trifft,[87] insbesondere weil die Verfassungswidrigkeit der Norm für den Gesetzgeber erkennbar war.[88]

III. Die Neuregelungsverpflichtung in ausgewählten jüngeren Entscheidungen des Bundesverfassungsgerichts

Im Folgenden sollen einzelne Entscheidungen aus der jüngeren Rechtsprechung des Bundesverfassungsgerichts[89] im Hinblick auf die darin festgehaltene Neuregelungsverpflichtung des Gesetzgebers einer näheren Betrachtung unterzogen werden.

1. BVerfGE 129, 49 – Mediziner-BAföG

Eine eher knapp bemessene Neuregelungsfrist findet sich in der Entscheidung des Ersten Senats des Bundesverfassungsgerichts vom 21. Juni 2011 über die Vereinbarkeit der Vorschriften über den sogenannten großen Teilerlass nach § 18b Abs. 3 Satz 1 BAföG mit Art. 3 Abs. 1 GG. Der Entscheidung lag eine Verfassungsbeschwerde zugrunde, die sich zum einen dagegen richtete, dass Studierende der Humanmedizin in den neuen Ländern für eine geringere Förderungshöchstdauer Ausbildungsförderung nach dem Bundesausbildungsförderungsgesetz erhalten konnten als Studierende der Humanmedizin in den alten Ländern. Zum anderen betraf sie die Voraussetzungen für einen sogenannten „großen Teilerlass“ der als Darlehen gewährten Ausbildungsförderung nach § 18b Abs. 3 Satz 1 BAföG, die infolge der unterschiedlichen Förderungshöchstdauer in den neuen Ländern

85 BVerfGE 133, 277 (377 Rn. 232).
86 BVerfGE 149, 293 (345 Rn. 130).
87 BVerfGE 148, 147 (212 Rn. 167).
88 BVerfGE 129, 49 (77); 132, 179 (194 Rn. 49).
89 In den Blick genommen wurden Entscheidungen vom 125. bis zum 154. Band der amtlichen Entscheidungssammlung.

anders als in den alten nicht zu erfüllen waren. Die betroffene Vorschrift war bereits vor der Entscheidung des Bundesverfassungsgerichts mit einer Übergangsfrist bis zum 31. Dezember 2012 abgeschafft worden.[90]

Der Erste Senat kam zu dem Ergebnis, dass im Hinblick auf die Voraussetzungen für den „großen Teilerlass" ein Verstoß gegen Art. 3 Abs. 1 GG vorliege.[91] Ohne dies im Hinblick auf die in § 95 Abs. 3 Satz 2 BVerfGG vorgesehene Rechtsfolge näher zu erläutern, erklärte der Erste Senat die maßgeblichen Vorschriften lediglich für teilweise unvereinbar mit Art. 3 Abs. 1 GG.[92] Die Unvereinbarkeitserklärung habe zur Folge, dass der Gesetzgeber zur rückwirkenden, gleichheitsgerechten Neuregelung für den gesamten Zeitraum verpflichtet sei, auf den sich die Unvereinbarkeitserklärung beziehe.[93]

Die Neuregelung habe bis zum 31. Dezember 2011 – also innerhalb von nur ca. sechs Monaten nach Erlass der Entscheidung – zu erfolgen. Es bestehe keine Veranlassung, dem Gesetzgeber eine längere Frist zur Nachbesserung einzuräumen und während dieses Zeitraums die Fortgeltung der verfassungswidrigen Rechtslage anzuordnen. Denn über die Angemessenheit der Teilerlassregelung bei frühzeitiger Beendigung der Ausbildung werde bereits seit Ende der 1970er Jahre diskutiert. Auch der Gesetzgeber habe die Unstimmigkeiten der Vorschrift bereits erkannt. Eine geordnete Finanz- und Haushaltsplanung sei durch die erforderliche Neuregelung ebenfalls nicht gefährdet.

Vor dem Hintergrund, dass die betroffene Vorschrift zum Zeitpunkt der Entscheidung des Bundesverfassungsgerichts bereits abgeschafft worden war, der Gesetzgeber also ohnehin nur noch eine rückwirkende Neuregelung für die betroffenen Altfälle zu treffen hatte, erscheint es bemerkenswert, dass der Erste Senat in dieser Entscheidung nicht lediglich geregelt hat, mit Wirkung zu welchem Zeitpunkt eine Neuregelung zu treffen sei, sondern auch bis wann eine Neuregelung zu erfolgen habe. Dies dürfte dadurch zu erklären sein, dass der BAföG-Teilerlass für die Betroffenen nicht unerhebliche finanzielle Auswirkungen hat, weshalb auch bei einer rückwirkenden Neuregelung ein besonderes Interesse an einer zeitnahen Klärung bestanden haben dürfte.

90 BVerfGE 129, 49 (51).
91 BVerfGE 129, 49 (50).
92 BVerfGE 129, 49 (75). Eine Nichtigerklärung wäre vorliegend aus dem Grund nicht in Betracht gekommen, weil damit auch in anderen Fällen die Rechtsgrundlage für einen Teilerlass der als Darlehen gewährten Ausbildungsförderung entfallen wäre.
93 BVerfGE 129, 49 (76).

2. BVerfGE 148, 147 – Einheitsbewertung (Grundsteuerbemessung)

Eine sehr großzügig bemessene Neuregelungsfrist findet sich in der Entscheidung des Ersten Senats des Bundesverfassungsgerichts vom 10. April 2018 über die Einheitsbewertung im Rahmen der Grundsteuer. Die Entscheidung betraf die Frage, ob die für die Erhebung der Grundsteuer maßgebliche Einheitsbewertung des Grundvermögens mit dem Grundrecht auf Gleichbehandlung (Art. 3 Abs. 1 GG) vereinbar sei. Dabei ging es vor allem um die Anknüpfung an die Wertverhältnisse von Anfang 1964 in den alten Bundesländern.[94] Der Erste Senat stellte fest, dass die maßgeblichen Vorschriften „jedenfalls seit dem 1. Januar 2002" unvereinbar mit Art. 3 Abs. 1 GG seien.[95] Da dem Gesetzgeber „vielfältige Möglichkeiten zur Schaffung eines verfassungsgemäßen Zustandes zur Verfügung" standen, stellte der Erste Senat lediglich die Verfassungswidrigkeit der Normen fest und gab dem Gesetzgeber auf, bis zum 31. Dezember 2019 – also innerhalb von etwa 20 Monaten nach Erlass der Entscheidung – eine Neuregelung zu treffen. Damit bleibe dem Gesetzgeber ein angemessener Zeitraum. Der Senat verwies insoweit darauf, dass den Gesetzgeber die Notwendigkeit einer alsbaldigen Neuregelung nicht unvorbereitet treffe. In jahrzehntelangen Reformbemühungen um die Grundsteuer seien verschiedene Modelle erörtert und durchgerechnet worden. In der vergangenen Legislaturperiode sei sogar bereits ein konkreter Gesetzentwurf zur Neuregelung der Bewertung des Grundbesitzes in den Bundesrat eingebracht worden, der allerdings der Diskontinuität des Bundestages zum Opfer gefallen sei.[96]

Großzügig bemessen ist auch die in der Entscheidung vorgesehene Fortgeltungsanordnung: Der Erste Senat ordnete die Fortgeltung der beanstandeten Regelungen zur Einheitsbewertung bis zum 31. Dezember 2019 sowie bis zu fünf Jahre nach der Verkündung einer spätestens bis zum 31. Dezember 2019 getroffenen Neuregelung, längstens aber bis zum 31. Dezember 2024 an.[97]

Angesichts der Feststellung, dass die maßgeblichen Vorschriften „jedenfalls seit dem 1. Januar 2002" – also im Zeitpunkt der Entscheidung bereits seit 16 Jahren – unvereinbar mit Art. 3 Abs. 1 GG seien, erscheint eine Anordnung der Fortgeltung für effektiv weitere sieben Jahre besonders großzügig. Dass sich der Erste Senat dessen durchaus bewusst war, zeigen die umfassenden Ausführungen zur Rechtfertigung der Dauer der Fortgeltungsanordnung. Der Erste Senat stützte

94 BVerfGE 148, 147 (150 Rn. 1).
95 BVerfGE 148, 147 (149).
96 BVerfGE 148, 147 (211 f. Rn. 167).
97 BVerfGE 148, 147 (213 Rn. 169).

die Fortgeltungsanordnung darauf, dass andernfalls Vollzugsprobleme drohten, wenn noch nicht bestandskräftige Einheitswertbescheide – und in deren Folge auch die darauf beruhenden Grundsteuerbescheide (§ 175 Abs. 1 Satz 1 Nr. 1 AO) – in einer angesichts der großen Zahl von Grundsteuerschuldnern aller Voraussicht nach erheblichen Größenordnung aufgehoben oder geändert und zumindest zum Teil rückabgewickelt werden müssten. Die Probleme würden dadurch verschärft, dass die Aufarbeitung dieser Fälle erst nach Inkrafttreten und Umsetzung der Neuregelung auf der Bewertungsebene und damit erst viele Jahre nach Verkündung des Urteils erfolgen könnte. Den Betroffenen sei die Hinnahme des Vollzugs von Einheitswertbescheiden, die auf der Grundlage für verfassungswidrig befundener Bewertungsregeln ergangen seien, auch deshalb zumutbar, weil die Belastung mit einer Grundsteuer dem Grunde nach durch die Verfassung legitimiert, „schon immer“ vorgesehen und deshalb von den Grundbesitzern auch zu erwarten (gewesen) sei.[98] Auch in die Zukunft gerichtet sei die Fortgeltung für einen begrenzten Zeitraum gerechtfertigt, weil ansonsten die ernsthafte Gefahr bestünde, dass viele Gemeinden ohne die Einnahmen aus der Grundsteuer in gravierende Haushaltsprobleme gerieten.[99] Angesichts der bereits überlangen Dauer der Unvereinbarkeit der Regeln über die Einheitsbewertung mit Art. 3 Abs. 1 GG sei jedoch keine Rechtfertigung dafür erkennbar, deren Fortgeltung letztlich unbefristet auch über den 31. Dezember 2019 hinaus bis zu einer tatsächlichen Neuregelung anzuordnen, falls der Gesetzgeber die gesetzte Frist nicht einhalte.[100]

3. BVerfGE 141, 143 – Akkreditierung von Studiengängen

Eine lediglich indirekte Neuregelungsfrist enthält die Entscheidung des Ersten Senats des Bundesverfassungsgerichts vom 17. Februar 2016 zur Akkreditierung von Studiengängen. Der Erste Senat stellte fest, dass die dem Verfahren zugrunde liegenden landesrechtlichen Vorschriften mit den Anforderungen der in Art. 5 Abs. 3 Satz 1 GG verankerten Freiheit in der Hochschullehre in Verbindung mit dem Demokratieprinzip und dem Rechtsstaatsprinzip unvereinbar seien. Von einer Nichtigerklärung sah das Gericht ab, da die Nichtigkeit der vorgelegten Norm erhebliche Unsicherheiten für die betroffenen Hochschulen und insbesondere auch deren Studierende begründet hätte.[101]

---

98 BVerfGE 148, 147 (213 f. Rn. 171).
99 BVerfGE 148, 147 (214 Rn. 173).
100 BVerfGE 148, 147 (215 Rn. 176).
101 BVerfGE 141, 143 (180 Rn. 85).

Der Gesetzgeber müsse eine Neuregelung vornehmen, die den verfassungsrechtlichen Anforderungen Rechnung trage. Da auch länderübergreifende Abstimmungsprozesse anstünden, sei dafür ein ausreichender Zeitraum erforderlich. Allerdings sei nicht erkennbar, dass mit der Akkreditierung von Studiengängen zugunsten der in Art. 12 Abs. 1 GG verankerten Ausbildungsfreiheit tatsächlich untragbare Beschränkungen der in Art. 5 Abs. 3 Satz 1 GG geschützten Freiheit in der Hochschullehre verbunden seien, die eine sofortige Unwirksamkeit zwingend erscheinen ließen. Das Gericht ordnete daher die Fortgeltung der betroffenen Normen bis zu einer Neuregelung und längstens bis zum 31. Dezember 2017 an.[102]

Durch die befristete Fortgeltungsanordnung gab der Erste Senat dem Gesetzgeber rund 22 Monate Zeit, um eine Neuregelung zu schaffen. Dass es sich hierbei um einen über das übliche Maß hinausgehenden Zeitraum handelt, wird dadurch deutlich, dass das Gericht den Zeitraum durch die für die Neuregelung erforderlichen „länderübergreifenden Abstimmungsprozesse" besonders rechtfertigt.

4. BVerfGE 145, 106 – Verlustabzug nach schädlichem Beteiligungserwerb

Eine „scharfe" Frist enthält die Entscheidung des Zweiten Senats des Bundesverfassungsgerichts vom 29. März 2017 zum Verlustabzug nach schädlichem Beteiligungserwerb. Die Entscheidung betraf die Frage, ob § 8c Satz 1 KStG in der Fassung des Unternehmensteuerreformgesetzes 2008 gegen den allgemeinen Gleichheitssatz verstoße. Die Vorschrift schränkte die Verlustverrechnung bei Körperschaften ein, wenn innerhalb von fünf Jahren mittelbar oder unmittelbar mehr als 25 Prozent und bis zu 50 Prozent des gezeichneten Kapitals, der Mitgliedschaftsrechte, Beteiligungsrechte oder der Stimmrechte an einer Körperschaft auf einen Erwerber oder diesem nahestehende Personen übertragen wurden (schädlicher Beteiligungserwerb); die bis zum schädlichen Beteiligungserwerb nicht ausgeglichenen oder abgezogenen negativen Einkünfte (nicht genutzten Verluste) waren dann nicht mehr abziehbar, soweit sie auf die übertragenen Anteile oder Rechte entfielen.[103] Der Zweite Senat stellte die Unvereinbarkeit der Vorschrift mit Art. 3 Abs. 1 GG fest und verpflichtete den Gesetzgeber, spätestens bis zum 31. Dezember 2018 – also binnen rund 21 Monaten – rückwirkend zum 1. Januar 2008 eine Neuregelung zu

102 BVerfGE 141, 143 (181 f. Rn. 88)
103 BVerfGE 145, 106 (107 Rn. 1).

treffen. Sofern der Gesetzgeber seiner Verpflichtung nicht nachkomme, trete am 1. Januar 2019 im Umfang der festgestellten Unvereinbarkeit rückwirkend auf den Zeitpunkt ihres Inkrafttretens die Nichtigkeit der Vorschrift ein.

Der Zweite Senat beschränkte sich hier also nicht auf die Setzung einer – immerhin großzügig bemessenen – Neuregelungsfrist, sondern ordnete zugleich Sanktionen für den Fall an, dass der Gesetzgeber seiner Neuregelungspflicht nicht fristgerecht nachkomme. Da der Gesetzgeber seiner Pflicht kurz vor Ablauf der Frist mit Gesetz vom 11. Dezember 2018 nachkam,[104] kam die Sanktion jedoch nicht zum Tragen.

5. BVerfGE 135, 238 – Gewinnspielautomat

Dass die Neuregelungsverpflichtung des Gesetzgebers nicht erst durch eine entsprechende Anordnung des Bundesverfassungsgerichts entsteht, zeigt die Entscheidung des Ersten Senats des Bundesverfassungsgerichts vom 12. Februar 2014 zur Bemessung der Vergnügungsteuer für Gewinnspielautomaten im Bremischen und Saarländischen Vergnügungsteuergesetz. Der Erste Senat stellte die Unvereinbarkeit der verfahrensgegenständlichen Vorschriften mit Art. 3 Abs. 1 GG fest und erklärte die Vorschriften bis zum 31. Dezember 2005 – also für einen bereits weit in der Vergangenheit liegenden Zeitraum – für weiter anwendbar.[105]

Für die Erklärung der Unvereinbarkeit und befristeten Fortgeltung der Vorschriften bis zum 31. Dezember 2005 sprächen zum einen Erfordernisse einer verlässlichen Finanz- und Haushaltsplanung der Freien Hansestadt Bremen und des Saarlands. Zum anderen erscheine die Belastung der betroffenen Steuerpflichtigen durch die Anwendung des verfassungswidrigen Maßstabes für die Bemessung der Vergnügungsteuer relativ gering.[106]

Die Weitergeltung der verfahrensgegenständlichen Vorschriften komme jedoch nur bis zu dem Zeitpunkt in Betracht, in dem die Normgeber aufgrund einer Rechtsprechungsänderung des Bundesverwaltungsgerichts hätten erkennen müssen, dass der Maßstab nicht verfassungsgemäß sei, wobei eine etwa sechsmonatige Frist zur Umsetzung der Erkenntnis einzuräumen sei. Ein Zuwarten bis zur Veröffentlichung der Entscheidung des Bundesverfassungsgerichts vom 4. Februar 2009[107] – in der das Bundesverfassungsgericht die Maßstäbe für die

---

104 BGBl. I 2018, S. 2338.
105 BVerfGE 135, 238 (238).
106 BVerfGE 135, 238 (246 Rn. 27).
107 BVerfGE 123, 1.

Anwendung des Gleichheitssatzes auf die Spielgerätesteuer geklärt hatte[108] – sei hingegen nicht gerechtfertigt.

Die Normgeber in den Ausgangsverfahren hätten sich nur bis zur Rechtsprechungsänderung des Bundesverwaltungsgerichts bei der Verwendung des Maßstabs im Einklang mit der höchstrichterlichen Rechtsprechung sehen dürfen. Danach habe Anlass bestanden, zu überprüfen, ob die vom Bundesverwaltungsgericht aufgestellten Voraussetzungen für die Beibehaltung des Maßstabs in ihrem Zuständigkeitsgebiet vorlägen.[109]

Den Normgebern – der Freien Hansestadt Bremen und dem Saarland – sei es auch möglich und zumutbar gewesen, binnen etwa sechs Monaten nach der Rechtsprechungsänderung des Bundesverwaltungsgerichts, also bis Ende des Jahres 2005, zu reagieren.[110] Das Bundesverfassungsgericht nahm insoweit Bezug auf mehrere frühere Entscheidungen des Ersten Senats, in denen dem Gesetzgeber ebenfalls eine sechsmonatige Nachbesserungsfrist eingeräumt worden war.[111] Zudem verwies es auf die Freie und Hansestadt Hamburg, die innerhalb von sechs Monaten nach den Entscheidungen des Bundesverwaltungsgerichts eine entsprechende Neuregelung verabschiedet habe. Nach einer Anpassungsfrist von sechs Monaten überwiege das rechtsstaatliche Interesse der Steuererhebung auf der Grundlage eines verfassungsgemäßen Maßstabs die Gründe für die ausnahmsweise Weitergeltung der beanstandeten Regelungen.[112]

Diese Entscheidung deutet, zusammen mit den darin enthaltenen weiteren Nachweisen, darauf hin, dass jedenfalls der Erste Senat des Bundesverfassungsgerichts – jenseits besonderer Ausnahmesituationen – eine sechsmonatige Anpassungsfrist grundsätzlich für ausreichend erachtet. Die Frist beginnt dabei in dem Zeitpunkt, in dem der Gesetzgeber hätte erkennen können und müssen, dass ein verfassungsrechtliches Überarbeitungsbedürfnis besteht.[113]

---

108 BVerfGE 123, 1 (20 ff.); vgl. BVerfGE 135, 238 (244 Rn. 20).
109 BVerfGE 135, 238 (247 Rn. 29).
110 BVerfGE 135, 238 (247 f. Rn. 30)
111 BVerfGE 126, 400 (431); 129, 49 (77); 130, 240 (262).
112 BVerfGE 135, 238 (248 Rn. 30).
113 Vgl. BVerfGE 135, 238 (247 Rn. 29) zur ausführlichen Begründung, ab wann der Gesetzgeber im vorliegenden Fall von einem verfassungsrechtlichen Überarbeitungsbedürfnis ausgehen musste.

6. BVerfGE 150, 204 – Biersteuergesetz

Keine Neuregelungsfrist enthält der Beschluss des Zweiten Senats des Bundesverfassungsgerichts vom 11. Dezember 2018 zur formellen Verfassungsmäßigkeit von Änderungen des Biersteuergesetzes und des Einkommensteuergesetzes durch das Haushaltsbegleitgesetz 2004.[114] Die Entscheidung betraf Gesetzesänderungen, die erst im Vermittlungsverfahren auf der Grundlage des sogenannten Koch/Steinbrück-Papiers in den Gesetzentwurf aufgenommen worden waren. Der Zweite Senat gelangte zu dem Ergebnis, dass die Vorschriften unter Überschreitung der durch Art. 20 Abs. 2, Art. 38 Abs. 1 Satz 2, Art. 42 Abs. 1 Satz 1 sowie Art. 76 Abs. 1 GG den Kompetenzen des Vermittlungsausschusses gesetzten Grenzen zustande gekommen und deshalb mit dem Grundgesetz unvereinbar seien. Da die betroffenen Vorschriften bereits vor Erlass der Entscheidung in einem neuerlichen Gesetzgebungsverfahren bestätigt bzw. neu geregelt worden waren, erübrigte sich in dieser Entscheidung die Anordnung einer Neuregelungsfrist.

Interessant an diesem Beschluss ist, dass das im Zentrum der Entscheidung stehende Gesetzgebungsverfahren zum Haushaltsbegleitgesetz 2004 mit derselben Fragestellung bereits – im Hinblick auf eine andere Vorschrift – Gegenstand eines früheren Beschlusses des Zweiten Senats vom 8. Dezember 2009 gewesen war.[115] In diesem Verfahren war die befristete Weitergeltung der angegriffenen Vorschrift bis zu einer Neuregelung, längstens jedoch bis zum 30. Juni 2011 angeordnet worden. Der Gesetzgeber hatte dort somit ca. 18 Monate Zeit, um eine Neuregelung zu treffen. In der Folge erließ der Gesetzgeber am 5. April 2011 ein Gesetz zur bestätigenden Regelung verschiedener steuerlicher und verkehrsrechtlicher Vorschriften des Haushaltsbegleitgesetzes 2004.[116] Hierdurch wurde auch eine der in der Entscheidung des Zweiten Senats vom 11. Dezember 2018 verfahrensgegenständlichen Vorschriften inhaltsgleich bestätigt.[117] Die übrigen verfahrensgegenständlichen Vorschriften waren unabhängig davon bereits durch Gesetz vom 15. Juli 2009 neu gefasst worden.[118]

Im Rahmen seiner Erwägungen zur Fortgeltungsanordnung nahm der Zweite Senat maßgeblich auf die vorangehende Entscheidung des Gerichts zum Haushaltsbegleitgesetz 2004 Bezug. Parallel zu jener Entscheidung ordnete der Zweite Senat die weitere Anwendbarkeit der betroffenen Normen bis zum Inkrafttreten ihrer – bereits erfolgten – Bestätigung bzw. Neuregelung an, um dem Interesse

114 BVerfGE 150, 204.
115 BVerfGE 125, 104.
116 BGBl. I 2011, S. 544.
117 BVerfGE 150, 204 (209 Rn. 11).
118 BVerfGE 150, 204 (207 Rn. 6).

verlässlicher Finanz- und Haushaltsplanung und eines gleichmäßigen Verwaltungsvollzugs für weitgehend schon abgeschlossene Zeiträume Rechnung zu tragen.[119] Da der Gesetzgeber innerhalb der in der früheren Entscheidung angeordneten Fortgeltungsfrist eine Neuregelung getroffen hatte, musste sich das Gericht nicht die Frage stellen, ob andernfalls auch eine längere Fortgeltungsanordnung in Betracht gekommen wäre.[120]

IV. Fazit

In der Gesamtschau lassen sich in der Rechtsprechung des Bundesverfassungsgerichts zur zeitlichen Dimension der Neuregelungsverpflichtung des Gesetzgebers wenige klare Linien, aber zumindest Tendenzen und einzelne Akzente ausmachen:

Die Verpflichtung des Gesetzgebers, die Rechtslage verfassungskonform umzugestalten, beginnt spätestens dann, wenn die Verfassungswidrigkeit der Rechtslage für den Gesetzgeber erkennbar ist, und wirkt auf den Zeitpunkt zurück, in dem das verfassungswidrige Gesetz in Kraft getreten ist bzw. in dem ein zunächst verfassungsmäßiges Gesetz verfassungswidrig geworden ist. Einer Entscheidung des Bundesverfassungsgerichts, die dem Gesetzgeber die Verfassungswidrigkeit der Rechtslage in Erinnerung ruft, bedarf es insoweit nicht. Ist die verfassungsrechtliche Rechtslage jedoch unklar, ist das Bundesverfassungsgericht – bei Hinzutreten weiterer Gründe – eher geneigt, dem Gesetzgeber eine Übergangsfrist einzuräumen und jedenfalls die befristete Weitergeltung der betroffenen Normen anzuordnen.

Grundsätzlich geht jedenfalls der Erste Senat des Bundesverfassungsgerichts davon aus, dass eine Neuregelung innerhalb von sechs Monaten möglich ist. Abhängig von den Besonderheiten der Regelungsmaterie wird dem Gesetzgeber für die Neuregelung jedoch in der Regel eine Frist von ein bis zwei Jahren eingeräumt.

---

119 BVerfGE 150, 204 (243 f. Rn. 108 ff.).

120 Es dürfte einiges dafür sprechen, dass in diesem Fall eine Fortgeltung ebenfalls nur bis zum 30. Juni 2011 angeordnet worden wäre, da das Gericht in der früheren Entscheidung davon ausgegangen war, dass bis zu diesem Zeitpunkt eine Neuregelung möglich sei.

Verzeichnis der Autorinnen und Autoren

Berton, Matthias, Richter am Verwaltungsgericht Freiburg, wissenschaftlicher Mitarbeiter am Bundesverfassungsgericht bei Richter des Bundesverfassungsgerichts Dr. Josef Christ von März 2018 bis April 2020.

Blackstein, Ylva, Dr. jur., Richterin am Verwaltungsgericht, wissenschaftliche Mitarbeiterin am Bundesverfassungsgericht bei Präsident Prof. Dr. Dr. h.c. mult. Andreas Voßkuhle von Januar 2016 bis Juli 2019.

Bleschick, Sascha, Dr. iur., Richter am Finanzgericht Münster, wissenschaftlicher Mitarbeiter am Bundesverfassungsgericht bei Richterin des Bundesverfassungsgerichts Monika Hermanns seit Februar 2020.

Bowitz, Maximilian, Dr. iur., Staatsanwalt, Richter kraft Auftrags am Landgericht Heidelberg, wissenschaftlicher Mitarbeiter am Bundesverfassungsgericht bei Richterin des Bundesverfassungsgerichts Dr. Sibylle Kessal-Wulf von Oktober 2017 bis Dezember 2020.

Buchheim, Johannes, Prof. Dr. iur., LL.M. (Yale), Qualifikationsprofessor für Öffentliches Recht und Recht der Digitalisierung (TT), Philipps-Universität Marburg, wissenschaftlicher Mitarbeiter am Bundesverfassungsgericht bei Richter des Bundesverfassungsgerichts Prof. Dr. Johannes Masing von Juli 2019 bis Juli 2020 und bei Richterin des Bundesverfassungsgerichts Prof. Dr. Ines Härtel von Juli bis Dezember 2020.

Diesterhöft, Martin, Dr. iur., Richter am Verwaltungsgericht, wissenschaftlicher Mitarbeiter am Bundesverfassungsgericht bei Präsident Prof. Dr. Dr. h.c. mult. Andreas Voßkuhle von Juli 2017 bis Mai 2020.

Dittrich, Lars, Dr. iur., Richter am Verwaltungsgericht Stuttgart, wissenschaftlicher Mitarbeiter am Bundesverfassungsgericht bei Richter des Bundesverfassungsgerichts Dr. Josef Christ von März 2019 bis August 2021.

Doerner, Ruth, Dr. iur., Staatsanwältin bei der Staatsanwaltschaft Aschaffenburg, seit Dezember 2019 wissenschaftliche Mitarbeiterin am Bundesverfassungsgericht bei Richter des Bundesverfassungsgerichts Prof. Dr. Andreas L. Paulus.

Drossel, Jan-Marcel, Dr. iur., Richter am Verwaltungsgericht Düsseldorf, wissenschaftlicher Mitarbeiter am Bundesverfassungsgericht bei Richter des Bundesverfassungsgerichts Peter Müller von Oktober 2018 bis März 2021.

Engel, Andreas, Dr. iur., LL.M. (Yale), Akademischer Rat a.Z. am Lehrstuhl für Bürgerliches Recht, Handels- und Wirtschaftsrecht, Europarecht und Rechtsvergleichung (Prof. Dr. Christian Heinze) an der Universität Heidelberg, wissenschaftlicher Mitarbeiter am Bundesverfassungsgericht bei Richter des Bundesverfassungsgerichts Prof. Dr. Peter M. Huber von Juni 2017 bis August 2019.

Fahl, Holger, Dr. iur., LL.M. (London School of Economics), Richter am Landgericht Karlsruhe, wissenschaftlicher Mitarbeiter am Bundesverfassungsgericht bei Richter des Bundesverfassungsgerichts Prof. Dr. Johannes Masing von Juni 2020 bis Juli 2020 und bei Richterin des Bundesverfassungsgerichts Prof. Dr. Ines Härtel seit Juli 2020.

Fritzsche, Sebastian, Dr. iur., Richter am Oberlandesgericht Frankfurt am Main, wissenschaftlicher Mitarbeiter am Bundesverfassungsgericht bei Richterin des Bundesverfassungsgerichts Dr. Yvonne Ott seit November 2019.

Kirsch, Florian Alexander, Dr. iur., Richter, wissenschaftlicher Mitarbeiter am Bundesverfassungsgericht bei Richter des Bundesverfassungsgerichts Peter Müller von April 2019 bis September 2021.

Krismann, Michael, Dr. iur., Richter am Landgericht Ellwangen, wissenschaftlicher Mitarbeiter am Bundesverfassungsgericht bei Richter des Bundesverfassungsgerichts Prof. Dr. Peter M. Huber von Oktober 2018 bis Juli 2021.

Kröger, Malte, Dr. iur., LL.M. (EHI/Florenz), Richter, Verwaltungsgericht Stade, wissenschaftlicher Mitarbeiter am Bundesverfassungsgericht bei Richter des Bundesverfassungsgerichts Prof. Dr. Johannes Masing von Februar 2018 bis Oktober 2019.

Lerach, Mark, Dr. iur., Richter am Landgericht, Köln, wissenschaftlicher Mitarbeiter am Bundesverfassungsgericht bei Richter des Bundesverfassungsgerichts Prof. Dr. Andreas L. Paulus von Juni 2018 bis Juni 2021.

Mast, Tobias, Dr. iur., Senior Researcher am Leibniz-Institut für Medienforschung in Hamburg, von April 2020 bis Januar 2022 wissenschaftlicher Mitarbeiter am Bundesverfassungsgericht bei Richter des Bundesverfassungsgerichts Prof. Dr. Henning Radtke.

Müller, Daniel Bernhard, Richter am Verwaltungsgericht Schleswig, wissenschaftlicher Mitarbeiter am Bundesverfassungsgericht bei Richter des Bundesverfassungsgerichts Prof. Dr. Andreas L. Paulus seit Juli 2019.

Müller, Maximilian Johannes, Assessor, wissenschaftlicher Mitarbeiter am Bundesverfassungsgericht bei Richterin des Bundesverfassungsgerichts Prof. Dr. Ines Härtel seit September 2020, zuvor wissenschaftlicher Mitarbeiter an der Europa-Universität Viadrina Frankfurt (Oder).

Peters, Sascha D., Akademischer Rat a. Z. am Lehrstuhl für Öffentliches Recht und Verwaltungslehre (Prof. Dr. Johannes Dietlein) an der Heinrich-Heine-Universität Düsseldorf, von Januar 2017 bis Dezember 2019 wissenschaftlicher Mitarbeiter am Bundesverfassungsgericht bei Richter des Bundesverfassungsgerichts Prof. Dr. Andreas L. Paulus.

Roffael, Esther, LL.M., Regierungsdirektorin im Geschäftsbereich des Bundesministeriums des Inneren, für Bau und Heimat, seit Januar 2021 hauptamtlich Lehrende für Staats- und Europarecht an der Hochschule des Bundes für öffentliche Verwaltung in Brühl, von Januar 2019 bis Dezember 2020 wissenschaftliche Mitarbeiterin am Bundesverfassungsgericht bei Richter des Bundesverfassungsgerichts Prof. Dr. Peter M. Huber.

Rolfsen, Michael, Dr. iur., Richter am Oberverwaltungsgericht für das Land Nordrhein-Westfalen, wissenschaftlicher Mitarbeiter am Bundesverfassungsgericht bei Präsident Prof. Dr. Dr. h.c. mult. Andreas Voßkuhle von August 2017 bis Juni 2020 (von November 2019 zugleich als persönlicher Referent des Präsidenten) sowie bei Richterin des Bundesverfassungsgerichts Prof. Dr. Astrid Wallrabenstein von Juni 2020 bis September 2020.

Salomon, Tim René, Dr. iur., LL.M. (Glasgow), Oberregierungsrat im Bundesministerium der Verteidigung, wissenschaftlicher Mitarbeiter am Bundesverfassungsgericht bei Vizepräsidentin Prof. Dr. König, M.C.L. (Miami) von Februar 2017 bis Dezember 2019.

Schaller, Sophia, Assessorin, wissenschaftliche Mitarbeiterin am Bundesverfassungsgericht bei Richterin des Bundesverfassungsgerichts Prof. Dr. Ines Härtel von Dezember 2020 bis November 2021, zuvor wissenschaftliche Mitarbeiterin an der Europa-Universität Viadrina Frankfurt (Oder).

Schwarz, Philip, Dr. iur., Richter am Amtsgericht Kassel, wissenschaftlicher Mitarbeiter am Bundesverfassungsgericht bei Präsident Prof. Dr. Dr. h.c. mult. Andreas Voßkuhle von Oktober 2019 bis Juni 2020 und bei Richterin des Bundesverfassungsgerichts Prof. Dr. Astrid Wallrabenstein seit Juni 2020.

Schomäcker, Iris, Dr. iur., Assessorin, wissenschaftliche Mitarbeiterin am Bundesverfassungsgericht bei Richterin des Bundesverfassungsgerichts Monika Hermanns seit März 2020, zuvor akademische Mitarbeiterin am Institut für Finanz- und Steuerrecht der Ruprecht-Karls-Universität Heidelberg.

Till, Dominik, Richter am Verwaltungsgericht Bremen, wissenschaftlicher Mitarbeiter am Bundesverfassungsgericht bei Richterin des Bundesverfassungsgerichts Prof. Dr. Gabriele Britz seit Mai 2020.

Zimmermann, Ralph, Dr. iur., Assessor, wissenschaftlicher Mitarbeiter am Bundesverfassungsgericht bei Richter des Bundesverfassungsgerichts Dr. Ulrich Maidowski seit April 2020; zuvor Akademischer Rat a. Z. am Lehrstuhl für Staats- und Verwaltungsrecht, Verfassungsgeschichte und Staatskirchenrecht der Universität Leipzig.

Register

https://doi.org/10.1515/9783110686623-027

www.ingramcontent.com/pod-product-compliance
Lightning Source LLC
LaVergne TN
LVHW091037021026
849161LV00001BA/21
9783110686555